知识产权法热点问题研究
（第6卷）

ZHISHI CHANQUANFA REDIAN
WENTI YANJIU

冯晓青◎主编

中国政法大学出版社

2021·北京

图书在版编目（ＣＩＰ）数据

知识产权法热点问题研究. 第6卷/冯晓青主编. —北京：中国政法大学出版社, 2021.5
ISBN 978-7-5620-9603-0

Ⅰ.①知…　Ⅱ.①冯…　Ⅲ.①知识产权法－研究－中国　Ⅳ.①D923.404

中国版本图书馆CIP数据核字(2020)第160412号

出　版　者	中国政法大学出版社
地　　　址	北京市海淀区西土城路 25 号
邮寄地址	北京 100088 信箱 8034 分箱　邮编 100088
网　　　址	http://www.cuplpress.com (网络实名：中国政法大学出版社)
电　　　话	010-58908437(第四编辑室)　58908334(邮购部)
承　　　印	北京九州迅驰传媒文化有限公司
开　　　本	720mm×960mm　1/16
印　　　张	54.5
字　　　数	900 千字
版　　　次	2021 年 5 月第 1 版
印　　　次	2021 年 5 月第 1 次印刷
定　　　价	230.00 元

主编简介

冯晓青，湖南长沙人。中国政法大学二级教授、知识产权法研究所所长、博士生导师，知识产权法国家重点学科负责人及学术带头人，中国政法大学无形资产管理研究中心主任、中国政法大学国际知识产权研究中心执行主任，北京大学法学博士、中国人民大学法学博士后，华东政法大学"经天学者"荣誉教授、甘肃政法大学文翰学者特聘教授。兼任中国法学会理事、中国知识产权法学研究会副会长、中国知识产权研究会学术顾问委员会委员兼常务理事、中国知识产权研究会高校知识产权专业委员会副主任委员、中国科技法学会常务理事、最高人民法院案例指导工作专家委员会委员、最高人民法院知识产权司法保护研究中心研究员、最高人民法院知识产权案例指导研究（北京）基地专家咨询委员会委员、上海知识产权法院特邀咨询专家、中国审判研究会知识产权审判理论专业委员会委员、中国律协知识产权专业委员会委员、北京恒都律师事务所高级法律顾问暨兼职律师、北京盈科律师事务所专家顾问、Chinese-European Arbitration Center 仲裁员，南京、长沙、淄博仲裁委员会仲裁员，以及北京环世知识产权诉讼研究院院长、广东珠海市横琴和邦知识产权战略研究院院长、中关村知识产权法律保护研究院副院长等。

著有《知识产权法利益平衡理论》、《知识产权法哲学》、《企业知识产权战略》（"十一五"和"十二五"国家级规划教材）、《企业知识产权管理》、《技术创新与企业知识产权战略》等个人专著 14 部，主编 30 余部，在《法学研究》《中国法学》等 CSSCI 刊物发表论文 100 余篇。科研成果获得省部级学术奖二等奖 3 项、省部级科技进步二等奖 1 项，教学成果获得省部级二等奖 1 项。主持国家社科基金重大项目 2 个、一般项目 1 个，主持教育部项目 2 个，参加国家社科基金重大项目、重点项目和一般项目，国家自科基金重点项目、一般项目，国家重点研发计划重点专项，以及教育部重大课题攻关项目等国家级重要项目十余个。先后获得第二届全国十大杰出中青年法学家提名奖（1999）、教育部新世纪优秀人才支持计划（2010）、首批国家知识产权专家库专家（2012）、首批全国知识产权领军人才（2012）、首届北京知识产权十位有影响力人物（2013）、中国政法大学首批优秀中青年教师培养支持计划学者（2013）、国家百千万人才工程有突出贡献中青年专家（2014）、国务院享受政府特殊津贴专家（2016）、中国政法大学优秀教师（2016）、北京市优秀教师（2017）、文化名家暨四个一批人才（2017）、国家高层次人才特殊支持计划（"万人计划"）哲学社会科学领军人才（2017）、中国政法大学钱端升讲座教授（A类）（2018）等荣誉。举办微信公众号"冯晓青知识产权"、新浪微博"冯晓青知识产权"，以及公益性学术网站"中国知识产权文献与信息资料库"（试验版）（www.ipknow.cn）及"知识产权学术与实务研究网"（www.fadaip.com.cn）。

前　言

　　时序更替，梦想前行。本书已是《知识产权法热点问题研究》第6卷。过去的一年，知识产权成为美国挑起贸易战的主要借口，以人工智能、区块链等技术为代表的新一轮科技革命和产业革命加速推进，国际、国内形势发生了深刻的变化，为知识产权发展带来新问题、新挑战。本书立足于知识产权面临的新任务、新使命、新挑战，围绕当前知识产权法领域的理论前沿、热点问题和实践中出现的新问题，从理论前沿、知识产权司法保护、技术发展与知识产权保护、反垄断与知识产权保护、专题聚焦五个专题，借鉴哲学、经济学、社会学等学科理论和研究方法，多角度、全方位对知识产权法热点问题进行透视、作出评述，以期为增强知识产权支撑经济社会发展的作用提供理论参考和实务借鉴。

　　"理论前沿"专题重点关注国内外政策环境变化对我国知识产权制度的影响，讨论争议较集中的版权权利边界的界定规则、知识产权案例指导制度、视听作品著作权归属与利益分配、网络著作权侵权赔偿、专利侵权损害赔偿、我国商标侵权惩罚性赔偿、商标许可终止后后续商业行为法律问题、商标在先使用抗辩制度等相关问题。《版权权利边界之界定规则研究——以计算机软件为考察对象》从边界界定规则的发展、理论、限制、适用等方面对版权权利边界界定进行了系统研讨。《知识产权案例指导制度研究　　功能偏差与价值回归》以知识产权案例指导制度"判例说"为基础，探讨了其在知识产权法律规范生成与适用领域的必要性、可能性与可欲性，以及"判例说"的改革方向与路径，以期促进社会福祉的最大化。《视听作品著作权归属与利益分配问题研究》以《中华人民共和国著作权法》（以下简称《著作权法》）第15条的修改为视角，对视听作品的整体著作权归属、可单独使用部分著作权归属、利益分配等问题进行了研究，提出了完善我国视听作品著作权归属与利益分配制度的建议。《以知识产权价值为导向的网络著作权侵权赔偿研究》立足于以知识产权价值为导向的网络著作权侵权赔偿制度构建，提出了完善我国网络著作权司法保护体系的建议。《以价值为导向的专利侵权损害赔偿制度研究》通过对困扰专利侵权案件审理难题的专利侵权损害赔偿数额界定的深入探讨，提出了以恢复专利权人被侵权前状态为价值导向，构建我国专利侵权损害赔偿制度的建议。《基于市场价值的外观设计专利侵权损害赔偿制度研究》立足于外观设计专利的市场价值，深入探讨并提出了构建外观设计专利侵权损害赔偿制度的建议。《我国商标侵权惩罚性赔偿研究》基于商标侵权惩罚性赔偿制度的学理研究，结合我国的立法、司法实践，探讨了完善我国商标侵权惩罚性赔偿制度的可行路径。《商标许可终止后后续商业行为法律问题研究——以“后发商誉”为中心》立足于“后发商誉”的分配方式，从其分配的正当性、保护的必要性和可行性等方面，就其解决方案进行深入研讨。《商标在先使用抗辩制度研究》从商标法立法精神和商标在先使用抗辩制度的立法沿革入手，明晰了其权利性质，提出了完善制度的建议。

“知识产权司法保护”专题主要研究我国立法实践中的相关问题，对外观设计专利无效认定、著作权侵权诉讼中停止侵害责任限制、专利诉讼中技术事实查明机制、专利侵权诉讼的证据规则重构、《专利审查指南》在专利诉讼中的适用问题、商标侵权诉讼中近似商标的认定、商标法中类似商品认定等问题进行了深入研究。其中，《外观设计专利无效认定研究——以 (2016) 最高法行申 360 号专利无效行政纠纷案为考察对象》结合相关法规和原理，探讨了外观设计专利无效相关问题。《著作权侵权诉讼中停止侵害责任限制研究》立足于我国国情，结合国内外立法、司法实践的探究，提出了完善我国著作权侵权诉讼中停止侵害责任限制制度的对策建议。《专利诉讼中技术事实查明机制研究》围绕我国知识产权司法保护实践中缺少解决技术问题的有效途径的问题展开讨论，通过对技术事实查明机制之间的衔接和协同作用等问题的深入研究，寻求专利诉讼中技术事实问题的有效解决途径。《专利侵权诉讼的证据规则重构》立足于举证责任分配、证据收集和保全、证据妨碍排除、证据质证与认证规则，就构建符合专利侵权诉讼特点的证据规则体系提出了建议。《〈专利审查指南〉在专利诉讼中的适用问题研究》从法理学和历史沿革的角度，结合司法实践，探讨了专利诉讼中正确适用《专利审查指南》的基本原则与具体操作方法。《商标侵权诉讼中近似商标的认定》立足于司法实践中存在的相关问题，就推动近似商标认定的规范化和合理化进行了深入研讨。《商标法中类似商品认定研究》立足于相关理论基础，结合经典案例，探讨了商标法中商品类似及商品与服务类似的判定标准。

"技术发展与知识产权保护"专题主要围绕技术发展过程中知识产权保护相关问题展开，对微博的著作权保护、聚合盗链行为侵权认定、盗链类视频聚合平台著作权侵权认定、数字技术背景下私人复制问题、网络环境下著作权权利限制等问题进行了深入研讨。其中，《微博的著作权保护研究》立足于网络平台营利特性和微博本身的特点，探讨了互联网模式下微博著作权及微博平台相关著作权问题，提出了法律规范与平台自我调节共同作用的微博著作权保护路径及建议。《聚合盗链行为侵权认定研究》探讨了聚合盗链的行为属性与引发的相关侵权争议，深入研究了聚合盗链行为的侵权认定及法律规制。《盗链类视频聚合平台著作权侵权认定研究》围绕视频聚合平台运营中的相关问题，对盗链类视频聚合平台的著作权侵权认定等问题进行深入研究，提出了完善网络著作权保护制度的建议。《数字技术背景下私人复制问题研究》围绕私人复制的实质及其引发的新问题、新争议，结合对立法、司法实践的分析，提出了完善我国私人复制领域立法的合理化建议。《网络环境下著作权权利限制研究——以云服务环境下的个人使用为例》从网络环境的特殊性和网络环境新发展下的云服务环境的特殊性入手，以现行《著作权法》为基础，结合司法实践的实例和立法目的探讨法律规范的合理性和滞后性，从著作权人和使用者以及云服务环境下平台的利益平衡角度出发，提出了完善个人使用制度的建议。

"反垄断与知识产权保护"专题主要围绕司法实践过程中引起广泛争议的滥用知识产权市场支配地位的反垄断法规制、标准必要专利经营者滥用市场支配地位、标准必要专利许可中的反垄断等相关问题展开。其中，《滥用知识产权市场支配地位的反垄断法规制研究》通过对我国、美国及欧盟在规制知识产权滥用方面的相关立法及司法实践的研究，提出了完善我国知识产权领域的反垄断的立法建议。《标准必要专利权人滥用市场支配地位问题研究》以标准必要专利市场支配地位的认定为核心，探讨了如何通过反垄断法规制其滥用行为的系列问题，为涉及标准必要专利的反垄断行政执法和反垄断诉讼案件审判提供了建议和指引。《标准必要专利许可中的反垄断问题研究》从事前防范和事后规制两个方面，围绕标准必要专利 FRAND 许可以及标准必要专利权人滥用市场支配地位的反垄断法规制问题展开，就标准必要专利许可中涉及的反垄断问题进行了深入研究，提出了完善我国标准必要专利许可中反垄断体系的对策建议。

　　"专题聚焦"专题共选取 5 篇文章。其中，《知识产权域外效力冲突问题研究——以欧盟商标协调制度为例》从知识产权的地域性、涉外纠纷、涉外诉讼管辖等方面就知识产权域外效力冲突的前提、原因、解决等进行了研讨，并以欧盟等域外已有的协调制度为借鉴，提出了建立有中国特色的知识产权区际冲突协调制度的对策建议。《商标权与名人姓名权的冲突及其解决研究》探讨了商标权与姓名权冲突的表现与原因，并针对实践中出现的问题，提出了解决这一冲突的对策。《藏族服装的三元知识产权保护研究》立足于藏族服装多样性优势和深厚文化底蕴，对藏族服装的知识产权"三元保护模式"进行了探讨。《竞价排名服务中商标侵权问题研究》借鉴国内外相关判例，结合司法实践，对竞价排名服务中商标侵权问题的法制规范提供了指引。《反不正当竞争法视野下的商业标识保护制度研究》从维护公平竞争、制止不正当竞争的角度，探讨了如何有效保护商业标识。

　　囿于篇幅，本书仅选取知识产权领域最受关注的部分主题予以研究，抛砖引玉，以期对学界、实务界有所裨益，促进相关理论研究、立法及司法实践取得更为丰硕的成果。

　　本书得以出版，得到了中国政法大学出版社的大力支持。中国政法大学知识产权法专业博士后研究人员柴国生副教授为本书前期编撰和稿件审校做了大量工作。本书主编在其工作基础上，最后进行了仔细的校改。由于研究水平有限，加之时间紧迫，本书难免存在各种错漏，希望读者不吝指正。

主　编
2019 年 8 月

目 录

理论前沿

知识产权司法保护

技术发展与知识产权保护

反垄断与知识产权保护

专题聚焦

理论前沿

版权权利边界之界定规则研究

——以计算机软件为考察对象

李宝霞

版权权利边界是版权在应对侵权问题时的法定保护范围。"接触+实质性相似"是版权侵权认定的传统方法，以对作品的接触为前提，对实质性相似的具体认定就成为界定版权权利边界的关键。实质性相似在版权侵权判断中具有不明确性，不同的测试方法与普通观察者角度也会增加法院在具体适用中的难度。因此，明确在不同作品类型中如何适用不同的测试方法，选取何种普通观察者角度，关乎版权的保护范围。

版权权利边界的界定应当考量版权侵权认定中的"接触+实质性相似"，但具体界定版权权利边界的规则也应当以版权法的目标及权利限制原则为据，以此勘定出准确的版权保护范围。第一，需要结合不同作品类型具体适用实质性相似的不同测试方法，避免对版权保护范围的扩大或缩小。同时应当遵循版权法的补充规则，即明确实质性相似应当以利益平衡原则为理论基础，考量思想与表达二分法与合理使用原则。第二，版权具有财产权属性，其以"无形的手"自发形成版权权利边界，但是有扩大版权保护范围之嫌，对此可借鉴波斯纳法官的经济分析方法，依据被诉侵权作品的相似性是否达到对原告作品的市场替换，判断实质性相似的构成，从而纠正版权市场的失灵状态。第三，借助"有形的手"——权利的限制原则以平衡版权人与社会公众之间的利益杠杆，以"圈定"出更加精确的版权权利边界。

一、版权权利边界之界定规则的发展

实质性相似这一术语源自美国，在判断复制是否达到实质性相似的高度时，以不同的测试方法来界定，其经历了"抽象测试法""两步测试法"的发展阶段，二者最终都是从普通观察者的角度判断被告作品对原告作品中表达的引用是否构成实质性相似。但是，实质性相似的明确含义并不存在统一的观点，反而随着实践的应用而更加模糊，版权的权利边界受此影响也更加不确定。

根据科恩教授的观点，传统的实质性相似的测试方法存在着实践应用中的不足。对此，应当解决以下几个问题：首先，在 Sid & Marty Krofft Television Prods. , Inc. v. McDonald's Corp 案（以下简称"Krofft 案"）[1]中发展出的"外部测试法"在比较作品间思想的同时将表达也囊括其中，未明确思想与表达之间的界限，其不适当地使思想与表达二分法这一原则更加不明确，即不适当适用实质性相似的测试方法会怎样？其次，以普通观察者为判断主体的"主观测试法"使得对实质性相似的判断更加不合理，对普通观察者抑或实际受众的界定也是实践中的难题，即应当由谁来判断是否构成实质性相似？最后，传统测试方法在判断相似性程度时无法明确界定所应考虑的实质性相似与合理使用的范围，合理使用原则的适用使得实质性相似标准经过两次判断，导致法院审理案件的低效率，[2]即应当怎样适用实质性相似的测试方法？

（一）实质性相似的整体发展概观

实质性相似的源头是 Nichols v. Universal Pictures Co. 案（以下简称"Nichols 案"）。[3]在该案中，汉德法官在版权侵权问题中运用"抽象测试法"，将作品视为一个整体，进行一系列的抽象，而在抽象的过程中存在适当表达与思想之间的界线，一旦越过该界线，即为侵权。同时，在该案中，汉德法官反对专家测试在相似性问题中的运用。虽然该"抽象测试法"正在被修改，但是对实质性相似的基本测试被保留下来，如在此后的计算机软件侵权案例 Computer Associate International, Inc. v. Altai Inc. 案（以下简称"Altai 案"）[4]中，法院以"抽象—过滤—对比法"（Abstract-Filtration-Comparison），即"三步分析法"，将

[1] See Sid & Marty Krofft Television Prods. , Inc. v. McDonald's Corp. , 562 F. 2d 1157 (9th Cir. 1977).

[2] See Amy B. Cohen, "Masking Copyright Decisionmaking: The Meaninglessness of Substantial Similarity", *U. C. Davis Law Review*, 20 (4), Summer 1987, p. 737.

[3] See Nichols v. Universal Pictures Co. , 45 F. 2d 119 (2nd Cir. 1930).

[4] See Computer Associates International, Inc. v. Altai, Inc. , 982 F. 2d 693 (2nd Cir. 1992).

不同抽象程度的模块进行分层（由代码到功能），形成类似 Nichols 案中构建的逻辑结构，进而过滤不受版权保护的元素，最终比较被诉侵权作品与原告作品是否构成实质性相似。美国第五和第十巡回法院也采用了 Altai 案中的"抽象—过滤—对比法"来界定计算机软件的实质性相似程度。[1]与之相同，我国法院在石鸿林诉泰州华仁电子资讯有限公司侵害计算机软件著作权纠纷案[2]中也是过滤掉不受保护的元素，最终比较计算机软件之间的源程序与目标程序是否构成实质性相似。

实质性相似的测试方法中存在普通观察者与实际受众之别。在 Harold Lloyd Corp. v. Witwer 案[3]中，美国第九巡回法院强调实质性相似应从普通观察者的角度进行判断。我国法院在判断实质性相似时也采取普通观察者的角度，如在厦门蓝火焰影视动漫有限公司等诉迪士尼企业公司（Disney Enterprises）等著作权侵权、不正当竞争纠纷案[4]中，从普通观察者角度判断动画形象之间的表达性相似程度。与之相对应的一些判例则将实质性相似的评判标准指向实际受众，即"受众测试"（audience test），只有作品的实际受众才可以判断。[5]此后，法院在判断侵权时又在"抽象测试法"的基础上增加了前提条件——接触，只有被告存在接触可能性的前提下，实质性相似的测试方法才会得以运用，而当接触可能性不存在时，实质性相似的判断则转向"惊人的相似"（striking similarity），即从普通观察者的角度判断被告作品与原告作品之间的相似性是否完全排除了其独立创作的可能性，只有该"惊人的相似"存在，才会认定版权侵权成立，[6]其是对接触证据的替换。

实质性相似在实践中发展为"两步测试法"。美国第二巡回法院在 Arnstein

---

[1] See Engineering Dynamics, Inc. v. Structural Software, Inc., 26 F. 3d 1335 (5th Cir. 1994), Gates Rubber Co. v. Bando Chemical Industries, Ltd., 9 F. 3d 823 (10th Cir. 1993).

[2] 参见江苏省高级人民法院（2007）苏民三终字第 0018 号民事判决书。

[3] See Harold Lloyd Corp. v. Witwer, 65 F. 2d 1 (9th Cir. 1933).

[4] 参见上海知识产权法院（2017）沪 73 民终 54 号民事判决书。

[5] 如在 Atari, Inc. v. North American Philips Consumer Elecs. Corp 案中适用了"受众测试"，法院认为作品的实质性相似应当由作品的实际受众进行判断，以更好地评估盗版对原作品市场产生的经济影响。

[6] See Root Howard, "Copyright Infringement of Computer Programs: A Modification of the Substantial Similarity Test", *Minnesota Law Review*, Vol. 68, 1983, p. 1280.

v. Porter 案〔1〕中提出了实质性相似的 "两步测试法"（two-step test），美国第九巡回法院将其称为 "bifurcated" test，该方法也成为版权侵权案件中主要的适用方法。第一步为外部观察者根据接触和相似性决定被告在准备自己的作品时是否使用了原告的作品，在该步测试中，允许使用专家测试。第二步判断被告是否引用了原告的表达或思想。与第一步不同的是，其结合 "抽象测试法" 中所运用的普通观察者标准。与之对比，我国司法实践中在认定实质性相似的构成时，并未强调对两步测试法的应用。

实质性相似后来在 Roth Greeting Cards v. United Card Co. 案〔2〕中发展出 "整体感知侵权"（the total concept and feel test）的测试方法，其以普通观察者的角度判断两部作品之间是否相似。但是以整体感知的方法判断侵权易使比较的对象并不限于表达，会延及思想，有悖思想与表达二分法，从而缩小版权的保护范围。另外，该测试方法的不易操作性与不可预测性使得法官在具体案例中难以适用。但是不能忽视，即便 "整体感知侵权" 测试方法存在诸多不足之处，由于非文字作品中无法抽象出具体的思想与表达，其依然被美国第九巡回法院作为非文字部分侵权的主要测试方法。

由于如何判断对原作品的 "复制" 达到实质性相似的高度以及不同作品的实质性相似判断在个案中存在诸多差异，对其采取不同的测试方法会对版权权利边界的界定产生影响。同时，版权人自己也并不清楚所诉版权作品的明确保护范围，使得版权权利边界 "如同可以被任意转动和扭转的蜡笔" 而并不明晰，〔3〕传统的实质性相似的测试方法在计算机软件这一新型作品中应用时更有与实践的冲突之处。基于上述分析，在界定版权权利边界时，应当厘清实质性相似的具体内涵，明晰不同测试方法在具体案件中如何适用。

（二）普通观察者角度对实质性相似认定的不确定性

法院通常以普通观察者角度判断被诉侵权作品对原告作品的 "复制" 是否

---

〔1〕 Arnstein v. Porter, 154 F. 2d 464 (2d Cir. 1946). 但该 "两步测试法" 也遭到了不同学者的批评。其中，塞缪尔森教授认为第一步不合理地涵盖了适当的引用，并未认识到一些非独立创作的因素存在于大多数新的作品表达中。莱姆利教授认为第二步将专家测试排除，使得普通观察者在比较相似性时缺乏指导。Shyamkrishna Balganesh, "The Questionable Origins of the Copyright Infringement Analysis", *Stanford Law Review*, 68 (4), April 2016, p. 791.

〔2〕 See Roth Greeting Cards v. United Card Co., 429 F. 2d 1106 (9th Cir. 1970).

〔3〕 See White v. Dunbar, 119 U. S. 47, 51 (1886), "like a nose of wax which may be turned and twisted in any direction".

达到实质性相似的程度，由普通的理性观察者判断被诉侵权作品是否实质性利用原告作品的表达而构成侵权，即回答谁来判断实质性相似的问题。该普通观察者测试方法起源于 Daley v. Palmer 案，[1] 以普通观察者角度判断作品思想或表达之间的相似性。但是，并非所有被选取的事实审查者都能做出准确的相关公众的反应，并且相关公众的构成并不明确。普通观察者究竟是指目标受众（intended audience）、外行观察者（lay observer）还是特别观察者（extraordinary observer）[2]？这会影响对版权权利边界的界定。以被诉侵权作品是对原告作品——诗——的翻译为例，在判断此处是否存在翻译构成实质性相似的问题时，选定的普通观察者应当知晓对应的两种语言，否则无法做出实质性相似的判断，也就无法认定版权侵权存在。但司法实践中对普通观察者的选取并未进行具体的区分，这也就导致版权权利边界并不明确。

Dawson v. Hinshaw Music Inc. 案[3]中，美国第四巡回法院认为目标受众相比外行观察者更加专业，范围更小，通常有专门的知识来判断被诉侵权作品是否侵权，而外行观察者因为缺乏专门的音乐知识而难以判断被诉侵权作品与原告作品之间表达的相似性，同时结合版权法激励科学、文学、艺术创作等目标，其目标受众是作者的激励来源，因此采用目标受众标准。但美国第九巡回法院拒绝采用目标受众标准，认为任何未接受过音乐训练的人都会理解音乐作品的不同。[4]从我国的司法案例来看，法官在判断实质性相似时，虽提及从普通观察者角度来认定，但是并未指明其具体范围，如在北京小明文化发展有限责任公司与统一企业（中国）投资有限公司、河南统一企业有限公司、北京超市发连锁股份有限公司侵害著作权及不正当竞争纠纷案[5]中，法院仅指出应当从普通观察者角度对原告作品与被诉侵权作品的头部造型表达进行整体认定和综合判断，并未对其范围进行明确的界定。

判断实质性相似时采用不同的普通观察者角度，有时会做出完全相反的侵权判决，因为无法保证普通观察者在判断是否构成实质性相似时依据的仅仅是

〔1〕 See Woods, Robert W., "Copyright: Hollywood v. Substantial Similarity", *Oklahoma Law Review*, 32 (1), Winter 1979, p. 179.

〔2〕 See Mark A. Lemley, "Our Bizarre System for Proving Copyright Infringement", *Stanford Public Law Working Paper*, No. 1661434, 2010, p. 15.

〔3〕 See Dawson v. Hinshaw Music Inc., 905 F. 2d 731 (4th Cir. 1990).

〔4〕 See Swirsky v. Carey, 376 F. 3d 841 (9th Cir. 2004).

〔5〕 参见北京知识产权法院（2016）京 73 民终 1078 号民事判决书。

受保护的表达元素。如在Williams v. Bridgeport Music, Inc.〔1〕案中，Marvin Gaye并不享有节拍与声乐风格的版权，判断两部作品是否"实质性相似"时应当仅限于歌曲与写作的作品。但是若由普通的理性听众判断被诉侵权作品 *Blurred Lines* 与原告作品 *Got to Give it Up* 之间实质性相似，将会不适当地由陪审团"将两部作品放到一起进而决定是否看起来相似，而不是判断被诉侵权作品是否复制了原告受保护的表达"。普通观察者在音乐作品中无法区分受保护与不受保护的表达，其在作出判断时会延伸至节拍与声乐风格。基于此，如果不明确界定普通观察者的范围，版权的权利边界将永远处于不确定中。

在特殊作品计算机软件中，计算机程序是计算机软件的核心，指导硬件完成信息处理任务的一系列指令，根据世界知识产权组织《与贸易有关的知识产权协议》（以下简称"TRIPs协议"）第10条第1款与《世界知识产权组织版权条约》第4条第1款〔2〕的规定，将其作为文字作品予以保护。但计算机软件的程序代码对外行观察者而言是难以理解的。在Altai案中，法院引入专家测试（Expert Testimony），以判断复制和不适当的引用行为，即由具备专门知识的人来进行"分离—过滤—比较"，减少普通观察者对计算机软件作品权利边界勘定的不明确性，但由专家测试得出的结论还应当受到法官自由裁量权的限制。与之考量相同，我国法院在计算机软件实质性相似的判断中，也以专家测试为标准，如在汪洁等侵犯著作权案——"乌龙"学习软件侵犯著作权罪案〔3〕中，通过专家证人出庭作证的方式，解决计算机软件程序比对中的技术难题，确定软件的实质同一性，避免了对版权权利边界的实质性侵犯而缩小原告作品的权利边界。

（三）实质性相似的不同测试方法对版权权利边界的动摇

作品作为法律的拟制，其边界模糊，同时版权法并未形成一种一般原则，以指导作品权利边界的确定。而且，由于不同法官在具体案例中具体分析，其

---

〔1〕 See Palmer, "Jason, Blurred Lines Means Changing Focus: Juries Composed of Musical Artists Should Decide Music Copyright Infringement Cases, Not Lay Juries", *Vanderbilt Journal of Entertainment & Technology Law*, 18（4），Summer 2016, pp. 907–910.

〔2〕 其中TRIPs协议第10条第1款规定："计算机程序，无论是源代码还是目标代码，应作为《保护文学和艺术作品伯尔尼公约》（1971年，以下简称《伯尔尼公约》）下的文字作品来保护。"《世界知识产权组织版权条约》第4条第1款规定："计算机程序作为《伯尔尼公约》第2条意义下的文学作品受到保护，此种保护适用于各计算机程序，而无论其表达方式或表达形式如何。"

〔3〕 参见2015年上海法院知识产权司法保护十大案例之九：汪洁等侵犯著作权案——"乌龙"学习软件侵犯著作权罪案。

采用不同的侵权测试方法也会导致作品边界存在模糊性，不同的作品类型适用不同的测试方法也会动摇版权权利边界。因此，应当解决怎样适用不同的测试方法这一问题。

在文字作品的创作过程中，通常需要借鉴前人的作品，如作品的主题、体裁，根据思想与表达二分法，厘清被告作品同原告作品的相同或相似之处是否构成侵权，在区分思想与表达的过程中，抽象测试法是最为重要的一种。[1]在具体比较表达之间的相似性时，则以普通观察者角度进行整体判断。如在于正等与琼瑶侵害著作权纠纷上诉案[2]中，认定"剧本《宫锁连城》相对于涉案作品在整体上的情节排布及推演过程基本一致"，因此构成实质性相似。

以抽象测试法判断实质性相似在计算机软件这一特殊作品中的适用得到新的发展。美国法院在软件侵权案件中，如 Apple Computer, Inc. v. Microsoft 案[3]和 Hoehling v. Universal City Studios, Inc. 案[4]，将对相似性的要求提高至"几乎完全相同"（virtually identical）的高度，普通观察者的标准也提高到"更加具有辨别力的观察者"（more discerning observer）。在 Whelan Assocs., Inc. v. Jaslow Dental Lab., Inc. 案[5]中，法院认为普通观察者认定软件这一复杂作品的相似性有难度，应当允许专家测试。另外，在 Altai 案中，美国第二巡回法院确立了"抽象—过滤—对比"的方法，即切分软件的结构，形成由代码到功能的分层，再将其中不受版权法保护的部分过滤掉，进而比较被告作品与原告作品的原创性核心（kernels）表达。其将软件作为特殊类型，区别于将作品视为整体而强调整体感观（total feel）的视觉作品。[6]

---

〔1〕 参见卢海君：《版权客体论》（第2版），知识产权出版社2014年版，第454—455页。

〔2〕 参见北京市高级人民法院（2015）高民（知）终字第1039号民事判决书。

〔3〕 See Apple Computer, Inc. v. Microsoft, 35 F. 3d 1435（9th Cir. 1994）.

〔4〕 See Hoehling v. Universal City Studios, Inc., 618 F. 2d 972（2nd Cir. 1980）.

〔5〕 See Whelan Assocs., Inc. v. Jaslow Dental Lab., Inc., 797 F. 2d 1222, 1223（3rd Cir. 1986）.（"We therefore join the growing number of courts which do not apply the ordinary observer test in copyright cases involving exceptionally difficult materials, like computer programs, but instead adopt a single substantial similarity inquiry according to which both lay and expert testimony would be admissible."）（即在计算机软件的相似性判断中采用"专家测试"而非"普通观察者"测试的方法。）

〔6〕 See Tufenkian Import/Export Ventures, Inc. v. Einstein Moomjy, Inc., 338 F. 3d 127（2nd Cir. 2003）.（"Essentially, the total-concept-and-feel locution functions as a reminder that, while the infringement analysis must begin by dissecting the copyrighted work into its component parts in order to clarify precisely what is not original, infringement analysis is not simply a matter of ascertaining similarity between components

综合上述对实质性相似整体发展概观的探讨，笔者以下表做更明确的分析。

表1　实质性相似的整体发展概观

测试方法	国外代表案例	国内案件	特点概述
抽象测试法	Nichols 案	于正等与琼瑶侵害著作权纠纷上诉案	将作品视为一个整体，依据思想与表达二分法进行一系列抽象，只比较其中的表达元素
三步分析法"抽象—过滤—对比"	Altai 案	上海微博电脑有限公司与肖剑业等计算机软件著作权侵权纠纷上诉案	主要适用于计算机软件，将不同抽象程度的模块进行分层，过滤不受版权保护的元素，对比其中的源代码与目标代码
两步测试法	Arnstein v. Porter	我国法院在具体案件审理中并未明确指出使用该测试方法	第一步使用专家测试，判断被告是否使用了原告的作品，第二步使用普通观察者标准，判断两部作品的表达是否构成实质性相似
"内部测试""外部测试"	Krofft 案		"外部测试"为法律问题，引入专家以区分作品中的思想与表达；"内部测试"为事实问题，由普通观察者判断两部作品之间表达的相似性
整体感知侵权	Roth Greeting Cards v. United Card Co.	杭州大头儿子文化发展有限公司与央视动画有限公司著作权侵权纠纷案	普通观察者在比较两部作品时，易使比较对象不限于表达，延及思想，从而影响版权的保护范围

来源：作者整理。

二、版权权利边界之界定规则的理论考察

由于版权具有财产权和人格权双重属性，在互联网环境下，版权人越来越

（接上页）viewed in isolation."）（即在视觉作品中，是将作品作为一个整体，对相似性的判断并不是在作品分离出的元素之间进行比较。）

难以控制低成本、高质量和无限次的作品传播，[1]其权利因此受到威胁。版权人难以用传统版权法保护自己的权利，版权保护的争论也转向现存的版权权利边界是否能为版权人提供足够的激励，从而维持版权法中"版权人——社会公众"之间的利益平衡关系，这在美国联邦最高法院关于在互联网环境下适用版权法的 Metro-Goldwyn-Mayer Studios v. Grokster，Ltd. 案[2]中得到体现。

基于版权的财产权和人格权双重属性，在界定版权权利边界时，法经济学分析方法与法哲学分析方法便有了可适用的"土壤"。一方面，版权法通过设定激励机制为版权人提供经济上的诱因，保护版权人的权利，可以从市场失灵角度判定当被诉侵权作品构成对原告作品的市场替代时，应认为侵入原告作品的版权权利边界。另一方面，基于版权的人格权属性，为平衡版权人与社会公众之间的利益，应当以思想与表达二分法和合理使用原则限制版权的权利边界。根据冯晓青教授的观点，知识产权制度的发展史就是构建知识产权所有人与社会公共利益平衡的历史，[3]在确定版权权利边界时不仅应当考虑对版权人的激励，更应当权衡社会公众所应享有的自由使用的权益。

（一）法经济学分析方法

法经济学分析方法从经济增长方面衡量制度价值，质疑非经济理论的解释力与规范意义。版权法的制度功能是为创作者创造经济上的诱因，从而促进并激励信息利用最大化，在分析与评价版权时将其与经济效率相联系，其经济增长的功能契合法经济学分析方法，因此可将法经济学分析方法适用于版权法中。在法经济学分析中，财产权以"理性人假设"为其正当性前提，理性人在既有的约束条件下，为追求自身利益最大化，在经过"成本—收益"的分析后，选取预期收益最大而预期成本最小的选项。[4]同样，版权人在计算机软件作品侵权纠纷中，为追求自身利益最大化，会通过技术措施与软件许可协议扩大版权权利边界。法院在明确原告的版权权利边界时也会考量纠纷双方的经济利益，运用法经济学分析方法来勘定最终的版权权利保护范围。

版权侵权和抗辩中包含了版权的财产权属性，即被告对原告作品的不合理

---

〔1〕 参见王迁：《著作权法》，中国人民大学出版社 2015 年版，第 440 页。

〔2〕 See Metro-Goldwyn-Mayer Studios Inc. v. Grokster, Ltd. , 545 U. S. 913（2005）.

〔3〕 参见冯晓青："从黑格尔法哲学看知识产权的精神——研读《知识产权哲学》之体会"，载《知识产权》2002 年第 3 期。

〔4〕 参见熊琦：《著作权激励机制的法律构造》，中国人民大学出版社 2011 年版，第 6—7 页。

利用会造成市场替代。换言之，版权法赋予版权人对作品市场一定程度的保护，另一方面也是对被诉侵权作品所享有的相应市场的限制。例如，在合理使用原则中，最重要的一个判断要素是"对版权作品潜在市场的影响"，如果被诉侵权作品对原告作品的使用并未损害原告作品的市场，则其不会影响版权法对原告创作作品的激励作用。如在 Sony Corp. of America Universal City Studios 案（以下简称"Sony 案"）[1]中，美国联邦最高法院认为以"时间转换"为目的进行的家庭录制原告作品的行为是合理使用，其理由是如果该家庭录制原告作品的行为构成侵权，那么制作磁带一方的行为也违反了版权法，这会导致版权人对录像磁带销售市场的不合理控制；相似地，如果否定合理使用在计算机软件市场的使用，会扩大原告对服务市场的垄断。因此，在版权侵权中界定版权权利边界时，应当考量版权财产权属性所带来的市场替代因素。

版权作品也具有极强的人格性[2]——由作者独立创作产生的作品必然体现作者的个性，[3]因此，在以版权的财产权属性自发形成版权的权利边界时，也不能忽视其所具有的人格权属性。版权法的立法宗旨通常是促进科技进步、自由表达与文化的发展繁荣，这要求我们不能忽视社会公众参与文化生活，享受艺术与分享科技进步的权利。《世界人权宣言》第 27 条规定："（一）人人有权自由参加社会的文化生活，享受艺术，并分享科学进步及其产生的福利。（二）人人对由于他所创作的任何科学、文学或美术作品而产生的精神的和物质的利益，有享受保护的权利。"

1. 从版权的财产权属性出发界定版权权利边界

根据洛克的劳动产生财产权的观点，劳动创造价值并形成劳动成果，如附加劳动在有体的土地及其他产品上，权利人自然能够正当占有和拥有自己创造的劳动成果，并据此享有财产权利，这赋予了版权这一智力创造成果受保护的正当性前提，版权也被认为是智力财产。[4]版权的财产性属性要求我们在界定版权权利边界时应当考虑版权人的创造性劳动，使版权人的"播种"能够有"收获"。刘春田教授根据对象的自然属性，将民事权利中的财产权区分为物权、

---

〔1〕　See Sony Corp. of America v. Universal City Studios, Inc., 464 U. S. 417 (1984).

〔2〕　参见冯晓青：《知识产权法哲学》，中国人民公安大学出版社 2003 年版，第 141 页。

〔3〕　参见张今：《著作权法》，北京大学出版社 2015 年版，第 74 页。

〔4〕　参见冯晓青：《知识产权法哲学》，中国人民公安大学出版社 2003 年版，第 39—45 页。

债权和知识产权。[1]版权的财产权属性可使其与其他民事权利一样获得法律保护，版权权利边界也可依据财产权的范围来划定。

计算机软件作品在保护之初也是从商业软件开始的，[2]其财产权属性给版权人带来巨大的经济利益，版权的权利边界在版权人实施软件许可协议与技术措施的情况下也在扩大。开源软件运动（The Open-Source Movement）中，版权人将创作的源代码置于公共空间，社会公众可以使用与改编，似乎不符合版权法中的经济逻辑。但是，其中"暗藏"着经济动机。首先，一些创作源代码的版权人也同时是计算机软件的使用者，通过修补漏洞使其更益于使用；其次，相比专有源代码，程序员对开源软件的贡献更易评估，而该评估对程序员的职业发展是有利的，这也可看作是对版权人的一种经济激励；最后，程序员可从软件作品中获得实用性价值，该实用性价值有时比单纯利用商业软件所带来的经济价值更大。[3]即便在开源软件中都不可否认版权经济激励的多样性，版权的财产权属性给版权人带来的经济激励仍是毋庸置疑的。

基于版权的财产权属性赋予版权作品的权利边界越大，在后创作者创作的成本就会越高。版权权利边界的扩大会增加作者销售或许可他人使用的收入，但是反过来也会使作者进行后续创作的成本提高，因此应当防止对版权的经济激励作用超过适当的限度。作者的创作成本主要包括：追溯成本，即寻找原始作者的成本；协议成本，即从版权人处获取许可的成本；分配成本，即由于版权的公共产品属性，当需要付费使用作品时会导致更多可替代作品的产生。[4]版权法对作者赋予的激励应当能够使作者收回上述成本的总和，并且有额外的回报，当作者所获得的收益超过成本时，才能实现版权法激励科学、文学、艺术创作的目标。

对版权权利边界进行适当的限制会有助于创作成本的降低，激励更多作品创作的产生。但新的作品的产生可能会导致对原作品的市场替代，损害原作者

---

〔1〕 参见金海军：《知识产权私权论》，中国人民大学出版社 2004 年版，第32—57 页。

〔2〕 参见张平："开源软件——知识产权制度的批判与兼容"，载《网络法律评论》2004 年第 2期。

〔3〕 See Richard A. Posner, *Economic Analysis of Law*, 9th edition, Wolters Kluwer Law & Business, 2014, p. 418.

〔4〕 See Richard A. Posner, *Economic Analysis of Law*, 9th edition, Wolters Kluwer Law & Business, 2014, p. 414. 波斯纳法官在该书中将作品创作的成本分为 tracing costs, negotiation costs, allocative costs。本文认为在界定版权权利边界时可以将上述成本考虑在内。

的利益，这时要求在具体案例中给予原作者适当的版权保护，维持版权法中的激励机制。合理使用的规定正是在降低上述成本的过程中实现版权价值增加的。举例而言，当图书评论者要依据原作品写作一本书时，其在图书中对原作品的适当引用不需要获得原作者的许可，作品的追溯成本与协议成本就会降低，甚至为零，因此该评论图书总体的创作成本就会降低。同时，由于合理使用的规定，类似的创作行为增多，最终会有助于更多作品的产生；反过来，该评论图书的存在可能会造成读者对原作品的需求降低。因此，判断在后创作者是否构成对原作品的合理使用，从而导致原作品权利边界的压缩时，只有考量双方的成本与收益，才能既使原作者收回自己的成本，又不影响在后创作者的合理使用。

2. 从市场失灵角度勘定准确的版权权利边界

版权人与社会公众之间所形成的一般均衡是理想的市场状态，也是成立条件十分严格的状态，当一般均衡条件无法达到时，就会使市场偏离最优状态，导致市场失灵。[1]市场失灵即是在某些情况下仅仅依靠市场调节不能实现资源最优配置，[2]因此需要借助法律"人为"调节的方式来平衡版权人与社会公众之间的利益。以计算机软件这一特殊作品为例，版权人凭借软件许可协议与技术措施，极易在市场获得巨大竞争利益从而占据垄断地位，如果不对计算机软件的权利边界进行一定的限制，允许对软件的合理使用，就会造成市场竞争的无序，导致社会公共利益受到损害。

对版权权利边界进行限制以纠正市场失灵状态，通常是基于社会公众为使用版权作品而与版权人进行协商的成本过高这一因素。由于版权人在计算总成本与总收益后会选择对自己最有利的行为模式，需要外在的法律调节以避免社会公共利益受损。举例而言，当所有的使用者都想要引用某部作品的一个片段时，如果允许版权人控制对作品的接触与使用，就会导致社会交易成本过高，而合理使用原则的适用会赋予使用者使用利益，并不会损害版权人的利益，即并不会造成版权人现金支出成本（out-of-pocket cost）的损失，而是产生了可能因交易获得利益的机会成本的损失。[3]但因为合理使用者既不是复制件的销售

---

〔1〕　参见魏建、周林彬主编：《法经济学》，中国人民大学出版社 2008 年版，第 45 页。

〔2〕　参见张今：《著作权法》，北京大学出版社 2015 年版，第 144 页。

〔3〕　See William M. Landes, Richard A. Posner, *The Economic Structure of Intellectual Property Law*, The Belknap Press of Harvard University Press, 2003, p. 116.

者，也不是该作品的潜在购买者，版权人的利益并不会受损，市场失灵状态也会被避免。

版权的财产权属性如同"无形的手"，使得版权权利边界得以确立，但是鉴于市场失灵状态的考量及版权公共产品的属性，又需要"有形的手"防止版权权利边界的肆意扩大，因此权利限制原则的运用大有必要。版权法通过平衡"激励"与"接触"，既保护版权人的权利，也使社会公众从中受益。[1]一方面，由于被诉侵权人通常复制原告的版权作品而未对作品的创作付出任何成本，此时如果不对版权人的权利进行保护，允许版权人对社会公众未经许可而接触的禁止，就会损害版权法中的激励机制。另一方面，由于对受版权保护的作品的使用并不会减少其价值，加之版权被认为具有公共产品的属性，版权人不能完全禁止对版权作品的接触。

适用版权法的权利限制原则纠正市场失灵状态时，面临着对原作品的市场替换之虞。以评论类作品为例，其对原作品的引用可构成不侵权抗辩，我们不能完全忽视评论类作品会总结原作品的思想而形成对原作品的市场替换，导致对原作品的需求降低。但是，笔者认为版权作品是体验式，即只有通过阅读或观赏才可获取作品价值，而非在购买时就知晓其全部内容，而评论类作品由于是对原作品的介绍或点评，反而有可能激发读者需求，使原作品的销售量提高，以增加原作者的收益，并不会造成对原作品的市场替换。

将法经济学分析方法适用于版权法，是试图解释版权法中的法律制度与后果，自由市场的观念使得经济学理论在版权法中获得适用的"土壤"，其从效率角度出发，最终目的是增加社会财富。但是，我们也无法忽视经济与法律之间的隔阂。法学家看重公平与正义，经济学家更加注重如何阻止未来事件的发生，其将公平与正义看作沉没成本。虽然两者之间的矛盾似乎不可调和，但是在版权侵权中适用法经济学分析方法时，既可以捍卫版权的正当权利边界，也可以引领在后创作者"绕开"版权的保护范围，使得法律规则在保证公平的前提下兼顾效率。

（二）法哲学分析方法

版权具有财产权和人格权双重属性，版权人依据财产权属性获得的在先垄断权应当受到人格权属性的限制，因为任何特定的个人都对作品的创作作出了

---

〔1〕　参见冯晓青：《知识产权法利益平衡理论》，中国政法大学出版社2006年版，第392—393页。

或多或少的贡献。[1]根据黑格尔的哲学观点，在国家中，个人的财产自由并非抽象的自由，而是将各种限制视为一种义务，是客观的自由。[2]在知识产权这一财产权制度中，版权权利边界不能完全由版权人自由勘定，而是应当依据利益平衡原则进行限制。

版权保护主要"服务"于两个目标群体，即作者和社会公众，其中作者被授予一定的垄断权利，社会公众依据版权法中的限制与例外而从信息的自由流通中获利。因此，版权法中存在一个两难困境：一方面，如果赋予版权人对作品过大的法律控制力，会阻止社会公众对作品的再次利用；另一方面，若过于限制版权人的法律控制力，会导致作品创作的减少。要解决这个两难问题，还需要运用版权法的基本原理——版权的权利限制原则，其作为平衡版权人和社会公众利益的重要工具，关系着版权权利边界之界定。[3]在版权侵权案件中，需要准确把握侵权与权利的限制之间的界线，对于版权法中"实质性相似"的判断也应当将版权之限制与例外考虑其中。

当在版权权利与版权限制之间划定界线时，会导致"全有或全无"（all-or-nothing）局面的出现，[4]即侵权成立，原告作品的权利边界延及被告作品或者因权利限制抗辩的成立而"豁免"，此又未免"粗糙"。因此，在界定版权权利边界时需要借助版权法中的补充规则：在定义何为版权法中受保护的内容时，以思想与表达二分法为依据；在版权侵权纠纷中，在判断"接触+实质性相似"是否成立时，考虑合理使用原则等权利的限制条款，以使版权权利边界划定得更加准确。

1. 实质性相似以思想与表达二分法为理论基础

思想与表达二分法是版权法中限制可版权性作品的重要原则，而实质性相似的判定应当以受版权保护的元素——表达——为限，因此，实质性相似以思想与表达二分法为理论基础。版权法基于利益平衡原则只对思想的具体表达提供保护，不及于思想本身，从而为版权权利边界的划定提供了一个依据，思想

---

〔1〕　参见冯晓青：《知识产权法哲学》，中国人民公安大学出版社 2003 年版，第 141—159 页。

〔2〕　参见冯晓青："从黑格尔法哲学看知识产权的精神——研读《知识产权哲学》之体会"，载《知识产权》2002 年第 3 期。

〔3〕　See Tanya Aplin, Jennifer Davis, *Intellectual Property Law: Text, Cases and Materials*, 3rd ed., Oxford University Press, 2013, p. 222.

〔4〕　See Paul Edward Geller, "Hiroshige vs. Van Gogh: Resolving the Dilemma of Copyright Scope in Remedying Infringement", *Journal of the Copyright Society of the U.S.A.*, 46（1）, Fall 1998, pp. 39-74.

与表达二分法也在司法实践中得到承认。[1]在比较两部作品之间的相似性程度时，也应当只比较其中的表达性因素。美国第九巡回法院在 Krofft 案[2]中适用实质性相似的两步测试法时，由于将不受版权法保护的思想也考虑其中，受到了广泛的批评。后在 Shaw v. Linheim 案[3]中，其在外部测试中将比较的范围限定为作品的表达。但是，具体如何划定思想与表达之间的界限具有实践上的难度，该界限的不同划定也会导致对版权过度保护与未给予充分保护之间的矛盾。对此，可借鉴歌德斯坦教授对不受保护的思想的分类，主要包括作品背后的概念、功能性元素或描述的解决方式，[4]并以此为指导划定出不受版权法保护的思想的范畴。

作品独创性的程度在个案中不断变化，受保护的程度也不同，法院据此在侵权纠纷中采取"浮动性"的分析方法确定版权的保护范围。但是，在判断被诉侵权作品是否复制原告作品达到实质性相似的高度时，应当作出具有"最低限度受保护的表达"的要求。因为在很多案件中，法律问题通常并不是被诉侵权作品是否复制了原告作品，而是被诉侵权作品所复制的表达是否为实际受到保护的表达。如在 Feist Publications, Inc. v. Rural Telephone Service Co., Inc. 案[5]中，原告虽主张被诉侵权作品"复制"了原告的作品，但是该"复制"的内容是原告作品不受保护的表达，因此不应当被认定为侵权，即原告作品的权利边界并未延伸至被诉侵权作品。

在确定计算机软件作品的权利范围时，也应当适用合并原则。我国《计算机软件保护条例》第 29 条规定："软件开发者开发的软件，由于可供选用的表达方式有限而与已经存在的软件相似的，不构成对已经存在的软件的著作权的

〔1〕　See Cunningham T M., "Extending Shaw v. Lindheim: Substantial Similarity and the Idea-expression Distinction in Copyright of Non-literal Subject Matter", *University of Pittsburgh Law Review*, Vol. 55, Fall 1993, p. 241.

〔2〕　See Sid & Marty Krofft Television Prods., Inc. v. McDonald's Corp., 562 F. 2d 1157 (9th Cir. 1977).

〔3〕　Shaw v. Lindheim, 919 F. 2d 1353 (9th Cir. 1990). 事实上，在该案两年后，美国第九巡回法院在外部测试中也认为应当增加对表达的分析，但是仍然保留着在 Krofft 案中对作品思想的比较。Brown Bag Software v. Symantec Corp., 960 F. 2d 1465 (9th Cir. 1992).

〔4〕　See Robert P. Mergers, Peter S. Menell, Mark A. Lemley, *Intellectual Property in the New Technological Age*, 6th ed., Wolters Kluwer Law & Business, 1997, p. 466.

〔5〕　See Feist Publications, Inc. v. Rural Telephone Service Co., Inc., 499 U. S. 340 (1991).

侵犯。"计算机软件作品具有特殊性，其不同于传统的作品，如对于图书作品，使用者可以直接阅读文字，而在计算机软件中，使用者的消费方式发生改变，其对软件的使用通常是通过用户界面（user interface），以可视化的图标控制软件的运行，而不是直接使用其中受版权法保护的因素，如源代码和目标代码，这也就导致对计算机软件的侵权存在并不复制源代码的"整体感知侵权"（look and feel infringement）。[1]美国法院在软件侵权案件中所使用的"抽象—过滤—对比"的方法，在对比环节也是通过"整体感知"的测试方法来判断的。[2]根据梁志文教授的观点，"整体感知"的测试方法不详细区分作品中不同创作元素的版权法属性，会对不受版权法保护的内容给予保护，有悖于思想与表达二分法。[3]也有学者认为"整体感知法"会扩大软件的权利边界。[4]由于"整体感知"确有扩大版权权利边界的可能性，在界定计算机软件的权利边界时可以通过适用合并原则，限制对有限表达方式的保护，从而防止版权权利边界的扩大。

2. 实质性相似与合理使用原则的交叉

根据尼莫教授的观点，版权法建立在几个抽象原则之上，即思想表达二分法、实质性相似与合理使用原则。在版权侵权中，合理使用常常被当作确定的抗辩理由而免除被告的侵权责任，法院也因此在有合理使用抗辩的案件中忽略对侵权的具体判断，当合理使用存在时，侵权即不存在，而合理使用不存在即意味着侵权存在。[5]由于在合理使用判断的第三个要素中考虑被诉侵权作品所使用的原告作品的数量及实质性，[6]对版权侵权的具体判断与合理使用在分析

---

〔1〕　See Andrew Murry，*Information Technology Law：The Law and Society*，3rd edition，Oxford University Press，2016，pp. 246-251.

〔2〕　See Computer Associates Intern.，Inc. v. Altai，Inc.，982 F. 2d 693（2nd Cir. 1992）.

〔3〕　参见梁志文："版权法上实质性相似的判断"，载《法学家》2015 年第 6 期，第 38—39 页。

〔4〕　See Pamela Hobbs，"Methods of Determining Substantial Similarity in Copyright Cases Involving Computer Programs"，*University of Detroit Law Review*，67（3），Spring 1990，pp. 404-406.

〔5〕　See Lape Laura G.，"The Metaphysics of the Law：Bring Substantial Similarity down to Earth"，*Dickinson Law Review*，98（2），Winter 1994，p. 188. 美国第二巡回法院 Van Graafeiland 法官对法院在合理使用不存在时忽视对侵权的检验提出了批评。

〔6〕　美国 1976 年《版权法》第 107 条列举了判断合理使用的四个因素：①使用的目的和性质；②使用作品的性质；③使用的数量和实质性；④使用对潜在市场价值的影响。Jane C. Ginsburg，"Exceptional authorship：the Role of Copyright Exceptions in Promoting Creativity"，*Columbia Public Law & Legal Theory Working Papers*，2013.

实质性相似时存在交叉，如何在合理使用与实质性相似之间划定合理的界限也就成为实践中的难题。

合理使用原则处于版权法规定的权利限制之外的模糊地带，进入该模糊地带的行为，存在被认定符合合理使用而免于侵权责任的可能，也可能得出完全相反的结论。[1]因此，合理使用与侵权之间可谓仅有一线之隔，当被诉侵权作品对原告作品的使用超出合理使用的限度，达到实质性相似高度时，应当认定被诉侵权作品是对原告作品版权权利边界的侵犯。

合理使用抗辩的存在并非因为实质性相似的缺失，而是因为存在的相似性是实质性的。这意味着在构成实质性相似的情况下，满足合理使用构成要件时可以排除侵权，反之则构成侵权，版权的权利边界并不会因合理使用而缩小。美国《版权法》第107条列举了法院认定合理使用时应当考虑的四个要素。[2]当依据该四项要素判断被诉侵权作品是否构成合理使用时需要考虑两部作品之间的实质性相似程度。如在 Castle Rock Entertainment, Inc. v. Carol Pub. Group, Inc. 案[3]中，判断被诉侵权作品 *The Seinfeld Aptitude Test*（一本测试读者对 *Seinfeld* 电视剧情节和事件的记忆的书，以下简称 *SAT*）是否侵犯了原告作品 *Seinfeld* 电视剧的版权，在 *SAT* 达到与原告作品之间的实质性相似时，判断合理使用的其他三项要素：①使用目的上，*SAT* 以商业使用为目的；②作品性质上，小说类作品的合理使用范围相比其他类作品更窄；③*SAT* 构成了对原告作品市场的实质性损害。因此，被诉侵权作品不构成对原告作品的合理使用，原告作品的权利边界延及被诉侵权作品。

实质性相似与合理使用判断中的第三个要素——被诉侵权作品所使用的原告作品的数量和实质性——存在交叉，因此即便被诉侵权作品与原告作品构成实质性相似，法院也应当另外判断被诉侵权作品对原告作品"借用部分"的实质性，若该部分并不具有实质性，则应当排除侵权的发生。合理使用的第四个判断要素为对潜在市场的损害，以计算机软件中的非文字部分侵权为例，在实质性相似的判断中是否考虑对原告作品的市场损害也就亟须考虑，不同学者对此持有不同看法，但是更多主张应当在软件的非文字部分实质性相似的判断中

---

〔1〕 参见张今：《著作权法》，中国人民大学出版社2015年版，第148页。

〔2〕 参见王迁：《网络版权法》，中国人民大学出版社2008年版，第290—291页。

〔3〕 See Castle Rock Entertainment, Inc. v. Carol Pub. Group, Inc. , 150 F. 3d 132 (2nd Cir. 1998).

考虑被诉侵权作品对原作品的市场损害程度。[1]基于此，在版权侵权认定中，依据版权侵权的认定规则——"接触+实质性相似"——划定原告作品的权利边界时，也应当结合合理使用的四项要素依次进行判断，防止对版权权利边界的扩大或缩小。

综合上述分析，版权的财产权属性使得版权人在互联网环境下能够借助技术措施的灵活性扩大版权权利边界，但是《世界知识产权组织版权条约》中关于禁止规避技术措施的规定与版权的人格权属性相冲突。[2]由于版权人以技术措施"私人造法"的方式扩大版权权利边界时，即会扩大版权市场，若在此基础上限制社会公众规避技术措施的行为，就会"侵蚀"社会公众本应享有的合理使用空间。因此，无论适用法哲学抑或法经济学的分析方法，在具体界定版权权利边界时，都应当考量版权人与社会公众之间的利益杠杆，既保护版权人对自己权利边界的界定，也给予社会公众合理使用的空间。

三、版权权利边界之界定规则的限制

版权权利边界可在法律和实践两个维度进行定义：在法律维度，版权权利边界受版权法中诸多因素的影响，如思想与表达二分法、实质性相似的测试方法、合理使用原则；在实践维度，版权权利边界与版权人的法定权利在实践中的应用有关。[3]根据莱姆利教授的观点，在版权保护中，每个原则的适用都是关于原告是否持有有效的权利，被告的行为是否侵犯原告的权利边界以及被告是否能够有效抗辩。[4]因此，在界定版权权利边界时应当同时考量版权法中的权利限制原则，使得实质性相似的认定更加明确。

---

〔1〕 其中 David Ladd 教授反对考虑"对潜在市场的损害"这一要素，Pamela Samuelson 教授则探讨了考虑该因素的优缺点，而 Sprigman 教授则极力主张在非文字部分侵权中应当考量被诉侵权作品是否损害了原作品市场。Pamela Samuelson，"A Fresh Look at Tests for Nonliteral Copyright Infringement"，*Northwestern University Law Review*，107（4），2013，p. 1845.

〔2〕 参见《世界知识产权组织版权条约》第 11 条，其要求缔约方应规定制止规避由作者为行使本条约或《伯尔尼公约》所规定的权利而使用的，对就其作品进行未经该有关作者许可或未由法律准许的行为加以约束的有效技术措施。

〔3〕 See Matthew J. Sag，"Beyond Abstraction：The Law and Economics of Copyright Scope and Doctrinal Efficiency"，*Tulane Law Review*，81（1），November 2006，p. 198.

〔4〕 See Mark A. Lemley & Mark P. Mckenna，"Scope"，*Stanford Public Law Working Paper*，No. 266 0951，2015，p. 2.

实质性相似因其结构、范围等而被视为比合理使用更加模糊的问题，其在不同案件中的判断标准亦不相同，美国第九巡回法院也同样认为其并无任何抽象的指导可以解决该问题。同时，在实质性相似的具体判断中，由于还存在着普通观察者与具体受众之不同，对思想与表达的不同范围划定使得版权的权利边界更加不明确。[1]实质性相似与版权权利边界之间的关系可以类比他人侵害（trespass）与土地所有权之间的关系，即当对侵害的定义扩大到土地的上空时，相比侵害实际存在的土地，土地所有权的界限被扩大，在版权保护的环境下，当对实质性相似的标准提高到基本相同的标准时，版权权利边界缩小。[2]虽然版权权利边界是知识产权法中的关键问题，但当前并未得到法院的重视，而是由双方当事人自行划定版权权利边界。[3]

（一）版权法目标下的限制

版权法的目标是通过激励机制鼓励作者创作，从而促进科学、文学、艺术的进步与繁荣。从激励的角度，即便是缺乏适度独创性的作品，版权法也会给予有力的保护，此也就扩大了版权权利边界。版权法中的激励机制也被用来缩小版权的保护范围，其思路为：版权法意在鼓励更多科学、文学、艺术作品的产生，此保护应当是值得的，版权权利边界不应当随意扩大。提供何种程度的保护才是适当的以及被诉侵权作品对原告作品何种程度的"借用"是被允许的，不同解答影响实践中法官对版权权利范围的"圈定"。当"圈定"版权保护的最大范围时，根据经济学理论，确实可以使得版权人尽快收回个人回报，从而激发更多创作的产生与传播。但是，我们在看到版权法基于适当的激励机制授予作者对作品使用和流通的控制权利时，也不能忽视信息的公共产品属性，以及版权法在保障版权人利益的同时，也需要充分考虑知识广泛传播和推动社会文化发展的公益目标，[4]实现私人利益与社会公共利益之间的平衡，而在该平衡

---

〔1〕　尼莫教授以及法院交替使用普通观察者测试与实际受众测试而忽略二者之间的差别，版权权利边界更不明晰。Sitzer M. F., "Copyright Infringement Actions: The Proper Role for Audience Reactions in Determining Substantial Similarity", *Southern California Law Review*, 54 (2), January 1981, p. 387.

〔2〕　See Sitzer M F., "Copyright Infringement Actions: The Proper Role for Audience Reactions in Determining Substantial Similarity", *Southern California Law Review*, 54 (2), January 1981, pp. 385–416.

〔3〕　See Mark A. Lemley & Mark P. Mckenna, "Scope", *Stanford Public Law Working Paper*, No. 2660951, 2015, p. 6.

〔4〕　参见冯晓青：＂知识产权法的价值构造：知识产权法利益平衡机制研究＂，载《中国法学》2007 年第 1 期。

的过程中，会使得版权权利边界"圈定"的精确度更高。

在版权侵权判断中遵循版权法中的利益平衡原则至关重要。最优的版权保护不仅依赖于所创作的作品数量和成本，也应考虑在原告作品基础上复制的作品数量和成本，因为一旦作品被创作，其将以各种方式被利用和传播，如被诉侵权作品对原作品的利用超出合理的限度，将会导致公众减少对原作品的需求度，侵犯版权人的经济利益，进而打破版权法中的利益平衡机制。[1]

在版权法利益平衡原则的指导下，判断被告作品与原告作品之间的实质性相似也就关系着版权人与社会公众之间的利益杠杆。基于每个人的表达自由，版权法在授予作者权利的同时也施加了一定的限制，[2]在判断被诉侵权作品与原告作品的相似性程度时，要求其达到实质性相似才构成侵权，防止利益杠杆过于倾向版权人，造成版权权利边界的扩大。如在于正等与琼瑶侵害著作权纠纷上诉案[3]中，相似性并不是微弱的，而是要求被诉侵权作品中包含足够具体的表达，且紧密贯穿的情节设置在被诉侵权作品中达到一定数量和比例才可以认定构成实质性相似。

在具体案件中，即便法官有利益平衡原则的指导，如果缺少具体的操作指导，难免造成版权人与社会公众之间的利益失衡。在实质性相似的具体判断中，笔者认为可以借鉴波斯纳法官的经济分析方法。其强调作者的经济利益，主张版权权利边界延及对原告作品进行彻底改动或转换的作品，认为当被诉侵权作品能够在市场中对原告的作品构成替换（substitute），从而减少社会公众对原告作品的需求，无法实现对原告的版权法激励目标时，应当认定被诉侵权作品与原告作品之间是实质性相似。举例而言，当被诉侵权作品是对原告作品的近似转换（close paraphrase），以至于社会公众无法察觉其不同于原告作品时，被诉侵权作品即在思想和表达方面实现了对原告作品的市场替换，应当被认为构成实质性相似。当被诉侵权作品只对原告作品中的极小部分进行转换，但达到同样的对原告作品的市场替换时，应当认为也构成实质性相似。[4]金斯伯格教授

---

〔1〕　See Landes William M. & Richard A. Posner, "An Economic Analysis of Copyright Law", *Journal of Legal Studies*, 18（2），June 1989, pp. 325-363.

〔2〕　See Andrew Murry, *Information Technology Law：The Law and Society*, 3rd ed. , Oxford University Press, 2016, pp. 117-118.

〔3〕　参见北京市高级人民法院（2015）高民（知）终字第 1039 号民事判决书。

〔4〕　See William M. Landes & Richard A. Posner, *The Economic Structure of Intellectual Property Law*, Harvard University Press, 2003, p. 89.

也认为被诉侵权作品若是对原告作品的近似转换，可构成对原告作品的市场替换。[1]同时，普通观察者与实际受众之间的争论也可因经济分析方法而得到解决。在实践中应当以实际受众测试取代普通观察者测试，因为普通观察者并不会考虑版权保护为作者提供经济激励的目的，而作为原告获得激励的实际受众应当在实质性相似的判断中被考虑。

版权法通过"接触+实质性相似"的侵权认定规则确定版权保护范围，又以权利的限制原则平衡版权人、社会公众与传播者之间的利益杠杆，不单纯保护作者对其创作的作品的利益，也通过一定的权利限制保护公共利益，即在"保护"与"限制"的利益平衡中实现促进文化发展与繁荣的目标。在利益平衡原则的指导下，版权权利边界的勘定离不开对版权的限制。[2]

（二）网络环境下的版权限制

在网络环境下，作品的复制和传播日趋便利，一旦作品处于社会公众可以获得的状态，更多的人就可以同时使用同一部作品，即作品的公共属性日益突出，私人创作作品的激励也会减损。[3]基于此，版权人认为仍然以传统的版权法来保护版权是低效的，其开始寻求以技术措施或与用户签订契约的方式保护自己的权利。随着数字技术的快速发展，传播媒体的充裕使得消费者能够无限制地接触作品，消费者正在同时成为版权内容的制造者、复制者或传播者，[4]这导致版权人难以实现对作品流通后的控制，而版权人以技术措施或契约"私人造法"的方式来圈定自己的权利边界时，必然会冲击传统版权法在"保护"与"限制"的平衡中对作者版权的保护，版权的权利边界更是处于不断动摇中。

1. 技术措施[5]对版权权利边界的影响

数字技术的快速发展使得作品传播由有体及复制件的传播转变为借助网络

---

〔1〕 See Jane C. Ginsburg, "Sabotaging and Reconstructing History: A Comment on the Scope of Copyright Protection in Works of History after Hoehling v. universal city studios", *Journal of the Copyright Society of the U. S. A.*, 29（6）, August 1982, pp. 647-673.

〔2〕 参见冯晓青：《知识产权法利益平衡理论》，中国政法大学出版社 2006 年版，第 92—106 页。

〔3〕 参见卢海君：《版权客体论》（第 2 版），知识产权出版社 2014 年版，第 12 页。

〔4〕 参见吴伟光：《信息、制度与产权——信息社会与制度规治》，法律出版社 2015 年版，第 224—227 页。

〔5〕 我国现行《著作权法》与《信息网络传播权保护条例》称其为"技术措施"，但国际公约，如《世界知识产权组织版权条约》，称其为"技术保护措施"。《著作权法》在 2020 年第三次修正后，仍称之为"技术措施"，故笔者也以"技术措施"论之。

的快速传播，享有版权的数字作品能够被使用者快速占有、复制和传播，版权人难以用传统的版权法保护自己的权利。因此，在数字化传播成本下降和网络传播迅捷的基础上，版权人通过技术措施控制使用者接触自己的作品，控制版权权利边界。

版权法中的技术措施主要包括：① "接触控制措施" ——避免他人在未经许可的情况下，进行阅读与欣赏科学、文学、艺术作品或对未授权的计算机软件进行复制等行为，即控制对作品内容的 "接触"；② "版权保护措施" ——禁止他人未经许可对作品进行复制和传播，保护复制权等专有权利的技术措施。[1] 可以说，技术措施在互联网环境中的大规模应用，增加了版权人对作品的控制力，使得权利人在法律规定的权利之外能自由创设新的财产权，以 "人为造法" 的方式扩大了自己的权利边界。作品传播方式的巨大改变使用户经历了从 "占有复制件到直接体验作品内容" 的转变，[2] 由于作品并不存在实际复制件，用户是直接体验作品的内容，没有实际复制件被保存，当版权人以技术措施控制对作品内容的接触时，合理使用便缺少适用的空间。同时，由于技术措施可以同时控制使用者接触作品的思想，会违背思想与表达二分法，版权权利边界会受到挤压。

我国对技术措施既提供了保护，也进行了限制，[3] 从利益平衡角度明确了版权权利边界。在计算机软件的权利边界界定中，我国《计算机软件保护条例》第 24 条第 1 款第 3 项规定，故意避开或破坏版权人为保护其计算机软件版权而采取的技术措施的，属于侵犯计算机软件版权的行为。[4] 即当版权人通过设置技术措施的方式保护其权利边界时，应受到法律的保护。但是，不应忽视其对合理使用原则与思想与表达二分法适用空间的人为压缩。如果不对版权人实施技术措施的行为施加任何限制，会导致版权权利边界的不确定性。我国《信息网络传播权保护条例》明确了在特殊情形下，使用者可以破解或者避开技

---

〔1〕　参见王迁："版权法保护技术措施的正当性"，载《法学研究》2011 年第 4 期。

〔2〕　See Jane C. Ginsburg, "From Having Copies to Experiencing Works: The Development of an Access Right in U. S. Copyright Law", *Journal of the Copyright Society of the U. S. A.*, Vol. 50, 2002-2003, pp. 113-115.

〔3〕　参见《著作权法》（2020 年修正）第 49 条、第 50 条。

〔4〕　参见董慧娟：《版权法视野下的技术措施制度研究》，知识产权出版社 2014 年版，第 100页。

术措施,[1]但其需要符合合理使用与社会公共利益的要求,以此对版权权利边界的"肆意"扩张进行限制,使得版权权利边界更加明确。

版权法所保护的作品是指文学、艺术和科学领域内具有独创性并能以一定形式表现的智力成果。[2]若版权人以技术措施保护版权法中不受保护的作品时,会不当地扩大版权权利边界,则该技术措施不应受到版权法的保护。如在我国首例涉及技术措施的北京精雕科技有限公司诉上海凯奈电子科技有限公司侵害计算机软件著作权纠纷案[3]中,法院认为计算机软件权利人对软件运行数据的特殊设定,限制了社会公众利用机器自由读取该数据的权利,权利人通过技术措施将其在软件上的权利扩张至机器上。此并非为保护计算机软件的版权,该技术措施不应受到法律的保护。也就是仅对保护版权作品的技术措施提供法律保护,允许版权人以技术措施的方式界定自己的权利边界。

当使用者为获取作品的思想或为合理使用而规避技术措施时,版权的权利边界问题就转化为如何处理版权的合理使用原则与技术措施之间的冲突,既使得使用者能从版权法适当的限制和例外中受益,也能让版权人通过技术措施保护自己的权利边界的问题。[4]王迁教授指出,技术措施尚未达到智能区分对作品的非法利用和合理使用的程度,只能自动禁止未经许可的所有行为,而这会导致合理使用也会不可避免地被阻止。[5]合理使用作为版权侵权的抗辩,赋予使用者"特权",以在未获得版权人许可的情况下使用版权作品,其仅限制版权人所获得的专有权利。但是,版权人并不享有控制作品接触的权利,合理使用者如果规避"接触控制措施",也就不具有正当性。如当记者想要对一部戏剧进行评论时,需要购票去剧院观看,而不能以合理使用为由拒绝购票,科学家要

---

〔1〕《信息网络传播权保护条例》第12条规定了以下四种具体情形:①为学校课堂教学或者科学研究,通过信息网络向少数教学、科研人员提供已经发表的作品、表演、录音、录像制品,而该作品、表演、录音录像制品只能通过信息网络获取;②不以营利为目的,通过信息网络以盲人能够感知的独特方式向盲人提供已经发表的文字作品,而该作品只能通过信息网络获取;③国家机关依照行政、司法程序执行公务;④在信息网络上对计算机及其系统或者网络的安全性能进行测试。如前面提到的,《著作权法》(2020年修正)第50条对技术措施的保护进行了限制,实际上是对《信息网络传播权保护条例》第12条的修改。

〔2〕 参见《著作权法》(2020年修订)第3条。

〔3〕 参见上海市高级人民法院(2006)沪高民三(知)终字第110号。

〔4〕 参见朱理:《著作权的边界——信息社会著作权的限制与例外研究》,北京大学出版社2011年版,第154页。

〔5〕 参见王迁:"技术措施保护与合理使用的冲突及法律对策",载《法学》2017年第11期。

利用一本书进行科学研究时，需要购买这本书，其不能以合理使用为由请求版权人提供，合理使用原则与规避"接触控制措施"正当性之间的矛盾也就在此凸显。[1]由于技术措施针对的就是受版权法保护的作品，当使用者为合理使用而规避技术措施时，应当认为合理使用可以作为侵权的抗辩理由，免除使用者的侵权责任。

传播技术的不断进步使新的利益诱因不断出现，版权法也不断在新利益上设置权利，此财产权的设置也激励着版权人发挥权利客体的最大效用，[2]版权法对技术措施的规定即是在利益平衡杠杆的作者一端提供激励，赋予版权人自力救济的权利，但为了防止版权权利边界的无限扩大，应当对版权人的技术措施进行一定的限制，允许使用者以合理使用为由规避"接触控制措施"，而非对版权人提供绝对保护。因为版权是赋予版权人的有限垄断，版权延伸至新技术成果的事实并非使其成为绝对垄断的契机。[3]由此可见，版权人对技术措施的应用也应当受到合理使用的限制。

2. 在契约法框架下规制软件许可协议

网络环境使得消费者对计算机软件等数字化作品的需求越来越多，首先开发出来的软件权利人很可能在市场中占有一定支配地位，消费者选择替代性产品的机会有限。因此，版权人可利用其在市场中的支配地位，以软件许可协议的方式附加限制性条款，如规定不得对软件进行反编译等本应属于合理使用的行为，并且对本不属于版权法保护范围内的要素扩大保护，以致造成版权与契约之间的冲突。因此，契约对版权权利边界划定的影响就成为实践中值得研究的问题。

版权人以软件许可协议确定自己软件作品的权利边界时，对其正当性的认识存在着正反两方面的观点，对此可追溯到对版权角色的不同认识。根据歌德斯坦教授的分析，首先是主张私人收益，即将版权看作一种产权，以契约保护版权当属合理正当；其次是主张社会利益，认为以契约"人为造法"的方式确

---

〔1〕 See Wencke Basler, "Technological Protection Measures in the United States, the European Union and Germany: How Much Fair Use Do We Need in the 'Digital World' ", *Virginia Journal of Law & Technology*, 8 (3), Fall 2003, p. 8., 王迁教授也认同合理使用原则与规避"版权接触措施"之间的矛盾，并进行了相应的引用。

〔2〕 参见熊琦：《著作权激励机制的法律构造》，中国人民大学出版社 2011 年版，第 8—9 页。

〔3〕 参见〔美〕莱曼·雷·帕特森、斯坦利·W. 林德伯格：《版权的本质：保护使用者权利的法律》，郑重译，法律出版社 2015 年版，第 175 页。

定版权权利边界时，动摇了版权法中的利益平衡原则，使得版权法中的利益天平倾向于保护版权人的经济利益，压缩了公共利益的空间，[1] 版权权利边界被人为扩大。对该问题的不同认识也凸显了以软件许可协议确定版权权利边界时的不确定性。

实质上，当软件的权利人以软件许可协议的方式扩张自己的权利边界时，要探讨的问题即演变为契约能否限制版权权利边界。基于契约自由原则，契约在版权法中扮演着越来越重要的角色，当契约中的双方当事人对版权客体作出约定时，应当说版权与契约已经共存。但是，版权人以契约方式扩大版权保护范围并获取市场占有地位，会打破传统版权法赖以保护的有形财产制，造成版权与契约在划定版权权利边界上的矛盾，何者应当优先适用也就成为讨论的焦点。根据斯坦福法学院莱姆利教授的观点，版权法在下述两种类型中应当优先适用：第一种是法定优先（statutory preemption），当契约规定与版权法中的直接规定相冲突时，应优先适用版权法规定；第二种是微妙平衡优先（delicate balance preemption），即虽然契约规定未与版权法的直接规定相冲突，但是打破了版权人与使用者之间的利益平衡时，版权法应当优先适用。[2] 当以契约划定版权权利边界时，应当考虑版权法中的直接规定与社会公共利益，否则会导致版权权利边界之确定缺乏依据，在侵权判定中会造成法官依据自由裁量权任意扩大或缩小版权权利边界的后果。

为了防止版权权利边界以契约的方式被人为扩大或缩小，应当在版权的权利边界"触角"延伸到社会公共利益时，否定该契约的正当性。契约属于私法的范畴，但是基于对社会公共利益的考量，多数国家和地区均采公共政策解释的方法，综合衡量，以确定契约的效力。[3] 版权人在契约自由的原则下积极扩大自己的权利保护范围本无可非议，但是当以契约违背版权法中的基本原则或立法规定时，应当基于公共利益的考量对其进行一定的限制，否则版权人与使用者之间的利益天平会明显倾向于版权人，违背版权法中的利益平衡原则，导致权利的滥用。所谓契约正义正是为了修正契约自由，即通过契约正义纠正在

---

〔1〕　See Paul Goldstein, Copyright § 10.1 (1989).

〔2〕　See Mark A. Lemley, "Intellectual Property and Shrinkwrap Licenses", *Southern California Law Review*, 68 (5), July 1995, pp. 1239-1294.

〔3〕　参见王涌：《私权的分析与建构：民法的分析法学基础》，北京大学出版社 2019 年版，第 148 页。

契约自由背景下，版权人利用自己的优势地位而损害契约相对方的利益，从而保护处于弱势地位的契约相对方。在网络环境下，即意味着版权人不能在软件许可协议中任意附加限制性条款。完全忽视社会公众对计算机软件的合理自由使用的权利，会悖于版权法中的利益平衡原则，进而损害社会公共利益。

在版权人依据软件许可协议勘定计算机软件的权利边界时，应当依据《中华人民共和国民法典》（以下简称《民法典》）关于合同制度的规定"检测"该协议的合法性。如果版权人在软件许可协议中附加的限制性条款是对使用者基于版权法中的合理使用原则而享有的使用自由进行的限制，则属于损害社会公共利益，应当认定该协议无效，软件的权利边界也就并未被延伸至社会公共利益空间。

四、版权权利边界之界定规则的具体适用

版权权利边界之界定规则在不同作品类型中适用时，所考量的具体要素不同。由于计算机软件作品不同于其他文字作品，其文字要素侵权和非文字要素侵权的技术复杂性导致版权权利边界之界定规则适用上的特殊性，因此以计算机软件作品为考察对象确定版权权利边界具有合理性。

计算机软件是相对于硬件而言的概念，包括计算机程序及其文档，[1]其是由程序员以源代码（source code）的形式写成，通过编译成目标代码（object code）的方式运行，软件中的非文字性要素是指除了代码本身以外的其他要素，包括软件的结构、顺序和组织。对软件非文字性要素的保护以 Whelan 案为标志，经历了由否定到肯定的过程，"非文字性要素也应当受到一定程度的保护"已经成为定论。[2]在计算机软件的版权侵权纠纷中，法院也通常对文字要素与非文字要素区分进行判断。但是，计算机软件由于具有不同于其他文字作品的技术复杂性，在侵权案件中难以按照实质性相似的传统测试方法进行判断，版权权利边界也就一直处于不确定状态。

我国在司法实践中对实质性相似的认定缺乏统一而明确的判断标准，导致对版权的保护有不当扩大和缩小之虞。首先，我国法院在具体案例中并未明确实质性相似的判断主体为普通观察者、实际受众抑或专家。如在《高原骑兵连》

---

〔1〕 参见张今：《著作权法》，北京大学出版社 2015 年版，第 29—30 页。

〔2〕 See Julian Velasco, "The Copyrightability of Nonliteral Elements of Computer Programs", *Columbia Law Review*, 94（1），January 1994, p. 242.

诉《最后的骑兵》著作权侵权纠纷案[1]中，法院以抽象分离的方法只比较两部作品之间的表达因素，即具体情节、描写的侧重点、主人公的性格等，并未明确判断主体。然而，判断主体的不同自然也会影响版权的权利范围。其次，我国法院在同一案件的实质性相似的认定中采取不同的测试方法，如"整体感知侵权测试法"与"抽象—过滤—对比"测试法，由于"整体感知侵权测试法"易扩大版权保护范围，而"抽象—过滤—对比"测试法则有限制版权保护范围的倾向，版权权利边界也会因此受到影响。如在"猴寿"案中，一审法院基于两部作品整体架构的近似认为两部作品构成实质性相似，但是二审法院基于两部作品各个细节的不同否定构成其实质性相似。[2]由此可见，实质性相似标准的不明确与法院具体适用方法的不同都会导致版权权利边界模糊。

（一）实质性相似测试方法在计算机软件侵权中的适用

计算机软件侵权包括文字要素侵权和非文字要素侵权，其中文字要素侵权是指对软件代码（源代码与目标代码）的侵权，而非文字要素侵权则是指在软件的功能、结构或整体感观方面侵权。[3]版权中的文字要素理所应当受到版权保护，但是也不能忽视对非文字要素的保护，否则非文字要素的实质性相似也会侵犯版权人的利益，是对版权权利边界的压缩。对此，可适用不同的测试方法：对于软件的文字要素，需要比较软件之间源程序的相似性，对于软件的非文字性要素，则需要进行整体观察以判定实质性相似，从而明确版权权利边界。

文学艺术领域内作品的作者意图直接与读者进行交流，而计算机软件则是与计算机进行"交流"。对于文字性要素，用户几乎无法看到其源代码——版权客体，而仅能看到输出结果。当被诉侵权作品是对原作品源代码的复制时，则易于判断是否构成实质性相似；对于非文字性要素，因为越来越多的计算机软件之间的相似性在于结构、顺序及组织，所以难以适用传统的测试方法来判定其是否构成实质性相似。对此，法院通常以整体感观进行判断，而对普通观察者的选取也就可能导致实质性相似的不同测试结果。因此，为明确勘定计算机软件的权利边界，在选取普通观察者时应当以专家测试的标准，选取计算机领域的专业人士判断被诉侵权作品与原作品在文字要素与非文字要素之间的实质

---

〔1〕 该案为最高人民法院2017年3月6日发布的指导性案例。

〔2〕 参见卢海君："论作品实质性相似和版权侵权判定的路径选择——约减主义与整体概念和感觉原则"，载《政法论丛》2015年第1期。

〔3〕 See Jennifer Davis, *Intellectual Property Law*, 4th ed., Oxford University Press, 2009, p.75.

性相似程度。

在计算机软件侵权判断中，可通过"三步测试法"——"抽象—过滤—对比"——判断构成实质性相似。由于任何作品都是思想与表达的混合，在第一步"抽象"的过程中，计算机软件被认为是由一整套单独的指令所组成的不同模块，其功能并未被具体实现，但是由计算机指令指明各模块的具体功能；在更高一级的抽象中，低级的指令被替换为功能元素；在进一步的抽象中，软件模块的实施被功能元素替代，最终抽象出软件的功能。[1]对此，可借鉴王迁教授对其他文字作品进行抽象的方法以下图表示：[2]

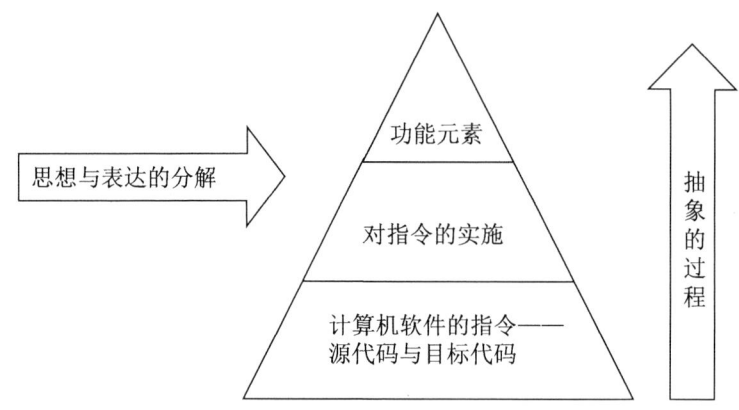

思想与表达的分解

功能元素

对指令的实施

计算机软件的指令——
源代码与目标代码

抽象的过程

图1 对计算机软件中不受保护元素的抽象

第二步进行"过滤"，即把受版权法保护的表达从不受保护的元素中分离出来，这个过程可以检测抽象出的是否是思想以及表达是否来自公有领域而不受保护，因此，该"过滤"的过程也是对原告版权保护范围进行界定的过程。第三步"对比"则是在前两步的基础上比较被过滤后受保护的表达是否相似，即只比较计算机软件的指令——源代码与目标代码是否实质性相似，以此确定被诉侵权软件是否落入原告软件的权利范围内。

在计算机软件侵权中也通常存在对软件的反向工程，当借助反向工程对他人作品进行合理使用时，则涉及合理使用与侵权之间的合理界限问题，版权权

---

〔1〕 See Robert P. Mergers, Peter S. Menell, Mark A. Lemley, *Intellectual Property in the New Technological Age*, 6th ed. , Wolters Kluwer Law & Business, 1997, p. 562.

〔2〕 参见王迁：《知识产权法教程》（第 4 版），中国人民大学出版社 2014 年版，第 50 页。

利边界的界定也就并不明确。软件反向工程是通过对他人软件的目标程序进行逆向分析和研究，推导出其所使用的思路、原理、结构、算法、处理过程等设计要素，作为自己开发软件时的参考或者直接用于自己的软件之中。[1]当以反向工程获取软件中的思想时，也会凸显思想与表达二分法的适用与反向工程正当性之间的矛盾。法院在实践中审理软件侵权案件时，不仅需要考量实质性相似的具体判断，也要结合合理使用的侵权抗辩，即当对原作品所实施的反向工程满足合理使用并且对思想的使用未逾越思想与表达之间的界限时，应当认定该反向工程并未侵犯原告作品权利边界，从而最终明确计算机软件的权利边界。如在"ATT7021AU"集成电路布图设计专有权侵权纠纷案中，法院认为被告对原告作品的复制并非通过反向工程获得，且不符合合理使用的构成要件，因此判定侵权。该判决也可逆推得出关于软件的反向工程的裁判标准：当目的是合理使用时，要明确该合理使用与侵权之间的界限，避免扩大对侵权的认定范围，造成原告作品权利边界的缩小。[2]

波斯纳法官认为在学术与司法之间存在分歧：学术研究有时因为忽略事实而对司法实践并无裨益，学者对司法实践也许并没有清晰的认识，其对法官判决的批判有时是因为并不了解法官工作所具有的限制，其就此写作的文章对司法实践并无指导性。[3]鉴于此，本文以在中国裁判文书网搜索到的10个计算机软件侵权案件[4]为考察对象并制作下表，探讨实质性相似在我国司法实践中的具体认定，以减少理论与司法实践之间的分歧。

---

〔1〕　参见北京市海淀区人民法院（2006）海民初字第 16187 号民事判决书。

〔2〕　参见上海市高级人民法院（2014）沪高民三（知）终字第 12 号民事判决书。

〔3〕　See Richard A. Posner, *Divergent Paths: the Academy and the Judiciary*, Harvard University Press, 2016, pp. 1–3.

〔4〕　十个软件侵权案件分别为：重庆市第五中级人民法院（2015）渝五中法民初字第 46 号；浙江省高级人民法院（2014）浙知终字第 233 号；浙江省杭州市中级人民法院（2013）浙杭知初字第 28 号；上海市高级人民法院（2013）沪高民三（知）终字第 8 号；上海市第一中级人民法院（2007）沪一中民（知）初字第 239 号；上海市高级人民法院（2009）沪高民三（知）终字第 62 号；上海市高级人民法院（2008）沪高民三（知）终字第 25 号；上海市第二中级人民法院（2006）沪二中民五（知）初字第 374 号；上海市高级人民法院（2007）沪高民三（知）终字第 14 号；北京市海淀区人民法院（2006）海民初字第 16187 号。

表 2　计算机软件侵权案件的具体判断

软件侵权类型	软件文字性因素	软件非文字性因素	反向工程与合理使用
案件数量	7	2	1
法院具体判断	对比软件源程序是否实质性相似；另外，排除基于思想与表达合并原则而不受保护的因素	对比软件中的功能模块、界面、图标，即便软件源程序不同，也不能否定软件之间的实质性相似	对软件的反向工程构成合理使用应当符合软件反向工程人自己开发的软件不与他人软件实质性相似的条件。

来源：作者整理。

从上表可以看出，在软件侵权案件中，对于软件文字性要素侵权，因为软件以源代码的形式固定下来而享有版权，在根据思想与表达二分法排除掉不受版权保护的元素后，主要比对软件的源程序之间的相似性；对于软件非文字性要素侵权，则从整体感观的角度判断，当普通观察者认为构成实质性相似时，将版权权利边界延伸至对非文字要素的保护。但是，不同于中国法院的判决，英国法院在 Navitaire Inc v. Easyjet Airline Co. and Bullet Proof Technologies Inc. 案中否定源程序不同而软件整体感观相同的侵权，其认为版权法只保护软件功能效果的具体表达，即软件程序代码，而非软件的功能效果。[1]当软件存在反向工程时，法院判断被诉侵权软件对原告软件的反向工程是否跨越了合理使用的界限而构成侵权，即根据合理使用的具体要件具体界定软件的权利边界。

由于软件作品在功能性上不同于其他传统作品，其虽然作为文字作品受保护，但是意在服务于实用目的，因此在实践中对思想与表达之间界限的划分更加艰难。正如汉德法官所言，没有人划定过该边界，也没有人可以。[2]如果所划界限侧重保护版权人，则会赋予版权人过度的垄断权；反之，如果所划界限过于保守将无法实现对版权人的激励作用。基于此，在判断是否构成实质性相似时应当明确从专家测试的角度出发，对其中的思想与表达进行正确的划分，以过滤掉不受版权法保护的元素。对于软件中非文字要素的侵权，从整体感观

〔1〕　See Tina Hart, Simon Clark & Linda Fazzani, *Intellectual Property Law*, 6th ed., Palgrave Macmillan, 2014, p. 171.

〔2〕　See Robert P. Mergers, Peter S. Menell, Mark A. Lemley, *Intellectual Property in the New Technological Age*, 6th ed., Wolters Kluwer Law & Business, 1997, p. 559.

角度判断存在对版权权利范围保护的扩大或缩小之虞，法院在具体应用中应当以利益平衡原则为基础，既能保护软件权利人的利益，也要赋予他人合理利用的自由。唯有如此，才能促进更多计算机软件作品的产生。

版权法基于思想与表达二分法而仅保护表达，但是当思想仅有一种或有限的方式进行表达时，思想与表达合并，应否定对该表达的保护，否则会造成对思想的垄断，此合并原则应同样适用于计算机软件侵权判断。当完成某种任务的特定指令是唯一或基本的表达方式时，应当允许在后使用者采取相同的指令序列。在软件设计中，由于效率至关重要，追求高效率的不同软件之间往往相似性较高；对效率的追求也会限制表达方式的选取，如尼莫教授所言，为完成特定的任务，在仅有特定的结构可选择时，应当否定对该结构的版权保护。[1]在设计计算机软件的过程中除考虑效率因素外，简洁性与实用性也是要优先考虑的因素。在判断软件之间是否构成实质性相似时，被诉侵权软件的设计在追求效率性、简洁性与实用性的同时，若追求同样的功能，即便构成对原告软件的复制，也应当否定这是对原告版权权利边界的侵犯。

（二）以权利限制原则界定计算机软件的权利边界

结合波斯纳法官的经济分析方法，当被诉侵权的软件非文字性要素整体感观与原告软件的近似程度达到足以替换原告作品市场的程度，即市场失灵状态，使得原告无法收回自己开发软件的投入时，应当适用权利的限制原则。一方面，计算机软件权利边界不应借助软件许可协议与技术措施而被无限扩大；另一方面，计算机软件使用者也应当有合理使用的空间。由此可划定出对原告软件权利的准确保护范围。

以"三步测试法"判断计算机软件的权利边界也同样面临是否给予软件权利人足够激励的问题。若权利人未被赋予足够的版权保护，其将不会投入更多的时间与资金设计与优化软件结构。公众福利也是不能忽视的，社会公众应当可以自由使用不受保护的思想。要在版权人与社会公众之间形成利益平衡，既要使版权人能够合理"收回"创造性的投入，最终也要促进社会公众创作更多的作品，即应考虑社会利益，而途径之一就是遵循权利的限制原则。

权利限制原则看似与版权法中的激励理论相冲突，实则不然。版权法意在赋予版权人"禁止权"以促进作品的创作，而援引权利限制原则进行抗辩是在

---

[1]　See Robert P. Mergers, Peter S. Menell, Mark A. Lemley, *Intellectual Property in the New Technological Age*, 6th ed. , Wolters Kluwer Law & Business, 1997, pp. 559-661.

即使版权人禁止的情况下也赋予社会公众自由使用的一项权利。但对版权人的过度保护实际上会抑制社会公众的创作，因为后续创作须得到在先作者的许可，而所有的作者在创作时都会不同程度上"借用"在先作品。因此，版权法需要在激励版权人与在后作者使用在先作品之间寻求平衡。版权法借助思想与表达二分法与合理使用原则实现该平衡，实现既保证版权法中的激励理论又保障社会公众利益的目标。

如上文所述，版权法仅保护对思想的表达，而不保护思想本身，这在计算机软件侵权中凸显得尤为重要，因为计算机软件的发展和增长依赖于对现存思想的接触和利用。通过适用汉德法官的"抽象测试法"，法院意图在计算机软件的思想与表达之间划定明确的界限，但是该测试并未回答现存作品思想与表达的分界线的位置，而只是为法官在个案中提供了指导的方法，这使得在计算机软件侵权案件发生后，法院才能以自由裁量权确定思想与表达之间的分界线，从而明确原告软件作品的权利边界。

与传统文字作品相比，计算机软件作品的功能与实用的特殊性使得可供作者选择的表达方式较少，当思想的表达仅有一种或非常有限时，合并原则的适用可以阻止侵权的成立。计算机软件作品的作者——程序员——受程序运行和形式的限制，可选择程序语言有限，再加上数据处理与计算机程序本身的控制流，导致程序员通常会采取最有效的表达方式。即便存在着更多可选择的表达方式，此时也可视同表达方式有限，否定被诉侵权作品侵犯原告作品权利边界的主张。以计算机软件中的搜索排序算法为例，计算机软件处理大量数据时会花费大量运行时间，进而影响运行的速度，因而程序员会选择最有效率的方法进行搜索排序，尽管当前有众多方法可以对大量数据进行搜索排序，但是最有效的方式是有限的。[1]换言之，程序员可选择的表达方式是有限的，此时不能以存有其他表达方式为由扩大原告作品的权利边界，即便构成实质性相似，也可通过合并原则否定侵权的存在。

权利限制原则中的合理使用制度的设计初衷是维护版权人的合法利益，实现作品利用的效益最大化，只有在版权市场无法将作品交易至最优使用者时，

---

　　[1]　See David Nimmer, Richard L. Bernacchi, Gary N. Frischling, "A Structured Approach to Analyzing the Substantial Similarity of Computer Software in Copyright Infringement Cases", *Arizona State Law Journal*, 20 (3), Fall 1988, p. 642.

版权法才以权利限制原则赋予使用者一定的使用作品的自由，[1]否则从保护版权作品市场价值的角度出发，并无权利限制原则的适用空间。在 Folsom v. Marsh 案[2]中，法院认为被诉侵权作品对原告作品的逐字利用明显减损了原告作品的价值，影响了潜在的市场价值，侵犯了原告的版权，并不构成合理使用，此为对原告作品经济利益的保护。该依据也可同样适用于计算机软件侵权案件中，即当被诉侵权软件对原告软件的借用实质上造成了对原告软件的实质替代时，使得原告的软件市场价值减损，无法取得针对版权创作投入的回报时，应当否定合理使用抗辩，保护原告的合法利益。否则，在原告的创作动机得不到合理激励时，会损害后续的创作，违背版权法激励科学、文学、艺术创作和传播的目标。

（三）以计算机软件反向工程限制版权权利边界

根据张吉豫博士的观点，软件的反向工程是借助反汇编、反编译等方式对软件中只能机器阅读的代码进行转换，从而得到技术人员可阅读的汇编代码或高级语言源代码，据此进行软件程序的分解，进而提炼出软件中的思想——接口规范、组织结构、算法流程等信息。[3]在对软件进行反向工程时，需要将二进制代码转化为可理解的形式，这一转化就涉及某种形式的复制。[4]软件反向工程所得到的信息会使后续软件的开发成本降低，涉及原告软件的市场利益与被诉侵权软件市场利益之间的矛盾，因此，对被告所进行的软件反向工程行为的认定就成为影响原告软件权利边界的关键。

通过反向工程，被诉侵权者可以编写不同的代码而实现与原告软件相同的功能，其并不是对原告软件的复制，因此原告软件的权利范围是否延伸至该相同的功能部分（非文字要素）就成为版权侵权中需要讨论的问题。在 Ibcos Computer v. Barclays Mercantile[5]案中，对版权侵权的分析并不限于文字要素，也要对比软件结构、设计特征等要素，即当借反向工程所设计的软件达到对原告软件的结构要素的实质性相似程度时，也应当认为落入原告的版权权利范围。

---

[1] 参见熊琦："论著作权合理使用制度的适用范围"，载《法学家》2011 年第 1 期。

[2] See Folsom v. Marsh, 9 F. Cas. 342 (C. C. D. Mass. 1841).

[3] 参见张吉豫："软件反向工程的合法性及立法建议"，载《中国法学》2013 年第 4 期。

[4] See Brian Fitzgerald, Cristina Cifuentes, Anne Fitzgerald and Michael Lehmann, "Innovation, Software, and Reverse Engineering", *Computer and High Technology Law Journal*, 18 (1), 2001, p. 122.

[5] See Hector MacQueen, Charlotte Waelde, Graeme Laurie, *Contemporary Intellectual Property: Law and Policy*, Oxford University Press, 2010, p. 141.

在国内外的司法实践中，软件反向工程的合法性及对原告版权权利边界的影响通常在合理使用中被探讨。如在 Sony Computer Entertainment, Inc. v. Connectix Corp. 案 [1] 中，法院认为在进行反向工程过程中产生的中间复制（intermediate copying）是对版权法中不受保护元素的复制，是合法的，其使得消费者可以在个人电脑上使用而形成转换性使用，并未侵犯原告软件的权利保护范围。但是也有法院认为，如果被告对原告软件作品的反向工程是在原告采取技术措施而禁止接触的情形下进行的，应当认为不能适用合理使用原则。[2] 在国内的司法实践中，当软件反向工程中涉及对他人软件的复制或演绎时，法院从是否符合合理使用的规定出发进行判断，具体依据是：①软件反向工程人系他人软件合法使用者；②软件反向工程人系为合理使用的目的；③软件反向工程人自己开发的软件不得与他人软件实质性相似。[3] 当对软件的反向工程满足上述三个条件时，应当认定该反向工程是对原告软件的合理使用，并未侵犯原告软件的权利边界。

我国法院判断软件反向工程时的一项依据是反向工程人自己开发的软件是否与原告的软件构成实质性相似，而是否构成实质性相似又在软件权利边界的界定中起着举足轻重的作用，因此对软件反向工程的认定自然会影响版权权利边界。根据李明德教授的观点，对计算机软件进行反向工程时分两步进行：一是拆解只有计算机可以阅读的软件，创作出程序员可以阅读的源代码；二是在获得源代码后，利用从中提取的相关思想编写软件。[4] 当利用原告软件思想进行反向工程时，对原告软件思想的利用受限于思想与表达二分法而被认定为正当使用行为，但是如果被告软件与原告的软件构成实质性相似时，即符合版权侵权的认定规则"接触+实质性相似"，应认定被告的软件落入原告软件的权利保护范围，是对原告版权权利边界的侵权，会损害原告软件的版权市场利益，使得原告无法收回对软件的所有投入，有悖于版权法的激励机制。

根据上述分析，在界定计算机软件的权利边界时，通常以不同的测试方法

---

〔1〕　See Sony Computer Entertainment, Inc. v. Connectix Corp. , 203 F. 3d 596 (9th Cir. 2000)

〔2〕　See Brian Fitzgerald, Cristina Cifuentes, Anne Fitzgerald and Michael Lehmann, "Innovation, Software, and Reverse Engineering", *Computer and High Technology Law Journal*, 18 (1), 2001, p. 139.

〔3〕　参见北京市海淀区人民法院（2006）海民初字第 16187 号民事判决书。

〔4〕　参见李明德："美国《版权法》对于计算机软件的保护"，载《科技与法律》2005 年第 1 期。

判断软件文字要素与非文字要素之间的相似性程度。基于利益平衡原则的考量，要以权利的限制原则防止版权权利边界的扩大，在存在反向工程的案件中，还应从思想与表达二分法角度判断软件之间的相似性程度。除此之外，在软件市场中，版权人还通过软件许可协议的方式控制对软件的售后使用，即将软件的发行视作"许可"而非"销售"，从而规避首次销售原则，限制软件复制件的再次转让，进行售后禁止（post-sale restrictions），如禁止再次销售、禁止复制等，[1]但这一做法面临版权权利边界扩大的问题。笔者认为考虑是否允许版权人以软件许可协议规避首次销售原则时，也应当立足于版权法的基石——利益平衡原则，考量版权法的目标——促进知识的传播和进步，即当该软件许可协议与版权法的目标相悖时，应认定该软件许可协议无效。

五、结论

版权权利边界是版权侵权发生时的保护范围。基于法律原则，在版权体系中可从以下三个方面分析，即版权权利的有效性，被告对原告的版权侵权，被告所享有的抗辩。在界定版权权利边界时，可从以下几个方面考量：

第一，应当在不同作品类型中适用不同的实质性相似测试方法。对于文字作品，应以抽象测试法为判断依据，划定出思想与表达之间明确的界限，只比较表达元素。对于非文字作品，适用整体感知侵权测试方法，但是由于其判定的主体普通观察者也存在普通观察者与实际受众的差别，易造成比较的元素延及思想，因此应引入专家测试以避免缩小版权的权利边界。对于计算机软件这一包含复杂技术的作品，应适用"抽象—过滤—对比"的三步测试法，不保护抽象出的思想，只比较计算机软件之间的源代码与目标代码。

第二，界定版权权利边界时，应当考量版权的财产权和人格权双重属性。一方面，适用法经济学分析方法，以版权的财产权属性，即"无形的手"，勘定出版权的保护范围，但是不能忽视该自发的界定可能会导致市场失灵，损害社会公众利益；另一方面，应当同时运用"有形的手"，以利益平衡原则为基础，施加权利的限制原则，纠正市场失灵状态，从而"裁剪"出准确的权利边界。

第三，网络环境与现代数字技术的发展使得精确复制件的产生更加容易，版权人难以控制对作品的复制和传播。以计算机软件作品为例，版权人以技术

---

〔1〕　See Elizabeth I. Winston,"Why Sell What You Can License? Contracting Around Statutory Protection of Intellectual Property", *George Mason Law Review*, 14（1）, Fall 2006, pp. 93–134.

保护措施和软件许可协议的"私人造法"方式勘定自己的权利边界，有损害社会公众利益之虞。在计算机软件侵权案件中，实质性相似的判断应当运用抽象测试法，首先判断权利的有效性，即以专家视角，准确区分思想与表达；其次判断被告对原告的软件侵权，区分软件中的文字性要素侵权与非文字性要素侵权，考量利益平衡原则，同时结合经济分析方法判断被告作品是否构成对原告作品市场的替换；最后分析被告的抗辩，即划定合理使用与版权侵权的界限，明确对版权的合理保护范围。

知识产权案例指导制度研究
——功能偏差与价值回归

刁佳星

　　自 2010 年最高人民法院颁布《关于案例指导工作的规定》（法发［2010］51 号）至 2020 年，案例指导制度实施已有 10 年，但是对于其效力与定位却一直没有形成统一的认识。理论界对案例指导制度的效力与定位存在判例说、司法解释说以及法律适用说的多元化认识与分歧。事实上，案例指导制度在实际运行中呈现出保守化倾向，即大陆法系的制度惯性仍然存在，并沿袭了大陆法系语境下成文法规范的生成与适用路径。理论上的分歧与实际运行中的保守化倾向制约了知识产权指导案例的功能与价值，导致其不能有效解决知识产权领域因新型知识产权客体与新型侵权行为的涌现而导致的法律漏洞。因此，在我国深入推进案例指导制度的背景下，有必要对其进行深入研究，以期对知识产权案例指导制度的完善有所裨益。本文以论证知识产权案例指导制度判例说为基础，探讨其在知识产权法律规范生成与适用领域的可能性与可欲性，并指出判例说的改革方向与路径最能提升知识产权法律规范的生成效率与适用效率，在本质上与知识产权法律制度的根本宗旨是一致的，即能够促进知识产权的产生与运用，从而促进社会福祉的最大化。

一、案例指导制度的前世今生

　　在大陆法系的语境下，相对封闭和静态的立法规定难以满足开放和动态的司法实践对司法协调性和统一性的需要，类似案件的差异化处理伤害了普通民众对司法效率和司法公正的心理期望，进而造成了司法的权威和信用危机。案例指导制度的出台与司法经验的积累和司法实践的需求息息相关。我国案例指

的公布、指导案例的适用等）进行了初步的架构性的规定，我国的案例指导制度得以正式建立。2011 年 12 月 30 日，最高人民法院研究室《关于编写报送指导性案例体例的意见》《指导性案例样式》就指导案例的体例进行了形式上的细化规定。2015 年 5 月 13 日，最高人民法院颁布施行《〈关于案例指导工作的规定〉实施细则》（法〔2015〕130 号），进一步明确了指导案例的遴选标准、体例要求、编选程序、发布主体以及在司法实践中如何被参照适用等问题。自 2010 年 11 月 26 日案例指导制度正式建立，至 2018 年 3 月 1 日，最高人民法院一共发布了 17 批 92 个案例。

处于探索阶段的案例指导制度的纵深推进不可避免地要对如下两个问题作出回应：规范性文件对其制度规定是否合理？其实际运行是否有效？为此，笔者以知识产权指导案例为视角，结合知识产权领域的立法与司法实践，对知识产权案例指导制度进行解剖与重构，以期能够对我国知识产权案例指导制度的规范与实践有所裨益。

（二）案例指导制度的概念与性质分析

知识产权案例指导制度的解剖与重构建立在对案例指导制度一般性的解构基础之上，即在案例指导制度一般性概念的内涵与外延、效力与定位所界定的框架之下，明晰知识产权案例指导制度的内涵与外延、效力与定位。

1. 案例指导制度的概念厘定

（1）"案例"的内涵与外延。《现代汉语词典》将"案例"界定为"能作为典范的个案"，在法律语境下，使用"案例"一词，其内涵为：经过人民法院审判作出的可以作为各级法院学习或学界进行研究样本的生效裁判。它包括两个方面：一是，根据最高人民法院《关于案例指导工作的规定》正式遴选并发布的官方指导案例；二是，由其他单位和个人编选的对于理论研究和司法实践具有指导作用的民间案例。根据最高人民法院《关于案例指导工作的规定》，官方指导案例是指裁判已经发生法律效力的案例，具体包括以下五种类型：社会广泛关注的、法律规定比较原则的、具有典型性的、疑难复杂或者新类型的、其他具有指导作用的案例。

"案件"指"有关诉讼和违法的事件；泛指事件"。[1]"案例"在数量上的有限性、意义上的典型性和作用上的指导性使其区别于"案件"。通常情况下，

---

〔1〕 中国社会科学院语言研究所词典编辑室编：《现代汉语词典》（第 6 版），商务印书馆 2012 年版，第 8 页。

典型案件，指有特别值得关注的争议焦点的案件；复杂性案件，指案件旨在解决多个法律问题或疑难复杂的法律问题的案件；启发性案件，指案件属于解决法律规则空白、模糊或冲突的案件，才能成为司法和学界研究和探讨的案例。

"判例"作为法律术语，指"法院可以援引为审理同类案件的法律依据的判决和裁定"。[1]在普通法系的法律语境下，与"判例"相对应的词为 precedent，在普通法黄金法则"遵循先例（Stare decisis）"的原则之下，其指具有约束力（Binding/Controlling）的正式法律渊源的判例法。

笔者认为，在我国对成文法的利弊分析日臻成熟的理论、立法与司法语境下，使用"案例"一词，多少有借鉴普通法系"判例"的旨趣。但在大陆法系的语境下，案例所具有的示范意义和参考价值尚未明晰，理论界、立法界及司法界对其司法适用的效力为何，其在法律体系中的定位为何，尚未达成清晰而统一的结论。

（2）"指导"的内涵与外延。案例指导制度的内核在于"案例的指导力"。[2]"指导"意为教导、指示引导。现行法律语境下，"指导"所要解决的问题为案例指导制度中的指导案例在法律体系中具有何种地位、在司法适用中具有何种效力，即指导案例是否可以作为一种正式法律渊源从而兼具事实拘束力与规范拘束力。根据最高人民法院《关于案例指导工作的规定》第 7 条及最高人民法院《〈关于案例指导工作的规定〉实施细则》第 9 条、第 10 条及第 11 条的字面解释，指导案例似乎不仅具备了事实上的拘束力，还具备一定程度上的规范（法律）拘束力，即在司法适用中，符合适用指导案例条件的，"应当参照"指导案例，不仅指导案例应当作为裁判理由被引述，对该案例的偏离亦应充分说明理由。但若仔细分析这五种类型的指导案例，上述结论似乎尚不成熟。在最高人民法院发布的五种类型的指导案例中，只有"法律规定比较原则的"旨在统一法律适用并提供新的裁判规则；其他类型，如"社会广泛关注的""具有典型性的""疑难复杂或者新类型的"并不会涉及法律解释和法律续造的问题，对日后发生的类似案件大可用既有法律规则解决。仅仅对最高人民法院颁布的文件进行抽象分析，在最高人民法院发布的五种类型的指导案例中，三种类型的案例是对现有成文法规范的司法适用。对这三种类型的案例而言，日后裁判并

---

〔1〕　中国大百科全书总编辑委员会编：《中国大百科全书》（法学卷），中国大百科全书出版社 1984 年版，第 87 页。

〔2〕　丁海湖："案例指导制度研究"，西南政法大学 2008 年博士学位论文，第 53 页。

非遵循指导案例的"指导"，而是遵照指导案例背后的成文法规范；日后裁判若被撤销，也并非因为未遵循指导案例的"指导"，而是与指导案例背后的成文法规范冲突。由此可见，对当前的案例指导制度而言，成文法规范具有优位于指导案例的第一性，这恰恰是典型的成文法逻辑（即成文法下的司法三段论）。仅存的"法律规定比较原则的"指导案例似乎为向普通法系借鉴打开了突破口，对这类指导案例的回应显得尤为重要（即司法者能否突破立法主义的藩篱，通过指导案例进行司法续造，以产生新的法律规则，以及经由指导案例进行司法续造所产生法律规则的效力问题），因为普通法系的法律逻辑正是在经验主义的哲学框架下，由案例推及案例，由判例衍生"法律规范"（"法律规范"是大陆法系的专有概念，在普通法系，由判例衍生的规则称为 Rule，笔者借这一概念指称普通法系的 Rule）。

（3）"制度"的内涵与外延。本文所谈论的制度，即在我国的制度环境下，由指导案例的生成机制和适用机制构成的有机整体。它包括两个部分：一是该制度的外在表现形式，即指导案例的生成机制；二是该制度的内在指导精神，即指导案例的适用机制（也可以称为指导案例的拘束力机制）。第一部分包括指导案例的遴选标准、体例要求、发布主体、来源途径、发布形式、案例清理等。第二部分主要指指导案例对同类案件的规范效力的问题："如何判断两个案件实质相同？法官在多大程度上受案例拘束，是严格遵循抑或参照适用？案例的拘束力来源于何处，是判决全文措辞具有约束力，还是判决结果具有拘束力，抑或是该判决中所抽取和概括的裁判规则具有约束力？法官在何种条件下以及如何修正案例、推翻案例。"〔1〕笔者认为这两部分共同组成了案例指导制度的有机整体。前文述及，指导案例的拘束力包括规范拘束力和事实拘束力，规范拘束力主要依赖于权力输出，而事实拘束力主要依托于权威生成，即指导案例在生成过程中遴选标准的严格性、体例要求的标准化、发布主体的权威性、来源途径的多样性、发布形式的官方性、裁判说理的充分性及案例清理的适时性可以强化指导案例的事实拘束力，而强化的事实拘束力是指导案例规范拘束力的前提和基础。

综上，笔者认为，案例指导制度是指最高人民法院有关指导案例的遴选标准、体例要求、发布主体、来源途径、发布形式、案例清理等外在生成机制及

---

〔1〕 宋晓："判例生成与中国案例指导制度"，载《法学研究》2011 年第 4 期。

由事实拘束力和规范拘束力构成的适用机制所组成的有机整体。

2. 现有理论博弈与评析

关于案例指导制度的效力与定位，理论界存在不同的观点：

有学者认为，在中国实行的案例指导制度，是以制定法为主，以案例指导为辅，在不影响制定法作为主要法律渊源的前提下，借鉴判例法的一些具体做法，它应被严格限定在法律适用的范围之内，不能越界。[1] 有学者认为，案例指导制度应当定位为一种法律适用机制，指导案例本身是适用法律比较成功的范例，是对法律、司法解释的细化或补充，在司法实践中将产生一种事实拘束力。[2]

有学者将案例指导制度定位为最高人民法院司法解释的一种形式，即最高人民法院运用案例的形式解释法律规则的具体含义，并指出此种定位符合我国国情，未超越全国人大常委会的授权。[3]

有学者认为，案例指导制度是具有我国特色的判例制度，它的建立使我国形成了"法律—司法解释—案例指导规则"这样一种多元的法律规则体系，并指出案例指导制度中的指导案例其实就是判例。[4]

概言之，理论界关于案例指导制度性质的认识，大致可以分为法律适用说、司法解释说和判例说，三者的根本区别在于指导案例在我国法律体系中是否产生正式法律渊源的效力。法律适用说相对保守，它保留了我国以制定法为主的法律体系下的思维惯性和路径依赖，严格依照最高人民发布的《人民法院第二个五年改革纲要》《关于案例指导工作的规定》等进行文本解释，指出了当前司法生态下，指导案例的实然状态，但该观点忽视了案例指导制度的生成背景和演进路径，不断压缩司法者在司法裁判过程中的创造性，不仅不承认指导案例的规范拘束力，还进一步压缩了指导案例所具有的事实拘束力的效力空间。司法解释说相对折中，它将案例指导制度纳入我国立法、司法和行政的权力架构中，并试图将其与最高人民法院司法解释制度相等同，指出了指导案例的效力

---

〔1〕 刘作翔："案例指导制度的定位及相关问题"，载《苏州大学学报（哲学社会科学版）》2011 年第 4 期。

〔2〕 四川省高级人民法院、四川大学联合课题组："中国特色案例指导制度的发展与完善"，载《中国法学》2013 年第 3 期。

〔3〕 朱建敏："构建案例指导制度的几个具体问题——基于效力定位的视角"，载《法治研究》2008 年第 7 期。

〔4〕 陈兴良："案例指导制度的规范考察"，载《法学评论》2012 年第 3 期。

定位，但作为司法实践成果的具体案例与作为司法解释的抽象规则在生成机制和司法适用等方面均不相同，实际上仍然是不承认指导案例作为一种独立类型的法律渊源所具有的规范拘束力。

判例说采取相对开放和前卫的观点，它指出了我国案例指导制度的演进路径和发展方向，指导案例，究其本质而言，就是判例。诚如有学者所指出的，"从法律功能主义的视角出发，各国创设之制度，只要承认前案判决对后案判决具有或强或弱的拘束力，不管命名如何，均可广义称之为'判例制度'"。[1]判例说认为，司法者在司法裁判过程中可以充分发挥创造力，进行司法续造，指导案例也具备了一定程度上的规范拘束力。此种观点指出了我国案例指导制度的应然状态，虽然具有理想主义的倾向，却能使我国的法律体系由封闭走向开放，由静态演绎走向动态衍生。

笔者认为，判例说指明了我国案例指导制度的应有之义，虽然在我国探讨判例法存在着大陆法系意识形态和制度惯性的制约，但只有合理地推陈出新，才能对我国法律制度有所裨益。况且，成文法与判例法的相互借鉴与融合乃当今两大法系的发展趋势，大陆法语境下成文法立法与司法实践的"拙陋"使得案例指导制度需要"填补法律漏洞"和"统一司法适用"，这两种功能与判例说所提倡的指导案例的价值相一致。

（三）知识产权案例指导制度概念与性质分析

知识产权案例指导制度具有上述案例指导制度的一般性，即知识产权案例指导制度是最高人民法院有关知识产权指导案例的遴选标准、体例要求、发布主体、来源途径、发布形式等外在生成机制及由事实拘束力和规范拘束力构成的适用机制所组成的有机整体。从法律关系的类型来看，知识产权指导案例包括知识产权民事指导案例、知识产权行政指导案例[2]和知识产权刑事指导案例。从法律关系的客体来看，知识产权指导案例涵盖了著作权案件、专利案件、商标案件、反不正当竞争案件、反垄断案件以及植物新品种案件等。

笔者选取知识产权案例指导制度作为研究对象的原因在于知识产权具有不同于有体财产权的特殊性。具体而言，这种特殊性表现为：

首先，知识产权案例所处理的是以知识产权为客体的法律关系。知识产权

---

〔1〕 宋晓："判例生成与中国案例指导制度"，载《法学研究》2011年第4期。

〔2〕 截至2018年3月1日，最高人民法院发布的17批92个指导案例中尚未纳入知识产权行政指导案例。

在本质上是一种"信息财富",即权利人智力活动的科学、文学、艺术成果和经营管理活动中的商业标记等,而这些无形的信息并不能自我体现,必须借助于有形介质而实现外在固化。不同于有体物,司法者通过感官可以直接感知到其存在,知识产权司法实践中,司法者必须区分无形的知识产权与其有形的外在固化,因此司法者需要刺破有形介质的"面纱",并借助抽象思维才能把握涉案知识产权的内涵与外延,从而使得知识产权案件所涉及的法律问题更为复杂。

在有形财产之上,往往可以实现双重保护,即权利主体通过物理垄断而对该有形财产实现有效管领;在权利人物理垄断受到侵犯时,权利主体还可以借助法律所赋予的排他力获得法律救济,以排除他人的不法侵害。然而,对大多数知识产权而言,权利主体多以"信息财富"的公开获得对该"信息财富"的产权,知识产权主体并不能管领该无形的"信息财富",而只能借助法律赋予的排他力来获得法律救济,故知识产权救济途径的单一性使得知识产权案件高发、易发。

对有形财产的侵害包括其物理价值的贬损和其市场价值的贬损,这两种价值的贬损往往具有可供参照的且较为明晰的计算标准。然而,知识产权一旦受到侵犯,即可为多人同时占有和使用,对该知识产权市场价值的贬损往往是不可逆甚至是毁灭性的,如何有效救济知识产权人的私权对司法实践提出了新的挑战。

其次,知识产权案件涵盖了民事案件、行政案件及刑事案件,而这三种案件涉及不同类型的法律关系,即平等主体之间因侵权、确权、知识产权合同而引发的民事法律关系,行政机关与知识产权相关主体因授权、确权及其他行为而引发的行政法律关系,国家与侵犯知识产权的犯罪主体之间的刑事法律关系。以知识产权案例指导制度为切入点对案例指导制度进行解剖,可以提纲挈领式地明晰民事、行政、刑事案件的审理思路及不同类型的知识产权指导案例在我国法律体系中的价值层级。

通过以上分析,笔者认为理论界与实务界就案例指导制度持法律适用说、司法解释说或者判例说的分歧主要在于:一是,司法者能否在司法裁判过程中通过指导案例进行司法续造,以产生新的法律规则;二是,指导案例(特别是指导案例中所包含的法律规则)是否具备事实拘束力与规范拘束力。笔者认为,案例指导制度由案例公布制度衍生而来,又向普通法系的判例法制度演变,其是在两大法系相互借鉴和融合背景下制度创新的产物。知识产权案件中知识产权客体的无形性、知识产权案件法律关系的多元性使得知识产权案件相较于其他案件更为复杂，知识产权指导案例在立法与司法实践填补法律漏洞、统一司法适用中的价值往往更为突出。

二、知识产权案例指导制度的必要性分析

一项制度创新需要结合该制度创新的必要性进行分析。知识产权案例指导制度的产生与我国大陆法系的制度背景相关。我国深受大陆法系的制度模式和思维方式的影响，在法律渊源方面表现为推崇成文法典的独占适用，在司法适用方面表现为单一的司法三段论的逻辑路径。知识产权立法和司法实践通常表现为知识产权司法实践先于知识产权立法，知识产权法律运行的实际状况与上述大陆法系的制度模式和思维方式不断发生摩擦与冲突。以指导案例缓和知识产权法律的实际运行与上述制度模式和思维方式之间的矛盾，是知识产权案例指导制度的初衷。

（一）制定法视阈下的法律规范生成机制

1. 唯立法主义的缺陷与不足

唯立法主义与我国法律制度建构的历史语境相关，它包括两个方面：一是对大陆法系的继受与借鉴，而大陆法系强调制定法为唯一的法律渊源；二是基于改革与发展需要的自上而下的权力构建，即法律只能由立法者制定、认可、修改和补充。在唯立法主义之下，立法者天真地期冀以一劳永逸的方式，即法律规范的法典化，为司法者提供长久的制定法规范的指引，而忽视了司法判例、习惯风俗以及理论学说等对于法律体系构建完善的不可或缺性。为了涵盖尽可能广泛的事实情境，制定法规范往往对错综复杂的人、事、物关系进行高度抽象和概括，法院在审理案件时必须严格依照成文法规范进行裁判。但是，其社会运行有力回击了唯立法主义：立法成果显著却仍面临无法可依的窘境。原因在于一元的制定法体系缺乏对社会的有效回应，它以"输入/输出模式看待立法或者简单地把它看成一个在法律与社会之间的信息交换"，[1]这种认为"法律规范直接导致社会改变的线性因果关系的思想"[2]与立法和司法实践背道而

---

〔1〕 张骐："判例法的比较研究——兼论中国建立判例法的意义、制度基础与操作"，载《比较法研究》2002 年第 4 期。

〔2〕 张骐："判例法的比较研究——兼论中国建立判例法的意义、制度基础与操作"，载《比较法研究》2002 年第 4 期。

驰。质言之，唯立法主义不可避免地带有先验主义的色彩，而忽视了法律往往滞后于社会实践的现实。唯立法主义下由制定法组建的规则体系的局限性表现在规则体系的单一性不能满足多元化的社会需求，规则体系的静态性无法满足变动不居的事实情境，规则体系的抽象性无法回应复杂的社会问题。唯立法主义的缺陷与不足所暴露出的"法律不能"使得法学理论界与实务界转向关注动态与开放的司法。

2. 知识产权法律规范生成的经验主义倾向

"经验主义推崇经验是唯一可靠的认识方法并以归纳法作为手段，即在许多个别的具体事物中寻找它们共同规律的反复"，[1] 经验主义的法律观是普通法系赖以建构和衍生的文化传统。普通法系信奉"法律的生命在于经验而非逻辑"，它基于人类认识能力的有限性采用归纳而非演绎的逻辑架构。经验主义的法律观认为"法学研究不是从理性，而是应当在行动中研究法律，即鄙弃书本上的法而重视生活中的法律；强调法的适用过程的重要性，主张在行动中发现和创制法律"。[2]

知识产权法律规范先天具有经验主义倾向。新技术的变革导致经济、文化及社会关系变迁，引起相对稳定利益关系的失衡，利益冲突涌现并加剧。知识产权的产生是对此种变迁及利益冲突的回应。第一部著作权法是对活字印刷术的回应。1474 年，威廉·卡克斯顿将活字印刷术引入英国，在知识产权尚未诞生的时代，出版者出版的图书由于活字印刷术的引进而得以肆无忌惮地复制和流通，印刷者和图书销售商财富激增并与出版者展开激烈竞争。恐惧所谓的"危险"文学流通而引发的政治危机并企图平衡出版者、印刷者及图书销售者的利益，英国皇室将出版的垄断权赋予了特定群体，此种出版的垄断权进而衍生出1710 年《安娜女王法》。

知识产权法律规范的发展同样具有经验主义倾向。知识产权为无形财产权，它并不像所有权一样，经济人能够通过肢体与感官而直接地实施物理获取与占有。对知识产权的获取与占有并非通过物理形式而是通过法律授予垄断权，而通过法律赋予垄断权对知识产权进行获取与占有需要思维演绎而实现。质言之，知识产权权利类型的构建与发展依赖于经济人利益意识的觉醒（即其认知能力），即某一主体在社会实践中逐渐意识到某一项智力成果或商机能够带来经济

---

〔1〕 丁海湖："案例指导制度研究"，西南政法大学 2008 年博士学位论文，第 35 页。

〔2〕 丁海湖："案例指导制度研究"，西南政法大学 2008 年博士学位论文，第 35 页。

价值或市场优势。利益意识的觉醒和市场价值的彰显并不是一蹴而就的，需要经历社会的反复实践而被证明合理。[1] 知识产权法律规范的生成是对新技术环境下实践经验的确认与概括，知识产权法律规范的变更亦来自于对发展中实践经验的再确认与再概括。在下文，笔者通过《著作权法》《中华人民共和国商标法》（以下简称《商标法》）和《中华人民共和国专利法》（以下简称《专利法》）的历次修改对这一观点进行进一步的说明。

在1991年《著作权法》中，著作权包括5项子权利，其中4项子权利（即发表权、署名权、修改权和保护作品完整权）可归入著作人身权项下；而使用权和获取报酬权为唯一的著作财产权，且未将数字作品的信息网络传播纳入考量范围。[2] 在王蒙等六作家分别诉互联网通信技术有限公司侵犯著作权案[3] 中，针对被告"在其网站上传播使用原告作品的行为"，法官首次以司法判决的形式认可了以信息网络传播著作权人作品的行为落入了著作权人所享有的权利范围，构成著作权侵权。这一司法实践先于知识产权立法并进而导致2001年修正的《著作权法》[4] 增加了新的权利类别，即信息网络传播权，并增加了第17项兜底条款。[5] 上述立法的修改源于知识产权实践的发展，即传统复制环境下作品以印刷媒介为载体实现有形流通，而在数字复制环境下作品以数字化形式实现即时传输，这种不被传统著作权控制的作品传输行为大大扩展了作品受众的时间和空间范围，并侵占了著作权人潜在的交易市场。信息网络传播权虽然并非我国立法与司法实践独创，但是为应对数字技术的挑战与冲击而对有益经验的借鉴与吸收。

2001年修正的《商标法》以概念性限定和列举式说明的方式将商标的构成

---

[1]　如美国版权法中的中的"Originality""Work for Hire"，美国专利法中的"Nonobviousness"，均是经由法院长期的司法实践，才得以建立并被纳入到成文的美国版权法及专利法中的。

[2]　该5项子权利包括发表权、署名权、修改权、保护作品完整权以及使用权和获取报酬权。参见1991年《著作权法》第10条。

[3]　参见北京市第一中级人民法院（1999）一中知终字第（185）号民事判决书。

[4]　2010年《著作权法》对2001年《著作权法》只进行了两处调整：对第4条进行调整，删去"依法禁止出版、传播的作品，不受本法保护"，同时增加"国家对作品的出版、传播依法进行监督管理"；增加第26条"以著作权出质的，由出质人和质权人向国务院著作权行政管理部门办理出质登记"。

[5]　该17项子权利包括发表权、署名权、修改权、保护作品完整权、复制权、发行权等。参见2001年《著作权法》第10条。现行《著作权法》（2010年修正）沿袭了2001年《著作权法》的权利体系。2020年修正后的《著作权法》则对部分子权利的内容作了调整。

要素界定为具备识别功能的可视性标志，包括文字、图形、字母、数字、三维标志和颜色组合，以及这些要素的组合。[1]然而，国外商标立法和实践突破了商标构成要素的可视性标准，如在美国，颜色（Colors）、商业外观（Trade Dress，产品包装和产品形状）、气味（Scents）、声音（Sounds）以及运动标记（Motion Mark）等可感知的标识都可以作为商标的构成要素；[2]而国内商业实践中，实际能够起到识别作用并能承载生产者与经营者良好商誉且降低消费者信息搜索成本的标识范围也不断扩张。将商标的构成要素限定在可视性标识范围内已经滞后于商品以及服务流通的纵深发展，并不能满足标识持有人在商业实践中对非可视性标识保护的需求。为此，2013 年修正的《商标法》明确规定"声音"可以作为商标的构成要素，并以非限定性的方式表明商标构成要素包括但不限于第 8 条所列举的标识。[3]除商标构成要素之外，商标类别[4]以及商标侵权行为的类型[5]在商标法中的演变也是对商业实践中商标使用行为及商标侵权行为的回应。

2000 年《专利法》对外观设计专利的保护范围局限在"制造、销售、进口"行为，[6]2008 年《专利法》将对外观设计专利的保护范围扩展到"许诺销售"行为。[7]究其原因，在于外观设计专利侵权纠纷实践中存在的如下问题："许诺销售"行为属于"制造、销售、进口"行为的前置行为，将外观设计专利权人的权利范围限制在"制造、销售、进口"实际上缩小了外观设计专

---

〔1〕 参见 2001 年《商标法》第 8 条。

〔2〕 Joseph Nye Welch II, Uli Widmaier, David C. Hilliard, "Trademarks and Unfair Competition", LexisNexis, 2016, p. 61.

〔3〕 参见 2013 年《商标法》第 8 条。

〔4〕 1993 年《商标法》第 4 条新增了服务商标。2001 年《商标法》第 4 条新增了集体商标、证明商标；第 13 条和第 14 条新增了驰名商标权利范围和认定标准。2013 年《商标法》第 13 条和第 14 条明确禁止商业实践中宣传和炒作驰名商标的行为，并明确驰名商标的认定要遵循"个案认定"和"被动认定"。

〔5〕 1982 年《商标法》只规定了两种商标侵权行为。1993 年《商标法》新增了"伪造、销售伪造的注册商标标识"以及"销售明知是假冒注册商标的商品"两种商标侵权行为类型。2001 年《商标法》新增了"反向假冒"的商标侵权行为。2013 年《商标法》将"帮助侵权"纳入商标法所列明的侵权行为类型之中。通过对《商标法》所规制的商标侵权行为研究，可以发现实践中商标侵权行为类型的扩张与《商标法》所规制的侵权行为之间存在线性因果关系。

〔6〕 参见 2000 年《专利法》第 11 条。

〔7〕 参见 2008 年《专利法》第 11 条。

利权人的权利范围，使得外观设计专利权人只能在存在实际"制造、销售、进口"行为的前提下才能维护外观设计专利权。再如，2000 年《专利法》中规定的相对新颖性标准造成了我国专利申请实践中"劣质"专利的存在，制约了我国创新能力和国际贸易的发展。[1] 2008 年《专利法》将相对新颖性提高到绝对新颖性的高度，从而对上述实践中的问题作出了回应。[2]

3. 对知识产权法定主义的质疑与回应

知识产权法定主义与上文分析的经验主义是有关知识产权法律规范创制的两种不同路径。知识产权法定主义关于知识产权法律规范的创制路径可以概括为"知识产权的种类、权利的内容以及诸如获得权利的要件及保护期限等关键内容必须由成文法确定，除立法者在法律中特别授权外，任何机构不得在法律之外创设知识产权"。[3]

就知识产权法定主义的理论依据而言，笔者选取了比较有代表性的学者的观点并对这些观点进行了分析。

郑胜利教授区分了知识产品的公共性与知识产权的私权性，并依据知识产权社会福祉理论提出，"对于某些似乎是应该给予法律保护的客体"，[4]"因如何构建这个法律制度一时尚认识不清或未走完立法程序"，[5]"与其冒着授予本不应设立私权的错误，不如将其暂放在公共领域之中"，[6]以使知识产品的公共领域保持自由与开放。

崔国斌副教授区分了劳动自然权学说和功利主义学说，认为在劳动自然学说之下，"任何妨碍权利人实现其劳动成果的市场价值的行为，都有可能依据知识产权法、民法等法律规则或者原则被禁止"；[7]而在功利主义学说之下，"在缺乏明确法律规则的情况下，一切智力成果一旦公开，就进入公共领域"，[8]进而提出，立法过程中的功利主义考量具备合理性与正当性，而司法过程中司法者依据自然权利理论对劳动者就其智力产品的控制权进行宽泛解释将违背知识

---

〔1〕　参见 2000 年《专利法》第 22 条。

〔2〕　参见 2008 年《专利法》第 22 条。

〔3〕　郑胜利："论知识产权法定主义"，载《中国发展》2006 年第 3 期。

〔4〕　郑胜利："论知识产权法定主义"，载《中国发展》2006 年第 3 期。

〔5〕　郑胜利："论知识产权法定主义"，载《中国发展》2006 年第 3 期。

〔6〕　郑胜利："论知识产权法定主义"，载《中国发展》2006 年第 3 期。

〔7〕　崔国斌："知识产权法官造法批判"，载《中国法学》2006 年第 1 期。

〔8〕　崔国斌："知识产权法官造法批判"，载《中国法学》2006 年第 1 期。

产权法的原则，破坏法定的利益平衡关系以及损害知识产权法的确定性。[1]崔国斌副教授依此认为应严格压缩司法者在司法过程中的司法续造空间，并强调知识产权法的独占适用。

李扬教授区分了知识产权法定主义的观念基础、立法适用和司法适用。作为一项基本观念，可将知识产权法定主义理解为“凡是知识产权特别法没有明确规定授权的就是民事主体所不能享有的，至少是知识产权法所不鼓励的”。[2]就其适用而言，作为一项立法原则，可以将知识产权法定主义理解为“任何一项知识产权，都必须通过制定法加以创设”；[3]作为一项司法原则，可以将知识产权法定主义理解为其“严格否定法官自由裁量权的存在”，法官对知识产权法的适用与解释“严格受制于法定主义的价值目标”。[4]

笔者将上述关于知识产权法定主义的观点归纳为三重冲突：知识产品的公共性与知识产权的私有性之间的博弈，知识产权法定权利（主义）与知识产权自然权利之间的博弈，以及知识产权立法主义与司法自由裁量之间的博弈。知识产权法定主义论者上述观点的逻辑路径为社会福祉相较于个人私权具有优位性，因此在立法者授予的私权范围之外为自由开放的公共利用空间；知识产权自然权利理论具有扩张私权的潜在危险，不得随意扩张私权以压缩公共利用空间，因此知识产权的私权范围只能严格限定在立法者授权范围内，而不能由司法者在司法实践中扩张。

笔者认为，上述观点的局限性在于：

（1）过度突出知识产品的公共性而忽视知识产权的私权性。知识产权属于私权，这在国际公约以及国内外立法与司法实践中已经得到普遍认可，著作法、商标法以及专利法等的立法宗旨固然同时提及了知识产品之上的私有权益和知识产品的公共价值，但这些立法宗旨在逻辑顺序上首先是对于知识产品之上私有权益的保护，其次才是知识产品促进“文化繁荣、科技进步以及社会经济健康发展”的公共价值。知识产品首先是以私有产品的形式产生，这是知识

---

〔1〕 崔国斌：“知识产权法官造法批判”，载《中国法学》2006 年第 1 期。

〔2〕 李扬：“知识产权法定主义及其适用——兼与梁慧星、易继明教授商榷”，载《法学研究》2006 年第 2 期。

〔3〕 李扬：“知识产权法定主义及其适用——兼与梁慧星、易继明教授商榷”，载《法学研究》2006 年第 2 期。

〔4〕 李扬：“知识产权法定主义及其适用——兼与梁慧星、易继明教授商榷”，载《法学研究》2006 年第 2 期。

产权法律制度构建的逻辑起点，脱离对私有产品创造者的激励和知识产权本身的保护而奢谈社会福祉的最大化是不现实的。知识产权法定主义论者的逻辑误区在于将知识产权法律制度视为一种行政管理的手段，在于将知识产权视为一种社会服务的工具。

（2）自然权利学说的正当性在于其包括赋权与不赋权两个方面。知识产权法定主义论者无一例外地认为自然权利学说会不正当地扩大知识产权的保护范围，剥夺可供其他利益群体利用的信息资源。该观点只看到了自然权利学说的一个方面。洛克的劳动财产论包含两个方面，即对付出正当的智力劳动与财产投入的知识产权客体赋予知识产权保护，对没有付出或者非正当付出智力劳动与财产投入的非知识产权客体则不赋予知识产权保护。如在 Feist Publication, Inc. v. Rural Telephone Service Co., Inc （以下简称"Feist 案"）中，美国联邦最高法院认为，著作权法对汇编作品的保护只及于该汇编作品的独创性部分（components original to the author），对所汇编的事实（underlying facts）则不赋予著作权法的保护，因为这部分并未体现作者的独创性劳动。[1]

（3）即使是知识产权法定主义论者，也意识到知识产权法定主义可能导致知识产权法律规范僵化。在知识产权法定主义之下，法定主义论者认为，应对知识产权法律规范僵化的倾向主要有两种方式，即纳入兜底条款和由立法机关修法。就兜底条款而言，它实际上承认了法官根据个案进行自由裁量的权力，已经偏离了知识产权法定主义的初衷；就立法机关修法而言，其存在周期较长、成本较高、立法理性有限等缺陷，从而使得知识产权法律规范的生成效率较为低下。

实际上，知识产权法定主义可以理解为构建知识产权法律制度的一种结构性原则，[2]它着眼于知识产权法律制度的逻辑自洽和体系完善，而通过知识产权指导案例填补知识产权法律体系中的法律漏洞与上述结构性原则所追求的价值目标是一致的。从这种意义上来说，司法造法与知识产权法定主义并不矛盾。

（二）制定法视阈下的法律规范适用机制

对制定法视阈下的法律规范生成机制进行分析后，不妨再研究制定法视阈下的法律规范适用机制，进一步论证知识产权案例指导制度判例法演进方向正

---

［1］ Feist Publications, Inc. v. Rural Telephone Service Co., Inc., 499 U. S. 340, 346 (1991).

［2］ 应振芳："司法能动、法官造法和知识产权法定主义"，载《浙江社会科学》2008 年第 7 期。

当化的理论基础。

大陆法系应用法律规范解决法律问题的逻辑路径——司法三段论——来源于逻辑学中的三段论概念。司法三段论的基本形式为：[1]

大前提 T → R：法律规范（具备 T 构成要件者适用 R 法律效果）

小前提 S = T：案件事实（待决案件事实符合 T 构成要件）

结论 S → R：该待决案件事实适用 R 法律效果

这种看似严谨的形式逻辑在大陆法系的语境下通常被认为：

法官作为"思考的服从者"严格依照法律规范对事实情境进行涵摄，从而限制了法官的肆意妄为，保证了个案正义；相同的案件事实依照相同的法律规范进行裁判，同案同判，不同案不同判，从而保证了法的安定性、稳定性。司法三段论的典型司法逻辑即以事实为依据，以法律为准绳。法官应用司法三段论进行逻辑演绎建立在两个假设基础之上：成文法规范完备、良好并且清晰；事实认定清晰，事实涵摄简便易行。这种建构在"理想主义的大厦"假设之上，将法官视为"思考的服从者"而机械演绎的法律适用过程忽视了大小前提所存在的不可避免的缺陷：大前提中成文法规范的局限性及司法涵摄过程中事实情景的复杂性。

1. 司法三段论中成文法规范的局限性

成文法规范的局限性表现在，立法者理性认识能力的缺陷使得成文法规范是有限的；成文法规范修改的周期较长使得成文法规范表现出时滞性与僵化性；成文法规范的普遍性使得成文法规范的语言容易变得抽象和模糊。

（1）成文法规范的有限性。成文法规范的制定主体立法者"在认识上受到其知识结构、生活经历、阅历丰富程度、驾驭语言文字的功夫、制定法律的技术条件、思维中的偶然因素等的制约，其认识能力、预见能力以及表达能力等都是有限的"，[2]法律规范的数量也是有限的，而待发生事实并非对已发生事实的简单复制，而是囊括了无限可能的不确定的事实，立法过程中潜在的路径依赖和修法惰性使得成文法规范总是相对封闭而有限。虽然基于立法理性主义，

---

[1] 周舜隆："司法三段论在法律适用中的局限性——兼论法官裁判思维"，载《比较法研究》2007 年第 6 期。

[2] 丁海湖："案例指导制度研究"，西南政法大学 2008 年博士学位论文，第 13 页。

立法者在立法过程中囊括了一些兜底条款，如《著作权法》第 10 条第 17 项"应当由著作权人享有的其他权利"、[1]《商标法》第 57 条第 7 项"给他人的注册商标专用权造成其他损害的"，[2]但笔者检索了《著作权法》《专利法》《商标法》《中华人民共和国反垄断法》（以下简称《反垄断法》）和《中华人民共和国反不正当竞争法》（以下简称《反不正当竞争法》），发现兜底条款的数量十分有限。虽然上述成文法规范中均规定了原则性条款，[3]但原则性条款的性质（即其仅仅具有意识形态指引的宣示意义抑或是具有司法适用的实践意义）需要进一步明晰。此外，对于兜底条款和原则性条款如何取舍与适用的问题，也依赖于司法智慧而非立法理性。上述开放性条款的存在实际上反映出立法者本身也认识到了立法理性主义的局限性并对司法者司法"造法"的职能有所期待。

（2）成文法规范的静态性。法律的权威性决定了法律应当具有稳定性。就法律的稳定性[4]而言，它要求法律在一定时期内保持不变，然而社会生活是变动不居的，因此，"法律自制定公布之时起，即逐渐与时代脱节"。[5]换句话说，成文法规范具有滞后性，这种滞后性表现在新发生的社会关系缺乏既有法律规范的调整，从而出现法律漏洞；已经消逝的法律关系使得既有的法律规范缺乏调整对象而变得无价值。成文法规范的滞后性在"互联网+"时代表现得尤为明显，移动互联网、云计算、大数据、物联网等高新技术更新换代的速度极快，在自由市场竞争的激励下，其转化为生产力的速度也越来越快，从而带来了生产领域、销售领域及消费领域等各方面的全方位的社会关系的变革。"互联网+"经济给知识产权法带来新的挑战。笔者分析最高人民法院自 2008 年至今

---

〔1〕　参见 2010 年《著作权法》第 10 条第 17 项。

〔2〕　参见 2013 年《商标法》第 57 条第 7 项。

〔3〕　如 2010 年《著作权法》第 1 条："为保护文学、艺术和科学作品作者的著作权，以及与著作权有关的权益，鼓励有益于社会主义精神文明、物质文明建设的作品的创作和传播，促进社会主义文化和科学事业的发展与繁荣，根据宪法制定本法。"知识产权法领域的类似原则性条款还有 2008 年《专利法》第 1 条，2013 年《商标法》第 1 条、第 10 条第 1 款第 8 项，《反不正当竞争法》第 1 条、第 2 条第 1 款，《反垄断法》第 1 条等，此处不再一一列举。

〔4〕　我国法学界普遍认为，法的稳定性包括三个层面，即法律本质的稳定性、法律内容的稳定性及法律形式的稳定性。为简化本文的讨论，笔者对以上三个层次不作区分。

〔5〕　［德］萨维尼："论当代立法和法理学的使命"，载西方法律思想编写组：《西方法律思想史资料选编》，北京大学出版社 1983 年版，第 528—531 页。

发布的有关知识产权的十大案例、五十大案例以及指导案例中的"互联网+"案件，发现在著作权法领域，"互联网+"带来的新挑战首先表现在，新型客体的出现挑战传统知识产权客体，如体育赛事节目及其元素（直播画面等）的可版权化问题，游戏软件可视化要素（直播画面、人物角色、游戏道具等）的可版权化问题，中文字库及其单字的可版权化问题等。其次，"互联网+"带来的新挑战表现在，新型行为模式的涌现威胁著作权人所享有的合法权益，如链接行为（浅层链接、深度链接、加框链接、盗链），利用 P2P、IPTV、网络云盘的网络服务提供行为违法性问题等。此外，应用人工智能生成作品的可版权化问题已经触及著作权法的基石——独创性，其在司法实践中尽管目前很少出现，但利用人工智能生成的作品不断涌现并引发了知识产权法学界的热烈讨论。新技术的涌现给著作权客体带来的挑战不言而喻，互联网领域新型行为模式也给专利权人[1]、商标权人合法权益的保护带来了挑战。这些"互联网+"的新问题、新挑战首先出现在司法者的视野之中并依赖于司法实践得到解决，而非首先出现在立法者的视野中，也不可能等待立法周期较长的成文法规范加以解决。

（3）成文法规范的抽象性。法律的普遍性决定了法律应当具备抽象性。法的对象永远是普遍的，它绝不考虑个别的人及个别的行为。[2]法律对特殊性始终是漠不关心的。[3]成文法规范的抽象性导致了其具有两个不可避免的缺陷：司法适用的僵化性与语言的模糊性。成文法规范司法适用的僵化性表现为其不能对具体的、特殊的或偶然发生的事件作出灵活反应。语言的模糊性是指语言所表达的对象在类属边界和性态方面的不确定性。[4]语言符号与其所描述的现实世界并非一一对应，语言符号的有限性与现实世界的无限可能性决定了特定语言符号可以用来描述多种事物，具有多种含义。在使用抽象语言时，语言的模糊性表现得尤为明显。法律语言要尽可能严谨，但为保证法律的普遍性，法律语言必须高度抽象和概括，即法律概念、规则、原则具有确定性内核和模糊性边缘，以尽可能有限的成文法规范调整尽可能广阔的社会关系。因此，在面

---

[1] 指导案例 83 号：威海嘉易烤生活家电有限公司诉永康市金仕德工贸有限公司、浙江天猫网络有限公司侵害发明专利权纠纷案。

[2] [法] 卢梭：《社会契约论》，何兆武译，商务印书馆 1980 年版，第 50 页。

[3] [德] 黑格尔：《法哲学原理》，范扬、张企泰译，商务印书馆 1982 年版，第 58 页。

[4] 徐凤："法律语言的模糊性及其克制"，载《首都师范大学学报》（社会科学版）2013 年第 1 期。

对具体的、特殊的或偶然发生的事件时，很难依据这种模糊的法律语言得出确定而直接的法律结论。受到法律语言使用主体语言使用习惯的影响，不同的人对同一法律概念、规则、原则可能存在不同理解，在面对同一事件时，也可能得出不同的结论。法律语言使用主体通常熟悉某一语言符号的自然含义（即日常语言中该语言文字符号通常指向的含义），由于思维惯性的影响，在面对新类型事件时，仍将其置于旧的成文法规范之下，从而使得法律结论具有保守化与僵硬化倾向。虽然成文法规范的语言模糊性可经由法律解释加以明确，但与社会实践并非并驾齐驱的立法和法律解释不可能穷尽所有的概念类型，更不可能明确、详尽概念的边缘。[1]法律语言必须置于特定的语境之下才能使其内涵和外延得以确定。因此，借助案例，特别是经由权威生成的指导案例来减少法律语言的模糊性，统一法律适用标准，在保证个案正义的基础上维护整个法制的统一尤为重要。

概括来讲，在制定法语境下，司法适用过程面临的第一个挑战即是成文法规范的局限性，这种局限性主要表现在以下方面：

表1　成文法规范的局限性[2]

成文法规范的特点	法律规则局限性种类	法律规则状态	法律规则局限性表现
成文法规范的抽象性	模糊规则	有单一规则	语义不清、内容残缺
成文法规范的有限性	冲突规则	有复数规则	内容互相冲突
成文法规范的有限性	不良规则	有单一规则	内容不良
成文法规范的静态性	空白规则（漏洞规则）	无规则	无语义、无内容

2. 司法涵摄过程中事实情景的复杂性

事实情景是动态的、具体的、无限的。在成文法语境下，法学教育是从法律规范的研读开始的，即当遇到成文法规范 T 抽象概括的事实情景 S 时，将适用特定法律后果 R，而非从事实情景开始。亦即，该事实情景与已决案件相比，有何种共性、何种特殊性，共性优位则适用与已决案件同一法律规则，特殊性优位则适用于已决案件不同法律规则。然而，事实情景并非总是能纳入到成文

---

〔1〕　丁海湖："案例指导制度研究"，西南政法大学 2008 年博士学位论文，第 17 页。

〔2〕　参见丁海湖："案例指导制度研究"，西南政法大学 2008 年博士学位论文，第 35 页。笔者在原图表的基础上，加入了成文法规范的抽象性、有限性及静态性的考量。

法规范规定的既有要件之下，因为事实情景总是随心所欲、变动不居并包含了无限可能的。以静态、有限、抽象的成文法规范为导向的成文法司法适用模式忽视了事实情景的动态性、具体性和无限性，这种随心所欲、变动不居并包含了无限可能的事实情景中的利益冲突才应该是司法的起点与重点。有学者指出，相较于普通法系，成文法系将事实情景涵摄到法律规范之下，而不必检索与事实情景相似的已决案件，不必将已决案件与事实情景中的事实要点一一进行比较分析，提升了司法效率，节约了司法成本[1]。笔者认为，司法涵摄过程中事实情景的复杂性（即从客观事实中提取法律事实并将法律事实涵摄到司法大前提之下）使得上述论述值得进一步探讨。

（1）从客观事实提取法律事实。纳入到司法视野中的事实情景都是已发生的事实情景，已发生事实情景不能自我体现，而是要借助程序法规则（证据规则、举证责任）进行情景再现。情景再现过程受到对立双方的利益影响，即相互对立的双方均希望由信息选择与编排还原的情景再现有利于己方。情景再现必然包含主观因素的利益考量，信息的选择与编排必然包含有意地取舍。因此，在司法适用过程中客观地还原事实情景几乎不能，呈现在司法者面前的是经过选择和编排的法律事实，而非客观事实本身，法律事实与客观事实之间的差异将会影响司法者的价值判断。

（2）将法律事实涵摄到大前提假设之下。涵摄即"将外延较窄的概念划归外延较宽的概念之下"，[2]将法律事实涵摄到大前提的假设之下并非一蹴而就的思维过程，因为法律规范与法律事实并非自我彰显，也并非只需要司法者将法律规范与法律事实简单对应。司法者在既有法律事实的基础上寻求适用于该法律事实的法律规范，司法者的视野在既有法律事实和可能适用于既有法律事实的法律规范之间来回穿梭，才能最终建立起法律事实与法律规范之间的对应关系。[3]在存在法律规范竞合的情形，司法者还必须对适用于法律事实的法律规范进行取舍。受司法者价值判断和知识结构的影响，将法律事实涵摄到大前提假设之下并非简便易行，而是相对冗长和烦琐。

---

〔1〕　薛兆丰："普通法与成文法的效率分析"，载《北京大学学报》（哲学社会科学版）2010 年第 2 期。

〔2〕　聂长建："从概念涵摄到类型归属——司法三段论适用模式的转型"，载《西北师大学报》（社会科学版）2011 年第 4 期。

〔3〕　杨建军："司法裁判中法律事实与法律规范的关系"，载《法制与社会发展》2007 年第 2 期。

在奉行立法主义的大陆法系语境下，司法适用的涵摄过程严格限制了司法的创造性，即司法者既不能创设任何新的法律规范，也不能拒绝裁判。原本最贴近社会生活实践、思维最为活跃的司法沦为"不能思考的木偶"，进而导致大陆法系的"规则创制"效率[1]远远不如普通法系。因此，成文法的司法适用实际上将司法者置于一个两难境地：如果法官进行司法续造则背离了成文法规范，跨入立法者所谓的立法权力空间；如果法官不进行司法续造，那就必须想方设法寻找到可能适用于既有法律事实的法律规范，即便该法律规范并不合适，这种做法往往造成司法不公正及司法权威的减损。如果在上述立法权力和司法公正之间进行博弈，无疑司法公正会"击败"立法权力，因为立法权力的行使必须服务于司法公正。

三、知识产权案例指导制度的可欲性论证

一项制度创新有效还是无效取决于制度创新是否可行。一项制度创新的可行性分析通常包括两个相互联系的方面：该制度创新的外部环境是否为其提供了可能性和其自身属性是否内涵革新的潜能。如果一项制度创新不具备施行的外部条件或者其自身属性与该制度设计的初衷相悖，从理论上说，这项制度创新将是不可行的。本部分从知识产权领域的司法改革与创新和司法的创造性分析知识产权案例指导制度判例说的可能性，并对判例说可能导致的"司法专断"进行分析与回应。

（一）外部环境——知识产权领域的司法改革与创新

1. 知识产权案件的"三合一"审判模式

知识产权案件的"三合一"审判模式[2]是指由同一个审判庭或专门法院统一审理知识产权民事、行政和刑事案件的审判模式。[3]知识产权案件在类型上具有多元性，即不仅包括民事案件，还包括行政案件和刑事案件。在知识产

---

〔1〕 薛兆丰："普通法与成文法的效率分析"，载《北京大学学报》（哲学社会科学版）2010 年第 2 期。

〔2〕 本文中所指的知识产权案件"三合一"是指司法领域知识产权案件审理的"三合一"，它区分于知识产权行政管理。知识产权行政管理体制可以分为两种模式："三合一"模式，即专利、商标和著作权集中统一管理；"二合一"模式，即专利和商标为一体，著作权另行分设。我国知识产权行政管理模式目前仍属于分散管理。

〔3〕 刘丽娜："知识产权案件'三合一'审判模式的困境与发展"，载 http://blog.sina.com.cn/s/blog_13c36ff600102wass.html，最后访问时间：2020 年 12 月 1 日。

权领域，专利和商标案件通常不仅涉及当事人与行政机关之间的行政纠纷，还涉及当事人之间的民事纠纷。在"三合一"审判模式下，民事案件、行政案件及刑事案件集中管辖，可以实现上述三类案件之间的衔接，便利于事实查明和法律标准的适用，从而增强知识产权司法保护的科学性、公正性和统一性。此外，知识产权案件的专业性、技术性较强，知识产权案件"三合一"审判模式，实际上是知识产权审判资源的集中与优化，这种集中与优化的司法资源有利于提高知识产权案件的审理质量，优化知识产权案件的文书写作水平，推进知识产权案件的司法创新。知识产权案件"三合一"审判模式为知识产权指导性案例的权威生成提供了"软件"支持。

2. 专门知识产权法院及知识产权法庭的成立

2014 年 8 月 31 日全国人大常委会《关于在北京、上海、广州设立知识产权法院的决定》明确指出在北京、上海、广州设立知识产权法院。同年施行的最高人民法院《关于北京、上海、广州知识产权法院案件管辖的规定》明确了北京、上海、广州知识产权法院知识产权案件的管辖范围，集中管辖有关专利、植物新品种、集成电路布图设计、技术秘密等专业技术较强的第一审知识产权民事和行政案件。各地方法院也纷纷成立知识产权专门审判机构，对本辖区内的知识产权案件实行集中、跨区域管辖。南京、苏州、成都、武汉等地的知识产权法庭已经挂牌成立，设立知识产权专门审判机构实行跨区域管辖的还包括重庆两江新区知识产权法庭等。从对上述规范性文件和实践的分析可知，由专门知识产权法院和知识产权专门审判机构审理知识产权案件已经成为知识产权审判的发展趋势。一方面，由专门知识产权法院及知识产权专门审判机构"垄断"大多数知识产权案件的裁判权，进一步促进了知识产权审判资源的集中和优化，可以促进知识产权案件司法公正，提高司法效率。另一方面，专门知识产权法院及知识产权专门审判机构将大多数知识产权案件的裁判权从地域性审级管辖之下抽离出来，这种集中和线性的知识产权案件的审理模式使得知识产权司法审判领域"遵循先例"，不存在审级权威秩序的障碍，顺理成章且整齐易行。[1] 简言之，上述机构的设立不仅为知识产权指导案例的权威生成提供了"软件"支持，也为知识产权指导案例的权力输出提供了"硬件"支撑。

---

[1]　宿迟、杨静："建立知识产权司法判例制度"，载《科技与法律》2015 年第 2 期。

3. 知识产权案例指导研究基地的设立

2015 年 4 月 24 日，最高人民法院知识产权案例指导研究（北京）基地在北京知识产权法院设立，在知识产权审判领域先行先试，全面开展理论化、规范化、信息化和开放化研究，为完善我国案例指导制度提供实践素材和实验样本。最高人民法院副院长陶凯元表示："北京知识产权法院作为全国首家知识产权法院，知识产权案件类型最为齐全、数量最多。同时，北京法院系统在知识产权案例研究方面也走在全国法院前列，有条件、有能力在知识产权案例指导研究方面进行新探索，作出新贡献。"〔1〕知识产权案例指导研究基地的建立是在知识产权案件"三合一"审判模式及专门知识产权法院和知识产权专门审判机构已经设立的背景下，对知识产权指导案例基于权威生成而产生内在约束力及基于权力输出而产生外在拘束力进行构建的有益尝试。

知识产权领域的司法改革与创新为知识产权案例指导制度的施行提供了外在制度保障。具体而言，它将知识产权案件从其他类型的民事案件、行政案件及刑事案件中剥离出来并集中和优化人力、物力资源对知识产权案件进行审理，从而为知识产权案件的权威生成提供了"软件"支持；它将大多数知识产权案件的裁判权从地域性审级管辖之下抽离出来，集中和线性的审理模式使得知识产权案件司法审判领域"遵循先例"顺理成章且简便易行，从而为知识产权指导案例的权力输出提供了"硬件"支撑；它以北京知识产权法院作为专门的研究基地，探索知识产权指导案例的生成与适用，从而为明确和探索知识产权指导案例的效力变更与实施路径提供了阶梯。

（二）内部机理——司法的创造性

1. 从概念法学到评价法学——司法创造性的正当性基础

概念法学推崇法的体系性和概念性，但经常为司法实务所诟病。其问题在于，"纯以概念操作法学，用概念来'计算'法学，因而远离生活，忽略判决的生活正确性，并把法官变成'输入事实就可以得出判决的机器'"。〔2〕基于立法主义和理性主义的概念法学将法律体系视为静态的体系，这种闭合的体系难以适应纷繁复杂且动态发展的司法实践。因此，概念法学逐渐被利益法学和评

〔1〕　陶凯元："探索完善具有中国特色的知识产权案例指导制度"，载 http://www.court.gov.cn/zixun-xiangqing-14266.html，最后访问时间：2020 年 12 月 25 日。

〔2〕　吴从周：《民事法学与法学方法：概念法学、利益法学与价值法学：探索一部民法方法论的演变史》，中国法制出版社 2007 年版，第 227 页。

价法学所取代。

海克的利益法学对概念法学产生了巨大冲击。海克认为："能使法律对生活有影响的，主要是判决。判决才能带出活的法律来。制定法只有通过判决才能获得权威的力量，这种力量给了法律应有的价值。"[1]因此，法官不能局限于机械地适用立法者已经制定好的字面的法律条文，因为法律适用并非机械的逻辑演绎过程，而是法律评价的过程。法官以一种"思考的服从"的态度去探究立法者的利益状态，将目光投射到概念和规范后的立法目的和评价过程，以解释法律和填补漏洞，从而将成文法与现实生活对接起来。因为法律适用评价法学进一步为法官的司法裁量提供了方向与指引。这种动态、开放并伴随司法一并衍生发展的法律，才是真正意义上的活的法律。

在待解决问题未落入任何既有规则的语义和意旨范围内时，法官"思考的服从者"的角色尤为突出，即在立法者所确定一般性与原则性的意义涵摄范围内创造性地进行法律评价和利益衡量，比如"公平正义""诚实信用"，从而对待解决的实然问题作出应然性回应。

法律体系的开放性和司法的创造性也得到了我国司法实务界的认同，北京知识产权法院原院长宿迟认为司法过程的成果即司法案例"相当于一个个毛细血管，于最精微之处见真章，源源不断地为立法、行政法规、司法解释、指导性案例提供实践养分，滋养着整个法律机体生生不息、进化发展"。[2]最高人民法院副院长江必新指出："司法者作为社会公平正义、公民自由权利以及国家民主法治之卫士，在立法语不及义、义不及旨的情况下，不能以法之疏漏为由无所作为，而应探寻立法之宏旨并在现实中予以宣示；在法律存在漏洞之处，不能因多惹麻烦之顾虑躲避绕行，而应通过司法方法的有效运作弥合法律织物的漏洞。"[3]

2. 法律漏洞——司法创造性的动因

所谓法律漏洞，即"现行法律体系中存在影响法律功能，且违反立法意图之不完全性"。[4]依据上述定义，法律漏洞包含以下三个方面：其一，指现行

---

〔1〕 吴从周：《民事法学与法学方法：概念法学、利益法学与价值法学：探索一部民法方法论的演变史》，中国法制出版社 2007 年版，第 229 页。

〔2〕 宿迟："案例指导制度的作用和意义"，载 http://www.legaldaily.com.cn/zfzz/content/2017-07/03/content_7229490.htm? node=81123，最后访问时间：2020 年 12 月 18 日。

〔3〕 江必新："司法对法律体系的完善"，载《法学研究》2012 年第 1 期。

〔4〕 梁慧星：《民法解释学》，中国政法大学出版社 1995 年版，第 251 页。

制定法上存在缺陷，即不完全性；其二，因此缺陷的存在影响现行法应有之功能；其三，此缺陷之存在违反立法意图。[1]依据上述定义，笔者认为法律漏洞来源于成文法规范的局限性并表现在如下四个方面：[2]①冲突漏洞，即该法律规则的冲突不能依照冲突规则加以解决的情形下（即在适用法律时，上位法优于下位法、特别法优于普通法及新法优于旧法），同一法律事实被多个法律规则涵摄且得出相互冲突的法律结果（如在新的普通法法律规范与旧的特别法法律规范之间的冲突）。②模糊漏洞，即法律规则的语义不明，内容残缺，法律事实能否被涵摄到该法律规则内涵所界定的外延之下需要等待法律解释加以明晰。③空白漏洞。狭义的法律漏洞专指空白漏洞，它是最典型的法律漏洞，指对于某一法律事实没有可以适用的法律规则。空白漏洞的形成包括两方面的原因：一是，立法主体的局限性，即在立法当时没有意识到某一法律问题的存在，因而没有作出规定，或虽意识到某一法律问题的存在，却囿于立法技术而未能作出规定；二是，由于社会关系不断变动，新发生的法律事实未纳入立法主体的预见范围之内而导致的空白漏洞。④不良漏洞，即适用某规则所得出的法律结果已经过时或者与法律所求之意旨、所定之原则相悖。

孟德斯鸠曾提到，"法律明确时，法官遵循法律；法律不能明确时，法官则探求法律的精神"。[3]法律漏洞的存在是司法创造性的动因。在冲突漏洞的情形下，法官不能依据冲突规则对法律规则作出取舍时，需要根据法律明示进行法律判断或根据法律原则与宗旨进行价值判断，以选取可以适用的法律规则。[4]在模糊漏洞的情形下，法官需要参阅不同法律条文进行思维链接，以获取完整的法律规则，在不能获取完整的法律规则或该法律规则语义不明的情形下，则需要借助法定的法律原则及法律宗旨对某一规则的内涵进行适当的法律解释，以确定某一法律事实应否以及如何纳入到该内涵所界定的外延之下。在

---

[1] 梁慧星：《民法解释学》，中国政法大学出版社 1995 年版，第 251 页。

[2] 成文法规范的局限性参见本部分第　节。

[3] 有学者以此来指称司法实务中的禁止拒绝裁判原则，笔者在此未敢使用禁止拒绝裁判原则，因为该原则通常指法官对于民事案件不得拒绝裁判，对于刑事案件则"法无明文规定不为罪，法无明文规定不处罚"，而知识产权案例指导制度中的指导案例不仅包括民事案件，还包括行政案件和刑事案件。

[4] 如 2013 年《商标法》第 73 条规定："本法自 1983 年 3 月 1 日起施行。1963 年 4 月 10 日国务院公布的《商标管理条例》同时废止；其他有关商标管理的规定，凡与本法抵触的，同时失效。"在《著作权法》《专利法》《反不正当竞争法》中均存在类似规定。

空白漏洞的情形下，没有可以适用的法律规则，法官依法律意旨借助法定的法律原则进行裁判；[1] 在没有法定的法律原则的情形下，法官只能依据推定的原则进行裁判，[2] 换言之，法官在此种情形下需要进行利益衡量和价值判断。在不良漏洞的情形下，法官适用该类法律规则将会得出与社会之实践、法律所求之意旨、所定之原则相悖的法律结果。因此，此种情形下，即便有成文的法律规则，该法律规则也不应适用于法律事实，法官此时需要远离不良规则，在法定原则、推定原则及法律精神指引之下进行利益衡量与价值判断。

因此，在上述四种法律漏洞的情形下，司法的创造性由弱到强可以列为：冲突漏洞<模糊漏洞<空白漏洞<不良漏洞。

（三）对司法专断恐惧的质疑与回应

承认知识产权指导案例的判例法精神内核与演变路径的恐惧来源于两个方面：一是，承认司法造法可能导致法官成为根据案件的情况处理每个案件的"专制君主"，[3] 自由裁量权的扩张极有可能使法官依据自我意志而非技艺理性进行司法裁判；[4] 二是，承认司法造法可能导致对立法权力的侵蚀和司法权力的膨胀，进而打破权力制衡的状态。笔者将上述两方面概括为对司法专断的恐惧并对这一观点予以回应。

1. 司法续造过程中司法者的约束机制

（1）司法权与立法权是知识产权法律体系构建的"两翼"，立法权通过"主

---

〔1〕　如 1993 年《反不正当竞争法》第 2 条第 1 款规定，经营者在市场交易中，应当遵循自愿、平等、公平、诚实信用的原则，遵守公认的商业道德。此条确定的自愿、平等、公平、诚实信用原则在法官判断新的商业模式和竞争模式是否违反该法时被多次援引，如北京奇虎科技有限公司、奇智软件（北京）有限公司与腾讯科技（深圳）有限公司、深圳市腾讯计算机系统有限公司不正当竞争纠纷案二审民事判决书［最高人民法院（2013）民三终字第 5 号］。

〔2〕　在知识产权领域，判断某一客体是否可纳入知识产权法的保护范围，判断某一行为模式是否侵犯知识产权法所保护的法益，往往没有既有的社会习惯可以参照，因为此种客体及行为模式通常是"互联网+"数字经济的产物。在北京奇虎科技有限公司等与北京搜狗信息服务有限公司等不正当竞争纠纷案二审民事判决书［北京市高级人民法院（2015）高民（知）终字第 1071 号］中，法官依据利益平衡原则认为：竞争关系的认定并不局限于经营者在诉争的特定市场交易行为中提供的商品或者服务的具体表现形式。即使经营者提供的是不相同也不类似的商品或者服务，如果经营者的市场交易行为损害了其他经营者的合法权益，也应当被认定为不正当竞争行为。

〔3〕　伊卫风："推翻先例、追溯性造法与法治"，载《东方法学》2017 年第 3 期。

〔4〕　伊卫风："推翻先例、追溯性造法与法治"，载《东方法学》2017 年第 3 期。

动立法、抽象立法"〔1〕的方式建构起知识产权基本法律体系，而司法权则发挥着填补通过立法构建的知识产权法律体系漏洞的价值。司法者对于法律漏洞的弥补以"被动性、具体性"〔2〕的司法续造的方式进行，即司法者的司法续造严格限定在具体纠纷的处理过程中，而不能突破具体个案的范围，像立法者一样就多个法律问题进行主动性与抽象性的立法，故司法权并不会不当僭越立法权的权力空间。

（2）承认司法续造也意味着遵循先例。法官针对新案件或新问题所作的判决、所创立的规则，需要同级和下级法官在今后类似案件的裁决中遵守。〔3〕这包括两个方面：一方面，法官所作之判决具有作为法律渊源的强制拘束力，法官要受到自己所作判决的强制拘束，以自我束缚的方式来限制司法自由裁量权的任意行使，使法官以"技术理性"而非"自我意志"进行任意裁判。另一方面，法官所作之判决将会被公开并作为被其他同级及下级法院法官援引的对象以及上级及同级法院法官审视的对象。其在判决中所进行的事实陈述、法律推理，以及包含所续造之法的法律结论，将会作为法律职业群体审视的对象，"十目所视，十手所指"之下的司法可以迫使法官在进行司法裁判过程中，使其事实陈述尽可能翔实，法律推理尽可能充分，法律结论尽可能合理。

2. 司法续造的本质在于对特定利益的调和

司法续造所产生的法律规则为实证法律规则，即特定法律关系中法律主体之具体利益安排，法官司法续造仍应尊重自然法价值指引，即此种利益安排须符合公平正义的价值理念〔4〕（在普通法语境下，这一公平正义的价值理念被称为"Law of Equity"）。就知识产权而言，互联网技术的发展和商业模式的创新，激发了新的知识产权客体和知识产权侵权行为模式扩张（如将他人已经实际具有商号作用的企业简称作为商业活动中互联网竞价排名关键词的行为、〔5〕在其

---

〔1〕　刘克毅："法律解释抑或司法造法？——论案例指导制度的法律定位"，载《法律科学》（西北政法大学学报）2016 年第 5 期。

〔2〕　刘克毅："法律解释抑或司法造法？——论案例指导制度的法律定位"，载《法律科学》（西北政法大学学报）2016 年第 5 期。

〔3〕　王涌："判例制是司法改革的'蝴蝶之翅'"，载 http://www.360doc.com/content/15/1219/14/2369606_521506107.shtml，最后访问日期：2020 年 12 月 28 日。

〔4〕　伊卫风："推翻先例、追溯性造法与法治"，载《东方法学》2017 年第 3 期。

〔5〕　指导案例 29 号：天津中国青年旅行社诉天津国青国际旅行社擅自使用他人企业名称纠纷案。

他经营者网站的搜索结果页面强行弹出广告的行为、[1]网络服务提供者帮助侵犯专利权的行为[2]），新的知识产权客体之上的利益归属以及知识产权侵权行为模式的定性均是知识产权人和侵权行为人之间有关知识产权具体利益的界定与安排，此种界定与安排需遵循公平正义的价值理念，即洛克的财产权劳动论，权利人享有其智力劳动所获之合理的财产收益，侵权行为人则不能不当攫取权利人的合法利益，不劳而获，否则将有失公允。亦即，此种界定与安排需遵循依评价法学所进行的利益衡量，以实现私主体之间的利益平衡。

3. 司法续造需严格遵循立法所确定之根本宗旨

司法续造对具体利益之安排还需遵循由立法权设定的知识产权制度的根本宗旨，即对著作权和专利权而言，法官对具体利益的安排必须有益于促进文化繁荣和技术进步；对商标权而言，法官对具体利益的安排必须有助于促进市场经济的健康有序发展。比如，美国知识产权法的概念基石，如独创性[3]（Originality）、新颖性（Novelty）、非显而易见性[4]（Nonobvious）、混淆可能性

---

[1] 指导案例 45 号：北京百度网讯科技有限公司诉青岛奥商网络技术有限公司等不正当竞争纠纷案。

[2] 指导案例 83 号：威海嘉易烤生活家电有限公司诉永康市金仕德工贸有限公司、浙江天猫网络有限公司侵害发明专利权纠纷案。

[3] 1909 年《美国版权法》仅陈述了版权保护的基本原则，即版权保护可以及于 "the copyrightable component parts" of "all the writings of an author"，"originality" 是一个在联邦法院司法实践中被广泛使用的概念。直到 1976 年，《美国版权法》才使用 "original works of authorship" 的表述取代 1909 年《美国版权法》中 "all the writings of an author" 的表述，并且在立法中有意未界定其概念，以纳入联邦法院在司法实践中所确定的独创性的标准。该标准最终由联邦最高法院在 Feist 案中厘清，即 "a minimum degree of creativity" 而非 "sweat of the brow" 才是《美国版权法》所要求的 "originality"。Feist Publications, Inc. v. Rural Tel. Serv. Co. , 499 U. S. 340, 351（1991）。

[4]《美国专利法》"nonobviousness" 起源于联邦最高法院的三个案件，即 Hotchkiss v. Greenwood（1850）（该案涉及的是一项用陶瓷代替木材或金属与已知结构组合所生产的门把手改进发明，该案中，法官认为一项发明如果要获得专利权的保护，需要体现 "比本行业普通技工所掌握的更多的智慧和技术"）、Cuno Engineering Corp. v. Automatic Devices Corp.（1941）[该案涉及的是一种改进的自动汽车点燃器。该案中，法官认为一项发明如果要获得专利权的保护，需要体现 "创造性的天才之光"（the flash of creative genius）]、Great Atlantic & Pacific（A & P）Tea Co. v. Supermarket Equipment Corp.（1950）（该案涉及一项用于商店的收银台的新型设计。该案中，法官认为一项发明如果要获得专利权的保护，该项发明 "必须服务于科学的目的——推动化学、物理学等领域进步"）。1952 年，在对上述三个判决的评判基础之上，美国国会正式将 "nonobviousness" 纳入 35 U. S. C. § 103。随后联邦法院在 Graham v. John Deere（S. Ct. 1966）和 KSR v. Teleflex, Inc.（2007）中阐述了非显而易见性（nonobviousness）的考量因素，此处不再赘述。

（Likelihood of Confusion）等的内涵和外延均由联邦法院（在商标权案件中，也会涉及州法院）在司法实践中确定，但这些概念的内涵和外延的确定必须遵循《美国宪法》的专利权和版权条款［1］（Patents and Copyrights Clause）及商业条款［2］（Commerce Clause），否则司法裁判将会因违宪而被推翻。司法续造遵循由立法权设定的知识产权的根本宗旨，也即遵循评价法学框架之下所进行的利益衡量，以实现私主体与社会公众之间的利益平衡。

因此，法官造法与立法行为并非水火不容，法官在司法续造的过程中需要遵循先例，这种"自缚之茧"可以有效地约束法官的自由裁量权，使其依据技术理性而非自我意志任意裁判；法官在司法续造过程中也只能对特定利益进行界定，而不能僭越公平正义的自然法基本理念，也不能与立法所确定的根本宗旨相悖。法官造法与司法专断之间的联系过于遥远和间接，在法官造法与司法专断之间建立直接的因果关系忽视了法官造法过程中的各种限制性因素，这与普通法系乃至大陆法系的司法实践都是不相符的。

四、知识产权案例指导制度的可欲性分析——判例说的价值考量

一项制度创新对于社会福祉的效用高低取决于该制度创新是否具备可欲性（Desirability），即该制度创新对于增进社会福祉有何种价值。最高人民法院加强案例指导工作情况新闻发布稿中将案例指导制度的功能定位为：统一法律适用和裁判尺度；提升司法效率，促进司法公正；弘扬社会主义法治精神和社会主义核心价值观。表面看起来较为理想和完备的功能定位实则经不起仔细推敲：

例如，指导案例的同质化不能发挥多元化的功能价值。最高人民法院关于案例指导制度的功能定位实则可以概括为三个方面，即"规则统一与指引""司法公正与效率"和"法制宣传与教育"。"规则统一与指引"的功能定位倾向于"法律规定比较原则的"指导案例，这类指导案例往往对法律漏洞进行了法律解释或法律续造；"司法公正与效率"的功能定位倾向于"疑难复杂或新类型的"指导案例，这类指导案例旨在指导法官如何适用法律；而"法制宣传与教育"的功能定位倾向于遴选"社会广泛关注的"或"具有典型性"的案例，这类指导案例旨在针对社会公众进行普法教育。最高人民法院在发布指导案例的过程中并没有根据上述功能进行差异化处理，而是不加区分地统一发布为指导案例。

---

〔1〕　U. S. Const. Art. I, § 8, cl. 8.
〔2〕　U. S. Const. Art. I, § 8, cl. 3.

功能定位的多元化与实际发布的指导案例的同质化是导致实践中对案例指导制度的性质存在判例说与非判例说分歧的根源。

再如，指导案例的直接价值与衍生价值被模糊了。裁判文书是司法创造性的结晶，它最为直接的价值应体现为："规则统一与指引"和"司法公正与效率"。旨在对法律漏洞进行法律解释或续造的"造法型"案例，可以同时发挥上述三种价值（"规则统一与指引""司法公正与效率"和"法制宣传与教育"），而旨在指导法官适用法律的"释法型"案例以及旨在法制宣传的"宣法型"案例却不能发挥"规则统一与指引"的作用，在功能定位上至少包含了一种以上的价值缺陷，将这类只体现衍生价值并在功能定位上并不圆满的案例纳入有限的指导案例范畴值得进一步探讨。

笔者认为，知识产权案例指导制度的价值应定位为知识产权法律规范的生成效率和知识产权法律规范的适用效率两方面。以下试图分析知识产权案例指导制度判例说与非判例说激励知识产权创造与利用的效率，从而指出，知识产权案例指导制度判例说与社会福祉的最大化息息相关。

（一）知识产权法律规范的生成效率

知识产权法律规范的生成效率是指知识产权指导案例所形成的裁判规则能够使知识产权的运行更具有经济效率，它包括两个方面，即规则生成的及时性和规则本身的适法性。规则生成的及时性是指知识产权案例指导制度应该而且能够为知识产权的创造和利用提供及时的规则供给。规则本身的适法性是指知识产权案例指导制度应该而且能够提高知识产权创造和利用的经济效率。知识产权交易的运行和知识产权资源的利用依赖清晰的实体法规则（产权规则与责任规则）与程序法规则。

下文将从三个视角对知识产权案例指导制度的法律规范生成效率进行探讨：

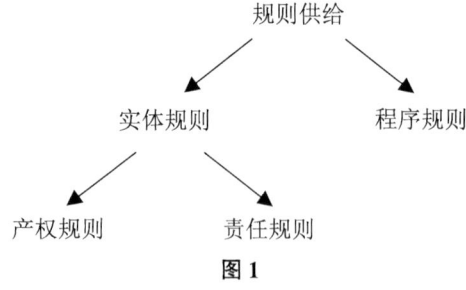

图1

　　1. 产权规则（Entitlement Rule）

　　产权规则，即有关产权权属界定的规则，是当事人进行自愿交易的基础。[1] 以有形财产为载体的知识产权交易的运行以及作为无形财产的知识产权本身交易的运行依赖于清晰的产权界定。法律对产权界定不清将导致当事人是否有权进行知识产权交易与运用处于权利的模糊地带，继而导致如下后果：①当事人均未对该知识产权进行交易和利用，从而引起"产权闲置成本"。②当事人就知识产权界定（归属）进行协商，在协商成立的情况下，当事人对该知识产权的利用和交易作出安排。在这种情形下，会产生"协商成本"。在一方当事人反悔的情况下，还会产生"反悔成本"，即就知识产权利用和交易进行再协商以及在再协商不成的情况下进行争议解决所产生的成本。③每个当事人都意识到该项知识产权的存在与价值，并且都是自己利益的"最佳安排者"，都试图趋利避害，追求利益最大化，因此，在协商不成的情形下，每一个当事人都试图垄断并排斥他人对该知识产权的交易和使用。此时，当事人对知识产权的利用和交易发生争议，不仅会产生"诉讼成本"，还会影响交易的稳定性和安全性。

　　在第一种情形下，知识产权的利用是无效的；在第二种和第三种情形下，知识产权的利用是无效率的。相较于将产权清晰地界定给产权主体，由产权主体在产权清晰和"法律之力"之下对知识产权进行有效交易和利用而言，上述三种情形都至少包括了因产权界定不清而引发的"产权闲置成本""协商成本"或"诉讼成本"其中一种。

　　判例说之下，知识产权指导案例应主要由"造法型"案例构成，它对于产权界定的价值在于，不仅承认法官可以在个案中创制新的产权界定规则，而且这种新的产权界定规则对于以后类似案件还具有强制拘束力。对于个案而言，它可以及时为个案提供较为合理的裁判规则；还为其他当事人之间的类似产权界定纠纷提供了事先的规则指引，可以大幅度地降低其他当事人因产权界定不清而产生的"产权闲置成本""协商成本"和"诉讼成本"，避免了后案当事人反复诉讼诱发的巨额成本。

　　司法解释说试图将案例指导制度作为最高人民法院司法解释的一种形式纳入立法、司法与行政权体系架构中，却回避了法官是否可以进行法律续造以及指导案例对类似案件是否具有拘束力的问题。司法解释说的缺陷在于，指导案

---

　　[1]　Guido Calabresi, Douglas Melamed, "Property Rules, Liability Rules and Inalienability: One View of the Cathedral", 85 *Harv. L. Rev.* 1089, 1110 (1972).

例的司法权威不足。在面对相同的法律漏洞时，相较于效力与权威不足的指导案例，法官更为信赖既有的成文法规范，进行演绎推理和自由裁量。司法解释说忽视指导案例中对同一法律漏洞已经进行的法律论证和已经得出的裁判规则，而是对同一法律漏洞进行重复性论证和机械性裁判，因此往往容易导致案件的差异化裁判。"裁判标准不能统一""同案不能同判"，在这种情形下，实际上可能形成了多个"非适法"产权规则，已经存在的法律漏洞更加模糊和不确定。"法律的不确定之处必然是当事人你死我活博弈之处"，[1]当事人各执一词，据理力争，反而增加了知识产权交易和利用的"产权闲置成本""协商成本"和"诉讼成本"。

法律适用说之下，知识产权案例指导制度应主要由"适法型"案例构成。它的缺陷在于只承认知识产权指导案例是对现有法律的简单适用，并不承认法官可以创制新的产权规则，也不承认指导案例对今后类似案件的拘束力。类似案件的当事人只能通过反复诉讼，要求法院对其诉争的产权进行界定，直到新的产权规则被纳入成文法规范中。然而，立法周期较长的成文法规范不能为知识产权的产权界定提供及时的规则供给，这种"适法型"的指导案例实际上只对个案有价值，并没有为类似案件提供产权规则，对于降低知识产权交易运行和知识产权资源利用的"产权闲置成本""协商成本""诉讼成本"并无裨益。

2. 责任规则[2]（Liability Rule）

责任规则，即在产权规则下，交易双方的自愿交易失败或成本过于高昂而影响了产权运行与利用效率时的强制交易规则。它同产权规则的区别在于：产权规则之下，交易双方通过"自愿交易"和"私人定价"的方式决定其产权价值；而在责任规则之下，产权交易的进行以"强制交易"和"第三方定价"的方式进行。原因在于，虽然清晰的产权界定可以提高知识产权交易和利用的有效性，但也总有"不洁之手"试图"篡夺"（Free Ride）他人产权利益以及产权权利人"滥用"产权而影响知识产权利用的有效性。缺少良好的责任规则导致

---

〔1〕 王涌："判例制是司法改革的'蝴蝶之翅'"，载 http://www.360doc.com/content/15/1219/14/2369606_ 521506107. shtml，最后访问时间：2020 年 12 月 25 日。

〔2〕 在圭多·卡拉布雷西和道格拉斯·梅拉梅德提出的规则框架下，责任规则指"只要愿意支付一个客观确定的价值，就可以消灭（destroy）一个初始法益"。因此，法律上常常通过责任规则赋予人们在自愿交易之外的另一个选择：通过司法定价促成"强制交易"。

知识产权交易和利用的不经济性表现在：

（1）产权拥有者企图通过"滥用"其产权，拒绝许可或转让，或者在"自愿交易"过程中设定不合理的"高额定价"或附加不合理的限制条件。在这种情形下，知识产权的私有属性限制了知识产权的公共价值，良好的责任规则应在"自愿交易"陷入僵局时，提供强制性的许可或转让机制，促进知识产权的运行（流通）和利用。在这种情形下，即便产权需求者实际上已经做出了知识产权侵权行为，基于知识产权的公共价值，使侵权人支付合理的许可使用费或产权转让费相较于停止侵权更符合公共价值的考量。若没有良好的责任规则，即缺乏"强制交易"机制与"第三方定价"机制的介入，知识产权的运行和利用将会是无效率的。

（2）产权需求者因不能通过"自愿定价"的许可行为或转让行为获取知识产权而转向知识产权侵权风险行为。在这种情形下，我们假设侵权人侵犯他人产权所获的净利润为 π，被发现侵权的概率为 P，[1] 损害赔偿（第三方定价）为 F，良好的责任规则所确定的"损害赔偿（第三方定价）"应为：$F \geqslant \pi/P$。[2]如果所确定的"损害赔偿（第三方定价）"小于 π/P，侵权人的侵权行为有利可图，此时的"损害赔偿（第三方定价）"根本不足以遏制侵权行为；相应地，产权人的市场份额却受到侵权人的挤压，产权人进行创作、研发和宣传的成本得不到回报，知识产权制度的激励机制受到抑制，相较于费力不讨好地进行创作、研发和宣传，相当一部分产权人也会转向有利可图的侵权行为。

在责任规则之下，"强制交易"和"第三方定价"均需要第三方干预。如果说"强制交易"（强制许可和法定许可等）的基本原则和类型可以由成文法规范进行预先规定，"第三方定价"则是需要个案考量的因素，无法依靠"有限""静态"和"抽象"的成文法规范进行规定，而只能依据案件的总体情况于具体的指导案例中确定。判例说的突出特点在于它承认司法的创造性，而这种创造性与责任规则所要求的第三方干预相契合。在司法解释说和法律适用说之下，司法的创造性（第三方干预）空间极为有限，它只进行较为简单的司法涵摄，即当遇到成文法规范 T 抽象概括的事实情景 S 时，将适用特定法律后果 R。知识产权案例指导制度判例说对于责任规则的价值在于：它尽可能充分考量

---

[1] 被发现侵权的概率为 $0 \leqslant P \leqslant 1$，因此 F 总是大于 π/P。

[2] Roger D. Blair, Thomas F. Cotter, *Intellectual Property: Economic and Legal Dimensions of Rights and Remedies*, Cambridge University Press, 2005, p. 46.

侵权人侵权获益和侵权成本以及权利人侵权损失和产权投资等各项因素，最能提供翔实的法律论证与推理，并能够最大程度上提供符合个案正义的责任规则。判例说所提供的责任规则对于知识产权制度的价值在于，它通过良好的损害赔偿规则保证知识产权激励机制的运行，以促进知识产权创造数量的增加和质量的提升；它通过提供强制交易规则和确定合理许可/转让费率抑制产权人的产权滥用行为，促进知识产权的交易和运用，从而能够有效地发挥知识产权的公共价值属性。

3. 程序规则（Procedural Rule）

程序规则即有关知识产权案件审判活动的规则。与其他类型的案件不同，知识产权案件特别是专利、植物新品种、集成电路布图设计、技术秘密、计算机软件案件通常涉及较为复杂的技术审查，而负责审理案件的法官不可能掌握所有技术，更为常见的情形是，法官并不具备技术背景。缺少良好的程序规则导致的知识产权案件的不经济性表现在：

（1）缺少良好的事实查明规则导致案件事实认定的困难，加重法官司法审理的负担，而增加的司法负担必然需要较长的时间去"消化"，因此，缺少良好的事实查明规则将导致知识产权个案审理成本的上升，从而导致司法不效率，而司法不效率产生的最为直接的结果就是涉案知识产权客体交易和利用的停滞，从而导致"产权闲置成本"。

（2）缺少良好的举证责任分配规则导致举证责任分配的不合理，权益受到侵犯且举证不能的当事人往往要承担不利的法律后果。这将导致受到侵犯的知识产权权益无法获得有效救济，侵犯知识产权的行为无法受到有力惩罚，从而导致司法不公正，而司法不公正最为直接的影响就是抑制知识产权人的创作、研发及宣传行为，这与通过知识产权促进文化繁荣、技术进步及市场经济的健康有序发展相悖。

比如，指导案例 84 号[1]提出的事实认定规则，即明确"技术调查官、专家辅助人、司法鉴定以及科技专家咨询"可以协助法官进行事实查明，提高了事实查明的效率；又如，指导案例 49 号[2]提出的举证责任规则，即在"原告存在客观举证困难"而被告"无正当理由拒绝提供相关证据"时，由被告承担原告举证不能的不利法律后果，有效地维护了原告的合法权益。

---

〔1〕 指导案例 84 号：礼来公司诉常州华生制药有限公司侵害发明专利权纠纷案。

〔2〕 指导案例 49 号：石鸿林诉泰州华仁电子资讯有限公司侵害计算机软件著作权纠纷案。

判例说之下，程序规则的价值在于，它不仅强调"先例"中裁判规则的强制拘束力，还重视"先例"中法律推理对裁判规则的证成作用。因此，判例说的强制拘束力使得后案法官不仅重视前案裁判规则的指引，还重视法律推理对裁判规则的证成作用。而程序规则的适用往往需要结合具体的事实情景，判例说的强制拘束力恰好能适应程序规则适用的复杂性。比如，指导案例 49 号的裁判要点中，"原告的客观举证难度""被告有无正当理由"均需要对比前案与后案的情景要素，并确定是遵循还是否定前案的法律推理。[1]司法解释说和法律适用说对后案并没有强制拘束力，法官遵循的仍然是抽象成文法规范的指引，而不会顾及后案中事实情景的复杂性和法律推理正当与否，难以为知识产权案件的审理提供公正合理的规则，往往存在着司法不公正的潜在风险。因此，非判例说下，前例对于指导后案查明事实、合理分配举证责任的价值并不突出。

通过以上分析，笔者认为，知识产权案例指导制度判例说能够提高知识产权的产权规则、责任规则以及程序规则生成的及时性及其本身的适法性。知识产权案例指导制度判例说能够最大程度发挥知识产权激励机制的作用，实现知识产权人与其他主体之间的利益平衡，促进知识产权的创造和利用，从而有助于知识产权价值的最大化，符合知识产权促进文化繁荣、技术进步及市场经济的健康有序发展的宗旨。因此，从根本上说，知识产权案例指导制度判例说与社会福利最大化[2]是一致的。

（二）知识产权法律规范的适用效率

知识产权法律规范的适用效率表现为：在法律调整的现实成果与投入的司法成本之间，以单位司法资源的投入处理尽可能多的案件，在保证案件质量的前提下，提高司法运作效率，尽可能缩短诉讼周期，降低诉讼成本，在法定期限内尽早结案，取得最大的法律效果和社会效果，减少案件的积压和司法拖延等现象。[3]我们将知识产权法律规范的适用效率概括为两个方面：司法成本的节约和司法公正的提升。

在最高人民法院有关指导案例的裁判要点具有应当被参照适用的效力要求

---

〔1〕　指导案例 49 号：石鸿林诉泰州华仁电子资讯有限公司侵害计算机软件著作权纠纷案。

〔2〕　薛兆丰："普通法与成文法的效率分析"，载《北京大学学报》（哲学社会科学版）2010 年第 2 期，第 112 页。

〔3〕　丁海湖："案例指导制度研究"，西南政法大学 2008 年博士学位论文，第 19 页。

下，[1] 判例说、司法解释说及法律适用说的司法效率存在差异。

判例说之下，"造法型"案例为今后类似案件提供了裁判逻辑和规则的指引，后案法官将待决案件的事实情景与已决案件的事实情景进行比较，从而判断是共性优位还是特殊性优位。共性优位则直接适用与已决案件相同的法律规则，从而实现了快速裁决；特殊性优位则转向已决案件的裁判逻辑部分，从已决案件的裁判逻辑部分寻求利益和政策的考量，从而可以将判例裁判逻辑的智慧与当下的需求巧妙结合，作出尽可能公正的司法裁决。

司法解释说之下，"释法型"案例偏重于对既有的成文法规范进行裁判说理。在这种情形下，因为成文法规范已经提供了较为明确的规则指引，"释法型"案例最大的价值在于其裁判逻辑部分而非规则指引（即裁判要点部分），即"释法型"案例提供了有关法律解释的法律推理方法，它重在对于法官的思维训练。法官应当参照的不是裁判要点，而是裁判理由（裁判逻辑），要求法官参照裁判要点对于公正审理并无裨益。

法律适用说之下，知识产权指导案例主要是"适法型"案例。在这种情形下，"适法型"案例既没有提供可供后案法官参考的裁判规则，也没有提供有关法律解释的法律推理方法，法官适用成文法规范即可得出合理的法律结论。如果按照"应当参照"的效力要求，法官还必须检索、查阅并在裁判文书中援引。然而，检索、查阅和援引这类案例对于公正裁判并没有实质性价值，相反，花费在检索、查阅及援引案例上的时间和精力还会增加司法裁判的成本。

通过对知识产权案例指导制度判例说、司法解释说以及法律适用说在知识产权法律规范生成和适用中的效率分析可以发现，判例说是当前知识产权案例指导制度演进方向与路径的最优选择，相较于非判例说，它具有促进知识产权法律规范生成效率最大化和知识产权法律规范适用效率最大化的可能性。从根本上说，判例说能够最大程度发挥知识产权的价值，从而有助于促进社会福祉最大化。因此，判例说应成为知识产权案例指导制度的演进方向。

五、知识产权案例指导制度的实证考察

仅注重理论分析将会使得本文泛化和空洞，因此，有必要结合知识产权指导案例的生成过程和适用过程来分析知识产权案例指导制度的实际运行及制度

---

〔1〕 参见最高人民法院《〈关于案例指导工作的规定〉实施细则》第 9 条。

困境，以增强本文观点的说服力。本部分以 2018 年 3 月 1 日为时间节点，对最高人民法院发布的 17 批 92 个指导案例进行泛化分析，并对 92 个指导案例中的知识产权指导案例进行有针对性的探讨。

（一）知识产权指导案例的生成分析

1. 知识产权指导案例概况

（1）知识产权指导案例占比较高。最高人民法院是指导案例的发布主体。[1] 自 2012 年 9 月 18 日至 2017 年 11 月 24 日，最高人民法院共发布了 17 批 92 个指导案例。[2] 这 92 个指导案例中包括了 57 个民商事指导案例、21 个行政指导案例以及 15 个刑事指导案例。其中知识产权指导案例共 21 个，约占指导案例总数（92）的 23%，约占民商事指导案例总数（57）的 37%。知识产权指导案例的数量等于行政指导案例的总数并大于刑事指导案例的总数。因此，研究知识产权指导案例对于完善案例指导制度具有典型意义。

（2）发布日期与发布数量不固定。最高人民法院《关于案例指导工作的规定》《〈关于案例指导工作的规定〉实施细则》尚未就指导案例的发布数量和发布日期作出规定。

知识产权指导案例通常由最高人民法院与其他类型的指导案例作为同一批次发布。知识产权指导案例在每一批次中的数量并不固定，如 2017 年 3 月 16 日最高人民法院发布的第 16 批 10 个指导案例均为知识产权指导案例，而第 1、2、3、4、6、8、9、13、14、15 批次均没有知识产权指导案例。

从表 2 可以看出，最高人民法院发布指导案例的日期分布在 3 月、4 月、5月、6 月及 11 月，并没有固定的发布日期。

表 2　最高人民法院发布指导案例的日期

发布日期	发布批次	指导案例
2013 年 11 月 8 日	第 5 批	指导案例 20 号
2014 年 6 月 26 日	第 7 批	指导案例 29、30 号
2015 年 4 月 15 日	第 10 批	指导案例 45 号—49 号

〔1〕　最高人民法院《关于案例指导工作的规定》第 1 条："对全国法院审判、执行工作具有指导作用的指导性案例，由最高人民法院确定并统一发布。"

〔2〕　本部分所进行的数据统计均依据最高人民法院发布的指导案例。

发布日期	发布批次	指导案例
2015 年 11 月 19 日	第 11 批	指导案例 55 号
2016 年 5 月 30 日	第 12 批	指导案例 58 号
2017 年 3 月 16 日	第 16 批	指导案例 78 号—87 号
2017 年 11 月 24 日	第 17 批	指导案例 92 号

（3）审结日期与发布日期间隔过长。知识产权指导案例的审结日期与发布日期之间的时间间隔是影响知识产权指导案例价值的重要因素。在 21 个知识产权指导案例中，审结日期最早的为第 10 批 48 号指导案例，其审结日期为 2006年 12 月 13 日，发布日期为 2015 年 4 月 15 日，审结日期与发布日期间隔长达 8年有余。

如表 3 所示，21 个知识产权指导案例中，审结日期与发布日期间隔 12 个月之内的仅有 2 个（指导案例 79 号与指导案例 84 号）（9%），12 个月以上 24 个月以下的有 6 个（29%），36 个月以上的数量最多，为 13 个（62%）。可以看出，知识产权指导案例审结日期与发布日期之间的时间间隔过长，很大程度上制约了知识产权指导案例的功能价值。

表 3　知识产权指导案例的审结日期、发布日期及时间间隔

批次	指导案例	审结日期	发布日期	时间间隔（天）
第 5 批	指导案例 20 号	2011 年 12 月 20 日	2013 年 11 月 8 日	689
第 7 批	指导案例 29 号	2012 年 3 月 20 日	2014 年 6 月 26 日	828
	指导案例 30 号	2013 年 2 月 19 日	2014 年 6 月 26 日	492
第 10 批	指导案例 45 号	2010 年 3 月 20 日	2015 年 4 月 15 日	1852
	指导案例 46 号	2009 年 8 月 5 日	2015 年 4 月 15 日	2079
	指导案例 47 号	2008 年 3 月 24 日	2015 年 4 月 15 日	2578
	指导案例 48 号	2006 年 12 月 13 日	2015 年 4 月 15 日	3045
	指导案例 49 号	2007 年 12 月 17 日	2015 年 4 月 15 日	2676
第 11 批	指导案例 55 号	2012 年 12 月 28 日	2015 年 11 月 19 日	1066
第 12 批	指导案例 58 号	2013 年 12 月 17 日	2016 年 5 月 20 日	885

续表

批次	指导案例	审结日期	发布日期	时间间隔（天）
第16批	指导案例78号	2014年10月8日	2017年3月6日	880
	指导案例79号	2016年5月31日	2017年3月6日	279
	指导案例80号	2015年9月18日	2017年3月6日	535
	指导案例81号	2014年11月28日	2017年3月6日	829
	指导案例82号	2014年8月14日	2017年3月6日	935
	指导案例83号	2015年11月17日	2017年3月6日	475
	指导案例84号	2016年5月31日	2017年3月6日	279
	指导案例85号	2015年8月11日	2017年3月6日	573
	指导案例86号	2013年12月29日	2017年3月6日	1163
	指导案例87号	2015年9月8日	2017年3月6日	545
第17批	指导案例92号	2014年9月17日	2017年11月15日	1155

2. 知识产权指导案例形式分析

（1）遴选路径。按照最高人民法院《〈关于案例指导工作的规定〉实施细则》的规定，指导案例的来源有两个：一是，审判体系之内的各级人民法院的推荐；二是，法院审判体系之外的社会各界人士的推荐。[1]

第一，案例来源集中在最高人民法院和津鲁苏地区。21个知识产权指导案例中，9个[2]来源于最高人民法院的再审或二审案件，2个来源于天津市高级人民法院，2个来源于山东省高级人民法院，3个来源于江苏省高级人民法院，其余5个分别来源于上海市、重庆市、贵州省、浙江省以及甘肃省。除来源于最高人民法院的9个指导案例外，其余12个案例中，9个来源于东部地区，只有3个来源于中西部地区，知识产权指导案例在地域分布上呈现出不平衡的特点。

第二，审理法院以最高人民法院和高级人民法院为主。21个知识产权指导案例中，19个（90%）来源于高级人民法院或者最高人民法院的生效裁判，2个（10%）来源于中级人民法院的生效裁判，这2个案例分别为指导案例80号（来源于贵州省贵阳市中级人民法院）和指导案例87号（来源于江苏省宿迁市

---

〔1〕 参见最高人民法院《〈关于案例指导工作的规定〉实施细则》第4条、第5条。

〔2〕 这9个案例分别为指导案例20、47、55、78、79、81、82、84、85号。

中级人民法院)。

第三,审理程序以二审为主。21 个知识产权指导案例所适用的程序均为审判程序,尚无执行程序。就审判程序而言,适用一审程序的案例共 2 个(10%),适用二审程序(包括最高人民法院及各地高级人民法院二审的案件)的案例共 13 个(62%),适用审判监督程序的案例共 6 个(28%)。[1]

(2)案件类型与案由分布。

第一,案件类型以民事为主。21 个知识产权指导案例中共有 20 个知识产权民事案件,1 个知识产权刑事案件,[2]尚未发布知识产权行政指导案例。

第二,案由分布相对均衡。21 个知识产权指导案例中,著作权案件 4 个,专利权案件 5 个(包括 3 个发明专利权纠纷,1 个实用新型专利权纠纷以及 1 个外观设计专利权纠纷),商标权案件 5 个,反不正当竞争案件 6 个,反垄断案件及植物新品种权案件各 2 件。从案由分布上来看,知识产权指导案例几乎涵盖了知识产权法各个部门,并且在数量分布上也相对均衡。

表 4　知识产权指导案例案件类型

案件类型	案号
著作权案件	指导案例 48、49、80、81 号
专利权案件	指导案例 20、55、83、84、85 号
商标权案件	指导案例 30、46、58、82、87 号
反不正当竞争案件	指导案例 20、30、45、46、47、48 号
反垄断案件	指导案例 78、79 号
植物新品种权案件	指导案例 86、92 号

第三,涉网指导案例数量呈上升趋势。互联网新技术导致知识产权的产生(创作、创造以及宣传等行为)、交易和利用的数字化和虚拟化,相应地,涉网知识产权纠纷也不断涌现。21 个知识产权指导案例中共包括 7 个涉网知识产权指导案例。以 2015 年第 10 批指导案例为分界点,2015 年之前的 9 批指导案例中只有 1 个(指导案例 29 号)涉网知识产权指导案例,2015 年之后(包括

---

〔1〕　适用审判监督程序的案例为指导案例 20、47、55、79、81、82 号。这 6 个指导案例均是由当事人在二审裁判作出之后申请最高人民法院再审的。

〔2〕　该刑事案件为指导案例 87 号。

2015 年）的 8 批指导案例中共有 6 个涉网知识产权指导案例。

3. 知识产权指导案例内容分析

知识产权指导案例是最高人民法院案例指导工作办公室对原裁判文书进行"加工"与"编辑"而形成的"演绎作品"，它在逻辑架构和内容编排上均不同于原裁判文书。[1] 具体而言，指导案例的样式的逻辑架构和内容编排依次为标题、关键词、裁判要点、相关法条、基本案情（包括控辩双方意见和法院审理查明的事实）、裁判结果、裁判理由七个部分（本文在此对审判人员姓名的附注不作讨论）。[2] 为增强本文论证的说服力，对知识产权指导案例的内容分析将集中在裁判要点、相关法条以及裁判理由三个方面。

（1）裁判要点侧重实体指引。在不区分裁判要点是对既有法律规范的适用还是对法律漏洞的回应的前提下，笔者对 21 个知识产权指导案例的裁判要点进行分析之后发现，裁判要点的指引包括实体性指引和程序性指引两种。其中，裁判要点实体性指引的共 17 个（约占 81%），这 17 个指导案例的实体性指引既包括有关知识产权权益授予与保护（产权规则）的实体性指引，如指导案例 80 号，该案的裁判要点明确了民间文学艺术作品的作者对作品的独创性部分享有受著作权保护的合法权益；[3] 也包括有关知识产权侵权责任承担（责任规则）的实体性指引，如指导案例 86 号，该案的裁判要点明确了分别持有植物新品种权的双方当事人因不能达成相互授权协议而损害双方利益和社会公共利益时，人民法院可以判令双方当事人相互授权许可并相互免除相应的许可费。[4] 裁判要点涉及程序性指引的共 4 个，[5] 主要涉及知识产权案件审理过程中的事实查明规则与举证责任规则，如指导案例 84 号，该案的裁判要点明确了对于药品制

---

〔1〕　最高人民法院《〈关于案例指导工作的规定〉实施细则》第 4 条第 1 款规定，最高人民法院案例指导工作办公室负责指导性案例的征集、遴选、审查、发布、研究和编纂，以及对全国法院案例指导工作的协调和指导等工作。

〔2〕　最高人民法院《〈关于案例指导工作的规定〉实施细则》第 3 条第 1 句："指导性案例由标题、关键词、裁判要点、相关法条、基本案情、裁判结果、裁判理由以及包括生效裁判审判人员姓名的附注等组成。"

〔3〕　指导案例 80 号：洪福远、邓春香诉贵州五福坊食品有限公司、贵州今彩民族文化研发有限公司著作权侵权纠纷案。

〔4〕　指导案例 86 号：天津天隆种业科技有限公司与江苏徐农种业科技有限公司侵害植物新品种权纠纷案。

〔5〕　这 4 个程序性指引的指导案例分别为指导案例 49、84、87、92 号。

备工艺等较为复杂的技术事实，可以综合运用技术调查官、专家辅助人等多种途径进行事实查明[1]；再如指导案例 49 号，该案的裁判要点指出，在计算机软件著作权纠纷中，如果原告、被告软件在设计缺陷方面基本相同，而被告又无正当理由拒绝提供其软件源程序或者目标程序以供直接比对，则考虑到原告的客观举证难度，可以判定原告、被告计算机软件构成实质性相同，由被告承担侵权责任。总体而言，知识产权指导案例的裁判要点偏重于实体指引。[2]

（2）填补性裁判要点略胜一筹。根据裁判要点是对既有的知识产权法律的适用还是对知识产权法律漏洞的填补，可以将裁判要点分为复述性裁判要点和填补性裁判要点。笔者对 21 个知识产权指导案例裁判要点进行分析发现，裁判要点属于对既有知识产权法律复述适用的有 9 个，[3]属于对既有知识产权法律漏洞填补的共 12 个，后者在数量上略胜一筹，反映出了我国知识产权指导案例存在着司法创造性应用的现实与可能。知识产权指导案例中无行政案件，有 1 个刑事案件和 20 个民事案件，尚不能反映出不同类型的知识产权指导案例司法创造性应用的现实与可能，但可以肯定的是，因刑事案件中存在罪刑法定原则的要求，司法创造性在刑事案件中的发挥空间有限。如指导案例 87 号，唯一一个刑事案件，是最为典型的适用法律的案件，法院在裁判理由部分以《中华人民共和国刑法》（以下简称《刑法》）第 213 条为大前提，按照典型的司法三段论的逻辑路径对涉案事实进行涵摄，从而得出法律结论，该案的裁判要点并不涉及对有关法律漏洞的回应，而仅仅是对事实认定（即被告人辩称网络销售记录存在刷信誉的不真实交易，但无证据证实的，对其辩解不予采纳）规则的复述。[4]相对而言，知识产权民事指导案例中有相当比重的案例是对知识产权法律规范中存在的模糊漏洞、空白漏洞乃至不良漏洞的回应。例如，《中华人民共和国侵权责任法》（以下简称《侵权责任法》）[5]第 36 条虽然规定了网络服务提供者在收到被侵权人发出的"通知"后应采取"必要措施"，但对于"通知"和"必要措施"的内涵没有做出明确规定，指导案例 83 号明确了"通知"包含"侵权人身份情况、权属凭证、侵权人网络地址、侵权事实初步证据等内

---

〔1〕　指导案例 84 号：礼来公司诉常州华生制药有限公司侵害发明专利权纠纷案。

〔2〕　指导案例 49 号：石鸿林诉泰州华仁电子资讯有限公司侵害计算机软件著作权纠纷案。

〔3〕　这 9 个指导案例分别为指导案例 47、48、78、79、80、81、84、87、92 号。

〔4〕　指导案例 87 号：郭明升、郭明锋、孙淑标假冒注册商标案。

〔5〕　2021 年 1 月 1 日《民法典》施行后，该法已被废止。

容的", 即属有效通知, 网络服务提供者采取的"必要措施"也应遵循审慎、合理的原则, 从而弥补了该条规定中存在的模糊漏洞, 增强了《侵权责任法》第36条在司法实践中的适用性。[1] 再如,《专利法》虽然明确了专利临时保护期内, 专利申请人可以要求实施其发明的单位或个人支付适当费用, 但是对于专利临时保护期内制造、销售、进口的被诉专利侵权产品的后续使用、许诺销售、销售却未作出规定, 从而留下了法律空白, 指导案例29号则针对这一空白漏洞提供了规则指引及延伸规则, 专利临时保护期内制造、销售、进口的被诉专利侵权产品的后续使用、许诺销售、销售不侵害专利权, 实用新型和外观设计专利授权前制造的专利产品的销售、使用等后续行为也不侵害专利权。[2] 又如, 指导案例86号, 既有的责任规则对该案而言是"不良规则", 即损害国家粮食安全等公共利益, 因此, 法官在该案中远离了这一"不良规则", 从公共利益出发直接判令双方当事人相互授权许可并相互免除相应的许可费。[3]

（3）相关法条以法律规则为主。根据最高人民法院研究室《关于编写报送指导性案例体例的意见》《指导性案例样式》, 相关法条应"列明与裁判要点最密切相关的法律及其条文的序号"。笔者对21个知识产权指导案例的相关法条及其与裁判要点的关系进行分析之后发现, 在相关法条部分列明法定法律原则的共4个;[4] 在相关法条部分未列明法定法律原则, 但在裁判理由部分阐述了推定法律原则的有1个;[5] 在相关法条部分只列明了法律规则的共16个。相关法条部分所列明的法律原则分别为《反不正当竞争法》第2条第1款"经营者在生产经营活动中, 应当遵循自愿、平等、公平、诚信的原则, 遵守法律和商业道德",[6]《中华人民共和国民事诉讼法》（以下简称《民事诉讼法》）第13条第

---

〔1〕 指导案例83号: 威海嘉易烤生活家电有限公司诉永康市金仕德工贸有限公司、浙江天猫网络有限公司侵害发明专利权纠纷案。

〔2〕 最高人民法院案例指导工作办公室: "指导案例20号《深圳市斯瑞曼精细化工有限公司诉深圳市坑梓自来水有限公司、深圳市康泰蓝水处理设备有限公司侵害发明专利权纠纷案》的理解与参照——专利临时保护期内实施发明所得产品的后续使用不侵害专利权", 载《中国法律评论》2014年第1期。

〔3〕 指导案例86号: 天津天隆种业科技有限公司与江苏徐农种业科技有限公司侵害植物新品种权纠纷案。

〔4〕 这4个指导案例分别为指导案例30、45、58、82号。

〔5〕 指导案例86号。

〔6〕 相关法条部分列明《反不正当竞争法》第2条第1款的为指导案例30号、45号、58号。

1 款"民事诉讼应当遵循诚实信用原则"。[1]上述法定法律原则的援引多与指导案例中待解决的法律问题面临知识产权立法中的模糊漏洞或空白漏洞相关。如指导案例 30 号的裁判要点 2 对《反不正当竞争法》中存在的模糊漏洞——如何认定市场主体之间的竞争关系，作出了规则指引：竞争关系不限于经营者从事相同行业（直接竞争关系），也包括违反诚实信用原则的间接竞争关系。[2]再如指导案例 45 号，"从事互联网服务的经营者，在其他经营者网站的搜索结果页面强行弹出广告的行为"并不属于《反不正当竞争法》直接列举的不正当竞争行为，即在《反不正当竞争法》存在空白漏洞的情形下，法院认为该行为违反了诚实信用原则，应受《反不正当竞争法》的规制。[3]在裁判理由部分援引推定法律原则多与知识产权立法中的不良漏洞相关，如指导案例 86 号中，法院认为，判令当事人双方相互停止侵权并赔偿损失不仅损害双方各自利益，也会危害国家粮食安全，因此，法院根据知识产权法律的立法宗旨，即"知识产权的行使应符合社会公共利益"，判令当事人相互授权许可并免除许可费，从而促进植物新品种的转化实施。[4]其他 16 个没有在相关法条部分援引法律原则的指导案例，在裁判理由部分进行裁判说理时也都纳入了一些原则性考量。

（二）知识产权指导案例的司法应用

根据最高人民法院《关于案例指导工作的规定》第 7 条以及最高人民法院《〈关于案例指导工作的规定〉实施细则》第 9 条的规定，各级人民法院正在审理的案件，如果与最高人民法院发布的指导案例类似，应当参照指导案例的裁判要点作出裁判。[5]然而，刚性的"应当"要求与柔性的"参照"要求本身是一个需要澄清语义的表述，表面上看，采用"应当"的表述，似乎为法院设定了一项司法义务，上述文件却没有规定这种司法义务所对应的法律后果，如

---

〔1〕 相关法条部分列明《民事诉讼法》第 13 条第 1 款的为指导案例 82 号。

〔2〕 指导案例 30 号：兰建军、杭州小拇指汽车维修科技股份有限公司诉天津市小拇指汽车维修服务有限公司等侵害商标权及不正当竞争纠纷案。

〔3〕 指导案例 45 号：北京百度网讯科技有限公司诉青岛奥商网络技术有限公司等不正当竞争纠纷案。

〔4〕 指导案例 86 号：天津天隆种业科技有限公司与江苏徐农种业科技有限公司侵害植物新品种权纠纷案。

〔5〕 最高人民法院《关于案例指导工作的规定》第 7 条："最高人民法院发布的指导性案例，各级人民法院审判类似案例时应当参照。"最高人民法院《〈关于案例指导工作的规定〉实施细则》第 9 条："各级人民法院正在审理的案件，在基本案情和法律适用方面，与最高人民法院发布的指导性案例相类似的，应当参照相关指导性案例的裁判要点作出裁判。"

"违反指导案例裁判规则（特别是造法性规则）的裁判将因适用法律错误被上级法院撤销"。一项没有法律后果的司法义务，事实上为指导案例的司法适用提供了很大的弹性空间，进而有可能诱发当事人及裁判者的司法权力寻租行为，从而存在引发司法不公与司法腐败的潜在风险。以下，笔者将通过对知识产权指导案例的司法应用实践进行分析，观察上述效力定位在司法实践中的问题及其可能的解决路径。

1. 司法适用的形式分析

（1）应用频率极低。对知识产权指导案例的司法适用进行检索分析发现，已经被应用的知识产权指导案例为 29、45、46、47、85 号，占知识产权指导案例总数的 24%，且这 5 个指导案例的应用频率很低，如指导案例 46、47、85 号只被援引过一次，29 号和 45 号只被援引过两次，其余指导案例尚未在司法实践中被援引。

（2）首次应用时间缩短。如表 5 所示，知识产权指导案例的首次应用时间均在其发布之后的 5 个月及以上。从整体趋势上看，知识产权指导案例的发布时间与首次应用时间之间的间隔呈缩短趋势，如指导案例 29 号发布时间与首次应用时间之间的间隔为 827 天，而指导案例 85 号发布时间与首次应用时间之间的间隔缩短到 183 天。可见，指导案例指导司法实践的价值日益突出。

表5　知识产权指导案例发布时间、首次应用时间及时间间隔

指导案例	发布时间	应用案例	应用时间	时间间隔（天）
指导案例 29 号	2014 年 6 月 26 日	凭祥市浙一中医药研究有限公司与东阳市工商行政管理局再审案	2017 年 5 月 24 日	1063
		优信互联（北京）信息技术有限公司等与北京五八信息技术有限公司仿冒纠纷案	2016 年 9 月 30 日	827
指导案例 45 号	2015 年 4 月 15 日	广州市联鸿海外咨询服务有限公司与广东侨外出国人员服务中心有限公司不正当竞争纠纷上诉案	2017 年 10 月 11 日	910
		张文庆与北京百度网讯科技有限公司财产损害赔偿纠纷案	2015 年 9 月 23 日	161

续表

指导案例	发布时间	应用案例	应用时间	时间间隔（天）
指导案例 46 号	2015 年 4 月 15 日	泸州老窖股份有限公司与四川泸州泸川酒厂、四川丰坛酒业有限公司、武汉金中经济发展有限公司侵害商标权纠纷案	2016 年 5 月 22 日	403
指导案例 47 号	2015 年 4 月 15 日	福建省晋江福源食品有限公司与郑州味思源食品有限公司、朱新锋侵害商标权纠纷案	2015 年 11 月 16 日	215
指导案例 85 号	2017 年 3 月 6 日	四川众兴华业市政照明工程有限公司与济南三星灯饰有限公司侵害外观设计专利权纠纷上诉案	2017 年 9 月 5 日	183

（3）审理程序以一审和二审为主。整体而言，应用案例在审理程序上相对较低，7 个应用案件只有 1 个[1]适用的是再审程序，3 个适用的是一审程序，3 个适用的是二审程序。

2. 司法适用的内容分析

（1）援引主体以非法官为主。援引主体，即首次在案件审理过程中提出援引指导案例的人，主要包括法官和案件当事人（一审原告、被告，二审上诉人、被上诉人，及再审申请人、被申请人等）。法官进行主动援引的应用案例共 2 个。在福建省晋江福源食品有限公司与郑州味思源食品有限公司、朱新锋侵害商标权纠纷案中，法官主动援引了指导案例 47 号的裁判要点 2 和 3 有关"知名商品特有包装、装潢"的概念界定和"全面模仿他人知名商品特有包装、装潢"的行为定性。[2]在优信互联（北京）信息技术有限公司等与北京五八信息技术有限公司仿冒纠纷案中，法官主动援引指导案例 29 号裁判要点 1 有关"企业名称简称"是否可以作为"企业名称"获得保护的规定。[3]其余 5 个应用案件均由当事人主动援引，作为诉讼请求或者答辩意见的依据。在这 5 个应用案件中，法官并没有在裁判理由部分对当事人援引的指导案例是否适用作出明确回应，

---

[1]　凭祥市浙一中医药研究有限公司与东阳市工商行政管理局再审案 [浙江省高级人民法院 (2016) 浙行申 221 号]。

[2]　参见福建省泉州市中级人民法院 (2015) 泉民初字第 218 号民事判决书。

[3]　参见北京市朝阳区人民法院 (2016) 京 0105 民初 17233 号民事判决书。

而是以对其诉讼请求或者答辩意见的支持或不予支持作出了间接回应〔1〕。

（2）援引内容以"案例编号+裁判要点"为主

应用案件中，对知识产权指导案例的援引内容以"案例编号+裁判要点"的两要素形式为主。法官主动援引指导案例的应用案件并未突破指导案例裁判要点的范围，非法官主动援引指导案件的 5 个应用案件中，只有 1 个将对指导案例的援引范围扩展到了裁判理由部分，即广州市联鸿海外咨询服务有限公司与广东侨外出国人员服务中心有限公司不正当竞争纠纷上诉案中，上诉人援引的不是裁判要点有关"在其他经营者网站的搜索结果页面强行弹出广告的行为"定性，而是裁判说理部分"网络干预行为的实施主体"的认定。〔2〕法官主动援引指导案例的裁判要点，其实仍然是将裁判要点视为抽象规则在司法三段论逻辑之下进行逻辑演绎。对于非法官主动援引指导案例的情形，法官其实并没有给出是否适用该指导案例的明确的说理。法官在回应或适用指导案例的裁判要点之前，也没有对指导案例案件事实与待决案件事实进行对比分析。从根本上说，当前司法实践中对知识产权指导案例的适用仍然偏重逻辑演绎而忽视裁判说理。

（三）知识产权案例指导制度的困境

通过对知识产权指导案例进行实证分析，可以得出下述结论：知识产权指导案例生成和适用的权威性不足。原因在于，知识产权指导案例的生成与适用依据的均是"非司法性权力运作结果"：知识产权指导案例由最高人民法院审判委员会按照民主集中制原则通过会议的形式决定通过，而非由最高人民法院的审判权力组织通过裁判权的形式作出判决而成；〔3〕知识产权指导案例的效力依据来源于"最高人民法院的权力（变异的行政管理权利），而非最高人民法院的

---

〔1〕　间接回应是指在审判过程中，当事人援引了指导案例作为其诉讼请求或答辩意见的依据，法官虽然没有在裁判理由部分作出明确回应，但是其裁判结果与指导案例的精神是一致的。有学者也将这种情形称为隐性援引。参见赵晓海、郭叶："最高人民法院民商事指导性案例的司法应用研究"，载《法律适用》2017 年第 1 期。间接回应的实际情形是法官依据成文法规范进行法律说理并得出法律结论，如在四川众兴华业市政照明工程有限公司与济南三星灯饰有限公司侵害外观设计专利权纠纷上诉案中，就"外观设计是否相同或近似"的认定，法官实际依据的是最高人民法院《关于审理侵犯专利权纠纷案件应用法律若干问题的解释》第 11 条的规定，而非指导案例。

〔2〕　参见广州知识产权法院（2017）粤 73 民终 353 号民事判决书。

〔3〕　刘树德："最高人民法院司法规则的供给模式——兼论案例指导制度的完善"，载《清华法学》2015 年第 4 期。

审判权威"。[1]

1. 知识产权指导案例生成的权威性不足

按照最高人民法院《关于案例指导工作的规定》及其实施细则的要求，指导案例由最高人民法院案例指导工作办公室征集、遴选、审查、发布、研究和编纂并报送最高人民法院审判委员会通过。然而，最高人民法院案例指导工作办公室与审判委员会并非知识产权案件的审理部门，对案件的了解往往局限在裁判文书的文本范围，并且指导案例并非原生效裁判，而是经过文本剪辑与信息编排并以裁判要点指引类似案件审理的文本。

上述不足进而导致如下问题：

（1）发布数量有限且发布日期不固定影响指导案例效力的稳定性。仅有的21个知识产权指导案例如何指导浩如烟海的知识产权纠纷？

（2）发布周期过长影响知识产权指导案例效力的及时性。审结日期与发布日期间隔过长，如何及时为知识产权纠纷提供规则指引？

（3）原生效裁判的地区分布影响知识产权指导案例效力的广泛性。来源于津鲁苏地区的指导案例是否会因司法的独立性而对其他地区的同级、上级乃至最高人民法院的知识产权纠纷发生效力减损？

（4）原生效裁判的审级分布影响知识产权指导案例效力的终局性。一审或二审指导案例如何保证其效力的终局性？

对上述困境的担忧仍不可避免地回到最高人民法院"非司法性权力"运作机制之下，然而非案件的审理部门剪辑、编排并提炼抽象的裁判要点，如何保证知识产权指导案例的权威性？其在本质上仍然存在立法主义的路径依赖，仍然是"新瓶装旧酒"在既有体制内的挣扎，没有突破和创新的司法改革仍然是在成文法规范的"窠臼"中"画地为牢"。这与知识产权案例指导制度"统一法律适用（提高知识产权法律规范的生成效率）"的功能价值是相悖的。

2. 知识产权指导案例适用的权威性不足

知识产权指导案例适用的权威性不足表现如下：

（1）最高人民法院审判委员会提炼裁判要点所依据的生效裁判在审理程序上存在一审、二审和再审，而法官进行司法适用的指导案例在审级上存在二审及再审的情形，因而存在以"行政权力"突破司法审级权威的危险。

---

[1] 刘树德："最高人民法院司法规则的供给模式——兼论案例指导制度的完善"，载《清华法学》2015年第4期。

（2）应用频率极低且法官往往倾向于参照指导案例的裁判要点进行逻辑演绎，而并不进行案件事实相似性的判断和法律说理。重视裁判要点，而忽视案件事实与法律推理，很可能导致对裁判要点的机械性和僵化性理解与适用，对法律职业群体的法律思维训练并无裨益。指导案例中所包含的法律政策、所运用的法律推理是比裁判要点更为重要的部分，它以"授人以渔"的形式，告诉法官该如何遵循裁判要点的指引以及在何种情形下远离裁判要点的指引。相比于机械性地适用裁判要点，它重视法律政策和法律推理，更能促进法律职业群体的思维训练，也能更为充分地发挥司法的能动性，提升司法权威。

六、知识产权案例指导制度之完善

（一）演进方向：判例说

解决知识产权案例指导制度实践运行中的困境需要对如下两个问题作出回应：一是，司法者能否通过指导案例进行司法续造以产生新的法律规则；二是，指导案例是否同时具备事实拘束力和规范拘束力。笔者在本文第一部分对知识产权案例指导制度法律适用说、司法解释说、判例说进行了基本阐述，以下进一步对这三种路径进行阐述，以明晰知识产权案例指导制度的演进方向。

1. 法律适用说

本文第一部分指出，法律适用说认为知识产权指导案例是适用知识产权成文法规范的典型案例。法律适用说对司法创造性和裁判拘束力的基本态度为：司法的创造性会不当僭越立法权的权力空间，它严格限制司法者通过案例进行司法续造的能力；指导案例可以作为司法者审理类似案件的参考，但并不具备法律上的强制拘束力，对类似案件具有强制拘束力的仍然是知识产权成文法规范。法律适用说存在以下局限：

（1）法律适用说依然存在着大陆法系语境下的思维习惯和制度惯性，即它无法避免立法主义之下成文法的有限性、静态性和抽象性，在本质上并非制度创新，而是制度固化。

（2）法律漏洞是一种客观存在，司法的创造性必然也是司法审判的内在机理，不断压缩司法的创造性，不仅与司法权力运作的自然规律相冲突，也存在立法权侵蚀司法独立的潜在风险。

（3）上述局限背离了案例指导制度的初衷，造成知识产权指导案例的功能偏差，导致知识产权指导案例沦为"大众宣传"的工具。

笔者认为，法律适用说与知识产权案例指导制度的功能价值是相悖的，因此并不可取。

2. 司法解释说

本文第一部分指出，司法解释说认为知识产权案例指导制度是用案例来解释成文法规范的具体含义。司法解释说对司法创造性和裁判拘束力的基本态度为：它虽然承认司法创造性的存在，但没有明确司法创造性的范围和对象；它虽然试图将案例指导制度与司法解释制度相等同，但回避了指导案例的拘束力问题。司法解释说存在以下局限：

（1）在我国的制度语境下，司法创造的不确定性实际上与不承认司法的创造性是一个问题的两种表述。在司法创造性不确定时，相较于冒着因为司法续造而被上级法院推翻的风险，司法者往往倾向于在知识产权法律规范的框架下进行司法涵摄，而非进行创造性思考。

（2）拘束力的不确定容易导致类似案件的差异化审理。司法者可以在指导案例的拘束力之间自由选择，可以遵照指导案例裁判规则，也可以对知识产权法律规范重新进行解释。这种情形下，往往形成多个裁判标准，容易造成司法不公。

笔者认为，司法解释说与案例指导制度的初衷存在偏差，极易造成知识产权案例指导制度的价值贬损，因此有待完善。

3. 判例说

本文第一部分指出，判例说认为知识产权指导案例其实就是判例。判例说对司法创造性和裁判拘束力的基本态度为：它承认司法者能够通过指导案例进行司法续造以产生新的法律规则；它同时承认指导案例可以基于其权威生成和司法权力的权力输出而同时具备事实拘束力和规范拘束力。

判例说的可取之处在于：

（1）它承认成文法律规范并不完美，推崇司法创造性并遵循司法权力运行的内在机理。

（2）它承认司法创造性的对象为成文法规范中存在的法律漏洞，司法创造性限于对个案具体利益纠纷进行衡量，并不得违背知识产权立法的根本宗旨。

（3）它强调司法者在进行司法裁判过程中，使其事实陈述尽可能翔实，法律推理尽可能充分，法律结论尽可能合理，从而增强指导案例的事实拘束力；它强调指导案例的适用应回归到司法权力运行框架下，从而增强指导案例的规范拘束力。

（4）上述可取之处对知识产权的价值在于：司法创造性可以为知识产权的产生和运行提供良好的产权规则、责任规则和程序规则；指导案例的强制拘束力可以促进司法公正，提升司法效率。

4. 规范建议

笔者认为，判例说可以促进知识产权数量的增长和质量的提高，并降低知识产权交易和使用的经济成本，从而充分发挥知识产权的公共价值属性，促进社会福祉的最大化。因此，判例说应该成为知识产权案例指导制度的演进方向。

（二）价值回归

1. 价值考量

知识产权案例指导制度应有助于知识产权法律制度根本宗旨的实现，即对著作权和专利权而言，知识产权案例指导制度应促进科学、文学及艺术进步；对商标权而言，知识产权案例指导制度应促进社会主义市场经济的健康发展。知识产权法律制度根本宗旨的实现依赖于清晰的产权规则、责任规则、程序规则及其在司法中的适用。因此，知识产权案例指导制度的价值应为提高上述三种规则的生成效率和适用效率。"规则统一与指引""司法公正与效率"和"法制宣传与教育"的价值目标在功能定位上各有侧重。"规则统一与指引""司法公正与效率"的价值目标针对的是专业的法律职业群体，"法制宣传与教育"针对的是普通公众。"从理论上说，一种目标与其他价值目标之间总是存在相互抵触或相互冲突的复杂关系。同时，某种目标的实现会对其他目标的实现产生抑制和削弱。"[1]将"规则统一与指引""司法公正与效率"和"法制宣传与教育"三重价值目标加载于知识产权指导案例之上，使其承受了不能承受之重。三重价值目标在功能定位上的偏差必然会造成知识产权指导案例的价值贬损。

2. 规范建议

从某种意义上来说，案例特别是指导案例能够发挥"法制宣传与教育"的价值。但在逻辑顺序上，这种价值目标相较于"规则统一与指引"和"司法公正与效率"并不具有优先性。作为审判权行使产物的知识产权指导案例应该定位于"规则统一与指引"和"司法公正与效率"，而不应将属于司法行政部门

---

〔1〕　［德］卢曼著，韩旭译："法律的自我复制及其限制"，载《北大法律评论》1999 年第 2 期。

行政权范围内的弘扬社会主义法治精神和社会主义核心价值观的价值目标加载于知识产权指导案例之上。过度强化知识产权指导案例的"法制宣传与教育"价值，将损害知识产权指导案例"规则统一与指引"和"司法公正与效率"的价值。因此，知识产权案例指导制度判例说之下，指导案例的价值应定位于"规则统一与指引"和"司法公正与效率"。

（三）适用路径

1. 适用分析

笔者将以法院主动援引的指导案例 29 号为例进行说明。

指导案例 29 号的裁判要点在优信互联（北京）信息技术有限公司等与北京五八信息技术有限公司仿冒纠纷案中适用的基本逻辑路径为：

裁判要点 T → R：

构成要件 T 该企业名称简称长期广泛对外使用，并获得一定的市场知名度，已实际具备商号作用

法律效果 R 上述企业名称简称可以作为企业名称获得保护

案件事实 S = T

"优信"仅为优信互联（北京）信息技术有限公司字号中的一部分，不是企业名称简称

法律结论 S → R：

优信互联（北京）信息技术有限公司请求将"优信"作为企业名称予以保护，于法无据

笔者将上述指导案例的适用逻辑提炼为：

大前提 T → R：法律规范 裁判要点（具备 T 构成要件者适用 R 法律效果）

小前提 S = T：案件事实（待决案件事实符合 T 构成要件）

结论 S → R：该待决案件事实适用 R 法律效果

上述指导案例的适用路径仍然是以司法三段论进行司法涵摄和演绎推理，它关注的重点是待决案件事实能否涵摄到裁判要点的抽象要件之下从而得出案件结论。对指导案例 29 号的司法适用过程中，在对案件事实进行涵摄时，法官并没有分析"优信"是否"长期对外使用"以及是否"获得一定的市场知名度"，而只是简单断定"优信"只为企业名称的一部分，不是企业名称简称，实

际上并没有在指导案例 29 号裁判要点的语义射程范围内对"优信"是否构成企业名称简称进行认定。我们可以看到，相较于促进裁判要点的动态更新，机械适用裁判要点使得裁判要点中的不合理成分得以固化，它依然无法克服成文法语境下成文法规范的局限性与事实情景的复杂性，知识产权指导案例指导知识产权司法实践的价值将会减损，从而造成知识产权指导案例的功能异化。

2. 规范建议

知识产权指导案例的司法适用应转向以类比推理为中心的多种适用路径。类比推理的两种思维路径为：①已决案件的法律结论为 X，因为待决案件情形与已决案件情形相似，待决案件的法律结论应为 X；②已决案件的法律结论为 X，因为待决案件与已决案件存在法律意义上的重大区别（Legally Significant Difference），法律结论不应为 X。

类比推理的司法适用模型为：

待决案件 M，其特征可以概括为 A1、A2、A3、A4、A5、A6，指导案例 N，其特征可以概括为 A3、A4、A5、A6、A7、A8，待决案件 M 与指导案例 N 相同（相似）特征为 A3、A4、A5、A6，不同特征为待决案件 M 具有 A1、A2，而指导案例 N 具有 A7、A8，若 A3、A4、A5、A6 在法律评价意义上对于待决案件 M 和指导案例 N 具有重要意义，则可认定待决案件 M 和指导案例 N 近似；若 A1、A2 与 A7、A8 之间的差异在法律评价上对于待决案件 M 和指导案例 N 具有重要意义，则可认定待决案件 M 和指导案例 N 不近似。上述司法适用模型通常被称为"区分技术"。

在类比推理的司法逻辑路径下，指导案例中的法律事实与裁判理由是比裁判要点更为重要的比对要素，待决案件 M 和指导案例 N 相似性与差异性的比对要素可以概括为两个层面：①表层比对要素，包括类似的法律事实、类似的争议焦点等；②深层比对要素，包括待决案件与指导案例背后的法律政策、法律宗旨相同或近似，待决案件的类似处理促进该法律政策及宗旨的实现等。[1]

笔者以指导案例 29 号与适用该指导案例的优信互联（北京）信息技术有限公司等与北京五八信息技术有限公司仿冒纠纷案为例进行类比推理的示范：

表层比对要素：

----

[1]　也有学者认为待决案件与指导案例之间的比对包括：案件事实构成与所涉法律关系近似；基本法律事实构成要素近似；法律规范基础近似；法律规范价值取向近似。孟祥磊、徐平："论类比推理在案例指导制度中的适用"，载《法律适用》2015 年第 8 期。

A1 "天津青旅"为天津中国青年旅行社字号中的一部分；

A2 共青团天津市委员会出具证明称，"天津青旅"是天津中国青年旅行社的企业名称简称；

A3 相关媒体已开始以"天津青旅"简称指代天津中国青年旅行社；

A4 天津中国青年旅行社在报价单、旅游合同、与同行业经营者合作文件、发票等资料以及经营场所各门店招牌上等日常经营活动中，使用"天津青旅"作为企业名称简称；

A5 "天津青旅"自2007年起，经过在经营活动中多年的使用和宣传，已与天津中国青年旅行社建立起稳定的关联关系，已实际具备商号作用。

深层比对要素：

A6 将已经具备商号作用的"天津青旅"作为企业名称保护可以维护经营者诚实合法经营而获得的合法权益，有利于维护良好的竞争秩序。

我们将指导案例与优信互联（北京）信息技术有限公司等与北京五八信息技术有限公司仿冒纠纷案进行比对：

A1——"优信"为优信互联（北京）信息技术有限公司字号中的一部分。

A2、A3、A4——优信互联（北京）信息技术有限公司未能提供相关部门、相关媒体及其在经营活动中将"优信"作为企业名称简称使用的证据。

A5——"优信"未能与优信互联（北京）信息技术有限公司建立起稳定联系。

A6——将"优信"作为企业名称保护，将不当扩张企业名称的范围，对于维护良好的竞争秩序并无裨益。

笔者通过进行类比推理分析发现，上述比对要素中只有A1相同，其他比对要素均不相同，因此，"优信"不能作为企业名称而受保护。

笔者认为，对指导案例的司法适用应为类比推理而非逻辑演绎，通过上述两种逻辑路径的对比分析可以发现，类比推理能够更为充分地考量指导案例与待决案件的基本案情及其背后的法律政策与法律宗旨，因此更能增强司法的权威性，也更能提升司法职业群体的整体素质。因此，指导案例的司法适用应该偏重类比推理而非逻辑演绎。

七、结论

知识产权案例指导制度的判例说改革方向与路径面临诸多制度性障碍，非笔者一人之力所能达成，然而司法改革的现实则是"变则通，不变不通"。知识产权客体的无形性和知识产权侵权救济途径的单一性使得在知识产权领域更需要知识产权指导案例发挥"规则统一与指引""司法公正与效率"的价值。判例说应该成为知识产权案例指导制度的完善方向。判例说的完善方向具备必要性、可行性与可欲性。就必要性而言，知识产权立法和司法实践通常表现为知识产权司法实践先于知识产权立法，知识产权法律运行的实际状况与大陆法系的立法主义和司法三段论不断发生摩擦与冲突。以指导案例缓和知识产权法律的实际运行与上述制度模式和思维方式之间的矛盾，是知识产权案例指导制度的初衷。

就可行性而言，知识产权领域的司法改革与创新，为知识产权指导案例基于权威生成而获得事实拘束力和基于权力输出而获得法律拘束力提供了外部环境。司法创造性对于法律适用过程中的法律漏洞进行填补的功能价值是知识产权案例指导制度判例说的内在机理。就可欲性而言，知识产权案例指导制度判例说可以提高知识产权法律规范的生成效率和适用效率，促进知识产权的产生和运行，有助于实现社会福祉的最大化。笔者对知识产权指导案例的实证分析发现，知识产权指导案例在生成与适用过程中均存在权威性不足的问题，其原因在于知识产权指导案例仍然是一种非司法性权力运作的产物，而非基于指导案例裁判权威和司法性权力运作的产物。因此，笔者提出以下拙见，以判例说为知识产权案例指导制度的完善方向，使知识产权指导案例的产生与适用回归到司法性权力运作的框架下：一方面，以此增强裁判文书说理的充分性与合理性，以提高裁判权威；另一方面，由逻辑演绎转向类比推理等多种司法适用路径，以增强指导案例司法适用的权威性。

视听作品著作权归属与利益分配问题研究

刘舒蔓

　　视听作品的创作过程复杂，各种主体的利益在视听作品中交织，造成其著作权问题具有自身的特殊性。我国现行《著作权法》并未使用"视听作品"这一术语，而是使用了"电影作品和以类似摄制电影的方法创作的作品"的概念。纵观各国当前立法实践，以"视听作品"代替"电影作品和以类似摄制电影的方法创作的作品"成为一种趋势。我国关于视听作品著作权归属与利益分配的规定，主要体现在现行《著作权法》第 15 条中。这一规定在实施过程中暴露出不少问题，影响着我国视听作品的保护，甚至在相当大程度上影响了我国影视相关产业的发展。本文试图以现行《著作权法》第 15 条的修改为视角，通过对国际条约以及不同国家的法律法规、国内典型案例进行比较、分析，并结合2014 年原国务院法制办公室公布的《著作权法（修订草案送审稿）》（以下简称《送审稿》）和 2020 年第三次修正后的《著作权法》（以下简称"2020 年《著作权法》"）的相关条文，对视听作品整体著作权归属、视听作品中可单独使用部分著作权归属、视听作品利益分配三个问题分别加以研究，以期为完善我国视听作品著作权归属与利益分配制度贡献绵薄之力。

一、视听作品著作权归属与利益分配问题概述

　　视听作品的创作是一个复杂的过程，需要经过前期策划、剧本创作、制作拍摄、后期剪辑等多个阶段。[1]相应地，视听作品的著作权归属与利益分配规

---

〔1〕　参见郑成思：《知识产权论》（第 3 版），法律出版社 2003 年版，第 248 页。

则，也比一般作品复杂。

（一） 视听作品概述

世界上第一个国际著作权公约《伯尔尼公约》并未使用"视听作品"这一术语，而是使用了"电影作品和以类似摄制电影的方法表现的作品"（cinematographic works to which are assimilated works expressed by a process analogous to cinematography）[1]的法律概念。1976 年通过的《关于发展中国家著作权的突尼斯示范法》（以下简称《突尼斯示范法》） 第 1 条第 2 款 （vi） 首次出现"视听作品"（audiovisual work） 这一专业术语[2]，但该法并未对"视听作品"做出具体定义。世界知识产权组织《著作权与邻接权法律术语汇编》对《突尼斯示范法》中"视听作品"的概念做出了解释，即"同时引起听觉和视觉并包含一系列记录在适宜的物质上 （视听固定物） 的相关图像和伴音，以借助相应装置来表演的作品。它只能以同一形式使人感知，而不像话剧作品的表演，以取决于实际舞台效果的不同方式来引起听觉和视觉"[3]。1989 年通过的《视听作品国际登记条约》，是首次对"视听作品"进行正式定义的国际条约，其第 2 条规定，"视听作品"是"由一系列固定相关的画面组成，有伴音或者无伴音，能够被看见或听到 （有伴音的情况下） 的作品"[4]。相较于《著作权与邻接权法律术语汇编》中的解释，这一定义最大的变化是将只能引起视觉而无法引起听觉的作品纳入视听作品的保护范围。据此，视听作品包括可以被看见的一系列固定相关的画面，这种画面可以是有伴音的能够被听到的，也可以是无伴音的，但不包括不伴有画面的纯粹录音。

美国最早使用"视听作品"这一术语，[5]法国对"视听作品"概念的表述与《视听作品国际登记条约》较为相似。我国台湾地区的规定类似于美国《版权法》的规定，即视听作品无论有无伴音均可，且其要能附着在媒介物上。

〔1〕 WIPO 知识产权法律与条约数据库，http://www.wipo.int/wipolex/zh/treaties/text.jsp？file_id=283698#P82_10336，最后访问时间：2020 年 12 月 17 日。

〔2〕 参见张春艳："视听作品著作权研究——以参与利益分配的主体为视角"，西南政法大学2014 年博士学位论文，第 5 页。

〔3〕 世界知识产权组织编，刘波林译：《著作权与邻接权法律术语汇编》，北京大学出版社 2007年版，第 16 页。

〔4〕 宋海燕：《娱乐法》，商务印书馆 2014 年版，第 60 页。

〔5〕 参见张春艳、王江一："著作权法修订视阈下视听作品概念之界定与厘清"，载《河南师范大学学报》（哲学社会科学版） 2015 年第 6 期。

我国现行《著作权法》未出现"视听作品"的概念，而是采用了与《伯尔尼公约》类似的用语，即"电影作品和以类似摄制电影的方法创作的作品"，《著作权法实施条例》对上述作品进行了定义[1]。《送审稿》第 19 条将"电影作品和以类似摄制电影的方法创作的作品"修改为"视听作品"，并界定了"视听作品"的概念。根据《送审稿》第 5 条的规定，视听作品具有以下特点：第一，由一系列连续画面组成；第二，有无伴音均可；第三，能够借助技术设备被感知。对于视听作品是否必须具有固定性，《送审稿》未作要求。此外，相对于《著作权法实施条例》而言，《送审稿》的定义删除了"摄制"要件，创作视听作品的方法不再局限于"摄制"。这一修改适应了视听作品的发展趋势，将更多借助新技术创作的视听作品纳入著作权的保护范围，符合当前国际立法趋势。2020 年《著作权法》则对视听作品的概念未予界定。

视听作品较其他作品而言，具有自身的特殊性和复杂性，因此许多国家就此类作品规定了与一般作品不同的著作权归属与利益分配制度。我国关于视听作品著作权归属与利益分配的规定，主要体现在现行《著作权法》第 15 条中。

1. 现行《著作权法》第 15 条存在的问题

（1）视听作品整体著作权归属方面。

第一，归属制度本身存在问题。著作权归属于作者，是著作权归属的基本原则。现行《著作权法》将编剧、导演、摄影、作词、作曲等创作者认定为视听作品的作者，却未赋予其完整的著作权，而是直接将视听作品的著作权归属于制片者。这样做主要是为了激励制片者投资，方便电影作品的开发和利用。但是，这一规定忽略了创作者的创作劳动才是视听作品著作权产生的源泉，至少没有指明制片者享有的视听作品著作权来自于创作者，不符合基本法理。[2]

此外，现行《著作权法》第 10 条规定了四项著作人身权：发表权、署名权、修改权和保护作品完整权。著作人身权是创作者的专属权利，不得与创作主体分离。根据现行《著作权法》第 15 条的规定，视听作品的作者仅享有署名

---

[1]　《著作权法实施条例》第 4 条规定："电影作品和以类似摄制电影的方法创作的作品，是指摄制在一定介质上，由一系列有伴音或者无伴音的画面组成，并且借助适当装置放映或者以其他方式传播的作品。"

[2]　参见张春艳："我国视听作品著作权归属模式之剖析与选择"，载《知识产权》2015 年第 7 期。

权，其他权利则掌握在制片者手中。这不仅在理论上难以自圆其说，而且造成现行《著作权法》的著作权权利体系前后冲突。同时，除署名权以外，将视听作品整体著作权不加区分地全部归属于制片者，忽略了著作权的私权属性，未对当事人的意思自治予以尊重。

第二，权利主体界定困难。首先，现行《著作权法》第15条规定视听作品著作权归属制片者，却未对制片者做出明确定义。实践中，视听作品的署名情况非常复杂。这带来了许多问题：一是，视听作品中署名的"制片人"并不等于现行《著作权法》中的制片者，现行《著作权法》规定的制片者在视听作品中并不署名为制片人；二是，视听作品中署名为出品公司或摄制公司的主体，也并不一定就是视听作品的著作权人。[1]视听作品署名混乱，观众难以区分谁才是真正的制片者，视听作品制片者的认定存在困难。

其次，在视听作品作者身份的认定上，现行《著作权法》缺乏明确的标准。现行《著作权法》第15条仅对我国视听作品的作者进行了列举，包括"编剧、导演、摄影、作词、作曲等"，单纯以一个"等"字概括视听作品作者的范围，而没有任何概括性的定义。一方面，上述五类人并不一定就是视听作品的作者。有一些具有导演、摄影等作者身份的人，并未在视听作品的创作中付出创造性的劳动。此外，若视听作品使用了视听作品制作前已经存在的音乐，此种音乐作品作者与其他视听作品作者并无创作的合意，难以认定为视听作品的合作作者。另一方面，上述五类人之外，还有一些人参与了视听作品的独创性创作。例如，电影剪辑师如果对影片制作中所拍摄的大量素材进行了创造性的选择、取舍、分解与组接，[2]构成了对拍摄的再创造，那么也可以认定为视听作品的作者。总之，"等"字不是万能的，不能因此忽视对视听作品作者身份判断标准的制定。

（2）视听作品中可单独使用部分著作权归属方面。

第一，已有作品作者的法律地位不明确。现行《著作权法》并未对已有作品作者的法律地位进行明确规定，其第15条只列举了视听作品的合作作者，完全没有提及已有作品与视听作品的法律关系以及已有作品作者在视听作品中的法律地位。此外，该法条中也没有任何关于视听作品之上存在双重权利的暗示，反而笼统地规定视听作品的著作权由制片者享有。

---

〔1〕 参见王冬梅："电影作品著作权归属研究"，中国政法大学2010年硕士学位论文，第20—25页。

〔2〕 参见百度百科：https://baike.baidu.com/item/%E5%89%AA%E8%BE%91/308592? fr=aladdin，最后访问时间：2020年12月12日。

这带来了如下后果:一旦视听作品制作完成,已有作品作者就失去了对该视听作品的控制。无论制片者以何种方式使用视听作品,即使在合同中并未约定,也不受已有作品作者的制约。同时,由于现行《著作权法》第 15 条并未规定视听作品之上存在着"双重权利",制片者无须经过已有作品作者的许可即可自行决定对视听作品加以演绎并使用,他人欲将该视听作品进行演绎的,也只须经过制片者的许可即可,无须经过已有作品作者的许可。对已有作品作者而言,这无疑是极为不利的。

第二,各合作作者的法律地位不明确。首先,视听作品中可单独使用部分的作者可以分为两种:一种是先有小说、戏剧等作品,再由制片者根据这些已有作品制作视听作品的情况。此时小说、戏剧等已有作品的作者就是视听作品中可单独使用部分的作者。另一种是制片者欲创作一部视听作品,因此邀请编剧、词曲作家等为此视听作品专门创作剧本和音乐的情况。若该剧本和音乐可以与视听作品相分离而存在,那么此时的编剧和词曲作家也可能属于视听作品中可单独使用部分的作者。这两种作者在视听作品中的法律地位是不同的,而现行《著作权法》第 15 条未对此进行区分,导致理论上的混乱和司法实践的困境。

对于什么是"单独行使著作权",可单独使用部分的著作权能否对抗视听作品的整体著作权,现行《著作权法》第 15 条也未作规定。以音乐作品为例,音乐作品作者是否可以在视听作品传播过程中和制片者一起行使各自的著作权,还是只有在针对音乐作品本身时,其词曲作者才可以单独行使著作权?[1]视听作品中插曲的词曲作者能否许可电视台播放带有插曲的片段?换言之,电视台播放带有插曲的视听作品片段,是否需要取得词曲作者的许可?这些问题,现行《著作权法》第 15 条均未明确规定。

(3)视听作品利益分配方面。现行《著作权法》第 15 条第 1 款规定了视听作品作者"有权按照与制片者签订的合同获得报酬",但没有对合同约定的报酬数额是否公平等事项做出规定,仅在使用作品的付酬标准中原则性地指出,可以按照"国务院著作权行政管理部门会同有关部门制定的付酬标准支付报酬"。[2]

---

〔1〕 参见王芳:"词曲作者在音乐电视使用中的法律地位——兼议著作权法第十五条的修改",载《人民司法》2015 年第 3 期。

〔2〕 参见曾青未:"论视听作品的利益分配——以作者的公平获酬权为视角",载《知识产权》2017 年第 4 期。

实践中，在与制片者签订合同时，除了部分导演和演员，一些合作作者如编剧、摄影等往往处于弱势地位，其公平获酬权难以得到保障。此外，由于我国相关著作权集体管理组织不够成熟，力量较为薄弱，难以代表作者与制片者进行有效谈判，维护作者的公平获酬权。因此，在视听作品的利益分配中，不公平的现象时有发生，一些编剧、导演不得不向制片人转型。"编（剧）而优则制（片人），导（演）而优则制（片人），无非是为了争夺影视作品权益的话语权。"[1]这并不利于视听作品的良好发展。

如果视听作品中含有音乐，那么对视听作品的播放实际也是对其中音乐作品的"机械表演"。[2]"如果音乐作品著作权人许可唱片公司将其音乐作品录制成唱片，其仍然可就超市、餐厅等公共场所以及广播电台、电视台播放唱片的行为获得报酬。"[3]但如果音乐作品著作权人许可制片者使用其作品制作视听作品，由于现行《著作权法》第15条规定作者仅能依据与制片者的合同获得报酬，若合同未作规定，则就公开播放视听作品的行为，音乐作品著作权人将无法获得报酬。对音乐作品著作权人而言，这无疑是不合理的。

2. 《送审稿》对现行《著作权法》第15条的修改及其不足

《送审稿》第19条对现行《著作权法》第15条确立的视听作品著作权归属与利益分配制度进行了重构，现行《著作权法》第15条的部分问题得到解决，但《送审稿》依然存在许多不足。

（1）视听作品整体著作权归属。根据《送审稿》规定，视听作品整体著作权归属规则如下：对于著作财产权，优先适用制片者和作者的约定，没有约定或者约定不明的，由制片者享有；对于著作人身权中的署名权，由作者享有，且不可转让。[4]《送审稿》将视听作品的整体著作权分为著作财产权和著作人身权，著作财产权不再直接规定由制片者享有，而是以当事人的约定优先，体现了法律对意思自治的尊重。同时，在没有约定或者约定不明的情况下，法律规定著作财产权由制片者享有，这有利于视听作品的传播和利用。对于著作人

---

〔1〕 王占海."影视作品著作权归属之我见——关于《著作权法（修订草案送审稿）》的建议和理解"，载《中国版权》2014年第5期。

〔2〕 参见王迁："'电影作品'的重新定义及其著作权归属与行使规则的完善"，载《法学》2008年第4期。

〔3〕 王迁："'电影作品'的重新定义及其著作权归属与行使规则的完善"，载《法学》2008年第4期。

〔4〕 参见《送审稿》第19条第3款。

身权，《送审稿》规定不可自行约定，而必须由作者享有，延续了作者权法国家的立法传统。但是，《送审稿》压缩作者著作人身权的情况依然存在，作者仅享有一项署名权，而发表权和保护作品完整权[1]的归属法律未作规定。同时，有观点认为，《送审稿》将一切交由作者和制片者自行约定，却没有相应地规定保障作者权利的条款，在集体管理组织无法代表作者与制片者进行有效谈判的情况下，大部分作者实际上是很难真正享有视听作品的财产权利的。[2]

在权利主体的界定上，《送审稿》明确只有"专门为视听作品创作的音乐作品的作者"才是视听作品的合作作者[3]，体现了视听作品作为合作作品的特点。但是，《送审稿》仍旧未对"制片者"做出明确定义，对作者的认定也缺乏概括性的标准。同时，在列举视听作品的作者时，《送审稿》删除了"摄影"一词。现实中摄影能否成为视听作品的作者，其实是一个需要个案认定的问题。

（2）视听作品中可单独使用部分著作权归属。

首先，《送审稿》暗示了视听作品是已有作品的演绎作品。制片者使用小说、音乐和戏剧等已有作品制作视听作品，必须取得已有作品著作权人的许可；视听作品要受到演绎作品"双重许可"规则的制约，除非已有作品著作权人与制片者有相反约定。[4]这一规定的问题在于：在没有约定或者约定已有作品著作权人对视听作品享有专有权的情况下，根据演绎作品的特性，若要使用视听作品，必须经过制片者和已有作品著作权人的双重许可。[5]法律未规定使用视听作品的主体和方式，因此这种使用既包括制片者的使用，也包括第三人的使用；使用方式可以是复制、发行、放映、网络传播、对字幕进行翻译、进行配音，也可以是对视听作品进行改编。无论哪种使用，都必须受到"双重许可"规则的制约。而视听作品具有自身的特殊性，视听作品制作的目的就是发行放映，如果每一次对视听作品进行复制、发行、放映、网络传播都必须经过已有作品著作权人的许可，无疑会增加制片者的投资风险和视听作品的传播成本。在约定已有作品著作权人对视听作品不享有专有权的情况下，已有作品著作权

---

〔1〕《送审稿》仅规定了三种著作人身权：发表权、署名权、保护作品完整权。

〔2〕 参见张艳冰："视听作品著作权归属及利益分配问题探析"，中国政法大学 2015 年硕士学位论文，第 35 页。

〔3〕 参见《送审稿》第 19 条第 2 款。

〔4〕 参见《送审稿》第 19 条第 1 款。

〔5〕 参见倪端："视听作品的著作权研究——兼评《中华人民共和国著作权法》第三次修改"，中国政法大学 2014 年硕士学位论文，第 36 页。

人就失去了对视听作品的控制。若要对视听作品再次进行演绎，无须再取得已有作品著作权人的许可，已有作品作者的权利将无法得到保护。

其次，《送审稿》明确了视听作品中可单独使用部分的作者单独行使著作权"不得妨碍视听作品的正常使用"。[1]换言之，视听作品中可单独使用部分的著作权不能对抗视听作品整体的著作权。这一规定加强了对制片者的保护，方便了视听作品的利用和传播。至于可单独使用部分的作者"单独行使著作权"的具体方式，可以在《著作权法实施条例》中做出相应规定。

（3）视听作品利益分配。《送审稿》引入了一个全新概念——利益分享。关于视听作品的利益分配，《送审稿》规定，视听作品的利益分享由制片者和作者约定，没有约定或者约定不明的，作者享有分享收益的权利。[2]该规定主要包含以下两个意思：一是，视听作品的利益分享可以由制片者和作者约定；二是，如果没有约定或者约定不明，则作者依法享有"分享收益"的法定二次获酬权。这种立法模式尊重了视听作品中各利益主体的意思自治，同时以法定方式保障了视听作品创作者的二次获酬权。是否应当在法律中明确规定二次获酬权，这一问题引起了制片者、作者、学界和司法人员的激烈争论。对于视听作品的利益分配问题，笔者将在第三部分结合 2020 年《著作权法》的规定进行详细探讨。

二、视听作品著作权归属

视听作品著作权归属，包括视听作品整体著作权归属和视听作品中可单独使用部分的著作权归属。如果把视听作品看作一部合作作品，如何平衡各合作作者和制片者的利益，就成为视听作品整体著作权归属的关键问题。对于视听作品中可单独使用的部分而言，必须处理好视听作品整体著作权与视听作品中可单独使用部分的著作权之间的关系。

（一）视听作品整体著作权归属

1. 各国视听作品整体著作权归属的比较研究

对于视听作品整体著作权归属问题，各国规定存在较大分歧。作者权法国家和版权法国家基于不同的立法理念，分别将视听作品著作权赋予创作者和制片者，同时根据视听作品的特点，采取一些较为灵活的规定。

---

〔1〕 参见《送审稿》第 19 条第 4 款。

〔2〕 参见《送审稿》第 19 条第 3 款。

（1）国际公约的规定。国际上有关视听作品著作权的公约，主要包括《伯尔尼公约》《世界知识产权组织版权条约》（以下简称"WCT"）以及《与贸易有关的知识产权协议》（以下简称"TRIPs 协议"）。《伯尔尼公约》并未对视听作品著作权归属问题做出明确规定，只交由成员国的国内法自行决定。WCT 与 TRIPs 协议规定的视听作品著作权归属制度，都承袭了《伯尔尼公约》的规定，未作任何变动和补充。

（2）作者权法国家的规定。作者权法国家一般坚持"著作权属于作者"以及"创作人原则"，认为只有实际参与视听作品创作的自然人才能成为视听作品的作者，并将视听作品的著作权赋予视听作品的创作者。在具体的规定上，不同国家又存在着一些差异：德国、法国、意大利等国家规定由作者原始享有视听作品著作权，并通过推定转让/许可或法定转让制度将著作财产权赋予制片者；日本则规定由制片者原始享有视听作品的著作权。

（3）版权法国家的规定。版权法国家更倾向于保护制片者的利益，其目的主要在于激励制片者投资。因此，版权法国家坚持"雇佣作品原则"和"作者取得原始版权原则"，将视听作品视为雇佣作品，根据雇佣作品的著作权归属规则，将制片者视为视听作品的作者，规定其原始取得视听作品的著作权。视听作品创作者一般只能通过与制片者的合同保护自己的利益。典型国家即为美国和英国。

2. 我国视听作品整体著作权归属

现行《著作权法》第 15 条第 1 款是对视听作品整体著作权归属的规定。据此，我国视听作品整体著作权归属具有以下特点：第一，视听作品的作者包括编剧、导演、摄影、作词、作曲等；第二，视听作品的著作权归属于制片者；第三，视听作品的作者只享有署名权。

显然，我国对视听作品整体著作权归属的规定，不属于上述任何立法模式。首先，无论是将视听作品整体著作权归属于创作者的作者权法国家，还是将视听作品整体著作权归属于制片者的版权法国家，都没有违背视听作品著作权由作者原始享有的原则。我国虽然在现行《著作权法》第 11 条明确"著作权属于作者"，但针对视听作品又在第 15 条规定了特殊的归属原则。编剧、导演、摄影、作词、作曲等是视听作品的作者，理应由他们享有视听作品的著作权，但第 15 条出人意料地将视听作品的著作权赋予制片者。"这一立法模式的实质，是将作者身份的认定与视听作品著作权的原始归属区分开来，作者是作者，著作权人是著作权人，各是各码。"〔1〕虽然作者权法国家为了便于视听作品的利用，通过推定转让/许可或法定转让的方式将视听作品的著作权最终赋予制片者，但这与我国的著作权归属制度有着实质性差别。从我国现行《著作权法》第15条中看不出任何"转让"的意思，制片者取得的是原始著作权。这种规定不符合法理，造成了逻辑上的混乱，也未给视听作品作者应有的尊重。

其次，作者权法国家虽然通过推定转让/许可或法定转让的方式将视听作品的著作权最终赋予了制片者，但其转让或许可的仅仅是其中的著作财产权（尤其是意大利，仅限于电影的放映权），著作人身权仍然由视听作品创作者享有。版权法国家不承认作品中存在精神权利，"而是一直热衷于将著作权扩张至那些具有经济价值的作品用途上"〔2〕，因此制片者享有的视听作品著作权仅包括财产权利。反观我国现行《著作权法》第15条的规定，视听作品的作者仅享有一项署名权，暗指其他三项著作人身权（发表权、修改权、保护作品完整权）都由制片者享有，这与整个著作权权利体系相矛盾，也不利于视听作品作者利益的保护。

最后，无论是作者权法国家还是版权法国家，都在一定程度上尊重了当事人的意思自治。作者权法国家规定推定许可/转让或者法定许可制度，同时允许视听作品作者对此作出权利保留；版权法国家虽然将视听作品视为雇佣作品，从而将视听作品的原始版权赋予制片者，但法律也允许当事人作出相反规定。我国现行《著作权法》第15条虽然提到作者"有权按照与制片者签订的合同获得报酬"，但此"报酬"并不是著作财产权，而仅仅是一种合同上的权利。

（二）视听作品中可单独使用部分著作权归属

现行《著作权法》规定，对于视听作品中可以单独使用的部分，其作者有权单独行使著作权。〔3〕但是，何为可以单独使用的部分，何为单独行使著作权，法律未作规定。

1. 视听作品中可以单独使用的部分的界定

从视听作品的外部关系来看，"拍摄电影往往需要先将小说改编成电影剧本，

---

〔1〕 衣庆云："电影作品著作权立法问题之异见"，载《知识产权》2012年第9期。

〔2〕 ［美］保罗·戈斯汀著，金海军译：《著作权之道——从谷登堡到数字点播机》，北京大学出版社2008年版，第142页。

〔3〕 参见《著作权法》第15条第2款。

再根据电影剧本拍摄电影"[1]。从视听作品的内部关系来看，各合作作者基于创作视听作品的合意，分别进行导演、摄影、作词、作曲等，最终共同完成视听作品的创作。因此，根据视听作品的外部关系和内部关系，可以将视听作品中可以单独使用的部分分为两类。

（1）外部关系：基于已有作品形成的视听作品中的可单独使用部分。实践中，用来制作视听作品的已有作品大致可分为两类：一类是已有的小说、戏剧等作品，它们成为视听作品改编的基础；一类是已有的音乐、美术等作品，它们成为视听作品的组成部分。视听作品制作过程中对这两类作品的利用方式并不同，对前者的利用方式主要是改编，如将安妮宝贝的小说《七月与安生》改编成电影；对后者的利用方式主要是复制，如将 1979 年发行的歌曲《绒花》作为 2017 年发行的电影《芳华》的主题曲。

至于已有作品与视听作品是何种法律关系，国际立法主要分为演绎关系和合作关系两种模式。《伯尔尼公约》认为视听作品是对已有作品加以改编和复制的结果[2]，暗示了已有作品与视听作品为演绎关系。德国和西班牙也承认了视听作品的演绎性质。[3]与此相反，法国和意大利认为已有作品与视听作品之间是一种合作关系。[4]日本除了在《著作权法》第 16 条明确表明已有作品的作者不属于视听作品的合作作者之外，还将视听作品使用的已有作品分为原著

---

[1]　王迁："'电影作品'的重新定义及其著作权归属与行使规则的完善"，载《法学》2008 年第 4 期。

[2]　《伯尔尼公约》第 14 条第 1 款规定："文学艺术作品的作者享有下列专有权利：①授权将这类作品改编和复制成电影以及发行经过如此改编或复制的作品；②授权公开表演、演奏以及向公众有线传播经过如此改编或复制的作品。"

[3]　德国《著作权法》第 88 条第 1 款规定："著作人许可他人将著作摄制电影的，如有争议，推定将利用其著作，不加改变地，或者经过改作，或者改动地制作电影著作，且通过各种方式利用该电影著作，以及译本作和电影改作物的独占权授予该人。"西班牙《著作权法》一方面在第 88 条规定，只要视听作品的各作者（导演、改编者和专为电影作品创作的音乐作品的词曲作者等）签订了许可制作视听作品的合同，就应推定其向制片者转让了复制权、发行权、公开传播权和对电影作品合成声音和字幕的权利；另一方面又在第 89 条针对原作品作者专门规定，许可使用作品拍摄电影的合同，应根据第 88 条推定作者已将利用电影作品的权利转让给了制片者。

[4]　《法国知识产权法典》L. 113-7 条规定："完成视听作品智力创作的一个或数个自然人为作者。如无相反证明，以下所列被推定为合作完成视听作品的作者：①剧本作者；②改编者；③对白作者；④专门为视听作品创作的配词或未配词的乐曲作者；⑤导演。视听作品源于仍受保护的已有作品或剧本的，原作者视为新作者。"意大利《著作权法》第 44 条规定："原著作者、编剧者、作曲者和艺术导演被看作电影作品的合作作者。"

作品和素材作品，原著作品与视听作品之间是以拍摄影片之方式将原著改作为二次著作的关系，素材作品与视听作品之间不再是原著作品与二次著作的关系，而是复制关系。[1]关于该问题，我国现行《著作权法》未作规定，《送审稿》第 19 条第 1 款暗示了视听作品的演绎性质。

笔者认为，根据前面对已有作品的区分，作为视听作品改编基础的小说、戏剧等作品与视听作品构成演绎关系；而作为视听作品素材的音乐、美术等作品虽未与视听作品构成演绎关系，但因其作者与视听作品作者没有创作的合意，所以也不是合作关系。但无论是哪种已有作品，由于视听作品中保留了已有作品独创性的表达，基于已有作品形成的视听作品中包含了至少两种著作权，即已有作品作者的著作权，以及视听作品著作权人就自己的创作成果所享有的权利。这也导致视听作品著作权的行使必然依赖于已有作品著作权人的许可。已有作品著作权人只是将特定的著作权以许可的方式授予制片者行使，并未将其著作权转让给制片者。因此，尽管视听作品整体著作权由制片者享有，但已有作品著作权人依然能够单独行使其著作权。[2]

（2）内部关系：各合作作者创作完成的视听作品中的可单独使用部分。现行《著作权法》第 15 条第 1 款承认了视听作品的合作作品属性，编剧、导演、摄影、作词、作曲等是视听作品的合作作者。根据现行《著作权法》第 13 条确立的合作作品归属及行使规则，合作作品可以分为可分割使用的合作作品和不可分割使用的合作作品。视听作品是不可分割使用的合作作品和可分割使用的合作作品的混合体。一方面，导演、摄像等合作作者创作的作品一旦创作完成，就无法从视听作品中脱离出来，必须依赖视听作品的形式来展现。这一部分属于不可分割使用的合作作品。另一方面，编剧、作词、作曲等合作作者创作的作品，不但能够与视听作品分离，而且能够以该作品的通常使用方式单独进行使用以达到相应目的。例如，电影中的插曲可以与电影画面相脱离而被单独播放。这一部分属于可分割使用的合作作品。对视听作品中不可分割使用的合作作品而言，其作者根本不可能单独行使著作权；对视听作品中可分割使用的合作作品而言，其作者对其创作的部分具有单独行使著作权的可能性。

现行《著作权法》虽然承认视听作品的合作作品属性，却规定视听作品的

〔1〕 参见张春艳："论视听作品中已有作品作者的权利"，载《中国版权》2015 年第 4 期。

〔2〕 参见陈绍玲："电影作品中'可以单独使用的作品'之研究"，载《河北法学》2011 年第 6 期。

整体著作权归属于制片者。但这并不意味视听作品中可分割使用的合作作品的著作权也同样归属于制片者。编剧、作词、作曲等合作作者能否对其创作的部分单独行使著作权，取决于其授予制片者的是什么权利。对编剧而言，其一般会与制片者在合同中约定剧本权利的归属。有些制片者与编剧约定剧本创作完成后一定年限内由制片者使用，有些约定剧本永久归属制片者所有。前一种情况下，编剧只是将剧本的部分权利（如改编权、摄制权以及衍生品开发权等）许可给制片者使用，制片者只能在约定时间、地域及权利范围内使用剧本作品，到期后不得再继续使用，编剧依然拥有剧本的著作权。后一种情况下，编剧将其创作的剧本作品的著作权转让给了制片者（当然著作人身权除外）。在未约定剧本权利归属或约定不明的情况下，根据委托作品的著作权归属规则，剧本著作权归编剧享有。对音乐作品作者而言，其授予制片者的更多是以非排他性方式使用作品的权利，比如复制、发行、通过信息网络传播等，很少将音乐作品的著作权直接转让给制片者。

因此，对于视听作品中可分割使用的合作作品，如果其作者只是将特定的权利许可给制片者使用，该作者依然拥有此部分作品的著作权，当然有权利就该部分单独行使著作权。

2. 单独行使著作权的界定

根据前面的分析，无论从外部关系还是内部关系，对于视听作品中可以单独使用的部分，其著作权人有权单独行使著作权。但是，要界定何为对可以单独使用的部分单独行使著作权，必须要清楚视听作品的本质。如前所述，视听作品是指"由一系列有伴音或者无伴音的连续画面组成，并且能够借助技术设备被感知的作品"。因此，视听作品的本质是"一系列有伴音或者无伴音的连续画面"。如果某种使用涉及对视听作品本质的使用，就构成对视听作品整体著作权的行使。从视听作品是由伴音、连续画面组成的角度来看，视听作品主要有三种使用方式：对视听作品的整体或者片段的使用、仅对视听作品中连续画面的使用以及仅对视听作品中伴音的使用。下面，笔者分别对这几种情况进行分析。

首先，对视听作品整体的使用无疑属于行使视听作品整体著作权的行为，该部分的著作权归属于视听作品的制片者，不属于可以单独使用的部分。对视听作品片段的使用，同样构成了对视听作品的本质的使用，即对一系列有伴音的连续画面的使用，这部分的著作权仍然由制片者享有，不可以单独使用。

其次，仅对视听作品中连续画面的使用，属于对无伴音的连续画面的使用，仍未脱离视听作品的本质。因此，该部分仍然不属于可以单独使用的部分，必须由视听作品的制片者来行使著作权。

由此带来的一个问题是：对包含动漫形象的视听作品而言，如果不是对连续画面的使用，而是仅仅使用了其中静态的动漫形象，这种使用是否属于单独行使著作权的行为？换言之，制片者拥有视听作品的整体著作权，是否意味着对视听作品中的动漫形象也一定拥有著作权？从司法实践中的相关案例〔1〕可以看出：视听作品中静态动漫形象的著作权，是可以与视听作品整体著作权相分离而单独存在的。若仅仅使用了视听作品中的静态动漫形象，属于对视听作品中可以单独使用的部分单独行使著作权的行为。

最后，如果没有使用视听作品中的画面，而仅仅使用了其中的伴音，这种行为该如何定性？视听作品中的伴音主要包括两种情况：第一种是人物对话，这部分内容来自于剧本；第二种是视听作品中的音乐，如主题曲、片尾曲等。〔2〕无论是对剧本的单独使用，还是对音乐的单独使用，都脱离了视听作品的本质，即脱离了对"一系列有伴音或无伴音的连续画面"的使用，因此不属于行使视听作品整体著作权的行为。但是，制片者作为首次把声音录制下来的人，成了邻接权的主体——录音制作者，其对录制的声音享有复制、发行、出租、信息网络传播等邻接权，编剧、音乐作品作者无权对视听作品中的伴音行使这些权利。由于我国现行《著作权法》未赋予录音制作者广播权和表演权，编剧、音乐作品作者仍然有权公开播放该声音。但是，这不属于对视听作品中可以单独使用的部分单独行使著作权的行为。只有对文字或词曲本身的使用，才属于单独行使著作权的行为。

三、视听作品利益分配

视听作品是一种具有丰厚利润的文化产品，随着观影人数越来越多，视听作品带来的商业价值越发不可估量。对于一个有着如此丰厚利润的产业，其利益分配制度自然成为各方关注的焦点，尤其对于视听作品中的众多利益主体而言，公平而有效的分配制度显得尤为重要。

笔者在上一章阐述了视听作品著作权归属制度，但严格来说，纯粹的归属

---

〔1〕　参见福建省高级人民法院（2014）闽民终字第 223 号民事判决书。

〔2〕　参见陈绍玲："电影作品中'可以单独使用的作品'之研究"，载《河北法学》2011 年第 6 期。

制度并不等于视听作品利益分配制度。在视听作品中，同时存在着创造要素和资本要素，而创造要素是视听作品受到保护和产生增值利益的根源，因此要充分重视视听作品创作者的公平获酬权。著作权具有私权性，是否应当将视听作品的利益分配制度法定化，是一个值得探讨的问题

（一）视听作品利益分配的理论基础

1. 利益平衡理论

"著作权法是调整因作品的创作、传播和使用过程中所发生的各种社会关系的法律规范的总称。围绕作品所产生的利益关系是著作权法调整的核心。著作权法实际上是一部分配作品权益的知识产权法。"[1]"著作权法的利益平衡的价值目标是著作权法调整的主体的利益关系处于相互协调之中的和谐状态。这种平衡主要涉及作者与其他著作权人自身的权利与义务之间平衡，以及作品的创作者、传播者和使用者之间的利益平衡等。"[2]利益平衡原则是著作权制度的中心，也是视听作品利益分配的基础。正是因为视听作品产生了利益，法律才将其纳入保护范围。在视听作品利益刚出现的时候，法律只是被动地进行保护，直到利益分配出现问题，世界各国才意识到立法的重要性。

视听作品是一个复杂的利益集合体：视听作品创作之前，要经过已有作品作者的许可；创作过程中，编剧、导演、作词、作曲等各合作作者各司其职，每一个创作者都为视听作品付出了独创性的贡献；创作完成后，制片者主要负责视听作品的传播事宜。已有作品作者、合作作者、制片者的利益如何协调，是视听作品著作权归属和利益分配问题的重中之重。在切好视听作品这块利益"蛋糕"时，必须做到既能激发作者的创作热情，又能保障制片者的投资利益，方便视听作品的传播和利用。尤其正值数字化时代进行著作权制度改革之际，必须认识到著作权法是需要兼顾所有的创作者、著作权人的利益的法律制度，决不能只满足那些为了将自身利益最大化而推进强化著作权保护的特定的组织化团体的利益。[3]

---

〔1〕 冯晓青："著作权法的利益平衡理论研究"，载《湖南大学学报》（社会科学版）2008年第6期。

〔2〕 冯晓青："著作权法的利益平衡理论研究"，载《湖南大学学报》（社会科学版）2008年第6期。

〔3〕 ［日］田村善之著，李扬等译：《田村善之论知识产权》，中国人民大学出版社2013年版，第137页。

2. 知识产权的私权属性

"知识产权本身是民法对无形知识形态的无形资产进行法律化和权利化确认的结果，是从物的所有权中分离出的新的、独立的财产权形态。尽管知识产权具有客体的非物质性，但其民事权利性或者说私权性与物权、债权并无实质性区别"。[1]TRIPs 协议的序言中明确承认知识产权是一种私权。著作权作为知识产权的核心内容之一，要适用民法的基本原理、精神和理论，同时又要兼顾无形财产的特殊性。私权与公权最重要的区别，就是意思自治性。因此，在视听作品利益分配问题上，要充分尊重利益主体意思自治的实现。例如，版权法国家很少在立法中对视听作品的利益分配做过多干涉，而将其视为完全意义上的劳资关系，交由劳动关系法来解决。

但与一般的民事权利相比，著作权又具有自身的特殊性，因此民法中许多通行的原则在著作权法中无法适用。著作权是一种无形资产，难以实际控制，如果完全交由当事人自行约定，难以保障弱势群体的利益，视听作品的利益分配就会出现不公。因此，意思自治的范围不能无限扩大。版权法国家虽然没有在立法中过多干涉视听作品的利益分配，但是视听作品的作者会通过劳工组织与制片公司进行劳资谈判，从而达到公平分配的目的。作者权法国家更是在著作权法中明确规定了创作者的法定公平获酬权。因此，在视听作品利益分配制度的构建中，要兼顾著作权的私权属性和法律的调节作用，实现各主体间的利益平衡。

3. 公平原则

公平是民事立法的基本价值取向，是指"当事人权利义务的分配应当符合公平要求，国家公平保护所有民事主体的权利和利益"。[2]因此，在著作权立法中，具体到视听作品的利益分配上，要将公平原则作为制度构建的依据。制片者、视听作品的合作作者以及已有作品作者，是视听作品利益分配的主体。制片者在视听作品中投入了大量资金，负责视听作品的组织、协调和后续的利用、传播工作，承担了较大投资风险。创作者贡献在视听作品中的独创性劳动，是视听作品产生和受保护的源泉。已有作品作者的创作是视听作品据以改编的基础。因此，在视听作品利益分配中，立法应尽可能使三者达到平衡。

---

〔1〕 吴汉东主编：《知识产权法》，法律出版社 2004 年版，第 42 页。

〔2〕 赵万一："民法基本原则：民法总则中如何准确表达?"，载《中国政法大学学报》2016 年第 6 期。

4. 视听作品中的创造要素和资本要素

如前所述，作者权法国家和版权法国家分别将创作者和制片者认定为视听作品的作者，也因此分别将其作为视听作品著作权的原始取得者。这种差异主要基于两大法系不同的立法价值取向。"布莱克法律词典将作者（author）界定为创作（create）表达作品的人，或者雇佣别人创作表达作品的人或者商人。通过这一定义，我们可以看出，作者既可以基于创作产生，也可以基于出资产生。"[1]据此可以看出，作者既可以基于创造要素产生，也可以基于资本要素产生。作者权法国家将创作者作为视听作品的作者，是因为视听作品源于作者的创作。也正是因为作者创造要素的投入，才使得视听作品具有独创性。虽然独创性的认定标准一直是立法和实践中争议的焦点，但作品独创性的有无是客观存在的。作品独创性所体现出的创造要素，是视听作品受著作权法保护的基础。[2]因此，作者权法国家坚持"创作人原则"，将视听作品的原始著作权归属于创作者，而版权法国家将制片者视为视听作品的作者，主要基于其投入在视听作品中的资本要素。版权法国家普遍认为：在资本要素的参与下，制片人若可以凭借其投入获得作品的权利，并公平地获取作品产生的利益，则有助于促进视听作品的产生和流通。[3]因此，制片者是版权法国家视听作品著作权的原始享有者。综上所述，视听作品中既包含创造要素，又包含资本要素。在视听作品的利益分配中，就要兼顾作者和制片者的利益。

但是，应当看到，只有创造要素才是视听作品利益产生的根源。视听作品之所以能够受到著作权法保护，是因为创作者的创造劳动赋予了视听作品独创性。将制片者视为视听作品的作者，只是为了追求经济利益的需要，创作应当包含人类的智力创造，这一要素应当为主体的直接投入，而非资本持有人的间接投入。[4]制片者可以依据出资分配视听作品的利益，但只有创作者投入在作品中的创造要素才是视听作品利益产生的源泉。即使是在将制片者视为作者的

---

〔1〕 张春艳："视听作品著作权研究——以参与利益分配的主体为视角"，西南政法大学 2014 年博士学位论文，第 39 页。

〔2〕 参见曾青未："论视听作品的利益分配——以作者的公平获酬权为视角"，载《知识产权》2017 年第 4 期。

〔3〕 参见曾青未："论视听作品的利益分配——以作者的公平获酬权为视角"，载《知识产权》2017 年第 4 期。

〔4〕 参见曾青未："论视听作品的利益分配——以作者的公平获酬权为视角"，载《知识产权》2017 年第 4 期。

版权法国家，依然通过著作权集体管理组织和一系列社会制度，保障创作者的公平获酬权。因此，必须将创造要素作为视听作品利益分配的基础，维护视听作品作者的分配利益。

（二）我国视听作品利益分配的立法实践与适用

我国现行《著作权法》将编剧、导演、作词、作曲等原始创作者认定为视听作品的作者，却将视听作品的著作权原始归属于制片者，主要是出于对视听作品的开发利用等的考虑。但是，对利用效率做出的妥协，不能成为利益分配不公的借口。[1]现行《著作权法》第15条规定，编剧、导演、摄影、作词、作曲等作者"有权按照与制片者签订的合同获得报酬"。但是，对于该报酬的数额是否公平，现行《著作权法》未作任何规定。仅在使用作品的付酬标准中原则性地指出，可以按照"国务院著作权行政管理部门会同有关部门制定的付酬标准支付报酬"。[2]实践中，除了主要的导演，其他视听作品作者在与制片者的谈判中往往处于弱势地位，由于没有法律上的保障，在视听作品利益分配中常常遭受不公平的待遇。虽然我国在《劳动合同法》中设立了集体合同制度，规定当劳动者与用人单位未订立合同或者合同约定的劳动报酬不明确时，按照集体合同规定的报酬标准来执行，但是这一规定在现行《著作权法》中未得到明确适用。且我国有一部分的编剧、作词、作曲是"自由职业者"，不能获得《劳动合同法》的保护。不仅如此，我国的著作权集体管理组织力量比较薄弱，难以代表作者的利益与制片者进行强有力的谈判，维护作者的利益。作者在视听作品的创作中付出了独创性的贡献，由于法律和相关制度的不完善，却无法在其创作的作品中获利。"在中国电影编剧论坛暨2008编剧维权大会上，80余位国内著名编剧联合发表《2008影视编剧维权声明》和《2008影视编剧自律公约》，为自己被侵权的行为发出了愤怒的呼声。"[3]在2010年10月首届内地与港台编剧交流会上，王兴东、陆天明、文隽等编剧批评著作权归属规定不合理，

---

〔1〕　参见曾青未："论视听作品的利益分配——以作者的公平获酬权为视角"，载《知识产权》2017年第4期。

〔2〕　参见曾青未："论视听作品的利益分配——以作者的公平获酬权为视角"，载《知识产权》2017年第4期。

〔3〕　张静、贺讯多："2008编剧维权大会召开 80位编剧发出'怒吼'"，载搜狐娱乐 http://yule.sohu.com/20080226/n255373038.shtml，最后访问时间：2020年12月17日。

认为中国编剧的著作权、获利权、创作权均未受到应有的保护。[1]不公平的利益分配制度，不仅激化了行业矛盾，而且阻碍了视听作品的创作。

《送审稿》第 19 条对现行的视听作品利益分配制度作了较大修改，首次提出了"利益分享"一词，并规定视听作品的利益分享可以由制片者和作者约定，没有约定或者约定不明的，作者享有分享收益的权利。对于这一规定，视听作品的创作者大都表示支持，认为"确立利益分享机制，有利于影视作品创作人员积极性的发挥，有利于创作人员长久利益的保护，有利于影视产业生态环境的优化"[2]。但是这一制度遭到许多制片公司的强烈反对，他们认为近年来导演、演员和后期制作等费用上涨，宣传推广费用增加，电影制片机构所负担的成本逐年上升，如给予电影作者二次获酬权，制片机构成本负担过重，影响其进一步投资影视业的热情。[3]关于二次获酬权的合理性和在我国的可行性，学界一直争论不休。笔者认为，虽然《送审稿》中的有关规定尚未完善，例如没有明确二次获酬权的最低保障，法律条文本身过于空泛，缺乏可操作性，但是就二次获酬权本身而言，这一制度有其存在的必要性和合理性。并且，实践中已经出现了视听作品作者不规定固定报酬而是参与影片票房分成的模式。例如，冯小刚导演在《唐山大地震》《非诚勿扰》等作品中以及文章出演《失恋三十三天》，均参与了票房分成而几乎没有收取固定片酬。[4]若因为法律规定的不完善而因噎废食，可能并非明智之举。

有观点指出："合理的获酬体系不应当是一种创造与补偿的关系，而应当体现出一种创造与分配的良性互动。作者获得视听作品利益的依据并非合同，而应当是基于作品中的创造要素投入。"[5]因此，应在《著作权法》中明确赋予视听作品作者公平获酬权。公平获酬权不应只是一个原则性的条款，而应具有

---

〔1〕　参见唐建英："国内电影版权制度的建构：一种利益平衡的分析框架"，载《电影艺术》2013年第 1 期。

〔2〕　王占海："影视作品著作权归属之我见——关于《著作权法（修订草案送审稿）》的建议和理解"，载《中国版权》2014 年第 5 期。

〔3〕　唐建英："国内电影版权制度的建构：一种利益平衡的分析框架"，载《电影艺术》2013 年第 1 期。

〔4〕　参见张艳冰："视听作品著作权归属及利益分配问题探析"，中国政法大学 2015 年硕士学位论文，第 35 页。

〔5〕　曾青未："论视听作品的利益分配——以作者的公平获酬权为视角"，载《知识产权》2017 年第 4 期。

实际的可操作性。对于视听作品的增值利益，应当赋予视听作品作者二次获酬权。当然，在法律的制定过程中，也要尊重著作权法本身的私权属性和当事人的意思自治。例如，提高作者的谈判地位，允许作者与制片者就视听作品的利益分配自行做出约定，同时，制定一个比例作为作者获酬的最低标准，防止两者利益严重失衡。

四、完善我国视听作品著作权归属与利益分配制度的构想

当前正值我国《著作权法》第三次修改已经完成之际。针对现行《著作权法》第 15 条存在的问题，笔者以 2020 年《著作权法》修改为考察对象，尝试从四个方面提出若干建议和对策，以期为完善我国视听作品著作权归属与利益分配制度有所裨益。

（一）重构视听作品整体著作权之归属规则

1. 若无相反约定，视听作品的著作财产权归属于制片者

根据现行《著作权法》第 10 条确立的权利体系，著作权包括人身权和财产权。对于视听作品的著作财产权归属，应当像其他作品一样，允许当事人自行约定。

无论是作者权法国家的法定转让或者推定转让/许可制度，还是版权法国家将制片者视为视听作品的作者，其最终的结果是相同的，即视听作品的著作财产权由制片者实际行使。这是由视听作品的特征决定的。视听作品的创作需要大量资金投入，无论是前期购买热门小说，聘请演员、导演、编剧等主创人员，还是拍摄期间租用场地、支付各种花销，以及后期剪辑、制作特效，乃至创作完成后的发行、宣传，每一个环节都离不开制片者的资金的支持。制片者承担着主要的商业风险，将视听作品的著作财产权赋予制片者，有利于其回收成本，提高制作和投资的积极性，保障制片者的合法权利。此外，视听作品创作的目的就是传播，只有依靠制片者统一的发行营销，视听作品才能走向市场，因此，为了确保视听作品创作完成后能够得到充分利用，避免交易成本增加，应当由制片者享有视听作品的著作财产权。

同时应当看到，著作权毕竟属于一种私权。因此，对于视听作品的著作财产权，应当首先允许作者与制片者自行约定，没有相反约定时推定由制片者享有。这样既尊重了当事人的意思自治，允许创作者就视听作品的著作财产权作适当保留，又兼顾了创作者和制片者的利益。针对笔者在第一章提到的"将一

切交由作者和制片者自行约定，却没有相应地规定保障作者权利的条款，在缺少集体议价机制的情况下，大部分作者实际上是很难真正享有视听作品的财产权利的"[1]，笔者认为可以在视听作品的利益分配中赋予作者更多的权利，例如作者的公平获酬权，从而在视听作品作者和制片者之间寻求新的平衡点。值得注意的是，2020 年《著作权法》对于视听作品著作权归属采取了"一分为二"的立场，即对于电影作品、电视剧作品，规定著作权由制片者享有，其他类型视听作品著作权归属则采取约定优先原则。[2]笔者认为，这一修改具有合理性，其考虑到了电影作品和电视剧作品的特殊性，规定著作权归属采取法定地由制片者享有的原则，对于其他类型的视听作品则尊重意思自治。此外，在无约定或者约定不明时，仍采取法定地由制片人享有的原则。

2. 视听作品的著作人身权归属于作者

《伯尔尼公约》第 6 条之 2 第 1 款规定："不受作者经济权利的影响，甚至在上述经济权利转让之后，作者仍保有要求其作品作者身份的权利，并有权反对对其作品的任何有损其声誉的歪曲、割裂或其他更改，或其他损害行为。"[3]由此可知，《伯尔尼公约》规定了两项著作人身权：署名权和保护作品完整权。著作人身权是作者的专属权利，不得转让。《伯尔尼公约》第 14 条之 2 第 1 款又规定："在不损害已被改编或复制的作品的版权的情况下，电影作品应作为原作受到保护。电影作品版权所有者享有与原作作者同等的权利，包括前一条提到的权利。"[4]因此，视听作品作者也应享有同等的著作人身权。当视听作品作者将著作财产权转让给制片者时，其依然享有著作人身权。

以作者为中心的作者权法国家，一般会在著作权法中规定视听作品作者的著作人身权，且该权利不得转让。以作品为中心的版权法国家，虽然不承认视听作品中含有人格利益，但这并不意味着作者的人格利益得不到保护，例如美国《视觉艺术家权利法》就规定视觉艺术作品的作者享有署名权和保护作品完整权。我国现行《著作权法》规定了四项著作人身权，且"作品的著作人身权

---

[1] 张艳冰："视听作品著作权归属及利益分配问题探析"，中国政法大学 2015 年硕士学位论文，第 44 页。

[2] 参见 2020 年《著作权法》第 17 条。

[3] WIPO 知识产权法律与条约数据库，http://www.wipo.int/wipolex/zh/treaties/text.jsp? file_id=283701#P146_5090，最后访问时间：2020 年 12 月 17 日。

[4] WIPO 知识产权法律与条约数据库，http://www.wipo.int/wipolex/zh/treaties/text.jsp? file_id=283701#P154_5270，最后访问时间：2020 年 12 月 17 日。

由其作者享有"是著作权法的基本规则。但在视听作品中，作者仅享有一项署名权。若推定其余三项权利由制片者享有，就会明显与整个著作权体系相冲突；而若不由制片者享有，这三项权利的归属就成为一个立法漏洞。这有悖于《伯尔尼公约》精神，且与大多数国家的立法不符，不利于作者权利保护。按照我国现行立法模式，如果有人故意对视听作品内容进行歪曲、篡改，导致作者声誉受到损害，制片者可能会认为有利于宣传或者炒作，对此不予理会；而作者虽然认为其权利受到了侵害，但由于不享有保护作品完整权因而无法采取有效措施维护自己的利益，从而影响了创作的积极性。

因此，笔者建议，视听作品的著作人身权应当归属于作者，这样才能更好地保障作者的人身权利。值得注意的是，2020 年《著作权法》第 17 条仍然规定作者只享有署名权和获得报酬的权利。这有待于以后进一步完善。同时，作者在行使著作人身权时也要考虑制片者的利益，如在发生纠纷时应先互相协商，只有针对严重损害作者人格利益的行为，才可以直接以自己的名义起诉，无须经过制片者的同意。

（二）界定视听作品的权利主体

1. 视听作品制片者的认定

我国现行《著作权法》第 15 条规定视听作品的著作权归属于制片者，但对何为制片者，现行《著作权法》《著作权法实施条例》及 2020 年《著作权法》都没有规定，造成实践中制片者认定困难，相关纠纷难以得到有效解决。

《伯尔尼公约》提出了制片者一词，却未对制片者的概念进行规定，只在第 15 条第 2 款规定，"以通常方式在电影作品上署名的自然人或法人，除非有相反的证据，即推定为该作品的制片人"[1]。根据世界知识产权组织的解释，电影作品制作人是指"为制作该作品而首先采取行动并承担财务责任的人"[2]。

实践中，由于视听作品署名混乱，普通观众难以区分谁才是真正的制片者。笔者认为，视听作品中署名的制片人并不等于现行《著作权法》中的制片者。首先，视听作品中署名的制片人一般是指从事具体制片工作的自然人，或者负责制作该视听作品的制片公司的总经理或负责人，而现行《著作权法》中的制片

---

〔1〕 WIPO 知识产权法律与条约数据库，http://www.wipo.int/wipolex/zh/treaties/text.jsp? file_id=283701#P146_5090，最后访问时间：2020 年 12 月 17 日。

〔2〕 世界知识产权组织编，刘波林译：《著作权与邻接权法律术语汇编》，北京大学出版社 2007 年版，第 149 页。

者指的是电影制片公司、电影制片公司和其他投资者或者委托创作的投资者。[1]
其次，现行《著作权法》规定的制片者在视听作品中并不署名为制片人，而是
署名为出品单位或摄制单位。最后，视听作品中署名出品公司或摄制单位的主
体，也并不一定就是视听作品的著作权人。例如，电影制片公司可以与投资者
在协议中约定著作权只归属于其中一方。再如，有时电视台会以署名为出品单
位作为播放的条件，或者某些赞助单位要求在视听作品中署名为出品单位，如
果电影制片公司在与电视台或者赞助单位签订的协议中约定著作权归属于制片
公司，电视台和赞助单位就不是真正的制片者。

因此，笔者建议在《著作权法》及其实施条例中明确制片者认定的标准。
第一，要明确制片者的定义，即制片者是指在视听作品的创作过程中提供资金
支持，对视听作品享有权利并承担义务的自然人、法人或其他组织。第二，要
规范视听作品的署名方式，在片头或片尾直接以版权标记的方式公示该作品的
著作权归属情况。[2]但是，如果当事人之间存在关于著作权归属的相关协议，
则优先适用协议的约定。第三，如果没有约定或者未进行版权标记，则以视听
作品中署名为出品公司、联合出品或者联合摄制的为制片者，但要将为审批等
需要而挂名的单位排除在外。没有署名，但有证据证明其为视听作品的实际投
资方的，也应该被视为制片者。

2. 明确视听作品作者的定义

"作者是著作权制度的核心与关键，没有了作者，便无所谓著作权制度。"[3]
因此，视听作品作者的认定，是解决视听作品著作权归属与利益分配问题的关
键。根据现行《著作权法》第 15 条的规定，编剧、导演、摄影、作词、作曲等
为视听作品的作者，《送审稿》第 19 条将其修改为"导演、编剧以及专门为视
听作品创作的音乐作品的作者"为视听作品的作者。2020 年《著作权法》则恢
复为现行法第 15 条的规定。上述不同版本都没有一个关于"作者"的概括性
规定。

世界各国在认定视听作品的作者时主要有两种立法理念：浪漫主义与实用
主义。浪漫主义认为：创作是一种智力创造性劳动，只有自然人才能是著作权法

---

[1] 参见王冬梅："电影作品著作权归属研究"，中国政法大学 2010 年硕士学位论文，第 21 页。

[2] 参见杨华权："我国影视作品制片者的认定"，载《当代电视》2016 年第 4 期。

[3] 罗施福："论电影作者的法律确认——以我国《著作权法》第 15、21 条的修改为背景"，载
《时代法学》2012 年第 6 期。

意义上的作者，任何为他人的创作提供物质条件或其他辅助工作的人，均不是著作权法意义上的作者。[1]实用主义则认为：著作权法上的作者仅仅是一种法律符号，自然人不是著作权法上的唯一作者，他可以是参与实际创作的人，也可以是提供资金等物质支持投资者或提供组织工作的主体。[2]与此相应的，也有两种立法模式，一种是以法国和德国为代表的浪漫主义立法，另一种是以美国和英国为代表的实用主义立法。笔者在第二章分别探讨过法国、德国、美国、英国关于视听作品作者认定的立法模式。美国、英国等版权法国家将制片者视为视听作品唯一的或者至少是其中之一的作者，而法国和德国则将视听作品视为合作作品，并分别采取了"列举加一般要件式"和"个案认定式"的认定方法。笔者认为，根据我国作者权法国家的立法传统，可以借鉴法国的立法模式，先抽象出视听作品作者的一般特征，再对主要的作者名单进行半开放式的列举。

首先，应当明确视听作品是一种合作作品。当判断某一主体是否是合作作品的作者时，一般需要判断其是否与其他作者有共同创作行为和共同创作意图。因此，可以将视听作品作者的定义表述为：视听作品作者是指实际参与视听作品创作的人。

其次，分别考察视听作品制作中的各主体是否是视听作品的作者。制片者在视听作品中投入的是资本要素而不是创造要素，因此不是视听作品的作者。导演在视听作品的创作中居于核心地位，其对构成电影创造性的影像衔接作出的贡献是实质性的[3]，毫无疑问应该成为视听作品的作者。对编剧和音乐作品作者而言，如果要成为视听作品的作者，则要判断其是否是专门为制作视听作品而创作的作品的作者，且在创作过程中与视听作品的其他作者进行了创作上的沟通，否则应当属于已有作品作者，而不是视听作品作者。演员虽然参与了视听作品的创作过程，但国际公约和世界各国一般不将其视为视听作品的作者，而是作为邻接权的主体进行保护。因此，视听作品的作者应该至少包括导演、编剧、作词、作曲等。需要注意的是，这种列举是半开放式的。一方面，名单上的人并不一定就是视听作品的作者，如果有相反证据证明他们并没有实际参

---

〔1〕 参见罗施福："'电影作者'的立法模式与法律确认——兼论我国《著作权法》第15、19条的修改"，载《中国版权》2012年第4期。

〔2〕 参见罗施福："'电影作者'的立法模式与法律确认——兼论我国《著作权法》第15、19条的修改"，载《中国版权》2012年第4期。

〔3〕 参见衣庆云："电影作品相关基础概念浅析"，载《行政与法》2014年第12期。

与视听作品的创作，则不能成为视听作品的作者。另一方面，对名单之外的人，例如摄像、剪辑等视听作品创作中的技术人员，只要他们的工作并不是完全听命于制片人或导演，而是具有创作的成分〔1〕，符合视听作品作者的一般要件，就应被视为视听作品的作者。

（三）明确已有作品作者在视听作品中的法律地位

已有作品作者在视听作品中的法律地位，取决于已有作品与视听作品的法律关系。对此，现行《著作权法》第 15 条和 2020 年《著作权法》第 17 条没有规定。如前所述，国际公约和国外立法主要有演绎关系与合作关系两种模式，这两种模式下的已有作品作者的法律地位也因此不同。

在演绎关系下，已有作品是视听作品创作的基础，可以独立于视听作品而存在，因此，已有作品作者享有的权利不同于视听作品作者。根据《伯尔尼公约》第 14 条第 1 款规定，已有作品作者可以授权制片人将其作品改编成电影，并且可以控制该电影作品的发行权、放映权等传播权。又根据其第 14 条第 2 款规定，将改编后的电影作品再次改编为其他艺术形式时，需要经过电影作品作者和原作品作者的双重许可。德国《著作权法》第 88 条规定，在约定不明的情况下，推定已有作品作者对视听作品拥有的权利全部转让给了制片者。同时，该条也从反面说明了已有作品作者可以通过合同约定保留部分权利。此外，"如果已有作品作者已经将自己的权利先行授权于著作权集体管理组织，则不再适用上述推定"〔2〕。西班牙《著作权法》同样规定推定已有作品作者将权利转让给制片者，同时，不同于德国《著作权法》，西班牙直接在法律中规定了已有作品作者保留的权利。西班牙《著作权法》第 88 条规定："向公众提供为了在家庭中使用的电影作品复制品，或者向公众以广播方式传播电影作品时，必须得到原作品作者的明确许可。"〔3〕日本则将已有作品分为原著作品和素材作品，两种作者的法律地位也因此不同。原著作品与视听作品是演绎关系，日本《著作权法》第 28 条中的原著作品作者可以享有和视听作品作者同样的著作权，日本《著作权法》给予原著作品作者更为广泛的保护。而素材作品与视听作品是复制关系，素材作品作者只能享有其本身可能享有的权利，其权利范围比原著

---

〔1〕　参见曲三强："论影视作品的法律关系"，载《知识产权》2010 年第 2 期。

〔2〕　张春艳："论视听作品中已有作品作者的权利"，载《中国版权》2015 年第 4 期。

〔3〕　王迁："'电影作品'的重新定义及其著作权归属与行使规则的完善"，载《法学》2008 年第 4 期。

作品要小。[1]

在合作关系下，已有作品作者对视听作品享有的权利并非完全不受限制，相反，为了提高视听作品的利用效率，这些国家在其立法中均规定，推定各合作作者将其对视听作品的权利转让给了制片者，并同时做出例外规定。例如，意大利和法国分别通过法定转让和推定转让的方式，将已有作品作者在视听作品中的著作财产权转让给制片者。但是，在已有作品作者将其作为合作作者的权利转让给制片者的同时，已有作品作者仍可保留部分权利，如在意大利法律中，已有作品作者的改编权、翻译权等权利仍得以保留。

就我国立法而言，暗示了视听作品的演绎属性，但没有对视听作品的使用主体和使用方式进行区分。因此，无论对视听作品进行复制、发行、放映、网络传播，还是对视听作品再次进行演绎，都必须受到演绎作品双重许可规则的制约，即同时取得已有作品和视听作品著作权人的双重许可。考虑到视听作品的特性，这一规定是不合理的；但如果规定已有作品作者对视听作品完全不享有专有权，又会损害已有作品作者的利益。因此，笔者提出如下建议：

第一，借鉴日本的做法，将已有作品分为原著作品和素材作品，它们与视听作品分别构成演绎关系和复制关系。

第二，无论原著作品作者还是素材作品作者，都不是视听作品的合作作者。这符合《伯尔尼公约》的规定，也与现行《著作权法》以及 2020 年《著作权法》的规定相一致。如前所述，视听作品的合作作者必须有共同创作的合意和行为，而已有作品存在于视听作品制作之前，已有作品作者在创作时完全没有创作视听作品的意思，因此不是视听作品的合作作者。

第三，在使用已有作品制作视听作品时，需要先经过已有作品作者的许可，包括原著作品作者和素材作品作者。这在《送审稿》中已有明确规定。2020 年《著作权法》未做此规定，并不意味着不需要这种许可。已有作品作者有权就制片者演绎或者复制已有作品的行为获得报酬，并在视听作品中署名。

第四，已有作品作者可以与制片者就视听作品的使用方式进行约定，保留部分权利。这样规定为当事人的自行约定留下了空间，赋予已有作品作者更多意思自治的权利。

第五，在当事人没有特别约定的情况下，建议对视听作品的"使用"方式

---

[1]　参见张春艳："论视听作品中已有作品作者的权利"，载《中国版权》2015 年第 4 期。

进行区分。一方面，将视听作品再次演绎时，应当取得原著作品作者的许可。现行《著作权法》第 15 条和 2020 年《著作权法》没有体现双重许可规则，这并不符合《伯尔尼公约》第 14 条第 2 款的要求。因此笔者建议，将视听作品演绎成其他作品时，应当根据演绎作品著作权行使的一般规则，经过原著作品作者和视听作品制片者的双重许可。另一方面，视听作品毕竟是一种"特殊的演绎作品"，为了便利视听作品的传播，对于视听作品本身的使用，无须再经过原著作品作者的许可，当然也无须经过素材作品作者的许可。如电影作品的发行、放映或是将视听作品制成 VCD、DVD 等音像制品出版、发行，只要已有作品作者许可制片者使用其作品摄制视听作品，就视为制片者可以自行行使这些权利。同样，他人对视听作品本身的使用，也只须经过制片者的许可即可。

（四）完善视听作品作者的公平获酬权

目前，赋予视听作品作者公平获酬权，已成为实践的迫切需要。以下不妨以视听作品中音乐作品作者的公平获酬权为例进行探讨。

2009 年 11 月 10 日，国务院公布《广播电台电视台播放录音制品支付报酬暂行办法》，2011 年 1 月 8 日进行修订。根据这一行政法规，电视台播放已经发表的音乐作品，应当向音乐作品著作权人支付报酬。这带来一个问题：电视台播放带有音乐作品的视听作品片段，是否需要向音乐作品作者支付报酬？根据现行《著作权法》的规定，无论视听作品中的音乐作品作者属于已有作品作者还是视听作品的合作作者，当其许可制片者使用音乐作品制作视听作品时，制片者即有权自行或许可他人以任何方式利用作为一个整体的视听作品，而无须再经过音乐作品作者的许可或向其支付额外报酬。换言之，若他人想要利用作为一个整体的视听作品，只须取得制片者的许可即可，音乐作品作者无权加以干涉，也无权就该再次使用行为要求支付报酬。因此，电视台播放视听作品，无论其中是否含有音乐作品，都只须经过制片者的许可即可，无须经过音乐作品作者的许可或向其支付报酬。但根据《广播电台电视台播放录音制品支付报酬暂行办法》的规定，若视听作品中含有音乐作品，当电视台播放视听作品时，属于"播放已经发表的音乐作品"，因此须向音乐作品作者支付报酬。这与现行《著作权法》的规定有着不可调和的矛盾。

事实上，当播放含有音乐作品的视听作品时，其实也是对其中音乐作品的"机械表演"，且音乐作品的作者可以就一般的"机械表演"行为获得报酬。例如，如果音乐作品作者许可录音制作者将其音乐作品录制成唱片，根据现行

《著作权法》第44条以及2020年《著作权法》第48条的规定，音乐作品作者有权就广播电台、电视台播放该录音制品的行为获取报酬。但是，一旦音乐作品作者许可制片者将音乐用于视听作品，其无权再就公开放映该视听作品的行为获得报酬。这无疑是不公平的。有学者认为，"在电影作品的各构成要素中，音乐作品具有一定特殊性，即作者获得利益的主要方式并不是许可使用音乐作品制作唱片、电影或其他制品，而是许可音乐作品的播放，即机械表演"[1]。因此，建议我国《著作权法》明确视听作品中音乐作品的著作权人有从视听作品的营利性公开放映中的获得报酬的权利，并规定电视台应当为播放视听作品的行为向其中音乐作品著作权人支付报酬。[2]笔者赞同这种观点，并认为不仅是音乐作品的作者，视听作品的作者都有公平获酬的权利，具体分析如下：

第一，应当尊重当事人的意思自治，视听作品作者的报酬和付酬方式由制片者和作者约定，双方可以采取一次结清的方式，也可以约定二次付酬以及具体的付酬方式。

第二，在没有约定或者约定严重不合理的情况下，视听作品作者有从视听作品的营利性公开放映中获得报酬的权利。至于具体的付酬方式，当事人之间可自行约定。为更具操作性，可以先由放映者统一将报酬支付给制片者，再由制片者根据合同的约定支付给视听作品的作者。

第三，视听作品作者有权从视听作品的营利性公开放映中获得报酬，不代表放映者在使用视听作品时须经过作者的许可。因为这属于对视听作品整体著作权的行使，许可的权利已经转让给了制片者。

第四，应当制定一个比例作为作者获酬的最低标准，防止制片者利用谈判优势故意压低视听作品作者的酬劳。

第五，应加强相应的集体管理组织建设，以谋求平等的谈判地位，更好地维护视听作品作者的公平获酬权。

---

〔1〕 王迁："'电影作品'的重新定义及其著作权归属与行使规则的完善"，载《法学》2008年第4期。

〔2〕 参见王迁："'电影作品'的重新定义及其著作权归属与行使规则的完善"，载《法学》2008年第4期。

以知识产权价值为导向的网络著作权侵权赔偿研究

孙 立

2017 年，最高人民法院发布了《中国知识产权司法保护纲要（2016—2020）》（以下简称《保护纲要》），这是近年来最高人民法院首次在特定审判领域发布的司法保护纲要。《保护纲要》提出了构建以充分实现知识产权价值为导向的侵权赔偿制度的重要措施，这表明我国在司法政策的部署上已经开始高度重视知识产权价值。实践中，随着网络环境下著作权领域侵权行为的高发，著作权人维权成本高与法院判赔低的困境持续存在，《保护纲要》提出的"充分明确知识产权价值，大力弘扬尊重知识，坚持知识产权创造价值，侵害知识产权就是侵害他人人身权和财产权的价值导向，建立公平合理、比例协调的著作权侵权赔偿制度"就显得尤为必要。从理论与实践辩证统一的观点来看，研究以知识产权价值为导向的网络著作权侵权赔偿制度具有重要的理论意义与实践价值。

本文拟从以知识产权价值为导向的侵权赔偿制度之内涵、我国网络著作权侵权赔偿制度概述、我国网络著作权侵权赔偿制度的实证分析、对完善以知识产权价值为导向的网络著作权侵权赔偿制度之建议四个角度探讨网络著作权侵权赔偿问题。

一、以知识产权价值为导向的侵权赔偿制度之内涵

《保护纲要》中对以知识产权价值为导向的知识产权侵权赔偿制度进行了提纲挈领式的说明，但对相应的概念和内涵并未展开充分说明。在本部分，笔者尝试结合《保护纲要》中纲领性的要求，从"价值"的源头开始梳理，对"以

知识产权为价值导向"这一崭新概念展开充分释义，对构建以知识产权价值为导向的侵权赔偿制度的逻辑层次进行拆分，对其中蕴含的法价值选择进行解读。本部分内容偏重于理论与政策的结合，旨在打下研究的理论基础，确立全文的基调，明晰研究的概念层级。

（一）以知识产权价值为导向的概念和内涵

1. 以知识产权价值为导向的概念

（1）知识产权的价值衡量。马克思提出："'价值'这个普遍的概念是从人们对待满足他们需要的外界物的关系中产生的。"[1]因此，主体、客体及其相互关系构成了价值的基础，其相互成就，构成了价值概念的内核。

在知识经济的时代背景下，创新的智力成果已然成为新时代最重要的战略性资源。知识产权作为一种带有鲜明时代特征的无形资产，其原始主体是付出了创造性智力劳动成果的自然人、法人、非法人组织。其客体是智力劳动成果，也是知识经济时代交易的核心商品。作为一种特殊类型的商品，其具有商品的共同属性，即价值和使用价值。但知识产权的时代性和特殊性体现在，其价值难以像工业经济时代的有形商品般由劳动价值理论或生产费用价值理论来衡量。知识产权客体的创造性和单一性使得其价值不能被统一确定，需要根据不同的情形对其价值进行单独评估。

根据国际评估准则及我国相关评估行业惯例，知识产权资产评估中的价值类型可分为市场价值和市场以外的价值。市场价值是指一项资产在交易市场上的价格，它是自愿买方和自愿卖方在各自理性行事且未受任何强迫的情况下竞价后产生的双方都能接受的价格。[2]除此以外，特别是在著作权领域，作品的艺术价值[3]和社会价值[4]等都是基于不同标准对作品进行价值衡量的重要方式。知识产权作为无形资产的重要部分，市场价值是知识产权的一项重要的特征。[5]知识产权市场价值越来越有客观量化基础，而且司法认定的赔偿数额对知识产权的市场价值也有导向和调适作用，其是在事实和证据基础上的价值平

---

〔1〕《马克思恩格斯全集》（第19卷），人民出版社1963年版，第403页。

〔2〕百度百科"市场价值"词条，载 https://baike.baidu.com/item/市场价值/2258976? fr = aladdin，最后访问时间：2020 年 12 月 16 日。

〔3〕作品的艺术价值通常决定于作品艺术表达的高度与深度。

〔4〕作品的社会效益一般是指作品发表后对社会所产生的各种影响。

〔5〕刘华俊：《知识产权价值评估研究：基于司法判决赔偿额的确定》，法律出版社 2017 年版，第 34 页。

衡和市场提升，源于事实而高于事实，反映了总体的市场需求。强调损害赔偿与市场价值良性互动，既是加大保护力度的突破口，也是回归知识产权保护的本质。

在市场存在对知识成果需求的情况下，知识产权价值的大小依据对知识成果利用的方式和程度决定。本文对价值大小和侵权赔偿关系的逻辑起点基于以下几个方面：

第一，合理对价是决定赔偿的逻辑起点。从经济学角度来看，市场交易的等价规律要求，在对无形的智力成果进行侵害时，侵权人应为该侵害后果付出相同对价的代价。以知识产权价值为导向，要求侵权人付出的代价与知识产权应获取的价值或被损害的价值相等。侵权人为自己的侵权后果支付的赔偿与权利人利用知识产权所获取的价值应该是相同的。

第二，遵循等价有偿的民法原则。等价有偿体现在：一方面，在经济活动和市场交易中，取得他人财产利益的一方应当向对方给付相应的价款或者其他财产利益，除非法律或合同另有约定；另一方面，侵权行为和非法民事活动中，行为人对因其行为所造成的损失必须进行赔偿，侵权人要对其行为付出同等的代价，赔偿范围与损失范围同样具有一致性。

第三，市场供需关系引发的价值变化。知识产权体现为专有性，法律赋予对创新智力成果的专有性保护。由于智力成果同时还具有创新性，是一种交易市场上人们想要得到的资源，知识产权的专有性带来了法律赋予权利人的保护范围限度内的垄断，由创新性产生的稀缺效应带来了市场需求量的攀升，并依据供需关系理论，引发了知识产权价值的上升。

第四，"赔偿"的内涵要求。"赔偿"有"赔付"与"偿还"之义，代表对损失或伤害的补偿。在民法理论中，补偿意味着"恢复"，从价值角度来谈则是对价值缺陷的"填平"。知识产权侵权赔偿的要旨在于通过对权利人因侵权行为所遭受的著作权价值贬损的补偿，使权利人损失的价值含量恢复到侵权发生前的状态。

第五，价值变化影响着对知识产权保护的强度。在一项新的知识产权问世后，随着时间流逝，其创新性可能逐渐减弱，市场中可能出现更具有创新性的智力成果，其市场需求也随之回落。同时，知识产权法给予了权利人特定时期内的保护。当权利周期经过后，对其专有性的保护极大地被削弱，权利人原有的垄断优势地位不复存在，相应的市场份额也减少。市场需求和市场份额的减少预示着价值含量的降低，知识产权受到保护的程度也与之相适应并产生相互影响。在确定知识产权侵权赔偿时，也根据不同的时间节点和价值体现而得出不同的数额，这也是知识产权制度的运行法则。

基于以上五方面的基本层级逻辑理论，在向上探寻法律制度的构建时又产生了更深层次的思考：法律的制定与施行不仅要体现立法者的价值目标追求，更要反映价值构成中所蕴含的社会客观规律。[1]知识产权价值反映着人们在对智力成果进行创造、利用、保护过程中体现的主客观的统一。对知识产权价值的概念探讨，也在理想与现实、应然与实然的对立中寻求统一。

可以理解为，以知识产权价值为导向即是我国目前在知识产权司法保护领域的价值化选择，这是价值这一哲学概念在法律形式上的外化表现。具体来说，促进正确认识和评估知识产权价值，以该价值为导向，在对知识产权进行创造、利用、保护的过程中，当冲突或矛盾产生时，根据知识产权的法价值选择对相应的法技术问题进行评价，并以该价值导向指导落实相应的法律操作。

（2）法价值的选择。法律的价值体系是由社会普遍认可的价值观组成的。"法律促进的价值实际上是法律的性质和目的问题。法律本身的价值意味着法律不仅可以作为一种普遍的手段，而且具有其特定的价值。"[2]

TRIPs 协议为各国知识产权保护提供了共同规则，但不同发展程度的国家都有自己对知识产权理解和诠释的自主话语权，也因此作出不同的法价值选择。最高人民法院发布的《保护纲要》明确提出"大力弘扬尊重知识，尊重人才的理念。坚持知识产权创造价值，权利人理应享有利益回报，侵害知识产权就是侵害他人人身权和财产权的价值导向"。这其中就鲜明地体现了我国司法机关基于中国知识产权保护的现状所作出的价值选择。

以知识产权价值为导向的意义在于，充分认识知识产权的市场价值，评价其优势竞争地位和独占利益所形成的资产变量；科学估算侵权行为中必然成本、法定成本与非法利益的关系，抑制侵权"收益"大于"成本"的预期，促使理性的经济人放弃侵权以及其他违法行为。[3]重视知识产权的价值，是希冀通过这种对价值的重视，完善侵权赔偿逻辑理论，最大限度地实现著作权的商业价

〔1〕 吴汉东："知识产权的共同规则与自主话语"，载《中国社会科学》2011 年第 5 期。

〔2〕 吴汉东："知识产权法价值的中国语境解读"，载《中国法学》2013 年第 4 期。

〔3〕 吕忠梅、刘大洪：《经济法的法学与法经济学分析》，中国检察出版社 1998 年版，第 369 页。

值和社会价值，以达到繁荣创作，促进社会进步之目的。

2. 以知识产权价值为导向的内在含义

（1）尊重知识，尊重人才。由于国内版权意识成型较晚，特别是在网络环境下，大量用户尚未形成清晰的版权意识，更未养成知识产品付费的意识。网络中侵权盗版作品泛滥，除归结于网络服务商逐利行为外，更源于某些互联网用户和网络服务商一样缺乏对于著作权的正确认识。正确认识智力成果的价值，提升版权意义，是需要长久致力于逐步培养的系统工程。

在知识经济时代，专业的知识性人才为时代发展贡献着大量的智力成果，知识产品和知识产权人，为社会的战略发展发挥着十分重要的作用。但目前，我国在正确认识智力成果的价值，普及版权意识，充分尊重版权，促进知识产权人才的激励与发展方面，仍然没有探索到十分成熟的模式。

在著作权方面，赋予优秀创作者以相应认可，特别是在网络环境中，更应明确作品的权属及权利标记，展现网络环境中对著作权人的珍视。除此之外，应建立对相关著作权人的认可制度，对有突出贡献的著作权人进行奖励，并在具体制度设计中明确相关的贡献类型，使得可以通过衡量体系清晰识别出获得认可的程序与方式。

（2）知识产权创造价值，权利人理应享有利益回报。智力成果作为一种知识产品，其蕴含的价值应被正确认识。在网络环境中，一部优秀的作品可以为网站带来访问量、点击率及曝光率，更给接触该作品的用户带来了极大的精神享受，网络著作权创造并具有了相应的价值，对产出作品的著作权人而言，其理应得到相应的利益回报。在网络环境中，侵权行为高发，著作权人的利益往往更难得到保障。在这种背景下，对网络著作权更应及时予以认可回报，充分展现支持产品内容的决心，真正体现网络著作权的价值，显示其贡献的重要性。作品创作者往往将权属认可作为自己创作行为中"自我实现"的重要体现，著作权人如果以合理的对价享有其作品的利益回报，将会带来产业的良性循环：著作权人在自己的领域中不断精进，进一步追求新的突破和发展，产生更多优秀的作品，带来更多创新性的知识产品，并追寻自己在专业领域中的领先地位；与此同时，优秀作品的涌现使得网络用户对作品本身更加喜爱并产生市场需求，无论是网络内容提供商还是网络服务商，都会更加重视作品和内容的价值，加大对作品的引进投入，从而让著作权人得到相应的价值回报。

网络著作权的蓬勃发展需要有力的人才支撑，应建立适应互联网特点的知识产权评价机制，以实际效应为衡量标准，突出网络作品的专业性、创新性、实用性；同时探索网络环境中科研成果、知识产权归属和利益分配机制，在人才入股、技术入股以及税收方面制定专门政策，使得网络作品创造出的价值得到应有的回馈，让著作权人享有利益回报，拥有成就感与获得感，让著作权利人充分释放才华和能量，使创造社会知识财富的源泉充分涌流。

（3）侵害知识产权就是侵害他人人身权和财产权。作为一项知识产权，著作权极为重要的特征之一就是具有人身权和财产权的双重属性。著作权人不仅享有对自己的作品进行发表、署名、修改及保护作品完整的权利，同时还可因作品的使用、许可、转让等行为而获得经济利益。

在判定对著作权是否构成侵害时，应特别注意侵权行为侵害的是人身权和财产权两方客体，不要忽视对著作人身权侵害的认定。著作人身权是作者基于作品依法享有的以人身利益为内容的权利。[1] 著作人身权并无直接的财产内容，不直接体现为财产利益，而是以人身利益为内容的权利，是与著作权人有关的专属权利。

在侵害后果方面，财产利益的损失是最为主要的，财产损失分为直接损失和间接损失。前者是指权利人现有财产利益的贬损，表现为被侵权人所拥有的财产利益或市场份额的减少，如授权费、使用费的降低；后者是指权利人可得财产利益的丧失，表现为因侵权行为导致的本应得到的财产利益或市场份额的减少，如权利人因侵权而无法合理利用作品所产生的损失。除财产利益的损失外，权利人因侵权行为所遭受的人身精神权利损害也是衡量侵权程度的重要方面。人身权的特征为著作权赋予了不同于其他无形资产的特征，其中蕴含了深厚的人文特质，对于著作权价值的决定起着极为重要的作用，必须明确，对于著作权的侵害导致的价值贬损来自于人身权和财产权两方面。

（二）实现以知识产权价值为导向的内在要求

1　激励创新

创新意识和思维作为知识经济时代的重要助推力，是社会经济和科技发展的重要保障。目前我国经济发展处于重要的转型期，传统的要素和投资规模驱动逐渐式微，创新性驱动力有力地推动了经济的可持续发展。在积极倡导全民

---

[1]　刘春田：《知识产权法》（第2版），中国人民大学出版社2002年版，第66页。

创新的"互联网+"时代，创新型人才和创新型知识产品为促进市场活力发挥了可持续动能。[1]

创新性是智力成果获得法律保护的基本前提。通常情况下，智力成果资源有限、供给不足，其特性在于数量稀缺和价值珍贵，因为这种特性使其市场需求增加，从供需侧抬高了价值，这部分溢出的资产附加值则是知识产权客体区别于普通资产的重要方面，因此，稀缺性是其作为财产客体的经济动因所在。对知识产权的价值衡量应包括一般市场价值和创新价值，在进行价值评估时，创新性是其不容忽视的部分。知识产权司法保护的价值体系理应包括对创新和市场价值的完整理解。在制度设计上，通过授予具有创新性的权利人以实际保护，为其提供长久、规范、可持续的创新激励。[2]

从知识产权价值导向角度来说，在政策导向（包括知识产权制度设计）中，应将激励创新上升到内在驱动的重要高度，这体现了知识产权法的价值选择，也从中展现了作为选择法律价值的主体，司法人员在法律价值发现中所展现出的能动性控制和干预。

知识产权保护对经济增长存在显著的正效应。当前社会经济的增长方式已逐渐转变为依靠创新及科学技术进步，现阶段要想使得经济发展，必须继续加强对知识产权的司法保护，同时加强立法和执法强度，努力营造促进创新的发展氛围，积极鼓励创作，促进智力成果的产出，繁荣知识产品交易市场，使优质的智力成果与经济价值形成良好的转换，创造更高的经济效益，推动创新型国家的建设。

2. 提高司法保护的有效性和针对性

对知识产权保护的国际通行做法是实行司法主导并在权利人进行主张时给予保护。由于我国特殊的社会历史原因，在知识产权制度创立之初采取了司法保护和行政保护并行的"双轨制"模式。"双轨制"模式的施行主要是因为在知识产权制度设立之初社会知识产权意识不强、侵权行为时有发生的现实。"双轨制"在前期对我国知识产权的保护发挥了重要作用，但在我国制度逐渐完善的过程中，这一模式也显现了其弊端。

---

〔1〕 王海成、吕铁："知识产权司法保护与企业创新——基于广东省知识产权案件'三审合一'的准自然试验"，载《管理世界》2016 年第 10 期。

〔2〕 吴汉东："知识产权损害赔偿的市场价值分析：理论、规则与方法"，载《法学评论》2018 年第 1 期。

知识产权在权利性质上属于私权。根据法理和民法基本原则，依据其属性，在其权利受到损害时，应当由权利人自己采取措施寻求保护，避免公权力的直接介入。依据国际惯例对知识产权保护的内在要求，国家采取相关措施实行知识产权的司法保护，应该避免行政保护容易造成的执法弊端，不应对具体案例进行过度干预。最终应在制度设计上使权利人在寻求侵权救济时，将寻求司法保护作为前提和主要选择，充分发挥司法保护的主导作用。随着我国知识产权制度的不断完善，在知识经济时代，增强对司法保护的重视程度，提高司法保护的针对性和有效性是时代发展的应有之义。

3. 提升知识产权的应用效果

应用是将知识产权保护理论与现实相结合以促进产业发展所必不可少的环节。知识产权的产业化、可交易化、商业化是促进应用的重要手段，促使知识产权的应用效果提升，加快知识产权的市场化和产业升级的首要步骤在于对知识产权的价值进行科学的评估判断。

由于知识产权的无形性、价值波动性、创新性等特点，对其价值的认识需要整合市场经济、法律政策、技术发展等多方面背景，这本身在专业性上对评估者提出了极高的要求。因此，其评估难度加大，在实践中也难以推进，常常受到忽视。以知识产权价值为导向的内在要求，即给出知识产权的合理的价值评定标准，对赔偿数额进行科学认定，弥补著作权人的损失，同时通过合理的估值，达到推动知识产权市场交易、促进知识产品商品化、切实提高知识产权的实际运用的效果，顺利实现知识产权的产业化升级。〔1〕

（三）构建以充分实现知识产权价值为导向的侵权赔偿制度

1. 建立公平合理、比例协调的知识产权侵权赔偿制度

公平合理、比例协调是制度设计中应遵循的基本原则。以知识产权价值为导向，应加大对知识产权侵权违法行为的惩治力度，降低权利人的维权成本。对于有重复侵权、恶意侵权及其他严重侵权情节的，"依法加大赔偿力度，提高赔偿数额，由败诉方承担维权成本，让侵权者付出沉重代价，有效遏制和威慑侵犯知识产权行为。努力营造不敢侵权、不愿侵权的法律氛围，实现向知识产权严格保护的历史性转变"。〔2〕此即体现了对公平合理的司法保护进行探索的

---

〔1〕 魏玮：《知识产权价值评估研究》，厦门大学出版社 2015 年版，第 9 页。

〔2〕 参见中共中央办公厅、国务院办公厅《关于加强知识产权审判领域改革创新若干问题的意见》。

过程。

与此同时，在认定侵权赔偿额时，从"填平式"的角度考量，以补偿性为主，从著作权的实际市场价值出发，以其为认定赔偿的标尺，建立公平合理、比例协调的损害赔偿制度，既避免著作权人赢了官司却输了市场，又减少滥诉情形，按照个案实际情形确认赔偿额。

2. 实现对知识产权的严格保护

知识产权保护对经济增长具有显著的正向效应，同时，资本存量、劳动力资本、外商投资也对经济发展的影响显著且为正。[1]

国务院《关于新形势下加快知识产权强国建设的若干意见》[2]中指出，"深入实施国家知识产权战略，深化知识产权重点领域改革，有效促进知识产权创造运用，实行更加严格的知识产权保护"；中共中央办公厅、国务院办公厅印发的《关于加强知识产权审判领域改革创新若干问题的意见》中也明确提出，"努力营造不敢侵权、不愿侵权的法律氛围，实现向知识产权严格保护的历史性转变"。

综合来看，继续加大知识产权保护力度，实现对知识产权的严格保护也有非常重要的现实意义。国家知识产权战略实施以来，我国知识产权创造运用水平大幅提高，全社会知识产权意识普遍增强。但其中仍然存在着知识产权重数量而轻质量、创新程度有待加强、侵权行为高发易发、判决赔偿水平较低、有效抑制侵权的措施较少、震慑性赔偿原则缺失等问题。

二、我国网络著作权侵权赔偿制度概述

（一）网络著作权的概念及特点

1. 网络著作权发展概述

著作权作为一项古老的知识产权，受到科技和传播技术发展的影响而呈现

---

〔1〕 赵喜仓、张大鹏："加强知识产权保护会促进经济增长吗？"，载《经济问题》2018 年第 3 期。

〔2〕 国务院《关于新形势下加快知识产权强国建设的若干意见》中明确：深入实施国家知识产权战略，深化知识产权重点领域改革，有效促进知识产权创造运用，实行更加严格的知识产权保护，优化知识产权公共服务，促进新技术、新产业、新业态蓬勃发展，提升产业国际化发展水平，保障和激励大众创业、万众创新。……到 2020 年，在知识产权重要领域和关键环节改革上取得决定性成果，……创新创业环境进一步优化，逐渐形成产业参与国际竞争的知识产权新优势，……为建成中国特色、世界水平的知识产权强国奠定坚实基础。

出不同的形态。在世界经济发展史和著作权的保护史中，技术变迁一直是影响产业发展的重要因素。进入 21 世纪后，新的技术如数字化、信息网络、大数据分析、区块链和人工智能的发展对版权产业的发展走向产生了深远的影响。仅以 2015 年为例，我国版权产业总值达到 50 054.14 亿元，占全国 GDP 的 7.3%，增幅为 0.02%。[1]

信息网络技术的加速升级拓宽了对作品进行利用的范围与方式，并催生了一些新的作品类型。网络著作权逐渐成为一种在传统著作权基础上发展而成的新权利，在互联网空间中成为一种占据主导地位的著作权类型，也有学者将其表述为著作权人对受著作权法保护的作品在网络环境下传播而享有的著作权利。[2]其本质与传统著作权无异，传统著作权的概念与特征及《著作权法》第 10 条列出的 17 项著作人身权和财产权，都适用于网络著作权。

除共性外，网络著作权也有其自身的特点，其与传统著作权最大的区别在于技术发展所改变的作品表现和传播形式。网络著作权拓宽了著作权的边界和外延，使得传统著作权的范围与内容得以扩大，对其进行保护的难度也因此增加。故研究网络著作权的主体与客体时，无法绕开对作品表现和传播形式的讨论。

2. 网络著作权的主体与客体

网络著作权主体是传统著作权主体在互联网中的投射，著作权属于作者，是著作权归属的一般原则。此外，著作权法中规定的特殊类型作品作者以及采用赠与、继承、遗赠等继受方式取得著作权的，均能够成为著作权的主体，网络著作权也无例外地遵循此项原则。

在互联网中，著作权主体可以大致概括为几类：①作者。作者的作品通过数字化在网络中进行呈现。②网站管理者。其对网页整体、编辑作品中可以单独使用的部分付出了智力劳动。③因许可/授权获得作品信息网络传播权的主体。

网络环境中，除传统著作权的"作者—出版商—读者体系"外，还包括网络服务商，并在网络著作权的产生和传播中扮演重要角色，在下文会详细展开论述。

伴随技术的升级，在互联网中，凭借表现及传播方式的多样化，产生了某

---

[1] 参见中国新闻出版研究院发布的《2015 年中国版权产业的经济贡献报告》。
[2] 何悦："网络著作权侵权责任研究"，吉林大学 2009 年博士学位论文，第 5 页。

些新的受到著作权保护的作品内容，在作品的利用发面，也发展出了与传统著作权有差异的新型利用方式。网络著作权的客体大致可以分为以下两类：①传统作品的数字化，即将已有的传统作品以数字化的形式表现出来；②直接网络产生的作品，即以数字化形式创作并直接在互联网上传播的文学、艺术和科学作品。[1]

3. 网络著作权的类型

伴随着数字化、移动互联网、人工智能等技术的蓬勃发展，网络经济、大数据运营等概念的开花落地，大众的文娱生活已经被新兴的数字化泛娱乐模式占据，网络文学、音乐、电影、短视频等成为极受欢迎的主流网络作品。除此之外，电子数据库、电子邮件、电子客户端、数字新闻、网络电视、手机报、电子书等也成为网络生活最重要的载体。

除传统作品的数字化表现形式外，以数字化形式创作的网络著作权的类型，诸如数据库、电子邮件、博客、微博、微信公众号等发表的文章、正式文件，计算机软件和程序，MIDI 文件和音像视听资料、多媒体作品；图片、照片，美术的动画作品，新闻中发送的信息等，也是重要的受网络著作权保护的作品类型。

4. 网络著作权的特点

（1）著作权的地域性特征削弱。信息网络技术的一大特点是其无国界性，作品一旦在网络上发表，世界各地的网络用户都可以对作品进行接触，对作品的复制和传播突破了地域性的限制。在实际操作中，由于 IP 地址隐藏、服务器全球化等因素，网络作品的实际发表国往往难以确定，更难以确定发生著作权纠纷所产生的司法管辖和相关的法律适用问题。网络环境已经弱化了传统著作权的三种法律特征，即地域性、专有性与时间性，其中地域性的削弱是网络的全球性与之产生的总冲突。[2]

（2）著作权无形化特点更明显。由于网络作品的载体依赖于数字化信号，作品并不需要任何实体进行承载，对其生成、修改、传播、删除都可以在极短的时间内完成，权利客体的无形性和非物质性加剧。这导致了侵权行为缺乏显著的外化形态，察觉侵权现象、识别侵权行为、搜寻侵权主体、追踪侵权来源、

---

[1] 李居迁、杨帆编著：《网络与电子商务中的知识产权》，北京邮电大学出版社 2002 年版，第 84 页。

[2] 郑成思："中国知识产权保护的新发展"，载《河南大学学报》（社科版）1998 年第 4 期。

评估侵权损失、监督执行并不容易，所需信息成本巨大。[1]

（3）价值具有动态性和不确定性。相对于传统知识产权，网络著作权的效益发挥时间和未来效益受网络传播的开放性、变化性影响极大。在多数情况下，网络著作权受网络环境或客观事件影响，发生变化的可能性更大。一部作品在网络上发表后，极有可能在短时间内经历由无人问津到全网传播的剧烈变化。因此，对著作权效益的发挥时长、发挥程度的预测难度大，其价值伴随网络环境的变化而一直处在动态变化之中。

（4）复制和传播的便捷性。由于网络著作权通过数字化的形式表现，作品传播的全过程，包括上载、传输、转发、下载、保存，均是数字化的方式。想要对网络中的作品进行复制，不必采用传统的印刷、复印、临摹、录音、录像、翻拍、翻录等手段，直接将网络作品进行二进制数字化转换即可实现。对于这一步骤，普通用户只需要将设备连接网络，轻点鼠标，即可以操作，无需任何专业设备。网络作品更易被复制，传播度也更为广泛。

（二）网络著作权侵权

1. 网络著作权侵权行为的主体

网络著作权侵权是指未经著作权人许可，又无法律依据，擅自上载、下载、转载或在网络上以其他不正当的方式行使专属著作权人享有的权利的行为。[2]

随着互联网与各项产业进行的深度融合，网络侵权行为的方式和触角也不断拓宽和延伸。虽然我们探讨的侵权行为仍然没有超出传统著作权法理论划定的范围，但与技术和产业融合紧密连接的多元化侵权方式和多种侵权主体，已使得传统著作权法制度面临极大挑战。

在网络环境中，侵权行为的主体一部分来自网络用户。信息网络技术的变革赋予了终端用户更加重要的地位，其不仅成为信息获取的最终环节，同时也参与到信息传播的过程之中。传统著作权行业中出版商、广播电台、电视台牢牢控制了信息传播渠道，而在互联网时代，对等网络的 P2P（Peer-to-peer computing）技术使终端用户参与全网资源共享，成为传播渠道的重要一环。互联网终端用户可以不依赖于传统渠道商而自行获取网络中的信息，网络著作权"去中间化"的传播在迅速扩充网络资源的同时，也极易导致对版权作品的大规模

---

〔1〕 杨涛："论知识产权法中停止侵害救济方式的适用———以财产规则与责任规则为分析视角"，载《法商研究》2018 年第 1 期。

〔2〕 何悦："网络著作权侵权责任研究"，吉林大学 2009 年博士学位论文，第 10 页。

非法传播。

除网络用户外，网络服务商也占据了网络著作权侵权主体的一大部分。网络服务商是一个集合性概念，关于网络服务商在技术上的分类标准比较多，总体上看，在我国的网络著作权法律体系中，根据其职能的不同，可以将网络服务商分为网络内容服务提供商（Internet Content Provider，ICP）和网络中介服务提供商（Internet Service Provider，ISP）。网络内容服务提供商（ICP）通过网络平台向网络终端用户提供具体的内容，这些内容中包含了大量著作权法意义上的作品，其行为的实质是对作品进行信息网络传播。网络中介服务提供商（ISP）是为信息网络传播提供便利和帮助的服务提供者，其不直接上传或提供作品，但因提供具体的连接服务，其行为也极可能构成共同侵权或帮助侵权。

2. 网络著作权侵权行为的表现形式

由于网络的开放性和技术的持续发展，新型著作权侵权形式层出不穷，这也成为网络著作权侵权行为的一大特征。难以对侵权行为的表现形式逐一列举，但究其行为本质及侵犯的具体权利，网络著作权侵权行为主要表现为，在未经作者或其他著作权人许可的前提下：①将其作品在网络发表；②上载其作品到网络；③擅自将其作品通过网络传播；④采用网络技术手段，歪曲、篡改其作品；⑤通过网络，剽窃其作品；⑥对作品提供非法网络链接的行为；⑦提供设备，引导、帮助网络用户侵犯著作权，且在著作权人通知侵权事实后，仍拒绝删除侵权作品或采取其他合法措施等行为；⑧违法破解其对作品采取的网络技术措施；⑨通过网络，破坏作品的权利管理信息。

3. 网络著作权侵权行为的特点

网络著作权侵权与传统知识产权侵权相比，特征集中体现在侵权行为的广泛普遍性与侵权损害的严重性上：一方面，大量网络终端用户直接成为侵权主体，追责难以明确到个人；另一方面，侵权行为造成的影响和后果严重，权利人的损失难以弥补，主要表现为：

（1）侵权难度的简易化——对传统复制权的巨大冲击。著作权是受复制和传播技术变化冲击最大的知识产权类型。信息网络技术对于著作权保护带来的巨大冲击在于它使得对作品的利用和传播方式产生了根本改变。突出性的特征是传统著作权理论中的复制权内涵在网络环境下迅速扩张，数字拷贝、数字存储、数字传播等现象都可以纳入复制权门类中，传统著作权法中复制权理论遭遇的挑战也为认定网络著作权的侵权行为提出了新的难题。

（2）侵权范围更加广泛，侵权影响全球性。互联网的开放性和无国界性使网络用户数量庞大，网络侵权行为的表现形式多种多样，每一个身处网络的普通终端用户都可能同时成为网络作品的创作者、传播者、使用者和侵权者。侵权的影响可能会随着普通终端用户的复制、收藏、评论、转发呈几何倍数增长，并因为网络传播的快捷性和低能耗性迅速在全球范围扩散，侵权行为和侵权损失可能随时发生在世界任何地方。

（3）侵权行为的隐蔽性。首先，网络侵权行为的主体不仅限于网络服务商，更包括网络用户。其次，互联网秉持的开放自由原则使得网络用户的身份难以确定，多数终端用户都未进行实名认证，采用的是网络名称或匿名。由于技术屏蔽及服务器全球化等原因，即使对网络用户的 IP 地址进行追踪，花费巨大的搜寻成本，也难以精准确定侵权主体。最后，侵权行为具有虚拟性和隐蔽性。网络服务商作为掌握众多先进技术的群体，其侵权行为与信息网络技术相结合，产生了如非法抓取源站、屏蔽原网站内容、展示网页地址栏的假象、篡改原网站信息、深度链接等新型侵权行为，侵权方式实时变换且具有极大的迷惑性，著作权人难以了解侵权主体的实际情况。

（4）新型侵权行为更难界定。首先，侵权主体范畴扩大。作品在互联网的传播过程中，互联网用户、网络内容服务提供商（ICP）和网络中介服务提供商（ISP）三方都极有可能成为侵权行为人，网络的虚拟性使得网络侵权行为主体难以被准确查明。其次，侵权对象更为多样与复杂。所有可以进行数字化传播的具有创新性表达的智力成果，都可能成为被侵权的对象，不限于传统的书籍、杂志、音乐、电影、软件等，新型的电子数据库、网页、电子程序等其他形式的受著作权保护的客体均有可能成为被侵权的对象。最后，侵权行为性质界定越来越难。依靠技术发展和新运营传播模式的普及，作品的侵权表现形式并不限于传统的复制行为。侵权表现形式多样，用户生产内容（User-generated Content，UGC）、改编行为、重复利用行为等新类型每天都在发生变化。侵权行为充满变化、侵权责任不明晰、侵权数额确定难、网络平台间出现交叉侵权与诉讼，对这些难以界定的问题尚未明确定性，在某种程度上阻碍了网络版权产业的发展。

（5）维权诉讼成本高昂。著作权人发现网络侵权情况出现时，维权之路往往很艰难。网络侵权的证据稍纵即逝，且难以固定保存，这给著作权人的维权工作增添了很大负担。在现实案例之中，著作权人维权采取的手段主要是向侵权人投诉、向版权局投诉或向法院起诉，著作权侵权诉讼是权利人寻求司法救济的最后手段。权利人因一部作品被侵权，诉至法院胜诉后所获得的赔偿往往难以填补其遭受的损失，高额的维权成本和低额的赔偿形成反差。除此之外，侵权行为扩散的迅速与诉讼流程的漫长之间再次产生冲突。著作权人维权成本高昂且回报率不高，导致很多权利人最终选择放弃维权，使侵权现象愈发泛滥。

三、我国网络著作权侵权赔偿制度的实证分析

（一）网络著作权侵权赔偿的认定

1. 著作权侵权赔偿原则

（1）全面赔偿，指侵权人对其侵权行为所造成的实际损失全部予以赔偿。全面赔偿包括权利人因侵权行为所遭受的财产损失与精神损害，包括直接损失和间接损失。

作为民事赔偿责任的基本原则，全面赔偿在民事赔偿责任中居于核心地位，在网络著作权侵权赔偿案件中也理应适用。2009 年 3 月，最高人民法院《关于贯彻实施国家知识产权战略若干问题的意见》提出 "要突出发挥损害赔偿在制裁侵权和救济权利中的作用，坚持全面赔偿原则，依法加大赔偿力度，加重恶意侵权、重复侵权、规模化侵权等严重侵权行为的赔偿责任，努力确保权利人获得足够的充分的损害赔偿，切实保障当事人合法权益的实现"。[1]

毋庸置疑，适用全面赔偿原则，可以达到对著作权权益的充分尊重与保护，并激励创作者的积极性，促进优秀作品的产出，展现法律和法官切实有效保护著作权人的价值选择。但由于侵权人的赔偿能力与偿付意愿有限，同时对过重的判赔结果也可能难以执行，适用全面赔偿原则在司法操作上存在降低可执行性的因素。[2]

（2）法定赔偿，也称为定额赔偿或酌定赔偿，是对全面赔偿原则的补充和完善，是指在出现法定事由时，原告可以直接要求按照法律规定的数额获得赔偿。法定赔偿在 2001 年《著作权法》修改时正式被正式引入我国，直接划定了由法院根据情节判决 50 万元以下的赔偿。

根据我国《著作权法》的规定，著作权侵权赔偿按照权利人受到的实际损

---

〔1〕 最高人民法院《关于贯彻实施国家知识产权战略若干问题的意见》第 2 条第 5 项。

〔2〕 阳平：《论侵害知识产权的民事责任——从知识产权特征出发的研究》，中国人民大学出版社 2005 年版，第 116 页。

失或侵权人违法侵权所得来确定。在权利人的实际损失或者侵权人的违法所得难以计算时，可以参照该权利使用费给予赔偿。在实践中，法院往往难以查明实际损失和侵权所得，因此，《著作权法》引入了适用更为简便、程序更为简易、审判效率更为高效的法定赔偿制度。也因为上述种种优点，法定赔偿被越来越多地运用于赔偿确定中，特别是在作品价值较难评估的网络著作权侵权案件中，权利人也常常出于节省诉讼成本的考虑，要求法官直接适用法定赔偿。

但应看到，法定赔偿的大量适用也带来了一系列问题。法官为提高审判效率，在未对侵权损害和著作权价值作出考量的情况下，直接按照"套路"适用法定赔偿，在确定赔偿数额时带有极大的主观性。实际审判中对著作权价值的考察不够准确入微，偏离了赔偿认定的原有之义。

（3）法庭酌定赔偿，是当侵权数额难以确定时，法官采取的一种特殊的根据"权利人损失"或者"侵权人获利"进行计算的办法。在网络著作权损害赔偿案件中，当实际损失或侵权所得难以确定，但依据原被告提交的相关证据以及作品类型、使用费、侵权性质、侵权后果等情节，综合认为应当判赔的数额已超过了法定赔偿的上限时，法官可以适用法庭酌定赔偿，在遵循民事基本原则的基础上，客观公正地对案件赔偿额作出合理的认定。

（4）精神损害赔偿，是当著作权人的人身权遭受侵害，承受精神痛苦时，要求侵权人就该损害进行赔偿。著作权包含了人身权和财产权的双重属性，如果因对著作权人的人身权进行侵犯而给权利人带来了某种精神创伤，并且在采用停止侵害、消除影响、赔礼道歉等方式均难以抚平时，权利人可以据此提起精神损害赔偿之诉。如果同时导致著作权人的财产和人格利益受损，权利人可以同时主张财产和精神两方面的损害赔偿。[1]

（5）惩罚性赔偿来源于英美法系，其目的在于使用消除侵权利益和减损侵权人自身利益的方式遏制侵权。通过判定惩罚性赔偿，使行为人在预备进行侵权时先行考量成本效益，从利益机制上对行为进行预防和惩戒。[2]从法经济学角度探讨，惩罚性损害赔偿一方面是在特定供给数量的案件中适用以弥补权利人

---

[1] 杨延超："著作人格权侵权赔偿制度研究——以人格和财产的双层视角"，载《法学论坛》2011年第5期。

[2] 王利明："美国惩罚性赔偿制度研究"，载《比较法研究》2003年第5期。

因侵权所遭受的损失，另一方面是制度设计用来威慑策略性侵权行为的。[1]

大陆法系长久以来采用全面赔偿原则，对于侵权赔偿以补偿性的"填平"为目的，对于超出"填平"范畴的赔偿认定持极为审慎的态度。但近年来，随着德国、法国的某些突破，以及侵权行为难以抑制所带来的呼声，理论与实务界不断有引入惩罚性赔偿的观点涌现。惩罚性损害赔偿制度实践至今，已俨然具有抑制不法行为与管制事件发生的制度性功能。[2]

网络著作权侵权行为高发，侵权原因各异，在大量案件中，侵权人的目的可能不仅仅是对作品进行不法传播，其后可能蕴藏着深刻的经济、政治动因，不排除存在侵权人在侵权之前便抱有即使赔偿也要进行侵权的策略性侵权想法的可能性。如果只适用普通的赔偿原则，难以对这种有计划、有策略，同时破坏性极强的侵权行为进行惩戒。这时运用惩罚性赔偿对惩戒和抑制恶性侵权行为无疑是一种可能的、有效的选择，同时还可以展现出法律的警示和教育作用。也正是基于此，我国《著作权法》在 2020 年第三次修正时，专门增加了著作权侵权惩罚性赔偿制度。[3]

2. 网络著作权侵权赔偿数额认定问题

在我国《著作权法》（2020 年修正）于 2021 年 6 月 1 日实施前，我国著作权侵权赔偿认定按照以下顺序确定：实际损失——侵权所得——法定赔偿。在司法理论与实践中，实际损失和侵权所得视为第一顺位，法定赔偿排在补充顺位。在这里，司法解释赋予权利人在确定实际损失与侵权所得赔偿计算之间的选择权，改变了立法关于两者适用的先后顺序。[4]

有相关调研指出，我国 97% 以上的专利侵权案件、商标侵权案和 79% 以上

---

〔1〕 ［美］大卫·D. 弗里德曼著，杨欣欣译：《经济学语境下的法律规则》，法律出版社 2004 年版，第 251 页。

〔2〕 参见美国《版权法》第 504 条。

〔3〕 参见《著作权法》（2020 年修正）第 54 条第 1 款。

〔4〕 2013 年最高人民法院《关于审理专利纠纷案件适用法律问题的若干规定》第 20 条第 1 款规定："人民法院依照专利法第五十七条第一款的规定追究侵权人的赔偿责任时，可以根据权利人的请求，按照权利人因被侵权所受到的损失或者侵权人因侵权所获得的利益确定赔偿数额。"2000 年最高人民法院《关于审理涉及计算机网络著作权纠纷案件适用法律若干问题的解释》第 10 条第 1 款规定，"人民法院在确定侵权赔偿数额时，可以根据被侵权人的请求，按照其因侵权行为所受直接经济损失和所失预期应得利益计算赔偿数额；也可以按照侵权人因侵权行为所得利益计算赔偿数额。……"

的著作权侵权案，平均赔偿额分别仅为 8 万元、7 万元和 1.5 万元。[1]以北京为例，2002 年至 2013 年间，著作权侵权案件中的诉讼请求总金额达到了 121 081 万元，但实际判赔总金额仅为 17 134 万元，实际判赔金额仅为诉讼请求金额的 14%，上海、广东的数据也基本处于同一水平，分别为 12%和 16%。[2]

侵权赔偿额度低的问题近年来引起了广泛重视，司法政策开始倡导要加大知识产权侵权违法行为惩治力度，让侵权者付出沉重代价，在法院判决中也开始逐渐出现高额赔偿的案件。2017 年 11 月，在网易公司诉华多公司著作权侵害案中，被告华多公司经营的 YY 游戏直播平台通过录播、直播、转播涉案的"梦幻西游 2"电子游戏内容对网易公司著作权进行侵权，广州知识产权法院一审判决被告赔偿原告经济损失 2 000 万元。[3]同年，北京市石景山区人民法院判决暴风影音对于《中国好声音》第三季节目的传播侵犯了腾讯公司的信息网络传播权，一审判决每集 101 万元的损害赔偿，6 集节目共判赔 606 万元，不仅是现行《著作权法》规定的法定赔偿额 50 万元上限的两倍，而且创下了北京地区综艺节目著作权侵权案中单期节目赔偿额的新高。[4]上述案件反映了司法机关在知识产权保护中加大处罚和赔偿力度，坚决打击侵权者的决心。

在腾讯公司具备极强的维权诉讼能力、竭尽全力围绕自身损失进行举证且法庭认真开展大量查证工作的各种优势情况下，《中国好声音》案件创造了赔偿新高，但该判决最终仍无法按照权利人的主张以其实际损失认定赔偿额。如果是维权、举证、诉讼能力都在腾讯公司之下的权利人，从以往的法院判决来看，一期节目获得的赔偿额也只能集中在 1 万元到 5 万元之间。

---

〔1〕　刘晓春、高志达："加大知识产权损害赔偿成为大势所趋"，载《中国对外贸易》2017 年第 9 期。

〔2〕　陈静怡："论惩罚性赔偿制度在著作权领域中的引入——以《著作权法》第三次修改为背景"，载《科技与法律》2015 年第 5 期。

〔3〕　广州知识产权法院（2015）粤知法著民初字第 16 号民事判决书。广州知识产权法院经审理认为，华多公司在其网络平台上开设直播窗口、组织主播人员进行涉案电子游戏直播，侵害了网易公司对其游戏画面作为类电影作品之著作权，依法判决被告停止侵权、赔偿损失等，停止侵权具体为停止通过信息网络传播电子游戏"梦幻西游"或"梦幻西游 2"的游戏画面。关于赔偿数额，一审法院根据华多公司关联企业的财务年度报告、涉案电子游戏播放热度和华多公司前游戏主播的证人证言，对华多公司游戏直播业务获益、涉案电子游戏播放热度，以及对估算结果的进一步验证，再结合涉案作品的类型、权利种类，华多公司持续侵权的情节、规模和主观故意等因素，酌定华多公司赔偿网易公司经济损失 2 000 万元。

〔4〕　北京市石景山区人民法院（2016）京 0107 民初 4683 号民事判决书。

表 1　《著作权法》关于赔偿额认定之规定情况统计[1]

认定类别	认定方式	1990 年法	2001 年修正案	2010 年修正案
数额计算方式	实际损失	无	有	有
	侵权所得	无	有	有
	许可费倍数	无	无	无
自由裁量方式	法定赔偿	无	有	有

参考国内各机构及学者的资料搜集情况，以北京地区为例，据谢惠加教授整理的北京法院 2002—2013 年著作权侵权赔偿案件分析显示，适用法定赔偿的案件占 98.2%，适用实际损失和侵权所得认定赔偿的案件只占到了 0.4% 和 0.3%。[2] 2014 年北京市石景山区人民法院审理的著作权民事侵权案件平均诉讼标的金额为 4.48 万元，判决权利人胜诉的平均赔偿额为 2.89 万元。三年后，即 2017 年，石景山区人民法院审理的著作权民事侵权案件平均诉讼标的金额为 12.86 万元，判决权利人胜诉的平均赔偿额为 6.5 万元。[3]

（二）当前网络著作权侵权赔偿制度下的困境

1. 原告诉讼请求与法院最终判决赔偿额差异大

著作权侵权案件中，每部作品的赔偿额大多为几千元到几万元不等。而在专利侵权案件中，损害赔偿的数额平均为 8 万元。[4] 调查显示，在知识产权案件中，侵犯著作权案件的平均判赔额居于末位。

在网络著作权案件的审理中，原告诉讼请求与法院最终判决数额差异巨大。以 2016 年许镜清诉蓝港在线侵犯著作权案为例，86 版电视剧《西游记》片头曲音乐《西游记序曲》作者许镜清先生，是 86 版电视剧《西游记》前 25 集中所有音乐作品的曲作者。蓝港在线在网络游戏《新西游记》配乐中使用了许镜清享有著作权的《西游记序曲》《猪八戒背媳妇》两首作品，原告许镜清要求被告赔偿经济损失 160 万元。而法院一审判决蓝港公司公开刊登致歉声明并赔偿

---

〔1〕　表 1 来源：笔者统计。

〔2〕　谢惠加："著作权侵权损害赔偿制度实施效果分析——以北京法院判决书为考察对象"，载《中国出版》2014 年第 14 期。

〔3〕　易珍春："《中国好声音》单集获赔超百万的判定与思考"，载《中国版权》2018 年第 1 期。

〔4〕　殷泓："知识产权损害赔偿认定难，怎么解？"，载 http://www.chinanews.com/gn/2016-04-25/7846426.shtml，最后访问时间：2020 年 12 月 1 日。

许镜清经济损失 16 万元及诉讼合理支出 15 488.7 元，两项共计 175 488.7 元。在本案中，被侵权作品的知名度和影响力无需笔者赘言，在原告许镜清的实际损失和被告蓝港公司的侵权所得难以查明的情况下，法院适用了 50 万元以下的法定赔偿。法院的判决结果不仅和原告许镜清的诉讼请求有近 10 倍的差距，也与英美国等国动辄几万美元到几十万美元的版权侵权赔偿数额形成了强烈对比。

2. 侵权赔偿的认定缺乏个案差异性考量

知识产权价值变量具有高度不确定性，[1]这种价值存在的差异性特征，是基于其客体的独特性而产生的。该类客体是创造物而非种类物，这决定不同网络作品间难以进行价值比较，即使存在相似的网络作品，在遭遇侵权行为时面临的各项情节也不尽相同，由此产生的价值损失须根据具体案件而定。除此之外，对这一智力成果的市场需求也并非一成不变，网络著作权的价值亦跟随着需求的转变而改变。因此，网络著作权的价值常常表现出时效性，并伴随网络的传播过程而发展变化。

网络著作权的这种特性刺激着创作与研究开发的不断升级，同时也造成了知识成果价值的剧烈变动。现有的司法定价中对于著作权的市场价值把握并未十分准确，确定侵权赔偿时常常过于"笼统划一"，尤其是在同一案件中对类似作品的价值考量难以做到具体、明确、差异化。

3. 法定赔偿的大量适用和高度不确定性

长期以来，由于知识产权案件自身的无形性、举证难等特点，导致司法实践中的知识产权损害赔偿额度总体上有些保守，比较多的判决中以法定赔偿代替实际损失额。2002 年最高人民法院《关于审理著作权民事纠纷案件适用法律若干问题的解释》中即对法定赔偿适用作出了规定。[2]在认定侵权赔偿时，实际损失和侵权所得本应作为第一顺位，然而在我国著作权侵权赔偿认定的司法实践中，法定赔偿常常超越实际损失和侵权所得而成为首选的适用原则。

究其原因，首先归结于权利人举证维权难。出于节省诉讼成本的考虑，原告常常难于或疏于提交有关停权赔偿额的证据，故而请求直接适用法定赔偿；

---

〔1〕 吴汉东："知识产权损害赔偿的市场价值分析：理论、规则与方法"，载《法学评论》2018 年第 1 期。

〔2〕 2002 年最高人民法院《关于审理著作权民事纠纷案件适用法律若干问题的解释》第 25 条规定，"权利人的实际损失或者侵权人的违法所得无法确定的"，人民法院既可以根据当事人的请求适用法定赔偿，也可以依职权直接适用法定赔偿。该司法解释已于 2020 年 12 月 23 日被修正。

其次，适用法定赔偿程序简单、耗时较短，在当前网络侵权案件数量激增、审判压力加大的情形下，选择适用法定赔偿可以节省案件耗时，提升诉讼效率。因此，法定赔偿在实践中被普遍运用于侵权赔偿认定中，并有泛滥之势。

除此以外，《著作权法》规定的法定赔偿额划定了法定赔偿的范围，在该范围内，同样给了法官较大的自由裁量空间。司法解释中只明确了适用法定赔偿时应综合考虑作品类型、合理使用费、侵权行为性质、后果等因素，但不同的地域、层级的法院在适用法定赔偿时均执行不同的标准，带有很强的主观性。在现有著作权法律框架下，没有一套规范作为法官判案的依据，这使得法官裁量的灵活性加大，其仅在规定的限额内进行自由裁判，而在判决书中对于赔偿额的判决依据缺乏具体的说明与阐述，出现了"简略""套路"等现象。同类型案件的判决说理中，对今后类似案件也缺乏相应参考和指导价值。

法定赔偿被滥用后的高度不确定性，使当事人对判决结果难以有明确预期，容易造成执法尺度不一，同时影响法律的公允性、可预见性和稳定性。

4. 现有制度下网络著作权利益链正在被重构

网络著作权这一形态的著作权出现，使得传统著作权行业的利益链被重构。网络核心版权的快速发展进一步推动了版权相关产业实体经济的蓬勃发展，带动了整个版权产业网络化、信息化、高速化的产业升级之路。对比传统载体，网络核心版权产业市场规模从 2006 年的 163.8 亿元迅速膨胀到 2016 年的 5 086.9 亿元，增幅超过了 30 倍，年均增长率保持在 30% 以上。[1]

数字化和流媒体的发展使网络著作权市场发生巨大变化，流媒体不断增长的影响力使得更多著作权人选择只将著作权中的信息网络传播权授权许可给网络服务商，网络用户在互联网平台进行更具有长尾效应的整片、整书、整部、整曲下载逐步取代了传统著作权行业中的单集、单本、单部、单曲购买。随着时代浪潮的推进，著作权行业的利益链也在被重构，与此同时，产生了一系列的"价值差距"。

对网络著作权价值的忽视和不合理评估是网络环境中对作品进行利用时亟待解决的问题，这关乎网络版权产业的整体发展。著作权保护的是具有独创性的表达，作者的创作行为因此成为作品产出的核心，著作权法的核心价值在于促进创作和作品传播，使社会中不断涌现优质作品，只有优质作品才能从根本

---

〔1〕 田小军：〝5000 亿市场崛起，版权产业的产业格局与中国力量〞，载 http://www.sohu.com/ a/166507637_ 455313，最后访问时间：2020 年 12 月 8 日。

上激发用户的消费欲，展现作品的价值。在市场存在对智力成果需求日益强烈的情况下，著作权价值的大小依据对该智力成果的利用方式和程度而定。现有制度下，"价值差距"的不合理分配及侵权发生后判赔低的不合理善后，使著作权价值难以显现，更阻碍了优质作品的涌现。

（三）现有网络著作权侵权赔偿制度存在问题之成因

1. 对网络著作权的知识产权价值重视不足

著作权的价值体现在"作品是否有传播的相关权利"。[1] 著作权的价值主要是通过法律保护其垄断性而产生的收益，作品传播方式的便捷程度、传播范围和广泛程度、传播成本的高低以及传播受众的多少是其价值实现的途径。[2] 对网络著作权而言，其市场需求主要由其利用方式和程度决定，而这也代表了其蕴含的市场价值。

在对网络著作权侵权赔偿进行认定时，应以价值为导向，科学地进行评估。我国现有立法中，关于著作权侵权及损害赔偿的规定散见于《著作权法》、《信息网络传播权保护条例》、最高人民法院《关于审理涉及计算机网络著作权纠纷案件适用法律若干问题的解释》、最高人民法院《关于审理侵害信息网络传播权民事纠纷案件适用法律若干问题的规定》等中。这些规定大部分集中在对侵权行为本身的定性或仅划定赔偿的数额分界线，对著作权侵权赔偿的具体认定，在方式、方法、人员、价值考量中，依然没有较为明确且可操作性强的指南。网络著作权侵权案件连年激增，但因网络侵权案件的复杂特性，对网络著作权的价值把握难度增大，法院判决中对于网络著作权损害赔偿的说理与计算过程都较为简略，认定赔偿额时，未从价值本身出发，甚至避开了对于赔偿认定的具体计算标准和价值参照，对作品的市场需求、利用方式、利用程度等因素综合考量较少，更未对上述影响著作权的价值因素进行科学测算。

2. 司法实践中对网络著作权保护不足

网络著作权行政保护固然成效显著，但在司法保护之中，相关案件的新问题层出不穷。对案件法律性质、法律属性、司法管辖等界定不清晰的问题越来越多，在网络环境下侵权主体多样，网络服务商、网络用户均有可能侵权，互

---

〔1〕 袁煌、侯瀚宇："版权价值评估对象及其价值影响因素探讨"，载《中国资产评估》2011 年第 8 期。

〔2〕 袁煌、侯瀚宇："版权价值评估对象及其价值影响因素探讨"，载《中国资产评估》2011 年第 8 期。

联网平台、视频网站、应用软件、云存储空间等均可传播侵权作品，其侵权行为并不局限于传统的侵权作品上传行为，还包括转载、链接、盗取链接、分享存储、定时播放转播、破坏技术措施、分工合作共同侵权等。在此情况下，著作权人、网络服务商、网络用户三方不同利益诉求及相关利益寻求平衡存在难度，新类型的案件被直接试探性地诉至法院请求法官给予明确的定性和具有指导意义的裁判。该类案件的审理对法官的理论和实践水平提出了更高的要求，而法官在某些崭新的领域作出开创先河的判决更需要承担一定的裁量风险。只有在这些具体的个案中，才能直观地反映出我国对网络著作权保护的实际水平和程度。

3. 证据制度适用的缺失

网络侵权的证据稍纵即逝，且难以固定保存，给网络著作权的保护增加了很大麻烦，侵权人完全可以通过技术手段对数据进行修改、删除，权利人和法院进行证据保全，提取侵权数据难度极大，证明侵权行为极为困难。

在这种情况下，明确举证责任分配、排除侵权证据妨碍，采取更加坚决和有力的措施，完善著作权侵权案件的证据制度，对侵权赔偿的金额的计算进行深入研究，保持司法判决的一致性和可预见性，使著作权人的智力成果从制度设计的源头得到保护是当前案件审理程序方面需要攻克的难关。

4. 现有赔偿制度难以合理平衡各方利益

法律通常以利益平衡作为评估标准，并据此划定权利与责任，对不同主体之间的利益关系进行调整。作为知识产权制度体系中重要的一部分，著作权侵权赔偿制度同样是利益平衡机制的展现。在进行制度设计时，应统筹兼顾著作权人的权益专有程度与社会公众接触作品的自由程度之间的关系，通过对作品接触的有限抑制来保持社会总体信息的交流与扩充，并让更大程度的传播自由成为可能。

网络著作权侵权责任和赔偿制度发挥自身功效的前提便是维护利益平衡。网络环境中，一项著作权侵权行为的发生常常关联着深刻的利益推动，也极有可能预示着新的商业模式的出现，这其中蕴含了巨大的经济和社会动因。在出现侵权事项及损害后果之后，通过科学的考量确定赔偿标准与范围，一方面达到弥补权利人损失的效果，另一方面依据实际情况合理判赔，减少恶意诉讼和著作权权利阻碍，从根本上调节各方利益，对已经出现或即将出现的商业模式进行规制，对网络版权产业的参与者进行行为引导是极有必要的。

因此，应当清楚地认识到网络著作权侵权责任直接关系到当事人之间的经济利益，甚至从某种意义上来说，它是社会财富再分配的一种方式。当前的赔偿制度对网络版权产业的真正参与者行为规范的调整较少，判定赔偿时往往从侵权损失、侵权获利、法定赔偿等角度出发，且长期维持这种模式。但网络环境带来的巨大变化以及快速发展使得新兴的权利类型、对作品的利用方式、新侵权行为都不断涌现，越来越多的主体参与到网络版权产业中，他们相互之间也建立起多元复杂的法律关系，在此基础上形成了错综复杂的利益链条，既有的赔偿制度因为法律的稳定性而不可避免地出现僵化，难以对现有的市场参与者进行高效合理的利益分配。

四、对完善以知识产权价值为导向的网络著作权侵权赔偿制度之建议

（一）对网络著作权侵权赔偿额的科学考量

1. 判定赔偿额时从价值出发，必要时引入第三方评估机构

知识产权是创造价值的资产，是主导世界经济活动的重要因素，而知识产权价值评估是知识产权价值体现的前提。如何确定知识产权侵权诉讼中的司法赔偿，不仅关系到对权利人利益的保护，也关系到司法的公正性及统一性，知识产权价值评估是保护知识产权的重要原因之一。[1]

在认定著作权侵权赔偿额时，首先需要对著作权标的进行正确评估。特别是在网络环境下，垂直领域细分明显，音乐、视频、文学等不同类型的作品评估方式差异明显，作品的知识产权价值也有巨大波动性，在我国司法实践中，缺乏对网络环境下著作权价值的专业评估环节，特别是对于借由网络传播的有影响力的作品缺乏专业评估。

在必要时引入第三方价值评估机制，运用科学实用的评估方法和评估体系，特别是建立著作权侵权损害评估鉴定的专家库，并依据网络著作权的特性筛选专业评估机构，辅以会计学、经济学专家辅助人，提升评估结果的客观性和准确性，合理进行司法定价，对于促进科学认定赔偿额实有裨益。

2. 提高法定赔偿上限，建立类型化法定赔偿制

在2020年修正的《著作权法》实施前，我国著作权侵权法定赔偿的适用顺位在实际损失标准与违法所得标准之后，以定额幅度、酌定因素等维度均衡考

---

〔1〕 刘华俊：《知识产权价值评估研究：基于司法判决赔偿额的确定》，法律出版社2017年版，第2页。

量认定最终赔偿额。因为设计法定赔偿的立法考量便是对难以确认实际损失和违法所得的侵权情况的补充规定，所以在此情形下要求司法实践中对法定赔偿实施统一的考量标准也极为困难。

在这种情况下，可以依据著作权类型、侵权人类型、侵权行为方式、侵权人主观心态等不同标准，对案件进行类型化的区分，并根据不同类型的差异来确定对不同类型的赔偿认定标准。在侵权损害难以确认的情况下，以著作权的价值为准绳，根据划分类型的性质和特点，提出一些具体的、可供参考的、执行性强的判断标准，类型化法定赔偿的考虑因素，根据实际情况给予不同案件以特定的指导与可预测的参考。这可以使法院的判决存在一定基准，也让当事人在诉讼中对赔偿数额有某种合理参考与预期，便于原告提出更加合理并切合实际的诉讼请求，也促进双方当事人更加积极地进行举证，以使案件事实和涉案作品的价值更加清晰。

类型化法定赔偿有利于为审判工作提供具体指引，使法官在进行判赔的考量时有据可依，减少从前法定赔偿中裁量的随意性，最终使法律的适用标准达致统一。不过，由于前文所述网络著作权侵权行为的种种特性，侵权表现纷繁复杂、变化多样，法定赔偿类型化的建立只需相对明确即可，依然赋予司法以弹性才不违背法赔偿设立的初衷。同时，这种类型化赔偿也可为著作权人与网络服务商确定网络作品的许可/转让计酬标准提供参考。[1]

3. 综合考虑人身权和财产权受侵害程度

著作权作品与其他知识产权客体相比，有更为特殊的社会与法律属性，主要体现在作品与作者人身的紧密联系方面。作者的身份对作品的质量起决定性作用，读者或用户也常常因为某位作者而选择某一件作品。因此，创作主体对著作权价值的影响体现了著作权的特殊性。

《著作权法》规定了对侵犯著作人身权的，可以要求侵权人赔偿损失。2005年北京市高级人民法院《关于确定著作权侵权损害赔偿责任的指导意见》首次对侵犯著作权的精神损害赔偿标准作出明确规定。[2]该意见虽然不具有法律效

---

[1]　刘满达、刘海林：“论网上著作权侵权损害中的法定赔偿制度”，载《学习与探索》2010 年第 1 期。

[2]　北京市高级人民法院《关于确定著作权侵权损害赔偿责任的指导意见》第 21 条第 1 款："侵犯原告著作人身权或者表演者人身权情节严重，适用停止侵权、消除影响、赔礼道歉仍不足以抚慰原告所受精神损害的，应当判令被告支付原告精神损害抚慰金。"

力，但也为著作权侵权赔偿制度中引入精神损害赔偿提供了指引。

北京市高级人民法院发布的《侵害著作权案件审理指南》中也明确规定损害赔偿额的确定采取填平方式，以能够弥补权利人因侵权而受到的损失为原则，在侵害作者人身权并造成严重精神损害，且适用停止侵害、消除影响、赔礼道歉仍不足以抚慰时，可以判令被告支付精神损害抚慰金。

因此，打破赔偿认定仅关注财产损失的一贯做法，在认定著作权侵权赔偿时，综合考虑著作权人的人身和财产损失，贯彻实行损害赔偿对著作权受损价值的填补，力求使著作权人所受损失恢复到侵权行为未发生之时的状态，以侵权行为给权利人造成的实际损害（包括财产损失和精神损害）作为赔偿范围，依据不同案件的个案分析，进一步发挥侵权赔偿保护权利、抑制侵权的作用，视案情与其他民事责任相结合，进行多元化的责任承担，力求多维度的弥补，充分保护著作权人的合法权益，[1]是正确认识知识产权价值，科学考量侵权赔偿的重要举措。

4. 在利益平衡原则的基础上进一步细化确定赔偿额的酌定因素

在判定作品的价值时，可参考以下因素：①作品的类型；②作品的创新性及独创程度；③作品在网络传播中的影响力和传播（发行、票房、网络点击率等）；④作品在网络传播中形成的市场价值；⑤作品实施主体的经营状况和获利能力；⑥作品商业价值（著作权许可费、独家著作权采买费等）；⑦作品广告收益（广告执行结算协议等）；⑧版权局等相关机构公布的重点作品预警名单；⑨著作权人市场占有份额；⑩作品的收益方式等。

同时，网络著作权侵权案件多集中于对文字、音乐、影视作品的侵权，在确定了著作权价值并需要进行侵权赔偿认定时，除侵权主观过错、侵权行为方式、范围、后果等共性因素外，针对不同类型的作品，也应有不同侧重点。

表 2　对不同类型作品认定赔偿时侧重考虑的情节和因素[2]

作品类型	侧重考虑情节	具体因素
文字作品	侵权范围	侵权使用文字作品的篇幅、字数

〔1〕　叶柳东："网络著作权侵权案件中损害赔偿原则及责任承担方式的适用"，载《东莞理工学院学报》2011 年第 2 期。

〔2〕　表 2 来源：笔者整理。

作品类型	侧重考虑情节	具体因素
音乐、摄影、美术类作品	侵权行为性质	是否为营利性使用，包括作为背景音乐或背景图片使用、收费下载等
影视与计算机软件作品	侵权持续时间、侵权行为性质	属于直接提供涉案作品还是仅提供搜索链接服务

（二）加大对网络著作权侵权行为的惩治力度

1. 进一步提高侵权赔偿额

如果权利人不能依据被侵犯的著作权价值的贬损获得与价值相一致的完整的补偿，对侵权行为和侵权人不实施力度足够的惩罚，就会形成不良的司法示范，变相地纵容和鼓励侵权，阻碍权利保护与创新发展。随着各项政策法规的出台，各地区各层级法院积极采取不同措施，进行侵权赔偿的理论与实践研究，赔偿额总体上不断提高，但实践中仍然存在大量数额偏低、判赔保守的案件，提高侵权赔偿额刻不容缓。[1]

在增加赔偿方面，首先是对赔偿方式的开拓进行探索，尽可能寻求和摸索目标明确、灵活有效的赔偿方式，充分尊重著作权人的合法权益，努力探索增加赔偿的有效路径。侵权行为可以给侵权人带来免费优质作品资源、大规模的网络流量入口并对权利人造成致命的打击；与此相对，侵权人付出的成本微乎其微。因此，在保障当事人合法权益实现的同时，宜适当地提高赔偿数额，使得侵权人付出相应的代价，起到法律的警示作用，并引导社会公众培养良好的网络作品使用习惯。

2. 实施著作权侵权惩罚性赔偿制度

著作权侵权案件不但在数量上持续增加，在知识产权侵权案件中的占比也在不断攀升。公开资料显示，2015 年全国范围内的网络著作权民事案件判决书、裁定书共计 2 118 份，与上年同期相比增长 28.3%。[2]

在我国《著作权法》第三次修正中，面对刑事责任和行政责任规制的侵犯著作权行为范围较窄，网络著作权侵权行为高发且侵权成本极低的情况，考虑

---

〔1〕 孔祥俊："以创新的思路保护创新———当前知识产权审判新思考"，载《人民司法》2013年第 9 期。

〔2〕 参见中国信息通信研究院发布的《2015 年中国网络版权保护年度报告》。

引入了惩罚性赔偿制度。早在 2013 年，《商标法》第三次修正时率先引入了该制度，实践证明惩罚性赔偿在我国知识产权法领域的适用具有重要意义。惩罚性赔偿的引入，将对著作权侵权行为产生极大的预先威慑，有利于加强对著作权的保护，降低侵权的可能性。

在《著作权法》第三次修正过程中，《著作权法（修订草案送审稿）》曾规定"两次以上故意侵犯著作权或者相关权的"承担二倍至三倍的赔偿，[1]此条被学界视为惩罚性赔偿的引入。但是，在网络环境下，著作权受侵害的程度和范围不取决于侵权次数，特别是影视、文学类作品对用户来讲极有可能是一次性的体验，侵权作品通过互联网传播后对正版作品的点播、下载量均产生重大影响。即使侵权人实施侵权的次数只有一次，综合考虑其主观恶性、侵权时长、侵权影响等因素，也有可能给权利人造成巨大的侵权损失。因此，以"两次以上"作为适用惩罚性赔偿的前提是存在问题的。2020 年第三次修正后的《著作权法》对侵犯著作权的惩罚性赔偿制度的规定，就未采纳上述规定，而是规定对故意侵犯著作权或者与著作权有关的权利，情节严重的，可以根据该法规定的侵权损害赔偿计算方法确定数额的一倍以上五倍以下给予赔偿。[2]

3. 排除侵权证据妨碍，合理分配当事人举证责任

在网络著作权侵权诉讼中，侵权证据妨碍通常是指被告即被诉侵权人通过作为/不作为的方式，使原告无法提出其侵权行为或损害赔偿认定的证据，进而使侵权行为或损害后果难以证明，例如，被告拒不提供其财产账簿、侵权收益等。

在维权困难、诉讼成本高的网络著作权侵权案件中，权利人侵权损失及侵权人侵权获利的证据是认定赔偿的重点，侵权人应为其证据妨碍行为承担相应后果，其目的是避免原告落入举证不利之地位，并恰当地确定损害赔偿额。在该类案件中，通常原告所提交的证据已足够证明侵权行为成立，此时可以排除侵权证据妨碍，在原告请求对能够证明赔偿额的相关证据如财务账簿、用户流量入口记录、转载数量统计、下载数量统计等进行保全，而被告无正当理由进

---

〔1〕《著作权法（修订草案送审稿）》第 76 条第 1、2 款规定："侵犯著作权或者相关权的，在计算损害赔偿数额时，权利人可以选择实际损失、侵权人的违法所得、权利交易费用的合理倍数或者一百万元以下数额请求赔偿。对于两次以上故意侵犯著作权或者相关权的，人民法院可以根据前款计算的赔偿数额的二至三倍确定赔偿数额。"

〔2〕参见《著作权法》（2020 年修正）第 54 节第 1 款。

行阻挠、破坏时，可以认定原告主张保全的证据存在。法院可以运用经济分析和专业评估，科学认定涉案作品的价值，对原告主张的赔偿额进行评定。

针对多年来备受诟病的网络著作权"侵权成本低，侵权行为屡禁不止"等现象，在司法实践中，法院可以在立案阶段加强前期的释明，推出具有操作性的举证指引。引导原告积极提交与自身诉讼请求相关的著作权许可费用、著作权市场份额、著作权影响力等能够证明作品市场价值的证据，并通过完善财产保全、证据保全和行为保全等程序措施，合理分配举证责任，采取切实有效的举措，明确保护与制裁的界限，体现司法裁判的公平性。

值得注意的是，《著作权法》（2020 年修订）沿袭了 2013 年第三次修正的《商标法》第 63 条第 2 款的规定，规定了对权利人有利的侵权责任认定制度。[1]此外，为完善我国知识产权民事诉讼制度，最高人民法院于 2020 年 11 月 9 日发布了《关于知识产权民事诉讼证据的若干规定》[2]，这对于在著作权诉讼中排除侵权证据妨碍，合理分配当事人举证责任，无疑也具有重要意义。

（三）坚持损害赔偿制度与比例协调原则

1. 统筹兼顾保护权利和激励创新

在网络版权产业中，无论是网络服务商还是网络作品的著作权人，其收入和盈利已不再仅仅依靠作品附带的广告服务，产业正在进行由广告服务费向音乐、影视、文字作品的内容付费升级。产业关注的重点由搭建流量平台升华到促进优质内容生产，倾力打造优质内容资源，促进创新作品的涌现并使其市场价值最大化。对优质内容来讲，最为重要的即是作品的创新性。

对网络著作权的保护应考虑必要的限度。若缺乏对权利的保护，就不会有足够的激励机制使得创作者进行智力劳动，产出优质的作品；但在对权利进行保护后，由于知识产权制度天然的垄断和排他性，就有导致公众难以接触到智力成果的风险。创新性的表达难以被公众利用，新颖的观念不能被广泛传播，可能导致社会对智力成果的利用不充分，从而对激励创新起到副作用。[3]

因此，侵权赔偿制度应注重比例协调，发挥优质作品的效用，降低对网络著作权保护的负外部性，以达到权利保护和激励创新的平衡。在权利保护方面，应着重协调著作权人的权益和公共利益，充分发挥良好的公共领域环境对培育

---

〔1〕 参见《著作权法》（2020 年修正）第 54 条第 4 款。

〔2〕 该司法解释已于 2020 年 11 月 18 日施行。

〔3〕 陈健：《知识产权权利制度研究》，中国政法大学出版社 2015 年版，第 45 页。

创新的支持作用。在保证著作权的价值被充分尊重、著作权人的权益获得应有的保护的情形下，又预防过度的保护和专有入侵公共空间，阻碍信息传播与社会创新；既适用与价值含量相协调的保护范围，坚决打击著作权侵权行为，又以自由竞争和信息共享机制增强创作后劲，促进社会的创新。[1]

2. 对网络著作权的保护范围和强度与其创新和贡献程度相协调

从经济学的角度讲，著作权的价值并非从产生之时就确定且一成不变，而是通过利用或预期利用才产生的。在社会行为中，人的精神需求影响并决定着消费，而作品的创新和贡献价值更大程度地影响着消费，对于网络作品来讲，作品的创新程度、点击量、观看率、下载数、转发数等都可以反映其社会需求度。从这个角度来说，作品的价值取决于作品的社会效用，即社会大众对该作品的需求程度，而非作者创作所付出的劳动程度。与此同时，该消费也对相关作品的价值产生了重要影响。

因此，对著作权的保护同样以该著作权的价值为导向。这表现为，对著作权的保护范围和强度与其创新和贡献程度相协调。对网络著作权来说，无论出于何种目的创作出的作品，其创新性是其受到著作权法保护的前提。对著作权展开保护时，须适应权利自蕴的创新要求，采用多样化的方式，不仅要保护原有的创新成果，还需兼顾对其他创新的培育。依据创新程度所体现的稀缺性和市场需求确定著作权价值，使保护力度强弱与实际创新程度相适应。

3. 侵权人的侵权代价与其主观恶性和行为危害性相适应

侵权人的主观恶性程度，直接影响到采用法定赔偿时对其制裁的力度。在判定侵权责任时，行为人的主观心态是对行为定性的主要因素；而在侵权赔偿方面，侵权人的主观恶性和行为危害性同样是判定赔偿额的重要考量角度。

从价值的角度出发，对价始终是决定赔偿的基本要件。当侵权人实施侵权行为的主观过错非常明显，在其明知或应知以及推定明知或应知的情况下，例如接到了著作权人的有关通知、收到了作品上线预警函件、相关部门公布了重点预警作品名单等情形，依然实施侵权行为，其造成的后果显然是非常严重的。

主观恶性大、社会危害性大的著作权侵权案件，侵权人所造成的后果必然更加重大，其侵权行为所带来的著作权价值贬损通常也更严重。以价值为导向，

---

〔1〕　孔祥俊：“以创新的思路保护创新———当前知识产权审判新思考”，载《人民司法》2013年第9期。

作为判定侵权赔偿的逻辑起点和依据，侵权人的主观恶性和侵权行为的危害性所导致的著作权价值贬损，应要求侵权人对该部分贬损价值进行弥补。

4. 平衡权利人利益、他人合法权益和社会公共利益、国家利益

知识产权法是一种典型的利益平衡机制，整个知识产权法在价值构造上表现为一系列的平衡模式和与此相适应的制度安排。[1]网络著作权同时具有私人产品和公共商品双重属性，良性的制度设计理应给予权利人和社会公众双赢的机会。网络著作权侵权责任制度设立和维护的终极目标仍然是维护公共利益，其不仅是为了保护著作权人的合法利益，更是为了激发创新、培育智力成果产出、促进优秀作品的广泛传播、提升社会整体的权利保护意识。在对网络著作权这项私权以专有性保护的同时，应尽量避免或降低其市场垄断性，使得对私权进行保护的公共意义得以展现。

在网络著作权侵权赔偿方面，利益平衡理论带给我们的思考是：认定损害赔偿的维度应以理性、可控的标准和范围进行衡量，同时采用科学的方式予以评估。以著作权的价值为导向，既避免对于著作权人的保护不利，又防止盲目提高判赔金额，加重侵权人的负担。在发扬互联网的共享精神，充分实现作品传播自由的同时，维护著作权法的秩序规则。

正如洛克在《政府论》中所说："法律之目的不是废除或限制自由，而是保护和扩大自由。"[2]网络著作权侵权责任制度通过其功能来实现对著作权人权利的保障，最终目的在于实现社会秩序与自由的协调，实现尊重自由、维护秩序两大法律价值目标。

五、结论

网络著作权侵权赔偿认定是网络著作权侵权保护的末端环节，作为知识产权纠纷终局的司法裁判，是维护知识产权人利益的最后防线，裁判认定的侵权赔偿额是对权利维护的直观体现，直接决定著作权的司法保护水平和著作权法立法宗旨的实现，并对加强知识产权保护、促进网络版权产业正向发展、提高正版率、营造良好的创新氛围、激励创新、促进网络版权交易、建立优良的行业环境具有深远影响。

---

〔1〕 冯晓青："知识产权法的价值构造：知识产权法利益平衡机制研究"，载《中国法学》2007年第 1 期。

〔2〕 〔英〕洛克著，叶启芳、瞿菊农译：《政府论》（下篇），商务印书馆 1982 年版，第 35 页。

网络著作权有其自身的特性，我国网络环境经历了盗版"野蛮生长"的侵权时期，数字版权产业遭受重创，对于网络著作权的司法保护亟待加强。目前有关政策和规范的出台，也预示着著作权侵权赔偿制度即将迎来重大调整。

著作权作为知识产权的重要组成部分，其自身特性决定了其价值变量的动态性。在长期的司法实践中，侵权赔偿制度往往忽略了以价值为导向认定侵权赔偿。合理对价是决定赔偿的逻辑起点，认定赔偿应遵循等价有偿的民法基本原则，赔偿的内在要求是对损害的填平，而确认知识产权的价值是确定侵权赔偿的首要步骤。在市场存在对智力成果需求的情况下，著作权价值的大小依据对智力成果利用的方式和程度而决定，网络著作权价值变化亦影响侵权赔偿填补价值的大小。

在对网络著作权进行司法保护确认侵权赔偿时，同样也遵循该逻辑思路。本文的目的，即在于厘清知识产权价值和侵权赔偿之间的关系，结合网络著作权的特性，在事实和证据基础上注重价值平衡，强调侵权赔偿与市场价值良性互动，回归知识产权保护的本质，给出对侵权赔偿制度构建的法价值选择和具体建议。

以价值为导向的专利侵权损害赔偿制度研究

陈秋凡

专利法是为了平衡各方利益，即在专利权人私人利益和社会公众享受技术进步的公众利益之间实现平衡的法律。正是由于专利技术蕴含巨大的商业化价值，加之专利自身具有无形性、非消耗性以及难以控制性等特点，不可避免地会引发诸多专利侵权纠纷案件。由于专利权人必须向社会公开其专利技术，侵权人可以便捷地利用该专利进行生产经营活动。专利侵权损害赔偿制度在制止专利侵权行为，维护权利人合法权益方面发挥了重要作用。我国 2008 年第三次修正后的现行《专利法》第 65 条确定了四种计算专利侵权损害赔偿的方法，分别为：权利人实际损失、侵权人获利、参照合理的许可使用费以及法定赔偿。2020 年 10 月 17 日第四次修正的《专利法》第 71 条则在上述基础上增加了惩罚性赔偿制度，并大幅度提高了法定赔偿标准。尽管我国《专利法》规定了多种确定专利侵权损害赔偿的方式，在司法实践中仍出现了诸多问题。并且，人民法院在处理专利侵权纠纷案件时，除侵权界定具有复杂性外，专利侵权损害赔偿额的确定始终是其审理专利侵权纠纷案件的一个难题，因此有必要进行深入探讨。

一、专利侵权损害赔偿制度概述

（一）专利侵权损害赔偿的概念、特征及界定原则

1. 专利侵权损害赔偿的概念

专利侵权作为一种具体的民事侵权行为，在我国《专利法》中有其特有的含义，即未经专利权人许可，以生产经营的目的制造、使用、许诺销售、销售、

进口其专利产品，或者使用其专利方法以及使用、许诺销售、销售、进口依照该方法直接获得的产品。

专利侵权损害赔偿正是为了弥补专利权人因侵权人实施专利侵权行为所遭受的损失而确立的民事责任形式。侵权责任法的重要机能在于填补损害及预防损害。作为专利法的重要组成部分，"专利侵权损害赔偿制度主要是补偿专利权人因侵权人的专利侵权行为所遭受的经济上的不利后果以及剥夺侵权行为人因专利侵权行为所获得的非法利益，警示预备实施侵权行为的人，有些国家的专利侵权损害赔偿还具有惩戒的功能"。[1]但是，专利侵权损害赔偿的确定在司法实践中并非易事，这也凸显了建立科学、合理的专利侵权损害赔偿制度的重要性。

2. 专利侵权损害赔偿特征

专利权客体的特殊性导致了专利侵权行为有别于一般的民事侵权行为，因此，专利侵权损害赔偿相较于一般的民事侵权损害赔偿有其自身的特征。

首先，专利侵权损害赔偿举证困难。由于专利权客体不但具备财产属性，而且具有无形性，当专利侵权行为发生时，权利人难以像一般侵权案件那样收集证据，确定实际损失。

其次，专利侵权人主要通过赔偿损失的方式承担专利侵权责任。侵权人实施专利侵权行为，主要造成的是权利人的财产损失。因此，在专利侵权纠纷案件中，恢复原状、返还财产等责任形式并不适用。

最后，专利权人怠于举证情形较多。由于专利侵权损害赔偿举证困难、诉讼成本较高，专利权人在一定情形下并不会竭力搜集证据。在法庭上，专利权人通常会依据法定赔偿的规定请求法院支持其损害赔偿请求。

3. 专利侵权损害赔偿界定的原则

权利人的实际损失、专利权的价值等因素决定了具体案件中的专利侵权损害赔偿额。与此同时，明确专利侵权损害赔偿时所秉持的原则对确定专利侵权损害赔偿额具有重大意义。在专利侵权损害赔偿领域，主要存在两种原则，即补偿性原则与惩罚性原则。

补偿性原则，即在确定专利侵权损害赔偿时应以专利权人实际损失为依据。专利侵权损害赔偿的目的是填补权利人遭受的损失，而不是惩罚专利侵权人。

---

[1]　张鹏："专利侵权损害赔偿制度价值初探"，载《科技与法律》2016 年第 2 期。

在补偿性原则的指引下，不论专利权人遭受多少损失、侵权人获得多少利益，也不论侵权人主观恶意程度，在计算损害赔偿时均应以专利权人实际损失为限。我国目前在确定专利侵权损害赔偿时采用的是补偿性原则，该原则在专利侵权案件中发挥了重要作用。但是，由于权利人举证困难、专利权人的实际损失难以确定，补偿性原则不能充分发挥填补权利人损失的作用。

惩罚性原则，即法院判定侵权人承担的损害赔偿责任超出权利人的实际损失。王利明教授认为：惩罚性赔偿是指由法庭判决的赔偿额超出实际损害数额的赔偿，它具有补偿被害人遭受的损失、遏制和惩罚不法行为等多重功能。[1] 在适用单一的补偿性原则时，由于侵权人侵权成本低，致使专利侵权行为屡禁不止。惩罚性原则能弥补补偿性原则的不足，加大侵权人侵权成本，更好地维护权利人的合法权利。

(二) 国外专利侵权损害赔偿的立法实践

1. 德国专利侵权损害赔偿的立法实践

德国目前关于专利侵权损害赔偿的计算方法有三种，即权利人实际损失、侵权人获利以及类推合理的许可使用费。三种方式在德国法上并无适用的顺位限制，权利人可以自由选择适用的方式。

方式一：权利人实际损失。在德国的司法实践中，权利人若想利用该方式获得专利侵权损害赔偿，需要举证证明自己的利润损失以及所失利润与被诉侵权行为之间存在因果关系。权利人举证证明自己的利润损失，需要消耗大量的时间和金钱，同时要经历漫长的诉讼过程。一方面，权利人在法庭上公开专利产品的生产成本、销售价格及营业利润等经营信息，会使得作为商业秘密的经营信息被作为竞争对手的专利侵权人知晓，对权利人商业秘密的保护会产生不利的影响；另一方面，权利人花费较大成本获取的关于实际损失的证据，在法庭上通常会受到被告的反驳，并且法官不一定采纳权利人提供的相关证据。在德国，以权利人实际损失确定专利侵权损害赔偿虽然最为直接，但基于以上两方面的原因，实践中极少使用。

方式二：侵权人获利。在德国，权利人举证证明侵权人获利同样存在很大难度。根据侵权人获利的方式计算的专利侵权损害赔偿额主要取决于两个因素，即侵权人生产、销售侵权产品所获得的收益和专利在该收益中的贡献率。[2] 由

---

[1] 王利明："惩罚性赔偿研究"，载《中国社会科学》2000 年第 4 期。

[2] 范长军：《德国专利法研究》，科学出版社 2010 年版，第 289 页。

此可见，计算侵权人的收益需要获取侵权人生产侵权产品的成本以及侵权产品的销售价格。在德国司法实践中，权利人也极少采取该种方式获取损害赔偿。

方式三：类推合理的许可使用费。相比于前两种方式，以类推合理的许可使用费确定损害赔偿额在德国司法实践中适用最为广泛，它是德国法院确定专利侵权损害赔偿额时最为常用的方式。德国法院在适用该方式确定专利侵权损害赔偿额时，假定在侵权行为发生前，专利权人与侵权人签订了专利许可使用合同。此种方式类似于"假想谈判"的模式。[1]德国法院在适用该方式时，会综合侵权人侵权的性质和情节等因素。对主观恶性较大、侵权性质恶劣的侵权人，德国法院以高于专利许可使用费的标准要求侵权人承担损害赔偿责任。

2. 美国专利侵权损害赔偿的立法实践

美国专利法关于侵权损害赔偿的计算方式有三种：权利人所失利润、合理的许可使用费以及故意侵权下的三倍赔偿。美国专利侵权损害赔偿制度在适用补偿性原则的基础上兼采惩罚性原则。

方式一：权利人所失利润。美国司法实践中运用权利人所失利润确定专利侵权损害赔偿额时需要遵循两个步骤：第一步，权利人运用销量损失法或价格侵蚀法确定权利人所失利润；第二步，因果关系证明，即证明权利人所失利润与侵权人实施的侵权行为之间存在因果关系。销量损失法是指由于侵权人生产、销售侵权产品，致使专利权人所生产的专利产品在市场中销售量下降。用公式表示即为：权利人所失利润＝流失销量×（价格－可变成本）。[2]价格侵蚀法是指由于侵权人生产、销售侵权产品，致使专利权人所生产的专利产品在市场中销售价格下降。运用公式表示即为：权利人所失利润＝（专利权人实际销量＋流失销量）×所侵蚀价格。[3]在证明所失利润与侵权行为之间存在因果关系时，权利人需要证明四个要件：要件一，市场对专利产品有需求；要件二，市场中没有专利产品的替代品；要件三，专利权人能满足市场对专利产品的需要；要件四，在不存在侵权人时，权利人所获得的利润。美国司法实践中权利人举证所失利润难以满足以上全部条件，因此，美国法院很少根据权利人所失利润确

---

〔1〕 杨志敏："专利侵权诉讼中'公知技术抗辩'适用之探讨——中、德、日三国判例、学说的比较研究"，载国家知识产权局条法司编：《专利法研究2002》，知识产权出版社2002年版，第80页。

〔2〕 和育东：《美国专利侵权救济》，法律出版社2009年版，第186页。

〔3〕 和育东：《美国专利侵权救济》，法律出版社2009年版，第189页。

定专利侵权损害赔偿额。

方式二：合理的许可使用费。美国司法实践中确定合理许可使用费方式有两种，即虚拟谈判法和分析法。虚拟谈判法是假设专利权人与侵权人之间就专利许可达成了协议，以该虚拟协议所确定的许可费作为确定损害赔偿额的依据。而所谓的分析法则类似于技术分摊方法，是将侵权人没有利用专利技术的应得利益从获利中扣除，余下的利益视为专利的许可使用费。在专利侵权纠纷案件中，美国法院只要认定侵权事实成立，即可适用专利许可使用费作为确定损害赔偿额的依据。

方式三：故意侵权下的三倍赔偿。美国惩罚性赔偿的计算方法是，先按照前两种方式确定专利侵权损害赔偿额，然后加以三倍以内的惩罚。美国专利侵权案件中适用惩罚性赔偿的前提是侵权人主观故意，如果侵权人意识到专利的存在，仍然利用专利技术，则构成故意侵权。如果侵权人并没有事先认识到专利的存在或不可能意识到侵权，则不能适用惩罚性赔偿。

3. 日本专利侵权损害赔偿的立法实践

日本专利法中有四种确定专利侵权损害赔偿的方式，分别为权利人所失利润法、侵权人获利法、实施额相当法以及酌定赔偿法。

方式一：权利人所失利润法。依据日本专利法的规定，专利权人或者独占许可使用权人发现专利侵权行为时，其可通过举证证明侵权人在市场中所销售的侵权产品的数量，然后乘以专利权人或者独占许可使用权人在没有侵权人存在时的专利产品销售单价，计算出其所失利润。在日本司法实践中，如果侵权人生产销售的侵权产品超出了专利权人或者独占许可使用权人的生产销售能力，那么侵权人对该部分不承担赔偿责任。

方式二：侵权人获利法。依据日本专利法的规定，专利权人或者独占许可使用权人发现专利侵权行为时，可通过举证证明侵权人在市场中销售侵权产品获得的利润，将其作为遭受的损失额。在适用侵权人获利法确定侵权损害赔偿额时，权利人需要举证侵权人所销售侵权产品的数量以及侵权人生产、销售侵权产品的合理利润。

方式三：实施额相当法。日本专利法所规定的实施额相当法类似于德国类推合理使用费的方式。当专利权人或者独占许可使用权人发现侵权人实施专利侵权行为时，权利人可以参照在侵权行为发生前已经与他人签订的专利许可实施协议要求侵权人承担侵权损害赔偿责任，这时法院即可参照现实的实施额来确定损害赔偿额。如果侵权行为发生前不存在关于该专利的许可实施协议，日本法院会参照相同时间段内，相同或近似领域的同类专利许可实施额来确定专利侵权损害赔偿额。

方式四：酌定赔偿法。日本专利法所确定的酌定赔偿方式类似于我国的法定赔偿。当专利权人或者独占许可使用权人不能举证侵权损害数额时，日本法院可以酌定赔偿数额。

4. 英国专利侵权损害赔偿的立法实践

英国专利法确定了三种计算专利侵权损害赔偿的方式，分别为权利人所失利润法、侵权人获利法以及参照合理的许可使用费法。

方式一：权利人所失利润法。英国专利法规定的该种方式类似于美国专利法对权利人所失利润的确定。在英国专利法中，销量损失法与价格侵蚀法均为确定权利人利润损失的方式。与美国专利法不同的是，英国专利法将权利人进行取证、调查侵权行为、聘请律师进行维权等活动产生的花费纳入权利人所失利润中。同时，如果侵权人实施侵权行为损害了权利人的商誉，该后果依然计入权利人所失利润。

方式二：侵权人获利法。英国法院认为权利人所失利润远大于侵权人获利，侵权人获利与权利人所失利润并不对等。与此同时，侵权人生产销售侵权产品所获得的利润，并不全部归因于专利侵权行为。基于以上原因，英国法院很少适用该种方式确定专利侵权损害赔偿额。

方式三：参照合理的许可使用费法。英国法院参照合理的许可使用费确定专利侵权损害赔偿额，依然类似于美国专利法对该方式的利用。权利人可以参照在侵权行为发生前已经与他人签订的专利许可实施协议要求侵权人承担侵权损害赔偿责任。如果侵权行为发生前不存在关于该专利的许可实施协议，那么英国法院会利用"虚拟谈判法"确定合理的专利许可使用费。

（三）我国专利侵权损害赔偿制度及适用现状

我国现行《专利法》第65条规定，侵犯专利权的赔偿数额按照权利人因被侵权所受到的实际损失确定；实际损失难以确定的，可以按照侵权人因侵权所获得的利益确定。权利人的损失或者侵权人获得的利益难以确定的，参照该专利许可使用费的倍数合理确定。赔偿数额还应当包括权利人为制止侵权行为所支付的合理开支。权利人的损失、侵权人获得的利益和专利许可使用费均难以确定的，人民法院可以根据专利权的类型、侵权行为的性质和情节等因素，确定给予 1 万元以上 100 万元以下的赔偿。现行《专利法》将 2001 年最高人民法院《关于审理专利纠纷案件适用法律问题的若干规定》中关于法定赔偿的规定，即一般在人民币 5000 元以上 30 万元以下确定赔偿数额，最多不得超过人民币 50 万元，修改为下限是 1 万元，上限是 100 万元。根据《专利法》第 65 条的规定，我国专利侵权损害赔偿额的确定存在四种方式，并且方式的选择具有顺序的限制，在前一种方式举证不能的情况下，才可适用下一顺序的方式。[1]

笔者按照时间的先后顺序，从北大法宝数据库中选取了 2014 年至 2018 年北京市专利侵权案件 100 件、上海市专利侵权案件 100 件、广东省专利侵权案件 100 件。北京市、上海市、广东省是中国经济最发达的地区，分析其 2014 年至 2018 年的专利侵权案件，一定程度上可以了解我国专利侵权损害赔偿制度适用的现状。对于中西部地区专利侵权损害赔偿制度适用的现状，笔者另篇探讨。

首先，法定赔偿适用比例过高。笔者对所搜集的案例进行分析，发现适用法定赔偿方式确定专利侵权损害赔偿额的比例高达 94.3%。司法实践中对法定赔偿方式的适用最为频繁，这极其不正常。在法院适用法定赔偿方式确定专利侵权损害赔偿额的案件中，法官通常会根据专利权的类型、侵权行为的性质和情节等因素，确定相应的赔偿。这一现象不但说明法官审理涉及专利侵权损害赔偿的案件存在主观臆断的情况，而且说明前三种确定专利侵权损害赔偿的方式并未发挥其应有的作用。法官的主观判断成为影响专利侵权损害赔偿的主要因素，难以保证案件审理结果的客观公正。

其次，权利人实际损失与侵权人获利方式难以适用。权利人难以举证证明自身的实际损失与侵权人因侵权所获得的利润，是权利人实际损失与侵权人获利方式难以适用的根本原因。解决"权利人举证难"的问题，可以从两个方面入手：一方面，降低权利人举证的证明标准；另一方面，权利人已充分举证侵权人获利证据，而能够证明侵权人获利的相关财务数据由侵权人持有时，法院可责令侵权人提供相关财务数据。如果侵权人拒不提供或提供虚假财务数据的，人民法院可依据权利人提供的相关证据确定赔偿数额，不过在适用时仍需要严格遵循前提条件。

最后，缺乏惩罚性赔偿的规定。依据我国专利侵权损害赔偿制度，专利权

---

〔1〕 如前所述，2020 年我国对《专利法》作了第四次修正。修正后的《专利法》对专利侵权损害赔偿制度也作了重要改进。此次修正后的《专利法》将于 2021 年 6 月 1 日施行。

人损失难以获得完全弥补，侵权损害赔偿额过低。虽然我国《专利法》规定了权利人实际损失、侵权人获利方式作为确定侵权损害赔偿额的依据，但是在适用上述方法时，权利人存在举证困难的问题，难以得到法院的支持。最终专利权人只能依照法定赔偿方式获得远低于实际损失的补偿。侵权人故意侵犯权利人对专利享有的合法权利时，主观恶性较大。为保护权利人的合法权益，对故意侵权人适用惩罚性赔偿，加大其侵权代价，体现了法律的制裁功能。[1]可以预料，2020年修正后的《专利法》在专利侵权损害赔偿制度中引入惩罚性赔偿原则，不仅会极大威慑侵权人，还可以弥补适用单一的补偿性原则的不足。

二、我国专利侵权损害赔偿制度之实证分析

对法律问题的研究不能完全局限于理论层面，实证分析亦能为深入探讨法律问题提供帮助。通过实证分析，研究者可以发现法律规则在实践中出现的问题，也可以找到解决问题的途径。

（一）北京市、上海市、广东省专利侵权损害赔偿概况

笔者分别统计了北京市、上海市、广东省专利侵权案件中的权利人胜诉率、权利人请求额、法院判赔额、判赔方式、诉讼周期、诉讼费、权利人制止侵权行为支出的合理费用。

在笔者统计的北京市、上海市、广东省的300个专利侵权纠纷案件中，权利人胜诉的案件分别为71、60、79个，权利人败诉的案件分别为29、40、21个，权利人胜诉率分别为71%、60%、79%。据笔者统计，专利侵权纠纷案件中权利人赔偿请求额平均每件分别为137万元、108万元、36万元，而法院判赔额平均每件分别为27.9万元、16.9万元、13.27万元，法院判赔额分别为权利人请求额的20.3%、15.5%、36.8%。在权利人胜诉的专利侵权案件中，采用法定赔偿标准的分别占94%、93.3%、95.7%，采用实际损失、侵权人非法获利、参照合理的许可使用费的分别占6%、6.6%、4.3%。三省市专利侵权纠纷案件诉讼周期平均每件分别为2.41年、2.34年、2.1年。历时最长的专利侵权纠纷案件诉讼周期为5年，历时最短的专利侵权纠纷案件诉讼周期为1年。相较于一般民事案件，专利侵权纠纷案件诉讼费用较高，平均每件需要缴纳诉讼费分别为2.79万元、2.23万元、0.75万元。在专利侵权纠纷案件中，权利人能够举

---

〔1〕 张新宝、李倩：“惩罚性赔偿的立法选择”，载《清华法学》2009年第4期。

证证明的为制止侵权行为支出的合理费用，也在法院判赔范围之内。三省市专利侵权纠纷案件平均每件法院判定侵权人赔付权利人合理费用分别为 2.81 万元、2.6 万元、0.8 万元。

1. 专利维权成本分析

专利权人的维权成本包括经济成本与时间成本，其中经济成本又包括为制止侵权行为支出的合理费用与承担的诉讼费用。

首先，关于权利人为制止侵权行为支出的合理费用。笔者综合以上 300 个案例的统计结果，得出我国专利侵权纠纷案件平均每件法院判定侵权人赔付权利人合理费用 2.07 万元。权利人为制止侵权行为支出的合理费用包括权利人调查取证需要支出的差旅费，聘请公证员对证据进行公证需要支出的公证费，聘请专家鉴定专利侵权需要支出的鉴定费，聘请律师代理出庭需要支出的律师费等。实际上，权利人为制止侵权行为支出的费用远高于法院判定的合理费用，因为并不是所有的为制止侵权行为支出的合理费用，权利人都能提供相关证据，使法官采信。

其次，关于专利侵权纠纷案件诉讼费用的承担。笔者综合以上 300 个案例的统计结果，得出我国专利侵权纠纷案件平均每件需要缴纳诉讼费 1.95 万元。根据统计的数据，我国专利侵权纠纷案件权利人胜诉率为 70% 左右，权利人的败诉率约为 30%。也就是说，大约 30% 的专利侵权纠纷案件的原告需要自己承担诉讼费用。专利侵权纠纷案件一审结束后，大约 60% 的原审原告或原审被告会向上级法院提起上诉，使得权利人既可能承担一审诉讼费用，也可能承担二审诉讼费用。

最后，关于权利人的时间成本。根据统计的数据，我国专利侵权纠纷案件诉讼周期平均每件为 2.28 年。我国专利侵权纠纷案件诉讼周期短则 1 年，长则 5 年。正如上文讲述的，专利侵权纠纷案件一审结束后，大约 60% 的原审原告或原审被告会向上级法院提起上诉，这是导致专利侵权纠纷案件诉讼周期长的重要原因。

2. 专利侵权代价分析

从侵权人的角度出发，法院判令侵权人承担专利侵权损害赔偿责任，即为侵权人因实施侵权行为所付出的代价。专利侵权代价主要包括赔偿权利人遭受的损失以及赔付专利权人为制止侵权行为支出的合理费用。笔者在本节主要讨论专利侵权案件中法院对权利人所遭受损害的判赔情况。

据笔者统计，北京市、上海市、广东省的专利侵权纠纷案件中，权利人请求额平均每件93万元，而法院判赔额平均每件19.35万元，法院判赔额仅为权利人请求额的20.9%。在专利侵权案件中，人民法院判决赔偿额大部分集中在20万元以下，50万元以上的案件很少，这是相当不合理的。在专利侵权案件中，权利人既难以举证自身实际损失，也难以举证侵权人因侵权所获得的利润。并且，在专利权人未与第三人签订专利许可实施合同的情形下，法院只能在1万元至100万元范围内适用法定赔偿。相较于人民法院适用权利人实际损失、侵权人获利、参照合理的许可使用费标准确定的侵权损害赔偿额，法院综合考量专利权的类型、侵权的性质和情节等因素，适用法定赔偿标准确定的损害赔偿额明显过低。并且，人民法院适用法定赔偿标准确定的专利侵权损害赔偿额区别不大，难以体现不同专利侵权案件的特殊性。综上分析，相较于权利人进行专利维权的成本以及专利权人承担的败诉风险，侵权人因专利侵权所付出的代价太低。

（二）以典型案例探讨我国专利侵权损害赔偿方式的适用

1. 权利人因侵权所受实际损失——以浙江福瑞德化工有限公司（简称"福瑞德公司"）与天津联力化工有限公司（简称"联力公司"）侵害发明专利权纠纷案[1]为例

本案的涉案专利是名为"放料装置"的发明专利，联力公司为专利权人。在该案中，联力公司以涉案专利权利要求书为基础指控福瑞德公司构成侵权。联力公司在福瑞德公司的网站收集到被告每年利用涉案专利生产销售三乙基铝4 000吨，被告从涉案专利授权公告日（2011年11月30日）起至起诉之日已生产五年，最近两年的生产量为8 000吨。联力公司提供证据证明目前该行业只有原告、被告两家公司在正常经营。联力公司举证证明在侵权人实施专利侵权行为以前，每吨三乙基铝的生产利润为11 000元。根据天津市滨海新区人民法院（2014）滨汉刑初字第66号刑事判决书所引用的北京华德恒资产评估有限公司出具的《联力公司经济损失评估报告书》，被控侵权产品占整个三乙基铝生产设备知识产权价值的10%，因此联力公司诉称因被控侵权行为所造成的损失应为11 000元/吨×8 000吨×10%＝880万元。据此，北京知识产权法院认定联力公司因被控侵权行为所受损失应为11 000元/吨×8 000吨×10%，即880万元。

---

[1] 北京知识产权法院（2015）京知民初字第1848号民事判决书。

　　该案是人民法院适用权利人实际损失标准确定专利侵权损害赔偿额的典型案例。在该案中，原告联力公司举证证明了在相关市场中仅有原告、被告两家公司在从事生产经营活动。此时，侵权人利用涉案专利生产销售的产品数量即为权利人损失的销量。联力公司在向北京知识产权法院起诉前，已经就福瑞德公司的行为向公安机关报案，并且刑事案件已经审结。在确定涉案专利在生产相关产品中的贡献率时，北京知识产权法院采纳了刑事判决中所确定的 10% 的贡献率。在该案中，原告已经完成了对权利人销量损失、平均利润、涉案专利贡献率的举证。法院基于原告的举证，最终判定福瑞德公司赔偿联力公司经济损失 880 万元。结合我国的司法实践现状来看，权利人实际损失的计算存在两个方面的难题：一方面，权利人难以举证损失与专利侵权行为之间存在因果关系，因为专利侵权案件中权利人的损失受到多方面的影响，除了专利侵权行为因素，还包括市场自身的调节、权利人经营状况等因素；另一方面，权利人难以举证实际损失。因此，法院极少适用权利人实际损失标准确定专利侵权损害赔偿额。如何使得权利人实际损失标准更具可操作性，笔者将在第三部分"以恢复专利权人被侵权前状态为价值导向构建我国专利侵权损害赔偿制度"一节详细探讨。

　　2. 侵权人获利——以松下电器产业株式会社（简称"松下电器"）与珠海金滔电器有限公司（简称"金滔公司"）、北京丽康富雅商贸有限公司侵害外观设计专利权纠纷案[1]为例

　　本案的涉案专利是名为"美容器"的外观设计专利，松下电器于 2012 年 9 月获得专利权。原告松下电器发现金滔公司、北京丽康富雅商贸有限公司侵害其外观设计专利权后，向北京知识产权法院提起诉讼。在该案中，松下电器积极进行举证。原告对两被告未经许可通过网络销售侵权产品的行为进行了公证，而且确定了被告在淘宝、京东等电商平台销售侵权产品的数量 18 411 347 台。松下电器通过被告金滔公司在电商平台的标价以及购买侵权产品的发票，举证证明了被诉侵权产品的平均销售价格为 260 元。基于以上证据，松下电器诉请法院判定被告金滔公司赔偿经济损失 300 万元。北京知识产权法院经审理认定金滔公司在未经松下电器许可的情况下，实施了制造、销售被诉侵权产品的行为，构成专利侵权。并且，北京知识产权法院认为松下电器主张 300 万元的赔

---

　　[1]　北京市高级人民法院（2016）京民终 245 号民事判决书。

偿数额具有合理理由，一审判定金滔公司赔偿松下电器 300 万元。

该案由于案情的复杂性以及法院判赔方式的特殊性，入选 2016 年北京十大知识产权案例。在该案中，权利人举证证明了侵权人销售侵权产品的数量以及每件侵权产品的平均价格，并未举证证明侵权人每件侵权产品的平均利润。但是，一审和二审法院均以侵权人获利明显高于 300 万元为由，全额支持了权利人的诉讼请求。在该案中，北京市高级人民法院认为："考虑到专利权损害举证难，与专利侵权行为相关的账簿、资料主要由侵权人掌握，如果权利人在其举证能力范围内就侵权人的获利情况进行了充分举证，且对其所请求经济损失数额的合理性进行了充分说明的情况下，侵权人不能提供相反证据推翻权利人主张的，人民法院可以根据权利人的主张和提供的证据认定侵权人因侵权所获得的利益。"权利人举证侵权人获利存在极大的困难，因为侵权产品的相关财务数据都掌握在侵权人手中，权利人及时申请法院调查收集相关证据，侵权人也可能篡改相关数据。正是由于权利人难以举证侵权人的获利情况，人民法院也很少适用侵权人获利标准确定损害赔偿额。笔者将在第三部分"以公平为价值导向的专利侵权损害赔偿制度之构建"一节探讨侵权人获利标准更好的适用方式。

3. 参照合理的许可使用费——以深圳市德胜家具有限公司（简称"德胜公司"）诉北京瑞凡菲林商贸有限公司（简称"瑞凡公司"）专利侵权纠纷案[1]为例

本案涉及的专利是名为"沙发"的外观设计专利，郑某为专利权人。2009年 9 月 1 日，专利权人郑某与德胜公司签订专利实施许可合同，许可原告以独占许可的方式在全国范围内使用该专利，许可期限是 2009 年 9 月 5 日至 2018 年 8 月 23 日，许可费总额为 80 万元。

2014 年 10 月 24 日，德胜公司从京东商城购买了一台瑞凡公司销售的被诉侵权产品，并经公证。法院经审理认定，瑞凡公司实施了制造被诉侵权产品的行为。因瑞凡公司在京东商城中对被诉侵权产品进行的销售宣传属于许诺销售行为，故瑞凡公司亦实施了对被诉侵权产品的许诺销售行为。综上，法院依据现有证据认定瑞凡公司实施了对被诉侵权产品的制造、许诺销售、销售行为。另外，在相应的法律责任承担上，法院认定瑞凡公司对其侵权行为应承担停止

---

[1] 北京市高级人民法院（2016）京民终 521 号民事判决书。

侵权及赔偿损失的民事责任。本案中，德胜公司提交了与专利权人签订的专利实施许可合同，法院参照其中约定的许可使用费判决瑞凡公司赔偿原告经济损失 10 万元。

本案中，原告并未提交相关证据证明被告侵权行为持续的时间，只能证明被告于 2014 年在京东商城销售了侵权产品。依照原告与专利权人郑某签订的许可期限为 9 年，许可费为 80 万元的专利实施许可合同，我们知晓平均每年的许可使用费大约为 9 万元。因此，北京知识产权法院参考一年的专利许可使用费，并综合考虑被诉侵权产品的售价等因素判定被告承担 10 万元的赔偿责任。本案中，若无此专利实施许可合同，在该案原告又没有提交自身实际损失、被告侵权获利等相关证据的情形下，侵权损害赔偿额很可能只能根据我国《专利法》中的法定赔偿确定。而法定赔偿的缺陷早已被实践证明，限于篇幅，在此不赘述。权利人适用专利许可使用费这一方式请求法院支持其专利侵权损害赔偿诉求，具备举证方便、证据易收集的特点。笔者将在第三部分"以增加社会福利为价值导向构建我国专利侵权损害赔偿制度"一节详细讨论参照合理的许可使用费标准。

4. 法定赔偿——以北京万泰生物药业股份有限公司（简称"万泰公司"）与国立血清研究所侵害发明专利纠纷案[1]为例

本案的涉案专利为"用于免疫治疗和诊断结核病的化合物和方法"专利，专利权人为科里克萨有限公司，国立血清研究所为该专利的独占被许可人。国立血清研究所举证证明万泰公司侵犯其专利独占许可实施权，在没有提交其诉请万泰公司赔偿其经济损失及维权合理开支 100 万元计算依据的情形下，请求法院参考万泰公司生产被诉侵权产品的规模、专利的性质等酌情确定赔偿额。

该案被选入 2016 年广东省十大知识产权案例，同时该案还是广东省首例生物工程领域涉及 DNA 序列的发明专利纠纷。广东省高级人民法院作为本案的二审法院，围绕被诉侵权专利的特殊性，结合本案的具体情况，明确了基因专利侵权纠纷案件鉴定意见的采信规则。与此同时，在权利人未提供相关损失证据的情况下，深圳市中级人民法院适用法定赔偿方式判决被告赔偿原告 90 万元，值得仔细思考。在该案中，国立血清研究所举证了万泰公司提交给国家食品药品监督管理局的审批材料，证明万泰公司仅一天一个批次生产的产品量约为 100

---

[1] 广东省高级人民法院（2016）粤民终 1093 号民事判决书。

盒,通过每盒产品的单价计算出销售额高达 50 万元,并且,原告在一审中提供的证据证明了万泰公司至少生产了三个批次的侵权产品。虽然权利人在本案中无法举证实际损失以及万泰公司因侵权获得的利益,但深圳市中级人民法院经审理认定权利人损失较大,根据涉案发明专利的特殊性、万泰公司侵权行为的性质和情节、被诉侵权产品的市场价值、制止侵权行为所支出的合理费用等因素,酌定万泰公诉赔偿原告经济损失及合理支出 90 万元。

不可否认,在权利人无法按照权利人实际损失、侵权人获利、参照合理的许可使用费标准要求损害赔偿时,法定赔偿方式作为一种兜底性的专利侵权损害赔偿计算方法为确定赔偿额提供了法律依据。但由于法定赔偿方式没有统一的参照标准,使得人民法院对类似侵权类型和情节的专利侵权案件判处的赔偿额有很大差别。

三、基于价值导向的我国专利侵权损害赔偿制度之构建对策

人类社会是以价值为基础形成的。价值观念指引人们的思想,指导人们的行为。随着社会日益发展,人们对不同事物价值的认识,呈现出多元化的趋势。"法律制度是一种文化现象,是一种涉及价值的事物,只有在涉及价值的立场框架中才可能得以理解。"[1]制度是价值判断的产物,随着制度所根植环境的变化,人们对制度价值的认识也在发生变化。以价值为导向构建我国专利侵权损害赔偿制度,就是从不同的价值取向,对我国现行的相关制度进行剖析,将价值判断应用于我国现行专利侵权损害赔偿制度,探讨我国现行专利侵权损害赔偿制度的优点与缺陷,最终基于合适的价值导向,给出完善我国相关制度的立法建议。

对专利权的损害主要是财产损害,即是对专利权所蕴含价值的损害。以价值为导向分析专利侵权损害赔偿制度,需要以专利权的市场价值为基础,因为专利权最本质的价值乃是其市场价值。从不同的价值导向分析专利侵权损害赔偿制度,都绕不开对专利权自身价值的剖析。专利侵权损害赔偿制度不仅具有填平专利权人因侵权而遭受的损失的价值,还具有增进社会福利的价值;不仅体现公平的价值,而且兼顾效率。笔者将立足于专利权的市场价值,以不同的价值导向分析专利侵权损害赔偿制度,为完善我国专利侵权损害赔偿制度提出

---

[1] [德] 古斯塔夫·拉德布鲁赫著,王朴译:《法哲学》,法律出版社 2013 年版,第 4 页。

相应的建议。

（一）以恢复专利权人被侵权前状态为价值导向构建我国专利侵权损害赔偿制度

恢复专利权人被侵权前的状态，需明确专利权人被侵权前的收益数额，即专利权人完全按照自己的意愿使用专利所获得的利润。该利润与被侵权后专利权人获得的利润之差，即为专利权人所受损失。如前所述，有损害就有救济。以权利人实际损失确定侵权人应支付的赔偿金已成为世界各国侵权法的原则性条款。大陆法系的德国以及英美法系的美国均将专利权人所受损失作为计算侵权损害赔偿额的方式之一，中国也不例外。但笔者通过随机选取的案例，统计得出利用该方法进行判决的案件百分比为零，国外也鲜有这样的案例。

要突破现实困境，寻找到可依据专利权人实际损失计算侵权损害赔偿额的途径，值得深入研究。笔者认为可以从两个方面入手：一方面，明确侵权人的行为与权利人实际损失之间的因果关系；另一方面，使用合理的量化方法。专利权人要证明自己受到的损失，可根据专利技术用于市场中最初三年获得的营业利润，计算出每年的平均利润。在确定侵权人的行为与权利人实际损失之间存在因果关系时，不仅要考虑事实上的因果关系，也应当将法律上的因果关系纳入考虑的范围。就事实上的因果关系而言，就是要明确侵权人的行为致使权利人遭受了多少可量化的损失。在证明事实上的因果关系时，权利人要证明下几点：第一，市场对专利产品有需求；第二，市场上没有替代技术，或者存在替代技术的情形下，专利权人能够大致推算出自己所占的合理市场份额；第三，要证明专利权人自己的经济实力可以满足现实的市场。就法律上的因果关系而言，就是要明确侵权人应当预见到自己的行为会给专利权人带来多大的损失。如果侵权人预见不到将会给专利权人带来如此大的损失，侵权人也不应该对他预见不到的专利权人的实际损失承担责任，则侵权人只承担可预见的后果。

对于合理量化权利人实际损失，目前我国相关司法解释规定的是：专利权人所销售专利产品减少的数量乘以每件产品合理利润之积。笔者认为，我国上述规定过于苛刻，给权利人举证所遭受的损失带来极大的困难。我们不妨采用以下方法：第一步，专利权人根据专利技术开始应用于市场最初三年获得的营业利润计算每年的平均利润；第二步，专利权人举证证明侵权人何时实施侵权行为，确定侵权时长；第三步，专利权人比对自从侵权人实施侵权行为伊始，专利权人每年获得的平均利润。将第一步与第三步获得的结果做差，然后乘以第二步获得的时间，从而得到大体的专利权人实际损失。当然，上述界定中也要考虑到专利权人利润下降的其他原因。除了侵权人挤占专利权人的独占性市场外，还有专利权人自身营销策略、外部政策环境等诸多因素，而不能当然地将专利权人利润的减少全部归因于侵权人。

（二）以增加社会福利为价值导向构建我国专利侵权损害赔偿制度

讨论社会福利的问题，就必须讨论效率。这里不妨探讨一下著名的帕累托效率，它是指资源分配的一种理想状态：假如同时存在一群人和可分配的资源，从一种分配状态到另一种分配状态的变化中，在没有使任何人情况变坏的情况下，使得至少一个人变得更好。

应当注意，若对专利权保护过度，会给专利权人带来丰厚的利益；与此同时，专利权人获得了几乎垄断的保护，侵权人侵权成本提高。专利权人获得垄断利益下的垄断产量，满足不了社会对该专利技术的需求。所以在专利侵权案件中，应重视对专利这种无形资源的优化配置，以期接近甚至达到帕累托最优。

欲提高专利这种资源的利用效率，就要在专利权人与侵权人之间达到利益平衡：既要保证专利权人获得较高利益，又要相应地保护其他专利实施者的利益，包括被控侵权人的利益。如我国《专利法》规定了专利无效抗辩、现有技术（设计）抗辩、先用权抗辩等制度，以防止对不构成专利的技术进行保护或损害先用权人制造、使用销售专利产品的权利。以无效抗辩制度为例，一项技术被授予专利，并不意味着该专利绝对有效。由于专利审查方面的原因，可能导致非专利技术被授了专利权。专利有效的不确定性体现在专利侵权诉讼上，往往表现为相当大比例的专利被认定无效。被控侵权人一般会以专利无效作为抗辩。因此，专利无效抗辩、现有技术抗辩以及先用权抗辩等制度从某种意义上来说，为侵权人实施其专利侵权行为提供了"保护"。与此同时，专利侵权成本过低，为了追逐利润，未经专利权人许可的侵权人制造该侵权专利产品，投入市场与专利权人相竞争。相较于专利权人主导专利市场，获得垄断利润，侵权人的加入在一定程度上满足了社会需求，降低了福利净损失。专利权人的利益虽然受到一定的损害，但专利资源的配置向社会公众这一方倾斜，而且这种资源分配的倾斜并未损害对发明人进行发明创造的激励。因此，纯粹从效率的角度讲，侵权人对专利技术的利用，也并非不存在"效率"，甚至在专利权人不具备实施条件，侵权人具备实施条件的情况下，侵权人实施专利技术能产生更高的效率。然而，必须指出，在专利权作为一种受法律保护的专有权的前提下，专利侵权损害赔偿制度之实施，应当考虑如何引导潜在的专利侵权人，通过积极寻求与专利权人的合作，采取许可使用的方式，在总体上增加更多社会福利。

（三）以公平为价值导向的专利侵权损害赔偿制度之构建

在市场经济中，人们普遍追求效率价值。但是，公平作为法的基本价值，在调节社会关系中仍然发挥着不可或缺的作用。没有法定或约定的理由，一方当事人获利，一方当事人遭受损失，并且两者之间存在因果关系时，构成不当得利。获得利益一方应向受损失的一方返还不当得利。不当得利理论同样也是公平价值的体现。在我国，侵权人实施专利权人的专利技术，没有法定或约定的理由，侵权人获利，专利权人遭受损失，两者之间具备因果关系，因此侵权人构成不当得利，所得利益应当返还给专利权人。实践中，确定侵权人因侵权所获得的利益适用技术分摊原则或全部市场价值原则。

一项产品的生产需要运用多种技术，包括专利技术和非专利技术，探讨其中专利技术的应用在产品价值中所占的比重，称之为技术分摊。2009 年 12 月 21 日发布的最高人民法院《关于审理侵犯专利权纠纷案件应用法律若干问题的解释》第 16 条第 2 款规定："侵犯发明、实用新型专利权的产品系另一产品的零部件的，人民法院应当根据该零部件本身的价值及其在实现成品利润中的作用等因素合理确定赔偿数额。"该规定体现了我国法院已经认识到在专利侵权案件确定损害赔偿额时要遵循技术分摊原则。技术分摊原则在专利侵权损害赔偿案件中的应用，可以较好地弥补全部市场价值原则的不足，避免专利权人获得过高的赔偿金，平衡专利权人与其竞争者的利益，防止专利权的不当扩张。[1]但是，目前国内很少见到明确利用技术分摊原则确定专利侵权损害赔偿额的案件，因为与下文的全部市场价值原则相比，适用技术分摊原则过程烦琐，举证难度更大，操作困难。

依据全部市场价值原则，侵权人因实施侵权行为获得的利益为其经营利润减去总成本。适用全部市场价值原则时，存在一个假设，即当产品的全部价值可归因于专利技术对产品局部的改进时，可以按照产品整体的利润计算。在利用侵权人获利确定赔偿额的专利侵权案件中，法院几乎都适用了全部市场价值原则计算侵权人获利。与技术分摊原则相比，适用全部市场价值原则相对容易，

---

[1] 吴广海："美国专利侵权损害赔偿中的分摊规则问题"，载《知识产权》2012 年第 6 期。

因为省去了对专利技术在相关产品中价值贡献率的计算。全部市场价值原则的适用，也使得专利权人的排他权得到扩张，使得专利权人获得了超出发明价值之上的过度回报，这与专利法所追求的激励创新、合理平衡专利权人与社会公众利益的目标相悖。[1]对侵权人来说，虽然适用全部市场价值原则比较严厉，但这也为维护专利权人正当利益所需。虽然全部市场价值原则有一定的不合理之处，但是适用时比较简便。因此，为了公平地确定专利侵权损害赔偿额，应当严格限定适用全部市场价值原则的条件。笔者认为在适用全部市场价值原则时，应满足以下两个条件：一是侵权人故意侵权或以侵权为业；二是无法鉴定专利技术在侵权人获利中的贡献率。

（四）以弥补补偿性赔偿的不足为价值导向构建我国专利侵权损害赔偿制度

强化对包括专利权在内的知识产权的保护，已经成为世界发展的大趋势。我国正从知识产权大国迈向知识产权强国，因此我国应对专利权采取更严格的保护方式。李克强总理在达沃斯论坛上表示，中国将继续加大对知识产权侵权行为的惩罚力度，严重侵权者将被终身逐出市场。

我国引入专利侵权惩罚性赔偿制度已具备以下条件：首先，其他国家和地区已将惩罚性赔偿纳入专利侵权损害赔偿制度中，可以借鉴相关的立法经验；其次，我国推行创新驱动发展战略，明确加强对包括专利权在内的知识产权的保护；再次，目前适用填平原则，难以弥补专利权人的损失；最后，我国已有法律规定了惩罚性赔偿制度，为专利法吸纳相关制度提供了立法经验，例如《中华人民共和国消费者权益保护法》。在知识产权法领域，2013年修正的《商标法》即规定了商标侵权的惩罚性赔偿制度。

笔者认为，引入惩罚性赔偿制度是适应我国创新驱动发展战略实施、加强知识产权保护的迫切需要，主要理由如下：第一，引入惩罚性赔偿制度能够更好地保护权利人利益，鼓励权利人积极维权；第二，引入惩罚性赔偿制度能加大侵权人侵权成本，遏制专利侵权行为；第三，引入惩罚性赔偿制度能弥补补偿性原则的不足。正是基于上述原因，2020年第四次修正的《专利法》第71条明确引进了专利侵权的惩罚性赔偿制度。

但是，在我国专利侵权损害赔偿制度即将实施惩罚性赔偿制度的背景下，也应认识到惩罚性赔偿制度的引入可能会带来的负面影响，如滋生"专利流

---

〔1〕　和育东："专利侵权赔偿中的技术分摊难题——从美国废除专利侵权'非法获刑'赔偿说起"，载《法律科学》（西北政法大学学报）2009年第3期。

氓",妨碍专利的转化利用,形成过度垄断,阻碍创新等。因此,将惩罚性赔偿引入我国专利侵权损害赔偿制度时,应严格限定其适用条件,以减轻其负面作用。根据《专利法》(2020年修正)第71条的规定,只有认定了侵权人主观上存在故意,并构成"情节严重"的,方可适用罚性赔偿制度。

(五) 以降低举证责任、提高审判效率为价值导向构建我国专利侵权损害赔偿制度

通常情况下,在专利侵权案件中,专利权人难以对自己的实际损失以及侵权人的获利进行取证。此时,如果专利权人未就其专利与他人签订许可协议,确定专利侵权损害赔偿额往往只能适用法定赔偿方式。

专利侵权损害赔偿制度中的法定赔偿方式是指法律设定赔偿限额,在权利人无法证明自身遭受的损失与侵权人非法获得的利益时,由法院根据专利权的类型、侵权的性质与情节等因素,在该限额内确定赔偿额。[1]正如定义中解释的那样,法定赔偿相较于其他赔偿方式具有法定性、数额的限定性等特点。在我国专利侵权损害赔偿制度中,适用法定赔偿方式确定侵权损害赔偿额是有前提条件的,即只有当无法通过权利人损失、侵权人获利、参照合理的许可使用费这三种方式确定专利侵权损害赔偿额时,才能适用。采用法定赔偿方式计算赔偿额,具有降低原告举证责任、提高法院审判效率、节约司法资源的优点。

当然,司法实践中人民法院适用法定赔偿方式确定侵权损害赔偿额同样存在不足之处。一方面,在法官适用法定赔偿确定专利侵权损害赔偿额时,裁量因素具有不确定性。专利的类型容易确定,因为只有三种。侵权行为的性质和情节等因素应该如何确定,完全是出于法官的个人判断。另一方面,法官在适用法定赔偿方式确定专利侵权损害赔偿额时,裁判文书中往往缺乏充分的说理。在判决书中,绝大多数法官并没有公开心证,仅仅以叙述法条的方式,即根据专利权的类型、侵权行为的性质和情节等因素,确定相应的赔偿。

笔者认为,完善法定赔偿制度应从以下两个方面入手:一方面,量化法定赔偿的裁量因素,法官在适用法定赔偿方式时,要在判决书中明确侵权人主观过错程度、专利权的价值、专利侵权的性质和情节等因素;另一方面,细化法定赔偿额度,根据专利权的类型划定三种专利的法定赔偿区间,在划定的区间内根据侵权人的过错等因素继续细化赔偿区间。

----

[1] 戴建志、陈旭主编:《知识产权损害赔偿研究》,法律出版社1997年版,第72页。

（六）以实现专利自身价值为价值导向构建我国专利侵权损害赔偿制度

毋庸置疑，专利技术蕴含着巨大的价值。专利权的市场价值，即市场上得以量化的价值，是对专利权进行价值评估的基础。专利权具备资产价值特征，但是其资产价值具有不确定性。专利权虽然能为权利人带来经济利益，但预期的利益具有不确定性。一项专利技术究竟价值几何，并不容易确定。因此，确定专利的价值，必然要涉及对专利技术价值的评估。重置成本法、市场评估法以及收益现值法都是目前评估专利价值常用的方法，同时还有专家打分法、期权法等方法。笔者在下文将重点论述重置成本法、市场评估法、收益现值法这三种专利价值评估方法及其在专利侵权损害赔偿额计算中的适用。

重置成本法是以研发专利技术所投入的所有成本总和来确定专利技术的价值。投入的成本越高，专利本身的价值越大，以这种方式来判定专利本身的价值，有其自身的合理性。通常情况下，越高端的专利越需要更多的人力、物力及资本的投入。但是，也不能认为，越高的资本投入所创造的专利价值就越高，因为专利权等知识产权的生产成本和带来的收益并没有直接的关系。重置成本法评估企业专利权的局限性，也正在于专利技术的开发成本与专利价值之间的弱对应性。[1]重置成本法利用计算成本的方式量化了专利这一无形资产的价值。

市场评估法是一种类比确定专利技术价值的方法。首先需要在市场中寻找到同领域或相近领域内相似的专利技术，确定类似技术的市场价值，然后以此认定待评估的专利价值。运用市场评估法评估专利价值有一定困难，即如何寻找到类似的专利技术。尽管市场评估法有如上难点，但仍然可以在特定的情形下，寻找到适用该方法的机会，即满足以下两个条件：一是，存在比较规范成熟的技术市场；二是，存在类比专利作为参照物，并且能收集到相关的技术参数。[2]专利价值本质上是其蕴含的市场价值，市场评估法将专利技术放置于市场中进行价值判断和金钱衡量，所得到的结果更接近于专利的市场价值。

收益现值法是指"通过待估资产为企业带来的未来收益折现现值，来确定待估资产价值的一种方法"。[3]对收益现值法而言，评估专利的价值，首先要设定好一定的年限，然后根据年收益率求得收益值。相较于重置成本法与市场

---

[1]　冯晓青：《企业知识产权战略》（第4版），知识产权出版社2015年版，第347页。

[2]　冯晓青：《企业知识产权战略》（第4版），知识产权出版社2015年版，第348页。

[3]　吴全伟、付晓艳、李娇、赵义强："专利价值评估体系的探析及展望"，载《中国专利与发明》2016年第3期。

评估法，收益现值法注重的是专利权人的预期收益，为确定专利的非确定性资产价值提供了较好的思路。

就目前来讲，世界各国尚未普遍推行利用专利的评估价值确定专利侵权损害赔偿额。但是，在我国日益强化知识产权保护的背景下，此种制度必然会逐步登上历史舞台，发挥其应有的作用。因此笔者探讨以实现专利自身价值为价值导向的专利侵权损害赔偿制度的构建，仍具有很强的前瞻性和广阔的应用前景。

四、结论

以恢复专利权人被侵权前状态为价值导向构建我国专利侵权损害赔偿制度，主要是为填平专利权人的损失。因此，笔者提出在权利人损失与侵权人获利具有事实上的因果关系和法律上的因果关系时，将专利权人在侵权人出现前每年的平均利润与侵权人出现后专利权人每年获得的平均利润的结果做差，然后乘以侵权时间，从而得出专利权人实际损失。

以增加社会福利为价值导向构建我国专利侵权损害赔偿制度，主要是为促进专利的许可使用。笔者认为纯粹从效率的角度讲，侵权人对专利技术的利用也并非不存在效率，甚至在专利权人不具备实施条件，侵权人具备实施条件的情况下，侵权人实施能产生更好的效率。因此鼓励专利权人与他人签订专利许可协议。这样不仅可以在专利侵权案件发生时确定损害赔偿额，还可以增加社会福利。

关于以公平为价值导向的专利侵权损害赔偿制度之构建，笔者探讨了两种确定专利侵权人获利的原则。对侵权人来讲，适用技术分摊原则更公平，但操作复杂。适用全部市场价值原则过于严厉，但操作简单，适用时要遵守严格的条件。

关于以弥补补偿性赔偿的不足为价值导向构建专利侵权损害赔偿制度，笔者分析了我国引入惩罚性赔偿制度具备的条件。但是，笔者明确表示适用惩罚性赔偿制度应限定严格的适用条件，尤其是防止惩罚性赔偿方式被滥用。

关于以降低举证责任、提高审判效率为价值导向构建专利侵权损害赔偿制度，笔者探讨了我国法定赔偿制度，认为该制度提高了审判效率。但是，笔者同时指出，法官在适用法定赔偿时，裁量因素具有不确定性。为此，应对法定赔偿制度之适用予以优化，尤其是统一法定赔偿的参照标准。

关于以实现专利自身价值为价值导向构建专利侵权损害赔偿制度，笔者探讨了专利价值评估的三种方法。利用专利评估价值确定专利侵权损害赔偿额，就目前来讲，世界各国和地区尚未普遍推行。但是，利用该方式确定专利侵权损害赔偿额具有广阔的前景。

公平、效率、行为自由等价值是人类社会发展永恒的追求。对合法权利的保护符合公平的价值取向，但在行使自身权利时不能妨碍他人行为的自由。专利侵权行为不仅在现在，而且在将来，会一直存在下去，法律所要做的就是设定好一定的秩序，平衡各方利益，以满足该秩序下各方利益的平衡，专利侵权损害赔偿制度亦不例外。在科技社会日益发展的今天，如何建立与完善更合理的专利侵权损害赔偿制度，值得学界与实务界继续予以关注和深入研究。

基于市场价值的外观设计专利侵权损害赔偿制度研究

姜超文

我国现行《专利法》第 65 条对于专利侵权损害赔偿规定了权利人实际损失、侵权人非法获利、许可费的合理倍数、法定赔偿四种计算方式。[1]虽然司法解释对此作了细化解释，但总体来看，对专利侵权损害赔偿的规定仍较为笼统，在实际应用中存在许多棘手的问题需要解决，包括赔偿额较低、赔偿额与专利市场价值不符、过度依赖法定赔偿等。为了加强对知识产权的司法保护力度，最高人民法院提出要在侵权损害赔偿中体现知识产权的市场价值。目前，外观设计专利侵权案件多，在损害赔偿方式上未考虑其自身保护范围的独特性，导致外观设计专利侵权损害赔偿的数额不高，不能体现其真正的市场价值。因此，立足于外观设计专利的市场价值，深入探讨外观设计专利侵权损害赔偿制度，具有重要的理论意义和实践价值。

本文立足于外观设计专利的市场价值，通过检索大量案例进行数据的量化分析，揭示我国外观设计专利侵权损害赔偿的现状；通过对案例和数据的总结，剖析我国目前外观设计专利侵权损害赔偿司法实践中存在的问题。本文分析劳动价值学说和效用价值学说，指出外观设计专利的市场价值不是由设计人的劳动或成本决定的，而是需要根据效用价值来确定，进而从理论上论述外观设计专利的市场价值基础。同时，结合外观设计专利的自身特点，论证外观设计专利市场价值应考虑的三个因素，即自身因素、法律因素和市场因素。外观设计专利市场价值的判断方法主要有整体市场价值法和技术分摊法，通过研究整体

---

[1] 如前所述，2020 年《专利法》作了第四次修正，对于损害赔偿制度也有相应改进。

市场价值法和技术分摊法的产生背景和适用条件，发现二者并不相同，但可以相互借鉴、相互吸收。同时，研究美国的相关判例，指出美国目前在外观设计专利侵权损害赔偿的问题上坚持整体市场价值法，并分析我国关于外观设计专利市场价值判断的相关司法实践现状。最后，提出在我国外观设计专利侵权损害赔偿司法实践中纳入市场价值这一考量因素的建议，形成符合我国司法实践的外观设计专利侵权损害赔偿制度。

一、外观设计专利侵权损害赔偿概述

专利权是一种财产权，权利人在其专利受到侵害时有权向侵权人请求损害赔偿。我国《专利法》明确了专利侵权损害赔偿额的计算方法，相关司法解释又细化了这一规定，使专利侵权损害赔偿额的确定有法可依。

（一）外观设计专利侵权损害赔偿的计算

从早期威尼斯专利法确定的专利制度，到现代世界各国的专利法，大多将专利侵权救济作为专利法的重要内容。专利权具有鲜明的财产属性，权利人可通过私力或公权力来要求侵权人停止侵权行为，并请求赔偿权利人因侵权人侵权行为所造成的损失，如果侵权人的行为还造成了权利人其他损失，比如影响产品声誉等，权利人还可以请求侵权人消除影响或者赔礼道歉。在以上侵权救济形式中，损害赔偿是专利侵权案件中最主要的救济方式。[1]

目前我国《专利法》并没有明确区分不同专利类型侵权损害赔偿的计算方法，因此，作为专利类型之一的外观设计专利，其侵权损害赔偿的计算仍然需要依据《专利法》的统一规定。根据现行《专利法》规定，法院在判决侵权人对权利人进行赔偿时，需要按照以下判断方法进行分析：权利人受到的实际损失、侵权人非法获利、许可费的合理倍数、法定赔偿（参见表1）。这四种判断方法有适用的先后顺序，这一先后顺序由法律规定，在具体案件中，只有前一种方法不能适用时才顺位考虑后面的方法。虽然权利人不能自由选择适用何种方法，[2]但是不能剥夺权利人的请求权，不能否认权利人在诉讼中可以请求法院适用某一方法确定侵权损害赔偿。例如，在一些案例中，权利人因不能提供相关证据而直接请求法院按照法定赔偿判赔，对是否接受权利人的请求，则是

---

〔1〕　张玉敏、杨晓玲："美国专利侵权诉讼中损害赔偿金计算及对我的借鉴意义"，载《法律适用》2014年第8期。

〔2〕　李军："两岸专利侵权赔偿种类及计算方法研究"，载《行政与法》2016年第3期。

法院根据证据的证明力和证明程度来进行判断。

表 1　我国外观设计专利侵权损害赔偿的计算方法

类型	计算方法
权利人受到的实际损失	A1：权利人产品销量减少的总数×每件产品的合理利润 A2：侵权产品的销售总数×每件产品的合理利润 （当权利人产品销量减少的总数难以确定时，适用 A2）〔1〕
侵权人非法获利	A1：侵权产品的销售总数×侵权产品的营业利润 A2：侵权产品的销售总数×侵权产品的销售利润 （当侵权人完全以侵权为业时，适用 A1）〔2〕
许可费的合理倍数	考虑专利权的类型，侵权行为的性质和情节，专利许可的性质、范围、时间等因素〔3〕
法定赔偿	依据专利权的类型、侵权行为的性质和情节等因素，确定 1 万元至 100 万元的赔偿〔4〕

（二）外观设计专利侵权损害赔偿的现状

为了更为直观地了解我国外观设计专利侵权赔偿的现状，笔者首先检索了 2015—2017 年全国法院审结的专利侵权案件判决书，〔5〕共检索发明专利侵权案件 712 件，实用新型专利侵权案件 1 377 件，外观设计专利侵权案件 3 139 件，共计 5 228 件，将数据进行分析后得到图 1。

---

〔1〕　参见最高人民法院《关于审理专利纠纷案件适用法律问题的若干规定》（2020 年修正）第 14 条第 1 款。

〔2〕　参见最高人民法院《关于审理专利纠纷案件适用法律问题的若干规定》（2020 年修正）第 14 条第 2 款。

〔3〕　参见最高人民法院《关于审理专利纠纷案件适用法律问题的若干规定》（2020 年修正）第 15 条。

〔4〕　参见现行《专利法》第 65 条第 2 款。《专利法》（2020 年修正）第 71 条第 2 款已将法定赔偿标准提高到 3 万元以上 500 万元以下。

〔5〕　检索方式为：通过北大法宝司法案例检索，分别设置案由为"侵害发明专利权纠纷、侵害实用新型专利权纠纷、侵害外观设计专利权纠纷"，设置审结日期为"2015. 01. 01 至 2017. 12. 31"，设置文书类型为"判决书"，共检索侵害发明专利权纠纷案 712 件，侵害实用新型专利权纠纷 1 377 件，侵害外观设计专利权纠纷 3 139 件。参见 http://www.pkulaw.cn/case/adv，最后访问时间：2020 年 12 月 31 日。

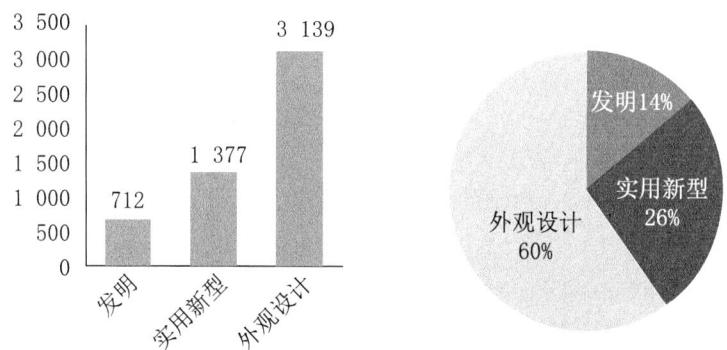

图1　专利侵权案件的专利类型统计图

在5 228件专利侵权案件中，侵害外观设计专利权的案件最多，达到60%，实用新型专利占26%，发明专利占14%。从这一数据可以看出，近几年全国法院审结的侵害外观设计专利权的案件在专利侵权案件中占有相当大的比例，也反映出外观设计专利在司法实践中的纠纷很多，同时也可以看出本研究的重要性。

笔者还对外观设计侵权案件的审结时间进行了相关统计，[1]用以分析外观设计专利侵权案件的年增长量。鉴于司法文书数据库的上传滞后性，笔者在此统计2012年到2016年外观设计专利侵权案件的数量，见图2。

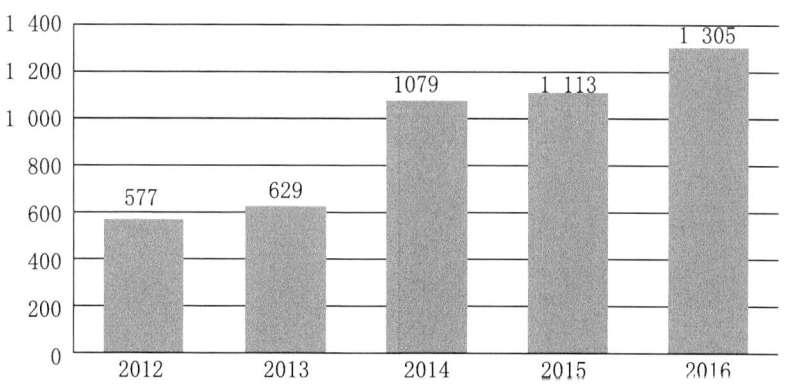

图2　全国法院外观设计专利侵权案件年结案数量

---

〔1〕　检索方式为：通过北大法宝司法案例检索，设置案由为"侵害外观设计专利权纠纷"，设置审结日期为"2012.01.01至2016.12.31"，设置文书类型为"判决书"，共检索侵害外观设计专利权纠纷2012年577件、2013年629件、2014年1 079件、2015年1 113件、2016年1 305件。参见 http://www.pkulaw.cn/case/adv，最后访问时间：2020年12月31日。

由图2可以看出，在2012年至2016年，外观设计专利侵权案件数量逐年上升，2016年的案件数量是2012年的2倍多。

通过对上述数据的分析，可以初步看出外观设计专利侵权案件在司法实践中的数量巨大并且逐年增加。在外观设计专利侵权案件中，权利人最关心的就是赔偿问题，因此分析具体案件中的判赔情况，有利于了解我国目前司法实践中的具体做法。由于司法实践中案件数量巨大，难以对每一个案件进行统计分析，为了保证客观性和代表性，笔者抽取了"北上广"三地知识产权法院自2015年至2017年审理的100件案件[1]进行统计，以期以小见大。

在对案例进行统计时，笔者提出判赔主张比这一概念，定义判赔主张比 Δ，$\Delta =$ 法院判赔额 $\div$ 权利人请求额，通过比较分析 Δ，可以看出目前法院对于权利人赔偿数额主张的支持情况。统计数据见图3和图4。

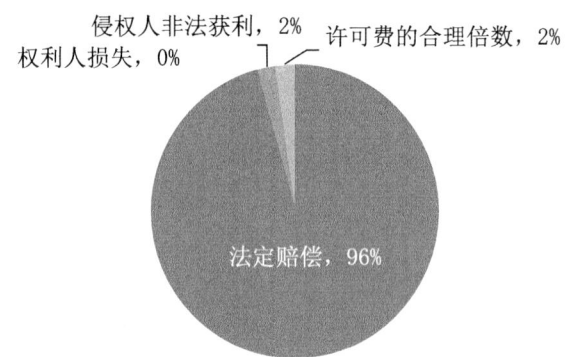

图3 外观设计专利侵权案件赔偿额确定方法统计图

从抽样调查案件中可以发现，有96%的案件法院都是采用法定赔偿的方式来计算赔偿额，有2%的案件适用的是侵权人非法获利，另外2%的案件适用的是许可费的合理倍数。在外观设计专利侵权案件中，法院适用法定赔偿确定赔偿数是最主要的判断方法。

---

〔1〕 检索方式为：通过北大法宝司法案例检索，设置案由为"侵害外观设计专利权纠纷"，审理法院为"北京知识产权法院、上海知识产权法院、广州知识产权法院"，设置审结日期为"2015.01.01 至 2017.12.31"，设置文书类型为"判决书"，共检索到法宝推荐案例北京知识产权法院52件，上海知识产权法院59件，广州知识产权法院749条，共860件。分别从列表中由上至下选择法院判赔的案件，北京知识产权法院23件，上海知识产权法院27件，广州知识产权法院50件，组成判例数据统计表。参见 http://www.pkulaw.cn/case/adv，最后访问时间：2020年12月12日。

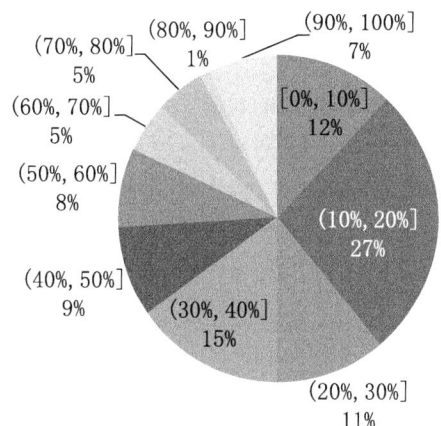

图4 外观设计专利侵权案件判赔主张比分布情况统计图

从图4可以看出，外观设计专利侵权损害赔偿的判赔主张比主要在40%以下，占统计案例总数的65%。经过计算，法院的判赔主张比平均值为38.72%，由此可以看出，法院最终的判决结果与权利人要求的数额相去甚远，在一定程度上说明法院判赔额不完全符合外观设计专利的市场价值。

（三）外观设计专利侵权损害赔偿存在的问题

综合目前的司法实践，以及上述对外观设计专利侵权损害赔偿的现状梳理，笔者认为目前我国外观设计专利侵权损害赔偿主要有如下几方面的问题。

1. 权利人损失和侵权人非法获利难以确定

关于外观设计专利权人所受到的实际损失，司法解释仅仅规定了两种具体情况，[1]对除此之外的情况如何确定为外观设计专利权人所受到的实际损失，也即外观设计专利权人所受到的实际损失具体包括哪些，在理论观点中并不一致。[2]不过，在司法实践中，法院往往将直接损失认定为权利人的实际损失，对权利人主张的间接损失部分，法院一般不予支持。虽然按照权利人损失的赔偿方法符合"填平"原则，但是权利人在举证其外观设计专利产品的销量减少和侵权人侵权行为之间具有因果关系时往往会遇到困难，这是由于现实中权利

---

〔1〕 参见最高人民法院《关于审理专利纠纷案件适用法律问题的若干规定》（2016年修正）第20条第1款，以及该司法解释2020年修正版第14条第1款。

〔2〕 关于如何确定权利人的实际损失，概括学术界的几种理论，一般可以包括权利人的利益损失、利益损失的利息损失、为了应对侵权行为而进行竞争行为所付出的必要成本以及为了制止侵权而产生的律师费等实际损失。

人的外观设计专利产品销量减少不仅仅是由于侵权人侵权行为造成的，还存在着公司经营、市场经营等因素的影响。[1]

根据我国"谁主张，谁举证"的民事诉讼规则，权利人要想证明侵权人的非法获利，必须有充分的证据，但是权利人对侵权人的非法获利很难举证，因为侵权人非法获利的证据在很大程度上由侵权人掌握，权利人在诉讼时难以获得。虽然司法解释规定可以根据侵权人产品销售数量乘以合理利润来计算侵权人非法获利，[2]但是，侵权产品在市场上的销售总数仍然属于侵权人掌握的证据。对于这一情况，最高人民法院在《关于审理侵犯专利权纠纷案件应用法律若干问题的解释（二）》（以下简称《专利侵权司法解释二》）中规定，如果权利人提供了证明侵权人非法获利的初步证据，法院就可以要求侵权人提供相关的账簿和资料。[3]这一规定在一定程度上解决了依据侵权人非法获利标准来确定专利侵权损害赔偿额时取证难的问题，但仍没有解决司法实践中确定侵权损害赔偿额时法官主观性强的问题。同时，在判断侵权人非法获利时，如何确定利益是由"侵权"而来的，并不容易证明，因为侵权人所获得的利益并非都是由侵权而来，还包括经营管理、市场广告等因素。因此，采用侵权人非法获利的方法确定侵权损害赔偿额，在现实中存在困难。

对侵权人非法获利的判断，除了难以获得相关证据外，还有外观设计本身因素所带来的困难。由于外观设计的种类非常多，侵权获利的确定并不都是相同的，比如产品的外包装是外观设计和产品本身是外观设计，这两种外观设计的侵权获利就难以统一而论。对于产品外包装，外观设计只起到区分商品的作用，外包装对于产品本身似乎并没有实际作用，而如果产品本身就是外观设计，则其获利就是销售该产品获得的利润。对于法官而言，前者比后者的非法获利更难确定。因此，虽然可以从侵权人非法获利的角度来主张外观设计专利侵权损害赔偿，但由于外观设计专利在整个产品中所占的比重并不相同，具体赔偿额仍然难以确定。

2. 法定赔偿主观性较强

当权利人实际损失、侵权人非法获利和专利许可使用费均难以确定时，法

---

〔1〕 李军："两岸专利侵权赔偿种类及计算方法研究"，载《行政与法》2016 年第 3 期。

〔2〕 参见最高人民法院《关于审理专利纠纷案件适用法律问题的若干规定》（2016 年修正）第 20 条第 2 款，以及该司法解释 2020 年修正版第 14 条第 2 款。

〔3〕 参见《专利侵权司法解释二》第 27 条。

院会适用法定赔偿来计算侵权损害赔偿额。虽然立法将法定赔偿作为一个"兜底"性质的辅助性方法来确定侵权损害赔偿，但是在司法实践中的运用完全相反，大量的案件在确定侵权损害赔偿时适用法定赔偿。法定赔偿使得法官在审理案件时基于其自由心证，发挥其自由裁量权，给予权利人法定限额内的经济赔偿。在进行法定赔偿的过程中，法律只规定了要根据"专利权的类型、侵权行为的性质和情节等因素"进行判定，[1]而对这些因素的细化，主要由法官来负责。虽然普通的裁判遵从法官的自由心证，但是在确定侵权损害赔偿时仅仅靠法官对这些因素的理解，而没有明确规定时，法官获得了较大的自由裁量权，这样就很容易发生同案不同判的情况。

　　同时，在法定赔偿的适用中还有一个问题，即法定赔偿的范围。由于有数额限制的规定，实践中造成法院确定的侵权损害赔偿额与权利人的实际损失相差甚远，而对侵权人的打击力度不够。这也是 2020 年第四次修正的《专利法》将这一范围修改为 3 万元至 500 万元的重要原因。并且，在司法实践中还存在着判决中适用法定赔偿，但是实际上赔偿额低于法定赔偿最低额的案例。例如，在欧普照明诉上海欧帝尔侵害外观设计专利权纠纷[2]中，欧普照明向法院主张要求被告赔偿 10 万元，但法院最终在认可被告侵权的基础上，只酌定被告赔偿欧普照明经济损失 5 000 元，其中欧普照明还要承担 1 000 多元的诉讼费。

　　综合上述分析，不管是权利人实际损失，还是侵权人非法获利，《专利法》和司法解释都只进行了笼统的规定，并没有考虑专利是市场经济的产物，没有将专利放在市场中进行市场价值判断。市场是专利价值的最佳判断者，[3]将外观设计专利侵权损害赔偿的判定放在市场的架构下进行，在确定损害赔偿时考虑外观设计专利的市场价值因素，只有这样，才能实现"定分止争，合理赔偿"的立法初衷。

　　在专利许可费的合理倍数和法定赔偿的确定中，《专利法》和司法解释都强调了要根据"专利权的类型"进行判定。由此，外观设计专利侵权损害赔偿的确定，必然与发明和实用新型专利存在区别。因此，考虑外观设计专利的市场价值，对外观设计专利领域的损害赔偿研究而言，就显得尤为重要。

---

〔1〕　参见现行《专利法》第 65 条第 2 款、《专利法》（2020 年修正）第 71 条第 2 款。

〔2〕　参见上海市高级人民法院（2015）沪高民三（知）终字第 76 号民事判决书。

〔3〕　陈志兴："专利侵权诉讼中法定赔偿的适用"，载《知识产权》2017 年第 4 期。

二、外观设计专利市场价值的基本理论

只有在市场的架构下讨论外观设计专利侵权损害赔偿，才能充分体现外观设计专利的市场价值。外观设计专利的侵权损害赔偿与外观设计专利的市场价值是相辅相成的，只有确定了外观设计专利的市场价值，才能确定损害赔偿合理数额，同时通过损害赔偿额的确定来体现外观设计专利的市场价值。因此，在梳理了外观设计专利侵权损害赔偿的基本情况后，需要进一步研究外观设计专利市场价值的基本理论，达到理论与实践相结合的效果。

（一）外观设计专利的市场价值基础

专利是一种知识产权，专利制度本身是市场经济发展的必然产物。[1]从经济和法律两方面看，无形资产包含了专利，专利是被法律授权保护的无形资产。[2]从经济学的角度分析，关于财产或者商品价值的构成，有劳动价值理论和效用价值理论等学说。对外观设计专利的市场价值分析，需要首先了解劳动价值理论和效用价值理论，通过这两种理论的比较来确定外观设计专利市场价值的理论基础。

1. 劳动价值理论

劳动价值理论的奠基人是"政治经济学之父"威廉·配第，他最先提出劳动决定价值的思想，认为商品的价值大小与劳动时间成正比。[3]随后，亚当·斯密继承和发展了劳动价值理论，创立了比较完备的古典政治经济学理论体系。他认为，"只有劳动才是价值的尺度，在任何情况下只有劳动才能比较商品的价值"。[4]同时，他从商品所消耗的劳动量来说明商品的价值量，认为消耗劳动时生产的商品才具有价值，一件物品的产生如果没有经过劳动，则不能作为商品在市场中流通。[5]

马克思通过阅读和研究经典，总结吸收了古典政治经济学的内在精神，创

---

〔1〕 蒋华胜："知识产权损害赔偿的市场价值与司法裁判规则的法律构造"，载《知识产权》2017年第 7 期。

〔2〕 ［美］韦斯顿·安森编著，李艳译：《知识产权价值评估基础》，知识产权出版社 2009 年版，第 14 页。

〔3〕 吴忠观主编：《经济学说史》，西南财经大学出版社 2001 年版，第 62 页。

〔4〕 凤一鸣："斯密著作中两种不同的价值规定"，载《安徽大学学报》1985 年第 3 期。

〔5〕 ［英］亚当·斯密著，郭大力、王亚南译：《国民财富的性质和原因的研究》（上卷），商务印书馆 1972 年版，第 32 页。

立了完整的劳动价值学说。马克思认为劳动具有二重性，一切通过劳动产生的商品都具有价值和使用价值两因素，商品价值固定在商品内部，只有通过商品交换，商品价值才能体现出来。[1]商品使用价值则不同，它表现商品的价值，商品的价值是商品使用价值的内容，商品使用价值是商品价值的表现形式。[2]因此，马克思认为没有劳动就不可能产生商品的使用价值，更不可能形成商品价值；只有通过劳动，才能使商品具有价值和使用价值。但是这一决定商品价值的劳动并不是率性而为的劳动，而是在社会中形成的社会必要劳动，并且不能通过社会中个人的个别劳动来决定，这样马克思就确定了通过社会必要劳动时间来确定商品价值的理论。

2. 效用价值理论

随着资本主义的发展，在西方经济学发展的过程中，经济学家逐渐认识到劳动价值理论并不能很好地解决某些问题，于是逐渐抛弃了劳动价值理论，转向效用价值理论，使效用价值理论成为西方经济学价值概念的主流。效用价值理论认为决定商品价值的因素是效用，而非劳动，[3]对于商品的价值，讨论基础是商品的效用。法国哲学家萨伊在论述效用价值理论时提出，"物的效用就是物品价值的基础"。[4]商品的价值不能通过劳动来确定，有时候劳动过后生产的商品在市场上并没有价值，这是劳动价值理论所不能解决的问题。

随着效用价值理论在西方的兴起和经济学理论的发展，逐渐出现了边际效用理论，强调效用是商品满足人们主观欲望的能力，效用的大小与人们的主观评价和市场需求相关，[5]强调只有边际效用[6]才能决定商品的价值。边际效用理论肯定效用决定价值，否认劳动或成本对价值的决定作用，主张从需求的角度来理解商品的价值。在市场中，商品的价值由其需求决定，可以类比于传统的供求关系。当供大于求时，消费者的消费能力下降，商品的市场价值变低，而当求大于供时，消费者的消费需求上升，导致商品的市场价值迅速上升。这

〔1〕 毛欣欣、王广利："正确认识马克思的价值本质理论"，载《呼伦贝尔学院学报》2004年第5期。

〔2〕 ［德］马克思著，中共中央马克思恩格斯列宁斯大林著作编译局译：《资本论》，人民出版社1972年版，第59—60页。

〔3〕 范晓波：《知识产权的价值与侵权损害赔偿》，知识产权出版社2016年版，第33页。

〔4〕 ［法］萨伊著，陈福生、陈振骅译：《政治经济学概论》，商务印书馆1963年版，第60页。

〔5〕 范晓波：《知识产权的价值与侵权损害赔偿》，知识产权出版社2016年版，第37页。

〔6〕 边际效用是指消费过程中，满足人们最后一单位欲望的最后效用。

一过程的变化是由商品的效用所决定的，也就是说，消费者的主观选择和市场的灵活变动是商品市场价值变化的两大因素。

效用价值理论合理解释了在市场经济的条件下，商品市场价值的变化量与消费者消费能力之间的关系，商品的市场价值通过商品的供需来影响。效用价值理论从理论上否定了劳动决定价值的观点，认为商品的价值取决于市场，一个物品如果在市场上没有需求，即使付出了巨大的劳动也是无用的。

3. 外观设计专利市场价值的理论基础比较

劳动价值理论不能科学解释外观设计专利的市场价值。根据马克思的劳动价值理论，社会必要劳动时间决定商品的价值，而个别劳动时间不能决定商品的价值，社会必要劳动时间的确定需要市场上生产商品的所有劳动者共同决定。如果生产该商品的生产者是唯一的，那么不能形成社会必要劳动时间，这样生产出来的商品并没有价值和使用价值。[1]

无论是技术的开发还是专利的申请，都离不开人类的劳动，作为专利权客体的外观设计，是人类劳动的结晶。但是，外观设计具有其自身的独特性，每一项外观设计都不同于任何其他的外观设计，生产此类商品的劳动属于创造性劳动，具有不可重复性和不可程序化的特征。对外观设计专利而言，获得授权最基本的条件之一就是具有新颖性。由于外观设计具有非物质性属性，其劳动过程只产生一次，其后是靠知识的传播来满足社会需求，重复性的发明创造并没有任何意义。外观设计的形成是创造性劳动，没有通过生产者竞争产生社会必要劳动时间。因此，在外观设计专利以及其他知识产权领域，劳动价值理论中的社会必要劳动时间决定商品价值的观点是无法适用的。

进言之，个人所付出的劳动量与外观设计专利的市场价值量的确定没有必然联系。诚然，外观设计专利的产生需要设计人的创造性劳动，但是，由于外观设计专利的背景不同、外观设计专利所涉及的复杂程度不同，不同外观设计专利设计人的劳动量一般而言是不同的。外观设计专利获得授权的条件是满足新颖性和创造性，其中创造性劳动与普通的劳动是不同的，个人所付出的劳动量并不能用来衡量外观设计专利的市场价值。这是由于具有创造性的外观设计的创作过程是千差万别的，设计人的个人劳动以及设计人的个人修养与外观设计专利的经济价值没有必然联系。对于一项外观设计专利，有的人是灵光一现、

---

〔1〕 范晓波："知识产权价值决定——以经济学价值理论为视角的考察"，载《电子知识产权》2006 年第 10 期。

靠偶然因素完成的，有的人是花费毕生精力才完成的，但这并不意味着花费毕生精力完成的外观设计专利就比灵光一现得到的外观设计专利的市场价值大，劳动时间等因素不能作为判断外观设计专利市场价值的标准。可以说，创造性劳动只对外观设计专利的产生有决定性作用，不能衡量外观设计专利的市场价值量。

虽然劳动价值理论认为劳动决定商品的价值，但实际上，马克思的劳动价值理论也认为如果一个商品没有使用，就没有价值，这是马克思劳动价值论和效用价值论的一个重要的共同点。[1]马克思创立劳动价值论有其特定的历史背景，他深刻地揭露了资本主义生产关系和资本主义剥削工人阶级的本质，从而对国际工人运动提供了理论支持，马克思劳动价值理论是具有科学性的。但是，所有的理论都是变化发展的，专利是经济活动的产物，任何一种经济理论都不能解释所有的经济现象，如果生硬地将外观设计的市场价值解释进马克思劳动价值理论，不仅得不出正确的答案，还有可能曲解马克思劳动价值理论的本意。

如上所述，外观设计专利的市场价值不能由设计人的劳动或成本决定。根据效用价值理论，商品的价值大小由被社会认可的程度或满足他人需求的程度决定，即使为此付出了很多劳动，如果得不到社会的认可，也不会产生任何市场价值。对于外观设计专利而言，虽然不是对消费市场直接提供效用，但是其通过外观设计专利产品来满足消费市场的需求。如果说作品用来满足消费者的精神需求，外观设计专利满足的则是消费者的物质需求。一项外观设计想要具有市场价值，就需要在市场中检验其价值量的大小。

在现实中，市场是各种各样的，由于市场环境的不同，同一商品在不同市场中也会存在不同价值。商品的价格或者说价值总是与一定的市场联系在一起，因市场的不同而不同，外观设计专利也不例外。由于不同市场之间存在社会、经济、文化等因素的差异，同一外观设计专利面对不同市场会有不同的需求，外观设计专利的市场价值因市场而异。消费市场对外观设计专利产品的需求不是一成不变的，随着需求的转变，外观设计专利的市场价值也在变化，这是由于外观设计具有一定的时效性。此处的时效性并不是指外观设计的有效期，而是指消费市场对外观设计专利的需求有一定期限。比如一项外观设计专利产品产生了巨大的市场价值，那么往往会在不久以后就会产生一种更受欢迎的外观

---

〔1〕 范晓波：《知识产权的价值与侵权损害赔偿》，知识产权出版社 2016 年版，第 37 页。

设计专利产品，前项外观设计专利就因市场需求的变化而具有时效性。

消费市场对外观设计的需求程度在根本上决定着外观设计专利的市场价值。对外观设计专利市场价值的判断，并不是从某一个消费者的角度进行判断，而是以市场为基础进行判断，考虑市场供求关系等多种因素共同决定。外观设计专利的市场价值是动态的、多维的，而不是静止的、僵化的，市场主体会综合考虑相关因素，对外观设计专利进行评价，进而决定外观设计的市场价值。[1]

（二）影响外观设计专利市场价值的因素

通过总结和发现，笔者将影响外观设计市场价值的因素分为三类：自身因素、法律因素和市场因素。

1. 外观设计专利的自身因素

外观设计专利市场价值的自身因素，主要由外观设计专利的设计因素以及应用因素共同决定。

外观设计专利本身的设计水平直接影响着外观设计专利产品的整体质量。外观设计专利产品市场价值的最终评判者是市场，通过一般消费者的认可来判断。但是在外观设计专利的设计过程中，不可否认的是，外观设计专利设计人的个人喜好对外观设计专利产生着重要影响。在消费者对外观设计专利进行市场选择的过程中，其标准很难与外观设计专利设计人的标准一致，这样就会因个人喜好而产生差别。而要想让外观设计专利产品受到市场的广泛认可，外观设计专利设计人在设计之初就要尽量考虑到市场的需求，因此在进行市场价值判断时，外观设计专利的水平高低至关重要。即使外观设计专利在同为设计者的群体来看是一种具有美感的设计，如果得不到消费者的认可，这一外观设计也不会在市场上畅销，即使申请了专利，也难以占据稳定的市场地位。

外观设计专利的应用因素也影响着外观设计专利的市场价值。外观设计专利具有可以进行工业应用的特点，只有能够进行工业应用的外观设计专利才具有市场价值。外观设计专利在市场中的工业应用程度越大，范围越广，其市场价值也就越大。外观设计专利在一定程度上是将设计美感与艺术水平结合起来，通过市场调节来反映其市场规模和市场价格。一项不能在市场上进行工业应用的外观设计专利无法体现出其市场价值，甚至在市场判断的过程中没有市场价

---

[1]　范晓波：《知识产权的价值与侵权损害赔偿》，知识产权出版社 2016 年版，第 55 页。

值。在市场中应用范围广的外观设计专利，通常会保持一定的竞争优势，这时外观设计专利所体现出来的市场价值会更大，难以被市场上的同类产品替代。

2. 外观设计专利的法律因素

影响外观设计专利市场价值的法律因素，主要由外观设计专利的有效期决定。

外观设计专利的有效期对外观设计专利本身市场价值的影响很大。一般来说，外观设计专利的有效期越短，外观设计专利的市场价值就越小。在张源诉中山市博兰照明有限公司侵害外观设计专利权纠纷案〔1〕中，法院就明确指出，侵权行为距离专利申请、授权时间短，专利产品的市场价值高。外观设计专利相比发明和实用新型专利而言具有易被侵权的特点，往往在专利的有效期内，市场上会产生大量"山寨"产品而影响外观设计专利的市场价值。并且，随着时间的推移，市场上会产生许多与外观设计专利产品相似的产品，甚至会在一定程度上取代原始专利产品，这样就可能使外观设计专利的市场价值在专利有效期的后期有一定程度的贬损，导致在市场中实际收益小于预期收益。

3. 外观设计专利的市场因素

评价外观设计专利的市场价值，就不能不考虑外观设计专利的市场因素。影响外观设计专利市场价值的市场因素，主要有市场需求因素、市场成本因素和行业因素。

市场的发展决定外观设计专利产品的市场需求量，外观设计专利的市场价值通过外观设计专利产品的价格体现出来，而价格的高低又受市场需求的影响。外观设计专利产品的市场需求，与外观设计专利产品和同类产品在市场中对消费者的选择相对量有关，相关产品的选择相对量越低，即同类产品在市场中的数量越少，消费者对外观设计专利产品的需求量就越大。〔2〕同时，外观设计专利产品的市场需求也与市场中同类产品的市场价格有关，同类产品的存在会在市场中形成该类产品的中间价格，通过中间价格的变化来影响外观设计专利的市场价值。但是需要特别指出的是，外观设计专利的市场价值是各种因素的综合结果，不能仅仅靠外观设计专利产品在市场上的价格高低来判断外观设计专利的市场价值。

同时，外观设计专利在开发创造的过程中会产生大量成本，这些成本主要

---

〔1〕 广州知识产权法院（2017）粤73民初2794号民事判决书。

〔2〕 李阳："外观设计专利价值评估方法研究"，北京化工大学2012年硕士学位论文。

包括在开发的过程中产生的设计成本，比如设计过程的不确定性、设计结果的不确定性等，还包括在开发过程中的投入成本。除了开发成本，外观设计专利的转化还面临着一系列成本问题。外观设计专利的转化，从某种意义上来说是人脑转化的结果，一旦在人脑输出的过程中产生差别，就会面临转化成本过高的问题。在外观设计专利开发和转化的过程中，一旦失败，便没有任何直接补偿。在外观设计专利市场价值的确定中，不能只关注外观设计专利的未来价值，而忽略了外观设计专利的相关成本，这样会导致外观设计专利的市场价值被低估。

外观设计作为一种美学设计，其产生和发展必然与相关行业紧紧结合在一起，一个设计优良的外观设计，有可能会在全行业引起一阵跟风潮流，就像苹果推出 iPhone X 一样，其全面屏的设计使整个行业"眼前一亮"，随后便出现了大量全面屏的手机。外观设计与发明和实用新型不同，外观设计对行业的影响非常巨大，对于数码产品、汽车等行业，外观设计的好坏直接决定了销售数量和销售额的差异。因此，在考虑外观设计专利的市场因素时，行业因素是一个不得不考虑的因素。

三、外观设计专利侵权损害赔偿中市场价值的判断

通过对外观设计专利的市场价值进行理论分析，效用价值理论结合外观设计专利市场价值考虑的三个基本因素，可以很好地解释外观设计专利市场价值的理论问题。但是，司法实践中对如何确定外观设计专利的市场价值，存在着明显差别，主要有整体市场价值法和技术分摊法。美国在一系列外观设计专利侵权损害赔偿判例的基础上，逐渐抛弃了技术分摊法而采用整体市场价值法。在我国司法实践中，没有明确表明适用的方法，但是在一些相关的法律文件和案例中，法院对技术分摊法的应用较为广泛。因此，研究整体市场价值法和技术分摊法，有助于解决外观设计专利侵权损害赔偿中市场价值判断困难的问题。

（一）整体市场价值法

对整体市场价值法的理解是从一个基本问题引入思考的，即如果一件产品包含多个外观设计专利或者涉案专利是产品的改进专利，在计算权利人损失时，是否需要分割产品中涉案专利与非涉案专利之间的利润？关于这一问题，不同学者和司法实践有不同回答，但是作为整体市场价值法诞生地的美国，对这一

问题的回答是否定的。也就是说，美国司法实践认为，对外观设计专利而言，不能将涉案专利与非涉案专利对产品的利润贡献进行分割，应当将外观设计专利产品的整体利润作为权利人损害赔偿计算的基础。事实上，这也是整体市场价值法和技术分摊法的显著区别。

整体市场价值法是通过美国《发明法案》第 289 条确定的，该条规定外观设计专利权人可以侵权人的全部获益为基础来获得赔偿。[1]整体市场价值法含义"如果整个产品的商业价值皆取决于专利的功能，那么就可以基于该商品的全部利润来计算损害赔偿"。[2]

美国《发明法案》第 289 条是根据一系列判例建立起来的，其制定起因于1885 年的 Dobson v. Hartford Carpet Co. 案。[3]该案是一起外观设计专利侵权案件，涉案专利为一种在地毯上编织的图案。初审法院在确定损害赔偿时，考虑原告产品的利润率和被告产品销售的数量，进而判决了高额的赔偿。但是美国最高法院否决了这一判决，认为外观设计专利权人没有提供证据证明在侵权者获得的利润中源于外观设计专利的部分，因此只进行了象征性赔偿。这一判例实际上也是技术分摊法的适用，该案也成为整体市场价值法和技术分摊法的第一次博弈。但是，这一判例在美国引起轩然大波，直接导致的后果就是美国的外观设计专利申请量直线下滑。

1887 年，在认识到该案产生的负面影响后，美国国会为了提高外观设计专利申请量，通过了新的《外观设计专利法》，将外观设计专利侵权损害赔偿的计算基础确定为"整体利润"，从而否定了之前美国最高法院确定的技术分摊法，并认为，使商品得以销售的原因是外观设计的存在，该商品的利润是不可分摊的。

---

〔1〕 美国《发明法案》第 289 条：Whoever during the term of a patent for a design, without license of the owner, (1) applies the patented design, or any colorable imitation thereof, to any article of manufacture for the purpose of sale, or (2) sells or exposes for sale any article of manufacture to which such design or colorable imitation has been applied shall be liable to the owner to the extent of his total profit, but not less than ＄250, recoverable in any United States district court having jurisdiction of the parties. （任何人在外观设计专利有效期内，未取得专利权人许可而在出售的制品上采用此类外观设计或此类乱真的仿制品，将导致当事人所在地区的地方法院判处侵权人归还专利权人全部侵权获益，至少不低于 250 美元。）

〔2〕 赵歆："美国外观设计专利侵权损害赔偿制度——以苹果诉三星外观设计侵权案为视角"，载《长春理工大学学报》（社会科学版）2015 年第 4 期。

〔3〕 Dobson v. Dornan, 118 U. S. 10, 16-18 （1886）以及 Dobson v. Hartford Carpet Co. , 114 U. S. 439, 443-446 （1885）.

此后，《外观设计专利法》的其他内容经过修改后融合到美国《发明法案》中，也同时将整体市场价值法作为外观设计专利侵权损害赔偿的基本原则确定下来，变成了美国《发明法案》第 289 条。在美国的司法实践中，外观设计专利侵权损害赔偿判例均遵从整体市场价值法，将侵犯外观设计专利产品的整体利润作为计算权利人损害赔偿额的基础，例如 1893 年 Untermeyer v. Freund 案，[1]1980 年 Schnadig Corp. v. Gaines Mfg. Co. Inc. 案，[2]1998 年 Nike Inc. v. Wal-Mart Stores Inc. 案。[3]

值得注意的是，美国《发明法案》对发明和外观设计专利的侵权损害赔偿做了区别对待。第 284 条规定了权利人可以依据其利润损失或合理许可费的方式来确定损害赔偿额，并且在恶意侵权的情形下可以将前述赔偿金增加到三倍。对于外观设计专利侵权案件来说，第 284 条和第 289 条都可以作为裁判基础。第 284 条是美国专利侵权案件损害赔偿的基本准则，但是在涉及外观设计专利时，究竟如何适用，是选择第 284 条进行救济还是选择第 289 条进行救济，抑或是否能够同时适用这两条来请求救济，在一段时间内曾引发很大争执。美国第五巡回上诉法院认为，[4]权利人必须做出选择，不能同时适用两种赔偿方式。在实际的诉讼中，由于依据第 289 条可以获得更高的赔偿，权利人大多选择适用第 289 条。[5]

（二）技术分摊法

所谓技术分摊法，是指法院要按照专利对整个产品利润的贡献率来计算侵权损害赔偿额，[6]不能以产品的全部利润作为计算基础。

---

[1] Untermeyer v. Freund, 58 F. 205, 212（2d Cir. 1893），法院认为 "国会宣布的计算侵权者获益是制造或销售侵权产品的全部利润，区别归因于外观设计部分的分摊原则"。

[2] Schnadig Corp. v. Gaines Mfg. Co. Inc.，620 F. 2d 1166, 1171（6th Cir. 1980），法院认为第 289 条 "提供了适用于所有外观设计专利侵权的单一救济方式，保证了侵权人的利益被完全返还"。

[3] Nike Inc. v. Wal-Mart Stores Inc.，138 F. 3d 1437, 1441-1442（Fed. Cir. 1998），该案详细解释了第 289 条的立法历史，指出国会在 1887 年《外观设计专利法》中 "去除了在外观设计部分和包含外观设计产品之间分摊侵权者获益的要求，并视为对 Dobson 案件过少赔偿裁判的直接反应"。

[4] Henry Hanger & Display Fixture Corp. v. Sel-O-Rak Corp.，270 F. 2d 635, 643-644（5th Cir. 1959）.

[5] 李秀娟："从 Catalina Lighting 案看美国外观设计的损害赔偿"，载《长春理工大学学报》（社会科学版）2013 年第 3 期。

[6] 张玲、张楠："专利侵权损害赔偿额计算中的技术分摊规则"，载《天津法学》2013 年第 1 期。

1884 年，美国最高法院在 Garretson v. Clark 案[1]中最先论述了技术分摊法的适用。美国最高法院在该案中指出，专利权人必须拿出合理正确的证据来证明，在被控侵权产品的全部利润中，哪些利润是被告侵犯外观设计专利而获得的，只有这一部分利润才能作为专利权人损害赔偿额的计算基础。但美国最高法院同时指出，如果权利人能举证证明产品的全部价值都是由外观设计专利所决定的，那么此时侵权人获得的利润和权利人获得的赔偿就会按商品获得的全部利润来计算。[2]

美国最高法院于 1964 年在 Aro Co. v. Convertible Top Replacement Co. 案[3]中提出了技术分摊的"若非"（but for）标准，即"若非侵权，权利人将获利多少"。1978 年，Panduit Co. v. Stahlin Bros. Inc. 案[4]进一步将"若非"标准转化成基于市场因素的四要素验证法，即"市场存在对专利产品的需求；市场上不存在可接受的非侵权替代品；权利人具有满足市场需求的制造和营销能力；权利人满足市场需求本应获得的利润"。[5]权利人要获得因销售额的流失而受到的利润损失赔偿，必须举证证明其符合这四要素，只有权利人提供确切的证据及计算方法时，法院才会支持其关于损害赔偿的请求。美国的技术分摊法大多用于发明和实用新型专利侵权损害赔偿的判断中，在外观设计专利侵权案件中很少涉及。

技术分摊法认为，在专利侵权的实际判断中，当含有多种组件部分的产品发生侵权时，如果仅有某一组件部分侵犯了权利人的专利，专利权人不能按照全部产品的利润来计算损害赔偿额。这一理论也得到了许多大陆法系国家的支持。如果不将非专利部分从专利产品的整体利润中分离出来，而以整个产品的利润为计算基础，实际上不符合大陆法系关于"填平"的赔偿原理，原因在于权利人得到了非专利部分的额外赔偿，这并不是公平合理的处理方法。

---

〔1〕 Garretson v. Clark, 111 U. S. 120 (1884). 该案专利涉及改进的拖把头，原告请求获得所失利润与非法获利的赔偿，但由于没有证明其拖把的价值是由于对拖把头的改进导致的，而且没有证据表明拖把价值的多大比例是由于拖把头上的技术改进引起的，法院只给予名义赔偿。

〔2〕 毛程程："专利侵权损害赔偿制度研究——以扬州中集通华专用车股份有限公司诉北京环达汽车装配有限公司侵犯专利权纠纷案为例"，西南政法大学 2011 年硕士学位论文。

〔3〕 Aro Co. v. Convertible Top Replacement Co. , 377 U. S. 476 (1964).

〔4〕 Panduit Co. v. Stahlin Bros. Inc. 575 F. 2d 1152 (6th Cir. 1978).

〔5〕 参见陈中山："市场导向与证据思维：知识产权利润分摊的司法认定"，载 http://www.xue63.com/toutiaojy/2018 0226B095XS00.html，最后访问时间：2020 年 12 月 1 日。

关于整体市场价值法和技术分摊法的比较，汉德法官曾经说：在整个产品中去除非专利技术存在一定的主观性。大部分专利是在总结前人经验后改造完成的，这就使抛开其余因素单纯讨论专利权人的创造性贡献是几乎不可能的，同时也不符合常理。不能单纯从技术的角度来考虑专利的价值，而需要从各个方面来综合考虑，仅仅由于产品中存在着专利技术而考虑其对产品的贡献度，面对复杂的市场环境，这样是非常不可靠的。[1]

（三）美国司法实践的发展

整体市场价值法在美国运用了近 130 年后，被两家巨头企业的一场外观设计诉讼撬动了统治地位。2011 年，苹果在美国法院起诉三星，称三星抄袭了 iPhone 的多项外观设计。[2]在法院判决后，三星支付苹果 5.48 亿美元的损害赔偿金。但随后，三星向美国最高法院提起再审，要求法院重新审查该案。这一案件是美国最高法院近 130 年来再次审理外观设计专利侵权案件，上一次审理此类案件还要追溯到 19 世纪末的 Dobson v. Hartford Carpet Co. 案。[3]

三星认为，三星销售的手机所产生的利润并非全部来自于外观设计，苹果不能要求按照手机的全部利润来获得赔偿，同时法院按照所有利润来计算赔偿额是不合法的。[4]苹果则认为三星要求的实际上是技术分摊，并不符合美国专利法的要求。

2016 年 8 月，美国最高法院作出裁定，认为三星侵犯苹果外观设计专利权。美国国会基于"使物品能够销售出去的正是其外观设计"这一理由而特殊规定第 289 条是正确的，三星作为一家大型公司，抄袭其最大竞争者的外观设计，并由此获取丰厚的利润，这一行为本身就是错误的，并且这种行为是美国国会很久以来就认为应当给予严厉处罚的行为，因此维持原判。[5]

三星与苹果的外观设计专利侵权案就此告一段落，但是外观设计专利侵权损害赔偿额的计算是基于整体市场价值法还是基于技术分摊法，引起了理论界

---

〔1〕 程凌军："浅析专利侵权损害赔偿数额问题"，山东大学 2013 年硕士学位论文。

〔2〕 参见"苹果三星外观设计专利案再开审 侵权赔偿以'全部利润'还是按比例确定成焦点"，载 http://mt.sohu.com/20160616/n454787151.shtml，最后访问时间：2020 年 12 月 2 日。

〔3〕 Dobson v. Hartford Carpet Co. , 114 U. S. 439, 443-446（1885）.

〔4〕 参见孙迪："苹果 VS 三星：重新定义外观设计专利?"，载 http://ip.people.com.cn/n1/2016/1017/ c136655-28784 351.html，最后访问时间：2020 年 12 月 1 日。

〔5〕 参见查君、成唐静之："三星去最高院起诉苹果，结果还是输了"，载 https://www.v4.cc/News-1973182.html，最后访问日期：2020 年 12 月 1 日。

和实务界的巨大争论。一方面是积极保护专利权人的权利不受侵犯，另一方面是平衡市场竞争发展，需要思考的问题是如何合理运用相关原则进行侵权损害赔偿的判定，美国在130年前确立的基本原则是否适应目前高速发展的创新社会。但不可否认的是，目前美国司法界仍然坚持整体市场价值法。这一方法对外观设计专利的侵权损害赔偿仍然具有很大的指导作用，但是美国也对整体市场价值法的适用规定了严格的条件。整体市场价值法将专利对产品利润的贡献度推定为100%，最大限度地保护权利人的利益，但美国法院对整体市场价值法的适用要求权利人提供充分的证据，必须有充分的证据表明产品与外观设计专利密不可分，产品的利润全部来自于其外观设计专利。[1]

可以看出，美国的整体市场价值法可以与我国专利侵权损害赔偿中的权利人损失和侵权人非法获利这两种标准联系起来，美国外观设计专利侵权损害赔偿制度建立起来的市场价值理论，对于我们在市场中判定外观设计专利的价值，进而判定损害赔偿额具有很大的借鉴意义。

（四）我国司法实践的尝试

在我国，司法实践中对外观设计专利的市场价值还未形成固定的判断标准，因此，对于在判决中提到的外观设计专利的市场价值，仅仅是在确定损害赔偿额时人为添附，并不是判断基础。并且在实际的判断过程中，通常考虑的是技术分摊，而不是整体市场价值。

我国关于外观设计专利市场价值判断的相关规则散见于司法解释和一些高级人民法院出台的文件中。江苏省高级人民法院2005年发布的《关于知识产权侵权损害适用定额赔偿办法若干问题的指导意见》中规定，法官在判断外观设计专利的市场价值时，需考量部件在整体产品中的作用，从产品整体利润中分离其利润。[2]2009年12月21日公布的最高人民法院《关于审理侵犯专利权纠纷案件应用法律若干问题的解释》中提出，"侵犯外观设计专利权的产品为包装物的，人民法院应当按照包装物本身的价值及其在实现被包装产品利润中的作

---

〔1〕 管育鹰："专利侵权损害赔偿额判定中专利贡献度问题探讨"，载《人民司法·应用》2010年第23期。

〔2〕 江苏省高级人民法院《关于知识产权侵权损害适用定额赔偿办法若干问题的指导意见》：在专利侵权损害赔偿案件审判过程中，应当区分体现产品技术功能的关键部件部分和起辅助作用的部件。对于前者，经核实该部分是其独有的也是消费者决定购买该产品时关键考量因素时则可以按产品整体利润计算赔偿金；对于后者，应当考量这些部件在技术方面发挥的作用，其对整个产品起多大作用，进而从产品整体利润中分离出其贡献的利润来赔偿。

用等因素合理确定赔偿数额"。[1]但是这一规定只限于包装物的情况，对其他情况并不适用，因此，技术分摊法并没有大范围地应用。

令人欣慰的是，对在损害赔偿额的确定中纳入市场价值这一考量因素，我国司法实践进行了有益尝试，特别是 2015 年 9 月，最高人民法院在广州知识产权法院成立了知识产权司法保护与市场价值研究（广东）基地，使广州知识产权法院在审理外观设计专利侵权案件时，倾向考虑外观设计专利的市场价值，同时其他地方法院也做出了有益尝试。典型案例见表 2。

表 2　我国司法实践考虑外观设计市场价值的判例

序号	案　号	专利名称	判决内容
1	广州知识产权法院（2015）粤知法专民初字第1229 号	汽车移动充电电源	在判断侵权人侵权获利时，应当结合涉案专利的市场价值，确保损害赔偿额与涉案专利的市场价值相契合
2	浙江省湖州市中级人民法院（2017）浙 05民初 2 号	鸟巢吧椅	低于市场一般价格销售被诉侵权产品，本身对于涉案专利的市场价值、德慕公司专利产品的市场占有等均具有一定的不利影响
3	广州知识产权法院（2017）粤 73民初 722 号	食物切削器	涉案专利为外观设计专利，被诉侵权产品是食物切削器，产品外观在实现整款产品的市场利润时发挥主要作用
4	广州知识产权法院（2017）粤 73民初 2101 号	灯饰配件（儿童卡通系列）	此类产品的平均单价不高，但灯饰配件产品的外观对消费者选择该类产品存在较大影响，在实现整款产品的市场利润时发挥主要作用

总体而言，关于在外观设计专利侵权损害赔偿中考量市场价值因素的问题，我国还处于摸索阶段，目前没有统一的司法解释进行规定，司法实践中也没有统一的操作标准。即使法院在判决中明确了根据案件情况需要考虑外观设计专利的市场价值，也仅仅是一笔带过，没有形成可以量化的标准，广州知识产权法院的相关做法也只是在适用法定赔偿时进行了市场价值考虑。因此，如何在法学研究和司法实践中深入探讨外观设计专利的市场价值，以及如何在司法实

---

[1]　参见最高人民法院《关于审理侵犯专利权纠纷案件应用法律若干问题的解释》（2010 年 1 月 1 日施行）第 16 条第 3 款。

践中合理运用外观设计专利的市场价值，仍然需要深入研究。

四、外观设计专利侵权损害赔偿中应用市场价值的建议

经过本文前面的分析可知，在确定外观设计专利侵权损害赔偿额的司法实践中，需要考虑外观设计专利的市场价值，只有充分考虑外观设计专利的市场价值，才能通过司法裁判的方式体现外观设计专利的司法价值，达到"司法定价"的目的。笔者认为，在适用《专利法》规定的几种损害赔偿额的计算方法时，不仅仅要考虑目前法律规定的因素，还应当将外观设计专利的市场价值考虑在内。将损害赔偿原则与外观设计专利的市场价值相结合，是今后司法实践的方向。与此同时，完善认定外观设计专利市场价值的证据和程序规定也非常重要，这样可以从制度层面解决外观设计专利侵权损害赔偿低、与市场价值不符的问题，从而更加严格地保护外观设计专利。

（一）坚持以市场价值判断权利人损失和侵权人非法获利

根据《专利法》的相关规定，法院在计算外观设计专利侵权损害赔偿时，首先需要考虑的是权利人受到的实际损失，在这一过程中需要权利人提供支持其主张的证据，如果权利人提出的证据不能证明其受到的实际损失，则法院需要判断侵权人因侵权所获利润数额，这一判断过程同样需要权利人提供证据来证明。如果前两种方式仍然不能适用，则需要权利人提供专利许可的相关证据，通过适用专利许可费的合理倍数这一标准来确定具体的损害赔偿。但是在司法实践中，权利人在提供证明权利人损失或者侵权人非法获利的证据时，人多会因为证据的形式或者内容出现各种各样的问题而不被法院接受，法院则会因权利人举证不足而适用法定赔偿。在适用法定赔偿的过程中，法官的主观性较强，对于各因素的考量也不同，并且很少考虑外观设计专利的市场价值，导致出现"同案不同判"的现象。实际上，如果在判断权利人损失和侵权人非法获利的过程中，将外观设计专利的市场价值考虑其中，法院作出侵权损害赔偿的相关判断将不再困难。

根据目前的司法实践，笔者认为，在法院确定权利人损失和侵权人非法获利时，可以借鉴美国的相关经验，引入整体市场价值法，在确定侵权损害赔偿时，将侵权人销售侵犯外观设计专利产品的全部利润作为权利人的损失或者侵权人的非法获利。同时可以根据案件的具体情况，在整体市场价值法之外适用技术分摊法。也就是说，在确定外观设计专利侵权损害赔偿额时，可以以整体

市场价值法为主、技术分摊法为辅的原则进行判断。

简单来说，整体市场价值法就是先假设侵权产品所获得的利润都来自于对涉案外观设计的侵权，再由侵权方提出反驳意见和证据。技术分摊法则是法院在确定外观设计专利侵权损害赔偿额时，将外观设计专利与非该专利产生的利润进行分离，按照外观设计专利在整个产品利润中所占的比例来确定。二者的不同之处在于法院的裁判基础不同：按照整体市场价值法，只要权利人提供了充足的证据而侵权人没有提供反证，法院就按照侵权产品的全部利润来计算赔偿额；而技术分摊则是法院需要在判决时将非专利部分排除出去，只计算外观设计专利在侵权产品中应有的价值。

笔者认为，整体市场价值法符合我国外观设计专利的特点和我国司法实践的审判规则。整体市场价值法在一定程度上解决了权利人损失和侵权人非法获利数额确定的难题，但是在整体市场价值法的适用中，需要注意几个问题：第一，外观设计是产品本身的造型或者设计，在这种情况下，可以直接假设外观设计专利是侵权产品所有利润的来源，直接适用整体市场价值法，在确定权利人损失和侵权人非法获利的数额时，通过计算侵权人销售单件侵权产品的利润与销售数量的乘积，得出侵权人销售侵权产品的总利润，将这一利润确定为损害赔偿的基础，除非被控侵权人提出反驳证据。第二，外观设计是产品的一部分，在这种情况下，则需要考虑技术分摊法，确定一个专利贡献率，结合整体市场价值法确定最终的赔偿额。在这一过程中，需要着重考虑外观设计专利的市场价值因素，从自身因素、法律因素和市场因素的角度综合判断，最终确定产品的市场价值。同时，法院在适用技术分摊法时，应当详细说明技术分摊的过程，并且这一过程需要经过原被告的充分举证质证，或者这一过程涉及了法官的自由裁量，都应在判决书中予以体现，防止技术分摊法适用的随意性。第三，外观设计是产品的外包装，可以直接适用前述司法解释关于外包装的规定进行确定。

以整体市场价值法为主、技术分摊法为辅，可以更好地通过权利人损失和侵权人非法获利这两个标准来判定侵权损害赔偿额，也可以更好地在判决中体现外观设计专利的市场价值。关于这一原则在适用过程中是否会产生对权利人过多赔偿的问题，笔者认为，专利权是一种财产权，侵权人通过对权利的侵犯而导致其产生利润，进而使权利人自己的应得利益减少，这对权利人而言本身就是一种损失。如果单独使用技术分摊法，则过分地考虑了外观设计的组合性，而忽略了外观设计的整体性。正是由于外观设计的存在，才使得产品销售出去，这一理念并非没有道理，侵权人应当为其侵权行为承担责任。

（二）基于市场价值强化侵权人的举证责任

虽然采用整体市场价值法和技术分摊法可以解决权利人的实际损失和侵权人非法获利数额确定的问题，但是若要使法院采信其观点，则需要证据支持。在目前的司法实践中，权利人受到的实际损失是一个很难证明的事实，权利人往往不能提供证明其实际损失的证据，或者不能证明实际损失与侵权人侵权行为之间存在因果关系，从而使其主张得不到法院支持。一旦不能证明权利人受到的实际损失，就需要判断侵权人因侵权非法获利，然而这一方法也存在着问题。虽然《专利侵权司法解释二》对于被控侵权人拒不提供证据这一行为，为权利人提供了救济途径，但是，前提是权利人的举证能够说明侵权人获利，而在司法实践中，权利人往往举证不足。

由此可以看出，在权利人提供了初步证据后，强化侵权人的举证责任，可以更好地保护权利人的外观设计专利，也可以使法院在判决中更好地体现外观设计专利的市场价值。在适用整体市场价值法为主、技术分摊法为辅的判断原则时，外观设计专利权人可以主张侵权人销售侵权产品的全部利润为其损失，并且向法院提交初步证据，比如侵权人的年报或者财报，这样就将进一步的举证责任分配给了侵权人。如果侵权人能够提供其不侵权或者明显可以进行技术分摊的证据，双方就可以通过相互质证，使法官得到内心确认。一旦侵权人不能提供反驳证据或者提供的证据不能被采用，法院则可以按照权利人主张的侵权人所有利润判断侵权损害赔偿额。当然，这一过程同样需要双方进行举证质证，不能单纯地将权利人要求的金额作为侵权人的全部利润。为了避免这一情况的发生，法院可以根据《专利侵权司法解释二》的相关规定，要求侵权人提供销售侵权产品所涉及的账本账簿，进一步来确定侵权人销售侵权产品的利润。

通过强化侵权人的举证责任，可以解决目前外观设计专利侵权案件中权利人举证困难的问题，同时可以更多地体现外观设计专利的市场价值。一般来说，侵权人都是权利人在市场中的竞争对手，通过增加侵权人的举证责任，可以起到对市场中其他竞争者的威慑作用，使其他竞争者明白只有经过公平竞争而不是侵权竞争，才能营造良好的市场环境，通过形成良好的市场环境，来充分体现外观设计专利的市场价值。

（三）考虑市场价值限制适用法定赔偿

法定赔偿作为最后适用的一种侵权损害赔偿方法，立法初衷是将其放在一个补充和辅助功能的位置上，只有当不能通过前三种方法确定赔偿额时，法院才适用法定赔偿，给予权利人一定的补偿。在司法实践中，由于法律并没有对适用法定赔偿的参考因素进行详细规定，仅仅说明在确定法定赔偿数额时，需考虑专利权类型等因素，导致司法实践缺乏可适用的操作规范，整个判定依赖于法官的"内心"，自由裁量权较大。再加上法官缺乏行业知识和经验，面对案件时难免会产生任意确定的现象。

实际上，法定赔偿只是对权利人的适当补偿，并没有"填平"专利权人因侵权所遭受的损失，司法实践中对法定赔偿这一方式的依赖非常大，出现了失衡的现象。因此，在实践中应当限制适用法定赔偿，更多地选择适用权利人损失、侵权人非法获利以及许可费的合理倍数的标准来确定侵权损害赔偿额，以达到严格保护知识产权的目的。

但是，限制适用并不是说不采用法定赔偿这种计算方式，而是应当不断完善司法规则，达到权利人损失与法院判赔额相平衡的结果。换言之，就是使判赔主张比更加合理，进而通过法院的判决体现出外观设计专利应有的市场价值。

考虑到外观设计的特殊性，在司法实践中适用法定赔偿时，可以从两方面进行明确：第一，将法官在适用法定赔偿时应当考虑的因素细节化，严格限制法官酌情判定的依据，在外观设计专利侵权损害赔偿额的确定中，至少除了考虑侵权行为方式和持续时间外，还需要考虑外观设计专利的领域、取得时间、侵权产品的销售范围、侵权产品市场的利润水平等，通过原被告对这些因素进行举证，辅助以专家意见等其他证据形式来作出判断。第二，在适用法定赔偿时考虑外观设计专利的市场价值因素，从其自身因素、法律因素和市场因素等方面综合考虑，最终得出合理的判赔额。

实际上，假如权利人和侵权人都不能提供证据来证明权利人损失或侵权人非法获利，在充分考虑了外观设计专利的市场价值后，法定赔偿的数额也会较目前的水平有所提高。同时，法院应当通过司法案例来引导外观设计专利权利人考虑采用法定赔偿以外的方法主张侵权损害赔偿。

五、结论

市场经济的发展离不开知识产权的发展，包括外观设计专利在内的知识产权的市场价值就是知识产权在市场中拥有的价值。一旦外观设计专利被侵权，损害赔偿额就应当符合外观设计专利的市场价值，通过对外观设计专利市场价值的确定和应用，达到充分保护外观设计专利的目的。

通过对我国目前外观设计专利侵权损害赔偿方法的梳理，可以看出目前的损害赔偿计算方法不能很好地体现外观设计专利的市场价值。同时，通过对相关案例进行数据分析，可以看出，"北上广"三家知识产权法院对外观设计专利的平均判赔主张比仅为 38.72%，距离外观设计专利真正的市场价值还有一定差距。目前我国外观设计专利侵权损害赔偿还存在着权利人损失和侵权人非法获利难以确定、法定赔偿主观性较强、在外观设计专利侵权赔偿中过分考虑组件作用等问题。

通过研究确定市场价值的劳动价值理论和效用价值理论可以看出，劳动价值理论不能科学解释外观设计专利的市场价值。根据效用价值理论，消费市场对外观设计专利的需求程度在根本上决定着外观设计专利的市场价值，一项外观设计专利想要具有市场价值，就需要在市场中检验其价值量的大小。影响外观设计专利市场价值的因素，可以确定为外观设计专利的自身因素、法律因素和市场因素。

根据司法实践经验，判断外观设计专利市场价值的方法有整体市场价值法和技术分摊法，这两种方法都在美国的司法实践中起到了重要作用。在我国，对市场价值的判断还没有形成规范具体的操作思路和规则，法院仅仅在适用法定赔偿时进行了市场价值考虑，还需要进一步完善。

在我国司法实践中，在判断外观设计专利侵权损害赔偿时，可以考虑以整体市场价值法为主、技术分摊法为辅的原则进行判断。在外观设计专利侵权损害赔偿中，将外观设计专利的市场价值考量纳入案件的实际审理中，通过整体市场价值法和技术分摊法确定权利人损失和侵权人非法获利，并且增加侵权人的举证责任，在不突破现有法律框架的前提下进行损害赔偿判定，这样才能更好地实现知识产权的市场价值，为社会经济发展做出贡献。

我国商标侵权惩罚性赔偿研究

吕　莹

2013 年 8 月 30 日修正的《商标法》已于 2014 年 5 月 1 日起施行。这是我国《商标法》自 1983 年立法以来的第三次修正，其中第 63 条引入了惩罚性赔偿制度，这一修正被公认具有里程碑式的意义。良法的作用体现于实施，由于该法在惩罚性赔偿制度的适用范围上并未给予具体的解释说明，在司法实践中难免出现模糊适用与缺乏统一标准的现象。本文立足于商标侵权惩罚性赔偿制度的学理研究，分析该制度的一般性原理、制度引入的必要性与可行性，并通过考察我国商标侵权惩罚性赔偿制度的立法情况，结合司法实践，探讨商标侵权惩罚性赔偿制度的可行路径。

一、商标侵权惩罚性赔偿制度之理论基础

明确惩罚性赔偿制度的相关原理是探讨该制度能否适用于我国知识产权领域的前提与关键。目前，该制度的定义表述并不唯一，通过分析多种表述形式所体现的内容本质，仍可捕捉到该制度的基本特点。对于该制度的本质究竟在于"惩罚"还是"赔偿"，究竟为公法性质还是私法性质，学界仍存在较大争议。

（一）惩罚性赔偿制度的一般性原理

1. 惩罚性赔偿制度的定义与特征

惩罚性赔偿制度起源于英美法系，1763 年的"北不列颠案"首次确立其地位，被认为是现代惩罚性赔偿制度的起源。此后，惩罚性赔偿制度被迅速引入美国司法实践。惩罚性赔偿制度的概念最早由英美法系提出，而由于英美法系并

不像大陆法系一般追求严密的法律概念体系，故存在诸多表述。《布莱克法律大辞典》对惩罚性赔偿的解释为："当被告从事暴力性、恶意性、欺诈性或漠视原告权益等恶劣行为时，法院可以判决被告向原告支付的超过原告实际财产损失的损害赔偿。"[1]《牛津法律大辞典》也将惩罚性赔偿称为报复性赔偿，"它不仅是对受害人的补偿，也是对故意加害人的惩罚"。《美国侵权法（第二次）重述》第 908 条则规定："惩罚性赔偿是在补偿性赔偿及象征性赔偿之外，为惩罚极端无理行为之人，并为吓阻该行为人及他人于未来再次从事类似行为而给予的赔偿。"[2]

凡此种种，虽然表述方式不尽相同，但仍可归纳出该制度具有以下特征：

第一，惩罚性赔偿是由法院作出民事判决，在两个平等主体之间由侵权人向权利人支付一定数额金钱的责任形式。

第二，惩罚性赔偿以侵权行为具有暴力性、恶意性、欺诈性等恶劣行为为前提，具体数额的确定不以被侵权人的实际损失为上限。这也是惩罚性赔偿与补偿性赔偿的根本不同，补偿性赔偿以"填平损失"作为原则，其数额务必以填补被侵权人所受损失为限。

第三，惩罚性赔偿具有对行为恶意的惩罚与对可能出现的二次侵权的震慑作用，不同于补偿性赔偿侧重于对个案当事人损失的弥补。

2. 惩罚性赔偿制度的性质

从惩罚性赔偿一词的构词角度看，"惩罚"与"赔偿"本身便是两个不同法律领域内的概念。"惩罚"通常属于公法范畴，其针对的是犯罪与不法行为，通过刑事和行政责任进行归责。"赔偿"则属于私法范畴，其针对的是平等主体之间的民事权利义务关系，目的在于通过民事责任归责恢复利益平衡。由于惩罚性赔偿金额远远超出被侵权人实际损失的特点与传统民法的填平原则相抵触，学界对于该制度究竟为公法性质还是私法性质存在较大争议。主要存在以下学说：

（1）民事责任说。支持该学说的主要理由有：第一，惩罚性赔偿适用于平等民事主体之间的权利义务关系，除法律明确规定外，还需原告申请才得以适

---

[1] *Black's Law Dictionary*, 5th ed., West Publishing Company, 1983, p.352, 转引自朱丹：《知识产权惩罚性赔偿制度研究》，法律出版社 2016 年版，第 30 页。

[2] Restatement, Torts 2d 908（1）. 转引自朱丹：《知识产权惩罚性赔偿制度研究》，法律出版社 2016 年版，第 35 页。

用，被告支付的赔偿金是给予原告而非国家的；[1]第二，惩罚性赔偿并不意味着允许"私力处罚"，该制度并没有赋予私人处罚他人的权力，其设立的初衷在于给予受害人一种得到救济的权利，而最终能否获得赔偿以及获得赔偿的范围、数量都将由法院决定。[2]

（2）准刑事责任说。该学说支持者认为："惩罚性赔偿金制度之惩罚与吓阻目的，与回复原状之填补性赔偿性质迥然不同，系属'刑事处罚'之性质。"[3]多数大陆法系国家和地区也都认为惩罚性赔偿与侵权损害赔偿的基本原则不相融合，将其视为一种准刑事责任，而非民事责任。但是，近年来这种态度也有所转变，德国高等法院已在判例中对该制度的民事性质进行肯定。[4]

（3）经济法责任说。该学说认为，"惩罚性赔偿是一种兼有公法、私法属性且以公法属性为主的法律责任形式"。[5]其主要理由在于，"从公私法的划分来看，公法的职能主要是惩罚犯罪和不法行为，维护社会秩序和社会公共利益，私法的职能则是对受害人的救济"。[6]该制度设立的初衷，就在于惩罚和震慑违法行为，因此该制度具备公法性质。同时，惩罚性赔偿又借助于私人诉讼而非国家执法机关实现，且将最终判决的赔偿金全数归属于被侵权人，所以惩罚性赔偿制度也具有私法的性质。

在对现有几种学术观点进行梳理后，笔者认为，惩罚性赔偿仍然是一种民事责任。第一，惩罚性赔偿产生于民事关系。惩罚性赔偿的受害人与责任人的法律地位是平等的，二者在诉讼法上的权利与义务也是对等的。这一点完全不同于刑事法律关系或行政法律关系。第二，惩罚性赔偿是由责任人向受害人履行法律责任，受害人可以主动放弃赔偿金，而公法上的罚金、罚款等是责任人对国家承担的法律责任，且不会因为受害人的谅解而予以免除。第三，惩罚性赔偿的实现需借助于私人诉讼，而刑事或行政责任的追究则由相关国家机构完成。第四，惩罚性赔偿所具有的惩罚功能正是侵权法的基本功能。侵权法并未

---

〔1〕　参见张新宝、李倩："惩罚性赔偿的立法选择"，载《清华法学》2009 年第 4 期。

〔2〕　参见王利明："惩罚性赔偿研究"，载《中国社会科学》2000 年第 4 期。

〔3〕　陈聪富：《侵权归责原则与损害赔偿》，北京大学出版社 2005 年版，第 197 页。

〔4〕　参见俞珲珲："论商标法中的惩罚性赔偿"，华东政法大学 2014 年硕士学位论文。

〔5〕　金福海："惩罚性赔偿不宜纳入我国民法典"，载《烟台大学学报》（哲学社会科学版）2003 年第 2 期。

〔6〕　金福海："惩罚性赔偿不宜纳入我国民法典"，载《烟台大学学报》（哲学社会科学版）2003 年第 2 期。

因具有上述功能而被归为公法，同理，惩罚性赔偿也不应因此划归公法责任。第五，社会本位并非经济法所独有。惩罚性赔偿制度正是现代民法社会本位的重要体现，不能因此将其划归经济法领域。

3. 惩罚性赔偿制度的功能

对该制度功能的讨论，学界莫衷一是。在我国，王利明教授认为惩罚性赔偿具有赔偿、制裁和遏制三种功能。[1]王雪琴教授则认为除上述三项功能外，惩罚性赔偿还具有激励功能。[2]另有学者将功能这一概念划分为主要功能与附带功能两大类，主要功能指惩罚性赔偿"对侵权人的功能，包括惩罚和遏制功能；附带功能指对受害人的功能，包括补偿、安抚、奖励功能，以及对社会一般大众的功能，包括预防、保护、补偿和激励"。[3]在国外，同样存在多种不同观点。有学者主张惩罚与遏制的"两功能说"，[4]有学者主张"惩罚、吓阻、执行法律和补偿"的"四功能说"。[5]甚至还有学者将惩罚性赔偿的功能归纳为以下七项："惩罚被告、吓阻被告再犯、吓阻他人从事相同行为、维护和平、诱导私人追诉不法、补偿被告依照其他法律不能获得的损害赔偿、支付原告的律师费用。"[6]

由上述分析可以发现，关于惩罚性赔偿制度的功能，学界观点尚未统一。笔者综合现有理论成果，认为该制度具有赔偿与平衡功能、惩罚与威慑功能以及激励功能三项基本功能。

（1）赔偿与平衡功能。侵权赔偿这一法律责任设置的根本目的在于全面彻底地补偿受害人损失。侵权赔偿又可分为补偿性赔偿与惩罚性赔偿。有观点认为补偿性赔偿即可全面填平受害人损失，因而惩罚性赔偿不具有补偿功能。然而，在我国商标专用权侵权纠纷案件中，由于知识产权的无形性、当事人

〔1〕 参见王利明："惩罚性赔偿研究"，载《中国社会科学》2000 年第 4 期。

〔2〕 参见王雪琴："惩罚性赔偿制度研究"，载梁慧星主编：《民商法论丛》（总第 20 卷），金桥文化出版（香港）有限公司 2001 年版，第 3 页。

〔3〕 参见朱丹：《知识产权惩罚性赔偿制度研究》，法律出版社 2016 年版，第 35 页。

〔4〕 ［美］爱德华·J. 柯恩卡：《侵权法》（第 2 版），法律出版社 1999 年版，第 317 页。

〔5〕 David G. Owen, "Punitive Damages in Products Liability Litigation", 74 *Michigan Law Review* 1257, 1287 (1976).

〔6〕 Dorsey D. Ellis, "Fairness and Efficiency in the Law of Punitive Damages", 56 *Southern California Law Review* 1, 3 (1982). 转引自白萍："惩罚性赔偿制度研究——以侵权责任法为视角"，内蒙古大学 2012 年硕士学位论文。

举证能力不足等主客观原因，普遍存在受害人获赔金额较低，远不足以弥补所受财产损失的情况。2013 年修正后施行的《商标法》引入惩罚性赔偿制度，其意义之一即为补充填平性赔偿的不足，更好地平衡权利人与侵权人之间的利益关系。

（2）惩罚与威慑功能。"从赔偿范围来看，惩罚性赔偿不以实际的损害为限，其数额均高于甚至大大高于补偿性损害赔偿。"[1]传统的补偿性损害赔偿本质上是一种交易行为，即侵权人将侵权收益返还给权利人，从而填补权利人的财产损失，但由于知识产权的无形性等特点，被侵权人常常赢了官司输了钱财。惩罚性赔偿则通过使侵权人承担超过权利人损失的赔偿责任，增加侵权人的侵权成本，从而实现惩罚侵权人的目的，并威慑今后可能出现的侵权行为。

（3）激励功能。如前所述，现实中知识产权侵权被侵权人常常无法获得足额救济，导致权利人维权积极性低落，不利于我国知识产权领域的创新与发展。现行商标法通过引入惩罚性赔偿制度，使权利人获得超过损失的侵权救济，可以更好地激励权利人切实维护自身合法权利。不仅如此，还可以促使其在私法诉讼中积极取证，实现司法资源节约与商标领域良性发展。

（二）商标法领域引入惩罚性赔偿制度之理论基础

1. 商标法领域引入惩罚性赔偿制度的必要性

（1）符合我国经济发展所处阶段的客观要求。从 2012 年党的十八大报告明确指出我国要实施知识产权战略，到 2015 年 3 月 23 日发布的中共中央、国务院《关于深化体制机制改革加快实施创新驱动发展战略的若干意见》中首次提出"实施严格的知识产权保护制度，调整损害赔偿标准，探索实施惩罚性赔偿制度"；到 2017 年 7 月 17 日中央财经领导小组第十六次会议上习近平总书记明确指出"要加大知识产权侵权违法行为惩治力度，让侵权者付出沉重代价"等；再到 2018 年 1 月 2 日最高人民法院《关于充分发挥审判职能作用为企业家创新创业营造良好法治环境的通知》第 4 项提出"建立以知识产权市场价值为指引，补偿为主、惩罚为辅的侵权损害司法认定机制，提高知识产权侵权赔偿标准"，[2]

---

〔1〕　王利明："惩罚性赔偿研究"，载《中国社会科学》2000 年第 4 期。

〔2〕　刘子阳："为企业家创新创业营造良好法治环境"，载 http://www.legaldaily.com.cn/zfzz/content/2018−01/03/content_ 7438262. htm？ node＝81120，最后访问时间：2020 年 12 月 15 日。

2018 年两会"部长通道"上国家知识产权局局长申长雨发言,[1]特别是 2019 年党的十九届四中全会明确提出要实施知识产权侵权惩罚性赔偿制度。上述一系列重要文件、讲话都强调了实施严格保护知识产权战略对推进我国经济不断向前发展的重要意义。2021 年 1 月 1 日实施的《民法典》第 1185 条也明确规定了侵害知识产权的惩罚性赔偿制度:"故意侵害他人知识产权,情节严重的,被侵权人有权请求相应的惩罚性赔偿。"在商标法领域引入惩罚性赔偿制度,正是促进我国经济增长动力转型的有效保障,也必将为我国实现知识产权战略、实现经济新常态保驾护航。[2]

(2)符合遏制商标侵权行为泛滥的客观要求。最高人民法院发布的《知识产权侵权司法大数据专题报告》显示,2015 年 1 月 1 日至 2016 年 12 月 31 日,全国知识产权侵权案件数量呈增长态势,与上年同期相比增幅超过四成,其中商标权侵权案件数量占总案件数量三成左右。

商标权侵权行为屡禁不止的原因,可以从两个方面进行分析:第一,从知识产权特有的非物质属性来看,商标权的客体可以由不同的主体同时拥有和使用,且商标权人无法有效防止非权利人的使用;第二,从法经济学角度分析,对成本与收益的反复权衡支配着市场主体的一切行为。在惩罚性赔偿制度引入之前,商标权保护面临两大难题:第一,只要侵权收益大于侵权成本,侵权行为人就有可能持续侵权;[3]第二,由于商标侵权具有易发性和隐蔽性,权利人举证难,维权成本高,实际损失依赖补偿性赔偿难以填平,寻求司法救济的积极性低落。[4]因此,在强大的商业利益驱动与商标权利易被侵犯的客观条件下,商标侵权纠纷数量不断攀升。将惩罚性赔偿制度引入商标法领域无疑是一剂良方,通过使侵权行为人承担赔偿权利人实际损失数倍的法律责任,大大提高其

---

〔1〕 2018 年 3 月 13 日,申长雨局长透露,围绕国务院《政府工作报告》中提到的强化知识产权保护工作,该局将从坚定不移地实行严格的产权保护制度、积极推进知识产权的"快保护"等方面落实,其中很重要的一向就是加快推动《专利法》的修改,引入惩罚性赔偿措施,加大对各类侵权行为的惩治力度。子长:"最大限度彰显保护知识产权的理念",载 http://opinion.southcn.com/o/2018-03/14/content_ 181093189.htm,最后访问时间:2020 年 12 月 28 日。

〔2〕 参见朱丹:《知识产权惩罚性赔偿制度研究》,法律出版社 2016 年版,第 167—180 页。

〔3〕 参见胡海容、雷云:"知识产权侵权适用惩罚性赔偿的是与非——从法经济学角度解读",载《知识产权》2011 年第 2 期。

〔4〕 参见曹新明:"知识产权侵权惩罚性赔偿责任探析——论我国知识产权领域三部法律的修订",载《知识产权》2013 年第 4 期。

侵权成本，从而在惩罚侵权行为人的同时，激励商标权人维护自身合法权益。[1]

（三）商标法领域引入惩罚性赔偿制度的可行性

1. 具备制度引入的理论基础

惩罚性赔偿制度源于英美，历史悠久，相关立法与司法适用成果丰硕。从该制度的概念与功能角度来看，其突破了传统大陆法系民法的私法理念以及侵权赔偿法的填平原则。但随着现代民法权利本位不断向社会本位演进，大陆法系的代表国家德国对待惩罚性赔偿制度的态度也有所松动，并在民事立法中尝试引入，在司法审判中探索适用。

近年来，我国学者积极汲取英美法系的立法司法经验，结合我国实际，对惩罚性赔偿制度进行了大量研究。截至 2017 年 9 月底，以"知识产权惩罚性赔偿"为主题的论文已超过 381 篇，以"商标权惩罚性赔偿"为研究对象的论文超过 34 篇。[2]这些研究成果为我国在商标法领域引入并在司法中严格适用惩罚性赔偿制度提供了坚实的理论基础。

2. 基本具备制度引入的实践经验

惩罚性赔偿制度正式在我国立法领域谋得一席之地是在 1993 年《中华人民共和国消费者权益保护法》第 49 条，其立法目的在于更好地平衡经营者与消费者之间的利益关系，加大对不法经营者的打击力度，倾斜保护处于弱势地位的消费者。而后经历六年实践经验积累，1999 年颁布的《中华人民共和国合同法》第 113 条（以下简称《合同法》）[3]在民法领域开创性地确认了惩罚性赔偿制度，该法中的定金罚则也是制度引入的立法体现。在不断提高立法技术、总结司法实践经验的基础上，惩罚性赔偿制度不断在民事纠纷领域发挥其价值功能。2003 年最高人民法院《关于审理商品房买卖合同纠纷案件适用法律若干问题的解释》第 8 条、第 9 条和第 14 条规定，商品房买卖合同中在发生法律明确规定情形时，买受人可以要求出卖人承担惩罚性赔偿责任。再到 2009 年，我国为应对社会上出现的一系列食品安全事件而紧急出台《中华人民共和国食品

---

[1] 参见茆亚鹏："惩罚性赔偿在商标侵权领域的适用探析"，华东政法大学 2015 年硕士学位论文，第 19 页。

[2] 有关信息于 2017 年 9 月 17 日通过中国知网查询获悉。

[3] 《合同法》第 113 条第 2 款规定："经营者对消费者提供商品或者服务有欺诈行为的，依照《中华人民共和国消费者权益保护法》的规定承担损害赔偿责任。" 2021 年 1 月 1 日《民法典》实施后，该法被废止。

安全法》，其中第 96 条第 2 款规定的 "十倍赔偿"，更是对打击泛滥的食品安全现象起到明显效果，受到社会各界的认可。此后的《侵权责任法》同样将惩罚性赔偿规定在产品侵权责任承担形式中。[1]

综上，我国不仅积累了较丰富的惩罚性赔偿制度立法经验，同时也在惩罚性赔偿制度具体应用领域取得了较好的实施效果。20 多年的立法技术改进与司法经验积累，无疑为我国在商标法领域引入惩罚性赔偿制度打下了良好的基础。

二、我国商标侵权惩罚性赔偿制度之立法评析

《商标法》第三次修正版于 2014 年 5 月 1 日施行，其第 63 条规定，侵权人实施的侵权行为满足主观 "恶意" 以及 "情节严重" 的，法院在审判中可以在原赔偿额的一倍到三倍幅度内确定最终数额。《商标法》第四次修正版则于 2019 年 4 月 23 日公布，同年 11 月 1 日施行。修正后的《商标法》第 63 条将惩罚性赔偿的额度由前述一倍到三倍提高为一倍到五倍，明显加大了对严重侵害商标专用权行为的打击力度。本章拟从立法角度，对惩罚性赔偿的适用条件问题、惩罚性赔偿的数额计算问题以及惩罚性赔偿与法定赔偿之间的关系问题逐一进行探讨。

（一）惩罚性赔偿的适用条件问题

1. 侵权 "恶意" 的判断标准

我国侵权法中只是将侵权的主观状态分为故意与过失两种，很少出现 "恶意" 这一概念。有学者认为，"恶意" 与侵权中的 "直接故意"，即希望或主动追求危害结果发生的心态，大致对应。[2]也有学者认为，"恶意" 就是 "多次故意"。持后一观点的学者多主张应保证三部知识产权专门法律的内在统一，以我国《专利法》修改草案与《著作权法》修改草案中适用惩罚性赔偿的主观构成要件规定（两次以上故意）作为论证依据。在此，笔者认为，从词语含义角度看，恶意较故意，有着更恶劣的主观侵权意图，在道德上更应该受到谴责，且其与惩罚性赔偿制度中的惩罚与威慑功能直接对应，这就要求我们需将其与一般侵权的适用条件严格区分。[3]笔者并不认同上述两种观点，认为 "直接故

---

[1] 2021 年 1 月 1 日《民法典》实施后，该法被废止。

[2] 参见徐聪颖："制度的迷失与重构：对我国商标权惩罚性赔偿机制的反思"，载《知识产权》2015 年第 12 期。

[3] 参见钱玉文、李安琪："论商标法中惩罚性赔偿制度的适用——以《商标法》第 63 条为中心"，载《知识产权》2016 年第 9 期。

意"与"多次故意"只是现行《商标法》第63条中"恶意"的两种具体的表现形式，简单理解为仅包含这两种情形，未免以偏概全。

检索商标法领域的相关立法成果可以发现，除现行《商标法》第63条外，在2001年的《商标法》第41条〔1〕中亦曾提及"恶意"一词。我国《商标审查及审理标准》就判定申请人在注册商标时的主观恶意一项也列举了诸多参考要素。笔者认为，这些参考因素在判断商标侵权主观状态时也具有参考价值。除了法律上的规定，如何将其与具体案件相衔接，是考验法官智慧与职业技能的关键。有学者指出，在实际案件审理中判断侵权人主观恶意与否，最重要的依据便是考察侵权人实施侵权行为的手段与方法。〔2〕

2. "情节严重"的判断标准

关于"主观恶意"与"情节严重"之间的关系，学界尚未达成共识。有学者认为，在"恶意侵权"外，还要求"情节严重"，属于画蛇添足之举。也有学者认为，"恶意侵权"与"情节严重"并非立法中的语义重复，后者对于惩罚性赔偿责任最终选取的倍数有着至关重要的作用。在此，笔者赞同后者观点，判定侵权行为人主观状态构成"恶意"，仅仅是启动惩罚性赔偿制度的第一步，而侵权情节的严重程度则左右着惩罚性赔偿制度适用的"力度"。

经检索发现，侵犯商标权犯罪中的"情节严重"和"情节特别严重"情形，仅在我国《刑法》及相关司法解释〔3〕中作出过列举式规定，分别是：在假冒注册商标罪中，对情节严重与否的判断主要参考犯罪嫌疑人假冒商标数量、非法经营数额以及违法所得数额；在非法制造、销售非法制造的注册商标标识罪中，主要依据犯罪分子伪造、擅自制造或销售伪造、擅自制造的注册商标标识数量、非法经营数额以及违法所得数额三个要素对情节严重与否进行判定。

惩罚性赔偿制度具有惩罚与威慑功能，因此，笔者认为在判断商标侵权情节严重程度时也可以参考《刑法》中的相关规定，但是要注意作为民事侵权案件，其认定标准应低于刑事责任的起算点。〔4〕同时，由于我国尚未出台相关法

---

〔1〕 2001年《商标法》第41条：对恶意注册的，驰名商标所有人不受五年的时间限制。

〔2〕 参见丁启明、宋慧玲："论侵犯专利权的民事赔偿原则"，载《知识产权》2012年第12期。

〔3〕 最高人民法院、最高人民检察院《关于办理侵犯知识产权刑事案件具体应用法律问题的解释》中第1条、第3条。

〔4〕 参见侯凤坤："新《商标法》惩罚性赔偿制度问题探析"，载《知识产权》2015年第10期。

律解释，未能为司法裁判提供统一的依据范本，各级法院还应积极总结司法实践中常见的"情节严重"情形作为裁判考量因素，与此相关的内容，本文将在第三部分进行更为深入的探讨。

（二）惩罚性赔偿的数额计算问题

1. 三种计算方式的顺位问题

有学者指出，与在修正前《商标法》及相关司法解释之下，权利人可以自主选择计算方式不同，2013 年修正后的《商标法》第 63 条明确规定了三种计算方法的顺位关系。立法者的逻辑进路在于：第一步计算被侵权人的实际损失，[1]在无法确定的前提下，继而转向计算侵权人的利润所得；[2]在实际损失或所得利益均无法确定的条件下，可以参照许可使用费的合理倍数。不难看出，侵权人所得利益与许可使用费的合理倍数在本质上都是对权利人实际损失数额的替代方式。

针对这一修正，学界也有颇多争议。有学者认为，此番修正恰是贯彻民事责任中全面赔偿原则的体现，这样做有助于更好地补偿权利人所受到的损害。也有学者认为，取消"赔偿数额基准的适用序位"是当事人意思自治的必然要求，即但凡在合法框架内，当事人有权自由处分权益，而不应受到职权主义的钳制。[3]

笔者认为，《商标法》虽然统一了司法实践中关于惩罚性赔偿计算基数的确定顺序，却也存在弊端，该顺位关系的确立加重了权利人的举证责任。例如实践中权利人如想适用参照许可使用费的合理倍数确定惩罚性赔偿的计算基数，就要首先对自身的实际损失、侵权人所获利益进行大量的证据收集与数据计算，只有在证明上述两种计算方式无法确定赔偿数额的前提下，方可进入下一步的证据收集。在某种程度上，这将导致权利人的诉累加重以及司法资源的白白浪费。[4]

2. 当事人举证妨碍的后果承担

基于知识产权客体的无形性和侵权的隐蔽性、多发性等特性，权利人在遭

---

〔1〕　最高人民法院《关于审理商标民事纠纷案件适用法律若干问题的解释》（以下简称《商标纠纷案件解释》）第 15 条。

〔2〕　《商标纠纷案件解释》第 14 条。

〔3〕　参见吴汉东："知识产权侵权诉讼中的过错责任推定与赔偿数额认定——以举证责任规则为视角"，载《法学评论》2014 年第 5 期。

〔4〕　参见夏芬、叶薛之："以完善司法证据制度为视角谈商标侵权损害赔偿问题"，载《中华商标》2015 年第 6 期。

受侵害时本就难以证明，我国在证据出示和举证责任的分配方面，又未建立类似美国的证据开示制度，因而导致实践中权利人的举证能力大大受到制约，往往难以证明其实际损失。[1]

依据我国《商标法》第 63 条第 2 款的规定，权利人负有赔偿金额的举证责任。举证责任包括两部分，一部分是行为意义上的举证责任，即向法院提供证据的责任；另一部分则是结果意义上的举证责任，即在待证事实真伪不明的情形下承担不利后果的责任。[2]对行为意义上的举证责任而言，虽然权利人在侵权损害赔偿中负有主要责任，但如果对方当事人持有证据，无正当理由不提供的，应当承担证据妨碍的相关责任。例如，在商标侵权诉讼中，如果权利人主张某一证据的内容可以证明其诉请的侵权损害赔偿数额成立，但是该证据的收集已超出权利人能力范畴时，若侵权人持有却拒绝提交，那么人民法院可以结合有关情况推定该主张成立。[3]

（三）惩罚性赔偿与法定赔偿之间的关系问题

1. 法定赔偿能否成为惩罚性赔偿的基数

有学者认为，惩罚性赔偿应将法定赔偿数额纳入其中，作为其计算过程中的基数。该观点的理由在于：考虑到"法定赔偿的广泛适用，如果不将其纳入惩罚性赔偿基数，惩罚性赔偿条款将形同虚设，难以发挥惩罚与威慑功能"。[4]

笔者对上述观点不敢苟同。首先，侵权时间长短、侵权地域范围、商标知名程度等都是判断惩罚性赔偿适用条件"主观恶意"和"情节严重"的考量因素，如果依据上述事由确定的赔偿数额再次作为惩罚性赔偿数额的计算基础，无疑会出现重复评价的问题，犯了一事二罚的错误。[5]其次，法定赔偿数额本身就是法官综合各方面因素，行使自由裁量权得出的赔偿数额，该数额的确定本身对法官的职业水平提出了较高要求。如果允许惩罚性赔偿以法定赔偿数额为基数，就将极大地放大法官自主裁量权的行使空间，导致审判结果的确定性、合理性受到更大的质疑。

---

[1]　袁秀挺："知识产权惩罚性赔偿制度的司法适用"，载《知识产权》2015 年第 7 期。

[2]　参见王太平、邓宏光主编：《商标法》，北京大学出版社 2017 年版，第 154—157 页。

[3]　参见 2013 年及 2019 年修正后《商标法》第 63 条第 2 款。另参见最高人民法院《关于民事诉讼证据的若干规定》第 75 条：有证据证明一方当事人持有证据无正当理由拒不提供，如果对方当事人主张该证据的内容不利于证据持有人，可以推定该主张成立。

[4]　侯凤坤："新《商标法》惩罚性赔偿制度问题探析"，载《知识产权》2015 年第 10 期。

[5]　参见袁博："商标侵权惩罚性赔偿现状的分析与出路"，载《中华商标》2016 年第 9 期。

2. 法定赔偿能否彰显一定的惩罚性

2013 年《商标法》将法定赔偿的上限由 50 万元调整至 300 万元，[1] 有学者认为，此次修正使得法定赔偿兼具一定的惩罚性特征，而不再是单纯的补偿性赔偿。有学者在其文章中以（2015）沪知民终字第 82 号和（2015）浙知终字第 152 号案件为佐证，并指出，特别是在（2015）浙知终字第 152 号案件中，法院认为侵权人未对在先且知名注册商标予以合理避让，主观恶意明显，最终判决被告承担 350 万元的赔偿责任。该案的裁判结果突破了法定赔偿的上限，进一步表明侵权人主观过错程度已成为法官裁量法定赔偿时的重要考量因素。[2]

对此观点，笔者予以认同且可以补充案例佐证法定赔偿已具有惩罚性功能，例如，2016 年度上海法院十大知识产权案件之一的原告康成投资（中国）有限公司与被告大润发投资有限公司侵害商标权纠纷案。[3] 此外，从法理角度加以分析，也不难看出法定赔偿可彰显一定惩罚性这一观点的合理性。鉴于《商标法》已正式引入惩罚性赔偿制度，作为计算损害赔偿兜底方式的法定赔偿制度，同样应体现出填补损失与惩罚侵权的双重功能。[4] 也只有如此，在现有证据不足以计算赔偿数额进而无法适用惩罚性赔偿条款时，法定赔偿才能真正起到补充适用的作用。

综上，笔者认为当现有证据不足以计算赔偿数额进而无法适用惩罚性赔偿条款时，法官可以将侵权人的"恶意"与"情节严重"程度作为考量因素，在综合整个案情的基础上，适度增加法定赔偿数额。

三、我国商标侵权惩罚性赔偿制度之实证分析

笔者在"中国裁判文书网""北大法宝""知产宝"三大案例检索平台，以"惩罚性赔偿"为关键词，对以商标侵权纠纷为案由的所有已生效判决进行了全面检索。检索结果表明，由原告提请法院判处被告承担惩罚性赔偿责任的商标侵

---

〔1〕　2019 年 4 月再次修正时，法定赔偿上限已由 300 万元调整至 500 万元。

〔2〕　参见钱玉文、李安琪："论商标法中惩罚性赔偿制度的使用——以《商标法》第 63 条为中心"，载《知识产权》2016 年第 9 期。

〔3〕　上海市高级人民法院（2016）沪民终 409 号民事判决书。

〔4〕　参见李姝徵、陈颖颖："'大润发'遭侵权案落幕 沪法院二审维持原判"，载 http://www.chinanews.com/cj/2017/01-11/8121091.shtml，最后访问时间：2020 年 3 月 15 日。

权案件共有 48 件，截至 2017 年 10 月 14 日，全国各级法院在判决书中明确适用惩罚性赔偿的案例仅有 11 件（含 10 件串案）；[1] 明确不适用惩罚性赔偿并说明理由的案例为 3 件；[2] 32 个案例均因 "原告或被告提交的证据均不足以证明原告因侵权所受损失或被告因侵权所获收益，或注册商标许可使用费"，由法官 "综合考虑涉案商标的知名度、侵权行为的持续时间、主观过错认定、权利人为制止侵权行为支付的合理开支等因素酌情确定赔偿数额"。

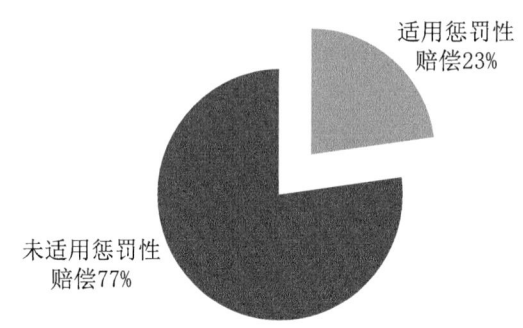

图1 样本案例判决结果

由上述数据以及图 1 分析可知，在我国商标侵权案件中存在以下两大现象。

现象一：诉求惩罚性赔偿的案件数量较少。

尽管《商标法》已经正式引入惩罚性赔偿制度，在司法实践中商标侵权案件的权利人往往由于对法条的不了解或不理解，而并未向法院提起惩罚性赔偿诉讼请求。在三年多的司法实践中，仅出现不足 50 例涉及商标侵权惩罚性赔偿的案件。

值得注意的是，依据《商标法》第 63 条以及民事诉讼中 "不告不理" 的原则，法院不得超出原告的诉讼请求作出判决。也就是说，倘若原告自身由于不熟悉惩罚性赔偿制度而未在起诉书中提出相关请求，即便符合惩罚性赔偿制度的适用条件，法院也不得主动判决被告承担惩罚性赔偿责任。但在审理过程中，经法官释明，原告可以依据同一事实增加诉讼请求，要求被告承担惩罚性赔偿

---

〔1〕 北京知识产权法院（2016）京 73 民初 93 号，山东省青岛市中级人民法院（2015）青知民初字第 5、6、7、8、9、10、11、12、13、22 号民事判决书。

〔2〕 广东省高级人民法院（2016）粤民终 64 号、河北省高级人民法院（2017）冀民终 55 号、江苏省泰州市中级人民法院（2016）苏 12 民终 1408 号民事判决书。

责任。〔1〕此外，如果原告只是笼统地提出请求法定赔偿，则如前文所述，商标侵权法定赔偿具备一定的惩罚性，法院可以依据《商标法》对被告侵权行为是否符合惩罚性赔偿之条件进行审查。

现象二：适用惩罚性赔偿的案件数量较少。

在商标侵权案件中，真正被法院认定符合惩罚性赔偿适用条件的案件数量很少。判决中明确支持原告惩罚性赔偿诉求的仅有 11 个案件，占全部提出该项诉求的案件数量的 23%。

未适用惩罚性赔偿的案件占据了样本的绝大多数，相关判决书提出的不适用惩罚性赔偿的理由主要体现为以下几点：

第一，现有证据不足以证明侵权人主观恶意。例如，在广东省高级人民法院审理的上诉人路易威登马利蒂因与被上诉人广州市越秀区帝豪汽车用品商行、毛军侵害商标权纠纷案〔2〕中，一审法院认为原告没有证据证明被告系情节严重的恶意，不具备惩罚性赔偿的适用条件，应适用填平原则，以弥补权利人损失与合理开支为限。二审法院维持了原判。再如，在河北省高级人民法院审理的和美酒店管理（上海）有限公司与南宫市咱家宾馆侵害商标权纠纷上诉案〔3〕中，一审法院认为现有证据无法判定被告有商标使用的恶意，不适用惩罚性赔偿。二审法院认为侵权损失及获利均无法确定，应由法院酌定赔偿数额，鉴于一审确定赔偿数额畸低，二审法院作出调整。

第二，侵权人侵权行为未达到情节严重的程度。例如，在江苏省泰州市中级人民法院审理的科顺防水科技股份有限公司与张斌侵害商标权纠纷案〔4〕中，被上诉人张斌为谋取更高利润，在询价后购买了低价的假冒产品，侵犯了上诉人的商标专用权，应承担民事侵权责任。法院认为，鉴于侵权行为发生在施工方与被施工方之间，且有证据证明侵权人已通过购买权利人正规产品对原有假冒低价产品进行了调换使用，未对权利人造成实际的商誉贬损，客观上亦未造成严重后果，因此对被上诉人张斌损害赔偿数额的确定不应适用惩罚性标准。

第三，惩罚性赔偿的计算基数无法确定。缺乏用于计算惩罚性赔偿数额的基础数据，即"现有证据不足以证明原告因侵权所受损失或被告因侵权所获收

〔1〕　参见袁秀挺："知识产权惩罚性赔偿制度的司法适用"，载《知识产权》2015 年第 7 期。

〔2〕　参见广东省高级人民法院（2016）粤民终 64 号民事判决书。

〔3〕　参见河北省高级人民法院（2017）冀民终 55 号民事判决书。

〔4〕　参见江苏省泰州市中级人民法院（2016）苏 12 民终 1408 号民事判决书。

益，或注册商标许可使用费"。由于惩罚性赔偿的适用以补偿性赔偿金额为基数，在证据不足以确定补偿性赔偿这一基础数据时，惩罚性赔偿缺乏适用基础。如图 2 所示，因这一事由导致惩罚性赔偿无法适用的情形所占比例最大，高达91%，下文将对这一现象进行详细分析。

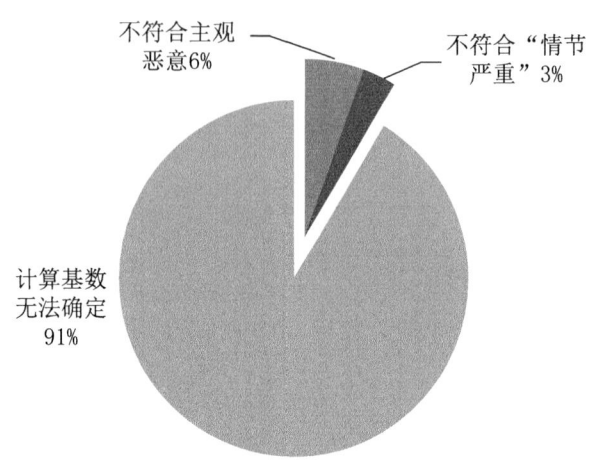

图 2　未适用惩罚性赔偿的原因

　　综上，结合笔者选取的商标侵权案件分析可知，虽然《商标法》为更好地保障商标权人权利而规定了第 63 条，但是该法条仍然停留在"应然"状态，未得到良好的落实。下文将对上述现象与问题进行深入分析，并努力提出相应的解决举措。

　　（一）司法实践中"恶意"与"情节严重"探讨

　　依据《商标法》第 63 条的规定，惩罚性赔偿的适用需满足侵权人主观具有侵权恶意，以及侵权行为情节严重的要件。然而，《商标法》与现有的司法解释并未对"恶意"与"情节严重"两个要件作出具体的解释，个案中认定"恶意"与"情节严重"需要考虑哪些因素，二者之间是并列关系还是相互解释的关系等问题，都有待厘清。[1]

　　1. 侵权恶意的适用范围

　　通过分析案例样本，笔者发现在以下案件中法院特别强调了判断侵权人主

---

〔1〕　参见蔡健和："关于商标法中惩罚性赔偿司法适用的几点思考"，载《中华商标》2017 年第3 期。

观恶意时所需考量的因素，在一定程度上反映了我国法院判定商标侵权惩罚性赔偿主观状态的逻辑进路。

表1 法院特别强调侵权恶意的情形

序号	案件名称	审理法院	侵权恶意的考量要素
1	原告迪尔公司、约翰迪尔（中国）投资有限公司与被告约翰迪尔（北京）农业机械有限公司等侵害商标权和不正当竞争纠纷案〔1〕	北京知识产权法院	被告因商标侵权受到行政处罚，继续实施侵权行为
2	美国扑克牌公司与中山市三乡联凯印刷有限公司侵害商标权纠纷案〔2〕	广东省中山市中级人民法院	被告曾因商标侵权被工商部门查处，并在没收侵权产品后再次生产
3	斑马株式会社诉翁钦灶等侵害商标权纠纷案〔3〕	上海市闵行区人民法院	被告在行政查处、法院审理和调解后再次销售侵权产品
4	东莞市糖酒集团美宜佳便利店有限公司诉李志斌侵害商标权纠纷案〔4〕	广东省东莞市第二人民法院	被告商铺开设在原告正规加盟店隔壁，且在接到律师函后未停止侵权行为，侵权恶意明显
5	康成投资（中国）有限公司诉大润发投资有限公司侵害商标权纠纷案〔5〕	上海市高级人民法院	侵权人具有明显攀附"大润发"商标商誉的主观恶意
6	香奈儿股份有限公司（CHANEL）与沈阳五爱实业有限公司、沈阳五爱物业管理有限公司、纪东日侵害商标权纠纷案〔6〕	辽宁省沈阳市中级人民法院	原告商标具有较高知名度，且被告多次实施侵权行为，持续时间较长，主观上具有恶意

---

〔1〕 参见北京知识产权法院（2016）京73民初93号民事判决书。

〔2〕 参见广东省中山市中级人民法院（2014）中中法知民终字第71号民事判决书。

〔3〕 参见上海市闵行区人民法院（2014）闵民三（知）初字第413号民事判决书。

〔4〕 参见广东省东莞市第二人民法院（2014）东二法知民初字第356号民事判决书。

〔5〕 参见上海市高级人民法院（2016）沪终409号民事判决书。

〔6〕 参见辽宁省沈阳市中级人民法院（2015）沈中民四初字第105号民事判决书。

续表

序号	案件名称	审理法院	侵权恶意的考量要素
7	上诉人叶维锐与被上诉人佛山市瑞芯工业电子有限公司侵害商标权纠纷案〔1〕	四川省高级人民法院	被告反复申请注册涉案商标，在被驳回后进行商标许可使用，长期将含有原告商标的企业名称用于产品上，情节严重
8	原告安德阿镆有限公司与被告福建省廷飞龙体育用品有限公司侵害商标权及不正当竞争纠纷案〔2〕	福建省高级人民法院	有证据表明被告明知原告商标的知名度；在收到行为保全裁定后，仍未停止侵权行为，具有攀附商标声誉的主观故意
9	法雷奥诉上海竞合国际贸易有限公司侵害商标权纠纷案〔3〕	上海市闵行区人民法院	被告系原告品牌分销商，应已全面了解品牌，具备判断产品真伪能力，且明知正品进货渠道。系明知假冒注册商标的商品仍予以销售，主观上具有恶意

上述案例 1—4 反映出法院在判断商标侵权行为恶意时，将侵权人在收到侵权通知、受到行政处罚，或是在接受法院调解审判后，仍然继续实施涉案侵权行为的情况，认定为主观恶意明显。案例 5—7 则表明当涉案商标为驰名商标时，法院推定侵权人应当明确知晓涉案商标已在先注册并享有较高知名度，倘若侵权人仍然未经许可使用该商标，则说明其故意攀附知名商标商誉，主观恶意明显。由案例 8 可知，当侵权人明知自己在实施商标侵权，不及时停止，反而采取其他措施，试图掩盖侵权行为时，该种情形也可说明被告存在侵权恶意。由案例 9 可知，当侵权人与权利人存在代理销售等关联关系时，如果行为人知假售假，法院也将认定其存在主观恶意。

2. "情节严重"的适用范围

总结当前司法判例中出现的情况，笔者发现在以下案件中法院特别强调了判断侵权行为"情节严重"时所需考量的因素（见下表），在一定程度上反映了我国法院的审判思路。

---

〔1〕 参见四川省高级人民法院（2016）川民终 940 号民事判决书。

〔2〕 参见福建省高级人民法院（2016）闽民初 78 号民事判决书。

〔3〕 参见上海市闵行区人民法院（2015）闵民三（知）初字第 164 号民事判决书。

表2　法院特别强调侵权情节的案件

序号	案件名称	审理法院	法院认为
1	原告迪尔公司、约翰迪尔（中国）投资有限公司与被告约翰迪尔（北京）农业机械有限公司等侵害商标权和不正当竞争纠纷案〔1〕	北京知识产权法院	被告实施的被诉侵权行为方式多样、侵权商标数量众多，属于商标、不正当竞争全方位侵权，情节严重
2	原告卡尔文·克雷恩商标托管与被告厦门立帆商贸有限公司、厦门塞瑞达电子商务有限公司、陈泉生侵害商标权纠纷案〔2〕	山东省青岛市中级人民法院	被告通过自营网店首页位置使用并大量销售侵权商品，同时，为另外两家网店销售侵权商品提供发票，其主观过错明显，情节恶劣
3	原告康成投资（中国）有限公司与被告大润发投资有限公司侵害商标权纠纷案〔3〕	上海市高级人民法院	被告开设大型实体门店并在互联网上宣传，侵权规模和范围较大，造成的损害后果较严重
4	上诉人叶维锐与被上诉人佛山市瑞芯工业电子有限公司侵害商标权纠纷案〔4〕	四川省高级人民法院	被告反复申请注册侵权商标，不予注册后仍进行商标许可使用，长期将含有"山特"字样的企业名称用于侵权产品上，情节严重
5	上诉人路易威登马利蒂因与被上诉人广州市越秀区帝豪汽车用品商行、毛军侵害商标权纠纷案〔5〕	广东省高级人民法院	被告为注册资本仅为1万元的个人独资企业，经营规模小，被诉侵权产品售价低，对被诉侵权行为认错态度较好，侵权情节尚未达到严重程度

〔1〕　参见北京知识产权法院（2016）京73民初93号民事判决书。

〔2〕　参见山东省青岛市中级人民法院（2015）青知民初字第8号民事判决书。

〔3〕　参见上海市高级人民法院（2016）沪民终409号民事判决书。

〔4〕　参见四川省高级人民法院（2016）川民终940号民事判决书。

〔5〕　参见广东省高级人民法院（2016）粤民终64号民事判决书。

结合列表情况不难发现，虽然上述案件情况各异，但是对于"情节严重"判断的本质思考是相同的。案例 1—4 中，法院在判断"情节严重"与否时，主要考虑的是侵权人侵权规模的大小、权利人遭受损失的严重程度、侵权行为方式以及该行为对市场秩序或公共利益所造成的不利影响。在案例 5 中，法院不仅对上述因素进行了判断，还综合考虑了侵权人的偿付能力与主观认错态度，并最终作出被告侵权情节尚未达到严重程度的判决。笔者认为，这一做法值得充分肯定。

综上，明确惩罚性赔偿的适用条件，是正确适用惩罚性赔偿的基础。为使惩罚性赔偿尽早从"应然"的立法状态转变成"实然"的司法实践，我国应尽快制定相关的司法解释，指导司法审判，推进我国商标专用权保护进程。

（二）司法实践中赔偿基数的计算问题

在我国商标法领域，惩罚性赔偿的适用以确定的侵权赔偿数额为基数，在没有确定的侵权赔偿数额做基础时，惩罚性赔偿难以适用。依据我国《商标法》及相关司法解释的规定，商标侵权赔偿金额可以通过权利人的实际损失、侵权人的非法获利所得、许可使用费的合理倍数三种方法加以计算。尽管如此，在司法实践中仍存在一些问题亟待统一理解，集中解决。

1. 惩罚性赔偿计算基数的来源

由于惩罚性赔偿的适用以上述三大补偿性赔偿金额为基数，在证据不足以确定补偿性赔偿这一基础数据时，惩罚性赔偿缺乏适用前提。

首先，关于权利人的实际损失。由于知识产权的无形性与商标背后商誉价值的难确定性，权利人因侵权所遭受的损失很难精确计算。其次，关于侵权人的侵权获利，由于相关证据掌握于侵权人手中，一旦侵权人拒不提供，虽可以主张妨碍举证，但多数案件中妨碍举证规则并没有被真正适用，权利人最终所获得的赔偿仍不是以侵权获利为基础计算出来的准确数值，而是法院综合全案情节的酌定赔偿。最后，关于许可使用费用。法律规定可以"参照"许可使用费的"合理倍数"加以确定，其不同于前面两种计算基数的表述形式，原因在于自愿协商订立许可合同时，被许可人通常不会将其可能获得的全部利润作为实施许可费用。换言之，实施许可费只占到侵权获利的一部分，因此需将许可费用乘以合理的倍数，从而替代侵权获利。[1]

---

〔1〕 参见和育东、石红艳、林声烨："知识产权侵权引入惩罚性赔偿之辩"，载《知识产权》2013 年第 3 期。

综上，若要为惩罚性赔偿的适用提供数据基础，则权利人必须提供充足证据以证明三种计算基数的计算方式科学合理、数据来源正当可信。由此可见，若想解决惩罚性赔偿在司法中的适用问题，一大关键就是要完善好相关的证据制度，尤其是举证妨碍制度。

2. 知识产权贡献率的考量

考虑知识产权贡献率，即当原告请求以被告的侵权获利作为侵权损害赔偿数额时，必须要考虑被告的侵权行为与其侵权获利是否存在直接的因果关系，而不能简单地将侵权人销售侵权商品的获利等同于侵权人因侵权所获得的利益。[1]

该类问题在专利侵权案件中最为常见。笔者认为，在商标侵权的司法实践中同样应给予足够的重视。在所选取的案例样本中，四川省高级人民法院审理的山特 STK 商标侵权案[2]能够较好地反映法院对商标贡献率的考量。

由此可以看出，在商标侵权惩罚性赔偿案件确定赔偿具体数额时，法官应对涉案知识产权在侵权获利中所占据的比例给予认定，这也是正确平衡权利人与侵权人间利益关系的重要体现。

（三）法定赔偿适用过度泛化问题

1. 法定赔偿的适用前提虚化

在笔者选取的 2013 年《商标法》实施后涉及惩罚性赔偿请求的案例样本中，适用法定赔偿方式判决的案件有 48 例，适用实际损失或侵权获利等方式确定赔偿数额的案件只有 1 例，[3]仅占样本容量的 2%。由此可见，以法定赔偿方式判决赔偿金额在此类案件中具有普遍性，其适用前提已被彻底虚化。

另有学者统计，在 2009 年到 2013 年间，以北京市第一中级人民法院审理的商标侵权案件为样本，判决适用法定赔偿的比例高达 98%。[4]依据中南财经政法大学的《知识产权侵权损害赔偿案例实证研究报告》，在 1 097 件商标侵权案件中，适用法定赔偿的案件占比高达 97.63%。[5]上述数据可以佐证如下结论：在我国商标侵权赔偿领域，法定赔偿适用率过高的问题由来已久，而且是全国

---

〔1〕　邸勋："判赔额为何越来越高？"，载《中国知识产权报》2017 年 7 月 12 日第 8 版。

〔2〕　四川省高级人民法院（2016）川民终 940 号民事判决书。

〔3〕　北京知识产权法院（2016）京 73 民初 93 号民事判决书。

〔4〕　孙那："我国新《商标法》背景下商标侵权案件损害赔偿的司法适用"，载《科技与法律》2014 年第 5 期。

〔5〕　参见张维："知识产权侵权获赔额整体偏低"，载 http://ip.people.com.cn/n/2013/0418/c136655-21180629.html，最后访问时间：2020 年 12 月 20 日。

普遍存在的问题。

2. 法定赔偿的酌定情节原则化

司法实践中，出于对案件压力大、规避改判风险等因素的考量，法官在适用法定赔偿时普遍存在千篇一律的"套话"现象。依据司法解释，在适用法定赔偿时，需参考一系列的综合因素。[1]然而，由于司法解释原则性特征明显，不够细化具体，在实际案件审理中赋予了法官极大的自由裁量权，如河北养元智汇饮品股份有限公司诉山东牛太太乳业有限公司侵害商标权、不正当竞争纠纷案，其特点在于法官的判决理由"只是简单罗列考量因素，没有对侵权人的主观过错程度以及侵权情节等做具体的分析和定论"。[2]笔者认为，这样的判决文书难以做到同案同判，极易使当事人对法官的公正性产生怀疑，严重损害我国司法公信力。

通过对检索判决的分析可知，当前我国商标侵权法定赔偿适用泛化的原因主要有以下几点：其一，损害赔偿确定所依据的证据材料获取困难，证明标准严格；其二，法院长期以来在赔偿数额方面奉行谦抑政策；其三，适用法定赔偿无须明确数额计算过程，改判风险较低；其四，无须审查认定繁杂的证据材料，大大提高审判效率；其五，当事人简单举证、怠于举证或直接要求法院使用法定赔偿方式确定赔偿数额。[3]

因此，如何合理解释法定赔偿需考虑的各项因素，如何结合个案情况将上述因素正确适用到案件中去，如何统一各地各级法院的裁判尺度等问题，是实现我国商标侵权司法裁判确定性、保障司法公信力亟待解决的问题。

四、我国商标惩罚性赔偿制度之适用与完善

我国《商标法》引入惩罚性赔偿制度可谓是一大创举，然而制度的实施情况并不十分乐观。其中尤为突出的问题在于，"恶意"与"情节严重"两大适用条件的判定标准、惩罚性赔偿基数计算体系以及惩罚性赔偿与法定赔偿之间的关系尚未明确。因此，若要使惩罚性赔偿制度尽早从"应然"的立法状态转

---

〔1〕　参见《商标纠纷案件解释》第 16 条第 2 款。

〔2〕　徐聪颖："制度的迷失与重构：对我国商标权惩罚性赔偿机制的反思"，载《知识产权》2015 年第 12 期。

〔3〕　参见蔡卓森："论《商标法》第 63 条的理解与适用"，冯晓青主编：《法大知识产权评论》（第 1 卷），中国政法大学出版社 2017 年版，第 166—177 页。

变成"实然"的司法实践，我国一方面应尽快制定相关的司法解释，指导司法审判，另一方面则要积极总结实践经验，形成科学的审判思路，从而在立法与司法层面共同发力，推进我国商标专用权的保护进程。

（一）明确惩罚性赔偿制度的适用条件

1. 主观"恶意"的判定

我国《民法典》将侵权的主观状态分为故意与过失两种，很少出现"恶意"这一概念。如前所述，从词语含义角度看，"恶意"较"故意"，有着更恶劣的主观侵权意图，在道德上更应该受到谴责，且其与惩罚性赔偿制度的惩罚与威慑功能直接对应，这就要求我们将其与一般侵权的适用条件严格区分。[1]

结合我国立法经验与司法实践现状，笔者认为在判断侵权人主观恶意时，只要能够认定侵权人在侵权行为发生前对涉案商标已经有所了解，而后仍然出于"坏的用意"实施了侵权行为，就可以认定为存在"恶意"。[2]其具体的表现形式虽然无法完全列举，但主要有以下几种：其一，重复侵权，即侵权人在收到侵权通知、受到行政处罚或是接受法院调解审判后，仍然继续实施涉案侵权行为的；其二，涉案商标为驰名或知名度较高的商标的；其三，侵权人与权利人存在代理销售等关联关系，行为人仍然知假售假的；其四，侵权人明知商标侵权，采取其他措施试图掩盖侵权行为的。

2. "情节严重"的判定

关于"恶意"与"情节严重"之间的关系，笔者认为，二者并非立法中的语义重复，后者对于惩罚性赔偿最终选取的倍数有着至关重要的作用，判定侵权行为人主观状态构成"恶意"，仅仅是启动惩罚性赔偿制度的第一步，而侵权情节的严重程度则左右着惩罚性赔偿制度适用的"力度"。

在此，笔者建议通过司法解释对"情节严重"进行开放式列举，在综合实务案例及学界意见的基础上，可参考以下因素加以判定：其一，侵权人侵权行为的规模大小；其二，权利人遭受损失的严重程度；其三，侵权行为方式以及该行为对市场秩序或公共利益所造成的不利影响等。此外，依据个案情况，具

---

〔1〕 参见钱玉文、李安琪："论商标法中惩罚性赔偿的适用——以《商标法》第63条为中心"，载《知识产权》2016年第9期。

〔2〕 参见李冰祥："商标侵权惩罚性赔偿研究——以《商标法》第六十三条为切入点"，山东大学2017年硕士学位论文。

体认定侵权情节是检验法官审理技巧的试金石，也是案件判决结果顺利执行的重要保障。除却侵权人的偿付能力，法官还应综合考虑侵权行为发生地的经济状况、侵权人有无受过行政或刑事处罚等，从而使惩罚性赔偿制度的惩罚与威慑功能发挥出最优效果，避免过犹不及情况的发生。[1]

（二）完善惩罚性赔偿数额的基数计算体系

1. 打破基数计算的顺位规定

《商标法》虽然通过立法统一了惩罚性赔偿基数计算方式的确定顺序，却也存在诸多弊端，提倡在司法实践中打破基数计算顺位的观点已成学界呼声。[2]从立法者角度思考，设立赔偿数额计算顺位的目的主要在于以下两点：其一，更好地填补权利人因侵权所遭受的损失，从而加大知识产权领域的保护力度；其二，缓解司法实践中法定赔偿过度适用的现状，使法官在案件审理中必须按照一定顺序逐一认定赔偿数额，起到统一规范案件审理程序的作用。然而，此规定在司法实践中并没有发挥其应有的效用，反而束缚了审判者与当事人的手脚。法官需按照一定顺位进行基数计算，然而当事人拥有自主选择的权利，民法奉行意思自治原则，当事人有权依据个人情况选择最适合自己的赔偿数额计算方式，由此便会导致在同一个案件的审理过程中审判者与当事人之间的矛盾。倘若强迫推行顺位规定，则会造成大量司法资源的浪费。相反，如果打破惩罚性赔偿数额计算基数的顺位规定，解除法官职权主义思维定式的困扰，真正能够尊重当事人的诉求，使法官处于审判的中立地位，相信司法审判的结果将在保障公平的同时，更加令当事人满意，同样也可以节省大量的司法资源。

2. 完善数额计算的程序法适用

依据我国《商标法》及相关司法解释的规定，商标侵权赔偿金额可以通过权利人实际损失、侵权人侵权获利、许可使用费的合理倍数三种方式计算得出。在笔者所选取的案例样本中，多数案件因法院未采信在案证据，或以当事人提供的证据"不足以证明实际经济损失或被告实际所得利益"为由，或者由于许可使用费不具有可比性等情况，而直接适用法定赔偿。其实，惩罚性赔偿适用程度不高的一个重要原因便是证据收集难。笔者认为我国应当推进知识产权

---

〔1〕 参见徐聪颖："制度的迷失与重构：对我国商标权惩罚性赔偿机制的反思"，载《知识产权》2015 年第 12 期。

〔2〕 代表性的学者如吴汉东教授，其观点参见吴汉东主编：《中国知识产权制度评价与立法建议》，知识产权出版社 2008 年版，第 269 页。

领域证据制度的完善，充分发挥举证妨碍规则的作用，并在司法实践中采取切实可行的手段鼓励当事人积极承担举证责任。

（1）充分发挥举证妨碍规则的作用。尽管从《民事诉讼法》第67条第1款规定的案外人证据披露制度到最高人民法院《关于民事诉讼证据的若干规定》第75条明确的举证妨碍制度，再到该规定第73条确立的优势证据标准等，都是我国立法层面破解"证据收集难"的具体举措，[1]但在我国商标侵权司法实践中，仍然存在诸多问题。为促进我国知识产权侵权损害赔偿制度的正确实施，应当对知识产权侵权损害证明的举证责任制度，尤其是举证妨碍制度，给予更大的关注，从而更好地平衡权利人与侵权人间的利益。当前司法实践中适用该规定的案件数量较少，笔者认为这与缺乏配套细则的指引有关。值得注意的是，2020年11月9日，最高人民法院发布了《关于知识产权民事诉讼证据的若干规定》（2020年11月18日施行），对于包括上述举证妨碍规则等方面的民事诉讼证据制度进行完善。

（2）鼓励当事人积极承担举证责任。在笔者所选取的案例样本中，可以看到我国在司法实践层面为促进商标侵权案中当事人积极举证做出的诸多努力。不论是对侵权人妨碍举证的责任追究——承担不利证据推定后果，还是对权利人怠于举证的惩戒——承担合理支出费用酌情减少的后果，都是促进当事人积极配合举证，还原案件事实的良好尝试。例如，原告迪尔公司、约翰迪尔（中国）投资有限公司与被告约翰迪尔（北京）农业机械有限公司等侵害商标权和不正当竞争纠纷案[2]即是举证妨碍制度的实践应用。同样，在原告厦门东亚公司诉被告南京捷豹公司商标侵权案[3]中，法院对未尽力举证的行为在判决书中予以说明，并因此对该案原告制止侵权的合理费用进行酌减。

从上述生效的裁判中也可以看出，我国在司法实践层面为促进商标侵权案中当事人积极举证做出了很多努力。上述司法中的努力虽然在个案中难以收到立竿见影的成效，但是相信通过以点带面的示范作用，更多的当事人会以此为鉴，自觉端正举证心态，积极承担自身的举证责任。

---

〔1〕　参见夏芬、叶薛之："以完善司法证据制度为视角谈商标侵权损害赔偿问题"，载《中华商标》2015年第6期。

〔2〕　北京知识产权法院（2016）京73民初93号民事判决书。

〔3〕　江苏省南京市中级人民法院（2014）宁知民终字第41号民事判决书。

3. 综合考虑知识产权贡献率大小

在确定惩罚性赔偿制度的适用基数时，相关知识产权的贡献率大小也会起到至关重要的作用。正确平衡权利人与侵权人之间的利益关系，是《商标法》自始至终将贯彻的主题。虽然对应否在商标侵权案件中综合考虑知识产权贡献率以及如何确定贡献率等问题曾存在一定争议，但最高人民法院的一系列典型案例已为我们理出较为清晰的审判思路。

从 2008 年的"红河"商标案[1]到 2014 年的"全友"商标案[2]，再到 2015 年的"卡斯特"红酒案[3]以及 2016 年的"采蝶轩"案[4]，可以概括出当前商标侵权案件在确定赔偿数额时考虑知识产权贡献率的逻辑进路，即当侵权人的销售收入与其生产经营规模、广告选择、商品质量等密切相关，而不仅仅来源于商标时，应综合考虑上述因素。当权利人未实际使用商标时，法院应将这一实际情况纳入考量范围，综合全案分析权利人是否真正受有损失。

（三）正确处理惩罚性赔偿与法定赔偿的关系

1. 正确认识惩罚性赔偿与法定赔偿

对能否将法定赔偿作为惩罚性赔偿的计算基数的问题，必须予以明确表态，即法定赔偿不可以作为惩罚性赔偿的基数。该观点已基本获得学者们的广泛共识，具体理由可归纳为以下两点：

第一，法定赔偿数额本身就是法官综合各方面因素，行使自由裁量权得出的赔偿数额，该数额的确定本身对法官的职业水平提出了较高要求。法定赔偿自身不可检验性与不准确性的特点决定，如果允许惩罚性赔偿以法定赔偿数额为基数，就将极大地放大法官自主裁量权的行使空间，导致审判结果的确定性、合理性受到更大的质疑。

第二，法定赔偿具备一定的惩罚性作用，在因证据不足无法确定惩罚性赔偿的计算基数时可以补充适用。当现有证据不足以计算赔偿数额，进而无法适用惩罚性赔偿条款时，法官可以考虑被告的主观"恶意"与侵权情节，适度增

---

〔1〕　最高人民法院（2008）民提字第 52 号民事判决书。

〔2〕　最高人民法院（2014）民三终字第 1 号民事判决书。

〔3〕　最高人民法院（2016）最高法民申 351 号民事裁定书。最高人民法院认为，侵权人因侵权获得的利益，或者是被侵权人受到的损失，赔偿数额应当与侵权行为之间具有直接的因果关系。

〔4〕　最高人民法院（2015）民提字第 38 号民事判决书。最高人民法院认为，侵权人的销售收入与其生产经营规模、广告选择、商品质量等密切相关，而不仅仅来源于商标，因此需综合考虑各种因素酌情判定赔偿数额。

加赔偿数额。相反，若认可以法定赔偿数额作为计算基础，势必导致"恶意"与"情节严重"的考量因素被重复计算。

2. 避免法定赔偿过度泛化

从现有规定看，虽然《商标纠纷解释》第 16 条第 2 款在一定程度上明确了确定法定赔偿数额需要考虑的因素，包括考虑侵权行为的性质、期间、后果，侵权人的主观过错程度，商标的声誉及制止侵权行为的合理开支等，但由于"相关因素"仍属于高度概括、内涵极其丰富的措辞，如何合理解释并正确适用到具体案件中去，如何统一各地各级法院的裁判尺度等问题，仍然是在实现司法裁判确定性、保障司法公信力的过程中亟待解决的难题。有鉴于此，笔者有以下几点建议：

第一，改变法院僵化的审判思路，明确法定赔偿的民事责任属性，消除谦抑政策的思想禁锢。

第二，尝试建立法定赔偿的量化标准体系，增强个案可操作性。当前我国法定赔偿的数额只规定了上限，不妨尝试在司法实践中将法定赔偿类型化、层级化。例如，根据侵权人的过错程度，涉案商标的知名程度，销售时间、范围、数量，侵权行为发生后侵权人的态度及措施等，分别规定不同的赔偿数额幅度层次。[1]

第三，完善裁判文书的阐述规则，将心证过程书面化。唯有将自由裁量的理由公开化书面化，才能使当事人知晓法院在个案中的判决理由，增加法律的透明度与可预测性；也唯有如此，才能够切实地对今后类似案件发挥指导作用。

第四，通过发布商标侵权典型指导案例，引导法官正确行使自由裁量权。通过指导性案例的示范作用，使法官从已生效的在先判决中学习解决相同类型案件的正确审判思路，避免盲目裁量，从而统一裁判尺度。[2]

---

〔1〕 参见钱海玲、杨立峰："天津法院审理商标侵权民事纠纷案件的调查报告（2008—2011 年）"，载奚晓明主编：《商标审判的回顾与展望——纪念〈商标法〉颁布三十周年征文集》，人民法院出版社 2013 年版，第 142 页。

〔2〕 参见徐福灿、徐华："商标案件审理中法官的自由裁量——限于商业维权案件的研究"，载奚晓明主编：《商标审判的回顾与展望——纪念〈商标法〉颁布三十周年征文集》，人民法院出版社 2013 年版，第 584 页。

五、结论

《商标法》将惩罚性赔偿制度引入商标侵权赔偿领域确是我国知识产权制度一大创举。通过对《商标法》实施以来相关生效判决的梳理，可以发现该制度在司法适用时仍存在法条适用条件可操作性差、举证制度不完善、法定赔偿适用泛化等问题。据此，笔者提出以下主要对策：

第一，明确法条的适用范围。建议针对主观"恶意"的判定参考侵权人是否为重复侵权，是否为驰名或知名度较高的商标，侵权人与权利人是否存在关联关系以及侵权人在明知侵权情况下有无采取其他措施试图掩盖侵权行为；针对"情节严重"可通过司法解释进行开放式列举，具体因素可有侵权人侵权行为的规模大小、权利人遭受损失的严重程度、侵权行为方式及该行为对市场秩序或公共利益产生的不利影响。此外，除却侵权人的偿付能力，法官还应综合考虑侵权行为发生地的经济状况、侵权人有无受过行政或刑事处罚等。

第二，完善赔偿数额计算体系。打破基数计算的顺位规定，解除法官职权主义思维模式的困扰，真正尊重当事人诉求。同时，我国应推进知识产权领域证据制度的完善，充分发挥立法中案外人证据披露制度、举证妨碍规则以及优势证据标准的作用，并在司法实践中采取切实可行的手段鼓励当事人积极承担举证责任。在确定赔偿数额时，法官应考虑相关知识产权的贡献率，正确平衡当事人间的利益关系。

第三，正确处理惩罚性赔偿与法定赔偿的关系。法定赔偿不是惩罚性赔偿的计算基数，且已具备一定的惩罚性作用。在审判中须通过改变法院僵化审判思路、尝试建立量化标准体系、完善裁判文书阐述规则以及发布商标侵权指导案例来避免法定赔偿的过度泛化。

商标许可终止后后续商业行为法律问题研究
——以"后发商誉"为中心

耿留睿

一、商标许可过程中产生的"后发商誉"分配的正当性

商标许可是一种对商标使用权进行流转的商业行为。将商标这种具有商业价值的资源进行合理分配，不仅能够促进个体的发展，更对整个市场经济的发展有着积极的作用。但是，商标作为一种"无形资产"，其价值是不断变化的。尽管商标可以由文字、图形、字母等组合而成，但其价值不仅仅是由这些外在形式决定的。应当说，商标在经营活动中的运用将直接导致商标价值发生改变。在权利人自己使用商标进而增值的情况下自然无须多议，但是在商标许可情况中则有必要讨论，因为商标的现有价值并非由权利人单方创造。至于在商标许可的情形下利益是否应当分配，可以从商誉（goodwill）这一概念进行分析。本文即立足于商标与商誉的相互关系，探讨"后发商誉"及其特有属性。

（一）商标与商誉的相互关系

通常来说，尽管商标与商誉并非同一概念，但商誉会在商标价值上有所体现。在商标许可的情形下，比如在王老吉与加多宝案中，被许可人创造了巨大的衍生利益，在探讨如何对衍生利益进行分配前，首先面临的问题就是商标与商誉的相互关系是什么。

1. 商誉的财产性及人格属性

要探究商标与商誉的相互关系，首先应当了解什么是商誉。商誉实际上是一个较为抽象的法律概念，主要来源于英美法系，我国法律尚未对其进行明确的规定。通说认为，商誉是社会对市场经营者的生产能力、经营状况、服务水

平、产品质量或者管理经验等诸多方面的积极评价。[1]从形态来定义商誉过于抽象，因此无论是从法律角度还是会计角度，都将其归为一种"无形资产"。

关于商誉的法律性质，目前主要有两种意见：一种意见认为商誉属于人格利益，财产性是其附属属性；另一种意见认为商誉利益包含精神利益和财产利益，以财产利益为主。[2]笔者认为，商誉产生于消费者的主观判断，尽管对于商誉做出完满的定义十分困难，但如若概括地将其视为一种可以吸引消费者进行消费继而创造经济效益的良好声誉，可以更直观地分析这一问题。首先，商誉无疑具有财产属性。虽然极难进行量化，但是商誉在未来的经营活动中势必能为企业创造价值，我们不应当因为某个时段难以计量而否认商誉的财产属性。其次，商誉来自消费者的认可，是消费者对商品质量以及其他配套服务等商业要素的积极评价，商品质量的好坏以及其他配套服务完善与否是由经营主体的诸多具体行为体现的，因此，商誉应当属于经营主体本身，代表了消费者对经营主体的主观态度，认为商誉具有人格属性并无不妥。

2. 商标与商誉的历史回溯以及商标与商誉的相互关系

商标与商誉是两个具有密切联系同时又截然不同的概念。从形态来说，不同于抽象的商誉，商标具有实体形态。商标无论是否已经注册，都发挥着影响商品流转的识别功能。商誉与商标不同的一点是，其本身并不具备一般民事权利的充分必要条件，所以商誉难以成为民法意义上的民事权利；同时商誉本身也不能满足知识产权的基本特征，故商誉也难以通过立法成为一项独立的知识产权。

笔者认为，脱离经营主体去谈商标并没有任何意义。商标本身不存在价值，价值来源于商标这一标志所代表的经营主体。从历史角度来看，在商标这一概念产生之前，经营主体就已经存在了。经营主体在经营过程中已经产生了商誉，而这一过程中并没有商标参与。后来随着市场逐渐活跃，产业竞争愈发激烈，商标为区别商品、服务应运而生，法律也明确了商标这一概念并将其上升为法定权益。自此，商标成为商誉的具体载体之一。笔者认为，商标是市场竞争的产物，是经营者为提高销售效率而发明、设计的有效介质。商标这种介质的存在，同时为消费者群体的内部信息交换提供了一种低成本的途径，消费者可以绕过具体的经营者而直接通过这种简单的标志获取其社会评价，所以商标的存

---

[1]　曹新明：《知识产权法》，中国法制出版社 2008 年版，第 134 页。

[2]　吴汉东："论商誉权"，载《中国法学》2001 年第 3 期。

在又进一步加速了商誉的生成以及改变。我们可以看出商誉实际上真正指向的是经营者而非商标。对商品生产经营来说，商誉的价值在于让社会对产品产生一种积极的态度，使得消费者有继续消费的意愿，从而为经营者带来利益，商标在这一过程中则主要起到了识别作用。

实际上，经营主体本身对消费者并没有任何价值，只有当消费者具有消费需求和消费意愿时，经营者作为潜在交易对象才有被消费者了解的意义。此时，消费者有必要收集有关经营者的信息，了解各经营者的商誉，在消费者整体的既有经验基础上进行选择。这一过程中，正是商标的识别作用让消费者将商誉与经营主体进行匹配，进而基于商誉的影响完成消费行为。

如前所述，商誉在商标这一概念或工具产生之前已经存在。在曾经的区域性市场下，人们区分商品来源并无困难。然而，随着社会与科技的发展，区域性市场逐渐变成跨地域市场，随着商品提供商的增多，以商标为代表的商业标识逐渐发挥着更为重要的作用。因此，我们可以认为商标是一种时代变迁下的被动产物，但这并不能改变商誉真正指向经营者这一事实。从另一角度来说，商标除了区分商品来源之外还具有传导功能，即一旦消费者有购买某种特定商标商品的经验，商标的意义就会扩展到传递有关该商品生产厂商生产的其他类别商品的质量信息。因此，商标便逐渐地代表着那些商品生产厂商的声誉。[1]商标的存在并没有转移属于经营者的商誉，就好比无论在多少银行开立了多少账户，存款归根结底都属于储户；无论银行卡在谁手上，存款依旧应当属于储户。

所以，一般观点认为，商标作为"银行账户"，仅为商誉的载体。一个经营者可能同时使用多个商标，多个商标承载的商誉可能是彼此独立的，然而归根结底都归属于经营主体本身。根据这一观点，如若经营主体停止使用某一现有商标，转而使用新的商标，那么商誉不发生减损才符合逻辑，因为单纯载体的变更在理论上不应改变承载物本身。但一般情况下经营主体绝不会抛弃既有商标，因为这样确实会引起商誉的减损。这种现象是否可以作为一个反面例子证明这一观点错误？笔者认为不能如此简单地做出判断。对了解商标替代关系的消费者来说，大概率会基于对经营主体的信任继续购买该产品，在这些消费者群体之中先前的商誉得到了较大程度的保留。但是，信息不通畅的其他消费者

---

〔1〕 王坤："'商标俗称'注册行为的实体法思考——以'巴黎之花'商标侵权纠纷案为分析对象"，载《法学论坛》2011 年第 5 期。

则会停止购买，在这种情况下是信息导致了商誉减损。因此，商标是商誉载体这一观点本身并无问题，只是要同时考虑信息传递对商誉的影响。

需要注意的一点是，虽然商标是商誉的重要载体，但并非唯一载体。笔者认为，王老吉与加多宝一直争取的包装装潢能够起到识别作用，也应当视为载体；经营者除售卖商品以外的增值服务（如配送、保修等）本身也可能作为载体；宣传用语亦可以直接导致商誉的转移，因此，王老吉和加多宝两方也因广告语产生了诸多纠纷。

3. 商誉对商标价值的具体影响

消费者在进行消费选择时，我们很难认为消费者是受到商标设计本身的吸引而消费，而应当理解为消费者是基于商标所蕴含的经营者信息、经营者声誉等诸多因素进行选择。而经营者信息、经营者声誉等诸多因素经过消费者的主观评价以及消费者群体内部的信息流动，便形成了商誉。商标的价值很大程度上体现在吸引消费者进行消费的能力，因此，笔者认为商标的价值在某种程度上受到商誉的影响。例如，某一公司在某一领域的产品得到市场的普遍好评，当该公司又以其他商标生产商品时，消费者基于对该公司的认可也会对使用新商标的产品有着相当的期待和信任，此时商标价值的起点处于较高水准。实际上，新商标的价值也同商标与经营者表面的联系有关，如若一般消费者能轻松察觉商标与经营者之间的联系，那么商誉"附着"在该商标上的速度会更快，效果也更明显；反之，如若新的商标与经营者表面上的联系过于模糊，需要消费者付出较多的注意力才能发现，那么经营者的商誉便很难立即附着在该商标上，甚至日后亦是如此。经营者会随着对该商标的使用而逐渐累积新的商誉。这些商誉虽然归属于经营者，但是直接依附于商标，是商标价值提高的根本原因。

当然，有观点认为，除了商誉以外，商标的价值也与自身状况有关。商标本身是否美观、是否具有吸引力都会直接影响商标的价值。有些消费者在初次选择时没有先前购买的经验，可能会因为上述因素进行"不理性"选择。但无论如何，这种习惯最终会逐渐转化为商誉，持续性地为企业带来收益。

4. 商标许可对商誉的影响

"商标最基本的作用是标示出处。"[1]与商标有关的纠纷中，除了商标权以

---

〔1〕　黄晖：《商标法》，法律出版社 2004 年版，第 2 页。

外，往往还会涉及与商标相关的诸多衍生权益，但是这些权益缺乏明确的法律规定。为了解决相关争议，需要明确相应的权益界限，首先要做的就是探讨商标本身的属性。[1]"通常认为，商标是商品或服务的提供者为了将自己的商品或服务与他人提供的同种或类似商品或服务相区别的标记，商标的首要功能是区分商品或服务来源，即使消费者能够通过商标将相同或类似商品或服务的提供者区分开来。商标的这一功能被称为识别功能。"[2]

识别功能主要是指消费者基于商标对商品及商品提供者进行有效区分。我国《商标法》第9条第1款规定："申请注册的商标，应当有显著特征，便于识别，并不得与他人在先取得的合法权利相冲突。"具体来说，商标的显著特征包括识别性特征以及区分性特征。"识别性是指商标的符号构成能够使消费者识别、记忆，可以发挥指示商品或服务来源的功能。区分性是指一商标可以区别于他商标，与他人使用在相同或类似商品、服务上的商标不相同、不近似，不会引起消费者的混淆。"[3]但如前所述，商标许可行为会使得原本稳定的消费者认知状态产生变化，导致消费者认识中的商品与提供者的匹配关系发生改变。当然，在商标许可期间，权利人为了保护自己的权益可能会采取一定措施来提醒消费者该商标权的最终归属，但是一般消费者很少细心留意探究商标与权利人的关系，而仅仅关注商标与商品的联系。需要补充的是，在商标许可结束之后，消费者的认知状态又进一步被改变。从商标的识别功能考虑，即使商标许可结束后，消费者的认知状态发生变化，由于与商标许可行为本身有直接联系，后期也应当从商标许可角度出发，对消费者的认知状态进行保护和调整。

商标的识别功能表面上与商誉没有直接关系，但如上文所说，消费者正是通过商标的识别功能将商誉与经营主体进行匹配，进而完成消费行为，商标的识别功能对商誉的存在状态和某时段内的归属有重大影响。商誉来源于消费者，而消费者对经营者的评价往往借助于商标这一介质进行。无论是商标许可还是商标转让，都会使得消费者对以往的认知状态产生改变，在这一过程中，商誉暂时性的归属产生了改变，甚至日后也会对商誉本身产生一定的影响。

笔者认为，商标许可根据目的大致可分为两种：第一种是根据自身业务需求争取与业务适配的商标。此种情况下，被许可人更多地关注商标本身的各要

---

[1]　孔祥俊：《商标法适用的基本问题》，中国法制出版社2012年版，第55页。

[2]　王迁：《知识产权法教程》（第2版），中国人民大学出版社2009年版，第387—388页。

[3]　李琛：《知识产权法关键词》，法律出版社2006年版，第58页。

素、特征。第二种则是希望借助商标权人的市场影响力来拓展自身业务，根本目的是"借助"商誉来促进经营。正如上文所说，信息流通会对商誉产生影响，消费者与经营者之间的信息不对称会导致消费者对产品与提供产品的经营者之间的匹配关系产生误认。实际上经营者进行商标许可也正是利用信息不对称产生的这种影响。商标许可与其说是"出借"商标的使用权，更不如说是"出借"商标上附着的商誉。笔者认为，经营者试图利用信息不对称的心理可以用来解释其在商标许可中的某些行为倾向。譬如，被许可人在商标许可期间一般仅会尽最低限度的提示义务，而不会大力介绍自己使用的商标借自他人；同样，商标权人一般不会大力宣传已完成的商标许可行为，否则会损害被许可人的期待利益。总之，商标许可势必会影响到商誉，而且这结果本身应当是行为双方提前能够预知的。

除了信息，商品本身也会导致在商标许可前后商誉产生变化。笔者认为，商标许可主要利用人们的惯性心理，即消费者在习惯购买附有某一商标的商品后，会倾向于重复购买该商品。商标许可发生以后，先前消费者仍会优先购买附有该商标的商品，这实际上就是商誉状态发生改变的转折点。在一次或者数次的消费行为中，如若消费者对品质较为敏感，发现商品不再符合预期，以后可能转而购买其他商品；如若消费者发现商品符合预期甚至更为优越，则依旧会购买附有该商标的产品。在商品品质因经营主体的变化而得到提高的情况下，商标许可结束后，消费者会基于惯性心理继续购买附有该商标的商品，如若发现商品不再符合预期（取决于被许可人先前所提供的商品品质），可能又会转而购买其他商品，这和上述商标许可发生时的情形是相同的。因此我们可以看出，这个过程与其说是被许可人创造的"后发商誉"发生改变，不如说是在商品本身的影响下，商标权人的商誉脱离"后发商誉"的影响，逐渐恢复到了应有的状态。

（二）"后发商誉"的概念及其特有属性

正如最高人民法院在判决书中所述："王老吉与加多宝纠纷的特殊之处在于，许可使用期间形成的特有包装装潢，既与被许可商标的使用存在密切联系，又因其具备反不正当竞争法下独立权益的属性，而产生了外溢于商标权之外的商誉特征。"[1]因此，司法实践认可商标许可过程中会产生独立于商标权人原

---

[1] 最高人民法院（2015）民三终字第2号民事判决书。

商誉的全新商誉，在解决问题之前我们有必要对"后发商誉"及其相关属性进行分析。

1. "后发商誉"的法理内涵

"后发商誉"是相对于"先发商誉"而言的。所谓"后发商誉"，是指在许可他人使用该注册商标或者他人擅自使用该注册商标的时间节点之前，该注册商标还没有较高的知名度或美誉度，即还没有显著商誉。在该时间节点之后，或者是被许可使用人在后的被许可使用过程中的贡献所致，或者是在擅自使用该注册商标者在后的擅自使用过程中的效果所致，才使得该注册商标"后发"产生了显著商誉，即"后发商誉"。[1]正如上文所述，商标许可过程中双方应当预见到商誉会发生暂时性的转移，如若被许可人使用商标得当，那么该商标所包含的商誉势必会增加。随着商标许可的愈发普遍，我们应当对"后发商誉"给予更多的重视。

2. "后发商誉"与商标之辩证关系

"后发商誉"根本特征与"普通"商誉并无二致，只是不同经营者的参与使其更具复杂性。"后发商誉"并不单纯由商标本身所承载，商品质量等与生产商本身有关的要素也会影响商誉。

很多文章在讨论"后发商誉"分配问题时单纯关注商标上附着的商誉，这是不准确的，忽视了商誉与商标既统一又对立的关系。在衍生利益分配的问题上，如若将"后发商誉"单纯理解为商标层面上的商誉，则会忽视商品本身以及生产商本身的价值。

二、对"后发商誉"进行保护的必要性及现状分析

在加多宝使用"王老吉"商标的数年中，经其努力培育，王老吉凉茶成功在饮料市场中占据巨大市场份额，"王老吉"商标价值也增加数倍，蕴含了巨大的"后发商誉"。学界对该"后发商誉"的归属问题进行了诸多讨论，主流观点认为该"后发商誉"应当归属于广药集团。然而，2017年最高人民法院对王老吉与加多宝案的二审判决认为"双方对该装潢均作出了重要贡献，双方可在不损害他人合法利益的前提下，共同享有'红罐王老吉凉茶'包装装潢的权益"。如上文所述，包装装潢同为商誉载体之一，最高人民法院基于公平原则判

---

[1] 陶鑫良、张冬梅："被许可使用'后发商誉'及其移植的知识产权探析"，载《知识产权》2012年第12期。

定双方共享权益实际上就是对"后发商誉"进行保护。由于该判决与之前的主流观点有较大分歧，下文将对"后发商誉"的保护问题进行简要分析。

（一）对"后发商誉"进行保护的必要性分析

在商标许可中，被许可人投入了大量精力与金钱，如若一味地认为商誉归属于商标权人，显然有违公平。学界很多观点认为，如若对"后发商誉"进行分配，将不利于现有法律秩序。如若详细分析这些论证，可发现相当大比重的观点认为实际上应当对"后发商誉"进行保护，而"不分配"只是为维持现有秩序的妥协。接下来本文将从市场价值和法律两个角度探讨对"后发商誉"进行保护是否具有必要。

1. 从市场价值角度对"后发商誉"进行保护的必要性分析

被许可人与商标权人签订商标许可合同往往是想借助商标影响力扩大自身经营，为未来发展奠定基础。从市场竞争角度来看，商标许可制度具有巨大意义，在某种程度上可以降低市场准入门槛，让更多经营者参与到市场竞争中来。但是对于很多中小企业来说，商标许可费用是较重的负担，如若商标许可结束后将所有的商誉归还于商标权人，则相当于未从本质上改变企业经营状况。而且商标许可一旦结束，将会影响中小企业在银行贷款或者在全国中小企业股转系统或区域性股权交易中心挂牌、发债，这又很大程度上限制了中小企业的进一步发展。总之，如若不保护中小企业创造的"后发商誉"，会严重限制其后继动力。

2. 从法律角度对"后发商誉"进行保护的必要性分析

我国《商标法》第 1 条规定："为了加强商标管理，保护商标专用权，促使生产、经营者保证商品和服务质量，维护商标信誉，以保障消费者和生产、经营者的利益，促进社会主义市场经济的发展，特制定本法。"可以看出，商标法并非单纯保护个人权利，亦注重维护社会整体利益。因此，与民法相比，商标法有其特殊性，不应当过于教条地专注于商标权人，也应当认识到商标法服务于市场经济，除了保护商标权人以外，也应当重视消费者和其他竞争者的利益，这样才能促进经济的稳健发展。[1]法律是平衡和协调利益冲突的社会控制工具，也是协调现实利益关系的一种利益平衡机制。[2]商标法要同时兼顾社会整体利益与个人利益，因此需要对权利进行配置，简单地把纠纷涉及的所有利益归于

---

〔1〕 冯晓青：《知识产权法利益平衡理论》，中国政法大学出版社 2006 年版，第 129—131 页。

〔2〕 刘璐："利益平衡——著作权法之精髓"，载《湘潮（下半月）》2011 年第 5 期。

一方显然是不理想的。

根据洛克提出的财产权劳动理论，正是基于社会个体所付出的卓越劳动，才赋予了各项社会原初资源以使用价值，进而使社会个体因此而付出的劳动应获得相应的对价，即获得劳动财产权。对其赋予知识产权或者将其视作私权加以保护的正当性即在于社会个体所付出的劳动过程，从而大大提升原初资源的质量。推演至知识产权领域，鉴于该知识产品本身所携带的高附加值，其创造者自然有权获得该劳动产品的所有权，自然可以基于对该产品之所有权而寻求知识产权保护。[1]笔者认为，"知识产权"不仅限于法定的知识产权，同时也包含与知识产权相关的某些权益，如商誉。如若不对"后发商誉"进行保护，商标被许可人所付出的劳动、精力、金钱就不能得到有效补偿，这不仅有违公平，也会消磨社会创新的积极性，与知识产权法的宗旨相悖。

（二）对"后发商誉"进行保护的现状及理论观点

自王老吉与加多宝案发生以来，就商标许可结束后如何进行利益分配这一问题的讨论就未曾休止。有观点认为在商标许可期间产生的"后发商誉"应当归属于商标所有人，也有观点认为这样对被许可人明显不公，应当根据两方所做贡献合理分配。经过长时间的深入探讨，仿佛理论界对这一问题的观点已逐渐趋于一致。但是，最高人民法院的二审判决又将这一问题重新引向争端。下文将简要介绍对"后发商誉"进行保护的现状并对先前的有关观点进行归纳总结。

1. 对"后发商誉"进行保护的现状

关于"后发商誉"的保护，我们可以先参考其他国家的现状。《兰哈姆法》规定："当某注册商标或某有注册意图的商标被相关企业（related companies）合法使用时，此使用不影响商标权或商标的注册，其使用利益归属于注册人或申请注册人，只要此商标不以欺骗公众的方式进行使用。如若商标的初次使用由他人实施，只要商标注册人或注册申请人对商品或服务属性及质量实施了控制，则初次使用的利益也归属于注册人或注册申请人。"根据其第5条规定，被许可人"使用利益归属于注册人或申请注册人"，但并没有对"利益"作出立法解释。"利益"的具体范围由美国判例确定。美国判例从许可人权利和被许可人义务两方面保护许可人的商誉：第一，在许可人权利方面，"对因许可方商品

---

〔1〕 刘丽霞、蔡永刚："知识产权保护之法理学检视——基于洛克劳动财产权理论视域的研究"，载《人民论坛》2014年第19期。

销售引发的商誉，应归属于商标权人，合同并没有将与商标相关的任何财产利益授予被许可人"。第二，在被许可人义务方面，"被许可人不得质疑、主张、挑战许可人的商标所有权，不得质疑商标的有效性，也不得宣称本人而非商标权人享有商标权"。[1]根据以上内容可以看出，在美国，被许可人创造的"后发商誉"是不被保护的。

在中国，法律不仅没有对"后发商誉"的分配问题进行规定，对商誉本身也没有明确的规定。因此，学界对这一问题的讨论从未停止过。

首先简要分析认为"后发商誉"应当归属于商标权人的观点。该观点认为，饮料等普通消费品的消费者注意力有限，一般仅会注意到商标本身，因此包装装潢很难产生独立的商誉。即使被许可人通过包装装潢获得了独立商誉，在确定被许可人通过包装装潢的使用获得独立商誉时，也应当遵守"被许可人在被许可商标上添附的商誉"归属于许可人的基本原则。如若消费者将包装装潢与被许可商标紧密联系在一起，则该包装装潢的商誉归属于许可人。这是为避免消费者产生混淆的必然选择。[2]另外，在确定商誉的归属时也应当分析消费者的认知状况，究竟包装装潢指向特定商品还是特定商标？就王老吉与加多宝案而言，在包装装潢指向商品本身还是"王老吉"商标这一问题上是存在较大争议的。持前者观点的人认为，消费者真正喜欢的是加多宝凉茶；而持后者观点的人则认为其选择的原因在于信任"王老吉"这一商标，因而包装装潢等应当与"王老吉"绑定。

另一种观点认为，加多宝有权取得其创造的"后发商誉"，因而其在商标许可结束后所使用的包装装潢及一系列广告宣传既没有侵犯广药集团的商标权，也没有构成不正当竞争行为。具体来说，十多年来广药集团已经从加多宝收取了高昂的商标许可费，广药集团现根据仲裁裁决可以收回的只能限于"王老吉"注册商标使用权本身，而无权奢求其他。加多宝通过 17 年的大面积、长时间、高强度使用，使得原本没有任何特色的红罐包装取得了"后发使用显著性"，因而红罐包装也成为具有区分作用的商业标识，拥有其独立的价值，进而需要保护。至于该红罐包装的归属问题，作为原"王老吉"品牌巨大商誉载体之一的红罐包装，并不属于"王老吉"注册商标权利的内容范围，当然也不是许可使用的授权内容。由于载负"后发商誉"的红罐凉茶装潢完全是由加多宝一手打

---

[1] 李国庆："美国商标许可合同中商誉制度述评"，载《知识产权》2013 年第 12 期。

[2] 崔国斌："商标许可终止后的商誉分配"，载《知识产权》2012 年第 12 期。

造并且独力推广的，其相关权益理应归属加多宝方。[1]

除此之外，也有观点认为我们在讨论"后发商誉"的分配问题时应首先确定其前提，即"后发商誉"的创造者通过商标许可获得商标使用权，作为经营者应当提前预见其行为后果，通过自己的经营行为使得被许可商标产生明显增值后无权主张对该商标上的权益进行分配。依据商标许可合同的内容和相关法律规定，加多宝在商标许可结束后无权再使用"王老吉"商标，也应当承担一定的后合同义务，辅助广药集团完成后续的权益交接。但是，作为自由的市场主体，加多宝有权使用自己注册的商标进行经营。如若行为正当，则不应因加多宝与"王老吉"存在先前关系而认定其恶意转移商誉。加多宝通过自身宣传行为打造品牌，积攒商誉，这种行为值得我们保护。同时，我们不应当忽视加多宝多年来使用的红罐包装作为其创造的特有商业标识，也是常年积攒的商誉载体之一。[2]

另外，还有观点提出可借鉴"分离性原则"，在"后发商誉"载体与被许可商标可分离的前提下，再进一步考察其他影响分配必要性的因素。采用分离性原则，首先要考虑是否会产生混淆。如若在许可终止后，包装装潢、广告语及被许可人的其他商标一起使用在商品上，大概率会导致消费者对商品服务提供者产生混淆，两者之间就是不可分离的；如若不会导致混淆，两者就是可以相互分离的。在商标许可终止后，如若该包装装潢、广告语片段组合与被许可人的其他商标一起使用，其指向性并没有改变，因为生产产品的生产者不变，质量亦不变，并不会导致消费者的混淆，即特定的包装装潢、广告语片段与许可商标是可以相互分离而独立存在的，具有分配可能性。[3]

不限于理论界，司法实践的态度在近几年也逐渐产生倾斜。在 2017 年以前，关于王老吉与加多宝案的判决认为，在"王老吉"商标被许可给加多宝使用之前，该商标已是中华老字号和广东省著名商标，在公众中已享有相当高的知名度。在红罐包装上突出使用"王老吉"就承载着相应的巨大商誉和价值，

---

〔1〕 陶鑫良、张冬梅："被许可使用'后发商誉'及其移植的知识产权探析"，载《知识产权》2012 年第 12 期。

〔2〕 王莲峰："商标许可合同使用者利益之保护——王老吉与加多宝商标利益纷争之思考"，载《社会科学》2013 年第 4 期。

〔3〕 张梓湘："商标许可终止后'后发商誉'的分配——基于分离性原则的分析"，载《法制博览》2015 年第 19 期。

这种商誉和价值从广药集团前身开始一脉相传。尽管加多宝后来确实对王老吉红罐凉茶知名度提高做出了贡献，但由此所产生的商誉仍然是附属于知名商品王老吉凉茶的。而此时的"王老吉"商标已与红罐包装的其他要素紧密结合、密不可分，一并构成本案包装装潢，换句话说，红罐包装不能脱离王老吉商标而单独存在。因此，广药集团在收回"王老吉"商标时，附属于涉案知名商品的特有包装装潢就应一并归还给广药集团。[1]

2017 年最高人民法院在终审中却认为，如果将涉案包装装潢权益完全判归一方所有，会导致显失公平的结果，并可能损及社会公共利益，因此，在遵循诚实信用原则和尊重消费者认知且不损害他人合法权益的前提下，可由广药集团与加多宝共同享有涉案包装装潢权益。同时，最高人民法院还强调"知识产权制度在于保障和激励创新。劳动者以诚实劳动、诚信经营的方式创造和积累社会财富的行为，应当为法律所保护"。可以看出最高人民法院如今所持观点是尊重合法创造，维护公平秩序，而非单纯奉行形式教条主义，亦不会为避免"混淆"而忽视对权利进行合理保障。

2. 如何对"后发商誉"进行保护的理论观点

根据前文的内容我们可以看出，在司法实践中法官已经逐渐认可应当对"后发商誉"进行合理分配及保护，理论界也普遍认可保护"后发商誉"的意义，相反观点实际上也是在公平与秩序之间进行的无奈取舍。因此，在符合比例原则的基础上，如何对"后发商誉"进行保护以实现既保证公平又使对现有秩序的影响最小化的目的则愈发有讨论价值。

（1）借鉴添附制度来判断商誉归属。有观点认为，知识产权与物权同样作为财产权，可以参考适用物权的添附制度。所谓添附，是指不同所有人的物结合在一起而形成不可分离的物或具有新物性质的物。添附制度是大陆法系国家物权法中所规定的取得财产权的重要的方法和制度。物权法中的添附制度作为取得所有权的方法，是罗马法以来所公认的原则。它对增进财富，提高效率，促进物尽其用，减少交易成本具有重要的作用。商标许可增值在某种程度上与被添附的物权有相似之处，从经济效益角度来看都很难恢复原状，[2]因此需要依据某些准则对利益进行分配。

一般来说，协议效力优先，在发生添附时应当以当事人的意思自治为准。

---

〔1〕 广东省高级人民法院（2013）粤高法民三初字第 1 号民事判决书。

〔2〕 谢在全：《民法物权论》（上册）（修订第 2 版），三民书局 2003 年版，第 505 页。

若没有当事人约定，一般的处理方式是，当有不动产时，权利归属于不动产权利人。[1]在此基础上倘若仍无法解决，则应当比较双方权利的价值。"后发商誉"产生的过程类似于加工，一般来说，除非加工行为产生的价值显著大于原物的价值，否则在加工这一添附方式中，加工物应当归属于原所有人。[2]

但在商标及商誉纠纷中适用添附制度存在着如下问题：第一，操作依据模糊，缺乏可行性。具体来说，如若商标许可适用添附制度，此时的商标便类似于添附中的不动产或者加工物，在没有特殊约定的情形下，被许可人的利益很难得到保护，而且"后发商誉"难以估值，难以对被许可人进行补偿。第二，当"后发商誉"价值明显高于商标价值时，依据添附的一般理论，新物应当归属于被许可人，这种处理方式又将使得许可人的商标专用权处于朝不保夕的状态，它在挑战我国注册取得商标专用权这一法权秩序的同时，也使得许可人的商标权处于极其不稳定的状态。[3]笔者认为并不能因为对商誉适用添附制度就对商标适用添附制度，除非认为商誉与商标不可分割或者商誉是商标权的绝对核心。在认为商誉与商标可分的情况下，首先要探究其归属。商誉归属于经营主体，在商誉与商标可分的情况下，如若对商誉实行添附，就会使得许可人失去所有的商誉。这样显然并不公平，而且也没有意义。更重要的是，单纯对商誉这种极度抽象的概念进行添附缺乏操作可能性。因此，笔者认为很难通过这种方式对商誉进行分配。

（2）借鉴不当得利制度来判断商誉归属。所谓不当得利是指无法律上的原因而受利益，致他人受损害的事实。[4]事实上，在商标许可中，被许可人在投入了大量时间、金钱后可能会使得商誉大幅增值，一旦商标许可结束，被许可人可能受到极大的损失，这与不当得利的情形有一定相似度。因此有观点认为，在商标许可结束后，根据商标的性质应当返还给商标权人，但是商标之中蕴含的"后发商誉"则应当根据一定的标准进行分配。[5]

至于分割补偿的标准，则应根据个案来具体确定。其方法可以是按历史贡

---

〔1〕 张俊浩主编：《民法学原理》（修订第3版，上册），中国政法大学出版社2000年版，第433页。

〔2〕 佟柔主编：《中国民法》，法律出版社1990年版，第241页。

〔3〕 黄汇、谢申文："论被许可人增值商标的法益保护路径——以'王老吉'商标争议案为研究对象"，载《政治与法律》2013年第10期。

〔4〕 史尚宽：《债法总论》，中国政法大学出版社2000年版，第74页。

〔5〕 李伟华："'王老吉'商标纷争的是是非非"，载《电子知识产权》2011年第9期。

献的一定比例偿付，即按照一定的评估方法，计算出"王老吉"商标在许可期间的新增价值，然后根据销售业绩、宣传力度、社会反响等因素综合认定加多宝的贡献率，二者相乘得出贡献额，最终确定补偿额；也可以是按未来市场影响的一定比例偿付，即收回商标后选择一定期限作为考察期，在此期间内以许可商标的销售额为计算的基准，再乘上一定比例得出最终额度；或者是结合上述两种标准综合计算广药集团应支付给加多宝的不当得利的费用。[1]这种方式看似具有一定的合理性，但无论是商誉本身还是历史贡献比例，都过于抽象，在评估过程中具有太多的主观因素和不确定因素，在确认补偿额度时很难保证完全合理公正。同时，借鉴不当得利制度只能作为一种事后的救济途径，如若能够直接对利益本身进行合理分配，这种金钱的补偿只能作为一种无奈之选。被许可人经过努力获得的商誉本属于一种重要的商业资源，可以在后续的商业竞争中为企业带来极大的竞争力，商标许可结束后失去被许可商标已经为被许可人的持续经营带来极大阻碍，如若连"后发商誉"都一并剥夺，就会给被许可人带来双重打击。即使得到了金钱补偿，如若缺少稳定的消费者群体，经营者依旧难以长久经营。尽管被许可人可以通过事后宣传等手段扩大市场影响力，但是面对自己打造出来的强大品牌，很难有进一步的成效。因此，这样既不符合公平原则，更不利于维护市场内的良性竞争。而且，从识别作用角度理解商标的作用，就是通过商标来辅助消费者选择合适的商品。在商标许可过程中，被许可人通过努力将更好的商品和服务提供给消费者，从而提高了商标的内在价值，商标许可结束后如若不对被许可人创造的"后发商誉"进行保护而单纯进行其他途径的补偿，会导致消费者选择心仪商品的难度增大。所以，站在保护消费者的角度，单纯适用不当得利也是不够理想的。

（3）借鉴优先权制度。这种观点认可商标应当及时归还商标权人，但是考虑到被许可人做出的贡献，为了公平起见，应赋予被许可人在相同条件下优先获取或者继续使用该商标的权利。具体到本案，商标到期后，广药集团可以收回商标，但如若再次许可他人使用，被许可人加多宝应有"优先许可权"。

优先权制度是民法中实现各方利益平衡的重要制度。如在房屋租赁关系中，租期届满后，房屋所有人无论是转让还是出租房屋，原承租人都享有优先权。有观点认为，类似的优先权设计同样可为商标法所借鉴。具体来说，优先权包

---

〔1〕 黄汇、谢申文："论被许可人增值商标的法益保护路径——以'王老吉'商标争议案为研究对象"，载《政治与法律》2013 年第 10 期。

括优先购买权和优先租赁权。但是，商标权人在商标许可产生"后发商誉"后，一般来说更倾向于借助这一更有市场影响力的商标继续进行经营，很少会考虑将其变现，因此，优先购买权对商标许可来说可参考价值有限。在产生"后发商誉"的情况下，由于商誉增值并非由商标权人完成，商标权人在商品质量、后续服务、商品宣传等方面的运营能力往往有所欠缺，所以需要继续通过许可将商标交于有能力的主体使用。事实上，广药集团在商标许可结束后也在一直寻找合作伙伴继续推广"王老吉"商标，而加多宝通过长期推广"王老吉"商标积累了更强的业务能力和相关经验，如若继续得到许可，想必加多宝能进一步挖掘该商标的潜在价值。由此可以看出，对产生"后发商誉"的商标适用优先许可权有一定的现实意义。优先许可制度的优点是可以促使许可人更加审慎地对待商标收回。许可期限届满，如若自身条件不成熟，贸然收回商标后，又不得不再次假手他人，则很可能与原被许可人再度合作。多了这层考虑，许可人可能会更加理性地倾向于继续许可使用，这无疑为各方所乐见。因此，在此种情形下赋予被许可人优先许可权无疑为明智之举。

但是，采用优先许可制度也面临着一定的问题。优先许可权应当在"同等价格"的条件下行使。民法上关于"同等价格"应当采用"严格同等条件说""同一价格说"还是"相对同等条件说"存在很大争议，想必将此制度移植到商标领域也会面临同样的问题。而且，采用优先许可制度存在非常明显的局限性。商标许可包括独占、排他、普通许可三种情形。在排他以及普通许可的情形下，如若所有商标使用人都用心经营，分别创造了巨大的"后发商誉"，那么适用优先许可制度并无不妥；但是，当权利人将商标通过普通许可方式许可多个经营者共同使用时，如若仅有部分经营者创造了巨大商誉，那么赋予所有经营者优先许可权对权利人和真正做出贡献的经营者明显缺乏公平。如若想要根据贡献区别对待，以什么标准认定其是否享有优先许可权存在疑问。同时，对各自的贡献进行有效计量也是实践中几乎无法做到的事情。更重要的是，被许可人享有同等条件下的优先许可权实际上并未得到自己创造的"后发商誉"。我们不能认为当其他的市场主体经许可使用该商标时取得了附着于该商标上的前被许可人创造的"后发商誉"，而且该"后发商誉"的创造者在没有任何优惠的"同等价格"情况下实际上并没有收回其创造的价值。用钱来换取自己创造的"后发商誉"的"使用权"，这种优先许可制度并未起到商誉分配的作用，只能算作一种对"后发商誉"创造者的事后补偿，而且会滚动促进被许可人为商标权人累积"后发商誉"，逐渐增加两者之间的地位不平等。

三、借助市场对"后发商誉"进行保护的可行性探讨

从上文可以看出，尽管对"后发商誉"的分配有着各种不同的观点，但是现有的操作方式及观点显然都不够完备。从尊重权利自由和意思自治的角度出发，有合同约定自然是最为理想的状态，但是事前以合同约定利益分配往往只能起到参考作用，欠缺强制性，更不具备足够的覆盖性。经济学分割方法需考虑的因素多，相对复杂，其科学性也有待考察。同时，我国的配套评估体系也仍不完善，在缺乏有效评估的前提下，经济学分割难以进行。笔者认为，对可分配性的分析不能仅停留在直观的道德评价上，应更深入地从法理上去考察分配的可能性，不能脱离分配可能性这一基本的落脚点，且分配方式应充分考虑"后发商誉"的无形性和许可双方间复杂的关系。如上文所述，商誉产生于自由的市场行为，因此我们可以尝试在"后发商誉"分配的过程中合理运用市场的力量。

（一）以市场为辅助对"后发商誉"进行分配

市场经济中，很多的商业要素都处于动态变化过程中，商誉本身亦是如此。而且由于商誉过于抽象，无论是对其产生的认定还是对其后期的计量，都存在较大困难。当因商标许可而发生与商誉有关的纠纷时，除了借助传统的司法手段之外，我们也可以以市场为辅助，借助市场自身的运作来使商誉恢复其应有的状态。

1. 后续商业行为与"后发商誉"分配之关联

在确定商誉的归属时，应首先分析消费者的认知，判断该"后发商誉"更多地指向特定商品还是特定商标。以王老吉与加多宝案为例，学界对该案中产品的包装装潢究竟指向"特定配方或口味的凉茶"（特定产品）还是特定商标（"王老吉"）意见不一。支持前者的意见认为，是特定配方的凉茶获得了消费者的认同，即消费者喜欢喝加多宝配方的凉茶。加多宝制造该产品，同时拥有该产品的保密配方。因此，该产品上的商誉应该归属于加多宝。支持后者的意见则认为，在消费者心目中，该红罐包装来源于"王老吉"这一品牌的控制者。谁最终拥有"王老吉"商标，谁就拥有该包装装潢的专有权（假定有显著性）。针对这一争议，最高人民法院认为，加多宝虽然通过在红罐王老吉凉茶之上标注厂商信息，以及向消费者昭示其为红罐王老吉凉茶的实际经营者等宣传使用

行为，使相关公众将涉案包装装潢与加多宝建立了一定的联系，但不可否认的是，在"王老吉"品牌已经具有一定的市场知名度，且许可制度所带来的品牌控制人与实际经营者分离愈加普遍的情况下，消费者很难完全忽略涉案包装装潢中使用的"王老吉"文字及商标，以及该文字与商标权人之间的联系，而仅凭厂商名称的标注，即将涉案包装装潢与加多宝形成确定的联系。[1]

如上文所述，商誉产生于主体的经营行为，而消费者对经营者的评价往往直接依附于商标，因此消费者对商标使用人的认知状态会对商誉产生直接影响。抛开事实空谈商誉与商标的内在关系并无意义，我们需要考虑的是商标许可结束后，双方主体的经营活动除了对商标许可结束时点以后的商誉有影响外，是否会对商标许可结束之前的商誉有影响。加多宝自"王老吉"商标许可结束后通过售卖正反面分别印有"王老吉""加多宝"的凉茶以及通过诸如"全国销量第一的凉茶已经改名加多宝"的广告语等方式进行营销，事实上立即吸引来了大量的消费者，也引起了日后与广药集团无休止的一系列纷争。无论是侵权还是不正当竞争，需要关注的要点在于商誉是否发生转移以及这种转移是否具有正当性。毫无疑问，从王老吉与加多宝案中可以看出前被许可方的后续商业行为不仅可以重新塑造一个品牌，也改变了消费者对原品牌和现品牌的认识。可以发现，后续的商业行为对"后发商誉"的分配具有重大影响，甚至亦会造成"先发商誉"的不正当转移。

2. 尝试以市场为辅助对"后发商誉"进行分配

如若对"后发商誉"进行分配，不可避免的问题就是应当根据什么标准对"后发商誉"进行分配以及如何认定其相应份额。但是，现有的认定方式及评估标准都不算尽善尽美。

根据上文的论述，不能单纯认为商标许可所涉及的概括性的商誉仅属于某一方当事人，因此必然面临对商誉进行分配的问题。无论商誉的载体为何物，它都产生于市场活动中消费者通过消费行为对商品或其提供者产生的评价。司法权力对如此抽象且复杂的概念进行发掘、评估以及分配困难较大，缺乏可行性。司法权力的存在价值在于维护社会秩序，因此其适用的场合应在其能力范围之内且符合其本质属性。具体来说，不应当强行使用司法的手段代替消费者进行判断，而是应当给予消费者重新认识、重新选择的机会，应当在法律监管

---

[1] 最高人民法院（2015）民三终字第2号民事判决书。

之下，划定双方合理的行为边界，维持双方平等的竞争地位。

3. 以市场为辅助进行"后发商誉"分配的优势

采用市场化调节机制有以下优势：首先，采用这种方式可以更好地保护消费者权益。具体来说，这种方式可以赋予消费者更大的自由选择空间，真正将自由选择权交于消费者而非裁判者手中。其次，可以更好地维护生产投资人的利益。商誉有别于商标价值，不能将商标的价值简单地等同于商誉，它们拥有彼此独立的价值系统。[1]在产生"后发商誉"的情况下，不仅要关注商标所有人对商标的投资，也要关注被许可人在被许可使用商标期间的精力、金钱等投入。最后，这种方式可以促进市场竞争，也能预防垄断产生。通过确认商标许可双方主体地位，赋予其进行市场竞争的权利基础；通过给予其后续经营自由，由消费者重新确立其与商誉有关的权利归属，赋予其进行市场竞争的内在动力。值得注意的是，这种市场化调节机制也可以避免被许可人"为他人作嫁衣裳"，从而遏制垄断现象的产生。

可以发现，以上几点优势契合商标法的宗旨。因此，市场化调节机制符合商标法内在的价值追求。

（二）对后续商业行为进行规制的合理性分析

尽管最高人民法院判决广药集团与加多宝共享红色包装装潢，但其前提是遵循诚实信用原则和尊重消费者认知，同时亦不损害他人合法权益。同样地，尽管笔者认为可以通过市场的辅助进行"后发商誉"分配，但这不代表不应当对后续的商业行为进行合理的规制。

商标许可结束后，前被许可人有权利为维护自身利益而通过一定的行为来转移自己的商誉或者创造新的商誉。但是，伴随着不同的具体行为亦可能产生其他不良的影响，而这种影响值得人们高度警惕。具体来说，不当的后续商业行为可能带来如下影响：首先，可能破坏商标专用权秩序。尽管有关商誉的分配有一定的讨论余地，但是许可终止后被许可商标归于许可人，被许可人不得使用，这是商标许可合同的根基，不得动摇。[2]其次，不当的后续商业行为会造成消费者混淆，损害消费者的自由选择权。如若商标许可结束后许可双方不能遵从诚实信用原则以及后合同义务任意而为，很有可能会导致消费者处于无

---

〔1〕　王渊、贾丽娜："商标许可终止后的商誉分配综述"，载《社科纵横》2014 年第 8 期。

〔2〕　张梓湘："商标许可终止后'后发商誉'的分配——基于分离性原则的分析"，载《法制博览》2015 年第 19 期。

尽的混乱之中，定向选择无法实现，最终会导致该领域的市场秩序遭到破坏。

（三）有识别作用的商业资源使用限制

商标是一种商业资源，从个体角度出发，商标的作用是作为经营者的独特标识吸引消费者反复购买该经营者提供的商品。与商标类似，具有显著特点的包装装潢能使得消费者明确区分商品来源；同时，广告用语也可以让消费者明确区分商品来源，进而引导甚至误导消费者。因此，在商标许可结束后应当对被许可人运用有识别作用的商业资源进行必要规制。由于包装装潢是有识别作用的商业资源的典型代表，下文将以包装装潢为主进行分析。

1. 包装装潢体现的"商标"属性

包装装潢的"商标"属性首先体现在识别作用，因此有观点认为，在就包装装潢发生争议时可以参考商标制度进行处理。同时，学界亦有少数意见将反不正当竞争法对包装装潢的保护视为一种对智力成果的保护。[1]这一意见如若投射到王老吉与加多宝案中，就可能会强调加多宝对红罐凉茶的包装设计的智力贡献，从而主张加多宝对该包装、装潢享有反不正当竞争法上的权益。按照该解释，很难理解为什么包装、装潢必须知名才受到保护。[2]同时，也很难理解，在外观设计专利保护和版权保护之外，为什么还要以单独的法律来保护知名的外观设计。为避免陷入这一误区，在判断反不正当竞争法上的包装装潢权益归属时，法院应当坚持未注册商标的保护思路，而不是智力成果归属的思路。

知名商品特有的包装装潢之所以受到反不正当竞争法的保护，本质上并非因为该包装装潢本身是一项智力成果，而是因为该包装装潢通过使用起到了区别产品来源或标示产品品质的作用。[3]同时，为了防止消费者产生混淆，《反不正当竞争法》第6条规定："经营者不得实施下列混淆行为，引人误认为是他人商品或者与他人存在特定联系：（一）擅自使用与他人有一定影响的商品名称、包装、装潢等相同或者近似的标识……"这是在一般情况下而言，当处于商标许可的情形下时则可能会更加复杂。

2. 有识别作用的商业资源在商标许可结束后的使用限制

商标许可虽然能够促进商标这一财产权益更好地发挥其潜在价值，但是并

---

〔1〕　孔祥俊：《商标与不正当竞争法：原理和判例》，法律出版社2009年版，第703页。

〔2〕　罗丽娅："论外观设计与包装装潢的冲突"，载《法制与社会》2010年第1期。

〔3〕　孔祥俊：《反不正当竞争法新论》，人民法院出版社2001年版，第388页；黄晖：《驰名商标和著名商标的法律保护——从识别到表彰》，法律出版社2001年版，第43页。

非对于社会没有其他影响。"商标权保护的法律界限和疑难复杂问题的解决，往往需要追及商标权的性质，从法律性质上获得根本性解决。"[1]加多宝和王老吉之间就包装装潢以及广告宣传语所产生的纠纷实际上来源于商标许可对消费者原有认知状态的一种改变。在商标许可结束之后，无论是包装装潢还是广告宣传语，都会对商标的识别功能产生重大影响，进而影响后来的经营活动。因此，需要在市场秩序和正常的法定权益之间进行平衡。

最高人民法院认为应当由广药集团和加多宝共享红色包装装潢实际上受到了很多的质疑，但是，笔者认为不必过度消极。导致消费者识别、区分难度增加的根本原因并不是共享红色包装装潢，而是商标许可行为本身。商标许可行为本身导致了"王老吉""加多宝"两个商标与红色包装装潢以及两方的经营主体在消费者眼中产生了一定的混乱搭配。既然可以将商标许可视为一种合法行为，对于共享红色包装装潢，也就没必要过度担忧。而且，商标权人的权利仅限于既有的权利，如若单纯出于防止消费者识别难度过大的目的而将其他衍生利益归于权利人，则既不符合权利法定，也不符合市场秩序。有理由相信，在垄断市场或者寡头市场下，因为缺乏选择余地，消费者没有太大的识别、区分困难。但是这种状况对消费者没有任何益处。因此，从保护消费者角度出发，一味防止消费者识别困难也未必合理。

笔者认为，消费者有权利选择商品，尽管在短时间内可能因为商标许可或者许可的结束产生一定混乱，但应当给予消费者选择的权利。在商品交换高度密集的现代经济社会，商誉与其载体出现分离已经成为商业常态，拥有包装装潢权益并不代表拥有了它所负载的商誉。因此，不能将特有包装装潢、商标等商业标志的归属与其商誉的归属、分配混为一谈，而应当区别对待。[2]在讨论商标及包装装潢归属时，应当认可商标权人就商标继续享有权利。但是，在包装装潢等权益产生纠纷时，很难奢望总是可以通过司法途径予以合理解决。包装装潢的价值或者商誉都来源于消费者的积极评价，如若把选择权交给消费者，则会起到最为真实的还原作用。无论消费者是注重商品还是包装装潢等形式本身，在经过一段时间的尝试后就会做最为真实的选择。此时，只需相信市场的力量，在市场的影响下，商誉会自然而然地恢复其应有的状态。

---

〔1〕　孔祥俊：《商标法适用的基本问题》，中国法制出版社 2012 年版，第 55 页。

〔2〕　王渊、贾丽娜："商标许可终止后的商誉分配综述"，载《社科纵横》2014 年第 8 期。

（四）宣传行为的合理范围及不当宣传之认定标准

宣传行为对企业来说有重要的意义，对推介商品和吸引消费者都有着不容小觑的作用。尽管宣传行为是个体的一种经营手段，但不代表不会对其他主体和社会整体的利益造成影响。因此，无论是广告法还是反不正当竞争法，都对宣传行为进行一定的把控。

1. 宣传行为转移商誉可能性分析

宣传行为可以充分引导消费者进行选择，尤其在商标许可的情况下，消费者对商标状况的认知充满了不确定，得当的广告宣传能在短时间内重新聚集巨大的购买力。不得不承认，在被许可人慎重经营的情况下会产生巨大的"后发商誉"，无论是否应当进行分配，这些"后发商誉"都会随着商标的回归而暂时归于商标权人的控制之下。被许可人为了自身利益，在后续经营中如若运用某些引导性的宣传，使消费者对原商标与被许可人的归属关系产生误解，很有可能会导致商标权人原先累积的商誉发生不合理的转移，构成侵权和不正当竞争。

无论广告法还是反不正当竞争法，禁止不恰当的广告宣传实际上就是为了防止商誉被不正当地转移。在市场的供求关系中，消费者作为选择方在挑选商品时无非是基于消费习惯或者外部对商品的评价。在消费者第一次挑选商品时，广告宣传的巨大引导作用自不必多说；即使消费者已经具有类似商品的消费经验，如若消费者对商品忠诚度有限，亦可能受宣传的影响转而购买其他商品。在市场经济中，由于商品提供者众多且消费者精力有限，存在严重的信息不对称现象。一旦某一经营者在某一时期采取了误导性的宣传，消费者几乎很难辨识其真假，因此会在实际选择商品时发生一定程度上的态度转变。在这一过程中，经营者之间的商誉状况也会发生变化。尽管后续可以采取法律手段来调控不恰当的宣传行为，但是由于消费者信息滞后，且对相关信息的理解能力有较大欠缺，需要较长时间来认识事实真相。在这种情况下，商誉在较长时间内都难以恢复其应有状态，即使进行一定的经济补偿，也很难对受损经营者的后续发展进行弥补。因此，从维持商誉秩序角度来看，我们应当投入大量精力规制经营者的宣传行为。

2. 商标法视角下正当实行宣传行为之标准

有观点认为，在商标许可结束的情况下，被许可人的后续宣传行为中很有可能存在攀附性广告。所谓攀附性广告，"是指行为人将自己的企业或商品同他人的企业或商品进行比较，并借助于他人企业或商品的良好声誉进行广告宣传

的比较广告形式"。〔1〕"或者说攀附性广告是指利用他人劳动成果或他人声誉为
自己做广告宣传的广告宣传形式。广告主对其他品牌并不采用贬低态度，并与其
他品牌建立某种联系，期望借助对方的良好品牌来提升自己的形象。"〔2〕"攀附性
广告也的确对企业有很大的吸引力，与其他广告方式相比，攀附性广告的费用
低廉，形式多样，针对性强。其不仅能有效降低成本，而且能更贴近消费者，
赢得顾客。"〔3〕在商标许可结束后，如若想当然地认为所有的商誉应当归属于
商标权人，那么被许可人通过与商标权人有联系的广告进行宣传确实都有攀附
性广告之嫌。

　　但是，从客观事实角度出发，在商标许可及许可结束的情况下，无法否认
被许可人与商标权人的确有着密切的联系。更重要的是，也许消费者真正青睐
的是被许可人使用被许可商标时提供的商品。从理性和公正角度来说，如若广
告语的内容主要来于对事实的描述，便没有任何理由对其进行限制，更不应
以攀附性广告这种不正当竞争行为为由进行阻碍。相反，笔者认为在当今中国
的法治环境下，商标许可结束后被许可人能基于诚实信用原则向消费者妥善地
解释商标许可的状况是非常有益的。我国《商标法》第 42、43 条分别规定商标
转让和许可要经过公告，这实际上就是出于维护商标管理秩序以及防止消费者
产生混淆的考虑。然而，现行《商标法》并没有规定在商标许可结束后也应当
公告。因此，在商标许可结束后可以考虑通过被许可人的善意广告来向消费者
解释。这样的做法不仅符合《商标法》的立法理念，也有利于维持商标制度的
稳定。实际上，人们对各种法律制度贫乏的了解已经远远落后于我国现有的法
治需求，对商标许可制度认识的缺乏某种程度上会导致消费者在进行选择时对
商品提供者产生误认。通过合适的广告进行指引，不仅不会破坏现有秩序，反
而会对消费者的既有观念进行引导。因此，笔者认为在商标许可结束的情况下，
前被许可人单纯通过广告阐述与商标权人先前的商标许可关系并无不可，不应
认定其构成攀附性广告。

　　因为商标许可这一事实，被许可方在后续宣传中可以享有更大的自由，但
这种广告宣传的自由也有一定的限制，底线是不得侵害商标权人应有的权利。
虽然向社会传达商标许可的实际状态有重大意义，但是保证既有的商标权利得

---

〔1〕　邵建东："德国竞争法如何评价比较广告"，载《南京大学法律评论》2001 年春季号。

〔2〕　蒋恩铭编著：《广告法律制度》，南京大学出版社 2007 年版，第 125 页。

〔3〕　孟庆宏："寄生广告探索"，载《商业研究》2003 年第 4 期。

到保护才是维持商标管理秩序的前提。在良好的秩序下，消费者才可以更自由地进行消费选择。而且保护法定权利是法律最基本的意义，即使承认宣传自由，也不能破坏这一前提，故而经营者在商标许可终止后的后续宣传中绝对不能侵犯商标权人的既有利益。

受到最高人民法院关于共享包装装潢相关权益的启发，广告语相关的权益也可以借鉴这一思路。具体来说，可以允许前被许可方在商标许可终止后采用宣传手段向社会表明自身与权利人的现实关系。但是，这种宣传不能反客为主，让消费者对真实的权利主体产生误认。双方自愿受商标许可协议约束时，实际上被许可人的宣传自由已经受到了约束。[1]即使商标许可终止，也应当继续履行后合同义务，不得搭商标权人的便车，不得不恰当地宣传商标的前后替代关系。譬如加多宝在后续经营中使用了"王老吉改名加多宝""10罐凉茶7罐加多宝"和"连续7年荣获中国饮料第一罐"的广告语，这些广告语向消费者传达的信息已经不限于商标许可事实本身，还可能使一般消费者产生"王老吉"本身便属于加多宝或者"王老吉"不复存在的误解，因此这种广告语的确属于虚假宣传，侵犯了广药集团的正当权益。广告语如若与商标有密切的联系，任意地运用该广告语亦会侵犯权利人的商标权。即使商标许可已经终止，前被许可方也并非不受约束，其应当继续遵从诚实信用原则，承担相应的附随义务，[2]例如善意地维护合同给付效果或者协助权利人处理商标许可终止后的相关事务。[3]而且，前被许可人经过对标的商标长时间的使用，应当对商标的构成有着清晰的认知，在商标许可终止后的后续宣传中更应当尽到审慎义务，注意与标的商标划清界限。如若宣传中使用的广告语或图形与权利人商标过于相像，那么可以推断该经营者存在主观恶意，相应的宣传行为也应受到规制。虽然本文的主旨是保护商标许可中产生的其他权益，但笔者认为，任何权益的保护都应以良好的商标管理秩序为前提，对商标权的尊重是其他权益受到保护的基础，故而侵犯商标权的宣传行为应当被严格禁止。

四、结论

最高人民法院的判决使得人们重新关注商标许可产生的系列纠纷，也让人

---

〔1〕 崔国斌："商标许可终止后的商誉分配"，载《知识产权》2012年第12期。

〔2〕 韩世远：《合同法总论》，法律出版社2011年版，第248页。

〔3〕 王泽鉴：《债法原理》（第2版），北京大学出版社2013年版，第87页。

们得以从新的视角看待这些问题。在此之前，学界对于商标许可结束后的系列问题产生过激烈的争论，从商誉的角度来看，有人认为"后发商誉"应当归属于商标权人，有人认为应当归属于被许可人。本文认为，一味地维持现有秩序已经不足以让我们忽视被许可方的正当权益，对法定权利的维护也并不能成为忽视相关衍生利益的理由。为了公平正义以及市场的健康发展，应当尊重被许可人在商标许可过程中取得的成果，因此，应当对"后发商誉"的分配方式进行研究。本文认为，可以允许双方在既有权利以外共享相关利益，通过消费者的重新选择来还原商誉本来应有的归属状态，而这一效果单纯通过司法决断是难以实现的，因此，学术界和实务界争议多年都未商讨出可靠的解决方案。2017 年，最高人民法院在（2015）民三终字第 2 号民事判决书中创造性地提出可以由两方共享包装装潢的相关权益，为商标许可终止后的系列纠纷提供了新的思路。双方共享权益，既维护了现有的商标权秩序，又符合公平原则。这种方式保证了市场主体的竞争积极性，促进了市场竞争，体现了商标法对公共利益和实质公平的重视。

在处理与商誉有关的权益归属问题时，尊重消费者意志是应当秉承的重要原则，无论是盲目地将所有权益归于商标权人还是通过各种标准进行事后的经济补偿，都并非最佳方案。最高人民法院提出的共享方案为问题的解决提供了新的思路。在承认双方合法地位的同时赋予双方经营者适当的后续商业行为自由，经过一定时间的市场调整后，消费者通过自主选择自然会使双方的商誉恢复真实状态，而这一过程完全无须公权力介入，大大节约了司法资源。具体来说，经营者后续的商业行为包括对包装装潢的使用，也包括各种手段的宣传活动。前被许可人因为先前发生的许可行为与标的商标产生了法律所认可的联系，所以在商标许可结束后，其有权利在事实范围内对外宣传。换句话说，与其他经营主体相比，该主体享有更大的行为自由。但是，该自由并非不受限制。在因商标许可产生的系列纠纷中，无论什么权益，都应当充分尊重商标权。不仅在商标许可状态持续时，即使商标许可已经结束，前被许可人亦应当遵从诚实信用原则，审慎经营，维护商标权人的合法权益，在此基础之上培育自己的品牌，为自己谋求利益。

商标在先使用抗辩制度研究

文如洁

一、商标在先使用抗辩制度概述

我国 2013 年 8 月 30 日第三次修改、2014 年 5 月 1 日实施的《商标法》，第一次明文规定了商标在先使用抗辩制度。该制度有利于强化实际使用在商标法中的作用，保护未注册商标在先使用人的利益，同时可以弥补我国商标权注册取得制度的不足，是一个符合商标法立法目的的创设性规定。为了更好地适用该制度，有必要从我国《商标法》立法精神以及商标在先使用抗辩制度的立法沿革入手，对商标在先使用的权利性质进行明晰，从而为后续的探讨提供理论基础。

（一）我国《商标法》的立法精神

商标，作为一种将商品或服务的不同提供者相区分，从而起到标识商品或服务来源、防止相关公众混淆的商业标识，其存在与商业活动密不可分。因此，在对《商标法》的立法精神进行解读时，应立足于商业活动的主体，即商标使用人、消费者以及相关管理机构，从这三个要素出发，将商标法的基本概念有机整合。

从商标使用人的角度来看，《商标法》最首要的目的在于保护商标权，因而必须把握好商标权注册取得制度、商标使用这两个概念。首先，关于商标权的取得制度。当今世界上商标的取得体制主要有三种：注册体制、使用体制以及混合体制。[1]我国实行注册体制，即通过法定程序向国家商标主管部门申请注册，从而取得商标权。注册体制下的商标权不会因为他人的在先使用而被推翻，因而更有利于加强商标权的稳定性。商标使用人在明知其预期利益可以得到保障的前提下，更有动力经营自己的商业品牌，从而更好地提高社会效率。同时，注册体制下统一的公示制度更有利于商标的管理，营造健康有序的市场秩序。然而，凡事有利必有弊。注册体制下的商标取得无须构成实际使用，不需要大量金钱与时间的投入。制度的有机可乘、市场的利益驱动导致恶意抢注、商标囤积等现象频繁发生。其次，需要明确商标获得保护的根本在于商标使用。商标的功能决定了商标使用是历史上商标权产生的唯一依据，是商标制度产生的基础。[2]商标的功能在于区别来源，而若想维持其来源识别性，只能通过对商标进行实际使用这一途径。不仅如此，商标使用贯穿商标的取得、商标的维持、商标侵权判断、商标在先使用抗辩等各个环节，其重要性不言而喻。最后，应注意到我国对注册商标、未注册的驰名商标、未注册的有一定影响的商标、未注册的普通商标的区别保护。这也是在采取商标权注册取得制度的我国实现各方利益平衡的应有之义，在对相关概念进行厘定与分析的过程中要牢牢地把握住这些概念之间的差异与联系，体系化地来分析与解决问题。

从消费者的角度来看，《商标法》最根本的目的在于保护消费者的利益，而这种保护是通过防止混淆来实现的。防止混淆作为商标法的规制重点，贯穿商标法的始终。在对相关问题进行探讨时，如是否构成商标法上的相同或近似、一定影响的判断标准等，要抓住防止混淆这一核心。同时，在判断混淆可能性时，除了商品的类似，还应辅以商标的知名度、相关公众购买时的认知状态等其他因素加以综合判断。

从相关管理机构的角度来看，《商标法》的目的在于维护市场秩序、确保公平竞争。商标法系从反不正当竞争法中分离出来的专门保护商标权的法律，因而其理所当然地沿袭了反不正当竞争法维护市场秩序与保护公平竞争的精神内涵，而公平、有序的市场秩序亦能更好地促进市场经济的发展。本文所探讨的商标在先使用抗辩亦和该点有关。

如上所述，我国《商标法》的立法目的在于保护商标权、保护消费者的利益以及维护市场秩序、确保公平竞争，其核心在于商标使用与防止混淆这两要

---

〔1〕 王太平：《商标法：原理与案例》，北京大学出版社2015年版，第178页。

〔2〕 吴汉东：《知识产权法》（第4版），法律出版社2011年版，第236页。

素。商标在先使用抗辩制度作为我国《商标法》法定的商标侵权抗辩事由，对其进行分析与思考亦不应脱离这几个核心概念。

（二）商标在先使用抗辩制度的立法沿革

2013年《商标法》第59条第3款规定的商标在先使用抗辩，其本质上系对在先使用的未注册商标进行保护。下文将主要围绕我国对未注册商标进行保护的立法进程加以阐述。

1983年《商标法》只保护注册商标，并没有涉及未注册商标以及其在先使用人的保护问题。[1]

其后，1993年7月1日，我国开始对服务商标实行注册取得制度。为了避免服务商标使用人因立法的变更承担过多的损失，1993年修正后的《商标法实施细则》设置了专门的过渡条款，[2]将服务商标在先使用人纳入法律的保护范围，但亦为之设置了特别的规定，即只有在满足法律规定的情形下，方能在原有的服务范围内继续使用，因而不具有普遍意义。

1993年第一次修正后的《商标法》增加了关于"以欺骗手段或者其他不正当手段取得注册的"商标可以由商标局撤销的规定。[3]这一规定实际上已经对未注册商标给予了一定程度的保护，但该保护仅停留在确认商标无效的行政确权程序中。

2001年第二次修正后的《商标法》以及相关的司法解释将未注册的驰名商标纳入法律保护范围。[4]未注册的驰名商标的在先使用人可以据此禁止他人注册、使用自己的商标，这实际上赋予了未注册的驰名商标的在先使用人与注册

---

〔1〕 参见曹玲勤："商标在先使用抗辩规则的理解和适用"，苏州大学2015年硕士学位论文。

〔2〕 1993年《商标法实施细则》第48条规定："连续使用至一九九三年七月一日的服务商标，与他人在相同或者类似的服务上已注册的服务商标（公众熟知的服务商标除外）相同或者近似的，可以依照国家工商行政管理局有关规定继续使用。"

〔3〕 1993年《商标法实施细则》中将"违反诚实信用原则，以复制、模仿、翻译等方式，将他人已为公众熟知的商标进行注册"和"未经授权，代理人以其名义将被代理人的商标进行注册"两种行为作为《商标法》规定的"以欺骗手段或者其他不正当手段取得注册"的行为。

〔4〕 2001年《商标法》第13条第1款规定："就相同或者类似商品申请注册的商标是复制、摹仿或者翻译他人未在中国注册的驰名商标，容易导致混淆的，不予注册并禁止使用。"2002年最高人民法院《关于审理商标民事纠纷案件适用法律若干问题的解释》第2条规定："依据《商标法》第十三条第一款的规定，复制、摹仿、翻译他人未在中国注册的驰名商标或其主要部分，在相同或者类似商品上作为商标使用，容易导致混淆的，应承担停止侵害的民事法律责任。"

商标专用权相等的民事权利。[1]有学者认为，"这表明驰名商标的在先使用可以成为侵权抗辩事由"。[2]

与此同时，第二次修改后的《商标法》亦对已经使用并有一定影响的商标进行保护，[3]通过赋予被恶意抢注的商标在先使用人以注册程序中的异议权以及注册商标争议程序中的撤销请求权，从而保护具有一定影响的商标在先使用人的利益。但值得注意的是，其并未解决商标在先使用人能否继续使用该商标的问题。

随后，随着司法实践的推进和学界理论的探索，最高人民法院作出了系列原则性指导，先后规定了在先使用未注册的驰名商标、在先使用有一定影响的商标可成为商标侵权诉讼的抗辩事由。[4]但在实践中，仍然没有具体的法条可以适用。

直到 2013 年《商标法》修改，商标在先使用抗辩首次有了具体明确的法律依据。[5]在延续此前商标在先使用人享有撤销请求权的基础上，其第 59 条第 3 款明确了商标在先使用抗辩的适用条件和限制条件，认可其作为商标侵权诉讼的抗辩事由，在符合法律规定的条件时，商标在先使用人可在其原有范围内附

---

〔1〕　参见李明德：《知识产权法》，法律出版社 2008 年版，第 262—264 页。

〔2〕　叶赟葆："论商标在先使用之保护——兼谈我国《商标法》第三次修订"，载《中南大学学报》（社会科学版）2013 年第 4 期。

〔3〕　2001 年《商标法》第 31 条规定："申请商标注册不得损害他人现有的在先权利，也不得以不正当手段抢先注册他人已经使用并有一定影响的商标。"第 41 条第 2 款规定："已经注册的商标，违反本法第十三条、第十五条、第十六条、第三十一条规定的，自商标注册之日起五年内，商标所有人或者利害关系人可以请求商标评审委员会裁定撤销该注册商标。对恶意注册的，驰名商标所有人不受五年的时间限制。"

〔4〕　2009 年最高人民法院《关于审理涉及驰名商标保护的民事纠纷案件应用法律若干问题的解释》第 6 条规定："原告以被诉商标的使用侵犯其注册商标专用权为由提起民事诉讼，被告以原告的注册商标复制、摹仿或者翻译其在先未注册驰名商标为由提出抗辩或者提起反诉的，应当对其在先未注册商标驰名的事实负举证责任。"2012 年最高人民法院《关于充分发挥知识产权审判职能作用推动社会主义文化大发展大繁荣和促进经济自主协调发展若干问题的意见》第 22 条规定："……注册商标权人的注册商标属于复制、摹仿或者翻译他人未在中国注册的驰名商标、抢注被代理人或者被代表人的商标或者以不正当手段抢注他人已经使用并有一定影响的商标，被诉侵权的在先商标使用人以此为由提出抗辩的，应当予以支持。"

〔5〕　《商标法》第 59 条第 3 款规定："商标注册人申请商标注册前，他人已经在同一种商品或者类似商品上先于商标注册人使用与注册商标相同或者近似并有一定影响的商标的，注册商标专用权人无权禁止该使用人在原使用范围内继续使用该商标，但可以要求其附加适当区别标识。"

加适当区别标识继续使用该商标。

同时，从上述趋势我们不难看出，我国《商标法》在逐步地强化商标使用在商标保护中的地位和作用，不断加强对在先使用的未注册商标的保护力度，扩大其保护范围。

（三）商标在先使用抗辩的权利性质

我国学界对商标在先使用抗辩的权利性质分歧较大。出于更好地探讨其权利内涵，把握其具体适用要件的需要，必须先明确其权利性质。主要是要把握好两对概念，即商标在先使用抗辩与商标在先使用权，以及商标在先使用抗辩与在先权利的区别，下面将依次分析。

1. 系消极的抗辩事由，而非积极的民事权利

结合商标在先使用抗辩的立法沿革以及其在我国《商标法》中的条文结构安排，不难认定《商标法》第 59 条第 3 款的法律性质。

我国对未注册商标给予一定程度的保护，但对其保护程度无疑不及对注册商标的保护程度。同时，在《商标法》2013 年修改前，我国对未注册商标的保护已存在于商标申请注册程序与确认商标无效的程序中。加之《商标法》第 56 条已对商标权的范围进行了规定，《商标法》第 57 条是对商标侵权行为类型的规定，且《商标法》第 59 条第 1 款是关于描述性标记的合理使用的规定，第 2 款是关于功能性标记的合理使用的规定，通过体系解释与当然解释，位于这些条款之后的第 59 条第 3 款只能是关于商标在先使用不侵犯注册商标专用权的抗辩事由，而非一种积极的民事权利。此种抗辩"不能转让或者许可他人行使，不能禁止第三人使用相同或者类似商标，无权因此要求第三人进行损害赔偿"。[1]

进而言之，该抗辩更趋向于一种事实抗辩，而非抗辩权。"抗辩权是一种法定权利，其表现在诉讼上的效果是：原告的请求权虽存在，但其效力被永久或一时地排除了。"[2]抗辩权人如果放弃行使其抗辩权而自愿履行，其后不得主张履行无效；抗辩权人如果行使其抗辩权，法律也不能强迫其履行。将商标在先使用抗辩界定为"抗辩权"，不利于禁止恶意抢注行为，因而不太妥当。同时，从条款中"无权禁止"等字眼可以推出，此时商标在先使用人的行为不构

---

〔1〕 杜颖："商标先使用权解读：《商标法》第 59 条第 3 款的理解与适用"，载《中外法学》2014 年第 5 期。

〔2〕 杨立新、刘宗胜："论抗辩与抗辩权"，载《河北法学》2004 年第 10 期。

成侵权，因而请求权基础不复存在。将商标在先使用抗辩界定为事实抗辩，意味着在私法领域，法律是不认可在后商标权人因为恶意抢注取得商标专用权的，便通过否定其救济性请求权的产生来体现该否定性评价。[1]

但在我国，仍有相当一部分学者认为对商标的在先使用行为可使得在先使用人获得一种"商标法上的权利"，因而将《商标法》第 59 条第 3 款称为"商标先用权"或"商标在先使用权"。其认为："商标先用权是指对于相同或类似商品或服务上的相同或近似商标，在先善意使用人对他人获准注册的该商标继续使用的权利。"[2]"商标先用权是一种正当使用的行为，先用人基于自己在先使用的事实，是一种自然存在的权利。"[3]然而，此种称呼的合理性值得商榷。在我国，尤其是在实行"法定原则"的知识产权领域中，"先用权"这一概念容易让人误以为商标在先使用抗辩是一种法定的、可以对抗一切第三人的、可以许可和转让的"使用权"。其不妥之处在于：这种"在先使用权"的存在将直接动摇我国商标权注册取得制度，与我国《商标法》的立法目的相冲突。

综上所述，商标在先使用抗辩并非一种积极的对世权利，其无法禁止他人在其在先使用范围内使用该商标，称之为"商标先用权"或"商标在先使用权"不甚妥当。商标侵权抗辩应属事实抗辩，系立法者为保护善意在先商标使用人的利益而对在后的注册商标权设置的一个例外，称之为"商标在先使用抗辩"更符合立法本意。

2. 系侵犯注册商标专用权的抗辩事由，而非商标注册时的阻却事由

还有一组概念值得加以区分，即商标在先使用抗辩与在先权利。商标在先使用抗辩系侵犯注册商标权时的抗辩事由，上文对其有详细分析，在此不多赘述。下文将主要探讨作为商标注册阻却事由的在先权利[4]以及其与商标在先使用抗辩的区别。

我国《商标法》并没有规定何为在先权利，仅是通过一些司法解释等文件对其进行了不完全列举。落入其范围内的有在先的商号权，在先的企业名称权，

---

〔1〕 参见尹腊梅：《知识产权抗辩体系研究》，知识产权出版社 2013 年版，第 147—148 页。

〔2〕 张崴："商标先用权保护探讨"，载《知识产权》2014 年第 2 期。

〔3〕 王莲峰："我国商标权限制制度的构建——兼谈《商标法》第三次修订"，载《法学》2006 年第 11 期。

〔4〕 《商标法》第 9 条第 1 款规定："申请注册的商标，应当有显著特征，便于识别，并不得与他人在先取得的合法权利相冲突。"

在先使用的商品特有名称、包装和装潢等。"按照知识产权法定主义对其进行体系化解释，在先权利是指法律效力低于知识产权特别法规定的权利的某些权益，或者指那些知识产权特别法、反不正当竞争法、民法虽然有规定，但是按照这些法律，当和商标权发生冲突时难以进行处理的权益。"[1]

与商标在先使用抗辩系法定抗辩事由不同，在商标权注册取得制度下，商标使用人无法通过其在先使用行为而产生任何法律上的权利，我国立法对此也无相关规定。在先权利系一种法定权利，由法律明文规定，这也是其权利产生的基础所在。不同于消极、被动的只能在注册商标权人提出侵权之诉时才能援引的商标在先使用抗辩，在先权利人可以自己享有在先合法权利为由，阻止在后的商标注册或在其注册后向商标评审委员会申请撤销该商标。且二者的效力亦不同，若抗辩成功，商标在先使用人可在其原使用范围内附区别标识继续使用该商标，其效力只及于自身的后续使用行为。而在先权利的成立可以使得"和在先权利相同或者近似的标识无法获得效力将及于全国的商标注册，或者可以撤销效力已经及于全国的注册商标"。[2]与之相对应的，二者在具体的制度设计上亦有所不同，如时间节点的认定、一定影响的判定、主观方面的认定等，在此不过多探讨。

综上所述，本文所探讨的商标在先使用抗辩与在先权利是一脉相承却又截然不同的概念，在含义、权利来源、性质、法律效力、具体适用要件上都不尽相同，因而在规范用语上以及司法实践中应注意加以区分。

（四）商标在先使用抗辩的制度价值

商标在先使用抗辩这一规则的确定，为在先使用的未注册商标提供了有效的法律保护，有利于平衡注册商标权人与善意的在先使用人之间的利益，符合我国《商标法》的立法目的。更重要的是其有利于强化商标使用在商标法中的作用，弥补了商标权注册取得制度的缺陷，具有非常高的制度价值。下文将对之进行详细的探讨。

1. 有利于强化商标使用在商标法中的作用

早在商标这个具体概念被提出之前，其作为"假冒诉讼"的救济对象就已

───────────────

〔1〕 李扬："商标法中在先权利的知识产权法解释"，载《法律科学》（西北政法学院学报）2006 年第 5 期。

〔2〕 李扬："商标法中在先权利的知识产权法解释"，载《法律科学》（西北政法学院学报）2006 年第 5 期。

出现在公众的视线中。然而，假冒商标只是诉因，法律真正保护的是被假冒商标背后所蕴含的商业信誉，即商标使用人在长期经营活动中不断投入时间与金钱打造出来的良好的商业信誉与其商标所具有的识别功能。如同中山信弘教授所言："标记性法律保护商业中使用的标记，但真正受到保护的其实是标记所代表的商业信誉。商誉是消费者关于某一商业经营者的总体评价，同时也是经营者的财产。"[1]消费者购买该商品，是基于对该商品的信任，这一信任体现在其价格优廉、质量可靠、外形美观、广告具有吸引性、售后服务出色等诸多因素上。从这个角度看，商标的财产性体现在其背后的商业信誉的财产性，而商业信誉是由使用者的实际使用，如商业宣传、扩大规模、诚信经营等积累而来的。

然而，因为我国实行商标权注册取得制度，很容易让人误以为注册商标权是基于注册而产生的。更有甚者，"绝对的商标注册制度可能割裂商标与其价值来源之间的联系，影响商标功能的发挥"。[2]因为在我国申请注册商标时不要求对该商标存在先的实际使用行为，商标使用、商标的识别性功能、商标背后所体现的商誉为人们所忽略。但通过注册获得的商标权，仅是基于对注册人意图使用该商标并使之产生良好商业信誉的法律推定而赋予其的形式意义上的商标权，实质意义上的商标权则是基于商标注册后实际使用并由此产生的良好的商业信誉而产生的。[3]社会财产并不是凭空创设出来的，任何权力机关都不能通过一项制度来赋予公民以财产。获得财产的方式只有劳动，体现在商业活动之中，即实际使用该商标。

具体到商标在先使用抗辩这一制度而言，法律认可在先使用的具有一定影响的商标，认为其可作为商标侵权诉讼的抗辩事由。其所保护的是，即使未经注册，在先实际使用的商标因为其基于实际使用所积累的商誉，亦能产生值得法律保护的正当利益。这一正当利益，即令商标注册人都不能剥夺，应尽可能地让该商标继续使用，确保商标在先使用人的预测可能性，保护公平竞争。这一制度背后的价值导向在于进一步强化实际使用在商标法中的作用，同时倡导

---

〔1〕 ［日］中山信弘：《工业所有权法》（上），弘文堂2000年版，第一部分第一章第二节。转引自路欢："商标在先使用人利益保护制度研究"，华东政法大学2013年硕士学位论文。

〔2〕 黄光辉："试论我国商标权取得制度的重构——基于'使用'与'注册'的考量"，载《南方经济》2004年第5期。

〔3〕 参见张耕等：《商业标志法》，厦门大学出版社2006年版，第153页。

市场主体通过实际使用、诚实信用积累其商业信誉，抢注他人在先使用的商标这种投机行为是不可取的。

2. 保护未注册商标的利益，弥补商标权注册取得制度的缺陷

如上所述，在《商标法》2013 年修改之前，除未注册的驰名商标受到较高程度的保护外，我国对未注册商标的保护仅限于在商标注册程序以及行政确权程序中通过禁止恶意抢注进行规制。但在商标侵权诉讼中，并无具体的法律可以适用，且关于善意的在先使用人能否继续使用该商标，其继续使用该商标的行为是否构成对注册商标权人的侵犯问题，亦未能得到解决。而商标在先使用抗辩制度的出台，补充了我国对未注册商标的保护体系中缺失的一环，为其提供了在商标侵权程序中的法律保护。该制度"是本次修改商标法时为了平衡商标在先使用人和注册商标专用权人之间的利益而新增加的内容，主要目的在于保护那些已经在市场上具有一定影响但未注册的商标所有人的权益"。[1]

同时，由于我国《商标法》实行先申请原则[2]、信息不对称等原因，商标在先使用人面临着丧失获得全国性排他权的可能性。更糟糕的是，因为市场的逐利性，滋生出大量的囤积与抢注行为，其通过转让或诉讼的方式获得不当利益。抢注后的注册商标权人以商标在先使用人侵犯其注册商标专用权为由提起诉讼，试图获得损害赔偿。这无疑会侵害商标在先使用人已经形成的市场信用与商业信誉，严重扰乱市场竞争秩序。同时，大量的时间与金钱被浪费在行政确权以及商标的跨类注册上，造成了资源的严重浪费。

我国《商标法》规定商标权注册取得制度，其目的在于维护市场秩序、确保其高效运行，商标权注册取得制度只是实现这一目的的渠道与手段，而非其目标与结果。因此，商标在先使用抗辩制度在弥补绝对的商标权注册取得制度的缺陷的同时，保护了在先使用人已经形成的市场影响力和商业信誉，确保了其预期利益，从而可以激励商标在先使用人继续使用该商标，促进市场经济健康高效地发展。

---

〔1〕 全国人民代表大会常务委员会法制工作委员会编：《中华人民共和国商标法释义》，法律出版社 2013 年版，第 113 页。

〔2〕《商标法》第 31 条规定："两个或者两个以上的商标注册申请人，在同一种商品或者类似商品上，以相同或者近似的商标申请注册的，初步审定并公告申请在先的商标；同一天申请的，初步审定并公告使用在先的商标，驳回其他人的申请，不予公告。"

二、商标在先使用抗辩实证研究

我国对商标在先使用抗辩的立法规定，仅体现在《商标法》第 59 条第 3 款中，存在较多的立法空白，而正是立法的粗线条导致了司法实践中的适用不一。下文将立足于我国司法实践，对相关判决进行归纳，分析商标在先使用抗辩成立或不成立的理由，继而归纳出我国司法裁判中存在的问题，引导后续司法实践准确适用法律。

（一）商标在先使用抗辩在司法裁判中的适用情况

笔者在中国裁判文书网中搜索"民事案件、商标在先使用"等关键词，筛选出与商标在先使用抗辩相关的 30 个案例，并对之进行梳理与归纳。案件的时间跨度从 2011 年到 2017 年，通过时间线进行列举，以反映我国司法实践对该制度的法律适用的变化以及其最新态度。选取案件时系随机抽样，地域涵盖了安徽、吉林、江苏、上海、浙江、广东、重庆、湖南、陕西、福建、山东等；审理级别涵盖了一审、二审乃至再审，具有广泛性与全面性，能够体现我国法院对商标在先使用抗辩制度的一般性理解。下面将依据法院不同的裁判情形进行分析。

1. 商标在先使用抗辩不成立的情形

通过对商标在先使用抗辩不成立案件的裁判理由进行归纳整理（见表 1），不难看出，法院在认定抗辩不成立时，主要有以下几种理由：未能证明其使用商标的时间早于或有证据证明其使用时间晚于注册商标申请日；未能证明该商标已具备一定影响力；在先使用时间晚于注册商标权人的实际使用时间；主观上非善意；在先使用非实际使用。

同时，在认定是否构成商标在先使用抗辩上，法官首先考虑的因素是商标在先使用的时间节点，其次是该商标是否具有一定影响。这是由于商标在先使用抗辩制度的目的就在于保护基于在先使用行为所形成的正当利益，因而商标的在先使用行为是其根本，且该点在实践中较容易判断。若不构成在先使用，或其在先使用未具有一定的规模，就无须考虑其他因素，可以直接判定商标在先使用抗辩不成立。

从法官对该条款的把握程度来看，在该条款设立后的初期阶段，存在认为商标在先使用抗辩的时间节点为"先于注册商标取得日之前"的不当理解，但在之后的判决中，法官都将"注册商标申请日"作为判断是否构成在先使用的时间点，对该条款的理解逐渐加深。但在有些要件的判断上，仍有不同的处理，下文将详细探讨。

表1　商标在先使用抗辩不成立的情形

序号	案号	案件名称	判决要点
1	山东省德州地区（市）中级人民法院（2014）德中民初字第315号	王宝领诉罗宪强侵害商标权纠纷	使用行为发生在商标注册申请之后；未证明具备一定影响力
2	浙江省杭州市拱墅区人民法院（2015）杭拱知初字第47号	永康市鲁班工具厂与张丽娟、江苏锋泰钻石工具制造有限公司侵害商标权纠纷	未证明在注册商标取得日之前在先实际使用；未证明具有一定影响
3	北京市第一中级人民法院（2015）一中民五初字第0109号	曹建兴与乐清绿森商贸有限公司、浙江天猫网络有限公司侵害商标权纠纷	先于申请日使用；未具有一定影响
4	吉林省长春市中级人民法院（2015）长民三初字第82号	吉林省北方医药有限责任公司与吉林省华牧动物保健品有限公司、长春市绿园区森卉兽药器械经销部侵害商标权纠纷	未证明在注册商标申请日之前实际使用商标且具备一定影响
5	杭州铁路运输法院（现为杭州互联网法院）（2016）浙8601民初388号	宝玑贸易（上海）有限公司与华润万家生活超市（浙江）有限公司、上海远怡进出口有限公司侵害商标权纠纷	先于申请日使用；未具有一定使用规模且未形成一定影响力
6	浙江省义乌市人民法院（2016）浙0782民初20332号	吕永强与义乌市纳嘎日用品有限公司侵害商标权纠纷	未证明商标申请注册前已在先使用；未证明具备一定影响力
7	上海知识产权法院（2016）沪73民终210号	浙江智梦教育咨询有限公司上海分公司、浙江智梦教育咨询有限公司与智梦教育信息咨询（上海）有限公司侵害商标权纠纷	未证明其在注册商标申请之前实际使用商标且具备一定影响；实际使用时间未先于注册商标权人的实际使用时间
8	江苏省泰州市中级人民法院（2016）苏12民终1013号	泰兴市薇薇新娘婚纱摄影馆与青岛薇薇新娘婚纱摄影有限公司侵害商标权及不正当竞争纠纷	未在注册商标申请日之前在先实际使用；在先使用时主观非恶意；未能证明在先使用的承继

续表

序号	案号	案件名称	判决要点
9	福建省厦门市中级人民法院（2016）闽 02 民终 2656 号	厦门市研友教育咨询有限公司与北京中创东方教育科技有限公司侵害商标权纠纷	与在先使用人的商业合作不意味着享有其在先使用权；未附加适当的区别标识
10	湖南省衡阳市中级人民法院（2016）湘 04 民初 78 号	青岛薇薇新娘婚纱摄影有限公司诉衡阳市雁峰薇薇新娘时尚婚纱摄影侵害商标权纠纷	未能证明在注册商标申请日已实际使用
11	陕西省西安市中级人民法院（2016）陕 01 民初 930 号	上海布来斯教育投资有限公司与西安逾青商务信息咨询有限公司侵害商标权纠纷	基于授权协议而获得的在先使用权，相对于授权人不存在对于未注册商标产生在先使用权的时间和空间条件；授权期限届满后未停止使用
12	最高人民法院（2016）最高法民申 3022 号	东光县连镇李文焕烧鸡店与东光县连镇保真烧鸡店侵害商标权纠纷	未证明在注册商标申请日前有实际使用的事实
13	广州知识产权法院（2017）粤 73 民终 444 号	广州市荔湾区新汇丰百货商场、中粮集团有限公司侵害商标权纠纷	未证明在注册商标申请日前有实际使用的事实
14	江苏省常州市中级人民法院（2017）苏 04 民终 668 号	常州开古茶叶食品有限公司与北京市天龙保健茶有限公司侵害商标权纠纷	先于申请日使用；未具有一定影响
15	广东省佛山市中级人民法院（2017）粤 06 民终 2752 号	佛山市乔家面馆餐饮有限公司、佛山市南海鼎盛乔家餐饮有限公司与林晓生、佛山市高明区伍号乔家餐饮有限公司确认不侵害商标权纠纷	在先使用的时间晚于注册商标申请日；不具有善意
16	安徽省高级人民法院（2017）皖民终 67 号	黄思合与湖北周黑鸭企业发展有限公司侵害商标权纠纷	使用行为发生在商标注册申请之后

续表

序号	案号	案件名称	判决要点
17	浙江省杭州市中级人民法院（2017）浙01民终304号	深圳品岸贸易有限公司与宝玑贸易（上海）有限公司、华润万家生活超市（浙江）有限公司侵害商标权纠纷	在先使用时间晚于商标申请注册时间；未证明具有相当的使用规模，形成了一定市场影响力
18	重庆市第一中级人民法院（2017）渝01民终462号	重庆优信投资管理有限公司与优信互联（北京）信息技术有限公司侵害商标权纠纷	未证明在注册商标申请日之前实际使用商标且具备一定影响
19	上海知识产权法院（2017）沪73民终293号	御河硅谷（上海）建设发展有限公司与天安数码城（集团）有限公司、上海万科房地产有限公司侵害商标权及不正当竞争纠纷	无授权行为，基于曾经的关联关系即可构成商标使用的默示许可缺乏依据；在注册商标申请日之后使用
20	广东省中山市中级人民法院（2017）粤20民终38号	中山市艾普电器有限公司与欧普照明股份有限公司侵害商标权及不正当竞争纠纷	未证明其在申请日之前使用；未证明其具有一定影响力

2. 商标在先使用抗辩成立的情形

商标在先使用抗辩成立的情形要明显少于其不成立的情形，几乎不到它的一半，但仍有相当高的数量。这是因为我国采取商标权注册取得制度，对未注册商标在先使用人的保护有一定程度的限制，因而对商标在先使用抗辩的成立施加了诸多限制，故其抗辩成立的情形较少。但作为侵犯注册商标专用权的抗辩事由，商标在先使用抗辩因其自身的制度价值在实践中仍被较高频率地援引。这也侧面证明了该制度的设立在有效地维护我国未注册商标在先使用人的利益的同时，不会对我国商标权注册取得制度造成根本性的冲击。

商标在先使用抗辩成立的情形大多全部满足或部分满足以下要件：商标在先使用行为应早于注册商标申请日；商标在先使用行为应早于注册商标权人的使用行为；商标在先使用系实际使用；具备一定影响；后续使用不得超出原使用范围；构成持续使用；善意使用；应附加区分性标识等。由此观之，商标在线使用抗辩成立的要求较高。若商标在注册后从未实际使用过，则不会造成相关公众的混淆与误认这一事实，能帮助法官进行判断。

表 2　商标在先使用抗辩成立的情形

序号	案号	案件名称	判决要点
1	江苏省南京市中级人民法院（2011）宁知民初字第 497 号	蒋玉友与南京夫子庙饮食有限公司侵害商标权纠纷	先于申请日使用；在特定区域具有较高知名度和一定影响；使用的方式和范围没有发生变化；没有证据证明该餐馆存在中断经营 3 年以上的情形；系善意使用
2	安徽省高级人民法院（2013）皖民三终字第 00072 号	梁或、卢宜坚与安徽采蝶轩蛋糕集团有限公司、合肥采蝶轩企业管理服务有限公司、安徽巴莉甜甜食品有限公司侵害商标权、不正当竞争纠纷	先于申请日使用；在申请日前已具有一定影响；注册商标权人在在先使用权人具有一定影响的地域内无实际使用行为，不会造成相关公众的混淆
3	安徽省蚌埠市禹会区人民法院（2013）禹知民初字第 00010 号	芦伟明与被告蚌埠市蚌净空气洁净技术有限责任公司侵害商标权纠纷	先于申请日使用；在申请日前已具有一定影响；注册商标权人无实际使用行为；先于申请日依法享有并使用其注册登记的企业名称，主观上并无过错；使用标识时与公司全称一起使用，表明了产品的生产厂家，不会导致相关公众的误认
4	上海市第一中级人民法院（2014）沪一中民五（知）终字第 187 号	合肥伍伍壹网络科技服务有限公司诉上海拍拍贷金融信息服务有限公司侵害商标权纠纷	先于申请日使用；在申请日前已具有一定影响；未超过原有规模。
5	安徽省高级人民法院（2014）皖民三终字第 00074 号	北京康美达科贸有限公司、朱建辉与合肥三猫环保科技有限责任公司侵害商标权纠纷	先于申请日使用；具有了一定的市场影响力和较高的知名度
6	北京市海淀区人民法院（2015）海民（知）初字第 39590 号	蔡利军与北京婚趣科技有限公司侵害商标权纠纷	在先使用人的行为与注册商标核定的服务类别不同，不侵害该商标专用权；先于申请日使用；无法证明商标注册人实际使用商标在先；无法证明在先使用人的主观恶意

序号	案号	案件名称	判决要点
7	江苏省常州市中级人民法院（2016）苏04民终3528号	常州丹那帕工业品进出口有限公司与福迪威西特传感工业控制（天津）有限公司、北京百度网讯科技有限公司侵害商标权纠纷	先于商标注册人使用；先于申请日使用；具有一定影响；未超过原有规模；已附加适当区别标识以避免混淆
8	江苏省南京市中级人民法院（2016）苏01民终7243号	王海明与江苏八方客文化美食有限公司侵害商标权纠纷	企业字样早于商标注册申请日使用；有一定影响；在原使用范围内继续使用且附加适当区别标识
9	上海知识产权法院（2017）沪73民终65号	南通远程船务有限公司与上海博格西尼企业发展有限公司，上海第一八佰伴有限公司，广州市锦琳皮具有限公司侵害商标权纠纷	先于申请日使用；先于商标注册人使用；主观系善意；构成商标法意义上的商标使用行为；持续使用；具有了一定的影响；并未随意拓展其使用范围；应附加区别标识
10	浙江省嘉兴市中级人民法院（2017）浙04民初91号	平湖市丸美子贸易有限公司与嘉善县罗星街道御王汇足浴会所侵害商标权纠纷	先于申请日使用；持续使用；具有了一定的影响；商标注册后，使用标识的方式并没有改变；主观非恶意；注册商标后从未实际使用过，不会造成相关公众的混淆与误认

（二）司法裁判中存在的问题归纳

通过对上述案件进行梳理与分析，不难发现我国司法实践就商标在先使用抗辩制度的一些具体要件存在不同的理解与处理方式。同时，司法实践中也出现了一些法律并未规定的其他情形需要法官予以解释。主要可以概括为如下几点：

1. 将商标在先使用抗辩称为商标在先使用权，进而与在先权利相混淆

实践中，大量法官将《商标法》第59条第3款的权利内容称为商标在先使用权，认为其系基于商标的在先使用而产生的可以继续使用该商标的权利。在这里不过多地探讨该条款的权利性质，仅讨论这样称呼所带来的后果。其容易导致司法实践中法官将《商标法》第59条第3款规定的商标在先使用与《商标法》第9条规定的在先权利相混淆，然而二者系全然不同的概念。在对案件进

行初次筛选的过程中，笔者发现，在搜索"商标在先使用"这一关键词所检索到的 60 多份裁判文书中，有 6 份将这两个概念相混淆，近乎十分之一的错误率。因此，这一司法实践支撑了上文的观点，即要将商标在先使用抗辩与在先权利这对概念相区分。同时，为避免混淆，不应将《商标法》第 59 条第 3 款称为商标在先使用权，应统一称呼其为商标在先使用抗辩。

2. 可援引商标在先使用抗辩的主体不确定

商标在先使用人本人可以援引商标在先使用抗辩，这一点无须多言。但商业活动的复杂性与流通性，给认定可援引商标在先使用抗辩的主体增加了困难。实践中出现的，如与商标在先使用人有商业合作关系或系其关联企业，是否是适格主体？商标在先使用人出资设立的其他有限责任公司是否可以援引商标在先使用抗辩？由个体工商户升级成有限责任公司时，其基于原个体工商户的在先使用行为产生的商标在先使用抗辩的承继问题应如何认定？我国相关法律法规对此并未有所规定，因而实践中对该问题的处理方式亦各不相同，缺少统一的评判标准。

3. 对企业名称或字号的在先使用能否适用该条款的处理不同

《商标法》第 59 条第 3 款对企业名称或字号是否可以适用该条款获得法律上的保护并未做出明确规定，我国法院对其处理方式亦不同。有的法院并未解释对企业名称或字号的使用是否构成商标性的使用，不讨论其是否适用本条款，直接从其对在先使用的企业名称或字号享有在先权利，且其对该企业名称或字号的使用并不会导致相关公众混淆，因而未侵犯注册商标专用权的角度判案。但大多数判决认为，当字号在所在行业、地域具备较高知名度，相关公众能够将字号与商品来源形成特定联系，从而实际发挥商标的功能时，相对于在后的注册商标，可以在一定范围内产生在先的商标性权利。[1]

4. 对在先使用时间节点的认定不同

除极少数判决认为商标在先使用抗辩成立的时间节点为"先于注册商标取得日"外，绝大部分判决都认为应"先于注册商标申请日"。然而关于是否需要"早于注册商标权人的使用"，部分判决对之有明确的要求，但大部分判决都没有提及该要件。

---

[1]　安徽省高级人民法院（2013）皖民三终字第 00072 号民事判决书。

5. 对有一定影响的认定不同

法院对商标在先使用抗辩中"具有一定影响"这一要件的理解并不统一，且其援引的相关规定各不相同。一些法官援引《商标审理标准》[1]，一些法官则援引最高人民法院《关于审理商标授权确权行政案件若干问题的意见》。[2]何为"具有一定影响"，具体案件中又应适用何法律法规，需要进一步明确。

同时，对于商标在先使用具备一定影响的时间节点，法院在裁判中也并没有统一适用。一些法官在判决中写道，在先使用的商标应在注册商标申请注册之前具有一定影响，明确提及界定一定影响的时间节点在于注册商标申请日。而大部分的法官在判决中对于该问题都没有提及。

6. 对原使用范围的认定不同

《商标法》第 59 条第 3 款中所描述的"原使用范围"是指原有地域、原有商标或服务还是原有规模，并无法律上细化的规定。在实践中，一些法院认为是指原有经营规模；一些法院认为是原使用的商品范围，即不得扩大到类似的商品和近似商标上；一些法院认为应是原有地址与经营区域。判决之间存在较大的分歧，亟待统一明确。

7. 对是否应主动判决附加区别标识的处理不同

在笔者选取的 10 个商标在先使用抗辩成立的案例中，只有 3 个提及后续的商标使用应附加区别性标识这一法理，但均未在具体的判决内容中明确应承担附加区别性标识的责任。这主要是源于实践中原告的诉讼请求通常未包含请求其附加区别标识。针对此种情况，法官应如何判决并无统一的标准可以参考。

三、我国商标在先使用抗辩制度之完善

由于我国对商标在先使用抗辩制度的规定过于简单，理论界与实务界对其具体适用要件存在着较大的争议。为了更好地为我国司法实践准确适用法律提

---

[1] 2005 年《商标审理标准》规定："认定商标是否有一定影响，应当就个案情况综合考虑下列各项因素，但不以该商标必须满足下列全部因素为前提：（1）相关公众对该商标的知晓情况；（2）该商标使用的持续时间和地理范围；（3）该商标的任何宣传工作的时间、方式、程度、地理范围；（4）其他使该商标产生一定影响的因素。"

[2] 2010 年最高人民法院《关于审理商标授权确权行政案件若干问题的意见》第 18 条第 2 款规定："在中国境内实际使用并为一定范围的相关公众所知晓的商标，即应认定属于已经使用并有一定影响的商标。有证据证明在先商标有一定的持续使用时间、区域、销售量或者广告宣传等的，可以认定其有一定影响。"

供指引、完善我国商标在先使用抗辩制度，推动相关理论的研究进展，有必要对我国商标在先使用抗辩制度进行进一步完善。

上文已对该条款的性质进行了深入的分析，结合对我国商标在先使用抗辩制度的实证分析，下一步需明确其具体的适用条件与限制。因而下文将主要围绕商标在先使用抗辩适用的主体及主观方面、客体、行为以及限制等进行探讨，为更好地适用该制度尽一份绵薄之力。

（一）商标在先使用抗辩适用的主体及其主观方面

1. 在先已获授权许可的第三人系适格主体

显然，商标在先使用人本人可以援引商标在先使用抗辩，在此不多探讨。需要探讨的是实践中频发的商标在先使用人将其商标授权许可他人使用，以及生产经营活动中出现的企业转让、变更等情形下，其继受人是否可以援引商标在先使用抗辩的问题。

首先，关于授权许可的情形。在这需注意时间节点的问题，笔者认为，在先已获授权许可的第三人可援引商标在先使用抗辩，而在后获得授权的则不可援引，这里的先后应以注册商标申请日划分。这是因为商标法保护的是商标在先使用人基于其在先使用而形成的商业信誉以及市场影响力。从这个角度来看，在先已获授权许可的第三人与在先使用人本人使用的都是同一种商标，对相关公众认牌购物的判断并无实质性影响。同时，若不允许在先已获授权许可的第三人援引商标在先使用抗辩，则意味着善意的商标在先使用人在使用其商标时就必须预见到未来将有人就类似商标申请注册，对其施加了过重的预见义务，既不利于商标在先使用人自身发展壮大，亦不利于我国市场经济的发展，有违商标法的立法目的。然而，在注册商标申请日之后获得授权许可的第三人不可援引商标在先使用抗辩。这是保护注册商标权人利益的需要，防止商标在先使用人肆意地发放授权许可，扰乱市场秩序。且在后发放授权许可的行为实际上违反了《商标法》第 59 条第 3 款关于"不得超过原使用范围"的规定，此时若能证明商标在先使用人的主观恶意，即明知他人已获得注册商标专用权仍然授权许可他人使用，则该行为已构成对注册商标专用权的侵犯。

其次，关于生产经营活动中出现的企业转让、变更等情形，如上文中提到的实践中有商业合作关系或系其关联企业、商标在先使用人出资设立其他有限责任公司、个体工商户升级成有限责任公司等。此时应牢牢把握住在先使用商标的经营主体这一关键，即只有在先实际使用了该商标的经营主体，方是本文中提到的可以援引商标在先使用抗辩的适格主体。因此，由个体工商户升级成有限责任公司的情形，若能证明其系同一经营主体转变而来，则可承继该商标在先使用抗辩，类似的还有企业的合并以及自然人死亡后的继承。至于与商标在先使用人有商业合作关系或系其关联企业，由商标在先使用人出资设立的其他有限责任公司，因其非同一市场实际经营主体，因而无法援引该抗辩。

2. 主观应为善意

法律术语上的善意，是一种主观心态，即没有侵犯他人合法取得的在先权利的意图，这也是法律不对其加以责罚的原因所在。我国《商标法》第 59 条第 3 款并没有规定商标在先使用人是否应具备该要件，因而此时应采取体系解释以及目的解释的方法。

《商标法》第 7 条规定：申请注册和使用商标，应当遵循诚实信用原则。条文中所说的"诚实信用"在这里指的就是善意，在这个角度下，商标在先使用抗辩的成立理所当然地应具备善意要件。同时，从该条款的立法目的来看，其保护的是商标在先使用人基于长期的经营行为而产生的正当利益，若其在使用时明知他人已对该商标进行实际使用且具备一定的影响，欲搭载他人声誉，那么其在先使用行为当然不受法律保护。

需注意的是，对善意的把握应体现在这一条款的方方面面，如商标在先使用的时间节点以及其后续的持续使用的判断等。下文将加以详细探讨，在此不过多赘述。

（二）商标在先使用抗辩适用的客体

1. 企业名称或字号亦可适用商标在先使用抗辩

从《商标法》第 59 条第 3 款的条文规定来看，其保护的仅是在先使用的商标，并未规定"企业名称或字号"等字眼。但在司法实践中存在着大量企业名称或字号与他人的注册商标相同或近似的情形。面对注册商标权人的侵权控辩，其是否可以适用该条款从而获得法律上的保护，成为法官需要考量的问题。

笔者认为，虽然二者的定义有所不同，企业名称及字号不属于商标的范畴，但二者亦有相通之处，在某些情形下可以发挥同样的功能。如作为区别不同企业的主要标识，企业名称或字号可用于识别商品或者服务提供者的身份，同样能发挥识别商品来源的作用，因而可属于商业标识的范畴，从而可以适用商标在先使用抗辩。

2. 该在先使用的商标应具备一定影响

从上文的实证研究中可以看出，关于一定影响，现已出台的较多的司法解释以及法律性文件对之进行了较为详细的规定。但这带来了一个问题，即如此多的规定，法官释法时应适用哪一条？下文将围绕商标法的立法目的，从体系化的角度，就一定影响的内涵以及界定时间点展开讨论，以期更好地适用我国的商标在先使用抗辩制度。

首先，关于一定影响的内涵。在实行商标权注册取得制度的我国，未注册商标本不应被法律保护，而之所以对其进行保护，是因为其通过实际使用而产生的正当利益亦应被法律认可。从这个角度看，在我国，未注册商标具有一定影响，是其受到法律保护的根本原因。《商标法》第 59 条第 3 款保护的是商标在先使用人基于其使用行为而产生的合法利益，即其通过诚实经营、金钱投入、时间产出等积累形成的商誉。因而要求该在先使用的商标具备一定影响理所当然。至于该一定影响的程度，根据体系化解释的方法，其影响力一定比驰名商标的影响力低，无须达到驰名商标的知名度以及地域上需覆盖全国的标准。基于上述两点，通常情形下，只要构成了实际使用，且该商标在其使用地域内起到了识别商品来源的作用，消费者可将该商品或服务与之对应的生产者或提供者联系起来，便已达到该规定中一定影响的要求。

其次，关于界定一定影响的时间点问题。从该条款的立法目的来看，其主要是为了保护未注册商标在先使用人的正当利益。因而该商标具有一定影响的时间点不必拘泥于注册商标申请日或商标核准注册之日。在该商标被注册之后，其对该商标的实际使用而凝聚的一定影响仍然值得法律保护。同时，对具有一定影响的时间点较为宽松的把握与不得超出原使用范围的规定并不冲突，亦不会危及注册商标权人的利益。

综上所述，笔者认为，具备一定影响的时间点这一问题并不重要，晚于注册商标申请日后获得一定影响的商标若满足其他要件，依然能获得法律的保护。只要该商标在先使用人在被控侵权时可证明其在先使用的商标能起到识别来源的作用，便符合"具备一定影响"这一要件。法官在具体案件中应把握这一要点，不拘泥于法律条文的规定，综合分析，进行个案判断。

（三）商标在先使用抗辩适用的行为

1. 该在先使用行为系实际使用且应具有连续性

第一，应为实际使用。关于商标使用，我国《商标法》第 48 条对其有明确的规定。将商标用于商品包装、广告宣传，以及一切可以识别商品来源的行为，都可以被视为商标使用，范围极其广泛。商标使用的形式多种多样，其落脚点却只有一个，即需达到识别商品来源的标准，使得消费者可以将该商品或服务与其对应的生产者或提供者建立起特殊的联系，从而认牌消费。

需注意的是，随着互联网技术与网络购物的飞速发展，商标使用的方式将变得越来越多样化。如在互联网上使用自己的商标作为链接，销售自己的商品或者服务，以及将商标作为互联网上的搜索关键词使用等行为，亦属于商标使用。

第二，应为连续使用。虽然《商标法》第59条第3款并未要求商标在先使用行为持续到注册商标申请日，但通过商标法的立法目的以及法律的其他规定，不难认定商标在先使用行为应具有连续性。

从商标法的立法目的这一角度来看，商标法保护的是商标背后的商业信誉。长时间的不使用必然导致商标承载的商业信誉逐渐消亡，从而不再有导致相关公众产生混淆的可能性，因而也不再具有被商标法保护的价值。

从我国法律的其他规定来看，《商标法》第59条第3款要求在先使用的商标需具有一定影响，若想使在先使用的商标到达有一定影响的程度，形成一定的市场秩序，必须对该商标构成实质意义上的持续使用。我国《商标法》规定，注册商标没有正当理由连续三年不使用的，可以被申请撤销。我国法律不保护"躺在权利上睡觉的人"。注册商标必须满足连续使用的条件，我国法律才会对其继续保护。根据体系解释的规则，我国对未注册商标的保护力度低于对注册商标的保护力度。因而在注册商标的存续都需要满足连续使用的前提下，在先使用的未注册商标亦需满足这一条件。另一个可以参考的法律设置是关于服务商标的规定。2002年公布的《商标法实施条例》中规定，中断使用3年以上的服务商标，不得再继续使用。

但是上文所说的持续使用并非不可中断。若该中断是出于正当理由，且后来继续使用，该商标仍然可以发挥识别商品来源的功能，那么法律应当对其予以保护。这也是基于市场的不可预料性，市场经营中出现的门面改造、厂址搬迁、停业整顿或其销售的商品系季节性产品等原因而导致的中断使用的情形，若因此而不能适应商标在先使用抗辩，显然有失公平。

还有一点需要注意的是，停止使用后再次使用的行为，很有可能存在主观恶意，即该"在先使用人"停止使用后，知晓他人正在使用且已申请注册该商标，欲图搭载其声誉或认为有利可图，因而再次使用，这样的行为当然不应受到法律保护。法官在判断在先使用人主观上是否系善意时，应将持续使用这一要件纳入考虑。

2. 该在先使用行为时间节点的认定

第一，该在先使用行为应早于注册商标申请日。《商标法》第 59 第 3 款明确规定在先使用行为应早于注册商标申请日，这是出于保护我国商标权注册取得制度的需要。

注册商标权人系自商标核准注册之日起方获得注册商标专用权，继而才能以权利被侵犯为由向商标在先使用人提起侵权诉讼，从这个角度看，规定商标在先使用应早于商标核准注册之日似乎更为合理。然而若法律如此规定，商标申请日之后的第三人在其商标使用行为符合其他要件时仍可援引商标在先使用抗辩，那么实践中将会出现大量的投机主义者。他们在已经知晓该商标存在并具有一定影响的前提下，抱着不正当竞争的目的，刻意搭载其声誉，通过疯狂的广告输出或大规模的投入生产等行为迅速获得一定影响，而注册商标权人却无法禁止其后续的在原使用范围内的使用行为。这将对注册商标权人的利益产生极大的影响，甚至严重地危及我国的商标注册取得制度，在社会上带来不正之风。因此，将在先使用行为的时间点规定为商标核准注册之日不可取。

从另一个角度看，商标申请注册之后，商标局经审查后会发布初步审定公告，公众对该商标的存在有了知悉可能性。若在商标申请注册之后，仍有人对相同或者类似的商标进行使用，即使不是故意，其主观上至少存在过失，因而不对其后续的使用行为进行保护也无可厚非。

第二，该在先使用行为并非必须早于注册商标权人对商标的使用行为。《商标法》第 59 条第 3 款明确规定，在先使用人的使用行为需早于注册商标权人的使用行为。虽然这一规定可以彻底地保障注册商标权人的利益，但对善意的申请人过于严苛。商标具有地域性，如商标在先使用人先于注册商标申请日便有实际使用该商标的行为，但基于地域限制或者商标注册权人在先使用的商标的影响力较小等原因，对注册商标权人的在先使用行为并不知情，此种情况下若仅因其晚于注册商标权人的实际使用这一原因而驳回其商标在先使用抗辩，显然不符合商标在先使用抗辩制度的目的。

该项规定还有一个不妥之处，即其未意识到注册商标权人在申请日前对商标的使用其实属于对未注册商标的使用。相较于注册商标而言，对其保护应有一定程度的限制，如其无法禁止在不同地域范围内的善意的在后使用者。因而要求在先使用人的使用行为早于注册商标权人的使用行为，这一规定与我国对未注册商标予以一定程度的保护的原则不符，同时剥夺了在其后使用的善意使用人的合法权益。

通过以上论述可知，该项规定较为不妥，那么我国法律为何要如此规定？这主要是为了防止商标在先使用人知晓注册商标权人的在先使用行为，为了搭载其声誉恶意使用，继而造成相关公众混淆。其主要目的在于排除对恶意的在先使用人的保护。

在把握这一规定时，应重点考量的是该商标在先使用人主观上是否为善意。司法实践中，不能仅仅因为商标在先使用人的实际使用行为晚于注册商标权人的实际使用行为便简单粗暴地认定商标在先使用抗辩不成立。若商标在先使用人能证明其使用行为系善意且符合其他要件，应认可其商标在先使用抗辩。需要注意的是，笔者认为，主观状态的证明责任应由商标在先使用人承担，而非由注册商标权人证明商标在先使用人的行为属于恶意。这一证明责任的承担方式更利于保护注册商标权人的利益，且与法律的其他规定相配套。

综上所述，对商标在先使用的时间节点正确的判断应为，在先使用需早于注册商标申请日，而无须早于注册商标权人对商标的使用行为，但此时商标在先使用人应证明其使用行为系善意。因为我国法律规定的不恰当，司法实践中也的确存在法官在判决书中以商标在先使用人的在先使用行为晚于注册商标权人对商标的使用行为为由判决其抗辩不成立的情形，因而有必要对该条规定予以修正。然而，2013 年《商标法》在 2019 年进行过修改，法条的频繁修改不利于法律的稳定性。应从法律解释的角度入手，如发挥《中华人民共和国商标法释义》的原则性指导功能，形成系列案例的判决导向，从而更好地指引司法实践。

（四）商标在先使用抗辩适用的限制

1. 后续的使用行为不得超过原使用范围

《商标法》第 59 条第 3 款仅笼统地规定了原使用范围一词，对其具体内涵与范围并无细化规定，因而应结合该条款的立法目的对之进行体系化解释。需注意的是，由于商标本身的特性以及商业活动的复杂性，不可盲目地将其中的原使用范围与《专利法》第 69 条第 2 款规定的原有范围等同。下文将围绕后续商标使用的主体、对象、地域范围以及规模进行讨论，以进一步明确原使用范围这一概念。

第一，不可许可他人使用。从商标在先使用抗辩的性质来看，其属消极的抗辩事由，而非积极的民事权利，是我国法律为保护在先善意使用商标产生的合法利益而对在后的注册商标权设置的一个例外。其性质决定了不能转让或许可他人使用该抗辩。

同时，作为一项对未注册商标提供保护的条款，应注意利益平衡问题，避免过多侵害注册商标权人的利益，危及我国的商标注册取得制度。而发放授权许可的方式简单，数量以及规模都难以控制，若是允许以授权许可的方式继续使用该商标，则会对注册商标权人造成难以估摸的损失。

综上考虑，笔者认为后续的商标使用不应包括许可他人使用这种情形。

第二，在原有商品或服务上使用。除驰名商标外，注册商标权人的专用权仅及于同种类的商品或服务，因而跨类使用行为不构成侵权，在此情形下也没有讨论商标在先使用抗辩的必要。

商标在先使用抗辩制度解决的是商标在先使用人后续使用行为的合法性问题，而该合法性来源于其在先使用行为。因而其后续使用行为只能限定在原有的商品或服务上，而无法延及类似的商品或服务，这一点与注册商标不同。这一规定符合我国商标法保护注册商标专用权的立法目的。

同时，需注意的是，实践中对商标种类的划分多是以商标分类表为判断标准。同一商品类别下又划分有不同的商品名称，因而除了商品类别之外，其原有商品或服务的范围还要受到具体商品名称的限制。如注册商标的注册类别是第25类（服装、鞋、帽），商标在先使用仅及于该类别下的"婴儿纺织用品"这一组别，其后的使用行为则不应超出该范围，跨越到"不透水服装""鞋"等其他组别内。

第三，在后使用行为不受在先使用的地域范围的限制。有观点认为，商标在先使用人后续的使用行为不应超过其一定影响的辐射范围，笔者不赞同这一观点。首先，市场经济下的经营行为具有逐利性，其不可避免地有进行市场拓展的需求，因而对后续使用的地域范围限制实际上是抑制其规模的拓展，这点下文将加以详细探讨。其次，限制其后续行为的地域范围并无法限制其影响力的增强。商标使用的效果并不仅仅在于影响力辐射范围的扩大，更在于商标背后所体现的商誉的提升，而这可通过加大宣传力度、加强售后服务等方式加以实现，因而对地域范围的限制无法实现其限制商誉增加的作用。最后，地域范围是一个很模糊的概念，实践中很难予以界定且界定成本过高，互联网、现代物流以及电子商务的发展更是使得原有地域范围的界定几乎不可能实现。因而将原使用范围限制为地域范围几乎是一项不可能实现的制度设计。

第四，在后使用行为不受在先使用的规模的限制。从《商标法》第 59 条第 3 款的立法目的来看，其旨在为未注册商标提供保护，而该保护应是实质性的。对后续使用行为的规模进行限制会使该保护流于形式，从而使该条款失去意义。

从实际经营的角度来看，该商标是否有未来发展空间，能否给自己带来预期利益，是经营者在市场活动中一定会考虑的因素，决定了其是否会继续使用该商标。若该商标只能在在先使用的规模内使用，无法为其带来更多的经济利益，经营者很有可能放弃对该商标的继续使用，这将导致其已获得的商誉难以维持，最终淡出市场。

此外，还涉及使用规模的时间节点问题。无论是以注册商标申请日还是商标核准注册日为时间节点，都面临着距离注册商标权人提起侵权诉讼的时间过长的问题。这使得该时间节点的经营规模难以确定。即便耗费甚多，成功确定当时的经营规模，在先使用人需将后续使用行为退回到该规模之内，其实际占据的市场被剥夺，诸多不利因素的存在使得其很难有继续使用该商标的意图。

结合《商标法》第 59 条第 3 款的其他要件来看，商标在先使用人可以继续使用的另一前提是需附加适当的区别标识。因而，超出原使用规模或地域范围内的商标并不会与注册商标权人的商标相混淆，消费者也不会因此而产生误判，以致利益受损。且上文已经论述，应对后续使用的主体以及对象加以限制，这已经充分确保了注册商标权人的市场优势，若再对后续行为的使用规模与地域范围进行规定，在先使用的商标将丧失其在市场上存在的空间。

综上所述，笔者认为，对"原使用范围"的限制应仅限于其后续使用的主体与对象，即不允许商标在先使用人授权他人使用，且其后续使用限于原商品或服务，而对其后续使用规模与地域范围不应多做限制。这样的认定在为商标在先使用人提供实际上的保护的同时，又不会动摇我国的商标注册取得制度。

2. 后续的商标使用应附加区别性标识

要求后续的商标使用附加区别性标识的目的在于将在先使用人使用的商标与注册商标相区分，使得相关公众不会混淆来源，从而产生误判。附加区别性标识的具体方式不限，一般来说，较好的方式有明示无关或突出强调商品来源等，如显著地标明"本商品与 XX 商标无关"。

　　当实践中出现的注册商标权人提起诉讼时，其诉讼请求通常不包含请求商标在先使用人对其商标附加区别标识这一情形。此时法官面临是否应直接判决附加区别标识这一难题，但这有违民事诉讼不告不理的原则。笔者认为，此时法官可以行使释明权，告知原告可要求被告"附加适当区别标识"，从而提高诉讼效率。

知识产权司法保护

外观设计专利无效认定研究

——以（2016）最高法行申 360 号专利无效行政纠纷案为考察对象

冯晓青

外观设计专利无效制度是我国专利无效制度的重要组成部分，该制度为防止不符合法律规定的外观设计专利申请被授权，保障我国外观设计专利授权质量，发挥了重要作用。不符合法律规定的外观设计应当被宣告无效，这也符合我国有错必纠的社会主义法治原则。同时，如果符合法律规定的外观设计专利被错误地宣告无效，则同样不利于维护我国专利法律制度的尊严，不利于维护权利人的合法权益和公平竞争。（2016）最高法行申 360 号专利无效行政纠纷案就是一起值得研究的典型案例。该案专利是产品名称为"植物栽培盆（四角）"的外观设计，证据 1（以下称"对比设计"）涉及产品名称为"花盆"的外观设计。该案先后经过专利复审委员会作出无效宣告决定和一审、二审法院审理以及最高人民法院再审程序，均以基本相同的认定事实和理由驳回专利权人柳先生的主张，认定涉案外观设计专利应当被宣告无效。上述行政认定及司法判决和裁定存在的值得探讨的问题主要有：是否没有引入一般消费者评判的概念？是否仅就部分设计特征相同就主张本专利与对比设计之间不具有明显区别？是否没有从整体观察、综合判断角度评判两者是否具有明显区别？尤其是，该案是否存在认定事实错误，将本专利产品底部隔板的特征描述错误，导致对于两者存在不相同点的判断出现违背客观事实的错误认定。本文将以该案为研究对象，结合相关规定和原理，探讨外观设计专利无效问题。

一、专利复审委员会无效决定、各级法院认定事实、裁判理由与结果及相关当事人抗辩理由

（2016）最高法行申 360 号专利无效行政纠纷案涉及 "植物栽培盆（四角）" 外观设计专利与在先对比设计 "花盆" 的外观设计。被宣告无效的本专利的申请日是 2010 年 7 月 26 日，授权公告日为 2010 年 12 月 22 日。本案专利复审委员会和一、二审法院及最高人民法院认定的事实基本相同，主张专利权无效的理由也基本相同。以下将简要介绍和分析该案认定事实与适用法律、主张无效的理由，以及当事人诉求和抗辩等情况，以便于细致地研究该案的问题。

（一）专利复审委员会认定事实及所作决定

2014 年 4 月 10 日，招焯辉针对本专利向专利复审委员会提出了无效宣告请求。其提出无效宣告请求的理由是本专利不符合我国《专利法》第 23 条第 1 款、第 2 款的规定。招焯辉向专利复审委员会提交了三份证据，其中对比设计在本专利申请日之前公开。专利复审委员会认为其可以作为现有设计，用于评价本专利是否符合我国《专利法》第 23 条第 2 款的规定。同时，专利复审委员会还认定对比设计与本专利属于用途与功能相同的产品，因而属于类别相同的产品，可以用于比对本专利。

专利复审委员会将本专利与对比设计的相同点与不同点进行了比较。其认为：本专利与对比设计的相同点是盆体均由相连的相同花瓣状单元和由该花瓣状单元环绕的盆底中心构成，且花瓣状单元间圆滑过渡状凹处连接部以及盆底自上而下呈倒锥台形结构相同；盆体上边缘均为两条裙带结构；各花瓣单元外侧均具有相同的拱门结构，且底部均有相同位置和结构的漏水空、卡槽和支撑凸台；在盆体中心均具有圆孔。不同之处在于：①二者的花瓣状单元数量不同，本专利为 4 个，对比设计为 3 个；②盆体内底部有无隔板不同，本专利有隔板，对比设计无。

专利复审委员会在进行上述对比后认为：尽管柳先生主张两者的对称性、花瓣状单元数量以及相应组成部位数量和底部不同，但两者在花瓣状单元本身的设计特征方面相同，本专利花瓣状单元数量的增加仍然未脱离花瓣状单元环绕盆底中心构成花盆整体的视觉效果，花瓣状单元数量的不同未产生独特的视觉效果。针对二者有无隔板的差异，专利复审委员会认定本专利隔板位于花盆内底部，在花盆整体中所占比重较小，对花盆整体视觉效果影响不大。同时，针对柳先生在复审期间提出的盆体侧面凹陷程度不同，专利复审委员会认为这

些不同不具有实质性，因为它是由于描述线条粗细、观察角度以及盆体描绘比例大小不同造成的。即使认可存在这些不同，其也属于不会引起消费者关注的产品局部的细微变化，对花盆的整体视觉效果而言不会产生影响。

专利复审委员会虽然提到了"通过整体观察和比对"，但并没有就底部具有隔板的本专利和底部没有隔板的对比设计从整体上进行观察和综合对比，而是直接在上述分别对比的基础之上，于2014年11月18日作出第24292号无效宣告请求审查决定，认定"本专利与对比设计没有明显区别，本专利相对于对比设计不符合《专利法》第23条第2款规定，应当被宣告无效"。

（二）当事人对专利复审委员会决定不服及提起诉讼的理由

专利复审委员会作出宣告本专利无效决定后，本专利权人柳先生不服该决定，因而在法定时间内向北京知识产权法院提起了诉讼。柳先生起诉状的观点和内容，归纳和总结如下：[1]

第一，专利复审委员会认定的本专利盆壁四瓣花造型与对比设计三瓣花造型，不是简单的数字增加问题，而是在视觉效果上具有明显的差异性。

柳先生认为，专利复审委员会实际上是将发明和实用新型专利授权条件中的"创造性"照搬到了外观设计专利授权条件之中，违背了我国《专利法》关于外观设计专利授权条件的规定。如果从创造性角度来衡量，将花盆造型从对比设计的三瓣花造型改为四瓣花造型，似乎不需要多少创造性劳动。故单纯从技术角度来看，似乎难以认定克服了多少技术上的难点，技术上的创造性难以成立。[2]然而，外观设计专利授权条件与技术上的创造性无关，它考虑的是与在先设计相比在整体上是否具有明显区别。也就是说，需要以肉眼从整体外观上看两者是否存在明显区别，不需要从技术角度考虑难易程度。从这一点看，本专利"将三瓣改为四瓣本身，整体外观上带来的区别是明显的"。

柳先生进一步认为，对"均匀分布的花瓣或者类似花瓣形的产品或物体"来说，花瓣数量的增减对于产品或物体整体外观的影响值得研究。涉案外观设计产品是由120°均角分布的三个花瓣变为"十字"形的四个花瓣，这一改变其实在技术上也是具有创造性的，因为这涉及产品外观结构的变化，而产品外观结构的变化也会相应地带来其性能、稳定性、可靠性和实用性的变化。因此，

---

[1]　根据当事人向北京知识产权法院提交的行政起诉状进行归纳和提炼。

[2]　如下所述，柳先生事实上也认为此种改变具有创造性。这不但是因为其首先具有新颖性，此前未发现同类植物栽培盆，而且是因为这一改变事实上产生了新的技术效果。

可以认为花盆壁造型从三瓣到四瓣的变化，即使是从技术设计的角度看，也是具有创造性的，只不过对外观设计专利授权来说，不必考虑是否存在"实质性特点"和"进步"，更不必考虑"突出的实质性特点"和"显著的进步"这类创造性方面的要求。但是，必须重视和关注花盆壁造型从三瓣到四瓣的变化是产品整体性设计的质的变化，这种变化是否产生和对比设计具有明显区别的效果，应当从消费者的角度去评判，而不是从外观设计产品设计人员的角度去评判。就本案而言，从一般消费者施以普通注意力来看，两者的区别是非常明显的，因为产品的整体外形由对比设计的"非对称"变为"十字"对称的形状（左右、上下均对称），这种区别是革命性的，对人类视觉本身来说，这个变化是非常明显的。尤其是我们看惯了像医院和慈善机构等的"十字"标志，这个对称性明显的标记与三瓣、五瓣等非对称性形状相比，视觉差异非常大。换言之，专利复审委员会无效宣告决定将本专利从三瓣到四瓣的变化视为简单的花瓣数量，认为不会改变产品设计特征的变化，该事实认定是错误的。应当认为，本专利从三瓣到四瓣的变化体现了整个外观设计产品整体外形状况和布局的变化，产生了独特的视觉效果。

总体上，关于本专利整体外形由 120°均角分布的三个花瓣变为"十字"形的四个花瓣，柳先生主张这不是简单的数量增加，从一般消费者的角度看，将三瓣变为四瓣，使得整体外形由非对称变成"十字"对称的形状，因而在整体外观上产生的区别是显而易见的。

第二，专利复审委员会只进行了单纯的相同与不相同之处的对比，而没有从整体观察角度进行评价。

柳先生在起诉状中对此只做了模糊的阐述，其认为本专利俯视图（对应对比设计的主视图）与对比设计的明显区别是有无加强肋。本专利中有两条加强肋。这两条加强肋也同样呈"十字相交"造型，与本专利产品整体外部十字架交相辉映。整体上，本专利外内十字、大小十字、正斜十字，相互关联，给人以和谐成趣的美感，形成了以"十字"造型为整体视觉效果的印象。反观对比设计，其缺乏"十字"形状这一整体特征，包括缺乏盆底的加强肋，而在整体上给人以圆弧形外观造型的印象，柳先生认为两者的区别是很明显的。

第三，由于本专利底部隔板线条也十字相交，与外部十字相互关联，被诉决定关于其位于花盆底部且不易被消费者注意的认定错误。

柳先生援引了复审决定"二、决定的理由"部分倒数第 4 段倒数两行认定，即本专利隔板"这些部位本身处于盆体中通常不被关注的地方且在盆体整体结构中所占比重较小，是一般消费者不容易注意的部位，不会影响到花盆整体的视觉效果"，认为"这种判断也是不确切的，是不合理的"。其抗辩的理由是：

在实际花盆使用中，包含有土栽培和无土栽培两种情况。上述决定只是想到了有土栽培的情况，即在有土栽培时，当盆底被添加土壤后，人们将无法看到本专利底部的隔板，这样就使得有无隔板对评价与对比设计是否具有明显区别不具有影响。显然，被诉决定没有考虑到在透明的无土栽培（即水培）的情况下，是能够看到隔板的。柳先生还提到，"从花盆外观对一般消费者的影响而言，除了使用时影响之外，在花盆本身的销售和交易中同样会影响一般的消费者；此时，花盆的底部并非是不可见和不被关注的"。柳先生进而认为，涉案决定中单独摘出"斜十字"隔板，认为其"在盆体整体结构中所占比重较小"且"不会影响到花盆整体的视觉效果"，这样的武断切割明显错误。

柳先生在起诉状中对本专利与对比设计的细微之处也进行了对比，尤其是主张本专利底面隔板上有明显的鱼鳞状图案与凹槽，与对比设计区别明显，且本专利整体格局与对比设计不同："在本专利的仰视图中（对应对比设计的后视图），除了前述三瓣和四瓣带来的巨大的视觉区别外，两者底面的整体格局也不同：——本专利的底部平面广大，中间的小孔面积明显小于底部平面本身；上下左右两侧的花瓣本身相对于底部平面也明显较小。对比设计的中间小孔占满了整个底部平面，以至于显得根本没有底部平面；三个花瓣本身相对于底部平面（如果有的话）也显得硕大无比。"

笔者认为，柳先生的上述主张中，有以下两点没有指明：一是，外观设计专利与对比设计的设计特征或者设计特征的组合对比，不应当是在专利产品已经进入使用状态后的对比，而应当是专利权人申请专利时提交的外观设计图片或者照片对比，同时可以结合简要说明，因为这是我国《专利法》明确规定的外观设计专利之保护范围。以实际使用时的情况对比，显然与我国《专利法》保护外观设计专利的宗旨不符，对外观设计专利权人来说也是不公平的。二是，没有指出被诉决定认定事实存在重大错误的问题，因为本专利底部隔板并非"在盆体整体结构中所占比重较小，是一般消费者不容易注意的部位"。相信读者看一下本专利底部和对比设计底部，即使不是专门从事知识产权法研究的人员，也能一眼看出本专利底部隔板在盆体整体结构中所占比重非常大，而不是较小。关于本专利底部隔板在认定与对比设计视觉效果方面不同的作用，本文后面将着重进行探讨。

概括而言，柳先生主张本专利与对比设计的上述区别"并非仅是局部的细微变化，其区别是明显的，对一般消费者而言，施以一般的注意义务，是能够轻易看出这些明显的区别的"。基于此，其认为"涉案决定认定事实不清，适用法律错误，请求人民法院在查清事实的基础上依法支持原告的上述诉讼请求，以维护法律的公平与正义"。

（三）一审法院认定事实、判决理由与结果

北京知识产权法院依法受理了柳先生上述起诉状。该院查明的事实与专利复审委员会基本相同，只是在对本专利及对比设计外部结构的描述和说明上略有差异，不过基于阐述的角度和方式不同，这些描述和说明并不存在矛盾和冲突。以下将介绍北京知识产权法院认定的基本事实：[1]

本专利系名称为"植物栽培盆（四角）"的第 201030249701.1 号外观设计专利，申请日为 2010 年 7 月 26 日，授权公告日为 2010 年 12 月 22 日，专利权人为柳先生。

本专利产品由主视图、后视图和左视图显示，其盆体由相连的 4 个相同花瓣状单元和由该花瓣状单元环绕的盆底中心构成，花瓣状单元之间分别以向内凹入方式形成圆滑过渡状凹处连接部，盆体自上而下逐渐内收呈倒锥台形，上边缘是两条平顶相连的裙带，外翻裙带窄，内侧裙带略宽。各花瓣状单元外侧以内裙带下部为顶点，各有一向盆体内侧凹入的拱门结构，盆体底部最外侧部分有两个长方形漏水孔，靠近盆体中心的底部是一近梯形的支撑凸台，在漏水孔所在底部和支撑凸台所在底部之间是一近梯形的卡槽。盆体外侧底部中心有一圆孔。盆体内部底部是与盆体底部边缘相适应的十字状隔板，该隔板中心圆孔与盆体中心位置的圆孔相适应。隔板延伸至每个花瓣状单元处都有一条形深槽，深槽底部具有沿底部长度方向排列的一行多个小孔，条形深槽两边分别有一行栅形排列的小缝隙，在条形深槽远离中心圆孔的一端靠近两边栅形缝隙的末端处具有一长方形孔，在隔板上远离中心孔靠近盆体内侧的二顶端各具有一个圆形孔。

关于涉案第三人招焯辉提交的请求宣告本专利无效的三份证据，法院认定其中第一份证据为 200630033157.0 号中国外观设计专利授权公告文本打印件。

---

[1] 参见北京知识产权法院（2015）京知行初字第 738 号行政判决书。

该外观设计专利即对比设计外部结构如下：对比设计产品由六面正投影视图和立体图显示，对比设计产品盆体由相连的 3 个相同花瓣状单元和由该花瓣状单元环绕的盆底中心构成，花瓣状单元之间分别以向内凹入方式形成圆滑过渡状凹处连接部，盆体自上而下逐渐内收呈倒锥台形，上边缘是两条平顶相连的裙带，外翻裙带窄，内侧裙带略宽。各花瓣状单元外侧以内裙带下部为顶点，各有一向盆体内侧凹入的拱门结构，内侧在盆体内底部均有一条连接相间圆滑过渡凹处的二层阶梯形隔段；隔段与拱门结构之间的基部相间处的盆体底部有两个长方形漏水孔。盆底中心在盆体内底部中间部位是一近圆形的凸台，凸台中心部位有一锥台，锥台中心有一圆孔，锥台沿外表面具有多个纵向条纹。盆体外侧各花瓣状单元底部各具有一近梯形的卡槽和一近梯形支撑凸台，盆体外侧底部中心有一与内锥台圆孔对应的圆孔。

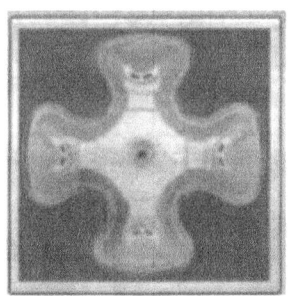

后视图

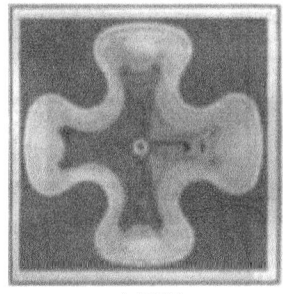

主视图

左视图

本专利附图

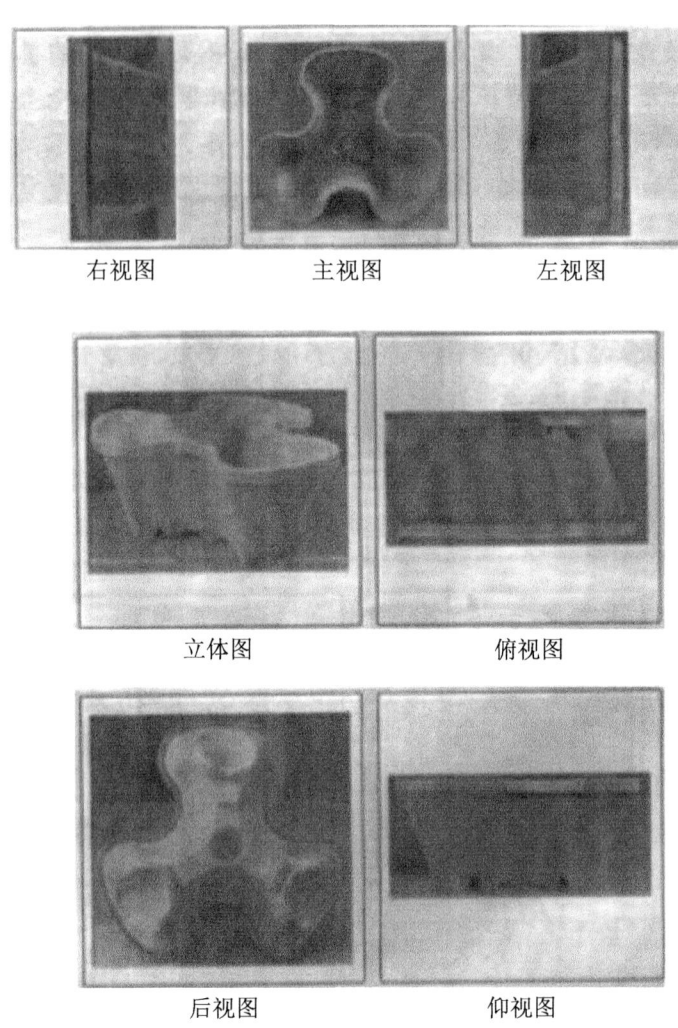

右视图　　　　　主视图　　　　　左视图

立体图　　　　　俯视图

后视图　　　　　仰视图

对比设计图

北京知识产权法院认为：根据我国《专利法》第23条第2款的规定，授予专利权的外观设计与现有设计或者现有设计特征的组合相比，应当具有明显区别。由于本专利属于"植物栽培盆（四角）"的外观设计，而对比设计是产品名称为"花盆"的外观设计，对比设计和本专利在产品功能和用途上相同，属于类别相同的产品，可以进行对比判断。也就是说，法院认可了专利复审委员会关于两者属于同类产品的观点。

北京知识产权法院同样将本专利与对比设计的相同和不同之处分别进行了

对比。关于相同及不同之处，肯定了专利复审委员会的认定：相同点在于盆体均由相连的相同花瓣状单元和由该花瓣状单元环绕的盆底中心构成，且花瓣状单元间圆滑过渡状凹处连接部以及盆体自上而下呈倒锥台形结构相同；盆体上边缘均为两条裙带结构；各花瓣单元外侧均具有相同的拱门结构，且底部均有相同位置和结构的漏水孔、卡槽、支撑凸台；在盆体中心均具有圆孔。不同之处在于二者的花瓣状单元数量不同，本专利为 4 个，对比设计为 3 个。同时，盆体内底部有无隔板不同，本专利有隔板，对比设计没有。

北京知识产权法院在确认专利复审委员会上述对比基础之上，认为："本专利与对比设计在各自花瓣状单元本身的设计特征上相同，虽然二者在花瓣状单元数量与对称性上存在不同，但对比设计已经公开了植物栽培盆的花瓣状单元设计特征，且本专利在相同产品上对花瓣状单元这个设计特征重新进行组合亦未脱离花瓣状单元环绕盆底中心构成花盆整体的视觉效果，花瓣状单元重新组合未产生独特的视觉效果。故原告关于花瓣状单元数量的增加在整体外观上产生显而易见区别的主张不能成立，本院不予支持。"同时，该院还对本专利底部有隔板、对比设计无隔板对两者视觉效果的影响做了认定："虽然本专利与对比设计存在有无隔板的区别，但隔板位于花盆内部的底部，对花盆整体外观视觉效果影响不大。因此，上述区别属于局部的细微变化，对整体视觉效果不足以产生显著影响。故原告关于本专利隔板与对比设计区别明显的主张不能成立，本院不予支持。"该院直接基于以上两方面认定，认为"本专利与对比设计没有明显区别，被诉决定关于本专利不符合《专利法》第 23 条第 2 款规定的认定并无不当，本院予以支持"，进而维持了专利复审委员会宣告本专利无效的决定，驳回了原告柳先生的诉讼请求。

（四）柳先生不服一审判决所提出的上诉理由

上述判决作出后，柳先生不服该判决而依法向北京市高级人民法院提起上诉，要求撤销原审判决及专利复审委员会被诉决定。柳先生的上诉理由可以概括如下：[1]

专利复审委员会被诉决定存在以下错误：一是，错误地描述了本专利的外观；二是，错误地评价了本专利比较对象，因为本专利是由"十字"形构成的整体，属于外正四方形，而对比设计是内"人字"形，外正三角形，差异明显；三是，被诉决定及原审判决采用了数量对比而不是整体对比，本专利整体外形

---

[1] 参见北京市高级人民法院（2015）高行（知）终中字第 2715 号行政判决书。

由 120°均角分布的三个花瓣变为 "十字" 形的四个花瓣不是简单的数量增加，从一般消费者角度看，将三瓣变为四瓣在整体外观上产生的区别显而易见；四是，被诉决定没有遵循整体观察、综合判断原则进行审查，而该原则是《专利审查指南》明确规定的；五是，"本专利隔板上有明显的鱼鳞状图案与凹槽，与对比设计区别明显，本专利底面的整体格局与对比设计不同"。[1]

从该上诉理由可以看出，柳先生主要是针对被诉决定提出不同观点。实际上，由于是不服一审判决而提出的上诉，其上诉状如果能够明确一审判决的错误，则更具有针对性，例如一审关于本专利底部隔板相关事实的认定是否存在同样的事实认定错误。同时，对于整体观察、综合判断原则，不仅《专利审查指南》有明确规定，最高人民法院相关司法解释也有相关规定。对于这些相关问题，本文后面将专门探讨。

（五）二审法院认定事实、判决理由与结果

二审法院北京市高级人民法院认可了被诉决定和一审法院认定的本专利产品与对比设计属于类别相同的物品，因此可以进行比对。

二审法院同样将本专利与对比设计相同与不同之处进行了对比。在相同之处方面，认定 "盆体均由相连的相同花瓣状单元和由该花瓣状单元环绕的盆底中心构成，且花瓣状单元间圆滑过渡状凹处连接部以及盆体自上而下呈倒锥台形结构相同；盆体上边缘均为两条裙带结构；各花瓣状单元外侧均具有相同的拱门结构，且底部均有相同位置和结构的漏水孔、卡槽、支撑凸台；在盆体中心均具有圆孔"。不同之处则体现于：二者的花瓣状单元数量不同，本专利为 4 个，对比设计为 3 个；盆体内底部有无隔板不同，本专利有隔板，对比设计没有。[2] 由此可见，其对本专利与对比设计相同及不同之处的认定，和被诉决定及一审判决相同。

二审法院也是按照被诉决定和一审判决的思路，认定本专利与对比设计虽然在花瓣状单元数量与对称性上存在不同，但在各自花瓣状单元本身的设计特征上相同。由于对比设计公开了植物栽培盆的花瓣状单元设计特征，且本专利

---

〔1〕 根据二审判决书的记载，柳先生在二审程序中还提出专利复审委员被诉决定对涉案专利和对比设计有关用语表述不妥，应予以更正，主要有：涉案专利产品的 "花瓣状单元" "环绕" 表述有误，本专利不存在所谓花瓣状单元。"裙带" "拱门结构" "凸台" "锥台" 应分别表述为 "翻边" "切割结构" "圆柱形" "梯形"。另外，本专利整体外形应当为 90°分布的成 "十字" 形的盆体。柳先生还强调应重视本专利和对比设计的不同之处，其中本专利整体是内 "十字" 形，外正四方形，而对比设计是内 "人字" 形，外正三角形，差异明显。

〔2〕 北京市高级人民法院（2015）高行（知）终中字第 2715 号行政判决书。

在相同产品上对花瓣状单元这个设计特征重新进行组合亦未脱离花瓣状单元环绕盆底中心构成花盆整体的视觉效果，花瓣状单元重新组合未产生独特的视觉效果。被诉决定及一审判决并未仅采用数量对比。柳先生关于花瓣状单元数量增加在整体外观上产生显而易见区别的主张不能成立，本院不予支持。[1]

针对柳先生提出的评价本专利的比较对象错误，即本专利整体是内"十字"形、外正四方形，而对比设计是内"人字"形、外正三角形，差异明显，二审法院认为：本专利与对比设计相比，两者的花瓣状单元设计弧度、流线、风格和外形基本一致，本专利主要设计改进即将花瓣状单由3个组合成4个，而该数量的变化引起外形的变化是常规排列方式的改变，并未产生设计要素的实质性区别，柳先生的上述主张缺乏依据，本院不予支持。

针对本专利底部有隔板而对比设计无隔板，二审法院认同了被诉决定和一审判决认定的事实"隔板位于花盆内部的底部，对花盆整体外观视觉效果影响不大"，因而"上述区别属于局部的细微变化，对整体视觉效果不足以产生显著影响"。至于柳先生提出的被诉决定没有按照《专利审查指南》的规定采用整体观察、综合判断的方式审查本专利，属于适用规章错误，二审法院认为该主张缺乏事实依据，不予以支持。

（六）相关当事人再审申请的理由

本案二审判决后，柳先生不服而在法定时间内向最高人民法院提起了再审申请。其申请应当驳回被诉决定及一、二审判决的主要理由如下：[2]

第一，专利复审委员会以及一、二审法院未根据一般消费者标准对对比设计进行比对。在本案中，专利复审委员会以及一、二审法院对于应按照一般消费者的认知水平和认知能力进行评判，没有做任何介绍，甚至没有提及。实际上，最高人民法院和北京市高级人民法院很多涉及外观设计专利无效或侵权纠纷的案例都强调应当按照一般消费者认知能力和认识水平予以判断。在本案中，一般消费者是对本专利"植物栽培盆（四角）"相同或者相近似类别的产品有常识性的了解，通晓申请日前与花盆相关的外观设计状况，熟悉相关产品的通常设计的人。一般消费者不能降格为对涉案相关产品一无所知，他对本专利设

---

[1] 北京市高级人民法院（2015）高行（知）终中字第2715号行政判决书。

[2] 根据柳先生向最高人民法院提交的再审申请归纳。参见最高人民法院（2016）最高法行申360号行政裁定书。该裁定书对柳先生申请再审的理由介绍不够全面，在此根据柳先生提交的再审申请做了适当补充。

计要素的变化施加的是一般的注意力和分辨力，而不会关注局部的细微变化、功能或者技术效果的变化。或者说，其更关注的是外观设计的整体视觉效果。在本案中，专利复审委员会以及一、二审法院却不是按照一般消费者认知能力和知识水平进行对比和判断的。

第二，专利复审委员会以及一、二审法院未能区分功能性设计和装饰性设计，将功能性设计相同或者实质相同直接视为本专利与对比设计不具有明显区别的事实证据。在被诉决定以及一、二审法院判决中，连功能性设计和装饰性设计的字眼都没有出现，更遑论在本案中就功能性设计和装饰性设计进行区分，以及在此基础之上判断本专利与对比设计的设计特征或者设计特征的组合是否存在明显区别。

第三，专利复审委员会以及一、二审法院均未能按照整体观察、综合判断的方法确认本专利与对比设计是否存在明显区别，而是孤立地分别判断两者相同部分与不同部分，直接认定两者的差别对于整体视觉效果没有显著影响。而且，被诉决定和一、二审判决对于两者差异部分的归纳和事实认定存在不全面和错误的情况。被诉决定和一、二审判决概括的两者区别限于花瓣数量不同（本专利为 4 个，对比设计为 3 个）以及有无隔板（本专利有，对比设计无），而且对涉案花盆底部隔板的大小及对消费者视觉的影响认定完全错误，即"隔板位于花盆内部的底部，对花盆整体外观视觉效果影响不大"，因而"上述区别属于局部的细微变化，对整体视觉效果不足以产生显著影响"。

具体而言，本专利和对比设计均是由盆壁（盆体）和盆底两个方面构成的完整的外在结构，两者共同构成了花盆不可分割的组成部分。因此，在认定本专利与对比设计是否具有明显区别这一问题上，应当严格按照整体观察、综合判断原则，而不是分别对比相同和不同点之后，直接作出结论。本案中，"被诉决定和一、二审判决均没有提及和讨论本专利与对比设计中，由花瓣状单元组成的盆壁加上盆底，在整体视觉效果上，两者是否存在明显区别。这种孤立对比方式，无疑会造成认定结论错误。专利复审委员会、一审及二审法院未按整体观察、综合判断的要求分析相同点与不同点对整体视觉效果的影响，未全面阐明相同点与不同点对整体视觉效果的影响，而采取'要素组合'方法来判断整体视觉效果，将对比设计的特征锁定在花瓣状单元上，将拆解的花瓣状单元纳入专利权保护范围，认定 3 个花瓣状单元到 4 个花瓣状单元的变化不明显，是运用发明或者实用新型专利的创造性判断逻辑来定义外观设计的整体观察、综合判断，不适当地提高了外观设计的授权标准"。又根据我国《专利法》规定，外观设计专利的保护范围不是以该产品的外观设计的构成要素为准，而应当立足于外观进行判断。本专利简要说明已经明确其设计要点在于形状，而非割裂的形状单元。专利复审委员会、一审及二审法院未按图片或者照片来解释该产品的外观设计，而是均强调花瓣状单元之设计特征相同，增加一个花瓣状单元不会造成两者整体视觉效果的明显差异，这种做法实际上是将设计要素相同等同于形状的相同。[1]

　　进言之，被诉决定和一、二审判决对本专利和对比设计不同之处的概括及其对两者整体视觉效果的影响也出现错误。两者区别点不限于被诉决定和一、二审判决提到的花瓣数量不同以及底部有无隔板，而是完整地包括以下几方面：其一，二者主视图、后视图所表示的整体外形存在区别，本专利整体是内"十字"形，而对比设计是内"人字"形；其二，二者立体图所表示的整体外形存在区别，对比设计是三角倒梯形立体图形，本专利是四边倒梯形物体；其三，二者的设计构图来源不同，对比设计源自一种三角倒梯形立体图形，经顶角圆滑处理，三边分别内凹，圆滑过渡形成，而本专利源自一种四边，经四个顶角圆滑处理，四个边分别向内凹，并圆滑过渡形成；其四，二者的中心线夹角不同，本专利夹角90°，对比设计120°；其五，二者花瓣状单元数量不同，本专利为4个，对比设计为3个；其六，盆体内底部有无十字状隔板不同，本专利有隔板，对比设计无。上述差异中，尤其值得重视的是最后一个，因为"底部区域是植物栽培盆的两个重要部位之一"，整个植物栽培盆就是由盆壁和盆底构成的整体。底部区域有无隔板是一个非常重要的变化，而且隔板的颜色与内盆壁其他部分对比明显，对整体视觉效果的影响比较显著。

　　总体而言，再审申请人柳先生认为本专利与对比设计具有明显区别，专利复审委员会、一、二审法院在判断主体、区别特征判断、对比方法上均存在错误。因此，其请求最高人民法院依法撤销一、二审判决，判令专利复审委员会重新做出决定。

　　（七）再审法院认定事实、裁定理由与结果

　　最高人民法院依法受理上述再审申请后，组成合议庭对该案再审申请进行审查，并最终下达了行政裁定书。该院在行政裁定书中指出："本院经审查查

―――――――――――

[1]　参见最高人民法院（2016）最高法行申360号行政裁定书。

明，一审、二审法院查明的事实属实，本院予以确认。"也就是说，最高人民法院对该案再审申请进行审查时，全部接受了一审和二审"查明的事实"，包括对本专利底部隔板位置、大小及其对视觉效果的认定。在裁定书中，该院首先将再审期间的争议焦点归纳为本专利与对比设计相比是否具有明显区别，接着针对本案适用的法律做了分析：本案应适用 2008 年修正的《专利法》。在 2000 年修正《专利法》时，外观设计专利授权条件规定为该专利与申请日以前在国内外出版物上公开发表过或者国内公开使用过的外观设计不相同和不相近似，并不得与他人在先取得的合法权利相冲突。[1] 2008 年《专利法》第三次修正时则改为授予专利权的外观设计与现有设计或者现有设计特征的组合相比，应当具有明显区别。[2] 经对比可以发现，2008 修正《专利法》后对外观设计专利授权条件做了一定的提高，主要是在原来的"不相同和不相近似"的基础上，进一步要求"具有明显区别"。裁定书还再次肯定了本专利与对比设计属于类别相同的产品，可以进行对比。

与前述被诉决定、一审和二审判决不同，该裁定书阐明了进行对比时，"应当基于外观设计专利产品的一般消费者的知识水平和认知能力，对外观设计专利与对比设计的整体视觉效果进行整体观察和综合判断"。该裁定书还提到并简要阐述了按照整体观察和综合判断的原则进行判断，并对什么是整体观察和综合判断做出了定义。其中，整体观察是指"一般消费者应关注外观设计的整体视觉效果，而不应关注外观设计与对比设计间的局部细微差别，来判断外观设计专利与对比设计的视觉效果是否具有明显区别"；综合判断是指"在判断时，一般消费者对于外观设计与对比设计可视部分的相同点、区别点均会予以关注，并综合考虑各相同点、区别点对整体视觉效果的影响的大小和程度"。

该裁定书提到了以整体观察进行对比，并就本专利与对比设计之间的相同点和不同点进行了描述。"通过整体观察和比对，本专利与对比设计的相同点在于：盆体由相同状的花瓣状单元相连而成，盆底中心均由花瓣状单元环绕，每个花瓣状单元间均为圆滑过渡，盆体自上而下均呈倒锥台形，盆体上边缘均为两条裙边结构，各花瓣状单元外侧均有相同的拱门结构，花瓣内侧盆底均有相同的梯形隔段，相同位置上均有结构相同的漏水孔，盆体内底部中间部位均有相同形状的凸台、锥台及圆孔，盆体外侧底部各花瓣状单元均有相同的卡槽、

［1］　参见 2000 年《专利法》第 23 条。
［2］　参见 2008 年《专利法》第 23 条第 2 款。

凸台和圆孔。不同之处在于：二者的花瓣状单元数量不同，本专利为 4 个，对比设计为 3 个；本专利在盆体内底部有无隔板不同，本专利有隔板，对比设计无。"[1] 由此可见，该裁定书对于本专利与对比设计之间相同点和不同点的认定与前述被诉决定以及一、二审判决的认定没有什么区别。

针对再审申请人柳先生在再审申请中提到的本专利与对比设计存在的前述六处不同，裁定书认为：前四点区别，其实质为花瓣数不同所带来的不同表现形式，并未增加新的差异。基于此种观点，裁定书认为前四处区别实质上为一处区别，也就是四花瓣与三花瓣的区别。法院同时强调被诉决定、一审及二审法院对此已做认定，在此只是予以确认。裁定书进一步肯定了被诉决定和一审及二审法院关于本专利与对比设计花瓣数量增减对整体视觉效果的影响，即"二者虽然花瓣数量不同，但花瓣设计弧度、流线、风格、整体结构与布局基本一致。本专利花瓣数量的增加并未脱离对比设计由花瓣状单元环绕盆底中心构成花盆整体的视觉效果，花瓣数量体现出的对称性、形状、夹角度数的不同，并未产生实质上的区别，对花盆整体视觉效果影响与限"。[2]

此外，裁定书对本专利底部有隔板而对比设计没有这一重要区别，几乎重复了被诉决定、一审和二审提出的观点，即"盆体内部有无十字隔板不同，因隔板在盆体底部，一般消费者不容易注意，不会影响花盆整体的视觉效果"。

最终，该裁定书一方面注意到了应"以一般消费者的知识水平和认知能力，对本专利与对比设计的相同点、不同点以及对整体视觉效果的影响，进行整体观察，综合判断"，另一方面则强调本专利与对比设计相比，"虽然花瓣数量上有所变化，从而导致整体形状存在一定的差异"，但本专利实质性地利用了对比设计的设计方案，也就是花瓣状单元之设计特征，进而认为简单的数字变化导致的差异"对于整体视觉效果的影响细微而局部，二者整体视觉效果不具有明显区别，属于相近似的设计"。

在上述事实认定和论证基础之上，最高人民法院认为柳先生的再审申请不符合《行政诉讼法》第 91 条规定的情况，遂裁定驳回了柳先生的再审申请。

二、关于本案的分析

本案历经专利复审委员会复审，一审、二审法院审理以及最高人民法院再

---

[1]　最高人民法院（2016）最高法行申 360 号行政裁定书。
[2]　最高人民法院（2016）最高法行申 360 号行政裁定书。

审查审查程序，虽然被诉决定和三级法院均认定本专利不符合《专利法》第 23 条第 2 款的规定，即授予专利权的外观设计与现有设计或者现有设计特征的组合相比应当具有明显区别，但笔者经仔细研究本案以及其他众多外观设计专利纠纷案后认为并非如此。

本文拟结合我国外观设计专利无效审查制度之基本原理和规则，立足于本案事实，合理借鉴最高人民法院等关于外观设计专利纠纷案裁判法理，以上述被诉决定、一审和二审判决以及最高人民法院再审裁定为考察对象，探讨究竟应如何正确认识该案以及如何正确审理该案，旨在公平、合理地维护当事人之合法权益，提高我国外观设计专利审判水平和理论研究水平。

以下拟探讨的内容主要有：本案事实之还原，尤其是本专利与对比设计相同点与不同点的归纳及在认定整体视觉效果方面的作用，本案相关设计特征究竟是功能性设计特征还是装饰性设计特征抑或兼而有之；一般消费者标准及其在本案中的适用，尤其是本案中一般消费者应具备什么样的认知能力与知识水平；整体观察、综合判断原则及其在本案中的适用，包括本专利与对比设计的不同之处对其整体视觉效果的影响是否达到了显著程度。笔者总体感受是该案无效宣告程序和司法程序的处理没有遵循《专利法》《专利法实施细则》及《专利审查指南》的相关规定，也没有遵循最高人民法院在（2010）行提字第 3 号、（2011）行提字第 1 号、（2012）行提字第 14 号、（2014）民提字第 34 号等典型案例中所确立的标准与规范，需要重新进行检视。

（一）关于本案认定事实及设计特征问题

案件事实无疑是处理案件的客观基础，也是人民法院审理案件的根据。无论是外观设计专利无效案件还是其他类型的案件，正确认定案件事实都是公正处理案件的根本保障。如果案件事实认定发生根本性错误，依据错误认定的事实适用法律，作出的判决或裁定无疑也是错误的。基于此，我国相关法律将认定事实错误作为改判的重要依据。

就本案而言，关于本专利，被诉决定及三级法院均主要是在将其与对比设计进行对比时间接阐述的。其共同特点是创立一个所谓"花瓣状单元"的概念，并以此概念为核心，在对比本专利与对比设计的花瓣数量后，认定花瓣数量的改变并没有产生独特的视觉效果，尤其是最高人民法院再审裁定书将花瓣数量的改变带来的其他表现形式的变化认定为并未增加新的差异。除此之外，被诉决定及三级法院对本专利与对比设计相同之处不惜"浓墨重彩"地描述，而对于两者不同之处则只提到了花瓣数量的差别和花盆底部有无隔板的差别，其他重要差别要么被忽视，要么被认定为基于花瓣数量的改变带来其他表现形式的变化而并未增加新的差异。更严重的是，在对本专利隔板位置、占据花盆空间大小，尤其是对整体视觉效果的影响认定方面，存在不符合客观事实描述的问题，导致对本专利与对比设计重要差别的区别性设计特征被忽视、低估，从而可能造成认定事实错误。对此将在后面重点阐述。

基于正确认定事实的极端重要性，以下将首先对本专利和对比设计的外在特征、本专利与对比设计相同之处和不相同之处进行阐述和说明。[1]

本专利产品可以通过主视图、后视图和左视图显示。其由盆壁和盆底构成，两者缺一不可。其中，盆壁主视图由4个凹凸相间的圆弧状曲线"十字"对称形成一个封闭的曲线而构成本专利的盆壁结构，[2]盆壁的前、后、左、右视图呈倒梯形结构。盆壁上边沿翻边设计形成一个裙边结构，盆壁的每个凸弧状曲线切割设计，形成一个拱门结构。本专利后视图（仰视图，为盆底的外表面）呈"十字"形状，每个"十字"形状的端点都有一条凹槽，靠近凹槽部分有2个漏水孔。

隔板是本专利底部的主要设计，其位于盆底内表面，呈"十字"状，显示"十字"对称形。该"十字"对称形与本专利整体"十字"对称形结构相互呼应给消费者以"十字"对称结构的深刻印象。隔板上有4个凹槽，凹槽底部具有沿底部长度方向排列的一行鱼鳞状小孔。并且隔板中心圆孔与盆体中心位置的圆孔相适应。本专利名称的4角描述用以说明本产品在叠加使用的时候其使用空间的多少。

对比设计系第200630033157.0号中国外观设计专利，其专利产品则由六面正投影视图和立体图显示，其中主视图由三个凹凸相间的圆弧曲线形成一个封闭的盆壁结构，该专利的前、后、左、右视图呈倒梯形结构。对比设计的专利产品由盆壁的上边沿翻边设计形成一个裙边结构，盆壁的每个凸弧进行切割设计形成一个拱门结构。盆底的主视图呈"人字"形结构，盆底中心有一个圆锥形的凸台结构。凸台中心有一圆孔，锥台沿外表面具有多个纵向条纹。盆体外侧底部各圆弧底部各具有一近梯形的卡槽和一近梯形支撑凸台，盆体外侧底部中心有一与内锥台圆孔对应的圆孔。每个凸弧状盆壁和盆底连接处均有漏水孔。

---

〔1〕 以下对涉案专利的描述，除了参考该专利相关申请和授权文件外，还参考了专利权人柳先生对该专利的描述。

〔2〕 参见实用新型专利201120272171.1的描述。

该专利的仰视图（盆底的外表面）呈"人字"形结构。

　　根据专利文献检索的结果，对比设计来源于美国专利 US 2007/0180766 A1，申请日期 2006 年 2 月 7 日，公开日期为 2007 年 8 月 9 日。本专利的专利权人柳先生早在 2005 年 9 月 12 日就完成了文件名为 STACKINGTUBS-2.exe 的花盆叠加效果图，这可以用于证明被诉决定所描述的四瓣花结构的设计特征来源于柳先生的独创，而非移植他人的相同设计。[1]当然，讨论植物栽培盆所谓花瓣状设计特征是来源于柳先生自身独创还是移植了在先的此类设计特征，并不是解决本案的关键，因为关于设计特征对本专利和对比设计整体视觉效果是否存在显著影响的问题，还必须结合相关设计特征是功能性设计特征还是装饰性设计特征抑或兼而有之，加以研究，仅因某个设计特征相同就做出不产生独特的视觉效果的结论是片面的。[2]对此，下文还将就设计特征的性质及其在本案中认定本专利与对比设计是否具有明显差别时的作用进行探讨。

　　如前所述，本专利和对比设计均由盆壁和盆底两部分构成，缺一不可。由于植物栽培盆是用于栽培植物的，而从植物栽培的自然规律以及日常生活经验看，植物栽培盆必须是"底朝天"，而不是底部被覆盖或者肉眼不能看到。被诉决定及三级法院虽然均谈到了隔板位于本专利花盆内部底部，但均认定其在花盆整体中所占比重较小，或者一般消费者不容易注意，进而认为有无隔板属于局部的细微变化，对整体视觉效果不足以产生显著影响，对花盆整体视觉效果影响不大或者不会影响花盆整体的视觉效果。[3]由于隔板是本专利与对比设计十分重要的区别性特征，其在认定两者是否具有明显差别方面具有重要作用，因此必须还原事实真相。

---

　　〔1〕　参见广东省高级人民法院（2013）粤高法民三终字第 20 号民事判决书，第 4 页倒数第 2 段。

　　〔2〕　如前所述，本案被诉决定和三级法院都近乎一致地认定："涉案专利花瓣状单元数量的增加仍然未脱离花瓣状单元环绕盆底中心构成花盆整体的视觉效果，花瓣状单元数量的不同未产生独特的视觉效果。"

　　〔3〕　如前所述，被诉决定认定：涉案专利隔板位于花盆内部底部，在花盆整体中所占比重较小，对花盆整体视觉效果影响不大。一审判决认定：虽然本专利与对比设计存在有无隔板的区别，但由于隔板位于花盆内部底部，对花盆整体视觉效果影响不大。因此上述区别属于局部的细微变化，对整体视觉效果不足以产生显著影响。故原告关于本专利隔板与对比设计区别明显的主张不能成立，本院不予支持。二审判决认定：隔板位于花盆内部底部，对花盆整体视觉效果影响不大，因而上述区别属于局部的细微变化，对整体视觉效果不足以产生显著影响。再审裁定认定：盆体内部有无十字隔板不同，因隔板在盆体底部，一般消费者不容易注意，不会影响花盆整体的视觉效果。

从本专利申请文件以及授权文件看，被诉决定和三级法院对本专利隔板及其对整体视觉效果的影响的上述认定，其事实错误体现于：

第一，认定隔板占花盆整体比重比较小。从本专利主视图可以清楚地看出，隔板占花盆整体比重非常大，绝对不是比较小。具体而言，其占据了整个底部，面积完全覆盖。以下是花盆和隔板的尺寸对比图：花盆上表面最大长度为345.0 mm，花盆下底面最小长度为203.5 mm，隔板的长度为250.64 mm。隔板所占花盆的比例为：从72.6%到123.2%（250.64/345.0≈72.6%；250.64/203.5≈123.2%）。隔板有个高度，所以隔板长度要比花盆下底面长度大。因此，被诉决定认定"隔板在花盆整体中所占比重较小"属于认定事实重大错误。在此基础上进而认定对花盆整体视觉效果影响不大当然也是错误的。遗憾地说，一、二审及再审法院均未对上述错误认定的事实予以纠正。

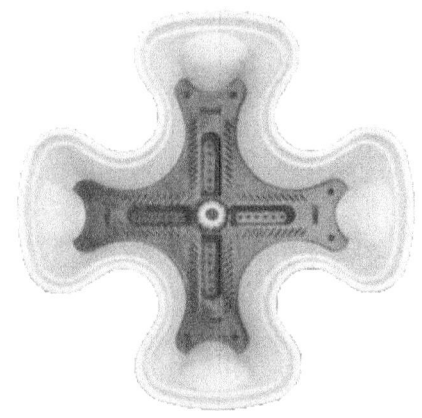

本专利主视图

来源：本专利授权公告

第二，认定有无隔板的区别属于局部的细微变化，对整体视觉效果不足以产生显著影响。这是一审及二审判决的主张。

本专利底部隔板不仅是与对比设计的重要区别点，而且其本身占据底部巨大空间、具有个性化的创新设计和与盆壁迥然不同的颜色，足以使其与对比设计相比具有重大的变化，对整体视觉效果会产生显著影响。也即本专利用与对比设计的设计特征相比具有明显区别。在该案中，本专利的底部隔板采用十字架的设计，且有螺纹，属于具有个性化特色的创新设计。而对比设计盆底根本不存在隔板或者类似的底部固定物，从一般消费者的角度看，两者的区别是非常明显的，绝不是限于局部的细微变化，而是对整体视觉效果足以产生显著影响。也就是说，一般消费者能够将本专利与对比设计很清晰地区分开来，绝不会产生混淆和误认。此外，本专利虽然没有声明保护颜色，但该隔板的图案可以受到保护，因为我国《专利法》（2008 年修正）第 59 条第 2 款规定，外观设计专利权的保护范围以表示在图片或者照片中的该产品的外观设计为准，简要说明可以用于解释图片或者照片所表示的该产品的外观设计。本专利底部隔板颜色与盆壁颜色形成了非常强烈的视觉上的区别性效果，仅依此点都可以认为能够对整体视觉效果产生显著影响，何况隔板在空间上占据了本专利的大部分。

第三，认定隔板不容易引起一般消费者注意，不会影响花盆整体的视觉效果。这是最高人民法院再审裁定书中的主张。

涉案隔板固然位于花盆内部底部，但是，位于花盆内部底部并非一定"不容易引起一般消费者注意"，这要看一般消费者是通过什么方式看到底部的。如果该底部隔板不是主视图范围，或者位于一般消费者施加一般注意力难以看到的位置，例如底部存在其他遮挡物或者其他限制视线的因素，就确实不容易引起一般消费者注意。但是，本专利底部隔板完全不属于上述情况，而恰恰是该专利主视图展示的核心部位。这是因为，本专利产品是植物栽培盆，从一般消费者角度看，如前所述，必须是底部垂直朝上，因而底部反而成为对视觉效果影响最大的部分（一般消费者肉眼直视这个隔板，而看到对比设计时则没有留下印象，因为对比设计不存在隔板）。由此可见，最高人民法院认定隔板位于花盆内部底部，不容易引起一般消费者注意，不会影响花盆整体的视觉效果，该结论是否缺乏事实依据，值得商榷。[1]

进言之，如果说本专利隔板位于花盆底部，不容易引起一般消费者注意，不会影响花盆整体的视觉效果的话，根据本案的事实，则只能认为：由于消费者在花盆中添加了土壤或者栽培了植物，在使用后，该消费者以及其他任何人就不可能看到底部的隔板了。但是，在使用后再去对比和评判本专利与对比设计是否存在明显的区别，是违背专利法精神和法理的，因为外观设计专利的保

---

〔1〕　基于消费者容易观察到产品的特定位置和视角，已有案例认定该设计对消费者视觉具有重要影响。例如，在一起外观设计专利无效行政纠纷案中，北京市高级人民法院认为："消费者在购买和使用插座产品的过程中，主要观察到的是插座的面板，因此，面板的设计对一般消费者的视觉有着重要的影响。"参见北京市高级人民法院（2009）高行终字第 783 号行政判决书。

护范围以表示在图片或者照片中的该外观设计专利为准，不能以实际使用状况作为对比的基础。当然，即使按照实际使用状况这一错误方法进行，仍然可以认为一般消费者在开始使用时能够凭借本专利底部存在的具有个性化设计和占据盆底巨大空间的隔板，认定本专利与对比设计在整体视觉效果上具有显著区别。

由上可见，如果被诉决定和三级法院对于本案具有关键性区别的隔板的事实认定存在重大错误，就会导致认定对花盆整体视觉效果影响不大或者不会影响花盆整体视觉效果的错误结论。笔者认为，从被诉决定以及一、二审判决看，存在此种错误的原因之一可能是没有以一般消费者眼光来评判，忽视了底部形状设计对该外观设计专利整体视觉效果的显著影响。从最高人民法院再审裁定来看，其并非没有考虑到引入一般消费者评判的理念和方法，而是没有在查明本专利底部隔板的具体位置、占据空间大小以及这类专利产品使用时消费者肉眼观察的特点等情况的基础上进行综合判断，从而得出了不容易引起一般消费者注意，不会影响花盆整体视觉效果的结论。

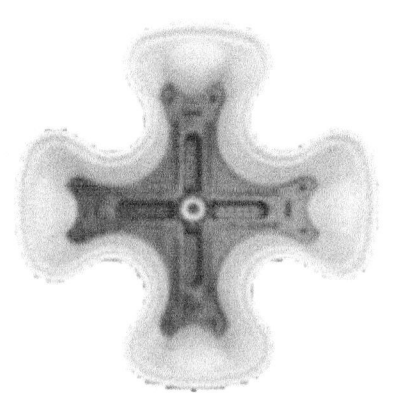 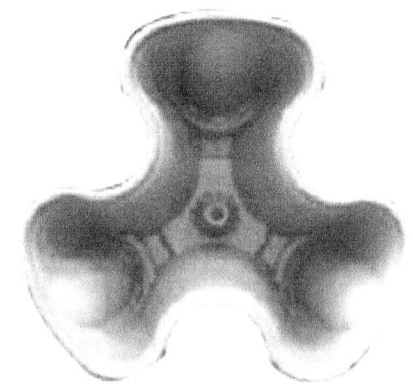

本专利　　　　　　　　　　对比设计

来源：被诉决定和上述法院判决。

关于本案事实认定部分，还必须指出和探讨一个相关问题，即相关设计特征的性质：是功能性设计特征还是装饰性设计特征，抑或兼具功能性设计特征与装饰性设计特征的属性。从外观设计无效认定制度之一般原理和相关案例（尤其是最高人民法院案例）来看，上述三方面特性在认定本专利与对比设计是否存在显著区别方面发挥的作用是不同的。但很遗憾，正如本专利权人柳先生在本案相关文书中所指出的：本案中，比较设计特征时是比较功能性设计特征还是装饰性设计特征，没有做出明确的司法释明。基于此，以下拟立足于功能性设计特征和装饰性设计特征原理，以最高人民法院相关案例为指导，结合本案探讨相关设计特征对认定本专利与对比设计是否存在显著区别的影响。

从一般意义上说，外观设计专利的设计特征可以分为功能性设计特征、装饰性设计特征以及功能性设计特征与装饰性设计特征兼而有之的设计特征。这种区分，也是基于任何外观设计专利通常都包含功能因素与美学因素。根据专利复审委员会与张迪军、慈溪市鑫隆电子有限公司外观设计专利权无效行政纠纷再审案[1]中最高人民法院阐述的观点，功能性设计特征是指"那些在该外观设计产品的一般消费者看来，由所要实现的特定功能唯一决定而并不考虑美学因素的设计特征"。不过，在该案中，最高人民法院认为对功能性设计特征不能做过于狭窄的解释，将功能性设计特征理解为外观设计专利中实现某种功能的唯一设计。因为在现实中存在多种设计方案去实现某种特定的功能。一方面，若可以认定该设计特征仅由所要实现的特定功能所决定而与美学因素缺乏关联，则仍可以认定为功能性设计特征；另一方面，也需要考虑将两种或者两种以上替代设计的设计特征纳入功能性设计特征的范围，从而避免外观设计专利申请人将有限的替代设计分别申请专利而垄断特定功能。这样才符合专利法保护具有美感的创新性设计方案的立法目的。换言之，功能性设计特征存在一定的可选择性空间，功能性设计特征与该设计特征的可选择性存在一定的关联性。当一种功能性设计成为实现某种特定功能的唯一设计时，就不存在考虑美学因素的空间，这种功能性设计特征是典型的功能性设计特征。[2]当某种设计是实现某种特定功能的有限的设计之一时，该设计也能成为功能性设计。基于上述考虑，该判决强调："功能性设计特征的判断标准并不在于该设计特征是否因功能或技术条件的限制而不具有可选择性，而在于在一般消费者看来，该设计

---

〔1〕 最高人民法院（2012）行提字第 14 号行政判决书。

〔2〕 典型意义上的功能性设计特征确实强调产品设计完全是为了实现产品的特定功能，客观上不存在视觉效果的创新空间。例如，在通领科技集团有限公司与立维腾电子（东莞）有限公司、一审被告、二审被上诉人专利复审委员会外观设计专利权无效行政纠纷案中，最高人民法院指出："在判断外观设计相近似时，应当着眼于比较整体视觉效果的异同。对于那些客观上不存在视觉效果的创新空间，完全是为了实现产品的特定功能，而不是对外观设计产品的整体视觉效果进行改进的设计，应认定为功能性设计。其对外观设计产品的整体视觉效果不具有影响。"参见最高人民法院（2011）行提字第 2 号行政判决书。

特征是否仅仅由特定功能所决定，从而不需要考虑该设计特征是否具有美感。"[1]当然，功能性设计特征并非不能受到专利保护，因为主要由技术功能决定的设计特征可以通过实用新型或者发明专利受到保护，只是在外观设计专利上，保护的不是功能性设计特征。

在外观设计专利无效纠纷案件中，区分本专利与对比设计的设计特征属于上述何种性质的设计，具有十分重要的意义。根据最高人民法院上述提审案例，在一般情况下，功能性设计特征对于外观设计的整体视觉效果不具有显著影响，而装饰性设计特征对于外观设计的整体视觉效果则具有影响。如果某个设计特征兼具功能性与装饰性，则评判该设计特征对于外观设计整体视觉效果的影响大小，应当考虑装饰性设计特征在整个设计特征中所处的地位，即装饰性越弱，该设计特征对于外观设计整体视觉效果的影响越小，反之亦然。[2]也就是说，在设计特征两者都具备的情况下，应仔细评判装饰性设计特征的强弱。在装饰性设计特征非常强的情况下，功能性设计特征就会受到很大限制。

无疑，就本案而言，被诉决定及三级法院归纳的本专利及对比设计的设计特征具有上述何种性质，是判断本专利与对比设计是否具有明显区别的重要影响因素。但遗憾的是，被诉决定及三级法院并未对本专利及对比设计的相同或者不同的设计特征做出任何定性，甚至根本未出现功能性设计特征与装饰性设计特征的字眼。

从本案被诉决定和法院裁判文书的认定看，由于均没有出现功能性设计特征与装饰性设计特征的字眼，也就是没有从功能性设计特征或者装饰性设计特征方面对本专利与对比设计整体视觉效果是否存在明显区别进行任何论证，而是泛泛地抽象出一个盆壁的花瓣状单元设计特征以及拱门设计和裙边设计特征，并认为两者相同之处对于整体视觉效果不足以产生显著影响。值得注意的是，所谓"花瓣状单元"并不是对本专利和对比设计盆壁设计特征的准确描述，本专利和对比设计的设计特征并非花瓣状单元，而是凸凹弧对称的圆弧形，属于盆壁的设计特征。根据本专利权人柳先生的描述，其实质是"盆底的一个圆弧拉伸设计后形成的一个圆弧状的盆壁的特征，是盆壁的局部，从俯视图即主视图看，其本质就是凸圆弧"。由于被诉决定和法院裁判文书始终没有明确所谓"花瓣状单元"设计究竟是功能性设计还是装饰性设计，而是本专利和对比设计

〔1〕　最高人民法院（2012）行提字第14号行政判决书。

〔2〕　最高人民法院（2012）行提字第14号行政判决书。

从圆弧状的盆壁结构的设计特征中抽象出来，肢解盆壁的整体结构，并且脱离整体观察、综合判断的原则，机械地就"花瓣状单元"的数量变化论证两者的差异不会导致整体视觉效果产生显著影响："本专利花瓣数量的增加并未脱离对比设计由花瓣环绕盆底中心构成花盆整体的视觉效果"。固然，这里的"由花瓣环绕盆底中心构成花盆整体的视觉效果"，是盆壁以圆弧状为设计要素的所有植物栽培盆的共同特征，是植物栽培盆一类产品基于功能目的必须有的，否则以圆弧为设计单元的植物栽培盆就无法制成。正因如此，它绝不能被对比设计专利权人垄断，而属于功能性设计特征，任何人就产品进行外观设计都可以使用。这也就是产品功能性决定的设计特征不能成为外观设计整体视觉效果判断因素的原因。本专利和对比设计相同的特征被简单地描述为数个花瓣状单元组合而成，整体视觉效果被从功能性设计特征方面确定，实际上是将设计单元、设计要素局部特征的相同等同于外观设计整体判断。

其实，如本文所指出的，正是所谓花瓣状单元数量的变化，导致了本专利在整体结构上与对比设计产生了巨大的视觉差异。虽然最高人民法院再审裁定书注意到了"三瓣花"改为"四瓣花"设计造成的三个不同点，但又认为这些不同点并未产生两者之间的差异。应当说，这可能是一种自相矛盾的说法，而且没有从整体观察、综合判断的角度看因为这一改变而产生的整体的视觉效果差异。同时，被诉决定和法院裁判文书提到的拱门设计和裙边等特征相同之处属于功能性设计特征范畴，其本身不应用于评判对两者整体视觉效果具有显著影响，而且它们又均属于圆弧状盆壁设计特征的局部，一般也不能用于认定对两者整体视觉效果具有显著影响。

从上述设计特征性质分类来说，真正具有对两者整体视觉效果具有显著影响的区别性设计特征，尤其是本专利的产品底部隔板的设计，虽然有一定的功能性设计成分，但主要属于装饰性设计特征，这一不同点对于两者整体视觉效果具有显著影响毫无疑问应受到重视。为此，后文将沿用功能性设计和装饰性设计的概念，对本案有关设计特征进行分析，结合"整体考察、综合判断"的原则，做出结论。

（二）关于一般消费者标准在本案中的适用

1. 外观设计专利无效行政纠纷案件中引入一般消费者标准的合理性和相关规定

一般消费者是我国外观设计专利无效行政纠纷案件中使用的重要概念。该概念内涵在我国相关司法案例中得到了明确。例如，最高人民法院在有关提审案件持以下观点：从知识水平的角度而言，一般消费者对于与外观设计专利产品相同或者相近类别的产品具有常识性的了解，其通晓申请日之前相关产品的外观设计状况，熟悉相关产品上的惯常设计。[1]所谓"常识性的了解"，是指通晓相关产品的外观设计状况而不具备设计的能力，而非局限于基础性、简单性的了解。从认知能力的角度而言，一般消费者对于形状、色彩、图案等设计要素的变化仅具有一般的注意力和分辨力，其关注外观设计的整体视觉效果，不会关注外观设计专利与对比设计之间的局部细微变化。[2]上述观点也表明，一般消费者进行相近似判断时与本领域普通技术人员总是从技术角度考虑问题不同，因为一般消费者主要关注的是外观设计视觉效果的变化，而不是技术效果或者功能的变化。同时，一般消费者也不会基于设计要素变化所伴随的技术效果的改变而对该设计要素变化施以额外的视觉关注。

在外观设计专利侵权纠纷案件中，人民法院运用一般消费者标准认定被控侵权设计是否侵害外观设计专利更是常见。例如，在再审申请人洛阳晨诺电气有限公司与被申请人天津威科真空开关有限公司、张春江、一审被告、二审被上诉人天津市智合电器有限公司侵害外观设计专利权纠纷案中，最高人民法院判决认为："作为外观设计侵权判断主体的一般消费者，应对该类产品的外观设计及其常用设计手法具有常识性的了解，对于外观设计产品在形状、图案以及色彩上除微小变化之外的区别具有一定的分辨力。"[3]

在另一起外观设计专利侵权纠纷案中，最高人民法院判决认为：作为判断外观设计相同或者相近似的主体的一般消费者，应当对现有设计中的惯常设计和常用设计手法具有一定了解。在一般消费者的这种知识水平和认知能力的前提下，不同外观设计在惯常设计或者常用设计手法上的相同或者相近似之处对于二者的整体视觉效果不具有显著影响。以现有设计中的惯常设计或者常用设计手法为坐标，找出外观设计专利与惯常设计或者常用设计手法的区别点，考虑这些区别点对整体视觉效果的影响，在此基础上再运用整体观察、综合判断

〔1〕　在好孩子儿童用品有限公司与山东黄金宝贝婴儿用品有限公司、孙慧敏侵害外观设计专利权纠纷案中，最高人民法院将"惯常设计"解释为"现有设计中一般消费者所熟知的、只要提到产品名称就能想到的相应设计"。参见最高人民法院（2014）民申字第1865号民事判决书。

〔2〕　参见最高人民法院（2011）行提字第1号行政判决书、（2014）民提字第34号民事判决书。

〔3〕　最高人民法院（2014）民提字第193号民事判决书。

的方法对二者的整体视觉效果进行比较。[1]

笔者认为，在外观设计专利无效行政纠纷案件中引入一般消费者标准，既具有理论上的合理性，也具有相应的规范依据。

从理论上看，外观设计专利保护的目的是通过赋予外观设计专利权人以专有权，使其获得独占性市场利益，以此激励外观设计创新，丰富和美化人们的生活，促进设计产业发展。[2]这就需要在外观设计产品消费市场避免消费者被同类产品混淆、误认。这也是我国《专利法》第 23 条第 2 款规定授予专利权的外观设计与现有设计或者现有设计特征的组合相比应当具有明显区别的重要原因。为此，在判断和认定某项外观设计是否符合专利保护条件时，应当以消费者的眼光去衡量，而不是以专业设计人员或者外观设计专利申请审查员的眼光去认定。

从相关规范来看，《专利审查指南》第四部分第五章规定：在判断外观设计是否符合《专利法》第 23 条第 1 款、第 2 款规定时，应基于本专利产品的一般消费者的知识水平和认知能力进行评价。此外，有关外观设计专利侵权司法解释也特别明确了司法实践中应以外观设计专利产品的一般消费者的知识水平和认知能力来判断外观设计是否相同或者近似。例如，最高人民法院《关于审理侵犯专利权纠纷案件应用法律若干问题的解释》第 10 条规定："人民法院应当以外观设计专利产品的一般消费者的知识水平和认知能力，判断外观设计是否相同或者近似。"一般消费者，是指被诉侵权产品的直接购买者。虽然外观设计专利无效行政纠纷与外观设计专利侵权纠纷性质完全不同，前者解决的是确权问题，后者解决的是侵权问题，但由于确权也是为了有效地实施对外观设计专利的保护，并且存在外观设计专利侵权纠纷的前提（外观设计专利如果失效，则原来的外观设计专利权人不能提起侵权诉讼），外观设计专利侵权纠纷案件中一般消费者标准与外观设计专利无效行政纠纷中确立的一般消费者标准应当是一致的，也只有保持一致，才能使外观设计专利保护制度在确权阶段和法律保

---

〔1〕 株式会社普利司通与浙江杭廷顿公牛橡胶有限公司、北京邦立信轮胎有限公司侵害外观设计专利权纠纷申请再审案［最高人民法院（2010）民提字第 189 号］。该案为最高人民法院公布的 2011 年中国法院知识产权司法保护 50 件典型案例之一。

〔2〕 最高人民法院有关案例即指出："授予外观设计专利权的根本目的，在于通过专利权的排他性保护，激励创新主体对产品的视觉效果进行改进，对产品的外观作出富有'美感'的新设计。"参见最高人民法院（2011）行提字第 2 号行政判决书。

护阶段保持内在的连贯性。总体上，无论是外观设计专利无效还是侵权纠纷案件，引入一般消费者标准都是为了使外观设计专利的保护符合其立法保护宗旨，防止扩大或者缩小对外观设计专利的保护范围。无论是从学理还是有关规范来看，一般消费者都应当是抽象判断主体。

2. 本案被诉决定、三级法院未确立一般消费者标准的缺憾

在本案中，被诉决定和三级法院尽管偶尔提到了一般消费者字样，但均未确立本案中的一般消费者标准，也未按照一般消费者标准比对外观设计。被诉决定及一审、二审判决和再审裁定书均只字未提本专利与现有设计或者现有设计特征组合的对比应当以一般消费者作为判断主体的规定和惯例，更遑论对本案中的判断主体一般消费者应具有什么样的特点进行阐明。如前所述，无论是学理还是《专利审查指南》以及最高人民法院《关于审理侵犯专利权纠纷案件应用法律若干问题的解释》，抑或最高人民法院和北京市高级人民法院等涉及外观设计专利无效案的判决或裁定，都明确了应当以一般消费者作为判断主体。本案被诉决定及一审、二审判决和再审裁定，由于未对本专利与对比设计区别性特征从一般消费者的角度进行评判，必然导致关于近似判断的主体标准模糊不清。由于未能确立一般消费者标准，在认定本专利与对比设计是否具有显著差别上，既存在以外观设计的设计人员标准替代一般消费者标准的风险，也存在将局部设计因素的相似上升为整体视觉效果的差别不具有显著性的认定风险。

3. 本案一般消费者标准及其对本专利与对比设计整体视觉效果的影响

本案属于外观设计专利无效行政纠纷，自然也应引入一般消费者标准加以判断。如上所述，虽然上述法律文书偶尔提到了一般消费者术语，但并没有依一般消费者标准比对外观设计，也没有引入一般消费者作为判断主体的规定和惯例。为了合理判断本专利与对比设计在设计特征或者设计特征组合上是否具有明显差别，笔者认为自当引入一般消费者标准。以下将提出本案中一般消费者标准的特征以及上述法律文书未引入一般消费者标准所产生的问题。

第一，本案一般消费者应当对植物栽培盆（四角）或者相近类别的产品有常识性的了解，应当通晓申请日之前与植物栽培盆相关的外观设计状况，熟悉相关产品上的惯常设计。

令人遗憾的是，上述被诉决定及三份诉讼文书在对本专利与对比设计的异同进行全面对比后，没有阐述该相关产品的常识性知识与惯常设计。这意味着其可能将近似判断的主体设定为对该相关产品一无所知的人，从而会降低抽象

主体的知识水平。这一标准也会扩大对比设计的保护范围，降低本专利具有新颖性、创新性设计要点的显著性。

第二，本案一般消费者对植物栽培盆（四角）的设计要素的变化仅具有一般的注意力和分辨力，其主要关注的应当是该产品外观设计的整体视觉效果，而不是局部细微的变化，也不是功能或者技术效果的变化。上述特点非常重要，在外观设计专利无效行政纠纷案中，它可以避免专利复审委员会或者有关人民法院在对本专利与对比设计进行对比时，忽视外观设计产品整体视觉效果，而纠缠于局部的设计元素、设计特征及其变化。

令人遗憾的是，本案中，由于专利复审委员会及三级法院均未明确一般消费者标准，而是均一再强调本专利与对比设计在花瓣状单元本身的设计特征上相同，数量上的增加不产生"显而易见"的区别或者"独特的视觉效果"。[1]如此一来，其假定的判断主体主要看到的是产品的花瓣状单元及其数量的变化，而不是花瓣状单元构成的产品的整体变化。这种观察是对产品的解剖式观察，而不是施加普通注意力的观察，违反了抽象主体通常注意的是外观设计的整体视觉效果的假定。以最高人民法院的裁定为例，虽然其注意到了再审申请人提出的花瓣状单元[2]的变化，但认为花瓣状单元不同导致的本专利主视图和后视图表示的整体外形的区别（分别是"十字"形和"人字"形）、两者立体图表示的整体外形的区别（分别是四边及倒梯形物体和三角倒梯形物体）、中心夹角不同（分别是 90°和 120°）等，"其实质为第五处花瓣数不同所带来的不同表现形式，并未增加新的差异"，进而认为前面的几处差别实质上为一处差别，也就是四花瓣与三花瓣的差别。笔者认为，这是未按照一般消费者标准进行比对的典型体现，虽然其在裁定书中多处明确提到了要根据一般消费者标准加以比对。此外，上述认定存在的问题还在于，法院没有看到正是三花瓣改为四花瓣这一设计格局导致本专利在整体的视觉效果上有了很大的改变。植物栽培盆领域的一般消费者凭借普通的注意力是能够感觉到花瓣状单元构成的产品的整体变化的。

由此可见，专利复审委员会、三级法院并没有按照一般消费者标准来比对

---

〔1〕 例如，北京市高级人民法院（2015）高行（知）终字第 2715 号行政判决书，第 5 页第 4 段、第 7 页第 3 段。

〔2〕 如前所述，再审申请人柳先生对于被诉决定和几级法院概括的本专利植物栽培盆盆壁花瓣状单元的概念并不赞同，认为应当使用"圆弧"的概念。不过，为阐述方便，暂且使用被诉决定和三级法院使用的与再审申请人柳先生主张的圆弧概念对应的"花瓣状单元"的概念。

本专利与对比设计，而是将一般消费者的知识水平降低到一无所知，将一般消费者的认知能力提高到专业人员标准。这样做的后果可能是，人为提高了外观设计专利保护的难度，不适当地扩大了对比设计权利人的利益保护范围，相应地会损害本专利权人的合法权益。

可以设想一下，本案如能确立一般消费者标准，并按照一般消费者的知识水平与认知能力进行整体观察与综合判断，所得出的结论就可能完全不同。在本案中，一般消费者就是购买和使用花盆的人，这些人具有植物栽培盆相关领域通常的知识水平和认知能力。如上所述，他们不大注意产品外观设计局部细微的变化，而关注产品外观设计的整体视觉效果。在购买和使用花盆方面，基于实用考虑，他们关注花盆整体的立体造型，包括花盆使用空间大小以及花盆整体形状等。至于花盆产品的具体设计元素、设计单元和具体细节，在施加普通注意力的场合一般不会予以关注。从本专利与对比设计的设计特征或者设计特征的组合的差别性来看，一般消费者不会像外观设计的设计人员一样将盆壁的设计特征从花盆整体中拆分出来进行盆壁设计特征、拱门设计特征、裙边设计特征等的比较，而是在整体视觉上进行评判。[1]由于两者在整体视觉效果上差别十分明显，如本专利是"十字"形花盆，而对比设计是"人字"花盆；本专利有前述区别特征十分明显的底部隔板，而对比设计没有，而且隔板与本专利的整体造型相同，即也是"十字"形，以致在整体上形成了一种"叠加""十字"形的立体造型，进一步加大了本专利与对比设计的差别。一个视力正常的人施加普通的注意力和辨别力，一眼就能看出本专利和对比设计存在十分明显的区别。正如本案再审申请人柳先生从一般消费者的角度所评判的："无论从花盆的使用空间的数量的多少，还是从每个使用空间的大小的区别来看，一般消费者很明显能感受到这个区别，而不会产生混淆，同时也不会关注这个花盆的设计特征，而只会从花盆的整体来比较花盆的总的使用空间的大小，而不会过多地关注花盆的盆底和盆壁的设计特征，更不会把盆壁的设计特征拆分出来进行比较。"

（三）整体观察、综合判断原则在本案中的缺失及其评价

1. 整体观察、综合判断原则的内涵及相关规范

整体观察、综合判断，是外观设计专利确权和处理侵权纠纷的基本原则，

---

〔1〕　此处说明和分析，参考了柳先生的相关介绍。

而该原则的适用又是和前述一般消费者标准紧密结合在一起的，离开一般消费者标准去适用整体观察、综合判断会偏离该原则的适用范围和目的。基于此，整体观察、综合判断原则要求一般消费者不能仅从局部细微之处，而应当从外观设计专利产品整体的设计变化来评判本专利与对比设计的视觉效果是否具有明显的区别。也就是说，不应当限于本专利与对比设计局部要素与设计特征进行比较，而应当在此基础上从本专利与对比设计的整体加以判定。

一般消费者在进行本专利与对比设计可视部分对比时，通常对两者的相同点和不同点都会给予关注，这就需要考虑两者的相同点和不同点对整体视觉效果的影响大小和程度。[1]换言之，本专利与对比设计相同之处与不同之处对两者整体的视觉效果均会存在影响，因而需要对相同点和不同点分别进行比较。但是，就两者整体视觉效果的差异而言，尤其是就本专利与对比设计进行对比产生的视觉效果是否具有明显的区别而言，更应重视两者的不同之处。在实践中，也需要重点评判两者不同对整体视觉效果的影响程度，尤其是对两者整体视觉效果的影响达到显著程度。[2]原则上说，只有区别点对整体视觉效果的影响程度更为显著，超过了相同之处对整体视觉效果的影响，才能认为外观设计与对比设计存在明显区别。

我国相关规范和司法解释对外观设计专利确权及外观设计专利侵权纠纷解决适用整体观察、综合判断原则均进行了规定。例如，《专利审查指南》第四部分第 5.2.4 规定：对比时应当采用整体观察、综合判断的方式。整体包括产品可视部分的全部设计特征而非其中某特定部分，综合是指对能够影响产品外观设计整体视觉效果的所有因素的综合。在确定涉案专利与相同或者相近似种类产品现

---

〔1〕　参见广东美的电器股份有限公司诉专利复审委员会、第三人珠海格力电器股份有限公司外观设计专利权无效行政纠纷案［最高人民法院（2011）行提字第 1 号］。

〔2〕　例如，专利复审委员会与张迪军、慈溪市鑫隆电子有限公司外观设计专利权无效行政纠纷再审案［最高人民法院（2012）行提字第 14 号］即有一定代表性。该案判决指出："所谓整体观察、综合判断的方法，是指在判断外观设计专利与在先设计是否相同或者相近似时，应该从外观设计专利产品的一般消费者的知识水平和认知能力出发，综合评估两者的相同点和区别点对整体视觉效果的影响，在此基础上对两者的整体视觉效果是否相同或者相近似作出判断。在这个过程中，既要注意二者的相同点对整体视觉效果的影响，又要注意二者的区别点对整体视觉效果的影响。实际上，只要把外观设计专利与在先设计是否相同或者相近似的判断落脚到二者整体视觉形象的相同或者相近似上，就必然需要对两者的相同点和不同点对整体视觉形象的影响程度进行综合考量。虽然原二审判决将重点放在了两者的区别对整体视觉效果的影响上，但是并非没有注意二者的相同点对整体视觉效果的影响。"

有设计相比是否具有明显区别时，还应当综合考虑如下因素：①对涉案专利与现有设计进行整体观察时，应当更关注使用时容易看到的部位，使用时容易看到部位的设计变化相对于不容易看到或者看不到部位的设计变化通常对整体视觉效果更具有显著影响。②当产品上某些设计被证明是该类产品的惯常设计（如易拉罐产品的圆柱形状设计）时，其余设计的变化通常对整体视觉效果更具有显著影响。③由产品的功能唯一限定的特定形状对整体视觉效果通常不具有显著影响。④若区别点仅在于局部细微变化，则其对整体视觉效果不足以产生显著影响。根据上述规定，整体观察、综合判断，应由本专利与对比设计的整体来判断，而不从外观设计的部分或者局部出发得出判断结论。

最高人民法院《关于审理侵犯专利权纠纷案件应用法律若干问题的解释》第11条则规定：人民法院认定外观设计是否相同或者近似时，应当根据授权外观设计、被诉侵权设计的设计特征，以外观设计的整体视觉效果进行综合判断。对于主要由技术功能决定的设计特征以及对整体视觉效果不产生影响的产品的材料、内部结构等特征，应当不予考虑。下列情形，通常对外观设计的整体视觉效果更具有影响：①产品正常使用时容易被直接观察到的部位相对于其他部位；②授权外观设计区别于现有设计的设计特征相对于授权外观设计的其他设计特征。被诉侵权设计与授权外观设计在整体视觉效果上无差异的，人民法院应当认定两者相同；在整体视觉效果上无实质性差异的，应当认定两者近似。

上述关于外观设计专利侵权纠纷中如何适用整体观察、综合判断原则的论述，对外观设计无效行政纠纷案中判断和认定本专利与对比设计之间的区别是否具有显著特征也具有适用价值。这是因为，两者的基本理念和追求的目标一致，都是为了依法保护当事人的合法权益，使符合法律规定的外观设计能够得到法律有效保护，同时避免不适当地扩展外观设计专利权人的利益而损害公众利益、破坏正常的市场竞争秩序。正因如此，本文在援引案例进行实证分析和研究时，并不完全局限于外观设计专利无效行政纠纷案例，而是也包括部分较为典型的外观设计专利侵权纠纷案例。

2. 整体观察、综合判断原则在本案中的缺失及其后果

整体观察、综合判断作为评判外观设计专利与对比设计是否具有显著性差别的重要原则，在近些年来我国涉及外观设计专利无效行政纠纷和侵权纠纷的案件中被广泛运用。例如，在广东美的电器股份有限公司诉专利复审委员会、第三人珠海格力电器股份有限公司外观设计专利权无效行政纠纷案中，最高人

民法院指出：对外观设计专利进行相近似判断时，应当基于外观设计专利产品的一般消费者的知识水平和认知能力，对外观设计专利与在先设计的整体视觉效果进行整体观察、综合判断。所谓整体观察、综合判断，是指一般消费者从整体上而不是仅依据局部的设计变化，来判断外观设计专利与对比设计的视觉效果是否具有明显区别。[1]在专利复审委员会与 LG 电子株式会社、宁波奥克斯空调有限公司外观设计专利权行政纠纷再审案（改判）中，最高人民法院判决指出：本案的焦点问题在于本专利与对比设计是否属于相近似的外观设计。在判断两项外观设计是否相同或相近似时，首先是以一般消费者的角度，对本专利与对比设计进行比较，以确定二者之间的区别，然后通过整体观察，综合判断所述区别对于产品外观设计的整体视觉效果是否具有显著影响。在确定是否具有显著影响时，使用时容易看到部位的设计变化相对于不容易看到或者看不到部位的设计变化，通常对整体视觉效果更具有显著影响。该案中，立式空调柜使用时通常背靠墙面或放置在墙角，产品的底部、顶部和背面属于使用时不容易看到的部位，产品的正面和侧面属于更加能够引起一般消费者关注的部位。[2]

　　本案中，被诉决定及三级法院并没有遵照整体观察、综合判断原则，确认本专利与对比设计的全部不同点对整体视觉效果是否具有显著影响。其主要原因，一方面在于没有真正引入一般消费者标准，另一方面在于被诉决定及三级法院始终没有跳出将虚构的植物栽培盆盆壁花瓣状单元的设计元素"相同"等同于两者整体视觉效果相同的怪圈，以及忽视了体现两者整体视觉效果显著性差别的"花瓣"数量增加及本专利底部具有隔板这一重大区别性特征。被诉决定及三级法院均强调，重新组合亦未脱离花瓣状单元环绕盆底中心构成花盆整体的视觉效果；[3]本专利与对比设计的花瓣状单元设计弧度、流线、风格、外形基本一致，本专利的主要改进是数量变化，并未产生设计要素的实质性区别。[4]笔者认为，上述分析和结论至少存在以下问题：

　　第一，没有全面阐释相同点与不同点对整体视觉效果的影响，而是采取"要素组合"方法来判断整体视觉效果，将设计元素相同（花瓣状单元）等同于整体视觉效果相同。二审法院虽然使用了"整体视觉效果"这一术语，但是

---

　〔1〕　最高人民法院（2011）行提字第 1 号行政判决书。

　〔2〕　最高人民法院（2012）行提字第 9 号行政判决书。

　〔3〕　参见北京市高级人民法院（2015）高行（知）终字第 2715 号行政判决书，第 7 页第 2 段。

　〔4〕　参见北京市高级人民法院（2015）高行（知）终字第 2715 号行政判决书，第 7 页第 4 段。

将对比设计的特征锁定在花瓣状单元上，然后将拆解的花瓣状单元纳入专利权保护范围。其分析逻辑不符合外观设计专利授权标准，因为如果按照这一观点，任何在相关植物栽培盆产品上使用花瓣状单元的外观设计都落入对比设计专利权的保护范围，对比设计专利权人可以凭借在先的三瓣花造型的花盆外观设计专利权阻止任何以花瓣状单元作为花盆盆壁造型的外观设计产品出现，从而在事实上独占花瓣状单元造型的一切花盆设计。这显然是对他人正常利用现有设计资源的不公平限制，极不合理。其实，上述错误认识的出现，与被诉决定及三级法院始终没有引入设计特征的类型和性质（前述功能性设计特征及装饰性设计特征）有极大关系。所谓花瓣状单元，准确的表述应当是圆弧形。就花盆产品之设计来说，考虑实用、美观和日常生活经验等因素，其必然包含盆壁和盆底，其中盆壁的设计无非包括圆弧形和非圆弧形（如四边形、三角形等），其中圆弧形可以体现为不同角度和流线，但总体上仍属于功能性设计特征或者功能性设计特征与装饰性设计特征兼备。[1] 被诉决定和三级法院均以盆壁设计要素相同替换整体视觉效果，忽视了从一般消费者角度看，由三瓣花改为四瓣花造成的整体视觉效果的巨大变化，如前述的"十字"形与"人字"形的巨大变化。

进言之，被诉决定和三级法院均认定本专利盆壁设计从三个花瓣状单元到四个花瓣状单元的变化不明显，未脱离花瓣状单元环绕盆底中心构成花盆整体的视觉效果，进而认定本专利与对比设计相比不具有明显区别。该认定存在概念不周延问题，具体说是运用发明或者实用新型专利的创造性判断逻辑来重新定义外观设计专利上的整体观察与综合判断。这已经实质性改变了外观设计专利授权标准，即将发明或者实用新型专利领域通过技术特征确定保护范围并通过非显而易见性确定创造性的方法适用到外观设计专利上。这会不适当地提高外观设计专利的授权标准，混淆发明专利、实用新型专利与外观设计专利的应有界限，也违背了最高人民法院诸多案例的判决逻辑。同时，根据《专利法》（2008 年修正）第 59 条第 2 款规定，"外观设计专利权的保护范围以表示在图片或者照片中的该产品的外观设计为准"，而不是以该产品的外观设计的构成要素为准；本专利的简要说明已经解释其设计要点在于形状，而不是割裂的形状单元。外观设计的区别判断应当是立足于产品外观进行整体观察、综合判断，而不是深入到外观设计产品的抽象要素，如本案中所谓花瓣状单元。

---

[1] 如前所述，其对整体视觉效果的影响，要看哪方面程度更强。

　　第二，没有按照简要说明来解释图片或者照片所表示的该产品的外观设计。前述《专利法》（2008 年修正）第 59 条第 2 款还规定，"简要说明可以用于解释图片或者照片所表示的该产品的外观设计"。本专利的简要说明明确指出"最能表明设计要点的是主视图"。从主视图观察，"十字"形状隔板这一设计要点非常明显，并不是前述法院认为的"隔板位于花盆内部底部，对花盆整体外观视觉效果影响不大，属于局部细微变化，对整体视觉不足以产生显著影响"。[1] 有此结论的根源在于被诉决定和三级法院均没有确立一般消费者标准，也没有确立其具有的知识水平与认知能力。正是因为被诉决定和三级法院将一般消费者的知识水平降低到一无所知，本专利的这一设计特征才会因为其在产品中的设计位置而被忽视。对于具有植物栽培盆产品外观设计常识的一般消费者而言，其不可能不知道该类产品的设计只可能存在外盆壁（盆体）与内底部区域。只要观察主视图，就会关注内底部区域，就会注意到位于内底部的隔板这一如此明显的改变。反过来说，如果只将外盆壁作为主要的、具有重大影响的观察对象，则无疑缩小了该类产品的设计范围，任何花盆类产品的内底部区域都无法成为外观设计的保护范围。这种忽视花盆底部设计特征对于本专利与对比设计整体视觉效果的显著影响的观点，实际上违背了整体观察、综合判断原则，因为该原则要求一般消费者对可视部分的全部设计特征而非其中某特定部分进行观察，同时对能够影响产品外观设计整体视觉效果的所有因素进行判断。基于本专利的产品底部包括隔板设计而对比设计没有这一区别性设计，而底部又是本专利最能表示设计要点的主视图中最显眼的位置，该区别点对于两者整体视觉效果具有十分重要的显著性影响，这也是本文在多处不厌其烦地从不同角度对之进行探讨的重要原因。

　　3. 通过整体观察、综合判断，可以认定本专利与对比设计存在明显区别，对整体视觉效果具有显著影响

　　最高人民法院（2014）民提字第 34 号民事判决书指出：判断被诉侵权产品与本案专利是否相同或者相近似，应当遵循整体观察、综合判断的原则，即一般消费者从整体上而不是仅依据局部的设计变化，来判断外观设计专利与被诉侵权产品的视觉效果是否具有明显区别；在判断时，一般消费者对外观设计专利与被诉侵权产品的整体视觉效果进行综合判断，既要考虑两者的相同点对整

---

　　[1]　参见北京市高级人民法院（2015）高行（知）终字第 2715 号行政判决书，第 7 页最后一段、第 8 页第 1 段。

体视觉效果的影响，又要注意两者的区别点对整体视觉效果的影响，最后得出两者在整体视觉效果上是否存在差异及所存在的差异是否构成实质性差异的结论。该判决还指出，在对外观设计进行整体观察、综合判断时，要注意以下两点：①产品的不同部位对于外观设计的整体视觉效果所产生的影响有所不同。产品正常使用时容易被直接观察到的部位相对于其他部位对整体视觉效果更具有影响。②不同性质的设计特征对于外观设计的整体视觉效果所产生的影响有所不同。该院在按照一般消费者标准，运用整体观察、综合判断方法进行认定后认为，由于本案中被诉侵权产品与本案专利的相同点对整体视觉效果影响较小，而两者的不同点对整体视觉效果影响较大，被诉侵权产品与本案专利在整体视觉效果上具有实质性差异，不构成相同或者相近似的设计。二审判决认定被诉侵权产品与本案专利属于相近似的设计，适用法律错误，应予纠正。[1]

最高人民法院明确的两者相同点对整体视觉效果影响较小、两者不同点对整体视觉效果影响较大，从而使得两者在整体视觉效果上具有实质性差异的观点，与本案具有一致性。

笔者通过适用一般消费者标准并运用整体观察、综合判断原则，借助于外观设计的设计特征的定性，在明确本专利与对比设计相同点以及不同点对整体视觉效果影响的基础上，发现本案中两者不同点对整体视觉效果影响较大，从而也可以得出两者在整体视觉效果上具有实质性差异，本专利的授予符合我国《专利法》第23条规定的外观设计专利授权条件的结论。以下先从两者相同点和不同点分析对本专利与对比设计整体视觉效果是否存在显著影响，再进一步从整体观察、综合判断的角度进行评判。

（1）从相同点和不同点方面评价。

第一，相同点对整体视觉效果的影响相对较小。本专利产品由主视图、后视图和左视图显示，对比设计的产品由六面正投影视图和立体图显示。为阐述方便，笔者仍以被诉决定和三级法院概括的本专利与对比设计的四个相同点[2]作为讨论的基础，尽管笔者并不赞同花瓣状单元等用语。

---

〔1〕 深圳市亚冠电子有限公司与深圳市战音科技有限公司侵犯专利权纠纷案［最高人民法院（2014）民提字第34号］。

〔2〕 参见被诉决定第3页，第4—5行；北京知识产权法院（2015）京知行初字第738号行政判决书，第8页第4—5行；北京市高级人民法院（2015）高行（知）终字第2715号行政判决书，第7页第2段。

相同点 1（盆体均由相连的相同花瓣状单元和由该花瓣状单元环绕的盆底中心构成，且花瓣状单元间圆滑过渡状凹处连接部以及盆体自上而下呈倒锥台形结构）是通过观察立体图得到的视觉效果。从一般消费者的视角观察，这些内容是有限的设计方式，属于功能性设计。首先，植物栽培盆的整体外形选择通常只有锥台、棱台、圆柱、长方体等形状，本专利与对比设计选择倒锥台形，并未脱离上述常见形状。其次，为了实现栽培植物的功能，该类产品必须具有盆壁与盆底这些组成部分。盆壁上边缘通常的选择也只有直线段、圆弧或者不规则曲线段，花瓣状单元实际就是一段圆弧，是有限的设计方式。最后，花瓣状单元相互之间圆滑过渡状凹处连接也是圆弧连接的有限设计方式，主要是为了实现立体空间封闭的功能。美国第 5309671 号（1994 年 5 月 10 日）、第 3686791 号（1972 年 8 月 29 日）外观设计专利也使用了圆弧状的设计方式。因此，相同点 1 对整体视觉效果的影响应当相对较小。

相同点 2（盆体上边缘均为两条裙带结构）位于盆壁内边缘顶部。一般消费者对于形状、色彩、图案等设计要素的变化仅具有一般的注意力和分辨力，不容易直接观察到局部。这个相同点是局部的，对整体视觉效果的影响应当相对较小。

相同点 3（各花瓣单元外侧均具有相同的拱门结构，且底部均具有相同位置和结构的漏水孔、卡槽、支撑凸台）涉及的拱门结构是产品局部的设计特征，位于相对不显著的位置，一般消费者不容易直接观察到；漏水孔、卡槽与支撑凸台是为了上下通透与排水，具有功能性，一般消费者也不会将这个相同点视为装饰性设计，因而对整体视觉效果的影响比较小。

相同点 4（在盆体中心均具有圆孔）主要是为了吊装而设计，同时有通透效果，属于功能性设计特征，一般消费者也不会将这一中心圆孔作为装饰性设计特征来看待，对整体视觉效果的影响也相对较小。

由此可见，被诉决定和三级法院概括的本专利和对比设计的四个相同点，要么属于功能性设计特征，要么属于产品局部的设计特征，从而导致其对整体视觉效果不具有实质性影响或者显著影响。

第二，不同点对整体视觉效果的影响比较显著。如前所述，不同点在整体视觉效果上无疑具有重要作用。[1] 尤其是在相同点对于整体视觉效果的影响不

---

[1] 最高人民法院在一起外观设计专利侵权纠纷案判决书中指出：应特别注意被控侵权产品设计是否利用了外观设计专利与现有设计的区别点，因而与外观设计专利产生了无实质性差异的整体视觉效果。参见最高人民法院（2010）民提字第 189 号民事判决书。

具有显著性的情况下，更应高度重视不同点对本专利整体视觉效果具有何种影响。然而，被诉决定和三级法院对于本专利与对比设计不同点的概括非常不完整，只列举了花瓣状单元数量和底部有无隔板这两个区别，而遗漏了一些十分重要的区别点。究其原因，仍然是没有站在一般消费者角度，采用整体观察、综合判断的方法提炼这些不同点。因此，评判不同点对整体视觉效果的影响，不能局限于前述两个区别特征，而应当全面把握。

笔者认为，本专利与对比设计相比存在的区别特征有：其一，二者主视图、后视图表示的整体外形存在重要区别，即本专利呈粗"十字"形，而对比设计呈粗"人字"形（以下称"区别点1"）；其二，二者立体图所表示的整体外形存在区别，对比设计是呈三角倒梯形物体，本专利是呈四边倒梯形物体（以下称"区别点2"）；其三，二者设计构图来源不同，对比设计源自一种三角倒梯形立体图形，经顶角圆滑处理、三边分别内凹、圆滑过渡形成，本专利源自一种四边、倒梯形立体图形，经四个顶角圆滑化处理、四个边分别向内凹、圆滑过渡形成（以下称"区别点3"）；其四，二者中心线夹角不同，本专利夹角90°，对比设计120°（以下称"区别点4"）；其五，二者花瓣状单元数量不同，本专利为4个，对比设计为3个（以下称"区别点5"）；其六，盆体内底部有无十字状隔板不同，本专利有隔板，对比设计没有（以下称"区别点6"）。其中，前述第一至第四个不同点没有在被诉决定和三级法院裁判文书中确认，最后两个均得到了确认。以下将对这些不同区别性特征对本专利与对比设计整体视觉效果的影响进行分析和评判。

区别点1是通过整体观察主视图与后视图得到的直观结果，主要涉及产品的整体外形，没有任何功能性考虑，是装饰性设计特征。本专利的"十字"形造型并非被诉决定和三级法院认定的由三瓣花改为四瓣花，不会产生整体视觉效果差异的结果，因为它是本专利主视图最为显眼的立体造型，一般消费者在正常使用该外观设计专利产品时不仅容易观察到，而且可以说是一看便知，对整体视觉效果的影响非常大。比较而言，对比设计主视图显示的整体造型呈"人字"形。因此，一般消费者以普通注意力观察，其与对比设计的区别是非常明显的。还值得一提的是，根据本专利设计人的介绍，本专利正四边形镶嵌的"十字"形外观，是经过创造性的思考和设计才最后确定的。设计人对比了通过圆、正三边形、正四边形和多边形设计的外观，最后发现通过正四边形进行设计创新才是最美观的设计。这一特征不仅实现了植物栽培的功能，而且体现了美感构思，因为五个、六个甚至更多单元都能满足栽培空间的需要。这一特征带来整体视觉效果的变化，也体现了对称美与简约美。在一般消费者看来，其与对比设计"人字"形造型之区别是非常明显的，而这与本专利产品主视图是主要观察部位直接相关。正如本专利的所有人柳先生所指出的一样：一般消费者即购买者和使用者从本专利的俯视图即主视图来观察产品的区别，因为本专利产品俯视图才是购买者和使用者关注的部位。[1]他因此认为将一个整体呈"人字"形、一个整体呈"十字"形的整体视觉效果视为环绕的视觉效果，因而认为其没有明显区别，是不成立的。

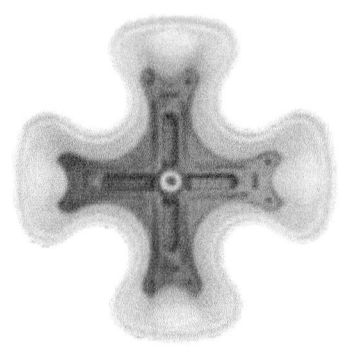 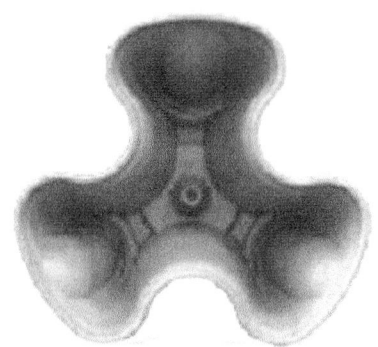

本专利   对比设计

区别点 2 是通过整体观察立体图直接得到的整体外形区别，是一般消费者正常使用产品时容易观察到的部位，但是形状是有限设计方式，一般消费者不会将其作为装饰性设计，对整体视觉效果影响相对较小。

 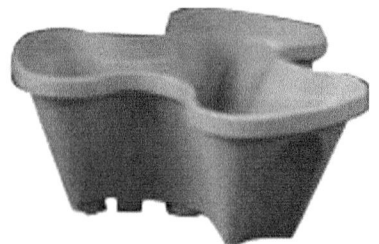

左边为本专利，右边为对比设计

---

[1] 根据柳先生提供的说明材料引用。

区别点 3 虽然涉及设计过程，但是其所体现的结果依然显示出较大区别。植物栽培盆类产品的形状主要由底面决定，如果底面是三边形、四边形、多边形，产品形状就是多边形；如果底面是圆形，无论怎么变化，产品形状都是来自于圆。正是由于设计过程的不同，产品表现出来的整体形状才会存在显著差别。根据《专利审查指南》的规定，对产品外观设计整体形状而言，圆形和三角形、四边形相比，其形状有较大差异，通常也不能认定为实质相同。

区别点 4 是通过整体观察主视图得到的视觉效果。这一变化非常明显，一般消费者容易观察到，也会施加较大的注意力。这一变化不是为了实现产品的功能，一般消费者也会将其作为装饰性设计来看待，对整体视觉效果的影响比较大。

区别点 5 是通过整体观察主视图得到的视觉效果。虽然这一区别被诉决定和三级法院裁判文书表述为数量变化，但并不能从数量变化来推理外观变化，因为数量是抽象意义的，是对事物的抽象描述而不是具象描述，而外观是具象的，是对事物的直观描述。将数量变化等同于外观变化，是对直观变化进行抽象，也是利用抽象描述来替代视觉效果变化，违背了外观设计判断的基本要求，因为根据《专利法》第 2 条的规定，外观设计是指对产品的形状、图案或者其结合以及色彩与形状、图案的结合所作出的富有美感并适于工业应用的新设计。外观设计强调的是具体形象之新，而不是抽象特点之新。如果将这一区别认定为是从 3 个花瓣状单元到 4 个花瓣状单元的变化，实际上就是去掉了 3、4 这些数字所描述的直观形象。3 个花瓣状单元体现的直观形状与 4 个花瓣状单元体现的直观形状是完全不同的。从一般消费者的角度进行整体观察，这一区别是比较容易观察到的，对整体视觉效果的影响比较大。

区别点 6 是通过整体观察主视图可以直接得到的区别，是兼具功能性与装饰性的设计特征。在花盆内部底部，设计者的发挥空间是存在的，隔板的功能性并没有完全决定隔板的形状，装饰性特点比较明显。而且，一般消费者以通常的注意力就可以观察到，属于明显的区别特征。其理由是：

其一，本设计的图片包括主视图、后视图与左视图，根据《专利法》（2008年修正）第 59 条第 2 款规定，外观设计专利的保护范围以表示在图片或者照片中的该产品的外观设计为准，也即这些视图都构成观察外观设计区别点的基础。从主视图观察，隔板位于内底部中央区域，呈十字状，占据主视图的主要部分，一般消费者不需要付出超过通常应当付出的注意力就可以观察到，是非常明显的区别点。

其二，从产品构成看，植物栽培盆类产品通常由盆壁与盆底构成，两者相互连接形成的空间是该类产品发挥功能的关键。对于植物栽培盆产品容易观察到的部位与不容易观察到的部位的区分，不能采用处于内部还是外部、处于顶部还是底部这种简单标准，而是应当采用是否构成产品的重要部位这一标准。一般而言，重要部位对选择产品具有重要的决定意义，是一般消费者都会观察到的部位，也是其识别产品是否具有区别与审美意义的重点。这一标准符合一般消费者的通常认知观念。底部区域是植物栽培盆的两个重要部位之一，虽然是植物栽培盆内部，但并非产品的内部构成或者非显著部位，也并非一般消费者不容易观察到的部位，而应当是其在观察该类产品时不可能忽视的区域。位于内底部区域的十字状隔板是否存在是非常重要的变化，也是显著部位比较容易观察到的变化。而且，隔板的颜色与内盆壁其他部分的对比明显，对整体视觉效果的影响比较显著。[1]

综合来看，本专利与对比设计的 4 个相同点对整体视觉效果的影响均相对较小，而在区别点中，除区别点 2 影响较小之外，其他 5 个区别点对整体视觉效果的影响较大。区别点更多体现了本专利设计的新颖性和独特性，使其与对比设计整体视觉效果存在显著差别，一般消费者也能够与对比设计进行实质性区分，因而二者具有明显区别。

（2）结合相关案例看本案如何适用整体观察、综合判断原则。上面的分析侧重于本专利与对比设计相同点及不同点对整体视觉效果的影响。实际上，无论是相同点还是不同点，就本专利与对比设计整体视觉效果是否具有明显区别而言，一般消费者是在施加普通注意力后，通过整体观察所述区别对外观设计整体视觉效果是否具有显著影响后进行综合判断的。就本案而言，即使承认被诉决定和法院裁判文书中认定的本专利与对比设计花瓣状单元本身设计特征相同，也需要着重比较两者的不同设计特征对外观设计整体视觉效果是否产生显著影响。这方面，相关案例已提供了较多成熟的经验：

再审申请人洛阳晨诺电气有限公司与被申请人天津威科真空开关有限公司、张春江、一审被告、二审被上诉人天津市智合电器有限公司侵害外观设计专利权纠纷案虽然涉及的是外观设计专利侵权纠纷，但其中的裁判法理对本案亦有

---

[1]　鉴于第 6 点区别的极端重要性，下文还将继续进行讨论。

借鉴意义。该案二审法院认为：尽管被诉侵权设计的极柱在波纹的形状和数量方面与涉案专利设计不尽相同，但由于两者的极柱均呈圆柱形，且波纹分布均匀，在该产品的一般消费者看来，都是带有均匀分布波纹的圆柱形极柱。按照整体观察、综合判断的原则，被诉侵权设计与涉案专利设计在极柱具体设计上的区别显然属于细微差异，不足以引起一般消费者的注意，产生显著不同的整体视觉效果。最高人民法院再审则认为：产品整体由等大极柱和类似立方体的箱体组成是惯常设计，且受其功能影响，极柱表面均有凸起的波纹。因此，被诉侵权设计与涉案专利设计在上述方面的相同点不会对产品的整体视觉效果产生显著影响，对该类产品的整体视觉效果具有显著影响的应是极柱区和箱体的具体设计，这也是该类产品通常可以进行设计变化的部位。天津威科真空开关有限公司、张春江的主张系仅从该类产品的专业技术人员进行操作使用的角度对两者是否相同或者近似作出判断，在判断主体上没有从一般消费者的角度出发，在判断方式上没有遵循整体观察、综合判断的原则，故该判断结论不能成立。最后，撤销二审判决，维持一审判决。[1]本案虽为外观设计无效行政纠纷案，但二审判决与该案二审判决也有类似之处，即在认定本专利与对比设计均具有花瓣状单元设计特征基础上，认为盆底隔板设计属于局部细微差异，不足以引起一般消费者的注意。二者区别则是最高人民法院再审审查时没有改变二审法院上述认定。

最高人民法院提审的张大勇与白山市江源区宏成瓦业有限公司等侵害外观设计专利权纠纷案，对于理解本案也具有重要价值：尽管涉案外观设计与对比设计在设计特征上存在相同之处，但如果涉案外观设计还具有明显的区别特征——容易被消费者直接观察到、覆盖了较大面积，则在整体的视觉效果上会构成与对比设计的实质性差异。在该案中，一审法院认为：被诉侵权产品与涉案专利产品的用途和功能相同；外观设计上，二者形状均是长方体。通过整体观察，被诉侵权产品的设计包含了涉案专利的全部设计要素，所增加的1个通透长方形通孔与表面的3个浅沟槽，在整体视觉效果上无实质性差异，属于近似外观设计，落入涉案专利的保护范围。二审法院认为：经比对，被诉侵权设计与本案授权外观设计均为长方体，但被诉侵权设计在长方体内增加了1个通透的长方形通孔，且授权外观设计的板面均为平面，而被诉侵权设计的一侧板面上增

---

[1] 参见最高人民法院（2014）民提字第193号民事判决书。

加了 3 条沟槽，容易被消费者直接观察到。在整体视觉效果上，上述区别已构成被诉侵权设计与授权外观设计的实质性差异，足以引起一般消费者的注意而不易混淆，故应认定白山市江源区宏成瓦业公司生产的被诉侵权产品未落入涉案专利的保护范围。再审中，最高人民法院认为：就第一点区别来看，长方体内通孔的数量无论是 3 个还是 4 个，都属于多数孔，对消费者而言，在整体视觉效果上无实质性差异；并且，在产品正常使用时，长方体内的通孔也不易被消费者直接观察到，故第一点区别不会在被诉侵权设计与授权外观设计之间产生整体视觉效果上的实质性差异。就第二点区别来看，被诉侵权设计在长方体的一侧外表面上有 3 条浅沟槽，由于该 3 条浅沟槽处于产品的外表面，容易被消费者直接观察到，并且覆盖了产品表面较大面积，故与授权外观设计的"平面"相比，被诉侵权设计的 3 条浅沟槽对整体视觉效果产生显著影响，被诉侵权设计与授权外观设计在整体视觉效果上具有实质性差异。根据"授权外观设计区别于现有设计的设计特征相对于授权外观设计的其他设计特征，通常对外观设计的整体视觉效果更具有影响"的规定，两者于此点上的差别亦对整体视觉效果产生显著影响，被诉侵权设计与授权外观设计在整体视觉效果上具有实质性差异。因此，被诉侵权设计与授权外观设计不构成相同或近似外观设计。[1]就本案而言，隔板这一区别设计特征和上述案件中的 3 条浅沟槽类似，容易被消费者直接观察到，并且覆盖了产品较大面积，虽然其不是在表面，而是在底部，但如前所述，花盆的使用功能决定了花盆必须底部平放，底部作为正视图关键部分，成为最具有视觉影响的设计，因而对整体视觉产生了显著影响。

最高人民法院再审的其他类似案例对理解本案亦不无借鉴价值。例如，在好孩子儿童用品有限公司与山东黄金宝贝婴儿用品有限公司、孙慧敏侵害外观设计专利权纠纷案中，最高人民法院认为：在判断的过程中，产品正常使用时容易被直接观察到的部位以及授权外观设计的区别性设计特征对整体视觉效果一般会具有较大的影响。[2]就本案而言，本专利产品正常使用时容易被直接观察到的部位和区别性设计特征，主要体现为底部的隔板。根据上述判决的观点，其对整体视觉效果会具有较大影响。

在广东美的电器股份有限公司诉专利复审委员会、第三人珠海格力电器股份有限公司外观设计专利权无效行政纠纷案中，最高人民法院提审后作出的判

---

〔1〕　最高人民法院（2012）民提字第 171 号民事判决书。

〔2〕　最高人民法院（2014）民申字第 1865 号民事判决书。

决书指出：对于位于产品中央的设计变化，应当综合考虑其在产品整体中所占的比例、变化程度的大小等因素，确定其对整体视觉效果的影响。[1]就本案而言，本专利隔板尽管处于植物栽培盆底部，但也位于产品中央。根据上述判决的观点，需要综合考虑其在产品整体中所占的比例、变化程度的大小等因素，确定其对整体视觉效果的影响。如前所述，隔板在产品底部占据了非常大的比例，其本身在具有一定功能性特征因素外，更主要的是具有装饰性特征因素，而这在对比设计中是没有的，因此其对整体视觉效果的影响之大是不容置疑的。

又如，在丹阳市盛美照明器材有限公司与童先平侵害外观设计专利权纠纷案中，最高人民法院认为：区别设计特征使得涉案专利设计在整体视觉效果上明显区别于现有设计，也即这些区别设计特征是涉案专利的创新之处，其相较于涉案专利设计的其他设计特征在外观设计相同或近似的整体视觉效果判断上更具有影响。[2]

进一步说，对照本案，虽然被诉决定和法院裁判文书均对比了相同点和不同点，但都只是分别将本专利和对比设计部分相同和不同的特点对整体视觉效果的影响做了阐述和认定，缺乏从整体上看对本专利与对比设计整体视觉效果是否存在显著影响的任何阐述，也就是说，未能立足于本专利授权时的主视图和对比设计主视图，[3]判断相同点和不同点所结合的外观设计专利在整体上是否存在显著区别。具体而言，被诉决定和法院裁判文书均强调"两者花瓣状单元本身设计特征相同。花瓣状单元数量的增加未脱离花瓣状单元绕盆底中心构成花盆的整体视觉效果。花瓣状单元数量的增加未产生独特的视觉效果"，以及"由于隔板存在于花盆内部底部，占花盆整体比重较小，对花盆整体视觉效果影响不大"，只对本专利和对比设计两个主要特点进行了描述和说明，而没有从一般消费者的眼光评判，没有引入整体观察、综合判断的判断方式，即应当结合涉案专利四花瓣状外部设计和花盆内暴露于底部的隔板设计。换言之，没有同时将四花瓣设计和隔板作为一个整体考虑，没有就整体观察、综合判断后会产生什么视觉效果进行任何评论，而只是将两者分别与对比设计进行对比，分别

---

〔1〕 最高人民法院（2011）行提字第1号行政判决书。

〔2〕 最高人民法院（2015）民申字第633号民事判决书。

〔3〕 根据我国《专利法》（2008年修正）第59条第2款规定，外观设计的保护范围以表示在图片或者照片中的该产品的外观设计为准。本案中，根据专利授权文件及简要说明的介绍，应当将两个外观设计产品的主视图作为比对的重点。

说明对涉案外观设计整体视觉效果缺乏显著性的影响。这种对比方法没有将本专利主要设计特征做整体观察和综合判断，既违反了《专利审查指南》和最高人民法院司法解释的规定，也与最高人民法院相关既判案例不符，所得出的结论自然存疑。

由于本专利主视图具有特定朝向，在运用整体观察、综合判断的方法时，还需要特别注意特定朝向产品主视面对外观设计整体视觉效果产生的显著的、强烈的影响。以下将结合相关案例予以探讨。

如前所述，本案中被诉决定和法院裁判文书对涉案外观设计暴露于底部的占据很大面积、区别特征极为明显的隔板只是轻描淡写地进行了认定："由于隔板存在于花盆内部底部，占花盆整体比重较小，对花盆整体视觉效果影响不大"。事实上，本专利的简要说明已明确指出：最能表明设计要点的是主视图。本专利是日用植物栽培盆，故其具有特定的朝向——必须朝上，而不是其他任何方向。从该主视图可以清楚地看出：隔板是四花瓣花盆中容易被直接观察到的部位和最醒目的部位。不仅如此，由于对比设计恰恰缺少隔板，它也是相对于现有设计的区别性设计特征。最高人民法院《关于审理侵犯专利权纠纷案件应用法律若干问题的解释》第 11 条第 2 款明确规定："下列情形，通常对外观设计的整体视觉效果更具有影响：（一）产品正常使用时容易被直接观察到的部位相对于其他部位；（二）授权外观设计区别于现有设计的设计特征相对于授权外观设计的其他设计特征。"由此可见，本专利中隔板这一区别于现有设计的区别性设计特征对于外观设计整体视觉效果产生的显著影响绝对不能忽视。

事实上，有关案件能够很好地佐证上述观点。例如，在 2005 年一中行初字第 769 号行政判决书中，北京市第一中级人民法院强调了特殊方向朝向的情况下要部对整体视觉效果的影响。判决书指出：对以特定方向朝向使用者的产品，其在使用状态下能够被看到的部位相对于看不到的部位对整体视觉效果的影响明显强烈。如果在使用状态下，产品背面的外观设计不会受到一般消费者的关注，而其主视面相对于其他部位的外观设计对其整体视觉效果具有明显的影响，那么在判断外观设计是否相同或者近似时应采取要部判断，即将外观设计的主视面与对比设计的主视面进行比较。[1]

---

〔1〕　类似案例如最高人民法院（2014）民提字第 34 号（改判）：本案专利的伸缩共鸣腔的形式并不是该类产品的惯常设计，也不是由音箱类产品的功能限定的唯一特定形状，由于其占据了该产品的显著位置，第二个区别点对该产品的整体视觉效果产生了显著的影响。

本专利中，从主视图观察，隔板这一设计要点非常明显。隔板有明显的鱼鳞状图案与凹槽，与对比设计区别明显，底面的整体格局与对比设计不仅不同，而且相差很大。但是，被诉决定和法院裁判文书完全没有提及和重视涉案专利主视图，对简要说明中着重强调本专利设计要点在于主视图也只字不提，而主视图中除了外观造型类似于四瓣花外，最吸引眼球的是隔板。换言之，应当认识到，本案中，就本专利与对比设计整体视觉效果的区别而言，区别于现有设计的隔板作为涉案主视图的核心，必然会对本专利整体视觉效果产生显著性影响，从而决定了本专利与现有设计或现有设计特征的组合具有明显的区别。

（四）本专利属于单纯形状和设计空间有限的外观设计专利，根据知识产权法中的利益平衡原则，应当受到较为宽松的法律保护，而不是相反

本专利简要说明中指出，其设计要点是形状。基于特定类型产品形状的有限性，形状类型外观设计创新难度较大，为鼓励和保护这类设计，在保护标准上需要有所放松。例如，在马培德公司与阳江市邦立贸易有限公司、阳江市伊利达刀剪有限公司设计专利权纠纷再审案中，最高人民法院即认为：专利权属于单纯形状类型的外观设计，是对产品外观的基础性创新，创新难度更大，应获得更宽的保护范围，得到更为充分的法律保护。[1]虽然被诉侵权产品采用了与其基本相同的手柄设计，但由于二者铆钉的形状、大小差异明显，并且铆钉设置于产品中部，区别特征1容易被一般消费者观察到，足以导致二者的整体视觉效果产生明显差异。就本案而言，本专利也属于单纯形状的外观设计，是对花盆类产品外观的基础性创新，也应获得更宽的保护范围，得到更为充分的法律保护。本案与上述案件类比，在都是由圆弧组成的这一设计特征上，可以说具有一定的相同之处。但由于底部的设计存在很大的差异，对比设计没有隔板，涉案外观设计有隔板，而且该隔板被置于花盆产品中部这一消费者最易观察到的位置，面积又很大，与上述铆钉一样足以导致二者的整体视觉效果产生明显差异。因此，本专利应当获得更宽的保护范围，而不是将其上升到类似于发明和实用新型专利的创造性高度。

同时，也需要重视外观设计产品的设计空间问题。设计空间大小直接影响外观设计产品设计的难度大小。所谓设计空间，是指外观设计相对于现有设计

---

〔1〕　最高人民法院（2013）民申字第29号民事裁定书。在北京市高级人民法院《专利侵权判定指南》（京高法发〔2013〕301号）第80、82条中，法院也认为就立体产品类外观设计而言，形状对于整体视觉效果具有更强烈的影响。因此，以形状为重点是进行相同或者近似判断的基本要求。

来说，可以自由发挥设计灵感、实现设计创新目的的范围和可能。不同类型产品外观设计的设计空间不同，同类型产品设计基于不同的用途和消费群体，设计空间也可以不同。就特定产品的设计空间而言，其设计空间大小与该外观设计产品的一般消费者对相同或者类似产品外观设计的知识水平与认知能力密切相关。因此，在认定外观设计专利与对比设计是否存在差异时，基于设计空间对消费者知识水平和认知能力的影响，需要考虑特定外观设计产品设计空间问题。

进言之，外观设计产品设计存在多种情况，不过大体上可以分为设计空间很大、设计空间很小以及介于这两个范围之间的设计空间等三种类型。如果产品外观设计的设计空间很大，该设计者发挥设计灵感、实现设计创新的机会和路径就很多，该产品外观设计也就容易出现异彩纷呈、风格迥异的多样化的设计。针对一般消费者认定同类外观设计产品的差别，一般消费者不大关注细微局部的设计，这些设计自然对整体视觉效果不会产生实质性影响。如果产品外观设计的设计空间很小，由于设计者很难突破现有设计，设计者发挥设计灵感、创作出富有创新性的设计的难度变大。针对一般消费者认定同类外观设计产品的差别，由于该领域外观设计必然会存在较多的相同或者相似之处，一般消费者会关注该设计的细微局部的设计，关注不同产品外观设计之间的细微的区别。至于处于上述两者之间的其他外观设计，其设计空间存在从小到大的过渡状况。由此可以得出结论，设计空间大的外观设计专利产品，在认定本专利与对比设计的区别对整体视觉效果而言是否存在显著性影响方面，对于细微局部差异的影响不应过于强调；相反，对设计空间较小的外观设计产品而言，细微局部的差别不应完全忽略。其实质体现了知识产权法上的利益平衡原则：创新难度与保护的宽严相对应，创新难度大的应给予较为宽松的保护，创新难度小的应给予相对严格的保护。上述最高人民法院（2013）民申字第 29 号民事判决书就体现了这一思想。

此外，还应指出的是，同类型产品的设计空间具有动态性，它会随着时代进步、技术发展和社会观念的变化而变化，既可以是由大到小的变化，也可以是由小到大的变化。根据相关判例，在专利无效宣告程序中考量外观设计产品的设计空间，需要以专利申请日的状态为准。[1]

---

〔1〕　参见最高人民法院（2010）行提字第 5 号行政判决书。

根据上述外观设计的设计空间及其与一般消费者知识水平和认知能力的关系，就本专利而言，其涉及的产品为植物栽培盆，从该产品使用的日常生活经验看，以空间满足功能需要为目的，由盆壁与盆底构成，属于比较简单的产品，自由设计空间小，即其设计自由度只有盆壁和盆底。因此，该领域内的外观设计必然存在局部的相同或相似之处，例如盆壁设计无非是方形、圆形等非常有限的形状。因此，根据前述原理，在对该领域产品进行对比判断时，应当秉承谨慎态度，适当划定外观设计专利权人的垄断范围，以确保该类产品设计的均衡发展。因此，该领域产品的一般消费者应当对不同设计的较小区别予以注意。唯有如此，才能适当保护对比设计权利人的利益，维护该领域的公平正义，体现知识产权法的利益平衡原则。具体而言，本专利与对比设计的区别点上，即使是比较局部细微之处，也应重视其对整体视觉效果产生的影响。更何况，如前已经论证过的，本专利与对比设计之区别点并非局部细微之处，尤其是底部隔板在产品主视图中占据极为显眼的位置，消费者施加普通注意力即可以留下极其深刻、强烈的视觉印象，而这在对比设计中是没有的。

三、结论

我国外观设计专利无效行政纠纷案件的处理，适用的法律规定主要是《专利法》第23条第2款规定。同时，《专利法》（2008年修正）第59条第2款规定则是明确外观设计专利保护范围的基本法律依据。[1]结合上述规定、《专利审查指南》和最高人民法院的相关司法解释，处理本案外观设计专利无效纠纷，应当以表示在图片或者照片中的该产品的外观设计为准，兼顾简要说明对该外观设计专利的说明，就本专利和对比设计的设计特征对整体视觉效果是否具有显著影响进行认定和判断，在对整体视觉效果不具有显著影响时，才能认定不符合《专利法》第23条第2款"具有明显区别"的规定。

在本案中，简要说明已经解释其设计要点在于形状，而不是割裂的形状单元。本专利与对比设计区别的判断应当立足于产品外观进行整体观察、综合判断，而不是深入到外观设计的抽象要素花瓣状单元。本案被诉决定和法院裁判文书对于本专利与对比设计的比较存在的问题如下：其一，对本专利与对比设计的关键性区别特征隔板所在位置、空间及其对整体视觉效果的影响的事实认

---

[1]《专利法》（2020年修正）第64条第2款。

定存在问题；其二，没有引入一般消费者标准，没有就相同和不同部分的设计特征为功能性设计特征还是装饰性设计特征或者兼而有之进行任何阐述和说明；其三，没有真正运用整体观察、综合判断原则，从整体上认定两者的区别对于整体视觉效果是否具有显著影响，最终导致认定本专利不符合《专利法》第23条第 2 款"具有明显区别"的结论存疑。

就第一个问题而言，底部隔板是本专利与对比设计具有重大差异的区别点，根据本专利授权文件、简要说明，其在整个植物栽培盆中所占比重非常大，占据了整个底部。如前所述，隔板所占花盆的比例从 72.6% 到 123.2%。因此，认为隔板位于花盆内部底部，在花盆整体中所占比重较小，进而认定对花盆整体视觉效果影响不大，缺乏基本的事实依据，与事实不符。此外，以隔板在花盆底部，就当然地认定一般消费者不容易注意，不会影响花盆整体的视觉效果，也不符合客观事实。因为底部区域是植物栽培盆的两个重要部位之一，虽然是植物栽培盆的底部，但并非产品的内部构成或者非显著部位，也并非一般消费者不容易观察到的部位。何况花盆这类外观设计产品，其使用功能决定了其底部"必须朝天"，也就是底部被暴露于消费者视野中。而且底部隔板的颜色与盆壁形成了鲜明对比，视觉差异极为明显。被诉决定和法院裁判文书均以隔板在花盆底部为由，认定消费者不容易观察到，从而对花盆整体视觉效果影响不大，或者不会影响花盆整体视觉效果，在认定事实方面显然存在问题。由于隔板是本专利与对比设计的关键区别点，同时也是本专利设计要点和创新之核心，对如此重要的事实认定错误必然导致适用法律错误。

就第二个问题而言，确立一般消费者标准和外观设计产品设计特征的性质划分是处理外观设计无效行政纠纷案的基本理念和方法。但被诉决定和法院裁判文书均只是泛泛地认定"本专利与对比设计在各自花瓣状单元本身的设计特征上相同"，并没有采用一般消费者标准进行分析，并且对花盆盆壁相同和不同设计特征的分析没有对其属于功能性设计特征还是装饰性设计特征做出任何认定，甚至连这样的术语在整个法律文书中都看不到，结果导致本来按照一般消费者标准认定对整体视觉效果具有显著影响的区别点被认定为不具有显著影响，如本专利底部隔板采用"十字"形设计且有螺纹，属于具有个性化特色的创新设计，对比设计盆底根本不存在隔板或者类似的底部固定物，从一般消费者的角度看，两者的区别是非常明显的，对整体视觉效果足以产生显著影响，而绝不是限于局部的细微变化，不产生整体视觉效果的影响。被诉决定和法院裁判文书均强调"本专利花瓣数量的增加并未脱离对比设计由花瓣环绕盆底中心构成花盆整体的视觉效果",实际上是将功能性设计特征决定的通用的外观设计特征用于否定本专利与对比设计具有的显著差异,不适当地扩张了对比设计的专利保护范围,也会影响公众利益,因为按照被诉决定和法院裁判文书的观点,一切以圆弧状(花瓣状单元)为设计元素的花盆,都在对比设计专利禁止之列。这显然是不公平的,不但不利于外观设计创新,反而会助长对有限设计特征的垄断。

就第三个问题而言,虽然本案二审和再审裁定文书中提到了整体观察、综合判断原则,但并没有真正按照该原则予以认定,尤其是没有结合一般消费者认定标准,将本专利与对比设计从整体视觉效果上进行评判,例如盆壁和盆底结合后,本专利和对比设计分别形成的"十字"形和"人字"形外观造型,本专利"十字"形隔板和盆壁"十字"形构架共同形成的叠加"十字"形造型,以及本专利区别于现有设计的设计特征的隔板这一区别性设计特征对于整体视觉效果产生的显著影响。根据司法解释和最高人民法院相关案例,产品正常使用时容易被直接观察到的部位以及授权外观设计的区别性设计特征对整体视觉效果一般会具有较大的影响。区别设计特征使得本专利设计在整体视觉效果上明显区别于现有设计,也即这些区别设计特征是本专利的创新之处,相较于本专利的其他设计特征,其在外观设计相同或近似的整体视觉效果判断上更具有影响。但如前所述,被诉决定和法院裁判文书恰恰忽视了本专利中隔板这一区别于现有设计的区别性设计特征对于外观设计整体视觉效果产生的显著影响。

总的来说,外观设计专利无效制度本意在于保障外观设计专利授权质量,将不符合法律规定条件的授权外观设计专利通过专门的法律程序清除出去,以维护专利法制的权威性、公众利益和外观设计产业的公平竞争秩序,保护和促进设计创新。但是,矫枉不能过正,对那些符合外观设计专利授权条件的授权外观设计,不能仅基于功能性设计特征的相似,忽视装饰性设计特征尤其是整体视觉效果上明显区别于现有设计的区别设计特征(如本专利产品底部隔板)的作用而轻易否定其专利性。否则,法律所追求的公平正义在个案中就会被扼杀。

著作权侵权诉讼中停止侵害责任限制研究

范鸿雁

著作权作为知识产权的重要部分，肩负着促进文化创新和发展的使命。著作权虽然是一种私权，但其具有很强的社会性和公共性，故著作权法在充分保护著作权人权益的同时，也应对与之有紧密联系的社会公共利益和他人利益给予足够的重视。停止侵害是著作权侵权诉讼中一种重要的责任承担方式，是对著作权最为直接和最为彻底的保护，在我国的司法实践中已被广泛适用，在很大程度上能够起到激励创新、促进文化进步的作用。但是，在著作权侵权诉讼中对停止侵害责任不加限制地适用，一方面会使得对著作权人的保护过强，从而损害社会公共利益或者不成比例地损害对方当事人的利益，另一方面也会阻碍人们对著作权作品的接触与利用，与立法宗旨相悖。

因此，在一定条件下，对著作权侵权诉讼中停止侵害责任的适用应当有所限制。近年来，我国已经出现了一些对著作权侵权诉讼中停止侵害责任进行限制的判决，但是立法尚未明确。故本文力图在坚实的理论基础之上，探究国内外相关立法及司法现状，结合我国国情，对我国著作权侵权诉讼中停止侵害责任限制制度提出了具体的立法及司法完善对策。

一、著作权侵权诉讼中停止侵害责任限制之理论基础

停止侵害在我国被规定为一项重要的侵权责任承担方式，判令承担停止侵害责任在著作权侵权诉讼中已相当普遍，但该做法并不总是公平和合理的。本部分将从当然适用停止侵害责任存在的问题入手，着重阐述著作权侵权诉讼中对停止侵害责任进行限制的理论基础。

（一）停止侵害责任概述

1. 停止侵害责任适用范围

在我国，无论是 2021 年 1 月 1 日《民法典》实施前的《民法总则》《侵权责任法》还是《著作权法》，都没有对停止侵害责任的内涵进行明确。停止侵害责任的适用范围包括正在发生的侵权行为，这一点毋庸置疑。但是，其是否包括将来有发生侵权之虞的行为？知识产权学者和育东教授早年就提出过，停止侵权以预防未来发生的侵权行为为目的，因此给予当事人停止侵权救济最基本的理由，就是有未来侵权之虞。[1]对于未来有发生侵权之虞的行为，如果不判决停止，而是需要再次通过诉讼解决，会极大地浪费司法资源，并且该侵权行为一旦成为现实，很有可能给当事人带来难以弥补的损失。因此，停止侵害责任适用于正在发生的侵权行为，也适用于将来有发生侵权之虞的行为。

2. 适用停止侵害责任的正当性

停止侵害在包括著作权在内的知识产权侵权案件中被广泛适用，在中国如此，在英美法系国家抑或大陆法系国家也很常见。停止侵害的广泛适用源于其正当性，主要体现在知识产权的专有特性及知识产权法鼓励创新的立法宗旨两方面。

知识产权保护的是权利人进行创造性劳动之后获得的智力成果，具有专有性。就著作权领域而言，著作权人对其作品享有相关的专有性权利，在法定的期限内可以禁止他人未经允许擅自对自己的作品进行复制、发行、改编等。著作权人为保障其上述权利的正当行使，有权要求排除侵权行为人的侵害行为，这是著作权专有性的内在要求。

鼓励创新作为科技发展和技术进步的驱动力，也是知识产权法的立法宗旨所在。知识产权的制度设计应当是与鼓励创新的宗旨相一致的，停止侵害责任的适用是对知识产权人权利的保护，为其将智力成果转化为财产性利益提供了保障，这种保障能有效地起到激励创新的作用。著作权领域亦然，在权利受到侵害时判令侵权行为人停止侵害是实现鼓励创新这一立法宗旨的基本要求。

3. 存在的问题

由于对知识产权类物权化的理解根深蒂固，以及上述知识产权专有性和知识产权法鼓励创新的立法宗旨，在著作权侵权诉讼中，停止侵害责任的适用相

---

[1]　和育东：“专利法上的停止侵权救济探析”，载《知识产权》2008 年第 6 期。

当广泛，甚至到了当然适用的地步。在我国以往的司法审判实务中，法官对权利人的保护往往都是通过判令侵权行为人承担停止侵害责任而实现的，对停止侵害责任不加限制地适用，会引发一系列的问题。

适用停止侵害责任，最直接的就是对各方利益的影响，一味地保护著作权人利益，就会无原则地牺牲侵权行为人的利益，有时牺牲的甚至是社会公共利益，前者关乎公平原则，后者则影响社会整体的福祉。同时，不论是关乎他人利益，还是关乎社会公共利益，当因保护小利益而牺牲大利益时，都将会面临社会利益最大化的经济学问题。

"在知识产权领域停止侵害请求权不加限制的行使，对市场自由竞争以及技术创新等经济活动产生了过度的负面影响，无论是从知识产权法制度的宗旨来看，还是从竞争政策的角度看，都不禁令人产生担忧。"[1] 停止侵害责任的适用在一定程度上能够激励创新、促进文化发展和技术进步，但是对著作权的过度保护又会阻碍大众对著作权作品的接触和利用，与著作权法促进文化创新和发展的立法宗旨相冲突。并且，对权利人的保护就是对其他人行为的限制，对著作权人的过度保护会形成垄断，影响市场的自由竞争，甚至给经济秩序带来巨大冲击。

不加限制地适用停止侵害责任所带来的不利影响是多方面的：从各方利益来看，往往会引起诉讼双方当事人之间利益的极度不平衡，或者对社会公共利益造成损害；从经济学角度来看，经常造成社会资源的浪费，并给社会经济秩序带来不良影响；从制度层面来看，对立法宗旨的违背，也是我们不能回避的问题。

（二）停止侵害责任限制的正当性和必要性

在著作权侵权诉讼中，适用停止侵害责任虽然有时并不违背法律规定，判决结果却不能完全令人信服，还可能给社会生活带来负面影响。并不是所有侵权案件一旦认定侵权都应当适用停止侵害责任，停止侵害责任限制在一定情况下有其正当性和必要性。以下不妨从权利特性、法理学、法律经济学、权利发展史等方面进行具体分析。

1. 权利特性分析

著作权作为一种知识产权受到法律的保护，其区别于物权等其他权利，这也在一定程度上决定了著作权保护有其特殊之处，在适用停止侵害责任时应当

---

[1] 李扬、许清："知识产权人停止侵害请求权的限制"，载《法学家》2012 年第 6 期。

有所限制。

（1）有特定立法宗旨。如前所述，激励创新是知识产权法最为重要的立法宗旨之一。激励理论认为，"如果过度地容许免费使用，对于后来的模仿者一方将太有利，从而可能导致意欲对知识产权创作进行投资的先行者的数量减少，为了防止这种现象，应该考虑在一定程度上禁止免费使用"。[1]也就是说，若不设立制度保护知识产权人的权利，任何人便都可轻而易举地使用他人的智力成果，进而导致投入精力进行创造性劳动的人大幅度减少，这样普通公众所能享受到的由科技创新和技术进步带来的便利将大打折扣，社会整体利益将因此而受到损害。知识产权制度的设立，从根本上而言，是为了促进知识产品的创新和使用，让其真正地造福全人类。

从激励理论的角度讲，知识产权制度的创设依据并不纯粹是保护知识产权人的利益，而是着眼于大多数人利益，或者说是社会整体利益。当上述利益发生冲突时，选择大多数人的利益更符合知识产权的立法宗旨和制度价值，更有利于推动整个社会的科技创新和技术进步。

就著作权法而言，其最根本的立法宗旨即为促进文化创新和发展，实现该宗旨的途径则是通过保护著作权人利益来激励创新。换言之，著作权法的任何制度都应当始终服务于促进文化创新和发展这一特定的立法宗旨，一味地适用停止侵害责任有时是不符合这一宗旨的，故在著作权侵权诉讼中应对停止侵害责任的适用进行一定的限制。

（2）具有负外部性。[2]物权是一种对世权，具有独占性和排他性，其有明确的权利范围，任何人不得擅自侵入到这种权利范围之内。一旦物权受到侵害，法官应直接判决停止侵害，以确保权利人对物的绝对权利，而这样的判决几乎不会妨碍他人利益或损害社会公共利益。

与此不同的是，著作权的保护不能像物权保护那样直接地、当然地适用停止侵害责任，因为著作权具有极强的负外部性。

首先，著作权所要保护的内容为作者具有独创性的表达，其权利边界有很

---

〔1〕　［日］田村山之著，李扬、许清译："智慧财产法政策学初探"，载《太平洋学报》2008年第8期。

〔2〕　负外部性为一个经济学概念，是指个体的经济活动或行为使其他社会成员受损，但他自己却没有承担相应成本的现象，比如造纸厂、铝化工厂排放的污水对环境的污染。参见胡元聪："外部性问题解决的经济法进路研究"，西南政法大学2009年博士学位论文。

大模糊性。对独创性的判断历来没有统一标准，对"思想"与"表达"的区分更没有明确标尺，实践中判定侵权的"实质性相似"似乎也找不到明确界限。轰动一时的琼瑶诉于正案，二审法官费心比对《宫锁连城》和《梅花烙》的内容，努力判别哪些是思想、哪些是表达、构成表达的又是否达到实质性相似，判决书洋洋洒洒 5 万余字，足见确定著作权保护边界的困难程度。[1]

其次，知识是一种公共产品，[2]知识产品本身具有很强的社会性和公共性，其是在前人智慧成果基础上进行创造性劳动而获得的。著作权亦如此，一部作品或多或少都是在前人研究基础上创作出来的，包含了对社会公共资源的利用，理应回归社会、服务社会，而一旦法律给予著作权人过强的权利保护，就可能造成著作权人垄断这种社会公共资源的不良后果。

正是由于著作权权利边界的模糊性，再加上著作权的社会性和公共性，其表现出极强的负外部性，如果对著作权人的权利保护过强，极有可能对其他人利益和社会公共利益造成损害。停止侵害责任是对著作权人最强有力的保护方式，但若不加节制地适用，就会使得著作权与物权一样获得绝对的排他性，其结果必然会牺牲他人利益和社会公共利益。

2. 法理学分析

著作权作为一种权利，不应脱离法理学的理论框架。无论从防止权利滥用理论、利益平衡理论还是司法能动性理论的角度出发，停止侵害责任在著作权侵权诉讼中的适用都应当受到限制。

（1）防止权利滥用。任何权利都应当有所限制。《民法典》实施前的《物权法》第 7 条规定，"物权的取得和行使，应当遵守法律，尊重社会公德，不得损害公共利益和他人合法权益"，即便是物权，其行使也不是毫无限制的，更何况专有性相对较弱的著作权。

在判定权利滥用时，不是简单地查找法律，使判决结果符合法律明文规定。判决结果还要满足各方利益的平衡，要符合立法宗旨，否则可能构成权利滥用。根据法国学者雅克·盖斯旦和吉勒·古博的观点，法律授予个人的某种权利要受到其外部界限和内部限制的双重规范，[3]而不论是超越外部界限，还是违反

---

〔1〕　参见北京市高级人民法院（2015）高民（知）终字第 1039 号民事判决书。

〔2〕　参见吴汉东："关于知识产权基本制度的经济学思考"，载《法学》2000 年第 4 期。

〔3〕　参见［法］雅克·盖斯旦、吉勒·古博著，陈鹏等译：《法国民法总论》，法律出版社 2004 年版，第 704—705 页。

内部限制，都将构成权利滥用，其中外部界限是法律明确规定的，是客观的，而内部限制则需要考量立法宗旨或制度价值，是带有主观色彩的。

就著作权而言，其受到权利性质公共性、范围模糊性、立法宗旨特定性等的影响，与社会公共利益及他人利益产生了十分密切的关联，著作权在行使时必须掌握好"度"，不得损害社会公共利益或者不成比例地牺牲他人利益，这也是著作权法立法宗旨所决定的内部限制。

（2）实现利益平衡。"知识产权法同时承担着保护知识产权和维护在一般的社会公众利益基础之上的更广泛的公共利益的双重职能和目标。"[1]但二者往往存在冲突："一方面，知识产权人因其付出，理应有权在竞争中取得优势地位，可以自己使用或者授权其他人使用，从而获得经济利益；另一方面，知识产权人所获得的垄断地位也是对市场中其他主体的限制，若想利用该产品，就必须取得权利人的同意并付费，否则他只有绕开权利人的'领域'。"[2]而不论是取得同意后付费使用，还是绕开知识产权人的权利范围，都会给人们带来一定的交易成本，知识产权人对垄断利益的渴求与社会大众对低交易成本的探寻形成了激烈冲突。

作为知识产权法重要组成部分的著作权法亦不例外，由于上述利益冲突的存在，需要对各方利益进行合理取舍和协调。利益平衡理论"在本质上是解决知识产权人的独占权和社会公众对知识产品的自由接近权之间对立和冲突的平衡机制"。[3]这就要求，运用利益平衡理论解决著作权领域的利益冲突时，不仅要考虑保护著作权人个人利益，充分激励创作，还要顾及整体社会利益，有助于社会大众对作品的接触与利用，并维护良好的法律秩序和经济环境。

保持社会成员的私人利益与社会公共利益的平衡和协调，既是使整个社会公共利益目标实现的需要，也是使社会成员的个体利益最终实现的需要。[4]可见，个人利益与社会福祉息息相关，在实现利益平衡的过程中应二者兼顾，不可偏废。

在运用利益平衡裁判案件时，应根据实际情况和具体环境，对各种利益进行全面考量、取舍和平衡，倾向于保护价值上更高和总体上更多的利益，以实

---

〔1〕　冯晓青："著作权法目的与利益平衡论"，载《科技与法律》2004年第2期。

〔2〕　吴汉东主编：《知识产权制度基础理论研究》，知识产权出版社2009年版，第301页。

〔3〕　冯晓青："论利益平衡原理及其在知识产权法中的适用"，载《江海学刊》2007年第1期。

〔4〕　冯晓青：《知识产权法利益平衡理论》，中国政法大学出版社2006年版，第27页。

现整体利益最大化的经济学目标。具体到著作权侵权诉讼中停止侵害责任的适用问题，当各利益发生冲突时，根据案件的实际情况进行全面考量、协调，如果保护著作权人利益的价值低于保护他人利益的价值或者涉及社会公共利益，则有必要对停止侵害责任进行限制，同时为了实现维护著作权人利益的目的，可以诉诸提高损害赔偿额等方式。

（3）满足司法能动性。立法体系由于种种原因总是存在不完备之处，而信息时代的到来又加速了社会生活的变迁，由此，司法实践中出现了越来越多的令法官棘手的案件。有些现实问题现行法律还没有规制，有些纠纷根据现行法律判决的结果有违社会公平正义。司法必须能动地反映社会现实，快速地适应社会生活，这就不可避免地要求给予法官更大的自由裁量权，实现司法能动性。

司法能动性也是提高社会效率的要求。"立法是一项复杂的工程，从立法提案到法律通过需要一系列的民主程序，民主程序中的不同利益集团对立法的不同要求经常会使得社会迫切需要的法律难以通过。"[1]能动性司法活动是在应对法律适用困难时做出的（相对于立法）成本更低、效率更高的选择。进入2010 年后，在应对国际金融危机的大背景下，最高人民法院明确提出了司法能动性的理念，能动成为法院处理各类案件（包括知识产权案件）的工作态度。[2]

司法能动性绝不是法官造法，其要求法官在现有立法的基础之上，合理运用其手中的权力，"用法律解释来填补法律空白的地方，来明确模糊不定的要求，从而实现个别法的正义"。[3]司法能动性的限度在于不违背法律的立法精神，不对现行良法造成冲击。

在著作权侵权诉讼中，司法能动性也有用武之地。我国法律只规定了什么情况下可以适用停止侵害责任，对其限制既没有明文规定，也没有明确否定，法官在审理此类案件时，可以具体到实际案情，在不违背立法精神的原则下能动地、理性地考量是否判决适用停止侵害责任。总的来说，在必要的时候对著作权侵权诉讼中停止侵害责任进行限制，是司法能动性的要求，是促进包括立法、司法在内的整个法律体系不断完善的有效途径。

---

〔1〕　信春鹰："中国是否需要司法能动主义"，载《人民法院报》2002 年 10 月 18 日。

〔2〕　安雪梅："指导性案例的法律续造及其限制——以知识产权指导性案例为视角"，载《政治与法律》2018 年第 1 期。

〔3〕　李建华、曹刚等：《法律伦理学》，中南大学出版社 2002 年版，第 213 页。

3. 法律经济学分析

从法律经济学的角度出发，在任何一项法律制度的构建过程中，都应当考虑如何实现社会资源的有效配置以及如何实现社会利益的最大化，其总是围绕效率问题展开的。以科斯定理作为法律经济学分析的基本出发点，有经济学家提出法律应通过财产规则或者责任规则对权利给予保护。财产规则可被称作"绝对许可规则"，责任规则则被描述成"先使用，后付款"。[1]其一般性结论为："当交易成本很低时，应采取财产规则来保护产权，而当交易成本很高时，责任规则是更为有效的保护方式。"[2]

科斯定理的核心——交易成本理念，具有开创性意义。著作权恰恰是一个无法完全清晰地界定权利范围的领域，在交易成本理念的基础上需要重新衡量著作权领域应当适用财产规则还是责任规则，在一定情况下适用责任规则更为适宜。笔者认为，主要理由如下：

首先，著作权权利的不确定性导致搜索成本较高。这体现于：①著作权权利本身的模糊性，使得当事人经常难以确定权利的边界，解决这一不确定性问题需耗费一定成本；②作品创作完成即产生著作权，无须登记，而对于需要获得许可来使用他人作品的人来说，有时即使付出了大量成本也不一定能找到真正的权利人；③随着经济社会的发展，著作权的保护范围和保护期限都不断扩大、延长，这也给使用者如何让自己始终站在别人权利边界之外带来了挑战。

其次，著作权作品的复杂性使得移除成本越来越高。随着科学的发展和技术的进步，著作权作品变得愈加复杂，尤其是大型数据库、建筑物等包含着相当多的人力物力付出，一旦因为侵权而被要求停止运行或者拆除，给当事人带来的损失是巨大甚至是灾难性的。

再次，一味适用财产规则，很可能造成个案不公，损耗司法威信，无疑会增加法律的无形成本。

最后，完全适用财产规则对著作权的保护明显过强，一方面，会妨害公平竞争，阻碍创新和创作，不利于社会福利最大化；另一方面，权利人也很容易滥用权利，破坏正常的市场竞争秩序，从而大大增加社会成本。

由此可知，因为著作权的特殊性质，对其适用财产规则并不总是有效率的。财产规则要求对著作权作品进行使用必须是以得到权利人许可为前提的，而在

---

[1] 参见贾小龙：《知识产权侵权与停止侵害》，知识产权出版社 2014 年版，第 48—49 页。

[2] 陈武："权利不确定性与知识产权停止侵害请求权之限制"，载《中外法学》2011 年第 2 期。

责任规则之下，可以在侵权行为发生之后再支付使用费。对著作权的保护，应当在财产规则之下，适当引入责任规则的适用，法官需要在具体案件中衡量使用何种规则更有效率，使总体交易成本更低、整体利益更大。因此，停止侵害责任不应当然适用，在成本过高的时候，应进行限制，选择适用责任规则。

4. 权利发展史分析

权利产生方式的变迁严重影响权利保护方式的选择，著作权亦不例外。为了适应著作权制度不同的发展阶段，应当对权利保护方式作出相应的调整。

在著作权法三百多年的发展过程中，禁令制度、停止侵害请求权等规定早已被广泛适用于解决侵权纠纷，而直到近些年，著作权侵权诉讼中停止侵害责任的限制问题才集中爆发，这与社会的发展变迁息息相关。在著作权发展初期，著作权种类比较单一，同一部作品上很少出现权利的交叉重叠，其后发展也较缓慢，适用停止侵害责任对他人、对社会影响一般不会太大。同时，停止侵害责任的适用对于激励创新起到了十分积极的作用。但是，步入近现代社会后，信息技术的发展对生产方式形成了巨大影响，人类生活随之出现了翻天覆地的变化，著作权权利种类不断扩张，权利交织情况越来越复杂，例如大型辞典、数据库等的编制不可能完全脱离他人的智力成果，而一旦侵犯了他人的著作权就判令停止侵害，会造成利益的重大失衡以及社会资源的极大浪费，这显然是不合理的。在数字时代，人们使用他人著作权的可能性和使用的频率都越来越高，侵权的可能性也越来越大，在这样的时代背景下，法官在判决中对停止侵害责任的适用进行细微调整是合理的。

事实上，在著作权制度的发展史上，权利限制理论产生已久，各国在知识产权各个领域都规定了相应的限制制度。停止侵害责任限制本质上也是对著作权的一种限制，但笔者认为权利限制理论并不可以当然取代停止侵害责任限制。理由如下：

在我国，现阶段著作权领域对权利的限制仅包括合理使用[1]和法定许可[2]两种制度。停止侵害责任限制并不属于法定的对著作权的限制制度，其是在具

---

[1]　合理使用是指著作权法明文规定的，他人可以不经著作权人许可，不向其支付报酬而对作品的使用。冯晓青主编：《知识产权法》（第 3 版），中国政法大学出版社 2015 年版，第 140 页。

[2]　法定许可是指根据著作权法的直接规定，可以不经著作权人的许可而以一定方式使用享有著作权的作品，但应向著作权人支付报酬。冯晓青主编：《知识产权法》（第 3 版），中国政法大学出版社 2015 年版，第 146 页。

体案件中，认定侵权之后，因为考虑到他人利益、社会公共利益等因素而不判令停止使用，此时法院往往会以提高赔偿额的方式作为补偿。合理使用和法定许可虽与停止侵害责任限制具有相似的价值目标，但还是存在着明显的不同：首先，在合理使用和法定许可的情况下，侵权并不成立，而停止侵害责任限制是以侵权行为成立为前提的；其次，适用情况存在巨大差别，合理使用和法定许可都是法律规定的类型化行为，有明确的法律依据，而停止侵害责任限制则需要法官根据具体案情，考量利益平衡等因素，在个案中作出，属于自由裁量范围，灵活性更强；最后，合理使用不需要支付费用，是真正的自由使用，而停止侵害责任限制往往以提高赔偿额作为补偿手段，不过在这一点上倒是可以借鉴法定许可中的合理使用费。

由此可见，合理使用、法定许可与停止侵害责任限制虽然都是对著作权的限制，但存在巨大差异。尽管著作权领域的权利限制理论已发展到相对成熟的阶段，但并不能取代停止侵害责任限制理论，停止侵害责任限制理论有其发展的必要性。

综上所述，从著作权权利发展史来分析，对权利的保护方式应当适应权利的发展现状，停止侵害责任限制在当前的时代背景下有其存在的正当性；在著作权制度发展历史中，虽出现了权利限制理论，但其无法取代停止侵害责任限制理论，停止侵害责任限制有其存在的必要性。

二、著作权侵权诉讼中停止侵害责任限制之立法与司法现状考察

研究著作权侵权诉讼中停止侵害责任限制问题，在获得充分的理论基础后，就不可避免地要从立法和司法两个层面进行考察，从中借鉴经验并总结提升，为完善著作权侵权诉讼中停止侵害责任限制制度提供立法和司法支撑。

（一）立法规定

停止侵害在我国《民法典》《著作权法》等相关法律中被规定为一类民事责任，在英美法系被视为一项永久禁令（以下简称"禁令"），在大陆法系则被看作一种请求权。

1. 英美法系：永久禁令

在英美法系，与我国停止侵害责任有着相同性质和功能的是禁令。以下以美国为例，对禁令制度进行研究。

著作权领域的禁令制度是基于知识产权的排他性而设置的，因为单独的损

害赔偿往往难以实现这种排他性，颁布禁令能起到实质性作用。禁令作为衡平法的重要内容，其颁布前提是通过普通法得不到充分救济，从此意义上来说，仅在赔偿损失等难以提供充分或相称之救济时，禁令方可颁布，因此其只具补充性质。在知识产权领域，美国也经历过一段对禁令当然适用的时期，直到 2006 年美国联邦最高法院就 eBay 专利案作出判决。美国联邦最高法院认定禁令属于衡平原则范围，发布禁令应满足衡平法原则要求的四要素。[1] 该案重申了"四要素测试法"在个案中的适用，其影响不仅波及之后美国专利案件的审判，也辐射到著作权领域和商标领域。

《美国版权法》第 502 条（a）规定，有管辖权的法院在认为合理的情况下，可进行禁令救济。该法条使用了 "as it may deem reasonable" 的表述，在中文里，应理解为"在认为合理的情况下、酌情"。这意味着，在著作权侵权诉讼中，禁令不应被当然适用，而应由法官自由裁量，以保证最终判决结果的合理性。美国是判例法国家，如何判断是否颁布禁令，并未体现在《美国版权法》中，而形成于司法判例中，该判断标准即上文已提到的"四要素测试法"。

按照衡平原则，必须同时满足以下四个条件，法院才能颁布禁令：①原告遭受了不可挽回的损失；②原告在法律上可以得到的救济（如金钱赔偿）是不充分的；③考虑到难以平衡原被告之间的利益，应当进行衡平法上的救济；④颁布禁令不会损害社会公共利益。[2] 在具体案件审理过程中，法官不仅要考虑损害的不可挽回性、救济的不充分性，还要兼顾原被告利益的平衡和公共利益的保护。在这样的要求之下，禁令的颁布变得较为困难，但同时也变得更为谨慎和合理。这符合衡平法思想，体现出法律体系的灵活性，同时也体现了利益平衡原则。

2. 大陆法系：请求权

大陆法系国家有着深远的物权主义法律传统，并把知识产权作为类物权处理。正因为如此，大陆法系国家多把停止侵害作为一种请求权。德国和日本虽同为典型的大陆法系国家，对停止侵害请求权的限制却存在一定差异。以下即以这两个国家为例加以探讨。

（1）德国。《德国著作权法》第 97 条规定了排除妨碍和不作为请求权，若

---

[1] 张玉瑞："浅析专利侵权禁令的限制（下）"，载《中国知识产权报》2010 年 2 月 26 日第 8 版。

[2] eBay Inc. v. MercExchange, L. L. C. , 126 S. Ct. 1837 (2006).

侵权行为人出于故意或过失，权利人还可要求损害赔偿。第 98 条则规定了销毁、召回、清除与让与请求权。上述两条规定构成了德国著作权领域的停止侵害请求权。该法第 100 条规定："侵害人既非出于故意，又非出于过失的，如果为履行本法第 97 条和第 98 条规定的要求会引起其过度损失，并且可推定受害人同意金钱赔偿，得避开上述要求而赔偿受害人金钱。赔偿的数量按照通过合同授予权利时应当支付的报酬计算。随着赔偿数额的支付，视受害人已许可在通常范围内使用。"[1]

在德国，著作权侵权诉讼中一旦判定侵权，法院判令停止侵害为常态，不判令停止侵害为例外，这种例外需要同时满足三个条件：①侵害人主观无过错，即既非故意，也非过失；②判令停止侵害会对侵害人造成不成比例的过度损失；③推定受害人同意金钱赔偿。在此情况下，德国法律允许用金钱赔偿代替停止侵害。

（2）日本。针对侵害著作权或者对著作权有侵害危险的行为，日本赋予著作权人差止请求权，体现在《日本著作权法》第 112 条[2]中。从条文规定来看，差止请求权内容丰富，而权利人要行使这一权利，只需客观上存在侵权行为即可，至于侵权行为人是否具有主观过错，则无须过多考虑，对公共利益或者对侵权行为人利益造成的影响也不必考量。对于停止侵害请求权，日本采取的是严格适用的态度，并没有对其作出限制。

日本法院在以往的知识产权侵权案件中如认定侵权，通常都是支持原告差止请求权的，虽然在著作权领域出现了否定差止请求权而仅仅部分支持损害赔偿请求的判例（那霸地方法院 2007 年民事普通诉讼案件第 347 号），但之后，"类似判旨的裁判例尚未再出现"。[3]

3. 我国：民事责任

我国《民法典》施行前实施的《民法通则》第 118 条早已对停止侵害责任

---

〔1〕《十二国著作权法》翻译组译：《十二国著作权法》，清华大学出版社 2011 年版，第 181 页。

〔2〕《日本著作权法》第 112 条规定："作者、著作权人、出版权人、表演者或者著作权邻接权人，对侵害其著作人格权、著作权、出版权、表演者人格权或者著作权邻接权的人或者有侵害危险的人，可以请求其停止侵害或者采取措施预防侵害。作者、著作权人、出版权人、表演者或者著作邻接权人根据前款规定提出请求时，可以请求行为人销毁构成侵权行为的物、专门供侵权行为使用的机械或者器具，或者采取其他停止或者预防侵害的必要措施。"参见李扬译：《日本著作权法》，知识产权出版社 2011 年版，第 79 页。

〔3〕李扬、许清："知识产权人停止侵害请求权的限制"，载《法学家》2012 年第 6 期。

有所规定："公民、法人的著作权（版权）……受到剽窃、篡改、假冒等侵害的，有权要求停止侵害……"《民法通则》第 134 条还将停止侵害作为民事责任承担方式之一，并放在首要位置。《侵权责任法》第 15 条以及 2017 年 10 月 1 日起正式实施的《民法总则》第 179 条均沿袭《民法通则》的规定，将停止侵害作为民事责任的首要承担方式。

具体到著作权领域，对停止侵害责任的规定主要体现于《著作权法》第 47 条、第 48 条，这两条均规定，当出现某些法定侵权行为时，"应当根据情况，承担停止侵害、消除影响、赔礼道歉、赔偿损失等民事责任"。

《著作权法》目前尚未明确规定停止侵害责任在著作权侵权诉讼中的适用是否应受到限制，以及应在何种情况下受到限制，但放眼整个知识产权领域，近年来对停止侵害责任限制的立法规定已取得一定的进展。

最高人民法院《关于审理侵犯专利权纠纷案件应用法律若干问题的解释（二）》（以下简称《专利侵权司法解释（二）》）第 26 条明确规定"基于国家利益、公共利益的考量，人民法院可以不判令被告停止被诉行为，而判令其支付相应的合理费用"。这是专利法领域对停止侵害责任限制作出的重大突破。

《计算机软件保护条例》第 30 条规定："……如果停止使用并销毁该侵权复制品将给复制品使用人造成重大损失的，复制品使用人可以在向软件著作权人支付合理费用后继续使用。"该规定虽不能适用到整个著作权领域，但作为计算机软件领域对停止侵害责任限制的明确规定，其成为著作权领域打破停止侵害责任当然适用局面的重要进展。

此外，2009 年 4 月 21 日，最高人民法院《关于当前经济形势下知识产权审判服务大局若干问题的意见》（以下简称《知识产权审判若干意见》）中提到："充分发挥停止侵害的救济作用，妥善适用停止侵害责任，有效遏制侵权行为。……如果停止有关行为会造成当事人之间的重大利益失衡，或者有悖社会公共利益，或者实际上无法执行，可以根据案件具体情况进行利益衡量，不判决停止行为，而采取更充分的赔偿或者经济补偿等替代性措施了断纠纷。……"此非正式的法律文件，但作为司法政策，已释放出最高人民法院在一定条件下限制知识产权领域停止侵害责任适用的积极信号。

综上，我国法律将停止侵害规定为一种重要的民事责任，著作权相关法律中亦然，但对著作权侵权诉讼中停止侵害责任的限制问题尚未进行普遍性明确规定。不过，专利法与著作权法同属于知识产权法，具有相似的立法宗旨和原理，专利法有关规定可以成为著作权领域研究的有益借鉴。此外，计算机软件领域的规定也在一定范围内体现了著作权法的立法宗旨，应当将其中精华的部分合理借鉴到整个著作权法中来。最高人民法院的意见则在很大程度上反映了知识产权领域限制停止侵害责任适用的司法动向。

4. 比较分析

根据上述分析，在著作权领域立法中，不同国家对上述问题的规定迥异，我国在完善相关制度时应进行比较分析，并批判地借鉴吸收。

美国采用正面检验的方法规定禁令颁布的条件。按照美国的衡平法传统，只有在普通法上损害赔偿等无法给予权利人充分救济时，禁令方可颁布。适用禁令应能平衡双方当事人利益且不损害社会公共利益，即当双方当事人之间的利益不平衡或者损害社会公共利益时，禁令不能被颁布。美国对禁令适用条件的规定充分体现了利益平衡精神。

德国采用反面排除的方法规定停止侵害请求权的例外。德国作为传统的大陆法系国家，在著作权侵权纠纷中以支持停止侵害请求权为原则，限制其适用为例外。该例外规定也体现了利益平衡精神，但仅涉及平衡双方当事人之间利益的情况，未涉及保护社会公共利益的情况。《德国著作权法》的相关规定表明，只有在推定权利人同意金钱赔偿的情况下，才能例外地否定停止侵害请求权，即法院一旦作出不支持停止侵害请求权的判决，即应以金钱赔偿作为替代方式，金钱赔偿数额参照许可使用费确定。

日本对差止请求权采取严格适用的态度。笔者认为该态度过于绝对，未对现实情况进行充分考量，有难以适应社会生活变迁的危险和出现不公正判决的可能。

我国对此虽未明确规定，但是也并未采取严格适用停止侵害责任的态度，为接下来的制度确立留出了一定空间。知识产权领域现有规定为著作权侵权诉讼中停止侵害责任限制制度的设立及完善提供了支撑和借鉴。同时，从上述规定看，我国著作权侵权诉讼中停止侵害责任限制制度的设立倾向于采取美国这种全面考量当事人利益和社会公共利益的利益平衡方式，德国对替代方式的规定也值得深入思考。

（二）司法适用

对一个国家而言，立法指导司法，司法往往是立法的体现，而当立法不完善时，司法又可以反过来影响和推动立法。面对我国著作权侵权诉讼中停止侵害责任限制的相关法律规定不完善的问题，我国不少法院已开始在司法实践中积极探索，这些探索以及国外的一些成熟经验都将为我国完善停止侵害责任限制制度提供良好参考与借鉴。

1. 停止侵害责任限制的发展趋势及现状

与立法相适应，美国法院对禁令的颁布经历了从宽到严的过程，作为一种补充性救济，只有满足"四要素测试法"时，法官才能酌情颁布禁令，"四要素测试法"现已发展成为美国的一项判例法传统；德国法院以判令停止侵害为常态，但满足一定条件时存在例外，此时将金钱赔偿作为替代方式；日本法院采取了较为绝对的态度，一旦认定侵权即判令停止侵害，虽然曾出现过个例，但之后重回支持差止请求权的传统。

我国司法实践中的做法与上述国家均存在不同。法院在审理著作权侵权案件时，往往认定侵权即判令停止侵害，停止侵害责任当然适用现象较为普遍。但近些年来，随着一些颇具争议案件的出现，越来越多的学者及司法工作人员认识到停止侵害责任的适用应有所限制，2016 年又出现了典型案例"大头儿子案"，我国著作权侵权诉讼中停止侵害责任的限制问题开启了新的篇章。

停止侵害责任应有所限制已成为我国理论界和司法界的共识，但是，应当如何限制是目前所面临的难题。在立法尚缺位的情况下，我们应在司法实践中积极探索、寻求突破。

2. 停止侵害责任限制的考量因素

对著作权侵权诉讼中停止侵害责任进行限制，应以利益平衡为核心，主要将社会公共利益的保护和当事人之间利益的平衡两个方面作为考量因素。

（1）社会公共利益的保护。2017 年 4 月 24 日，最高人民法院发布了 2016 年十大知识产权案例，其中"大头儿子案"的亮点就在于对停止侵害责任的限制，社会公共利益是其中一个重要考量因素。最高人民法院以典型案例形式对这一问题进行明确，可见停止侵害责任限制问题已经受到我国司法界高度重视，并力求突破。"大头儿子案"主要案情如下：[1]

1994 年，央视导演委托刘泽岱为即将拍摄的动画片创作了大头儿子、小头爸爸、围裙妈妈三个人物形象的正面图，但双方当时未书面约定上述作品（以下简称为"原作品"）的著作权归属，之后央视在原作品基础上经过设计和创作形成了 95 版动画片《大头儿子和小头爸爸》。2012 年，原告大头儿子文化公

---

[1]　参见浙江省杭州市中级人民法院（2015）浙杭知终字第 356 号民事判决书。

司经过两次转让取得原作品的所有著作权。2013年，央视动画公司在95版动画片基础之上，改编创作了2013版动画片。法院审理认定，刘泽岱享有原作品的完整著作权，央视享有演绎作品95版动画片的著作权，之后大头儿子文化公司通过有效的转让协议取得原作品的著作权，央视动画公司2013版动画片作为95版动画片的演绎作品，其必须得到原作品著作权人大头儿子文化公司的许可。因此，被诉行为侵犯了原告的著作权。但两审法院均未判令停止侵权，而以提高赔偿额作为责任替代方式。

《大头儿子和小头爸爸》系列动画片，是央视及之后的央视动画公司在刘泽岱作品基础上付出大量创造性劳动而形成的，并经多年宣传和不断投入，使得该系列动画片具有了很高知名度、社会影响力及社会认可度。从社会公共利益角度出发，判决停止播放2013版动画片，是对社会资源的巨大浪费。况且，动画片具有很强的公共文化属性，著作权法激励创新和促进文化传播的立法宗旨要求其被尽快传播和被广泛接触，若这样一部优秀动画片只封存在一代人的记忆里，不仅是整个社会的损失，也是违背著作权法立法宗旨的。在合理平衡了原作者利益与后续作者利益及社会公共利益的关系之后，本案法院判决提高赔偿额但限制停止侵害责任，判决公布后得到了良好的社会反响。

因有损社会公共利益而不支持原告停止使用主张的案例，在美国也并不鲜见。例如Christopher Phelps & Associates, LLC v. Galloway案，该案原告是一家建筑公司，享有涉案建筑设计作品的版权，Galloway在建造养老院时使用了该建筑设计，原告起诉Galloway侵权并要求损害赔偿和禁令救济。美国联邦第四巡回上诉法院审理时认为，颁发禁止Galloway出售其建筑物的禁令是过度的，因为这样会波及与侵权无关的大量财产，如游泳池、围栏、房屋下方的土地等，该禁令将会体现出一定的惩罚性，而这种惩罚性并未在版权法中有所体现。此外，该项禁令还将破坏法院非必要不限制不动产转让的传统。以上表明颁发禁止出售建筑物的禁令将损害社会公共利益，所以法院拒绝颁布该项禁令。[1]本案中，因为原告所要寻求的禁令救济超出合理限度，有违社会公共利益，所以法院不支持原告的禁令诉请。

知识产权法领域停止侵害责任所涉及的社会公共利益主要包括公共健康、

---

〔1〕 See Christopher Phelps & Associates, LLC v. Galloway, 492 F. 3d 532（4th Cir. 2007）.

公共福利、公共安全等方面。[1] 社会公共利益关乎整个社会乃至全人类的基本
权益，社会公共利益必须得到保障。美国加州大学伯克利分校教授、网络法与
知识产权法领域权威学者莱姆利曾作出过"公共利益足以压倒任何市场因素"[2]
的经典论断。在著作权侵权诉讼中，如果判令侵权行为人承担停止侵害责任将
有损于社会公共利益，此时法院限制停止侵害责任的适用更为合理。基于社会
公共利益考量而限制停止侵害责任的适用，符合我国《民法典》第 132 条"民
事主体不得滥用民事权利损害国家利益、社会公共利益或者他人合法权益"及
《著作权法》第 4 条"不得损害公共利益"的原则性规定，也符合实现社会利益
最大化的经济学考量。

（2）当事人之间利益的平衡。在著作权侵权诉讼中，判令侵权行为人承担
停止侵害责任体现了著作权法对权利人利益的保护。但是，当停止侵害责任导
致侵权行为人损失与权利人收益极不平衡时，继续适用停止侵害责任将面临巨
大挑战。若判令适用停止侵害责任会导致侵权行为人遭受的损失远远超过权利
人因此得到的利益，这种利益的重大失衡对侵权行为人来说并不公平，也极大
地浪费了社会资源。

例如，在保时捷诉泰赫雅特案中，原告享有北京保时捷中心建筑的著作权，
被告委托案外人设计和装修的泰赫雅特中心建筑具有与原告上述建筑相似的外
观，构成实质性近似。法院认为，被告所有和实际使用的涉案建筑为侵权作品。
法院最终并未判决被告停止使用涉案建筑，而是要求被告对涉案建筑进行改建。
被诉侵权建筑停止使用或者拆除，会给被告带来重大损失，而原告从中取得的
经济收益甚微，法院采取改建作为替代方式，体现了其巧妙利用利益平衡理论
裁判案件的智慧。[3] 保时捷诉泰赫雅特案对当事人利益的衡量，体现了著作权
侵权诉讼中停止侵害责任限制的制度价值。但在司法实践中，法院并不是总能
合理平衡双方当事人利益。

著名案件"武松打虎案"中，虽然法院的判决符合法律规定，但并没有实

---

〔1〕 参见杨涛："知识产权法中的停止侵害救济制度"，载《法律科学》（西北政法大学学报）
2017 年第 5 期。

〔2〕 Mark A. Lemley, "Should A Licensing Market Require Licensing", 70 *Law Comtemp Probs*, 185,
193 (2007), 转引自杨涛："论知识产权法中停止侵害救济方式的适用——以财产规则与责任规则为
分析视角"，载《法商研究》2018 年第 1 期。

〔3〕 参见北京市高级人民法院（2008）高民终字第 325 号民事判决书及北京市第二中级人民法
院（2007）二中民初字第 1764 号民事判决书。

现案件公平，造成原被告利益极不平衡，因而受到诟病。在本案中，刘继卣享有《武松打虎》图的著作权。1980年，被告山东景阳冈酒厂在其白酒瓶贴及外包装装潢中使用了上述作品，并于1989年取得相应注册商标，后续又进行了一系列宣传推广活动。1996年，原告（刘继卣继承人）向法院提起诉讼，请求判决被告停止使用涉案商标。法院最终判决被告停止使用《武松打虎》图，商标局也随之撤销了其有关商标。这意味着被告经过十余年使用与广告推广而积累的商誉付诸东流，其需要使用新的商标并重新积累商誉。这将给被告带来极大损失，给原告带来的利益也远远小于此损失。"武松打虎案"挑战着停止侵害责任在著作权侵权诉讼中的当然适用，其限制问题应当得到充分重视，在判决侵权行为人承担停止侵害责任时，应合理考量当事人之间利益的平衡。[1]

在著作权侵权诉讼中，平衡当事人之间利益并非要使双方利益完全对等，而是原被告利益不过分失衡，若这种利益失衡超出了合理限度，有违公平原则，就应考虑限制停止侵害责任的适用。

（3）其他辅助考量因素。如何确定社会公共利益、如何平衡原被告双方利益，在一定程度上是法官自由裁量的范围，但这给法官审理案件带来了相当大的困难。在司法实践中，法官裁判时往往需要参考对作品知名度的贡献、侵权部分所占比重、是否存在竞争关系、是否怠于行使权利等因素，这些因素可以反映出社会公共利益或者原被告双方的利益情况，因此可以在审理案件过程中辅助法官对各方利益进行衡量。

首先，对作品知名度的贡献。在"大头儿子案"中，被诉侵权作品2013版动画片，包含原著作权人刘泽岱和动画片制作者央视动画公司共同的创造性劳动，虽然刘泽岱提供了最初形象设计，但其并未为大头儿子、小头爸爸、围裙妈妈三个形象进行推广宣传，没有对其知名度作出太大贡献。央视动画公司在制作动画片时进行了大量人力物力投入，后期又进行了大量播放、宣传和推广，随着动画片的播出，上述人物形象获得了很高的社会知名度。央视动画公司对本案作品知名度的贡献应得到充分认可，2013版动画片不应被判决停止播出。

在商品化时代，作品知名度的高低能反映出作品的商业价值，而著作权人最为注重的往往就是作品的商业价值。作品的创作者应当受到尊重，其对作品的贡献不可或缺，同样也应充分肯定在作品传播过程中对作品知名度做出重要

---

[1] 参见北京市第一中级人民法院（1997）一中知终字第14号民事判决书。

贡献者，他们亦创造了商业价值。

如果侵权行为人对原作品知名度作出的贡献程度远远高于原著作权人，却判决侵权行为人停止侵权，侵权行为人对其作品付出的创造性劳动就会得不到任何回报。侵权行为人通过自己的劳动创造的价值被完全否定，这种利益全部转由原著作权人享受，而原著作权人并没有付出那么多劳动，仅仅因为其享有原作品著作权，就获得了大量由他人创造的价值。此种情况下，侵权行为人的劳而不获与原著作权人的不劳而获形成鲜明对比，会造成原被告双方利益极大不平衡，有违公平原则。进一步讲，若判决侵权行为人承担停止侵害责任，由于各种客观原因，侵权行为人所创造的这种价值可能并不能为原著作权人所完全享有，价值就无法得到充分利用，以致造成社会资源的极大浪费。

故而，在著作权侵权诉讼中，当侵权行为人对作品知名度贡献程度较大时，从更好地实现当事人之间利益平衡和社会整体利益最大化的角度出发，限制停止侵害责任的适用更为合理。

其次，侵权部分所占比重。在著作权领域，日本法院鲜有的一个认定侵权成立但否定差值请求权的案例，即是考虑到侵权部分所占比重低，判决停止侵害将造成原被告利益过分失衡。该案为那霸地方法院 2007 年民事普通诉讼案件第 347 号，案情如下：[1] 被告推出的一本风景图片集刊登了百余张风景图片，在最后一页的 9 张图片中有一张原告拍摄的作品。原告认为被告的行为侵犯了其著作权，向法院提起诉讼，主张差止请求权。法院经审理认为，被诉行为对原告造成的损害轻微，被诉侵权部分所占版面很小，在整个图画集中所占比重极低，而被告已经对该风景图片集进行了大量投资，若判决已经发行的风景图片集停止销售或者销毁，被告所要承受的损失远大于原告因此而取得的收益，因此驳回了原告的诉讼请求。

国内也存在考虑到侵权部分所占比重低而限制停止侵害责任的案件。例如在"《陈永贵》案"中，被诉侵权部分仅占涉案纪录片《陈永贵》解说词 6%，法院以侵权部分所占比例过低为由，未支持原告停止出版该纪录片的诉讼请求。[2]

我国也有存在争议较大的案件，如在"《激情燃烧的岁月》案"中，二审法院否定了原审法院对停止侵害责任进行限制的判决，两审法院持有截然不同

---

[1]　参见李扬、许清："知识产权人停止侵害请求权的限制"，载《法学家》2012 年第 6 期。

[2]　参见北京市海淀区人民法院（2007）海民初字第 7882 号民事判决书。

的观点。[1]该案具体案情如下：

被告长安影视公司在电视剧《激情燃烧的岁月》中擅自将涉案的《北风吹》《洪湖水，浪打浪》《敖包相会》等几首音乐作品作为背景音乐，但均未完整使用且使用时间都非常短暂，对于一部全长几十集的电视剧来讲，侵权部分所占的比重很小。电视剧的制作集合了导演、演员的大量付出，音乐只占其中很小的一部分，如果判令停止侵权，与原告可以获得的利益相比，被告遭受的损失过大。并且，在《激情燃烧的岁月》制作过程中，导演、演员等付出了大量的创造性劳动，原告主张权利的音乐作品已经成为涉案作品的一部分，涉案作品作为一部深受观众喜爱的电视剧，体现了社会公众的文娱追求，如果判令被告停止销售涉案作品，会损害社会公共利益。北京市第一中级人民法院因此驳回了原告要求停止销售涉案 VCD 光盘的主张，但北京市高级人民法院在二审判决中认为上述观点不能作为不判决停止侵害的理由，从而否定了一审法院的此项认定。

笔者认为，鉴于侵权部分占整部作品的比重很小，一审法院从平衡原被告双方利益和保护社会公共利益角度出发未判决停止销售涉案 VCD 光盘的做法并无不妥。相反，该做法将有利于鼓励文化创新以及促进文学艺术传播。

考量侵权部分在整部作品中所占的比重，实质是在衡量侵权行为人的创造性劳动与权利人的创造性劳动的比例，以及被侵权作品对侵权作品所做贡献，从而判断停止侵害对双方利益的影响。如果该影响已经超出合理限度，对停止侵害责任进行限制更符合经济学要求。若涉嫌侵权作品被广泛传播，已经与社会公众利益相关，占比重极小的原作品更难成为阻碍新作品传播的因素。

再次，是否存在竞争关系。如果侵权作品与原作品存在直接竞争关系，为了更好地保护原著作权人权益和维护良好市场竞争环境，更加倾向于适用停止侵害责任；反之，如果不存在直接的竞争关系，为了平衡原被告双方的利益，可以限制停止侵害责任的适用。

在著作权领域，侵权作品可能在原作品的基础上经过加工创作而成，如果两者具有相同的表现形式（如均为文字作品）、相似的主题、大致相同的目标消费群等，应当认为两者具有直接的竞争关系，侵权作品的出现严重威胁了原作品取得的市场份额，如果限制停止侵害责任的适用，实质上是给予了侵权行为

---

[1] 参见北京市第一中级人民法院（2003）一中民初字第 2336 号民事判决书及北京市高级人民法院（2004）高民终字第 627 号民事判决书。

人某种程度上的强制许可，原作品经过长期努力而形成的竞争优势将荡然无存，也会对公平的市场竞争秩序造成巨大冲击。但如果侵权作品与原作品不存在直接的竞争关系，比如侵权行为人将原权利人的图片作品用作自己图书的插画，对侵权行为人来说，他的作品是图书，主要依靠文字来表达情感，而原著作权人则是通过图画来表达思想。此时，限制停止侵害责任适用的可能性有所提高。

如果涉案侵权作品与原作品属于不同的知识产权领域，限制停止侵害责任适用的可能性将会更大。正如"武松打虎案"，原告的权利局限于著作权领域，而被告将原告的绘画作品用于商标领域，两者价值基础不同，不存在市场竞争关系，被告在商标领域对原作品的使用对原作品在著作权领域的权益妨碍并不大。此时，考虑平衡原被告利益以及维护良好的市场竞争秩序，不判令停止侵权而是增加损害赔偿额的做法更为可行。

最后，是否怠于行使权利。古希腊谚语有云：法律不保护躺在权利上睡觉的人。著作权侵权诉讼中，如果权利人怠于行使自己的权利，那么法律保护其权利的必要性被大大削弱，保护侵权行为人利益及社会经济秩序的必要性大幅提高。通常，权利人之所以迟迟不行使权利，是因为侵权行为人的侵权行为并没有给其带来太大损害。其多年后诉至法院，往往是因为看到涉嫌侵权作品在侵权行为人的苦心经营中展现出了巨大的商业价值，想从中渔利，但此时对权利人似乎已经没有太大保护必要了（当然不能完全否定对权利人保护的必要）。另外，经过侵权行为人对涉嫌侵权作品较长时间的经营与付出，新的权利格局已经稳定形成，一旦判令停止侵害，受到损害的不仅是侵权行为人的利益，社会经济秩序也会遭受重创。

"武松打虎案"中，被告早在 1980 年即使用涉案商标并公开销售，且 1989 年将涉案商标进行注册、公告，但原告 1996 年才向法院起诉。虽然侵权行为持续存在，诉讼时效并未超过，但原告怠于行使著作权达十几年，一方面，可以推测被告的侵权行为对原告权利行使的影响并不大；另一方面，被告经过多年使用和宣传已经在此商标上积累了大量商誉，新的市场秩序已经形成。从这个角度讲，法院判令被告增加赔偿额，而不是直接判令被告停止使用，将更有利于平衡原被告双方利益、维护社会经济秩序。

综上所述，大量的著作权侵权案件表明，对停止侵害责任进行限制时，要从利益平衡层面把握。

法官在审理著作权侵权案件时，应当根据案件具体情况，准确把握利益平衡的内涵，基于对社会公共利益的保护或者对当事人之间利益的平衡，可以考虑对停止侵害责任进行限制。在司法实践中，法官面临的难题是如何对社会公共利益以及当事人双方利益进行衡量，对作品知名度的贡献、侵权部分所占比重、是否存在竞争关系、是否怠于行使权利等因素可以作为辅助考量因素，这些因素可以在一定程度上反映出社会公共利益或者当事人双方的利益，在审理案件时帮助法官更好地对各方利益进行衡量，从而做出更为合理和公正的判决。

三、著作权侵权诉讼中停止侵害责任限制之完善对策

以上从立法和司法两个层面对著作权侵权诉讼中停止侵害责任限制问题进行了考察和分析，为我国相关制度的完善寻求借鉴并总结经验。以下将从立法和司法两个层面提出著作权侵权诉讼中停止侵害责任限制之完善对策。

（一）立法建议

著作权侵权诉讼中，停止侵害责任的适用应当有所限制，为了适应现实需要，有关部门应加快立法进程，以更好地进行执法实践活动。下面对此提出一些立法建议。

1. 立法模式、适用范围及替代性措施

立法需要严肃而谨慎地对待，为了使立法更为合理，更能适应现实，需要明确以下几个问题：

第一，立法模式的选择问题。如前所述，虽然都是在一定条件下实现不停止侵权行为的效果，但美国采用的是从正面规定禁令颁发的条件，德国则是从反面规定不支持停止侵害请求权的例外。我国立法时采用哪种模式更为可行和合理？我国没有英美法系的衡平法传统，借鉴美国正面规定停止侵害责任适用情况存在很大的障碍，而在多年来的案件审理过程中，我们始终是将停止侵害责任的适用作为基本形态，将其限制作为一种可能的例外，为了适应司法的发展趋势，保持法律体系的稳定，借鉴德国从反面对其进行限制，更为合理。

第二，责任限制的适用范围问题。对停止侵害责任进行限制是为了防止权利滥用，但同时也应避免公权力过分干预私权。著作权是一种社会性和公共性很强的权利，对其过度保护会严重影响他人利益或社会公共利益，故我们提出了对停止侵害责任的限制理论。但著作权毕竟作为一种私权而存在，私权应当受到法律的充分保护，在法院的裁判审理过程中，一旦判定对停止侵害责任进行限制，就属于公权力对私权利的干预了，而且由于著作权侵权适用何种救济

方式大多属于法官的自由裁量范围，很容易造成公权力对私权利的过度干预。公权力对私权利的适当干预是合理的和可以接受的，但过分的干预就违反了私权神圣原则，所以在进行停止侵害责任限制立法时，要注意尽量减少或避免公权力对私权利的过分干预。这就要求立法时应尽量明确，给法官的自由裁量权范围不能过大。

第三，关于限制适用停止侵害责任之后的替代性措施问题。在特定条件下，对停止侵害责任进行限制是为了达到利益平衡的目的。但如果仅仅限制停止侵害的适用，又会引发新的利益失衡，此时就需要规定相应的替代性措施来弥补权利人的损失。美国、德国都采用金钱赔偿的方式，用金钱去弥补权利人的损失，使各方利益达到一个新的平衡状态。《知识产权审判若干意见》强调"可以根据案件具体情况进行利益衡量，不判决停止行为，而采取更充分的赔偿或者经济补偿等替代性措施了断纠纷"。司法实践中法官也是如此判决的，例如在"大头儿子案"中，法院认为判令停止使用涉案作品将损害社会公共利益且造成原被告双方利益失衡，故限制了停止侵害责任的适用。此时固然维护了社会公共利益，但若按其他普通案件的赔偿金额进行赔偿，原告既无法阻止被告继续使用，也无法得到更多补偿，原告的损失未得到充分弥补，导致新的利益不平衡出现。鉴于此，法院判决以提高赔偿额作为停止侵害的替代措施，既维护了社会公共利益，又合理地平衡了当事人双方的利益，符合案件具体情况，也在法官自由裁量范围内，收到良好的社会效果。

2. 立法制度构建建议

通过上述对立法过程中需要把握的几个问题的明确，以及前面对司法实践中考量因素的总结，在立法时可以表述为：

第 XX 条　在著作权侵权诉讼中，应当根据情况，判令侵权行为人承担停止侵害、消除影响、赔礼道歉、赔偿损失等民事责任。判令停止侵害会损害社会公共利益，或者会造成当事人之间利益重大失衡的，可以不判令停止使用涉案作品，但应适当提高损害赔偿的数额。

本条前款规定的社会公共利益以及当事人之间利益平衡的确定，可以参照以下因素进行考量：对作品知名度的贡献、侵权部分所占比重、是否存在竞争关系、是否怠于行使权利，以及其他应当考量的因素。

上述条文第 1 款第一句指出停止侵害为著作权侵权诉讼中的一种责任承担

方式，符合我国的相关立法传统，也与我国法院以支持停止侵害责任为原则、以限制停止侵害责任为例外的司法实践相统一。

接下来的第1款第二句是本条的重点，明确在何种情况下限制停止侵害责任的适用：一是涉及社会公共利益的保护；二是涉及当事人双方利益的平衡，此种情况特别强调应避免"重大失衡"。同时，这里明确将提高损害赔偿额作为停止侵害的替代措施，为保证法律适用的灵活性，并未规定具体数额。

第2款补充规定了进行利益衡量时需考量的因素，为法官在司法实践中适用该条文进行裁判提供了方向。本款最后以"其他应当考量的因素"作为兜底规定，为司法审判活动中由社会发展或科技进步等引起的其他考量因素的出现留出了空间。

上述条文重点运用了利益平衡理论，兼具明确性和灵活性，希望能为著作权侵权诉讼中停止侵害责任限制相关立法完善提供有益借鉴。

（二）司法配套措施

著作权领域停止侵害责任限制的有关立法虽然还处于缺位状态，但司法实践中这类问题已越来越多地出现，而法官又不得不进行审理，这时就要求法官发挥司法能动性，在自由裁量的范围内进行合理裁决。在这样的现实情况下，一些合理有效的配套措施应当在著作权侵权诉讼中建立起来并加以完善，以方便司法，并为立法积累经验。

1. 参照许可使用费适当提高赔偿额

上面我们已经提到，在限制停止侵害责任的适用时，用提高损害赔偿额作为替代方式能合理平衡各方利益。提高损害赔偿额的幅度，属于法官自由裁量的范围，在具体案件审理过程中，参照许可使用费来计算较为简便易行和合理，许可使用费通常是可以合理覆盖被侵权人所遭受的损失的。法院在对停止侵害责任进行限制的情况下，侵权行为人虽然可以继续使用涉案作品，但不能阻止权利人使用或者许可他人使用该作品，因此，作为替代方式的许可使用费应为普通许可的许可使用费，使用年限按照作品著作权的剩余保护期限计算。对具体金额，法院应按照如下顺序确定：首先应由原被告双方协商确定，法院应积极引导原被告双方就许可使用费数额进行协商，充分发挥调解功能，真正做到案结事了。当事人双方无法就许可使用费达成合意的，若权利人之前对他人进行过普通许可，则法院应以此为参照；若权利人未曾对他人进行过普通许可，

"按照国家著作权主管部门会同有关部门制定的付酬标准"〔1〕确定。此外，侵权行为人具有主观故意的，可以借鉴《专利法》（2020 年修正）第 71 条及《商标法》（2019 年修正）第 63 条的有关规定，参照上述方法确定的许可使用费的倍数合理确定赔偿额。当然，在参照许可使用费的基础上，法官应综合考虑侵权情节合理调节并确定最终需要提高的赔偿额。

这样，在司法实践中，法官用金钱赔偿替代停止侵害责任时，确定赔偿额就有了参照标准，并且留有一定的根据案情进行自由裁量的权力，在得到合理的判决结果的同时也达到便利法官司法的目的，实现司法稳定性与灵活性的统一。

2. 借鉴知识产权领域其他规定

著作权法固然尚未对停止侵害责任的限制进行明确规定，但《专利侵权司法解释（二）》第 26 条规定了"基于国家利益、公共利益的考量，人民法院可以不判令被告停止被诉行为"。该规定作为知识产权领域对停止侵害责任适用进行限制的重大突破，具有指导意义和参考价值。著作权与专利权同为知识产权领域的重要组成部分，二者有着相近的立法宗旨和相似的权利特征，专利法的立法精神应当渗透到著作权法领域。因此，专利权领域的相关规定可以在著作权判决中作为参考。

此外，《知识产权审判若干意见》中提到，"如果停止有关行为会造成当事人之间的重大利益失衡，或者有悖社会公共利益，或者实际上无法执行，可以根据案件具体情况进行利益衡量，不判决停止行为……"如前所述，这表明了最高人民法院的态度，指明了未来的司法动向，可以作为法官审理著作权侵权案件的参考。

3. 利用案例指导制度功能

案例指导制度是为了统一司法裁量标准、规范法官自由裁量权、充分发挥案例的指导性作用而由最高人民法院制定的一项具有中国特色的司法制度，〔2〕目前正在如火如荼地开展。案例指导制度对克服成文法概括性与模糊性共存的缺点起到了重要的作用，同时有利于解决社会的快速发展与立法滞后性之间的矛盾。案例作为动态的法典，能够有效指导各级人民法院的审判工作。

---

〔1〕《著作权法》（2020 年修正）第 30 条。

〔2〕 参见周伟："通过案例解释法律：最高人民法院案例指导制度的发展"，载《当代法学》2009 年第 2 期。

指导性案例必须是已经发生法律效力的典型裁判，最高人民法院《关于案例指导工作的规定》第 7 条规定，"最高人民法院发布的指导性案例，各级人民法院审判类似案例时应当参照"。同时，各高级人民法院也会每年发布知识产权方面的参考性案例，效力相对于指导性案例要弱一些。最高人民法院知识产权庭副庭长王闯在"最高人民法院第 16 批指导性案例（知识产权专题）新闻发布会"上表示，自 1997 年最高人民法院首次进行"知识产权司法保护典型案例"评选活动开始，经过将近 20 年的探索，目前已经形成以指导性案例、年度十大案件、50 件典型案例、案件年度报告为主体的、卓有成效的知识产权案例指导制度体系。[1]

案例指导制度能够快速适应飞速发展的社会生活，并能迅速形成对以后审判工作的指导，在一定程度上避免同案不同判现象的出现。著作权侵权诉讼中停止侵害责任的限制问题频发，司法实践中应充分利用案例指导制度，将成功的司法经验用指导性案例的形式进行固定，对各级人民法院的审判活动进行指导。

4. 借鉴禁令的期限制度

"永久性禁令仅在当事人权利最后确定时作出，但是时间上并不一定为永久存在，如三年内必须遵守竞业禁止义务即属于永久性禁令。"[2]在英美法系国家，禁令是可以有期限的，尤其是在一些涉及社会公共利益的案件中，侵权行为人的行为应当被禁止，但是考虑到社会公共利益，又不能永远禁止侵权行为人的所有行为，因此，法院会在权利人权利受到侵害最为严重的期间内限制侵权行为人的行为，以达到缓和禁令效果的目的。

我国在建构著作权侵权诉讼中停止侵害责任的限制制度时，可以借鉴英美法系关于禁令期限的有关经验。现行《著作权法》针对公民个人享有著作权的作品规定的保护期限为作者有生之年及其死后的 50 年，当然适用停止侵害责任影响他人对其作品进行利用的时间极易过长；但限制停止侵害责任的适用，又可能严重损害权利人的权益，非金钱赔偿所能弥补。这时可以考虑在权利人权益受损严重的期间内给停止侵害一个期限，过了这个期限则限制停止侵害责任的适用。这样能有效避免利益矛盾激化，有利于经济社会的平稳、有序发展。

---

〔1〕 "最高法发布 10 件知识产权领域指导性案例"，载 http://www.legaldaily.com.cn/index/content/2017-03/09/content_ 7045576. htm？node = 20908，最后访问时间：2020 年 12 月 7 日。

〔2〕 杜颖："英美法律的禁令制度"，载《广东行政学院学报》2003 年第 3 期。

当然，引进英美法系的制度存在一个本土化的适应过程，需要在司法实践中慢慢摸索，探索出符合中国特色的著作权侵权诉讼中停止侵害责任限制制度。

四、结论

近年来，我国著作权侵权诉讼中停止侵害责任限制问题，得到了理论界和实务界越来越多的关注及重视。对于停止侵害责任当然适用的做法已经被否定，但是面对相关立法的缺位，我们需要深入探讨的是，在何种情况下应当限制停止侵害责任的适用，以及在司法过程中如何平衡各方利益。相关立法需要完善，司法亦需发挥其自身能动性。

著作权的社会属性和公共属性，导致其与他人利益、社会公共利益联系紧密，对著作权人的保护绝不能是绝对的私权保护，而应当有所限制。当然，对停止侵害责任进行限制并非无原则地牺牲著作权人利益，法律依然要对侵权行为人的行为给予否定性评价，并多用金钱赔偿作为替代方式来弥补权利人的损失。

鉴于目前我国著作权领域停止侵害责任限制问题的相关立法缺位，应当加快立法进程。利益平衡应当是立法时需要特别考虑的问题，同时立法时需要注意防止公权力过度干涉私权利以及限制停止侵害责任后该如何平衡各方利益等问题。

是否对停止侵害责任进行限制应属于法官自由裁量的范围，是实现司法能动性的要求。法官需在已取得的司法经验的基础上，审慎衡量各方之间的利益关系，能动地、合理地对停止侵害责任进行裁量，在实践过程中不断完善司法，并进一步推动立法进程。

有条件地限制停止侵害责任的适用，对促进公众接触和利用著作权作品有积极作用，能推动文化发展和科技繁荣，实现社会福祉最大化。针对著作权侵权诉讼中停止侵害责任的限制问题，我们要善于从其他国家的制度中撷取精华，并积极地在实践中总结经验教训，立法与司法联动，构建具有中国特色的著作权侵权诉讼中停止侵害责任限制制度。

专利诉讼中技术事实查明机制研究

王晨光

近几年来我国知识产权案件激增、技术难度提升，即使司法实务功底非常深厚的法官对相关案件也难以很好地处理，特别是案件中的技术难题，必须采取多种方式查明。目前国内技术事实查明机制还不完善，条件规定相对宽泛，技术事实查明方式局限性大，造成在实践中无法满足当前知识产权诉讼需求，或者法官对案件中涉及的技术手段认识不清，采用不合适的技术事实查明手段进行事实查明，不能快速地查明技术事实问题，影响案件审理的公正、质量与效率。因此，现实的迫切需求与现行机制欠完善，凸显出本选题的提出和研究的重要性与紧迫性。正如《中国知识产权发展报告·2015》所提到的，我国知识产权司法保护面临的主要问题之一为缺少解决技术问题的有力途径。[1]同时，为进一步提高案件技术事实查明的科学性、专业性和中立性，深入研究技术事实查明机制之间的衔接和协同作用，寻求专利诉讼中技术事实问题的有力解决途径，有重要的现实意义。

一、技术事实查明机制的内涵及意义

（一）技术事实查明机制的内涵

专利诉讼中，技术事实的查明与认定往往是案件的关键。在我国理论界，技术事实主要是指"知识产权保护对象的技术元素，典型者如专利案件中技术

---

〔1〕　中国人民大学知识产权教学与研究中心、中国人民大学知识产权学院编著：《中国知识产权发展报告·2015》，清华大学出版社 2016 年版，第 61 页。

方案所涉及的各种技术"，[1]此类事实往往包含专业、复杂、无形的技术问题。在实践中，法官往往会根据经验和一般认知对案件是否存在技术事实争议及采用何种查明制度进行技术事实问题的认定。技术事实查明机制是为了协助法官更好地完成技术事实问题认定的制度，对法官的心证有非常重要的作用。目前我国查明制度并不是单一的制度，而是由司法鉴定制度、专家辅助人制度、专家陪审员制度、专家咨询制度及技术调查官制度共同组成的。

（二）技术事实查明机制的意义

近两年我国的知识产权案件激增、技术难度提升，在知识产权案件实际审理时，法院虽然有很多经验丰富的法官，但具有专业技术知识背景的法官较少，难以掌握涉案的所有技术专业知识。为解决专利诉讼中技术事实认定的问题，有必要构建技术事实查明机制，有效认定涉案技术事实问题，公正解决法律问题，从而保护知识产权人的合法权益及公共利益。

1. 保护知识产权人合法权益

法院在审理专利案件时，需要查明案件的技术事实问题，然后分析涉案法律问题，进而作出公正的判决。在法官心证的过程中，技术事实问题准确查明定性是关键。在审判中，如果对技术事实问题认定出现错误或者反复，拖延了诉讼时间，即使最后权利人胜诉，也很有可能错失专利最佳保护时间。所以，技术事实查明机制有利于实现对专利诉讼审理的提质增效，保护知识产权人的权益。

2. 保护公共利益

实践中，任何技术案件都必须在充分理解涉案技术事实问题的基础上做出公正判决，让当事人及社会公众充分认识到专利的边界及保护范围。因此，在裁决中如何平衡技术自由与技术专有、合法利益与非法侵权的关系是至关重要的。这种平衡，体现了对专利权人法定权利的保护以及公共利益的维护。换言之，既要充分保护权利人的合法权益不受侵害，也要维护社会公共利益。

二、构建技术事实查明机制的必要性

在知识产权诉讼中，特别是专利纠纷中，最终裁判结果与技术事实认定存

---

〔1〕 "知识产权案件技术事实查明的实践探索与完善"，载 http://www.shezfy.com/view.html？id=33394，最后访问时间：2020 年 12 月 24 日。

在非常直接的联系，甚至可以认为技术事实查明的结果决定着案件的最终走向。在这些案件中，当事人及法院往往把关注点放在技术事实认定的问题上。这就对法院提出了更高的要求——不仅要解决法律问题，还要明确事实问题，将技术事实问题与法律问题高度结合。就目前来看，我国专利技术事实查明制度还有缺陷，无法满足审判需求。本部分通过研究我国知识产权案件数量、技术事实查明制度缺陷，就构建技术事实查明机制的必要性进行阐述。

（一）知识产权案件激增并呈上升趋势

1. 我国总体情况

从我国知识产权案件发案量来看，2016 年全国地方法院新收知识产权一审案件量 15.2 万件，同比增长 16.8%。[1]发案数量较 2015 年大幅上涨，15.2 万件案件中包括民事案件、刑事案件、行政案件。其中，地方各级人民法院共新收知识产权民事一审案件 136 534 件，较上一年度增幅明显，达到 24.82%。[2]

从我国专利诉讼案件发案量来看，2014 年度全国地方法院新收专利案件 9 648 件，同比上升 4.93%；技术合同案件 1 071 件，同比上升 12.86%。专利案件数量增加情况不仅发生在中国，2013 年美国专利诉讼案件比 2012 年增加了 25%，达到 6 500 件。[3]2016 年度全国地方各级法院新收专利案件 12 357 件，同比上升 6.46%。[4]

从我国知识产权案件分布来看，2016 年度，北京、上海、江苏、浙江、广东五省市新收各类知识产权案件数占全国总数的 70.37%。[5]

通过对以上数据的分析可知，我国知识产权案件总量、民事案件总量、专利案件总量均呈逐年上升趋势，并且知识产权案件在经济发达地区分布较为广

---

〔1〕 "2016 年中国知识产权发展状况评价报告"，载 http://www.sipo-ipdrc.org.cn/UpLoad/2017-06/2017614154902.pdf，最后访问时间：2020 年 12 月 24 日。

〔2〕 "中国法院知识产权司法保护状况（2016 年）"，载 http://www.court.gov.cn/zixun-xiangqing-42362.html，最后访问时间：2020 年 12 月 31 日。

〔3〕 "专利案件审理的技术辅助制度"，载 http://www.dooland.com/magazine/article_785560.html，最后访问时间：2019 年 12 月 24 日。

〔4〕 "中国法院知识产权司法保护状况（2016 年）"，载 http://www.court.gov.cn/zixun-xiangqing-42362.html，最后访问时间：2020 年 12 月 31 日。

〔5〕 "中国法院知识产权司法保护状况（2016 年）"，载 http://www.court.gov.cn/zixun-xiangqing-42362.html，最后访问时间：2020 年 12 月 31 日。

泛。同时，我国知识产权案件审理难度也在逐渐增大，《中国法院知识产权司法保护状况（2016 年）》明确指出："知识产权案件尤其是技术类案件涉及复杂技术事实认定，案件审理难度大。""涉及高精尖技术的专利案件，涉及新技术合作开发、技术成果应用纠纷等技术类案件明显增加，无疑增加了事实查明和分析判断的难度。"[1]

2. 北京地区情况

之所以将北京地区单独提出来分析讨论，是因为：①北京法院审理的知识产权案件较多，较有代表性。最高人民法院每年都会摘选经典案件并发布中国法院十大知识产权案件，2010—2016 年最高人民法院共发布 70 个案例，其中在北京审理的案件多达 26 件。[2]②对于知识产权审判中涉及专利、技术秘密等技术性质案件，北京知识产权法院有一审专属管辖权。

根据《北京知识产权法院司法保护状况数据报告（2015 年度）》的记载，北京知识产权法院 2015 年度共审理知识产权行政授权确权案件 3 394 件，占该院全年审结案件的 67.58%。[3]

2016 年度，北京知识产权法院共受理各类知识产权案件 10 638 件，同比上升 15.74%。受理各类知识产权一审案件 8 305 件，其中专利纠纷案件 1 754 件。据收案情况看，涉高科技重大战略产业与核心技术、中国权利人起诉外国当事人侵权等案件数量均有增加。[4]

根据 2018 年的数据，北京法院五年审结知识产权案件数量惊人，超过 12.5 万件，五年来北京法院知识产权案件收、结案数量逐年上升，2017 年审结案件 3.68 万件，是 2013 年审结案件 1.56 万件的 2 倍多。据统计，过去五年，北京审结专利案件 5 229 件。[5]

---

〔1〕 "中国法院知识产权司法保护状况（2016 年）"，载 http://www.court.gov.cn/zixun-xiangqing-42362.html，最后访问时间：2020 年 12 月 10 日。

〔2〕 齐宝鑫："2010—2016 年全国十大知识产权案例大数据研究"，载 http://www.sohu.com/a/200668894_99970761，最后访问时间：2020 年 12 月 24 日。

〔3〕 "北京知产法院司法保护现状数据报告发布"，载 http://finance.sina.com.cn/sf/news/2016-04-20/173127905.html，最后访问时间：2020 年 12 月 24 日。

〔4〕 "北京知识产权法院建院两年收案数量近两万件"，载 http://china.huanqiu.com/hot/2017-01/9930506.html，最后访问时间：2020 年 12 月 26 日。

〔5〕 "北京五年审结知识产权案数量翻一番 总数超 12.5 万件"，载 http://news.sina.com.cn/o/2018-01-28/doc-ifyqyesy3128784.shtml，最后访问时间：2020 年 12 月 26 日。

通过对北京知识产权案件近几年的特点和趋势统计分析可知，北京每年的知识产权案件数量均呈上升趋势，这种趋势与我国知识产权案件总体趋势保持一致。这在一定程度上反映出国内外经济形势的发展与不断创新竞争的态势，这些外部环境的快速发展，要求司法对知识产权的深入保护。知识产权案件数量逐年增长是多方面的原因造成的。过去，我国盗版屡禁不止，游戏、软件、图书、音像、技术等可以找到某些相应的盗版资源，侵权人很少担心自己会承担法律责任，被侵权人也很少会拿起法律武器捍卫自己的权益。但近几年，国家对知识产权特别是专利及核心技术的保护增强，公众知识产权意识提高，更多的人及企业选择通过法律途径解决知识产权争议。

但就目前而言，仍存在一些问题。有些当事人、代理人及法院对知识产权专业知识了解不深入，甚至对一些概念产生低级的混淆错误。实践中涌现了大量复杂技术与法律交织的疑难案件，涉及新型领域、前沿技术越来越多，对专利司法实务审判工作也提出了更多、更高的要求，需要用有效的技术查明制度解决专利技术纠纷。

（二）我国现行技术事实查明制度自身存在一定缺陷

最高人民法院发布的《关于审理专利纠纷案件适用法律问题的若干规定》（2020 年修正）列举了法院受理专利纠纷案件的类型，共计 25 种。[1]这些类型的案件可分为涉及技术事实问题争议的案件及不涉及或很少涉及技术事实问题争议的案件。

面对与日俱增的专利纠纷案件及复杂的专利纠纷案件类型，为了准确地查明其中的专利技术问题，我国采用的技术事实查明制度主要为司法鉴定制度、专家辅助制度、专家陪审制度、专家咨询制度及技术调查官制度。纵观各个制度运用的过程，可以发现我国技术事实查明制度本身存在一定缺陷，体系构建尚不完善，主要表现为两方面：①当前每个制度都有不完善的地方，一旦运用错误，很可能会误导合议庭对事实及法律的判断，损害当事人的合法权益；②各制度间的联动及衔接尚不完善，面对当前复杂的专利技术，仅通过某一方式对技术事实进行认定很有可能太过片面，各制度间的协调还需提高。以下对我国现行技术事实查明制度及其存在的问题进行论述。

---

[1] 参见最高人民法院《关于审理专利纠纷案件适用法律问题的若干规定》（2020 年修正）第 1 条。

1. 司法鉴定制度

知识产权诉讼具有较强的专业性，涉案技术问题也相对复杂，往往技术事实问题为案件的争议焦点，事实问题的查明与认定也会直接影响案件的裁判结果，而对于复杂疑难的案件，法院往往会借助司法鉴定来解决事实。

我国知识产权司法鉴定制度产生于 20 世纪 90 年代中期，相较其他类型司法鉴定制度，其起步及发展都相对缓慢，而且鉴定依据主要分散于三大诉讼法及最高人民法院司法解释之中，没有一部专门的法律对其从程序及实体上进行规范，各鉴定机构在鉴定程序及鉴定方法上做法不一。这带来了一些实务上的问题：

第一，重复鉴定、多头鉴定的现象层出不穷。当前专利技术越来越复杂，其中涉及的问题也较为隐蔽，各技术是否侵权大多没有刚性标准。同时，由于司法鉴定周期长，其可作为拖延诉讼程序、阻碍竞争对手商业策略的一种有效手段。以上均造成了重复鉴定、多头鉴定的现象频发。

第二，鉴定人、鉴定机构资格查明、监管不严格，专业水平不一。技术鉴定过程中，有人为因素的存在，不可避免地会有一定的主观色彩，再加上鉴定人员、鉴定机构专业水平参差不齐，职业道德水平不一，时有违规鉴定情况发生。

第三，法官若过分依赖司法鉴定，易造成审判权的让渡。法官往往没有专业的技术知识，特别是一个鉴定事项产生分歧的时候，法官需要对鉴定结论进行实质查明，但又由于法官对专利技术缺乏专业认识或者过分关注、依赖鉴定结论，根据鉴定结论对技术事实盲目认定，容易造成审判权的让渡。

知识产权司法鉴定制度已经运行多年，虽然鉴定环境有所改善，但由于以上种种原因，鉴定意见存在问题的情况还是时有发生，造成鉴定意见不予采纳的结果。这既浪费了司法资源，也拖延了诉讼审判程序。华为技术有限公司与中兴通讯股份有限公司侵害发明专利权纠纷申请再审案就较为典型，值得深入研究。[1]

2. 专家辅助人制度

最高人民法院于 2001 年 12 月发布的《关于民事诉讼证据的若干规定》第 61 条规定："当事人可以向人民法院申请一至二名具有专门知识的人员出庭就案件的专门性问题进行说明"，其中"具有专门知识的人员"通常理解为"技术专家"。该条正式确立了专家辅助人制度。值得指出的是，2020 年 11 月 9 日

---

〔1〕　最高人民法院（2015）民申字第 2720 号民事裁定书。

由最高人民法院发布，同年 11 月 18 日施行的《关于知识产权民事诉讼证据的若干规定》第 28 条对上述制度也作了专门规定："当事人可以申请有专门知识的人出庭，就专业问题提出意见。经法庭允许，当事人可以对有专门知识的人进行询问。"这样就进一步完善了我国知识产权民事诉讼证据制度中的专家辅助人制度。

2012 年修正的《民事诉讼法》第 79 条明确规定："当事人可以申请人民法院通知有专门知识的人出庭，就鉴定人作出的鉴定意见或者专业问题提出意见。"专家辅助人制度法律位阶得到了提升，也逐渐被广泛地运用，但仍存在如下缺陷：

第一，专家辅助人制度适用案件的范围不明确。法律并没有规定哪些案件可以聘请专家辅助人。这导致实践中当事人往往通过聘请专家辅助人来阐述自己的观点，滥用该制度的情况时有发生。

第二，专家辅助人的意见往往被认为有倾向性。专家辅助人是由一方当事人提出申请并出庭作证，专家的身份及意见往往被认为具有倾向于某一当事人的主观性，一定程度上会影响法官的心证形成。

第三，专家辅助人的资格无确定标准。通常将"专门知识的人"称作专家辅助人，但专家的范围太过宽泛，没有对其学历水平、技术水平、道德品质等作出限制。如果专家选取不当或者专家本身品行有问题，很可能会影响法庭的正常程序。

3. 专家咨询制度

1985 年，最高人民法院为应对专利审判工作中可能存在的问题，发布了《关于开展专利审判工作的几个问题的通知》，其中指出人民法院要充分发挥科研单位、生产部门的专家、学者的作用，可以聘请他们作为临时的或者长期的技术顾问，也可以请他们担任技术鉴定人，还可以邀请他们担任陪审员，直接参与专利审判工作。[1]

2007 年，最高人民法院发布《技术咨询、技术审核工作管理规定》，其中明确了专家咨询制度是法院查明专业事实的重要方法和手段，技术咨询专家出具的意见不能作为证据使用，仅供参考。[2]

---

〔1〕 最高人民法院《关于开展专利审判工作的几个问题的通知》第（一）部分第四点。

〔2〕 最高人民法院《技术咨询、技术审核工作管理规定》第 10 条。

2010 年，最高人民法院首次特邀 11 位中国工程院院士作为技术咨询专家。[1]2014 年又聘任了 10 名院士作为技术咨询专家，进一步增强了专家咨询制度在技术事实查明中的作用。[2]

专家咨询制度在我国逐步确立，总体上有如下特征：①技术咨询专家由法院选择聘任；②技术咨询专家出具的意见不能作为认定涉案事实的依据，其只是帮助法官完成心证的一种方式，对主审法官来说，该意见只能作为参考；③法院向专家咨询的方式较为丰富，可以采用当面、书面或者电子的方式。[3]

但就目前来看，专家咨询制度均是原则性的导向，现行法律并没有对专家咨询制度的启动、专家选择聘任、意见效力、薪酬待遇及专家参与案件研究的程度等进行明确规定，各法院操作的方式各不相同，缺少统一的规范。虽然目前很多法院已经建立了专家库，但大多不能覆盖全部的涉案专利技术领域，当涉及较为复杂偏僻的领域时，法官会利用自己的人脉关系寻找该领域的专家，但在选择专家的过程中，法官并未向当事人明示，故当事人无法得知该专家是否与对方当事人存在利害关系。此外，专家的意见不会经过质证，一般也不会在文书中体现，但其观点意见往往能影响法官的心证。

4. 技术调查官制度

2014 年 12 月 31 日，最高人民法院发布了《关于知识产权法院技术调查官参与诉讼活动若干问题的暂行规定》（以下简称《技术调查官参与诉讼活动暂行规定》），确立了技术调查官制度。技术调查官作为法院的内部力量为法官提供技术支持，更加保障了司法的公正。但是，该制度还在适应中国司法体制现状的过程中，仍存在一定的缺陷：

第一，具体运行规范还有待完善。《技术调查官参与诉讼活动暂行规定》共10 条，主要是借鉴先进国家和地区的做法，对技术调查官参与诉讼活动的程序、方式及效力等作出规定。但是这些规定还远远不够，毕竟该制度在我国刚刚起步，没有明确的法律规范。针对其中的各种问题，更应明确规定，使该制度更

---

[1] 最高人民法院《关于聘任马国馨等 11 名特邀科学技术咨询专家的决定》。

[2] "中国法院知识产权司法保护状况（2014 年）"，载 http://www.court.gov.cn/zixun-xiangqing-14207.html，最后访问时间：2020 年 12 月 1 日。

[3] 倪翔、李竹："知识产权民事诉讼中技术事实查明的完善"，载《湖北警官学院学报》2015年第 1 期。

加有序地运作。

第二，技术调查官专业涉及领域无法满足当前司法审判需求。科技发展飞快，越来越新的技术问题出现，现在法院技术调查官编制数量有限，每个人所掌握的领域也是有限的，无法满足最新的技术需求。这样就会导致在复杂疑难案件审理中，技术调查官也无法恰当解释其中的技术事实问题。

第三，技术调查官制度与其他技术事实查明制度衔接不足。我国目前已有多种技术事实查明制度，每个制度尚有不完善的地方，这些缺陷均没有得到很好的解决。当前又引进了技术调查官制度，各制度还是各自为营的状态，这种状态也限制了技术调查官制度的运用。因此，研究如何根据案件特点发挥各制度协同作用是非常重要的。

5. 专家陪审员制度

1992年，最高人民法院对北京市高级人民法院《关于聘请技术专家担任陪审员审理专利案件的复函》进一步指出人民法院可聘请涉案领域的技术专家担任陪审员。2010年，最高人民法院《关于人民陪审员参加审判活动若干问题的规定》第5条规定："特殊案件需要具有特定专业知识的人民陪审员参加的，人民法院可以在具有相应专业知识的人民陪审员范围内随机抽取。"虽然目前还没有一部法律明确确立专家陪审员制度，但最高人民法院的一系列文件已经表明专家陪审员制度是我国专利审判中不可缺少的一项制度。

但由于没有专门的立法规定，该制度还有很多不健全的地方：①陪审员的选人方式、法律地位、权利义务等没有明确、统一的规定，法院各有各的做法，影响了审判的公正性。②陪审员的选任缺乏民主性，一般某专业技术领域的专家人数有限，从专家名单中抽选，也有可能会造成某领域的专家就几个人而已。③陪审员的回避制度有待完善。陪审员大多都有自己的本职工作，而且不是专门从事审判工作的人员，在某些专业领域，陪审员本人或者所在单位本身就可能与当事人存在利益关系，这样会严重影响审判的公平公正。④专家陪审员存在毫无作用或者主导主审法官的两种极端情况：一方面，专家陪审员可能只是走个过场，对案件的技术问题认定没有进行实质的把控；另一方面，由于技术问题认定有时是判决的关键，专家陪审员的意见可能过于主导主审法官的想法。

（三）我国技术事实查明制度在实践运用中存在的问题

《中国法院知识产权司法保护状况（2016年）》中总结了我国当前技术事

实查明制度的司法状况，其中指出许多法院通过多种方式进行技术事实问题的查明，正在不断丰富专利诉讼中的技术事实认定体系。[1] 从该报告中可以看出，我国技术事实查明制度正在不断完善优化中，各级法院已经建立起了多种技术事实查明制度。但就实践中的案例来看，在各制度配合运用的过程中还是有所欠缺。在审理专利纠纷案件、认定技术事实时，很多法院都存在不规范的情况，要么技术事实查明手段使用混乱、程序不规范，要么由于自己的片面认识，对涉案技术产生错误的理解，从而影响了整个案件的法律判断。浙江华立通信集团有限公司诉深圳三星科健移动通信技术有限公司、戴钢侵害发明专利权纠纷案[2]及彭洲龙与木林森股份有限公司侵害发明专利权纠纷上诉案[3] 就较为典型。

三、域外技术事实查明制度及其借鉴

我国技术事实查明制度自身及实践存在一定的问题，优化技术事实查明制度是现实需求，充分借鉴域外做法也是明智之举。由于司法体系不同，针对专利诉讼中的技术事实查明问题，各国家和地区均有适合自身体系的技术事实查明手段。因此，对域外技术事实查明制度进行充分研究，取其精华，去其糟粕，是解决我国技术事实查明制度存在的问题的有效措施。本章拟通过分析域外技术事实查明模式，对域外经验在我国的适用进行研究。

（一）域外技术事实查明模式概况

各国家和地区知识产权审判实务中，法官专利技术知识的缺乏是普遍存在的问题。各国家和地区都试图通过多种方式来弥补这方面的缺陷，如知识产权法院、专业技术法官、技术调查官、技术陪审员等。下面将对各类技术事实查明模式进行分析。

---

[1] "中国法院知识产权司法保护状况（2016 年）"，载 http://www.court.gov.cn/zixun-xiangqing-42362.html，最后访问时间：2020 年 12 月 20 日。其中指出，北京知识产权法院成立技术调查室，制定《技术调查官管理办法》，该院 2016 年技术类案件收结比率同比上升 27.5%。广州知识产权法院从行政机关、院校、科研机构等单位聘请 29 名专家，组成技术专家咨询委员会，为案件审理提供专业意见。该院 2016 年共有 88 件案件启用技术专家或技术调查官，案件调撤率达 64.7%。贵州省高级人民法院与贵州省科技厅合作，聘请科学技术咨询专家，为案件中涉及的专门性技术问题提供咨询意见以查清技术事实。四川省高级人民法院遴选电子信息技术、机械制造、医药、植物新品种等领域的专家进入知识产权技术专家库，丰富技术事实认定体系。

[2] 浙江省高级人民法院（2009）浙知终字第 83 号民事判决书。

[3] 广东省高级人民法院（2016）粤民终 987 号民事判决书。

1. 技术法官模式

技术法官与法律法官共同组成合议庭是德国的原创，这样能够避免对涉案技术了解不多的合议庭完全依赖鉴定，造成审判权的让渡，同时通过多名资深技术法官及法律法官的合议，在一定程度上能够保证案件事实认定与法律适用准确，提高诉讼效率。但是，该种模式对技术法官的资历要求较高，需要对专利技术了解足够深入同时具有较深法律功底的人员担任。再加上案件涉及专利技术范围较广，又需将技术法官覆盖到多领域，可覆盖面总是有限的，无法满足所有案件涉及专利技术事实认定的需要，在我国推行该模式存在很大的难度并且具有一定的局限性。[1]

2. 技术调查官与专家委员会并存模式

日本设置技术调查官与专家委员会，两者相互协作，相辅相成，既能提高技术事实认定的准确性，也能提高涉案技术领域覆盖度。虽然我国很早就有专家咨询制度，但并没有立法明文规定。技术调查官于近年刚刚确立，具体的资质、意见的效力、意见是否向当事人公开等问题还未被解决。目前在我国学术界对此也存在一定的争议，该模式在我国的适用还有很大的探讨空间。

3. 普通法官与技术查明官协同模式

该模式主要被韩国采用。通过设置技术查明官，辅助普通法官工作，对事实认定有一定的积极作用。但是该制度仍存在很多争议，如由于普通法官对涉案技术并不精通，有可能造成技术查明官的意见过度影响普通法官的判断。正如上文所述，无论技术查明官还是技术调查官，若盲目引进，难免会有水土不服的情况发生。

4. 专家证人与专家陪审团结合模式

英国及美国专利诉讼中的技术事实认定充分体现了当事人主义的诉讼模式，保障了当事人诉讼程序中的基本权利，对技术事实认定具有一定积极的意义。对我国而言，专家证人制度、专家陪审团制度及技术陪审员制度仍存在以上问题。

（二）关于域外技术事实查明模式的思考

由于司法体系的差别，各国家和地区在技术事实认定模式方面都有所差异，无论模式如何，均以高效、准确认定技术事实为原则，保证技术事实查明的科

---

[1] 宋汉林："知识产权诉讼中的技术事实认定——兼论我国知识产权诉讼技术调查官制度"，载《西部法学评论》2015年第5期。

学性、中立性及专业性。

对我国来说，以上模式均不能照搬用于我国技术事实认定，而且我国无论采用何种模式，都不能完全舍弃司法鉴定制度、专家辅助人制度及专家陪审员制度等制度。关于如何构建具有我国特色的技术事实查明机制，笔者探索其他国家和地区模式以后有如下思考。

1. 案件繁简分类，将案件技术难度与技术事实查明手段有机结合

我国现行技术事实查明制度主要为司法鉴定制度、专家辅助人制度、专家陪审员制度、技术调查官制度及专家咨询制度。技术事实认定与查明是为了提升审判的质量与效率、维护当事人合法利益，需要寻求一种快捷高效、公平公正的运行体系。如果根据个案只运用一种技术事实查明制度，有可能不能准确地查明涉案技术事实，所形成的某一结论很可能影响主审法官的判断，造成审判权的让渡，影响审判的公平正义。如果所有的查明制度同时使用，则可能造成司法资源的浪费，拖延审判流程，降低审判的效率，影响当事人的利益。因此，可根据涉案技术事实问题的难度选择相应的技术事实查明手段，高效准确地解决技术事实问题。笔者认为，可将涉案专利技术分为简单专利技术、复杂专利技术、疑难专利技术。[1]

在某些专利纠纷案件当中，涉案专利技术相对简单，法官凭借自身经验就可以大致进行判断，不需要借助复杂、耗时的技术查明手段，或者涉案专利纠纷仅涉及纯技术问题的客观认定，不涉及太多事实问题，如某物质的构成及含量、某药物的成分及功效等，这些简单的技术问题，可以辅之以快捷高效的技术查明手段，如设置技术调查官辅助主审法官的工作。某些案件涉案专利技术问题相对复杂，已经超出了主审法官的理解范围，或者涉案专利纠纷涉及技术及事实认定两方面，如被控侵权产品是否落入原告专利保护范围等，或者涉案专利技术问题在学术、实务界有较大争议，在这种情况下，如果一味以法官判断为主导，技术认定就有可能产生误差，这时同样可以在法院内部配备技术调查官辅助主审法官工作，也可建议当事人聘请专家辅助人出庭阐述技术观点，如还不能解决，可以召开专家论证会或者进行司法鉴定等。某些案件涉案专利技术问题疑难，主要为前沿新兴技术问题或者在学术界争议很大的问题，这类案件往往法律分析相对清晰，事实认定是解决案件的瓶颈，如何准确认定专利

---

[1]　徐卓斌：“知识产权案件技术事实的查明手段”，载《人民司法（应用）》2016 年第 16 期。

技术是至关重要的，也决定案件的走向。所以，针对这种类型的案件，应发挥技术事实查明体系的综合性，使用多元化的技术事实查明手段，综合运用司法鉴定制度、专家辅助人制度、专家陪审员制度、专家咨询制度、技术调查官制度，以查明技术事实。[1]

2. 综合各制度的优势及成本，发挥制度间协同作用

要根据不同案件类型，充分运用技术调查的各种资源力量，构建有机协调的技术事实查明机制，组合各种技术事实查明手段，更加科学高效地查明技术事实，提高技术事实查明的科学性、专业性、中立性。要根据不同案件的性质调和各制度间的冲突，结合各个手段的优点，取长补短，同时也要兼顾当事人的诉讼成本，若成本过高、性价比过低，该手段也不宜使用。

专家陪审员侧重于对涉案专利技术本身做出判断，在法律判断方面则有所欠缺；专家辅助人由双方当事人聘任，人物之间或多或少会有一些关系，不可避免地有一定的主观性——即使专家辅助人的发言是客观的，法官对其采信程度也会大打折扣；技术鉴定成本太高、时间太长，由于鉴定程序的具体细节规定不清，很多机构操作并不严格规范，各机构及人员的资质及鉴定能力参差不齐，很容易造成重复鉴定及多头鉴定；专家咨询的意见公开性较弱，程序由法院启动，当事人不得质证，缺少程序上的监督，专家对其咨询意见不承担法律责任，意见的准确性还需要通过其他方式佐证；技术调查官制度正在起步，在人员资质、意见是否公开等问题上还有很大争议。专利纠纷涉及领域较广，很难保证技术调查官涉及领域覆盖案件涉及领域。所以，在选择技术事实查明手段时，应该综合把控各手段的优缺点、运用的必要性、与案件的匹配度，如无特别需求，完全可以使用较为高效、性价比高的方式进行事实认定。爱蓝天高新技术材料（大连）有限公司诉湖南科力远新能源股份有限公司等侵犯发明专利权纠纷案[2]在技术事实查明方面就较为合理。

四、我国专利诉讼中技术事实查明机制之构建与完善

我国专利诉讼数量、涉及专利技术复杂程度逐年增加。专利诉讼中往往涉及事实认定与法律认定，案件审判固然只是解决法律问题，事实认定仅是对法

---

〔1〕 陈峥嵘："知识产权民事诉讼中技术问题查证机制探索"，载《西部法学评论》2016年第1期。

〔2〕 江苏省高级人民法院（2011）苏知民再终字第0001号民事判决书。

律认定提供参考，但在相当大的程度上对案件的法律认定有关键性意义。因此，针对我国现行技术事实查明制度的不足与缺陷，在适当借鉴域外经验的基础上，系统构建与完善我国专利诉讼中的技术事实查明机制。本部分即拟对我国专利诉讼中技术事实查明机制的构建及完善进行研究。

（一）我国技术事实查明机制组织体系的构建

1. 合议庭组织构架及其完善

组建科学合理的合议庭，以主审法官为主导，推动事实问题的查明与法律问题的分析。

（1）组建科学合理的合议庭。我国很多法官只是精通法律专业知识，在技术事实认定方面缺乏专业基础，即使有一部分具备理工科背景的专业法官，其所涉及领域也不可能覆盖所有涉案领域。针对疑难复杂的案件，吸纳一批技术专业人才作为专家陪审员参与庭审，主审法官可根据案件不同的技术领域选择该领域的技术专家作为陪审员共同组成合议庭，提升合议庭审理技术事实问题的能力。但由于我国专家陪审员制度规定不明等问题，司法实践中主审法官与专家陪审员共同组成合议庭进行案件审理的情况仍较少。笔者以为，科学选任专家陪审员组成合议庭可以通过以下几方面完善：

第一，建立专家陪审员信息库，做好专家陪审员抽选工作。具体来说，可以将专家陪审员与普通陪审员分开建库，每位专家均应有详尽资料，如专长领域、所在地域、工作单位等，根据专家所擅长的领域分门别类建库，尽量保证每个技术领域都有相应备选的专家陪审员。广泛吸纳各行各业的专家，充分利用高校、科研机构、行政管理部门等人才。为了落实回避制度，组庭时在法院的主持下，由双方当事人在涉案技术领域信息库中随机抽选。

第二，确立合议庭组成方式，形成对法官的约束和监督，保证审判的公正性。如前所述，案件分为简单案件、复杂案件、疑难案件。简单案件可以仅由法官组成合议庭，通过技术调查官的协助完成技术事实认定；复杂案件可以由两名法官、一名专家陪审员组成合议庭；疑难案件可以由一名法官、两名专家陪审员组成合议庭。[1]

第三，完善专家陪审员的责任机制。实践中，专家陪审员可能因缺乏法律知识及对法庭活动不熟悉而放弃话语权，或者主审法官由于专家陪审员具有丰

---

[1] 吴广强："知识产权专家陪审之正当性与制度完善"，载《人民司法（应用）》2014 年第 23 期。

富的专利技术知识，形成话语权的让渡。[1]因此，应该建立相应的责任机制，如对不履行职责、不正确履行职责的专家陪审员进行警告、通报等处分，对故意或者因重大过失直接影响审判结论的，以错案制度追究其责任。对主审法官，若出现因司法审判权的让渡造成的错案情况，也应追究其责任。

（2）以主审法官为主导，推动事实问题的查明与法律问题的分析。法官作为案件的裁判者，控制着案件的进展，决定着案件的最终结果，所以涉案专利技术是否应该采用技术事实查明手段主要由其决定。如前所述，需要根据不同案件的具体情况选择相应的查明手段。主审法官阅读案卷并且对涉案专利技术问题进行充分的研究，如果自己无法解决，可以求助于技术调查官，在其协助下，对案件进行分类。如果案件为简单案件，可通过技术调查官的协助解决事实的认定问题；如果案件比较复杂，可以通过合议庭、技术调查官的研究，加之专家辅助人，一同解决技术事实的认定问题；如果案件实属疑难，可考虑更换合议庭成员，即更换为涉案技术领域专家陪审员。主审法官需要向专家陪审员介绍案情、争议焦点、相关证据材料、相关法律依据等，引导专家陪审员在法律思维下进行事实问题的认定及法律问题的判断。需要注意的是，当采用多种技术事实查明手段时，特别是各技术事实查明手段所得结论有所出入时，各结论的效力如何把控，会直接影响案件的走向。

目前所有技术事实查明手段所得出的结论均有一定的主观性，无论是司法鉴定结论，还是专家辅助人、专家陪审员所发表的专业意见，都必须经过规范、科学的庭审质证认证程序，保证所得意见的真实性、准确性、科学性、客观性及合理性。通过进一步的质证认证，可以让法官充分进行事实分析和法律分析，避免法官完全依赖某一事实查明制度，造成司法审判权的让渡。因此，在我国技术事实查明制度的运用中，与其强调制度所得出的结论意见的效力问题，不如强调法官面对自己不了解的技术领域时，如何根据繁多的事实与证据做出合理合法的事实判断。法官作为案件审理的主导者，必须综合各方证据及意见形成自己的意见，如果依附于任何一方，很有可能会造成审判的不公。所以，法官的自由心证必须要借助一系列的采信规则，使其心证更加科学、准确、坚定。[2]

---

〔1〕 吴广强："知识产权专家陪审之正当性与制度完善"，载《人民司法（应用）》2014年第23期。

〔2〕 陈峥嵘："知识产权民事诉讼中技术问题查证机制探索"，载《西部法学评论》2016年第1期。

在实践中，可借助相关性规则，判断专家意见与涉案专利技术问题是否具有内在的联系，专家意见需要帮助法官理解证据及案件的争议焦点、明白涉案专利技术；可借助必要性规则，判断对于涉案专利技术问题是否有必要由各方专家提出意见，法官需要先确定涉案技术是否超出了自己所了解的领域，也要确定某些技术事实查明手段是否需要使用，如是否进入鉴定程序；可借助合规性规则，判断意见是否按照已有规范所规定的流程、方式得出，法官需要对意见进行程序性查明，保证意见的合法合规，如鉴定程序需要保证鉴定机构、鉴定人具有相应的资质；可借助可靠性规则，判断专家所提出的原理与技术是否被实践证明，判断原理、方法、技术被该领域的专家接受程度，判断原理或者方法适用的潜在错误率等；可借助充分性规则，判断专家意见所依据的事实是否符合要求；可借助适格性原则，判断专家辅助人、鉴定人等人员是否具备必需的资质，其是否掌握了涉案专利技术所需要的科学原理、方法与操作程序。[1]

2. 技术调查官制度及其完善

《技术调查官参与诉讼活动暂行规定》，主要明确了技术调查官实质上为司法辅助人员，在知识上具备涉案领域普通技术人员的知识储备，受法官的指派协助合议庭理解并查明涉案技术问题，相当于合议庭的内部技术专业顾问。其只对案件中的技术问题发表自己的意见，不涉及法律判断，其意见只是作为参考，法官对其意见有着自主裁量权。

在具体运用该制度时，可以采用以下构想，以技术调查官为各制度间的沟通桥梁，促进技术事实快捷高效地查明：

第一，开庭前，技术调查官受主审法官的委派，将当事人双方的相关资料汇总，整理出双方的主张、理由、争议焦点及案件涉及的技术问题，然后向法官讲解。列席合议庭评议，就本案的技术问题发表意见并接受法官的询问，其意见记入评议笔录，作为案件副卷保存。

第二，虽然《技术调查官参与诉讼活动暂行规定》没有规定技术调查官如何参与案件调解程序，但其作为技术辅助人员，应当在立案后的调解阶段发挥一定的作用。其通过前期对双方当事人提交资料的梳理及自己专业的判断，可以为当事人说明解释案件中存在的技术问题及相关技术专业知识，促进和解，

---

[1] 樊崇义、吴光升：“鉴定意见的审查与运用规则”，载《中国刑事法杂志》2013 年第 5 期。

高效解决案件。

第三，技术调查官可全面参与鉴定工作。技术调查官可以辅助合议庭选择司法鉴定机构，对司法鉴定机构及司法鉴定人的资质及水平进行初步的查明，制作符合资质及水平要求的鉴定机构名册，供双方当事人选择。对司法鉴定机构进行动态评估，并在涉及鉴定的技术案件中向当事人及法官提供相应的评估报告。在当事人选择鉴定机构及鉴定人时，技术调查官可以根据案件特征及涉案技术特点推荐最为合适的鉴定机构及鉴定人员。针对鉴定机构出具的鉴定意见，技术调查官可对鉴定过程是否合规、鉴定意见是否合理等问题出具鉴定查明报告，也可以在庭审当中，就以上问题对鉴定人进行提问质证，充分评估鉴定结论的真实可靠性。[1]

第四，除全面参与鉴定程序外，技术调查官可以作为专家辅助人、专家陪审员等人员间的桥梁，协助法官完成心证，并且协助法官出具判决书，进行技术部分的撰写。

3. 专家辅助人制度及其完善

从《民事诉讼法》[2]、最高人民法院《关于适用〈中华人民共和国民事诉讼法〉的解释》[3]中可以看出，专家辅助人主要有两方面的作用：①受当事人或者法院聘请，出庭陈述有关涉案技术问题的专业意见；②对鉴定人出具的鉴定意见进行专业的分析。笔者以为，在实践中应更加充分地发挥专家辅助人的作用，聘请高水平专家辅助人说明案件事实问题。可做如下完善：

第一，实际案件审理中，法官往往对专家辅助人的意见有所怀疑，认为其只代表当事人一方的意见，具有很强的主观性。但其实无论当事人还是法院聘请的专家辅助人员，往往均为涉案技术领域的知名专家，由于其社会地位和职业良知，做出完全违背自己意愿的非客观意见的可能性不大，所以法官应该给予他们更多的信任，充分利用各种证据采信规则完成心证。

第二，需要对聘请专家辅助人的必要性进行查明。如果涉案专利技术问题超出了合议庭及当事人的了解范围，而该问题又影响着事实认定，当事人申请专家辅助人出庭，法院就应当允许。如果当事人因为经济问题或者其他问题不愿意、不能够聘请专家辅助人，法院也可直接聘请专家辅助人出庭，辅助完成

---

〔1〕 廖真："我国知识产权技术调查官制度设置相关研究"，暨南大学 2014 年硕士学位论文。

〔2〕 《民事诉讼法》第 79 条。

〔3〕 最高人民法院《关于适用〈中华人民共和国民事诉讼法〉的解释》第 122、123 条。

事实问题的认定，其费用可以参照诉讼费的有关规定，由败诉一方承担。

第三，需要对专家辅助人的数量及资格进行查明。如果聘请一名就能够将事实问题解决，就没有必要聘请两名，这个问题可以由当事人一方进行自证。对专家辅助人的资质，我国目前还没有具体规定，笔者认为实践当中不需要对其学历、职位等方面有太多要求，毕竟专家辅助人是为了解决实践中存在的问题，可重点考察其实务能力，还需对其基本道德素质方面进行限制，如要求专家辅助人在法庭上没有不良记录。[1]然后在庭审过程中，专家辅助人就涉案技术问题发表意见，也可就鉴定意见进行质证，当事人、鉴定人等亦可对其进行质证。

4. 司法鉴定制度及其完善

司法鉴定成本高、时间长，还有可能会重复鉴定、多头鉴定，所以需审慎启用司法鉴定制度。司法鉴定应用于探讨技术事实存在与否并且必须通过专业的仪器和设备分析，以此来精确解决复杂疑难事实问题，否则应尽量使用更加高效快捷的方式。笔者主张，对司法鉴定制度本身，应做如下完善：

第一，完善司法鉴定监督机制。司法鉴定机构及鉴定人员水平差别较大，非常重要的原因是立法上没有详细规定、行业没有做好监督。我国《司法鉴定机构登记管理办法》第 4 条规定："司法鉴定管理实行行政管理与行业管理相结合的管理制度。司法行政机关对司法鉴定机构及其司法鉴定活动依法进行指导、管理和监督、检查。司法鉴定行业协会依法进行自律管理。"但实际上，行政机关并没有将本行业的技术鉴定纳入行政管理的范围，国务院也未授予这些机关相应的行政许可权。所以，有必要确定专利技术鉴定的主管部门。同时，由于目前没有专利技术鉴定的行业协会，无法做好行业自律管理，首先要建立专利技术鉴定的行业协会，确定本行业的业务规范，[2]确定统一的业务标准，同时做好鉴定机构、鉴定人员的资质查明、评级，做好业务能力评比、业绩考核，并且可以考虑将各鉴定机构资信状况、业务能力及各领域较为优秀的鉴定机构名单适度向社会公开。[3]

第二，加强鉴定机构、鉴定人资质查明。从最高人民法院《关于民事诉讼证据的若干规定》《民事诉讼法》等规定可以看出关于司法鉴定事项的规定有一

---

〔1〕 范晓娜："知识产权诉讼中的专家辅助人制度研究"，南京师范大学 2014 年硕士学位论文。

〔2〕 杨洁："知识产权司法鉴定规范研究"，西南政法大学 2015 年硕士学位论文。

〔3〕 何勇："我国知识产权鉴定管理制度的分析与展望"，载《科技与法律》2008 年第 5 期。

定矛盾，而实践中虽然当事人有申请司法鉴定的权利，但是否启动鉴定程序是由法官决定的。这样可能由于法官自身认识的问题或者司法腐败问题，存在对鉴定程序的错误使用。因此，对鉴定机构、鉴定人员的选择应充分尊重当事人双方、专家辅助人等的意见，在大家的合意下进行选择，这样也能有效落实回避制度。有关鉴定机构的选择方法可以借鉴仲裁员的选择方法。法院可以将具有鉴定资质的人员名单提供给当事人双方，如果双方选择同一家机构或者一方对另一方所选的机构没有异议，即可委托该机构；如果双方的意见不能统一，法院则可在双方当事人在场的情况下随机选择鉴定机构。[1] 被委托的鉴定机构可以将3到5名了解涉案技术领域的鉴定人员名单及情况提供给法院及当事人，当事人合意选择，如果无法统一，则由法院随机选择。这样既可以保证鉴定机构、鉴定人员资质及水平，又能有效落实鉴定人员的回避制度。

第三，注重对鉴定意见的质证，通过专家辅助人、技术调查官、合议庭等，对鉴定程序是否合乎规范、鉴定方式及方法是否正常合理、所出具的鉴定意见是否符合实际等内容进行深入的、实质的探讨，帮助法官完成心证，避免司法审判权的让渡。值得指出的是，前述最高人民法院《关于知识产权民事诉讼证据的若干规定》对于鉴定的范围、鉴定人员选任程序以及人民法院对鉴定意见的审查等都作了具体规定，有利于更好地适用知识产权民事诉讼证据。

5. 专家咨询制度及其完善

技术咨询专家往往为本领域的权威人士，其技术及专业水平应高于技术调查官、专家辅助人等，可作为论证技术事实问题的最后一种手段，补强事实查明的科学性。但由于专家咨询制度立法上的缺陷，笔者以为该制度还需从以下方面进行完善：

第一，公开聘任技术咨询专家。法院应该结合审理情况，公开聘请涉案复杂疑难技术领域专家，并建立专家库。

第二，向当事人公开技术咨询专家信息。向当事人公开所选择的技术咨询专家，并将其可能影响技术事实认定或者案件审理走向的意见向当事人公开，允许当事人提出异议。

第三，明确案件是否需要聘请技术咨询专家，并规范启动程序。如果法官及技术调查官认为案件需要技术咨询专家辅助事实问题查明，需要提请合议庭

---

〔1〕 江波、张金平："知识产权司法鉴定相关问题研究"，载《科技与法律》2009年第5期。

讨论，并且报请庭长批准。专家咨询的方式可以多样化，包括面谈、电话、电子邮件、出具咨询报告等，但如果选择较为简单的咨询方式，至少应在有两名以上法院工作人员在场或者合议庭成员共同在场时进行，并且需要制作专家咨询笔录。[1]

（二）法官实质审理案件逻辑体系构建

通过以上技术事实查明体系的构建，可将多元化的技术事实查明制度结合其中，进行高效准确的技术事实查明及认定，辅助法官通过自由心证完成案件中事实问题的判断。为更好地完成各技术事实查明制度在庭审程序上的衔接与配合，现探寻法官在审理案件时应构建的逻辑体系。

1. 庭前准备阶段

主审法官阅读案卷，了解案件具体情况及案件涉及的技术问题，对案件涉及的专利技术问题的难度进行大致的判断，向技术调查室申请，请求了解涉案技术领域的技术调查官协助其工作，参与案件审理。[2]

技术调查官协助主审法官进一步了解涉案技术问题，并根据自己的专业理解，出具技术查明报告，内容包括但不限于涉案技术问题的实践现状及理解、双方当事人证据支持程度、双方当事人的争议焦点、需要运用哪些技术事实查明手段、需要进一步明确的技术事实问题。

通过技术调查官与主审法官的配合、讨论，协助法官助理整理庭审提纲，对涉案技术问题进行定性，大体确定是简单案件、复杂案件还是疑难案件。简单案件涉案技术问题可由主审法官与技术调查官查明；复杂案件可建议双方当事人聘请专家辅助人或者法院自行聘请专家辅助人，如果还是有难度，可考虑纳入专家陪审员组成合议庭；疑难案件需要通过专家辅助人、专家陪审员及咨询专家共同解决技术事实认定问题。

对需要专家陪审员出席的案件，法院应对候选陪审员进行充分的了解，如陪审员是否与当事人或诉讼参与人有利益上的联系、陪审员是否有健康问题或时间上的冲突以致不能参与整个诉讼程序，以排除因利益冲突或其他原因而不能参与诉讼的陪审员。

---

[1] 曹慧敏：“知识产权审判技术咨询专家意见的性质探究”，载《人民司法（应用）》2014年第7期。

[2] 张玲玲：“我国知识产权诉讼中多元化技术事实查明机制的构建——以北京知识产权法院司法实践为切入点”，载《知识产权》2016年第12期。

大体确定事实查明涉及的专业人员后，可以组织召开庭前会议或者专项技术论证会，简要介绍案情、争议焦点、涉及技术事实问题，由专业人员进行充分的研讨。同时，根据案件的难易程度、涉案专利数量、涉案权利要求数量、当事人数量等决定整个庭审的时间，为下一步的审判工作做好相应的准备。

2. 庭审阶段

庭审应以主审法官为主导进行法庭调查与法庭辩论。法庭调查时，按照当事人陈述，证人作证，出示书证、物证、视听资料及电子数据，宣读鉴定意见及勘验笔录的顺序进行。[1]当事人对案件基本情况、各自的诉求、各方主要证人证物进行陈述，如果本案件对技术事实进行鉴定，当事人、专家辅助人可以对鉴定人员进行发问，充分论证鉴定意见的可靠性。法庭辩论时，法官作为庭审程序的主导，需要对庭审的走向进行把控，充分引导当事人、专家辅助人围绕双方争议焦点进行质证、发表自己的观点。在质证过程中，若法官对涉案技术事实问题仍存在疑问，可以将自己的考虑充分提出，利用当事人、专家辅助人、鉴定人、技术调查官等各方的相互辩论、质证，进一步提高技术事实认定的准确性。

3. 庭审后阶段

庭审结束后，如果尚有部分专业技术问题存在较大争议，合议庭无法认定涉案技术事实问题，无法对案件进行法律判断、准确裁判，可以就该问题组织专家咨询会，或者通过其他渠道向该领域顶级专家进行专业技术咨询，但是咨询时至少应有两名以上法院工作人员在场或者合议庭人员共同在场。

4. 合议阶段

合议庭就案件的判决进行合议，技术调查官可列席，发表技术事实查明意见，对各方发表的意见表明自己的判断。合议庭可以通过庭审各方表现、庭审后专家咨询意见、技术调查官的判断进行综合考虑，利用相关性规则、必要性规则、合规性规则、可靠性规则、充分性规则、适格性原则对各方意见是否采信予以考量，最终完成心证。

5. 出具判决阶段

法官助理根据庭审过程及合议结论起草法律文书初稿，技术调查官可根据技术事实查明及认证过程中涉及的专业技术问题对文书进行部分修改，法官根

---

[1] 《民事诉讼法》第138条。

据自己的心证，确定最终的法律文本。

综上，通过我国现有技术事实查明制度的有机组合，探索构建专利诉讼中的技术事实查明体系，并且提出法官实质审理案件时可构建的逻辑思路，最终形成心证。

（三）其他相关完善建议

1. 完善技术事实查明过程中技术专家的回避程序

我国三大诉讼法及《法官法》《人民法院组织法》等诸多法律中对回避制度均有体现，最高人民法院结合审判工作的实践经验，发布了《关于审判人员在诉讼活动中执行回避制度若干问题的规定》，其中对审判人员、陪审员等人员的回避做了较为明确的规定，但对其他人员的回避没有特别具体的规定。[1]

在专利纠纷中，往往有鉴定人、专家辅助人、专家陪审员、咨询专家等众多人员参与技术事实查明。在实践中，由于涉案技术领域专家较少、咨询专家往往不公开等原因，也由于法律规定的缺失，当事人很可能不知道参与事实认定的专家是谁，更遑论申请回避。目前来看，回避制度在技术事实查明过程中还没有很好地落实。若当事人无法对可能影响技术事实认定的专家提出有效回避，外部监督机制也无法有效监督专家的回避行为，最终无疑会影响技术事实查明的公信力。[2]

毋庸置疑，回避制度是必须贯彻落实的一项制度，实行该制度可以有效保障技术事实认定的公正客观，有利于维护司法机关的威信，增强技术事实查明的权威，从当事人角度考虑，也体现了诉讼的民主性。

笔者认为，在专利诉讼中，技术事实查明过程中的回避应分为申请回避和自行回避。申请回避是指法院将参与案件技术事实查明的专家向当事人公布后，当事人认为存在回避的事由而提出回避申请的情况。自行回避是指参与案件技术事实查明的专家认为自己存在回避的事由而主动提出回避的情况。具体来说，可采取如下措施：法院在研究案件以后，如需要专家陪审员、技术咨询专家参与技术事实问题认定的，确定名单后，应向当事人公布，接受监督。如专家了解到回避的情形，也应主动申请回避。如果出现应回避未回避的情形，应当承

---

〔1〕 最高人民法院《关于审判人员在诉讼活动中执行回避制度若干问题的规定》第 4 条、第 13 条。

〔2〕 张艺璇："刑事诉讼视野下的审判委员会制度改革——以司法责任制为切入点"，载《湖北省法学会诉讼法学研究会 2016 年年会论文集》，第 37 页。

担相应的法律责任，同时将该专家剔除出专家库。

2. 重视专业技术人才的队伍建设及培养

（1）选拔优秀的复合型人才进入法院从事专利纠纷审判工作。随着社会的发展，越来越多涉及复杂疑难专利技术的案件逐渐出现。现在法律科班出身的学生经过系统的法学教育，法律功底自然不在话下，但当处理复杂的专利技术问题时，由于对涉案领域的知识不了解以及常年的文科思维与理科思维差别太大，会遇到相当大的困难。即使通过各种事实查明手段，如果没有自己对这个技术的理解与判断，在面对各方专家提供的专业意见时，判断难度依然很大。

若想真正以法官为专利案件审判的主导，专利案件法官必须同时提高理工科知识水平及法律专业水平，而其中一个非常重要的途径就是吸纳大量的复合型人才参与到专利案件审理中。近几年，法律硕士受认可程度越来越高，报考各大院校法律硕士专业的学生也越来越多，其中不乏大量的理工科出身的学生，如果能将该部分优秀的学生吸纳到知识产权法官队伍中，像德国一样逐渐培养一批技术法官，专利技术类诉讼案件的处理定能颇见成效。

（2）重视技术专家人才库建设。技术调查官及参与研讨、陪审的各个专家均为技术领域的专家，有深厚的理工科背景、多年从事技术与法律工作的经验，这些人员可以公开从专利复审委员会、专利代理人、专利律师、高校及科研机构录用。对于不能全职进行技术调查工作的专家，可以建立后备人才库，尽量保证在每一个技术领域均有可以咨询意见、进行技术事实查明的专家，同时加强专家及法官的交流。[1]

3. 关键性意见公开化，保障当事人知情权

技术事实查明过程中的各方意见、专家辅助人的意见、鉴定人的鉴定意见已经在庭审中进行了充分的质证认证，而技术调查官、咨询专家的意见没有公开，但恰恰他们的观点有可能是影响事实认定的关键。因此，对其意见如何公开是非常值得讨论的。如何让司法更加透明、让人民感受到公平正义，值得重视。

技术调查官的设立是为了提高审判效率，提高技术查明的准确性。大部分法官不具备理工科背景，在案件审理过程中或多或少地会遇到各种各样的技术问题。技术调查官是法院内部人员，法官可随时向技术调查官了解涉案技术问

---

[1] 廖子珣：“专利案件审理的技术查明机制”，载《法制博览》2016年第12期。

题。如果技术调查官提供的所有意见均要向当事人公开，允许当事人提出意见并作出相应答复，肯定会延长案件审理的周期，还有可能会由于各种意见的交织，使技术问题更加难以解决。如果法官只需要了解涉案技术背景、现状、手段及涉案领域专业人士的观点分类等，技术调查官形成的意见自然都是客观性的，没有必要向当事人公开。但是，如果涉及影响技术事实认定及案件判决的关键意见，如不向当事人公开，有可能会影响判决的质量，让当事人误解，产生矛盾。首先，即使技术调查官提供了关键的意见，法官也可能对技术问题产生理解偏差。如果让当事人对关键性意见发表自己的看法，在某种程度上对法官自由心证的过程会产生积极的效果。其次，如果当事人不了解影响判决的关键意见，仅知道技术调查官参与了案件查明的过程，影响了技术事实的认定，但对如何影响的全然不知，反倒不利于技术调查官制度的推动。最后，向当事人公开关键性意见也是司法透明的体现，有利于提升司法裁判的公信力。所以，出于以上考虑，如果涉及影响技术事实认定、案件审理结果的意见，可以选择性地向当事人公开。[1]

同样，技术咨询专家所发表的可能影响技术事实认定及案件走向的专业意见，也应当告知当事人，赋予当事人陈述的权利。

4. 合理使用诉前、诉中调解程序，多元化解决专利诉讼中的技术事实认定问题

为了分流案件、缓解法院压力，也为了缓和冲突、保障当事人的利益，可合理利用调解程序，它不要求当事人具备较高法律素养、熟悉法律程序、了解法律条文，从而有效降低了当事人参与争议解决的门槛，也缓解了当事人与法院间的冲突。[2]笔者以为，关于如何进行调解，可以考虑以下几点：

第一，引入第三方调解力量，与法院内部调解资源形成合力，打造专业调解团队。针对专利诉讼的专业性及技术性，可与通信、电子、医药等社会调解组织及行业协会充分合作，吸收社会资源，扩充调解队伍。结合法院内部的专家资源库、技术调查官及各技术领域法律专家，与外部调解力量形成强大合力。对于专业知识不强、法律素养不高的当事人，通过调解团队对其技术问题和法

---

〔1〕　黎淑兰、陈惠珍、凌宗亮：“技术调查官在知识产权审判中的职能定位与体系协调——兼论‘四位一体’技术事实调查认定体系的构建”，载《中国知识产权法学研究会 2015 年年会论文集》，第989 页。

〔2〕　苏荔莎：“当下民事司法调解的困境与出路”，吉林大学 2017 年硕士学位论文。

律问题的解释，解决当事人的疑问。

第二，充分利用诉前调解程序。案件刚刚立案时，第三方调解力量可以介入，在法院立案庭的主持下参与诉前调解程序。需要明确的是，诉前调解应当以当事人自愿为主，如果一方当事人不愿进行调解，法院应当尽快接手案件，进入诉讼程序。对于一些案件事实清晰、标的额较小、涉案技术事实问题较为简单的案件，尽量积极利用调解程序。如果调解成功，案件就不必转入审判庭，但是当事人仍享有之后选择是否进入诉讼程序的权利；如果双方当事人无法达成合意，法院无法促成和解，则案件直接进入诉讼程序。

第三，着力推进诉讼调解。利用各方面的资源力量，促成当事人诉讼中达成和解或者调解协议。

第四，可引入调解员、第三方调解力量定期驻院，实现诉讼与调解的无缝对接。

第五，人民法院依法调解案件，应当告知当事人及其法定代理人有申请回避的权利，以及主持调解工作的审判人员及其他参与调解工作的人员的姓名、职务等相关信息。〔1〕

五、结论

当前，经济全球化迅速发展，全球性的技术革命也在深入推进当中，科学技术的发展影响着社会的发展，我国经济发展方式也在迅速转变当中。创新是生产发展的第一生产力，知识产权制度对创新的保护至关重要，"知识产权保护只是手段，激励创新和促进知识扩散与信息传播，进而实现社会进步，才是知识产权法的真正要旨"。〔2〕当前，我国应充分发挥知识产权司法保护的主导作用，公开公正地审理好专利案件，加大专利保护力度，健全专利保护的司法制度，确保专利权人的利益实现。

---

〔1〕　最高人民法院《关于审判人员在诉讼活动中执行回避制度若干问题的规定》第6条。

〔2〕　冯晓青：《知识产权法利益平衡理论》，中国政法大学出版社2006年版，第4页。

专利侵权诉讼的证据规则重构

韩婷婷

在专利领域，由于专利权自身的特殊性以及我国专利制度的设计，专利权的界定不仅是法律问题，还是技术事实问题；同时，专利侵权行为具有广泛性、隐蔽性、复杂性等特点，而侵权证据数量多、种类杂、技术性强、难获取且易丧失，这些因素共同决定了专利侵权诉讼不同于一般民事侵权诉讼。现在，证据问题越来越成为制约专利司法保护水平的瓶颈问题。随着知识产权司法保护的进一步加强，对举证责任分配、证据收集和保全、证据妨碍排除以及证据质证与认证规则的要求也进一步提高，探索构建符合专利侵权诉讼特点的证据规则体系，提高专利的司法保护力度，在理论上与实务上均具有十分重要的价值和意义。

一、专利侵权诉讼的特征来源

专利侵权诉讼的特殊性，是由专利权本身的性质、我国专利制度的设计和专利侵权行为的特点决定的。下面将从专利权性质、专利制度设计和侵权行为特点三个方面对我国专利侵权诉讼的特征进行详细的分析。

（一）基于专利权性质的诉讼特征

从深层次来看，专利侵权诉讼的特征是由专利权本身的性质决定的。专利权保护客体具有非物质性，能够为人们共享而不能被独占和控制；专利权的授予具有法定性，它是基于行政权的授予而产生的；专利权的保护范围遵循文本解释规则，具有较强的专业性和技术性。

1. 专利权保护客体的非物质性

知识产权是区别于传统所有权的另类权利，是产生于精神领域的非物质化的财产权，[1]非物质性是知识产权最本质的特征，因为知识产权的客体知识产品不像传统民法上的有体物那样"看得见、摸得着"，其不具有实体，是一种精神产品，不能被有形占有和控制。专利权保护客体是依法以专利形式保护的发明创造成果，是依法应授予专利、记载于专利文件之中的已公开技术成果。[2]因其具有非物质性，不能为权利人在事实上占有或控制，一旦公开，公众便可以了解专利的技术方案，并可以依靠一定的技术手段制造专利产品或使用专利方法制造产品，这决定了专利的传播和蔓延是不可控的，专利侵权行为可能发生在任何时间、任何地点。因此，权利人不可能预先防范和阻止专利侵权行为的发生。专利权保护客体的非物质性决定了专利权的保护通常是事后保护，这也是专利侵权纠纷频发的重要原因。

2. 专利权具有不稳定性

专利权是一种法定权利，而非自然权利。它是由法定机关依据法律规定的形式条件和实质条件，按照法定程序对专利申请文件进行审查，并确定是否授予专利权以及专利权的权利边界。19世纪流行的自然权利说认为智力劳动成果和有形产品一样，属于劳动者的劳动成果，区别在于后者是体力劳动成果，而前者是智力劳动成果。洛克的劳动财产权理论不仅适用于有形产品，还适用于知识产权。专利权的授予实际上只是国家对发明人已有专利权的承认，而非专利权的创设，比如法国长期实行的专利登记注册制即是该观点的表现。

自然权利说符合传统民法关于财产权的一般归属原则，能很好地解释专利权取得的正当性，但它无法解决专利权时间性、地域性的问题，也无法解释同一发明创造上为何不能存在两个专利权，而这些问题在专利的法定授权中找到了答案。一方面，专利权是一国依其国内法授予的权利，具有地域性；另一方面，为了促进人类智慧成果的共享，知识产品不可能被权利人永久垄断，因此，法律特别为专利权设置了一定期限，旨在平衡权利人和社会公众之间的利益。但并非任何已经事实存在的技术方案都可以获得专利权。在当今社会普遍适用的"在先申请原则"之下，同样的发明创造，只有在先申请者可能获得专利授权，这避免了申请人在相同技术上浪费研发投资和行政审查资源。但专利授权

---

〔1〕　吴汉东：《知识产权基本问题研究》（总论），中国人民大学出版社2009年版，第5页。

〔2〕　冯晓青、刘友华：《专利法》，法律出版社2010年版，第53页。

审查可能无法完全避免系统性失误所造成的错误授权或重复授权，使得专利权可能自始具有权利瑕疵。因此，与其他传统民事权利相比，专利权具有不稳定性的特点，表现为专利权可以被提出无效宣告申请或撤销申请，行政程序和司法程序交叉进行，导致专利侵权诉讼效率低下。

3. 专利权保护范围的模糊性

由于专利技术方案本身的无形性，专利权保护范围是模糊的，在解释之前，不能确定是否构成侵权。通常来说，一般人对专利权保护范围的认知并不确切，这也是专利确认不侵权之诉存在的原因。因此，专利权保护范围的界定往往也是双方当事人争议焦点。

依据《专利法》规定，发明和实用新型专利权的保护范围是由权利要求书的内容决定的，我国司法实践中采取了折中解释原则，既考量了权利要求书的公示作用，避免了中心限定原则造成的权利保护范围的不适当扩大，又兼顾了权利要求书解释的灵活性，弥补了周边限定原则过分拘泥于文字含义的缺陷。对专利权保护范围的解释通常涉及技术事实，尤其是机械、化学、医药等方面的专利，具有极强的专业性、技术性，而当事人和法官在相关领域的专业知识不足，这决定了专利侵权诉讼中司法鉴定和专家辅助人制度的存在具有重要意义。

（二）基于专利制度设计的诉讼特征

专利制度是科技进步和商品经济发展的产物，是一国对专利进行管理和保护的重要制度。专利制度的设计在很多方面影响着一国专利司法保护的水平。

1. 激励发明创造的制度初衷

关于专利制度的目的存在不同学说：报酬论认为专利制度的目的是使发明者能够从其发明创造的投资中获得回报；契约论认为专利制度的目的是国家与发明人订立契约，以专利的公开促进科学技术进步的同时，赋予发明人对技术的独占权，从而使其收回发明创造的成本并获取垄断利润；发明奖励论则认为通过专利权的授予可以鼓励和促进发明创造的实施和运用，进而促进技术和产业的发展。上述学说实际上都承认了专利制度为科学研究领域的投资创设了"激励机制"，[1] 不论是作为对发明人的报酬还是奖励，专利制度的存在的确有其经济学上的合理性和政策意义上的工具价值。

---

〔1〕 ［美］Martin J. Adelman, Randall R. Rader, Gordon P. Klancnik 著，郑胜利、刘江彬编译：《美国专利法》，知识产权出版社 2011 年版，第 2 页。

我国《专利法》的立法宗旨是"保护专利权人的合法权益，鼓励发明创造，推动发明创造的应用，提高创新能力，促进科学技术进步和经济社会发展"。[1]专利制度激励理论认为，给予专利权人垄断权，是为了鼓励创新，以专利垄断作为对创新成本的回报和对未来潜在经济利益独占的保障，即"给天才之火添加利益之油"。同时，专利制度又可以最大限度地减少搭便车的行为，使专利权人在从事创新研发时没有后顾之忧。但创新是建立在一定物质资料条件和科学技术发展水平基础上的，且任何创新都建立在前人研究成果之上，企业研发创新并不容易。专利权人有可能会滥用诉权，利用侵权诉讼侵犯竞争对手的商业秘密或者利用高额的损害赔偿来打击甚至消灭竞争对手，巩固技术上的垄断地位。因此，在专利侵权诉讼中需要平衡双方当事人的合法利益。

2. 促进技术公开的制度功能

以商业秘密的形式保护发明创造最大限度地垄断了技术，防止了搭便车的行为，但也阻碍了科学技术的进步和社会公众对知识产品的需求，不利于社会整体的发展和进步。专利制度在赋予发明者垄断权的同时，将专利技术方案向社会公开，极大地促进了技术的披露和传播，促进了知识的共享和科技的交流，也使技术开发工作者能从一个较高的立足点审时度势，从而提出更为先进的技术方案，有效避免重复开发和投资，[2]有利于全社会科学技术的进步和经济社会的发展。

但专利制度促进技术公开的制度功能，也成了滋生专利侵权的温床。因为"说明书应当对发明或者实用新型作出清楚、完整的说明，以所属技术领域的技术人员能够实现为准"，[3]专利技术方案必须"充分公开"，以至于本领域的普通技术人员在阅读权利要求书和说明书后，就能够实现该发明或实用新型的技术方案，解决其技术问题，并产生预期的技术效果。而且，专利申请文件公开后还要经过长时间的实质审查，若最终未能获得专利授权，发明人已公开的专利技术方案是不能撤回的。因此，专利制度"以公开换垄断"的制度特点决定了专利技术的公开是存在风险的。被控侵权人往往以现有技术或现有设计进行抗辩，权利人要举证技术方案不属于公有领域是存在一定困难的。

---

〔1〕　参见《专利法》第1条。

〔2〕　刘春田：《知识产权法》（第3版），高等教育出版社、北京大学出版社2007年版，第150页。

〔3〕　参见《专利法》第26条。

3. 创造市场价值的制度目标

专利制度是市场经济的产物，市场是专利技术的"风向标"。专利权人公开专利技术获得垄断权的目的是通过实施专利、专利许可和转让专利技术等方式将其专利技术转化为产品，在相关技术领域占据一定市场份额，实现专利潜在的市场价值。可以说，专利制度是激励技术的市场化利用的法律机制。[1] 侵权人实施侵权行为实际上是为了抢占专利权人的市场份额，而由于专利保护的期限性和技术生命的周期性，一旦专利侵权诉讼陷入持久战，将严重影响专利的市场价值。因此，能否合理地分配举证责任，及时、充分、完整地收集维权的有利证据，采取适当的质证程序和认证标准，及时、有效地为专利提供司法保护，是我国专利侵权诉讼领域理论和实践亟需要解决的问题。

（三）基于专利侵权行为特点的诉讼特征

专利权控制的是未经权利人允许，以生产经营为目的使用专利的行为。专利权的权能，一方面表现为权利人通过对专利的独占实施实现权利、享有利益，另一方面表现为权利人禁止他人未经许可的侵权使用行为和排除他人对专利实施的干涉和妨碍。

1. 侵害专利权形式的特殊性

传统民法上的侵权行为往往作用于一定的客体本身，包括有形财产、人的身体等，其损害通常是比较直观的，而侵权行为的形式则多表现为侵害占有、使用、收益和处分等权能，造成权利人行使权利之妨碍或负担。专利侵权行为则不同，其不会侵害智力成果本身，也不会妨碍权利人对专利的实施，因为任何人都不能对专利权的客体为事实上的占有和控制。专利侵权行为通常表现为未经专利权人许可而对专利技术方案进行商业性的使用，包括以生产经营为目的制造、使用、销售、许诺销售、进口专利产品，或者使用专利方法制造产品等，[2] 这些行为实际上是对权利人"专有""专用"权利的侵犯。

2. 专利侵权行为的广泛性和隐蔽性

专利权客体的非物质性和公开性决定了专利的合法使用和侵权使用通常在同一时空条件下进行，[3] 在知识产品利用极为便利的当下，侵权行为表现出前

---

[1]　杨利华："专利激励论的理性思考"，载《知识产权》2009 年第 1 期。

[2]　参见《专利法》第 11 条。

[3]　吴汉东主编：《知识产权法学》（第 6 版），北京大学出版社 2014 年版，第 20 页。

所未有的广泛性和复杂性，权利人要在众多产品和企业中识别出侵权产品和侵权人是非常困难的。同时，专利侵权行为具有较高的隐蔽性，在侵权纠纷中，权利人虽能在市场上取得侵权产品，却不能直接获得侵权的证据，而证据易转移、隐匿、毁灭，这对举证责任的合理分配、取证能力的提高等都提出了较高的要求。

3. 专利侵权行为的多样性

专利侵权行为的类型多样，有对专利标记权的侵犯、对专有实施权的侵犯、对产品专利的侵权、对方法专利的侵权以及对产品和方法专利的共同侵权。[1]随着技术的发展，侵权行为还延伸到了互联网环境中，并呈现愈演愈烈的趋势，引发了大量相关纠纷，如搜狗诉百度侵害输入法产品专利案、西瓜视频连续播放技术发明专利侵权案等。不同的专利侵权行为，当事人的举证和取证困难程度也不相同，因此，要适应不同专利侵权行为的特点，进行灵活的举证责任分配，允许当事人运用合法有效的证据收集手段并根据当事人申请及时地准许证据保全，从而提高权利人的举证能力，解决专利侵权的举证难题。

二、专利侵权诉讼的证据特征

（一）侵权的判定与抗辩规则不同

1. 专利侵权判定规则

不同于一般民事侵权的判定方法，专利侵权的判定具有高度的技术性，其不仅关注被控侵权人是否以生产经营的目的实施了为专利权人所控制的行为，更关注被控侵权人生产的侵权产品或制造侵权产品使用的方法是否落入了专利权的保护范围。因此，专利侵权有自己独特的侵权判定规则。

（1）发明和实用新型专利的侵权判定规则。发明和实用新型专利侵权诉讼中，判定被控侵权技术方案是否落入专利权的保护范围时，一般适用全面覆盖原则或字面侵权原则，即审查被控侵权产品或方法是否将专利权利要求中记载的技术方案的技术特征全部再现。[2]换言之，若被控侵权产品或方法的技术特征与专利权利要求书记载的全部必要技术特征一一对应且相同，则被控侵权产品或方法落入专利权保护范围，构成侵权。全面覆盖原则既适用于相同侵权，

---

〔1〕 冯晓青、刘友华：《专利法》，法律出版社2010年版，第273页。

〔2〕 参见北京市高级人民法院知识产权审判庭编：《北京市高级人民法院〈专利侵权判定指南〉理解与适用》，中国法制出版社2014年版，第137页。

也适用于等同侵权。在相同侵权情况下，被控侵权技术方案完全覆盖了专利技术方案的全部必要技术特征，或文字表述虽有一定差别，但技术内容完全相同，或仅使用下位概念替代专利权利要求中相应的上位概念，而无本质区别，都会被认定为侵权。在等同侵权情况下，被控侵权技术方案有一个或一个以上技术特征与权利要求中相应的技术特征虽然字面上看不相同，但属于等同特征，[1]即被控侵权技术方案以基本相同的手段、实现了同专利相同的技术功能和效果，而这些技术特征是本领域普通技术人员不需要创造性劳动就能联想到的，[2]则认定为侵权。只有被控侵权技术方案与专利技术方案相比，两者的技术特征既不相同也不等同时，才不会被判定为侵权。

（2）外观设计专利的侵权判定规则。判定外观设计专利侵权，应当以产品为依托，将负载在产品上的外观设计进行对比。需要注意的是，外观设计专利产品上的外观设计应与专利申请所依据的图片或照片中表示的外观设计完全相同，才能对比两个产品的外观设计，否则只能将被控侵权产品外观设计与专利申请文件所附图片或照片呈现的外观设计进行对比。最高人民法院《关于审理侵犯专利权纠纷案件应用法律若干问题的解释》第 8 条规定，在与外观设计专利产品相同或者相近种类产品上，采用与授权外观设计相同或者近似的外国设计的，人民法院应当认定被诉侵权设计落入《专利法》规定的外观设计专利权的保护范围。在对比被控侵权产品和外观设计专利产品时，应做相同或相近产品的比较，再做设计近似性的比较。产品是否相同或相近，可以根据《国际外观设计分类表》判断，若无法判断是否属于同一分类项下，则可按照产品的功能、用途、销售习惯和消费者的购买情况来综合判断两者是否构成相同或相近产品。[3]在产品相同或相近的前提下，再判断两者的外观设计是否相同或近似。法官应以普通消费者的一般注意力进行直接观察对比，对两者的外观设计进行整体观察与综合判断，若两者在整体视觉效果上无差异，则认定为相同；若两者在整体视觉效果上不完全相同，但无实质性差异，则认定为相近似；若两者整体视觉效果不同且有明显差异，则应认定为不相同或不近似。

---

[1]　参见北京市高级人民法院知识产权审判庭编：《北京市高级人民法院〈专利侵权判定指南〉理解与适用》，中国法制出版社 2014 年版，第 180 页。

[2]　参见北京市高级人民法院知识产权审判庭编：《北京市高级人民法院〈专利侵权判定指南〉理解与适用》，中国法制出版社 2014 年版，第 185 页。

[3]　程永顺："浅议外观设计的侵权判定"，载《知识产权》2004 年第 3 期。

2. 专利侵权诉讼特有的抗辩事由

专利侵权诉讼除了可适用一般侵权的抗辩事由外，还有几类比较特殊的抗辩事由。

（1）从专利权效力方面抗辩。专利权本身有效存在是专利侵权诉讼的前提和基础，因此，被控侵权人可以主张专利权已超过保护期限、权利人放弃权利、专利权被宣告无效或被撤销。同时，被控侵权人也可以专利不符合授权条件、应当被宣告无效为由，向专利复审委员会提出无效宣告请求，从而中止专利侵权诉讼。

（2）从技术特征方面抗辩。被控侵权技术方案与专利技术方案相比缺少某些技术特征，或者有一项或一项以上的技术特征不相同也不等同[1]，或者省略个别技术特征而形成变劣技术方案，因其不符合全面覆盖原则和等同原则的要求，故未落入专利权的保护范围，不构成侵权。

（3）从公共领域方面抗辩。被控侵权技术方案的全部技术特征属于现有技术或者现有技术与公知常识的简单组合，被控侵权产品外观设计与现有设计相同或相近，或者是现有外观设计与该产品的惯常设计的简单组合，即所谓的现有技术和现有设计抗辩。同时，被控侵权人也可以以捐献原则来主张专利权人已将特定的技术特征捐献给公共领域，故其使用行为不构成侵权。

（4）其他抗辩理由。为保证商品的自由流通，维护正常的市场秩序，我国《专利法》设置了权利用尽制度、先用权和合法来源等抗辩事由，既实现了专利权人的正当利益，又维护了社会公共利益，避免了专利侵权行为的不合理判定。

（二）专利侵权诉讼证据的特殊性

俗话说，打官司就是打证据，审官司就是审证据，证据是"诉讼之王"，诉讼的任何一方只要在包括证据方法和证据运用在内的证据活动中占有优势，便能在诉讼中把握主动权，甚至赢得诉讼。[2]

1. 专业性强、技术含量高

专利的客体是技术方案，必须经合理解释才能确定具体案件专利权的保护范围，而法官也只能在此范围内判定被控侵权技术方案是否构成侵权。专利权

---

[1]　参见北京市高级人民法院知识产权审判庭编：《北京市高级人民法院〈专利侵权判定指南〉理解与适用》，中国法制出版社2014年版，第145页。

[2]　吴在存、刘玉民、于海侠编著：《民事证据规则适用》，中国民主法制出版社2013年版，第3页。

保护范围具有不确定性，包括技术特征的划分、技术术语的理解、等同特征的认定、具体实施方式、使用环境特征的限定等。除对权利要求书进行字面解释外，还要结合说明书和附图以及专利申请档案等内部证据来明确技术术语的含义。在技术特征内容不确定的情况下，还要借助教科书、工具书等外部证据来解释技术术语。尤其在机械学、电学、化学、医学等领域，专利侵权诉讼表现出较强的技术性，需要进行司法鉴定或聘请专家辅助人对技术问题作出解释，法院也专门设置了技术调查官来协助法官对技术事实进行审查和认定。这些都体现出专利侵权诉讼证据专业性强、技术含量高的特点。

2. 隐蔽性强、收集难度大

由于专利技术方案的无形性，专利权人无法占有发明创造本身，而专利制度以公开换垄断的特点决定其开放性和共享性更强。专利侵权行为较一般民事侵权行为更易发生且更加隐蔽，证据收集难度更大。实践中，权利人不仅需要举证证明专利权的有效性，还要举证证明被诉行为构成侵权及相应的损害赔偿数额。侵权往往较为隐蔽，比如隐藏生产销售者身份、采取加工定作方式提供侵权产品、伪造销售记录和营业额等，使得权利人收集证据难度大大增加。同时，由于侵权证据常由侵权人掌握，权利人不得不寻求行政机关协助或申请法院调查取证，但权利人必须提供初步证据才能启动相应程序，这也给权利人增加了举证负担和取证成本。

3. 种类复杂、认证标准高

专利侵权诉讼中的证据可大致分为几类：证明专利权属及效力的证据、证明专利权保护范围的证据、证明侵权或不侵权的证据、证明损害事实及赔偿数额的证据等。从证据类型来看，主要有：书证，如专利申请档案、专利登记簿副本、专利检索报告、相关技术文献、公证文书、有关专利实施许可合同、销售合同及财务审计报告等；物证，如从市场上购买的被控侵权产品和专利产品；专家辅助意见和司法鉴定书等。值得注意的是，近年来，电子证据在专利侵权认定过程中的作用愈加凸显，但由于电子证据是载于一定的存储介质上的数字形式的证据信息，其记录、保存、提取和辨别都不同于传统的书证和物证，在举证责任分配、取证方式和鉴真方面有其特殊性，对证据规则的适用也有其特殊之处。上述证据往往不能单独发挥作用，需要形成严密的证据链条，才能证明被告的侵权行为及相应的损害赔偿数额。

三、专利侵权诉讼证据规则的基本理论与现状考察

专利侵权诉讼属于民事诉讼的一种，可以适用民事诉讼法关于证据规则的规定。但由于专利本身的性质和专利侵权行为的特点，专利侵权诉讼又有区别于一般民事诉讼的特殊性。

（一）专利侵权诉讼的举证规则

举证规则解决的是在民事诉讼中，哪一方当事人对案件事实的成立或有利于自己的主张承担提供证据的责任，以及当事人违背举证义务应承担怎样的法律责任。

1. 举证责任分配的理论依据

通说认为，罗森贝克的规范说是举证责任分配的主要依据。罗森贝克从实体法律规范的相互关系出发，将所有实体规范分为两大类，即权利产生规范和权利妨碍规范。依据该分类方法，主张权利存在的人应适用权利产生规范，对权利产生的法律要件事实进行举证，若权利人不能对这些法律要件事实加以证明，则不能适用相应的权利产生规范，其诉讼主张也就不能成立；反之亦然。

规范说以法律规范为依据，符合演绎推理的逻辑，具有很强的可操作性。但反对者认为，规范说的逻辑前提是所有的实体规范都能够划分为权利产生规范和权利妨碍规范，然而这种划分本身未经过证明，因为一个法律要件事实可能既是权利产生事实，又是权利妨碍事实，如有行为能力是权利产生事实，无行为能力是权利妨碍事实。[1] 同时，规范说在方法论上采用法规不适用原则，与司法实践情况不符合，当事实真伪不明时，法院也要依照法律规定作出有利于主张者的判决，而非不适用相应规范。另外，该学说过于重视逻辑形式，而不考虑当事人举证的难易程度，容易导致举证责任分配不公。

对规范说的批判，催生了一些新的理论学说，如德国学者普霍斯提出的危险领域说，主张被害人对加害人法律上或事实上能支配的危险领域内发生的损害事实不承担证明责任，而应由加害人承担举证责任。但这一学说也存在先天不足，其人为划定了一个由加害人控制的危险领域，这在法律上缺乏可操作性。同时，证明的难易程度也并非与危险领域直接挂钩，并非只要是危险领域内的法律事实就必须由加害人举证。盖然性说按事物存在的盖然性，将事物分为原

---

〔1〕 ［德］莱奥·罗森贝克著，庄敬华译：《证明责任论——以德国民法典和民事诉讼法典为基础撰写》（第4版），中国法制出版社2002年版，第9页。

则（常态）与例外（变态），[1]以待证事实发生的盖然性高低作为举证责任分配的依据，常态下由原告承担举证责任，变态下由被告承担举证责任。盖然性说依据统计资料或经验法则对待证事实进行分类，在一定程度上平衡了当事人的举证责任，但也存在明显缺陷，因为对事实盖然性高低往往缺乏可靠的统计资料，而经验法则也非必然有效，以盖然性说代替规范说作为举证责任分配的依据可能会降低法的安定性和可预测性。[2]

笔者认为，我国应以法律要件分类说为主体，辅以公平正义和诚实信用等实质性标准，来灵活地分配举证责任。一方面，从我国实体法结构来看，我国各项法律规范的适用要件比较明确，对法律规范进行分类适用具有可操作性，在法律和司法解释有明确规定的情况下，法官可以径行适用相关法律规范对当事人的举证责任进行分配，最高人民法院《关于适用〈中华人民共和国民事诉讼法〉的解释》第 91 条也明确规定了这一点。[3]另一方面，危险领域说、盖然性说在平衡当事人举证责任、维护当事人合法权益、预防违法行为等方面具有合理性和适用性，在分配举证责任时可以作为辅助，为法官适用公平正义和诚实信用原则提供理论支持，弥补法律要件分类说的不足。

2. 专利侵权诉讼举证规则的适用现状

在专利侵权诉讼中，适用民事诉讼法关于举证责任分配的一般规则，但新产品制造方法发明专利侵权诉讼比较特殊，法律特别规定其适用举证责任倒置规则。

（1）一般举证责任分配的规定。通说认为，民事诉讼法上的举证责任有双重含义，即行为意义上的举证责任和结果意义上的举证责任。[4]从行为意义上来讲，当事人对自己的主张负有提供证据的责任，即"谁主张，谁举证"；从结果意义上来讲，没有证据或证据不足以证明当事人的事实主张的，由负有举证

---

[1] 李可：《举证责任研究——法理的视角》，贵州人民出版社 2004 年版，第 296 页。

[2] 郎继栋："产品制造方法专利侵权举证责任研究"，华东政法大学 2011 年硕士学位论文，第 7 页。

[3] 最高人民法院《关于适用〈中华人民共和国民事诉讼法〉的解释》第 91 条规定："人民法院应当依照下列原则确定举证证明责任的承担，但法律另有规定的除外：（一）主张法律关系存在的当事人，应当对产生该法律关系的基本事实承担举证证明责任；（二）主张法律关系变更、消灭或者权利受到妨害的当事人，应当对该法律关系变更、消灭或者权利受到妨害的基本事实承担举证证明责任。"

[4] 李浩："我国民事诉讼中举证责任含义新探"，载《西北政法学院学报》1986 年第 3 期。

责任的当事人承担不利后果。[1]举证责任分配是法庭通过诉讼规则，结合案件具体情况对当事人之间证明责任的分配。[2]举证责任分配是否公平合理，直接关系到双方当事人的实体利益和程序利益，也关系到司法的公正和权威。

（2）方法发明专利侵权诉讼举证责任的特殊规定。在新产品制造方法发明专利侵权诉讼中，由于侵权人使用专利方法制造侵权产品，其隐蔽性非常强，权利人难以取得侵权人制造侵权产品的准确方法，将举证责任分配给权利人会对权利救济造成很大的困难。我国《专利法》对新产品制造方法发明专利侵权诉讼规定了特殊的举证责任，即举证责任倒置规则。

我国专利侵权诉讼举证责任倒置的立法过程经历了三个阶段：严格的举证责任倒置——区别的举证责任倒置——限制的举证责任倒置。1984 年《专利法》并未区分新产品和已知产品，仅笼统地规定了"如果发明专利是一项产品的制造方法，制造同样产品的单位或者个人应当提供其产品制造方法的证明"。[3]此时立法适用严格的举证责任倒置规则，由被告完全承担产品制造方法的证明责任。中国加入世界贸易组织后，应 TRIPs 协议要求修改的《专利法》中采纳了"新产品制造方法"的立法规定，适用有区别的举证责任倒置规则，权利人要完成"新产品"的初步举证才能适用本条规定，但对被告的证明范围未明确规定，可能会损害被告的合法权益。因此，2001 年《专利法》和《民事诉讼证据规定》均采纳了限制的举证责任倒置规则，被告只需举证其产品制造方法与专利方法不同即可。上述立法内容的变化，实质上限缩了适用举证责任倒置规则的案件范围，在维护专利权人的取证利益与被控侵权人保护其商业秘密的合法权益之间达成了平衡，以及对适用举证责任倒置规则采取了谨慎的态度。[4]

3. 专利侵权诉讼举证规则的困境

《民事诉讼法》《民事诉讼证据规定》《关于知识产权民事诉讼证据的若干规定》和《专利法》等对专利侵权诉讼举证规则的规定比较原则和笼统，导致各法院对举证规则的适用标准不一，不能合理地分配举证责任。

---

〔1〕　参见最高人民法院《关于民事诉讼证据的若干规定》（以下简称《民事诉讼证据规定》）第 2 条。

〔2〕　李可：《举证责任研究——法理的视角》，贵州人民出版社 2004 年版，第 168 页。

〔3〕　参见 1984 年《专利法》第 60 条第 1 款第 3 项。

〔4〕　张玲、张丽霞、向波：《发明专利侵权诉讼实务问题研究》，人民出版社 2014 年版，第 331 页。

　　首先，举证责任倒置规则不够明确。目前，立法上虽然对新产品制造方法发明专利侵权诉讼的举证责任作出了适用举证责任倒置规则的特殊规定，但未明确规定该条的适用要件，比如"新产品"的认定标准、被诉侵权人的举证范围等，在司法实践中容易产生适用标准不一的现象。因此，需要通过立法或司法解释进一步明确举证责任倒置规则适用的具体条件。其次，非新产品方法发明专利侵权诉讼举证责任分配规则尚不完善。我国《专利法》对产品制造方法依产品"新旧"分别适用不同的举证责任，法律明确规定了新产品方法发明专利侵权适用举证责任倒置规则，而对非新产品方法发明专利侵权诉讼的举证责任分配尚没有明确的规定。无论是新产品还是非新产品，权利人都往往必须到侵权人的生产场所实际观察才能取证，非新产品方法发明专利侵权诉讼中，专利权人的举证能力往往不足，难以完成相应的举证。笔者认为，考虑到方法专利侵权的特殊性，权利人举证困难的实际情况以及减少或避免对被控侵权人商业秘密的侵犯的要求，有关立法和司法解释应尽快完善非新产品方法发明专利侵权诉讼举证责任分配规则，明确双方当事人的举证责任和举证范围。最后，举证妨碍制度有待加强。举证妨碍是指不负举证责任的当事人故意或过失以作为或不作为的方式使负有举证责任的当事人不可能提出证据，使待证事实无证据可供证明，形成待证事实存否不明确的状态。[1]妨碍行为人要承担一定的法律后果，对妨碍举证的行为人，法院可以根据情节轻重予以罚款、拘留，构成犯罪的，将依法追究刑事责任。[2]这是对妨碍行为人公法上的制裁。从私法来看，主要体现为推定原则和举证责任转移规则。笔者认为，上述规定对解决当事人举证难的问题具有重要意义，但均以"推定主张成立"作为被告妨碍举证的法律后果，值得商榷。应尽快完善相关立法和司法解释，进一步明确举证妨碍规则的适用条件，一方面解决当事人举证难的问题，另一方面确保双方当事人能够诚信地参加诉讼，维护良好的司法秩序。

　　（二）专利侵权诉讼的取证规则

　　证据的收集是否全面、准确、充分，将直接关系到法院最终认定的事实和

---

　　[1]　宋建宝："举证妨碍制度在专利侵权案件中的具体适用"，载《人民司法（应用）》2015年第1期。

　　[2]　《民事诉讼法》第111条规定："诉讼参与人或者其他人有下列行为之一的，人民法院可以根据情节轻重予以罚款、拘留；构成犯罪的，依法追究刑事责任：（一）伪造、毁灭重要证据，妨碍人民法院审理案件的；（二）以暴力、威胁、贿买方法阻止证人作证或者指使、贿买、胁迫他人作伪证的；……"

适用法律的结果，[1]且任何裁判都应当"以事实为依据，以法律为准绳"，因此，取证规则的重要性是不言而喻的。然而，在司法实践中，专利侵权诉讼往往面临着"举证难、取证难、诉讼成本高"的问题，这实质上是当事人证据收集能力不足的各种表现。以下将从取证规则的一般规定出发，结合专利侵权诉讼的取证特点，分析专利侵权诉讼取证方式和证据保全的现状及存在的不足。

1. 民事诉讼取证的一般规则

民事诉讼中，取证有三个基本特征：以当事人自己举证为主，以法官收集证据为辅；证据材料的取得具有大众性和社会性；证据材料的取得具有复杂性。[2]

目前，我国尚未出台一部系统的证据法典，有关证据收集的法律条文主要体现在《民事诉讼法》及相关司法解释中，且规定得比较原则和笼统。民事诉讼取证的一般规则，即"以当事人取证为主，以法院调查取证为辅"，同样适用于专利侵权诉讼。民事诉讼的证据来源非常广泛，可以来源于单位或个人，比如合同书，可以来源于行政机关，比如工商登记簿上记载的权属证明，也可以来源于司法机关，比如已生效的法律文书。民事诉讼中对一个案件事实的举证往往是多方面的，在证据收集时特别要注重证据的大众性和广泛性，尤其是直接证据不太充分而需要间接证据予以补强的情况下，更要注重广泛地收集有利于自己的证据材料。[3]同时，证据材料的取得具有复杂性，不仅证据的种类多种多样，证据的表现形式也不尽相同，这就需要采取不同的证据收集方法和证据固定方法，尤其是证据容易灭失时，对证据的取得就需要更加谨慎。

2. 专利侵权诉讼取证的特殊性

（1）专利侵权诉讼的证据专业性强、技术含量高，对证据收集者的专业素质要求高。专利侵权诉讼证据主要有三类：证明专利权有效及其保护范围的证据、证明侵权成立的证据和确定损害赔偿数额的证据。专利权保护范围的界定问题、被控侵权技术方案是否落入专利权保护范围的判定问题，通常是诉讼的核心问题，而两者都涉及技术事实的认定，相关证据通常具有较强的专业性，

---

[1]　蒋志培主编：《知识产权民事审判证据实务》，中国法制出版社2008年版，第83页。

[2]　吴在存、刘玉民、于海侠编著：《民事证据规则适用》，中国民主法制出版社2013年版，第59页。

[3]　吴在存、刘玉民、于海侠编著：《民事证据规则适用》，中国民主法制出版社2013年版，第60页。

在取证时需要当事人具有较高的专业素质，或获得专业人士的协助，甚至需要借助科学技术手段提取，才可能确保取得正确、充分的证据。同时，法院在依申请或依职权调查取证和证据保全时，也需要法官自身具有较强的专业知识，或者有专门的技术人员陪同。尤其在方法专利侵权中，对产品生产的步骤和动态过程的取证是一项技术含量很高的工作，为保证取证的正确性和完整性，要求证据收集者具有较高的专业素质。

（2）专利侵权诉讼的证据隐蔽性强，且容易被篡改或销毁，证据收集难度大。侵权行为较为隐蔽，而侵权产品、侵权规模、销售数额等有关证据又往往掌握在侵权人手中，证据缺乏稳定性，容易被转移或销毁，如计算机软件、电子证据信息等，如果不及时固定和保全，极易灭失且不可复得，因此，专利侵权诉讼的证据收集难度较一般民事案件要大得多。另外，为了平衡当事人之间的利益，在证据收集和保全的过程中，如何防止和弥补可能给被告带来的损害，避免侵犯被告的商业秘密和技术秘密，也是证据收集规则需考虑的问题。

（3）行政执法是专利侵权诉讼证据的有利来源。专利保护实行行政和司法保护"两条途径、协调处理"的保护机制，这是我国知识产权保护的一大特色。在实践中，行政处理具有主动性强、成本低、效率高、程序简单、处罚严格等特点，可以有效地打击专利侵权行为。在行政处理过程中，权利人只需完成初步举证，证明有侵权事实存在的可能性即可，举证负担大大降低。而且，行政执法部门具有更强的证据收集能力和证据收集保障制度，相比于权利人，更能有效地获得侵权证据。行政部门在执法中对有关事实的调查和记录，查封扣押的书证、物证以及获取的电子证据等客观性较强，不会受到当事人主观因素的影响，有利于法院查明和认定案件事实。因此，畅通当事人通过行政机构取证的途径，也是专利侵权诉讼的取证规则不能忽略的问题。

3. 专利侵权诉讼的证据收集和保全

（1）专利侵权诉讼的证据收集方式。

第一，陷阱取证。陷阱取证最早出现在北大方正诉高术公司软件侵权案[1]中。在该案中，北大方正为取得高术公司销售盗版软件的证据，派员工以个人名义向高术公司购买激光照排机并主动要求安装使用盗版的方正 RIP 软件，一审法院认为北大方正采取的陷阱取证方式并未被法律禁止，对该方式应予认可，

---

[1]　北京市第一中级人民法院（2001）一中知初字第 268 号民事判决书、北京市高级人民法院（2002）高民终字第 194 号民事判决书、最高人民法院（2006）民三提字第 1 号民事判决书。

因而承认了证据的有效性。二审法院则否定了陷阱取证的合法性，认为北大方正的取证方式并非迫不得已且有违公平原则，将破坏正常的市场秩序。但最高人民法院在再审裁判中支持了一审法院的认定，将陷阱取证的证据作为定案根据。在专利侵权诉讼中也不乏当事人使用陷阱取证方式来获取证据，比如在广州知识产权法院审理的国景家具诉东原家具外观设计侵权案[1]中，为获取侵权家具产品，国景家具的委托代理人在公证人员的陪同下向东原家具定做了侵权产品，并取得了订货合同和发票证明，其证据效力也得到了法院的肯定。但陷阱取证是否合法、可行，学术界和实务界尚有争论。

理论上，陷阱取证可以分为犯意诱发型和机会提供型：前者表现为诱导取证，侵权人的犯意和行为是被诱发的，实际上是权利人教唆他人实施侵权行为；后者常见于购买取证，侵权人的犯意是已经存在的，只不过权利人提供了一个实施侵权行为的机会，使侵权行为再现。根据《民事诉讼证据规定》，"以侵害他人合法权益或者违反法律禁止性规定的方法取得的证据，不能作为认定案件事实的依据"。[2]因此，行为人的取证行为合法与否直接影响证据的可采性。司法实践普遍认为，引诱、欺骗、威胁或其他违反法律规定的方式，因侵犯他人合法权益而应被禁止，犯意诱发型的陷阱取证因其取证行为不具有正当性，所收集到的证据应作为非法证据予以排除。机会提供型的陷阱取证并未侵犯他人的合法权益，也未违反法律规定，可以作为合法证据使用，如2002年实施的最高人民法院《关于审理著作权民事纠纷案件适用法律若干问题的解释》第8条规定："当事人自行或者委托他人以定购、现场交易等方式购买侵权复制品而取得的实物、发票等，可以作为证据。公证人员在未向涉嫌侵权的一方当事人表明身份的情况下，如实对另一方当事人按照前款规定的方式取得的证据和取证过程出具的公证书，应当作为证据使用，但有相反证据的除外。"[3]同样，在专利侵权诉讼中，可以在不侵犯被控侵权人合法权益的前提下，采用购买取证方式取得有利于权利人的证据。

第二，悬赏取证。悬赏取证是指当事人为证明案件事实，以公开悬赏的方

---

[1] 广州知识产权法院（2017）粤73民初188号。

[2] 参见《民事诉讼证据规定》第68条。

[3] 2020年12月23日，该司法解释被修正，但该条规定仍予以保留。

式从案外人处收集证据。[1]因犯罪行为和违法行为的证据具有大众性和社会性，证据来源不明确且证据分散、不易收集，而悬赏取证增加了案外人提供证据的积极性，大大提高了案件解决效率，比如悬赏举报公共场所吸烟的行为、悬赏拍摄交通违章行为等。

在专利侵权诉讼领域，悬赏取证的存在也具有合理性。悬赏取证可以解决因证据的隐匿性、专业技术性、易灭失性等特征所造成的举证困难，[2]有利于提高当事人的取证能力。产品外观设计因必须依附于产品，一旦进入市场，侵权行为比较容易被发现，且权利人通常可以在市场上获得侵权产品，即使是加工定做的侵权产品，也可以通过购买取证等途径获得证据。涉及发明和实用新型专利侵权时，因为有关侵权产品的技术信息往往是企业的内部资料，比如产品技术说明书、产品生产工艺图等，这些资料不具有公开性且专业性较强，权利人通过正常途径或陷阱取证均难以获得，但对认定是否侵犯专利权又必不可少，在申请不到法院调查取证或行政执法机关行政查处时，就需要启动悬赏取证来弥补证据缺失。

悬赏取证本身具有合法性。关于悬赏取证的合法性争议主要在于其程序是否合法。笔者认为，悬赏取证的目的具有正当性，手段具有公开性，在一定程度上是合法的，但若权利人利用悬赏取证获取所需证据以外的情报，将会违反诚实信用原则，损害相对方的合法权益。从司法实践来看，非法证据排除是由于"收买、贿赂"等手段可能影响正常的司法秩序，妨碍事实的查明。悬赏取证与"收买、贿赂"证人有着实质上的区别，其目的在于寻找知晓案情或掌握专利侵权证据的案外人，尤其在非新产品方法发明专利侵权诉讼中，掌握被控侵权产品制造方法的可能是曾经在被告公司工作的人或与被告有技术方面合作的人，通过悬赏取证提高案外人提供证据的积极性，可以解决原告取证难的问题。但悬赏取证需要谨慎为之，因为其具有收买证人之嫌疑，还可能侵犯被告的商业秘密，在举证时可能将面临对方和法庭的质询，若提供伪证，还需要承担法律责任。因此，使用悬赏取证需要在法律允许的范围内，且以不严重侵犯被告的合法权益为必要。

第三，法院调查取证。根据《民事诉讼法》的规定，"当事人及其诉讼代理

---

〔1〕　崔起凡、肖夏："也论知识产权侵权诉讼中的悬赏取证"，载《昆明理工大学学报》（社会科学版）2016 年第 5 期。

〔2〕　刘海洋："论知识产权侵权诉讼中的悬赏取证规则"，载《河北法学》2015 年第 11 期。

人因客观原因不能自行收集的证据，或者人民法院认为审理案件需要的证据，人民法院应当调查收集"。[1]通常来说，这类证据包括保存在国家有关部门而需要法院依职权调取的证据，涉及国家秘密、商业秘密和个人隐私的证据，以及其他当事人客观上不能自行收集的证据。专利侵权诉讼中，当事人向法院申请调查收集的证据多是行政机关执法过程中形成的证据。现阶段我国行政机关尚无法律上的义务向普通民事诉讼当事人提供相关证据，因此，当事人通常需要法院协助调查收集。但专利侵权诉讼属于私权救济，为避免公权力对私权益的过多干预和防止当事人将取证责任转嫁给法院，法院很少会依职权调查取证。而对涉及商业秘密的方法专利侵权，法院也往往以该方当事人举证不能，推定另一方当事人的主张成立，即便这种认定可能与事实不符。

第四，行政执法取证。在假冒专利的行政查处过程中，行政机关所出具的行政处罚书及其扣押的被控侵权物品和所固定的调查笔录，往往成为权利人在专利侵权诉讼中的重要证据。一方面，这类证据材料是行政执法机构按照法定行政程序获得的，在证据收集手段和收集程序上是合法的，法院通常会承认其真实性和合法性，除非行政相对人提出相反证据予以推翻；另一方面，行政查处假冒专利所依靠的是国家公权力，具有强制性，侵权人不得妨碍行政执法活动，因此，行政执法取证更有效率，也更便利。

但实践中，有关行政执法机关往往以其无法律义务配合当事人为由拒绝提供证据，[2]当事人只能向法院申请调查取证，这既对当事人造成了程序上的负担，也加重了法院的取证负担。如何畅通当事人向行政机关调查取证的途径是专利侵权诉讼取证规则要解决的问题。有些行政执法机关在这一方面已走在了前列，如广东中山等地的执法机关允许当事人在持有法院的案件受理通知书的情况下，对案件的相关档案材料进行查阅和复印，其方法值得借鉴。

（2）专利侵权诉讼的证据保全。证据保全是指人民法院和公证机关等其他法定机关对可能灭失或今后难以取得的证据，依当事人申请或依职权，预先予以收集、固定和保存的法律制度。[3]

第一，专利侵权诉讼证据保全的立法现状。"人民法院执行诉前停止侵犯专利权行为的措施时，可以根据当事人的申请，参照民事诉讼法第七十四条的规

---

[1]　参见《民事诉讼法》第64条第2款。

[2]　蒋志培主编：《知识产权民事审判证据实务》，中国法制出版社2008年版，第97页。

[3]　沈志先主编：《民事证据规则应用》，法律出版社2010年版，第201页。

定，同时进行证据保全。"〔1〕根据此条规定，权利人向法院申请证据保全的条件是，法院将执行诉前禁令措施，根据当事人的申请可以"顺便"进行证据保全，而单独的证据保全尚不存在。

受 TRIPs 协议中"各成员方应赋予司法机关在保护与贸易有关的知识产权方面采取诉前证据保全程序的权力"规定的影响，我国《著作权法》和《商标法》在第一次修正时均确立了诉前证据保全制度。《专利法》直到 2008 年第三次修正时才正式纳入诉前证据保全制度，对证据保全程序的启动条件、申请证据保全的主体范围、担保的提供、法院决定证据保全的期限以及证据保全的解除等作出规定。

第二，专利侵权诉讼证据保全存在的问题。笔者认为，专利侵权诉讼证据保全存在的问题主要有以下两方面：

一方面，证据保全的适用条件过于苛刻。"在证据可能灭失或者以后难以取得的情况下，当事人可以在诉讼过程中向人民法院申请保全证据，人民法院也可以主动采取保全措施。"〔2〕我国证据保全以"证据可能灭失或者以后难以取得"这一紧急情况为适用条件，专利权人需要提出初步证明，才能适用证据保全，而在专利侵权这种信息极不对称的情况下，要求专利权人了解证据存在的状态是比较苛刻的。不仅如此，有些法院还附加"当事人无法通过其他手段获得证据"或者"提供担保"作为适用证据保全的前提条件，增加了当事人的取证负担。

另一方面，证据保全类型有限，仅有诉中证据保全和诉前证据保全两种，且均是紧急型证据保全。实际上，许多大陆法系国家以证据保全的申请条件为标准来划分，存在紧急型证据保全和非紧急型证据保全，前者主要指"证据可能灭失或者以后难以取得"条件下的证据保全，后者则可以包括以对方当事人同意为条件的保全和以确定事务状态为条件的保全。目前，我国证据保全仅包含紧急型证据保全，但后两种证据保全方式更能体现证据保全收集证据、开示证据、确定事实和促进诉讼外纠纷解决的功能和作用。

（三）专利侵权诉讼的质证与认证规则

质证和认证具有密切的联系，质证是在对证据进行质辩的基础上，对法官

---

〔1〕 参见最高人民法院《关于对诉前停止侵犯专利权行为适用法律问题的若干规定》第 16 条第 1 款。

〔2〕 参见《民事诉讼法》第 81 条第 1 款。

的内心确信产生影响的一种诉讼活动，[1]认证是指人民法院在当事人举证、质证的基础上，确认证据能否作为认定案件事实的根据。[2]由于专利侵权诉讼的很多待证事实属于技术问题，专利侵权诉讼的质证和认证规则也具有不同于一般民事诉讼的特殊性。下文将针对专利侵权诉讼质证与认证过程中的两个专门问题，即司法鉴定和专家辅助人制度，进行分析和研究。

1. 司法鉴定意见（以下简称"鉴定意见"）的质证与认证规则

（1）司法鉴定的适用条件及范围。司法鉴定是指，在诉讼过程中，为查明案件事实，人民法院依职权或应当事人及其他诉讼参与人的申请，指派或委托具有专门知识的人，对专门性问题进行检验、鉴别和评定的活动。[3]司法鉴定本质上是一种协助司法机关解决诉讼中某些专门性问题的科学认识活动，旨在补充司法人员专门领域知识之不足，[4]以达到正确判断之目的。对是否需要启动司法鉴定，笔者认为，法院应从必要性和可行性两方面进行审查。从必要性来看，当事人申请司法鉴定应符合以下条件：①申请鉴定的问题与本案具有关联性，如发明专利侵权纠纷中，被告主张被控侵权产品的相关技术特征与涉案专利的相应技术特征不构成等同特征，而原告认为两者构成等同特征，则对该问题的鉴定关乎当事人的主张是否成立。②申请鉴定的问题属于双方当事人存有争议的专门性问题。若涉案专利与被控侵权产品的技术特征未涉及专门性问题，法官可以通过对比判断被控侵权产品是否落入了专利权保护范围，则无须进行司法鉴定。③申请鉴定的问题无法通过其他途径解决。专利侵权诉讼中的专业技术问题可以采取多种方式解决，司法鉴定并非唯一手段，在穷尽其他途径仍无法查明该技术事实时，才适用司法鉴定。从可行性来看，主要是审查相关技术问题是否具备鉴定的客观条件，如合格的鉴定材料、适格的鉴定机构和鉴定人员。具体条件是否满足，需要法官根据具体案情进行判断。

司法鉴定的范围关系到司法结论能否有效解决专利侵权诉讼中的技术性问题。[5]在专利侵权诉讼中，通常需要鉴定的是被诉侵权产品的技术特征和涉案专利技术特征的异同，并非所有的技术特征都需要鉴定。法官应对双方当事人

---

[1]　武文举：《民事诉讼证据制度研究》，中国政法大学出版社2012年版，第193页。

[2]　武文举：《民事诉讼证据制度研究》，中国政法大学出版社2012年版，第238页。

[3]　参见《人民法院司法鉴定工作暂行规定》第2条。

[4]　参见广东省高级人民法院（2017）粤民终2600号。

[5]　蒋志培主编：《知识产权民事审判证据实务》，中国法制出版社2008年版，第303页。

争议的专门性问题有准确的把握，通过双方当事人的举证和质证，明确专利技术特征对比中哪些技术特征存在异议且对专利侵权的判定具有重要影响，及时剔除无须鉴定的部分，增强司法鉴定的针对性和合理性。若当事人对鉴定的范围有异议，应当提供证据证明其主张，法院应结合当事人的意见，综合确定司法鉴定的范围。

（2）鉴定意见的质证规则。诉讼活动中，鉴定人运用科学技术或专门知识对诉讼涉及的专门性问题进行鉴别和判断并提供鉴定意见。[1]鉴定意见本质上是一种证人证言，因此，其质证规则与证人证言的质证规则相同，其中最重要的就是直接言词规则。《民事诉讼法》规定，"当事人对鉴定意见有异议或者法院认为鉴定人有必要出庭的，鉴定人应当出庭作证"，[2]否则其鉴定意见不得作为认定事实的根据。但目前的专利侵权诉讼中，对鉴定意见的质证往往采用的是书面质证方式，当事人对鉴定意见有异议时，因鉴定人不出庭，当事人便无法提出质询，法官由于自身专业知识的不足，通常也只能采信鉴定意见并作出认证，这使鉴定作为定案依据的客观性、准确性大打折扣，影响案件的实体公正和程序公正。如美利肯诉上海齐润、淄博润源侵害发明专利权案[3]中，一审法院采信了鉴定意见，但被告上诉认为鉴定意见存在问题，不应采信，比如鉴定所用的样品来源本身存在问题，两个高浓度样本的体积浓度均低于 5% 的基本检测要求，以及鉴定受到原告的错误引导，采用了 15 分钟的超声，导致检测出"初级粒子"尺寸，而非被控侵权产品本身的颗粒尺寸等，依据该鉴定意见作出的侵权认定严重影响了当事人的实体利益和程序利益。正是由于鉴定意见的质证程序不规范，才导致当事人对裁判不公的怀疑。因此，有必要进一步完善鉴定意见的质证规则。

（3）鉴定意见的认证规则。司法鉴定是专业技术问题，而非法律问题，"专业技术人员不应替法官判案"。鉴定意见帮助法官理解专利侵权案件中所涉及的技术特征之间的技术手段及其功能、效果是否相同，是否是不需要本领域的普通技术人员的创新性劳动就能联想到的技术手段等，这对法官认定侵权或不侵权起着关键的作用。但鉴定意见实质上仍是一种证据，需要法官在当事人双方质证的基础上，对鉴定意见的真实性、合法性、关联性作出判断，并认定鉴定

---

［1］ 参见全国人民代表大会常务委员会《关于司法鉴定管理问题的决定》第 1 条。
［2］ 参见《民事诉讼法》第 78 条第 1 句。
［3］ 上海市高级人民法院（2015）沪高民三（知）终字第 90 号民事判决书。

意见是否具有证明力以及证明力的大小。一般而言，对鉴定意见的认证主要从两个方面入手：①形式方面，即审查鉴定机构、鉴定人员是否具有相应的资质，审查鉴定材料、样本等是否符合鉴定条件，上述美利肯诉上海齐润、淄博润源侵害发明专利权案中，检测样本的体积浓度就不符合检验条件，因此相应的鉴定意见就不应被采纳；②实质方面，需要审查鉴定意见是否科学，比如鉴定适用的检验试验方法、程序是否符合有关鉴定标准，鉴定意见的依据是否充分、推理是否正确等。但在实践中，对委托鉴定范围的定义比较模糊，鉴定部门可能混淆技术事实和法律事实的界限，鉴定意见得出的价值性评判可能影响法官对侵权法律事实的认定。因此，需要通过明确司法鉴定的范围，进一步规范鉴定意见的认证规则。

2. 专家辅助意见的质证与认证规则

专家证人是英美法系特有的概念，指具有专家资格，并被允许帮助陪审团或法庭理解某些普通人难以理解的复杂的专业性问题的证人。[1]我国最早在2002年最高人民法院发布的《民事诉讼证据规定》中引入了"具有专门知识的人员"[2]这一概念，并在2012年修改《民事诉讼法》时将"专家辅助人制度"上升到法律层面。

（1）专利侵权诉讼中的专家辅助人制度。在专利侵权诉讼中，除了申请法院进行司法鉴定外，当事人也常常向法院申请专家辅助人到庭就相关技术问题说明情况，如在武汉昊泉环保公司与湖北中桥公司侵害发明专利权纠纷上诉案[3]中，鉴定意见表示并未检出塑性膨胀剂，但双方聘请的专家辅助人均认为未检出塑性膨胀剂并不代表被控侵权灌浆料中不含有该类物质，其原因可能是塑性膨胀剂的含量低于仪器检测限值或由于搅拌不均匀致使检品中塑性膨胀剂含量过低。专家辅助人在诉讼中的主要作用有两个方面：①依靠其专业知识对案件中的专门性问题进行说明，这可以帮助法官和诉讼当事人对技术问题有适当的理解，澄清错误的认识；②协助当事人对鉴定人进行质询，提出对鉴定结论的意见。在上述案例中，专家辅助人就通过纠正司法鉴定的错误结论，使法官对相关技术问题有了更为正确的理解，这也为案件事实的正确认定提供了帮助。

---

〔1〕 齐树洁、洪秀娟："英国专家证人制度改革的启示与借鉴"，载《中国司法》2006年第5期。

〔2〕 参见2002年《民事诉讼证据规定》第61条。

〔3〕 湖北省高级人民法院（2017）鄂民终431号民事判决书。

在当事人未申请司法鉴定且法院也未依职权启动司法鉴定的情形下，专家辅助人的作用就更为明显了。在北京握奇数据公司诉恒宝公司侵犯发明专利权纠纷案[1]中，双方当事人均申请专家辅助人到庭就有关技术问题进行了陈述和交叉质询，并当庭演示了被控侵权技术方案的操作过程，从而确定了被控侵权技术方案与专利权利要求 16 中记载的全部技术特征相同或等同，构成侵权。由此可见，专家辅助人制度的设立不仅有助于提高当事人的举证能力，也对庭审当中的质证和认证发挥了重要作用，促进了专利侵权纠纷的快速、有效解决。

（2）专家辅助意见的质证规则及其不足。专家辅助意见可以分为两种：①案件不涉及鉴定意见时，当事人申请专家出庭就专门问题提出的专业意见；②专家辅助人通过与鉴定人的质证，对鉴定意见中的技术问题提出的专业意见。有观点认为，专家辅助意见并非"法定证据"，而属于"当事人陈述"，因专家辅助人的作用在于帮助当事人对鉴定人以及鉴定意见进行质询，其立场上具有倾向性，因而其意见的客观性和可靠性受到质疑。2015 年最高人民法院《关于运用〈中华人民共和国民事诉讼法〉的解释》中采纳了此观点，规定"具有专业知识的人在法庭上就专门问题提出的意见，视为当事人的陈述"。[2]笔者在一定程度上赞同这种观点，因为专家辅助人的功能之一就是辅助当事人同鉴定人质证，避免鉴定人出庭流于形式，以增强鉴定意见的可靠性和可采性。[3]但在不涉及司法鉴定时，笔者认为专家辅助人就专门问题提供的专业意见不应仅被视为"当事人陈述"，而应从证据的角度来分析其效力。一方面，专家辅助意见是专家基于其专业领域的知识对技术性问题进行的解释和说明，具有一定的客观中立性；另一方面，专家辅助意见的证据效力来源其真实性和科学性，具有同鉴定意见类似的证据作用，在无鉴定意见时，专家辅助意见经过质证，可以作为认定案件事实的根据。但由于专家辅助人可能出具偏袒性的意见，在进行质证时，专家辅助意见容易受到双方当事人的影响，对缺乏专业知识的法官来说，有时会难以辨别专家辅助人的真实意思，对相关技术事实的内心确信就会因此出现偏差甚至是非颠倒。因此，应规范专家辅助意见的质证程序，以保证专家辅助意见的可靠性和可采性。

---

[1] 北京知识产权法院（2015）京知民初字第 441 号民事判决书。

[2] 参见最高人民法院《关于适用〈中华人民共和国民事诉讼法〉的解释》第 122 条第 2 款。

[3] 郭华："我国专家辅助人制度创新的实用主义及立法的模糊立场——基于司法实践的一种理论展开"，载《中国司法鉴定》2013 年第 5 期。

（3）专家辅助意见的认证规则及其不足。在专利侵权诉讼中，专家辅助意见可以帮助当事人和法官更好地理解技术问题，但专家辅助意见和鉴定意见可能有不一致的地方，在当事人双方都有专家辅助人时，尚且可以通过专家辅助人之间的质证和交叉询问发现技术问题的真实含义，但只有一方当事人有专家辅助人出庭，且对鉴定意见有异议而又不能通过与鉴定人的质证解决技术事实的认定问题时，如何认定专家辅助意见的效力，将会影响到对专利侵权的判定。鉴于专家辅助人作为一方当事人的证人的诉讼地位，专家辅助意见在某种程度上可能不够客观、真实。因此，法官需要审查专家辅助意见的科学性、真实性，尤其是未出庭的专家辅助人的书面意见。但是目前立法及司法对专家辅助意见的采信标准尚不完善，需进一步明确。

四、专利侵权诉讼证据规则的完善建议

我国专利侵权诉讼证据规则尚不完善，存在举证责任分配规则适用不当、收集证据方式不足、证据保全制度不健全以及鉴定意见和专家辅助意见的质证与认证标准不一等问题。本节将在前文论证分析的基础上，分别针对专利侵权诉讼的举证规则、取证规则和质证与认证规则提出完善建议。

（一）专利侵权诉讼举证规则的完善

1. 明确新产品制造方法发明专利侵权诉讼举证责任倒置规则的适用条件

我国立法上已明确规定新产品制造方法发明专利侵权诉讼适用举证责任倒置规则，但其适用的条件、新产品认定和举证以及被控侵权人举证范围等问题，在司法实践中仍存在争议。

首先，举证责任倒置规则应仅适用于新产品制造方法发明专利侵权诉讼中。在新产品制造方法发明专利侵权诉讼中适用举证责任倒置规则是由于方法发明专利权人在举证中存在困难。在证据掌握上，侵权方具有压倒性的优势，如果按照举证责任分配的一般规则，由权利人承担举证责任的话，其权利将无法被有效保护。[1]举证责任倒置只是在当事人信息严重不对称时，立法为了平衡双方的举证能力而作出的例外规定。[2]因此，举证责任倒置必须由法律明确规定，而法律已规定的举证责任倒置也不容许法官以自由裁量权随意更改。涉及新产品制造方法发明专利的侵权案件应依照法律严格适用举证责任倒置规则，任何

〔1〕 李可：《举证责任研究——法理的视角》，贵州人民出版社 2004 年版，第 271 页。

〔2〕 张丽霞："方法发明专利侵权诉讼举证责任分配探析"，载《知识产权》2014 年第 1 期。

扩大或缩小适用案件范围的做法都是不合适的。

其次，明确新产品的认定标准及由哪方当事人对新产品承担举证责任。对新产品的界定可以从市场和技术两个角度进行。从市场角度看，第一次出现在市场上的产品就是新产品，如北京市高级人民法院起草的《专利侵权判定若干问题的意见（试行）》（以下简称《北京高院意见》）第 122 条第 1 款规定，《专利法》第 57 条第 2 款规定的"新产品"是指国内第一次生产出的产品。从技术角度来看，新产品与专利申请日之前已有的同类产品相比，应在产品的组分、结构或者质量、性能、功能方面有明显区别，[1]若产品或制造产品的技术方案在专利申请日前已为国内外公众所知，则该产品不属于新产品。只要产品或制造产品的技术方案在专利申请日以前为国内外公众所知的，人民法院应当认定该产品不属于《专利法》第 61 条第 1 款规定的新产品。[2]对新产品的举证责任分配，《北京高院意见》第 122 条第 2 款规定为"应由原告举证证明"。司法实践中也多以原告证明新产品成立作为适用举证责任倒置规则的前提，原因在于由原告举证符合证据距离最接近和最便利的标准。[3]但要求权利人证明某件产品在专利申请日之前未出现过的事实，有时是非常困难的。笔者认为，在侵权产品与权利人使用方法专利制造的产品属于相同产品的前提下，直接由被告证明属于"已知产品"，若原告提不出反证，则被告举证成功，原告就要承担证明被告制造产品使用了方法专利的举证责任；若被告举证不能，则适用举证责任倒置规则，被告需进一步提出其产品制造方法不同于专利方法的证明。值得指出的是，最高人民法院《关于知识产权民事诉讼证据的若干规定》第 3 条新增了侵害专利纠纷的原告应承担的举证责任。笔者认为，这对于查明案件事实，合理平衡原被告举证责任具有重要意义。

最后，明确被控侵权人的举证范围。这是为了实现对被控侵权人商业秘密和技术秘密的保护。被控侵权人并不需要提供完整的制造方法或技术细节，其提供的证据只要足以证明被控侵权产品所采用的制造方法与专利方法有一定实质差别即可。

---

〔1〕 参见最高人民法院《关于审理专利侵权纠纷案件若干问题的规定》（2003 年征求意见稿）第 63 条。

〔2〕 参见最高人民法院《关于审理侵犯专利权纠纷案件应用法律若干问题的解释》第 17 条。

〔3〕 蒋志培主编：《知识产权民事审判证据实务》，中国法制出版社 2008 年版，第 20 页。

2. 加大法院对非新产品制造方法发明专利侵权诉讼举证责任分配的自由裁量权

根据 TRIPs 协议第 34 条对方法专利的举证责任的规定,"……(b)如果该相同产品极似使用该专利方法所制造,而专利所有人经合理努力仍未能确定其确实使用了该专利方法……被指为侵权人的一方,才应承担相应的举证责任"。该条是对新产品的推定,在侵权产品"极似"使用了专利方法且专利权人尽到合理努力的情况下,就可以推定产品为新产品而适用举证责任倒置规则。但产品制造中使用了专利方法的可能性高低是一个较主观的问题,非新产品制造方法发明专利侵权诉讼中,方法专利权人的举证面临同样的实际困难。

"在法律没有具体规定,依本规定及其他司法解释无法确定举证责任承担时,人民法院可以根据公平原则和诚实信用原则,综合当事人举证能力等因素确定举证责任的承担。"[1]笔者建议,可以加大法院对非新产品制造方法发明专利侵权诉讼举证责任分配的自由裁量权。当不属于新产品时,专利权人只需要证明被控侵权人制造了相同产品,且专利权人为证明被控侵权人确实使用了其专利方法已经尽了所有努力,则结合在案证据及日常生活经验,法官通过心证能够认定该相同产品经由专利方法制造的可能性很大时,就可以适用举证责任倒置规则,由被控侵权人提供其制造方法不同于专利方法的证据。在适用自由裁量权时,盖然性说可以为法官心证的公开提供理论支持。根据案件具体情况及权利人的举证情况,若有较大的盖然性能够证明侵权人使用了专利方法,法官就有合理理由根据公平原则和诚实信用原则,将举证责任转移给被控侵权人。

3. 灵活运用推定原则和举证妨碍规则

推定原则和举证妨碍原则实际上是在案件陷入僵局的情况下,通过法律直接规定由哪一方承担举证不利的后果,因此对双方当事人的实体利益具有重大的影响。

推定是诉讼的一种技术性手段,根据《民事诉讼证据规定》第 75 条,"有证据证明一方当事人持有证据无正当理由拒不提供,如果对方当事人主张该证据的内容不利于证据持有人,可以推定该主张成立"。专利侵权诉讼中,法院适用推定原则认定事实的情况不在少数,如在宜宾长毅公司与潍坊恒联公司、成都鑫瑞鑫公司非新产品方法专利侵权案[2]中,宜宾长毅公司已尽合理努力提供

---

〔1〕 参见《民事诉讼证据规定》第 7 条。

〔2〕 参见成都市中级人民法院 (2011) 成民初字第 458 号民事判决书、四川省高级人民法院 (2012) 川民终字第 533 号民事判决书、最高人民法院 (2013) 民申字第 309 号民事判定书。

证据证明潍坊恒联公司在其生产过程中使用了木浆板生产涉案粘胶木浆粕，且经鉴定为 100% 针叶木浆，而具体生产方法需要通过亲临潍坊恒联公司生产现场或取得原始生产记录才能知晓。由于该证据在潍坊恒联公司控制之下，原告无法获取，法院向被告释明并要求其提供证据，但被告无正当理由拒不提供。在无法查明涉案产品是否落入原告专利权保护范围的情况下，法院适用了推定原则，认定潍坊恒联公司构成侵权。笔者认为，专利侵权诉讼本身的特点使得具体诉讼中常常会有一些权利人难以举证的情况，尤其是方法专利侵权纠纷。因此，在法律未有明确规定的情况下，应当允许法官适用推定原则，合理地分配举证责任，平衡当事人之间的利益。

最高人民法院《关于审理侵犯专利权纠纷案件应用法律若干问题的解释（二）》规定，人民法院可以责令侵权人提供相关账簿、资料，若其无正当理由拒不提供或提供虚假材料，法院可根据权利人的主张和提供的证据认定侵权人因侵权所获得的利益。[1]笔者认为，在专利侵权诉讼中适用举证妨碍规则需注意以下几点：首先，要明确相关证据的举证方，只有当事人对相关证据具有披露义务时，其不提交证据或妨碍对方获得证据才能构成举证妨碍的行为，如原告对其专利申请过程中放弃或修改权利要求的证据的披露，方法专利侵权中被告对其涉案产品制造方法的披露。其次，正确判断妨碍行为。不负有举证责任的一方一般不具有主动提交于己不利的证据的义务，但也不应妨碍对方当事人正当的取证行为，若持有证据的一方故意或过失导致证据灭失或破坏，企图对另一方当事人的举证造成困难，则可构成举证妨碍；但若仅因案外人原因造成证据缺失，则不应使该方当事人承担举证妨碍责任。最后，适用举证妨碍规则的目的是排除妨碍，从而使待证事实有证可依。当前举证妨碍规则的私法效果往往是推定一方主张成立，但在双方都未充分证明的情况下，轻下断言未必符合实质正义，建议由负举证责任的当事人以其他替代性证据对案件事实加以证明，同时降低对该事实的认定标准。

（二）专利侵权诉讼取证规则的完善

1. 运用多种证据收集方式，提高当事人取证能力

（1）完善有关立法和司法解释，承认多种证据收集方式的合法性。在立法上，应承认多种证据收集方式的合法性，通过规范证据收集方式的适用规则，

---

[1]　参见最高人民法院《关于审理侵犯专利权纠纷案件应用法律若干问题的解释（二）》第 27 条。

提高当事人的取证能力。在运用陷阱取证时，应满足以下条件：①权利人必须有初步证据证明有侵权事实的发生。②权利人的取证方式应符合正常的商品交易行为，一方面，只能在侵权人正常的经营活动范围内取证；另一方面，不得采取妨碍正常市场秩序的方式，如采取欺骗、胁迫、教唆、怂恿、利诱等非法手段扰乱市场秩序。③需通过正常的取证途径，已尽合理努力仍然不能获取侵权证据。陷阱取证是"迫不得已"的行为，而非取证方式的最优选择，即在采取其他方法获取证据不能，或者即使能够采取其他方法获取证据，但权利人如不迅速收集，稍有不慎就会使侵权人提高警惕，隐蔽侵权证据时，[1]权利人才能对侵权人实施陷阱取证。在运用悬赏取证时，需要特别注意设置合适的悬赏金。权利人不应以过高的利益引诱或收买证人，否则有妨碍司法秩序之嫌。同时，悬赏金是诉讼的合理费用，若侵权人败诉，则在损害赔偿外还要承担悬赏金费用。设置过高的悬赏金虽然有利于激励案外人积极主动提交证据，查明案件事实，但诉讼成本可能远远超出当事人的经济承受能力。此时通过悬赏金来"压垮"乃至"惩罚"侵权人，对正当的民事取证并无益处，甚至会造成两方当事人在诉讼地位上的严重失衡，权利人的程序权利被畸形放大。[2]因此，在运用悬赏取证时，可以参考证据对案件具体事实查明的作用力大小，设置合适的悬赏金。对过高的悬赏金额，可以在公平原则的基础上，判令双方当事人共同分担。

（2）加大法院依职权调查取证力度。赋予法官调查取证的自由裁量权，适当扩大法官调查取证范围，创新法官调查取证方式，有利于解决当事人取证难的问题，对查明案件事实、作出正确裁判具有重要意义。中共中央办公厅、国务院办公厅2018年发布的《关于加强知识产权审判领域改革创新若干问题的意见》中强调，要适当加大人民法院依职权调查取证力度。扩大法官依职权调查取证范围，除法律规定的三类证据外，在专利侵权案件中，对当事人双方均未提交但对案件事实查明具有重要作用的证据，比如对专利权保护范围解释有争议而双方均未能充分举证时，法院有必要依职权调查取证；为了核实当事人提交的证据，如涉及侵权的销售清单、会计报告等，法院在必要时也可以依职权调查取证。创新法官调查取证方式，对权利人举证确有困难的，应充分、合理地使用登记保存、抽样取证等调查取证手段，适当减轻专利权人举证负担；专

---

〔1〕　叶青、韩东城："民事陷阱取证之再探讨——兼论北大方正诉高术软件侵权案的取证方式"，载《政治与法律》2007年第5期。

〔2〕　刘海洋："知识产权侵权诉讼中的悬赏取证规则"，载《河北法学》2015年第11期。

利侵权纠纷案件立案受理后，应尽量采取直接送达方式，在送达的同时进行调查取证。在向当事人充分释明的情况下，若当事人对有关事实不申请勘验、鉴定，则允许法官依职权进行勘验、鉴定。

（3）畅通当事人向行政执法机关取证的途径。专利行政执法是专利侵权诉讼有力的证据来源，但目前尚无当事人向行政执法机关取证的畅通机制。笔者认为，可以从以下两方面来完善：①确定专利行政机关在专利侵权诉讼中向法院提供证据的义务。实践中，不乏专利行政机关主动向法院提供行政处罚决定或者撤销专利无效复审决定书等有关证据材料的情形，不需要当事人的申请或法院依职权调查取证，只需简单的法院通知等程序，就可以从行政机关提取相关证据材料，可以节约司法资源，保证行政执法和司法保护的衔接。②参考广东中山等地行政机关的做法，允许当事人持法院受理案件通知书或由法院向当事人下达的申请提取相关证据的通知书等，向专利行政执法机关申请查阅或复制相关档案材料。这符合当事人举证的要求，同时也免去了当事人向法院申请调查取证和法院进行调查取证的负担。

2. 证据保全制度的完善建议

（1）特殊情况特殊对待，在某些专利侵权诉讼中适当降低申请证据保全的条件。有观点认为，应严格把控证据保全的审查标准，一般可以有三点要求：紧急情况、关联性、通过其他方式取证不能。笔者认为，从节约司法资源，防止当事人滥用证据保全的角度出发，上述标准有一定合理性。但是在实践中，上述标准实际上增加了权利人的程序负担，打击了权利人申请证据保全的积极性，对查明事实、维护专利权有一定的负面作用。首先，由于侵权证据被侵权方掌控，权利人对证据存在的紧急情况有时不能立即觉察并采取措施。其次，在紧急情况下，要求权利人先采取其他取证方式，一是时间不允许，二是其他取证方式不具有强制性，若取证不成功，容易打草惊蛇，可能加速证据的丧失。因此，笔者认为，在适用证据保全时，应赋予法院自由裁量权，在具体案件中，降低证据保全的审查标准，只要当事人证明自己是合法的专利权人，且有正当理由和初步证据证明侵权事实存在的可能性，即应准许保全。

（2）应丰富证据保全类型，给当事人选择权。笔者认为，可以引入德国以对方当事人同意为条件的保全，作为权利人可选择的保全方式。紧急情况下，依靠法院强制力采取保全措施是主要手段。非紧急情况下，若对方当事人同意，法院也可以采取保全措施，比如以下三种情形：①证据保全对双方都有利，如被告为避免在诉讼中法院推定其握有对己方不利的证据，而推定原告的主张成立；②虽然证据保全于被告不利，甚至造成损失，但被告出于维护自己名誉等原因愿意承担这种损失；③证据保全可能涉及被告的商业秘密，法院保全证据相对更安全。因此，法院不必因未达到紧急情况而当然拒绝当事人证据保全的申请。

值得指出的是，2020 年最高人民法院发布的《关于知识产权民事诉讼证据的若干规定》对包括专利权在内的知识产权证据保全制度作了多方面规定，有利于完善我国知识产权民事诉讼证据制度。[1]

（三）专利侵权诉讼质证与认证规则的完善建议

1. 鉴定意见的质证与认证规则的完善

司法鉴定可以弥补法官专门知识的不足，帮助法官和当事人理清相关技术问题，在此基础上对专利侵权行为作出正确的判定。完善鉴定意见的质证与认证规则，可以更好地发挥鉴定意见的证据效力，保证鉴定意见作为认定案件事实根据的可靠性和科学性。

在质证方面，笔者建议，首先要明确鉴定人出庭接受质证的义务。鉴定人是否属于本领域的专门技术人员，是否具有鉴定涉案技术问题的能力，很大程度上影响鉴定意见的可采性；鉴定人对鉴定样品的选取、鉴定方法的使用、鉴定结果的得出均应有合理说明，以保证鉴定意见的合理性和准确性；对双方当事人关于鉴定意见的质询，鉴定人应提出自己的证据和意见，对鉴定意见作进一步释明。其次，在鉴定人因正当理由不能出庭接受质询的情况下，法院应允许当事人对鉴定人进行书面质询，由鉴定人就庭审中双方当事人对鉴定意见的争议焦点提出自己的意见，而不应轻易对鉴定意见作出取舍。最后，鉴定人无正当理由不出庭接受质证的，应明确鉴定人须承担的法律后果，包括鉴定意见不得作为认定案件的根据、退还鉴定费用等。通过完善鉴定意见的质证规则，鼓励鉴定人出庭质证，有利于根据鉴定意见及时解决专利侵权诉讼中对技术事实问题的争议，帮助法官更容易地判断是否构成侵权，从而作出公正的裁判。

在认证方面，笔者认为，对鉴定意见进行认证时，应当注意审查是否超出了司法鉴定应有的范围，比如对专利权保护范围的确定中包含了对技术方案的理解，法院需结合说明书及附图，对技术特征的功能和效果以及具体的实施方

---

[1] 参见《关于知识产权民事诉讼证据的若干规定》第 11 至第 17 条规定。

式进行分析，确定该技术特征的内容。此类专门问题并非单纯的技术问题，而是包含了法律问题，需要由法官作出是否侵权的价值判断，而不应纳入司法鉴定范围。若司法鉴定超出了对技术事实本身的认定，则会有鉴定人员"替法官作裁判"的嫌疑，在认定鉴定意见的证明力时就需要排除相关评价性结论的影响，通过当事人的质证并结合本案的其他证据，来重新判断相关鉴定意见是否可采纳为定案依据。

2. 专家辅助意见的质证与认证规则的完善

不同于"当事人陈述"，专家辅助意见具有客观性、科学性等特点，使其在证据效力的认定上与鉴定意见具有一定的相似性。在专利侵权诉讼中，充分发挥专家辅助人的作用，不仅能帮助当事人提高举证和质证能力，也能增强鉴定意见的可靠性和可采性。专家辅助意见的质证与认证可以从以下两方面进行完善：

在质证方面，笔者认为：首先，应明确专家辅助人出庭参加质证的义务。专家辅助人应到庭就专家辅助意见进行说明和解释，针对法官、双方当事人和鉴定人提出的专门性问题，发表自己的意见。其次，明确专家辅助人质证的范围。专家辅助人应依据其专业知识对专门性问题进行回答和解释，其质证范围应限于技术事实的认定，而不应提出诉讼主张或对需要法官判定的法律事实提出"肯否"的结论，误导当事人和法官。最后，明确规定书面专家辅助意见的质证程序。一般而言，如果专家辅助人不出庭参加质证，则专家辅助意见的证据效力将被排除。但当在案证据不足以认定相关技术事实而又未进行司法鉴定时，书面专家辅助意见可能成为案件事实的判定依据。笔者认为，可以由提供专家辅助意见的一方当事人对意见的客观性和科学性作出说明，再针对对方提出的异议，确定双方当事人争议的技术焦点问题，并在对专家辅助意见质证的基础上，结合其他在案证据查明案件事实。

在认证方面，笔者认为：首先，应审查专家辅助人是否对其技术领域有足够的专业知识，即审查专家证人的资格条件。由于专家辅助人不像鉴定人那样具有鉴定人资格，在英美法系中，多采用"诉中确认"的方式约束其资质。[1]专家辅助人的资质不在于其是否有资格证书，而在于其是否具有较高的专业知识水平。非本领域专业人士或其专业知识水平较低的，其专家辅助意见的证明

---

〔1〕 李学军、朱梦妮："专家辅助人制度研析"，载《法学家》2015 年第 1 期。

效力在一定程度上也会变弱。其次，审查专家辅助意见是否有科学依据。除了可以在专家辅助人与当事人、鉴定人之间的质证和辩论中发现专家辅助意见的瑕疵外，还可以结合本案的有关证据，包括有关专利技术方案的申请文件、技术检索报告、相关的论文、期刊等文献资料，来判断专家辅助意见的真伪。再次，专家辅助人应当出庭接受质证，若只有书面的专家辅助意见，则不得成为裁判的依据，因为对专家资质的"诉中确认"和对专家辅助意见是否科学可靠的判断，都需要以专家辅助人出庭接受质证为前提。最后，专家辅助意见同鉴定意见的作用相同，其均是对涉案的专门问题进行解释说明，不应涉及对侵权判定等法律问题的推断性意见，故法官在认定专家辅助意见时应特别注意。

五、结论

专利侵权诉讼是一场关于技术和市场的"没有硝烟的战争"。目前，我国专利侵权诉讼的证据规则仍存在诸多不足。举证责任分配规则不够完善，在新产品制造方法发明专利侵权诉讼中，可以适当加大法院的自由裁量权，适时地转移举证责任，平衡当事人的程序利益。同时，灵活适用推定原则和举证妨碍规则，合理分配举证责任，破解当事人举证责任分配不公的难题。专利侵权诉讼的取证方式比较单一，可以在立法上承认善意的陷阱取证和悬赏取证的合法性，并规范取证方式的适用条件，提高当事人的取证能力和取证的积极性。同时，充分发挥法院调查取证和行政机关查处中收集证据的作用，完善证据保全制度，弥补当事人取证能力的不足，解决当事人取证难题。专利侵权诉讼的质证与认证过程中，鉴定意见和专家辅助意见具有特殊的地位，可以弥补当事人和法官专业知识的不足，对技术事实的认定和侵权法律事实的判定有重要影响。规范司法鉴定的审查标准和范围、完善专家辅助意见的质证程序和采信规则，有利于发现案件真实，提高专利侵权纠纷的解决效率，从而进一步提高专利司法保护水平。

《专利审查指南》 在专利诉讼中的适用问题研究

寇 飞

《专利审查指南》（以下简称《审查指南》） 属于部门规章，是专利法及其实施细则的具体化。人民法院在专利诉讼中对《审查指南》 的正确适用与否，不仅影响具体案件的走向，而且会产生较强的司法导向作用。因此，必须确保《审查指南》在专利诉讼中的正确适用。

在司法实践中，人民法院、国务院专利行政部门、有关当事人对于在专利诉讼中适用《审查指南》并无异议，但并不明确应遵循何种原则。对《审查指南》的具体规定，尤其是在《审查指南》多次修订过程中发生演进的规定的解读和适用标准，各方也存在争议。由此引发诸多问题，并亟须确立在专利诉讼中正确适用《审查指南》的基本原则与具体操作方法。

基于在实际工作中的长期困扰，笔者提出在专利诉讼中是否应适用《审查指南》，如何正确适用《审查指南》的问题。通过对司法裁判文书的检索、筛选、统计与分析，确认了该问题的普遍性、类型多样性与极富争议性。国内对该问题的研究非常欠缺，因此，笔者一方面尝试从域外司法实践中寻求借鉴，另一方面从法理学和《审查指南》的历史沿革等角度笔者印证妥善解决该问题的必要性与重要性，继而在批判性地剖析现有观点及做法的基础上，为问题的解决提出个人建议。

一、《审查指南》 在专利诉讼中适用的现状

相比于专利法及其实施细则的法律适用问题，各方对于《审查指南》在专利诉讼中的适用较少关注，也缺乏合理的认识。本节从法理学和实证角度出发，

对《审查指南》在专利诉讼中适用的现状进行调查分析，以便对《审查指南》在专利诉讼中适用情况的整体概貌有所了解，也为该问题的后续研究奠定基础。

（一）《审查指南》在专利诉讼中的法律地位

1. 《审查指南》的法律位阶

《专利法实施细则》第 122 条为《审查指南》提供了法律依据，其规定："国务院专利行政部门根据专利法和本细则制定专利审查指南。"

《审查指南》也进一步明确界定了其自身的法律位阶和职能属性。以 2010 版《审查指南》为例，其前言中记载："本指南是专利法及其实施细则的具体化，因此是专利局和专利复审委员会依法行政的依据和标准，也是有关当事人在上述各个阶段应当遵守的规章。本指南……作为国家知识产权局部门规章公布。"

可见，《审查指南》属于部门规章，上述规定也体现了国务院专利行政部门对《审查指南》在专利授权、确权行政程序中的法律地位的基本立场。

2. 《审查指南》在专利诉讼中适用的基本情况

关于《审查指南》在专利司法程序中如何适用的问题，专利法及其实施细则均无明确规定。《中华人民共和国行政诉讼法》（2017 年修正）第 63 条规定："人民法院审理行政案件，以法律和行政法规、地方性法规为依据……参照规章。"

上述规定为《审查指南》在专利行政诉讼中的适用提供了法理基础。基于此，人民法院对该问题通常采取以下立场：《审查指南》只要与专利法及其实施细则的规定不冲突，人民法院就应当参照适用。[1]《审查指南》具有正当的法律渊源，因此在专利民事诉讼中虽无明确的规定，亦可供人民法院参照适用。

作为佐证，上述观点见诸多份行政裁判文书，其中普遍认为，在审理专利授权、确权行政案件时，人民法院应当依照专利法及其实施细则，《审查指南》可供参照，但不能作为案件审理的依据。[2]

"注射用三磷酸腺苷二钠氯化镁冻干粉针剂及其生产方法"的侵犯发明专利权纠纷案体现了《审查指南》在专利民事诉讼中的角色定位。最高人民法院指

---

[1] "当前知识产权审判中需要注意的若干法律问题（2017）"，载 http://www.ciplawyer.cn/spgdzs/132627.jhtml? prid=223#，最后访问时间：2020 年 12 月 22 日。

[2] "空调机"发明专利申请驳回复审行政纠纷案［北京市高级人民法院（2012）高行终字第 1213 号行政判决书］、"用离子交换层析纯化蛋白质"发明专利申请驳回复审行政纠纷案［北京市高级人民法院（2013）高行终字第 735 号行政判决书］。

出，在《审查指南》的相关规定与包括专利法在内的法律法规并无冲突的情况下，在专利侵权程序中对涉案专利权利要求保护范围进行解读时，标准应与专利授权、确权程序相同。[1]

由此可见，人民法院在专利行政诉讼及专利民事诉讼中参照适用《审查指南》，既有法律依据，又有现实需求，司法实践中对此也普遍认同。

3. 人民法院对《审查指南》在专利诉讼中适用的立场

北京市高级人民法院作为专利行政诉讼的终审法院，认可《审查指南》的修改及其正确适用与否对于司法审判工作和各方当事人的较大影响，并声称在司法实践中适用错误版本《审查指南》的问题并不突出。但其同时指出："这一问题要引起我们的高度重视，毕竟不同版本的审查指南还是有一些变化的。法条适用是法官的基本功，也是正确裁判的最低要求，大家在办案压力和难度越来越大的情况下更不能犯这种低级错误。"[2]

时隔一年，北京市高级人民法院再次重申，要注意《审查指南》的法律适用问题。法律适用是法官的基本功。在专利行政案件中，法官应当主动审查被诉决定的法律适用问题，包括《审查指南》的适用版本问题。[3]在笔者看来，这正是《审查指南》法律适用问题的关键点之一。

（二）《审查指南》在专利诉讼中适用情况的实证研究

在法理学分析的基础上，以下通过实证研究，对涉及《审查指南》的专利民事和行政案件进行检索与分类统计，从而对《审查指南》在专利诉讼中的适用情况和整体发展趋势有一宏观认识。

1. 取样方法

本次取样数据来源于知产宝数据库，涵盖截至 2018 年 2 月 6 日知产宝数据库中收录的所有涉及专利的裁判文书。[4]

具体取样方法如下：针对民事诉讼，以"案件性质：民事"与"案件类型：专利"与"关键词：审查指南"为检索字段进行检索；针对行政诉讼，以"案

---

[1] 最高人民法院（2012）民提字第 10 号民事判决书。

[2] "北京高院整理发布当前知识产权审判中需要注意的若干法律问题（专利）政策精神"，载 http://www.chinaiprlaw.cn/index.php? id=4103，最后访问时间：2020 年 12 月 22 日。

[3] "当前知识产权审判中需要注意的若干法律问题（2017）"，载 http://www.ciplawyer.cn/spgdzs/132627.jhtml? prid=223#，最后访问时间：2020 年 12 月 22 日。

[4] 由于知产宝数据库无法确保在取样时作出的所有判决均已被收录，因此本报告所述案件量均为从知产宝数据库中获得的数据，与全部裁判数据有一定出入。

件性质：行政"与"案件类型：专利"与"关键词：审查指南"为检索字段进行检索。

2. 整体统计、分析

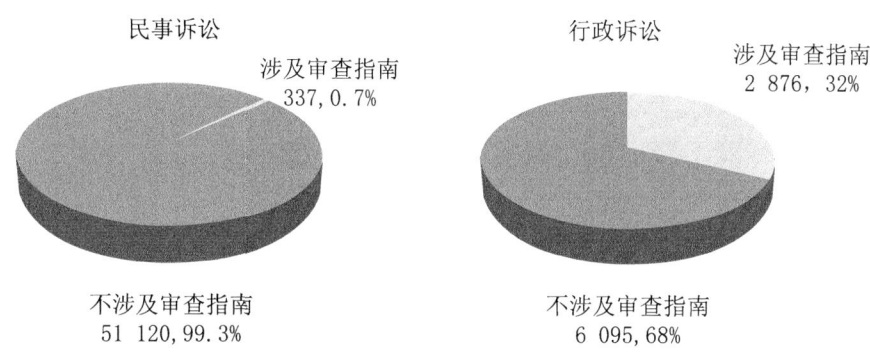

图1　知产宝专利相关司法案例数量统计

统计显示，截至 2018 年 2 月 6 日，知产宝中共收录专利民事诉讼案件 51 457 件，专利行政诉讼案件 8 971 件。裁判文书全文中涉及《审查指南》的案件比例分别为 0.7%和 32%（见图1）。

3. 专利民事诉讼中的统计、分析

《审查指南》在专利民事诉讼案件中的适用较少，主要涉及专利侵权纠纷中权利要求保护范围的解释这一核心问题，例如封闭/开放式权利要求保护范围的解读、[1]外观设计相同/近似性判断，[2]而这种考量也已体现在了司法解释的制定中。

例如，在最高人民法院《关于审理侵犯专利权纠纷案件应用法律若干问题的解释（二）》的新闻发布会上，最高人民法院民三庭原庭长宋晓明在谈及第 7 条时，认为其明确了封闭式组合物权利要求的解释规则，并与历次版本的《审查指南》中的相关规定保持了一致。

4. 专利行政诉讼中的统计、分析

统计结果显示，有接近三分之一的专利行政诉讼涉及《审查指南》。经分年统计发现，涉及《审查指南》的专利行政诉讼案件绝对数量从 2006 年起整体上

---

〔1〕　最高人民法院（2012）民提字第 10 号民事判决书。

〔2〕　最高人民法院（2014）民申字第 1148 号民事裁定书。

呈现增长趋势，并于 2010—2013 年达到高点，之后有所减少。[1] 其中，《审查指南》涉案比例在 2010—2016 年整体呈现逐年下降趋势（见图 2 右侧纵坐标轴）。

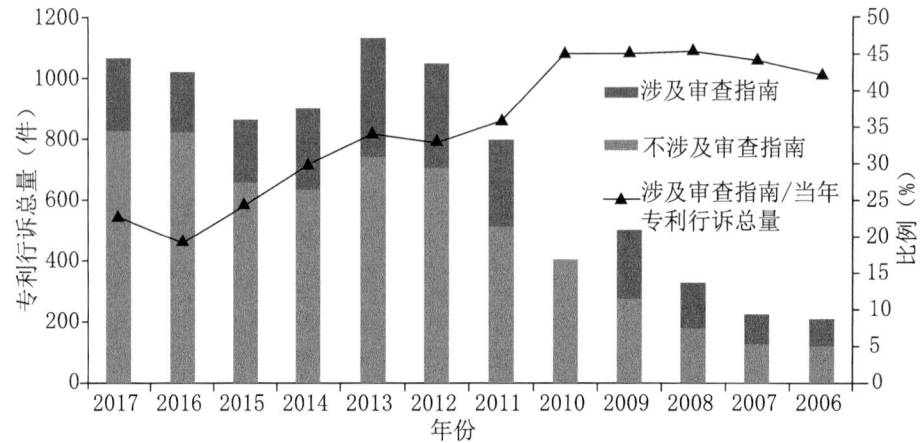

图 2　专利行政诉讼案件逐年统计

基于对裁判文书的整体分析可知：[2]

（1）对《审查指南》在专利授权确权行政行为及相关行政诉讼中的适用，人民法院（司法审判机构）、国务院专利行政部门（《审查指南》的制定者和执行者）、有关当事人（专利申请人、专利权人、无效请求人等）具有普遍共识。

（2）以上各方对不同版本《审查指南》中的具体规定的解读和适用标准存在争议，对在《审查指南》的多次修订/修改中相关规定是否发生变化、如何变化存疑。

（3）《审查指南》涉案比例下降，部分可归因于人民法院在司法审判工作中对于《审查指南》的适用逐渐达成共识，而司法审判对于专利行政执法工作的监督与反馈也在不同主体之间形成良性互动与循环。

（三）小结

第一，《审查指南》属于部门规章，是国务院专利行政部门在专利授权、确

---

〔1〕　由于法院案件审理工作和裁判文书上网工作相对滞后，2017 年后的数据仅做参考。

〔2〕　寇飞："《专利审查指南》在专利诉讼中适用的若干问题"，载《中国发明与专利》2016 年第 9 期。

权程序中依法行政的准则。

第二，《审查指南》只要与专利法及其实施细则的规定不冲突，人民法院在专利诉讼中即可参照适用，这种操作标准，既有法律依据，又有现实需求，司法实践中也普遍认同。

第三，人民法院认为，法律适用是法官的基本功，也是正确裁判的最低要求，因此要高度重视《审查指南》的法律适用问题。人民法院注意到了不同版本的《审查指南》的变化，并强调应避免因适用了错误版本的《审查指南》而犯低级的法律适用错误，并由此给当事人带来实体权利损害。

第四，专利民事诉讼适用《审查指南》的情形虽然较少，但仍存在合理需求。

第五，专利行政诉讼适用《审查指南》的情形较为普遍，各方对其适用的合理合法性具有普遍共识，但各方对不同版本《审查指南》中的具体规定的解读和适用标准仍存在争议。

二、《审查指南》在专利诉讼中适用的常见情形与问题

本部分进一步对其中的典型案例进行筛选与剖析，基于所涉及的实体和程序性规定，归纳常见情形，并从法律适用和司法裁判的角度，总结存在的典型问题，以便于后续针对性地提出解决方案。

（一）《审查指南》在专利诉讼中适用的常见情形

在对典型案例的研读中发现，在依据专利法及其实施细则、相关司法解释便能进行审理的案件中，一般无须适用《审查指南》。例如，涉及新颖性、创造性判断的专利授权、确权行政案件，涉及权利要求保护范围解读的专利侵权民事案件等，人民法院通常依据专利法及其实施细则、相关司法解释，较少适用《审查指南》。《审查指南》的适用通常是由于在专利法及其实施细则、相关司法解释中缺少明确规定，而仅在《审查指南》中进行了规范和阐释。

表1涉及《审查指南》中的多项实体性和程序性规定，这些规定在专利诉讼中会经常出现。

表 1　《审查指南》在专利诉讼中适用的常见情形〔1〕

相关规定	案件名称	司法观点评述
说明书公开不充分	"N－（3-氨基-喹喔啉-2-基）-磺酰胺衍生物及其作为磷脂酰肌醇 3-激酶抑制剂的用途"发明专利申请驳回复审行政纠纷案	自争议专利申请日至该案裁判日，《专利法》第 26 条"充分公开"的标准始终保持一致，人民法院应依据该标准对说明书是否充分公开进行认定；上述认定不会受到如何适用《审查指南》的影响〔2〕
开放/封闭式权利要求保护范围解读	"注射用三磷酸腺苷二钠氯化镁冻干粉针剂及其生产方法"侵犯发明专利权纠纷案	《审查指南》对封闭/开放式权利要求的解释规则长期一致，且不违反专利法及其实施细则的规定，在专利侵权诉讼程序中确定封闭/开放式权利要求的保护范围时，应与《审查指南》的明确规定和通常的实际操作一致〔3〕
修改超范围	"墨盒"发明专利权无效行政纠纷案	专利复审委员会依据错误版本的《审查指南》作出涉案专利全部无效的决定，虽犯了程序性错误，但由于不同版本《审查指南》中关于修改超范围的审查标准实质相同，实体结果未受影响〔4〕
权利要求能否得到说明书支持	"热稳定的葡糖淀粉酶"发明专利权无效行政纠纷案	二审：《审查指南》版本适用有误，但不同版本相关规定均未修改，无本质差异，原审法院法律适用虽有不当，但对原审判决无实质影响〔5〕 再审：争议专利申请日时实施的 1993 年版《审查指南》并没有关于生物技术领域发明的权利要求书的规定；即使参考 2010 年版《审查指南》等相关规定，最高人民法院亦认为，2010 年版《专利审查指南》的规定并没有排除生物序列发明使用同源性限定的描述方式〔6〕
依职权审查	"全喂入联合收割机的脱粒与分离装置"实用新型专利权无效行政纠纷案	专利无效宣告程序中，专利复审委员会通常依请求审查，而依职权审查是例外；《审查指南》中以列举的形式限定了可依职权审查的具体情形，不宜扩大解释实质审查〔7〕

〔1〕　寇飞："《专利审查指南》在专利诉讼中适用的若干问题"，载《中国发明与专利》2016 年第 9 期。

〔2〕　北京市高级人民法院（2014）高行终字第 79 号行政判决书。

〔3〕　最高人民法院（2012）民提字第 10 号民事判决书。

〔4〕　最高人民法院（2010）知行字第 53-1 号行政裁定书。

〔5〕　北京市高级人民法院（2014）高行（知）终字第 3524 号行政判决书。

〔6〕　最高人民法院（2016）最高法再 85 号行政判决书。

〔7〕　最高人民法院（2013）知行字第 92 号行政裁定书。

续表

相关规定	案件名称	司法观点评述
明显实质性错误	"表面改性的沉淀二氧化硅"发明专利申请驳回复审行政纠纷案	在实质审查、复审与无效请求审查阶段对"明显实质性缺陷"的审查，应限于《审查指南》在初审部分列举的情形，不宜扩大解释〔1〕
其他程序性问题	"聚合物尤其是聚烯烃织物制的包及其制造方法"发明专利权无效行政纠纷案	复审委在一审过程中变更行政决定，违反《审查指南》的相关规定，损害了行政相对人的合法权益〔2〕

（二）《审查指南》在专利诉讼中适用的典型问题

通过对典型案例的剖析，总结得出《审查指南》在专利诉讼中适用时有代表性的以下若干典型问题，由此也进一步凸显了该命题在当前司法实践中的重要性和紧迫性。

1. 版本有误，标准不一，适用法律错误，应予纠正

在"缬沙坦和钙通道阻断剂的抗超敏组合"发明专利申请驳回复审行政纠纷案中，针对涉案专利申请缺乏实验证据的缺陷，申请人于申请日后补交实验数据以证明发明的效果。专利复审委员会本应根据 1993 年版《审查指南》，适用《专利法》第 22 条第 4 款关于实用性的规定，并应允许申请人补交实验数据。然而，专利复审委员会却错误援引 2001 年版和 2006 年版《审查指南》，错误适用《专利法》第 26 条第 3 款关于充分公开的规定，进而错误拒绝了申请人补交的实验数据，属于适用法律错误。〔3〕

笔者赞同北京市高级人民法院的观点。自 1985 年 4 月 1 日至今，专利法及其实施细则、《审查指南》几经修改（见图 3），无论其中的相关规定是否发生变化，在专利授权、确权以及侵权程序中，均应严格适用专利申请日施行的专利法及其实施细则、《审查指南》。否则，不但会违反法不溯及既往的原则，也有可能对实体审判结果造成实质性影响。

---

〔1〕　最高人民法院（2014）知行字第 2 号行政裁定书。

〔2〕　北京市高级人民法院（2013）高行终字第 29 号行政判决书。

〔3〕　北京市高级人民法院（2013）高行终字第 1244 号行政判决书。

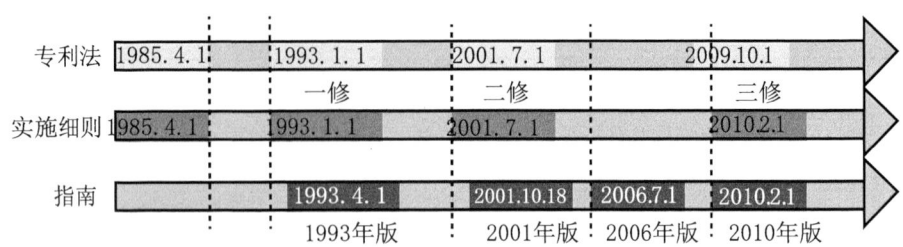

图 3　专利法及其实施细则、《审查指南》的历史沿革（其中日期均为正式施行日）[1]

2. 版本有误，标准一致，虽适用法律错误，但可不必纠正

在"墨盒"发明专利权无效行政纠纷案中，专利复审委员会援引 2006 年版《审查指南》的规定作出无效决定，被最高人民法院认定为法律适用错误。但最高人民法院同时认为，关于修改超范围的规定在《专利法》中从未修改，在不同版本《审查指南》中也无本质差异，专利复审委员会虽程序违法，但不影响实体结果。加上本案诉争已久，最高人民法院最终决定对争议无效决定不予纠正。[2]

上述情形在司法实践中最为常见。虽然存在《审查指南》版本错误的问题，但人民法院往往会认为相关规定在不同版本《审查指南》中并未发生变化，因而对实体结果并无影响，原审查决定或裁判无须纠正。

但事实上，在历次修订/修改过程中，《审查指南》中多项规定发生了实质性或非实质性调整。退一步讲，即便不同版本《审查指南》的标准确实一致，也不宜以实体公正代替程序公正。适用正确版本的《审查指南》，是法官的基本功，也是正确裁判的最低要求。[3]

3. 基于法理，淡化《审查指南》的适用

在司法审判中，人民法院有时会避免援引《审查指南》的相关规定。以"抗生素的给药方法"发明专利权无效行政纠纷案为例，其涉及制药用途权利要求的新颖性评判标准，专利复审委员会本应适用 1993 年版《审查指南》，却错误适用了 2006 年版《审查指南》，并依据其中关于用药特征对制药过程无限定

---

[1] 《专利法》已于 2020 年 10 月 17 日进行了第四次修正，修正后的《专利法》于 2021 年 6 月 1 日施行。

[2] 最高人民法院（2010）知行字第 53-1 号行政裁定书。

[3] "北京高院整理发布当前知识产权审判中需要注意的若干法律问题（专利）政策精神"，载 http://www.chinaiprlaw.cn/index.php? id=4103，最后访问时间：2019 年 12 月 22 日。

作用的规定，作出涉案专利不具备新颖性的无效决定。对此，最高人民法院认为，1993 年版《审查指南》中虽无上述规定，但关于新颖性的评判在历次专利法中均是一以贯之的。涉案决定并未违背专利法关于新颖性的规定，因而不予纠正。[1]

笔者看来，《审查指南》通过对专利法及其实施细则中的相关法条进行文字解释或具体阐释，从而有利于国务院专利行政部门依法行政。人民法院在专利诉讼中可以参照适用，但非判案依据。当不同版本《审查指南》中的上述文字解释或具体阐释存在分歧，但在专利法中标准一致时，人民法院淡化对不同版本《审查指南》的适用问题，选择回归到专利法及其实施细则的立法本意，定分止争，既是依法裁判的应有之意，又不失为一种灵活把握《审查指南》适用的明智之举。

4. 对《审查指南》具体规定的解读存在争议

对于《审查指南》的具体规定，人民法院与其制定者——国务院专利行政部门，出于不同的考虑，可能会有不同的见解。

以"氨氯地平、厄贝沙坦复方制剂"发明专利权无效行政纠纷案为例，出于提高授权专利稳定性的目的，专利权人在确权程序中修改权利要求，但因不属于《审查指南》中规定的三种修改方式之一而遭到了专利复审委员会拒绝。最高人民法院对此表达了不同观点，认为该修改既不妨碍专利保护范围的稳定性，又未超出原始记载的范围，不应仅以不符合《审查指南》规定的修改方式的要求而被限制。对于《审查指南》中规定的三种修改方式，专利复审委员会认为仅限于此；而最高人民法院则认为上述三种仅为举例，并未绝对排除其他修改方式。[2]

笔者看来，国务院专利行政部门在本案中对《审查指南》中具体规定的解读，虽然降低了其自身行政执法工作的难度，但对专利权人显得过于严格，甚至构成不当惩罚。人民法院从该规定的本意出发，在与专利法及其实施细则的规定不存在矛盾或冲突的前提下，充分考虑到专利法保护专利权人利益的立法宗旨，对该规定做出了较为宽松的解读，显得更为合理。

5.《审查指南》具体规定与上位法冲突

"碗（带把 4932）"外观设计专利权无效行政纠纷案中，专利复审委员会

---

[1]　最高人民法院（2012）知行字第 75 号行政裁定书。

[2]　最高人民法院（2011）知行字第 17 号行政裁定书。

基于《审查指南》的规定[1]认为，以涉案专利与在先权利相冲突为理由提出的无效宣告请求中，请求人应为在先权利人或者利害关系人。北京市高级人民法院基于对专利法[2]的解读，认为专利法对无效宣告请求人的主体资格并无限制性规定，任何单位或者个人均为适格主体，并因此认定专利复审委员会适用法律错误[3]。

虽然业界对上述问题至今仍存在极大争议，但抛开具体问题不论，人民法院在该案中的做法仍具启发性。面对《审查指南》的具体规定与上位法存在冲突这一较为罕见的情形，司法审判机构保持了应有的谦抑，做到了理性尊重行政权和司法权的界限，并未对《审查指南》的具体规定进行审查。

(三) 小结

本部分就《审查指南》在专利诉讼中的适用问题，对典型案例进行进一步的筛选与深度剖析，基于所涉及的实体和程序性规定，归纳了常见情形，并从法律适用和司法裁判的角度，总结了存在的典型问题。

第一，在依据专利法及其实施细则、相关司法解释便能进行审理的案件中，一般无须适用《审查指南》。在专利法及其实施细则、相关司法解释中缺少明确规定，仅在《审查指南》中有所涉及的问题，《审查指南》的适用较频繁。

第二，《审查指南》在专利诉讼中的适用涉及多项实体性和程序性规定，包括但不限于修改超范围、说明书充分公开、权利要求支持问题、开放/封闭式权利要求保护范围解读、明显实质性错误、依职权审查及其他程序性问题，这些规定大都是专利法中的核心问题。

第三，《审查指南》在专利诉讼中的适用既是法官的基本功，也是正确裁判的最低要求，但在司法实践中仍存在诸多问题，应予高度重视。

---

[1] 根据《审查指南》(2010) 第四部分第三章第3.2节，以授予专利权的外观设计与他人在申请日以前已经取得的合法权利相冲突为理由请求宣告外观设计专利权无效，但请求人不能证明是在先权利人或者利害关系人的，其无效宣告请求不予受理。其中，利害关系人是指有权根据相关法律规定就侵犯在先权利的纠纷向人民法院起诉或者请求相关行政管理部门处理的人。本专利申请日为2006年2月15日。

[2]《专利法》(2000 年修正) 第 23 条规定："授予专利权的外观设计，应当同申请日以前在国内外出版物上公开发表过或者国内公开使用过的外观设计不相同和不相近似，并不得与他人在先取得的合法权利相冲突。"第 45 条规定："自国务院专利行政部门公告授予专利权之日起，任何单位或者个人认为该专利权的授予不符合本法有关规定的，可以请求专利复审委员会宣告该专利权无效。"

[3] 北京市高级人民法院 (2014) 高行终字第 30 号行政判决书。

三、《审查指南》在专利诉讼中适用的比较法研究

中、美、欧、日、韩是当前知识产权活动最频繁的五个国家和地区，美、欧、日、韩各自的知识产权机构均存在与中国的《审查指南》类似的文件。本节从法律地位、专利诉讼中的适用性等角度，对美、欧、日、韩的相关立法特征与司法实践的异同进行比较法领域的探讨，以期为中国的专利实践提供借鉴。

（一）美国《专利审查程序手册》在美国专利诉讼中的适用

1. 法律地位

美国的《专利审查程序手册》（Manual of Patent Examining Procedure，简称MPEP）在前言部分开宗明义："本手册的出版，就工作实践及在美国专利商标局进行专利申请的审查相关程序及其他诉讼，为美国专利商标局的专利审查员、申请人、律师、代理人和申请人的代表人提供了参考。……本手册并不具有法律的效力或美国联邦法规（Code of Federal Regulations）第 37 编中的规章的效力。"[1]

2. 专利诉讼中的适用性

美国联邦巡回上诉法院在 Litton Systems，Inc. v. Whirlpool Corp.，728 F. 2d 1423（Fed. Cir. 1984）案中明确了对 MPEP 中相关规定的立场。本案涉及 MPEP 中关于会晤记录的规定，具体而言，不同版本的 MPEP 均规定，应由申请人对代理人和审查员之间的会晤或电话会谈进行记录，并存入申请文件中。

对此，美国联邦巡回上诉法院认为，MPEP 作为专利审查员和各方当事人的行动指南，已经详细描述了在会晤之后的程序，虽然 MPEP 对于法院并没有法律效力，但其如果不违反相关法律法规，可以将其作为对法律法规的官方解

---

[1] See Manual of Patent Examining Procedure（MPEP），Ninth Edition，Revision 08. 2017，available at https://www. uspto. gov/web/offices/pac/mpep/mpep－0015－foreword. html，last visited on December 22，2020. "This Manual is published to provide U. S. Patent and Trademark Office（USPTO）patent examiners，applicants，attorneys，agents，and representatives of applicants with a reference work on the practices and procedures relative to the prosecution of patent applications and other proceedings before the USPTO. For example，the Manual contains instructions to examiners，as well as other material in the nature of information and interpretation，and outlines the current procedures which the examiners are required or authorized to follow in appropriate cases in the normal examination of a patent application. The Manual does not have the force of law or the force of the rules in Title 37 of the Code of Federal Regulations. "

释。[1]美国联邦巡回上诉法院基于 MPEP 中的规定，认定涉诉的 Litton Systems 公司未能将其与专利审查员的会晤结果妥善记录并存档，应自行承担由此带来的不利后果。

（二）《欧洲专利局审查指南》在欧洲专利诉讼中的适用

1. 法律地位

根据《欧洲专利公约》（European Patent Convention）第 10（2）（a）条的规定，《欧洲专利局审查指南》（Guidelines for Examination in the European Patent Office）于 1978 年 6 月 1 日生效，并用于欧洲专利审查。《欧洲专利局审查指南》已经并将以规律的间隔进行更新，充分考虑欧洲专利法和专利实践的发展，旨在与持续演进的欧洲专利法和专利实践密切保持一致。[2]《欧洲专利局审查指南》的持续不断更新，能够最大限度地与立法和司法体系紧密保持同步，尽量防止专利审查、审判主体之间发生断层，使审查、审判标准的差异最小化。

2. 专利诉讼中的适用性

《欧洲专利局审查指南》的总论中开门见山地指出：“《欧洲专利局审查指南》并不构成法律规定。对欧洲专利局实践的最终权威性，需要首先参照《欧洲专利公约》，包括实施细则等，其次参照申诉委员会和扩大申诉委员会对《欧洲专利公约》的解释。”[3]

---

〔1〕　See Litton Systems, Inc. v. Whirlpool Corp. , 728 F. 2d 1423（Fed. Cir. 1984）. “The MPEP, commonly relied upon as a guide to patent attorneys and patent examiners on procedural matters, details procedures to be followed during and after an interview. The MPEP has no binding force on us, but is entitled to notice so far as it is an official interpretation of statutes or regulations with which it is not in conflict. ”

〔2〕　See Guidelines for Examination（2017）, Preliminary remarks, “In accordance with Art. 10（2）（a）of the European Patent Convention（EPC）, the President of the European Patent Office（EPO）had adopted, effective as at 1 June 1978, the Guidelines for Examination in the European Patent Office. These Guidelines are updated at regular intervals to take account of developments in European patent law and practice. Usually, updates involve amendments to specific sentences or passages on individual pages, in order to bring the text into line with patent law and EPO practice as these continue to evolve. It follows that no update can ever claim to be complete. ”

〔3〕　See Guidelines for Examination（2017）, General remarks, “It should be noted also that the Guidelines do not constitute legal provisions. For the ultimate authority on practice in the EPO, it is necessary to refer firstly to the European Patent Convention itself including the Implementing Regulations, the Protocol on the Interpretation of Article 69 EPC, the Protocol on Centralisation, the Protocol on Recognition, the Protocol on Privileges and Immunities and the Rules relating to Fees, and secondly to the interpretation put upon the EPC by the Boards of Appeal and the Enlarged Board of Appeal. ”

（三）日本《审查指南》在日本专利诉讼中的适用

1. 法律地位

在平成 17（行ヶ）10042 号判决中，日本知识产权高等法院对日本《审查指南》（Guidelines for Examination）的法律地位做了定性描述。其指出，日本《审查指南》为专利审查员提供基本思路，并被申请人广泛用于指导申请管理等。然而，它们是出于确保日本专利局做出公正、合理的专利审查决定目的的判定标准（determination standards），而非评价标准（review standards），也非法律规定。[1]

2. 专利诉讼中的适用性

日本特许厅在官方网站上指出，现行的日本《审查指南》于 2015 年 10 月 1 日生效，基于最新的日本专利法和细则进行了修改，一般而言对 1995 年 7 月 1 日当天或之后提交的申请适用。然而，因专利法等的修改而增加和更新的相关规定，今后只能适用于有限的申请。[2]另外，为了便于操作，日本特许厅网站标注了日本《审查指南》每部分分别适用的专利申请。

对于日本《审查指南》的司法适用所应遵循的原则，在平成 17（行ヶ）

---

〔1〕 参见平成 17（行ヶ）第 10042 号特許取消決定取消请求事件，日文链接 http://www.ip.courts.go.jp/vcms_lf/10042.pdf，英译文链接 http://www.ip.courts.go.jp/eng/vcms_lf/2005-10042.pdf，最后访问时间：2020 年 12 月 22 日。"特許・実用新案審査基準は，特許要件の審査に当たる審査官にとって基本的な考え方を示すものであり，出願人にとっては出願管理等の指標としても広く利用されているものではあるが，飽くまでも特許出願が特許法の規定する特許要件に適合しているか否かの特許庁の判断の公平性，合理性を担保するのに資する目的で作成された判断基準であって，行政手続法 5 条にいう「審査基準」として定められたものではなく（特許法 195 条の3により同条の規定は適用除外とされている。），法規範ではないから，本件特許の出願に適用される特許・実用新案審査基準に特許法の上記規定の解釈内容が具体的に基準として定められていたか否かは，上記（4）アの解釈を左右するものではない。また，平成 15 年 10 月改訂に係る特許・実用新案審査基準（甲 11）では，明細書のサポート要件違反の類型の一つとして，「出願時の技術常識に照らしても，請求項に係る発明まで，発明の詳細な説明に開示された内容を拡張ないし一般化できるとはいえない場合」を掲げ，更にその例示として，「機能・特性等を数値限定することにより物."

〔2〕 See http://www.jpo.go.jp/tetuzuki_e/t_tokkyo_e/1312-002_e_period.htm, Applicable periods and applications of "Examination Guidelines for Patent and Utility Model" and "Examination Handbook for Patent and Utility Model" in Japan, last visited on December 22, 2020. "The examination guidelines are described based on the latest laws and regulations at the time of revision of the examination guidelines. The examination guidelines basically apply to applications filed on or after July 1, 1995. However, parts added or updated of the examination guidelines accompanying a change in the law, etc. in future may apply to limited applications."

10042 号判决也做了阐释。在确立了日本《审查指南》的非法律规定属性的基础上，日本知识产权高等法院进一步认为，日本《审查指南》的具体标准符合在此之前的日本专利法相关规定的立法本意，因此即便与溯及既往地适用该具体标准结果相同，也应当不会引发违反法律法规的问题。[1]

（四）韩国《专利审查指南》和《专利审判指南》在韩国专利诉讼中的适用

1. 法律地位

韩国的专利体系中包括《专利审查指南》和《专利审判指南》（二者合称《指南》）两份文件，其作为韩国专利法律法规的具体操作规则，分别用于指导韩国特许厅和韩国特许厅审判院[2]的专利审查工作。韩国的《指南》与中国《审查指南》类似，可以看作专利行政部门的规章，并且仅对相应的专利行政部门有约束力。

2. 专利诉讼中的适用性

韩国的专利诉讼中极少适用《指南》，法院通常仅依据专利法律法规进行案件审理。这种做法有其自身的合理性和制度保障。韩国专利法的规定细致周密，在很大程度上免除了以《指南》对专利法做进一步具体阐释的需要，相应地也便于法院依法直接进行案件审判，而无须参照或援引《指南》。

另外，与中国专利法的相对稳定相比，韩国专利法经常发生修改，立法精神和操作性规范往往体现在专利法的修改中。《指南》的修改需要基于专利法的修改以及大法院或者专利法院的判例，相对滞后，依从性强，稳定性差，因此指导性不高。在此情形下，即便是韩国专利行政部门，也往往依据专利法律法规进行案件审查工作，更不必说韩国的大法院或者专利法院。

---

〔1〕 参见平成 17（行ケ）第 10042 号特許取消決定取消請求事件，日文链接 http://www. ip. courts. go. jp/vcms_ lf/10042. pdf，英译文链接 http://www. ip. courts. go. jp/eng/vcms_ lf/2005 - 10042. pdf，最后访问时间：2020 年 12 月 22 日。"を特定しようとする発明において，請求項に記載された数値範囲全体にわたる十分な数の具体例が示されておらず，しかも，発明の詳細な説明の他所の記載をみても，また，出願時の技術常識に照らしても，当該具体例から請求項に記載された数値範囲全体にまで拡張ないし一般化できるとはいえない場合」を掲げており，この具体的基準が特許法旧 36 条 5 項 1 号の規定の趣旨に沿うものであることは，上記（5）アの判示に照らして明らかであって，そうである以上，これをその特定の基準が適用される特許出願より前に出願がされた特許に係る明細書に遡及適用したのと同様の結果になるとしても，違法の問題は生じないというべきである。"

〔2〕 隶属于韩国特许厅，类似于中国的专利复审委员会。

即便如此，《指南》仍然是韩国专利行政部门审查工作的参考性文件。与日本《审查指南》类似，韩国的《指南》会标注修订内容及生效时间。在专利审查工作中需要适用《指南》时，通常基于从旧原则，根据专利申请日确定正确版本的《指南》及具体规定。

除此之外，《指南》在韩国专利审查实践中的适用还会考虑对行政相对人是否有利。例如对于不包括直接诊断的治疗方法的可专利性，韩国《指南》的规定由否定变为肯定，发生了实质性转变。由于这一变化对行政相对人有利，韩国专利审查实践认为新《指南》中关于不包括直接诊断的治疗方法的规定可以溯及此前的专利申请。[1]

由此可见，韩国《指南》的适用基本遵循"法不溯及既往，从旧兼有利"的原则。

（五）小结

本部分从法律地位、专利诉讼中的适用性等角度，对美、欧、日、韩的相关立法特征与司法实践的异同进行了比较法领域的探讨，结果显示：

第一，各国家和地区专利行政机关制定的用于专利行政审批的专利审查指南均非法律规定，而是对各国家和地区专利法律法规的具体化与理解适用。

第二，从各国家和地区司法审判实务来看，对于专利审查指南中的相关规定，在与专利法律法规不冲突的前提下，司法审判机构会予以尊重或考虑。

第三，各国家和地区的专利审查指南保持不断更新，最大限度地与立法和司法体系保持紧密同步，尽量使审查、审判标准的差异最小化，同时通过明确具体的标注为其适用提供指导。

第四，以韩国的司法实践为例，在专利诉讼中如需适用《指南》中的相关规定，基本遵循"法不溯及既往，从旧兼有利"的原则。

四、我国专利诉讼中正确适用《审查指南》的必要性及建议

当前司法实践中存在的关于适用《审查指南》的上述诸多问题，凸显了《审查指南》在专利诉讼中正确适用的重要性。以下从法理学、《审查指南》的自身演进以及司法导向需求等角度，探讨在专利诉讼中正确适用《审查指南》的必要性。在此基础上，通过借鉴其他国家和地区司法实践中的做法，探讨在

---

〔1〕 参见国家知识产权局学术委员会2013年度一般课题研究项目《专利审查指南的效力及其适用研究》，第40—41页。

专利诉讼中正确适用《审查指南》应遵循的原则，针对性地提出个人建议。

（一）在专利诉讼中正确适用《审查指南》的必要性

1. 法理上的要求

《审查指南》在专利诉讼中的适用属于法律适用问题，是法官的基本功。[1]适用错误版本的《审查指南》，或对《审查指南》中规定的不当解读，均有可能导致案件裁判结果的根本性错误。各级人民法院、国务院专利行政部门、有关当事人均应当重视《审查指南》对司法实践和行政执法工作的指导和规范作用，严格适用正确版本的《审查指南》，正确解读与援引《审查指南》中的具体规定。

法不溯及既往是国内外公认的基本法律原则。该原则在《中华人民共和国立法法》（以下简称《立法法》）中也得到了确立。《立法法》第 93 条规定："法律、行政法规、地方性法规、自治条例和单行条例、规章不溯及既往，但为了更好地保护公民、法人和其他组织的权利和利益而作的特别规定除外。"[2]

该法条是目前我国规范性文件在溯及力方面唯一以立法确定的标准。[3]"法不溯及既往"是一项基本的法治原则，其所追求的立法目的在于法的安定性和信赖利益保护，也是世界上大多数国家和地区通行的原则。需要指出的是，该项原则具有很强的普适性，不仅适用于立法领域，还应普遍适用于执法、司法、守法和法律监督等领域。[4]

在我国，"法不溯及既往"适用于民法、刑法、行政法等法律部门，无论是处于哪一法律位阶的法律法规，在涉及法律适用时，都应严格遵守该基本原则。[5]唯有如此，才能确保程序和实体正义。

但任何事物都非绝对。"法不溯及既往"原则还涉及从轻例外，即当新的法律规定减少了当事人的责任或增加了当事人的权利时，作为"法不溯及既往"

---

〔1〕"当前知识产权审判中需要注意的若干法律问题（2017）"，载 http://www.ciplawyer.cn/spgdzs/132627.jhtml？prid＝223#，最后访问时间：2020 年 12 月 22 日。

〔2〕《立法法》（2015 年修正）第 93 条，最早为 2000 年颁布实施的《立法法》第 84 条，2015年修正时，该条文保持不变。

〔3〕王静："论行政法上的法不溯及既往原则"，载《宪政与行政法治评论》2007 年。

〔4〕朱力宇："关于法的溯及力问题和法律不溯既往原则的若干新思考"，载《法治研究》2010 年5 期。

〔5〕郑淑娜主编：《〈中华人民共和国立法法〉释义》，中国民主法制出版社 2015 年版，第 245—246 页。

原则的一种例外，新法可以溯及既往。[1]有学者将其定义为"从旧兼有利"原则。[2]

以上即为"法不溯及既往，从旧兼有利"的基本原则。作为部门规章，《审查指南》亦应遵循该基本原则，不应与之背离。

2.《审查指南》实质性演进的要求

《审查指南》自1993年首次颁布，除了较为熟知、变化较大的2001版、2006版和2010版修订之外，还包括通过第46号、50-52号、67号、68号、74号国家知识产权局令进行的部分修订。[3]事实上，《审查指南》的每次修订，都多多少少地涉及若干规定的实质性演进。以下仅以有代表性的规定为例。

(1) 修改超范围。历经数次修订，《审查指南》中关于"原说明书和权利要求书记载的范围"的规定已经出现了实质性变化（见图4）。1993版、2001版《审查指南》中的"公开"所限定的范围既包括文字记载内容，又包括本领技术人员能够直接、毫无疑义地导出的内容。相比之下，2006版、2010版《审查指南》中的"记载"所限定的范围虽然也包括文字记载内容，但直接、毫无疑义地"导出"已经变成了"确定"。

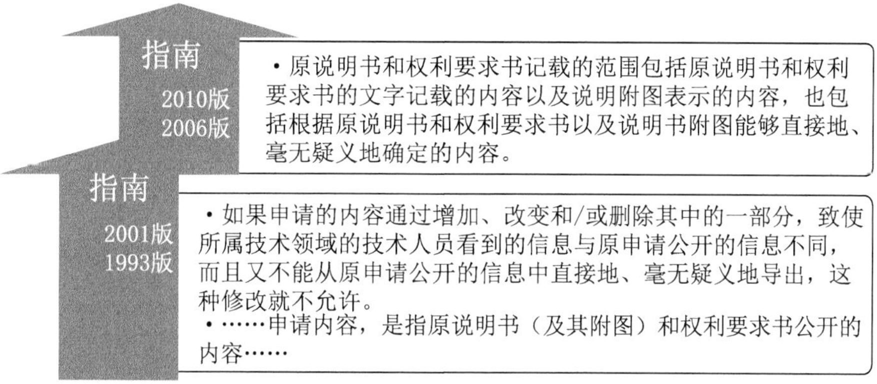

图4 《审查指南》中关于"原说明书和权利要求书记载的范围"规定的演进

指南 2010版 2006版
·原说明书和权利要求书记载的范围包括原说明书和权利要求书的文字记载的内容以及说明附图表示的内容，也包括根据原说明书和权利要求书以及说明书附图能够直接地、毫无疑义地确定的内容。

指南 2001版 1993版
·如果申请的内容通过增加、改变和/或删除其中的一部分，致使所属技术领域的技术人员看到的信息与原申请公开的信息不同，而且又不能从原申请公开的信息中直接地、毫无疑义地导出，这种修改就不允许。
·……申请内容，是指原说明书（及其附图）和权利要求书公开的内容……

---

〔1〕 郑淑娜主编：《〈中华人民共和国立法法〉释义》，中国民主法制出版社2015年版，第245—246页。

〔2〕 朱力宇、张曙光：《立法学》，中国人民大学出版社2009年版，第135—136页。

〔3〕 参见国家知识产权局官网 http://www.sipo.gov.cn/zcfg/flfg/zl/bmgz/，最后访问时间：2020年12月22日。

在笔者看来，上述细微的措辞差异，事实上已经导致了《专利法》第33条中"原说明书和权利要求书记载的范围"所限定范围的变化（见图5）。国务院专利行政部门并未声明上述变化是有意为之，也未刻意强调二者的差别。事实上，在专利行政授权、确权程序中所体现出的对修改超范围的审查标准，从措辞修改前的相对宽松，转变为措辞修改后的相对严格，近年来在实践中也矫正了前些年对该审查标准过于机械的把握。

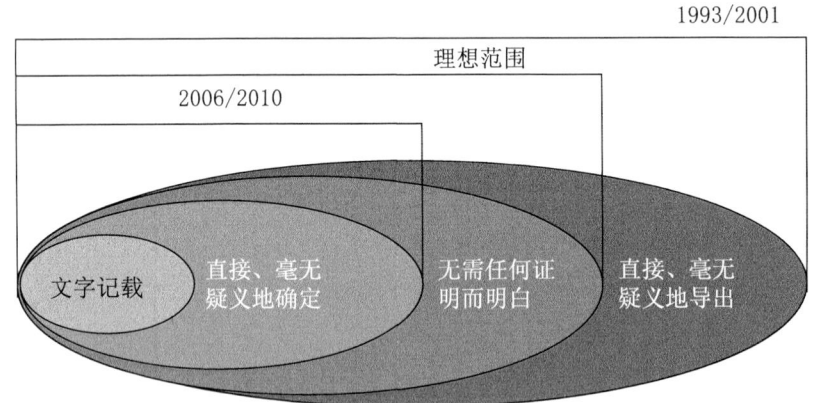

图5　《审查指南》中对"原说明书和权利要求书记载的范围"解读的变化

（2）申请日后补交实验数据。2017年的《审查指南》修改，涉及化学领域发明专利审查。具体而言，现行《审查指南》中的措辞"不予考虑"可能带来误解，应予以删除；明确规定审查员应对申请人补交的实验数据进行审查，并坚持在补交实验数据的审查中适用先申请原则。

虽然国务院专利行政部门在官方解读中认为，专利法向来尊重和保留专利申请人或专利权人依法提交证据的权利，对于补交数据的审查标准，在《审查指南》中保持一致，[1]但事实上，国务院专利行政部门在先前的审查实践中对补交实验数据长期持否定态度。随着司法审判实践中在创造性评判、公开是否充分等方面对于申请日后补交实验数据的合理考量与有条件地接受之后，国务院专利行政部门也终于通过了《审查指南》中相关规定的调整。

（3）计算机程序。2017年的《审查指南》修改，最大的亮点之一在于涉及

---

[1]　吕德军等："关于专利审查指南最新修改的专家解读"，载《中国专利与商标》2017年第2期。

计算机程序的若干规定的修改：首先，澄清了何为计算机程序本身，为直接表达计算机程序流程改进、纳入保护客体扫清了障碍；其次，在允许"全部以计算机程序流程为依据"的申请写成装置权利要求的基础上，进一步允许计算机程序流程特征作为产品权利要求的组成部分，从而破解了权利要求类型之困。[1]

3. 树立良好司法导向作用的要求

《审查指南》在专利诉讼中的正确适用是审判工作的基本要求。为了能在司法审判实践中促进各司法审判机关形成统一的审判标准，人民法院应考虑在涉及《审查指南》的法律适用问题方面集中发力，形成一批具有指导意义的判决，从而树立良好的司法导向作用。

在此基础上，司法审判机构可以监督和影响国务院专利行政部门正确适用《审查指南》，依法依规行政，从源头上弱化和解决《审查指南》适用问题的争议，同时引导当事人和知识产权从业人员提高对《审查指南》适用问题的重视，充分了解《审查指南》的具体规定，一方面提高自我维权的意识和能力，另一方面积极引导和提升专利撰写水平和授权质量，按照《国务院关于新形势下加快知识产权强国建设的若干意见》的精神和指引，努力推动专利质量稳步提升。

（二）在专利诉讼中正确适用《审查指南》的建议

在充分了解《审查指南》在专利诉讼中适用的重要性和必要性的基础上，更重要的是对症下药，确立在专利诉讼中正确适用《审查指南》应遵循的基本原则以及具体操作方法。

1. 严格遵循"法不溯及既往，从旧兼有利"的原则

自古以来，我国在司法层面大多秉持着溯及既往的原则，直至1979年制定刑法时才规定了"从旧兼从轻"的不溯及使用原则。在2000年的《立法法》这一宪法性法律文件中才确立了"法不溯及既往，从旧兼有利"的原则。[2]在司法实践中难免出现法律法规的错误适用。作为部门规章的《审查指南》，其司法适用是否应坚持该原则、如何坚持该原则，学界和司法界的认识则更为含糊，

---

〔1〕 吕德军等："关于专利审查指南最新修改的专家解读"，载《中国专利与商标》2017年第2期。

〔2〕 胡建淼、杨登峰："有利法律溯及原则及其适用中的若干问题"，载《北京大学学报》（哲学社会科学版）2006年第6期。杨登峰："民事、行政司法解释的溯及力"，载《法学研究》2007年第2期。

甚至不当，致使该原则难以严格贯彻执行。

（1）不宜采用"新的规定优于旧的规定"原则。有观点认为，基于《立法法》第 92 条〔1〕的规定，作为部门规章的《审查指南》在专利诉讼中适用时，应当遵循"新的规定优于旧的规定"的原则。

笔者则认为，该观点混淆了《立法法》第 92 条与第 93 条的本意。第 93 条涉及法的溯及力，回答新法生效以前的行为究竟适用新法还是旧法的问题，第 93 条规定通常情况下应适用旧法。相比之下，第 92 条是关于同一机关制定的规范性文件不一致时的适用规则，面对同时有效的两个规范性文件，第 92 条明确表示，新的规定优于旧的规定。〔2〕

《审查指南》在专利诉讼中的适用仅涉及不同版本《审查指南》相关规定的解读，属于法的溯及力问题，并不涉及《审查指南》与国务院专利行政部门制定的其他规范性文件中相关规定之间的竞合。因此，在专利诉讼中适用《审查指南》时，不宜采用第 92 条确定的"新的规定优于旧的规定"的原则，而应遵循第 93 条确定的"法不溯及既往，从旧兼有利"原则。

（2）对"实体从旧，程序、解释从新"原则的质疑。另有观点认为，《审查指南》的法律属性应为"立法性行政解释"，并不改变或影响专利法相关规定的立法本意，而只是对执法标准和执法方式的解释说明；在时间上，应当回溯至被解释法律施行之日发生作用。〔3〕

作为佐证，该观点援引 2006 版《审查指南》中的《施行修订后审查指南的过渡办法》〔4〕（以下简称《过渡办法》），并认为 1993 版、2001 版、2006 版《审查指南》应遵循《过渡办法》的相关规定，事实上是以溯及既往为原则。对

---

〔1〕 《立法法》（2015 年修正）第 92 条规定："同一机关制定的法律、行政法规、地方性法规、自治条例和单行条例、规章，特别规定与一般规定不一致的，适用特别规定；新的规定与旧的规定不一致的，适用新的规定。"

〔2〕 郑淑娜主编：《〈中华人民共和国立法法〉释义》，中国民主法制出版社 2015 年版，第 243—245 页。

〔3〕 参见国家知识产权局学术委员会 2013 年度一般课题研究项目《专利审查指南的效力及其适用研究》，第 45—46 页。

〔4〕 中华人民共和国国家知识产权局编：《审查指南（2006）》，知识产权出版社 2006 年版，第 505 页。《过渡办法》中明确指出，根据国家知识产权局令第 38 号，修订后的《审查指南》自 2006 年 7 月 1 日起施行。2001 年 10 月 18 日公布施行的《审查指南》同时废止。2006 年 7 月 1 日之前提出的专利申请和根据该申请授予的专利权，除了《过渡办法》中规定的三种特殊情形外，自 2006 年 7 月 1 日起适用修订后的《审查指南》的规定。

于缺少《过渡办法》的 2010 版《审查指南》，该观点认为应遵循 "实体从旧，程序、解释从新" 原则[1]。

对此，笔者有不同意见。

首先，《过渡办法》仅在 2006 版指南中出现，而在 2001 版和 2010 版《审查指南》中均无相应的《过渡办法》，司法实践中也鲜有引用该《过渡办法》作出的裁判。

其次，持有上述观点的专利复审委员会将《审查指南》中的法律规范分为实体性规范、程序性规范和解释性规范，[2]继而确定了上述 "实体从旧，程序、解释从新" 的原则。

这种原则看似符合我国法学界的通常认知，即程序法并不遵循溯及既往的原则。这种认知的一个潜在前提是，新法中关于程序的规定必然优于旧法，针对程序性问题适用新法，能够从程序优化的角度促进诉讼程序更好更快地进行。[3]

然而，这种自我创设从法理上造成了对《立法法》及其确立的基本法治原则的僭越，存在以表面的合理化损及合法化的根本要求之虞。事实上，"实体从旧，程序、解释从新" 与 "从旧兼有利" 未必一致。

例如，国家知识产权局在对外举办的 2017 年《审查指南》修改宣讲会上指出，新的《审查指南》于 2017 年 4 月 1 日起施行，不设立过渡期，未结案件适用新规；遵循有利于当事人的原则。

此次修改主要涉及以下几个方面：涉及商业模式的技术方案、涉及计算机程序的发明、关于补交的实验数据、无效宣告程序中权利要求的修改方式等。北京市高级人民法院认为，相关规定均较旧版《审查指南》趋于宽松，因此该做法符合 "从旧兼有利" 的原则。[4]

---

[1]　参见国家知识产权局学术委员会 2013 年度一般课题研究项目，《专利审查指南的效力及其适用研究》，第 49—51 页。

[2]　按照专利复审委员会的定义，实体性规范的实质是上位法发生变化时，《审查指南》的对应修改，其使权利义务关系发生了实质性的改变；程序性规范与解释性规范是上位法没有变化，但《审查指南》的内容发生了修改，其属于行政法律解释的范畴。

[3]　卓泽渊：《法学导论》，法律出版社 2007 年版，第 61 页。胡建淼、杨登峰："有利法律溯及原则及其适用中的若干问题"，载《北京大学学报》（哲学社会科学版）2006 年第 6 期。朱力宇："关于法的溯及力问题和法律不溯既往原则的若干新思考"，载《法治研究》2010 年 5 期。

[4]　"当前知识产权审判中需要注意的若干法律问题（2017）"，载中国知识产权律师网，http://www.ciplawyer.cn/spgdzs/132627.jhtml? prid=223#，最后访问时间：2020 年 12 月 22 日。

在笔者看来，此处全部适用新规，遵循的自然不是"从旧"原则，实质上遵循的是"从旧"原则的例外，即"有利"原则。除了无效宣告程序中专利文件的修改方式的规定属于程序性规范外，其余规定均属于实体性规范，国家知识产权局依然决定对其适用新规，其遵循的显然并非专利复审委员会创设的"实体从旧，程序、解释从新"原则。

另外，"程序从新"未必"有利"。当然首先需要澄清的一个问题是究竟"有利"于谁。

《立法法》确立的"从旧兼有利"原则规定："为了更好地保护公民、法人和其他组织的权利和利益，法律规范可以有溯及力。这里的'公民、法人和其他组织'是指法律、法规、规章等在具体事件中所直接指向的个别公民、法人和其他组织，是法律、法规、规章等特定的调整对象，不是泛指，不是为了保护多数人的利益而使法律、法规、规章等具有溯及力。"[1]从这个角度讲，社会公平和公众合法权益并非《审查指南》基于"有利"原则的适用目的，这与专利法的私法属性却也更为匹配。

然而，这与"利益平衡论"中认定的知识产权法律制度的基石，即对知识产权人的私权利益与公共利益之间的利益平衡，[2]似乎并不一致。国家知识产权局在《审查指南》修订过程中也注意到了这一点。[3]更有学者认为，"有利溯及的裁量属于公益衡量"。[4]

以专利无效宣告程序为例，无效宣告请求人的介入令情况更复杂，该行政确权程序由此有别于行政授权程序中专利局对专利申请人/专利权人单方的行政审批性质，而更具无效程序双方当事人之间的对立性。不论对社会公众权益造成何种影响，对一方当事人"有利"，也不可避免地会对另一方当事人"不利"。

---

〔1〕　郑淑娜主编：《〈中华人民共和国立法法〉释义》，中国民主法制出版社 2015 年版，第245—246 页。

〔2〕　冯晓青：《知识产权法利益平衡理论》，中国政法大学出版社 2006 年版，第 81—91 页，第127—128 页。

〔3〕　国家知识产权局专利局审查业务管理部：《专利审查指南修订导读 2010》，知识产权出版社2010 年版，第 179 页。"专利权虽然是一种私权，但它同时也是通过行政授权产生并对整个社会具有特定约束力的权利。……出于维护社会公平和公众合法权益的考虑……"由此看来，社会公平和公众合法权益也是《审查指南》考虑和顾及的对象。

〔4〕　胡建淼、杨登峰："有利法律溯及原则及其适用中的若干问题"，载《北京大学学报》（哲学社会科学版）2006 年第 6 期。

因具有对立性的多方当事人利益分配不均给"有利"原则造成的窘境，或许可以通过在该场景下避免适用作为例外的"有利"原则，回归最基本的"从旧"原则来化解，而这并不是对"有利"原则本身的否定。这是一个未决问题，篇幅所限，本文恕不展开。

复次，"解释从新"中的解释性规范，"在某种特定的意义就是再创造，通过这种再创造，或者使原来含混不清的地方得以澄清，或者使原来没有包含的内容包含进去"，[1]甚至可能造成对法律的误读与变更。因此，在《审查指南》的法律适用问题上若遵循"解释从新"原则，可能影响到法的安定性和信赖利益保护，本文对此持保留态度。

对此，专利复审委员会也较为谨慎，认为只有满足以下两点，在《审查指南》的法律适用问题上才能遵循"解释从新"原则：第一，《审查指南》的相关规定与专利法及其实施细则并无冲突；第二，新的《审查指南》的适用不会损害当事人的信赖利益。[2]这也从侧面反映了"解释从新"原则的严苛性和不确定性。

最后，"实体从旧，程序、解释从新"貌似具有较明确的操作指引，实则需要执法人员、申请人/专利权人对《审查指南》中的相关规定的属性进行主观预判，由此产生法律适用的极大不确定性，损害各方的信赖利益。

综上所述，最简单、直接、合法、合理的方式就是追本溯源，严格遵守"法不溯及既往，从旧兼有利"的基本原则，省略中间环节，准确确定并适用正确的《审查指南》版本。

2. 准确理解并适用不同版本《审查指南》的相关规定

"从旧"只需严格把控时效，不难执行。"有利"则需要对不同版本《审查指南》的相关规定进行极为准确的理解与把握，甚至需要区分"有利"的对象，而这实属不易。

如上所述，《审查指南》历经多次修订，涉及多项规定的实质性或非实质性调整。为了在专利诉讼中正确适用《审查指南》，尤其是确定不同版本《审查指南》中的哪一版本的规定更为"有利"，需要准确把握其应有之意。唯有如此，才能切实履行"从旧兼有利"原则，更好地兼顾程序公正和实体公正。

---

〔1〕　刘仁文："关于刑法解释的时间效力问题"，载《法学杂志》2003年第1期。

〔2〕　参见国家知识产权局学术委员会2013年度一般课题研究项目《专利审查指南的效力及其适用研究》，第50页。

3. 回归立法本意，基于法理定分止争

人民法院在专利诉讼中可以参照适用《审查指南》，但当不同版本《审查指南》的规定存在分歧，或者各方对《审查指南》具体规定的解读存在争议，甚至《审查指南》具体规定与上位法存在冲突时，回归到专利法及其实施细则的立法本意，基于法理定分止争，不失为一种明智之举。

（三）小结

本部分从法理学角度、《审查指南》的自身演进角度以及司法导向需求角度，探析了在专利诉讼中正确适用《审查指南》的必要性，进而针对该问题提供个人建议。

第一，《审查指南》的适用属于法律适用问题，关乎司法裁判的准确性，法理上要求遵循"法不溯及既往，从旧兼有利"的基本原则，司法实践不应与之悖离。

第二，《审查指南》历经多次修订，以修改超范围、说明书是否公开充分、补交实验数据、计算机程序等为代表的相关规定发生了实质性变化，要求在专利诉讼中正确适用《审查指南》。

第三，《审查指南》在专利诉讼中的正确适用是司法审判工作的基本要求，有助于树立良好的司法导向，进而监督和影响国务院专利行政部门正确适用《审查指南》，依法依规行政。

第四，在专利诉讼中适用《审查指南》时应严格贯彻执行"法不溯及既往，从旧兼有利"的基本原则。"新的规定优于旧的规定"原则混淆了法的溯及力问题与两个有效规定的选择适用问题；"实体从旧，程序、解释从新"原则从法理上造成了对《立法法》及其确立的基本法治原则的僭越，在实操层面也会导致法律适用的极大不确定性。

第五，应准确理解并适用不同版本《审查指南》的相关规定，切实履行"从旧兼有利"原则，更好地兼顾程序公正和最终实体公正。

第六，对不宜直接适用《审查指南》的情形，应回归到专利法及其实施细则的立法本意，基于法理定分止争，进而通过司法裁判形成良好的司法导向作用，推动《审查指南》相关规定以及审查、审判标准的不断修改完善。

五、结论

《审查指南》属于部门规章，只要与专利法及其实施细则的规定不冲突，人民法院在专利诉讼中就可以参照适用。这种操作标准，既有法律依据，又有现实需求，司法实践中也普遍认同。人民法院在司法文件和审判业务意见中亦明确表示，法律适用是法官的基本功，也是正确裁判的最低要求，因此要高度重视《审查指南》的法律适用问题。

实证研究统计分析表明，专利民事诉讼适用《审查指南》的情形虽然较少，但仍存在合理需求；专利行政诉讼适用《审查指南》的情形较为普遍，各方对其适用的合理合法性具有普遍共识，涉及《审查指南》的专利行政诉讼案件在当年专利行政诉讼案件总量中所占比例近年来整体也呈现下降趋势，但各方对不同版本《审查指南》中的具体规定的解读和适用标准仍存在争议。

对典型案例的具体分析表明，《审查指南》在专利诉讼中的适用涉及多种实体性和程序性规定，对于依据专利法及其实施细则、相关司法解释便能够做出裁判的案件，一般不涉及《审查指南》的具体适用；而在专利法及其实施细则、相关司法解释中缺少明确规定，仅在《审查指南》中有所涉及的问题，《审查指南》的适用较为频繁。

《审查指南》在专利诉讼中的适用既是法官的基本功，也是正确裁判的最低要求，但在司法实践中仍存在诸多问题，应予高度重视。其中尤为突出的问题是，人民法院往往会以不同版本《审查指南》的相关规定无实质性差异，法律适用虽有不当，但对原审判决无实质影响，不损害申请人信赖利益为由维持原审查决定或司法裁判。但事实上，不同版本《审查指南》的相关规定会有实质性变化，对其错误的认识与适用极易导致裁判不当。

对美、欧、日、韩的相关立法特征与司法实践的比较法研究表明，各国家和地区专利行政机关制定的用于专利行政审批的专利审查指南均非法律规定，而是对各国家和地区专利法律法规的具体化与理解适用。对于专利审查指南中的相关规定，在与专利法律法规不冲突的前提下，司法审判机构会予以尊重或考虑。各国家和地区的专利审查指南保持不断更新，最大限度地与立法和司法体系保持紧密同步，尽量使审查、审判标准的差异最小化，同时通过明确具体的标注为《审查指南》的适用提供指导。在专利诉讼中如需适用专利审查指南中的相关规定，基本遵循"法不溯及既往，从旧兼有利"的原则。以上司法实践经验，可为中国的专利实践提供借鉴。

通过问题分析凸显《审查指南》在专利诉讼中正确适用的重要性之后，本文又从法理学、《审查指南》的自身演进以及司法导向需求等角度，论述了《审查指南》在专利诉讼中正确适用的必要性。在借鉴其他国家和地区司法实践的基础上，为在专利诉讼中正确适用《审查指南》提出若干建议：

（1）应严格贯彻执行"法不溯及既往，从旧兼有利"的基本原则，避免错误适用"新的规定优于旧的规定"或"实体从旧，程序、解释从新"等原则；

（2）应准确理解并适用不同版本《审查指南》的相关规定，切实履行"从旧兼有利"的原则；

（3）对不宜直接适用《审查指南》的情形，应回归到专利法及其实施细则的立法本意，基于法理定分止争。

商标侵权诉讼中近似商标的认定

王晓地

当前商标侵权案件频频发生，由于大量的商标侵权属于近似商标侵权范畴，近似商标之认定在商标侵权诉讼中就变得格外重要。依照 2002 年最高人民法院《关于审理商标民事纠纷案件适用法律若干问题的解释》（以下简称《商标纠纷案件解释》）第 9 条第 2 款的规定，商标近似不仅要满足商标标识近似，还要易使相关公众产生混淆，即混淆可能性是商标近似的判定依据。[1]但 2013 年修正的《商标法》并没有明确商标近似的内涵，立法规定的模糊也使得司法实务界对商标近似的使用混乱，一些法院将混淆可能性作为商标近似的判定条件，还有些法院将商标近似作为混淆可能性的认定条件。在商标近似与混淆可能性的关系上，不同法院的判决存在逻辑矛盾。在理论上对近似商标的内涵也有争议。由于研究中大多商标侵权并非相同商标侵权，而是近似商标侵权，近似商标认定在商标侵权诉讼中具有极其重要的地位。

一、近似商标概述

近似商标认定的研究需要首先明确近似商标的含义，分析以"混淆性近似"来界定近似商标的合理性。为全面阐释近似商标认定的法理基础，本部分将从商标本质、商标法的立法宗旨以及防止不正当竞争角度进行探讨，以为后文近似商标认定规则提供理论基础。

---

[1] 该司法解释在 2020 年 12 月 29 日被修正，以下将其简称为《商标纠纷案件解释》（2020 年修正）。此外，2020 年 6 月 15 日，国家知识产权局发布了《商标侵权判断标准》，对近似商标认定等问题都作了详细规定。

（一）近似商标的含义

依据《商标纠纷案件解释》（2020 年修正）第 9 条的规定，商标近似不仅要满足外观、读音、含义等的相似，还要易使相关公众对商品的来源产生误认或者认为其来源与原告注册商标的商品有特定的联系。[1]该规定将"混淆"引入到近似商标的判定中。该处"混淆"有两个含义，一个是指"来源混淆"，即把 A 商品误认为 B 商品，或认为 A、B 商品来源于同一生产者；另一个是指"关联关系混淆"，即误认为 A、B 商品的生产者存在某种母子公司、投资股东、连锁公司等关联关系。[2]上述"混淆"属一种广义混淆，能扩大对商标权人的保护范围，对近似商标判定有很大意义。但由于"混淆"判断更多的是一种主观裁量，再加上实际混淆证据获得难度大，出于实践审判的需要，通行的做法是判断具有混淆可能性即可，即商标近似指的是存在混淆可能性的"混淆性近似"。2017 年新修正的《商标审查及审理标准》也采用了"混淆性近似"的表述，[3]但 2013 年修正的《商标法》第 57 条[4]仅规定混淆是构成商标侵权的本质要件，并未明确商标近似的实质内涵。有学者就主张，商标近似应仅指客观上商标标识的相似，并不考虑混淆可能性。[5]据此，商标近似有两种含义：一个是事实状态的近似，即商标标识的近似；另一个是法律意义上的近似，即存在混淆可能性的商标近似。

笔者认为商标近似应采用法律意义上的近似概念，主要原因如下：首先，从商标含义来讲，商标由三个要素构成，即商标标识、商品或服务类型、识别

----

〔1〕《商标纠纷案件解释》（2020 年修正）第 9 条第 2 款规定："商标法第五十七条第（二）项规定的商标近似，是指被控侵权的商标与原告的注册商标相比较，其文字的字形、读音、含义或者图形的构图及颜色，或者其各要素组合后的整体结构相似，或者其立体形状、颜色组合近似，易使相关公众对商品的来源产生误认或者认为其来源与原告注册商标的商品有特定的联系。"

〔2〕孔祥俊：《商标与不正当竞争法：原理和判例》，法律出版社 2009 年版，第 273 页。

〔3〕《商标审查及审理标准》第三部分规定："商标近似是指商标文字的字形、读音、含义近似，商标图形的构图、着色、外观近似，或者文字和图形组合的整体排列组合方式和外观近似，立体商标的三维标志的形状和外观近似，颜色商标的颜色或者颜色组合近似，声音商标的听觉感知或整体音乐形象近似，使用在同一种或者类似商品或者服务上易使相关公众对商品或者服务的来源产生混淆。"

〔4〕《商标法》第 57 条第 2 项规定："未经商标注册人的许可，在同一种商品上使用与其注册商标近似的商标，或者在类似商品上使用与其注册商标相同或者近似的商标，容易导致混淆的"，属于侵犯注册商标专用权的行为。

〔5〕刘庆辉："我国商标近似、商品类似的判定：标准、问题及出路"，载《知识产权》2013 年第 4 期。

功能，这三个要素缺一不可。商标最本质的特征是识别性，即指示和区别不同的商品或服务来源，避免产生混淆。[1]因此，将混淆可能性引入近似商标概念更贴合商标的本质内涵。其次，基于法律的延续性和稳定性，最高人民法院发布的《商标纠纷案件解释》将混淆可能性引入近似商标的解释仍可以适用。再次，结合当前审判的实际情况，在近似商标侵权案件中，法院倾向于将混淆可能性作为近似商标认定的条件。如在熊克生与武汉蔡林记商贸有限公司侵害商标权纠纷再审案中，最高人民法院认为，被诉商标包含涉案商标的显著识别部分"蔡林记"，在涉案商标知名度和影响力较高的情况下，被诉侵权人在相同服务上使用上述被诉侵权标志容易造成相关公众的混淆和误认，涉案商标与被诉侵权标志构成近似商标。[2]从最高人民法院的判决可以看出司法实务中对"混淆性近似"的认可。最后，将混淆可能性引入近似商标的认定更符合国际做法。依照世界贸易组织 TRIPs 协议第 16 条第 1 项的规定，若他人使用与商标权人商标相同或近似的标记，只要存在造成混淆的可能性，商标权人就可禁止他人的使用行为。《美国商标法》则规定，凡商标使用于物品之上，足致消费者对于物品来源发生混淆、误认或有受欺蒙之虞者，即构成商标之近似。[3]因此，从商标法的本质、立法规定、司法实践及国际做法来看，将混淆可能性引入近似商标概念更为合适。

（二）近似商标认定的法理基础

近似商标认定采混淆性近似说，除了要满足商标标识相似外，更关键的是要存在混淆可能性。研究近似商标认定的法理基础，有利于从源头理解"混淆性近似"的正当性和合理性。

首先，商标本质是近似商标认定的源头。商标本质作用就是识别或指示商品来源，以避免他人混淆或淡化商标与商品之间的特定联系。作为标志商品来源的符号，商标在使用中被赋予了特定的内涵，商标蕴含了商品生产者信誉、商品质量、商品档次等信息，在真实购物环境下，商标能通过其特殊符号向消费者传递所蕴含的信息，是消费者识别商品的重要工具。特别是在当今快节奏的生活方式下，消费者的时间观念越来越重，而商标能帮助消费者较快地确定其所

---

〔1〕 邓宏光："论商标侵权的判断标准——兼论《中华人民共和国商标法》第 52 条的修改"，载《法商研究》2010 年第 1 期。

〔2〕 参见最高人民法院（2016）最高法民申 1242 号民事裁定书。

〔3〕 曾陈明汝：《商标法原理》，中国人民大学出版社 2003 年版，第 192 页。

需要购买的商品，减轻了消费者进行再次搜索和挑选的负担，节省了消费者获取商品信息的时间和经济成本。[1]事实上，识别作用是"商标"一词的应有之义，不具有识别作用的符号不能称之为商标，如果没有商标来区分指示不同商品或服务，消费者在面对相互竞争的同一类商品或服务时，就会陷入一种无序或重复选择的混乱状态。特别是在买卖双方信息不对称的条件下，商标的识别作用对于消费者来说更有必要。消费者通过将特定商标与商品或服务建立联系，来确定一种正确的商品认知。在混淆的错误认知下，消费者要么对商品产生误认，要么淡化商标与商品之间的特定联系，这种错误认知会损害标识的识别作用，有违商标保护本质。

其次，商标法保护商标权人和消费者权益的立法宗旨也是近似商标认定的法理基础。商标权人是商标法中重要的主体之一，近似商标会直接影响到其经济利益，原因在于，一些消费者会对相互竞争产品发生误认，本想购买某商标权人的产品却误买了侵权人的产品，从而导致商标权人的销售额下降，可得利润减少。同时，消费者在产生混淆后，会误以为所购买的侵权商品与商标权人存在特定关系，从而误将侵权产品的质量问题归咎于商标权人，这也造成消费者对商标权人的评价降低，使商标权人的商誉受到损害，影响其未来的市场竞争力。[2]近似商标认定中引入混淆可能性，有利于更好地保护商标权人的利益。通过行使商标禁止权，商标权人可禁止他人使用可能造成混淆的近似标识。就保护消费者利益而言，近似商标认定有利于降低消费者在购买商品时的搜索成本。"混淆性近似"对消费者直接的损害是使消费者不能正常地认牌购物，违背消费者的意愿，导致消费者人身和其他财产利益遭受损失。[3]长久来看，消费者会动摇依靠商标进行购物的信心，这种依靠商标进行购物的机制也会慢慢失灵，消费者不得不用其他费时费力的方法来区分不同商品，购买成本上升，市场通行的购物方式也被迫改变。

最后，近似商标认定有利于制止不正当竞争，营造良性自由竞争氛围。当今市场竞争激烈，部分经营者在巨大利益诱惑下，通过"搭便车"的行为，在商品名称、外包装、企业字号中仿冒他人的商标，以期盗取他人长久经营所获得的商标利益。近似商标的认定，通过制止可能使消费者发生混淆的不当经营

---

〔1〕　姚鹤徽：《商标混淆可能性研究》，知识产权出版社 2015 年版，第 18 页。

〔2〕　姚鹤徽：《商标混淆可能性研究》，知识产权出版社 2015 年版，第 133—135 页。

〔3〕　姚鹤徽：《商标混淆可能性研究》，知识产权出版社 2015 年版，第 133—135 页。

行为，避免商业贸易和市场竞争中仿冒行为的出现，保护正当权利人免受不正当竞争的侵害。[1]国家对不正当竞争行为的规制，能对商标保护起到补充和兜底作用。对于可能造成消费者混淆，进而损害经营者利益的行为，在近似商标认定不能予以规制时，反不正当竞争法可以为商标权人提供兜底的保护。在不正当竞争行为判定中，消费者产生混淆是重要条件，近似商标认定能预先对可能造成消费者混淆的不当行为进行判断，从而禁止一些不当的标记使用行为，促进市场经营者间的良性竞争。当然，商标法在禁止不正当竞争的同时，也鼓励自由竞争，保护被诉侵权人之合法利益，防止商标权压制自由竞争。在近似商标认定中，只有真正可能造成消费者混淆的行为，才属于商标法规范的对象，那些发生混淆的概率极低或非相关公众所发生的混淆，不属于近似商标认定中的混淆。

（三）商标近似在商标侵权中的地位演变

商标近似强调指商标标识的近似，《商标法》以商标近似、商品类似作为商标侵权的判断标准。但随着市场经济的出现和发展，仅依靠形式上的标识近似就认定商标近似的模式受到越来越多的批评。司法实践中，一些涉案注册商标即使未使用，或与被诉商品在不同地方销售，没有产生混淆的可能性，法院也常基于商标标识的近似，判定被诉商标侵权，并要求被告支付高额的赔偿。在这种暴利驱动下，一些人注册大量的闲置商标，通过授权他人使用获得转让费或等待他人侵权获得赔偿，这种不正常的商标注册使用运转模式不仅造成注册商标资源的闲置浪费，还耗费了宝贵的商标审查资源。[2]为解决法律规定与现实情况的冲突，最高人民法院《商标纠纷案件解释》将混淆可能性引入近似商标的界定中，商标近似不再仅指商标标识近似，混淆可能性成为近似商标的认定标准。但由于此时《商标法》并未修正，商标侵权的判定标准处于不确定状态，很多学者主张将认定近似商标的混淆可能性标准引入到商标侵权判定中。如彭学龙教授认为："商标权是一种排他权，如果他人使用的商标有导致消费者混淆之虞，[3]商标所有人就有权禁止，由此可见，混淆之虞是认定侵权的标准。"[4]邓宏光教授认为："商标混淆理论是商标法的基础，'防止混淆'是防

〔1〕 姚鹤徽：《商标混淆可能性研究》，知识产权出版社2015年版，第142页。

〔2〕 邓宏光："《商标法》亟需解决的实体问题：从'符号保护'到'防止混淆'"，载《学术论坛》2007年第11期。

〔3〕 "虞"意味着很大的可能性或盖然性很大。

〔4〕 彭学龙：《商标法的符号学分析》，法律出版社2007年版，第189—190页。

止可能导致消费者发生混淆的商标使用行为，是以商标混淆的可能性作为商标侵权的判断标准。"[1]王太平教授认为："商标的信息传递性质及功能、对公平竞争和自由竞争平衡的保护政策决定了侵犯商标权的判定标准必须以制止混淆为依归。"[2]结合理论研究和司法实践，2013 年修正的《商标法》作出规定，将混淆明确为商标侵权的判定要件。该规定也正式结束了以商标标识近似来判定商标侵权的历史，明确了混淆作为商标侵权要件的法律地位。

二、近似商标的认定内容

近似商标认定需满足两个要件：第一是基础要件，即商标标识近似；第二个是核心要件，即存在混淆可能性。两者均是近似商标认定不可缺少的条件，明确两者的具体认定规则以及与近似商标的关系是本部分研究的主要内容。

（一）近似商标认定的基础——商标标识近似

1. 商标标识近似

商标标识近似是近似商标认定的基础。在商标标识近似的情况下，两种有竞争关系的商品更易让消费者产生混淆，构成近似商标。一些公司为了保护自身的商标，避免商标被模仿，会尽可能将与其商标相似的标识都申请注册，如农夫山泉有限公司为保护"农夫山泉"商标，将与其相似的"农夫雪泉""农夫山庄""农夫庄园"等一系列标识均申请注册。这种做法虽然在一定程度上保护了注册商标免受侵犯，但也增加了商家的经营成本，并可能造成商标资源的浪费。为解决此类问题，需要明确近似商标的认定标准，特别是近似商标标识的认定，使商家能预期得到保护，减少其不必要的成本支出。依据《商标纠纷案件解释》第 9 条的规定，对近似商标标识的判断，主要从外观、读音、含义三个方面进行综合判定。

首先，从外观上判断商标标识是否近似。通常情况下，商标的外观是商标给消费者的最直观的感受，很多消费者对商标的认知和记忆都是从商标的外形开始的，消费者在购物中也常通过记忆中的标识外形来区分不同商品。对于商标外观的近似，应结合商标的文字、字母、图形、颜色、标记或其组合综合判

---

[1] 邓宏光："《商标法》亟需解决的实体问题：从'符号保护'到'防止混淆'"，载《学术论坛》2007 年第 11 期。

[2] 王太平：《商标法：原理与案例》，北京大学出版社 2015 年版，第 239—240 页。

断，从视觉上确定整体外观能否造成混淆。[1]商标外观的相似判断，应遵循整体观察与主要部分结合的原则，其中以整体观察为主，主要部分为辅，即使两商标个别细节存在差异，在整体观察相似或主要部分相似的情况下，容易引起混淆的，仍构成近似商标。如北京通州区务东茶庄与杭州西湖区龙井茶产业协会侵害商标权纠纷案，法院认为"西湖龍井"中的"龍"与涉案商标"西湖龙井"中的"龙"简繁体不相同，但读音、含义相同，已构成近似商标。[2]又如，在北京金塔文化公司等与北京伊美馨月公司侵害商标权纠纷案中，法院认为被诉的"爵悦汇"商标的显著识别部分为"爵悦"，与涉案商标"爵悦"文字相同，构成近似商标。根据上述两个案例，在商标整体观察相似或主要部分相似的情况下，均可能被认定为商标标识近似。但应注意不能仅依靠标识主要部分相同或近似，就判定两个商标标识近似，在判断过程中还应综合考虑整体观察效果，这样能使判断更科学。

商标标识是由汉字、图形、标记、字母、颜色、数字或其组合等组成的。在对其外观近似进行判断时，需注意把握以下三种情况：第一，注意顺序调换对商标外观的影响。在商标组成元素相近的情况下，调整元素位置，商标标识会发生改变，但其外观仍可能构成相似。如伊美尔控股集团公司与黄爱丹侵犯商标权纠纷案中，法院认为黄爱丹使用的"伊尔美"文字与伊美尔商标中的"伊美尔"文字虽然排列顺序不同，但这三个文字相同、各字读音相同，易造成对相关美容整形服务来源的混淆、误认，因此，法院认为两者商标构成近似。[3]第二，注意色彩给商标外观带来的影响。色彩通常不能单独作为商标标识近似的判定条件，如罐装颜色相同的饮料，造型不同，即使颜色相同，也不可能构成近似标识。色彩要与形状结合起来，两者形成一个较完整的整体视觉，进而影响消费者对商标标识外观的判定。第三，注意外文商标外形的特殊性。外文商标不同于中文商标，考虑到中国境内相关公众对外文商标的认知能力，在占外文商标或其显著部分一半以上的字母相同，并且排列顺序相同的情况下，该商标被认定为近似的可能性很大。如霍尼韦尔诉商标评审委员会再审案中，北京市高级人民院认为，被异议商标"Galitt"与引证商标"GARRETT"均是英文字母商标，首尾字母均是"Ga"和"tt"，不同之处在于中间的几个字母，但

---

〔1〕 曾陈明汝：《商标法原理》，中国人民大学出版社 2003 年版，第 55 页。

〔2〕 参见北京知识产权法院（2015）京知民终字第 2112 号民事判决书。

〔3〕 参见北京市海淀区人民法院（2013）海民初字第 17338 号民事判决书。

两者字形相近，呼叫也基本相同，构成标识近似。[1]

其次，从读音上判断商标标识是否近似。由于经营者对商标的宣传一般借助于广播、电视等有声传播方式，消费者之间对品牌的口口相传也是通过有声方式进行的，所以商标的读音在消费者对商标的记忆印象中占据比较重的分量，有些消费者甚至仅凭读音来区分不同商品或服务。对于读音近似的判断，司法实践中一般分为以下三种情况：第一，汉字的音相同或近似。目前现代汉字的音节只有 40 多个，而常用汉字有 2 000 多个，这也导致汉语中很多不同字的音是相同的。[2]除了同音外，声调不同的相近音更多，这些同音或近音字在呼叫时听起来很像，很容易让消费者误以为商品来源相同或具有一定的关联关系。如深圳某某通信公司诉顾某某侵害商标权纠纷案中，法院认为"长虹"与"长红"商标相比，"长"字完全相同，"虹"字和"红"字偏旁部首不同，但字形结构相似，且"长虹"与"长红"读音完全相同，构成近似标识。[3]第二，汉字与其对应的拼音近似。实践中，如果一个商标正好是另一个商标的汉语拼音，如"鑫博"商标与"XIN BO"商标，考虑到汉字中的近音字很多，拼音"XIN BO"并不能唯一指代"鑫博"，很难认定为近似标识。但若是驰名商标，如"茅台"与拼音"MAO TAI"，由于茅台知名度很高，"MAO TAI"商标与驰名商标"茅台"形成了一一对应关系，此时应认定"MAO TAI"与"茅台"构成近似标识。第三，外文单词与其音译中文近似。外文商标在中国使用过程中有音译和意译两种方式，部分外文商标没有对应的汉语意思，常被直接音译为中文，若该外文商标与音译中文形成对应关系，则构成近似标识。如尚杜·拉菲特罗兹施德民用公司与深圳市金鸿德贸易有限公司等侵害商标权、不正当竞争纠纷案中，"拉菲"为拉菲特罗兹施德民用公司"LAFITE"商标的直接音译，经宣传使用，两者已形成唯一对应关系，金鸿德贸易有限公司在其葡萄酒商品上突出使用的"拉菲世族"文字，已完整包含了"拉菲"二字，二者商标构成近似。[4]

最后，从含义上判断商标标识是否近似。除了外观和读音外，标识的含义也是消费者识别不同商品的重要参考。商标权人一般会将自己的设计理念、企

---

〔1〕 参见北京市高级人民法院（2014）行提字第 33 号民事判决书。

〔2〕 赵微："近似商标的认知解释及近似度"，载《修辞学习》2007 年第 3 期。

〔3〕 参见上海市普陀区人民法院（2013）普民三（知）初字第 320 号民事判决书。

〔4〕 参见湖南省高级人民法院（2011）湘高法民三终字第 55 号民事判决书。

业文化、美好寓意等融入商标设计中，所以无论是文字商标、图形商标还是文字与图形组合商标，一般都有自身特定的含义。[1]不同于商标外观和读音的直观体现，商标的含义常常并不能直观地全部体现出来，给消费者留下的印象也不如外观和读音留下的印象大。因此，在两商标外观与读音相似的情况下，即使含义有差别，也可能被认定为近似标识。如北京紫玉山庄公司与北京海润公司侵害商标权纠纷案中，北京海润公司主张，其"海润紫玉"标识中，紫玉代表项目位置处于紫竹桥、昆玉河和玉渊潭之间，"海润紫玉"与紫玉山庄公司的"紫玉山庄"商标区别明显，不构成近似。法院认为"海润紫玉"与紫玉山庄公司涉案商标的显著识别、认读部分"紫玉"在文字构成、读音等方面非常接近，法院不认为两者之间存在可明显区分的含义，故两商标标识近似。[2]虽然不能仅凭商标含义相近就判断商标近似，但在依据商标外观或读音相似不能确定商标标识是否近似的情况下，若两商标含义接近，则能增加认定商标标识近似的概率。

外形、读音、含义是判断商标标识是否近似的基本要素，但这些要素所占的比重并不相同。在当今互联网、大众媒体广告和自媒体蓬勃发展的时代，外观和声音仍是商业识别的主要方式。在很多情况下，若商标外观或读音相似，商标标识很可能被认定为近似，但两商标仅含义相似，一般需要结合其他辅助因素，才能判定商标标识近似。当然，对商标外观、读音、含义的重要性并不能孤立地看待，法院在实际审理商标侵权案件时，需综合考虑三者的相似情况来判断商标标识是否近似。在具体判断中，外观、读音、含义三元素相似的越多，商标标识被认定为近似的可能性越大，如果商标在外观、读音、含义上有任意两方面或三方面全相似，相较于外观、读音、含义仅有一方面相似的，商标标识更可能被认定为近似。

2. 商标标识近似与商标近似的关系

尽管在判断商标近似时混淆可能性是关键因素，但商标标识近似也占据着重要地位，它是商标近似认定的基础。商标近似应以商标标识近似为前提，再结合相关因素来判断是否存在混淆可能性。具体来说，如果商标标识近似，且存在混淆可能性，则构成近似商标；如果商标标识不近似，即使存在混淆可能性，也不能被认定为近似商标。但有人主张，混淆可能性在商标近似认定中起

---

[1] 张欣："论商标近似的认定"，吉林大学 2012 年硕士学位论文。

[2] 参见北京知识产权法院（2015）京知民终字第 1878 号民事判决书。

决定作用，即使商标标识不近似，若存在混淆可能性，仍能被认定为近似商标。以北京嘉裕东方葡萄酒公司与中国粮油公司商标侵权纠纷案为例，[1]在该案中，法院认为诉争的"嘉裕长城及图"商标和"长城牌"商标在其整体外观上具有一定的区别，但因"长城牌"商标具有的显著性和知名度，足以使葡萄酒市场的相关公众将含有两商标的葡萄酒产品相混淆，故两商标构成近似商标。[2]持上述观点的人似乎不在少数，该观点主张混淆可能性是认定侵权的最终标准，商标标识近似只是判断混淆可能性是否成立的一个考量因素，而且不是必需的考量因素。[3]值得注意的是，也有学者对其持不同观点，王太平教授认为商标近似[4]和混淆可能性是判断商标侵权的两个独立要素，近似是前提和基础要件，混淆可能性为限定要件。[5]

　　笔者认为，法律意义上的"商标近似"是在商标标识近似的基础上发展而来的，商标标识近似是商标近似的题中之意。虽然法律上将混淆性判断引入商标近似的含义中，但商标近似不能脱离其最基础的含义，否则商标近似就失去了其存在的意义。且商标标识近似在三十多年的近似商标判定中一直处于重要地位，以商标标识近似为前提和基础，有助于保持法律适用的稳定性和连贯性。[6]对一些学者质疑的商标标识不近似，但因存在混淆可能性而被认定为近似商标的情况，笔者认为，部分学者或其他专业人士把"商标标识不近似"的概念界定得过于宽泛。他们有时主张的"商标标识不近似"只不过是商标标识的整体外观没完全相似，但一商标标识的部分与另一商标标识的整体或部分相似。在笔者看来，此种情况只是近似程度较低而已，商标标识仍可能是近似的。如上文提到的北京嘉裕东方葡萄酒公司与中国粮油公司商标侵权纠纷案中，[7]讼争的商标虽然整体外观具有一定的区别，但"嘉裕长城及图"的部分汉字与"长

---

〔1〕　参见最高人民法院（2005）民三终字第 5 号民事判决书。

〔2〕　曹佳音："支配权视角下的商标侵权混淆可能性研究"，载《知识产权》2016 年第 4 期。

〔3〕　刘庆辉："我国商标近似、商品类似的判定：标准、问题及出路"，载《知识产权》2013 年第 4 期。

〔4〕　这里学者所说的"商标近似"指的是"商标标识近似"。

〔5〕　王太平："商标侵权的判断标准：相似性与混淆可能性之关系"，载《法学研究》2014 年第 6 期。

〔6〕　王太平："商标侵权的判断标准：相似性与混淆可能性之关系"，载《法学研究》2014 年第 6 期。

〔7〕　参见最高人民法院（2005）民三终字第 5 号民事判决书。

城牌"显著识别部分"长城"是相似的,此种情况不属于商标标识不近似的情况,两商标标识仍属近似,只是近似程度较低而已。"商标标识不近似"应当指两商标完全没有相似之处,如空调品牌"海尔"和"格力",或者两商标均只有部分非显著识别的元素相似,如"奥康"和"康奈",两标识从外观、读音、含义等各方面分析,均不近似,不可能造成混淆,不会被认定为近似商标。因此,笔者认为商标标识近似是商标近似不可缺少的条件,商标近似应遵循其应有的法律含义,以商标标识近似为其判定的基础。

(二)近似商标认定的核心——混淆可能性

关于混淆可能性,前面在论述近似商标的含义时已经涉及。鉴于其在商标侵权诉讼中近似商标认定上的极端重要性,本部分需要进行更深入的研究和探讨。

1. 混淆可能性的含义

关于混淆的含义,主流观点认为:"混淆是指无法律上之权源而使用相同或近似于他人注册商标于同一商品或类似商品致使消费者对商品之来源发生混淆误认之谓。"[1]依照《商标纠纷案件解释》的规定,混淆分为"来源混淆"和"关联关系混淆"。"来源混淆"指的是消费者把其他商品误当作自己想买的特定标识的商品,如消费者误将"公午"插座当作知名的"公牛"插座,或者消费者明知该商品不是自己熟悉的商品,却误以为该商品与自己熟悉的商品来自同一厂家,[2]如消费者不会将"公牛"牌台灯误以为"公牛"牌插座,但可能误以为两者来自同一厂家。"关联关系混淆"指的是消费者误以为该商品与自己熟知的商品所归属的公司存在母子、连锁、赞助、授权使用等关联关系。从时间维度考虑,混淆分为"售前混淆"[3]、"售中混淆"和"售后混淆"[4]。[5]"售前混淆"和"售后混淆"扩大了混淆的范围,强化了对商标权的保护力度,但同时减弱了商标相对人的利益。我国目前尚不考虑消费者"售前混淆"或"售后混淆"的情形,主要研究的是"售中混淆",即以消费者实际购物时的心

---

[1] 曾陈明汝:《商标法原理》,中国人民大学出版社 2003 年版,第 96 页。

[2] 彭学龙:"商标混淆类型分析与我国商标侵权制度的完善",载《法学》2008 年第 5 期。

[3] 其又称"初始兴趣混淆",是指在购买时并未混淆,而只是在购买前引发购买兴趣的混淆。

[4] 其指购买商品时并未混淆,但在使用中看到该商品的商标时却产生了混淆。

[5] 李树建:"论商标侵权行为认定中的混淆标准——最高人民法院(2009)民三终字第 3 号判决评析",载《知识产权》2012 年第 6 期。

理状态为判断标准，若其在购物时对所想购买的产品产生混淆误认，就构成
"混淆"。

出于商标保护的现实需要，以及考虑到实际混淆在证明上的高难度，商标
法只要求具有混淆可能性即可。[1]而且实际混淆表明混淆已经发生，但是结合
近似商标的立法目的，近似商标认定是为防止消费者的利益和经营者的利益遭
受侵犯，它更注重对损害的预防，而不是事后的挽救，所以只要存在混淆可能
性，即可认定为近似商标。另外，混淆可能性中的"可能性"并不是一般的可
能性，必须是具有很大的现实可能性，[2]即这种可能性发生的概率很大，是一
种很容易发生的可能性，而不是一种概率很小的可能性。这种混淆可能性界于
一般混淆可能性和实际混淆之间，没有具体的量化标准，需要法官结合具体案
情进行合理心证。

2. 混淆可能性的认定

（1）比较法上的多因素检测方法。对于混淆可能性的认定，各国普遍采用
"多因素考量方法"。以美国为例，其商标法将混淆可能性作为判定侵权的核心
要件，美国联邦第九巡回上诉法院在 AMF 案中对混淆可能性的系统归纳已成为
混淆可能性认定的典范。[3]该案总结了混淆可能性认定需考虑的八种因素：
①商标标志的显著性；②商品的近似度；③标志的相似性；④实际混淆的证据；
⑤所使用的营销渠道；⑥商品类型和消费者的关注程度；⑦被告的主观恶性；
⑧产品扩张发展的可能性。[4]该案也为美国法院衡量混淆可能性提供了考虑的
因素标准。当然，法院在实践中考虑的因素并不都是这八种，如 1983 年 Lapp 案
中，第三巡回上诉法院考虑的因素为 10 种，1973 年的 DuPont 案中，法院考虑
的因素多达 13 种。[5]法院考虑的各因素并不是同等重要的，其中几个因素在混
淆可能性认定中处于核心位置，具体包括商标标志的显著性、标志的相似性、
商品的近似度、被告的主观恶性。[6]这些因素之所以在混淆可能性认定中比较
重要，主要是因为其对消费者的认知影响比较大。

---

〔1〕 孔祥俊：《商标与不正当竞争法：原理和判例》，法律出版社 2009 年版，第 280 页。
〔2〕 王太平、卢结华："欧盟商标法上侵犯商标权的判断标准"，载《知识产权》2014 年第 11 期。
〔3〕 AMF Incorporated v. Sleekcraft Boats, 599 F. 2d 341（9th Cir. 1979）.
〔4〕 沈燕金："商标混淆法理初探"，上海社会科学院 2011 年硕士学位论文，第 21—22 页。
〔5〕 姚鹤徽：《商标混淆可能性研究》，知识产权出版社 2015 年版，第 308—309 页。
〔6〕 王太平："商标侵权的判断标准：相似性与混淆可能性之关系"，载《法学研究》2014 年第
6 期。

欧盟商标法以商标标识相似为基础，以混淆可能性为限定要件，可见其不同于美国商标法，采用的是相对限缩的混淆可能性。商标的近似性、商品的类似性与混淆可能性都是商标侵权判定的要件，其中商标的近似性和商品的类似性是混淆可能性的前置条件。[1]法院在实践中对混淆可能性考虑的因素有：显著性和知名度、商品的类似度、商标标识的近似程度、消费者在购买商品或服务时的注意力水平、商标的使用时间及流通范围等。[2]虽然在混淆可能性判定中，每个案件所考虑的因素不是固定的，侧重点也不同，但依据欧盟《商标指令》的规定，"混淆可能性的认定取决于多个因素，特别是商标的市场知名度，与其他已使用或已注册的商标的联系，商标和标识的近似程度以及其所使用的商品或者服务的类似程度"。[3]这些因素在混淆可能性的判定中相互补充，即如果商标标识十分近似，商标显著性和知名度也很高，此时对商品类似的程度要求会相对较低。

加拿大商标法则将混淆作为判定商标侵权的关键。为更加准确地认定混淆，其《商标法》明确规定了认定混淆的因素。加拿大《商标法》第6条规定："在考虑商标之间是否会构成混淆时，审判机关和核准注册机构要结合实际证据，对下列因素进行考虑：①商标或商号自身的强度及在消费者间的熟识度；②经营使用商标的时间；③产品或服务所属行业性质；④交易的类型；⑤标识在发音、内容或外观上的近似度。"[4]当然，这些考量因素也并不是同等重要的，应根据各个案件的实际情况确定各因素的重要性，并且在加拿大《商标法》第6条中，任何一项因素都不具有决定作用，应与其他因素结合起来考虑。

上述立法例对混淆可能性的判定均采用"多因素考量法"，虽然具体文字表述不太一样，但考量的因素大多集中在商标标识近似性、商标标识显著性、被诉侵权人的主观恶性、商品的类似度这些方面。在"多因素考量法"中，单个因素，如商标的显著性和知名度，并不能直接决定混淆可能性是否成立，需要结合其他因素来综合判定。当然，不同立法例的"多因素考量法"所考量的因素并不是完全一致的，它是各国家和地区依照自身的司法实践经验总结的。但总体来说，

---

〔1〕　姚鹤徽："论商标侵权判定的混淆标准——对我国《商标法》第57条第2项的解释"，载《法学家》2015年第6期。

〔2〕　王太平、卢结华："欧盟商标法上侵犯商标权的判断标准"，载《知识产权》2014年第11期。

〔3〕　王太平、卢结华："欧盟商标法上侵犯商标权的判断标准"，载《知识产权》2014年第11期。

〔4〕　孔祥俊：《商标与不正当竞争法：原理和判例》，法律出版社2009年版，第292页。

各国家和地区在混淆可能性认定中考量的因素存在很多相同或相似之处。

（2）我国的多因素检测方法。对混淆可能性的认定，我国《商标法》没有明确规定。[1]在我国商标司法实践中，法院借鉴了国外"多因素法"进行分析判断。如辽宁东祥公司诉哈尔滨东祥公司侵害商标权纠纷案中，最高人民法院认为在辽宁东祥公司注册"东祥"系列商标前，哈尔滨东祥公司已经持续使用"东祥"及"东祥金店"标识，哈尔滨东祥公司出于对当地消费者呼叫习惯的考虑，将企业名称中行政区划的首字"哈"与其字号"东祥"结合使用，以"哈东祥"和"哈东祥金店"作为商业标识用于经营活动，已经形成了一定的市场声誉和知名度，而且主观上也并无攀附辽宁东祥公司的故意。[2]考虑到双方各自使用"东祥"标识的历史渊源，以及首饰珠宝行业普遍存在将企业名称或字号与商标结合在一起使用的行业惯例，提到"哈东祥"及"哈东祥金店"，相关公众均能够将其与哈尔滨东祥公司及其商品形成对应联系，不会将其与辽宁东祥公司的"东祥"系列商标相混淆，因此不构成侵权。[3]

又如成都稻香公司诉山东稻香园公司等侵害商标权纠纷案中，最高人民法院认为山东稻香园公司的被诉标识和成都稻香公司的注册商标都有文字"稻香园"，但两者的构成要素存在明显区别，且涉案商标图形部分较为突出，整体效果上两者存在一定区别。[4]另外，在成都稻香公司的商标申请注册之前，山东稻香园公司已经开始使用并生产"稻香园"品牌的商品，且已经具有一定的知名度，建立了较高的市场商誉，主观上不存在攀附成都稻香公司注册商标的主观意图。此外，山东稻香园公司在包装物上使用的标识除了"稻香园"文字外，还包含"DAO"和"稻穗"图形等，与成都稻香公司的注册商标存在较大区别，且其在包装上同时还标注有"山东稻香园食品有限公司"等生产商或制造商信息，而成都稻香公司的商品包装上则标注有"成都市稻香食品有限责任公司"等字样。因此，以一般消费者的注意力为标准进行判断，不容易对商品来源产生混淆或误认。[5]综合考虑涉案商标的显著性、知名度和组成要素、实际

---

〔1〕　《商标侵权判定标准》（2020）则对"容易导致混淆"的情形及综合考量因素作了规定，参见其第 20 条（涉及具体情形）及第 21 条（涉及综合考量因素及各因素之间的相互影响）。

〔2〕　参见最高人民法院（2017）最高法民申 3922 号民事判决书。

〔3〕　参见最高人民法院（2017）最高法民申 3922 号民事判决书。

〔4〕　参见最高人民法院（2017）最高法民申 716 号民事判决书。

〔5〕　参见最高人民法院（2017）最高法民申 716 号民事判决书。

使用情况以及被诉标识的使用是否存在攀附他人商誉的不正当意图等因素，最高人民法院认为，根据现有证据不足以认定山东稻香园公司使用被诉标识容易导致相关公众的混淆。[1]

由上述案件可以看出，我国审判实务中在判定混淆可能性时会综合考虑显著性和知名度、被诉侵权人是否有攀附他人商誉的不正当意图、相关地域市场的差异、实际使用情况等因素。混淆可能性考量的多因素是开放的，在不同的商标侵权案件中，法官会依据涉案标识和被诉标识的实际使用情况进行考量判断，在没有法律明确规定的前提下，不同法官所考虑分析的因素可能是不同的，且对于这些因素如何分析考量也缺乏明确的法律标准。笔者将在下文通过"近似商标认定考量的因素"部分，对具体考量因素进行理论的分析，以期促进混淆可能性判定的完善。

3. 混淆可能性与商标近似的关系

依据上文对近似商标含义的阐述，近似商标采用法律意义上的"商标近似"概念，混淆可能性是其判定的要件，即混淆可能性是原因，商标近似是结果。正如一些观点指出的，在商标侵权认定中所要求的"近似"是法律意义上的概念，其中包含了混淆的内容，即混淆可能性是商标近似存在的前提。[2]但很多人对此有不同的意见，有人认为混淆可能性是认定侵权的最终标准，商标近似只是判断混淆可能性是否成立的一个考量因素，而且不是必需的考量因素。[3]也有人主张，商标近似和混淆可能性是判断商标侵权的两个独立要素，近似是前提要件，混淆可能性是结果要件。[4]这些争议无不反映了混淆可能性与商标近似关系的混乱，究竟是前者是后者的判定因素，还是后者是前者的考量因素，应怎样理解两者之间的关系，亟待进一步的思考。

之所以存在上述理论界和实务界对两者关系的不同理解，很重要的一个原因是他们对商标近似含义的理解不同。笔者在仔细分析他们的观点后发现，持后两种观点的人所主张的商标近似指的是商标标识近似，不包含混淆的主观判断。笔者在上文中已阐述，本文所研究的商标近似指"混淆性近似"，它是商标

---

〔1〕 参见最高人民法院（2017）最高法民申 716 号民事判决书。

〔2〕 曹佳音："支配权视角下的商标侵权混淆可能性研究"，载《知识产权》2016 年第 4 期。

〔3〕 刘庆辉："我国商标近似、商品类似的判定：标准、问题及出路"，载《知识产权》2013 年第 4 期。

〔4〕 王太平："商标侵权的判断标准：相似性与混淆可能性之关系"，载《法学研究》2014 年第 6 期。

标识近似和混淆可能性的上位概念，一定要在实际使用中区分商标近似与商标标识近似。商标标识近似是近似商标认定的基础，是近似商标认定必须考量的一个前提，它与混淆可能性共同构成商标近似认定不可缺少的两个要件，其中商标标识近似是基础要件，混淆可能性是核心要件。在近似商标认定时，首先要分析商标标识的近似度，然后再判断是否存在混淆可能性。如果商标标识完全不相同或差异很大，则可以直接判定不构成近似商标，无须再判断混淆可能性；如果商标标识很接近或有部分内容相同，则要综合其他因素判断是否存在混淆可能性，若存在，则构成近似商标，若不存在，则不构成近似商标。以混淆可能性作为近似商标认定的核心和关键要件，更能体现商标的识别本质，明确近似商标认定的外部边界，有利于制止不正当竞争行为的出现，实现商标法的立法目的。需注意的是，混淆可能性之确认对近似商标认定有极端重要的意义，特别是在商标标识近似程度不容易确定时，混淆可能性对最终的认定结果起到决定性的作用。因此，混淆可能性也是法官在实际审判中会着重分析考虑的要件。在近似商标认定中，采用上述"商标标识近似+混淆可能性"的判断模式，有利于更好地明确近似商标的认定规则，保持法律适用的稳定性和连贯性，平衡商标权人与消费者之间的利益，维护商标的本质功能。

三、近似商标认定考量的因素

近似商标的认定需要以混淆可能性为关键要件，结合各国的普遍做法和我国的司法实践，我国在近似商标认定时，除了分析商标标识这一基础要件外，还应综合考量商标的显著性和知名度、商品类似度、实际混淆、商标的使用情况、主观意图等，以确定是否产生混淆可能性。[1]需要指出的是，尽管上一章对混淆可能性认定的考量因素已作简要论述，鉴于混淆可能性之确认在认定商标近似方面的极端重要性，本章仍需要在前述研究基础上以考虑混淆可能性界定因素为核心，深入、细致、全面地论述近似商标认定的考量因素。

（一）商标的显著性和知名度

《商标纠纷案件解释》（2020 年修正）明确规定，商标近似应考虑商标的显著性和知名度。[2]对于显著性的理解，传统理论更倾向于商标标识自身是否醒

---

〔1〕　姚鹤徽：《商标混淆可能性研究》，知识产权出版社 2015 年版，第 306—307 页。
〔2〕　《商标纠纷案件解释》（2020 年修正）第 10 条第 3 项规定："判断商标是否近似，应当考虑请求保护注册商标的显著性和知名度。"

目独特，即商标的固有显著性，但随着对商标识别功能的进一步理解，目前学者们多认为标示区分不同生产商的商品或服务才是显著性的本质属性，[1]即显著性的本质是具有标示性和区分性。从消费者认知角度考虑，商标显著性就是商标对消费者心理产生的影响力，是消费者知晓特定产品信息的能力，当一标识在消费者记忆里与特定商品或企业产生对应的联系时，该商标才具有了显著性。《商标审查及审理标准》对商标显著性作出规定，将使用时间、使用方式、广告宣传、商品本身的销售额、市场占有率等作为其判定的考虑因素。[2]具体来说，商标使用在特定商品上的时间越久、对商标品牌的宣传力度越大、企业市场占有率越高、消费者的认知度越强，商标的显著性也就越强。商标显著性的强弱会直接影响到消费者对商品的识别，显著性强的商标在消费者记忆里留下的印象较深，消费者容易以该商标相关的大量信息为依据，自动地将其他标识与商标权人的商标特征相匹配，从而忽视侵权标识与商标权人商标的区别，为混淆可能性埋下隐患。[3]因此，商标的显著性越强，消费者越容易将外界侵权标识误认为商标权人的商标，从而加大混淆的可能性。

知名度是指商标经过使用在消费者中产生的影响力和好评度。知名度与显著性不同，一个有效的、具有显著特征的商标不一定享有知名度，但显著性并非与知名度无关，显著性强的商标获得知名度的可能性更大。[4]商标知名度作为一种市场评价，其知名度的获得与商家的广告宣传力度、商品自身的质量、商标使用时间、公众的知晓度等有关。法院在实际审判中需结合当事人提交的证据进行综合判断，该知名度可以是针对我国的某个地区，也可以是针对全国，具体需要结合相关公众范围进行判断。在商标侵权诉讼中，商标知名度越高，公众对其知晓度越大，该商标被其他竞争者模仿的可能性越大，因此，知名度高的商标需要更强的保护力度。具体来说，若涉案商标的知名度高，即使涉案商标与被诉标识近似程度低，商品类似度也不高，仍可能被认定为存在混淆可能性，从而构成近似商标。这点可以从对驰名商标的特殊保护看出，对于享有

〔1〕 邓宏光：《商标法的理论基础——以商标显著性为中心》，法律出版社 2008 年版，第 28 页。

〔2〕 根据《商标审查及审理标准》，判断某个标志是否经过使用取得显著特征，应当综合考虑下列因素：①相关公众对该标志的认知情况；②该标志在指定商品或服务上实际使用的时间、使用方式及同行业使用情况；③使用该标志的商品或服务的销售量、营业额及市场占有率；④使用该标志的商品或服务的广告宣传情况及覆盖范围；⑤使该标志取得显著特征的其他因素。

〔3〕 姚鹤徽：《商标混淆可能性研究》，知识产权出版社 2015 年版，第 373—374 页。

〔4〕 黄晖：《驰名商标和著名商标的法律保护——从识别到表彰》，法律出版社 2001 年版，第 160 页。

较高声誉的驰名商标，商标法给予其跨类保护，相关权利人享有以存在混淆可能性为由，禁止第三人在不同类别商品上使用与其商标相近似标识的权利。当然，若涉案商标与被诉商标知名度都很高，需给予两商标同等的保护，此时应综合考虑商标使用状况、使用历史等其他因素，来确定是否存在混淆可能性，[1]如著名的鳄鱼商标侵权案，最高人民法院认为虽然两商标近似，但考虑到二者在中国市场的实际使用情况以及二者的共存历史，且二者具有各自的知名度，主观上无侵权意图，结合双方的发展历史和共存状况及其他相关因素，认定两商标不构成"混淆性近似"。[2]

（二）商品或服务类似

商标是使用在商品或服务上的符号，不能起区分商品或服务来源作用的符号不是商标，因此，商标与商品或服务是不能分离的。商品或服务的类似程度能影响相关公众对不同产品来源的认知，在混淆可能性判定中起重要作用。具体来说，在两种相同商品或服务上，商标标识存在一定的相似度就可能使消费者误认，从而构成近似商标；反之，在两种完全不同的商品或服务上，即使商标标识近似，消费者也不太容易产生混淆。对于商品或服务近似的判断，《商标审查及审理标准》和《商标纠纷案件解释》（2020 年修正）对商品或服务的类似进行了详细的解释，[3]国家工商行政管理局商标局也依据《商标注册用商品和服务国际分类尼斯协定》制定了《类似商品和服务区分表》（以下简称《区分表》）。《区分表》对商品或服务种类有很直观、明确的划分，可以作为判断商品或服务是否类似的重要参考依据。当然，《区分表》只是一种固化的评判标准。由于商品的种类是不断发展和变化的，机械地以《区分表》为判断依据不符合个案的实际情况，且判断商品类似的关键问题不是相关公众是否可以很容易地分辨出涉案双方当事人各自的商品，而是系争商品是否可能被相关公众归为同一来源。[4]因此，司法实践中，法院一般将《区分表》作为商品或服务类似的参考因素，而不是决定因素。例如，在广州高建控股有限公司诉无锡

---

〔1〕 孔祥俊：《商标与不正当竞争法：原理和判例》，法律出版社 2009 年版，第 295 页。

〔2〕 参见最高人民法院（2009）民三终字第 3 号民事判决书。

〔3〕 《商标纠纷案件解释》（2020 年修正）第 11 条第 2 款及第 3 款："类似服务，是指在服务的目的、内容、方式、对象等方面相同，或者相关公众一般认为存在特定联系、容易造成混淆的服务。商品与服务类似，是指商品和服务之间存在特定联系，容易使相关公众混淆。"

〔4〕 张体锐：《商标法上混淆可能性研究》，知识产权出版社 2014 年版，第 161 页。

市贝贝翡诗娱乐酒吧商标侵权纠纷案中，法院认为通过证据可证明被告提供的服务属于区分表中的第 43 类，原告使用的夜总会服务是第 41 类，但《区分表》不是判断商品或服务类似的最终依据，只能作为参考，考虑到夜总会等服务与酒吧服务在服务目的、内容、方式等方面有相同之处，易使消费者产生两者存在特定联系的联想，故二者构成相似服务。[1] 司法实践中，如何认定商品或服务的类似性，没有统一的标准，尚需结合多种因素综合判断。以美国司法实践为例，关联商品的认定通常考虑两方面：一方面是产品自身的性质，主要包括产品的类型、内容或目的、使用情况、功能等；另一方面是产品所在市场的性质，主要包括贸易渠道、目标市场、消费对象等。[2] 欧盟法院则认为判断商品或服务是否类似，应将商品或服务相关的因素都列入考察范围，这些因素有产品类型、消费对象、产品使用方式、产品或服务间的竞争或互补关系，而且不限于这些因素。[3] 结合美国和欧盟法院的司法实践，我国在商品或服务的类似程度判断中，可以综合商品或服务的用途以及类型、商品或服务的用法、商品或服务针对的对象等来综合判断。但这些因素的重要程度是有区别的。一般来说，商品或服务的用途以及类型是决定作用较大的因素，商品或服务的用法、销售渠道、服务对象决定作用较小。[4]

（三）影响近似商标认定的其他因素

上述两种因素是近似商标认定中较重要的考量因素，除这两种因素外，还需综合考虑其他因素。2017 年实施的最高人民法院《关于审理商标授权确权行政案件若干问题的规定》[5] 明确规定了混淆判定可考虑的因素，虽其并非针对商标侵权案件，但对商标侵权诉讼中近似商标认定因素的理解有一定的借鉴意

---

〔1〕 参见江苏省无锡市中级人民法院（2005）锡知初字第 109 号民事判决书。

〔2〕 Richard L. Kirkpatrick, *Likelihood of Confusion in Trademark Law*, Practising Law Institute, 2010, §5：4.

〔3〕 Canon Kabushiki Kaisha v. Metro-Goldwyn-Mayer Case, 1998, C-39/97.

〔4〕 邓宏光：《商标法的理论基础——以商标显著性为中心》，法律出版社 2008 年版，第 273 页。

〔5〕 最高人民法院《关于审理商标授权确权行政案件若干问题的规定》第 12 条："当事人依据商标法第十三条第二款主张诉争商标构成对其未注册的驰名商标的复制、摹仿或者翻译而不应予以注册或者应予无效的，人民法院应当综合考量如下因素以及因素之间的相互影响，认定是否容易导致混淆：（一）商标标志的近似程度；（二）商品的类似程度；（三）请求保护商标的显著性和知名程度；（四）相关公众的注意程度；（五）其他相关因素。商标申请人的主观意图以及实际混淆的证据可以作为判断混淆可能性的参考因素。"值得指出的是，2020 年 12 月 23 日，最高人民法院公布了该司法解释的修正版，该条的内容则没有修改。

义，根据该规定和司法实践，近似商标认定还应考虑实际混淆、商标的共存情况、主观意图。

1. 实际混淆

实际混淆是指消费者对不同生产经营者的商品产生混淆误认，从而导致未能如愿购买到自己心仪商品的事实状态。为更好地保护消费者利益，《商标法》并未将已发生的实际混淆作为判定标准，而是选择了将来状态的混淆可能性。但实际混淆并非没有任何价值，其可以在很大程度上预测未来消费者发生误认的概率。若商标权人能提交市场中已实际发生混淆的相关调查证据，法官在确定证据真实的情况下，会将其作为认定最终混淆可能性的参考依据。显然实际混淆能更直观、准确地表明将来发生混淆的可能性，但其不能作为判定混淆可能性的决定性因素。〔1〕主要原因是实际混淆的证据在实践中不容易获取，本身具有隐蔽性，而且消费者在整个购物过程中可能都没有意识到自己被近似商标混淆，即使部分消费者意识到自身产生了混淆，也通常自认倒霉，不会向商标权人投诉或向有关机关反映。〔2〕即使消费者予以举报，对其举报的真实性以及个人识别能力仍需进一步认定。实际混淆的证据虽然难获取，但并不影响其证明消费者可能发生误认的能力。实际混淆可以作为近似商标认定的一个考量因素，在能够予以采纳的实际混淆实例存在的情况下，商标被认为存在混淆可能性的说服力会更强，涉案商标更可能被认定为近似商标。

2. 商标共存情况

在商标侵权案件中，商标共存情况会影响案件的结果。商标共存指的是市场中不同经营者所使用的商标相同或近似，且两者所经营的商品类似，但两者的商品却可以合法共存的事实。〔3〕商标共存，一方面是因为商标自身资源有限，而一些寓意好的文字、字母或图形，其数量是有限的，企业在为商品选定标识时，难免会出现重合的情况；另一方面是因为商标制度不完善，很多商标在过去的十几年中已经共存很久，如北京"稻香村"和苏州"稻香村"。商标共存能有效解决历史原因所留下的商标争议问题，更好地平衡和保护双方经营者的利益。在近似商标认定中，虽然争议双方的商标近似度很高，但在两者已长久共存且形成各自市场的情况下，相关消费者产生误认的可能性很低，不易认定

---

〔1〕　张体锐：《商标法上混淆可能性研究》，知识产权出版社 2014 年版，第 188—189 页。

〔2〕　文学：《商标使用与商标保护研究》，法律出版社 2008 年版，第 69 页。

〔3〕　陈武："论近似商标共存制度"，载《知识产权》2008 年第 3 期。

为近似商标。如苏国荣、香港荣华公司等与北京当代商城有限责任公司侵害商标权纠纷案，香港荣华公司"榮華"月饼已经在中国内地实际使用并已形成了较为稳定的消费群体，同时第1255171号"荣华月"获准注册后经使用也形成了相对稳定的消费群体，如果各方均规范使用，相关公众不会将"榮華"月饼与"荣华月"月饼相混淆，因此，香港荣华公司也不构成商标侵权。[1]当然，对商标共存的判定除了不易构成混淆外，被诉侵权人主观上还应是善意的，即没有故意攀附他人知名商标的意图，具体可以被诉侵权人使用标识的时间进行判断，一般在商标权人注册商标前已经开始使用涉案标识的，通常认为不具有主观的恶意，如在上文介绍过的辽宁东祥公司诉哈尔滨东祥公司侵害商标权纠纷案。[2]

3. 主观意图

主观意图主要是指被告在主观上是否具有故意或过失侵权的意图。如果被告在主观上具有使消费者发生混淆的意图，往往会故意使用一些易使消费者产生混淆的商标。因此，若从被告的主观意图能推导出消费者可能发生混淆，涉案商标很有可能构成近似商标。实际上，尽管被告的主观意图与近似商标的认定存在一定的联系，仅仅以被告的主观意图并不能推断消费者存在混淆可能性。消费者在真实的购物环境中对商品的识别往往依靠商标的外观、商品类别、商标的知名度、店铺装潢等直观的因素，而商标标识的近似性、商品的类似性、商标的显著性和知名度等都是直接影响消费者判断的因素，因此，《商标法》及相关司法解释将这些因素规定为近似商标认定的考虑因素。[3]与之相反，被告的主观意图并不能直接影响消费者对商标的识别。被告的主观意图主要体现在被告对他人注册商标及其产品的模仿程度上，而这要通过商标或商品的因素才能影响到消费者对近似商标的判断。由此可见，被告意图对消费者的影响是一种间接的影响，真正起决定作用的是商标的近似性、商品的类似性、商标的显著性和知名度等直接因素。[4]无论如何，被告的主观意图虽无法决定消费者是否产生混淆，但能作为判断混淆可能性是否存在的因素。当能够查证被告主观上不具有产生混淆的恶意时，涉案商标被认定为近似商标的可能性就降低，法院需

---

〔1〕　参见北京市高级人民法院（2013）高民终字第4324号民事判决书。

〔2〕　参见最高人民法院（2017）最高法民申3922号民事判决书。

〔3〕　姚鹤徽：《商标混淆可能性研究》，知识产权出版社2015年版，第437—438页。

〔4〕　姚鹤徽：《商标混淆可能性研究》，知识产权出版社2015年版，第311页。

要综合考虑其他因素来确定是否构成近似商标。[1]当能够证明被告主观上具有产生混淆的恶意时，即使商标的相似性、商品的类似性程度不高，法院也很有可能认定涉案商标构成近似商标。

四、我国商标侵权诉讼中近似商标认定存在的问题及完善建议

由于立法规定的不完善，我国在商标侵权诉讼中对近似商标的认定并不统一，本部分通过研究最高人民法院发布的经典案例，分析目前司法审判中出现的问题，并从立法和制度上提出完善的建议。

（一）我国商标侵权诉讼中近似商标认定存在的问题

1. 近似商标概念使用不统一

依据《商标纠纷案件解释》（2020 年修正）第 9 条的规定，商标近似包含两层含义：一是商标的外观、形状、含义等客观要素近似；二是商标可能使相关公众对商品或服务的来源产生混淆。但是 2013 年修正的《商标法》并没有对商标近似概念进行明确规定，且依其规定，商标近似似乎仅指商标标识的近似。依照上述立法规定，商标近似有事实意义上的商标标识近似和法律意义上的"混淆性近似"两种理解。由于立法规定不明确，司法实践中法院对商标近似也存在不同的理解。笔者对 2008 年至 2016 年期间，最高人民法院公布的中国法院知识产权司法保护十大案件、五十个典型案例、中国法院十大创新性知识产权案件进行检索汇总，并筛选出 120 个商标侵权纠纷案例，通过进一步的分析筛选，共得到 29 个有关商标近似的商标侵权纠纷案例。在这 29 个案例中，只有 17 个案例中的商标近似指的是"混淆性近似"。其余的 12 个案例中，有 10 个案例的商标近似指的是商标标识的近似，1 个案例的商标近似既指商标标识的近似，又指"混淆性近似"，1 个案例的商标近似的含义未具体说明（具体参照附表 1）。

由附表 1 可以看出，司法实践中对商标近似概念的使用并不统一，不少法院将商标近似等同于商标标识近似，如在派诺特贸易（深圳）有限公司与上海派诺特国际贸易有限公司等侵害商标权及不正当竞争纠纷案中，[2]法院认为涉案商标中的图形与原告的 G944420 号商标的主要部分相同，属于近似商标。商标近似概念的不统一，也使得司法实践中混淆可能性与商标近似的关系混

---

〔1〕　姚鹤徽：《商标混淆可能性研究》，知识产权出版社 2015 年版，第 439—440 页。

〔2〕　参见上海市浦东新区人民法院（2013）浦民三（知）初字第 483 号民事判决书。

乱，这不仅影响到当事人的权益主张，妨碍司法审判的公正，而且有损司法的权威。因此，在立法与司法实践中科学、合理界定统一的商标近似概念实属重要。

2. 近似商标认定因素缺失

关于近似商标认定应考虑的因素，《商标纠纷案件解释》（2020 年修正）规定要考虑商标的显著性和知名度。近似商标认定的关键是混淆可能性，作为一种较主观的评判标准，我国商标法律对混淆可能性的认定没有专门的规定，这也使得近似商标认定因素缺失，法官在近似商标认定上会有不同的考量因素。在笔者检索到的 29 个有关商标近似侵权的典型案例中，18 个案例对商标近似采用"混淆性近似"的概念，笔者对这些案例进行分析，并汇总了法院在商标近似认定时考量的因素（具体参照附表 2）。

对于商标近似认定考量的因素，附表 2 中的 18 个案例均考虑了商标标识的近似度，其中有 8 个案例考虑了商品或服务类似度，有 11 个案例在商标近似认定时考虑了商标的显著性和知名度，有 3 个案例考虑了主观意图。由此可以看出，司法实践中对近似商标认定的考量因素并不统一，除了商标标识的近似度外，对于商标的显著性和知名度、商品或服务的类似度、主观意图等因素，部分法院在商标近似认定时并不予以考虑。法官的这种做法不仅不符合商标法律的规定，而且可能导致商标近似认定结果不公正。即使法官对商标近似的认定是正确的，由于判决书中对商标近似认定的考量因素说理不充分，也很难获得当事人的认可。商标近似认定考量因素的不一致，不能有效约束法官裁量的任意性，很可能出现同案不同判的结果，不仅严重损害当事人的利益，更有损司法权威。

3. 商标近似认定缺乏相应的市场消费者调查

在商标近似认定中，除了考量商标标识的近似程度以及其他相关的因素外，参照市场消费者调查也是很有价值的。市场消费者调查主要是通过对特定消费者的问卷、访谈、提问等方式，了解和统计特定消费者对商标相关问题的态度，从而在诉讼中证明当事人主张。[1]涉案商标是否存在混淆可能性，从本质上来说，产品的消费者才是真正的判断主体，法官在司法实践中依据各种因素，对商标近似认定所做的判断，也只是以假想消费者角度作出的一种推断，而这并

---

[1] 姚鹤徽：《商标混淆可能性研究》，知识产权出版社 2015 年版，第 463 页。

不能真正取代实际消费者的认知结果。因此，法官在商标近似认定中，有必要引入市场消费者调查，将市场消费者调查的结果作为认定商标近似的一种考量因素。司法审判中，当事人多通过提交调查问卷的方式来证明自己的主张，但由于法律并未具体规定该方法，其在审判实践中的应用并不乐观，当事人提交的此类证据也多不被法官采纳。笔者在无讼案例网上，以"侵害商标权""商标近似"为关键词，检索到 6 325 个民事案件。在此检索结果基础上，又增加关键词"调查问卷"，检索到的案件量缩减为 16 个。去掉重复的和串联案件，有效的案件有 11 个。在这 11 个案件中，有 3 个案件法院将当事人提交的调查问卷作为判定混淆可能性的考量因素。剩余的 8 个案件，其中 3 个案件法院因为调查对象具有局限性、调查问卷内容设计不合理、有当事人的主观判断等原因而不予采纳，另 5 个案件法院在没有说明任何理由的情况下，直接对当事人提交的调查问卷不予采纳。从上述检索结果可以看出，调查问卷在我国商标侵权诉讼中应用很少，法院对调查问卷的采纳度偏低。法院不重视商标的市场消费者调查结果，这反过来导致当事人在商标近似侵权案件中不再提交相应的市场消费者调查证据，商标近似认定中也一般不考虑市场消费者调查结果。

（二）完善我国商标侵权诉讼中近似商标认定的建议

1. 明确近似商标的概念

近似商标概念的准确界定是研究近似商标认定的基础。近似商标的认定原则、内容、考量因素均是在近似商标概念上进行的，也只有明确近似商标的概念，法院才能对近似商标下的商标侵权有更准确地把握。近似商标不同于近似商标标识，其不仅要满足商标标识近似的条件，而且要易使相关公众混淆误认。为减少近似商标与近似商标标识使用混乱的现象，有必要在立法上规范两者的使用，而考虑到《商标法》的效力最高，适用范围最广，笔者建议对《商标法》第 57 条第 2 项做出修改，改变其之前用"商标近似"指代"商标标识近似"的做法，规范用语。2013 年《商标法》已明确混淆可能性为商标侵权判定标准，该做法是值得肯定的。商标是由其标识本身的外在符号和该符号所传递的信息组成的，商标权人通过该商标向消费者传递自己商品或企业的信息，同时禁止其他竞争者以使消费者混淆的方式来使用该商标信息。[1]商标法中采用混淆可能性标准对商标权人利益不会产生不利影响，同时打破了之前法律规定

---

〔1〕 姚鹤徽：《商标混淆可能性研究》，知识产权出版社 2015 年版，第 455 页。

不统一的尴尬局面，明确了混淆可能性的地位，因此要继续遵循该标准。据此，可将《商标法》第 57 条第 2 项修改为"未经商标注册人的许可，在同一种商品上使用与其注册商标标识近似的商标，或者在类似商品上使用与其注册商标标识相同或者近似的商标，容易导致混淆的"。该建议条文既保留了原文的含义，又不会与《商标纠纷案件解释》中"商标近似"的规定相冲突。同时，该建议条文延续了《商标纠纷案件解释》对"商标近似"的认定，理顺了商标标识近似、商标近似、混淆可能性三者的关系。

2. 完善近似商标认定考量的因素

近似商标的认定应综合考量多种因素，明确近似商标认定的多种因素可以为法官的个案判定提供依据，并约束法官裁量的任意性。结合我国司法实践和学者研究，除了商标标识近似这一基础考量因素外，影响近似商标认定的因素还包括商品的类似程度、商标的显著性和知名度、实际混淆、商标共存情况及主观意图等。为约束法官在商标近似认定中的自由裁量，并确保司法实践与立法的统一，建议对近似商标认定考量的因素进行规定，具体可通过修改司法解释，将《商标纠纷案件解释》（2020 年修正）第 10 条第 3 项修改为：判定商标是否近似，应当考虑请求保护注册商标的显著性和知名度、商品或服务的类似度、实际混淆、商标的共存情况、被告的主观意图等因素。[1]同时，也可以增设新的条款对商标的显著性和知名度、商标的共存情况、实际混淆、被告的主观意图这些因素的内涵进行具体规定，明确各要素在认定时应注意的要点，以方便法官在近似商标认定中更加准确地适用这些因素，增加法律适用的可操作性。

3. 规定市场消费者调查制度

作为一种新兴的判断商标近似的方法，市场消费者调查还在不断发展完善。商标消费者调查可以有多种形式，但目前司法实践中最常见的是商标问卷调查。商标问卷调查是指通过专门机关对真实购物环境下相关公众购物的感受进行调查和收集，以反映实际的市场环境下消费者对商标近似和商品类似的感受。[2]在英美等国家，商标问卷调查作为一种新兴证明方式，在法官判定混淆可能性中得到有效的应用。在英国，早在 20 世纪中期法院就引入了问卷调查制度，常

---

〔1〕 参见刘庆辉："我国商标近似、商品类似的判定：标准、问题及出路"，载《知识产权》2013 年第 4 期。

〔2〕 周家贵：《商标侵权原理与实务》，法律出版社 2010 年版，第 84 页。

用于证明混淆发生的概率、品牌的知名度及商标的显著性。但商标问卷调查的结果常会被被告方攻击或否认,其经常使用的攻击理由有样本数量太少,选取的受访者缺乏代表性,提问的问题有暗示性,所访问的结果与案件无关等。[1] 不同于英国,美国法院十分重视问卷调查证据,相关当事人不提交此类证据时可能要承担败诉的后果。就问卷调查的证明目的而言,美国法院明确问卷调查证据的意义不在于对实际混淆情况的证实,更大的意义是将其作为混淆可能性认定的参照意见,以此来避免法官过大的主观判断倾向。[2] 英美法院对问卷调查的重视程度固然不一样,但两国法院均认可其在混淆可能性上的证明力。为完善商标问卷调查制度,提高商标问卷调查的采纳率,英国商标注册机关在 Black & Decker v. Atlas 一案中,通过列举问卷调查证据存在的问题,明确了问卷调查证据应遵循的原则。其具体列举的因素包括:选样的公众不具有代表性;选择的场所不具有代表性;非中性环境;没有筛选;对受访者的误导;条件的不一致性;过于标准的答案;预先设定答案。[3] 美国法院在评价问卷调查证据效力时通常要考虑的因素与英国商标注册机关在 Black & Decker v. Atlas 一案中考虑的因素相同或近似,具体包括:调查对象为相关消费者;调查采取对相关公众的抽样调查法;调查问题不能具有诱导性;调查时不能给消费者相关的刺激;调查要根据不同情形采用恰当的方法。[4]

就我国而言,法律并没有对问卷调查进行专门的规定,但其也不属于不能作为证据的情形。[5] 为了使问卷调查结果更客观,使其效力得到法院和执法机关的认可,可以借鉴英美国家的实践经验,在问卷调查中遵循相应的规则和程序:①问卷调查必须委托独立的第三方机构进行,且要经过公证处的公证。独立的第三方机构相对于双方当事人来说,更加客观、中立,但考虑到第三方机

---

〔1〕 周家贵:《商标侵权原理与实务》,法律出版社 2010 年版,第 78—79 页。

〔2〕 周家贵:《商标侵权原理与实务》,法律出版社 2010 年版,第 81 页。

〔3〕 Rebecca Halford-Harrison & Patrick Perkins, A Very Different Approach: A Comparison of the Use of Surverys in Trademark Actions in the UK and the US, 02/04world intellectual property report, BNA.

〔4〕 周家贵:"商标问卷调查在英美法院商标侵权案件中的运用",载《知识产权》2006 年第 6 期。

〔5〕 最高人民法院《关于民事诉讼证据的若干规定》第 47 条规定:"证据应当在法庭上出示,由当事人质证。未经质证的证据,不能作为认定案件事实的依据。"第 53 条规定:"不能正确表达意志的人,不能作为证人。"第 68 条规定:"以侵害他人合法权益或者违反法律禁止性规定的方法取得的证据,不能作为认定案件事实的依据。"

构通常由一方当事人委托，双方之间存在一定的利益关系，需要对该调查进行公证，由公证机关对调查问卷的内容、发放、回收、汇总进行公证。②问卷调查的问题不能有诱导性，且要经双方当事人同意。考虑到问题的设计会直接影响到调查的结果，对问题的设计一定要尽量客观、中立，不能以任何方式暗示正确答案，且为平衡双方当事人的利益，问题内容一定要经双方当事人同意。③调查方式要结合商品自身的性质，采用恰当的方法。消费者调查方式有很多，如电话调查、实地走访调查、网络调查等，不同的调查方式会影响到调查的结果，所以专业的第三方机构必须提前对涉案产品进行市场评估，采用最能反映消费者真实购物状态的调查方法。

五、结论

近似商标认定是商标侵权诉讼中的关键问题，它不仅关系到商标权人和生产经营者的权利范围、消费者的购买利益以及商标市场秩序的稳定，而且事关被告的合法利益和相关产品流通秩序，以及对不正当竞争行为的规制。商标作为附着在商品上的识别符号，发挥着为消费者传递商品及企业信息的功能，在市场交易中，其能帮助消费者区分不同商品的来源。基于商标的本质，近似商标认定应体现商标的区别功能，具体来说，近似商标认定应将混淆可能性作为其判定的条件。同时，商标法立足于保护商标权人和消费者的利益，近似商标认定通过打击仿冒商标权人商标的行为，避免顾客对相互竞争的商品产生混淆，从而保护商标权人的直接利益或预期利益。近似商标制度有利于降低消费者在购买商品时的搜索成本，保护消费者依靠商标进行购物的机制，降低市场交易中双方的成本。

近似商标制度有助于制止不正当竞争，营造良性的市场自由竞争秩序。在激烈竞争的市场环境下，部分经营者在巨大利益诱惑下，通过"搭便车"的行为，盗取他人长久经营所获得的商标利益。近似商标的认定，可以通过制止可能使消费者发生混淆的不当经营行为，避免和规制商业贸易和市场竞争中仿冒行为的出现，约束不正当竞争人的不良行为，保护商标权人免受不正当竞争的侵害。同时，通过明确近似商标认定的考量因素，近似商标认定将更加科学、公正，排除非系争商标相关消费者发生混淆的情形，保护被诉侵权人的合法利益，维持正常的市场流通秩序。

近似商标认定不能脱离商标标识近似和混淆可能性这两个要素，两者均是近似商标认定不可或缺的条件。商标标识近似是基础要件，若两商标标识完全不同，则不应被认定为近似商标；混淆可能性是核心要件，在商标标识近似的前提下，若容易使消费者对不同商品或服务来源产生误认，则两商标构成近似商标。考虑到判断混淆可能性的主观性过大，为约束法官裁量的任意性，结合国外商标法的司法实践以及我国审判实务中的做法，在近似商标认定中可综合考量商标显著性和知名度、商品或服务类似度、实际混淆、商标的共存情况及主观意图这些因素，明确它们对近似商标认定的影响。当然，我国目前的近似商标认定制度还不完善，由于立法对近似商标规定不够详尽，司法实务中近似商标概念使用混乱、考量因素缺乏统一的标准、缺乏配套的市场调查制度，我国需要从立法上完善《商标法》和配套司法解释的规定，并在司法实践中引入市场消费者调查制度，通过借鉴英美国家的司法实践，从调查主体、访问内容和调查方式上对市场消费者调查制度进行完善。

附　录

附表 1　商标近似概念使用情况

序号	来源	案件名称	审级/法院/案号	案由	商标近似概念
1	2016 五十个典型案例	杭州奥普卫厨科技有限公司与浙江现代新能源有限公司等侵害商标权纠纷案	再审/最高人民法院/（2016）最高法民再 216 号	侵害商标权纠纷	采用商标标识近似的概念
2	2016 五十个典型案例	沈阳广播电视台诉沈阳吉宝广告传媒有限公司侵害商标权纠纷案	一审/沈阳中院/（2016）辽 01 民初 588 号	侵害商标权纠纷	既采用商标标识近似的概念，也采用"混淆性近似"的概念
3	2016 五十个典型案例	重庆松江管道设备厂与上海松江环福橡胶制品厂等商标侵权纠纷案	二审/重庆市高级人民法院/（2016）渝民终 151 号	侵害商标权纠纷	采用商标标识近似的概念

序号	来源	案件名称	审级/法院/案号	案由	商标近似概念
4	2015 五十个典型案例	广州市瑞驰计算机科技有限公司与北京小桔科技有限公司侵害商标权纠纷案	一审/北京市海淀区人民法院/（2014）海民（知）初字第21033号	侵害商标权纠纷	未具体涉及
5	2015 五十个典型案例	中国港中旅集团公司与张家界中港国际旅行社有限公司侵害商标权及不正当竞争纠纷案	二审/湖南省高级人民法院/（2015）湘高法民三终字第4号	侵害商标权及不正当竞争纠纷	采用商标标识的近似概念
6	2014 五十个典型案例	派诺特贸易（深圳）有限公司与上海派诺特国际贸易有限公司等侵害商标权及不正当竞争纠纷案	一审/上海市浦东新区人民法院/（2013）浦民三（知）初字第483号	侵害商标权及不正当竞争纠纷	采用商标标识近似
7	2014 五十个典型案例	杨汉卿、北京新范文化有限公司与恒大足球学校等侵害商标权及不正当竞争纠纷案	二审/广东省高级人民法院/（2013）粤高法民三终字第630号	侵害商标权及不正当竞争纠纷	采用商标标识近似的概念
8	2013 五十个典型案例	兰建军、杭州小拇指公司等侵害商标权及不正当竞争纠纷案	二审/天津市高级人民法院/（2012）津高民三终字第0046号	侵害商标权及不正当竞争纠纷	采用商标标识近似的概念

序号	来源	案件名称	审级/法院/案号	案由	商标近似概念
9	2012 五十个典型案例	南京圣迪奥时装有限公司与周文刚、南京奥杰制衣有限公司侵害商标权纠纷案	二审/江苏省高级人民法院/（2012）苏知民终字第 0218 号	侵害商标权纠纷	采用商标标识近似的概念
10	2012 五十个典型案例	广东欧珀移动通信有限公司与深圳星宝通电子科技有限公司、郑关笑侵害商标权纠纷案	二审/广东省高级人民法院/（2012）粤高法民三终字第 79 号	侵害商标权纠纷	采用商标标识近似的概念
11	2011 十大典型案例	尚杜·拉斐特罗兹施德公司与深圳市金鸿德贸易有限公司等侵害商标权、不正当竞争纠纷案	二审/湖南省高级人民法院/（2011）湘高法民三终字第 55 号	侵害商标权及不正当竞争纠纷	采用商标标识近似的概念
12	2011 五十个典型案例	佛山市合记饼业有限公司与珠海香记食品有限公司侵害商标权纠纷申请再审案	再审/最高人民法院/（2011）民提字第 55 号	侵害商标权纠纷	采用商标标识近似的概念

附表 2　近似商标认定考量的因素

序号	来源	案件名称	审级/法院/案号	案由	商标近似概念	商标近似认定考量的因素
1	2016十大案件	北京庆丰包子铺与济南庆丰餐饮管理有限公司侵害商标权及不正当竞争纠纷再审案	再审/最高人民法院/(2016)最高法民再238号	侵害商标权及不正当竞争纠纷	采用"混淆性近似"的概念	商标标识的近似度、被侵权商标的知名度和影响力、商品或服务类似度
2	2016十大案件	江苏省广播电视总台等与金阿欢侵害商标权纠纷再审案	再审/广东省高级人民法院/(2016)粤民再447号	侵害商标权竞争纠纷	采用"混淆性近似"的概念	未具体阐述
3	2016五十个典型案例	樱花卫厨（中国）股份有限公司等与苏州樱花科技发展有限公司中山分公司等侵害商标权及不正当竞争纠纷案	二审/江苏省高级人民法院/(2015)苏知民终字第00179号	侵害商标权及不正当竞争纠纷	采用"混淆性近似"的概念	未具体阐述
4	2016五十个典型案例	沈阳广播电视台诉沈阳吉宝广告传媒有限公司公司侵害商标权纠纷案	一审/辽宁省沈阳市中级人民法院/(2016)辽01民初588号	侵害商标权纠纷	既采用商标标识近似的概念，也采用"混淆性近似"的概念	商标标识的近似度、商品或服务类似度、显著性和知名度
5	2015五十个典型案例	珠海格力电器股份有限公司与广东美的制冷设备有限公司等侵害商标权纠纷案	二审/广东省高级人民法院/(2015)粤高法民三终字第145号	侵害商标权纠纷	采用"混淆性近似"的概念	商标标识的近似度、商品或服务类似度、知名度

续表

序号	来源	案件名称	审级/法院/案号	案由	商标近似概念	商标近似认定考量的因素
6	2015 五十个典型案例	烟台张裕卡斯特酒庄与上海卡斯特酒业公司、李道之确认不侵犯商标权纠纷上诉案	二审/山东省高级人民法院/（2013）鲁民三终字第 155 号	侵害商标权纠纷	采用"混淆性近似"的概念	商标标识的近似度、显著性、实际使用情况、是否有不正当意图、已经客观产生的市场格局
7	2012 十大创新性知识产权案件	许斌诉南京名爵实业有限公司、南京汽车集团有限公司等侵害注册商标专用权纠纷案	二审/江苏省高级人民法院/（2012）苏知民终字第 0183 号	侵害商标权纠纷	采用"混淆性近似"的概念	未具体阐述
8	2012 五十个典型案例	宝马股份公司等与北京方托商业管理有限公司等侵害商标权及不正当竞争纠纷案	二审/北京市高级人民法院/（2012）高民终字第 918 号	侵害商标权及不正当竞争纠纷	采用"混淆性近似"的概念	商标标识的近似度、商品或服务类似度
9	2011 五十个典型案例	杭州奥普电器有限公司与浙江凌普电器有限公司等侵害商标权、不正当竞争纠纷上诉案	二审/浙江省高级人民法院/（2011）浙知终字第 200 号	侵害商标权及不正当竞争纠纷	采用"混淆性近似"的概念	商标标识的近似度、商品或服务类似度
10	2010 十大案件	(法国) 拉科斯特股份有限公司与（新加坡）鳄鱼国际机构私人有限公司、上海东方鳄鱼服饰北京分公司侵犯商标专用权纠纷案	二审/最高人民法院/（2009）民三终字第 3 号	侵害商标权纠纷	采用"混淆性近似"的概念	商标标识的近似度、主观意图、双方共存和使用的历史与现状

续表

序号	来源	案件名称	审级/法院/案号	案由	商标近似概念	商标近似认定考量的因素
11	2010 五十个典型案例	阿迪达斯国际经营管理有限公司诉京固国际通商有限公司、东莞金固复合材料有限公司侵犯商标专用权纠纷案	一审/广东省东莞市中级人民法院/（2010）东中法民三初字第 142 号	侵害商标权纠纷	采用"混淆性近似"的概念	未具体阐述
12	2010 五十个典型案例	四川绵竹剑南春酒厂诉深圳市宝松利实业有限公司等侵犯商标专用权及不正当竞争纠纷上诉案	二审/湖南省高级人民法院/（2010）湘高法民三终字第 11 号	侵害商标权及不正当纠纷	采用"混淆性近似"的概念	商标标识的近似度、商品或服务类似度、显著度
13	2009 五十个典型案例	陈国明诉海南省人民医院侵犯商标专用权纠纷案	二审/海南省高级人民法院/（2009）琼民三终字第 25 号	侵害商标权纠纷	采用"混淆性近似"的概念	商标标识的近似度、商品或服务类似度、显著度和知名度
14	2009 五十个典型案例	云南城投置业股份有限公司与山东泰和世纪投资有限公司等侵犯商标权纠纷案	再审/最高人民法院/（2008）民提字第 52 号	侵害商标权纠纷	采用"混淆性近似"的概念	商标标识的近似度、显著性和知名度、不正当意图、商标实际使用情况
15	2009 五十个典型案例	工美燕诉浙江杭州市新华书店有限公司等侵犯商标专用权纠纷案	二审/浙江省高级人民法院/（2009）浙知终字第 98 号	侵害商标权纠纷	采用"混淆性近似"的概念	商标标识的近似度、显著性

续表

序号	来源	案件名称	审级/法院/案号	案由	商标近似概念	商标近似认定考量的因素
16	2008 十大案件	雷茨饭店有限公司诉上海黄浦丽池休闲健身有限公司商标侵权纠纷案	一审/上海市第二中级人民法院/（2008）沪二中民五（知）初字第 74 号	侵害商标权纠纷	采用"混淆性近似"的概念	商标标识的近似度、显著性和知名度
17	2008 五十个典型案例	鲁道夫·达斯勒体育用品波马股份公司诉苏州好又多百货商业有限公司侵犯商标专用权纠纷案	一审/江苏省苏州市中级人民法院/（2008）苏中知民初字第 0065 号	侵害商标权纠纷	采用"混淆性近似"的概念	商标标识的近似度、商标的显著性和知名度
18	2008 五十个典型案例	科勒公司诉赵桂香等侵犯注册商标专用权、不正当竞争纠纷案	一审/辽宁省沈阳市中级人民法院/（2007）沈民四知初字第 97	侵害商标权及不正当竞争纠纷	采用"混淆性近似"的概念	商标标识的近似度、商品或服务的类似度、商标的显著性和知名度

商标法中类似商品认定研究

齐甜甜

2013 年我国《商标法》经过第三次修正后，首次引入混淆可能性要件，实现了与国际社会的初步接轨。此种背景下，商标近似和商品类似与混淆可能性的关系需要重新审视与定义，二者关系不同对案件审理结果的影响不容忽视。现行商标法体系下有学者认为商品类似是判定商标侵权的充分必要条件，只有系争商标使用在类似商品上时才构成商标侵权；部分学者认为类似商品仅是判断混淆可能性的参考因素，二者不存在必然联系。商标的注册、维持和保护，都是建立在类似商品基础之上的，判定两个商标是否存在混淆可能性，离不开对类似商品的认定。但是，在理论研究及司法实践中，商品类似与否的认定难度较大，且存在诸多争议。笔者将从类似商品认定的理论基础出发，结合近几年商标实务领域中的经典案例，分析商品类似及商品与服务类似的判定标准。

一、类似商品认定理论考察

2001 年《商标法》中将类似商品作为驳回商标申请以及商标侵权认定的必要条件，当时立法者认为只要满足商标近似以及商品类似，即可认定会产生混淆。然而，最高人民法院《关于审理商标民事纠纷案件适用法律若干问题的解释》规定以混淆可能性作为判定商品类似的标准，2013 年《商标法》重新修正后正式引入混淆可能性概念。有学者认为这一改变契合了《商标法》的立法本质，为商标权人的利益提供了更加全面的保护，也有学者发现现行《商标法》体系下，商品类似判定和混淆可能性关系模糊，引发逻辑循环悖论以及同案不同判等一系列问题。目前我国实务中尚欠缺对于类似商品的认定标准，法院在判决书的说理部分对类似商品的判定往往只是通过引用相关司法解释一笔带过，缺乏如何在个案中认定类似商品的全面论证。因此，有必要将商标法中类似商品的含义作为研究对象进行深入分析。

（一）商标法中类似商品的概念及法律属性

2013 年《商标法》中类似商品的概念出现在第 30 条[1]以及第 57 条有关商标侵权的情形规定第 2 项。[2]最高人民法院《关于审理商标民事纠纷案件适用法律若干问题的解释》（以下简称《商标纠纷案件解释》）第 11 条进行了进一步说明："商标法第五十二条第（一）项规定的类似商品，是指在功能、用途、生产部门、销售渠道、消费对象等方面相同，或者相关公众一般认为其存在特定联系、容易造成混淆的商品。类似服务，是指在服务的目的、内容、方式、对象等方面相同，或者相关公众一般认为存在特定联系、容易造成混淆的服务。商品与服务类似，是指商品和服务之间存在特定联系，容易使相关公众混淆。"[3]虽然法律及司法解释均对这一概念的定义作出了具体规定，并在规范意义上确定了类似商品的认定准则，但是在司法实践中对其法律属性仍存在不同理解。

事实认定和法律适用是审理案件的关键，法官的"目光将在事实与法律秩序的相关部分之间来回穿梭，目光在事实与法律规范之间来回穿梭是法律适用的普遍规律"。[4]事实认定是法律适用的前提和基础，我国《民事诉讼法》第 7 条规定："人民法院审理民事案件，必须以事实为依据，以法律为准绳。"事实认定清楚正确对解决纠纷至关重要。通常情况下，对于法律工作者来说，事实认定和法律适用是泾渭分明的。但是，在商标授权确权行政案件及商标侵权民事案件中，对类似商品的定性经常会出现不同声音。例如，在"贵妃"商标权纠纷案中，判断被告马王堆公司的产品醋饮料与原告方太新怡华公司的产品调味品醋是否构成类似商品时，一审法院通过对引证商标和被诉侵权商标核准使用的商品的成分、销售渠道等进行逐个对比后认定醋和贵妃醋产品构成

---

[1] 申请注册的商标，凡不符合本法有关规定或者同他人在同一种商品或者类似商品上已经注册的或者初步审定的商标相同或者近似的，由商标局驳回申请，不予公告。

[2] 未经商标注册人的许可，在同一种商品上使用与其注册商标近似的商标，或者在类似商品上使用与其注册商标相同或者近似的商标，容易导致混淆的。

[3] 《商标纠纷案件解释》（2020 年修正）第 11 条保留了这一规定。

[4] [德] 伯恩·魏德士著，丁晓春、吴越译：《法理学》，法律出版社 2005 年版，第 288 页。

类似商品。在二审中，北京市高级人民法院引用在先文件认定二者构成类似，[1]没有结合个案情况对系争商品是否构成类似商品进行认定，而是直接将原国家工商行政管理总局商标局对商品类别的划分当成了个案中类似商品的判断结论，[2]推翻了一审法院的判决。

笔者不认同该二审法院的看法，因为对类似商品的认定并非共性判断，而应该根据不同案情和因素进行实质性的分析与认定。事实上，案件具体情况千变万化，类似商品的认定也是相对动态的，因案情不同而不同。此案中认定的类似商品，彼案中由于影响因素不同未必构成类似商品；过去认定为类似的商品，现在不一定类似。因此，并不存在可以统一对号入座的标准，主流观点也赞同类似商品的认定是个案事实认定问题，而非在已有事实基础上的法律适用问题。法官在审判此类个案时，应按照类似商品判断标准，综合考虑商品的生产厂商、出售方式、特定地区的消费习惯等因素进行事实认定，而不应脱离具体案情直接适用某一规范性文件中的结论。类似商品的认定也仅针对涉案商品发生效力，而不针对案外非特定第三者。撇开个案具体案情交由权威部门"统一认定"，或直接比照《类似商品与服务区分表》（以下简称《区分表》）等文件获取结论的做法，实际上等于放弃和转移了法院的审判职权，使本应由法院作出的认定被与案情无关的检索代替。[3]

（二）类似商品认定的意义

类似商品是商标法中的基础概念之一。商标的价值在于使用，商标只有和商品结合投放市场才会真正发挥其区分商品来源的作用，故应基于类似商品开展对商标的注册、管理和保护。商标权分为专用权和禁用权，其作用范畴与类似商品的认定具有直接关联。"注册商标的专用权，以核准注册的商标和核定使用的商品为限。"[4]在商标授权申请中，类似商品决定了在先商标的注册排斥范围，[5]而商标权主体既可以在其专用权范围内自行使用，亦可以在他人没有

---

〔1〕　原国家工商行政管理总局商标局《关于"槟榔"等商品有关问题的批复》，其中指出含醋饮料与醋不构成类似商品。

〔2〕　"从一份民事判决书中看商标侵权纠纷中类似商品判断的法律问题"，载 http://www.3edu. net/lw/sblw/lw_ 57987. html? source＝1，最后访问时间：2020 年 12 月 21 日。

〔3〕　黄义彪："商标民事纠纷中类似商品的判断标准"，载《知识产权》2004 年第 4 期。

〔4〕　《商标法》第 56 条。

〔5〕　柯晓军、梅远："商标近似、商品类似的认定及其与知名度的关系"，载《中华商标》2012 年第 8 期。

经过允许使用自己的商标时予以阻止。同时，商标法对非驰名商标禁用权的保护也应以核定使用的商品为限，但是为了防止对消费者的欺骗和对商标权人商业利益与信誉的损害，商标权人禁止权的范围扩大至类似商品，商标权人有权禁止他人以可能导致混淆的方式在类似商品上使用近似商标。[1] 因此，如果相同或者近似的商标都用在类似商品上，对商标权的保护不是绝对的，而是要对商品是否类似进行判断。为了防止商标权无限扩张，当前我国司法实践中多采取混淆可能性作为限制条件，商品类似与否往往影响案件最终的审理结果。

（三）类似商品认定的考察因素

1. 《区分表》与《商标注册用商品和服务国际分类尼斯协定》（以下简称《尼斯协定》）

《尼斯协定》是世界知识产权组织管理的多边国际条约，于 1957 年 6 月 15 日签订于法国尼斯，1979 年 10 月 2 日修订于日内瓦。我国于 1994 年 8 月 9 日加入该协定。

《尼斯协定》把大量的商品服务按照原材料构成、使用场合、生产方式等因素，划分了几大类别。功能用途、产品原料、服务目的、内容等大致相同的商品或服务通常被分在同一类别。

我国现行《区分表》是根据第 11 版《商标注册用商品和服务国际分类表》调整制定而成，分为 45 个类别，其中 1—34 类为商品类，35—45 类为服务类。但是，《区分表》的修订往往落后于经济发展与商品变化，也并不能涵盖所有的商品类别，《区分表》中的商品类别也并不等同于《商标法》中的类似商品。商品类别是根据商品的物理属性进行划分的分类，而商品类似则是法律上的概念，需要考虑更多因素，因此，《区分表》仅仅作为认定类似商品的参考工具而不具有法律约束力。编者也在说明中指出，该表是为方便商标管理单位的工作而进行编制的，表中的类别不能与商品是否类似画等号。最高人民法院在相关文件中也指出，该表只是作为类似商品判定过程的参考。学界和司法界对上述观点已经达成了较为一致的认识，但一些商标审查人员仍然坚持以该表作为决定性参考条件，导致商标行政案件中商标评审委员会（以下简称"商评委"）的认定结果与法院的最终判决截然相反。这一分歧的出现有其必然原因，笔者

---

〔1〕 蔡崇山："再论商品类似判断标准——兼评新商标法的有关修订"，载《电子知识产权》2014 年第 6 期。

将在后文进行详细分析。

2. 类似商品认定以相关公众一般注意力为准

类似商品认定时，不应由法官及法院直接对系争商品是否类似作出判断，而应当以相关公众[1]的一般注意力为准则。最高人民法院知识产权庭原庭长蒋志培博士曾撰文指出，相关公众是指与商标所标识的某类商品或者服务有关的消费者和与前述商品或者服务的营销有密切关系的其他经营者，包括两部分：一部分是与商标所标识的某类商品或者服务有关的消费者，也就是最终消费者；另一部分是与商标所标识的某类商品或者服务的营销有密切关系的其他经营者。这两部分公众中，涉及任何一部分人都是法律规定的相关公众，不是两部分人都涉及才构成《商标法》所称的相关公众。[2]商标的基本功能为识别产源，然而大部分类似商品的认定需求出现在市场经营过程之中，权益直接受损的是消费者和销售者。所以法官在事后对类似商品进行认定时，应该将关注点放到这种情况下，以相关权益受损人的注意力为准则。由于有关专家对商品有基于其知识背景的深入了解，他们过高的注意力将会导致评判准则过严，漏掉在普通消费者看来已经构成类似商品的情形，所以不能作为准则；但是也不能以不细心的顾客的注意力为准则，这样可能会导致标准过于宽松。法官在进行类似商品判断时，应将上述二者中大众通常的、普通的、一般的注意力作为准则。由于商品的种类、性质、价格对相关公众的注意程度有一定影响，法官在认定类似商品时应该适当考虑商品的种类、价格等。

3. 类似商品认定与混淆可能性[3]

我国在 2013 年对《商标法》进行修正时，引入混淆可能性要件作为商标侵权的认定准则，使其独立成为判定商标侵权与否的原则之一。根据《商标法》第 57 条的规定，混淆可能性在商标侵权认定中处于基础性地位。在商标案件中，首先需要对案件事实进行认定，而对于司法机关和商标行政机关来说，进行事实认定成本较高，因此混淆可能性充当了事实判断的高效工具，"它预设了

---

[1] 《商标纠纷案件解释》（2020 年修正）第 8 条规定："商标法所称相关公众，是指与商标所标识的某类商品或者服务有关的消费者和与前述商品或者服务的营销有密切关系的其他经营者。"

[2] 蒋志培："如何理解和适用《最高人民法院关于审理商标权民事纠纷案件适用法律若干问题的解释》"，载《科技与法律》2002 年第 4 期。

[3] 商标的本质是人类感觉器官可感知的，以特定公共性形式存在的信息，商标的功能在于降低消费者的心理认识成本，商标权在于维护消费者正常的心理认知网络，而商标侵权则不当干扰了消费者正常的心理认知网络，因此混淆可能性是商标侵权的本质表现。

相关公众的核心地位，体现了制度设计在精确性和成本之间的兼顾，彰显了法定标准下侵权认定的科学性、公正性"。[1]

值得注意的是，《商标法》对商标授权却未规定混淆可能性，与此同时，《商标纠纷案件解释》（2020 年修正）第 11 条中对类似商品的判断标准也尚未进行相应的修改，仍将混淆可能性作为类似商品认定的标准，导致两者出现冲突，增加了类似商品认定相关法律条文的复杂性。关于混淆可能性与类似商品之间的关系，学界和实务界仍存在不同声音，有学者认为应当将类似商品作为判断是否会导致混淆的前提，也有学者认为商品类似仅仅是混淆可能性的参考要素之一，对这一问题的不同解读会产生不同的法律后果，选择不同的判定准则，尤其是商标近似、商品类似与混淆可能性的不同关系，会导致不同的裁判结果。事实上，目前我国的司法实践中确实存在不同法院对二者之间的关系理解不同，从而同案不同判的现象。因此，需要进一步加深对于类似商品的概念内涵和判断规则的认识，这一问题将在后文进行详细阐述。

二、类似商品认定实证研究

在我国司法实践中，商标授权确权行政案件和商标侵权民事案件均需要对类似商品进行认定，但行政和司法存在一定差异。商标局和商评委[2]是行政机关的内设机构，如商评委作出的行政裁定和决定具有行政裁决的性质，其和后续的诉讼行为是具有较大的区别的。在同一案件中，商评委和法院对相同的涉案商品是否构成类似商品的考量要件不同，突出表现在对类似商品认定中《区分表》的地位问题上。商标局和商评委严格参照《区分表》中的分类规定来判断商品是否类似，而法院则通常仅将《区分表》作为参考，会更多考虑《区分表》之外的其他因素，打破该表的相关规定。商标授权确权行政案件中商评委意见和法院判决完全相反的情况屡见不鲜，这充分说明了类似商品判断的复杂性，也反映了实务部门对这一问题的认识和做法有待统一。

---

[1] 宋颂："商标混淆可能性标准的客观化路径及其反思"，载《常州大学学报》（社会科学版）2017 年第 6 期。

[2] 近年国家知识产权行政部门进行改革时，已取消了商评委建制。据国家知识产权局保护司张志成司长介绍，原商评委做出的决定，现在都以国家知识产权局的名义进行，具体业务由国家知识产权局商标局承担。

（一）案例综述

商标授权确权确定的是商标专用权的范围，而在商标民事纠纷中，确定的则是商标禁用权的范围。商标权人拥有禁止他人在没有经过其同意的前提下将与其注册商标相近的商标使用于与其核准使用的商品相同或者类似的商品之上的权利。对类似商品的认定往往决定着最终商标侵权事实的认定，与系争双方的根本利益息息相关，同时也影响着交易安全与公平有序的市场竞争环境的维系。为了更好地把握我国《商标法》体系下商标评审机构及法院对于类似商品的认定现状，笔者选取了 20 个商标授权确权行政案例和 50 个商标侵权民事案例进行系统梳理和研究。[1]

1. 案例时间分布

笔者此次选取的案例在时间分布上为 2009 年至 2018 年，其中 2014 年和 2017 年案例分布较为集中。2013 年修正的《商标法》正式引入混淆可能性概念，笔者搜集的案例中 2014 年案例多达 19 个，反映了 2013 年《商标法》修正后各界对于类似商品认定的进一步思考。此外，2017 年案例有 17 个，通过这些案例，我们也能清楚地了解现今关于类似商品判定的要素。

表 1　案例时间分布一览

年份	2009	2010	2011	2012	2013	2014	2015	2016	2017	2018
个数	3	3	5	4	3	19	10	4	17	2

来源：笔者整理。

另外，此次选取的案例地域分布多为北京、上海及广州。究其原因，笔者认为北京、上海和广州各种产业尤其是高科技产业比较发达，普法率高，商标权人具有较强的自我合法权益的保护观念，且 2014 年后，三地先后设立了知识产权法院，专注于对知识产权纠纷的管理，相关案例更具有实际参考意义。

2. 类似商品认定考虑因素

在笔者选择的 50 个商标民事侵权案例中，法院在判决书内对类似商品的认定除了引用《商标纠纷案件解释》第 11 条的规定以及说明相关公众的注意力标准外，在 26 份判决书中法院对类似商品认定的考虑要素进行了详细说明。除

---

[1]　笔者选取案例的方式为在无讼案例库中以关键词"类似商品"进行搜索，选取关联度最大的二审典型案例，意在比较商标评审机构与法院对相同系争商品的认定是否存在不同认知。

《商标纠纷案件解释》第 11 条外，最高人民法院《关于审理商标授权确权行政案件若干问题的意见》第 15 条亦规定了类似商品认定的参考因素。[1]类似商品的认定因素是综合、多元的，但最终均落脚于相关公众的混淆误认。因此，在进行类似商品判定时，主要考虑以下因素：

（1）功能和用途。商品的功能是产品所发挥的作用，即产品所能实现的购买者的需要；用途则代表产品可以使用的方面、范围。实践中，商品的功能和用途是判定商品间有没有构成类似的主要参考因素。在商场、超市中，货架上的物品也是按照这一因素进行分类的，如超市中分为日用品区、零食区、生鲜区等，商场一楼为饰品化妆品区，二楼为女装区，三楼为男装区等，同一区域商品的消费对象往往拥有相同的购物需求，有明确购物需求的消费者直接通过商品的功能、用途分类进入相应的区域进行选购，且相同功能或用途的商品往往具有替代性，因此有较大可能构成类似商品。在长兴东红公司、杭州彩工坊居饰有限公司、邵水永知识产权纠纷案中，一审法院在对硅藻泥和砂岩进行认定时首先考虑了用途："以硅藻泥作为原材料制作而成的壁材属于建筑装饰材料，其主要功能是用于居室内外墙面的粉饰、环保美观，而以砂岩作为原材料制作而成的系列壁材同样属于建筑装饰材料，用于居室内外墙面的粉饰、环保美观。"[2]

（2）生产部门。生产部门指商品的制造主体，其对于类似商品判定的影响主要在于会不会导致消费者错误认为商品或服务均由同一厂家生产，或认为其之间存在一定关系。在各大企业都在积极拓展自身经营领域的今天，商品的生产部门更应该作动态的、与时俱进的考虑，如时尚品牌过去专注于服装产业的休闲服饰，近年来也开始进军化妆品行业，该品牌的休闲服装与化妆品在专卖店中均可以找到，因此并不能直接将看似不相类似的休闲服装与化妆品认定为不类似商品。在"GAP"案中，最高人民法院也指明了这点，即"对于时尚类品牌而言，公司经营同一品牌的服装和眼镜等配饰是普遍现象"，[3]并将其作

---

〔1〕 最高人民法院《关于审理商标授权确权行政案件若干问题的意见》第 15 条规定："人民法院审查判断相关商品或者服务是否类似，应当考虑商品的功能、用途、生产部门、销售渠道、消费群体等是否相同或者具有较大的关联性；服务的目的、内容、方式、对象等是否相同或者具有较大的关联性；商品和服务之间是否具有较大的关联性，是否容易使相关公众认为商品或者服务是同一主体提供的，或者其提供者之间存在特定联系。……"

〔2〕 浙江省高级人民法院（2012）浙知终字第 24 号民事判决书。

〔3〕 最高人民法院（2012）行提字第 10 号行政判决书。

为认定服装和眼镜构成类似商品的考虑因素之一。

（3）销售渠道。销售渠道和生产部门密不可分，通过同一方式售卖的商品，有关消费者更加容易认为它们是来自同一制造主体的产品。但是在考虑这一因素时，应当将相异的售卖模式进行区分。比如超市、百货商店，由于其同时出售各种各样的商品，不能因为同时销售而判定为类似商品，而要看具体的区域或货架；但当商品只在或一般在专卖店出售时，则会在很大程度上认定其构成类似，因为这种情况下，消费者很可能会因为两种商品都在同一专卖店出售而认为它们来自同一主体。[1]以上文列举的服装与化妆品为例，在超市及百货商场中二者往往摆放在不同区域出售，通常不会影响相关消费者对其来源的判断，而在时尚品牌专卖店中，休闲服装与化妆品共同摆放，消费者往往会默认二者来源于同一生产者，故二者构成类似商品。

（4）消费群体。消费群体就是指商品的购买人，若其存在较大差异，一般认定为不存在混淆可能性，不属于类似商品，故消费群体也是法院在认定类似商品时常常加以分析的要件。在"星河湾"商标案中，原审法院认为，炜赋公司开发的"星河湾花园"一、二期属于普通价位商品房，主要销售对象是市政建设项目征地的拆迁户；而宏富公司开发的"星河湾"楼盘属于高档商品房，价格较高，消费群体也与拆迁户不存在重合。炜赋公司开发的商品房位于江苏，没有证据证明宏富公司的"星河湾"商标在江苏当地具有较大知名度，消费者在购房时也会给予比普通商品采购更大的注意力，不会产生炜赋公司开发的"星河湾花园"与注册商标或宏富公司开发的"星河湾"楼盘存在特定联系之误认，[2]故认定被告将"星河湾花园"作为楼盘名称不构成侵权行为。

（5）其他。除上述因素外，在进行类似商品判断时，商评委及法院还会综合考虑其他因素的影响。如在"加加"案中，最高人民法院将引证商标的知名度和显著性纳入考量范围，并指出"虽然判断商品是否类似主要应考虑前述的功能、用途等因素，但相关商标的知名度对于判断是否容易引起相关公众混淆会产生影响"。[3]在"七匹狼SEPTWOLVES及图"商标争议案中，法院将互补性商品作为判断类似商品的考虑因素之一。互补性商品是指两种商品之间虽然差别较大，但其功能互补，一种商品对于另一种商品的使用来说是不可或缺的。该

---

〔1〕 《商标法入门与实践》，世界知识产权组织培训手册，1998年再版，6.2.1部分。

〔2〕 最高人民法院（2013）民提字第102号民事判决书。

〔3〕 最高人民法院（2011）知行字第7号行政判决书。

案中，法院将"烟草及其制品"与"烟具、火柴"认定为类似商品。此外，在不同的案件中，商评委、法院还曾将原料、生产工艺、商标标志的近似程度、诉争商标权人的主观状态等作为类似商品判断的参考要件。

类似商品判断的影响因素虽然多元，但在实践中对各因素的考量并不是孤立的。目前，法院在实践中主要从混淆可能性出发，进行综合分析。在分析过程中，对各因素的考量也应有主次之分，商品的功能和用途、生产部门、销售渠道、消费群体等是重点因素，如果通过这些因素能直接判定构成类似商品，则可以不再参考辅助因素。引证商标的知名度与显著性、互补性商品等属于辅助因素，只有在主要因素难以把握的情况下才需加以考虑。

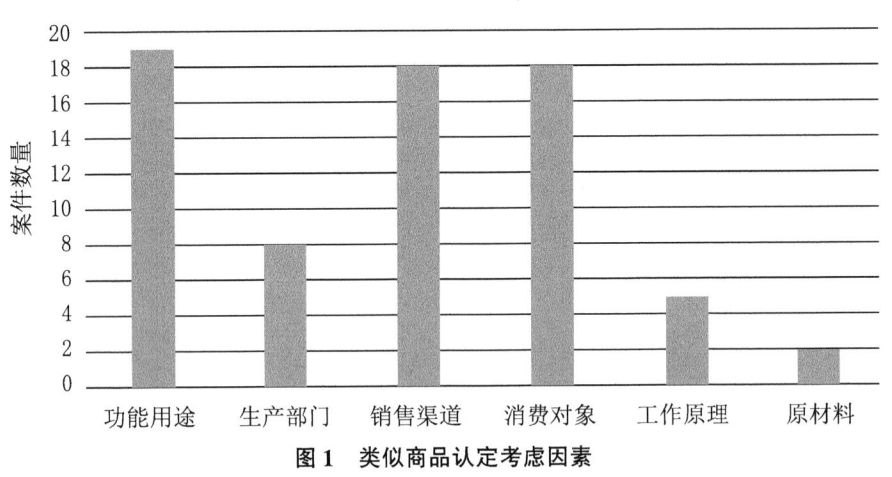

图1 类似商品认定考虑因素

3. 改判情况

笔者收集的20个商标授权确权行政案例中，上诉案件12个，其中再审案例1个，上诉率达到60%，法院判决撤销商评委裁定2个。由此可见，在商标授权确权行政案件中，法院和商评委之间尚存在一定分歧，对于类似商品判定规则理解不一。

表2 商标授权确权行政案件改判情况

案例	对比商品		商评委	法院
某公司与商评委商标申请驳回复审行政纠纷案	眼镜、眼镜架	衣物、鞋、帽	不类似	类似

续表

案例	对比商品		商评委	法院
天地生公司与商评委商标异议复审行政纠纷案	鱼、果肉	水果罐头	不类似	类似

来源：笔者整理。

通过分析上述案例可知，商评委和法院出现分歧的原因在于商评委在进行商标核准注册和异议复审的过程中，对《区分表》中的产品分类依赖较大，仅根据上文提出的客观因素予以比对；而法院在审理案件的过程中，更多地考虑了系争产品之间的关联性以及相关公众产生混淆的可能性。此外，在案件审理过程中，当事人往往会补充更多证据，这也在一定程度上影响了最终的审理结果，促使案件审理结果更加接近实质正义。[1]

本次收集的50个商标侵权民事案例中，判决撤销原判及改判的有6例，部分改判1例，占总案例的14%，判决维持的案例占86%，不同法院对于类似商品的认定规则和适用亦存在一定分歧。

表3　商标侵权民事案例改判情况

案件	比对商品		一审	二审
红牛公司等与李劲侵犯商标专用权纠纷案	红牛维生素功能饮料	非医用营养液	类似	不类似
长兴东红公司、杭州彩工坊居饰有限公司、邵水永知识产权纠纷案	硅藻泥	砂岩	类似	不类似
顾问公司与深圳市凯思尔商贸公司侵害商标权纠纷案	保温袋	蓄热器	不类似	不类似，但涉案保温袋与电炊具构成类似商品

---

〔1〕 陈志兴："商标权司法保护中类似商品的判断与说理——以入世十年来商标授权确权司法审查为背景的研究"，载《中国专利与商标》2013年第1期。

续表

案件	比对商品		一审	二审
全友家私与佛山市全友卫浴、刘志亮侵害商标权纠纷案	家具产品	卫浴产品	类似	不类似
顾问公司与宁波万通电子侵害商标权纠纷案	可车载充电手电筒	电灯	未认定	类似
梁或、卢宜坚与安徽采蝶轩集团等侵害商标权纠纷案	蛋糕、面包商品	蛋糕面粉	未认定	类似
上海钥某公司与支某宝侵害商标权纠纷案	积分	集分宝	不类似	类似

来源：笔者整理。

通过分析以上一、二审过程中法院对于类似商品的认定，可知不同认定结果的出现主要有以下两方面原因：①对于《区分表》在类似商品认定中的作用认识不一。长兴东红公司、杭州彩工坊居饰有限公司、邵水永知识产权纠纷案[1]中，关于硅藻泥与砂岩有没有构成类似这一问题，一审法院根据个案对客观要素进行了逐一分析比对，而二审法院则直接向原国家工商行政管理总局征求意见，以《区分表》中的分类为直接判定依据。②法院对于《商标纠纷案件解释》第 11 条中规定的"相同"的程度理解不一。在红牛公司等与李劲侵犯商标专用权纠纷案[2]中，一审法院认为红牛功能饮料与非医用营养液的消费群体均为需要补充营养的特定人群，而二审法院对消费对象进行了进一步细分，认为红牛维生素功能饮料更适用于易疲劳人群，而非医用营养液适用于身体虚弱者和老人，二者消费对象不一致，不构成类似商品。

此外，笔者收集的 70 个典型案例中涉及的类似商品，涵盖食品饮料、家装建材、人用及兽用药品、日常用品等各方面，表明各行各业的从业者均对商标权愈加重视，其中涉及家装建材类似商品的案例占到案例总数的一半以上。笔者认为家装建材通常在细分的建材市场进行集中销售，消费者进行选购的过程中往往同时接收到不同产品的信息，如果相似商品用在家装建材上，更容易产

---

[1] 浙江省高级人民法院（2012）浙知终字第 24 号民事判决书。

[2] 广西壮族自治区高级人民法院（2010）桂民三终字第 80 号民事判决书。

生混淆，故法院在类似商品认定过程中，对于一些物理属性差异较大的商品，如瓷砖和马桶、墙纸与地板，也往往认定为类似商品。

（二）类似商品认定标准探析——以"啄木鸟"商标案[1]为视角

在实务中，对于类似商品的认定，商评委和法院往往采用不同标准。商评委更多地是参照《区分表》的分类以及类似商品的物理属性，采取客观标准，而法院更多地从混淆可能性的角度考虑，主观性更大，从而导致商评委的认定结果与法院截然相反。商评委和法院之间的这一分歧在"啄木鸟"商标案中得到了集中展现。

1. 案情概述

2000 年，杭州啄木鸟鞋业有限公司申请注册争议商标，商标为一只卡通啄木鸟，指定使用颜色中，啄木鸟通体为黑色，嘴的下部为绿色，指定使用在第 25 类的鞋、靴商品上。2004 年，七好（集团）有限公司向商评委提出宣告争议商标无效的请求，举出四件引证商标：第一个为"鸟图形+TUCANO"图案，核准用于第 25 类服装商品；第二个为"鸟图形"图案，核准用于第 25 类服装商品；第三个为"鸟图形+TUCANO"，核准用于第 25 类领带、围巾等商品；第四个为"鸟图形"图案，核准用于第 18 类皮包、旅行袋、公文包等商品。上述所有引证商标中的鸟图案与争议商标一致，因此，七好（集团）有限公司主张其构成用于类似商品上的近似商标。

商评委经审查认为，争议商标申请核准使用的内容与引证商标已核准的内容不是一个相似群组，它们为相异的范畴，并且消费者要通过不同方式购买所述产品，故不构成类似商品，维持争议商标的注册。

2. 案件审理

北京市第一中级人民法院审理认为：争议商标核定使用的鞋、靴商品与各引证商标指定使用的服装、领带、皮包等商品不属于类似商品，争议商标与引证商标使用在非类似商品上，不会导致普通消费者对商品来源产生混淆，[2]判决维持商评委的裁定。

北京市高级人民法院审理认为：争议商标与引证商标核定使用的商品虽然在《区分表》中没有位于同一类似群组，但均为穿戴类商品，商品及生产商品

---

〔1〕　杭州啄木鸟鞋业有限公司与商评委、七好（集团）有限公司商争议行政纠纷案。

〔2〕　北京市第一中级人民法院（2009）一中行初字第 1068 号行政判决书。

的企业之间存在较强的关联性,因此二者核定使用的商品应为关联商品,[1]最终判决撤销商评委裁定及一审判决。

商评委、北京市第一中级人民法院和北京市高级人民法院对涉案商品是否构成类似商品的评判结果截然相反。商评委和一审法院都坚持以《区分表》为依据,如果在表中不是同一类似群组,则不构成类似商品。二审法院在认定过程中从商品与企业的关联性着手考虑,判定两个商标具有一定的关联性,这两个有关联的商标的使用会使消费者对商品来源产生误解,从而突破了《区分表》中的规定。上述案例得到了学界与实务界广泛关注,杭州啄木鸟鞋业有限公司不服二审判决结果,向最高人民法院申请再审。

最高人民法院审理认为:争议商标核定使用的鞋、靴等商品与引证商标核定使用的服装商品虽然在具体的原料、用途等方面并不相同,但二者针对的消费对象是相同的,而且,在目前的商业环境下,一个厂商同时生产服装和鞋类产品,又通过同一渠道销售,比如同一专卖店、专柜销售,这种情形较为多见。[2]争议商标与引证商标基本形态相同,两商标在服装和鞋类商品上共存,容易使相关公众认为它们是同一主体提供的,或者其提供者之间存在特定联系,因此,争议商标和引证商标构成类似商品上的近似商标。[3]

3. 案例评析

本案中,产生争议的核心为两个商标是不是在引证商标的核准使用范围内构成类似商品上的近似商标。对类似商品的判断,尽管学界和实务界均肯定了《区分表》仅起到参考作用,但是具体到个案,商评委和法院往往又存在较大争议。根据《商标纠纷案件解释》第11条的规定,我国类似商品认定标准有二:①系争商品物理属性相同,即存在直接竞争关系。这一标准偏向于客观标准,在类似商品判断中主要参考《区分表》中的分类。②系争商品存在关联关系,容易造成混淆。这一标准偏向于主观标准,即用混淆可能性来解释商品类似,将《区分表》中不位于同一群组的商品解释为类似商品,从而为注册商标提供更大程度的保护。实务中,法院往往将两种标准进行融合,实际上更偏向于"主观可能性"的主观标准。本案中,最高人民法院对采取主观标准认定商品类似的必要性进行了充分阐述:商标纠纷中进行类似商品区分的根本目的在于避

---

[1] 北京市高级人民法院(2012)高行终字第1405号行政判决书。
[2] 最高人民法院(2011)知行字第37号行政判决书。
[3] 最高人民法院(2011)知行字第37号行政判决书。

免产生来源混淆，实现公平。在个案中，如果仅仅因为它们不属于《区分表》内的相同类别而同意杭州啄木鸟鞋业有限公司的商标注册，则实际上混淆了商品物理属性与商品类似的关系。通常所说的类似商品在该表和商标纠纷案件中的含义并不完全相同，该表的商品分类是以商品的物理属性进行划分的，更多的是物理属性相近；但在商标纠纷案件中，这个概念是为维护商标所有人权利而设立的，主要关注系争商标是否可以并存、产品的客户群是否能够区分产品的生产厂商。如上述所举案例，对两个公司注册商标的核准范围，消费者可以轻松地进行区分，而最高人民法院最终判定其构成类似商品，原因在于消费者可能会认为二者的制造商相同或者有一定的联系。《区分表》中通过商品的物理属性将商品划分为不同的群组，商品的物理属性越相近，越有可能构成类似商品，但是"进行商标法意义上的相关商品是否类似的判断，不能简单作相关商品物理属性的比较，而要回到商标法上设置商品类似关系的原因去考虑"。[1]

但与此同时，商评委坚持类似商品的判定应当采取客观标准。本案中，商评委在答辩中称："商标确权程序中需要维护类似商品判断标准的一致性，对《区分表》的修正应当通过一定的程序统一进行并予以公布，以确保判断标准的相对稳定和商标审查的公平有序，避免商标申请人在申请注册时无所适从，保证注册商标的权利稳定。"[2]笔者认为从商标评审机构角度考虑，该做法亦有值得商榷之处。我国每年向商标局提出商标申请的数量甚至位列世界第一，此种情况下，要求商标评审人员逐个分析涉案商品是否类似，既不现实，也不合理。而对照《区分表》中的商品分类则简便快捷、清晰明了，能够大大提高商标评审效率，同时为注册商标保护范围提供稳定预期。[3]因此，商标注册过程中以《区分表》作为类似商品的判断依据并无不当。但是在商标异议复审、注册商标无效等程序中，案件事实上已经进入个案考虑范围，商评委理应更加注重对于个案公平的维护，所以，不考虑个案情况而是简单以《区分表》作为类

〔1〕 周云川："商品类似判断及其与《类似商品和服务区分表》的关系"，载《人民司法（案例）》2011 年第 18 期。

〔2〕 最高人民法院（2011）知行字第 37 号行政判决书。

〔3〕 需要指出的是，商评委并未完全否认混淆可能性的作用，认为个案中确有可能导致混淆的，可在充分说理的基础上，对《区分表》确立的类似商品关系谨慎突破，并明确了突破《区分表》的条件：①在先商标具有较强的显著特征；②在先商标具有一定的知名度；③系争商标与在先商标具有较高的近似度；④系争商标所使用的商品或服务与在先商标核定使用的商品或服务具有较强的关联性；⑤系争商标所有人主观恶意明显；⑥系争商标的注册或者使用容易导致相关公众混淆和误认。

似商品认定的最终判断依据,有失个案公平。

本案中,最高人民法院否认了《区分表》在类似商品判定过程中的优先性和决定性地位。笔者认同该表不应作为判定产品是否类似的最终准则,但是对于否定类似商品判定中该表的优先参考作用,法官在判定类似商品时只需从混淆可能性出发而可以不必参考该表,笔者持保留态度。最高人民法院这一做法无疑是在类似商品的认定中彻底采取主观标准,将类似商品的认定完全交由法官自由心证。法官在审理及判断过程中缺乏明确统一的标准,自由裁量权过大,且受法官个人经历、专业素养、审判经历及推理能力的影响,很有可能进一步加剧司法实践中同案不同判的现象,破坏司法活动的稳定性和可预期性,难以为经营者和商标代理人的活动提供明确指引。

(三)类似商品认定的新发展——以"滴滴打车"商标案[1]为视角

随着经济快速发展,企业的经营范围越来越多元化,经营者在商业活动中同时提供商品和服务的现象也愈发常见,对类似商品的概念界定亦应当适度涉及类似服务。而《区分表》中商品和服务位于不同群组,如何认定是实务中的新的难题。同时由于"互联网+"渗透进生活的方方面面,与互联网相结合的产品的性质认定给法官及知识产权法学者带来一定困扰。与商品商标相比,服务商标具有其特殊性。商品商标往往附着于实体商品上,在商品流转过程中实现宣传推广和识别来源的作用;而服务却是看不见摸不着的,服务商标的价值需要通过服务提供者的劳务来实现,因此服务商标更具有"强烈个性"。由于实际生活中服务与商品往往存在千丝万缕的联系,如"万达"商标注册在第43类餐饮住宿服务上,同时万达酒店中的牙刷、毛巾等之上也会标注万达商标,而司法实务中对于商品和服务类似的研究远远不够,故对于商品和服务类似判定准则的探讨亦具有现实意义。

1. 案情概述

浙江宁波市科技园区妙影电子有限公司(以下简称"宁波妙影")于2011年3月22日向原国家工商行政管理总局商标局申请了"嘀嘀"和"Didi"商标,于2012年5月21日核准注册,核定使用商品均包括第九类0901"计算机程序(可下载软件)"等商品项目。2013年7月13日,宁波妙影将"嘀嘀"和"Didi"注册商标转让给杭州妙影微电子有限公司(以下简称"杭州妙

---

[1] 杭州妙影微电子有限公司、宁波市科技园区妙影电子有限公司与北京小桔科技有限公司侵犯"嘀嘀"注册商标专用权纠纷案。

影"），后杭州妙影又将上述商标许可给宁波妙影使用。

2012 年 9 月起，北京小桔科技有限公司（以下简称"小桔科技"）推出"滴滴"打车系列软件，用户可以通过小桔科技的官方网站和手机应用商店下载该软件，且在乘客和司机使用的用户界面较为明显的位置标有"滴滴打车"。

原告杭州妙影自主开发推出"智慧行·出行服务平台"，"嘀嘀"是其平台系统中各终端软件的商标，包括嘀嘀出行、嘀嘀导航等，当其推出"嘀嘀"产品进行市场投放时却因为小桔科技的"滴滴打车"软件而被指有侵权之嫌，原告杭州妙影和宁波妙影认为小桔科技将"滴滴打车"应用在软件上，构成对其商标权的侵犯。

2016 年 5 月，双方达成和解协议，原告将其拥有的"嘀嘀"商标转让给被告小桔科技，随后原告撤诉。

2. 案件审理

本案的争议焦点之一是被告对"滴滴打车"商标的使用是构成在打车服务上的使用还是软件商品上的使用。被告律师提出原告商标核准使用的商品是"计算机程序（可下载软件）"等，而被告商标使用在第 39 类运输类服务中，虽然被告的"滴滴打车"是应用程序，但是实际上是交通信息平台，是一整套运输服务，而非单一软件。原告则认为被告的软件在应用商店供用户下载，符合商品特性，被告对"滴滴打车"商标的使用构成在商品上的使用。经审理，法院认为本案中对商品或者服务的判断应当坚持客观标准，即消费者以该标识对何种商品或服务来源进行了区分。如果消费者通过该商标识别应用的提供者，则是在商品上进行了使用；如果消费者识别的是打车服务的来源，则是在服务上进行了商标使用。由于原告撤诉，法院未对这一问题进行进一步认定。

3. 案例评析

"互联网+"的广泛应用给传统行业注入了新的活力，互联网与传统行业深度融合，不断创造出新的发展生态，"滴滴打车"商标案就是"互联网+"环境下出现的典型案件，"滴滴打车"融合了多个行业，故对其具体所属类别的认定以及与其他商品或服务类似的判断也存在争议，在进行判断时，应该坚持整体、客观的判断标准。

本案审理过程中，专家学者也对"滴滴打车"的性质进行了讨论，形成两种观点：一部分学者认为小桔科技提供的是打车服务，其原理在于对乘客和司机双方信息进行处理交换，其用户实际得到的也是交通运输服务，"滴滴打车"只是消费者获取该服务的途径；而另一部分学者认为小桔科技提供的是软件商品，打车服务只是该软件商品的功能属性。

笔者认同第一种观点，即小桔科技提供的是打车服务，而非应用商品。"滴滴打车"由应用、支付通道等构成，从整体上来看，其虽然以应用为载体，但乘客的最终目的并不是下载该应用，而是获得交通运输服务，小桔科技也是通过向乘客提供交通运输服务信息来获取佣金的。"滴滴打车"内容极其简单，并不能单独运行，其仅是乘客与司机及小桔公司进行交流和交易的工具，并非独立的商品交换，用户获得的是借助互联网服务的交通运输服务。

正确认识"滴滴打车"的服务性质之后，下一个问题就是"滴滴打车"服务与引证商标核定使用的"计算机软件（可下载软件）"是否构成商品和服务类似。根据法律规定，司法实践中判断商品和服务类似要考虑商品和服务之间的特定联系，包括消费群体、消费渠道等，如果相关公众会误以为商品与服务来自同一提供者，即产生混淆，则商品和服务构成类似。凌宗亮法官撰文指出，判断服务商标是否侵犯商品商标时，应当区分服务商标的使用行为是在商品提供过程中的使用还是在服务提供过程中的使用。[1]商品提供过程更加规模化，服务提供过程更加个性化，根据个案情况，如果服务商标的使用更加符合商品提供过程，相关公众会误认为来自服务提供者的商品源于商品生产者或存在特定联系，则可以认定服务与商品构成类似。具体到本案，原告商标核定使用的商品是"计算机程序（可下载软件）"，其目标客户是使用该软件进行数据处理的人，而被告提供的打车服务是通过对乘客与司机信息进行处理交换从而完成交通运输服务，不能因为原告的服务借助了应用工具就认为该服务与软件商品构成类似，而是要对被告提供的服务进行整体判断，否则会导致商标权的边界无限扩大，不符合公平原则。同样，在"非诚勿扰"商标侵权纠纷案中，对原告注册商标"非诚勿扰"核定使用的"交友服务、婚姻介绍所"与被告江苏电视台的相亲交友电视节目是否构成类似服务的判断中，也体现了整体判断的思想。尽管一审法院认定其属于类似服务，但引起诸多质疑与反对，原因就在于虽然江苏电视台的"非诚勿扰"节目内容为相亲交友，但其本质并非为观众提供交友服务，观众通过观看该节目并不能找到伴侣，其更多地是获得一种精

---

〔1〕 凌宗亮："商品商标与服务商标的权利边界及侵权判断——评田子坊公司诉泛亚集团公司、泛亚科技公司商标侵权案"，载《中国知识产权报》2014年11月7日第9版。

神放松，因此该节目的本质还是娱乐节目，而非提供交友服务，不能因为节目内容以相亲形式呈现而忽视其整体本质，割裂节目内容的部分，将其认定为与原告核准使用的服务构成类似。因此，在对商品和服务类似进行认定时，应坚持整体判断，从客观上分析商品或服务的本质，在类似商品判断规则的基础上作出更谨慎的判断。本案中系争商品与"滴滴打车"所提供的打车服务的消费群体存在较大差异，相关公众也不会误认为二者来自同一提供者，故不构成商品和服务类似。

当然，商品和服务类似的判定也存在主客观标准冲突，除对系争服务的内容、方式及对象进行比对之外，有学者建议将关联服务纳入类似服务判断标准之中。"在司法实践中，一般认为具有互补性、上下游关系或者实际商业活动中由同一主体一并从事的服务之间容易构成类似服务。"[1]鉴于这一点与类似商品认定中的主客观标准之争没有实质性差异，笔者在此不再赘述。

（四）小结

通过对以上案件的整体把握以及对类似商品和商品服务类似认定典型案例的深入分析，商标授权确权行政案件以及商标侵权民事案件中存在更多的个案因素，类似商品的认定不存在统一标准，而是要考虑个案案情进行认定。类似商品和商品服务类似的认定仍是实务中饱受争议的话题，除对关联性程度理解不一、如何对新技术产品与服务进行认定等问题之外，二者的共性问题在于判断过程中的主客观标准之争。客观标准简便、稳定、可预期，主观标准更符合商标法立法本意，但这两种标准也均有其不足，笔者将在下文进行详细阐述。

三、类似商品认定存在的问题及完善建议

（一）我国类似商品认定中的问题

我国《商标法》中正式引入了混淆可能性的概念，更进一步贴合商标法的立法本意，实现了与国际主流标准的接轨。但是，我国《商标法》仍存在一定不足，主要体现在商标法中对判断类似商品的因素采用不完全列举的形式，但是在实务中有不少法院在审判过程中考虑了在先商标知名度、关联商品等因素，致使判决结果出现争议；对相似性与混淆可能性的关系认识存在分歧，对类似

---

〔1〕 江建中："商标撤销复审行政诉讼案中关于类似商品和服务的认定——评上海市方达（北京）律师事务所诉国家工商行政管理总局商标评审委员会、第三人褚盛、韩建川商标撤销复审纠纷案"，载《中华商标》2016 年第 5 期。

商品的判断采用客观标准还是主观标准意见不一，导致实务中频频出现一、二审判决不一致的情况，使司法活动的稳定性和可预期性受到质疑。

1. 客观标准的个案突破争议

任何判断都是由人通过自身认知主观进行的，其结果也必然因人而异。为了约束法官的自由裁量权，保证个案公平，有学者认为我国类似商品认定应采取客观标准，即在判断是否构成类似商品的过程中，尽量不考虑主观因素的影响，只对商品的物理属性进行比对。这一观点坚持《区分表》在类似商品认定时起绝对作用，《区分表》中位于同一类似群组中的商品即可认定为类似商品，不属于同一类似群组中的商品不构成类似商品，在判断过程中不考虑在先商标的知名度、商标能否在相关商品上共存等非商标因素，个案中主观因素的影响得以消除，可以保证判断标准是客观的，提高判定结果的稳定性、客观性和可预期性。

但是，客观标准也存在明显不足。若仅采取客观标准，事实上完全忽略了不同案情中的个案因素以及市场和技术发展的现实，无论案情如何，只要相关商品相同，则仅考虑其物理属性，结果必然相同，难以保证个案公平正义。"正义（其核心是公平）是社会制度的首要价值"，[1]忽视个案公平，将与商标法的初衷背道而驰。此外，随着技术发展，一些新型商品，如上文的"滴滴打车"并未能及时纳入《区分表》，如何进行新型商品的认定也会造成困惑。在采取客观标准对类似商品进行认定的案件中，法院通常仅仅通过简单的列举和简短说明即作出系争商品是否类似的认定，缺乏充分、详细的论证说理过程，对类似商品的认定结论也往往与相关公众的常识相悖。此外，如果在客观判定标准下得出不构成类似商品的结论，而结合其他判定因素进行综合认定后却构成商标侵权，则可能对非驰名商标进行了跨类保护，[2]而这是不符合我国《商标法》相关规定的。

2. 主观标准的逻辑循环悖论

不同于客观标准，部分学者坚持类似商品判断采用主观标准。在商标法中，相关理论表明区分来源是商标的本质作用，用于保护凝结于商标之上的商标权人的商誉，因此，商标侵权的本质在于破坏商标和商品来源之间的特定联系。在商标侵权包括类似商品认定中采用主观标准，对商标权人的合法权益具有很

---

〔1〕 沈宗灵："法·正义·利益"，载《中外法学》1993 年第 5 期。

〔2〕 姬德华："商品类似判定标准适用的'类公式化'"，载《法制与经济》2016 年第 7 期。

好的保护作用，可以有效防止"搭便车"等不合法的竞争行为，维持公平良好的市场环境，有助于培育我们的民族品牌。

在主观标准中，混淆可能性是认定商品类似的主要参考因素，只要系争商品有导致相关公众混淆的可能性，即可认定为类似商品。尽管主观标准具有合理性，但也存在不可忽视的问题：商品类似通过混淆可能性进行解释，最终陷入逻辑循环悖论。在进行商标侵权认定过程中，商标近似、商品类似是因，混淆可能性是果，正因为在类似的商品上存在着近似的商标，才引发相关消费者关于商品来源的疑惑，正确的逻辑顺序应该是存在商品类似，从而导致混淆可能性。在主观标准中，这一逻辑却存在混乱，因为商标在系争商品上使用会引起一些消费者对于商品来源产生疑惑，所以相关商品构成类似，属于因果倒置，不符合商标侵权判定的逻辑推理过程，陷入了混淆可能性→商品类似→混淆可能性（商标侵权）的逻辑循环悖论。此外，将混淆可能性作为类似商品的判断标准，使类似商品制度承载了过多本应由混淆制度承载的商标显著性、被诉侵权人主观故意等其他因素，使本身简单的客观事实认定问题变得过于复杂，造成法律适用的困惑。法官在采用主观标准对类似商品进行判断的过程中也存在较大的随意性。由于我国对驰名商标的认定较为复杂，法院在审理相关的案件时不采用驰名商标制度，而是将系争商品解释为类似商品，从而实现商标保护的情况时有发生。

3. 判断说理部分模糊

通过分析以上案例的判决书可知，我国目前商标实务中对类似商品的认定标准及判断说理并未足够重视。商评委在商标驳回复审、异议复审等程序中，对于类似商品的认定往往仅是通过援引《商标法》、最高人民法院《关于审理商标授权确权行政案件若干问题的意见》等相关规定中的判定标准给出结论，"……在所用原料、加工工艺、销售途径、购买对象等方面均存在不相同的地方，在《区分表》中也分属不同的类似群组，不构成类似商品"等类似的说法屡见不鲜。商评委这种笼统模糊的说法往往并不能真正说服当事人，造成行政资源浪费。相比之下，法院在部分案件的判决书中对类似商品的认定因素结合个案情况进行逐一比对说明，在充分说理论证之后对是否构成类似商品给出结论。但仍有大量案件在审判过程中对类似商品的认定与商评委一样仅援引法条进行说明，降低了类似商品认定的可预期性。

（二）完善我国类似商品认定的建议

1. 类似商品认定应以客观标准为主

《商标法》对商标授权中类似商品的认定并未引入混淆可能性标准，且在实务中商标局和商评委在进行类似商品认定时均采取客观原则。笔者赞同在商标申请注册时商标局以《区分表》作为判断依据的做法。在商标登记制度下，注册后取得的注册商标专用权实际上是对以前申请注册商标的合法适用的权利空间的保护，在之后申请和使用商标的人应避免使用在相似的产品上。《区分表》根据商品和服务的物理属性对商品进行分类，符合社会公众在日常生活中对于商品的一般认知。以《区分表》中的商品分类为基础确立的注册商标权利空间如果被随意突破，包括正向突破及反向突破，将致使在后申请注册和使用商标的人在选择自己的商标时不知所措，很明显违背了商标注册制度制定的最初目的和意义。[1]因此，在商标授权中对类似商品的认定应当坚持客观标准的主导作用，参考《区分表》进行认定，保障认定结果的一致性。

在商标授权确权行政案件中，如上文所述，案件已经进入个案审理范围，且在商标侵权民事案件中，《商标法》已经将传统侵权判定的相似性判断标准转变为相似性与混淆可能性共同作用的判断标准，而在司法解释中关于类似商品认定的标准仍然采用主观标准，通过混淆可能性来阐明商品类似，导致逻辑混乱。有学者建议在商标侵权判断标准重新制定时借鉴美国模式，商标近似与商品类似可以直接用混淆可能性取代，笔者认为这一主张仍有值得商议之处。理由是，尽管混淆可能性标准从根本上揭示了商标侵权的本质，但是在实施现行《商标法》以前甚至在其实施后的时间里，法院均采取商标近似以及商品类似标准对商标侵权进行认定，立法上也并未抛弃双相似的支柱作用。我国商标司法实践与美国相比，缺少陪审团制度，在合议庭中最多只有一位陪审员参加案件的审理，对类似商品的认定仍主要依赖于法官的判断；我国商标法起步较晚，仍处于不断探索前行阶段，对类似商品的认定也尚未像美国法院一样总结出较为成熟和完善的参考因素。为了避免法律适用突然实质性转轨带来的司法混乱和困惑，笔者认为不宜直接借鉴美国模式来认定商标侵权，即判断商标侵权的唯一要素是混淆可能性，而只将商标近似和商品类似作为影响混淆可能性的因素之一，采取客观标准对类似商品进行认定。通过上文对客观标准和主观标准

---

[1] 原国家工商行政管理总局商评委《法务通讯》总第 70 期（2017 年 6 月），载 http://www.saic.gov.cn/spw/fwtx/201709/t20170920_ 269228. html，最后访问时间：2020 年 11 月 30 日。

优缺点的分析，笔者认为在我国现行《商标法》体系下，宜结合主客观标准对类似商品进行认定，取长补短，即在类似商品的认定中应该以客观标准为主为先，重视《区分表》在认定类似商品时的参考作用，对系争商品物理属性进行比对。当依据客观标准难以认定是否构成类似商品时，可以用主观标准进行辅助与综合判断。需要注意的是，在对客观因素进行比对时，并非要求所有因素均相同，只要其中一部分足以使相关公众认为其类似即可。最高人民法院《关于审理商标授权确权行政案件若干问题的规定》对与未注册驰名商标保护有关的混淆问题的解释[1]也反映了客观标准的回归，因此，类似商品的认定以客观标准为主，主观标准为辅，是符合我国商标实践的趋势的。

2. 类似商品认定标准适用的类公式化

商标纠纷中类似商品认定同案不同判现象时有发生，究其原因，在于对类似商品的判定缺少固定、具体的判定方式。就这一问题，笔者在上文中提出类似商品的认定可以客观标准为主为先，保证类似商品判定的客观性，以主观标准为补充；当依据客观标准无法判定相关商品是否构成类似商品时，适用主观标准进行判断，同时通过客观标准限制主观标准的自由扩大化。[2]在此基础上，笔者研究了部分学者提出的商品类似判定标准适用的类公式化，对类似商品的判定标准进行了类似数学公式的归纳，以方便参考：第一步，参照客观标准对系争商品是否类似进行认定。以《区分表》为依据，仅考虑商品的物理属性。如果在客观因素上存在一定的关联，则进行第二步，[3]适用主观标准对待判商品进行判定，此时假设被诉侵权商标与引证商标相同，仅考虑引证商标的知名度，若非有名或影响力大的商标，不存在混淆可能性，则判定为非类似商品；若商标有名且影响力高，则确定为类似商品，并且用驰名商标最低关联度对上述认定结果进行检验，若未出现对非驰名商标的跨类保护，[4]则该类似商品的

---

〔1〕　最高人民法院《关于审理商标授权确权行政案件若干问题的规定》第12条规定："当事人依据商标法第十三条第二款主张诉争商标构成对其未注册的驰名商标的复制、摹仿或者翻译而不应予以注册或者应予无效的，人民法院应当综合考量如下因素以及因素之间的相互影响，认定是否容易导致混淆：（一）商标标志的近似程度；（二）商品的类似程度；（三）请求保护商标的显著性和知名程度；（四）相关公众的注意程度；（五）其他相关因素。商标申请人的主观意图以及实际混淆的证据可以作为判断混淆可能性的参考因素。"该司法解释2020修正版对此条未予修改。

〔2〕　黄义彪："商标民事纠纷中类似商品的判断标准"，载《知识产权》2004年第4期。

〔3〕　姬德华："商品类似判定标准适用的'类公式化'"，载《法制与经济》2016年第7期。

〔4〕　姬德华："商品类似判定标准适用的'类公式化'"，载《法制与经济》2016年第7期。

认定结果是正确的，否则结论错误，该待判商品为非类似商品。

笔者认为上述对类似商品的认定方法以假设商标近似为前提，将商标近似作为认定商品类似过程中的控制变量，而非商标近似、商品类似两个变量互相影响。在进入主观标准判别步骤之后，需要指出类似商品判定中的混淆可能性与商标侵权要件中的混淆不同，其只是在假定商标近似的情形下考虑相关公众是否有较大可能将二者误认，是一种假设的混淆，法官只需站在相关公众立场上进行合理预判即可。在类似商品认定完成后对商标侵权认定中的混淆则是实际混淆，需结合类似商品的认定结果以及系争商标是否真正构成近似商标，此时应当结合当事人提供的相关证据来判断实际经营过程中相关公众是否真正对二者产生了混淆，从而避免逻辑循环困境。同时，在主观标准的判别中需要考虑在先商标的知名度与显著性，在先商标知名度越高，相关商品造成消费者混淆的可能性就越高，因此判别为类似商品。但是，商标越知名，排斥他人注册相同或类似标识的范围越广，保护范围也越大，禁止他人使用该标识的商品范畴相应也越大，[1]即商标知名度越高，对商品类似性程度要求越低。对于非驰名商标，我国《商标法》则未给予其寻求跨类保护的权利。为了避免这种跨类保护，需要用驰名商标的最低关联度对判定结果进行检验，只有当认定结果没有突破驰名商标跨类保护的最低限度时，该认定结果才是合理的。

笔者认为上述判定方法结合了主客观标准的优势，在保证案件审理效率的同时最大限度实现了个案公平。这种固定的类公式化的方法也有助于法官统一适用，节约有限的司法资源，提高案件审理的效率。

3. 类似商品认定充分说理

法官在类似商品的认定过程中存在较大的自由裁量权，对类似商品的认定更多的是一个自由心证的过程。但是，为了提高类似商品裁判的可预期性，同时也为了更好地说服当事人，笔者认为法官在审判中应当在个案分析的基础上对类似商品认定的考虑因素和规则进行详细阐述。鉴于目前我国法官对类似商品认定说理尚未给予足够重视，可以从以下两方面开展工作：

第一，推行典型案例指导制度。笔者认为法院可以将每年实务审判中涉及类似商品认定的典型案例以指导案例的形式组织法官加以学习，加深法官群体对于类似商品认定规则的理解，提高说理意识和说理能力。

---

〔1〕　魏大海："论商标近似判定对商品类似判定的优先性"，载《知识产权》2010 年第 4 期。

第二，组织法院与国家知识产权局商标局、律师事务所等定期召开座谈会，对实务中类似商品的认定问题开展讨论，把握市场及技术的发展趋势，提高处理新、难问题的能力，确保在案件审理过程中能对类似商品认定进行严密合理的分析，得出符合客观实际的结论。

四、结论

商标侵权是理论和实务界研究的重点与热点问题，商品类似是商标侵权的重要构成要件之一，商品类似的认定结果往往影响到案件的最终审理结果。我国现行法律及司法解释中，对类似商品的认定标准过于笼统、模糊，法官在审理过程中缺乏明确的参考依据，学界及实务界对于类似商品认定亦缺乏足够重视。笔者对类似商品认定的相关基础理论进行了梳理，认为类似商品认定中应当明确《区分表》的基本参考作用，并根据相关公众的普通注意力，从涉案商品的功用、生产厂商、售卖渠道、购买对象等方面分析比对，充分考察商品的物理属性；在对商品和服务类似进行认定时，应注重新技术下新型商品的本质及整体性，得出合理的认定结论。此外，《商标法》中正式引入混淆可能性要件，而司法解释却尚未及时跟进，导致类似商品认定标准出现冲突，从而出现同案不同判的现象。在类似商品的判定中，最突出的问题即为商评委和法院之间、法院与法院之间在类似商品认定过程中的客观标准与主观标准的适用分歧。笔者赞同商评委在商标授权中采取客观标准，以保障认定结果的稳定、可预期性，而在行政纠纷及侵权纠纷中，法院在认定类似商品时应该更加细致、谨慎，其判定应该首先参考《区分表》中的相关分类规定，充分考察商品的自然属性，在采取客观标准进行认定无法实现个案公平时，进一步采取主观标准进行判断，斟酌在先商标的知名度和商品之间的联系，允许个案突破。近年来，对类似商品的判断回归客观标准已显现出一定趋势。在大量的商标侵权纠纷中，先分别就商标近似以及商品或服务类似作出审查判断，再着眼于有无混淆可能性做整体判决的方法得到了越来越多的认同。在此基础上，本文研究并认同了相关学者提出的商品类似判定类公式化的方法，共同适用主观标准和客观标准，以客观标准为主，主观标准为辅，以最大限度地保证判定结果的客观公正。但是类似商品的认定规则与具体方法，商品之间关联程度的认定标准，主客观标准的继续完善等问题，还有待在实践中进一步探讨。

技术发展与知识产权保护

微博的著作权保护研究

杨　然

　　微博平台作为极具影响力的网络信息平台和社交平台，在公众信息的获取和传播中发挥着重要的作用。但由于法律和平台监管的双重缺位，微博被抄袭、肆意转载的情形数见不鲜，微博的著作权保护研究迫在眉睫。我国网络著作权立法相对滞后，对网络作品认定、网络著作权归属、网络平台复制转载都未作具体规定。著作权法作为创作者利益与公共利益衡平的结果，应当充分保障两种利益，契合网络经济模式的需求，故而微博著作权的保护乃至于整个网络著作权的保护对传统的著作权保护模式提出挑战。本文立足于网络平台营利的特性和微博本身的特点，对互联网模式下微博著作权及微博平台涉及的其他著作权问题进行探讨，对现有著作权的规定提出整合和修改建议，并结合知识共享（Creative Commons）协议（以下简称"CC协议"）等内容，寻求法律规范与平台自我调节共同作用的微博著作权保护路径。

一、微博平台概述

　　在微博的著作权研究中，作品的类型和存在方式决定了其享有著作权的条件、内容和著作权的保护范围，而平台本身的属性和传播方式等也影响着享有著作权的主体和著作权中财产性利益的分配方式，故而有必要分别对微博的特点和微博平台的功能加以考虑。

　　（一）微博的概念和特征

　　1. 微博的概念

　　微博，是微博客（microblog）的简称，在学术方面对其概念未有权威的定义，研究中采用的概念多来自于网络百科和研究者自主归纳。维基百科对微博的定义为："一种允许用户及时更新简短文本（通常少于 200 字）并公开发布的博客的形式，允许任何人阅读或者只能由用户选择的群组阅读。"[1]百度百科的陈述为："微博，即微博客的简称，是一个基于用户关系的信息分享、传播以及获取平台，用户可以通过 WEB、WAP 以及各种客户端组件个人社区，以 140 字左右的文字更新信息，并实现即时分享。"[2]最早提供微博服务的网站推特（Twitter）的创始人埃文·威廉姆斯将其定义为 a real-time information network [3]——实时信息网络。新媒体研究学者陈永东则给出如下定义："微博是一种通过关注机制分享简短实时信息的广播式的社交网络平台。"[4]这几个定义各有其侧重内容，有的指向微博的内容形式，强调该种形式的简短、实时、交互等特征，则强调该内容所在平台的属性，主要表述其传播机制、社交属性、经营模式等方面的特征及对应功能。各研究者在讨论微博的著作权问题时往往交替使用这两种定义，致使论述出现诸多矛盾。为论述之便，笔者在下文中使用的"微博"一词只表示"通过在网络平台或客户端等其他媒介上实现实时信息更新、用户互动、资源共享的有限字符的网络日志"的概念，而以"微博平台"指代"承载日志的网络平台"。

2. 微博的特征

微博与其他传统的作品形式相比，具有以下特征：

（1）篇幅短小。以新浪微博、腾讯微博为代表的国内微博平台的信息发布多限定在 140 字以内，[5]对用户的文化水平和表达能力没有门槛限制。与其他专业渠道产生的作品相比，微博总体篇幅短小，往往只有只言片语的表述，内容也呈现出精炼化和碎片化的特点。相应地，篇幅和创作水平的低门槛也造成能够构成有一定创作水平的作品的比例缩水，并非所有微博都有著作权保护的意义。兼之微博平台信息的即时性很强，诸如表情包和流行语等内容的创意价

---

〔1〕 引自维基百科，https://zh. wikipedia. org/wiki/%E5%BE%AE%E5%8D%9A，最后访问时间：2020 年 3 月 18 日。

〔2〕 引自百度百科，https://baike. baidu. com/item/% E5% BE% AE% E5% 8D% 9A/79614？ fr = aladdin，最后访问时间：2020 年 12 月 18 日。

〔3〕 引自 http://bits. blogs. nytimes. com/2015/07/14/evan-williams-ex-chief-of-twitter-talks-about-its-future/? smid = tw-share，最后访问时间：2020 年 12 月 18 日。

〔4〕 陈永东：《微博达人成长记：30 天玩转微博》，人民邮电出版社 2012 年版，第 7 页

〔5〕 现在对此已有所扩大。

值和吸引力很快流失，大量信息在时效过后也可能丧失受保护的价值。

（2）形式丰富。微博作为一种网络日志，信息表达形式多样，除文字外，还可以图片、音频、短视频等方式呈现。多元化的微博形式满足了用户不断提高的阅读体验需求，一条微博中可能融合了文字作品、音乐作品、美术作品、摄影作品等多种作品类型，共同表达某一思想情感。这决定了对微博著作权的讨论不能简单依循某种原有的著作权类型，而必须充分考虑微博的整体性，根据原有作品类型的著作权分析思路和微博本身的特点，探究其核心保护内容和可能的侵权点。

（3）易于复制。微博与网络上的其他作品一样，都以成本极低的数字化形式呈现，伴随着微博生成的即时和便捷，其内容被复制的可能性也相应提高。微博的文字内容可以直接复制粘贴，图片等可以随意下载，通过简单操作抹去边角水印又能当作自己的图片进行展示，善意的转载、转引行为和恶意盗取商用的现象难以区分。网络平台间的摘引复制行为也时有发生，热点内容往往被整篇截取复制，大部分不会注明原作者和出处。复制的便捷性和低成本诚然拓展了作品的流通方式和流通面，但有效技术手段和监管体系的缺失使微博成为著作权侵权的重灾区。

（二）微博平台的运营机制

1. 微博平台中的主体

微博平台涉及的主体有两种：一种是微博平台的网络服务提供者，[1]也即提供微博注册和应用服务的平台运营商；另一种是微博平台的用户，也是微博平台上网络内容的提供者。

微博用户通过微博平台，将信息发布在网络上供其他用户访问。其中一部分用户关注数相对较多，而粉丝数较少，发表的微博也较少，属于信息探求型用户，类似传统媒介的受众和作品的读者。另一部分用户则微博数相对较多，属于信息分享型用户。[2]消费型的使用者中，这两者的界限并不十分清晰，每个用户都可能是信息、个人日常和创作成果的发布者，也会通过关注其他用户获取信息和灵感来源，通过转发成为作品传播的一个环节，从而与作品产生联

---

〔1〕《信息网络传播权保护条例》使用的"网络服务提供者"一词指提供通路以使使用者与互联网连线的从业者。

〔2〕 王锐敏："微博客用户特性分析——以'新浪微博'为例"，载《电子技术与软件工程》2013 年第 10 期。

系。而诸如企业用户、明星用户、职业创作人以及微博上多种多样的营销号则主要进行信息分享，从而积累粉丝，扩大影响力。

平台运营者一方面对用户发布的信息提供上传和分享的渠道，另一方面也出于平台管理、排斥平台间竞争和舆论控制等考量，对这些信息行使一定程度的管理权利。目前国内主要的微博运营商中，网易微博、搜狐微博等均已处于关闭状态，腾讯微博更偏向社交工具，只有新浪微博保留着较强的点对面媒体属性，在用户规模、使用频率和营销方面也都保持着稳定发展的龙头地位，故本文对于我国微博平台的特性和著作权现状的探讨主要针对新浪微博展开。

2. 微博平台的特点

微博平台与其他社交或传媒工具相比，具有主体平等、即时便捷、高互动性和裂变传播的特点。

（1）主体平等。与传统大众传播中对传播者要求门槛较高的特征相比，微博平台的使用者没有年龄、学历、文化水平的限制，只要注册成为微博平台的用户，就能自由参与到微博事件的更新和讨论中，表达个人思想。有人对此戏称，"将平民和莎士比亚拉到了同一水平线上"。[1]

尽管从优质微博来源和影响力方面来看，企业用户、官方媒体账号和部分职业创作人仍居上位，"大 V"账号的存在也直接影响了作品的传播率和认可度，但相对于普通媒体来说，互联网的去中心化给了参与者平等表达的空间，微博用户之间也没有明确的传播者和受众之分。普通用户的优秀作品能够通过爱好者的转发扩散呈现在公众面前，"自来水"[2]的力量甚至超过传统的广告和名家效应，使草根创作者得到展示的机会。在这种平等的创作氛围下形成了覆盖广泛的庞大自媒体群体，原创用户也爆发性增长。这也是微博平台上创作活力的源泉。

（2）即时便捷。《2016 年中国社交应用用户行为研究报告》（以下简称《2016 报告》）显示，截至 2016 年 12 月底，网民中使用手机上网的人群占比为 95.1%，手机成为网民上网的首要设备。新浪微博的手机端使用比例也在85% 以上。网络技术的发展和多种终端的支持刺激了微博的发展和壮大，移动的介质使得任何人在任何时间发布或者收看任何信息成为可能。新浪微博打开

---

〔1〕　参见 http://www.baike.com/wiki/MicroBlog，最后访问时间：2020 年 12 月 18 日。

〔2〕　指在平台中自发为作品宣传的人，以区别于为推广而雇佣的营销水军。

界面上也使用"随时随地分享身边的新鲜事"作为宣传语。近年来，微博平台更成为诸多社会热点事件爆发、发酵的源头，《2016 报告》中的"典型社交应用使用目的对比图"显示，"及时了解新闻热点"和"发表对新闻热点事件的评论"也是微博用户的典型使用目的，微博内容相对的公开化也形成了新的资讯传媒模式，为民众提供了更加便捷的表达途径和即时有效的信息获取渠道。

（3）高互动性。微博平台的主要功能包括发布信息、关注好友动态和转发信息，其核心特点在于分享：用户发布信息后，粉丝可以在下方评论或转发评论，极大地方便了人与人之间的互动和信息的交流与共享。

微博平台上的交流并非双方直面的点对点交流，而更像跟随的方式。[1]同时，微博平台上用户之间是完全公开互动的，用户间互动的信息也可以被关注者查阅，非常便于获取对自己有价值的信息，能在最短时间内减少自己所关注事物的不确定性，增加受众对信息的认可度，从而具有十分精准的针对性和很强的用户黏性。[2]高互动性也使得碎片化的信息在交流中得到补充和整合，突破原有内容的局限，拓展和加深了单个创意的表达空间，提高了微博内容的丰富度和整体质量。

（4）裂变传播。微博平台强大的社交功能，能够让信息通过多级传播扩散，一旦接受信息的人数达到一定的数量，信息的传播就能够实现即时扩散，在短时间之内从一个节点传播到无数个节点，让信息迅速扩散传播，具有爆发式的影响力。在传播速度上，微博平台以病毒式的传播方式来传播信息，[3]使其传播以几何倍数放大。微博平台的跨平台模式也使单一的传播方式拓展到多平台的交互，给予了作品最大可能的传播机会，同时也造成了著作权主体确定难、侵权成本低等诸多问题。

3. 微博平台的功能及盈利方式

微博平台作为一个社交工具和传媒渠道，具有信息传播和交流共享的基础功能，在文化产品传播和盈利方面同样起到特殊的推动作用。其中，转发和评论机制是微博平台的功能核心所在。

新闻学教授菲利普·迈耶提出，新闻产品不是信息，而是不以销售为导向

---

〔1〕 杨晓茹："传播学视域中的微博研究"，载《当代传播》2010 年第 2 期。

〔2〕 杨晓茹："传播学视域中的微博研究"，载《当代传播》2010 年第 2 期。

〔3〕 张斯琦："微博文化研究"，吉林大学 2012 年博士学位论文，第 46 页。

的社会影响力和以销售为导向的商业影响力。[1] 同样，微博平台上的企业用户和创作者也多通过发布信息和作品建立起粉丝团、形成稳定的影响力，从而进行产品营销或周边推广。活跃于微博平台的绘画博主、摄影博主、造型师、服装设计师等多有知名度较高的作品出版在售，许多趣味视频博主、文字创作型博主等也会通过接取广告等方式获得收入，这些均建立在其拥有大批关注者和稳定曝光的基础上。换言之，对微博用户来说，流量就意味着利益。

对微博平台本身来说，用户规模和平台活跃度是其盈利的根本所在。微博运营商可以通过在客户端中投放广告直接收取广告费以及在平台上组织活动进行盈利。为了维持微博平台的用户吸引力，运营商也会邀请或聘请本身具有知名度的创作者入驻平台，保证微博平台中作品的质量。近年来，新浪微博与今日头条、知乎等其他网络传媒平台一直进行着用户群体和意见领袖的争夺战。为保证平台中创作"大 V"不流失，防止其他平台盗取自身资源的不正当竞争，新浪微博甚至在 2017 年 9 月 15 日的《微博服务使用协议》中作出了"用户在微博平台上发布的一切内容，微博都将享有独家发布平台权益，用户只能在微博上独家展示，未经微博书面允许，用户不得自行授权第三方直接或者间接引用任何内容"，"微博用户将无偿授权微博平台法律权利，以任何法律手段追究第三方平台使用在微博上发布的内容等行为，微博将获得所有赔偿款项，同时，用户还承诺配合微博，应微博要求积极提供文件和相关协助"的霸王条款，引起强烈的反对之声，新浪微博官方强行辩解后不得不进行紧急修改。由此倒也可见微博运营商对微博著作权的重视之一斑。

综上，微博平台的运营模式必须建立在高互动性和传播自由的基础上，而对微博著作权的保护必然会对微博的传播行为进行限制。在实际操作中，用户与用户之间、用户与平台之间都存在利益需求的冲突，尽可能保障微博平台的上述功能，对用户与微博运营商的利益需求进行平衡，才能最大限度地实现著作权保护目的，产生良好的规范效果。

二、微博平台上的著作权

通过对微博和微博平台的定义与特征的表述，可以看出微博平台作为一个新型的信息传播媒介和网络社交平台，其上的内容在传播方式和内容形式方面

---

〔1〕 ［美］菲利普·迈耶著，张卫平译：《正在消失的报纸：如何拯救信息时代的新闻业》，新华出版社 2007 年版，第 6 页。

与传统媒体有很大的差异。从著作权法的角度来看，微博这种文字、图片、音乐、视频的综合网络日志形式与现有法律规定中的作品也不完全重合。微博能否纳入著作权法的保护范畴、微博著作权的真正主体如何确定、微博著作权保护中的利益平衡如何实现，都是值得探讨的问题。下文即分别对微博著作权的客体、内容和主体进行展开，对微博著作权的性质做出解释。

（一）微博著作权的客体

著作权是基于文学、艺术和科学领域的作品所依法产生的权利，著作权法通过保护作品不受侵犯来实现著作权人的利益。[1]换言之，只有作为著作权客体的作品才能受到著作权法的保护。《著作权法实施条例》第2条对作品的定义为："著作权法所称作品，是指文学、艺术和科学领域内具有独创性并能以某种有形形式复制的智力成果。"[2]一般认为，判断微博是否构成享有著作权的作品，需要考虑以下三个方面。[3]

1. 客观表现形式

著作权法保护的作品，应以文字、语言、声音、色彩、造型等形式表现出来，使他人能够直接接触或间接地看到、听到、感觉到。[4]也就是说，作品必须依附于一定客观表现形式。

客观表现形式指向载体的可感知性和可复制性，要求作品必须能以某种有形形式复制再现。从前文可知，易于复制本就是微博的显著特征。另外，该要件强调著作权法只保护思想或情感的表现形式，而不保护被表达的思想和知识内容。[5]就微博而言，其碎片化的内容和创意在转载和传播过程中常被进行再创作和拓展，改编和创新后再次扩散。准确界定微博内容属于思想还是表达，

---

〔1〕 冯晓青主编：《知识产权法》（第2版），武汉大学出版社2014年版，第23页。

〔2〕 2020年11月11日第三次修改后的《著作权法》（2021年6月1日施行）第3条则在移植上述规定时，作了局部修改，即将"以某种有形形式复制"改为"以一定形式表现"，实际上是扩大了作品的范围。

〔3〕 关于构成作品的要件，学界有不同观点，或认为只包含可复制性和独创性，或表述为智力成果、外在表达和独创性，或认为是外在表达、可复制性和独创性，或说应属于文学艺术科学领域、具备外在表现形式和独创性。笔者认为其核心要素在于独创性毋庸赘言，而以客观表现形式和文学艺术科学领域作为基本要求，保证了作品具备受著作权法保护的价值和可能，也可针对微博本身的碎片化、口水化特征做出筛选。

〔4〕 冯晓青主编：《知识产权法》（第3版），中国政法大学出版社2015年版，第71页。

〔5〕 冯晓青主编：《知识产权法》（第3版），中国政法大学出版社2015年版，第108页。

是判断微博著作权侵权问题是否成立的重要标准。若原微博只是单纯呈现某种思想、信息或情绪，或其他创作者只是提取该微博中独特的思想、观点、基本创作风格等，则该部分内容并不能得到著作权法的保护；如果其他用户直接使用了原微博的语段、照片、绘图等，即使是部分使用，也可能构成对原微博著作权的侵犯。

2. 文学、艺术、科学领域

作品的表现形式被限定在文学、艺术和科学领域内，主要是与工商业领域相区别。[1]作为思想与情感表现形式的网络日志本身属于著作权法规制的范畴，但作为载体的图片工具、视频程序、直播服务等则不属于著作权保护的对象。

针对这一要件，有观点解释为"物化可现的作品对个体而言具备着一定的实用价值"，这是混淆了著作权与专利权保护的条件。除此之外，还有人认为微博的内容必须是合法的、健康的、表达积极向上的情感才符合著作权保护的要求，也是将本要件和合法性混为一谈。作品享有著作权不以具有合法性为前提，即使有与法律道德相悖的内容，如果能够满足独创性和上述形式要件，依然享有著作权，只是著作权保护的程度和著作权的行使受到更多限制。

3. 独创性

独创性是作品享有著作权的实质要件，是指作品是作者自己选择、取舍、安排、设计的结果，既不是依已有的形式复制而来的，也不是依照既定的程序、程式、手法进行推理和运算而来的，更不是抄袭、剽窃而来的。[2]

独创性的要求包括"独"和"创"两个方面。"独"的要求强调"作者独立创作完成"，不要求具有新颖性，不排斥创作上的巧合，也不限制在原有作品基础上的再创作，主要针对抄袭和篡改的问题。只要微博的表达是作者自己构思设计得出，并非单纯模仿或抄袭他人的作品，即便其创作相对于其余作品存在着形式、时间等领域的接近之处，也不会妨碍微博作者所享有的微博著作权。[3]"创"的要求意味着"仅仅'额头流汗'的努力是不够的，这个劳动的过程中必须给劳动者留下智力空间"。这部分创作不需要比已有的作品高明、先进或富有价值，重在作者独特的个性判断和选择。"程度"是判断是否具有"独创性"的关键所在。例如平台上有很多流水账微博，都是常规的日常描述或心情表达，

---

〔1〕 冯晓青主编：《知识产权法》（第 2 版），武汉大学出版社 2014 年版，第 28 页。

〔2〕 冯晓青主编：《知识产权法》（第 3 版），中国政法大学出版社 2015 年版，第 67 页。

〔3〕 王珏："微博著作权保护研究"，大连海事大学 2015 年硕士学位论文。

表达方式通俗常见，个人创造的成分较低；但有一些微博中展现出全新的观点和风格，如一则关于"张飞狮"的微博："张飞狮，也叫'打仔狮'……也不是不能舞，但如果是做得特别狰狞的外形，就不适合公开场合用了……现在很少用以前那张摆明用来嚣张挑衅的'打仔版'张飞狮了。"[1]这明显是作者将其知识和观点进行整合和摘选表达出来，属于作者的智力创作。

许多针对微博著作权的探讨都纠结于其短小的篇幅是否能够表达创造性内容，其实，作品独创性的判断不在于文字的多寡，只要其展现出一定的智力创造性，即使是片段的内容，依然受到著作权保护。譬如篇幅极为短小的百字小说，并不像一般文字作品一样详细交代时间、背景、人物身份等，但是往往立意独特、情节安排跌宕起伏、结局新奇，或使人感触万分，或令人沉思不已。这样的作品显然具有很高的创造性，应当受到著作权保护。微博内容往往也是经过作者的精心排布，在有限的文字中注入自身的想法和情感，通过文字、图片和其他表现形式的组合，结合发布背景呈现为一种独特的表述。形式的简短往往给予微博更直观的冲击力和精炼巧妙的阅读感受，并不因此而有创造性的缺失。当然，如果微博内容缺乏基本的长度，仅仅是个别字词或字词的简单组合，难以较为完整地表达作者的思想情感、展示文艺美感或传递一定量的信息，无法进行个性化的表达，[2]则不符合独创性的要求。譬如一些网络流行词语，虽然也有创作者的智力投入，具有一定的趣味性和吸引力，但是并不能完整表达出个性化的思想，实施著作权保护显然禁锢了基本表达的使用。

另外，对微博独创性的认定，与以往的文字作品的独创性判断并不完全相同。因为很多微博都采用图文结合的表达方式，有些语句配合特殊的图片内容或图形组合，巧妙构成了全新的表达方式，呈现出颇具趣味和深度的思考体验。尽管图片本身作为摄影作品或美术作品也能受到保护，但是其创造性的程度大为降低。而且在独创性判断中若裁判者持较高的判断标准，如德国著作权法专家要求"让某种作品具有独创性不仅意味着自己创作出某种东西，而且还意味着应当创造出某种具有想象力的特别的东西。创作必须更多地属于在自己的作品类型领域比人们所期待的普通的智力劳动能带来更多成果的活动"，[3]则相

---

〔1〕 引自新浪微博用户"老林爱国"2018年3月6日微博，https://weibo.com/u/6231609959?is_all=1&stat_date=201803#feedtop，最后访问时间：2020年3月18日。

〔2〕 王迁：《知识产权法教程》（第5版），中国人民大学出版社2016年版，第35页。

〔3〕 [德] M.雷炳德著，张恩民译：《著作权法》，法律出版社2005年版，第117页。

对平庸的文字内容或纯为记录需要而随意拍摄的照片就难以达到"创"的要求，但两者共同组成的微博又具有相当的智力选择，这样的微博就容易被划在著作权保护范围之外。因此，不管是出于对创作者倾注心力的尊重，还是对微博本身经济价值的考量，都应当将微博图文链接视为一个整体进行独创性认定。

从上述三项标准可以看出，微博内容水平参差不齐，并不是所有微博都具有著作权保护的必要，下文对微博著作权的讨论主要针对符合著作权保护条件的作品展开。

（二）微博著作权的内容

著作权的内容包括人身权和财产权两个方面，微博著作权的内容也可以从这两方面进行研究。

1. 人身权

《著作权法》第10条规定了发表权、署名权、修改权和保护作品完整权四项人身权利。著作权人身权具有较强的专属性，一般不能被继承或转让，但是可以由作者授权他人行使或代为行使。例如，动漫博主经原作者同意上传其未公开的手稿，就属于代原作者行使发表权。对于微博而言，由于发布微博的过程就是将其在网上公之于众，发表权作为一次性权利已被用尽；同时，微博的发布者都有固定的名称，根据《伯尔尼公约》，作者有权决定在作品上署名的方式，包括网名，故而也不存在没有署名而无法推定微博作者的情形。值得注意的是，对于基于原作品而产生的演绎作品，原作品的作者仍然有署名权。[1]基于他人作品再创作的微博数见不鲜，除转发或跟评的方式可以清楚地显示原作品的作者外，再创作者应当在微博中予以署名。至于微博的修改权和保护作品完整权，与传统作品类似，作者有权自己修改作品、允许或禁止他人对作品进行修改，保护作品不受歪曲或篡改。微博平台针对"大V"用户开放了重新编辑功能，以解决内容中有瑕疵或纰漏需要修改的问题；但普通用户只能做删除重发操作，应当是考虑到社交互动的稳定性。此处的修改权应与著作财产权中的改编权加以区分：修改是对作品内容的局部变更和修正，而微博平台上戏谑性地对知名作品或博文改编恶搞的行为则创作了具有独创性的新作品，属于作品演绎的范畴。

此外，有些国家的法律中还规定了一些特殊的人身权，例如回收权：即使

---

〔1〕 王迁：《知识产权法教程》，中国人民大学出版社2016年版，第111页。

作者已经转让了经济权利或许可他人使用，如因其表达思想、感情发生了变化而希望修改作品或者不希望原作品继续流传，则可以收回已转让或许可的权利。但在微博平台本身的互动机制下，被长期使用和传播的内容往往正是微博的精华内容，若随意收回授权或转让，被授权人的利益会受到损害，基于平台的长远发展考量，回收权并不适用于微博平台。

2. 财产权

在理论上，可将著作财产权分为复制权、演绎权和传播权三类内容。其中，复制权是著作财产权中最基本的权利，传播权是作者实现利益回报的主要方式，二者均是下文讨论著作权侵权的重要内容。传播权包括发行权、出租权、展览权、表演权、放映权、广播权、信息网络传播权等，其中对微博最重要的是发行权和信息网络传播权。微博中存在大量的抄袭作品，都构成对原微博署名权、复制权、信息网络传播权的侵犯，是否注明原作者及出处是区别抄袭和合法复制的重要标志。演绎权包括摄制权、改编权、翻译权等，而微博平台上对作品进行改编和再创作也是一种重要的互动方式。常常有作者发布了有趣的微博后，大量用户展开接龙式的创作。一般认为，微博作者默示授权了一定程度的演绎。关于默示授权的内容，笔者将在"微博著作权侵权的例外"部分详细展开。

（三）微博著作权的主体

关于著作权的原始归属模式，国际上有三种常见的做法：一是著作权属于创作者；二是著作权属于创作者，但兼顾投资者利益，并参考创作者意志；三是著作权属于创作者，同时参考创作者意志，兼顾投资者利益。[1]在此标准下，微博著作权可能涉及的主体包括微博的创作者（通常也是微博的实际用户）、微博创作者的所属单位、微博创作的委托人和微博平台的运营商。

1. 著作权归属的一般原则

根据创作人原则，微博著作权属于原始发表该微博文本、图片和音视频的微博用户。"两人以上合作创作的作品，著作权由合作作者共同享有。没有参加创作的人，不能成为合作作者。合作作品可以分割使用的，作者对各自创作的部分可以单独享有著作权"，[2]由两个用户共同参与创作的作品属于此种情形。例如用户"非人哉漫画"2018年3月12日的微博使用了用户"空无司"的"非人哉角色定制"微博中的三足金乌形象，双方属于有共同创作合意而创作一

---

〔1〕 曹新明："我国著作权归属模式的立法完善"，载《法学》2011年第6期。

〔2〕 《著作权法》第13条。

个作品，该微博中漫画的著作权应当由两用户共同享有，用户"空無司"对其中的三足金乌形象部分可单独享有著作权。根据《著作权法》"改编、翻译、注释、整理已有作品而产生的作品，其著作权由改编、翻译、注释、整理人享有，但行使著作权时不得侵犯原作品的著作权"的规定，[1]对微博或其他形式的作品进行改编、翻译等重新发布，新生成的作品著作权属于改编后的发布者。例如知名博主"小野妹子爱吐槽"经常将 INS、推特上的热门内容和趣味视频翻译或稍作修改后发布在自己的微博上，其对翻译修改后的微博享有著作权，但可能构成对其他平台上内容的著作权的侵犯。

2. 职务作品归属

企业用户或媒体用户所发布的微博，除在其中注明不代表官方言论外，其余的微博应当认定为职务作品，应参照现行《著作权法》第 16 条关于职务作品的规定确定著作权归属。[2]例如，微博用户"博物杂志"是《中国国家地理》杂志社旗下《博物》杂志的官方微博，其内容实际发布者主要是《博物》杂志的编辑张辰亮，微博内容多为趣味性科普，带有创作者张辰亮浓郁的个人特色，依照职务作品的相关规定，其著作权应属创作者张辰亮所有，而《博物》杂志也在其出版物中选取一些微博作为专栏内容，行使其业务范围内的优先使用权。[3]

3. 委托作品归属

根据现行《著作权法》第 17 条规定，"著作权的归属由委托人和受托人通过合同约定，合同未作明确约定或者没有订立合同的，著作权属于受托人"。[4]在微博平台中，委托创作有用户间约定委托创作的情形或线下企业、个人委托微博用户进行创作的情况，例如许多博主抽奖为中奖者绘制漫画、撰写小说，知名博主应企业或个人要求制作软广告内容等；还包括用户与微博运营商签约成为微博的签约作者，在某一创作领域内稳定地提供一定质量的作品。前者按照著作权法对委托创作的一般规定，既保护了创作者的利益和意愿，也保障了委托人的利益。针对后者，在新浪微博公布的自媒体招募信息、自媒体结算规则

---

〔1〕 现行《著作权法》第 12 条、《著作权法》（2020 年修正）第 13 条。

〔2〕《著作权法》（2020 年修正）第 18 条。

〔3〕 在 2021 年 6 月 1 日《著作权法》（2020 年修正）实施后，此种情况下，依该法第 18 条第 2 款第 2 项规定，作者只享有署名权，其他著作权由该杂志享有。

〔4〕《著作权法》（2020 年修正）第 19 条。

中并未对签约作者和微博平台间的著作权归属做出规定。从签约作者通过收费
阅读和打赏获取收益的方式来看，一般默认微博的全部著作权属于创作者，这
意味着微博平台仅可通过与每个签约作者另行约定的方式获取其作品的部分权
利。考虑到其对签约作者的扶植付出和利益期待，如果签约作者将作品分别发
布在多个网络平台上，微博平台的内容吸引力和竞争力将大打折扣，故而在此
种委托关系中，认定微博平台享有有条件的独家使用和侵权追责的权利是较为
合理的。作品的其他权利归属仍以尊重创作者意愿为宜。

三、微博著作权侵权

基于微博易于复制的特点和微博平台裂变传播的特性，微博平台上侵害著
作权的情况非常多见，既损害了创作者的利益、破坏了创作者的创作热情，也
使得微博平台上充斥着大量重复内容，平台间恶性竞争加剧，极大地降低了用
户的阅读体验和互动体验，实质上并不利于作品的创作和传播。因此，很有必
要对微博平台上的著作权侵权问题进行深入研究。

（一）微博著作权侵权的类型

微博著作权侵权主要包括以下几种类型：

1. 用户间随意转载行为

转发是微博平台的灵魂所在，微博用户常常会将自己感兴趣的优质微博内
容转发到自己的微博页面上与好友进行分享。狭义的微博转发通过微博下方的
转发按钮，将之发布在自己的微博主页中，转发的微博标注有"转发微博"的
字样，格式上会将转发者添加的内容与原微博部分分开，原微博的作者和出处
也会清楚地显示在转发的微博中。但很多用户会采用复制粘贴他人微博内容的
方式转发，乃至于将他人微博转载至其他网络平台或传统媒体。[1]微博平台并
未对此种行为做出技术上的规范，仅在《微博服务使用协议》《新浪微博社区公
约》《新浪微博社区管理规定》等协议和管理规定中设立禁止"向第三方平台
授权使用微博内容"和禁止"内容抄袭"的条款，[2]而实际操作并不理想。大
量文字、动漫、摄影的原创作者遭遇微博文本被抄袭、动漫和摄影作品被盗用

---

〔1〕 冯晓青、王瑞："微博作品转发中的著作权问题研究——以'默示授权'与'合理使用'
为视角"，载《新闻与传播研究》2013年第2期。

〔2〕 参见《微博服务使用协议》第1.3条、第1.5条、第5节知识产权；《新浪微博社区公约》
第三章用户行为规范、第四章社区管理；《新浪微博社区管理规定》第五章违规行为处理流程。

的问题，向微博平台举报侵权者很少能得到有效回复。大批的营销号更是"广撒网"式地截取他人热门内容以提高关注度。即便被侵权者申诉成功，侵权人一般也只被要求删除相应的微博，很少有经济赔偿或其他的惩戒和限制方式。复制成本近乎为零、盗用风险极其微小，变相鼓舞了盗用者的行为。

应当注意的是，除了直接上载非法复制的图片、视频外，起到同样传播作用的其他网络传播行为，[1]例如微博中设置超链接引用他人的视频和图片等，[2]也属于广义上的转发行为。目前能看到许多不同用户的微博中使用同一个文章链接来博取热度，尽管链接中显示了文章的来源，但倘若对该链接的引用未经过授权，就构成了对原作者著作权的侵犯。不过根据《著作权法》关于合理使用的规定，为介绍、评论某一作品或者说明某一问题以及报道时事新闻而引用已发表的作品属于合理使用。对此会在下文展开详细探讨。

2. 报刊、出版物或其他网络平台对微博的引用行为

随着大量热点事件从微博平台上首曝，微博平台中大量的一手新闻信息和优秀作品的涌现引起了其他传播平台和传统媒体的关注，许多报刊、网站开始在文章中引用微博内容或直接截取微博内容使用。这些引用非常类似于用户的转发行为，但是由于转发的媒体和网络平台多属于营利性的单位，对微博的使用带有营利目的，与一般用户的私人使用又有所不同，无法通过合理使用或默示许可规避版权问题。

有些网站为了提高阅览量，还会利用程序爬取微博平台上的内容，网络平台间也存在互相使用对方平台内容的现象。这不但侵犯了创作者的著作权，还属于不正当竞争的违法行为。对此，微博平台在《微博服务使用协议》中对第三方平台使用微博内容做出相当严苛的防控，乃至于对用户的著作权进行了不合理的限制，但效果不佳，还引起了微博上创作者的一致抗议。相较之下，问答社区平台知乎的保护措施比较出色。知乎平台上的答案提交时可以选择"允许规范转载"或"禁止转载"的选项。禁止转载的答案不可被复制，选中时会提醒"作者保留所有权利，禁止转载"。而允许转载的内容在复制的文本后会自动添加包括作者、链接、来源和著作权归属的说明，一定程度上减少了抄袭问题，也便捷了他人获取相关信息。

---

〔1〕　芮松艳："网络著作权案件综述"，载《电子知识产权》2010 年第 1 期。

〔2〕　孙晶："关于微博著作权保护的法律问题研究"，复旦大学 2014 年硕士学位论文。

3. 整体性复制行为

许多知名微博用户都曾遭遇过被整体复制的困扰，比如大多数明星用户的微博评论中活跃着的高仿号们，以模仿明星口吻发言的方式抢热评，并通过互相艾特[1]和互评制造假象，使人误以为是该明星的操作。整体性复制的目的主要是利用被整体复制的用户的知名度和影响力，以实现受关注的满足感或利用影响力牟利。为了分取被复制者的流量，整体性复制者常常在原微博活跃的领域内混淆视听；个别冒充者为获取更大程度的关注，还会发布一些与原博主风格和观点差异较大的内容，甚至由违反道德和法律的话语哗众取宠，对相关用户的名誉造成不良影响。整体性复制行为既构成对原博主名誉权、肖像权等人格权的侵犯，也侵犯了其所复制的微博作品的权利。在机构认证和微博实名制的双重制度之下，整体性复制禁而不止，可见微博平台管理之不力。

4. 微博对传统载体作品的上载行为

除微博著作权受损害的情形外，微博平台上也存在大量照搬传统作品的微博内容。许多微博用户打出资料库、作品合集的名义对传统载体上的作品进行上载传播，虽然在将作品数字化的过程中付出了一定的努力，但并没有创造性的排布和整合，也未因此生成新的作品，依然属于侵犯原作品信息网络传播权的行为。对于该类行为，微博平台和用户难以判断其是否为获得授权的行为，基本由原作者主动发现并维权。这种上载行为虽然丰富了微博平台的内容，给阅读者带来很大的便利，对原作者却极不尊重，助长了跨载体侵权的恶劣风气，损坏了微博平台的原创氛围和声誉。对于这种抄袭其他媒介的微博也应当抵制和禁止。

（二）微博著作权侵权的特征

由于微博即时便捷、高互动性和裂变传播的特征，以及互联网虚拟环境的特性，微博著作权侵权行为比传统著作权侵权行为更为复杂和难以遏制，其特征主要表现在以下三个方面。

1. 侵权主体的隐蔽性

网络平台一般采取匿名交流的方式，微博用户可以自主选取昵称和头像，以虚拟身份与其他用户进行互动。这虽然在一定程度上消除了用户的顾虑，使其能够大胆地表达真实的内心想法，却也造成了侵权发生后难以确认对方身份

---

[1] 字符"@"，微博常用"@+昵称"来提到某个用户或者通知某个用户。

信息、难以追责的问题。2017年9月，新浪微博发布公告，要求全体用户进行实名认证，采取后台实名前台自愿的模式，对发布侮辱诽谤言论、造谣和危害社会安全信息的情形产生比较好的震慑作用。但是，在著作权侵权方面，由于侵权结果的严重性并不凸显，微博平台不会轻易给出侵权人的真实信息，侵权人躲在虚拟身份的外壳下往往轻易逃过追责。

2. 侵权行为的跨地域性

网络消除了地域上的阻隔，给不同地区的用户带来了沟通交流的机会，但同时也模糊了侵权行为的地域性：一方面，侵权人的身份难以确定，被告所在地无从得知；另一方面，微博在传播中经过了无数次转发，被传播的受众遍布全球，侵权行为实施地和侵权结果发生地也具有全球性，致使微博著作权侵权案件的管辖权确定更加复杂。[1]

3. 侵权结果的难救济性

在发现微博内容被他人使用后，博主一般都会先通过公开艾特或私信的方式与侵权人沟通，但由于微博平台上随意转载的接受度较高，侵权人常常对侵权指责不予理睬，沟通的主动权完全掌握在侵权人手中。而且同一微博可能被多人抄袭，除非仔细搜索，否则难以发现，更难以一一沟通联系。即便对方承认侵权，侵权内容可能又经过了多次转发和抄袭，扩散面广，传播难以控制。

除此之外，在得知他人维权后，侵权人会很快删除侵权内容，权利人若没有即时固定证据，就会在平台介入或诉讼程序中面临举证不能的困境。加之微博著作权侵权成本极低，现有渠道的维权成本很高，单个微博的经济利益难以量化，获得赔偿的概率非常小，这也使得侵权人愈发恣肆，权利人无心维权。

（三）微博著作权侵权的例外

著作权法有两个价值目标：一个是保护著作权人的专有权利，另一个是促进在一般的社会公众利益基础之上更广泛的公共利益。从利益平衡的角度出发，前者意在保护作者的创作热情，激励作者创作，后者则要对著作权保护的内容进行限制，以避免产生由于垄断而阻碍作品利用的后果。在信息共享的网络时代，更广阔的公共领域契合了快速进行信息获取、交换和传播的需求，合理地对著作权进行限制尤为重要。我国《著作权法》对著作权的限制尤其包括合理使用和法定许可两种形式，而网络平台的特点也催生了扩大公共领域的新模

---

〔1〕 张学伟："微博著作权保护问题初探"，中国政法大学2011年硕士学位论文。

式——默示许可，下面将对其一一展开讨论。

1. 合理使用

合理使用是指著作权法明文规定的，他人可以不经著作权人许可，不向其支付报酬而对作品的使用。[1]国际上对合理使用的判断一般遵循《伯尔尼公约》所确立的"三步检验法"，即限于法律规定的特殊情况的使用；这种使用不得与作品的正常使用相冲突；使用不得不合理地损害著作权人本应享有的合法权益。[2]《著作权法实施条例》第 21 条[3]也确认了我国判断合理使用遵循"三步检验法"。[4]但是，"三步检验法"的表述十分抽象，仅从我国《著作权法》所列举的合理使用的情形来看，均需对个例进行判断。相较之下，《美国版权法》第 107 条对此则确立了四项比较明确的标准：使用的目的和特点；版权作品的类型；使用的作品中，被使用部分与整个作品的比例；使用行为对版权作品潜在市场或价值所造成的影响。[5]此处结合我国《著作权法》所列举的合理使用的情形和《美国版权法》的四项标准，对微博中的合理使用问题进行分析。

（1）使用的目的和特点。我国对合理使用的情形划分主要是以使用目的为标准的，前文关于微博转发、转引的讨论也着重强调了转发者的目的。尽管在一般判断中，对转发者目的常以是否具有营利目的来区分，但这种判断并不完全准确。而且，微博作品的转发，通常目的在于抒发情感或引起社交网络中关注者的共鸣或评论，这种"眼球效益"是否属于合理使用目的也很难以"商业性目的"这种"非黑即白"的标准来判断。[6]

针对微博用户间的复制转发行为，则可以区分为单纯的转发行为和带有独

〔1〕 冯晓青主编：《知识产权法》（第 3 版），中国政法大学出版社 2015 年版，第 140 页。

〔2〕 冯晓青主编：《知识产权法》（第 3 版），中国政法大学出版社 2015 年版，第 140 页。

〔3〕 《著作权法实施条例》第 21 条：依照著作权法有关规定，使用可以不经著作权人许可的已经发表的作品的，不得影响该作品的正常使用，也不得不合理地损害著作权人地合法权益。

〔4〕 《著作权法》（2020 年修正）第 24 条整合了《著作权法实施条例》上述规定。

〔5〕 《美国版权法》第 107 条部分内容：（1）the purpose and character of the use, including whether such use is of a commercial nature or is for nonprofit educational purposes；（2）the nature of the copyrighted work；（3）the amount and substantiality of the portion used in relation to the copyrighted work as a whole; and（4）the effect of the use upon the potential market for or value of the copyrighted work.

〔6〕 冯晓青、王瑞："微博作品转发中的著作权问题研究——以'默示授权'与'合理使用'为视角"，载《新闻与传播研究》2013 年第 2 期。

创性的评论的转引行为。单纯的转发行为目的在于传播该作品并吸引他人的关注和评论，[1]通常只是将他人的微博内容照搬到自己的主页上，或附加一些简单的评论，并没有具有独创性的新的作品形成。带有独创性的评论则主要为了展示自己对该微博的思考和创造性表达，其对原微博的转引是出于创作作品的目的，该目的由于创作之必须而被划于合理的范围。

（2）版权作品的类型。前文提到，微博平台上的作品在独创性方面具有很大差异，作品质量参差不齐。在大量相对平庸的用户生成内容中，一部分具有更强的专业性和吸引力的内容展现出更高的独创性，相应地也需要得到更大力度的保护。譬如微博中的长文章以及本身就属于摄影作品、美术作品等传统作品类型的图片，一般比 140 字上限的简短文字片段更有独创性价值，也会受到更为严格的保护，而诸如段子和表情包之类的内容，则更容易被视为合理使用的对象。

（3）被使用部分与整个作品的比例。这里也主要是针对适当引用的情形而言。适当引用要求在自己创作过程中引用合理长度的作品片段，而不允许完全或主要以他人作品代替创作。实际上，微博的引用往往是全篇进行的，故此处的引用比例应以引用者所创作的新作品为参照，以避免新作品独创性不足的问题。除单纯的篇幅占比外，使用的部分是否为文章的核心内容也影响认定结果。如果所引用的微博构成了作品的主要内容，其他部分只是添附的话，就变成了单纯的转发行为，不能认定为合理使用的范畴。

（4）使用行为对版权作品潜在市场或价值所造成的影响。我国《著作权法》所列举的合理使用情形多数不涉及商业性目的或对作品的使用方式和范畴做出改变，一般与原作品不存在任何利益冲突。但在微博平台中，独特的营利模式与博主的粉丝数和微博的阅读量息息相关，即使是他人非商业目的的转发，也可能分去原博主的部分流量，而商业性使用也可能增加原博主的人气。因此，潜在市场影响的界定很难一概而论，须针对单条微博进行评析。

2. 法定许可

法定许可，是指根据著作权法规定，可以不经著作权人的许可而以一定方式使用享有著作权的作品但应向著作权人支付报酬。我国《著作权法》规定的法定许可类型包括教科书使用的法定许可，报刊转载的法定许可，制作录音录

---

〔1〕 冯晓青、王瑞："微博作品转发中的著作权问题研究——以'默示授权'与'合理使用'为视角"，载《新闻与传播研究》2013 年第 2 期。

像制品的法定许可，广播电台、电视台播放已出版录音制品的法定许可，但并未规定是否适用于网络平台。[1]最高人民法院《关于审理涉及计算机网络著作权纠纷案件适用法律若干问题的解释》第3条曾将网站转载报刊或网络作品纳入法定许可的范畴，但很快在最高人民法院《关于修改〈最高人民法院关于审理涉及计算机网络著作权纠纷案件适用法律若干问题的解释〉的决定（二）》中又废除了网络转载法定许可的规定。

法定许可的目的在于鼓励和促进作品的使用和传播。教科书的使用满足了国家教育发展的需要，对著作权人的权益几乎没有损害，与微博平台也没有竞争关系。报刊转载也仅限于报刊之间，不会扩大到其他传媒范围，将微博纳入这两项法定许可选项中并无不妥。而关于微博上载其他媒介内容，由于上载主体微博用户并不具备报刊这样的传媒资质，很难保证每个微博用户都能规范使用，很有可能破坏报刊文章的完整性，故报刊等内容不宜对微博平台开放法定许可。

3. 默示许可

默示许可由著作权人的自愿许可延伸出来，其依据是2021年1月1日《民法典》实施前施行的《民法通则》和最高人民法院《关于贯彻执行〈中华人民共和国民法通则〉若干问题的意见（试行）》中关于默示许可的规定。微博的生命力在于分享，但是采取每一次转载都申请作者授权的做法显然是不经济也不可行的，故而在微博转发时，对对方意图进行默示推定。出于对相对人信赖利益的保护，默示许可应当满足下列要求：①按照微博平台规则进行转发。对微博用户来说，双方共同的认知基础是微博平台的使用规则，考虑到对方接受并使用平台功能，推定其接受平台中的分享转发模式是合理的。②以营利为目的的转载不适用默示许可。著作权人对作品的处分主要针对财产权部分，倘若推定允许他人以营利方式使用微博，会使著作权人失去对财产权的处分自由，蒙受经济损失。③跨平台转发内容不适用默示许可。默示许可是推断著作权人对转载行为持鼓励或不反对态度，跨平台转发不但超出了微博转发规则的范围，而且可能产生新的传播关系和相应权利义务，不一定符合原作者对传播方式的预期，必须要作者明示许可。

默示许可作为自愿许可的延伸方式，重在著作权人的真实意愿，后文中会

---

〔1〕 参见现行《著作权法》第23条、第33条、第40条、第43条。

以 CC 协议等方式对许可范围做出规范，以解决法律规范过于原则的问题。

四、我国微博著作权保护的问题及建议

从微博著作权侵权的相关情况可以看出，微博著作权侵权成本低、维权十分困难。尽管微博平台在我国的发展已经有数年之久，却没有匹配的立法对其进行规范，使得在司法实践和私人处理微博著作权问题的过程出现大量问题。针对这些问题，笔者将从立法、司法和技术层面对其提出改进建议。

（一）我国微博著作权保护存在的问题

1. 立法问题

目前我国在网络著作权方面还没有比较完善的立法，相关法律中也没有专门针对微博著作权的规定。微博著作权侵权案件往往依照民法、侵权责任法、著作权法的基本原理和《信息网络传播权保护条例》《互联网著作权行政保护办法》等的零散规定来处理。这些规定没有系统化的规范体系，还留下了大量的空白领域。其问题主要表现在以下方面：

（1）微博著作权侵权立法滞后，法律依据缺失。法律具有稳定性，但科技的发展却异常迅猛，在科技与法律交汇处的知识产权法总是面临滞后的挑战。虽然近几年我国不断出台关于网络著作权方面的规定，以适应互联网发展的需求，但多只针对某个具体问题，缺乏体系性的规范，整体性的规定又太过抽象，现有法律规定能否适用众说纷纭，大量空白领域等待填充。

对比之下，国际上针对数字网络科技的立法则适用性较强。世界知识产权组织在 1996 年即达成了有"数字版权条约"和"因特网条约"之称的《世界知识产权组织版权条约》和《世界知识产权组织录音制品条约》；欧盟于 1995 年和 2001 年分别通过了《信息社会中著作权及其相关权利绿皮书》和《信息社会中的著作权及其权利一致化指令》，对各国关于网络环境中的版权保护进行了协调；美国 1997 年通过的《数字千年版权法》对在线版权侵害责任的限制等内容作出规定；日本为适应数字网络环境，对其《著作权法》进行着频繁的修正。[1]

近年来，作为网络著作权下位概念的微博著作权的许多具体问题难以从现有法律中找到明确具体的解决途径，只能转而从国外立法和法律原则中寻找依

---

〔1〕 参见曹世华：《网络知识产权保护中的利益平衡与争议解决机制研究》，合肥工业大学出版社 2011 年版，第 64—100 页。

据，无疑反映了立法的缺位。

（2）列举式立法不能适应新的著作权发展形势。《著作权法》大量采用列举式立法模式，如作品的类型、著作权的内容、构成合理使用的情形和属于著作权侵权的行为等，都采取列举的方式规范。在立法之初，明确的列举项的确避免了自由裁量中的理解差异，兜底性条款也看似能够弥补可能存在的遗漏。但是，随着网络技术的发展，新的作品形式出现，新型的侵权手段也跳出了原有列举项的涵摄范围，兜底性条款亦不能对其进行划分和规范。很显然，列举式的立法不能适应科学文化艺术领域日新月异的变化，针对新的作品形式和侵权行为的具体规范又不能即时跟上，《著作权法》规定的模式亟待修正。

（3）规范间存在矛盾而难以适用。由于微博著作权相关的法律规定散布在《民法典》施行前施行的《民法通则》《侵权责任法》，以及《刑法》及行政法规和一些部门规章、司法解释中，层级效力差异巨大，各规定的切入视角也不同，不同规定可能存在冲突。

2. 实践问题

（1）维权成本与法律效益相差悬殊。前面已经提到，由于微博平台上侵权主体的隐蔽性，随意行为的接受度较高，空间上的隔阂也减少了指控的针对性，沟通维权之路并不容易。通过诉讼等司法途径则要经过多个司法程序，知识产权案件又具有较高的专业性，往往要委托专业律师代理，维权就是一场时间和金钱的消耗战。相较如此大的维权成本，可期待的结果却不容乐观。由于微博的著作权认定不易，侵权举证也十分困难，在相关法规不完善的情况下胜诉概率并不大；同时，由于我国没有针对网络文字作品的稿酬标准，对微博著作权侵权案件的赔偿标准并不确定，而微博本身的营利机制也比较独特，微博文本的篇幅比较短小，如果参照传统文字作品等确定赔偿数额，这一数额会非常低微。维权成本与法律效益之间的落差使权利人在维权路上望而却步。

（2）限制与保护难以平衡。对微博著作权进行保护，并不是所有人都持赞同态度。很多人期待能从社交平台上看到源源不断的兴趣内容，因此担心著作权保护会限制用户从平台上获取信息。不可否认，要维护著作权人的私人利益，一些原本可以任意在公共平台上上载或获取的内容可能需要授权和收费使用，对微博进行严密的保护也会导致微博上高质量的内容不再能轻易获取，内容的传播范围也会在一定程度上受到影响。

在实际操作中，尽管越来越多的用户声称支持微博著作权保护，但还是实施着规避技术措施下载免费数字信息、随意转载的相反行为。这也正是分享平台上著作权的悖论所在。故而，对微博著作权的限制与保护，是不断寻找既能维护著作权人权益又尽可能保障作品传播使用的平衡点的过程。绝对的平衡并不存在，相应的处理规范和应对措施也绝不能处于一成不变的状态。

当然，微博平台各主体间也并非没有利益一致的可能性，双方对于高质量作品的需求是一致的，相应法律规范和技术措施以此为出发点，才能起到事半功倍之效。

（二）微博著作权的立法保护完善

立法规范是解决法律纠纷的权威依据，微博著作权侵权的种种问题最终都指向了我国网络著作权立法的不完善。通过对立法规范进行系统化整理和补充，能为微博著作权提供有力的法律保障。

1. 构建网络著作权保护体系

目前我国关于网络著作权保护的规定非常零散，随着环境的变化，不停地通过发布司法解释和废除规定方式来应对。针对这种问题，应当将原有《著作权法》《侵权责任法》《互联网著作权行政管理办法》《信息网络传播权保护条例》中有关网络著作权保护的规定抽取出来，根据法律层级的效力对其中存在矛盾的部分进行修改，以具体法律规范取代部分不适用的原则性规定。同时，对《著作权法》等进行修改，对著作权的内容、侵权标准、合理使用和法定许可的条件等做出明确规定，在列举项中补充新类型；[1]对《信息网络传播权保护条例》中抽象的规定进行细化，并针对不同平台的特征补充具体的适用条款。对以微博著作权侵权为代表的网络著作权侵权行为，可以通过最高人民法院指导案例和司法解释等作出针对性回应，[2]从而建立层级明晰、规定具体的网络著作权保护体系。在新的网络著作权形式产生后，也可以根据需要在体系中进行补充和完善，以免出现前后规定相矛盾、同一问题跨法律层级多次出现的情形。

2. 制定独立的网络著作权保护法规

现有《信息网络传播权保护条例》虽然对信息网络传播权保护范围、技术措施、权利限制、网络服务提供者责任和纠纷处理的简便程序等做出了规定，

---

〔1〕《著作权法》（2020 年修正）对前述内容已有重要修改。

〔2〕2020 年 12 月 23 日，最高人民法院修正了《关于审理侵害信息网络传播权民事纠纷案件适用法律若干问题的规定》。

但未能解决上述网络作品认定标准、侵权标准等问题，在实践中依然不能精确适用。

笔者建议制定一个独立的网络著作权保护法规，对网络著作权的判定标准、网络著作权的形式和限制、网络运营商的责任划分、网络著作权侵权行为、网络著作权侵权赔偿标准和网络著作权案件的管辖权等做出明确规定。例如，对合理使用的规定借鉴美国的四项标准，制定符合我国实际的合理使用判断标准；通过对典型的网络著作权形式的列举，解决当前微博著作权无法可依的困境，加强公众对微博的复制权和信息网络传播权的了解和尊重；对网络著作权侵权的运营商责任范围进行列举，以督促其对网络平台进行更有效的管理。对网络著作权维权问题，也可以对网络著作权案件的司法流程进行优化，充分利用线上法院的优势，减少通过司法途径维权的困难。

独立的网络著作权保护法规并不只是对相关规定的汇总，而是对后续网络著作权保护确立一个基本标准，便于具体问题出现后新规则的确立和实行。

（三）微博著作权的司法保护完善

当微博著作权遭受侵害时，司法途径是最后一个也是最有力的维权选择。解决当前司法实践中出现的举证、管辖和确定赔偿数额的问题，能减轻司法程序所带来的维权成本，提高维权成功率，充分发挥司法在微博著作权保护中的作用。

1. 完善微博著作权案件的证据制度

微博著作权维权一大难就是举证难。不但侵权人不易确认，往往在权利人开始维权后，侵权者会迅速删除相关内容，使原始证据难以保存。而证据保全所需的费用又比较高，会进一步增加诉讼成本。

对此，应当对举证制度进行一定的调整，如认定侵权成立，则由侵权一方承担证据保全费用；如被告在举证期间届满前删除了涉案微博，则举证责任倒置，由被告承担该微博未侵权的举证责任。这样可以在一定程度上鼓励权利人进行证据保全，弥补权利人的维权成本，并对被告起到一定的惩戒作用。

2. 完善微博著作权侵权案件的管辖制度

关于著作权的地域管辖问题，最高人民法院《关于审理著作权民事纠纷案件适用法律若干问题的解释》第4条第1款规定："因侵犯著作权行为提起的民事诉讼，由著作权法第四十六条、第四十七条所规定侵权行为的实施地、侵权复制品储藏地或者查封扣押地、被告住所地人民法院管辖。"最高人民法院《关于审理涉及计算机网络著作权纠纷案件适用法律若干问题的解释》（已失效）第 1 条规定："网络著作权侵权纠纷案件由侵权行为地或者被告住所地人民法院管辖。侵权行为地包括实施被诉侵权行为的网络服务器、计算机终端等设备所在地。对难以确定侵权行为地和被告住所地的，原告发现侵权内容的计算机终端等设备所在地可以视为侵权行为地。"

上述管辖地中，考虑到被告身份难以确认，在被告住所地或被告使用的计算机终端所在地起诉都并不现实，也增大了原告的维权成本；而实施被诉侵权行为的网络服务器所在地可能与原被告关系不大，较为牵强。而且微博著作权侵权的事实发生在网络的虚拟空间里，其内容的散播是全球性的，若以此判断侵权结果发生地，则管辖的范围会被无限扩大。"原告发现侵权内容的计算机终端等设备所在地"作为管辖地，不但与"原告所在地"一样存在不方便获取被告信息、通知被告出庭的问题，也可能有原告偶然在外地发现被侵权的事实，要异地起诉的不经济情形。

笔者认为，微博著作权侵权案件的管辖问题可以通过列举的方式给出多个选择项，根据著作权人的选择确定实际管辖法院。同时，还可以通过将微博著作权侵权案件纳入网络法院审理，解决网络环境下地域性模糊的问题，也便于网上证据的提交和鉴定，解决这一管辖难题。

3. 建立统一的微博作品著作权侵权的损害赔偿标准

损害赔偿是最主要同时也最难平衡的一种民事侵权责任。在《民法典》实施前，《侵权责任法》虽然对网络用户和网络服务提供者的侵权责任进行了规定，但对具体的赔偿数额认定没有进行详细说明。[1]《著作权法》对赔偿数额的计算方案有较为详细的规定，但在针对侵犯微博作品著作权案件的实际操作中，可行性并不强且通常最终的赔偿数额远小于侵权人获益或著作权人可能损失的利益。同时，侵权人对自己的违法行为所付出的代价较低，这也间接助长了侵权行为。微博作品版权人也会因为进行诉讼容易得不偿失而放弃维权或者是直接怠于新微博作品的创作。

可结合司法实践，通过出台相应的司法解释规定更科学的计算方式，例如根据涉案作品的点击率、转发量或传播时长来确定损害赔偿的标准；考虑到微博字数的限制，若按传统的计算方法获得的赔偿很低，也应适当提高赔偿数额

---

〔1〕《民法典》第 1194 条至第 1197 条对网络用户和网络服务提供者的侵权责任作了详细规定。

的倍数。

（四）微博著作权的平台保护建议

微博平台作为互联网时代的新生产物，技术因素影响很强，仅根据公权力的规制无法抓住其核心问题。作为微博平台的开发者和经营者的运营商可发挥出巨大作用，从平台管理和技术层面对微博著作权进行保护。

1. 强化技术措施的保护

在《著作权法》和《信息网络传播权保护条例》的修改中，都增加了关于技术措施的规定。技术措施是指"用于防止、限制未经权利人许可浏览、欣赏作品、表演、录音录像制品或者通过信息网络向公众提供作品、表演、录音录像制品有效技术、装置或者部件"。[1]技术措施的使用，无疑可以有效控制数字环境下复制简易所产生的侵权便利条件，并提高管理和追责的效率。

目前微博平台中的技术措施非常有限，如新浪微博在《微博服务使用协议》中给出的 Robots 协议排除了百度、360、谷歌、搜狗、必应、神马、好搜、易搜、头条等搜索引擎访问网站的内容，[2]但 Robots 协议建立在对方肯接受的基础上，"防君子不防小人"，主要针对的也是网站间自动爬取的行为。对用户间的随意转载和其他媒介复制使用个别微博内容的情形，只有图片中简单的水印作为保护。从之前知乎平台的例子不难看出，通过一定技术措施限制随意复制并不会影响平台的传播，微博本身的转发按钮就基本能满足平台内分享的需求，而且能够保护著作权人利益。故对微博平台提供的转发功能外的复制转载行为采用技术措施，由作者设置转发许可的类型，防止随意复制行为，将内容共享的决策权交还到用户手中，无疑是一种可行的选择。针对不同的主体，也可采用不同的技术措施，例如针对平台间窃取采用加密手段等安全保护技术，避免大范围爬取；对普通用户则采用使用控制性技术和接触记录的技术保护，既能控制复制和转载的规范性，也能在侵权之后锁定侵权对象并作为证据。

2. 引入 CC 协议

Creative Commons，简称 CC，正式名称为知识共享，是一种创作的授权方式。CC 协议是在现有著作权法框架下的一种协议授权，权利人自愿放弃某些著

---

〔1〕《信息网络传播权保护条例》第 26 条第 2 项、《著作权法》（2020 年修正）第 49 条第 3 款。

〔2〕参见《微博服务使用协议》第 1.4 条。

作权法上的权利来促进作品的传播，这可以视为对著作权人权利的某种限制。[1]创作者可以通过加入 CC 协议，选择自己想要的授权形式和条款组合，实现有保留的分享创作。CC 协议的模式打破了传统著作权"保留全部权利"和"不保留任何权利"的极端选择，很好地解决了法律规制缺位情况下的网络著作权问题，明确划定了公共领域范围，促进了作品创意的传播。

微博平台的信息传播特性很强，多数用户都倾向于尽可能地传播自己的作品和观点，同时又有一定的著作权保护诉求，CC 协议"保留部分权利"的方式与之十分契合。同时，CC 协议的内容也十分简单，它提供了署名（必须提到原作者）、非商业用途（不得用于营利性目的）、禁止演绎（不得修改原作品，不得再创作）、相同方式共享（允许修改原作品，但必须使用相同的许可证发布）权利供作者选择组合，满足了不同类型创作者的需求。微博平台可以在设置或微博发布界面加入权利保留选项，针对不同的许可度给予不同的技术措施加以保护，这样也避免了不同用户间著作权保护的需求落差，降低微博平台的版权管理成本。

3. 完善平台版权纠纷解决制度

在网络平台运营中，运营商往往也是网络平台的监督者。运营商对网络平台的功能和营利模式都非常熟悉，能够获取用户的个人信息和操作记录，也握有一定的技术手段，并且可以和用户进行直接的沟通和联系。在微博平台的著作权保护中，理应由运营商担负起监管和沟通中介的责任。

完善微博平台的版权纠纷解决机制，要建立一个完整的"投诉——举证——平台介入——协作维权"的模式，不能停留在用户投诉、官方消极回应的状态。对用户的侵权投诉，应当由系统自动确认后进行分转，可以选择通过平台通知的方式告知被指控者停止侵权，或直接转入人工服务；设置有效的反馈追踪系统，确保投诉得到回应；对于用户提供初步侵权证据的，运营商应当协助其获取和保存侵权微博等，避免后续维权中出现举证不能的困境；基本确认侵权事实后，平台应当主动促成双方沟通，由于拉黑、不回应等原因无法沟通的，可由平台出面，承担传递信息的工作；如果不能通过协商实现维权，运营商应当配合满足诉讼过程中提供侵权人必要信息等需求。当然，为避免恶意举报损害被指控者的利益，侵权举报者应该先行提供一定证据，未进入诉讼程序时，平

---

[1] 杨丹蕾、安雅毓、赵超哲、金川："网络环境下 CC 共享协议的本土化困境与出路"，载《法制与经济》2016 年第 12 期。

台不能提供被指控者的个人信息。

有人认为，在纠纷解决机制中，运营商还应当承担代权利人维权的责任，在确认侵权事实的前提下帮助权利人获取赔偿等。但是笔者认为，如果运营商代权利人维权，相当于对此做了裁判，其居中服务的身份就会受到质疑。故而，除对方主动承认侵权行为时，运营商可以提供协助删除侵权内容的帮助外，不宜主动为任何一方提供建议或帮助。对侵权纠纷的裁判，可以由用户自发组织或选择第三方作为裁判者，对裁判结果不满的再选择诉讼维权，一定程度上也能减轻司法压力，降低维权成本。

五、结论

微博简短的内容形式和裂变式的传播是互联网 3.0 时代的信息交互和整合特征的典型代表，微博著作权作为著作权领域的新问题也正在受到越来越多的关注。对微博著作权的研究，不是在原有的著作权法框架下的分析和适用，而要有基于微博平台特征、基于互联网时代需要和著作权立法目的的法理层面的探讨和细化，对微博著作权所涉及的主体利益加以平衡，并对现有著作权保护体系做出反馈，促进其修正和完善。

尽管微博著作权侵权事件频发、维权成本高且公众对微博著作权的保护意识薄弱，但是微博著作权侵权并非无规律可循，其带来的问题主要表现在主体隐蔽性、行为跨地域性和结果难以救济方面。针对这些问题，在立法、司法救济和技术层面都可以采取有效的完善措施，其中最主要的随意转载就完全可以通过立法规范和技术手段的双重规范加以遏制。对微博著作权的保护，应当构建完善的网络著作权保护体系，制定专门法规对规定进行细化，以及对司法程序进行精简和优化，保障权利人有效维权。在技术层面，强化微博平台的技术措施，引入 CC 协议保障用户选择权利，充分发挥运营商的管理权能，以实现对微博著作权保护的有效制衡。

随着互联网技术的继续发展，可能在不久的将来，微博就会被新的网络信息传播平台取代，但是对微博著作权保护的研究和建议可以为新的互联网平台提供借鉴，使著作权法能够不断适应时代的需求，促进我国科学文化事业的发展与繁荣。

聚合盗链行为侵权认定研究

张婷婷

一、聚合盗链概述

随着网络链接技术的不断创新，互联网自诞生日起的半个多世纪以来已经彻底改变了人们的生活，成为当今社会一项不可或缺的科技变革。网络链接技术作为互联网科技的重要组成部分，为传统信息传播方式带来了全新的突破，使得互联网"互联互通"的技术特征真正得以实现。然而，一项技术的进步，可能会牵扯到多方利益，涌现大量争议。因此，如何在各种社会利益中寻求平衡，更好地分配社会资源，便成为法律的重要任务。聚合盗链作为一种新兴的设链方式，在其诞生之初，就引发了一系列与其性质认定相关的争议，如何判断其行为属性、解决其引发的侵权争议成为亟待解决的问题。为此，应当首先对聚合盗链的相关概念与内涵进行分析。

（一）网络链接的概念

1. 网络链接的定义

无论是聚合盗链、加框链接还是嵌入式链接，站在技术的角度来看，它们都拥有一个共同的上位概念——网络链接。因此，明确网络链接的概念及其技术实现方式，是探讨聚合盗链最重要的前提和基础。

网络链接，又称超链接，其主要实现方式为，"通过向目标浏览器发送内嵌统一资源定位符（URL）的超文本标记语言（HTML）指令的方式，实现不同网站或者不同页面之间的跳转"。[1]在这一技术的支持下，用户可以通过单击链接标识符的方式实现网站或页面间的跳转，进而使得网站实现设链目的。这大大简化了信息获取的途径，提高了信息获取的效率，使得海量的信息资源得以广泛传播。

2. 网络链接的类型

从技术层面分析，网络链接一般分为普通链接和深度链接两种形式。[2]

普通链接，又称浅层链接，是一种以被设链网站整体或部分页面为目标的链接方式，用户可以在设链网站设置的普通链接的指引下到达被设链网站获取相应信息。[3]在这一设链模式下，访问界面以及浏览器上方显示的 URL 地址都会发生改变，用户能够明显感知到浏览内容的实际提供主体为被设链网站。设链网站只充当提供浏览渠道的角色，目标内容仍由被设链网站呈现，设链网站在一定程度上帮助扩大了被设链网站的信息传播范围。因此，普通链接普遍为人们所接受，并不存在过多争议，而深度链接则恰恰相反。

深度链接，又称深层链接，是一种针对被设链网站中所存储作品的链接，用户通过点击链接即可在当前浏览页面上（即设链网站）直接读取被设链网站中的作品，甚至可以直接下载目标文件。[4]此时，用户浏览器上方显示的 URL 地址不会发生改变，用户会误以为信息资源的实际提供者为设链网站。

根据实现方式的不同，可以进一步将深度链接分为加框链接、嵌入式链接和聚合盗链。

加框链接，是指设链者通过设置链接的方式获得被设链网站的信息资源后，利用"加框手段"对其进行技术干预，再将获取的内容直接嵌在设链网站界面的对应区域，使其在设链网站上直接得以呈现的设链方式。[5]在这一技术的干预下，浏览器中显示的网络地址和用户的访问界面均不会发生任何变化，用户因此会误以为目标内容是由设链网站直接提供的，而无法感知其实际提供者——被链接网站的存在。该技术通常被应用在网络视频服务领域。设链网站

---

〔1〕　孙善贵："论网络链接中的不正当竞争"，载《科技进步与对策》2007 年第 9 期。

〔2〕　参见王迁："网络环境中版权直接侵权的认定"，载《东方法学》2009 年第 2 期。

〔3〕　芮松艳："论搜索、链接服务提供行为的侵权构成要件"，载《知识产权》2011 年第 1 期。

〔4〕　参见王迁："网络环境中版权直接侵权的认定"，载《东方法学》2009 年第 2 期。

〔5〕　参见吕长军："简析深度链接、加框链接与盗链——以信息网络传播权视角"，载《中国版权》2016 年第 2 期。

在针对目标网页的视频播放器进行链接后，通过修改对应参数的方式使其直接嵌在设链网站事先准备好的视频播放窗口上。用户在浏览设链网站时可以直接打开该窗口，欣赏到通过设链网站播放器播放的视频内容，但并不知道视频的实际提供者为被设链网站。设链网站利用这种方式，占用了被设链网站的资源和带宽，增加了自己网站的用户黏性，很难说没有对被设链网站的权益造成损害。但是值得注意的是，视频广告一般是通过镶嵌在播放器上进行展示的，目前通过加框链接还无法屏蔽被设链网站播放器中嵌入的视频广告，因此被设链网站的广告性收益不会受到任何影响，这一点与本文主要探讨的聚合盗链有很大的不同，下文会进行详细论述。

关于嵌入式链接，其与加框链接的主要区别在于被链接内容在设链网站中是通过窗口进行展示还是直接嵌在设链网站的界面上进行播放，除此之外，在技术层面无明显不同。[1]虽然国外也有学者主张将嵌入式链接单独划分为一类，但笔者认为，在本文探讨的层面上，二者并无本质上的不同，因此本文中默认嵌入式链接属于加框链接的一种。由于加框链接不是本文探讨的重点，为了避免本末倒置，针对这一问题不予赘述。

聚合盗链作为一种新兴技术手段，由于其技术实现方式与前述链接技术有很大区别，在对其应当如何定性、是否构成对权利人利益的侵害以及应当适用何种法律进行规制的问题上，都引发了很大的争议。

（二）聚合盗链的概念

1. 聚合盗链的定义

盗链，即采用特定技术手段抓取网络中的作品内容地址后，通过对应链接直接调取被盗链网站服务器中存储的作品信息，再通过自主解析的方式使其直接呈现在自己网站界面上的行为。[2]盗链行为客观上将第三方网站的服务器当作自己的服务器加以利用，直接获取资源地址，使内容呈现在自己的网站中，并且可以绕开第三方网站嵌入的广告等利益内容，甚至可以在自己的解析工具（一般为浏览器）上插入广告，以获取不正当利益。盗链行为占用了被盗链网站的资源和带宽，影响其网站访问量，甚至存在更多的损害权利人信息网络传播利益的可能。

聚合盗链，一般是指发生在视频聚合平台上的盗链行为。视频聚合平台是

---

〔1〕 参见崔国斌："加框链接的著作权法规制"，载《政治与法律》2014 年第 5 期。

〔2〕 参见郑绍辉、周明天："反盗链技术研究"，载《计算机时代》2008 年第 1 期。

指通过聚合资源的手段，以向用户提供全面、丰富的视频内容为主要服务目的的网络平台，其往往以"海量视频，一站式搜索"为服务宗旨。盗链技术的出现恰好能够帮助这些平台实现搜罗全网视频资源的目的，关于盗链行为的争议也往往存在于类似领域。因此，我们习惯将视频聚合平台上发生的盗链行为称为聚合盗链，这一称呼本身并无准确出处，只是法律领域的习惯称呼，可以说，聚合盗链本质上就是盗链行为。鉴于聚合盗链具有较强的典型性，能够突出反映盗链行为的特点，因此本文主要对发生在视频聚合平台上的盗链行为进行探讨。

盗链行为根据实现方式不同，可以分为常规式盗链和分布式盗链两种形式。[1]常规式盗链相对简单，它以特定的网站为目标，获取其中存储的内容地址加以利用；分布式盗链针对的网站往往具有不确定性，互联网内任何相关网站的内容链接都可能成为其盗链对象，故其实现难度往往高于常规式盗链。[2]一般来讲，聚合盗链属于分布式盗链，其主要实现方式为：设链者首先通过在后台预先设置的爬虫程序（URL Spider）抓取互联网中大量的目标链接，并将其存储到自己的数据库中。当用户点击链接时，设链网站首先在数据库中查询到对应的链接地址，再通过该链接访问被盗链网站的服务器，获取目标资源，最后通过自主解析的方式使目标内容直接在自己的网站界面进行展示。上述活动均在后台完成，用户无法主观感知真正的资源提供者，因此往往误以为目标资源是由设链网站直接提供的。在上述行为实施过程中，设链网站将被盗链网站的服务器当作自己的服务器加以利用，任意、自由地读取其中存储的视频资源，侵犯其合法权益。

2. 聚合盗链与其他链接方式的区别

聚合盗链作为一种特殊的链接手段，呈现出与其他链接方式不同的特点。

如前文所述，聚合盗链是深度链接的一种具体实现方式，因此其与普通链接的区别即为深度链接与普通链接的区别，主要体现为目标对象的不同。普通链接以被设链网站的页面地址为链接对象，当用户点击链接时，会同时引发页面的跳转（即由设链网站界面进入被设链网站界面）和浏览器上方显示的 URL 地址的改变，此时用户能够明显感知浏览内容的实际提供者为被设链网站。聚合盗链则以抓取互联网中不特定的其他网站的服务内容地址为主要行为方式，

---

〔1〕 参见郑绍辉、周明天："反盗链技术研究"，载《计算机时代》2008年第1期。

〔2〕 参见郑绍辉、周明天："反盗链技术研究"，载《计算机时代》2008年第1期。

在成功抓取作品链接后，可以任意地调用存储在被盗链网站服务器上的资源，并按照自己的方式进行解析、展示。[1] 在显示效果上，用户正在浏览的网页不会发生跳转，所有资源将会按照设链网站的编排方式直接显示在对应页面上，因此往往会使用户误以为目标资源的直接提供者为设链网站。

与加框链接技术相比，二者虽然都属于深度链接形式，存在相同之处，但仍存在明显差别。相同点主要体现在内容呈现效果上：二者均可以在不改变浏览界面和网络地址的基础上，向用户直接呈现请求内容，会使用户产生访问内容系由设链网站直接提供的误解。而二者的区别主要体现在以下两个方面：①技术实现方式不同。加框链接主要是通过技术手段截取被链接网站页面上的部分内容（如一个视频播放器），再对其进行技术干预，使之在预设的视频播放窗口上得以显示，供访问者观看；而聚合盗链则是通过抓取网络中的视频内容地址并加以调用，进而实现对被盗链网站服务器中存储资源的访问，最终通过自己网站设置的播放器对目标作品进行展示和播放。[2] 举例而言，加框链接就好比到他人的商店偷来了货仓里乘着货物的容器和容器里的货物，一并放到自己的店铺中售卖；而聚合盗链就好比直接偷来他人店铺中的货物，放到自己家的容器中，当作自己的货物售卖。②对广告性收益的影响情况不同。当前，视频网站中的广告一般采取附加在视频播放器之中的形式进行播放。基于这一特点，直接截取视频播放器到自己网站上的加框链接行为本身无法屏蔽原网站附加的广告内容，因此对被设链网站的广告性收益没有影响；而对聚合盗链来讲，其是通过抓取他人视频内容链接后通过自己的播放器进行解析以实现播放，因此，设链网站可以自由地删减原网站的广告或者增添自己的广告，往往构成对被盗链网站广告性收益的侵犯。

技术的创新在推进社会进步的同时，往往也会改变现有的利益平衡状态。聚合盗链技术的出现提升了网络信息的聚集能力，在一定程度上给网络使用者带来了更加舒适的用户体验，提高了信息资源的传播效率。但是，它也不可避免地会对网络服务提供者、第三方网站、著作权人之间的利益平衡产生影响，在一定程度上对著作权法及相关法律制度提出了挑战。如何确定聚合盗链的法

---

〔1〕　参见吕长军："简析深度链接、加框链接与盗链——以信息网络传播权视角"，载《中国版权》2016 年第 2 期。

〔2〕　参见吕长军："视频客户端盗链的侵权模式及法律责任分析"，载《电子知识产权》2014 年第 5 期。

律性质，涉及相关纠纷时应当适用哪种法律进行规制，都是当下值得关注的问题。因此，本文旨在厘清聚合盗链法律概念的基础上，探讨其法律性质及法律规制途径，希望能对相关问题的解决有所裨益。

二、聚合盗链引发的争议

聚合盗链实现上的特殊性，导致近年来引发了大量与之相关的侵权诉讼，理论界也由此展开了广泛的探讨。聚合盗链究竟能否定性为信息网络传播权侵权行为、针对相关行为是否有著作权法外的其他法律的规制空间，理论界对此至今并无定论，并且呈现出多种学说并立的局面。采用不同认定标准可能导致责任承担范围的不同，甚至直接否认聚合盗链行为的侵权性，结果差异较大。理论上的争议直接影响着司法实践的判断。实务中，由聚合盗链行为引发的侵权案件层出不穷，但至今也没有统一的裁量标准和相关法律规定，针对同一性质的案件甚至出现上级法院直接依据不同学说全面否定下级法院判决的情况。因此，厘清目前存在的理论学说和司法裁量标准是进一步探讨聚合盗链行为侵权认定标准及法律规制途径的前提和先决条件。

（一）学术上的争议

1. 存在不同的认定标准

理论上，关于聚合盗链行为性质的主要争议在于该行为本身能否被认定为信息网络传播行为，从而决定了著作权法对于相关问题的规制空间。

我国《著作权法》第10条第1款第12项将信息网络传播权界定为，"以有线或者无线方式向公众提供作品，使公众可以在其个人选定的时间和地点获得作品的权利"。这使得关于信息网络传播行为性质的争议集中在"提供行为"的认定上。延伸到本文所探讨的聚合盗链行为，如果能够认定聚合盗链行为构成作品提供行为，并且满足其他构成要件，就可以认定该行为属于侵害信息网络传播权行为，权利人便可以进一步通过著作权法主张相应权利。目前，针对"提供行为"的判断标准并无定论，理论上主要存在以下四种观点：

（1）服务器标准。该标准作为最早出现的判断标准，长期以来在理论界获得了大量学者的支持，在我国司法实践中也不乏实际应用的例子。该标准将对信息网络传播行为的判断全部依托于"是否将作品上传至公开的服务器"这一既定的法律事实。除此之外，诸如对实际权利人利益的影响、网络用户的直观感受等都不应作为判断信息网络传播权侵权的影响因素。因此可以说，服务器标准是一种纯客观性标准。在这一标准下，现有的链接行为都被当作单纯的访问指引手段，因其并未将作品上传至公开的服务器中，所以不属于信息网络传播行为。进而，由于聚合盗链是一种特殊的链接技术，其本质上仍然是设链行为，因此不可能被认定为对信息网络传播权的直接侵犯，但不排除通过认定间接侵权，或适用《著作权法》中的其他规定对其进行规制的可能性。

此外，持这一观点的学者还试图从法律渊源的角度对服务器标准的合理性进行阐释。他们认为，欲明确"提供行为"的内涵，应当严格依据法律规定进行分析。在《世界知识产权组织版权条约》第 8 条后半部分〔1〕以及 2012 年最高人民法院发布的《关于审理侵害信息网络传播权民事纠纷案件适用法律若干问题的规定》（简称《信息网络传播权司法解释》）第 3 条第 2 款〔2〕中都对"提供行为"的含义进行了一定程度的阐释。部分学者认为，上述条款能够证明"提供行为"应当是指将作品置于服务器中的行为，并由此认定只有服务器标准才是"提供行为"最合理的判断标准。〔3〕

（2）用户感知标准。该标准将用户的主观感受作为判断信息网络传播行为的主要标准。〔4〕也就是说，只要用户主观上认识到自己获取的作品是由设链者提供的，就认定其实施了作品"提供行为"，而不以设链者是否实际将作品上传至服务器作为判断标准。可见，不同于服务器标准，用户感知标准是一种纯主观性标准。在此标准下，鉴于采取聚合盗链手段提供作品的行为可能导致访问者产生对作品来源的误认，其可以被认定为对信息网络传播权的直接侵犯。

虽然这一标准在提出之初就遭到大量学者的反对，但仍有一些学者对其表示支持。他们认为，服务器标准作为一种纯技术性标准，由于其过于依赖目前

---

〔1〕　该条英文原文表述为："including the making available to the public of their works in such a way that members of the public may access these works from a place and at a time individually chosen by them."此处的"making available to the public"，即"向公众提供作品"，部分学者认为它强调了对作品本身的最初提供行为，可以体现服务器标准。

〔2〕　《信息网络传播权司法解释》第 3 条第 2 款规定："通过上传到网络服务器、设置共享文件或者利用文件分享软件等方式，将作品、表演、录音录像制品置于信息网络中，使公众能够在个人选定的时间和地点以下载、浏览或者其他方式获得的，人民法院应当认定其实施了前款规定的提供行为。"

〔3〕　参见冯刚："涉及深度链接的侵害信息网络传播权纠纷问题研究"，载《知识产权》2016 年第 8 期。

〔4〕　参见陈绍玲："论网络中设链行为的法律定性"，载《知识产权》2015 年第 12 期。

信息资源通过服务器实现存储这一技术事实，很有可能随着网络信息存储方式的变化而丧失合理性。而用户感知标准从访问者的主观感受出发进行判断，所以不会受到技术变迁的实际影响。因此，有学者进一步指出，认定是否构成"提供行为"，应以网络服务提供者提供行为的外在表现形式以及其带给用户的相应认知为判断依据，所以即便网络服务提供者并非服务内容的实际提供者，只要其服务内容与行为方式使得目标资源访问者产生了误认，就应认定其行为属于信息网络传播行为。[1]

（3）实质呈现标准。该标准主要考虑设链者的设链行为是否实质上侵犯了本属于著作权人的传播利益，它更注重对著作权人作品传播者身份的保护，而不关心相关行为是否对被设链网站造成损害。[2]因此，根据这一标准，如果设链网站通过盗链等方式实质呈现了本不具有提供权利的作品，使得公众不必经过被设链网站即可获取作品信息，即可以认定该行为属于作品"提供行为"。同时，该标准还从实质呈现的角度出发，对信息网络传播权进行了突破性解释，但该解释仍有待进一步推敲。[3]

（4）实质替代标准。该标准又称链接不替代原则，持有这一观点的学者主张，使设链网站实质替代被设链网站向用户提供作品的链接行为本身会直接侵占被设链网站在网络上的作品传播利益，从法经济学角度出发，这种实际转移他人传播利益的行为应当被禁止。[4]实质替代标准的根本出发点在于，通过禁止设链网站采取设置链接的手段窃取被设链网站的作品传播利益，来维护著作权人的原始传播利益，保障作品网络传播利益的合理分配，鼓励创作，营造公平合理的创作环境。[5]具体到本文探讨的聚合盗链行为，根据实质替代原则，盗链网站通过聚合盗链行为实际替代了被盗链网站向访问者提供相关资源，符合替代链接的行为特征，影响了原属于被盗链网站甚至著作权人（此时，被盗链网站并不一定等同于作品的著作权人）的信息网络传播利益，因此应当认定

〔1〕 参见詹启智："论网络作品提供行为"，载《法学杂志》2014年第4期。

〔2〕 参见冯晓青："聚合盗链行为侵权性及司法适用标准分析——兼议'腾讯诉快看影视'案"，载《中国版权》2016年第4期。

〔3〕 参见冯晓青："聚合盗链行为侵权性及司法适用标准分析——兼议'腾讯诉快看影视'案"，载《中国版权》2016年第4期。

〔4〕 参见石必胜："论链接不替代原则——以下载链接的经济分析为进路"，载《科技与法律》2008年第5期。

〔5〕 参见王志豪："深度链接行为的法律定性研究"，华东政法大学2016年硕士学位论文。

其侵权。[1]但是，具体到应当认定直接侵权还是间接侵权，理论和实务界目前尚无定论。该观点持有者表示，法经济学处理问题更注重实际效果而非刻板的概念。因此，只要从根本上解决了替代链接的责任承担问题，就不必过于纠结具体的实体法律应用。[2]

2. 各标准存在问题之分析

（1）服务器标准存在的问题。服务器标准作为我国司法实践中最早承认并应用的标准，有其得以应用的理论基础和大量司法实例作为支撑。然而，服务器标准作为一种纯粹的技术性标准，近年来随着网络技术的不断发展，其本身受到了很大的质疑。首先，伴随新兴技术形式的出现，服务器标准的存在基础呈现逐步丧失的趋势。服务器标准提出之初，网络中初始作品的提供完全依赖服务器来实现，要想在网络中对作品进行初始传播，只能通过将其上传至服务器中来完成。但是近年来涌现出许多诸如 P2P、盗链等能够实现信息上传、传播的新技术，它们在不借助服务器的情形下依然能够实现对作品的传播，使得用户能随时随地凭自己的主观意愿在网络中获取作品内容。这种发展也是服务器标准的可行性受到人们质疑的主要原因之一。因此，有学者主张，"将作品上传至服务器中"并不是关键要素，"能够使用户随时随地获得作品"才是判断行为性质的关键。[3]其次，僵化地采用服务器标准，将会导致某些特殊情形下无法实现利益平衡，有失公允。例如，在聚合盗链相关案件中，设链者虽然实际上并没有实施作品上传行为，但是其通过盗链行为直接调用被盗链网站服务器上的资源，使得相关作品在设链网站上直接得以呈现而不表明其来源，这种行为与直接通过服务器进行传播并无二致，仿佛将被盗链网站的服务器当作自己的大型存储器，可以随时随地占用其资源与带宽，削弱了其用户黏性，严重损害了著作权人和被盗链网站的相关经济利益。在这种情况下，如果坚持采用服务器标准，则无法认定该行为构成直接侵权，显然是不合理的。

（2）用户感知标准存在的问题。用户感知标准强调从用户的主观感知出发认定行为性质，如果设链者的设链行为使得用户误以为原本存储在被设链网站

---

［1］　参见石必胜："论链接不替代原则——以下载链接的经济分析为进路"，载《科技与法律》2008 年第 5 期。

［2］　参见石必胜："论链接不替代原则——以下载链接的经济分析为进路"，载《科技与法律》2008 年第 5 期。

［3］　孔祥俊："论信息网络传播行为"，载《人民司法（应用）》2012 年第 7 期。

服务器上的信息资源是由设链网站直接向其提供的，就应当认定设链网站实施了针对该作品的信息网络传播行为。[1]有学者主张："用户感知标准是一种具有高度主观性的标准，而信息网络传播行为实施与否本身属于事实认定的范畴，用一个高度主观性标准去判断一个纯事实认定问题是没有任何法律依据的。"[2]

可进一步从聚合盗链行为出发来分析这一问题。认定某一行为是否构成对信息网络传播权的侵犯，根本出发点是判断其是否落入该权利的专有权控制范围，是否符合该权利的侵权构成要件。聚合盗链行为之所以引发了人们在著作权侵权领域的广泛探讨，根本原因在于该行为本身改变了作品的呈现方式，使其超出了著作权人原本的控制范围，对著作权人的利益造成了损害。如果我们仅凭用户主观认知进行行为性质认定，则当设链者在设链网站上通过明确标注作品来源、实际提供者等信息的方式消除访问者的误认时，就应当认定设链者的行为不属于侵权行为。这样会导致在不改变行为方式和结果的情形下，仅凭一句声明就使得行为人免除责任承担，显然是不合理的。因此，用户感知标准仅凭第三方主观感知来判断案件事实构成的判断方法是无法抓住行为本质、体现著作权法立法目的的，不应当被直接采用。

（3）实质替代标准存在的问题。首先，实质替代标准在判断侵权成立与否时存在损害事实与损害结果的因果关系混乱的问题。该标准主张，设链者的设链行为实际上损害了应为著作权人所控制的作品传播利益，因此构成对其信息网络传播权的直接侵犯。[3]亦即，因为行为人的某一行为造成了侵犯权利人信息网络传播权的损害后果，所以认定该行为属于信息网络传播行为，构成对信息网络传播权的侵犯。[4]但是，正确的因果关系判断逻辑应该是因为有了某一侵权行为的发生（因），导致了某种特定的损害结果（果），所以我们认定该行为构成侵权，即只可能是行为导致了结果，而不应当根据结果为行为定性。实质替代标准的思维模式是一种因果关系的混乱，有违客观实际和著作权法的基

---

〔1〕　参见陈锦川："信息网络传播行为的法律认定"，载《人民司法（应用）》2012年第5期。

〔2〕　王迁："网络环境中版权直接侵权的认定"，载《东方法学》2009年第2期。

〔3〕　石必胜："论链接不替代原则——以下载链接的经济分析为进路"，载《科技与法律》2008年第5期。

〔4〕　参见陈绍玲："论网络中设链行为的法律定性"，载《知识产权》2015年第12期。

本原理。[1]其次，根据结果定性的思维模式还很有可能导致相同行为不同性质的认定结果。例如，在某网站实施聚合盗链行为造成的后果尚不足以使著作权人的信息网络传播利益受损的情形下，如果采用实质替代标准进行判断，则无法认定其属于信息网络传播行为，进而从根本上排除了认定侵权的可能性。作为一种客观存在的事实，行为性质是不应当随着任何因素的改变而改变的。但在上述例子中，诉争行为本身并无任何变化，在实质替代标准下，只是由于造成的结果不同就得出了完全不同的性质认定结果，显然是不符合行为的客观属性的。[2]

因此，在认定信息网络传播行为性质的过程中，完全依赖实质替代标准是不合理的，但是该标准很好地衡量了相关主体之间的利益，较好地体现了利益平衡原则，为更好地解决信息网络传播行为性质认定问题提供了一定思路。[3]

（4）实质呈现标准存在的问题。实质呈现标准实际上吸收了实质替代标准思想，不同的是，它强调的是对著作权人身份的有效控制，而非是否产生实际利益损害，即若行为人将他人作品置于自己网站的对应页面上进行展示，即认定其行为构成信息网络传播行为。[4]因此，与实质替代标准相比，实质呈现标准避免了因果关系认定上的逻辑混乱问题，具有一定合理性。实质呈现本身属于事实认定范畴，因此相比于用户感知标准，实质呈现标准不存在主观判断的问题，倘若存在行为人在自己控制的页面明确标注作品实际来源的情形，也不会影响行为性质的判断，仍可认定其构成信息网络传播行为。因此，可以说实质呈现标准与其他标准相比具有一定可行性与优越性，可操作性较强。但是，该标准本身在"提供"和"呈现"两个概念上存在解释学循环问题，仍然未能给信息网络传播行为本身提供一个准确的定义。[5]

（二）司法上的争议

在司法实践中，一直以来都对聚合盗链行为的法律性质存在较大争议，其导致的直接后果就是司法审判标准差异明显。通过统计、分析近年来有关聚合

---

[1]　王志豪："深度链接行为的法律定性研究"，华东政法大学 2016 年硕士学位论文。

[2]　参见北京知识产权法院（2016）京 73 民终 143 号民事判决书。

[3]　冯晓青："聚合盗链行为侵权性及司法适用标准分析——兼议'腾讯诉快看影视'案"，载《中国版权》2016 年第 4 期。

[4]　崔国斌："加框链接的著作权法规制"，载《政治与法律》2014 年第 5 期。

[5]　冯晓青："聚合盗链行为侵权性及司法适用标准分析——兼议'腾讯诉快看影视'案"，载《中国版权》2016 年第 4 期。

盗链侵权诉讼的案例，笔者发现针对这一问题，不同地区、不同审级甚至同一法院的不同审判庭适用的裁量标准都不尽相同，甚至出现了前述二审法院采用不同的法律定性标准对一审法院的裁判结果进行全盘否定的情形。[1]另外，针对相同的侵权行为，权利人在起诉时所采用的法律依据也呈现出援引《著作权法》和《反不正当竞争法》的两极态势，最终获得的裁判结果也不尽相同。具体而言，常见的处理方式主要有以下几种：

1. 采用实质替代标准，认定构成直接侵权

随着聚合盗链等新型链接形式的出现，为了使相关侵权行为得到有效规制，实质替代标准逐渐在部分案件中被采纳。例如，在 2015 年由北京市海淀区人民法院审理的腾讯公司易联伟达公司信息网络传播权纠纷案的一审判决中，北京市海淀区人民法院采用实质替代说，认定易联伟达公司构成信息网络传播权直接侵权，应当承担相应的民事赔偿责任。法院认为，为了适应技术的发展，不应当将"上传至服务器"作为认定"提供行为"的唯一标准，而是应当适当扩大认定范围，使其囊括能够与"上传至服务器"产生实质替代效果的其他行为。判决书进一步指出：易联伟达公司经营的涉案软件采用聚合盗链手段，客观上扩大了涉案作品的传播范围，占用了被盗链网站的资源与带宽，降低了其原本的用户黏性，实质上构成了对涉案作品的"提供"，替代被盗链网站实现了对作品的直接传播，但未支付任何对等的报酬，其行为已超出了单纯提供搜索、链接服务的范畴，造成了对独家信息网络传播权利人的损害，也不构成合理使用，因而认定其构成信息网络传播权直接侵权。[2]该判决结果实质上承认了实质替代标准，代表着实务界已经将目光由传统的服务器标准投向了其他认定标准，由此再一次引发了学界对相关问题的探讨。

2. 严格采用服务器标准，认定不构成侵权

服务器标准是我国过去司法实践中采用的主流标准，以北京知识产权法院为代表的各中级人民法院倾向于采用这一标准对聚合盗链行为进行判定。例如，虽然在上述案件中，一审法院采用实质替代标准认定聚合盗链行为构成直接侵权，但是在该案的二审判决中，北京知识产权法院坚持采用服务器标准，全面否定了一审法院的观点，认定被诉行为既未构成对信息网络传播权的直接侵犯，也未构成共同侵权。在三万余字的判决书中，二审法院以服务器标准为原则，

---

〔1〕 参见北京知识产权法院（2016）京 73 民终 143 号民事判决书。

〔2〕 参见北京市海淀区人民法院（2015）海民（知）初字第 40920 号民事判决书。

对行为性质认定、法律适用标准、同类案件的处理方式一一进行了详细的阐述。二审法院认为："对信息网络传播行为的认定应属于事实认定范畴，服务器标准最符合该行为的客观属性，且符合国际条约、国内法立法渊源以及司法实践现有做法。"〔1〕二审法院还从司法审判逻辑出发，批判了实质替代标准，认为其不符合著作权侵权案件的一般审判思维。同时指出，一审法院所考虑的聚合盗链行为对权利人广告利益的损害应属于经营利益的范畴而非对著作权利益的损害，一审法院将二者相混淆的做法有失偏颇，并进一步分析了实质替代标准的产生主要是基于专有信息网络传播权人的利益诉求，而非基于对行为性质的理解，显然不具有客观视角。二审判决中还提到了权利人针对深度链接行为可能采取的救济，包括适用共同侵权原则、反不正当竞争法保护、破坏技术措施侵害信息网络传播权情形下的侵权认定规则等。

3. 被链接网站非法传播作品时，认定构成间接侵权

例如，在优朋科技公司诉浩影网络公司案〔2〕、湖南快乐阳光互动娱乐传媒有限公司诉同方股份有限公司侵害作品信息网络传播权纠纷案〔3〕中，法院均采用间接侵权原则判令被告承担侵权责任。在优朋科技公司诉浩影网络公司案中，法院认可被诉软件上的涉案电影来源于第三方网站，被告仅提供搜索链接服务的事实，并依据服务器标准否认了直接侵权的成立，但是由于被设链网站的传播行为本身构成侵权，被告在对传播涉案作品是否系侵权行为具有判断能力的情形下仍然通过设置链接的方式对涉案作品进行传播，符合主观构成要件中明知或应知的判断标准，因此认定被告构成帮助侵权，即间接侵权，并依此判令被告承担相应的赔偿责任。〔4〕研究法院的审判思路不难发现，虽然法院最终认定设链行为具有违法性，但并非基于直接侵权的认定，而是从间接侵权的角度出发判令其承担相应责任，其本质上还是坚持服务器标准。也就是说，法院认为即便直接侵权行为存在，只要被设链网站不构成侵权，设链网站就不构成侵权。〔5〕

---

〔1〕 参见北京知识产权法院（2016）京 73 民终 143 号民事判决书。

〔2〕 参见浙江省杭州市西湖区人民法院（2016）浙 0106 民初 4745 号民事判决书。

〔3〕 参见北京知识产权法院（2015）京知民终字第 560 号民事判决书。

〔4〕 参见杭州西湖区人民法院（2016）浙 0106 民初 4745 号民事判决书。

〔5〕 林子英、崔树磊："视频聚合平台运行模式在著作权法规制下的司法认定"，载《知识产权》2016 年第 8 期。

4. 适用反不正当竞争法进行规制

如前所述，北京知识产权法院在腾讯公司与易联伟达公司信息网络传播权纠纷案二审判决中分析了适用反不正当竞争法对盗链行为进行规制的合理性。判决中提到："聚合盗链相关案件中，设链者往往通过不正当的行为占用被盗链网站的带宽、消耗其服务器成本而不进行任何支付，还存在屏蔽对在视频播放器中设置的广告而插入自己提供的广告的情形，损害被盗链网站的经济利益，有违诚实信用原则，为适用反不正当竞争法提供了可能。"[1]实践中已经出现了大量适用反不正当竞争法规制视频聚合平台盗链行为的案例，如在飞狐公司、搜狐公司与千杉公司不正当竞争纠纷案中，千杉公司采用聚合盗链的手段，通过其经营的电视猫视频软件对被告享有版权的视频作品进行传播的情形下，原告以千杉公司具有不正当竞争行为、损害其合法权益为由提起了诉讼。一审法院在肯定原被告之间具有竞争关系，原告通过会员收费、插播广告等方式享有合法权益的基础上，进一步认定千杉公司在未支付相应带宽成本、版权费用的情况下，利用他人资源获得不正当的竞争优势，具有明显的主观恶意。同时认定该行为有违诚实信用原则及商业道德，将会给原告带来难以弥补的损害，属于《反不正当竞争法》第2条所规定的不正当竞争行为，并依此判令被告承担相应的民事责任。[2]该案一审宣判后，被告上诉至上海知识产权法院，然而二审法院认为一审判决并无不当，驳回了其全部上诉请求，维持原判。[3]无独有偶，在湖南快乐阳光公司与北京风网公司侵害作品信息网络传播权纠纷案[4]、央视国际网络公司与上海视畅公司不正当竞争纠纷案[5]中，一审法院最终均认定被告行为构成不正当竞争，并适用《反不正当竞争法》判令被告承担民事责任。

由上述分析可见，目前在聚合盗链引发纠纷的裁判标准、法律适用等方面确实存在着较大争议。而审判标准的不一致，既可能导致司法公信力的下降，又存在着阻碍相关信息技术发展的潜在风险，同时还会使得法律在相关市场的指示作用逐步降低。因此，尽快统一相关问题的裁量标准和法律规制手段显得

---

〔1〕 参见北京知识产权法院（2016）京73民终143号民事判决书。

〔2〕 参见上海市浦东新区人民法院（2015）浦民三（知）初字第2192号民事判决书。

〔3〕 参见上海知识产权法院第（2017）沪73民终55号民事判决书。

〔4〕 参见北京市朝阳区人民法院（2015）朝民（知）初字第12613号民事判决书。

〔5〕 参见上海市徐汇区人民法院（2014）徐民三（知）初字第1383号民事判决书。

尤为重要。

三、聚合盗链行为的侵权认定及法律规制

通过以上分析可知，目前理论和实务界对聚合盗链行为的性质认定问题并没有清晰的认识和统一的判断标准，且现有学说在判断过程中虽然都具备一定合理性，但是仍存在许多不足之处，无法涵盖所有法律情形、公正地平衡各方主体的利益、完整地传达法律精神。在法律规制途径方面，存在主张适用著作权法和适用反不正当竞争法两种观点，司法实践中也存在针对相似案件由于起诉时依据的法律规定不同而得出不同裁量结果的情形。据此，笔者认为，首先，现存的各个学说虽然最终可能导致不同的认定结果，但是其本质上并不是完全对立的关系。学说本身虽然不够完善，但是都能从某一方面反映聚合盗链行为的特点，因此应当结合各个学说的优势对行为性质进行综合判断。其次，在法律适用方面，不同法律的根本区别在于调整的法益不同，聚合盗链作为一个涉及多方主体利益的行为，很可能出现由于同时侵犯不同法益而适用多种法律规范进行调整的情形。因此，笔者将在下文中从聚合盗链行为侵犯权益类型的区分出发，结合现有学说的优点，对聚合盗链行为的侵权属性进行全面、客观的分析。

（一）概述

由于信息网络传播过程的特殊性，行为人实施一个聚合盗链行为可能同时侵犯多个主体的权利，而不同的侵权情形也可能具有不同的属性甚至落入不同法律的调整范畴。因此，对被侵权主体及其对应的侵权情形有一个清晰的认识和划分，是认定聚合盗链行为侵权形式的前提，也是明确其法律规制途径的应有之义。

在聚合盗链行为引发的侵权案件中，可能主张权利的包含对涉案作品享有著作权的著作权人和被盗链网站两类主体，这两类主体由于享有权益类型的不同导致主张权利的依据也有所不同。需要说明的是，对作品的信息网络传播权获得了独占性许可的被盗链网站应当按照著作权人来对待。[1]其中，著作权人享有的专有性权益，我们称之为著作权利益，当设链者通过聚合盗链行为直接侵犯权利人的著作权利益时，应当采用著作权法加以规制。而被盗链网站享有

---

〔1〕 参见崔国斌："加框链接的著作权法规制"，载《政治与法律》2014 年第 5 期。

的权益应属非著作权利益，包括通过传播作品而带来的用户访问量、所增加的用户黏性，以及在作品播放过程中通过嵌入广告等形式获取的各种经济利益等。设链者违反诚实信用原则，占用他人资源与带宽、损害他人非著作权利益的行为应当落入反不正当竞争法的调整范畴。理论上，上述两种利益相互独立，一种利益受损不必然导致另一种利益也受损，但是被侵权人的不同主张将直接影响案件的裁判结果。

此外，在著作权人主张权利的情形下，还存在着著作权直接侵权与间接侵权两种不同形式的划分。若聚合盗链行为针对的是被盗链网站享有合法传播权的作品，则该行为可能构成著作权直接侵权。当然，聚合盗链行为能否落入信息网络传播权保护范畴的问题将在下文进行详细探讨。若聚合盗链行为针对的是被盗链网站本不享有信息网络传播权的作品，即被盗链网站本身进行的也是对涉案作品的非法传播，此时设链者可能构成对被盗链网站著作权侵权行为的帮助侵权，即间接侵权。

司法实践中，正是由于对上述侵权情形没有一个明确的划分，才导致在不同案件中，无论是原告主张权利的法律依据还是法院的裁判结果，都呈现相对混乱的局面。因此，下文中我们将依据以上划分进行分析与探讨，力争对聚合盗链行为的侵权认定与法律规制途径有一个清晰的认识。

（二）链接合法作品：著作权直接侵权认定

通过前文的分析可知，聚合盗链行为性质认定问题直接关系到著作权人相关利益受损时能否以著作权受到直接侵权为由提起诉讼，但是关于聚合盗链行为能否落入信息网络传播权调整范围这一问题，目前提出的各种理论标准都存在一定争议与不足，这也是导致目前司法实践中针对相关案件没有统一裁判标准的根本原因。笔者认为，鉴于著作权法属于民法体系下的特别法，完全可以依照一般侵权的法律思维，适用一般侵权的构成要件，即通过客观方面、主观过错、损害结果、因果关系四要件来进行聚合盗链行为的侵权认定。[1]同时，无论是服务器标准、用户感知标准还是实质呈现标准、实质替代标准，都能够在一定程度上反映聚合盗链行为的某些特定属性，因此，在解决聚合盗链行为侵权认定问题中它们并非完全对立，可以结合各个学说的优点与合理性，在侵权法一般构成要件的框架下更好地解决这一问题。

---

〔1〕　参见林承铎、万善德："视频网站盗链行为的著作权侵权分析"，载《电子知识产权》2017年第7期。

1. 客观方面

（1）聚合盗链行为本身具有行为违法性。聚合盗链作为一种新型技术手段，其呈现作品的方式已经超出了服务器标准中所强调的"上传至服务器"这一要件的规制范围。诚然，服务器标准是当下最贴近法律规定所传递出的信息网络传播权侵权认定主旨的标准，但是我们不能机械地应用传统的标准来衡量不断发展的技术形式，任由法律的滞后性带来背离客观事实、影响司法进步的判断。

《著作权法》第 10 条第 1 款第 12 项明确规定："信息网络传播权，即以有线或者无线方式向公众提供作品，使公众可以在其个人选定的时间和地点获得作品的权利。"由此可知，一个完整的信息网络传播行为应当能够"提供作品"，并且能够"使公众随时随地获得作品"。也就是说，如果一个行为满足上述条件，就应当认定其构成信息网络传播行为，在行为人针对他人享有著作权的作品实施该行为时，就构成对著作权人所享有的信息网络传播权的直接侵犯。

从客观的角度再次衡量聚合盗链行为的整个实现过程，行为人使用爬虫程序抓取网络中的作品链接存储在自己的数据库中，用户一旦在设链行为人所控制的网站页面上请求访问涉案作品，网站后台就会自动查询到存储在数据库中的对应作品链接。设链网站通过该链接调用存储在被设链网站服务器中的作品后，再经过自主解析，使其直接通过预先设置好的播放器呈现在自己的网站中，让用户误以为涉案作品是由设链网站提供的。分析上述行为过程可知，一个完整的聚合盗链行为实际上是由链接抓取、资源调用和解析展示三个步骤组成的，它们共同作用损害了权利人的最终利益。

首先对链接抓取阶段进行分析。聚合盗链行为与普通链接最大的区别是，它是针对具体的作品内容进行链接，而非链接到目标网站或网页，并且设链网站在抓取目标链接后立即将其存储在数据库中，以供随时调用。这相当于设链网站通过广泛抓取链接的形式建立了一个属于自己的庞大的"链接资源库"，并且该资源库内的所有链接都可以通过调用指令随时随地转化为具体的作品内容，这实际上与直接将目标作品存储在自己的数据库中以供使用的行为效果基本相同。因此，该链接抓取行为本身存在潜在的侵权可能性，也可以称其是具体侵权行为的准备阶段。

在资源调用阶段，设链者利用事先抓取并存储在数据库中的作品链接，直接通过相关指令调取存储在被盗链网站服务器中的作品，占用了被盗链网站的资源和带宽。在整个过程中，被盗链网站毫不知情，设链者凭自己的主观意愿控制了整个流程。坚持服务器标准的学者认为，聚合盗链行为并没有采用上传至服务器的方式将作品置于信息网络之中，因此不符合《信息网络传播权司法解释》第 3 条第 2 款中关于"提供行为"的定义，不应当认定其行为具有违法性。事实上，虽然设链者没有直接在自己的服务器中存储被盗链作品，但是仅从其可以任意调用存储在他人服务器上的作品这一行为来看，设链者已然将被盗链网站的服务器当作了一个可以实现自主控制的大型资源存储器，可以供其随时调用存储在其中的作品。这样的行为与"通过上传至服务器……将作品……置于信息网络中"[1]的行为方式并无二致，至于服务器是自己的还是他人的，并不影响其行为能够产生的影响和后果，过于拘泥于这一点将会大大降低法律的灵活性，得出有违公平的判断结果。

在最后的解析展示阶段，设链者通过自己网站上设置的播放器直接将从他人服务器上调取到的作品进行解析和播放，使得用户可以在访问被盗链网站时依据自己的主观意愿随时随地获得被盗链作品。《著作权法》及《信息网络传播权司法解释》中都强调，完整的信息网络传播行为要使公众可以在其个人选定的时间和地点获得作品，因此，解析展示过程的最终效果完全符合法律规定的要求。

通过以上分析可知，聚合盗链行为不同于普通的链接行为，设链者按照自己的意愿主导了作品传播的全过程，行为人在这一过程中并非中立的链接提供者，而是能够从设链行为中直接获取经济利益的内容服务提供者，而聚合盗链行为本身也完全符合著作权法意义上的信息网络传播权侵权的违法性构成要件。

（2）破坏技术措施情形下的侵权认定。我国现行《著作权法》第 48 条第 6 项明确规定，破坏他人为保护作品著作权而设置的技术措施需要承担直接侵权责任。[2]聚合盗链行为的主要实现方式是通过爬虫程序抓取存储在他人服务器上的作品链接，如若能够证明被盗链网站事先对被侵权作品设置了防盗链的技术措施，就可以直接适用上述条款追究行为人的著作权直接侵权责任。实践中，由于盗链现象频发，严重损害自身利益，采取防盗链措施已经成为大部分网络服务提供者的必然选择。同时，原著作权人在许可网站信息网络传播权的同时，为了维护作品的传播利益，也往往会在许可协议中明确要求被许可网站采取相

---

〔1〕 参见《信息网络传播权司法解释》第 3 条第 2 款。

〔2〕 《著作权法》（2020 年修正）第 53 条第 6 项对上述规定作了修改，进一步强化了对技术措施的保护。

应技术措施。[1]因此，在遭受聚合盗链行为侵犯之时，权利人通过《著作权法》第 48 条维护自身利益，在理论上不失为一个可行的选择。

但是，根据"谁主张，谁举证"的原则，原告应当承担证明被盗链网站已经采取有效的技术措施且被告存在破坏行为的证明责任，这对原告来说有一定困难。主要难点在于，原告设置技术措施在前，侵权行为及诉讼发生在后，对时间点先后的证明容易引起质疑，即被告可能提出原告是在进入诉讼程序之后才补充设置技术措施的抗辩。同时，盗链行为以全网搜索为特征，由于其针对目标的不确定性较强，被盗链网站无法预知哪一个作品可能成为被侵权对象，进而无法及时对自己的技术措施设置情况进行证据保全。[2]鉴于上述情况，笔者认为，法院在处理相关案件时，可以适当变通，在合理范围内降低或转移原告的举证责任，使得著作权人的合法权益能够真正得到保护，避免《著作权法》对技术措施保护的规定在聚合盗链行为的侵权认定问题上成为一纸空文。

2. 主观方面

我国《民法典》第 1165 条第 1 款规定："行为人因过错损害他人民事权益造成损害的，应当承担侵权责任。"其中，过错包括故意和过失两种形态。故意是指明知其行为会导致损害结果的发生并积极追求其发生，或者已经预见其行为会导致损害结果的发生但是对该结果的发生采取放任的态度，过失是指能够预见其行为会产生某种损害结果，但是由于疏忽大意而没有预见或者已经预见但是能够避免。分析聚合盗链行为的特点，笔者认为设链者的主观过错形式应属故意，主要体现在以下几个方面：首先，如前所述，采取聚合盗链的网站一般以"海量资源，一站式搜索"为口号进行宣传，以吸引用户。这证明行为人对于采取技术措施抓取他人作品链接，并随时调用他人服务器上作品的行为性质是明知的，且是在知悉该作品权属状态的情况下主动实施的聚合盗链行为，其主观目的是获取相关经济利益。其次，在获取盗链目标作品内容后，通过自主解析、编排的方式，使其按照自己的意愿呈现在网站上，供访问用户欣赏，甚至主动屏蔽或代替被盗链网站原本嵌入的广告内容，以获取广告性收益。很明显，这一系列展示行为也是在主观意愿支配下的积极行为。最后，在被盗链网站针对盗链行为设置具有可行性的技术措施的情形下，设链者主动破坏技术

---

[1] 参见梁钊："论加框链接的著作权属性与侵权认定"，中国政法大学 2015 年硕士学位论文。

[2] 参见冯刚："涉及深度链接的侵害信息网络传播权纠纷问题研究"，载《知识产权》2016 年第 8 期。

措施的行为也是其主观故意的重要佐证。综上，设链者在对涉案作品的权利状态和实际归属有明确认识的情形下，主动实施了一系列积极的行为，以达到为自己谋取非法利益的目的，应当认定其具有侵权故意。

3. 损害结果

对作品著作权人来讲，聚合盗链行为主要造成的是对其传播利益的损害。依据《著作权法》，著作权人享有对作品的信息网络传播权，除非法律另有规定，非经著作权人许可，任何人不得任意在网络中以任何形式传播作品，此处对作品享有独占许可权的被许可人不在讨论范围之内。聚合盗链的三种侵权形式均会造成对著作权人传播利益的实际损害，具体分析如下：

第一种情形，若作品本身由著作权人直接在网上进行传播，设链者通过聚合盗链技术使得涉案作品直接呈现在自己的网站上供用户浏览，用户会因此误以为作品的实际提供者为设链网站，设链者由此获得了本应属于著作权人的作品传播利益，此时的聚合盗链行为构成对著作权人利益的直接侵犯。

第二种情形，即设链者针对著作权人授予信息网络传播权的被盗链网站实施盗链行为的情形，设链网站的经济利益因为聚合盗链行为而直接遭到损害，使得自身用户黏性降低，为获得传播权而向著作权人支付的对价无法得到补偿，可能直接导致其与著作权人解约或终止续约，由此对著作权人的作品传播利益造成间接损害。

第三种情形，设链者针对非法传播侵权作品的网站实施盗链行为。此时，设链网站帮助扩张了被盗链网站的侵权范围，使得作品的失控程度加深、著作权人的损失进一步扩大。

4. 因果关系

参照民法的因果关系理论，著作权法意义上的因果关系是指著作权侵权行为与损害结果之间存在的引起与被引起的关系。[1]因果关系作为侵权行为与损害结果的连接点，往往对侵权认定起到决定性作用，故而我们应当给予其足够的重视。因为单纯的行为本身并不具可追责性，只有当行为人的侵权行为直接或间接地导致权利人产生了一定程度的利益损害时，损害行为才具有认定侵权的价值。也就是说，在进行侵权判断时，正确的逻辑顺序应当为，先确定有损害后果发生，如果能够通过因果关系将行为与损害结果相关联，则可以进一步

---

[1] 参见林承铎、万善德："视频网站盗链行为的著作权侵权分析"，载《电子知识产权》2017年第7期。

认定该行为属于著作权侵权行为。[1]在涉及聚合盗链的案件中，行为人的聚合盗链行为，即运用盗链技术截取他人作品链接，并通过该链接直接调用他人服务器上存储的作品内容，经自主解析、重新编排使其在自己控制的网站上得以呈现的行为，直接导致了权利人相关著作权利益的损害，二者具有明显的引起与被引起的关系。如果没有盗链行为，就不会存在著作权人相应的利益减损，因此可以肯定聚合盗链行为与损害结果之间存在因果关系。

综上，聚合盗链行为在客观方面、主观方面、损害结果、因果关系四个方面都满足信息网络传播权的侵权构成要件，因此，从一般侵权的角度出发进行分析后可以认定，聚合盗链行为构成对著作权人所享有著作权利益的直接侵犯。结合侵权情形可以进一步得出，若设链者针对原著作权人直接利用网络传播的作品实施聚合盗链行为，著作权人可以以信息网络传播权遭受直接侵权为由对设链者提起诉讼。

（三）链接非法作品：著作权间接侵权认定

1. 间接侵权认定要件

《信息网络传播权司法解释》在第 3、4、7 条中对著作权侵权做出了直接侵权与间接侵权两种形式的划分。其意义在于，在存在多个侵权主体的侵权案件中能够分清各个主体责任承担的主次关系，便于更加直观地区分不同的责任形式，把控整个归责流程的公平性。[2]在聚合盗链行为引发的侵权案件中，存在一种特殊情形，即被盗链网站本身在不享有对涉案作品的信息网络传播权的情形下实施了对作品的非法传播，此时设链网站针对该非法传播作品的盗链行为则可能被认定为对被盗链网站直接侵权行为的帮助侵权，即间接侵权。在这种情形下，很明显同时存在两个侵权主体，即被盗链网站与设链网站。被盗链网站的侵权行为在先，且起到主要作用，是设链者实施盗链行为的基础和前提条件；盗链网站的盗链行为在一定程度上帮助被盗链网站扩大了对侵权作品的传播范围，为其实施直接侵权行为提供了便利，在满足其他构成要件的前提下认定其构成间接侵权，与被盗链网站共同承担侵权责任，能够体现同一案件中不同行为人的责任主次关系，更好地平衡案件中各方的利益。

---

〔1〕 冯晓青："视频聚合平台盗链行为直接侵权的认定"，载《人民法院报》2016 年 8 月 3 日第 7 版。

〔2〕 孔祥俊：《网络著作权保护法律理念与裁判方法》，中国法制出版社 2015 年版，第 138 页。

认定聚合盗链行为构成间接侵权应当满足以下五个条件：①被盗链网站在未经著作权人许可的情况下对作品进行了非法传播，即其在先实施了针对涉案作品的直接侵权；②行为人针对该侵权作品实施了聚合盗链行为；③聚合盗链行为人具有主观过错；④聚合盗链行为对损害结果产生了一定影响，包括但不限于扩大了对侵权作品的传播范围；⑤扩大的损害结果与集合盗链行为之间存在因果关系。其中，对于聚合盗链行为人主观过错的判定问题是认定其行为构成间接侵权的重点与难点。

2. 主观过错的判断

聚合盗链行为间接侵权认定中的过错要件是一种对行为人主观状态的限定，该要件要求设链者在明知或者应知被盗链网站实施了直接侵权行为的情况下，仍然对该作品进行盗链。此时，可以认为设链者间接地帮助了被盗链网站直接侵权行为的实施。其中，主观过错包括明知与应知两种形态，明知是指设链者明确地知悉其设链行为针对的作品系侵权作品。应知是指虽然无法明确判断设链者是否真正预先知晓直接侵权行为的存在，但根据其应尽的注意义务及一般情形下的认知能力进行推断，其应当能够意识到涉案作品系侵权作品。[1]主观过错方面，满足明知与应知其中之一，即可认定设链者构成帮助侵权。反之，若在侵权认定过程中，现有证据无法证明设链者具有主观过错，就无法依据间接侵权理论对其归责。但这并不影响著作权人要求设链者停止盗链行为，如果盗链者不予配合，就可以认定其已经构成主观上对在先侵权事实的明知，权利人可以再次通过间接侵权原理要求其承担责任。[2]鉴于主观过错在认定间接侵权方面的重要性，笔者认为以下仍有必要对明知、应知在聚合盗链行为上的体现作出更深入的探讨。

对明知的判断，应当满足以下两个条件：一是行为人能够准确判断其设链行为针对的哪些作品是被侵权作品；二是行为人能够准确判断该侵权作品侵犯了谁的权利。由于该判断标准较为严格，在实践中往往对证据也提出了较高的要求。

相对于明知，应知的判断标准有所降低，但是其认定过程更为复杂。一般来讲，认定应知应当满足以下要求：首先，行为人能够接触到侵权作品。因为

---

〔1〕 芮松艳："深层链接行为直接侵权的认定——以用户标准为原则，以技术标准为例外"，载《中国专利与商标》2009 年第 4 期。

〔2〕 王志豪："深度链接行为的法律定性研究"，华东政法大学 2016 年硕士学位论文。

接触是认知的前提，如果行为人根本无法接触到侵权作品，就无法根据其认知能力判断该作品的侵权情况，也就不能因此推断行为人具有知悉涉案作品侵权情况的能力。实践中，可以行为人对盗链内容的后期编排情况作为判断其能否接触侵权作品的依据。倘若盗链网站特意设置查询结果页面，对涉案作品进行内容上的详细介绍，或者对被盗链信息设置了分类编排，则可以认定其对侵权作品有所接触。分类或介绍是盗链网站主动进行编排的结果，在不接触或者了解相关作品的情况下是无法实施相关操作的，因此可以据此认定行为人与侵权作品有所接触。其次，行为人对在先的直接侵权行为有认知能力或义务，即行为人能够凭借自己的能力判断被盗链网站对涉案作品的传播是否构成侵权或者行为人的某种特定行为致使其承担了认知作品侵权性的义务。例如，一般认为网络服务提供者对于其网页上以展示为目的呈现的作品具有审查、注意义务，如果聚合盗链网站在对侵权作品的呈现过程中设置了分类或进行了作品内容的介绍，则可以认定被盗链作品系由设链网站主动提供展示，进而认定设接网站具有审查被链接作品侵权情况的注意义务。

综上，如果行为人的客观状态满足上述要件，就可以认定其构成主观上的明知或应知，从而能够满足间接侵权认定在主观过错方面的要求。

（四）适用反不正当竞争法调整的情形

如前所述，对于被盗链网站来说，聚合盗链行为主要损害的是其包括用户访问量、资源带宽、商业信誉、广告性收益等在内的非著作权利益。很明显，上述利益形式已经超出了著作权法的调整范畴，而具有落入反不正当竞争法调整范围的可能性。实践中早已有类似案例，如湖南快乐阳光公司与北京风网公司侵害作品信息网络传播权纠纷案中，法院认定北京风网公司针对湖南快乐阳光公司网站的盗链行为侵犯其广告收益、分流了用户，构成不正当竞争。[1]但是这一认定方式也引发了部分人士的批判。他们认为聚合盗链行为应当认定为信息网络传播行为，其引发的权利侵犯本身属于著作权侵权案件，没有适用反不正当竞争法进行规制的空间。笔者认为，之所以产生这样的误解，原因在于他们对被侵权主体和被侵犯利益形式的划分不够明确。在对上述内容进行明确划分的基础上，对不同的被侵权主体、根据不同侵权形式适用不同的法律进行规制，并不违反反不正当竞争法为知识产权法提供附加性保护的基本原

---

〔1〕 参见北京市朝阳区人民法院（2015）朝民（知）初字第12613号民事判决书。

则〔1〕。

依据《反不正当竞争法》第2条第1、2款〔2〕的规定，能否适用反不正当竞争法维护被盗链网站被聚合盗链行为侵犯的非著作权利益应当从以下几个方面进行判断：其一，设链网站与被盗链网站之间是否具有反不正当竞争法中所规定的竞争关系。依据反不正当竞争法的基本原则，竞争关系是指以影响他人正常经营活动或以非正当手段谋取竞争优势的行为人与被侵权人之间的关系。〔3〕具体应当从营利形式、服务内容、服务对象三个方面进行判断。如前所述，聚合盗链行为是一种发生在网络视频聚合平台之间的侵权行为，因此在设链者与被盗链网站之间的侵权关系之中，二者都是以向用户提供网络视频资源为基本服务形式，可以认定为服务内容相同；在营利形式上，双方都以吸引用户访问量、提高自己的商业信誉、获取广告性收益的形式进行营利；在服务对象上，二者针对的都是对访问网络视频资源有需求的网络用户。综上，在网络视频服务领域，设链网站与被盗链网站之间存在一定的替代关系，服务对象上也存在交叉，因此可以认定二者应属反不正当竞争法中所规定的竞争关系。其二，设链网站所实施的聚合盗链行为是否具有不正当性。行为人违反诚实信用原则及基本商业道德，采用不正当手段侵犯他人商业利益的行为应当落入反不正当竞争法的规制范畴。〔4〕行为人通过聚合盗链行为侵占了被盗链网站的资源和带宽，增加了自己的用户黏性与访问量，损害甚至侵占被盗链网站的广告性收益，其行为已经造成了对被盗链网站合法权益的侵害，扰乱了市场经济秩序，具有不正当性。因此，对享有著作权利益的被盗链网站来说，可以认定聚合盗链行为属于不正当竞争行为，在给权利人造成了经济损失的情形下，可以适用反不正当竞争法维护其权利。

四、结论

与其他特殊链接形式相比，聚合盗链的特点在于设链者通过调用预先抓取

---

〔1〕　孔祥俊：《商标与不正当竞争法：原理和判例》，法律出版社2009年版，第646页。

〔2〕　《反不正当竞争法》第2条第1款规定："经营者在生产经营活动中，应当遵循自愿、平等、公平、诚信的原则，遵守法律和商业道德。"第2款规定："本法所称的不正当竞争行为，是指经营者在生产经营活动中，违反本法规定，扰乱市场竞争秩序，损害其他经营者或者消费者的合法权益的行为。"

〔3〕　孔祥俊：《反不正当竞争法原理》，知识产权出版社2005年版，第63页。

〔4〕　王艳芳："反不正当竞争法在互联网不正当竞争案件中的适用"，载《法律适用》2014年第7期。

并存储在数据库中的网络作品内容链接，直接访问被盗链网站服务器中的作品，并通过自主解析的方式使其直接呈现在自己网站的对应界面上，供用户浏览。这样的行为方式可能使访问者产生对作品实际来源的误解，占用被盗链网站的资源与带宽，降低其用户黏性及广告性收益，甚至存在侵犯著作权的可能性。

通过本文的研究可知，在聚合盗链引发的侵权案件中，一般可能造成两种权益的损害，即著作权人享有的著作权利益和被盗链网站享有的非著作权利益。两种利益形式相互独立，被侵权人的不同主张将直接影响案件的法律适用标准及裁量结果，因此，应当在对权利请求主体及具体侵权情形进行合理区分的基础上，选择适当的法律途径对相关行为进行合理规制。如果权利请求主体系作品的著作权人，则应当首先对被链接作品的权属情况进行判断。若聚合盗链行为针对的目标是合法链接的作品，则可以依据一般侵权原则，采用四要件理论认定其构成著作权直接侵权。认定过程中应当结合现有学说的合理之处，对行为人的主观过错、客观上的行为违法性、损害结果以及行为与结果间的因果关系进行全面分析与判断。实践中，因果关系要件在直接侵权认定中往往为人们所忽视，但是其作为行为与结果的连接点，是逻辑关系中最重要的一环，应当引起足够重视。当设链者针对非法链接作品实施盗链行为时，则可能涉及著作权间接侵权的认定，在归责过程中应当重点把握对行为人明知或应知的主观状态的确定，这也是著作权间接侵权认定中的重点与难点之一。此外，在不享有信息网络传播独占许可权的被盗链网站主张侵权的情形下，其受到损害的利益形式应属非著作权利益，此时应当适用反不正当竞争法进行调整，并从诉争主体之间是否构成竞争关系以及聚合盗链行为是否存在不正当性两个角度出发进行全面分析。

深度链接的出现促进了作品在网络中的传播效率，在一定程度上便利了用户、推进了信息网络传播的发展。聚合盗链行为虽然本质上属于深度链接的一种，但是由于其实施目的与技术实现方式的特殊之处，难免对其他权利人的经济利益造成不同程度的损害。因此，在鼓励技术发展的同时，也应当通过法律手段阻止那些利用技术进步侵害他人基本权利的行为方式，在现有的法律体系之下，尽可能地维护多方主体之间的利益平衡。法律是维护市场稳定的最后一道屏障，相信只有通过适当的法律规制，才能维护一个良好的网络市场环境，充分调动市场主体的积极性，推动互联网行业的不断发展，为广大用户提供更好的用户体验。

盗链类视频聚合平台著作权侵权认定研究

马巧艳

随着互联网技术的发展，网络著作权领域出现了越来越多的新型侵权方式，现有的著作权制度面临前所未有的挑战。其中，视频聚合平台的发展带来的著作权保护问题就是典例。视频聚合平台在未获授权的情形下，以其整合的"一站式"服务，对分散于各大正规视频网站的视频资源设置链接，减去用户在各大视频网站辗转反侧的时间，在极大地提高了用户观看视频资源的便利性的同时，也导致拥有视频资源合法权利的网站流量的流失，广告收入、视频增值收入的减少，以及著作权人的权利所遭受的极大损失。本文将对盗链类视频聚合平台的著作权侵权认定问题进行系统研究。

一、盗链类视频聚合平台著作权侵权问题概述

视频聚合平台，即将最新、最热门、最齐全、更多地散布于各大正规视频网站的视频内容聚集，为网络用户提供播放服务的网站或者软件。在互联网发展日新月异的今天，视频聚合平台聚集资源的技术手段也层出不穷，链接即是被各类视频聚合平台广泛应用的技术手段。本部分将对视频聚合平台的盗链行为以及该行为可能侵犯哪些受著作权保护的权利加以研究。

（一）视频聚合平台盗链行为

对视频聚合平台设链行为的称谓与分类，法学领域与技术领域有所不同，随着技术的发展，每个时期视频聚合平台采用的主要设链行为也不同。从法学领域来看，根据设链网页与被链网页之间是否进行跳转与切换，可以将设链行为分为浅层链接行为、深层链接行为。其中，浅层链接指设链者以被链网站的

整体为目标，用户点击链接标志后，其视频界面会跳至被链网站，设链者仅仅提供了一种到达被链网站的渠道，内容仍然由被链网站呈现。浅层链接行为下，网站浏览者能清楚地知道设链者的网站同其他网站建立了链接，自己浏览的是被链网站的作品。深层链接行为则是指设链者绕开被链网站页面，网络用户在不脱离设链网站的情形下，观看视频作品。

深层链接行为分为一般深层链接行为与破坏技术措施的深层链接行为。一般深层链接指设链者绕开了被链网站页面，网络用户在不脱离设链网站的情形下，观看欣赏被链网站的作品，且网站浏览者误以为被链网站的作品是其正在浏览的网站中的作品。破坏技术措施的深层链接行为，即本文主要研究对象盗链，指设链者采取了破坏被链网站的技术措施的方式，绕开被链网站页面，网络用户在不脱离设链网站的情形下，观看欣赏被链网站的作品，且网站浏览者误以为被链网站的作品是其正在浏览的网站中的作品。一般深层链接行为链接的网站，其地址是开放的，而盗链行为链接的网站的地址是不开放的，一般通过 Robots 协议拒绝公开，并采取了技术措施进行加密保护，通常是通过引入时间戳或在 URL 中加入密钥进行验证来实现。现在主流的视频网站基本都采取了技术措施，防止本网站的视频被链接，并在网站有关协议中明确声明，比如腾讯视频在其《软件许可及服务协议》的"软件使用规范"中明确指出，禁止以非腾讯授权的第三方工具或者服务接入本软件和相关系统。就目前设链技术的发展来看，盗版网站的设链行为一般为盗链。

浅层链接行为在实务中一般不会引发著作权侵权纠纷，因为在此情形下，设链网站提供的仅为视频搜索服务，新跳转的网页为第三方网站，且在该网页中没有任何设链网站的信息，视频作品仍处于被链网站的有效控制之下，被链网站并不因此遭受任何损失，设链网站也不因此获利。如果具体指向的视频资源存在权利瑕疵，设链网站由于只提供了搜索服务，根据《信息网络传播权保护条例》第 23 条的规定，受到"避风港规则"的豁免，由被链侵权网站承担责任，但如果设链者明知或者应知所链接的作品为侵权作品，可能构成间接侵权。

盗链行为对正规视频网站的影响是巨大的。盗链类视频聚合平台将各类视频作品整合，而后通过互联网进行广泛传播，视频作品的集中性为用户观看提供了便利，省去了用户在各类视频播放平台之间辗转的时间，导致被链网站用户的流失。正规视频网站的收入构成主要有广告收入、版权分销、视频增值服务及其他收益，其中视频增值服务主要是指会员收费服务，其他主要指流量。对视频播放平台而言，流量可以称为其命脉。与盗链类视频聚合平台未支付任何版权、广告以及宣传成本相比，正规视频网站是从权利人处取得授权并支付了不菲的授权费用的，用户的流失不仅带走了被链网站的流量，还会潜在削减其通过许可、授权而获得的收益以及广告利益，严重占用正版视频网站的宽带资源。长此以往，视频平台购买正版作品的积极性会极大受挫，著作权人的权利也会极大受损，导致著作权保护的天平失衡，对视频行业市场秩序造成严重影响，不利于互联网时代下视频行业的发展。

（二）盗链行为与受著作权保护的权利

根据我国《著作权法》第10条的规定，著作权包括发表权、署名权、修改权、保护作品完整权、发行权、复制权、信息网络传播权等专有权利。危害如此大的盗链行为是否侵害了著作权人以及正规视频网站的权利，应怎样认定其侵权行为？我们首先应从其是否落入上述专有权利的保护范围出发，本部分将对"盗链"行为可能涉及的五项著作权——修改权、保护作品完整权、复制权、发行权、信息网络传播权的侵权风险进行逐项分析。

1. 盗链行为与修改权、保护作品完整权

修改权，是指"修改或者授权他人修改作品的权利"。[1]保护作品完整权，是指"保护作品不受歪曲、篡改的权利"。[2]笔者认为，盗链行为下，设链者并没有对被链作品做任何改动，不存在对作品的修改。如果将被链作品比作一本书，这本书分为广告页、作品内容页等，盗链行为仅仅是将该书直接翻页至作品内容页，不存在对作品的修改问题。但有观点认为从网页作为一个整体的角度来看，若网页著作权人主张整个网页是一个完整的作品，而盗链行为将整个网页的其余内容与视频作品割裂开来，可以认为设链者侵犯了作者的修改权。同时，设链者将网页的某一个视频视框剥离出去，过滤掉视频之外的边框和边幅广告，只将视频内容插入到自己的网页视框中的行为，破坏了网站所有者对网页编排的构思和设计，侵犯了网页著作权人的保护作品完整权。但是此情形下，认定侵权的前提是该网页构成作品。然而，在司法实践中，网页作品的认定往往很困难，法院对网页是否能够构成作品多数持否定态度。这也就是当盗链行为发生时，被链者往往主张设链者的行为侵犯了自己的信息网络传播权，

---

〔1〕　现行《著作权法》第10条第1款第3项。
〔2〕　现行《著作权法》第10条第1款第4项。

而不主张侵犯自己的修改权以及保护作品完整权的原因。

2. 盗链行为与复制权

复制权，是指"以印刷、复印、拓印、录音、录像、翻录、翻拍等方式将作品制作成一份或者多份的权利"。[1]在传统媒体的环境下，复制的媒介都是物理性的，有载体的，一般不会产生对于复制权的争议。网络环境下的盗链行为是否构成对作品的复制，需要从盗链行为本身出发。网络技术产生了许多能够在物质载体上永久固定作品的新型手段，[2]上传、下载等行为会在网络环境中形成作品的复制件，符合复制行为的构成要件。但在盗链行为下，设链者并未将视频实际存储于自己的网站，用户浏览网站提供的作品时，虽然其手机内存会存储相应的视频内容，但设链网站并没有存储该视频的复制件，而是通过链接引用用户观看被链网站的视频，用户获得的视频直接来源于被链网站的服务器。由此可见，盗链行为并不侵犯权利人的复制权。

3. 盗链行为与发行权

在我国，从立法和司法实践上看，发行权都是无法在网络环境中适用的。在立法上，我国区分了发行行为和信息网络传播行为。首先，我国《著作权法》对发行权的定义明确指出发行的对象是"作品的原件或复制件"，[3]而在网络环境下，不可能产生传统意义上的作品原件或者复制件；其次，从条文之间的逻辑关系看，我国《著作权法》规定了 17 项著作权人享有的专有权利，应当是每种专有权利控制着不同的行为，当一项专有权利控制的行为落入了另一项专有权利控制的范围时，只能说明某项专有权利没有存在的必要；最后，我国《著作权法》明确规定了发行权与信息网络传播权，此两项权利系著作权人享有的不同的专有权利，通过网络传播的行为系信息网络传播权的调整范围。

4. 盗链行为与信息网络传播权

我国对信息网络传播权的规定，主要见于《著作权法》、最高人民法院《关于审理侵害信息网络传播权民事纠纷案件适用法律若干问题的规定》（以下简称《信息网络传播权司法解释》）、《信息网络传播权保护条例》，它们主要从信息

---

〔1〕 现行《著作权法》第 10 条第 1 款第 5 项。2020 年修正后的《著作权法》相应规定对复制权的内容有所修改，特别是增加了"数字化"这一形式，旨在加强对网络环境下的复制权的保护。

〔2〕 王迁：《网络环境中的著作权保护研究》，法律出版社 2011 年版，第 13 页。

〔3〕 范晓倩："深度链接行为的著作权法规制"，华南理工大学 2015 年硕士学位论文。

网络传播权的定义〔1〕、侵权行为〔2〕、责任承担〔3〕等方面进行了规定。然而依据这些规定并不足以理清现存争议，比如提供行为的具体含义、盗链行为是否属于提供行为等。信息在网络中传播通常离不开两类服务：一类是内容服务，即向用户提供各种类型的信息内容；另一类是技术、设备服务，即为信息内容在网络上的传播提供技术、设备支持和中介，如接入、传输、缓存、信息存储空间和信息定位等。〔4〕其中，内容服务的提供又称为作品提供行为，该行为是受权利人直接控制的行为，落入著作权的保护范围内，若未经权利人许可实施该行为，在没有法律、行政法规例外规定的情形下，构成对权利人的信息网络传播权的直接侵犯。技术、设备服务的提供又称为网络服务提供行为，该行为并非受著作权人专有权利控制的行为，根据法律规定，只有在符合相关法定要件的情形下，行为人才须承担帮助、教唆侵权等共同侵权责任，否则无须承担责任。在实务中，被诉侵权人往往主张自己提供的只是链接的技术性服务，属于网络服务提供行为，不侵犯对权利人的信息网络传播权。

我国《著作权法》并未对侵犯信息网络传播权的提供行为做出足以理清现存争议的规定，《信息网络传播权司法解释》也仅列举了几种提供行为，即上传到网络服务器、设置共享文件、利用文件分享软件三种明确规定的行为式。〔5〕虽然该条文以"等"字作为兜底，但对究竟何种性质的行为能再纳入提供行为并未有任何规定。随着技术的发展，新型侵权形式层出不穷，对于"提供行为"规定的缺乏，导致人们理解各异。盗链类视频聚合平台的信息网络传播权侵权认定问题，其实已不只是单纯的法律与技术问题，而是在网络坏境之下，激烈的产业竞争引发的利益分配问题。实现权利人、网络服务提供者和社会公众三者之间的利益平衡，需要一个漫长探索的过程。对于信息网络传播权的理解差异以及利益平衡难题，最终导致学界以及司法界认定盗链行为侵犯信息网络传播权的争议产生。

（1）学界认定盗链行为侵犯信息网络传播权的分歧。自设链行为如何定性

〔1〕 参见现行《著作权法》及《著作权法》（2020 年修正）第 10 条第 1 款第 12 项。

〔2〕 参见现行《著作权法》第 48 条第 1 项及《著作权法》（2020 年修正）第 53 条第 3、4、5 项；《信息网络传播权司法解释》第 3 条。

〔3〕 参见现行《著作权法》第 48 条及《著作权法》（2020 年修正）第 53 条；《信息网络传播权保护条例》第 18 条。

〔4〕 陈锦川："信息网络传播行为的法律认定"，载《人民司法（应用）》2012 年第 5 期。

〔5〕 参见《信息网络传播权司法解释》第 3 条。

这一问题产生以来，学界已有诸多关于各类标准的介绍与分析，涉及的主要标准有：用户感知标准[1]、实质呈现标准[2]、服务器标准[3]、实质替代标准[4]等。除了上述标准以外，还有学者主张引入因果关系作为构成要件，认定盗链行为实际上产生了使公众获得作品的效果，构成对信息网络传播权的直接侵犯。[5]最近又有学者提出区分设链行为针对对象的不同类型，采取不同的标准："对违法作品的设链，且实质呈现了该作品的创作性表达的，应将深度参与作品筛选并从中获取利益的链接平台服务商拟制为'直接行为主体'，追究其著作权'直接'侵权责任；而对于合法作品的设链行为就依据'服务器标准'，从破坏技术措施或者不正当竞争的角度予以规制。"[6]

（2）司法界认定盗链侵犯信息网络传播权的分歧。

第一，用户感知标准。在 2009 年的百业公司与优度公司侵犯著作权纠纷案中，一审法院以及二审法院在认定优度公司侵犯百业公司信息网络传播权时都采用了用户感知标准。一审法院认为："百业公司虽没有直接在其服务器内上载

---

[1] 以用户的感知为判断依据，若用户感觉到是由该平台提供作品，则该平台的行为构成信息网络传播行为，在未经权利人许可的情形下，该平台的行为侵犯了权利人的信息网络传播权；若用户感觉并非由该平台提供作品，则该平台的行为不构成信息网络传播行为，不构成对权利人信息网络传播权的侵犯。

[2] 崔国斌副教授主张这一标准，即设链者通过自己控制的用户界面实质呈现他人作品的行为构成对信息网络传播权的直接侵犯。参见崔国斌："加框链接的著作权法规制"，载《政治与法律》2014 年第 5 期；"得形忘意的服务器标准"，载《知识产权》2016 年第 8 期。

[3] 王迁教授支持这一标准，即以作品是否上传至或以其他方式将其置于向公众开放的网络服务器中作为认定是否为信息网络传播行为的标准。按照这一标准，链接行为作为一种仅仅提供了某一作品的网络地址的行为，从本质上来讲并不构成对作品的传播与存储行为，不论浅层链接还是深层链接，都不构成对信息网络传播权的侵犯。参见王迁："论'网络传播行为'的界定及其侵权认定"，载《法学》2006 年第 5 期；"网络环境中版权直接侵权的认定"，载《东方法学》2009 年第 2 期；"论提供'深层链接'行为的法律定性及其规制"，载《法学》2016 年第 10 期。

[4] 以设链者的行为为其带来的利益以及对著作权人造成的损害是否与向用户直接提供作品的行为有实质性差别为标准，判断设链者的行为是否构成信息网络传播行为。如果设链者的行为实质性替代了向公众提供涉案作品播放等服务，则构成信息网络传播权侵权行为，反之则否。

[5] 冯晓青教授支持这一标准，认为信息网络传播权控制的是使公众获得作品的交互式网络传播行为，其中，交互式网络传播是行为，公众获得作品是行为效果，使公众获得作品描述了行为与行为效果之间的因果关系。从作品利益实现的角度来看，行为本身无经济价值，作品及作品的复制件才是交易的真正标的。参见冯晓青："视频聚合平台盗链行为直接侵权认定"，载《人民法院报》2016 年 8 月 3 日第 7 版。

[6] 张鹏："规制网络链接行为的思维与手段"，载《华东政法大学学报》2018 年第 1 期。

涉案电影的视频数据，向公众提供在线播放服务，但其播放器打开的 URL 地址直接指向他人网站服务器存放涉案电影的视频数据地址，在相关公众点击播放器后，电影的视频数据即从他人服务器内缓冲到观看电影客户端计算机的缓冲存储器内，一般公众在观看电影时无法从页面的链接得知涉案电影的数据来源，实际上百业公司是主动地借用他人的服务器为其存储数据资源而实施了独立的在线播放服务。"二审法院认为：虽然百业公司系通过链接方式播放涉案影片，但其用户是直接从其网站上观看涉案影片，并不知道涉案影片的真正来源，据此应该认定，百业公司通过其网站在线播放涉案影片。[1]虽然一审法院和二审法院都没有明确指出自己适用的是用户感知标准，但从其表述来看，都认为一般公众无法得知涉案电影的数据来源，并最终认定设链者百业公司侵犯了权利人优度公司的信息网络传播权。

第二，服务器标准。在易联伟达与腾讯侵害作品信息网络传播权纠纷上诉案中，北京知识产权法院作为二审法院，做出了与一审法院截然不同的判决。[2]该判决书中明确指出，服务器标准是信息网络传播行为认定的合理标准，对作品的信息网传播行为应是以存储行为为前提的、对作品的初始上传的传输行为，盗链行为仅是提供链接的行为，设链者并未将作品上传至自己的服务器，不构成对作品的传输行为。即便设链者破坏技术措施实现了这一链接，该行为与链接行为仍是两个不同的行为，不会对链接行为这一事实认定产生任何影响，该行为仍不构成对涉案作品信息网络传播权的直接侵犯，并且由于被链网站是具有合法授权的网站，设链者亦不构成共同侵权。二审法院认定：因被上诉人并未单独针对破坏技术措施行为提出侵权诉请，而仅是认为上诉人在破坏技术措施的情况下提供深层链接的行为属于侵害信息网络传播权这一专有权利的行为，故对于上诉人破坏技术措施行为本身是否侵害其权利，本案不予审理，被上诉人可另行选择救济方式。

第三，实质替代标准。采用此标准的法院认为："视频聚合平台上对作品进行选择、整理、编辑等工作，去除了被链网站的广告、水印标识，并通过盗链向公众提供大量影视作品在线播放，实现了向公众提供涉案作品播放等服务的实质性替代效果，对涉案作品超出授权渠道、范围传播具有一定控制、管理能

〔1〕　江苏省高级人民法院（2009）苏民三终字第 0182 号民事判决书。
〔2〕　北京知识产权法院（2016）京 73 民终 143 号民事判决书。

力，不合理损害了权利人对作品的合法权益，构成侵犯信息网络传播权。"[1]
典型案件如腾讯诉易联伟达侵害作品信息网络传播权案。虽然该案法院未对被
诉行为是否属于信息网络传播行为进行正面确认，但通过其对被诉行为链接性
质的否定及其所引用的法律依据可以看出，其对此是持肯定态度的。比如，"快
看影视 APP 的具体服务提供方式扩大了作品的域名渠道、可接触用户群体等网
络传播范围，分流了相关获得合法授权视频网站的流量和收益，客观上发挥了
在聚合平台上向用户提供视频内容的作用，产生了实质性替代效果"。"易联伟
达的一系列行为相互结合，实现了在其聚合平台上向公众提供涉案作品播放等
服务的实质性替代效果。"[2]综合来看，该份判决采用的是实质替代标准，即
"因选择、编辑、整理等行为、破坏技术措施行为及深层链接行为对著作权人所
造成的损害及为行为人所带来的利益与直接向用户提供作品的行为并无实质差
别，因此，上述行为构成信息网络传播行为"。[3]通过对此案的解读，我们不
难发现，司法界通常是从信息网络传播权人的分销逻辑、聚合平台盗链技术性
的角度来对实质性替代进行详细分析，从而认定是否构成著作权侵权。

　　第四，构成不正当竞争。在实践中，存在以服务器标准否定盗链行为直接
侵权，又因为其链接的网站是合法网站，也不构成间接侵权的情形。在此情形
下，有的法院以《反不正当竞争法》第 2 条的规定来认定设链者的行为构成不
正当竞争行为，2015 年的视畅公司与央视国际纠纷案便是如此。法院一方面认
定相关公众根据其感官判断，会认为所观赏的开幕式节目是由涉案网站提供，
其提供的服务具有了明显的可替代性，另一方面又认为视畅公司仅仅提供了搜
索链接而非内容，不构成著作权侵权，但由于二者存在竞争关系，视畅公司在
未支付对价的情形下，利用央视国际的商业资源牟利并致使该公司遭受损失，
构成不正当竞争行为。[4]本文系在著作权法框架下对于盗链行为进行侵权认定，
此处仅为完整揭示法院在实践中采取的认定方式而述，下文对此救济方式不
赘述。

二、不合理侵权认定标准的局限性分析

　　用户感知标准、实质替代标准、实质呈现标准以及服务器标准是目前学界

---

〔1〕　北京市海淀区人民法院（2015）海民（知）初字 40920 号民事判决书。
〔2〕　北京市海淀区人民法院（2015）海民（知）初字 40920 号民事判决书。
〔3〕　北京知识产权法院（2016）京 73 民终 143 号民事判决书。
〔4〕　上海知识产权法院（2015）沪知民终字第 326 号民事判决书。

及司法界讨论最多的标准。其中，用户感知标准虽为我国司法实践中最早采用的标准，但由于其诸多缺陷以及《信息网络传播权司法解释》的出台，如今已基本不被使用。采用实质呈现标准以及实质替代标准对盗链行为进行规制也存在诸多可探讨的局限性，本部分将对用户感知标准、实质替代标准以及实质呈现标准的局限性进行详细分析。

（一）用户感知标准适用的局限性

用户感知标准是我国司法实践中最早采用的标准，典型案例如2004年的三大唱片公司诉世纪悦博公司侵犯录音制作者权纠纷系列案件。[1]一审法院采用此标准认定被告的设链行为构成信息网络传播行为并直接侵犯信息网络传播权："第一，在世纪悦博公司网站的页面上，提供了下载服务；第二，被链接下载的网站也是世纪悦博公司事先选定并推荐给网络用户的；第三，下载的操作步骤是世纪悦博公司逐层递进引导的；第四，所下载作品是世纪悦博公司事先通过搜索选编并整理的。由此可以认定，世纪悦博公司的链接行为，已经不是提供链路通道服务，而是直接参与了相关信息的加工处理，并对加工处理后的信息通过异站进行深层次的链接。"[2]此外，判决书中有关"歌曲下载过程是通过世纪悦博网站页面实施并完成的""通过异站进行深层次的链接"等论述，被认为是用户感知标准在我国最早的应用。

然而，近些年，用户感知标准在实践中已几乎不被提及，因为在适用过程中，该标准出现了诸多广为诟病的缺陷。首先，该标准并没有法律依据。服务器标准以及实质替代标准在法律中都能找到其影子，其争议的产生主要来源于对法律解释的不同，而用户感知标准却毫无法律支撑。其次，该标准具有强烈的主观色彩。信息网络传播行为应是对于客观事实的认定，应当具有客观性，而采取该标准根本不具有任何科学依据。最后，具有极大的不确定性。[3]不同的用户具有不同的网络认知程度以及不同的感知注意力，极有可能发生同一个人对于相同案件，在不同情况下做出不同的判断，况且随着技术的发展，盗链

〔1〕 新力唱片公司诉世纪悦博公司侵犯录音制作者权纠纷案，北京市第一中级人民法院（2004）一中民初字第428号；正东唱片公司诉世纪悦博公司侵犯录音制作者权纠纷案，北京市第一中级人民法院（2004）一中民初字第400号民事判决书；华纳唱片公司诉世纪悦博公司侵犯录音制作者权纠纷案，北京市第一中级人民法院（2003）一中民初字第12189号民事判决书。

〔2〕 北京市第一中级人民法院（2004）一中民初字第428号民事判决书。

〔3〕 詹启智：《信息网络传播权论》，中国政法大学出版社2014年版，第43页。

行为早已突破一般用户感知的能力与范围，该标准缺乏严谨性。《信息网络传播权司法解释》出台后，用户感知标准被彻底抛弃，因为其第 3 条第 2 款明确了法院在审理过程中要通过证据来认定是否构成提供行为，意即不能仅凭主观感觉来认定。

（二）实质替代标准适用的局限性

实质替代标准最早出现于 2005 年。在 2005 年审结的新力唱片公司诉世纪悦博公司侵犯录音制作者权纠纷案二审判决书中，法院认为："世纪悦博公司的服务完全起到了直接向用户提供涉案歌曲下载的作用和效果，与把涉案歌曲的档案文件储存在其自身服务器中从事下载没有任何区别，实施的实质上是将他人网站上的信息当成自己的信息在网络上向用户提供的行为，侵害了新力唱片公司对其录音制品享有的信息网络传播权。"[1]近两年的典型判决有乐视诉电视猫著作权侵权、不正当竞争案一审判决[2]以及腾讯诉易联伟达侵害作品信息网络传播权案一审判决。[3]从该标准的出现以及在司法实践中的应用，可以看出法院为平衡权利人、设链网站以及被链网站之间的利益做出的努力。但笔者认为实质替代标准不利于利益平衡的实现，给了权利人投机机会，并导致因果关系的颠倒，不应作为盗链行为的侵权认定标准。

首先，实质替代标准不利于实现权利人、设链网站、被链网站之间的利益平衡。实质替代标准在本质上是为了在新技术引发的问题层出不穷的情形下，更好地维护合法权利人的利益而发展出的观点。但在适用法律时应全面考虑背后的利益平衡，不能为了追求片面的社会效果而牺牲法律的稳定性。[4]实质替代标准过多地强调了被链网站的非著作权利益，强调被链网站加强技术措施所需要付出的技术、金钱成本，其关注点实际上集中于互联网生态环境的维护，但对信息网络传播行为的认定应以著作权利益为出发点进行论证，不可有失偏颇。

其次，实质替代标准给了权利人投机机会。网络环境下，对于著作权的行使漠不关心的权利人是广泛存在的，甚至是占大部分的。特别是在自制搞怪、幽默、创意视频作品层出的网络环境中，著作权人在对经济利益的实现未抱有强烈诉求的情形下，将作品上传至互联网，其实更期待有平台能对其视频进行

---

〔1〕 北京市高级人民法院（2004）高民终字第 714 号民事判决书。

〔2〕 北京市朝阳区人民法院（2015）朝民（知）初字第 44290 号判决书。

〔3〕 北京市海淀区人民法院（2015）海民（知）初字第 40920 判决书。

〔4〕 冯刚："涉及深度链接的侵害信息网络传播权纠纷问题研究"，载《知识产权》2016 年第 8 期。

整理并对网络用户进行推广，针对性地使网络用户发现、观看其视频作品，增加其热度。在这种商业模式下，设链网站获得了流量，著作权人获得了网络关注度，在著作权人看来是一个双赢的局面，对设链网站的行为是一种宽容的态度。而且不排除被链网站影响力较小的情况下，希望其他影响力较大的网站链接其作品，从而扩展其作品的传播范围与效果。采用实质替代标准，对包括盗链行为在内的深度链接行为"一棒子打死"的做法，会给上述本来对设链行为持宽容态度的著作权人及网站以投机机会，在事实上设链网站对其作品进行了传播并给其带来相应的网络关注度及经济利益的情形下，反过来向设链网站主张被侵权损失，而增加设链网站对此类机会主义行为的核算成本，造成不可避免的误伤，实际上压抑了技术的发展。

最后，实质替代标准颠倒了因果关系，过分关注结果而忽视原因，以"果"推"因"，以"可获得"来推定提供行为的成立显属不当。虽然在实际论证的过程中，因果关系的论证常被一笔带过，但不可否认著作权侵权判定是强调损害行为与损害结果的因果关系的。从逻辑关系上来讲，首先应认定的是设链网站实施了何种行为，所以主要笔墨用于认定侵权行为，在否认"因"存在的情形下，继续论证"果"显然无意义。

（三）实质呈现标准适用的局限性

实质呈现标准是学界讨论已久的标准，该标准由崔国斌副教授提出，随后被广泛讨论，支持与反对的声音皆有，司法界目前为止并未见明确采用该标准的案例。笔者认为实质呈现标准缺乏客观性，也具有颠倒因果关系之嫌，与法律的稳定性相左，会导致打击面过广，不应作为盗链行为的侵权认定标准。

首先，实质呈现标准缺乏客观性。该标准可以说是用户感知标准的进化模式，两者在本质上是相同的，只是侧重点有所不同。用户感知标准侧重的是用户的主观感受，实质呈现标准侧重的是盗链行为的客观效果。虽然与用户感知标准相比，实质呈现标准稍具客观性，但其侧重的客观效果并非客观事实。在认定盗链行为是否侵犯信息网络传播权时，我们应从实施行为的方式和手段这类客观事实出发，而不能仅仅以效果为依据。

其次，实质呈现标准亦有颠倒因果关系之嫌。该标准和实质替代标准一样，本质上都强调盗链行为"实质损害了著作权人利益，而公众获益有限且并非不可或缺"，[1]侧重的是盗链行为带来的客观效果，而忽视行为本身的性质。值得强调的是，不可颠倒因果关系，片面强调行为效果，以"果"推"因"认定某行为构成侵权，而要从行为本身出发进行认定。虽然该标准后期提出要重视"通过网页或者客户端向公众展示作品这一行为"，[2]认为聚合平台的行为实际上构成作品展示行为，但展示行为仍旧要以提供行为为前提，无论怎样都要以盗链行为是否构成提供行为作为出发点。

再次，实质呈现标准与法律的稳定性相左。采用实质呈现标准改造信息网络传播权，实质上是从立法论的角度规制盗链行为。笔者认为，法律具有稳定性，出现一个新问题便建议立法或者修法未免太过草率。问题出现时首先应考虑在现有法律框架下通过解释有关条文解决该问题，不能解决的情形下再建议立法或修法。毕竟立法或修法活动本身是一个谨慎耗时的过程，《著作权法》第三次修正从 2011 年提出，至 2014 年公布修订草案送审稿历经多年，至 2020 年 11 月 11 日才最后通过。片面强调通过立法或修法来解决问题，而忽视现有切实可行的解决途径，实际上并不利于问题的解决。

最后，实质呈现标准打击面过广。该标准主张通过修订法律将包括盗链行为在内的所有深层链接行为纳入著作权法规制的范围，以期理清争议，实现立法与司法的统一，规范行业风气，促进视频行业的健康发展。但实际上，该标准会不可避免地误伤许多正当行为并损害未来的互联网创新。比如，用户将某视频链接发布至视频分享网站上，该视频在网站上播放时，其背景为网站页面，根据实质呈现标准，即该网站对于用户的行为完全不知情，也需承担直接侵权责任。

综上，上述三个标准由于存在诸多局限及不合理之处，不能作为认定盗链行为侵权的标准。

三、服务器标准的合理性分析

如前文所述，对信息网络传播行为的认定，学理和实践中一直存在着不同的认定标准，主要有用户感知标准、服务器标准、实质呈现标准以及实质替代标准，争议产生的根源在于对设链行为是否为提供行为采用的认定标准不一。笔者认为，在我国现行法律法规对提供行为的含义以及应采取何种认定标准未

---

〔1〕 崔国斌："加框链接的著作权法规制"，载《政治与法律》2014 年第 5 期。
〔2〕 崔国斌："加框链接的著作权法规制"，载《政治与法律》2014 年第 5 期。

作明确规定的情况下，应综合信息网络传播权的立法渊源、信息网络传播行为的性质以及国内司法实践采取的主要标准考虑。在我国现有著作权法框架内，服务器标准是符合立法渊源、信息网络传播行为的性质的合理标准，也是我国目前司法实践中采用的主要标准，本部分将对这几方面分别加以研究。

（一）符合信息网络传播权的立法渊源

1996 年 12 月 20 日，世界知识产权组织通过了《世界知识产权组织版权条约》（以下简称《版权条约》），首先在国际法上确认了作者享有信息网络传播权这一专有权利。为履行国际公约义务以及修订法律以适应技术发展，我国于2001 年进行了《著作权法》的第一次修正，明确规定了著作权人享有信息网络传播权。我国《著作权法》对信息网络传播权的规定，实际上直接来源于《版权条约》第 8 条[1]的后半部分。因此，对提供行为的理解，《版权条约》及其缔结过程中的相关文件具有参考意义。《版权条约》第 8 条标题为"向公众传播的权利"（right of communication to the public），该条内容明确指出著作权人享有向公众提供其作品的专有权（the exclusive right of authorizing any communication to the public of their works），向公众提供作品的行为是提供作品的初始行为（the initial act of making the work available）。可以看出，提供行为是一种初始行为，提供指他人获得作品的可能性，而不探究他人是否已经获得作品。此外，《版权条约》第 8 条的议定声明第一句明确指出："仅仅为促成或进行传播提供实物设施不致构成本条约或《伯尔尼公约》意义下的传播。"[2]服务器标准强调了用户获得可能性以及初始行为，体现了《版权条约》以及议定声明的精神，符合信息网络传播权的立法渊源。我国《信息网络传播权司法解释》第 3 条第 2 款也明确了将作品上传至网络服务器的行为属于作品提供行为，实质上将服务器标准确定为信息网络传播权侵权认定标准。

（二）符合信息网络传播行为的性质

纵观国际及国内有关法律法规对信息网络传播权的规定，首先确定的是信息网络传播行为的对象是以数据形式存在的作品，与以实物形式存在的书本有

---

[1]　《版权条约》第 8 条规定："……文学和艺术作品的作者应享有专有权，以授权将其作品以有线或无线方式向公众传播，包括将其作品向公众提供，使公众中的成员在其个人选定的地点和时间可获得这些作品。"

[2]　刘文杰："论网络传播侵权行为的相关法律问题及其适用原则"，载《中国广播》2016 年第12 期。

本质上的区别。其次，信息网络传播行为是足以使用户获得该作品的传输行为。最后，信息网络传播行为应当仅指对作品的初始上传行为。简单地说，信息网络传播行为是一种足以使用户获得某部以数据形式存在的作品的初始上传行为。因此应从提供对象、公众获得可能性、是否存在初始上传行为以及存储行为来界定信息网络传播行为。

1. 提供对象是作品本身且足以使用户获得该作品

在著作权法规定的各项财产权利中，每一种专有权利所调整控制的行为都涉及对作品本身的使用，《版权条约》及我国《著作权法》关于信息网络传播权的规定也均将提供行为的对象指向作品本身。在盗链行为下，设链者提供的仅仅是视频作品链接网址，并不是该视频作品本身，该视频作品仍然存储于被链网站，即盗链行为并非具有实质性内容的传播行为，其向公众提供的是被链网站所处的网址信息。[1]如果被链网站删除了该视频作品，或者关闭其网络服务器，网络用户便无法通过设链网站提供的链接观看该视频；反之，即便设链网站删除了其链接，网络用户仍然可以通过被链网站获得该作品。[2]这充分说明了盗链行为本身不会使用户真正获得作品。

2. 存在初始上传行为以及存储行为

著作权法意义上的提供行为实质上分为初始上传行为与存储行为两大行为。初始上传行为指在信息传播过程中，将作品的数据形式置于向公众开放的网络中的行为。[3]信息传播过程包含了一系列行为，如传输通道的提供行为、内容的存储行为及上传行为、链接行为等，各个行为相互配合，形成完整的传播过程。但真正使网络用户获得作品的行为是初始上传行为，其余行为属于对作品传输起帮助作用的行为，[4]即初始上传行为是作品在网络传播过程中的根源，若缺乏这一行为，信息网络传播过程将不复存在。值得注意的是，不能将初始上传行为简单地界定为将作品第一次置于网络中的行为，此处的"初始"指向的是每一个独立的网络传播过程。否则，即便视频聚合平台将其他正规视频网

---

〔1〕 王志豪："深度链接行为的法律定性研究"，华东政法大学 2016 年硕士学位论文。

〔2〕 参见王迁："论提供'深层链接'行为的法律定性及其规制"，载《法学》2016 年第 10 期。

〔3〕 参见茹竞岩、彭洪庆："影视类聚合平台链接侵权构成分析——广电媒体版权维权思路"，载《中国广播电视学刊》2017 年第 7 期。

〔4〕 参见茹竞岩、彭洪庆："影视类聚合平台链接侵权构成分析——广电媒体版权维权思路"，载《中国广播电视学刊》2017 年第 7 期。

站的作品非法置于自己的服务器内，由于其并非将作品第一次置于网络中而不属于信息网络传播行为，显然不符合立法原意，不利于维护市场秩序。

作品的初始上传行为需要以存储行为为前提，因为对作品的上传首先需要该作品存储于有形的存储介质即服务器中，否则上传行为无法实施。此处的服务器系广义概念，泛指一切可存储信息的硬件存储介质，既包括网站服务器，亦包括个人电脑、手机等。[1]服务器标准以是否将作品初始上传至广义服务器作为判断标准，符合信息网络传播行为的性质。盗链行为下，设链网站并不提供作品本身，也不存在初始上传行为，不构成对信息网络传播权的侵犯。

（三）符合我国司法实践采取的主要标准

目前，我国司法实践中的分歧逐渐开始统一，越来越多的案件中采用了服务器标准，这一做法不仅体现在北京市各级法院的案件中，最高人民法院对此亦予认同。[2]2008年的泛亚诉百度案一审，北京市高级人民法院采取了服务器标准，认定百度不构成侵权；[3]2009年审结的慈文诉海南网通案，最高人民法院虽未明确表述服务器标准，但其认为被告只有证明被诉内容并未存储于其服务器中，方能证明其所提供的是链接服务；[4]2011年审结的肇庆数字文化网数字影院案，最高人民法院明确指出应适用服务器标准；[5]2012年的泛亚诉百度案二审，最高人民法院对一审法院所采用的服务器标准予以认同；[6]2016年的易联伟达与腾讯侵害作品信息网络传播权纠纷上诉案，北京知识产权法院全面、深入、细致地论述了应以服务器标准作为信息网络传播行为判断标准的理由。[7]

与用户感知标准、实质替代标准以及实质呈现标准相比，服务器标准明显更具有合理性，但反对者认为服务器标准存在如下局限：

第一，服务器标准站在法律条文基础上，从技术层面出发进行论证，在论证的过程中却忽视了立法目的。

---

〔1〕　刘文杰：“论网络传播侵权行为的相关法律问题及其适用原则”，载知识产权《中国广播》2016年第12期。

〔2〕　北京知识产权法院（2015）京知民终字第559号民事判决书。

〔3〕　参见北京市高级人民法院（2007）高民初字第1201号民事判决书。

〔4〕　参见最高人民法院（2009）民提字第17号民事判决书。

〔5〕　参见最高人民法院（2011）民申字第686号民事判决书。

〔6〕　参见最高人民法院（2009）民三终字第2号民事判决书。

〔7〕　参见北京知识产权法院（2016）京73民终143号民事判决书。

第二，随着网络技术的发展，作品的提供行为可能会发展到不需要通过服务器的阶段，这就意味着该标准会随着技术的发展而失去存在基础。[1]

第三，服务器标准无法解决网络作品提供行为与存储行为的界定问题。若网络服务提供者在网络作品提供中依据《信息网络传播权保护条例》第22条，将其标示为存储服务提供者，将会模糊提供行为与存储行为的界限，成为其逃避法律责任的理由。[2]

第四，服务器标准不能涵盖提供行为的所有情形。比如分工合作的共同侵权行为，《信息网络传播权司法解释》第4条规定，网络服务提供者仅提供链接的，在分工合作的情形下仍会被认定为共同提供行为。

第五，服务器标准无法实现对权利人的有效救济，因为服务器标准弱化了对于权利人的有效保护，更有利于维护设链网站的利益。

笔者认为，上述所谓局限的存在是值得商榷甚至是立不住脚的，主要反驳如下：

第一，服务器标准是符合信息网络传播权的立法渊源的，符合《版权条约》以及我国《著作权法》的立法目的，并未忽视立法目的进行论证，而是将立法目的与客观技术相结合进行论证。

第二，服务器标准下的"服务器"是广义上的概念，不能采取望文生义的解读。[3]此处的"服务器"不局限于网络服务器，还应当包括手机、电脑等。无论网络技术如何发展，各种新技术均无法脱离服务器而存在。

第三，服务器标准并未模糊提供行为与存储行为的界限，网络服务提供者在存在网络作品提供行为的情形下，即便明确标示其为存储服务提供者，仍不能改变其作品提供行为的本质，仅仅为设链者的一个抗辩理由而已。

第四，在分工合作情形下，提供链接一方的行为之所以被认定为共同提供行为，正是因为必然存在一个将作品置于网络服务器的初始上传行为。设链者虽然形式上没有实施上传行为，但与实际上传者存在意思联络，事实上参与到了作品提供行为中，完全符合按照服务器标准所确认的信息网络传播行为。[4]

---

〔1〕 参见北京知识产权法院（2016）京73民终143号民事判决书。

〔2〕 参见詹启智：《信息网络传播权论》，中国政法大学出版社2014年版，第46页。

〔3〕 刘家瑞："为何历史选择了服务器标准——兼论聚合链接的归责原则"，载《知识产权》2017年第2期。

〔4〕 参见北京知识产权法院（2016）京73民终143号民事判决书。

第五，采用服务器标准，权利人可以获得有效救济。除了著作权保护外，权利人还可以寻求反不正当竞争法的保护，有一个完整的保护体系，权利人可以选择采取何种方式来维护自身权益。与之相对应，采取服务器标准并不意味着设链网站的行为不受规制，根据被链作品性质的不同，有不同的规制手段。

综上，服务器标准是判定盗链行为是否侵犯信息网络传播权的合理标准。由于盗链行为仅仅提供了作品的链接，并未提供作品本身或者其复制件，视频聚合平台也并未将作品存储于自身服务器中并上传，因而并不构成著作权法意义上的提供行为。采用该标准能够带来更客观公正的判决结果，也能给国内网络营造一种更宽松的环境，从而促进该产业的发展。[1]

四、盗链类视频聚合平台的著作权法规制

按照我国法律规定，侵犯著作权的行为是指未经著作权人许可，又无法定免责事由，擅自利用受著作权法保护的作品的行为，既包括直接侵权行为，又包括帮助、促成、唆使他人侵权的行为。[2]如前文所述，在现有的著作权法框架下，对盗链行为进行侵权认定不适用著作权直接侵权的认定规则，但这并不意味着盗链行为不受法律规制。为了保障著作权人、被链网站等特定主体的合法利益，本部分将对盗链行为可能引发的侵权情形及责任承担进行分析，并提出对盗链类视频聚合平台的著作权法规制建议。

（一）盗链类视频聚合平台著作权侵权认定

根据被链视频作品性质的不同，盗链行为可能引发的侵权情形会有所不同，其侵权认定也会有所差别。对向公众开放的侵权作品进行盗链，根据服务器标准，被链网站的行为直接侵犯了权利人的信息网络传播权，设链者可能构成对权利人信息网络传播权的间接侵犯；对公开合法传播作品进行盗链，可能构成破坏或者避开技术措施的禁止行为；对非公开不合法传播作品进行盗链，上传者直接侵犯了权利人的信息网络传播权，设链者可能构成对权利人信息网络传播权的间接侵犯。本部分将对不同情形下盗链行为的侵权认定分别进行论述。

1. 间接侵权

对向公众开放的侵权作品进行盗链的行为，根据服务器标准，设链者不构

---

〔1〕 曹伟、王艾苹："深度链接侵犯信息网络传播权标准探究"，载《中国版权》2015 年第 4 期。

〔2〕 杨小兰：《网络著作权研究》，知识产权出版社 2012 年版，第 197 页。

成对著作权人信息网络传播权的直接侵犯；但为被链网站的直接侵权行为提供链接服务的行为，实际上帮助被链侵权网站扩大了作品传播范围，有可能在被链网站构成直接侵权的情况下，构成对权利人信息网络传播权的间接侵权。从学理上讲，没有实施受知识产权专有权利控制的行为，但故意引诱他人实施直接侵权行为，或在明知或应知他人即将或正在实施直接侵权行为时为其提供实质性的帮助，以及特定情况下直接侵权行为的准备和扩大其侵权后果的行为构成间接侵权行为。[1]

（1）以直接侵权行为的存在为前提。《信息网络传播权司法解释》第 7 条第 1 款规定："网络服务提供者在提供网络服务时教唆或者帮助网络用户实施侵害信息网络传播权行为的，人民法院应当判令其承担侵权责任。"《民法典》第 1169 条第 1 款规定："教唆、帮助他人实施侵权行为的，应当与行为人承担连带责任。"这就意味着，著作权间接侵权行为的存在是以某一直接侵权行为的存在为前提的。在盗链行为下，如果设链者误以为被链网站提供的是盗版作品而对其设置链接，但实际上被链网站提供的是经过著作权人授权的合法作品，由于被链网站的行为是合法行为，并不构成对著作权人信息网络传播权的直接侵犯，设链者的行为也就不构成间接侵权。

（2）以主观过错为构成要件。就著作权直接侵权行为而言，权利人无须证明行为人具有主观过错，行为人只能自己举证证明自己无过错或过错较轻以求免除或者减轻赔偿责任。[2]但由于构成著作权间接侵权的各种行为不在专有权利控制范围内，[3]法律从利益平衡的角度，合理地扩大了著作权的保护范围，将此类行为界定为侵犯著作权的行为，这就要求行为人具有主观过错，与维护社会公众自由相协调。即在著作权直接侵权中，过错是行为人承担损害赔偿责任的要件，在著作权间接侵权中，过错是认定行为人是否构成间接侵权的要件。

需要进一步探讨的是如何认定设链者具有主观过错。根据《信息网络传播权保护条例》第 23 条的规定，设链者明知或应知所链接的作品侵权的，应当承担共同侵权责任。《民法典》第 1197 条规定："网络服务提供者知道或者应当知道网络用户利用其网络服务侵害他人民事权益，未采取必要措施的，与该网络

---

[1]　王迁、王凌红：《知识产权间接侵权研究》，中国人民大学出版社 2008 年版，第 3 页。

[2]　王迁、王凌红：《知识产权间接侵权研究》，中国人民大学出版社 2008 年版，第 4 页。

[3]　谢彩凤："网络服务提供者的直接侵权和间接侵权责任"，中国政法大学 2013 年硕士学位论文。

用户承担连带责任。"这就意味着，设链者在明知或者应知的情形下仍设置链接的，具有主观过错。《信息网络传播权司法解释》第9条[1]以列举的形式，明确规定了明知或者应知的综合考虑因素。盗链行为下，设链者需要对视频内容进行抽取，其对视频内容是否侵权具有较高的注意义务。在设链者与盗版网站无合作关系的情形下，如果在对盗链行为进行间接侵权认定的过程中，无法证明设链者具有主观过错，并且在接到权利人通知书后断开了链接，设链者可以在"避风港规则"的保护下免责。如果设链者接到权利人的通知书后对权利人的要求置之不理，其行为构成对直接侵权行为的明知，须承担间接侵权责任。在实践中，对应知的判断一般采用"红旗标准"，在被链接视频为热门影视作品，或设链接者不仅提供了视频内容，而且主动对视频进行了选择、推荐、整理等情况下，足以认定设链接者构成应知，设链接者应当承担间接侵权责任。[2]

有观点认为当盗链的网站本身是侵权网站时，被链网站当然不会对设链者的行为予以追究。但作品的权利人在"追究设链者的间接侵权责任时，需要以证明存在直接侵权为前提并证明链接提供者具有过错"，[3]加重了权利人的举证责任，不利于维护权利人的权利，并以此作为反对服务器标准的一个理由。但实际上，被链接的作品未经许可传播，直接侵权的情形是显而易见的，并且设链网站往往对明显未经许可传播的作品进行了推荐、排序等编辑处理，[4]主观过错非常明显，并未过分加重权利人的举证责任。

2. 规避技术措施的禁止行为

对向公众开放的合法作品进行盗链的行为，根据服务器标准，设链者亦不构成对著作权人信息网络传播权的直接侵犯，同时，被链网站是合法网站，不

---

[1] 《信息网络传播权司法解释》第9条："人民法院应当根据网络用户侵害信息网络传播权的具体事实是否明显，综合考虑以下因素，认定网络服务提供者是否构成应知：（一）基于网络服务提供者提供服务的性质、方式及其引发侵权的可能性大小，应当具备的管理信息的能力；（二）传播的作品、表演、录音录像制品的类型、知名度及侵权信息的明显程度；（三）网络服务提供者是否主动对作品、表演、录音录像制品进行了选择、编辑、修改、推荐等；（四）网络服务提供者是否积极采取了预防侵权的合理措施；（五）网络服务提供者是否设置便捷程序接收侵权通知并及时对侵权通知作出合理的反应；（六）网络服务提供者是否针对同一网络用户的重复侵权行为采取了相应的合理措施；（七）其他相关因素。"

[2] 翟松成："视频聚合平台深层链接的著作权法规制"，载《法制博览》2017年第3期。

[3] 王迁："论提供'深层链接'行为的法律定性及其规制"，载《法学》2016年第10期。

[4] 王迁："论提供'深层链接'行为的法律定性及其规制"，载《法学》2016年第10期。

构成对权利人信息网络传播权的侵犯,设链者为被链网站提供链接服务也就不会构成间接侵权。[1]此种情形下,可适用《著作权法》中有关技术措施的相关规定。技术措施是指著作权人对其作品的接触控制、复制控制或者其他控制以实现对作品的使用进行控制的技术手段。[2]虽然《著作权法》规定的著作权人享有的专有权利中不包括权利人采取技术措施的权利,但《著作权法》以及《信息网络传播权保护条例》仍将破坏或者避开技术措施的行为列为禁止行为,行为人应对此承担相应的责任。我国《著作权法》(2020年修正)第53条将破坏技术措施的行为与侵犯信息网络传播权的行为一起界定为侵权行为,并规定了需承担的民事责任、行政责任以及刑事责任。因此,在著作权人或被许可人采取了用于防止著作权侵权行为或保护权利人在著作权法中的正当利益且无法被普通用户轻易规避的"有效"技术措施的情形下,设链者破解技术措施并提供避开技术措施的链接的行为是法律禁止的行为,应根据我国《著作权法》规定承担停止相关行为和赔偿损失的法律责任。[3]以下将在考察技术措施保护实践存在问题的基础上,提出相应完善建议。

(1)实践中技术措施条款的适用困境。在实践中,很多被链视频网站虽设置了技术措施,但是并不以破解技术措施为由起诉。原因有二:其一,举证责任过重。被链者须举证证明其在设链者设链行为之前已经采取了有效、合理的技术措施,且设链者破坏了该技术措施。在证明自己已经采取有效、合理的技术措施的情形下,设链者破坏技术措施盗取视频的主观恶意即可推知。重点在于设链者如何证明自己在设链行为之前就已经采取了有效、合理的技术措施,而不是发现有关视频被盗链后才设置的技术措施。其二,诉讼主体争议。在此情形下,作品的权利人是否可以作为原告提起诉讼并获得救济?因为权利人将信息网络传播权授予网站后,采取技术措施的往往是被链网站,权利人本人并没有直接对作品采取技术措施。这与前述对于专有权利的直接侵犯不同,当信息网络传播权被他人直接侵犯时,权利人以及被链网站都有权提起诉讼。

(2)技术措施条款适用建议。首先,关于举证责任分配的问题,建议采用

---

〔1〕 参见王志豪:"深度链接行为的法律定性研究",华东政法大学2016年硕士学位论文。

〔2〕 祝建军、汪洪:"视频聚合网站破解技术保护措施侵犯著作权的认定——评飞狐公司诉迅雷公司侵犯著作权纠纷案",载《中国知识产权报》2016年12月21日第8版。《著作权法》(2020年修正)第49条第3款对技术措施的定义作了规定。

〔3〕 参见王迁:"论提供'深层链接'行为的法律定性及其规制",载《法学》2016年第10期。

举证责任倒置，即由设链者反证被链网站没有采取技术措施。因为在现有网络环境下，知识产权保护越来越受重视，正规视频网站基本上都已经对自己的视频资源采取了技术措施，严格要求其举证未免太过苛刻。其次，关于诉讼主体，建议权利人本人也可作为原告。盗链行为虽然并非侵犯信息网络传播权的行为，但毕竟也属于侵犯著作权的行为，权利人有权起诉维护自身权利。虽然我国立法并未明确规定未直接采取技术措施的权利人是否可作为原告，但国外的立法实践可为我们提供借鉴。《英国版权法》规定，对受技术措施保护的作品，向公众传播者或其复制件发行者可对技术措施的规避者提起诉讼，如果版权人或其专有被许可人不是上述传播者或发行者，也有权提起诉讼；《美国版权法》也规定，任何因他人违反保护技术措施的规定而受损害的人，都可以在适合的美国联邦地区法院就该违法行为提起民事诉讼。[1]

3. 上传者直接侵权、设链者间接侵权

前述两种情形下，被链作品都是已经公开传播的作品。如果对非公开传播的作品进行盗链，使原本未被公开的作品公之于众，该行为应如何定性？此种情形下，被链网站存储的作品多为涉嫌侵权的作品。笔者认为，仍应采用服务器标准。虽然上传主体未将作品公开传播，但其将作品上传至自己服务器的行为，构成初始上传行为和存储行为，并且满足公众获得可能性，属于信息网络传播行为，直接侵犯了权利人的信息网络传播权。设链者的盗链行为构成帮助侵权，应承担相应责任。

（二）盗链类视频聚合平台的著作权法规制建议

我国对网络环境的著作权保护的有关规定主要见于《民法典》《著作权法》《刑法》《信息网络传播权保护条例》以及《信息网络传播权司法解释》中，整体看来，有关法律条文加起来不过百条，并且多数是整体视角下的框架性规定，很多实践中有争议的标准问题并未做相应的明确规定。可以看出，目前现行的法律法规对于构建完整的网络环境的作品保护体系还远远不够。[2]构建比较完整的保护体系，一方面需要从立法上加强规制，从司法层面进行完善；另一方面，相关著作权方也需要提高著作权尊重与保护意识。

1. 完善盗链行为著作权侵权的立法与司法

虽然本文在目前我国著作权法框架以及司法层面对盗链行为的性质进行了

〔1〕　王迁：“论提供‘深层链接’行为的法律定性及其规制”，载《法学》2016年第10期。

〔2〕　杨以元：“聚合视频APP著作权侵权问题研究”，烟台大学2016年硕士学位论文。

分析，认为其应适用服务器标准，但这是在立法不完善、司法不统一的情形下做出的笔者认为最适合的结论。在立法及司法层面对目前涉及的包括盗链行为在内的网络著作权问题进行规制是很有必要的。

首先，我国缺乏一部全面规范的网络著作权法规。我国目前只是形成了网络著作权的初步保护制度，仅仅在个别条文中有所体现，虽然有《信息网络传播权保护条例》以及《信息网络传播权司法解释》对侵害信息网络传播权的行为进行规范，但信息网络传播权保护问题只是若干网络著作权保护问题的一部分，仍然缺乏对于网络著作权保护的具体化与体系化规范。因此，我国应制定一部全面完整地调整目前已出现以及未来可预见的网络著作权问题的法规，加强立法前瞻性、技巧性与可操作性，实现我国网络著作权保护制度的体系化。笔者反对仅仅针对网络著作权领域的某一问题进行立法或者修法活动，因为该行为不符合法律的稳定性，但支持针对网络著作权领域的有关问题制定一部全面完整的法规，该部法规应将网络著作权领域的特殊性与利益平衡问题相结合，列举出网络著作权领域的合理使用情形；应对网络服务提供行为和作品提供行为进行明确的界定，明确相应的权利、义务内容；应对技术措施以及权利管理信息进行详细规定，包括其概念、保护及例外情形等。《著作权法》（2020 年修正）第 49 条至第 51 条、第 53 条对技术措施以及权利管理信息的保护作了规定，但并未全面涉及网络著作权保护领域的问题，网络著作权领域专门法规的制定仍具必要性与紧迫性。此外，我国有关法律未对著作权直接侵权以及间接侵权进行分类，仅规定了共同侵权规则，并未确立直接侵权、间接侵权制度，司法实践中一直运用共同侵权规则来处理网络的帮助侵权问题。[1]但是，"著作权法中的间接侵权责任，是著作权领域中制度变革最快、社会关注度最高、与技术发展和商业模式更新联系最密切的一个问题"，[2]在立法上对著作权间接侵权的行为、认定等予以明确很有必要。

其次，我国需要加强案例的指引作用。我国虽然不是判例法国家，但是不妨碍吸收这种形式进行判例指导和协调相关案件的处理。[3]目前对于盗链行为的侵权认定，在司法层面处于不统一的状态，因此，笔者认为，为了完善对于盗链行为的规制，司法层面应建立相应的案例指导制度。对于立法无法触及的

---

〔1〕　参见杨小兰：《网络著作权研究》，知识产权出版社 2012 年版，第 245 页。

〔2〕　杨小兰：《网络著作权研究》，知识产权出版社 2012 年版，第 240 页。

〔3〕　杨以元："聚合视频 APP 著作权侵权问题研究"，烟台大学 2016 硕士学位论文。

地方，法院的典型案例形成视频行业著作权保护的风向标，通过典型案例的整理、公布、援用，带动司法活动的进行，同时为相关方提供指引。[1]

2. 盗链行为涉及的相关方加强著作权保护意识

在知识产权保护体系日趋全球与完善化的今天，尊重知识产权更多地体现在市场竞争法则中，不尊重他人的知识产权将会在诉讼和纠纷的泥沼中难以自拔；不尊重自己的知识产权，则将丧失自己的竞争优势。[2]因此，盗链行为涉及的相关方应重视、尊重知识产权，加强著作权保护意识。

视频聚合平台需要加强内部管理以及外部沟通。首先，在链接相关视频作品时需要履行自身注意义务。在诉讼中，设链网站多因未尽到合理的审查注意义务、"合格"通知删除义务而承担责任。[3]目前，我国主流视频网站都已建立影视版权信息库，比如乐视视频、搜狐视频、优酷视频等。[4]设链网站需要联系有关作品的版权归属网站获得授权，尊重内容被链网站的播放规则，与之展开合作，建立双方认同的合理分成模式，[5]以期构建网站之间的良性竞争格局，使整个视频行业实现和谐共赢的发展。需要重视"避风港规则"，适用"通知与删除"程序，在收到合法享有有关权利的网站的通知后，主动移除或断开链接。最后，设链网站需要尊重被链网站的技术措施，不得采取避开或者破坏被链网站的技术措施的方式设置链接，更不得与被链网站进行盗链与反盗链的丛林战争。

被链网站需要确保自身内容的合法性，加强技术措施并采取合理方式解决争议。首先，被链网站需要确保自己平台上的内容为正版作品。被链网站可以通过从权利人处购买正版版权、与其他视频网站进行视频内容共享、与影视公司共同进行视频创作或者自行制作高质量的网络剧等方式保证自己网站上的作品为正版作品，做一个合法正规的视频网站。其次，被链网站应加强技术措施，并在有关界面进行明确的版权声明。最后，纠纷发生时，采取适当方式积极解

---

〔1〕 倪静：《知识产权争议多元化解决机制研究》，法律出版社 2015 年版，第 520 页。

〔2〕 牛静：《视频分享网站著作权风险防范机制研究》，华中科技大学出版社 2012 年版，第 134 页。

〔3〕 刘青、田小军："移动视频聚合应用法律问题分析"，载《中国版权》2015 年第 2 期。

〔4〕 牛静：《视频网站著作权纠纷及其防范管理机制研究》，知识产权出版社 2015 年版，第 104 页。

〔5〕 陈婷："视频聚合 APP 侵犯著作权问题探究——以利益平衡为视角"，载《黔南民族师范学院学报》2016 年第 4 期。

决纠纷。根据我国有关法律规定，设链网站可采取协商解决、仲裁与诉讼的方式解决纠纷。其中，协商解决是最理想的争议解决方式，不仅可以节约诉讼成本，也有助于双方在协商的过程中达成友好合作关系。无法通过协商解决时，可考虑采取仲裁的方式。与诉讼相比，仲裁更具有时间效益，比较节省时间。前述两种方式均不适用时，被链网站要向法院提起诉讼，积极维护自身权益，并注意证据的收集与保全。

著作权人可以在与被链网站签订合同时设置自我保护措施。著作权人在进行原始授权时，可以在合同中明确要求并约定相应的违约责任，督促被链网站采取技术措施。当纠纷发生时，著作权人也应该积极维护自身权益，参与到诉讼中去，为打击盗版行为出一份力。

五、结论

盗链行为极大地损害了著作权人以及正规视频网站的合法权益，对视频行业生态、市场秩序造成严重影响，不利于互联网时代视频行业的发展。在我国现有著作权法框架下，对盗链行为的规制不应采取用户感知标准、实质呈现标准以及实质替代标准，而应采用符合信息网络传播权的立法渊源、符合信息网络传播行为的性质以及我国司法实践中主要采用的标准——服务器标准。服务器标准下，盗链行为不构成信息网络传播行为，不是对信息网络传播权的直接侵犯，但这并不意味着盗链行为不受著作权法规制。在满足条件的情形下，对向公众开放的侵权作品进行盗链的行为，有可能在被链网站构成直接侵权的情况下，构成对权利人信息网络传播权的间接侵权。对向公众开放的合法作品进行盗链的行为，属于著作权法的禁止行为，可适用《著作权法》中有关技术措施的相关法律规定，认定该行为是故意避开或者破坏权利人技术措施的行为。对未向公众开放的侵权作品进行盗链的，上传者的行为构成对权利人信息网络传播权的直接侵权，设链者的行为构成对权利人信息网络传播权的间接侵权。为了视频行业发展的长久性，我国要加快立法步伐，制定一部全面完整地调整目前已出现以及未来可预见的网络著作权问题的法规，加强立法前瞻性、技巧性与可操作性，实现我国网络著作权保护制度的体系化。同时，司法层面应建立相应的案例指导制度，为相关方的行为提供指导。此外，相关方也应充分尊重知识产权，加强著作权保护意识。

数字技术背景下私人复制问题研究

刘人华

一、私人复制问题概述

本部分立足于私人复制的实质，提出对私人复制概念的界定；回顾与分析模拟时代私人复制问题的规制，对合理使用制度的正当性进行分析；结合数字技术时代的背景，提出数字技术时代应对私人复制问题的基本原则，即利益平衡原则。

（一）私人复制的概念及特点

研究法律问题的前提是厘清法律概念，因此首先要明确私人复制的含义。随着私人复制问题的不断深化，不同国家著作权法及国际公约对私人复制的概念界定均有所体现，但是定义的方式有所不同。笔者认为，法律具有滞后性，数字技术背景下，当出现的新问题对原有法律概念造成冲击后，只有立足现实情况，重新界定法律概念，才能从根本上解决法律问题。是故，对私人复制的定义不可完全依赖于现今法律，而应结合行为的实质进行分析，重新合理地进行定义。

既然某类行为拥有私人复制的命名，这个命名必然能诠释这类行为的特征。所以，首先应从私人复制的字面意思入手进行分析。所谓私人复制，包含两个概念，即私人和复制。对此，分别进行阐释。

1. 私人的概念界定

私人，字典里的解释为"个人的"。笔者认为，对私人二字的理解，存在以下三种方式：第一，行为主体限定为本人。无论这个行为如何，在整个行为过程中只能由自己来完成并享受成果，而不能有其他人参与。第二，行为结果归属于自己，即在行为过程中，可以有其他人参与，甚至可以委托他人完成，但是行为的成果只能归属于自己。第三，将私人扩大化，可以包含家人或者朋友。在这种理解下，私人行为的过程中，可以有他人参与，并且行为后的成果还可以在家庭或朋友间小范围传播。笔者认为，第一种理解方式显然不可取，因为对于私人行为，尤其是私人复制行为，个人往往很难完全依靠自己运用复制技术进行复制，其需要设备的提供和人力的支持。所以，第一种理解方式将私人行为的主体限定得太窄，不合理，更不可取，其他两种理解较为合理。

2. 复制的概念界定

复制指的是复制行为。本文讨论的复制行为是受到复制权控制的复制行为，这种行为一般通过各国的法律明确规定。然而，随着数字技术的不断发展，法律对复制行为的规定是否合理，值得重新探讨。

随着复制技术的不断进步以及新的复制技术的出现，关于何为复制行为出现了不同的声音。在以前，复制行为需要消耗大量时间和精力，一般是一种公开并有明显意图的目的行为。随着技术的发展，复制行为变得迅速且成本低廉，复制行为不全是明显的目的行为，有一些复制行为甚至是在使用者不知道的情况下自行复制的。

对于复制行为，不同的法律有着不同的认定方式。复制行为在2010年修正的现行《著作权法》第10条第1款第5项规定，即指以"印刷、复印、拓印、录音、录像、翻录、翻拍等方式将作品制作一份或者多份"的行为。在2020年再一次修正的《著作权法》相应规定中，复制的内涵被作了适当修改，具体而言，是指"以印刷、复印、拓印、录音、录像、翻录、数字化等方式将作品制作一份或者多份"的行为。可见，我国法律是采用列举式定义复制行为的。《法国著作权法》规定复制为用"各种可使公众间接得知的方法对作品加以有形固定"。[1] 大多数国家的著作权法均把不增加再创作内容的活动归为复制行为。[2] 相比之下，对复制行为的列举式定义方式，受到数字技术的冲击尤为严重，需要不断通过增加新的复制方式来完善立法。举例来说，数字作品产生后，国家版权局于1999年发布的《关于制作数字化制品的著作权规定》第2条规定，将已有作品制成数字化作品属于著作权法意义上的复制行为。我国《著作

---

〔1〕 彭学龙："技术发展与法律变迁中的复制权"，载《科技与法律》2006年第1期。

〔2〕 郑成思：《知识产权法》，法律出版社1997年版，第391页。

权法》（2020 年修正）对复制行为的内涵增加"数字化"形式更是体现。

基于上述分析，笔者认为，在数字技术发展迅猛的时代，法律定义复制行为不适宜再用列举复制方式的模式，而应抓住复制行为的本质特征进行定义，因为复制方式会不断更新，但是复制行为的本质特征在任何时代都不会改变。

对复制行为本质特征的探寻，可以通过以下路径进行。复制行为受到复制权的规制，违法的复制行为必将侵害复制权。复制权作为著作权的一项权能，侵害复制权的行为必将侵害著作权人的合法权益。立足于著作权所保护的合法权益，笔者认为，复制行为的本质特征应有两点：

第一，在复制行为中，复制者并未产生独创性的表达。著作权法保护的是作品独创性。也就是说，凡是凝结了作者独创性表达的都应当受到著作权法保护。复制权作为知识产权的一项权能，也只能控制仅包含具有独创性表达内容的作品及其复制品。因此，复制行为只能是通过一定的技术手段，对原作品的创意进行再现和表达，而未增加新的独创性表达。

第二，复制行为会降低作品为作者带来的经济利益。著作权之所以要控制作品复制行为，原因在于复制件与原件相差无几，复制品相较于原作品具有竞争性，这种竞争性表现为对原作品形成市场替代，因而会对著作权人的合法经济利益造成损害。倘若复制品的产生对原作者没有任何著作权意义上的损害，法律就没必要对其进行约束，而相应的行为也不应界定为受著作权控制的复制行为。举例来说，数字技术背景下产生的临时复制是典型的自发性复制行为，使用者在浏览网页时，某些作品会自动地被计算机储存在某一储存区，而使用者不知道这一过程。这种临时复制下的复制作品会在一定时间内储存在内存中，当使用者再次访问相同的内容时，计算机可以自动调取。可以看出，复制行为虽然存在，但是其存在于内存中，不可被取出，相较于原作品并没有产生任何竞争性，更不会对著作权人的合法权益造成任何损害。因此，这种临时复制行为就不应被界定为受复制权控制的复制行为。

（二）模拟时代的私人复制问题

模拟时代，各国法律普遍用以规制私人复制问题的方式为合理使用制度，合理使用制度在研究私人复制问题时具有重要地位。为此，需要了解合理使用制度的立法初衷和积极意义，并分析模拟时代用合理使用制度规制私人复制问题的正当性。

1. 合理使用制度

在模拟时代，私人复制一直受合理使用制度的规制。受到数字冲击后，在立法层面，是否应该继续用合理使用制度来规制私人复制成为争议话题。所以，有必要对合理使用制度的产生背景和立法原意进行深入的挖掘，这样有助于在数字技术背景探讨私人复制行为和合理使用制度的关系。

合理使用，是指在一定条件下可以不经著作权人的许可，也不必向其支付报酬而对作品进行使用的行为。[1] 合理使用制度的创设初衷是解决后续使用者为了创作新作品如何利用先前作品的问题。[2] 合理使用制度是在为后续使用者创设权利，一定程度上限制了原作者的著作权专有权，让两种权利达到一种和谐共存的状态。这种协调后的平衡是原作者和后续使用者都可以接受的，对原作者来说，合理使用制度虽然对其著作权专有权造成了损害，但是这种损害是比较微小的，几乎可以忽略不计；对后续使用者来说，合理使用制度是为其进一步创作提供了便利。更重要的是，合理使用制度还会对著作权的发展起到非常大的作用，这可以从以下两个角度体现出来：

第一，从作品传播角度看，著作权的发展离不开作品的传播，而合理使用制度恰恰在促进作品的传播。举例来说，对已经发表的作品，假若没有合理使用制度，任何人任何一次使用作品的行为就都需要征得原作者的许可并支付报酬。如果使用者仅仅想要使用一次某一发表作品，且仅用于个人使用，但他却需要经过获得许可和支付报酬两个步骤，这无疑是不便利的。这种不便利可能会导致使用者不愿意使用或借鉴原作品，而这必然会减少作品的传播，进而阻碍著作权法立法宗旨之实现。合理使用制度就是为一些行为设置绿色通道，使得这些行为可以免于许可和支付报酬。由此可以看出，合理使用制度对某些使用行为的通融使作品可以通过这些途径快速传播，传播的广泛性也有利于促进对著作权的保护。

第二，从利益平衡角度看，著作权是在保障作者的利益，而保护作者利益的同时，又不可忽视社会公众使用作品的权益。这两种利益是相对的，单纯地限制一方的存在都不可取，而需要在两者中进行一种利益平衡。合理使用制度恰恰是从保障社会公众利益的角度出发，寻求一种平衡，其选择的平衡方式就是规定公众接近作品的一些行为可以不经过著作权人的许可。合理使用制度可

---

〔1〕　冯晓青："著作权合理使用及其经济学分析"，载《甘肃政法学院学报》2007年第4期。

〔2〕　冯晓青："著作权合理使用制度之正当性研究"，载《现代法学》2009年第4期。

以促进作品的传播，随着作品传播范围的不断扩大，作品的知名度也会逐渐增加，这会促使更多的人使用作品，作者获得报酬的可能性也就越大。因此，合理使用制度看似是在保护社会公众利益，实则是在著作权人和社会公众之间形成了一种良性循环，促进二者利益的共同发展。合理使用制度的产生，是法律通过赋予使用者一定的权利限制作者的著作权，进而可以在两者之间达到一种利益平衡，而这种利益平衡恰恰会使得双方的利益都达到最大化。一般来说，合理使用制度规定的这些使用行为应该是较为普遍的、不可避免的，且对著作法权保护的合法利益造成的损害不大。否则，合理使用范围过宽，会使著作权人的专有权严重受损，进而导致利益失衡。

可见，合理使用制度的立法背景是著作权法所保护的利益和社会公众使用作品的权益发生冲突，而其立法目的是通过平衡两者的利益，让作品在特定情况下不经许可与索要报酬而可以进行传播，形成作品流通的良性循环，促进两者利益达到最大化，进而维持著作权领域各方利益和谐稳定。

2. 私人复制行为界定在合理使用范围内的正当性

数字技术出现之前，属于著作权制度史上的印刷时代。这一时期的复制行为有两个特点：一是，复制方式单一；二是，个人复制品无法公开传播。[1]首先，此阶段的复制行为成本很高，倘若有复制行为，一般也是基于很强的使用目的，不会无故复制很多复制件，复制件在数量上就不存在广泛传播的可能性。其次，复制技术不高，复制行为产生的复制件质量与原件不能匹敌。所以，即便复制件可以传播，复制者也很难通过复制件获取利益。印刷时代，复制行为尚且因为质量不高和复制件不能广泛传播而不能对原著作权人造成很大的影响，私人复制行为产生的影响便微乎其微。可以这样说，印刷时代的私人复制行为对著作权人造成的损害是微不足道的，法律对其进行规制却需要投入大量的精力，而得到的结果有可能是著作权人不需要的。于是，无论是权利人还是法律，都选择了放任。所以，在各国的法律规定中，都将私人复制行为归为法外空间，并将这种行为纳入合理使用的范围。从某种意义上来说，合理使用制度构造了一种利益平衡，而将模拟时代的私人复制行为纳入合理使用范围内，不会打破这种平衡。因此，将模拟时代的私人复制行为纳入到合理使用范围内具有正当性。

---

〔1〕　张今：《版权法中私人复制问题研究——从印刷机到互联网》，中国政法大学出版社2009年版，第45页。

（三）数字技术时代的私人复制问题

数字技术时代的私人复制争议，在于两大焦点问题——私人复制行为界定和行为规制。为此，需要确立处理私人复制问题的基本原则，即利益平衡理论。

1. 数字技术带来的私人复制问题挑战

技术的发展会引起法律制度的变革，著作权法律制度本身作为技术特别是印刷传播技术发展的产物，其每一次变革都深受技术特别是传播技术发展的影响。[1] 数字技术在复制技术和传播方式上都带来了很大的变革。

所谓数字技术，是指借助一定的设备将各种信息，包括图、文、声、像等，转化为电子计算机能识别的二进制数字"0"和"1"后进行存储、传播、还原的技术。[2] 数字技术的产生，使得复制原作品的成本变低，复制件的质量变高。任何作品只需要通过一定的设备转化为二进制码，复制行为就完成了，转化过程耗时很短。当需要使用时，只需要对二进制码进行还原，所获得的复制作品与原作品几乎完全相同。在传播方面，互联网的产生使得传播范围扩大，传播速度变快。一件作品只要上传到互联网，就可以在几秒钟内在世界范围内传播。复制技术和传播方式的进步，给私人复制问题带来了一些新的挑战，尤其体现于以下两方面：

第一，如何界定私人复制行为出现争议。在印刷时代，复制方式较为单一，即便法律对私人复制行为没有明确的定义，在实践中也可以很轻易地分辨出是否为私人复制行为。然而，数字技术催生了许多新型的复制方式，如 3D 打印技术、临时复制以及 P2P 技术等。于是，对于这些新的复制方式，在法律没有明确界定的条件下，其是否属于私人复制行为就成了理论界热议的要点。然而，正如前文所述，对行为的定性是一切研究的前提，私人复制行为亦是如此。数字技术时代的到来，使得何为私人复制行为变得模糊不清，也严重影响了法律对私人复制行为的规制，这无疑是其带来的一大挑战。

第二，私人复制行为的规制出现争议。数字技术时代复制成本变低，直接导致了私人复制的规模变大，而复制技术的进步又直接导致了复制件相较于原件的竞争性变强。因此，越来越多的高质量私人复制行为产生，其直接后果就是严重损害了著作权人的著作权权益。然而，通过上文的分析可知，在

---

[1] 冯晓青："网络环境下私人复制著作权问题研究"，载《法律科学》（西北政法大学学报）2012 年第 3 期。

[2] 何瑛："论数字技术在影视制作中的应用前景"，载《中国科技财富》2012 年第 8 期。

模拟时代，将私人复制行为纳入合理使用制度的前提就是行为的低损害性。正是因为其是"小事"，法律才选择了不予过问。但在数字技术时代，私人复制行为的特点发生了变化，关于其是否应被继续界定为合理使用行为开始引人深思。

　　总之，通过上文的分析，可以总结出数字技术背景下私人复制所面临的问题。如果将私人复制和合理使用看作两个集合，那么在数字技术出现之前，私人复制包含于合理使用集合具有正当性。但是随着数字技术的进步，两个集合将由内含变为相交，即有一部分私人复制行为不再是合理使用的下位概念，不再受到合理使用制度的保护，从而转变为侵权行为。我们要做到的就是在分析数字技术背景下的私人复制问题后，重新定义处于合理使用范围内的私人复制行为。同时，基于利益平衡理论，完善合理使用制度，并尝试引入除合理使用制度之外适合我国国情的新的规制方式，合理地解决数字技术背景下的私人复制问题。

　　2. 数字技术时代处理私人复制问题的基本原则

　　数字技术给私人复制带来了挑战，体现在行为的定性和行为规制两方面。笔者认为，在数字技术时代对私人复制行为的定义和规制，应立足于私人复制领域的理论基础。数字技术日新月异，若不立足于理论基础，只是单纯对现存技术带来的私人复制问题进行规制，一旦新技术产生，法律规制又将落后。因此，必须将私人复制领域的理论基础作为核心原则，这样才可以做到从根本上处理私人复制问题。由于私人复制涉及著作权人个人利益与他人利用的社会公众利益，笔者认为，利益平衡理论能比较好地处理两种利益的关系，使得两种利益达到各自的最大化。

　　著作权法的发展进程中一直有利益平衡的存在，利益平衡对著作权法有着牵引和指导的作用。德国法学家耶林认为，保护个人自由并不是法律的唯一目的，法律的目的是在个人原则与社会原则之间形成一种平衡。[1] 可以说，著作权法本身的特性决定了其在任何一个阶段的发展过程中都不可缺少利益平衡理论的支撑。

　　著作权法的发展进程中，复制技术不断更新和发展使得作品更快捷地复制与更大范围地传播成为可能，作者的权益开始受到了损害。当人们辛辛苦苦创

---

　　〔1〕 ［美］E. 博登海默著，邓正来译：《法理学：法律哲学与法律方法》，中国政法大学出版社1999 年版，第 109 页。

作出来的智力成果不能为其带来丝毫利益时，人们的创作热情必然会降低。著作权制度的创设就是为了通过赋予著作权人专有权的方式来保障其合法权益，让人们拥有创作热情。然而，在赋予著作权人专有权后，公众使用作品就受到了一定程度的限制，在两种利益的抗衡之下，法律逐渐将目光聚焦到这种权利的"专有程度"上。笔者认为，著作权法的最终目的是通过良性循环让著作权领域各方主体处于稳定而和谐的状态：一方面，著作权的存在保障了这种良性循环不会从源头枯竭。另一方面，作品传播为作者带来利益，这也是作品的价值所在。若想整个著作权领域繁荣，就必须保证作品的合理传播。因此，著作权不能是一种绝对垄断性的权利，而应当保证公众对作品合理的接近。于是，法律在保障著作权人合理权益的前提下，尝试进行利益平衡。

模拟时代，在著作权人的复制专有权与公众想要接近作品进行私人复制的抗争下，法律选择利用合理使用制度进行利益平衡，这种利益平衡方式很好地处理了模拟时代的私人复制问题。合理使用制度采用了一种均衡著作权人和社会公众利益的方式，不否定两种利益的存在，而是寻求能让双方都可以接受的利益平衡点。当时著作权人的专有权专有性过强，所以合理使用制度通过适当地减损著作权人的复制权而为社会公众增加部分利益，从而寻求一种平衡。模拟时代的复制技术不成熟，复制品质量低且无法大量传播，这种利益平衡方式是适应时代背景的。

数字技术的产生打破了原有私人复制领域的利益平衡，但是合理使用制度和利益平衡理论仍然适用于数字技术时代的私人复制问题。数字技术使得复制行为便捷且质量变高，网络环境营造了一个平台，让复制品向更广的范围传播。纵使环境发生变化，仍存在著作权人个人利益与他人利用的公众利益，且复制技术的不断进步是受到社会公众的需求引导的，更不应该让著作权人单独享受复制技术进步带来的利益。因此，数字技术时代的私人复制问题仍应立足于利益平衡理论，通过寻求数字技术背景下的新平衡点，再次形成私人复制领域的利益平衡。

综上所述，笔者认为，利益平衡理论是著作权法发展与进步所要坚持的核心原则，虽然数字技术的出现已经打破了原有的利益平衡，但是利益平衡原则是必须坚持的。在数字技术的挑战下，应立足于利益平衡理论，通过完善合理使用制度或者采取其他符合利益平衡理论的规制方式来规制私人复制行为。

二、国外及国际公约对私人复制问题的规制

在私人复制领域，各国法律规制有所差异。数字技术背景下，各国更是采用不同的方式应对私人复制问题，一些外国法律及国际公约的应对方式具有可取之处。本部分将探讨美国、德国以及国际公约中处理数字技术背景下私人复制问题的方式，分析长处，为我国应对这一问题提供借鉴。

（一）美国对私人复制问题的规制

1. 美国法律规定

美国并没有单独规制私人复制问题，而是概括性地对合理使用制度进行规定。私人复制是合理使用中的一类行为，了解美国的合理使用制度，就相当于了解了对待私人复制问题的态度。美国在合理使用制度方面主要通过两个法律进行规制，一个是 1976 年《版权法》，一个是 1998 年《数字千年版权法》。美国《版权法》第 107 条规定了判定合理使用时应考虑的四个因素：其一，该使用的目的与特性，包括该使用是商业性质的还是为了非营利的教学目的；其二，该版权作品的性质；其三，所使用部分的质与量与版权作品作为一个整体的关系；其四，该使用对版权作品之潜在市场价值产生的影响。[1] 以上四种判断因素是美国对于任何合理使用行为的判定标准，而这其中就包括私人复制行为。通过法条可以看出，美国的立法方式为因素式立法，对合理使用行为没有明确的定义，而仅仅是给出了在处理这类问题时应该考虑的因素，是一种指引性的法律规定。在实践中，法官需要从这四个方面进行衡量，从而对行为进行认定。

笔者认为，这样的立法方式有可借鉴之处。美国关于合理使用的立法是立足于合理使用正当性的本质，判断行为是否符合合理使用制度的立法原意，这可以更好地区分受合理使用制度规制的行为。在数字技术快速变化的背景下，新的技术不断出现，私人复制永远面临新的挑战。因此，认定私人复制行为时，认定因素越开放，越能灵活应对技术带来的新问题。如前文所述，数字技术带来的问题中，最大的问题就是私人复制行为是否应继续纳入到合理使用范围内。显然，美国这种抽象概括式立法适应时代变化的能力很强，可以很好地兼容不同背景下的私人复制问题。但是，这种开放式立法对法官的个人素质要求很高，法官需要在不同个案中合理地判断某一行为是否符合法律规定的四个因素，而

---

〔1〕 于南："美国版权法的合理使用制度及其对中国的启示"，载《企业经济》2011 年第 12 期。

这也会带来法官自由裁量权过大的问题。这些都是我国在借鉴时应该有所考虑的。

　　美国是判例法国家，Napster 案是有关私人复制问题的一个案例，影响较为深远。该案中，美国法院将抽象概念具体化，对法条展开了比较详细的解释，完整地诠释了如何利用四因素判定法来判断某一行为是否为合理使用行为。本案的原告为美国唱片协会，被告为 Napster 网站，是由一名叫肖恩范宁的大学生创办的。Napster 网站利用 P2P 技术，凡是网站的用户都可以对他人电脑中的 MP3 文件进行下载。Napster 网站用户对 MP3 文件的下载是否是合理使用，成为原被告双方争议的焦点，也是 Napster 网站是否承担侵权责任的关键。[1] 美国法院通过四因素判定法进行如下判定：第一，私人复制的目的是否为商业使用。美国法院认为，判断行为是否具有商业性目的，不以是否获得经济利益为判断标准。即使没有销售复制品，复制行为也同样可以认定为商业使用。[2] 笔者认为，Napster 网站使用者虽然对下载的 MP3 文件没有销售行为，未通过复制品获取金钱利益，但是其行为本身避免了自己获取正版音乐而带来的损失，因此也应当属于商业使用。第二，所复制作品的性质，即该作品是否拥有著作权。很显然，该案所涉及的作品都有著作权。第三，私人复制是否会对版权作品的市场价值产生影响。美国法院认为，市场影响不是影响了版权人的商业模式，任何使得版权人市场份额变小、来自于市场的经济利益变低的行为，都应属于对版权人作品潜在市场价值产生影响的行为。该案中，Napster 网站用户广泛，这种大范围的共享行为已经使得唱片公司正版音乐的销量锐减，这无疑会影响版权人作品的市场份额和价值。因此，美国法院最终没有将 Napster 网站使用者的行为认定为合理使用行为，而认定为侵权行为，Napster 网站也因此成为间接侵权者。

　　2. 美国法律规定可借鉴之处

　　通过分析可以发现，美国法律对所有合理使用行为都进行了目的限定，这同样适用于私人复制行为。然而，美国的目的限定是"非商业目的"，而不同于我国的"个人研究、学习与欣赏"。同时，美国关注对作品市场价值的影响，而

---

　　〔1〕　梅臻："美国 Napster 案评析——兼论我国著作权法中的合理使用制度"，载《法学》2011年第 5 期。

　　〔2〕　张今：《版权法中私人复制问题研究——从印刷机到互联网》，中国政法大学出版社 2009 年版，第 153 页。

作品的市场价值可以为著作权人带去经济利益，这与我国法律中规定的作品正常使用有相似之处。笔者认为，美国立法中的"非商业目的"限定，优于我国立法。数字技术背景下，私人复制的新问题使得公众利益扩张而著作权人利益受损，利益平衡向公众移动而打破了原有的利益平衡。而"非商业目的"这种表述方式，恰恰能很好地体现合法的私人复制品不应对著作权人经济利益造成不合理的损害，所以规定不得具有商业目的是立足于利益平衡理论，进而来解决私人复制问题，具有可取之处。

（二）德国对私人复制问题的规制

1. 德国法律规定

德国法律对私人复制问题也有所规制，随着数字技术的不断进步，德国也对此进行了修改。笔者认为，德国法律的修改反映出其应对数字技术的态度，因此应详细对比其修改前后的法条，分析其优劣。修改之前的德国法律对私人复制行为没有进行明确的定义，对私人复制行为的限定也仅仅是对目的进行限定（"为私人使用目的"）。修改后，德国法律仍然确认了私人复制权，但进行了两点更改：第一，将私人复制行为的合法性与作品的合法性相连。德国联邦参议院的意见认为，只允许"复制人拥有合法的原件时的复制"。[1]也就是说，倘若作品是由他人盗版而来，使用者进行私人复制，这种行为是不受保护的。然而，让私人复制者自己判断所复制作品的合法性是有难度的。考虑到这点，德国法律减轻了使用者的判断责任，规定判定作品是否合法的标准是，"复制正本不是明显地违法制成"就可以视作合法。第二，禁止任何营利目的的私人复制行为。在修改之前，德国法律只是禁止了音像作品和艺术作品受委托人的营利目的，但是修改之后，与私人复制有关的一切营利行为都不被允许，而且不区分作品种类。笔者认为，这种修改是合理的，因为在数字技术高速发展过程中，新的作品形式和新的复制方式将会层出不穷，故以穷尽式列举方式进行法律规定是不可取的。同时，德国禁止任何营利目的私人复制行为也是基于著作权法领域的利益平衡理论，因为复制件的营利性必然会将原著作权人应得的利益转移至私人复制者处，损害原著作权人的合法权益，导致其利益受损。

2. 德国法律规定可借鉴之处

德国法律中明确规定了私人复制权，这是我国和美国立法中所没有的。修

---

〔1〕 马琳："德国著作权法中的私人复制与反复制问题"，载《法商研究》2004年第4期。

改后的德国法律同样对私人复制行为进行了目的限定，但其限定的方式是"非营利目的"，类似于美国立法中的"非商业目的"，是符合利益平衡理论的。另外，德国法律对作品合法性的规定具有可取之处，可以被我国借鉴。在处理私人复制问题时，美国和德国都将作品的合法性纳入判定私人复制行为的考量因素之中，但是在我国立法中并没有提及。两国立法中，德国在这方面的立法更为清晰明确。德国法律规定，合法的私人复制行为的前提是其所复制的作品具有合法性，否则，将不能构成合法的私人复制行为。[1] 规定判定作品是否合法的标准是"复制正本不是明显地违法制成"，这一点值得肯定。

（三）国际公约对私人复制问题的规制

1.《伯尔尼公约》

国际公约对私人复制问题也进行规制，其中最重要的国际公约应属《伯尔尼公约》。《伯尔尼公约》开著作权国际保护之先河，其他有关著作权保护的国际公约都以其为依托。《伯尔尼公约》并没有对私人复制问题做出单独规制，但其规定了"三步检验法"。"三步检验法"是用来规制著作权领域一切复制侵权的例外情况，且仅限于例外情况。这种规定是开放式的，但也是基础性的，即加入公约的各个国家可以在本国法中规定一些例外情况，目的是让行为人免责于复制权侵权。只要所规定的例外情况通过"三步检验法"的检验，就可以被认定为不属于复制权侵权行为。

"三步检验法"的具体规定为《伯尔尼公约》第 9 条第 2 款："允许在某些特殊情况下复制上述作品，只要这种复制不与作品的正常利用相抵触，也不无理由地损害作者的合法权益。"通过法条可以分解出"三步检验法"的三个步骤：第一步，对接受检验的主体进行限定。该法条检验的是一种复制行为，这种行为必须是各国法律基于明确的目的而设定的例外情况，且该例外情况必须是明确而具体的。第二步，行为是否与作品正常利用相抵触。但是在《伯尔尼公约》中，对何为作品的正常使用没有具体的规定。第三步，复制行为是否不合理地对作者的合法权益造成损害。这一步的判定重点是"不合理地"，而不是"损害"。复制行为对著作权人的合法权益造成损害不能成为该步检验不通过的理由，也就是说允许复制行为对著作权人的合法权益造成合理的损害，只有证明了这种损害是"不合理地"，才可以确定复制行为没有通过检验。然而，《伯

---

〔1〕　宋锡祥、夏玮："论德国著作权法的最新修正"，载《政治与法律》2004 年第 5 期。

尔尼公约》对"不合理地"并没有进行明确的解释。

2.《罗马公约》

相比于 TRIPs 协议，《罗马公约》在私人复制领域的法律规制有进步之处。TRIPs 协议在私人复制方面的规定与《伯尔尼公约》完全相同，在此不再赘述，而仅仅对《罗马公约》的进步之处加以说明。《罗马公约》同样规定了"三步检验法"，这点与《伯尔尼公约》相同，但不同的是，《罗马公约》在内容上明确将私人复制纳入到例外情况之中，这点是《伯尔尼公约》没有的。《罗马公约》第 15 条第 1 款就将"私人使用"明确规定为一种例外情况。[1]

3. 国际公约的可借鉴之处

国际公约对私人复制行为是否侵权规定了一个底线判定标准，即"三步检验法"。各国可以通过自己国家的法律，对合法的私人复制行为提出更高的要求，但是该要求绝对不能低于"三步检验法"。我国对私人复制行为的规制来源于《伯尔尼公约》，在《著作权法实施条例》中借鉴了"三步检验法"的后两部分。"三步检验法"对规制私人复制乃至所有合理使用行为都有积极意义，但《著作权法实施条例》法律位阶偏低，将"三步检验法"规定于其中可能会影响其发挥作用，故应将《著作权法实施条例》中的"三步检验法"相关条文移入《著作权法》。[2]另外，我国对"三步检验法"中的"不合理地"等概念未进行具体解释，应将"三步检验法"的抽象概念进行细化，否则可能会在实际应用的过程中造成法官自由裁量权过大。

三、数字技术背景下的我国著作权法

数字技术为私人复制带来了挑战，然而我国著作权法对私人复制的规制稍显不足。本部分将我国法律具体应用于几类比较典型的数字技术催生的新的复制技术，通过实践来分析我国法律是否能应对私人复制领域产生的变化，同时发现法律的不适应之处，从而进行法律改进。

（一）我国著作权法对私人复制行为的规制

私人复制首先是一种复制行为，如果一种行为连复制都称不上，私人复制便无从谈起。依据我国《著作权法》对复制行为的规定，我国法律采用不完全列

---

[1] 刘铁光："著作权与邻接权之间的等级关系——《罗马公约》的'前因后果'"，载《贵州社会科学》2011 年第 5 期。

[2]《著作权法》（2020 年修正）第 24 条对此已作出规定，具有合理性。

举复制方法的方式，通过对复制品的数量进行规定来定义复制行为。在《著作权法》第三次修改过程中，2014 年 6 月的《著作权法（修订草案送审稿）》将复制权规定为"以印刷、复印、录制、翻拍以及数字化等方式将作品固定在有形载体上的权利"。可见，立法进展已考虑到了数字环境下的复制问题。

我国法律对私人复制并没有明确的规定，但是可以通过相关法条推理得出。《著作权法》第 22 条第 1 款第 1 项规定，"为个人学习、研究或者欣赏，使用他人已经发表的作品"，属于合理使用的范围。该条实际是在著作权领域许可所有的个人使用行为，而复制作品也是使用作品的一种方式，因此该条可以看作我国法律对私人复制行为的规制。通过该条可以看出，我国对私人复制行为的规制是采用定义式立法，即通过定义来检验某一行为是否为私人复制行为。对定义的方式，法律则是采用限定行为目的的方式，即凡是出于"个人学习、研究或者欣赏"目的的复制行为都属于私人复制。然而，定义立法的局限性就是比较抽象，其行为目的往往需要相关证据证明。对于某一行为是否出于法定目的，并没有明确的认定方式。此外，法律对私人复制行为的主体、私人复制利益归属者以及私人复制行为中复制件的个数等都没有做具体的规定。这种立法的弊端在于认定行为的客观要件较少，导致判定没有明确标准，法官自由裁量权过大。

除此之外，我国《著作权法实施条例》第 21 条对合理使用范围内所有的行为进行了限制性规定，即行为"不得影响该作品的正常使用，也不得不合理地损害著作权人的合法利益"。该规定相当于给私人复制行为增加了附加条件。进言之，在认定一个行为属于合理使用制度中规定的"私人使用"行为时要经过三步检验：第一步，行为目的符合法律规定的私人目的；第二步，行为不得影响作品的正常使用；第三步，行为不得不合理地损害著作权人的合法利益。[1]

下面以两个典型的数字技术下的新型复制技术为例，研究我国法律能否成功解决新技术下的私人复制问题。

（二）我国著作权法应对与私人复制相关的典型新技术

1. 3D 打印

数字技术时代的很多新技术给人们的生活带来了天翻地覆的变化，3D 打印就是一项典型的新技术。此项新技术为人们的生活带来便利的同时，也对私人

---

[1] 该"三步检验法"是分析现行《著作权法》第 22 条和《著作权法实施条例》第 21 条后得出的。

复制产生了深刻的影响。3D 打印的原理是，将需要打印的东西运用数字技术转化为一个模型，计算机依据转化的模型，将原材料沉淀积聚并将材料加以黏合，层层增加材料成型。[1] 3D 打印完全突破了传统制造业的生产模式，将生产制造从传统的刀具、模型、车床以及复杂的工艺和人力资源中解放出来，仅仅依托于计算机辅助软件就可以进行生产。传统的打印技术中，可以复制的原件一般局限于纸张等平面作品。相比传统的打印技术，3D 打印将复印原件由平面变成了立体，复印的种类更为广泛。以下不妨在了解 3D 打印的基础上，运用法律对 3D 打印行为进行分析。

首先，需要认定 3D 打印是否为一种复制行为。依据我国法律对复制行为的规定，就复制方式而言，虽然 3D 打印采用了一种新的复制方式，但是我国立法采用的是不完全立法，所以其方式可以涵盖在"等"的范围内。法律中规定的"一份或者多份"仅仅是从数量上对复制品进行规定，而没有对复制品的品质进行规定，略显不明确。就 3D 打印来说，其复制品的产生受到原材料的限制，只有复制者拥有和原作品完全相同的原材料时才可以复制出一模一样的作品。对于一些高级产品，如汽车，由于原材料的限制，即便可以打印出外形相同的汽车，复制品也不具有实用性。对这种复制品的品质和原作品有很大差异的情况，其是否属于我国法律中规定的复制行为就会产生争议。

其次，需要认定 3D 打印是否是具有私人使用属性。认定行为属于合理使用制度规定的私人使用需要通过三个步骤进行检验。以 3D 打印某工艺品为例。第一步，行为目的判定。3D 打印某工艺品具有实用性，打印者多半很难证明自己进行打印不是出于个人使用目的。倘若出于个人使用目的，则很难将其归属为我国法律规定的"学习、研究以及欣赏"的目的，从这个角度来说，不应属于合理使用制度中的私人使用。第二步，判断 3D 打印是否影响作品正常的使用。在我国法律没有明确规定的情况下，是否影响正常使用难以认定。第三步，判断行为是否损害了著作权人的合法利益。使用者在购买某工艺品后，只要他有3D 打印机和原材料，他以后就可能再也不需要购买此工艺品了，因为完全可以通过 3D 打印获得。从这个角度来看，这显然损害了著作权人的合法权益。但是，法律并没有对损害程度设定标准，不能判定出这种损害是否为"不合理地损害"。因此，通过对 3D 打印的案例分析，可以看出我国法律对私人复制行为

---

[1] 徐迎春："3D 时代下的新型复制——CAD 模型的立体复制研究"，载《法制博览》2015 年第 8 期。

的规制不是非常明确，给法官自由裁量的空间很大。

2. P2P 技术

P2P 俗称"点对点技术"，它是一种新型的信息传播方式。传统的互联网传播方式是设置服务器，用户向服务器提出请求，服务器通过调取互联网上公开的信息与资源来满足用户需求。然而，随着 P2P 技术的产生，信息传播不再需要中心服务器，任何下载有 P2P 软件的用户之间的资源都是共享的。也就是说，当某一用户发现另一 P2P 软件使用者的电脑上有其所获取的资源时，可以转存到自己的电脑上供自己使用。在此过程中存在两个行为，一个是获取资源者的下载行为，另外一个是提供资源者的上传行为。在此以音乐资源为例，并且着重分析下载行为。

依据同样的思路，首先分析下载行为是否为一种复制行为。P2P 技术之下，对音乐资源的下载行为是典型的复制行为，不再赘述。

接下来，分析其是否具有私人使用属性。当使用者通过 P2P 技术从其他人电脑上获取音乐时，其多半是出于个人目的使用和欣赏音乐，符合我国《著作权法》中规定的目的限制。而从影响作品正常使用和不合理损害著作权人合法权益的角度来看，使用者通过 P2P 技术可以免费获得他人电脑中的音乐资源。使用者本应该从音乐作品的著作权人处以有偿方式获得，但 P2P 技术使得其可以不用支付任何报酬就享有他人的智力成果。试想，P2P 技术应用范围不断扩大，有一个使用者购买了音乐作品，随后进行了共享，那么所有人也会同时获得这一作品资源，这必将严重损害原作者的经济利益。但是，面对合法权益所受到的损害，通过法条仍然不能推断出这种损害是否为不合理的，以及是否影响作品正常使用。

（三）我国著作权法对私人复制的规制评析

1. 我国私人复制立法可取之处

我国立法中对私人复制的规制秉承的核心原则是正确的，从法律条文中可以读出一定的利益平衡思想。我国立法对私人属性是通过"个人学习、研究或者欣赏"目的进行判定，而出于学习、研究等目的的行为一般不会是大批量的使用，很少会因使用而造成原作者利益严重受损。从这个角度来说，我国法律通过列举一些不会严重损害作者利益的行为目的来界定合理使用行为，确实是基于利益平衡理论进行立法的。同样，根据我国《著作权法实施条例》第 21 条及《著作权法》（2020 年修正）第 24 条第 1 款的规定，私人复制行为不得"影响该作品的正常使用"以及"不得不合理地侵害著作权人的合法权益",也是立足于著作权利益平衡理论。我国立法背后蕴含的这种法律思想是合理的,这种立法的大方向也是正确的。

笔者认为,在私人复制还未盛行的模拟时代,著作权法规定使用者可以合理使用制度来对抗著作权,是著作权法做出的第一次利益平衡。在数字技术时代,虽然技术更新换代,私人复制领域发生了天翻地覆的变化,但依旧要从使用者和著作权人之间的利益平衡的高度来规制私人复制。数字技术时代,法律调整的不应是利益平衡思想,而应是法律对私人复制的规制方式,以达成符合时代背景的新的利益平衡。

2. 我国私人复制立法不足之处

第一,私人复制的定义方式不合理。我国在界定私人复制中的"私人"时,采用目的式立法。法律是通过正面列举三个使用目的——"学习、研究及欣赏"来进行限定,但立法中的目的限定太过宽泛,已经不适应数字技术时代的变革。如前文所述,P2P技术下的复制行为已经与现有立法发生了冲突。另外,就个人欣赏目的来说,几乎所有的少量复制行为都可以被这一目的涵盖。法律进行目的限定是为了区分行为,如果一种目的限定可以涵盖所有的行为,其就失去了区分的功效。所以我国的这种目的式立法有待改进。

第二,对私人复制的限定性规定不明确。现行《著作权法实施条例》及《著作权法》(2020年修正)中并未明确何为"作品的正常使用"以及"不合理地损害"。法律规定不明确会使得法官的自由裁量权变大,这并不符合我国国情。所以,法律应对私人复制的限定性规定做进一步的说明与解释,否则不会产生应有的法律效果。

第三,规制私人复制的法条位阶存在问题。我国《著作权法》通过合理使用制度对私人复制的"私人属性"进行了规制,但在《著作权法实施条例》中对合理使用行为进行了限定。笔者认为,合理使用制度作为进行利益平衡的方式,对其进行限定的条款应同样置于《著作权法》中,将限定条件规定在《著作权法实施条例》中,位阶偏低,有待改进。令人欣慰的是,如前所述,《著作权法》(2020年修正)已吸收了《著作权法实施条例》的相应规定。

四、对数字技术背景下我国立法规制私人复制问题的建议

数字技术背景下的私人复制问题引发了许多争议,我国现行《著作权法》

在规制上仍不完善。通过分析私人复制新问题，借鉴国外的合理应对之策，本部分旨在对我国立法提出建议，包括法条的进一步细化完善和引入版权补偿金制度等。

（一）重新定义私人复制行为

经前文分析，我国法律并没有明确规制私人复制行为，只能由现行《著作权法》第 22 条第 1 款第 1 项和《著作权法》（2020 年修正）第 24 条第 1 款第 1 项推断出来。并且，通过该条的目的立法方式，无法明确判定某一行为是否为私人复制行为。笔者认为，随着数字技术背景下私人复制问题越来越普遍，我国应在合理使用制度中单独规定私人复制权，清晰地界定受合理使用制度保护的私人复制行为之定义。可以从以下几点进行定义的完善：

第一，用"非商业目的"对私人复制中的"私人"进行限定。受合理使用制度保护的私人复制行为必须具有"非商业目的"，而不再局限于"个人学习、研究或欣赏"目的。这种立法方式的着眼点是著作权人的经济利益，关注社会公众和著作权人之间的利益平衡，符合应对数字技术时代新技术的核心原则。然而，"非商业目的"是比较宏观而笼统的限定，还需要在相关司法解释中对"非商业目的"的含义进行具体阐释，细化的重点有两个：其一，商业性使用不等于造成著作权人经济利益的损害。虽然商业性使用关注的是著作权人的经济利益，但并不意味着将两者画等号，即便是合理使用行为也会对著作权人的潜在经济利益造成轻微损害，故不能单纯从著作权人的经济利益损害来认定是否为商业性使用。其二，商业性使用应关注作品市场价值。市场价值是指一项资产在交易市场上的价格，它是买卖双方竞价后产生的双方都能接受的价格，〔1〕是对一项资产价值的综合反映，一般不会因为少量的复制件的存在而波动。所以，倘若一种复制行为造成了作品的市场价值的波动，这种复制行为的严重程度必然达到了侵犯作者复制权的程度，就不属于合理使用范围内的私人复制行为。

第二，对复制的定义着眼于是否具有独创性表达。随着新复制技术的不断涌现，我国立法中对复制行为的列举式立法方式已逐渐暴露其局限性。如前所述，我国《著作权法》对复制进行规制的着眼点是复制品的数量，并没有关注复制品的本质属性。如 3D 打印，原作品为 2D 作品而复制品却可能为 3D 作品，

---

〔1〕 孙红梅、胡安琴："金融资产经济价值评估方法的探讨"，载《商业会计》2010 年第 24 期。

复制品并不是完全和原作品相同,如果应用我国法律条文"将作品制作一份或者多份",则会产生争议。因此,建议着眼于复制品未增加任何独创性表达的本质特征进行立法,将现行《著作权法》第 10 条第 1 款第 5 项修改为:"复制权,即以印刷、复印、录制、翻拍及数字化等方式将作品固定在有形载体上而未增加独创性表达的权利。"[1] 通过这种方式,复制行为的定义更清晰且适应数字技术的大环境,也同样规制了属于复制行为范围内的私人复制行为。

第三,让私人复制行为的性质受作品合法性的制约。对于受合理使用制度规制的私人复制行为,我国法律并未要求复制作品的合法性。从利益平衡的角度考虑,如果不设置作品合法性这一限定条件,所有侵害作者权益的非法复制品就可以通过合法的私人复制行为传播和推广,这不仅会使作者的权益严重受损,也不利于遏制著作权领域的侵权行为。因此,作品具有合法性一定是受合理使用规制的私人复制行为的前提。然而,现实中,私人复制因一些客观条件会判断力不足,不足以准确地辨别出作品是否具有合法性。法律不适宜过于加重私人复制者的判断责任,可以尝试使用"排除合理怀疑"的标准,即私人复制者在判断作品合法性时,如果通过一些外观要件和客观条件,有理由相信作品具有合法性,即便该作品不具有合法性,私人复制者也可以免除因判断失误而产生的责任。这种处理方式既充分考虑到私人复制者的判断能力,又对侵权行为起到了限制作用。

因此,建议在我国《著作权法》中加入"私人复制合法性需以作品合法性为前提"的规定,但应降低私人复制者的判断责任,即作为善意私人复制者,只需要排除合理怀疑,证明自己有理由相信作品的合法性即可。

(二)形成细化的完整的"三步检验法"

《伯尔尼公约》中的"三步检验法"用于判断某一复制行为是合理使用抑或侵权行为,在我国的法律规定中有所体现。通过法律条文推理可知,私人复制在我国规制于合理适用范围内,是我国法律设定的一种不会侵害著作权的例外情况。在立法中完整地引入"三步检验法"既可以让我国的著作权发展更适应国际化要求,又可以通过条文细化而将其创新为我国应对数字技术挑战的立法新方式。

第一,将三步检验法整体化规制于著作权法中。我国在《著作权法实施条

---

[1] 本条为对《著作权法》第 10 条第 1 款第 5 项的修改建议,是基于原条款进行了适当改动。基于此观点,《著作权法》(2020 年修正)关于复制权的定义仍有进一步完善的必要。

例》第21条中规定，使用可以不经著作权人许可的已经发表的作品的，不得影响该作品的正常使用，也不得不合理地损害著作权人的合法利益。显然，《著作权法实施条例》将《伯尔尼公约》"三步检验法"中第一步的主体限定取消，不再仅仅针对复制行为，而是针对所有合理使用行为，其余部分则借鉴了"三步检验法"。然而，《著作权法实施条例》的法律位阶偏低，而"三步检验法"对规制私人复制问题乃至所有合理使用问题都具有重要意义，因此应将"三步检验法"体现于《著作权法》中，使其更好地发挥作用。这一问题前面已作一定程度的讨论，在此不赘述。

第二，将"三步检验法"中"作品正常使用"和"不合理地"进行细化。这两个概念比较抽象，《伯尔尼公约》没有细化。结合我国现实司法环境，应尽量细化法律条文，否则会造成法官的自由裁量权过大，与我国实情不符。

笔者认为，"作品正常使用"应理解为作者利用作品为自己带来利益。作者对作品享有著作权，作品的价值就是为作者带来利益，作品正常使用就是发挥其可以为作者带来利益的效用。这种利益不仅包含经济利益，还包含精神利益。如果一种行为的产生使得作者不能通过作品为自己带来利益，就是影响作品的正常使用。

对第三步检验中"不合理地"的解释，可以参照《斯德哥尔摩会议研究报告》对此的举例说明进行理解。该报告认为不合理侵权行为必须是"根据该国法律，此种情形需要支付合理报酬而未支付，方属于不合理地损害了作者的合法利益"。[1] 可见，认定"不合理地"侵害作者的合法权益必须依托于各国法律规定，一些国家可能会在法律中规定私人复制领域的法定损害程度，当行为人对著作权人造成的损害超出法定限度时，该行为可能会构成造成著作权人不合理损害的侵权行为。同时，从该报告中可以看出《伯尔尼公约》肯定了各个国家利用自己的方式对私人复制行为中失衡的利益分配进行再平衡。一些行为可能造成了著作权人权益损害，但是法律如果没有要求行为人对损害进行补偿，而采取其他方式进行利益平衡，该行为就不构成"不合理地"损害。举例来说，对于在著作权领域设定了版权补偿金制度的国家来说，即便私人复制行为对原作品作者造成了较大损害，但是版权补偿金的义务人对此行为进行了补偿，那么行为人的复制行为也不能被视为"不合理地损害了作者的合法权益"。因此，

---

[1] 孙英伟：《数字技术时代私人复制的困境与出路》，知识产权出版社2015年版，第62页。

笔者认为，"不合理地"的反义为"合理地"，"合理"就等价于法律的规定。我国《著作权法》中对"不合理地"的阐释应为"不属于相关法律规定的合理损害情形"。

（三）适时引入版权补偿金制度

版权补偿金制度是基于利益平衡理论，创设第三方主体进而在著作权人和公众利益间进行新一轮的平衡，具有可取之处。版权补偿金制度最早产生于德国，在欧洲平稳发展了近40年，绝大多数欧洲国家都采纳了该制度。这也证明了这种制度比较适合应对数字技术带来的私人复制领域的挑战。我国法律中未规定此制度，建议在今后尝试设立。以下笔者将从利益平衡的角度对此制度进行合理性分析，并探讨该制度是否适应我国国情。

1. 版权补偿金制度构造

厘清版权补偿金制度，只需要明确在制度中的三方主体，就可以清晰地了解其制度构造。此制度中，获取补偿金的权利人是各类著作权人，提供补偿金的义务人是复制设备的生产者和销售者，而补偿金的收取者为著作权集体管理组织。其运作机制是由收取者向义务人收取一定比例的补偿金，对权利人进行补偿，来弥补使用者对著作权人造成的损害。

2. 版权补偿金制度利益平衡分析

在版权补偿金制度中，使用者因私人复制行为对著作权人造成了损害，却需要复制设备的生产者和销售者替代其承担赔偿义务，这看似是不合理的，但从利益平衡角度进行分析，其实具有合理性和可行性。

在模拟时代，私人复制行为对原作品著作权人的利益造成的损害微乎其微，可以忽略不计，使用者和著作权人之间达成了一种利益平衡。在这种背景下，法律对私人复制行为不加干预完全合理。随着数字技术时代的到来，复制方式变得越来越多，且复制件的质量越来越高，与原作品相差无几。这使得原来对著作权人不能造成影响的私人复制行为给著作权人带来的损害变大，不可忽视，于是两者原有的利益平衡被打破。此种情况下，使用者和著作权人两者的损益是完全相对的，若想达到新的平衡，可以减损一方的利益。

版权补偿金制度作为一种不得已而为之的折中方案，体现了法律对版权专有和社会公众获取作品之间的协调。[1]试想，若单纯地限制私人复制行为，著

---

[1] 张今："数字环境下的版权补偿金制度"，载《政法论坛》2010年第1期。

作权人利益得到保障，虽然会鼓励创新，但与此同时，对私人复制行为的遏制必然会减缓作品的传播，智力成果的普及会变缓慢，从而遏制知识产权法的发展；相反，若单纯地限制著作权人利益，使用者的权益得到了保障，那么原作品的合法权益必将受到损害，在得不到对等精神利益和经济利益的条件下，著作权人的创作热情会降低，知识产权发展将丧失驱动力。可见，两种方式均不可取。

从版权补偿金制度中的三方主体可以发现，该制度不是在私人复制行为人和著作权人之间进行利益取舍，而是引入了第三方主体，让其替代私人复制行为人去补偿著作权人的利益。这样一来，使用者和著作权人的利益都没有受损，知识产权的创新驱动作用和普及程度都没有减损，唯一受到损失的就是复制设备的生产者和使用者。所以，只要确认复制设备的生产者和使用者进行补偿责任有合理性，这一制度就是较为合理的。假定私人复制行为是侵权行为，在此过程中，使用者是利用复制设备进行的侵权行为，复制设备的生产者和使用者可以看作帮助侵权，从这个角度来看，其有责任对利益受损害者进行赔偿。并且，在私人复制的整个过程中，有两方主体获得了利益，一方是进行私人复制的使用者，另一方就是复制设备的提供者和生产者，这样也印证了由复制设备提供者和生产者提供赔偿的合理性。选择版权补偿金制度只是一种折中方案，故而，不能仅仅依赖于版权补偿金制度，而无限度地纵容私人复制行为。笔者认为，应该明确地界定适用于版权补偿金制度的私人复制行为的限度，对限度内的私人复制行为可以运用版权补偿金制度进行利益平衡；但是，已经构成严重侵权的私人复制行为，对著作权人合法权益造成巨大损害，则应严厉地追究侵权人的责任，保护著作权人利益。

版权补偿金制度固然可以在一定程度上解决数字技术背景下的私人复制问题，但是建立版权补偿金制度需要循序渐进，适应我国的实际发展情况。建立版权补偿金制度在我国是一个从无到有的过程，在制度移植的过程中还需兼顾我国国情，因地制宜，这无疑会是充满困难又需要重视细节的。在确定补偿金的收取者、补偿金的收取标准、补偿金的收取方式及分配等方面，从制度建立到细节完善都需要认真探讨和商榷。就我国目前的情况而言，尚且没有足够的条件支撑构建版权补偿金制度。可以考虑让基础设施建设现行，即开展版权补偿金制度的基础制度建设工作，加快集体管理组织的建立。在相关基础设施建设完善后，需要构建合适的版权补偿金制度，立足于利益平衡理论完善立法。将收取主体明确化、收费标准细化，尝试对某一类作品率先使用版权补偿金制度，并可以针对不同类作品采用不同的版权补偿方式，在实行过程中及时发现漏洞并进行修正。相信建立较为完善的版权补偿金制度可以帮助我国著作权立法应对数字技术环境下私人复制问题带来的挑战。

五、结论

数字技术的产生催生了新的复制方式，提升了复制效率。技术的变革推动了时代的发展，却带来了私人复制领域的新问题、新争议。法律具有滞后性，面对数字技术带来的新的挑战，需要及时改进私人复制领域立法的不适宜之处，让法律得以不断完善。本文立足于我国立法，发现立法问题，分析借鉴国外立法，最终对我国私人复制领域立法提出合理化建议。

数字技术下，私人复制由模拟时代的小问题变成非常普遍的大问题。在模拟时代，立法对私人复制这一小问题的概念界定不够清晰明确，导致运用现行立法有时很难区分某行为是否为私人复制行为，这是显著问题之一。另外，随着私人复制问题的不断深化，单纯利用合理使用制度对其进行规制稍显不足。

数字技术时代复制技术更新速度快，单纯立足于现有技术定义私人复制行为不可取，立法上对行为的定义必须立足私人复制的本质。本文首先探讨了私人复制的本质，将私人复制拆分为私人和复制两个概念分别分析，回顾模拟时代著作权法用合理使用制度规制私人复制的合理性，同时探讨了利益平衡理论。该理论不仅可以使私人复制中的各方利益达到最大化，也是数字技术时代解决私人复制问题的根本遵循。

在借鉴方面，主要着眼于国外立法和国际公约，探讨其在著作权法中对私人复制的定义方式和规制方式，分析国外立法之所长。但研究国外立法不能面面俱到，本文主要针对美国、德国以及《伯尔尼公约》进行分析，发现美国立法中的"非商业目的"定义方式、德国立法规定合理使用规制的私人复制行为必须具有作品合法性的前提以及《伯尔尼公约》中的"三步检验法"都具有一定的可取之处。

在对比国外私人复制立法后，分析我国《著作权法》中对私人复制是如何规制的。经过探讨分析，我国立法对私人复制的定义尚显不足，应借鉴美国立法中的"非商业目的"定义私人复制中私人之概念，而对复制之界定应补充"未加入独创性表达"这一限定条件。同时，我国《著作权法实施条例》借鉴了《伯尔尼公约》中的"三步检验法"，并最终被整合至《著作权法》（2020

年修正）中。笔者主张将"三步检验法"中的抽象内容进行细化，将其创新为我国规制数字技术背景下私人复制问题的立法新形式。最后建议我国立法中适时引入版权补偿金制度。这一制度符合利益平衡理论，并在欧洲实行多年，经过实践的检验，比较适于应对数字技术背景下的私人复制问题。

数字技术同时带来了机遇与挑战，需要及时调整私人复制领域的立法，使得法律不受制于数字技术，而是顺应时代进程。本文本着促进我国私人复制领域立法不断完善的目的，发现数字技术背景下私人复制问题之所在，借鉴他国立法优点，对我国立法提出建议，以期对我国在数字技术背景下私人复制领域的立法进程有所助益。

网络环境下著作权权利限制研究

——以云服务环境下的个人使用为例

李京默

　　随着网络宽带建设、数字设备和无线网络的普及，互联网已然超越传统媒介而成为作品的重要载体。互联网的发展在推动作品得到更快地传播的同时，也使得传统著作权制度受到了强烈的冲击。网络环境下，作品的数字化表达改变了传统作品的创作、传播、使用方式，这也造成了当前著作权保护与限制制度与互联网发展不相适应的窘境。著作权的合理使用制度作为著作权权利限制制度，在现有的法律规范下已经不能适应社会发展和权利保障的需求。

　　本文从网络环境的特殊性和网络环境新发展下的云服务环境的特殊性入手，以现行《著作权法》为基础，结合司法实践和立法目的探讨法条规范的合理性和滞后性，从著作权人和使用者以及云服务环境下平台的利益平衡角度出发，对个人使用制度提出完善建议。

一、网络发展与著作权

　　在我国《著作权法》立法伊始，其规范适用的环境还是传统的社会，依靠著作权人对权益的主动保护和法律监管的及时止损、严格监督，凭使用者个人之力很少能够享用"免费的午餐"，合理使用对著作权的权利限制很少，更多的还是为了推进知识的沟通交流。自网络诞生和发展以来，作品的使用不再止于传统使用方式，作品的创作也有了更新鲜的方式，著作权的行使和保护受到了显著的影响。随着科技的创新和发展，网络也出现了新的发展层次，网络云服务也在逐渐扩大其影响力。

　　因此，本文从网络发展与著作权的关系入手，探讨著作权法在新时代背景下的适应性。

（一）网络环境的特殊性

现代社会是信息社会、网络社会，绝大多数人已经无法接受没有网络的生活，计算机、手机、平板等科技数字产品已经将我们的生活包围，网络的发展已经渗透到我们生活的方方面面。

1. 网络环境的特征

20 世纪 60 年代，多台计算机在美国的联通初步形成了网络通信。随着网络节点数的增多以及用户数量的增长，以美国为中心的网络互联迅速向全球扩张，在 20 世纪 90 年代遍布全球并逐渐走入大众日常生活，极大地改变了人们的生活方式。

网络环境的发展催生了很多新生事物并更新了信息传播方式。相较于传统文化社会及知识产权保护制度，网络环境有如下显著特征：

（1）用户群体广泛。《2018 年全球数字报告》（DIGITAL IN 2018）显示，2018 年互联网用户为 40.21 亿，同比增长 7%。[1] 全球 76 亿人中，约 2/3 已经拥有手机，且超过半数为智能型设备，人们可以随时随地、更加轻松地获取丰富的互联网体验。[2] 互联网设施的完善以及设备的更新，使互联网用户加速增长，上至老人，下及幼儿，不论国别，不论财富，均能够享受到互联网带来的先进服务。

截至 2016 年底，中国互联网用户已多达 7.1 亿人。中国人的生活正在全面互联网化，与工业时代"车轮上"的美国式生活方式不同，一种属于信息时代、更在线、更便捷、更环保、更全球化的"移动互联网上"的中国式生活方式已经全面展开。[3] 因此，网络环境涉及的用户群体人数相较于传统文化社会来说成倍地增长，覆盖面极大。

（2）网络传播影响广泛。网络传播是通过计算机网络进行的人类信息传播活动，包含着各种交互式的信息交流，借助计算机网络作为媒介，进行即时、

---

〔1〕 "We Are Social：2018 年全球数字报告"，载 http://www.useit.com.cn/thread-17902-1-1.html，最后访问时间：2020 年 12 月 3 日。

〔2〕 "We Are Social：2018 年全球数字报告"，载 http://network.pconline.com.cn/1078/10781024.html，最后访问时间：2020 年 12 月 3 日。

〔3〕 "阿里研究院：10 大关键词解读中国互联网创新飞跃的五年"，载 http://www.useit.com.cn/thread-16750-1-1.html，最后访问时间：2020 年 12 月 3 日。

延时的传播与反馈。与广播、报纸、电视这三种传统媒体相比，网络传播则是20世纪90年代新生的事物，是现代信息革命的产物。

网络传播的影响力不可小觑。与传统媒体定时定点的传播方式相比，网络传播的方式多种多样且传播速度极快。广播传播信息以声音为主，报纸传播信息借助文字图片的发行，电视集合了音画同步传播的优势，但内容的核准、相对固定的播放时间及有限的受众依旧限制了信息传播的速度和范围，且传统媒体的信息传播只包含信息发出的过程，无法接受受众的反馈。网络传播则将交互的体验和信息的交流立体化、即时化，使海量的信息在最短的时间内到达、反馈，增添了信息传播的吸引力，极大地扩大了其影响力。

（3）信息的全球化。传统文化社会的交流以语言为媒介，通过对信息的翻译以及口耳相传才能使不同语言族群之间进行信息的沟通和交流，依靠大量的人力、物力、财力联通世界各地的信息。网络环境缩小了世界各地的距离，并打破了信息传播的无形壁垒以及地域边界，使信息文化交流随时渗透到世界各地。虚拟的网络空间独立于现实的物理空间，甚至贯通人类自身所不能及的部分地区。

（4）网络的开放性。网络并不属于某个人或者某个国家，它是开放的，故而所有人都有通过网络进行交流和获取信息的权利。同时，网络的开放性使得信息的管理变得更加复杂。网络具有无门槛性，不论用户的种族和地域，不论文化种类和语言差异，都不影响用户使用网络、融入网络。不同种类的、大量的信息涌入，需要借助新型技术措施去筛选信息内容，不再是依靠人力就可以审核检查的传统信息交流方式。对于信息的真实性、准确性、合法性、客观性等要求很难实现，开放的网络背后是虚拟的世界，其开放性相较于传统文化社会有优有劣，因此需要一分为二地看待。

网络环境的发展不断地挑战着传统的文化交流方式以及信息管理方式，同时也对知识产权尤其是著作权的发展产生极大的挑战和影响。

2. 网络环境对著作权发展的挑战及影响

著作权的种类及内容的保护是有限的，且在各个国家和地区有其专有的保护形式及时限，虽存在着公约、协议，但随着网络打破地域边界，权利的保护及限制也受到了很大的影响及不同程度的挑战。

（1）网络环境下著作权的"许可难"。网络技术的发展使得信息的获取和使用变得更加便利。然而，传统著作权的许可制度因为网络的虚拟性和信息的复杂性而进退两难。严格的许可制度不再适应网络发展的要求。著作权对许可使用合同有明确的要求，结合法律实践，要求此合同类型是诺成性合同、双务合同、有偿合同、要式合同（报纸、期刊刊登作品除外）。网络环境下，作品不再是点对点的传递，而是点到面的传播，甚至是面到面的交互传播，自此，著作权的许可制度受到了挑战，大众创作使著作权人难觅真身，平台广泛且用户匿名等网络新发展使作品使用人难以联系到著作权人获取许可，在不对等的状态中面临"许可难"的一系列问题。不仅著作权人的合法权益得不到完整的保护，权利的独占性被打破，作品使用者也无法摸清权利的边界，大众所熟悉的"非商用"在网络环境下也并无明确的界定。网络的使用大多是无限制的自由浏览，但浏览的人数、频次对平台来说是收益的前提，网络支付的便利催生了"打赏"的鼓励行为，很多使用者即便主观上没有营利售卖的所谓的"商用"目的，客观上依旧取得了收益。在著作权人未许可的情况下从中获利，虽然著作权人并不知晓，但依旧是对著作权人权利的侵害。

（2）网络环境下的全民创作对著作权客体的影响。随着全球化的发展以及知识的普及，越来越多的人借助开放的网络环境成为创作人，但著作权客体所要求的条件也在受到影响。

第一，作品的类型。《著作权法》第 3 条列举了作品类型，及于文学、艺术和科学等领域。然而，网络发展助力新兴软件及行业的产生，带动了大量交叉领域内作品的产生，例如网络直播，其既包含了网络信号对电视信号的直播，也涵盖了自主直播，将音视频内容传输到网络并即时发出供人观看的信号这样的方式。其内容也不只是电视信号的单纯转播，还包括会议直播、活动直播、直播互动等多种形式。直播的具体内容涉及方方面面，很可能涉及文学、艺术、科学等领域内的作品，也涵盖保密性的工作内容或是不能呈现为完整作品表达思想的日常生活片段。但是否这些片段或工作性内容就不能被认为是可以被著作权法保护的作品？当创作者或直播人主张对此类内容享有著作权时，法律是否可以保护他们的权益？可以保障他们什么样的权益？这些问题值得思考。

第二，作品的独创性。作品要求具有独创性。互联网的使用使信息的检索在网络环境下变得更加快捷和便利，对独创性也提出了更高的挑战。著作权人独立创作完成的作品，只要不是抄袭、剽窃的，就符合著作权法对独创性的要求。然而，全民创作难免会产生相似的表达或展示，著作权人的权益保护因此受到挑战。未发表的独创性作品本应同样受到著作权法的保护，但如何"自证清白"，或者要求后续其他类似作品创作者"自证清白"，对现有的法律规范提出了难题。

2017 年大火的一部反腐题材的电视剧《人民的名义》是依照编剧周梅森的剧本拍摄完成的，而在电视剧播出后，作家刘三田起诉编剧周梅森侵犯其原创长篇小说《暗箱》的著作权。原告指出，电视剧所演出的故事情节以及核心事件、人物的身份、人物关系等与其作品很相似，而周梅森否认了这一说法，并表示："中国的国企改革三十年了，因为体制的原因，历史的原因，特有国情的原因，全国各地的国企改革所遇到的问题、困境、处理的方法，都具有较大的普遍性和类型化，[1] 故能够以此为背景创作作品并不是某位作者的特权。而后，编剧周梅森对刘三田提起反诉，认为其《暗箱》抄袭自己早期作品《中国制造》和《绝对权力》。[2]

网络融合了全球各地的信息及作品内容，通过互联网平台即可获取他人作品的信息，虽然有较低的"独立创作"要求，但"独立"的证明却因为互联网平台的资源整合而变得困难。在司法实践领域，"实质性相似+接触"是认定侵犯著作权行为的重要规则。[3] "接触"这一判断则体现了对创作"实质独立"的要求。关于"接触"事实的证明，以及"接触"的推定，是指享有著作权的作品在先公之于众，如果后作品与其有明显相似性，就足以排除独立创作可能性；如果后作品包含与前作品相同的特征、风格等，则难以用巧合作出解释。[4] 网络环境下的全民创作呈现井喷式发展，而作品的独创性也受到了时间、空间等不同方面的挑战。

第三，作品的合法性。《著作权法》第 4 条规定，著作权人行使著作权，不得违反宪法和法律，不得损害公共利益。虽然在 2010 年《著作权法》修正时，

---

〔1〕 "《人民的名义》被诉抄袭 周梅森回应称'将反诉'"，载 http://www.bjnews.com.cn/news/2017/11/04/462884.html，最后访问时间：2020 年 12 月 3 日。

〔2〕 "周梅森答疑会顺利举行 确已反告'用你的矛攻击你的盾'"，载 http://ent.qq.com/a/20180116/017202.htm，最后访问时间：2020 年 12 月 3 日。周梅森表示《人民的名义》与小说《暗箱》的内容完全不同，其核心事件并不相同，《人民的名义》的核心事件是查办贪腐案件，而《暗箱》则是围绕企业转制与官商勾结这一内容展开的。而且，二者有侧重点和故事桥段的不同。提起反诉是利用对方对作品相似性解读的同一方法去认定《暗箱》在故事背景、主线设置、人物设定、情节设置、结局等方面与周梅森早期作品的类似性，反击抄袭这一推定。

〔3〕 吴汉东："试论'实质性相似+接触'的侵权认定规则"，载《法学》2015 年第 8 期。

〔4〕 参见吴汉东："试论'实质性相似+接触'的侵权认定规则"，载《法学》2015 年第 8 期。

对作品的合法性这一问题进行了回避，但结合立法目的[1]的实现，在实践过程中，作品的合法性依旧纳入实质性的规范。在传统著作权领域内，国家对作品的出版、传播等公之于众的途径均有严格的监督管理，《出版管理条例》对出版物的内容合法性作出了明确的规范，[2]同理还有针对音像制品、广播电视、电影等不同种类作品的内容合法性的规范。即便《著作权法》对作品的内容合法性采取消极的保护措施，也不影响作品内容对公共利益和法律法规的维护。搭载于网络平台的大众创作极大地挑战了传统著作权保护的限制，新生交叉领域的内容、根植于原生作品又脱离原生作品的独创内容、尚未合法化和分级限制的内容、挑战传统文化的新生思想的作品表达等无不对作品的合法性提出了质疑。

（3）网络环境下著作权权利限制与侵权行为的识别。《著作权法》第2章第4节是对著作权权利限制的规定，包括合理使用制度和法定许可制度两类。合理使用是可以不经著作权人许可，不向其支付报酬的合法使用；法定许可是可以不经著作权人许可，但应当按照规定支付报酬的有偿使用。二者均要求指明作者姓名、作品名称，并且不得侵犯著作权人依照本法享有的其他权利。在具体的法律条文的规范中，列举了属于合理使用和法定许可的形式，适应了传统社会中著作权保护的立法目的，针对个人学习需要、传统媒体的报道需要、学校教学科研需要、国家机关执行公务需要、馆藏需要、少数民族文化发展需要和盲人文化教育需要等，对著作权的权利进行了必要的限制，满足了作品的社会公共价值的实现以及对文化交流的推动的要求。

但随着网络的发展，传统媒体的影响力逐渐变小，网络新媒体飞快发展，催生了自媒体这类广泛而平民化的媒体形式，也改变着合理使用制度下媒体使用的合理性，自媒体对作品的二次发表、截取剪辑等行为可能已侵犯著作权人

---

[1]《著作权法》第1条规定："为保护文学、艺术和科学作品作者的著作权，以及与著作权有关的权益，鼓励有益于社会主义精神文明、物质文明建设的作品的创作和传播，促进社会主义文化和科学事业的发展与繁荣，根据宪法制定本法。"

[2]《出版管理条例》第25条规定："任何出版物不得含有下列内容：（一）反对宪法确定的基本原则的；（二）危害国家统一、主权和领土完整的；（三）泄露国家秘密、危害国家安全或者损害国家荣誉和利益的；（四）煽动民族仇恨、民族歧视，破坏民族团结，或者侵害民族风俗、习惯的；（五）宣扬邪教、迷信的；（六）扰乱社会秩序，破坏社会稳定的；（七）宣扬淫秽、赌博、暴力或者教唆犯罪的；（八）侮辱或者诽谤他人，侵害他人合法权益的；（九）危害社会公德或者民族优秀文化传统的；（十）有法律、行政法规和国家规定禁止的其他内容的。"

的合法权益而越过合理使用的范围。

　　曾经不能对著作权保护产生多大影响的私人复制因为网络环境的发展变得充满挑衅意味，复制权这一改变原作品载体而达到复制效果的权利受到了侵犯。网络环境弱化了复制品与原作品之间的载体的区别，很多作品直接依靠网络平台作为载体，呈现图片和文章，播放乐曲和视频，将作品与其背后的数字技术紧密联系在一起，作品的欣赏者或使用者可以不费力地在获取作品信息的同时复制作品或者下载作品的复制品。这些作品本来需要通过商业性购买行为才能获得，结果却可能瓜分了权利人的作品市场，从而损害其利益。[1]

　　在《著作权法》未做及时修改之时，权利限制的条款是否能直接适用于新的网络环境，是否存在以合理使用为表象的侵权行为，是需要个案分析以及著作权人主动识别的，这对《著作权法》的司法适用产生了不利的影响。

　　（二）云服务环境

　　云服务是网络技术发展到新阶段产生的新兴产业，提高了网络的使用效率，更新了网络使用方式，但其对著作权也产生了以往网络环境下所没有的影响。本文将从云服务环境入手，探讨云服务与著作权的关系。

　　1. 云服务环境概述

　　（1）云服务的定义。随着网络技术的发展，诞生了云服务这样的新兴服务产业。云服务，是基于互联网的相关服务的增加、使用和交互模式，通常涉及通过互联网来提供动态易扩展且经常是虚拟化的资源，[2]将大量的网络连接的计算资源统一管理和调度，构成一个计算资源池向用户按需服务，用户通过网络以按需、易扩展的方式获得所需资源和服务。[3]云服务由四个基本部分组成——云平台、云储存、云终端、云安全，其应用包含着一种思想，把力量联合起来，给其中的每一个成员使用。[4]

　　对普通用户来说，云服务提供信息的发出、储备、下载和信息安全等各环

---

　　〔1〕　冯晓青："网络环境下私人复制著作权问题研究"，载《法律科学》（西北政法大学学报）2012年第3期。

　　〔2〕　百度百科，https://baike.baidu.com/item/云计算#reference-［1］-1316082-wrap，最后访问时间：2020年12月3日。

　　〔3〕　百度百科，https://baike.baidu.com/item/云计算服务/8061447，最后访问时间：2020年12月3日。

　　〔4〕　"云计算的概念和原理"，载 http://www.chinacloud.cn/show.aspx? id=206&cid=17，最后访问时间：2020年12月15日。

节的服务，针对不同类型的需求，可以随时提供个性化服务。随着网络的普及以及平台的开发和设备的发展，云服务占据着网络服务市场的半壁江山，数据的规模与市场需求相互影响、共同发展。

（2）云服务的特性。云服务体现出网络环境发展的优越性，与非网络环境相比，其掌握了更丰富的资源和更便捷的资源获取途径，极大地优化了资源利用；而与初期的普通网络环境相比，则更突显其服务的特性，即针对性强，按需分配，节约成本，提高效率；而在云服务的完善中，凸显了各环节的独立性，上传、储存、下载、使用可以相互独立，或者在不同的信息下交叉进行，且信息的安全性也因云安全的基本组成而得以保障。因此，云服务不仅有网络环境的特性，还有优于普通网络环境的特性。

（3）服务的基本分类。按照云服务的部署方式和服务对象的范围，可以将云服务分为三类，即公有云、私有云、混合云。[1]公有云由云服务提供商运营，为最终用户提供从应用程序、软件运行环境到物理基础设施等各种各样的 IT 资源。私有云是由企业自建自用的云计算中心，相对于公有云，私有云可以支持动态灵活的基础设施，降低 IT 架构的复杂度，使各种 IT 资源得以整合、标准化，更加容易满足企业业务发展需要，同时，私有云用户完全拥有整个云计算中心的设施（如中间件、服务器、网络及存储设备等）。混合云是将公有云和私有云结合在一起的方式，用户可以通过一种可控的方式部分拥有，部分与他人共享。[2]

按照云服务通过平台提供服务的层次，可将云服务分为基础设施即服务（IaaS）、平台即服务（PaaS）和软件即服务（SaaS）。[3]基础设施即服务是通过互联网提供数据中心、基础架构硬件和软件资源，可以提供服务器、操作系统、磁盘储存、数据库和信息资源。平台即服务则提供了基础架构，软件开发者可以在此基础上建设新应用或拓展已有应用，而不必购买服务器。软件即服务则是通过互联网提供软件的模式，用户无须购买，而是向提供商租用软件，

---

〔1〕 "图解：云计算到底是什么东西？"，载 chinacloud. cn，http://www. chinacloud. cn/show. aspx? id = 26955&cid = 18，最后访问时间：2020 年 12 月 15 日。

〔2〕 "云计算的三种模式：公共云 私有云 混合云"，载 http://news. ifeng. com/gundong/detail_2012_ 03/22/13374696_ 0. shtml，最后访问时间：2020 年 12 月 15 日。

〔3〕 "图解：云计算到底是什么东西？"，载 http://www. chinacloud. cn/show. aspx? id = 26955&cid = 18，最后访问时间：2020 年 12 月 15 日。

这种服务也是最常见的一种云服务。用户可以按照需求要求服务类型，供应商也可以依据需求灵活调整服务内容。[1]

2. 云服务与著作权的关系

云服务环境与普通网络环境是有区别的，因而，云服务与著作权的关系也有着与初始网络技术条件与著作权关系的明显不同。

（1）云服务环境下作品的数字化。云服务所使用的云计算技术相较于传统著作权作品搭载有形载体而表现和保存而言，催生了一种新形式的数字化作品，通过数字的编码，将作品从创作到传播都以数字化的形式表现出来。

而数字技术与模拟技术相比，不再是用模拟信号表达内容，不需要依靠电流电压的变化，[2]而是运用 0 和 1，在计算机强大的数据运算能力下，精确地转化信息内容，将计算机内容、信息处理设备内容和网络内容联通起来，既有抗干扰能力，也有抗失真能力。[3]故而，在云服务环境下，作品的数字化能够高效地集中各类作品的信息，不需要各类媒介的搭载，统一使用数字化的网络平台环境，整合文字、声音、图像、数据等满足视听需求的完整的作品信息。

对文字作品、音像制品来说，以云平台为载体的作品数字化能够保证作品复制的完整性和准确性，不仅能够弥补普通媒介不易存储且易消耗的弊端，还能节约成本、提升效率。

（2）云服务环境下作品的传播。传播技术的发展带给著作权法的影响分为三个阶段：第一次浪潮是催生著作权制度产生的印刷技术普及；模拟复制技术在私人领域的普及可以被视作著作权制度面对的第二次浪潮；随着数字互联网时代的到来，著作权法迎来了技术挑战的第三次浪潮。[4]

作品的传播效率在云服务的环境下显著提升，文字、音像作品等不仅能够在传播过程中几乎不变地保持原作品的完整性，还能够准确地进行复制等使用行为，对如书法、绘画作品、雕塑作品等实物类作品来说，利用云平台，采用

---

〔1〕 参见"云平台建设方案"，载 https://wenku.baidu.com/view/b04f1371a8114431b90dd8aa.html，最后访问时间：2020 年 12 月 15 日。

〔2〕 参见李杨：《著作权法个人使用问题研究——以数字环境为中心》，社会科学文献出版社 2014 年版，第 62 页。

〔3〕 参见张今：《版权法中私人复制问题研究——从印刷机到互联网》，中国政法大学出版社 2009 年版，第 126 页。

〔4〕 李杨：《著作权法个人使用问题研究——以数字环境为中心》，社会科学文献出版社 2014 年版，第 61 页。

图像等形式将作品数字化进而固定作品信息，其信息的传递能力要远远超过口耳相传、文字描述或临摹复刻等行为。

然而，传播影响力因为云服务环境的开放性而变得不可控。传播不再是由著作权人或使用者积极主动地去传递信息的方式，而变成了云服务环境下信息的自主传递，搭载在云平台上的已发表的信息内容借助互联网的传播，轻而易举地可以被任何使用平台终端的人获取。这一作品传播方式的变化，使作品的使用变得不易被察觉，也很难追责于隐藏在平台后的用户群体，为著作权的保护带来很大困难。同时，信息的流通和数据的庞大使侵权行为的取证变得更加复杂，著作权人不可能实时守在网络上观察动态，更不可能了解整个网络系统的使用情况，更增加了著作权人个体的负担和风险。

（3）云服务环境下的个人使用。网络云服务的发展使使用者权被扩张，云平台搭载大量的作品信息，为使用者提供广阔的选择空间。云终端操作的便利性和云储存服务的交互性使个人使用最终成为复制作品的行为。但是，当个人使用的单纯的学习研究目的被隐藏时，个人使用的效果在客观上与盗版似乎别无二致。云服务环境下，作品的数字化使复制技术变得十分简单，且以浏览器为主的云终端在其创造初期可能就包含着自动缓存、历史信息记录等消极的复制行为。在云服务环境下，信息的获取以免费无偿为主，付费有偿为辅，绝大多数浏览性质的使用无须支付报酬。个人利用网络粗略浏览、无意聆听等对信息的消极获取中，云服务的自主复制活动就已经侵犯了付费作品著作权人的财产权。

因此，在云服务环境下提出个人使用作为合理使用范畴之一这一想法需要明确个人使用的边界，避免达到实质上的盗版侵权窘境。这一问题将在后文进行进一步探讨。

二、云服务环境下个人使用问题研究

对个人使用这一制度，在我国现行《著作权法》中仅有一款规定，且并未指明其所适用的环境，在传统著作权领域的使用是否还能够适应云服务环境，以及针对笼统规范下的个人使用边界，是需要重新思考的。

（一）相关立法规定及其修订动态

现有法律规定及其最新的修订动态能够反映出现行法律对制度的规范现状以及制度发展的方向。以下将对条文规定进行详细阐述及解释，分析个人使用制度的相关问题。

1. 现行《著作权法》对个人使用的规定

现行《著作权法》第22条第1款对著作权进行了限制，包含了可以不经著作权人许可、不付报酬、只需指明作者及作品名称而使用作品的权利，被称为著作权的合理使用，其中第1项就是对个人使用的解释。

具体而言，为个人使用目的而使用他人已发表作品的方式为：学习、研究、欣赏。

学习，包含着对作品内容的获取及思考，通过对内容的了解增加自己的知识积累或领悟创作者传递的深层思想。为个人目的而学习体现了公众对知识的主动获取，代表了公众的精神文化需求，符合提高全民族素质、培养人才全面发展的目的，所以将其纳入合理使用制度对著作权限制是具有正当性的。

研究，则包含着对特殊主题的深入了解，系统而主动地完成从资料收集、分析、解释到应用的过程。对作品的研究除了有计划地收集作品及相关信息外，更包含着对作品的系统整理、分析使用、问题回馈等主动的行为。只针对作品进行的研究行为，在必要时对作品内容加以引用和分析，是无须取得著作权人的许可的。个人的研究行为正符合著作权法促进文化和科学事业的发展与繁荣的要求，因而也具有正当性，正如我们在撰写论文的研究过程中参考借鉴他人著作权成果进行分析论证，同样只需注明作者和作品情况，并不需要一一征得著作权人的授权许可。

欣赏，则提升了对作品内容的宽泛认知，将作品所附带的文学、艺术、科学价值体现出来。在互联网环境下，为个人目的的欣赏包含着多层次的内涵，不仅有对作品的了解，还有逐步深入的探究，以达到丰富人们精神生活的价值。但是，这种享受型的使用方式是使用者获得权利和受益的过程，如果无偿使用，则是对著作权人利益的损害。比如，在电影上映期内，观众需要付费去影院欣赏电影，甚至在院线下映后，还需要付费在线观看。如果此时云平台存储了这一电影，使部分用户可以免费欣赏观看，则在这种情况下，就应否认欣赏目的的合理性，无论是出于对著作权人应有财产权的保护，还是对其他付费用户公平权益的保护，这样的使用均是不合理的。所以，出于个人目的而欣赏作品的正当性是有待商榷的。

总之，将合理范围内的个人使用的行为纳入著作权合理使用的范畴，用法律的形式加以确定，在推动文化交流发展这一点上有其积极意义。

2. 2014 年《著作权法（修订草案送审稿）》对个人使用的规定

2014 年 6 月，原国务院法制办公室公布的《著作权法（修订草案送审稿）》第 43 条第 1 款第 1 项对个人使用的规定中，将使用的方式固定为复制，将作品的内容限定为"他人已经发表的作品的片段"，删除欣赏这一使用目的。笔者认为，上述修改中，将个人合理使用的范围限缩为复制是不合理的，而且复制的内容仅为作品的片段更不合理。理由如下：

现实生活中，个人使用他人享有著作权的作品的情况非常多，除了复制这一基本形式，还有其他多种形式，不允许以复制以外的形式使用，既不利于个人出于学习、研究目的而有必要地使用他人享有著作权的作品，也不符合实践中个人使用的情况。

笔者认为，个人使用过程中，复制是最基本的使用方式，在网络环境下和数字化的作品形式下，从云端获取和使用的作品都是作品的复制品。为个人使用所进行的复制行为，可以称为私人复制。云服务的环境下，用数字技术能够达到完整还原、上传作品到云平台上的效果，其私人复制所得到的作品与原始作品就别无二致，与著作权权能中的复制权相比，不再需要新的媒介和载体，不再需要延时的制作与完成，也不需要付出人力、物力、财力成本，复制变成了一件不需要技术含量就可以完成的活动。因此，在云服务环境下，复制作为个人使用方式的一种，过于狭隘，但其能够影响的作品种类数量又太过庞大，私人复制不再像古时候学生抄书一样辛苦，反而可以在分秒钟内制作庞大数量的复制品，甚至形成盗版的实质。故对于个人使用的复制，应该严格加以限制，限定复制范围、复制数量以及复制手段。而针对不同类型的著作权作品，其作品的了解方式和利用方式并不一定是复制该作品的信息。例如，对于一件雕塑作品的研究和学习，并不是复制这一作品，而可能是利用图像、文字以及详细的数字数据在互联网平台上呈现这一作品的信息，通过描述作品内容、反映作品思想、记录作品的大小维度等方式，在此信息的基础和背景之下创造思想一致但形态不同的新生雕塑作品。这同样是使用了作品，但并不是复制行为，其表达方式的借鉴和思想的衍生也是符合个人使用目的和形式的。故仅将复制方式写入法律规定，既不够严谨，也不符合现实需要。

同时，将作品限于片段过于笼统、片面，因为并非所有可以纳入合理使用范围的作品都是像音乐、文章等篇章类作品，可被划分片段。还有很多种类的作品同样可以被合理使用，比如书法作品、绘画作品中技法笔触的学习、研究等。这类作品用片段来划分，当然是不合适的。网络环境下，对作品的数字化往往是整体性的，而仅对片段进行利用，在实践中定会存在越界行为，是不符合社会共同认知的。比如出于个人学习、研究目的完整拜读他人文学作品或赏析整段音视频，与截选作品片段相比，只影响使用者作为主体的使用体验，并不会扩大或缩小对著作权人权利的限制。在云服务环境下，作品的使用是否符合合理使用，只有"零"和"一"的区别，并无多和少的区别。

（二）个人使用界定

现行《著作权法》及在 2020 年 11 月 11 日通过的修正后的《著作权法》中对个人使用的界定依旧是高度概括的。笔者主张应对个人使用进行详细界定。

1. 个人身份确定

个人使用这一概念中，最重要的身份前提是个人。个人使用应包含本人使用、非公众使用以及非商业使用这三种形式，而这三种形式应当是交叉融合的。同时，个人除了以自然人作为主体，在另外两种形式中还可以包括法人。

当身份是自然人本人时，其个人使用的影响力被降到最低，其对作品的处理是私人的、不公开的、私下的学习、研究等行为。

当身份是法人时，其个人使用则包含着法人背后的自然人整体，是超越自然人本人的第三人甚至更多人。笔者认为这与自然人个体并不矛盾，因为网络的用户是不确定的，法人自然可以作为一个网络用户使用服务资源，正如上文对私有云进行介绍时所述，私有云往往是以企业为服务对象的，企业单独拥有整个服务中心，有对外的私密性和内部网络的开放性。此时，对作品的使用需要考虑其使用对象依旧是非公众的、不公开的，并且在人数上加以限制，获取信息的人群是特定的少数。笔者认为，法人背后的自然人出于个人目的使用作品的人数不宜超过 20 人，甚至可限缩至更小的范围，在封闭的小空间内学习研究，而无须使用公开的场合。倘若完全依照私有云性质，企业利用云服务联通内部数以百计、千计的自然人使用作品，显然是不合理的。在现行《著作权法》第 22 条第 1 款第 6 项、第 7 项中，对为学校课堂教学和科学研究的合理使用以及国家机关执行公务的合理使用分别作出了规定。课堂教学和科研是为了推动社会整体文化的提升和发展，国家机关执行公务也是为了规范社会秩序，推动社会发展，均是出于著作权法立法目的的合理考量，故而其他法人在为其背后的自然人主体进行作品使用的时候，对合理使用的人数更应当进行更严格地限定。

2. 使用环境

与身份确定相对应的，个人使用的环境应该是私人的。从反面去界定则应该是非公开的以及非商业营利环境。因为任何公开的以及营利的环境下使用著作权人的作品，无疑都是在挑战著作权人本人在公开场合使用作品的权利以及著作权包含的财产权部分的权能。

非营利性的使用环境是很容易被理解的。商场店铺、可收取打赏的直播平台等，无论其真正操作使用作品的是否只限于一个人，或是其使用目的并不是营利的主要手段，但其使用的环境都容易侵犯著作权人的合法财产权益，其已经不能满足合法性要求，更无法谈及合理性。这样的分析之下，打着为店主个人欣赏目的在商店内未经许可且未给付报酬而播放网络在线背景音乐渲染气氛的行为以及直播平台内主播以个人欣赏为目的未经许可、未支付报酬播放音乐或转播电视作品和付费视频播放平台作品的行为都是涉及著作权的侵权行为。

在云服务平台中，在公开的环境使用即意味着将其个人使用的形式向公众传递，被平台终端的其他用户所了解，此时并不通过直接接触著作权人作品的方式，而是以前述使用作品的"个人"作为中转媒介。这样的环境应是不被允许的。著作权人自身享有发表权以及信息网络传播权等人身和财产权，其他使用人因平台的开放而替代著作权人享有此种权能，这无疑是侵权行为。故而，即便是在云服务环境下，个人使用作品时若想达到合理使用的标准，一定要避免作品的二次公开和二次传播，需达到不使公众误认为使用人是著作权人的直观效果。

综上，其他主体对作品的使用应当是在对最大限度维护著作权人权利的环境中使用的，在同等情况下，倘若著作权人自身行使权利将获得较大收益，即个人使用会给著作权人带来较大损失时，个人使用就应当被限制。

3. 使用方式及内容

针对现行《著作权法》及《著作权法》（2020 年修正）规定的为个人目的学习、研究与欣赏的个人使用行为，笔者认为，可以借助行为认定的四要件理论，从主体、客体、主观目的方面和客观结果方面加以考量，倘若在此四要件中任一要件达到侵犯著作权的标准，就是不合理的使用。

上文已经对主体提出了要求，在个人使用的情况下，个人的身份需要进行限定。

客体，是被使用的作品。《著作权法》规定可合理使用的作品是已经发表的作品，即已经在公众领域流通。在云服务领域流通的作品大都是已发表的作品，但即便是发表权一次用尽，在网络环境中也不可忽视法律的地区差异性这一无形的壁垒，否则会触及其他国家和地区的相关法律规定，或我国对作品内容合法性的要求。

在主观目的方面，有为个人学习、研究所使用的积极意义，而并不是为逃避付费和营利。这样的主观考量避免了个人使用行为中对"欣赏"目的的滥用，从主观角度规避了使用者权利的滥用。诚然，主观目的的考量在制度规范的实施面前很容易无从下手，但可以从多数理性人的角度出发，例如在网络空间免费缓存大量付费音视频内容就自然脱离了大多数人认可的个人欣赏行为，即便是使用者以个人学习、欣赏作为借口，多数理性人也是不会赞同的。

在客观结果方面，著作权人的人身和财产权益是不可触碰的，一旦有逾越著作权人身份而进行的使用行为，行使了著作权权能中著作权人本人或授权才能行使的权利，无论是否被著作权人本人知晓，均不再属于个人合理使用的范围。例如，在日中国留学生未经授权擅自翻译日本影视动漫作品最终被捕案〔1〕即是对著作权人享有的翻译权和信息网络传播权的侵犯。

对个人合理使用的方式，相关国际公约和国内法均有明确的限制性规定。我国加入的国际条约〔2〕提供了通行的"三步检验法"（Three-step Test），我国《著作权法实施条例》第21条也对此做了规定。这一针对合理使用制度进行检验的方式，是指只能在特殊情况下做出、与作品的正常利用不相冲突，以及没有无理由损害权利人合法利益的情况下，可以对著作权进行例外的限制。《著作权法》（2020年修正）引进了上述规定，值得肯定。

----

〔1〕 "涉嫌擅自翻译日本漫画、游戏 5名中国字幕组成员被捕"，载 http://www.yxdown.com/news/201802/387537.html，最后访问时间：2020年12月16日。

〔2〕 我国加入了《伯尔尼公约》、TRIPs协议和《世界知识产权组织版权条约》，遵守条约是成员国的义务。《伯尔尼公约》第9条第2款规定："本联盟成员国法律得允许在某些特殊情况下复制上述作品，只要这种复制不损害作品的正常使用也不致无故侵害作者的合法权益。"TRIPs协议第13条规定："各成员应当将对各种排他权的限制或例外局限于某些特殊情形，而且这些情形是与作品的正常利用不相冲突，不会不合理地损害权利持有人的合法利益的。"《世界知识产权组织版权条约》第10条规定："（1）缔约各方在某些不与作品的正常使用相抵触、也不无理由地损害作者合法利益的特殊情况下，可在其国内立法中对依本条约授予文学和艺术作品作者的权利规定限制或例外。（2）缔约各方在适用《伯尔尼公约》时，应将对该公约所规定权利的任何限制或例外限于某些不与作品的正常利用相抵触、也不无理由地损害作者合法利益的特殊情况。"

（三）云服务环境下个人使用合理性规范的分析

个人使用是合理使用制度中最首要的也是最普遍的，关乎社会整体利益的一项制度。早期传统社会，个人使用情况普遍，但在新的时期，需要考量在云服务的环境下，个人使用对著作权人的权利限制更重，是否依然是正当行为。如何对个人使用进行合理规范，需要进行深入的探究。

1. 我国著作权制度发展历史因素的考量

中国古代学者认为，"正直的学者应该由后人去发现他的作品，而不会自我推销"，"信而好古""述而不作""文人不言利"的思想影响深远，[1]虽然有些清高和超脱，但也表明古代作者的写作目的不是营利和饱食，而是作品的流传和认可。这种对版权的不重视和对权利的淡然是作者的思想高度和古代的文化所决定的。"为我所用""天下文章一大抄"等个人主义观念和大众过低的版权意识，使著作权人的权利被压榨到极致，并极大地膨胀着作品使用者的权利。

新中国成立后的很长一段时间，社会的发展受计划经济的制约和影响，大力倡导社会主义公有制，生产资料全民共有，限制私权利，认为"公"是最合理的。因此，作为私权利的著作权也难以得到保障。在公众的意识内，进入大众视野的文化作品都是共有的、可以任意使用的。法律规范并不健全，使用者权空前膨胀，个人使用情况普遍。

作者不重视著作权的行使和保护，使用者不重视作者权利的保护，决定了不受限制的个人使用从古至今普遍而深远。

但要承认的是，个人使用作为合理使用的一部分，的确极大地便利了知识的获取和文化的交流，提升了整个社会的文化水平，有其合理的一面。只是随着私权利保护和著作权人维权意识的增强，网络环境使个人使用方式发生转变，个人使用制度在当今社会需要被更合理地规范。

2. 其他国家和地区个人使用相关法律制度的参考

其他国家和地区在印刷术产生初期就对版权保护制度加以探究，形成了较好的版权保护思想。

但不同国家和地区法律制度下，法律的保护重心也会有不同。有些法律重在对著作权人权益的完整保护，就会严格限制个人使用行为；而有些法律会重在保护社会公共利益，为推动文化交流发展而放松个人使用限制，在后续补偿

---

〔1〕 张凤杰："我国公众版权意识提升的目标设计与对策"，载《出版发行研究》2016 年第 11 期。

机制内补偿著作权人的权益。

美国是版权制度规范较早的国家之一，也是网络发展较早的国家，其1976年《版权法》即为适应数字技术的发展扩充了合理使用标准。随着网络环境对版权制度的冲击扩大，1998年的《数字千年版权法》对合理使用制度作出补充规定，严格限制个人使用这一使用者权利的扩张。

与美国法律的严格限制相比，德国法律允许个人使用，但法条的规定细致而具体。《德国著作权法》第53条规定了合理使用制度，其中包括了为私人目的的使用和自用的复制，法律对自用的情况以及作品的种类内容使用作出了严格的限制和详细的规范，证明了个人使用有合理性，但需要加以限定。

《日本著作权法》第30条[1]规定了私人使用的复制，只对使用主体和方式作出规定，重点在对"个人"的领域确定，使使用人群造成的影响最小化。

我国台湾地区"著作权法"第51条[2]规定了个人使用的主体、范围和方式。其规定个人使用只限于在个人、家庭的极小范围内，非营利性地非公开地合理复制他人作品。与总结性得出合理使用的规定不同，我国台湾地区将合理使用制度明确落实到条文当中，这种规范有将道德意识和公民的诚信意识也纳入考量之中的意味，对"合理"这一评价性词语不再多加解释，也不限定内涵，但非为良性目的的个人私欲盗版等显然不属于"合理"范畴。这一规范有利也有弊，对公民的素质观念和版权意识似乎要求更高，不同人看待"合理"的差异十分大，在个人主义的观念之下，"合理"的范围将极度膨胀。

严格的版权制度已经成为很多国家和地区生活的一部分，所以其居民往往适应了这种权利的维护。然而在中国，尤其是经济发展水平不平衡的当下，需要稳步推进个人使用制度的完善，平衡发展需求与利益冲突的关系。

（四）个人使用与利益平衡原则

个人使用制度背后隐藏着著作权人利益与使用者利益的博弈，而这两种利益虽然有冲突，但依旧可以借用利益平衡原则实现共同利益的最大化。

---

〔1〕《日本著作权法》第30条规定："属于著作权对象的作品，如在个人或家庭内或准此的范围内使用为目的时，其使用者可以进行复制。"

〔2〕其规定："供个人或家庭为非营利之目的，在合理范围内，得利用图书馆及非供公众使用之机器重制已公开发表之著作。"

1. 利益平衡原则

利益平衡又称利益均衡，在一定的状态下，使代表不同利益的体系展现出较均衡的状态。利益平衡原则作为一项立法、司法原则，[1]站在最公平的立场，维护法律法规和制度总体的最大获益和单方的最小损害。利益平衡原则为个人使用制度提供了正当性的思考，从权利义务平衡角度思考各方利益以及制度的规范。

个人使用作为合理使用范畴，属于对著作权的限制，但同时也保证了作品的传播性和推广性；著作权人享受的财产权的保护是以作品的价值为基础的，而作品的使用和传播又提升了作品的社会价值。

在云服务环境下，利益平衡不再是著作权人和使用权人权利上的简单对立，还包含与云服务的媒介载体之间的利益平衡。云服务平台的利益和责任在新的网络环境下不可被忽视，它既能联系起毫无关联的著作权人和使用者，又能够把双方隔开。云服务平台为著作权人和使用权人提供平台性质的服务，行使管理上的权利，从中取得财产上的收益，从权利与义务平衡的角度也决定了其需要负担相应的法律责任。在推动著作权保护上，责任不可或缺。

从利益平衡的角度分析，如果个人使用能够得到合理规范，即对各方权利有所限制，就能使著作权人、云服务平台、使用权人获益总和最大化，实现良性的发展。

2. 云服务环境下个人利益与社会公共利益的对立统一

在利益维度，总呈现出个体利益和社会公共利益的博弈，而社会公共利益又是由无数的个体利益的共同朝向所组成的，因此，并不能够一以概之地站在所谓最大多数人或绝大多数人的利益角度。

在网络环境尤其是云服务环境下，全民创作替代了传统社会著作权人占少数、使用者占多数的不均衡状态。虽然作品的水平不均、质量良莠不齐，但并不妨碍有独创性的文学、艺术、科学作品在网络平台上大量推出并获得著作权保护。因此，在云服务环境下，个人利益与社会公共利益不再是完全对立的状态，而是呈现对立统一的关系。且在全民创作、全民使用的新背景下，个人利益与社会公共利益所代表的对象是可以转化的，不再是少数利益和多数利益的平衡。当个人利益代表著作权人利益的时候，网络终端数量众多的使用者的需

---

[1] 冯晓青："知识产权法的利益平衡原则：法理学考察"，载《南都学坛》2008 年第 2 期。

求所代表的是社会公共利益。著作权的权利限制体现为对个人利益的约束，以个人使用为首的合理使用要求，反映了公众获取信息的积极性和使用信息的主动性，以及对社会公共利益的支持。当个人利益代表为自己目的而进行个人使用的私人利益时，社会公共利益则代表需要著作权保护的创作者的群体利益，维护创作者的人身权、财产权本质上是对公民权利的保护。

个人利益与社会公共利益在云服务环境下是对立统一的，保障使用者无障碍使用对推动知识的普及和信息的传播有积极的作用，同时为使用者成为创作者提供了更丰富的素材积累，推动了创作繁荣；保障创作者的合法权益，才能实现法律的规范作用，维护社会的稳定，鼓励创作者继续创作，更好地与国际接轨，减少国际著作权保护差异导致的纠纷和诉累。

三、云服务环境下个人使用制度的完善

为推动文化的交流和技术的进步，个人使用制度可以、也应当发挥其合理性和优越性。具体地说，需要从各层面明确该制度，并严格责任制度，减少因云服务环境下个人使用不当带来的利益失衡。

（一）法律规范的明确

制度的完善需要法律的明确，而固定的法律条文不可能完全适应时代的发展，所以应当确定原则性的条款对行为进行指导，并随着新问题的产生提出具体的实施规则，这样才能有效地提高法律制度的适用性。

1. 原则的确定

《著作权法》中规范个人使用的条文重新描述或细化，以明确使用方式，限制使用的目的和客体，确定个人使用的原则。在现有法律条文之外，未尝不可加以限定，如"少量复制的行为""私人领域的使用""非侵犯作品财产价值目的的使用"等，将个人使用中可能会触及著作权人权益的情况进一步做出说明，明确著作权主体的私权主体属性，以减少法律原则的事后性，影响司法的公信力。

2. 具体规则的实施

在云服务环境下，新生领域事物层叠产生，新的著作权使用方式被逐渐开发和利用，难免会出现法律规范不周延而侵犯著作权人合法权益的领域。同时也不能依靠相对固定的法律原则去约束这些新的事物，但可以借助法规等下位法或法律解释去填补具体规则的细节。

2016 年 11 月 4 日由国家互联网信息办公室发布的《互联网直播服务管理规定》中即明确了直播平台和直播人员的双资质规范性，以及对法律法规、社会公共利益的维护，便是在新生事物出现和发展中及时校正发展路线。这是维护合法权益和公共秩序的有效措施。

因此，可以强化云服务环境下新生事物的法律规范性和新的作品个人使用方式的合理性，在具体的领域有针对性地细化具体规则，在实施中发现问题、主动及时更新调整，更好地适应时代发展需要。

（二）云服务平台责任的确定

云服务的基本组成中包含着云平台、云储存、云终端这三种与使用者个人使用方式相关的基本构成。虽然具体名称和分工有所不同，但与使用者的个人使用相衔接，起到了服务平台的作用。这类服务平台用户众多，包含着创作者和使用者，故其也应当担负起相应的责任。

1. 作品上传准入

云服务环境下的著作权人的发表权常因作品一次公布于网络而用尽，故应对著作权人首次发表、公开作品内容的平台进行初步准入和审核。

大数据和云服务时代，作品的数字化使计算机可以初步筛查发表作品的相似性。对于原创性作品发布平台，如网络文学作品发布网站、图片发布网站等，理应有更高的准入要求。除了平台自主规范要求用户填写的原创性声明，还可以通过上传时的数据计算简单审核作品是否有抄袭、雷同、复制的行为。

2. 作品使用规范

云服务环境下，作品的使用往往直接利用平台的高效性，无须下载到终端或进行储存上的交换，即可读取他人在平台上提交的作品，对于这种直接读取的提供方，平台采取技术措施并收费是目前行之有效的办法，例如中国知网等数据库统一向著作权人付费行使了相关作品在平台上的网络传播权等，可以向用户提供摘要信息等使其对此简单了解，要求其付费下载或付费浏览全文；现在视频网站的会员制度、音乐平台的片段试听及数字唱片的付费下载等，均采取由平台购买播放权，再对用户使用进行合理限制和规范的方式。这些措施既保护了著作权人权益，也便利了著作权人对其人身财产权的后续控制，且平台与单个著作权人相比，力量大、信息全面，有着其独特的优越性。

3. 侵权行为担责

"避风港原则"不是万能的，对于网络中介服务商间接侵权责任的限制，我国吸收了美国《数字千年版权法》中的"通知+移除"规则,[1]并且在《信息网络传播权保护条例》中进一步规范了其在中国的适用。云服务环境下,平台的内涵大于网络服务提供者,自然可以适用这一原则。但是,"避风港原则"的滥用以及《著作权法(修订草案送审稿)》中网络服务提供者提供服务不承担审查义务的建议似乎扩张了盗版的范围,规避了平台责任。[2]而"红旗原则"只是作为"避风港原则"的例外适用,对显而易见的侵权,平台需要承担责任。根据《信息网络传播权保护条例》的规定,网络服务商必须"不知道,也没有合理的理由应当知道"盗版的存在,才能获得"避风港原则"的庇护。[3]

云服务环境下的平台须承担相应责任,以保障权利人的权益。面对日益复杂而先进的网络基础设施建设,"避风港原则"不是万能的,由以下两个案例即可见一斑。

2011年的"50作家诉百度文库"事件,将网络平台责任推到前台。大多数作家认为其出版权受到侵犯,影响其财产权益的获得。[4]平台搭载享有著作权的作品,域名访问为平台带来浏览量的增加和使用率的提高,平台的责任承担并不只是收益多少的直接转化。而且百度文库这类专业搭载文献资料数据的平台相较于其他类型的普通网页,有其专门性和目的性,其对他人作品的储存、展示有审核规范的义务和要求,有无法推卸的责任,这类平台自然是无法回避

---

〔1〕 百度百科,https://baike.baidu.com/item/避风港原则/588459?tr=aladdin,最后访问时间:2019年12月14日。

〔2〕《著作权法(修订草案送审稿)》第73条规定:"网络服务提供者为网络用户提供存储、搜索或者链接等单纯网络技术服务时,不承担与著作权或者相关权有关的审查义务。他人利用网络服务实施侵犯著作权或者相关权行为的,权利人可以书面通知网络服务提供者,要求其采取删除、断开链接等必要措施。网络服务提供者接到通知后及时采取必要措施的,不承担赔偿责任;未及时采取必要措施的,对损害的扩大部分与该侵权人承担连带责任。网络服务提供者知道或者应当知道他人利用其网络服务侵害著作权或者相关权,未及时采取必要措施的,与该侵权人承担连带责任。网络服务提供者教唆或者帮助他人侵犯著作权或者相关权的,与该侵权人承担连带责任。网络服务提供者通过网络向公众提供他人作品、表演或者录音制品,不适用本条第一款规定。"

〔3〕《信息网络传播权保护条例》第23条规定:"网络服务提供者为服务对象提供搜索或者链接服务,在接到权利人的通知书后,根据本条例规定断开与侵权的作品、表演、录音录像制品的链接的,不承担赔偿责任;但是,明知或者应知所链接的作品、表演、录音录像制品侵权的,应当承担共同侵权责任。"

〔4〕"'50作家 vs 百度文库'事件全记录",载http://news.ifeng.com/society/1/detail_2011_04/01/5499443_1.shtml,最后访问时间:2020年12月14日。

责任的。

2015 年，北京市石景山区人民法院审理判决了国内首例云服务商责任认定案。[1]该案中，原告对游戏《我叫 MT Online》享有著作权，被告的服务器租借给 callmt. com 网站用于运营，而 callmt. com 网站则非法复制了原告享有著作权的游戏的数据包，提供《我叫 MT 畅爽版》的游戏服务。原告对被告提出了删除侵权内容的要求，但被告并没有履行。法院认定被告的业务是出借服务器，而非信息存储，但依据《侵权责任法》第 36 条[2]的规定，被告仍是网络服务提供者，仍需要承担网络服务提供者应尽的义务，包括配合维权与及时止损等。

由此可见，云服务平台依旧需要对侵权行为承担相应的责任。

（三）个人版权意识的提升

随着我国知识产权法律体系的逐步完善，司法行政双轨制保护体系建立，著作权人积极维护自己的合法权益，版权产业发展迅速，公众的版权意识得到极大提升，尊重知识、尊重劳动、尊重创新的社会氛围正在形成。[3]知识产权保护社会满意度年度调查结果也显示公众满意度持续提升。[4]但盗版屡禁不止，免费文化盛行在云服务环境下依旧显示出版权保护问题的严峻性。

我国区域经济发展水平的较大差异影响了文化教育的推广和区域之间的平衡，虽然一部分人意识到了版权问题的重要性，但整体的民众文化素养依旧亟待提高。

因此，要从宣传教育、监督管理辅助、维权意识普及等方面下手，给予人力财力物力支持，提升个人版权意识，校正良好的版权个人使用风气。

---

〔1〕　北京乐动卓越科技有限公司诉阿里云计算有限公司侵害作品信息网络传播权案，北京市石景山区人民法院（2015）石民（知）初字第 8279 号民事判决书。

〔2〕《侵权责任法》第 36 条第 1 款、第 2 款规定："网络用户、网络服务提供者利用网络侵害他人民事权益的，应当承担侵权责任。网络用户利用网络服务实施侵权行为的，被侵权人有权通知网络服务提供者采取删除、屏蔽、断开链接等必要措施。网络服务提供者接到通知后未及时采取必要措施的，对损害的扩大部分与该网络用户承担连带责任。"

〔3〕　赖名芳："公众版权意识显著提高"，载 http：//www. xinhuanet. com/zgjx/2017 - 07/12/c_136437459. htm，最后访问时间：2020 年 3 月 15 日。2016 年 5 月，党中央、国务院印发的《国家创新驱动发展战略纲要》提出，要让"尊重知识、崇尚创新、保护产权、包容多元成为全社会的共同理念和价值导向"。

〔4〕　参见 "2016 年知识产权保护社会满意度调查结果发布"，载 http：//www. ctrchina. cn/insight-View. asp？id = 2032，最后访问时间：2020 年 12 月 15 日。

（四）作品价值衡量规范与补偿机制的确立

目前，对不同的作品类型，不同创作者的作品价值，缺少可供参考的价值衡量规范。云服务环境下，个人使用问题把控不好将会涉及著作权人的权益维护等问题，而用户对作品价值把握不了，自然会引发更大的矛盾，在实践当中也很难得到解决。

韩剧《来自星星的你》被我国引入后，视频播放平台爱奇艺付费获得了五年的独家信息网络传播权，而令平台没想到的是，电视剧的大火为爱奇艺平台带来了百倍的收益。在此之后，韩剧的版权费也水涨船高，各视频网络平台竞相争抢，在其后的剧集引入时，版权费已经涨了十倍不止，不断刷新版权费新高。《蓝色大海的传说》购买总价高达1 000万美元，成为史上最贵的韩剧。[1]

当平台经许可享受到的著作权或著作权人自身的利益被侵犯时，往往要寻求法律手段维护利益，向侵权人索要高额的损失赔偿和版权费。笔者认为，版权费虽然是市场调节价格的结果，符合市场经济发展的水平，但其价值衡量以及侵权所产生的赔付费用不能完全按照竞价和著作权人要价衡量。作品与商品不同，其附带的艺术价值等无法直接用市场调节和估量，所以应当在不同种类的作品下，依照著作权人创作水平、著作权人的社会影响力，结合市场的竞价，制定出对作品的价值可以广泛适用的衡量规范，以弥补事后救济的不足，并防止纠纷的扩大。

维权时诉诸法律虽然是最直接的方法，但增加了法院的工作量。日常生活中的著作权纠纷往往小而简单，却浪费了著作权人和使用者大量的时间，且纠纷依旧得不到化解。因此，可以在价值衡量规范的基础上引入直接补偿机制，以第三方或搭载平台规则为准，构建自由的双方合意的事后补偿机制，便捷纠纷的解决，进而可以更好地保障著作权人的合法权益以及个人使用所代表的社会公共利益。

四、结论

网络技术的提升开创了云服务的新时代，在这样的网络环境影响下，全民都是创作人，全民都是使用者，平衡著作权人和使用者的利益需要更完善的制度规范，既要保障著作权人的合法权益，又要保障以文化科技发展为主的社会公共

---

[1]　"全智贤李敏镐《蓝色大海的传说》每集50万美元"，载 http://ent.qq.com/a/20160530/039742.htm，最后访问时间：2020年12月15日。

利益，提出合理使用权利限制。以个人使用为重心的合理使用有其适当性，但在网络技术创造的新环境下，应当有进一步的明确和规范。

云服务环境下，个人使用对著作权人利益的影响深刻，使用的便捷性提升了著作权人作品传播的广度和速度，可以为著作权人带来更大的收益。但是，不合理的个人使用方式扩张了使用者的权利，同时压缩了著作权人本应该获得的利益。著作权人权利的维护也因云服务环境的复杂和虚拟而难以落实，造成实质上著作权人的损失，以及现实中"作品红人不红"的窘况。

通过本文的分析可知，事前缺乏指导、事中缺乏规范、事后缺乏规则是导致云服务环境下的个人使用制度难以平衡各方利益，造成权利冲突的重要原因，因此，应当依靠法律的完善、制度的更新、平台的协助以及个人意识的提高，全方位、多层次地改进个人使用制度，重新定义个人使用制度的内涵与边界，使个人真正合理使用作品，著作权人权益真正得到保护，这样才能减少纠纷和矛盾，为全民创造良好的创作和使用环境，共同推进社会知识产权保护制度的进步。

反垄断与知识产权保护

滥用知识产权市场支配地位的反垄断法规制研究

胡　惠

2008 年 8 月 1 日施行的《反垄断法》对知识产权滥用的反垄断法规制问题只作出了原则性规定，给反垄断法规制知识产权的滥用带来较大不确定因素，导致其透明度和公开度不足。2019 年 1 月 4 日，国务院反垄断委员会发布了《关于知识产权领域的反垄断指南》（以下简称《反垄断指南》），希望能对滥用知识产权的反垄断规制提供更加完善的指导，使经营者在行使知识产权时能兼顾到市场经济的良好竞争秩序。

知识经济时代，知识产权是一个企业乃至国家提高核心竞争力的重要战略资源。权利是有边界的。知识产权本身是一种合法垄断权，合法的知识产权行使行为自然应受到法律保护，但对于造成非法垄断，损害市场竞争，侵害消费者权益的知识产权行使行为，则必须予以严格的规制。

本文对我国滥用知识产权的反垄断规制的现状做总体的梳理分析，探寻其存在的不足。同时，本文还通过考察美国及欧盟在反垄断法规制知识产权滥用方面的相关立法及司法实践，以期为我国相关立法提供借鉴。

一、专利权利边界的基础理论

（一）知识产权领域相关市场的界定

1. 反垄断规制中相关市场的维度

从经济学理论方面看，垄断是与竞争相对的经济现象，通常指商家控制了某一个产品市场。垄断行为和垄断密不可分，虽然两者都与竞争有关，但垄断指一个经济学概念,而垄断行为指一个法学概念。[1]通常,垄断行为的定义为:"在同一个相关市场上,具有垄断地位的经营者为了攫取超额利润,不合理地控制市场价格。"[2]

我国《反垄断法》的目的是防止和制止垄断行为,保护公平的市场竞争环境,使我国市场经济高效运行,保护消费者权益。[3]因此,要确定厂商或个人的行为是否构成权利滥用而被反垄断法规制,就必须将厂商或个人的行为纳入同一个具体市场中考量。"这即相关市场,其范围大小会对市场竞争情况的判定结果产生直接影响,科学合理地判断相关市场,是判断市场相关主体是否构成垄断行为的第一步骤。"[4]"每种类别的竞争关系的分析前提都是判断相关市场的大小。"[5]相关市场是反垄断分析的基石,它被包含在反垄断法的各个分析、运用和实施环节。[6]

2. 传统相关市场的维度

传统相关市场包括相关时间、产品和地域市场。[7]《反垄断法》对相关市场的定义为:经营者在一定时期内就特定商品或者服务进行竞争的商品范围和地域范围。[8]经济合作与发展组织(OECD)将相关市场区分为两个基本方面,即相关产品市场和相关地域市场。[9]

(1)相关产品市场。相关产品市场是确定相关市场时关键的一步,从反垄断角度出发,相关产品市场中的"产品"包括商品和服务。[10]相关联的产品会存在一定竞争关系,如质量、推广、定价等方面。对产品竞争关系的分析通过

---

[1] 李平:"垄断行为认定研究",载《社会科学研究》2008 年第 4 期。

[2] 朱泽山:"垄断行为的约束机制分析",载《西南师范大学学报》(人文社会科学版) 2003 年第 1 期。

[3] 《反垄断法》第 1 条。

[4] 龙柯宇:《滥用知识产权市场支配地位的反垄断规制研究》,华中科技大学出版社 2016 年版,第 108 页。

[5] OECD, Glossary of Industrial Organization Economics and Competition Law, p. 54.

[6] 王先林:"论反垄断法实施中的相关市场界定",载《法律科学》(西北政法学院学报) 2008 年第 1 期。

[7] 李虹:《相关市场理论与实践——反垄断中相关市场界定的经济学分析》,商务印刷馆 2011 年版,第 198 页。

[8] 《反垄断法》第 12 条。

[9] OECD, Glossary of Industrial Organization Economics and Competition Law, p. 54.

[10] 尚明:《对企业滥用市场支配地位的反垄断法规制》,法律出版社 2007 年版,第 40 页。

替代关系分析法进行。当几种产品存在替代关系时，这些产品间存在一定的竞争关系。产品间存在越强的替代关系，就具有越强的竞争关系。[1]

产品间替代程度的高低可用需求弹性分析法来确定。[2]产品间的替代关系是从消费者角度出发，所以应当从消费者角度分析，这一分析方法被称作需求弹性分析法。需求弹性是指影响消费者需求的各种因素发生变化后，消费者对产品的需求量做出不同反应的程度。[3]

需求交叉弹性指消费者在其他互补产品价格变化时，对特定产品的需求量会变化多少，公式表示为：消费者对产品甲需求量的变化率除以产品乙的价格变化率。如果所求得的需求交叉价格弹性为正数，那么产品甲与产品乙之间存在互补关系；如果所求得的需求交叉价格弹性为零，那么产品甲与产品乙之间不存在相关关系，不属于同一个相关产品市场。[4]而需求交叉价格弹性越大，产品间的可替代性越强，越容易被划分到同一相关产品市场。[5]

需求交叉价格弹性的缺陷是不容忽视的：首先，需求交叉价格弹性分析的前提是假设除价格外的其他条件都不改变，但这一条件在我们的实际生活中几乎不存在。其次，在我们选择参照产品以及确定界限和标准时，往往依据主观判断，而非量化标准，因此对相关产品市场的判断具有较大任意性。如果完全根据需求交叉价格弹性来确定相关产品市场，不免会产生较大的偏差。

为了更加准确地判断相关产品市场，除了分析消费者的需求交叉价格弹性，还应分析竞争者或潜在竞争者的供给价格弹性。供给价格弹性是从制造商的角度来分析产品间的替代程度。当产品的生产者对该产品涨价，其他潜在的产品供给者或生产者会被吸引而转向生产该种产品，在客观上使相关产品市场的范围扩大，于是各产品制造商的市场份额会相应缩小，使原来产品制造商垄断市场的难度加大。[6]与需求交叉价格弹性相对应，供给价格弹性分析的是某一产品的生产者和潜在生产者对该产品价格变动的反应程度，公式表示为：产品供应数量的增加率除以产品价格的上升率。

---

〔1〕 王传辉：《反垄断的经济学分析》，中国人民大学出版社2004年版，第91页。

〔2〕 尚明：《对企业滥用市场支配地位的反垄断法规制》，法律出版社2007年版，第44页。

〔3〕 颜兴中、王东清："需求弹性理论及其应用"，载《技术经济》2004年第10期。

〔4〕 何维达、赵晓主编：《经济学教程》，科学出版社2008年版，第31—32页。

〔5〕 尚明：《对企业滥用市场支配地位的反垄断法规制》，法律出版社2007年版，第44—46页。

〔6〕 尚明：《对企业滥用市场支配地位的反垄断法规制》，法律出版社2007年版，第48—49页。

（2）相关地域市场。相关地域市场是指消费者能够获得具有较强替代关系的产品的空间范围。相关地域市场分析的是，由于地域和空间约束，经营者对互相竞争的产品的成本增加程度。在不同的地域范围内，完全相同的产品间可能根本不存在竞争关系，地域的不同会带来额外成本，限制产品间的有效竞争。与分析相关产品市场的方法相同，相关地域市场的范围也可通过需求弹性和供给弹性两方面来判断。"需求分析主要考虑消费者在相互竞争的产品间进行有效选择的地域范围，供给分析主要考虑产品生产商的定位策略或销售范围。"[1]相关地域市场的范围既可是很小的村镇、省、整个国家，也可是跨国市场，甚至可是全球市场。

（3）相关时间市场。"相关时间市场指同一种或相似产品在相同地区内彼此竞争的时间范畴。"[2]相关时间、产品、地域市场同等重要，互相作用，随着时间的推移，相关产品市场和相关地域市场分析中的弹性因素会改变。因此，时间跨度的选取至关重要。

产品价格往往随季节、时尚流行性、产品使用和生产周期、知识产权保护期的变化而改变。有的商家在某一时段内具有市场支配地位，但这一状态持续的时间可能十分短暂，例如高新技术企业在短时间内完成一轮又一轮的更替。因此，在确定相关市场范围时，应同时考虑时间因素。

3. 知识产权领域相关市场的维度

（1）知识产权相关产品市场。知识产权相关产品市场分析形成竞争关系的知识产权产品的范围，与传统相关产品市场的分析一样，可从需求替代与供给替代两个方面入手。

从需求替代入手，通常考量以下几方面：第一，知识产权产品的物理特征和用途。与普通产品一样，如果知识产权产品对于消费者来说是可互相替代的，这些知识产权产品就存在竞争关系，处于同一知识产权相关产品市场。"欧盟委员会曾在 Volvo/Scania 案中根据产品的不同物理特性和用途将卡车市场区分为运载量互不相同的三个独立的相关产品市场。"[3]第二，知识产权产品间的价格差别。如果几类知识产权产品在价格方面相差甚远，即使它们拥有很相似的功能，也很难被归入到同一个知识产权相关产品市场。第三，知识产权产品间的

---

〔1〕　尚明：《对企业滥用市场支配地位的反垄断法规制》，法律出版社 2007 年版，第 53—54 页。

〔2〕　尚明：《对企业滥用市场支配地位的反垄断法规制》，法律出版社 2007 年版，第 59 页。

〔3〕　See Case No. COMP/M. 1672 Volvo/Scania（2000）.

需求交叉价格弹性。需求交叉价格弹性对于特定知识产权产品的供应商存在最直观有效的约束力，尤其对知识产权产品定价行为的影响十分突出。[1]第四，消费者的不同偏好。如果消费者特别倾向于购买某一种或某一类知识产权产品，他们会对特定产品产生"忠诚度"。第五，经营者对知识产权产品的选择。欧盟委员会在 Tetra Pak Ⅱ 案中认为，"市场上每一个独立经营者都能自由地选择生产针对他人所需的消耗品"。[2]

供给替代是从商家角度出发，根据其他商家改造生产设备的成本、担负的风险、进入相关市场所需的时间长短等要素，判断不同产品间替代水平的高低。通常，其他商家改建生产设备所需的成本越小，担负的风险越少，供应替代产品的速度越快，供给替代水平越高。在判断相关产品市场的大小时，应当考量供给替代指标。

从知识产权产品供给替代方面进行分析，通常要考量以下三方面：第一，知识产权产品生产者的转产能力。英国公平交易局 2004 年于《相关市场界定——理解竞争法》中规定："此种转产能力与知识产权产品生产者之必需转产成本投入息息相关，诸如固定资产方面的投入，开发新技术所需成本，广告及产品试验投入、营销费用等。"[3]第二，知识产权产品经营者的生产从原产品向其他产品转变需要的时间。如果某一知识产权产品生产所需时间较长，而其更新换代又较频繁，其他生产商就很少会选择转入该知识产权产品市场。第三，市场中所有知识产权产品的数量多少。

（2）知识产权相关地域市场。知识产权相关地域市场实质上是为知识产权相关产品市场提供地域层面上的一种限制，分析的是企业对知识产权产品涨价时，企业原先客户转向该地域范围内的其他知识产权产品经营者的可能性大小。

判定知识产权相关地域市场时需考虑以下几方面：第一，相关产品的物理

---

〔1〕 Commission Notice on the Definition of the Relevant Market for the Purpose of Community Competition Law（97/C 372/03），*Official Journal of the European Communities*，par. 13（1997）.

〔2〕 在 Tetra Pak Ⅱ 案中，欧盟委员会认为存在四种独立的商品和四个独立的商品市场：无菌纸盒机、无菌纸盒、非无菌纸盒机和非无菌纸盒。Tetra Pak 辩称，纸盒机和纸盒在其自己的市场内是一个集成的包装系统，并认为将纸盒机和纸盒分开会引起卫生问题和潜在的信誉损害。欧盟委员会则指出，《欧共体条约》第 82 条不允许集成商品的生产者阻碍他人生产在其系统中使用的消耗品。See Case C-333/94 Tetra Pak International SA v. Commission，ECJ Judgement（1996）.

〔3〕 Office of Fair Trading，Market Definition-Understanding Competition Law，Section 3. 16，Article 3. 15，（2004）.

特性、设计用处、价格差异、需求者喜好等。第二，知识产权相关地域市场通常会被认为是知识产权受保护或发生滥用知识产权行为的地域。第三，知识产权产品的价格及需求者的找寻成本、交通成本。第四，交通成本和与交通成本相关联的支出，如保险、装卸、包装等。交通成本在一定程度上能反映出某一知识产权相关地域市场的大小，通常，交通成本越大，相关地域市场的范围越大。[1]第五，与交易伙伴、分销层次、不同当事人交易的特征等因素。

（3）知识产权相关技术市场。美国在 1995 年《知识产权反垄断指南》中第一次确定相关技术市场的定义："相关技术市场指由所涉知识产权和与其相似的可替代知识产权所组成的市场。而能与所涉知识产权互相替代的知识产权指能够替代所涉知识产权，并可显著限制所涉知识产权市场势力的产品或技术。"[2]

根据美国《知识产权反垄断指南》，知识产权相关技术市场中的技术指可被投入交易的知识产权。根据技术成熟水平，《知识产权反垄断指南》将技术区分为基础性技术和应用性技术：前者指还未生产出可供销售的产品时，正在研发中的其他技术，因而只存在现实被投入交易的技术；后者指已被运用到产品生产并现实生产出可供售卖的产品的技术，经营者通过其拥有的专利技术生产产品，这时，相关产品市场同时存在。不过，上述两种相关技术市场并不互相孤立。实际上，很多技术会同时具备上述两种特征。[3]

（4）知识产权相关创新市场。"相关创新市场这一概念最早是在美国 1995 年《知识产权反垄断指南》中正式提出的，其实在此之前，相关创新市场的思想便已在美国反垄断立法及司法实践中得到应用。"[4]例如，1988 年颁布的《国际运营中的反垄断执行指南》把有能力和动机进行合资研发或近似活动的企业界定到一个市场中，将其判定为创新市场的参与者；1992 年《横向兼并指南》中虽然没有明确提出相关创新市场的概念，但是已把研制开发作为可能造成经济效率变化的要素，在反垄断审查的过程中予以考虑。从《知识产权反垄

---

〔1〕　CCB, Merger Enforcement Guidelines, 3.24-3.26 (2011).

〔2〕　美国 1995 年《知识产权反垄断指南》。

〔3〕　李虹：《相关市场理论与实践——反垄断中相关市场界定的经济学分析》，商务印书馆 2011 年版，第 198—200 页。

〔4〕　李虹：《相关市场理论与实践——反垄断中相关市场界定的经济学分析》，商务印书馆 2011 年版，第 208—209 页。

断指南》的规定来看，相关创新市场主要由两类经营者构成：第一类是正在研发更新技术和产品的经营者，第二类是有类似可替代性开发的企业。也就是说，相关创新市场指把开发更先进技术的现有和潜在的经营者全部涵盖的市场。[1]

与传统相关市场相比，相关创新市场具有以下显著特点：第一，相关创新市场中不存在交易行为，相关创新市场关注的是企业在市场中的创新活动，这些创新活动本身并不产生可交易的产品；[2]第二，追求投入最大化，创新活动十分复杂，企业对创新所采取的策略通常是追求投入最大化；[3]第三，不关注市场份额；第四，知识外溢等。

（二）滥用知识产权市场支配地位

1. 市场支配地位的概念和内涵

欧盟将市场支配地位定义为："经营者或者经营者联合组织能够在相关市场中达到的某种控制力量，即能任意控制相关市场中产品的价格和销量等方面的决定力量。"[4]美国《知识产权许可的反托拉斯指南》对市场支配地位的定义为："经营者在较长一段时间内使产品的价格保持在竞争水平以上或者使产品的产量、销量保持在竞争水平以下而仍然可赚取利润的市场力量。"[5]

我国《反垄断法》第17条第2款规定了市场支配地位的定义，即经营者具有能够控制市场中产品的产量、销量、价格等方面的力量，或能阻拦其他竞争者进入该市场的力量。此外，第18条还列举了判断经营者是否拥有市场支配地位可考虑的因素。该条不仅为反垄断执法提供了执法依据，也使经营者能对自己是否具有市场支配地位作出预判。

关于市场支配地位，存在一种推定制度，韩国与德国的法律都规定了这一制度。我国《反垄断法》在第19条也规定了市场支配地位的推定制度，具体方法是根据经营者在相关市场中的市场份额，判断其是否拥有市场支配地位。可见，我国《反垄断法》十分看重市场份额在判断市场支配地位时的作用。

---

〔1〕 李虹：《相关市场理论与实践——反垄断中相关市场界定的经济学分析》，商务印书馆2011年版，第208—209页。

〔2〕 Davis, R. W., "Innovation Markets and Merger Enforcement: Current Practice in Perspective", *Antitrust Law Journal*, 2（2003），pp. 667-704.

〔3〕 Davis, R. W., "Innovation Markets and Merger Enforcement: Current Practice in Perspective", *Antitrust Law Journal*, 2（2003），pp. 667-704.

〔4〕 曹士兵：《反垄断法研究——从制度到一般理论的研究》，法律出版社1996年版，第86页。

〔5〕 尚明主编：《主要国家（地区）反垄断法律汇编》，法律出版社2004年版，第250页。

原国家工商行政管理总局于 2016 年发布的《关于滥用知识产权的反垄断执法指南（征求意见稿）》（以下简称《执法指南》）第 4 条第 2 项规定，拥有知识产权只能作为判断经营者存在市场支配地位的要件之一，而不能必然推定拥有知识产权的经营者拥有市场支配地位，市场支配地位应当按照《反垄断法》关于市场份额的规定进行判断。

2. 滥用市场支配地位的界定

我国《反垄断法》规定了三种非法垄断行为，其中之一是滥用市场支配地位。经营者形成市场支配地位这一事实并不一定违背反垄断法，只有经营者滥用其市场支配地位，损害了市场的有效竞争秩序，侵害消费者权益时，才会受到反垄断法的规制。

滥用市场支配地位主要有以下几个特点：第一，其前提条件是经营者得到了能够控制市场的优势地位。第二，其根基是企业具有一定的市场势力和垄断力量，即经营者能够利用优势地位达到垄断市场的效果，能够任意控制产品的产量、销量、价格等。第三，其本质是排除、限制了市场竞争。事实上，大多数国家并不必然反对经营者占据市场优势地位，而是允许能够提升社会消费水平和整体效率的经营者拥有优势地位。"反垄断法保护的是公正、民主和自由的市场竞争秩序，在社会经济运行效益和经济秩序中追求一种平衡状态。"〔1〕第四，其内容是实施了滥用行为。〔2〕

3. 滥用知识产权市场支配地位概念与内涵

原国家工商行政管理总局《关于禁止滥用知识产权排除、限制竞争行为的规定》第 6 条规定："具有市场支配地位的经营者不得在行使知识产权的过程中滥用市场支配地位，排除、限制竞争。市场支配地位根据《反垄断法》第十八条和第十九条的规定进行认定和推定。经营者拥有知识产权可以构成认定其市场支配地位的因素之一，但不能仅根据经营者拥有知识产权推定其在相关市场上具有支配地位。"可见，在我国，如果某一经营者在知识产权相关市场上占据市场地位，并利用该支配地位排除、限制知识产权领域市场的竞争，那么该经营者的行为将被界定为滥用知识产权市场支配地位。

知识产权人在相关市场上往往具有支配地位，具备垄断性，主要原因在于

---

〔1〕 王日易："论反垄断法一般理论及基本制度"，载《中国法学》1997 年第 2 期。

〔2〕 李建伟：《创新与平衡：知识产权滥用的反垄断法规制》，中国经济出版社 2008 年版，第 86—87 页。

知识产权产品的替代品很少甚至不存在，并且市场上不存在或很少有知识产权竞争者，知识产权的专有性会阻碍其他竞争者进入该市场，因此知识产权人可依据自己的意愿任意设定许可费，确定知识产权产品的价格，构成垄断。

"在行使知识产权的反垄断法分析过程中，必须准确地区分知识产权的正常行使与滥用知识产权市场支配地位。原则上，知识产权的排他性使用在包含该知识产权的特定产品市场上是可接受的，但是，如果将知识产权的排他性使用方法扩展到相邻市场或相关产品则有违反垄断法。"[1]

目前，我国还未出台法律以明确知识产权的正常行使与滥用知识产权市场支配地位的界限。有学者认为应当从以下几方面来界定：第一，行使知识产权的行为是否有利于技术的创新和传播。赋予知识产权合法垄断性的初衷，是充分激励人们进行技术创新，提高社会整体经济效率，增进人民福祉。相关知识产权国际公约都对这一目标进行了规定。如果企业行使知识产权并不能带来技术创新和传播，反而损害市场竞争，将会被认定为滥用知识产权的行为。第二，知识产权人对知识产权的行使能否推动社会的发展，使社会财富增加。第三，行使知识产权能否在知识产权私权保护与社会福祉间达至平衡。[2]

二、滥用知识产权市场支配地位及其反垄断法规制的比较法考察

（一）相关市场及市场支配地位

1. 美国知识产权相关市场的界定

（1）美国知识产权相关市场的历史发展。"美国在 1956 年的美国诉杜邦公司案中首次运用需求交叉弹性分析法界定相关市场。"[3]随后，在 Danish Crown v. Vestjyske Slagterier[4]和 Tetrapak v. Alfa-Laval[5]等案件中都广泛地运用了需求交叉弹性分析法。1982 年美国《兼并指南》最突出的贡献是首次提出了全新的界定相关市场的方法——SSNIP 分析法，即微幅但显著且非暂时的涨价。这一经济学与法学相结合的检验方法规定得十分详细，很容易理解，因而成为反垄断

---

〔1〕　李建伟：《创新与平衡：知识产权滥用的反垄断法规制》，中国经济出版社 2008 年版，第 85 条。

〔2〕　李轩："知识产权滥用的界定及反垄断规制"，载《商业时代》2006 年第 9 期。

〔3〕　See 351 U. S. 377, United States v. E. I. du Pont de Nemours & Co., (1956).

〔4〕　See Case No. IV/M. 068, Decision 91/535, Tetrapak v. Alfa-Laval, (1991).

〔5〕　See Case No. IV/M. 068, Decision 91/535, Tetrapak v. Alfa-Laval, (1991).

执法机构在判定相关市场时的重要工具。[1]1992 年《横向兼并指南》使越来越多的经济学分析方法运用到相关市场的界定中,例如单边效应分析法[2]、临界损失分析法[3]、竞价模型分析法等。

(2) 美国知识产权相关市场的界定方法。美国早期反垄断执法中运用合理可替代性分析法判定相关市场,判定标准在 1968 年《兼并指南》中被明确,但这种分析方法存在较大的主观性。1982 年《兼并指南》引入了供给替代性分析法,并且首次提出了 SSNIP 分析法。[4]

美国对知识产权相关市场的界定,是从主观成分较大的合理可替代性分析阶段,逐步过渡到重视经济学分析的方法,即 SSNIP 分析法。并且,美国 SSNIP 分析法随着市场经济的发展,其检验标准被不断调整,使反垄断法的规制和实施更加精确化。在知识产权领域,美国明确规定相关技术市场的判定采取 SSNIP 分析法。

2. 欧盟知识产权相关市场的界定

(1) 欧盟知识产权相关市场的历史发展。1989 年,欧共体委员会出台了《欧共体理事会关于企业兼并条例》,规定了界定相关产品市场的具体分析方法,即从消费者角度对相关产品进行需求替代性分析,同时也规定了相关地域市场的定义和具体分析方法。1997 年,欧盟出台了《欧盟委员会关于相关市场界定的通告》,将经济学分析方法引入反垄断执法过程中,运用需求弹性分析法、供

---

〔1〕 White, L. J., "Antitrust and Merger Policy: A Review and Critique", *Economic Perspectives*. 1 (1987), pp. 13-22; Scheffman, D., Coate, M. and Silvia, L., "20 Years of Merger Guidelines Enforcement at the FTC: An Economic Perspective", *Antitrust Law Journal*, 71 (2003), pp. 277-282.

〔2〕 Shapiro, C., "Mergers with Differentiated Products", *Antitrust*, 23 (1996), pp. 29-30.

〔3〕 Harris, B. and J. Simons, "Focusing Market Definition: How Much Substitution Is Necessary?", *RES. L. & ECON*, 12 (1989), p. 207.

〔4〕 SSNIP 分析法是严格以经济学分析为基础的,其对于相关产品市场和相关地域市场之界定均可适用。SSNIP 分析法是一种有效的反复测试过程,一般分为四个步骤:第一,起始于合理的、最狭小的一组产品或地域,即从目标企业提供的目标产品组开始考虑,假定该地域的企业是一个以利润最大化为经营目标的垄断者;第二,假定在那个区域出售的这些产品均处于垄断之下,如果假定的垄断者以 5%—10%的幅度提高产品的价格,寻求可能出现的情况;第三,如果价格上涨的结果是无利可图,就将最相近的替代品或地域加入(假定的)垄断者群体,然后重复这个程序;第四,当我们发现在一个特定区域出售的一组产品——如果该区域已经被垄断的话——能够承受假定垄断者的价格上涨,那么这个过程就会停止,并且相关市场确定。参见许光耀主编:《欧共体竞争立法》,武汉大学出版社 2006 年版,第 91 页。

给弹性分析法和消费者喜好分析法等界定相关市场。

2001 年，欧盟《关于横向合作协议适用欧共体条约第 81 条的指南》专门对相关创新市场进行了规定。2004 年，《关于企业兼并控制的第 139/2004 号条例》规定了界定相关市场的方法及需考虑的因素。2014 年，《关于技术转让协议的指南》更具体地规定了判定相关产品市场及相关技术市场的标准。

（2）欧盟知识产权领域相关市场的界定方法。欧共体《兼并条例》对相关产品市场的界定主要运用需求替代性分析法，例如 Netsle v. Perrier 案。[1]另外，欧共体在反垄断执法的过程中也大量使用 SSNIP 分析法。[2]1997 年，《欧盟竞争法中界定相关市场的通告》对相关产品市场和相关地域市场作出规定，并明确规定 SSNIP 分析法。与美国一样，欧盟十分重视经济学方法在界定相关市场中的重要作用，SSNIP 分析法也是欧盟大量使用的检验方式，这对我国刚起步的反垄断分析具有重要的借鉴意义。

（二）滥用知识产权市场支配地位

1. 美国立法

（1）市场支配地位的认定。美国《知识产权许可的反托拉斯指南》对市场支配地位定义为："经营者在较长一段时间内使产品的价格保持在竞争水平以上或者使产品的产量、销量保持在竞争水平以下而仍然可赚取利润的市场力量。"[3]《知识产权许可的反托拉斯指南》认为："不应只依据知识产权人拥有知识产权权利而判定其拥有市场支配地位，只有当可替代经营者所拥有知识产权的其他替代产品很少甚至不存在时，才能认定该经营者拥有市场支配地位。"[4]

美国反托拉斯法实践表明，经营者在相关市场中拥有的市场占有率在判断其是否具有市场支配地位的过程中具有十分重要的作用，且应当对每个案件的不同情况进行具体分析。其优点为《谢尔曼法》的运用和执行可逐渐与市场经济的发展状况相契合。

（2）滥用知识产权市场支配地位相关立法。美国国会于 1890 年制定了《谢尔曼法》，并于 1914 年出台了促进贸易自由和公平竞争的《克莱顿法》和《联

〔1〕 Netsle v. Perrier, at 3-4 (1992).

〔2〕 Netsle v. Perrier, at 3-4 (1992).

〔3〕 尚明主编：《主要国家（地区）反垄断法律汇编》，法律出版社 2004 年版，第 250 页。

〔4〕 李建伟：《创新与平衡：知识产权滥用的反垄断法规制》，中国经济出版社 2008 年版，第 91 页。

邦贸易委员会法》，这三部成文法是美国规制滥用市场支配地位的重要法律。《克莱顿法》第 2 条第 1 款规定："经营者的价格歧视如果损害、破坏了市场的竞争，或者旨在损害、限制、破坏市场竞争，将被认定为违法。"《谢尔曼法》第 2 条规定："任何人垄断或意图垄断，或与他人联营、合谋垄断州际间或与别国间的商业和贸易，属于严重罪行。"美国《联邦贸易委员会法》第 5 条第 1 款第（1）项规定："商业领域内的不公平的竞争行为，均被视为非法。"

2. 欧盟立法

（1）市场支配地位的认定。在 United Brands v. Commission 案中，United Brands 公司在四个欧盟成员国均拥有 40%—50% 的市场占有率，在经营过程的每一个环节，该公司都拥有足够的资源和能力应对市场中的各种变化，并且可进行自主研发。综合上述特点，欧盟法院认为这一公司在相关市场中拥有巨大的控制市场的力量，由此判定其拥有市场支配地位。欧盟法院对市场支配地位的定义为："经营者所拥有的，可使其妨碍相关市场的竞争，进而妨碍其竞争者及消费者的市场力量。"[1] 在 Hoffmann La Roche v. Commission 案中，欧盟法院给出了市场支配地位的定义："指经营者拥有的控制相关市场的力量。"[2] 该案中，欧盟法院认为，经营者的市场份额对于判定其市场支配地位具有最为重要的作用。

（2）滥用知识产权市场支配地位的竞争立法。欧盟竞争法源于《罗马条约》，其第 82 条规定了对滥用市场支配地位的规制："经营者市场支配地位的获得需要满足以下三个要件：①在相关市场中，经营者具有市场支配地位；②经营者滥用其市场支配地位；③对成员国间的市场竞争造成或可能造成消极影响。"[3] 第 82 条还列举了拒绝交易、过高定价、搭售等滥用市场支配地位的行为。

欧盟各个成员国拥有其自身的竞争法，其规范内容可能与欧盟竞争法相同，也可能与欧盟竞争法相抵触，当两者相互冲突时，欧盟竞争法将优先于成员国

---

〔1〕　See Case 27/76, United Brands v. Commission, (1978).

〔2〕　See Case 85/76, Hoffmann La Roche v. Commission (1979). 该案常称为 Vitamins（维生素）案。

〔3〕　许光耀：《欧共体竞争法研究》，法律出版社 2002 年版，第 198—201 页。

国内法得以适用。[1]欧盟竞争法的适用需要满足必要的条件，即有关经营者的行为损害或可能损害到欧盟成员国之间的贸易和竞争。

（三）滥用知识产权市场支配地位的反垄断法规制

1. 美国滥用知识产权市场支配地位的反托拉斯规制

美国并没有统一的反托拉斯法典，除了上文提到的反托拉斯相关立法，美国反托拉斯法体系还包括大量知识产权反托拉斯法规制的司法判例和指南。

（1）反托拉斯相关立法。1890年《谢尔曼法》是世界上最早的反垄断立法，被其他国家争相效仿。《谢尔曼法》第1条规制经营者通过联营、共谋或订立合同的行为损害州与州之间或是与外国的贸易往来的行为。如果多个知识产权人采取联营的方式损害竞争，将会受到第1条的规制。《谢尔曼法》第2条规定："禁止具有市场支配地位的经营者垄断或试图垄断相关市场。"

1914年《克莱顿法》对反托拉斯法规制的范围进行了扩张，对价格歧视、搭售、独家交易和兼并收购等作出了规定。上述行为本身并不必然具有违法性，只有当其可能对相关市场的竞争造成影响时，才会受到反托拉斯法的规制。《联邦贸易委员会法》第5条规定，影响商业的不公平或者欺骗行为应当受到反托拉斯法的禁止。

（2）反托拉斯相关判例。在 Standard Sanitary Mfg. Co. v. United States 案中，"美国联邦最高法院确认可将专利权的许可行为纳入到《谢尔曼法》的规制体系中"。[2]1948年 M. Witmark & Sons v. Jensen 案[3]初次确认了版权滥用原则。该案法院指出，著作权人对反托拉斯法的违背是其滥用著作权的前提。不过，该前提在1990年 Lasercomb America, Inc. v. Reynolds 案中被改变。该案中，法院认为："构成滥用著作权的前提并非是行使著作权的行为违反了反托拉斯法，而在于行使著作权的行为是否违反了著作权立法旨在保护的公共政策和社会福祉。"[4]1974年，美国 Borden 公司被诉滥用其商标市场支配地位，损害了市场的竞争秩序。[5]可见，对商标权进行垄断，破坏市场的竞争秩序，将受到反托

---

[1] Berhard Bebr, *Development of judicial Control of the European Communities*, London: Stevens & Sons, Ltd., 1981, p. 550.

[2] See Case 226 U. S. 20, Standard Sanitary Mfg. Co. v. United States (1912).

[3] See 80 F. Supp. 843, M. Witmark & Sons v. Jensen, (1948).

[4] See 911 F. 2d 970, Lasercomb America, Inc. v. Reynolds, (1990).

[5] Clement G. Krouse, "Brand Name as a Barrier to Entry: The Real Lemon Case", *Southern Economic Journal*, 51 (1984), pp. 495-502.

拉斯法的规制。

（3）反托拉斯相关指南。《知识产权许可的反托拉斯指南》提供了知识产权领域反托拉斯规制的三个一般性原则：①在反托拉斯法框架下，涉及知识产权的行为与其他一般行为是同等的，不会得到"特殊优待"，所适用的标准不能更严苛，也不能更宽松，但可考虑知识产权的特殊性；②不能只因知识产权人享有知识产权而判定其具有市场支配地位；③承认知识产权许可行为除了可能产生排除、限制竞争的影响，也可促进市场竞争。[1]

《知识产权许可的反托拉斯指南》提供了反托拉斯法规制知识产权滥用的分析方法："①确定所涉及的知识产权相关市场。1995 年《知识产权许可的反托拉斯指南》确定的知识产权相关市场包括相关产品、技术和创新市场。在分析某一知识产权行为时必须对以上三种相关市场进行全面分析。②分析知识产权交易方之间的关系。这里的关系包括横向关系与纵向关系，其中，横向关系现实或潜在地存在于同一市场层次中，纵向关系互补或者相衔接地存在于相关或相连的市场层次中，如技术研发商和技术应用商。③对知识产权的行使行为采用'合理原则'分析法，即评估所涉市场行为对相关市场产生的积极影响与消极影响，如果两者影响相综合后，所涉行为对相关市场仍具有正面的积极影响，那么所涉行为将是合法的。"[2]

2. 欧盟滥用知识产权市场支配地位的反垄断法规制

（1）欧盟竞争法与知识产权保护。欧盟成员国间最初对知识产权与竞争法的关系存在不同的看法，如 2005 年，基于"本能学说"，德国《反对限制竞争法》将知识产权行为归于被竞争法豁免的对象。[3]然而，欧盟采取的是"互补学说"，[4]认为知识产权与竞争法之间不是互相对立的关系，行使知识产权的行为与一般市场行为一样，应当受到竞争法的规制，以保护市场竞争，保护创新。例如，在 1966 年的 Consten and Grunding v. Commission ECR 案中，欧盟法院

---

[1] 黄蕴华、卢文涛、臧安臻译："知识产权许可的反托拉斯指南"，载《竞争政策研究》2017年第 1 期。

[2] 李建伟：《创新与平衡：知识产权滥用的反垄断法规制》，中国经济出版社 2008 年版，第141~145 页。

[3] ［德］约瑟夫·德雷克舍著，吴玉岭译："市场支配地位的滥用与知识产权法——欧洲最新发展"，载《环球法律评论》2007 年第 6 期。

[4] Commission Notice, Guidelines on the Application of Article 81 of the EC Treaty to Technology Transfer Agreements, *Official Journal of the European Union*, par. 7 (2004).

指出：“欧盟竞争法对于成员国国内法保护的知识产权的行使，具有绝对的效力，成员国知识产权的行使如果触犯了欧盟竞争法，必然受到欧盟竞争法的规制。”[1]欧盟竞争法没有针对知识产权行使行为直接作出规定，但欧盟在司法实践中逐渐确立了权利的存在与权利的行使原则。

依据权利的存在与权利的行使原则，各成员国的知识产权法律是有效的；但是依据成员国国内法的知识产权的行使行为，不得触犯欧盟竞争法，这两者是并行不悖的。在 Deutsche Grammophon v. Metro SB 案[2]中，欧盟法院对知识产权的存在和行使作出了区分。

（2）《罗马条约》第82条之滥用知识产权市场支配地位规制。2009年，随着《里斯本条约》的正式生效，《罗马条约》被更名为《欧盟职能条约》，原先《罗马条约》第82条即《欧盟职能条约》第102条。[3]第102条是关于对滥用知识产权市场支配地位的反垄断规制，其禁止不公平的交易条件、歧视性商业行为、独家交易安排、限制出口、搭售、附加不合理条件以及限制生产、销售或技术开发等垄断行为。

对滥用知识产权市场支配地位的界定，必须同时满足以下几个要件：①界定知识产权相关市场；②所涉行为由一个或多个经营者实施；③界定市场支配地位；④知识产权人在欧盟市场中具有支配地位；⑤经营者滥用其市场支配地位；⑥对成员国之间的竞争和贸易造成了消极影响。[4]

三、我国滥用知识产权市场支配地位的现状与实践

（一）我国知识产权领域相关市场的界定

1. 我国知识产权领域相关市场的立法实践

（1）《反垄断法》相关市场界定。我国《反垄断法》第12条是关于相关市场界定的问题规定。该条的内容十分简单，只提及了传统的相关时间市场、产品市场及地域市场，但没有规定这三种相关市场的具体界定方法，并且该条规定没有对知识产权相关市场的维度进行说明。不过，全国人大常委会法制工作

---

[1] Joined Cases 56/64 and 58/64, Consten and Grunding v. Commission ECR (1966).

[2] Case 78/70, Deutsche Grammophon v. Metro SB (1971).

[3] Consolidated Version of the Treaty on the Functioning of the European Union, *Official Journal of the European Union*, C 115/88, Article 102 (2008).

[4] 李明德：《欧盟知识产权法》，法律出版社2010年版，第581—592页。

委员会于 2007 年编写的《中华人民共和国反垄断法释义》对相关市场作出了较为详细的说明。其指出：“相关市场”是指在具体的反垄断案件中，垄断行为或竞争关系所发生的市场。该条释义肯定了相关市场的界定在反垄断规制判断过程中的决定性作用，认为其是判断经营者是否构成垄断的基础。

（2）国务院反垄断委员会《关于相关市场界定的指南》（以下简称《关于相关市场界定的指南》）相关市场界定。《关于相关市场界定的指南》第 3 条对相关市场的定义做出的说明与《反垄断法》的规定几乎相同。不过，其在指出相关市场涵盖相关产品、地域、时间市场之外，还规定在必要的时候需考虑涉及知识产权的相关技术市场和创新等因素，但其并没有就涉及知识产权的相关技术市场、创新等因素给出定义与界定方法，也未提出相关创新市场这一概念。

《关于相关市场界定的指南》第 4、5、6 条规定的是界定相关市场的基本依据及可替代性分析，具体包括从需求者即消费者角度出发的需求替代分析和从经营者角度出发的供给替代分析。

《关于相关市场界定的指南》第 7 条规定：“界定相关市场时，可以基于商品的特征、用途、价格等因素进行需求替代分析，在必要时进行供给替代分析。”但第 7 条并未说明这里“必要时”的标准。另外，第 7 条还指出，“在经营者竞争的市场范围不够清晰或不易确定时，可按照‘假定垄断者测试’的分析思路来界定相关市场”。然而，《关于相关市场界定的指南》并没有规定相关市场界定的具体步骤与标准，只在其第 8 条和第 9 条说明界定相关产品、地域市场需考虑的因素，都分别从需求替代角度和供给替代角度进行划分。

《关于相关市场界定的指南》第 10 条规定了假定垄断者测试的基本思路。该测试一般先对相关产品市场进行界定，假设某一产品经营者是假定垄断经营者，分析除价格外所有市场交易条件均不发生变化的情况下，这一假定垄断经营者是否能够比较长期地小幅度地（通常设定为 5%—10%）提高所销售产品的价格，如果在这一提高产品价格的过程中，该假定垄断者虽然会出现销售量下滑的情况，但其仍然保持着盈利的状态，该产品便构成一个独立的相关产品市场；如果在这一提高产品价格的过程中，消费者不再购买原先的产品，而去购买其他具有替代功能的产品，使得该假定垄断经营者无法继续赚取利润，就应将这些具有替代性的产品与原先产品归入到相同的产品市场，组成一个“产品集合”。之后的分析思路为：如果使该产品集合涨价，假定垄断者仍可赚取利润，该产品集合就构成相关产品市场，如果该产品集合涨价，假定垄断者无法盈利，那么需再次进行上述分析。相关地域市场的假定垄断者测试思路与相关产品市场相同。[1]

（3）原国家工商行政管理总局《执法指南》相关市场界定。第二章第 8 条至第 11 条是判定相关市场的方法。

《执法指南》第 8 条规定，相关市场包括相关产品、技术和创新市场，并且上述三种相关市场都会涉及相关地域市场。但是，这一《执法指南》没有对与知识产权有关的相关时间市场作出说明。相关产品市场指由"使用知识产权生产的产品及其替代品"所构成的相关市场。相关技术市场指由"所涉及的技术及其替代技术"所构成的相关市场。然而，对于相关创新市场，第 8 条仅指出，"在某些情况下还包括相关创新市场"。这一种说法十分不明确，没有对需要考虑相关创新市场的情况作出进一步清晰的划定。最后，第 8 条指出，上述三类相关市场都会涉及相关地域市场，而且相关地域市场的范围会存在不同。第 8 条还指出，在评估行使知识产权的行为时，都需要界定相关产品市场和相关技术市场。但相关创新市场是相关技术市场的上游市场，相关创新市场的竞争会对相关产品市场和相关技术市场造成影响，只有在对相关产品市场和相关技术市场的界定存在一定困难的时候，才需要对涉及的相关创新市场进行进一步的判断。

《执法指南》第 9 条对相关产品市场包含的产品类别进行了说明，指出相关产品市场中的产品类别既包括使用知识产权生产的产品，也包括与上述产品具有替代关系的其他产品，既包括下游使用知识产权生产的最终或者中间产品，又包括上游为了生产最终产品而投入的原材料、设备和部件等。

《执法指南》第 10 条指出，相关技术市场包括行使知识产权所涉及的技术和替代技术，需要考虑的因素包含技术的用途、许可费、特性等。界定知识产权相关技术市场的方法为观察技术许可费小幅并且持久上升的情况下，被许可方可能转向的可代替原先技术的其他技术。第 10 条分析了不同技术之间兼容性的不同，会造成与相关技术市场相对应的相关地域市场的不同，兼容性越大，相关地域市场越大，兼容性越小，相关地域市场也越小。第 10 条还规定了界定经营者在相关技术市场的市场份额的具体方法。

《执法指南》第 11 条规定了相关创新市场的概念，即"经营者就未来新技

---

[1]　参见《国务院反垄断委员会关于相关市场界定的指南》第 10 条。

术或新商品的研究与开发进行竞争所形成的相关市场"，并且指出界定相关创新市场时需要考虑如下因素：研发新产品或技术所需要投入的资金成本、设备设施等要素，研发人员数量，市场参与者的数量等。该条没有规定相关创新市场的具体界定方法。

（4）《反垄断指南》相关市场界定。《反垄断指南》规定了分析经营者是否滥用知识产权排除、限制竞争的思路，其指出：在分析了经营者行为的特征及表现形式并初步认定可能存在的垄断行为后，应接着对经营者涉及的相关市场进行判定，这一过程一般要遵循相关市场界定的基础依据，并且同时需要考虑知识产权的特殊性。这里只提到"相关市场界定的基本依据和一般方法"，并没有对"基本依据"或"一般方法"进行细化与补充说明，较为笼统。同时，"考虑知识产权的特殊性"也十分概括化，因为知识产权领域十分广泛，具有非常多的特殊性，这里笼统地指出要考虑知识产权的特性，却并未明确在反垄断执法判断过程中应当考虑知识产权的何种特殊性及考虑的标准、程度等。

《反垄断指南》第 3 条单独对相关市场的问题进行规定，但该规定仍然比较粗陋。第 4 条给出了相关技术市场的定义，即"需求者认为具有较为紧密替代关系的一组或者一类技术所构成的市场"。这一定义只是从需求者、消费者一方的需求弹性进行分析，并未明确相关技术市场的界定采用何种具体标准，仅提供了可考虑的因素。与此同时，"行为对创新和效率的积极影响"也缺乏统一的判断标准。

2. 我国知识产权领域相关市场的司法实践——华为公司诉 IDC 案

该案是我国第一起由标准必要专利许可引发的反垄断纠纷，具有非同一般的意义。本文主要研究该案中对于相关市场的判定问题。IDC 认为本案相关市场的范围应为全世界，而华为公司与法院却并不赞同。下文将对本案的案情概要、争议焦点和法院裁判要旨进行分析。

（1）案情概要。本案当事人为华为公司和 IDC。IDC 拥有 2G、3G、4G 系列无线通信技术标准。3G 标准主要包括 CDMA2000、TD-SCDMA、WCDMA 标准，中国移动、中国电信、中国联通对应的标准分别为 TD-SCDMA、CDMA2000、WCDMA 标准。华为公司确认其生产相关的通信产品必须与上述标准相符合。另外，IDC 确认其在中国现行的所有无线通信技术标准中均拥有标准必要专利。华为公司在中国的经营必须获得上述相关标准必要专利的授权许可，因此，华为公司与 IDC 进行了多年的谈判。

但在还属于谈判期间内的 2011 年 7 月 26 日，IDC 突然向美国法院起诉华为

公司，称华为公司的产品专门设计用于 3G WCDMA 或 CDMA2000 系统，侵犯了
IDC 在美国享有的专利，请求美国法院永久禁止华为公司继续实施其专利。同
日，IDC 向美国国际贸易委员会起诉华为等公司侵犯其标准必要专利，请求全
面禁止华为公司的产品进口到美国。[1]

后华为公司将美国 IDC 诉至深圳市中级人民法院，理由为 IDC 滥用其知识
产权市场支配地位，并且对中国的 3G 标准必要专利许可采取超高定价和搭售等
违反《反垄断法》的行为。本案经深圳市中级人民法院一审及广东省高级人民
法院二审，认定 IDC 滥用其标准专利市场支配地位，采取过高定价、搭售等行
为，损害了华为公司的合法权益，违反我国《反垄断法》。[2]

（2）法院裁判要旨。关于判定本案相关市场范围的问题，华为公司认为本
案的相关地域市场是中国及美国市场，本案的相关产品市场是 IDC 在上述三种
3G 标准中各个互相不同的标准专利构成的互相独立的市场，同时，这些市场形
成一个市场集合。

一审法院对华为公司的上述主张予以确认，理由为：IDC 在美国和中国均
享有上述三种 3G 标准必要专利，IDC 对中国标准必要专利的许可应当受到我国
《反垄断法》的规制。另外，华为公司的经营活动主要在深圳，其生产的产品会
出口至美国，IDC 对华为公司采取的超高定价、搭售等行为可能会对华为公司
的出口经营造成排除、限制竞争的消极影响，因此 IDC 应受到我国《反垄断法》
的规制。一审法院还指出，IDC 没有举证证明华为公司可通过使用其他替代技
术来符合相关 3G 标准。

二审法院认同一审法院对本案相关市场的认定，认为涉案的上述三种 3G 标准
中的每一个标准必要专利均构成一个单独的相关市场。[3]另外，本案涉及的专利
难以在短期内被新研发出的技术替代，这是对相关技术市场的考虑，对应上文提
到的正在研发中的基础性技术，对我国知识产权相关市场的判定具有重要意义。

（二）《反垄断指南》知识产权市场支配地位的认定

《反垄断指南》第 14 条对"知识产权与市场支配地位的认定"作出了规定。

---

〔1〕 张伟君、张韬略主编：《知识产权与竞争法研究》（第 3 卷），知识产权出版社 2017 年版，
第 556—601 页。

〔2〕 牛爽、刘静微："从华为诉 IDC 一案看标准必要专利的法律规制"，载《中国发明与专利》
2014 年第 12 期。

〔3〕 张伟君、张韬略主编：《知识产权与竞争法研究》（第 3 卷），知识产权出版社 2017 年版，
第 556—601 页。

该条指出，"经营者拥有知识产权，并不意味着其必然具有市场支配地位"。该条还规定了在判定知识产权市场支配地位的过程中可结合知识产权的特点进行考虑的因素。

《反垄断指南》只提供了判定知识产权市场支配地位的考虑因素，并且指出其不应跳出《反垄断法》的分析框架。但其没有提供知识产权市场支配地位的具体判断标准。

（三）滥用知识产权市场支配地位的反垄断法规制

1.《反垄断法》对滥用知识产权市场支配地位的规制

根据《反垄断法》第 55 条的规定，如果经营者在法律法规规定的范围内正确地行使其知识产权权利，就不会被认为违反反垄断法。但是，如果经营者在行使权利的过程中构成权利滥用，并且对市场的竞争造成排除和限制的后果，将会受到反垄断法的规制。

《反垄断法》第 55 条并未明确滥用知识产权行为的判定标准，但原国家工商行政管理总局《关于禁止滥用知识产权排除、限制竞争行为的规定》第 3 条做出了相关规定。

2.《反垄断指南》对滥用知识产权市场支配地位的规制

（1）基本原则及分析思路。《反垄断指南》第 1、2 条分别规定了分析经营者是否构成滥用知识产权排除、限制竞争的基本思路和原则。第 1 条强调，反垄断与保护知识产权有共同的目标，即保护竞争和激励创新。同时，经营者滥用知识产权，排除、限制竞争的行为不是一种独立的垄断行为。知识产权具有很多特点，但具体分析知识产权特点时应当采用何种标准？经营者行为对市场创新和效率的积极影响应当从哪些方面判定，判定的具体标准如何？这些问题都没有在《反垄断指南》中明确。

对滥用知识产权市场支配地位的分析，《反垄断法》第 6 条规定了具体标准，第 17 条列举了滥用市场支配地位的行为，第 18 条和第 19 条是对经营者市场支配地位的界定方法。但是，上述有关滥用市场支配地位的规定并没有明确排除、限制竞争的界定标准。

《反垄断指南》第 2 条规定了判定经营者是否滥用知识产权排除、限制竞争的分析原则：分析经营者行为的特点和表现形式，认定可能违反《反垄断法》的行为；依据界定相关市场的一般方法和基本依据，并考虑所涉知识产权的特殊性，对经营者行为所涉及的相关市场进行界定；评估所涉相关市场中的竞争状况，分析经营者行为对市场竞争产生的排除、限制影响；分析经营者行为对创新和效率的积极影响。需要说明的是，第 2 条的规定只是大致的分析思路，并没有提供细化的分析方法。《反垄断指南》第 5 条规定了分析排除、限制影响需考虑的因素。《反垄断指南》第 6 条规定了判断反垄断指南积极影响需要满足的条件，例如：促进市场效率，激励创新，不会严重妨害其他经营者继续进行创新，能够使消费者更多地享受到创新及提高效率所产生的利益等。

（2）认定步骤。《反垄断指南》第三章是关于知识产权市场支配地位的滥用的规定。第三章概述部分规定，判定知识产权市场支配地位的滥用适用《反垄断法》的相关规定，并且其认定步骤应为：①界定经营者的行为所涉及的相关市场；②判断经营者在所涉相关市场是否具有市场支配地位；③结合每个案件的具体情况，分析经营者的行为是否属于排除、限制竞争。

第一步，判断经营者行使知识产权的行为所涉相关市场的范围。《反垄断指南》第 3 条规定了判定相关市场需考虑的因素，在上文已有分析。第二步，分析经营者是否拥有市场支配地位。《反垄断指南》第 14 条规定："认定拥有知识产权的经营者在相关市场上是否具有支配地位，应依据《反垄断法》第 18 条、第 19 条规定的认定或者推定市场支配地位的因素和情形进行分析。"这里并没有提供更详细的判定标准和方法，但列举了一些考虑因素，在上文已有分析。第三步，分析经营者的行为是否排除、限制了竞争。如上文所述，现有法律法规并没有对滥用知识产权的定义作出明确规定，对排除、限制竞争的规定也只限于可予以考虑的因素。

四、《反垄断指南》的完善建议

（一）有关知识产权相关市场界定的立法完善建议

我国反垄断相关法律法规中规定了相关产品、地域和时间市场，但对涉及知识产权的相关技术市场和相关创新市场基本未作规定，并且相关法律法规并未明确界定相关市场的具体方法。为此，笔者对《反垄断指南》提出以下几方面的完善建议。

1. 综合考虑相关技术市场及相关创新市场

应当对相关技术市场、相关创新市场作出明确的规定，明确其含义。普通的产品与知识产权产品具有一定的不同，例如，用途是解渴的矿泉水的相关市场只会涉及相关产品市场、相关地域市场及相关时间市场，但换做是一个专利，则还会涉及相关技术市场和相关创新市场，专利技术的更新换代、专利所具有的创新性均会影响到消费者及生产者对相关产品的选择，以及市场的竞争状态。在界定知识产权领域的相关市场时，我国应当将所有维度的相关市场纳入考量的范围，以更综合、更全面地考量经营者所占据的市场力量，把好稳定相关市场竞争的第一关。

2. 细化运用 SSNIP 分析法及其他经济学方法

在列出界定相关时间、产品、地域、技术和创新市场需要考虑的因素的同时，应当对其具体的定量分析作出细化规定。美国与欧盟大量采用 SSNIP 分析法检验相关市场的范围。SSNIP 分析法采用经济学分析的原理，因而具有较大的准确性，不管是传统维度的相关市场还是知识产权维度的相关技术、创新市场，都可大量采用 SSNIP 分析法进行检验。我国应当更加重视对 SSNIP 分析法的运用，提高相关市场判定结果的精确性。

不过，SSNIP 分析法也存在一定缺陷：第一，"SSNIP 分析法是一种理想化的经济学模型，其运用前提是其他条件均不发生任何改变，而现实生活中这一要求几乎是无法被满足的"。[1] 第二，SSNIP 分析法无法克服产品差异。SSNIP 分析法的运用过程中，会根据价格的不断上涨而不断加入不同的产品，这些产品可以是与假定垄断产品完全相同的产品，也可以是对假定垄断产品具有一定替代性的产品，选择的产品不同，运用 SSNIP 分析法得出的结果也会大不相同。第三，在运用 SSNIP 分析法的时候，对基准价格的选择很大程度上会影响到测试结果的准确性。第四，SSNIP 分析法采用的价格上涨幅度具有较大的不确定性，知识产权不同的领域适用的价格上涨幅度会有所不同，然而这一上涨幅度的确定缺乏较为统一的标准。

为了弥补 SSNIP 分析法的不足，欧美国家采取了一些其他的替代性辅助测定方法，与 SSNIP 分析法形成照应，互相弥补。已有的一些辅助性测定方法如 EH 测定法、共同分析法、临界弹性分析法、临界损失分析法、UPP 测试法等。[2]

笔者认为，《反垄断指南》中应当更多地引入运用 SSNIP 分析方法界定知识产权相关市场的规定。《关于相关市场界定的指南》中规定了 5%—10% 的提高

---

〔1〕　刘晓辉："'相关市场'界定的困惑与解析"，载《甘肃政法成人教育学院学报》2003 年第 1 期。

〔2〕　刘晓辉："'相关市场'界定的困惑与解析"，载《甘肃政法成人教育学院学报》2003 年第 1 期。

所销售产品价格的标准，这一标准是否有效可行，还有待进一步验证，需要不断地被运用到反垄断实践中，去探究适用于我国市场现状的具体标准。尤其是当下进入了"互联网+"时代，很多新生事物具有较强的模糊性，在运用SSNIP分析法的时候，保证检验结果的准确性是十分必要的。

（二）有关知识产权市场支配地位认定的立法完善建议

除了华为公司诉IDC案之外，高通公司滥用知识产权市场支配地位案也是一起影响广泛的案件。高通公司是目前全球最大的手机芯片供应商，其拥有一些无线通信标准必要专利，并且在基带芯片市场中具有极大的市场份额，在我国无线通信标准必要专利市场和手机芯片市场上具有很强的影响力。高通公司在经营过程中收取不公平的高价专利许可费，没有正当理由地搭售非无线通信标准必要专利许可，并且在基带芯片销售中附加不合理条件，被法院认定滥用知识产权市场支配地位，排除、限制了相关市场的竞争，损害了消费者的利益。

法院认定高通公司在相关无线通信及基带芯片市场具有市场支配地位，与认定IDC在我国相关无线通信领域的标准必要专利市场上拥有市场支配地位相类似。高通公司所拥有的无线通信的每一个标准必要专利在我国相应的市场上均无法被替代，均构成一个独立的相关市场，其在每一个标准比必要专利市场中均具有百分之百的市场份额，可控制相关的标准必要专利的许可市场。法院还认为，无线通信终端制造商对高通公司的无线标准必要专利组合许可高度依赖，而其他经营者进入相关市场难度较大，因此，高通公司在无线标准必要专利市场中占有支配地位。

另外，在基带芯片市场上，"2013年，以销售额计算，高通公司在我国相关基带芯片市场中占有的市场份额能够达到90%以上，依据《反垄断法》第19条，足以推定高通公司在相关基带芯片市场上具有市场支配地位"。[1]

综合上述华为公司诉IDC案以及高通滥用知识产权市场支配地位案，可看出我国对知识产权市场支配地位的认定过程中，经营者在相关市场中的市场份额是最大的考量因素，同时，还要考虑消费者、交易相对人对经营者的依赖程度、其他经营者代替该经营者的可能性大小等因素。《反垄断指南》第14条规定，知识产权人的市场支配地位依据《反垄断法》第18条、第19条进行判定，主要是考量经营者的市场份额，同时结合知识产权的特点，考虑相关因素。针

---

〔1〕 任海洋、吴景伟："规制滥用市场地位 维护公平竞争秩序——透析我国滥用知识产权反垄断执法第一案之高通案"，载《价格理论与实践》2015年第2期。

对认定知识产权市场支配地位，笔者提出以下立法建议：

第一，《反垄断法》规定的市场份额界定法具有一定的合理性，但这一界定方法需要精确的经济学分析方法来佐证，尽量排除主观认定因素对结果的认定带来偏差，避免在具体的反垄断法实施中引起较大的争议。笔者建议，可对《反垄断法》第 19 条中通过市场份额推定经营者市场支配地位的数据进行专家论证，检验其合理性、有效性，探究其前提情况，并在《反垄断指南》给出细化的推定标准，并将该标准运用到知识产权领域分析中。

第二，《反垄断法》第 19 条还规定，有证据的情况下，可推翻对市场支配地位的推定。笔者认为，应当在《反垄断指南》中明确规定"可证明知识产权人不具有市场支配地位"的因素、具体标准、证明责任的分配、证据的标准等问题，使市场支配地位的认定更具可操作性。

第三，美国和欧盟的经验亦表明，在认定市场支配地位的过程中不应只考虑市场份额的作用，还应考虑其他相关因素。《反垄断指南》列出了部分可供考虑的因素，笔者认为，《反垄断指南》可细分更具体的知识产权领域，在进行详细调研后，制作清单，列明每一详细领域可考虑的因素。

第四，为了使我国知识产权反垄断规制更具可操作性，笔者建议《反垄断指南》对市场支配地位的概念进行进一步明确。除了通过市场占用率来判定经营者拥有市场支配地位外，可规定市场支配地位指经营者在相关市场中达到以下状态：具有控制市场准入门槛、交易条件、技术投入、产品产量和销量等的力量，其所拥有的技术、资金等条件足以应对相关市场中所有竞争情况的变化。另外，除了对上述客观因素的考量，也可将知识产权人希望获得垄断地位的主观意图作为判定其市场支配地位的标准之一。

（三）有关滥用知识产权市场支配地位排除和限制竞争的立法完善建议

"高通公司在与一些中国企业签署授予标准必要专利许可协议的时候，在协议中要求几乎所有被许可人将持有的相关非无线标准必要专利向高通公司进行许可和反向许可，并且要求被许可人不得就持有的相关专利向高通公司及其任何客户主张权利或是提起诉讼，另外，高通公司的许可范围超出了其所有的标准必要专利内容。"[1] 法院认为，高通公司的行为严重地限制了市场竞争，甚至会排除相关市场中的竞争。另外，在基带芯片领域，高通公司在销售基带芯

---

[1] 任海洋、吴景伟："规制滥用市场地位 维护公平竞争秩序——透析我国滥用知识产权反垄断执法第一案之高通案"，载《价格理论与实践》2015 年第 2 期。

片的时候附加了一系列不合理的条件。法院认为，这些做法严重地排除和限制了市场竞争，因为高通公司在相关专利市场中具有市场支配地位，几乎所有的无线通信设备终端均对其具有高度依赖性，一旦高通公司停止对这些企业的专利许可，这些企业将无法进入相关市场，无法互相竞争。高通公司滥用其市场支配地位的行为构成对我国《反垄断法》的违反，应当受到我国《反垄断法》的规制。

除了高通公司滥用知识产权市场支配地位案，"微软黑屏"案亦值得我们关注。2008年，微软在我国推出新一版本的验证计划，该验证计划规定，未通过验证的 Windows XP 操作系统每隔一个小时便会收到桌面背景变成纯黑色的盗版提醒。这一提醒是为了检查用户的电脑操作系统是否为正版，如果不是正版，微软便会定时采取黑屏的方式提醒用户更换系统。[1]

从高通公司滥用知识产权市场支配地位案以及上述"微软黑屏"案，很明显可看出我国对经营者滥用知识产权市场支配地位的认定依据是经营者的行为排除、限制了竞争。从"微软黑屏"案可看出，虽然我国并没有规定认定滥用知识产权市场支配地位的行为采用合理原则的方法，但法院在裁判的过程中却十分自然地采用了合理原则这一认定分析方法。

《反垄断指南》第15条至第19条规定了几种排除、限制竞争的具体情形，分别为：不公平高价许可知识产权；拒绝许可知识产权；涉及知识产权的搭售；涉及知识产权的附加不合理交易条件；涉及知识产权的差别待遇。并且，其列出了认定上述行为可考虑的因素，但对排除、限制竞争效果并未作出明确的规定。通过上文的分析，笔者对《反垄断指南》提出如下建议：

第一，借鉴美国在知识产权反托拉斯规制中运用的合理原则。《反垄断指南》应当借鉴合理原则，规定对于知识产权人滥用市场支配地位排除、限制竞争的认定，应当综合考量其行为对消费者和社会带来的积极影响与消极影响。如果消极影响大于积极影响，那么知识产权人的行为达到排除、限制竞争的影响，构成权利的滥用。反之，应认定知识产权人没有排除、限制竞争。《反垄断指南》应当对消极影响和积极影响的判定和相抵标准作出具体的规定。

第二，《反垄断指南》应当明确搭售、差别待遇、拒绝许可等行为可能不构成对知识产权市场支配地位的滥用，反而能够产生提高产品销量、推广技术等

---

〔1〕　杨力："微软反垄断调查中信息安全审查问题探讨——兼谈反垄断法中滥用市场支配地位的规定"，载《信息安全与通信保密》2014年第9期。

正面影响。正如美国、欧盟的规定，知识产权人的行为只有对市场竞争造成了损害，才被认定为滥用支配地位。上述行使知识产权的行为既可产生促进竞争的效果，也可造成阻碍竞争的后果。通过综合分析相关行为的消极与积极影响，可确定其最终效果。《反垄断指南》作出这一规定可在一定程度上规范知识产权领域的反垄断执法。

五、结论

对知识产权滥用行为进行反垄断规制是较为前沿的领域。知识产权具有合法垄断性，因此，知识产权人容易不当地行使其知识产权，违背《反垄断法》，对市场竞争造成消极影响。另外，越来越多的跨国公司滥用其知识产权市场支配地位，以期在我国市场内攫取超额利润。因此，我国应当加快相关立法进程，规范知识产权的行使，维护正常的社会竞争秩序，保护消费者权益，实现促进科技革新与社会进步的最终目标。

标准必要专利权人滥用市场支配地位问题研究

唐传龙

　　在技术标准化的大背景下，专利进入标准的趋势更加明显，标准必要专利的数量逐年增多。近些年来，涉及标准必要专利的诉讼案件在世界各国掀起浪潮。标准必要专利案件以其巨大的影响力引起各国政府、司法机关、学者的关注。涉及标准必要专利的案件案由多样，如标准必要专利许可合同纠纷、标准必要专利侵权纠纷、标准必要专利反垄断诉讼等。对于标准必要专利侵权诉讼案件，能否给予专利权人禁令救济一时成为学者们研究的热点。支持者认为禁令请求权是保护专利权的重要手段；反对者则认为标准必要专利权人若能轻易获得禁令救济，并以此为要挟向标准实施者收取高额、不公平许可费或者拒绝许可，势必会造成"专利劫持"，损害公平竞争。

　　自华为诉 IDC 案、美国高通公司反垄断案相继发生以后，针对日渐复杂的同类案件，我国相继出台有关标准必要专利的法规和政策。从有关标准必要专利的案件审判、学术研究和法律法规等各方面的文献资料来看，学界与实务界已达成共识：经营者滥用标准必要专利，排除、限制竞争的，适用反垄断法加以规制。本文即以标准必要专利权人市场支配地位的认定为核心，探讨如何通过反垄断法规制其滥用行为，提出有关建议和主张，为涉及标准必要专利的反垄断行政执法和反垄断诉讼案件审判提供指引。

一、标准必要专利

　　标准必要专利是专利法、标准化法和反垄断法三者交汇的热点话题。准确理解标准必要专利的概念是研究其权利人滥用市场支配地位的前提。标准必要专利的含义存在一定的争议，比如其"必要性"的理解，所以有必要从标准必要专利的背景、定义以及相关主体的利益进行阐述和分析。

（一）标准的概念

标准最初意指"目的"或"标靶"，后来逐步演化为区别不同类别事物的规则。标准作为社会经济制度上的一个概念，其定义较为严格。国家标准化管理委员会在有关文件中将标准规定为："为了在一定范围内获得最佳秩序，经协商一致制定并由公认机构批准，共同使用的和重复使用的一种规范性文件。"[1]其与世界标准化组织（ISO）和世界电工委员会（IEC）的定义接近。[2]世界贸易组织（WTO）在《技术性贸易壁垒协议》中将标准定义为："标准是经公认机构批准的、规定供通用或重复使用的产品或相关工艺和生产方法的规则、指南或特性的文件。"

关于标准，笔者认为需要注意以下几点：第一，标准首先是一种关于技术要求的规范性文件，既有强制性规范，也有非强制性规范，具有指导性和可预测性。第二，这类规范性文件只有义务性规范，没有权利性规范，标准是用来要求企业或个人生产的商品或提供的服务达到某种技术程度的，可以是质量或安全方面的要求。第三，标准规范的目的是使重复的事物、概念遵循相同的规律和方法，以提高效率。第四，标准的制定一般由利益各方协商一致并经公认机构批准，确保标准的公正和效率，促进公共利益，同时赋予标准公信力。第五，标准的制定和推广实施是为了最大程度利用有限的资源满足人们日益增长的物质、精神需求，实现最佳秩序。

（二）标准必要专利

1. 标准必要专利的由来

专利融入标准即产生了标准必要专利。标准制定组织为了保障标准的实用性和公共性，在制定标准时会尽可能绕开专利。由于专利权的私权属性，标准必要专利权人凭借对专利的专有权，容易形成专利劫持。标准实施者必须获得标准必要专利权人的授权许可并支付相应的许可费，方能实施标准。就此而言，专利纳入标准不利于标准的推广。

但是，随着科学技术的不断发展以及知识产权保护的不断加强，一方面，

---

〔1〕 详见 GB/T 20000.1-2002《标准化工作指南第 1 部分：标准化和相关活动的通用词汇》2.3.2。

〔2〕 详见 ISO 和 IEC 第 2 号指南《标准化和有关领域的通用词汇》。

大量的优秀技术被申请为专利，尤其是在生物医药和通信等高科技领域，专利成为技术存在的主要形式；另一方面，为了适应日新月异的社会需求，技术标准制定的周期显著缩短，标准数量在逐年增长，标准制定组织无法跳开专利的保护圈，不得不将专利纳入标准之中。标准必要专利因此而出现，并随着标准数量的增加而增加。以国际电信联盟（ITU）为例，其在 1983 年到 2011 年期间披露的标准必要专利数量如图 1 所示，每年新增的标准必要专利数量呈周期性波动，数量整体增加，标准必要专利累积数量逐年上升，且增长速度也在提高。[1]

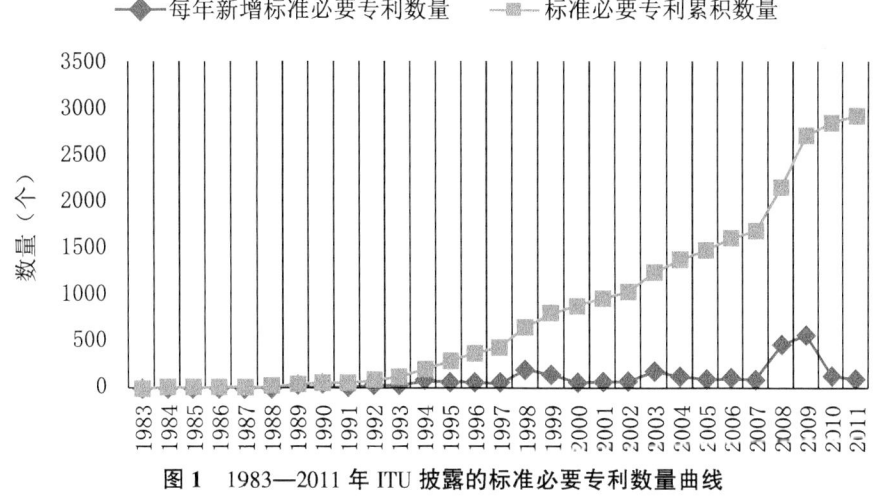

图 1　1983—2011 年 ITU 披露的标准必要专利数量曲线

有学者对欧洲电信标准化协会（ETSI）在 2004 年到 2014 年期间对外披露的标准必要专利信息进行统计分析，指出美国在 ETSI 的标准必要专利布局中占有一半以上的份额，欧盟和中国各占 10% 左右。在 2004 年到 2013 年 ETSI 披露的标准必要专利数量排行榜中，美国高通公司拥有的标准必要专利数量遥遥领先于其他专利权人，第二名到第五名依次为美国交互数字技术公司（IDC）、美国诺基亚公司、美国交互数字专利控股公司和中国的华为公司。[2]

---

〔1〕　Disclosed Standard Essential Patents（dSEP）Database，载 http://www. ssopatents. org，最后访问时间：2020 年 12 月 15 日。

〔2〕　刘鑫："标准必要专利数据库评析"，载《情报杂志》2014 年第 10 期。

2. 标准必要专利的定义

我国国家知识产权局、原国家工商行政管理总局及国家标准化管理委员会对标准必要专利的含义均有所界定，但表述并不完全一致。原国家工商行政管理总局认为标准必要专利"是指实施该项标准所必不可少的专利"。[1] 国家知识产权局和国家标准化管理委员会则认为国家标准中涉及的专利应当是标准的必要专利，即实施标准必不可少的专利，专利包括已经授予专利权的专利和专利申请。[2] 国家标准化管理委员会在 2010 年发布的一份文件中指出，标准必要专利指"实施标准时，无法通过采用另一个商业上可行的不侵权的实施方式来避免该专利的某一权利要求被侵犯的专利"。[3]

ITU 将标准必要专利定义为实施技术标准时必须获得权利人授权许可的专利技术。与非标准必要专利不同，从其定义上就可以知道标准必要专利是实施标准所无法绕开的专利技术。[4] ETSI 认为在标准化期间，考虑通常的技术实践，标准必要专利意味着不可能采用技术上（而非商业上）可替代的技术方案去制造、销售、租赁、修复、使用或者开发带有技术标准的机器设备、生产方式等而不侵犯标准必要专利。[5] 电气与电子工程师协会（IEEE）则认为标准必要专利是实施标准时技术上和商业上都不可替代的专利技术。[6]

标准中所包含的某些技术特征落入了标准必要专利的保护范围，只要有人实施了该标准，在未经专利权人许可的情况下，必然构成对标准必要专利的侵犯。然而，如何理解专利之于标准的必要性，则仁者见仁，智者见智，并不统一。

3. 标准必要专利中的"必要性"

ETSI 指出专利对标准的"必要性"仅仅体现为技术上的必要性，而 IEEE 的观点是标准必要专利应当同时具备商业上和技术上的必要性。国家标准化管

---

〔1〕 参见原国家工商行政管理总局《关于禁止滥用知识产权排除、限制竞争行为的规定》第 13 条。

〔2〕 参见《国家标准涉及专利的管理规定（暂行）》第 3 条和第 4 条。

〔3〕 参见《国家标准涉及专利的处置规则（征求意见稿）》第 3.1 条。

〔4〕 Understanding patents, competition & standardization in an interconnected world，载 http://www.itu.int/en/ITU-T/ipr/。

〔5〕 ETSI Guide on Intellectual Property Rights（IPRs），载 http://www.etsi.org，最后访问时间：2020 年 12 月 15 日。

〔6〕 IEEE-SA STANDARDS BOARD BYLAWS，载 http://standards.ieee.org/develop/policies/bylaws/sect1-3.html#2，最后访问时间：2020 年 12 月 15 日。

理委员会曾认为标准必要专利的必要性是指商业上的必要性。由此可知，对标准必要专利的必要性考量主要集中在技术因素和商业因素上。

技术上的必要性意味着技术层面的不可规避。商业上的必要性是从成本和利润角度来考虑的，即便下游厂商能找到标准必要专利的替代性方案，产品也能达到标准要求，但是实施替代性方案的成本远高于标准必要专利，利润空间过小或者为零，这样的替代性方案在商业上是不可行的。是否存在技术上不可替代而商业上可替代的情况？有学者认为："从商业因素的角度出发，如果在某一特定市场条件下，通过某项低于技术标准要求的技术，可以带来与使用该标准必要专利相近的商业增值时，那么该标准必要专利虽然不具有技术角度上的可替代性，却具备商业角度的可替代性。"[1]笔者认为，探讨"必要性"的前提是实施该标准，采用某项低于标准要求的技术，绕开的是标准本身，而非标准必要专利，这种商业因素不应纳入必要性的探讨范围。

技术上的必要性才是专利对标准的必要性的关键，实施标准不可避免要在技术上使用其必要专利。标准必要专利的必要性审查应当是通过技术比对的方式进行，即是将标准中相关技术特征和其必要专利的有关权利要求作对比分析，两者是否相近或相同，实施标准是否必然侵犯专利权是判断标准必要专利必要性的关键。因此，笔者赞成 ETSI 对于标准必要专利的定义。

二、标准必要专利权人市场支配地位的认定

经营者具有市场支配地位是适用反垄断法规制的前提之一。如何理解市场支配地位、标准必要专利权人市场支配地位的认定有何特殊性皆是值得思考的问题。本部分重点围绕标准必要专利市场支配地位认定这一核心问题，通过对市场支配地位的理解、其认定方法的归纳以及标准必要专利的特殊性分析等研究标准必要专利权人市场支配的认定。

（一）市场支配地位

支配地位表示某个主体处在一种支配或管控的优势地位。市场是指进行商品或服务买卖的特定场所，市场大小取决于商品或服务的范围，大如全国市场乃至全球市场，小如街头的菜市场。市场支配地位，顾名思义是指对特定市场掌控的优势地位。我国《反垄断法》第 17 条第 2 款对市场支配地位给出了定

---

〔1〕 孟雁北、姜姿含："标准必要专利定价行为的反垄断法规制研究"，载《价格理论与实践》2015 年第 2 期。

义："本法所称市场支配地位，是指经营者在相关市场内具有能够控制商品价格、数量或者其他交易条件，或者能够阻碍、影响其他经营者进入相关市场能力的市场地位。"

市场支配地位在其他国家称谓有所变化，如"垄断力""垄断状态""独占""竞争优势"等。笔者认为美国的"垄断力"或"垄断力量"更贴近市场支配地位的本质，因为市场支配地位是一种事实上的强势地位，是某个市场主体不断积累竞争优势而达到的一种垄断地位。正如学者指出的，"反垄断立法中所谓的市场支配地位，其本质是经营者拥有的能够决定或者控制市场，限制竞争的经济权力"。[1]

（二）标准必要专利权人市场支配地位认定的特殊考量

1. 标准必要专利相关市场认定的特殊性

（1）相关技术市场。标准必要专利是一项专利技术或者专利申请，作为一种商品，其与传统商品最大的区别是技术的无形性。无形的技术对于消费者而言，并无直接的使用价值，必须转化为生产力，生产出相应的有形商品供消费者使用。在认定标准必要专利相关商品市场时，思维不应当局限于有形商品。这里的商品还包含技术这类特殊商品。

此处相关商品市场的概念便延伸到相关技术市场。原国家工商行政管理总局在其制定的有关文件中表示相关商品市场可以是相关技术市场。[2]相关技术市场的出现有助于标准必要专利权人市场支配地位的认定。

相关技术市场既然源自相关商品市场，其含义自然与相关商品市场的含义无异。相关技术市场也就是指相对于需求者而言具有可替代性的多种技术的集合，这些技术之间处于相互竞争关系。标准必要专利的相关技术市场主要指的是相关技术许可市场。

（2）相关产品市场。如果标准必要专利权人不是非专利实施主体[3]，那么界定相关市场时还需要考虑标准实施后下游产品所形成的市场，称之为相关产品市场。下游产品市场包括其他标准实施者生产的标准产品，也包括采用非

---

〔1〕　杨基月："论市场支配地位的本质"，载《经济问题探索》2015 年第 1 期。

〔2〕　参见原国家工商行政管理总局《关于禁止滥用知识产权排除、限制竞争行为的规定》第 3 条。

〔3〕　非专利实施主体是指不直接从事专利相关产品生产或提供专利相关服务的专利权人或专利经营者，可能是自然人、法人或其他组织。

标准技术生产的具有可替代性的产品。可见，相关商品市场遇到标准必要专利时演变成了技术和产品两个相关市场，前者是关于有形商品的市场，后者是关于无形商品的市场。当然，由于非专利实施主体不实施专利技术，不生产和销售含有专利的标准产品，也就无须界定相关产品市场。

（3）相关地域市场。标准必要专利的相关地域市场也非常特殊。在当今通信网络发达的时代，无形技术的传输成本几乎为零，在认定标准必要专利的相关地域市场时，就无须考虑运输成本。标准必要专利作为一种专利技术或专利申请，其受保护的范围往往是一国的主权范围内。当然，通过 PCT（Patent Cooperation Treaty）申请的国际专利，其受保护的范围更为广泛。标准必要专利的相关地域市场即为受保护的地域范围。比如国家发展和改革委员会对美国高通公司进行反垄断行政处罚的决定书中提到："无线标准必要专利许可的相关地域市场为当事人持有的各项无线标准必要专利的国家或者地区市场的集合。"[1]

（4）相关创新市场。在美国新版的《知识产权许可的反托拉斯指南》中，相关创新市场的构成如下："涉及确定可商业化产品或指向特定新型或改进商品或方法的研发，以及该研发的相近替代品，在研发指向特定新型或改进商品或方法时，相近替代品可能包括有效地限制行使与相关研发有关的市场力量的研发努力、技术及产品。"[2]

相关创新市场是一个较为前沿的提法，但由于概念本身的模糊性而备受争议。有学者认为在考虑创新市场时，知识产权许可协议可能会影响尚不存在的技术或产品，没有办法通过具体的技术或产品界定创新市场的范围。[3]还有学者认为创新本身意味着风险和不确定性，引入相关创新市场的概念是个不明智的做法。[4]

笔者认为，创新是企业的一项重要发展要素，相关创新市场由技术或产品上游的各项研发活动组合而成。如果上游的研发市场活跃并且研发机构数量庞大，新的改进型技术或其他替代性技术就能轻易取代标准必要专利。如果在上

---

〔1〕　参见国家发展和改革委员会发改办价监处罚〔2015〕1号行政处罚决定书。

〔2〕　黄蕴华、卢文涛、臧安臻译："知识产权许可的反托拉斯指南"，载《竞争政策研究》2017年第1期。

〔3〕　邵翔："知识产权反垄断中的相关市场界定研究"，载《科技进步与对策》2011年第15期。

〔4〕　〔美〕德雷特勒著，王春燕等译：《知识产权许可》（下），清华大学出版社2003年版，第20—58页。

游的研发市场上与标准必要专利相关的研发机构很少或者都被标准必要专利权人控制，则替代性技术难以研发出来，专利许可市场上的竞争者也就不会出现。相关创新市场的活跃程度、竞争状况显然影响着标准必要专利权人市场支配地位的认定。相关创新市场概念的模糊性也不是一个不可解决的难题，随着学界进一步的探讨，实践中的进一步摸索，学者们也会对相关创新市场的概念达成共识。

2. 标准必要专利权人可能面临的竞争压力与制约

（1）替代性技术或产品。虽然标准必要专利是实施某项标准所必须使用的专利或专利申请，但是市场上依然可能存在其替代性技术或产品。这种可能性主要来自两个方面：

第一，替代性标准带来的替代性技术或产品。标准作为一种公共产品，并非唯一不变，有可能存在功能、目的相同的多个标准共存的局面，比如3G通信技术的CDMA2000、WCDMA、TD-SCADMA、WiMAX标准，4G通信技术的TD-LTE和FDD-LIE标准。不同的标准也具有某种程度的相互替代性，如对老年用户来说，2G、3G和4G手机区别不大。标准必要专利虽然在实施该标准时不可替代，但除非所有替代性标准都包含该标准必要专利，否则完全有可能在其他相同类型的标准中找到替代性技术或产品。

第二，非标准化的替代性技术或产品。在标准必要专利形成之前，市场上可能存在多项替代性技术，这些替代性技术由于没有进入标准而被称为非标准化技术，利用非标准化技术生产出来的产品被称为非标准化产品。非标准化技术或产品在功能、用途、成本等方面能够替代标准必要专利，是标准必要专利在相关市场上的竞争者。

（2）标准的影响力。标准必要专利依附于标准，标准实施的范围、是否具有强制性、是否具有可替代的同类标准等因素显然对标准必要专利权人市场支配地位的认定有很大影响。笔者将这些与标准本身相关的因素称为标准的影响力。

标准的影响力很大程度上受制于标准的类型。按照地域范围由大到小，标准可以分为国际、国家、行业、地区以及企业等范围内的标准，标准影响力随地域范围缩小而减小。企业标准往往只是少数企业内部使用，其必要专利权人难以凭借企业标准而占据市场支配地位。而国家标准乃至国际标准的使用范围广泛，标准实施者不计其数，标准必要专利权人凭借专利权控制着通向这类标准的"要塞"，其优势地位可想而知。控制强制性标准的专利权人更容易获得优势的市场地位，因为标准实施者面对强制性标准，没有选择余地。

如前所述，如果多个替代性标准共存，标准影响力就会大打折扣。此时需要考虑的是标准实施者从此标准转换到彼标准的成本和周期。如果转换成本过高或周期过长，标准实施者负担不起这样的转变，标准必要专利权人的优势地位就不会受到替代性标准的挑战。

（3）同一标准下其他标准必要专利的制约。一项标准的形成往往融入了多个标准必要专利，比如 WLAN 标准中的 802.11 标准至少含有 143 个标准必要专利，数字视频编解码器标准中的 H.264 标准的标准必要专利数量多达 610 个。如果每一个标准必要专利权人都对标准实施者开出过高的许可费率，形成的许可费累积势必会给标准实施者造成过大负担，致使其退出标准产品的生产、销售。标准必要专利权人在确定许可费时，客观上要考虑到其他标准必要专利权人的定价策略，以避免交易的失败。

如果标准必要专利授权许可的对象是同一个标准下的另一个标准必要专利权人，那么被许可人有可能向许可人寻求交叉许可，被许可人可以凭借其拥有的标准必要专利与许可人抗衡，从而避免许可人过高的要价和不合理的许可条件。当然，如果许可人是非专利实施主体，情况会有所不同。

同一标准下的多个标准必要专利作用不尽相同，对标准的贡献值也会有所不同，有的是标准技术中的核心，有的则仅仅起辅助作用。标准必要专利对标准的贡献值越大，标准必要专利权人对标准的掌控越有力，其获得的市场优势地位也更明显。

（4）标准制定组织对标准必要专利的制约。标准制定组织对标准必要专利的管理能力影响标准必要专利权人市场支配地位的认定。标准制定组织一般都会制定有关规则和措施对标准必要专利进行管理，如专利信息披露、FRAND 承诺、发布有关的专利指南或政策，但是并非所有的标准制定组织都遵循相同的管理方式。有的标准制定组织管理方式较为完善，如 ISO、ITU 等要求标准必要专利权人披露专利权人、专利名称、专利号或申请号等关键信息，其他标准制定组织未必能做到。标准制定组织发布的指南或政策也有严有松。

显而易见，标准制定组织对标准必要专利的管理能力越强，管理越细致越规范，就越能制约标准必要专利权人，使其按照要求合理行使专利权。如果标准制定组织对违反管理措施的标准必要专利权人施加一些制裁措施，比如联合众多标准实施者抵制该标准必要专利权人，或开放专利进入标准的大门，选择可替代技术替换掉该标准必要专利等，标准制定组织对标准必要专利的管理能力就会大为增强，以致标准必要专利权人更难占据市场支配地位。令人遗憾的是，目前各个标准制定组织鲜有规定对标准必要专利权人违规后的制裁措施。

（5）禁令救济的可获得性。禁令救济是专利权人在其专利权受到侵害时向法院申请的救济措施。获得禁令救济的难易程度反映着知识产权的保护力度。由于标准必要专利的特殊性，凡是没有经过标准必要专利权人许可而实施相关标准的，很容易被认定为专利侵权。如果标准必要专利权人申请禁令救济，法院很乐意支持禁令，禁止标准实施者生产销售相关的标准产品，这对标准实施者的打击是致命的。标准实施者不得不低头，答应标准必要专利权人过高的许可费或不合理的许可条件。

禁令救济的可获得性在一定程度上对标准必要专利权人市场支配地位的认定产生影响。

3.“推定说”和“认定说”的博弈

对标准必要专利权人市场支配地位的认定，目前存在“推定说”和“认定说”两种主张。有学者对这两种主张进行了对比分析，并主张“推定说”存疑，标准必要专利权人市场支配地位的认定应当适用“认定说”。[1]

（1）“推定说”。该观点主张由于标准必要专利是实施标准绕不开的技术，无法替代，其本身就构成一个独立的相关市场。按照前面所述的市场份额计算方式，标准必要专利具有 100% 的市场份额，从而直接推定标准必要专利权人具有市场支配地位。标准必要专利权人想要推翻自己的市场支配地位，则需要举证证明，但这往往是很困难的。

采纳“推定说”的学者大致有如下论述：“从行为性质上看，因为标准的制定，标准必要专利权人决定着相关产品的市场准入，享有事实上的市场支配地位”；[2] 由于标准的排他性，除非交易对方拥有对抗力量，否则标准必要专利权人一般被视为拥有支配地位；[3] “一项技术标准可能含有成千上万件专利，

---

〔1〕　袁波：“标准必要专利权人市场支配地位的认定——兼议‘推定说’和‘认定说’之争”，载《法学》2017 年第 3 期。

〔2〕　罗娇：“论标准必要专利诉讼的‘公平、合理、无歧视’许可——内涵、费率与适用”，载《法学家》2015 年第 3 期。

〔3〕　许光耀、刘佳：“论标准必要专利许可中支配地位的滥用”，载《价格理论与实践》2014 年第 10 期。

这些专利技术通常是唯一的、不可或缺的、不可替代的。这种不可替代性表明，每一标准必要专利可以构成一个独立的市场"；〔1〕"在标准必要专利的许可市场上，因为这些专利对潜在被许可人来说必不可少，没有可替代性，权利人在相关市场占支配地位，而且是事实上的垄断地位"。〔2〕

（2）"认定说"。对"推定说"提出质疑并主张"认定说"的学者也不在少数。"认定说"的核心思想在于综合考虑多种影响因素进行个案认定，最后判断标准必要专利权人的市场地位状况，而不是依靠单方面因素通过"一刀切"的方式直接推定。关于"认定说"的论述如下：标准必要专利下的相关商品市场界定以及市场支配地位的认定是一个复杂的问题，并且可能因个案的不同而导致结论不同；〔3〕"从理论角度看，专利纳入特定标准后所获得的市场力量有大有小，并非一定给专利权人带来支配性市场力量。对于标准必要专利持有人，执法部门应结合个案情形综合标准必要专利权人面临的各种竞争约束机制，合理评估专利权人的市场力量与市场地位"；〔4〕"在认定标准必要专利持有人是否具有市场支配地位时，反垄断执法机构应当适用反垄断法的一般规则，在此基础上，反垄断执法机构应当结合技术标准的特点和标准必要专利的特点进行判断，关注标准必要专利相关技术的发展状况及其影响，对于不同类型的技术标准加以区别对待，考虑标准化组织对标准必要专利持有人的控制能力，还应分析标准体系内的竞争和不同标准体系之间的竞争状况"。〔5〕

三、标准必要专利权人市场支配地位的滥用

如何有效识别滥用行为是认定市场支配地位之后的又一难题。本部分以案例分析的形式，对滥用市场支配地位的典型行为，如高价许可、歧视性许可以及拒绝许可等加以分析。另外，还对标准必要专利权人寻求禁令救济是否构成

---

〔1〕　林秀芹："每一个标准必要专利构成一个独立的相关市场——评华为公司诉 IDC 垄断案的‘相关市场’界定"，载《中国知识产权报》2014 年 1 月 22 日第 9 版。

〔2〕　王晓晔："标准必要专利反垄断诉讼问题研究"，载《中国法学》2015 年第 6 期。

〔3〕　顾萍、张宏斌："标准必要专利下的相关商品市场界定方法及市场支配地位认定的考量因素"，载《电子知识产权》2013 年第 12 期。

〔4〕　韩伟、尹锋林："标准必要专利持有人的市场地位认定"，载《电子知识产权》2014 年第 3 期。

〔5〕　董新凯："标准必要专利持有人市场支配地位认定的考量因素"，载《知识产权》2015 年第 8 期。

滥用行为这一热点问题进行研究。

（一）滥用市场支配地位的典型行为

滥用市场支配地位的典型行为一般包括不公平的高价、差别对待、拒绝交易、搭售等行为，具体到标准必要专利权人市场支配地位的滥用，典型行为主要表现为高价许可、歧视性许可、拒绝许可、一揽子许可等。通过对典型行为的分析和理解，有助于把握滥用市场支配地位的本质，从而有效识别这些违法行为。

1. 高价许可

高价许可是标准必要专利权人凭借其市场支配地位向标准实施者收取过高的许可费。在自由竞争的市场，经营者对商品定价过高，本身无可厚非，因为存在市场调节机制，过高的定价会导致消费者转向其他价格低廉的替代品。市场上不存在替代品或替代品很少的条件下，标准必要专利权人凭借市场支配地位采取过高定价的策略，以获取不正常的超高利润，则具有不同性质。标准必要专利权人实施高价许可正是对标准实施者的压榨，有违公平。

在美国高通公司反垄断案中，美国高通公司滥用在无线标准必要专利许可市场的支配地位，对我国境内的 CDMA 和 WCDMA 等标准的实施者直接或间接收取高价许可费，具体行为表现如不提供收取许可费的专利清单，对过期的无线标准必要专利继续收取许可费、要求标准实施者将自己的专利免费反向许可给美国高通公司等。[1]这些行为变相抬高了标准必要专利许可费，使得标准实施者和终端产品的消费者利益受损。

在华为诉 IDC 案中，法院将 IDC 对华为的标准必要专利许可费率与 IDC 对苹果、三星、加拿大 RIM 及 HTC 等公司的许可费率进行比对，其结果是华为需要支付的许可费率远远高于这些公司。[2]虽然 IDC 对这些公司的许可费有的是一次性收取，且华为与这些公司的交易条件也存在差异，但是在 IDC 拒绝对外披露合理许可费率的情况下，法院将 IDC 的许可行为定性为高价许可并无不妥。同时，IDC 也和美国高通公司一样，要求华为将其全部专利免费许可给自己。

2. 歧视性许可

歧视性许可是指标准必要专利权人对条件相同或相近的标准实施者没有一

---

〔1〕 参见国家发展和改革委员会发改办价监处罚〔2015〕1 号行政处罚决定书。

〔2〕 参见广东省高级人民法院（2013）粤高法民三终字第 306 号民事判决书。

视同仁，而是差别对待，并且这种差别待遇不合理。前面所述的高价许可强调的是许可费本身的不合理，而这里的歧视性许可是因为标准必要专利权人对标准实施者没有一视同仁，对某些对象收取的许可费高，而对另外一些对象收取的许可费低。歧视性许可对竞争造成两方面的损害：一是，标准必要专利权人借此排斥竞争对手，构筑市场进入壁垒，损害公平竞争环境；二是，标准必要专利权人通过价格歧视危害下游市场的竞争环境。

德国的"Spundfass 标准"案[1]是欧洲知识产权典型案例，有学者称之为"标准紧口案"。[2]"Spundfass 标准"由 1990 年的德国化学工业学会（VCI）组织设立，当时的领头企业提倡一种带有排泄功能的新型合成鼓形桶方案，四家德国鼓形桶生产商投标参与该标准的设立，其中包括原告和另外三家鼓形桶生产商。原告凭借其拥有的第 515390 号欧洲专利，成功将自己的技术方案纳入"Spundfass 标准"，原告的专利被包含到"1990 年 7 月 3 日 VCI 新型开盖鼓形桶（L-open-head drum）的一般条件"中，成为"Spundfass 标准"的必要专利。原告还和共同参与竞标的三家鼓形桶生产商达成协议，将该标准必要专利免费许可给它们使用。该标准必要专利给原告带来了相关市场的支配地位。

被告是一家意大利鼓形桶生产商在德国设立的子公司，出售一种鼓形桶。原告认为被告销售的产品侵犯了该标准必要专利，于是向德国杜塞尔多夫地方法院提起专利侵权诉讼，并获得临时禁令救济。被告一方面接受禁令救济，另一方面由其母公司向德国专利局提起专利无效申请，未能获得成功之后，原告获得地方法院胜诉判决。几经周折，案件最终由德国最高法院发回重审。

被告在诉讼中的主要抗辩理由便是原告将该标准必要专利免费许可给共同竞标的三家鼓形桶生产商，对其他制造商实施有偿许可，且从 1996 年 7 月之后，拒绝向其意大利母公司颁发专利许可证。原告的行为违反了德国《反对限制竞争法》中有关禁止歧视的条款。德国最高法院认为："不能排除原告在拒绝向被告及其意大利母公司颁发涉案专利的许可时，违反了禁止歧视的规定；原告给予被告的待遇，有可能没有任何客观的、正当的理由。"

---

〔1〕 See Decision of the Federal Court of Justice, dated 13 July 2004 — Case No. KZR 40/02 — STANDARD SPUNDFASS (STANDARD TIGHT-HEAD DRUM), on the conditions for granting compulsory licences on patented standards under antitrust law.

〔2〕 魏立舟："标准必要专利情形下禁令救济的反垄断法规制——从'橘皮书标准'到'华为诉中兴'"，载《环球法律评论》2015 年第 6 期。

该案中原告对不同的鼓形桶生产商给予不同的许可条件，有的免费，有的收费，有的则直接拒绝许可。若这些鼓形桶生产商具有相同或相似的交易条件，则原告的这种行径完全是恣意的，是歧视性的，不利于鼓形桶生产商之间公平竞争，应当受到反垄断法的规制。

3. 拒绝许可

拒绝许可是标准必要专利权人滥用市场支配地位排除、限制竞争最直接的表现，标准必要专利权人掌握着通往标准的"咽喉要塞"，阻却潜在被许可人进入相关市场，一方面巩固了自身的市场支配地位，另一方面也为自己和合作伙伴获取高额的垄断利润打下基础。"标准必要专利权人的拒绝许可不仅会有损市场竞争对手的合法利益，同时还会对消费者福祉和公共利益带来损害。"[1]

拒绝许可对普通专利权人来说是一项正当权利，但对标准必要专利来说，可能构筑一道市场壁垒。前述"Spundfass 标准"案中，原告停止对被告母公司颁发专利许可证，禁止被告销售符合标准的产品。被告不能进入鼓形桶的销售市场，对被告来说显然是不公平的。原告拒绝许可的行为改变鼓形桶销售市场的格局，将被告排挤出相关市场，具有明显的排除、限制竞争的效果，违反德国《反对限制竞争法》的宗旨。

德国最高法院在该案中分析关于强制许可的有关条款与关于滥用市场支配地位的有关条款之间的关系时，认为专利法中的强制许可制度是基于保护"公共利益"的需要而设立，而"公共利益"的范围广泛，滥用市场支配地位是其中一项特殊考量。根据特别法优于一般法的原则，专利法的强制许可制度不能排除《反对限制竞争法》中有关滥用市场支配地位条款的适用。也就是说，标准必要专利权人拒绝许可的行为能直接得到反垄断法的规制。德国最高法院借此引入反垄断强制许可以对抗标准必要专利权人拒绝许可的滥用行为，提出在满足两个条件的情况下，反垄断强制许可即可成立：第一，标准必要专利许可对于潜在被许可人进入相关市场必不可少；第二，标准必要专利权人拒绝许可不合理、不公正。[2]

(二) 禁令救济的滥用

禁令救济在我国称作停止侵权救济。禁令救济或停止侵权本是专利权人在

---

〔1〕 郑伦幸："对标准必要专利权人拒绝许可行为的反垄断规制"，载《知识产权》2016 年第 7 期。

〔2〕 魏立舟："标准必要专利情形下禁令救济的反垄断法规制——从'橘皮书标准'到'华为诉中兴'"，载《环球法律评论》2015 年第 6 期。

其权利受到侵害时向公权力机关申请的正当措施，然而近些年来，标准必要专利权人通过禁令救济的方式，迫使标准实施者接受其不合理的许可条件，或将标准实施者排除出相关市场。大量的热点案例引起了学者们的广泛关注。究竟在什么条件下禁令救济的行为构成对市场支配地位的滥用，不应当获得法院支持？又在什么条件下禁令救济是专利权人保护自身合法权益的正当途径，法院应当支持？以下几个案例分别展示了美国、欧盟和中国三大司法辖区法院的观点和态度。

1. 微软诉摩托罗拉案[1]

2010年10月，微软向美国国际贸易委员会（ITC）和华盛顿州西区地方法院起诉摩托罗拉侵犯其部分智能手机专利权。后双方进行磋商，探讨交叉许可可能侵犯的专利权问题。10月21号到29号，摩托罗拉向微软发函称将以终端产品价格的2.25%许可费率对微软许可802.11标准和H.264标准中的标准必要专利。802.11标准即人们所熟悉的WIFI标准，微软的XBOX产品采用该标准，H.264标准是一种视频编码标准，应用于视频压缩技术中，微软的Windows操作系统和XBOX操作平台均使用该标准。

2010年11月，微软向华盛顿州西区地方法院起诉摩托罗拉，称摩托罗拉的要约违反了向标准制定组织ITU和IEEE所做的RAND声明。次日，摩托罗拉在威斯康星州西区地方法院状告微软侵犯其专利，并请求该法院颁发禁令。该案被移送到华盛顿州西区地方法院，由罗伯特法官对微软与摩托罗拉之间的相互诉讼进行合并审理。同时，摩托罗拉向ITC申请启动对微软的"337调查"，企图将微软的XBOX产品拒于美国国门之外。此外，摩托罗拉还向德国法院寻求禁令，禁止微软销售其H.264兼容产品。德国是微软在欧盟的产品供应中心，为了避免禁令可能造成的损失，微软将欧盟产品供应中心转移到荷兰。

2012年4月，华盛顿州西区地方法院向摩托罗拉发出禁诉令，即在裁定禁令救济是否合理之前禁止摩托罗拉执行任何可能从德国法院拿到的禁令措施。几个月之后，摩托罗拉在德国获得禁令，但是禁令措施并非立即生效，而是需要摩托罗拉提供担保，以便德国上诉法庭推翻禁令之后，微软可以及时获得赔偿。摩托罗拉碍于华盛顿州西区地方法院的禁诉令，无法使德国法院的禁令措施生效。

此后，诉讼程序步入正轨。微软变更诉讼请求，认为摩托罗拉的禁令救济行为构成对RAND声明的违约行为。于是，华盛顿州西区地方法院决定首先审理摩

[1] See Microsoft Corp. v. Motorola, Inc, No. C10-1823JLR. 2013WL2111217（W.D.Wash. Apr. 25, 2013）.

托罗拉是否构成违约，中止其他案件的审理。罗伯特法官认为：RAND 声明在摩托罗拉和标准制定组织之间构成一个有效的合同；微软是标准实施者，可以作为合同的第三方受益者履行该合同；摩托罗拉对 ITU 和 IEEE 的声明要求摩托罗拉的初始要约符合诚信原则但不必立即达到 RAND 要求，只要最终的磋商结果符合 RAND 要求即可；摩托罗拉不能获得关于 H. 264 或 802. 11 标准必要专利的禁令救济。

罗伯特法官借鉴 Georgia-Pacific 公司案的经验，模拟双方谈判的过程，考虑到标准的社会公共因素、专利劫持和专利叠加等问题，并用以下原则作为指导来确定 RAND 许可费率：RAND 许可费率的确定应当有助于标准的建立和实施；RAND 声明旨在减轻专利劫持和许可费累积给标准实施者带来的过度负担；RAND 许可费率必须保证标准必要专利权人能够获得合理的回报；RAND 原则下，标准必要专利权人许可费的上限是专利本身的经济价值，而不是技术纳入标准所产生的经济价值。[1]

2. 华为诉中兴案[2]

华为的"通信系统中建立同步信号的方法和设备"技术被德国授予 EP2090050B1 号专利（以下简称"涉案专利"）。2009 年，涉案专利被 ETSI 纳入涉及 LTE 的通行标准中，华为同时做出 FRAND 承诺。

华为和中兴在 2010 年 11 月至 2011 年 3 月之间进行谈判，商谈有关专利侵权和专利许可等事项。但是双方存在意见分歧，未能缔结许可合同。

华为随即向德国杜塞尔多夫地方法院起诉中兴专利侵权，并寻求禁令救济。该案中兴侵犯华为专利权的事实并无异议，中兴长期销售符合涉案标准的产品，使用了涉案专利，并且没有向华为支付专利使用费或提供有关产品的销售数据。问题的关键在于华为能否获得禁令救济。

在本案之前，德国最高法院的"橘皮书标准"案和欧盟委员会对三星公司的反垄断调查案分别给出了标准必要专利权人能否获得禁令救济的判断标准，而两者存在实质性的区别。

德国最高法院认为，在专利侵权诉讼中标准实施者能否进行反垄断抗辩，免于禁令措施，取决于：标准必要专利权人拥有市场支配地位和标准必要专利

---

[1] 林平："标准必要专利 FRAND 许可的经济分析与反垄断启示"，载《财经问题研究》2015 年第 6 期。

[2] See Huawei Technologies Co. Ltd v. ZTE Corp. , ZTE Deutschland GmbH.

权人拒绝许可是否缺乏合理性和公正性。其还对标准实施者提出两点要求：第一，在达成许可合同的过程中，标准实施者应当先向标准必要专利权人发出要约，要约要符合 FRAND 原则；第二，如果标准实施者在未获得许可授权的情况下实施标准必要专利，则应当先履行自己在要约中的义务。

欧盟委员会认为标准必要专利权人寻求禁令救济的行为是否构成对市场支配地位的滥用主要根据两点来判断：第一，标准必要专利权人是否作出 FRAND 承诺；第二，标准实施者是否向标准必要专利权人表达过就标准必要专利许可事项进行协商的意愿。

显然，德国最高法院的裁判标准倾向于保护标准必要专利权人，而欧盟委员会的裁判标准对标准实施者更有利。按照德国最高法院的标准，中兴公司没有向华为公司提出合理且无条件的要求，且使用涉案专利没有获得华为的许可，也没有先履行义务。因此，华为的禁令救济应当得到支持。相反，按照欧盟委员会的标准，华为作出过 FRAND 承诺，中兴也表达过协商的意愿，所以，华为构成市场支配地位的滥用，不能获得禁令救济。

为此，德国杜塞尔多夫地方法院向欧盟法院提出一系列释疑请求，欧盟法院作出先行裁决，提出了"五步骤+三保留"的方法，[1]用以判断标准必要专利权人寻求禁令的行为是否构成对市场支配地位的滥用。

3. 西捷诉索尼案[2]

西捷的全称为西安西电捷通无线网络通信股份有限公司，拥有一项名称为"一种无线局域网移动设备安全接入及数据保密通信的方法"的发明专利（以下简称"涉案专利"）。涉案专利被纳入国家强制性标准，获得工业和信息化部无线局域网入网许可必须通过 WAPI 功能检测，该国家强制性标准即是关于 WAPI 检测方法的标准（以下简称"WAPI 标准"）。在未获得西捷公司关于涉案专利

---

[1] 所谓"五步骤"是指：第一，标准必要专利权人应当首先书面警告标准实施者其行为侵犯自己的专利权；第二，标准实施者愿意磋商达成许可合同的条件下，标准必要专利权人应当发出一个符合 FRAND 原则的要约；第三，标准实施者应当谨慎勤勉地作出回复，如果否决标准必要专利权人的要约，应当提出一个符合 FRAND 原则的反要约；第四，标准实施者的反要约如果被拒绝，标准实施者继续实施标准，应当提供合适的担保；第五，标准必要专利权人拒绝标准实施者的反要约，双方对 FRAND 许可费率无法达成一致，可以经一致同意，由独立第三方确定 FRAND 许可费率。所谓"三保留"是指，在磋商过程中，标准实施者保留对标准必要专利的有效性、必要性和是否构成专利侵权三个方面异议的权利。

[2] 参见北京知识产权法院（2015）京知民初字第 1194 号民事判决书。

的授权许可的情况下，索尼生产销售了 35 款含有 WAPI 功能的手机，侵犯了西捷的专利权。西捷向北京知识产权法院提起诉讼，北京知识产权法院于 2015 年 7 月 2 日受理。经过近两年的诉讼程序，北京知识产权法院于 2017 年 3 月 22 日作出一审判决，判令索尼停止侵权并赔偿西捷经济损失 800 多万元。

该案同样涉及禁令救济在什么条件下得以适用的问题。北京知识产权法院认为在标准必要专利权人规定了"合理的无歧视的期限和条件"的情况下，潜在的标准实施者产生了合理信赖，实施标准必要专利也有合理性基础。合理性基础的前提是标准必要专利权人和标准实施者的善意协商。在协商未果的情况下，能否支持标准必要专利权人停止侵权的请求，取决于双方在协商过程中的过错程度。只要标准实施者没有过错，停止侵权的请求就不应予以支持；双方均有过错的情况下，停止侵权的请求也不能获得支持；只有在标准必要专利权人无过错，标准实施者有过错的情况下，法院才能支持停止侵权。

具体到该案中，双方当事人在 2009 年 3 月到 2015 年 3 月期间就进行了涉案专利许可的谈判。西捷向索尼提供专利许可清单，索尼则对手机产品是否构成侵权表示怀疑，要求西捷提供详细的权利要求对照表。西捷同意在双方签署保密协议的基础上将详细权利要求对照表提供给索尼，索尼并不同意签署保密协议，双方产生分歧，谈判就此搁浅。

北京知识产权法院在分析谈判过程中双方的过错时，提出两个焦点问题：第一，索尼要求提供详细的权利要求对照表以判断专利侵权是否合理；第二，西捷要求在提供详细的权利要求对照表之前先签署保密协议是否合理。法院认为：涉案专利为 WAPI 标准必要专利，在西捷解释了 WAPI 相关技术并提供专利清单和许可合同文本的情况下，索尼便能判断自己的产品是否构成侵权，不需要更为详细的权利要求清单。因此，索尼的行为不合理。按照实务惯例，西捷提供权利要求对照表，需要进行技术比对，可能会透露专利权人的相关观点和主张，西捷要求签署保密协议存在合理性。

北京知识产权法院通过以上分析，认为西捷在谈判过程中无过错，而索尼有过错，西捷请求停止侵权的主张应当得到支持。

四、我国标准必要专利权人滥用市场支配地位的反垄断规制及完善建议

随着有关标准必要专利的案件在我国频繁发生，我国相关司法机关、行政机关也出台一系列规范性文件和司法政策对标准必要专利权人滥用市场支配地

位的行为加以规制。但是，相关规范散见于各种文件中，较为零乱。本部分从司法和立法两个层面对标准必要专利的反垄断规制现状加以梳理，并对目前存在的漏洞和冲突提出完善建议。

（一）我国标准必要专利权人滥用市场支配地位的反垄断规制

1. 标准必要专利侵权判定的司法态度转变

（1）最高人民法院的"当然许可"观点。在我国最早涉及标准必要专利的一起案件中，涉案专利被纳入我国建设工程行业的一项标准之中，该项标准是由当时的建设部颁发的。由于立法上的空白，标准实施者实施涉案专利是否必须获得许可、未经许可是否侵犯专利权等问题难成定论。于是，受理法院向最高人民法院请示，得到的答复函件表示："专利权人参与了标准的制定或者经其同意，将专利纳入国家、行业或者地方标准的，视为专利权人许可他人在实施标准的同时实施该专利，他人的有关实施行为不属于专利法第 11 条所规定的侵犯专利权的行为。"[1]如此一来，也就不存在专利侵权的问题了。

在这种"当然许可"的模式下，专利权受到很大限制，只剩下收益的权能。专利权人无法拥有市场支配地位，反倒是容易形成"反向专利劫持"，专利权人的合法权益不能受到有效保护，不利于激励创新和保护公平竞争。

（2）广东省高级人民法院的态度。2010 年 10 月 12 日，广东省高级人民法院作出中山市先锋电器有限公司和何排枝专利侵权纠纷案的终审判决。[2]涉案专利为"中国南方电网广东电网公司电能计量箱订货及验收技术条件、广东电网公司茂名供电局 10KV 三相三线高压计量箱订货及验收技术条件"的必要专利。此项技术被法院认为是一项企业标准，仅在企业内部适用，并非中山市先锋电器有限公司生产相关产品所必须适用的标准。因此，涉案专利也不是必须实施的专利技术，中山市先锋电器有限公司有选择的余地，可以选用其他替代性技术，不必然侵犯涉案专利。

在判决书说理部分，广东省高级人民法院引用了前述最高人民法院的观点，但由于本案涉及的标准为企业标准，不适用最高人民法院复函中的情形，应当按照一般专利侵权判定规则进行侵权认定。

---

[1] 参见最高人民法院《关于朝阳兴诺公司按照建设部颁发的行业标准〈复合载体夯扩桩设计规程〉设计、施工而实施标准中专利的行为是否构成侵犯专利权问题的函》（［2008］民三他字第 4 号）。

[2] 参见广东省高级人民法院（2010）粤高法民三终字第 171 号民事判决书。

（3）最高人民法院态度的转变。在张晶廷与衡水子牙河建筑工程有限公司侵害发明专利权纠纷再审案中，最高人民法院改变了以往对标准必要专利侵权判定的态度。[1]涉案专利是一项地方标准的必要专利，被告未经原告许可，擅自实施了涉案专利。原告起诉被告专利侵权。案件经历了一审、二审和再审。该案的二审法院河北省高级人民法院引用前述最高人民法院的观点，认为被告的行为不构成专利侵权，但是原告有权向被告索取一定的专利费，以弥补自己的经济损失。最高人民法院再审本案，否定二审法院的裁判结果，并指出有关复函中的观点是对个案的答复，不具有普遍适用的效力。专利进入标准成为标准必要专利，不意味着标准实施者可以不经过专利权人同意而自由实施该专利。未经许可实施标准必要专利仍然要按照专利侵权判定的一般规则进行规制。

2. 我国有关标准必要专利的规范性文件

（1）国务院反垄断委员会《关于相关市场界定的指南》。为了有效地适用《反垄断法》，国务院反垄断委员讨论通过了《关于相关市场界定的指南》。该指南是部门规范性文件，提供了一套完整的分析方法以界定相关市场，对于标准必要专利权人市场支配地位的认定具有重要指导意义。该指南第 3 条最后一段提到：“在技术贸易、许可协议等涉及知识产权的反垄断执法工作中，可能还需要界定相关技术市场，考虑知识产权、创新等因素的影响。”这一规定提示了标准必要专利权人市场支配地位的认定有很强的特殊性。

（2）《国家标准涉及专利的管理规定（暂行）》。该规定由国家标准化管理委员会和国家知识产权局联合制定发布，主要是为了在操作层面应对专利进入标准的有关问题。其中的有关条款明确规定了标准必要专利的概念，并且规定：等同采用 ISO 和 IEC 的国际标准制修订的国家标准，该国际标准中所涉及专利的实施许可声明同样适用于国家标准。如此一来，国际上常见的 FRAND 原则被正式引入我国。

（3）原国家工商行政管理总局《关于禁止滥用知识产权排除、限制竞争行为的规定》。该规定于 2015 年 4 月 7 日被原国家工商行政管理总局审议通过，于 2015 年 8 月 1 日施行。该规定出台的目的就是将知识产权的滥用纳入《反垄断法》的适用范围，并对《反垄断法》适用的细节加以规定。滥用知识产权当然就包括滥用标准必要专利。该规定对标准必要专利权人滥用市场支配地位的反

---

[1] 参见最高人民法院（2012）民提字第 125 号民事判决书。

垄断规制给出了大致的路径，从相关市场的界定、市场支配地位的认定到滥用行为的识别以及排除、限制竞争效果的分析，脉络清晰。

（4）最高人民法院《关于审理侵犯专利权纠纷案件应用法律若干问题的解释（二）》。该司法解释是最高人民法院于2016年4月1日公布实施的，对专利侵权判定的规则进行了解释。[1]其中第24条规定，专利被纳入推荐性国家、行业或者地方标准不能作为被诉侵权人抗辩的事由，并确定了法院对停止侵权主张不予支持的条件：专利权人违反FRAND许可义务，致使无法达成专利许可合同，且被诉侵权人在专利许可协商中没有过错。换言之，只要专利许可合同没达成，被诉侵权人对此存在过错，专利权人请求停止侵权的主张就能得到法院的支持。

（5）《专利侵权判定指南（2017）》（以下简称《指南》）。[2]2017年4月，北京市高级人民法院出台《指南》，对标准必要专利侵权判定作出更为细致的调整。《指南》第149条是对最高人民法院《关于审理侵犯专利权纠纷案件应用法律若干问题的解释（二）》第24条的完善，将国际标准组织或其他组织制定的标准纳入和推荐性国家、行业或地方性标准同等的考虑范围。值得一提的是，《指南》对停止侵权的适用条件作了适当的解释和调整，将司法解释中只考虑被诉侵权人的单边过错规则调整为双边过错规则。双边过错规则的认定方法如下：①在标准必要专利许可合同谈判过程中，标准必要专利权人和被诉侵权人都不存在过错，停止侵权的主张一般不予支持；②标准必要专利权人没有过错，而被诉侵权人有过错，则停止侵权的主张能够得到支持；③双方都有过错的情况下，法院则需要分析双方的过错程度，判断主要承担责任的一方，以确定停止侵权的救济能否适用。

《指南》对双方过错考量的因素作了详细规定。对于标准必要专利权人而言，其过错主要在于违反FRAND许可义务。标准必要专利权人不履行FRAND许可义务的情形有：①未书面告知被诉侵权人专利侵权事实、专利侵权范围和方式；②被诉侵权人表示愿意进行谈判后，标准必要专利权人未遵守商业惯例或交易习惯，向对方反馈必不可少的专利信息或许可条件以提供所需的许可证；③没有给予被诉侵权人合理的回复期限；④谈判过程中，标准必要专利权人没

---

〔1〕　该司法解释于2020年12月29日作了修正。修正后的司法解释于2021年1月1日实施。

〔2〕　该指南不具有司法解释效力，也不具有法律效力。但是，其反映了北京市高级人民法院对于标准必要专利侵权判定的观点和态度，具有一定的参考价值，值得关注。

有正当理由阻碍或终止许可谈判；⑤标准必要专利权人提出不合理的条件，致使许可谈判无法进行；⑥其他。

对于被诉侵权人，以下行为表明其存在过错：①没有在合理时间内答复标准必要专利权人的侵权警告；②被诉侵权人收到标准必要专利权人的要约之后，没有及时作出承诺或者拒绝要约并提出反要约；③无正当理由阻碍、拖延或拒绝许可谈判；④谈判过程中，被诉侵权人提出不合理的条件，致使许可谈判无法进行；⑤其他原因。

显然，北京市高级人民法院的《指南》对停止侵权适用条件的规定更加细致合理，是对标准必要专利权人和标准实施者双方利益的一种平衡：既要防止标准必要专利权人滥用禁令救济，形成"专利劫持"，损害标准实施者的合法利益，又要防止标准实施者的"反向专利劫持"，使专利权得不到有效保护。

（6）《专利法修订草案送审稿》及 2020 年第四次修正的《专利法》。2015 年 12 月 2 日，原国务院法制办公室在网上发布《专利法修订草案送审稿》，向社会公开征求修改意见。其新增条文第 14 条规定："申请专利和行使专利权应当遵循诚实信用原则。不得滥用专利权损害公共利益或者不合理地排除、限制竞争。"2020 年第四次修正后的《专利法》第 20 条则对上述规定进行了完善。其第 1 款规定：申请专利和行使专利权应当遵循诚实信用原则，不得滥用专利权损害公共利益或者他人合法权益。第 2 款规定，滥用专利权，排除或者限制竞争，构成垄断行为的，依照《反垄断法》处理。上述规定确立了专利权不得滥用的原则，即禁止专利权人通过专利权损害公共利益或实施垄断行为。该原则有助于协调反垄断法和专利法的关系。如此一来，标准必要专利的反垄断规制就能在专利法中找到合理的依据。

值得注意的是，《专利法修订草案送审稿》新增条文第 85 条规定了专利的默示许可制度，虽然最终通过的版本删除了该条款，但笔者认为默示许可制度具有一定积极意义。这里的默示许可，是指在制定国家标准的过程中，如果标准必要专利权人故意不披露其专利信息，就默认为他已同意对外许可其专利。由于标准必要专利权人不对外披露其专利信息，标准实施者难以察觉自己的行为是否侵犯他人专利权，即便意识到专利侵权的可能性，也不知向何人寻求许可。标准必要专利权人事后站出来，主张标准实施者专利侵权，申请禁令救济，其行为显然违背了诚实信用原则，严重损害了标准实施者的信赖利益，而默示许可制度正好可以预防这种不诚信行为。

（7）国务院反垄断委员会《关于知识产权领域的反垄断指南》。2017年3月23日，国务院反垄断委员会在网上公布《关于滥用知识产权的反垄断指南（征求意见稿）》，向社会公开征求意见。该征求意见稿由国家发展改革委员会、国家商务部、原国家工商行政管理总局和国家知识产权局等联合起草，掀开了反垄断法规制知识产权滥用的新篇章。在2019年1月4日，国务院反垄断委员会公布了《关于知识产权领域的反垄断指南》。

（二）相关完善与建议

1. 强化反垄断法与专利法的衔接

我国《反垄断法》第55条对知识产权法与《反垄断法》的关系作了一般性的规定，而专利法属于知识产权法的范畴，所以该规定也界定了我国《专利法》与《反垄断法》的关系："经营者依照有关知识产权的法律、行政法规规定行使知识产权的行为，不适用本法；但是，经营者滥用知识产权，排除、限制竞争的行为，适用本法。"该规定前半部分给人的印象是，《专利法》和《反垄断法》并驾齐驱，二者难以同时适用。但书条款表示一种例外情形，其中的逗号表示一种并列关系。因此，行使专利权的行为要受到反垄断法制约需要同时满足：第一，存在专利权的滥用行为；第二，滥用行为是垄断行为。

滥用专利权是指权利人依照《专利法》及有关法律法规行使专利权，但超出正当的界限，损害他人的合法权益。在现行《专利法》未对滥用专利权作出清晰规定的条件下，如何判定滥用专利权本身就是一个难题。在《反垄断法》第55条的但书条款中，滥用专利权是适用《反垄断法》的条件之一，这就造成但书条款难以适用。

滥用权利一般要求行为人主观上有过错。将滥用专利权作为适用《反垄断法》的条件，也就要求滥用市场支配地位的构成中含有过错要件。不论是从"本身违法"还是"合理原则"出发规制市场支配地位的滥用，《反垄断法》的适用都不以行为人的过错作为前提。而且，举证证明标准必要专利权人主观上存在过错是一件很困难的事，这就在某种程度上限缩了《反垄断法》的适用范围，使得本应受到反垄断制约的标准必要专利权人"逍遥法外"。

滥用专利权的行为还必须构成垄断行为才能得到反垄断规制。垄断行为本身的判定就需要依据《反垄断法》的有关规定进行。在不适用《反垄断法》的条件下，无法确定何种行为是垄断行为。而适用《反垄断法》确定了垄断行为之后，再以此作为适用《反垄断法》的前提条件，不免显得荒谬。因此，第二个条件的设定也存在不合理之处。

2020 年修正后的《专利法》固然增加了专利权不得滥用的原则，一定程度上有助于法官对滥用专利权的判定，在立法上是一个进步，但这并不能改变《反垄断法》第 55 条的尴尬之处。

笔者认为《反垄断法》和《专利法》不是相互排斥的关系，因为二者保护的法益不在同一个层次上，《专利法》保护的是私有产权，而《反垄断法》所要保护的是以公平、合理的竞争秩序为表征的社会公共利益。国家保护私有产权、鼓励私有产权的发展，但私有产权不可能无限膨胀而没有界限。当私有产权发展到足以威胁公平、合理的竞争秩序时，反垄断法就应当介入。换言之，即使专利权的行使合法合规，考虑到权利人占据市场支配地位，其正当行为也可能产生垄断效果。笔者认为不应对《反垄断法》的适用进行僵化的限制，应当强化《专利法》和《反垄断法》的衔接和互动。笔者建议将《反垄断法》第 55 条修改为："经营者依照有关知识产权的法律、行政法规规定合理行使知识产权的行为，一般不适用本法；但是，经营者可能排除、限制竞争的行为，适用本法。"

2. 弱化市场份额对市场支配地位认定的作用

标准必要专利相关市场的界定存在特殊性，如要考虑相关的技术、产品、创新及地域等不同维度的市场。如果标准必要专利权人是非专利实施主体，则相关产品市场可以不予考虑。如果标准必要专利权人既对外许可专利，又自己生产、销售专利产品，则需要通盘考虑。以相关技术市场的许可费份额或相关产品市场的销售份额，抑或是相关创新市场的研发投入比例来计算市场份额，还是分别计算之后进行加权平均？如何加权平均？市场份额的计算没有一成不变的方法，需要根据个案情况，由法官选择合适的计算方式。这就导致标准必要专利市场份额的确定比传统商品有更多的裁量空间。

标准必要专利的定义本身就决定市场上的替代技术或产品少，标准必要专利的市场份额高，甚至被人认为每一个标准必要专利均构成一个独立的相关市场，其权利人拥有 100% 的市场份额。市场份额标准本身就饱受诟病，在标准必要专利权人市场支配地位的认定过程中，市场份额标准的作用更为明显和直接，有违"不因经营者拥有知识产权而推定其在相关市场具有市场支配地位"的规定。

市场支配地位是一种"经济权力"，是对市场的掌控能力，市场份额仅仅是这种能力的表现。标准必要专利权人往往占有较高的市场份额，但是其制约因素也颇为复杂，不像人们想象的那样"随心所欲"。例如，非标准替代技术或替代产品的竞争，同一标准下其他必要专利的牵制，替代标准和标准本身的影响，标准制定组织的控制以及禁令救济的可获得性等，都对标准必要专利权人造成压力。基于此，对前文述及的"推定说"和"认定说"之争，笔者认为宜采用"认定说"，以弱化市场份额的作用。

3. 针对禁令救济的反垄断抗辩

标准必要专利权人向法院申请禁令救济是其专利权的延伸，近些年涉及标准必要专利的侵权案件频频发生，主张禁令救济是当事人的基本诉求之一，禁令救济能否得到法院支持、在何条件下得到法院支持成为标准必要专利权人和标准实施者利益平衡的支点。

面对标准必要专利权人寻求禁令救济这把利剑，反垄断抗辩无疑成为标准实施者有力的盾牌。欧盟法院通过一系列判例，从反垄断强制许可制度引入反垄断抗辩制度，并在华为诉中兴案中确立"五步骤+三保留"的规则来判断禁令救济在何种条件下可予以支持。我国也致力于引进反垄断抗辩制度，国务院反垄断委员会《关于知识产权领域的反垄断指南》第27条将禁令救济作为滥用市场支配地位的行为予以考量，由此可见一斑。美国没有从反垄断抗辩的路径出发，而是从合同法的角度，对标准必要专利权人的禁令救济主张加以限制。

笔者认为，反垄断抗辩的前提是标准必要专利权人具有市场支配地位。因此，法官在决定是否支持禁令救济的主张之前，首先应当按照反垄断法的有关规则对标准必要专利权人的市场支配地位进行认定。如果标准必要专利权人不具有市场支配地位，反垄断抗辩不可能成立，禁令救济的主张应当得到法院支持。如果标准必要专利权人具备市场支配地位，再分析寻求禁令的行为是否是一种市场支配地位的滥用行为。这一过程需要结合标准必要专利权人和标准实施者在专利许可合同谈判中的行为进行分析。双边过错规则比单边过错规则更能平衡双方之间的利益。像欧盟法院的"五步骤+三保留"方法、北京市高级人民法院《指南》中的双边过错规则，就考虑得比较细致、周延，而最高人民法院《关于审理侵犯专利权纠纷案件应用法律若干问题的解释（二）》及2020年修订版只考虑标准实施者单方面的过错，显然有失偏颇。

4. 引入第三方评估机制对FRAND许可费率进行评估

标准必要专利权人滥用市场支配地位最常见的行为就是高价许可，标准必要专利权人借此获取垄断性的高额利润。判断高价许可的关键就是FRAND许可费率的确定。FRAND 许可费率是市场充分竞争状况下的许可费率，不应包含标准给专利带来的增值部分。在华为诉 IDC 案、微软诉摩托罗拉案等案件中，是由法官通过比较的方法、综合考量的方法确定 FRAND 许可费率的。

笔者认为，法官直接裁量 FRAND 许可费率的做法并不可取。一项适用广泛的标准可能含有成百上千件标准必要专利，其对标准的贡献值各不相同，法官不是技术人员，难以对涉案标准必要专利在标准中所起的作用准确把握。此外，市场环境、交易条件、标准必要专利权人受到的制约、技术研发成本等众多因素都在影响着 FRAND 许可费率。因此，确定 FRAND 许可费率需要建立非常复杂的数学模型，是一个高度专业化的工作。笔者建议引入第三方评估机制，通过完善的数学模型，对 FRAND 许可费率进行科学评估。

5. 建立专利进出标准的机制

除非标准被更替或废止，或者专利受保护期限届满，否则只要标准在实施，标准必要专利权人的市场地位就会稳固如山。专利进入标准在某种程度上扭曲了市场规律，症结在于专利难以退出标准。如果标准制定组织能够建立某种专利进出标准的机制，专利不仅能进入标准，也能退出标准，则能在一定程度上增加市场的竞争活力。同时，当标准必要专利权人的行为违反《反垄断法》的规定，对标准实施者的利益造成损害时，标准制定组织可以通过专利进出标准的机制纳入其他替代性技术，将该必要专利排除出标准，以此作为一种惩罚性措施。

五、结论

标准必要专利权人滥用市场支配地位应当适用反垄断法规制的观点已成定论，但是具体如何适用反垄断法仍然存在诸多争议和不确定性。

就标准必要专利的概念而言，其"必要性"的内涵并不统一，而从技术层面上理解"必要性"更符合必要性审查的操作实践，也更贴近标准必要专利的本质。专利与标准的结合容易造成相关主体利益分配不均衡，既要保护专利权人利益，也要保护标准实施者的利益，更要保护社会公共利益，而消费者利益是其中重要的一环。FRAND 原则作为调节相关主体利益的手段，其性质应被解释为单方允诺。

市场支配地位的认定是进行反垄断规制的关键步骤。标准必要专利容易使其权利人获得优越的市场地位，但不能因此推定其权利人具有市场支配地位。

标准必要专利权人市场支配地位的认定仍然要通过替代分析、假定垄断者测试等一般方法进行，并充分考虑其特殊性。标准必要专利的相关市场包括技术、产品、创新和地域四个维度。完全的市场份额并非标准必要专利的必然结果。标准必要专利权人可能面临多种竞争压力和制约，不应根据市场份额直接推定其具有市场支配地位，而应弱化市场份额的作用，综合考虑各方面的因素。

标准必要专利权人滥用市场支配地位的典型行为表现为高价许可、歧视性许可和拒绝许可等，其本质在于专利权人扭曲市场规律，损害标准实施者的利益和社会公共利益。关于专利权人寻求禁令救济的行为，美国、欧盟和中国三大法域的案例反映了不同的规制路径和观点，其中，欧盟法院"五步骤+三保留"的方法和我国法院的双边过错规则更有利于平衡标准必要专利权人和标准实施者的利益。

我国标准必要专利反垄断规制目前存在的问题仍然十分突出。建议首先在立法上加强专利法和反垄断法的衔接和互动。其次，应当弱化市场份额的作用，采用"认定说"的观点，对标准必要专利权人是否具有市场支配地位进行个案分析。再次，针对标准必要专利权人滥用禁令救济的行为，应当引进反垄断抗辩制度，通过双边过错的考量，确定禁令救济行为能否得到法院支持。最后，还应当采取一些具体措施合理应对标准必要专利权人滥用市场支配地位的问题，如司法机关引入第三方评估机制对 FRAND 许可费率进行评估、标准制定组织建立专利进出标准的机制等。

标准必要专利许可中的反垄断问题研究

王　楠

随着技术迅猛发展及社会智能化进步，标准和专利的结合日益频繁广泛，不仅可以使专利技术得到有效推广，也可以使标准进一步统一规范，二者相得益彰。但是，专利标准化的同时扩大了专利权人在相关市场的支配力，很容易发生权利滥用的行为，通常表现为收取高价许可费用、搭售无关专利、附加不合理条件等，如果达到排除、限制市场竞争的程度，就会落入反垄断法的规制范围，因而标准必要专利领域的反垄断问题成为当前知识产权保护工作中的一大热点。近年来，在通信领域发生了很多起涉及标准必要专利的案件，如微软诉摩托罗拉案、高通诉魅族案、高通反垄断案和华为诉 IDC 案等大型经典案件，不难发现其中争议的核心问题是专利许可，主要涉及"公平、合理、无歧视"（FRAND）原则的适用，以及由违背 FRAND 原则引发的滥用市场支配地位的垄断行为。基于此，加强对标准必要专利许可中的反垄断问题研究，具有重要的学术价值与现实意义。本文就标准必要专利许可中涉及的反垄断问题进行研究，分为垄断行为发生事前防范和事后规制两个方面，分别围绕标准必要专利FRAND 许可以及标准必要专利权人滥用市场支配地位的反垄断法规制问题展开。

一、标准必要专利概述

（一）标准的含义及分类

简单来说，标准就是由相关组织对重复出现的事物作出的统一规定，是在当今社会发展环境中的科技成果和实践经验的基础上，"集体共同自愿接受的，为减少人类之间或技术之间重复活动的不确定性、降低交易成本"[1]而制定的规则。

从全球范围看，标准可以分为国际标准和国内标准两大类。[2]我国将标准划分为国家标准、行业标准、地方标准和团体标准、企业标准。国家标准按照强制程度，分为强制性标准和推荐性标准。[3]按照标准化的对象不同，可以划分为技术标准、工作标准和管理标准三大类。[4]本文主要研究与标准必要专利有关的技术标准，即统一规定可重复使用技术的标准。在专利标准化的环境下，技术标准不仅具备统一性和方便性的一般特征，而且存在特有的垄断性，因为专利权本身就是一种被赋予一定市场支配力的财产权，专利技术和适用范围广的通用标准相结合，必然会在技术领域形成垄断，限制不符合技术标准的产品进入市场，使得技术标准所涉及的技术持有者获得垄断性利润。

就本文反垄断问题研究而言，笔者认为应依据建立主体和形成过程将技术标准划分为两类理解：一类是指由政府标准化组织或政府授权的标准化组织依照法定程序制定的法定技术标准；另一类是指由单个企业或者具有垄断地位的少数企业没有经过官方组织批准，在实际使用中使得产业领域接受的标准。[5]后者又可分为单一的事实标准，例如微软的 Windows 操作系统，以及联合的事实标准，例如企业间"私有协议"[6]"联合声明"形式。二者的区别很明显，主要表现在三方面：①制定主体不同，法定技术标准是由专门的标准化组织确立的；事实技术标准是拥有在行业内公认统一技术的一些企业确立的。[7]②制定程序方面，法定技术标准是标准化组织依照复杂的法定程序进行技术筛选、确定、公告后正式建立的；事实技术标准则是在市场使用的过程中自发形成的或者企业联合起来制定的。[8]③标准管理方面，法定技术标准往往受到相应标准化组织

〔1〕　Kim Junghoon, "Technical Standard-Setting and Patent Pooling, and Competition Policy", *IIP Bulletin*, vol. 13, 2004, p. 20.

〔2〕　因为知识产权具有地域性区别，下文研究范围限于国内标准。

〔3〕　《中华人民共和国标准化法》第 2 条。

〔4〕　"国家标准分类"，载 https://baike.baidu.com/Item/%E5%9B%BD%E5%AE%B6%E6%A0%87%E5%87%86%E5%88%86%E7%B1%BB/2749860? fr=aladdin，最后访问时间：2020 年 12 月 20 日。

〔5〕　叶若思、祝建军、陈文全、叶艳："关于标准必要专利中反垄断及 FRAND 原则司法适用的调研"，载《知识产权法研究》2013 年第 2 期。

〔6〕　例如 2004 年思科诉华为案中，思科的"私有协议"。

〔7〕　吴太轩："技术标准化的反垄断法规制"，西南政法大学 2010 年博士学位论文。

〔8〕　邢小凡："标准必要专利中滥用市场支配地位的反垄断规制研究"，上海交通大学 2015 年硕士学位论文。

的统一管理，受到相关知识产权政策的限制；事实技术标准更倾向于市场灵活性的需求，随着相关技术领域的发展而变化。因为这些不同，在反垄断领域研究技术标准对市场竞争的影响，要区别看待法定标准和事实标准的影响方式和结果。从近年来标准必要专利领域影响大的典型案件来看，主要涉及的无线通信领域技术标准基本是由国际或者国家标准化组织确立的法定标准，本文的反垄断分析结合华为诉 IDC 案与高通反垄断案展开，因此所述标准为法定技术标准。

（二）专利与标准结合的必要性

在当前科技飞速发展的社会环境下，标准涵盖的内容也在不断丰富，从原来仅对产品或服务的技术要求和质量要求，到现在更多地吸纳先进技术方案。从标准的角度来看，标准的目的在于统一行业规范，就重复性的事项设立公共的、具有权威性的要求。随着知识经济的繁荣，将相关行业的技术事项纳入标准的范围，有助于实现产品和服务的互通互享和相互兼容，进一步推广技术，加强企业间的技术交流和共同创新，促进市场中的技术一致性，为企业发展降低生产成本、节约社会资源，一定程度上给未来技术研发提供了导向。因此，专利与标准的结合不仅可以使标准的内容紧跟技术改进步伐，也有助于标准的规范化推广，便于行业的统一管理，促进市场竞争。

从专利技术的角度来看，技术研发者的智力成果转换成了具有私有财产性质的专利权，可以通过专利许可获得许可费收益或者与其他专利权人交叉许可进行技术分享。一旦专利技术被纳入具有公共性质的标准中，就可以明显扩大被许可人的范围，给专利权人带来更大的经济效益。同时，标准的公共强制性使得专利权人在相关行业内取得强大的垄断性市场地位，在行业内拥有更大的话语权，进而提高技术革新的热情，使越来越多的企业重视技术研发和创新，努力完善技术，争取参与到标准的制定中，营造良好的鼓励创新的社会发展氛围。

由此可见，无论从标准还是专利方面考虑，二者的结合都是符合知识经济发展潮流的，有相得益彰的效果。但是，由于专利权的天然垄断性在标准化的过程中大大加强，为了平衡权利人与标准实施者之间的利益，其垄断性地位应受到合理限制，于是一项专利许可的原则——FRAND 原则应运而生。从标准的角度来看，标准化组织希望更多人能使用技术标准，但是对于专利权，完全按照专利法的规定，专利权人可以随时拒绝许可。二者相结合若还是仅依据标准领域的法律，或者仅依据专利领域的法律，必然会产生很多问题。

（三）标准必要专利的内涵

专利与标准相互结合催生了标准必要专利的概念，但是目前仍没有统一的定义。如何理解其内涵，存在很多不同的观点。2014 年 1 月 1 日起施行的《国家标准涉及专利的管理规定（暂行）》第 4 条给出了解释："国家标准中涉及的专利应当是必要专利，即实施该项标准必不可少的专利。"[1]必要专利是什么？可以参考国际组织的相关规定理解其内涵。电气及电子工程师学会（IEEE）认为，必要专利权利要求是指"实施"某项标准（草案）的规范条款（无论其是强制性的还是可选择性的）一定会使用到的专利权利要求（包括专利申请的权利要求[2]），并且在该草案被批准之时，没有其他商业上或者技术上的可替代方案存在；但必要专利权利要求不包括相关专利中的其他的权利要求[3]。国际电信联盟（ITU）认为，标准必要专利就是任何可能完全或部分覆盖标准草案的专利或专利申请。[4]欧洲电信标准化协会（ETSI）认为，必要专利是被技术标准包含的并且是如果不使用该专利将不可能实施标准的专利，避免侵权的唯一方法是获得专利权人的许可，这类专利为"必要"专利。[5]

上述不同定义的核心意思基本上是一致的，但在表述时有一定差别。笔者认为 IEEE 的解释比较准确，因为标准与专利结合大概有三种方式：①标准的技术要求纳入了某项专利的整个技术方案；②专利技术成为标准的实现途径，标准所述技术特征与专利的技术方案不重叠，但是标准所要求的产品特征需要专利技术来实现；③专利技术的某部分权利要求与标准的技术要素重叠。[6]后两种情况中，"必要专利"的表述明显范围太大，在标准实施的过程中，因与标准结合而无法避开的技术具体表述为必要专利权利要求更合适，只有在第一种情况下，"必要专利"与"必要专利权利要求"才完全一致。

---

〔1〕《国家标准涉及专利的管理规定（暂行）》第 4 条规定。

〔2〕 与《国家标准涉及专利的管理规定（暂行）》第 3 条规定一致。

〔3〕 IEEE - SA. IEEE - SA Standards Board Bylaws, http://standards. ieee. org/guides/bylaws/sect6 - 7. html, 最后访问时间：2020 年 12 月 18 日。

〔4〕 Guidelines for Implementation of ITU - T Patent Policy (3. 1), http://www. itu. int/ITU-T/dbase/ patent/files/glp20051102. pdf, 最后访问时间：2020 年 12 月 18 日。

〔5〕 ETSI Guide on Intellectual Property Rights (IPRs), http://www. etsi. org/Web Site/document/Legal/ETSI_ Guide_ on_ IPRs. pdf, 最后访问时间：2020 年 12 月 20 日。

〔6〕 张平、马晓：《标准化与知识产权战略》（第 2 版），知识产权出版社 2005 年版，第 43 页。

此外，IEEE 将"必要"细化为没有其他商业上或者技术上的可替代方案存在，不仅需要从技术因素角度出发考察此标准必要专利的可替代性，还需要保证不存在商业上可替代的技术方案，即如果低于技术标准要求，仍可以带来与使用该标准必要专利相近的商业增值的方案。[1]有学者认为"必要的"是指基于技术上而非商业上的原因，判断技术的不可替代性采取的是"单一技术标准"，如 ETSI 就采用此标准。[2]笔者认为，必要性考虑不能忽视商业上的原因，在标准化组织对争取进入标准的专利进行选择的过程中，不只是考虑该项技术本身的实施效果，还会考虑在产业层面上的效益，对产业中已采用的技术和相关设备是否兼容，是否有较好的产业配套支持基础，是否具备合理的商业成本等。也就是说，最终纳入标准的技术方案是综合技术层面和商业效益方面做出的最优选择。有学者认为技术发展本身就是一个动态的过程，就技术本身而言，被新技术替代的可能性就很大，如果再考虑受市场影响的商业标准，会导致"必要技术"判断更加复杂，主观性和不确定性更大。不可否认实践中确实会面临这样的问题，但是在理论层面上，笔者认为这样的考虑才更全面，可以进一步研究如何解决实践操作难的问题。

二、标准必要专利许可中的 FRAND 原则适用：理论及实证分析

标准必要专利权人、标准化组织和标准实施者在专利许可的语境下通过 FRAND 原则紧密联系在一起，是为了规范标准必要专利权人的许可行为，防止权利人滥用其纳入标准后获得的垄断权利。专利权人加入标准化组织意味着同意接受其知识产权政策，包括 FRAND 条款，在标准必要专利许可的过程中就必须遵守和执行 FRAND 原则，这是从知识产权法路径对相关垄断问题进行的事前防范。本部分分析 FRAND 许可的目的、含义、法律性质及义务，结合华为诉 IDC 案展开。

（一）FRAND 许可的目的及含义

科技发展给社会现有规范带来了挑战，专利标准化在全球范围内快速推进，也是对标准本身的完善。标准在与技术结合后更加科学，在各个具体行业及时纳入前沿的技术，使其本身更具价值、得到有效推广，同时也给行业技术革新

---

〔1〕 林秀芹、刘禹："标准必要专利的反垄断法规制——兼与欧美实践经验对话"，载《知识产权》2015 年第 12 期。

〔2〕 何隽："技术标准中必要专利问题再研究"，载《知识产权》2011 年第 2 期。

提供了基础导向，避免企业盲目研发、浪费社会资源。但是，专利许可人与被许可人的关系在标准必要专利领域变得不一般了，对已经纳入标准的必要专利权利要求，标准实施者为了使其产品符合标准就必须成为被许可人，而标准必要专利权人的地位却明显比普通专利许可人高很多，其获得了垄断性的相关市场控制力，容易引发"专利劫持"[1]问题，损害标准实施者的利益。因此，为了平衡双方的利益，既要给予标准必要专利权人专利保护，也要避免其滥用权利引发垄断行为，保证标准实施者处于公平竞争的市场环境。国际上的标准化组织制定相关知识产权政策，对专利权人进行"自我约束"，要求加入标准的必要专利权利人作出 FRAND 许可的事前承诺。但标准化组织和标准化协会都未界定其具体内涵，而是将解释的工作留给了司法人员。[2]

所谓 FRAND 许可，就是要求标准必要专利权人遵循公平、合理、无歧视的原则，[3]将专利许可给标准实施者，但是目前没有权威的组织对 FRAND 许可的内涵进行统一的具体解释，只是在相关案例中由司法人员进行了一定解释，也有许多学者表达了不同的见解。例如，在华为诉 IDC 案中，法官基于《民法通则》第 4 条[4]及《合同法》第 5 条、第 6 条的规定，将 FRAND 解释为："对愿意支付合理使用费的善意的标准使用者，标准必要专利权人不得径直拒绝许可，既要保证专利权人能够从技术创新中获得足够的回报，同时也避免标准必要专利权利人借助标准所形成的强势地位索取。"[5]而对足够回报、高额许可费率或附加不合理条件也没有作出细致的解释。有些学者借鉴国外的分析方法，从经济学的角度对公平、合理、无歧视分别进行了解释。[6]

笔者认为，公平不是绝对意义上的公平，在本文的问题上，公平就是要求标准必要专利权人不能在相关市场上滥用其垄断性权利，符合公平竞争的市场要求。要结合具体案件中的行为理解其实际内涵，辨别许可的方式及许可协议

---

〔1〕 专利劫持是指，标准必要专利权人凭借必要专利权利要求的不可替代性获得巨大谈判优势，逼迫标准实施者同意不合理的许可条件，例如支付高额许可费用。

〔2〕 See Dennis W. Carlton & Allan Shampine, "An Economic Interpretation of FRAND", 9 *Journal of Competition Law & Economics* (2013), p. 533.

〔3〕 黄菁茹："论 FRAND 原则对标准必要专利行使的限制"，载《知识产权》2016 年第 1 期。

〔4〕《中华人民共和国民法总则》第 4 条至第 7 条。

〔5〕 参见广东省高级人民法院（2013）粤高法民三终字第 305 号民事判决书。

〔6〕 参见罗娇："论标准必要专利诉讼的'公平、合理、无歧视'许可——内涵、费率与适用"，载《法学家》2015 年第 3 期。

的内容对当事双方是否公平。无歧视指的是，不对占据市场地位不同的标准实施者专门区别对待，应该提出基本一致的许可条件，确实有条件不一致的情况，也要结合公平、合理的要求进行比较，确定合适许可费，使现有以及潜在的新竞争者能够在大致相同费率的水平获得专利许可，其中存在歧视的事实一般由标准实施者承担举证责任。合理与公平的含义类似，也是针对标准必要专利的许可条件和使用费率在许可双方之间进行的衡量。合理许可对双方利益基本上也做到了公平权衡，所以很多标准化组织只做合理的要求。具体如何认识合理，当事人双方也存在较大争议。不同的人站在不同的立场会有不同的观点，原、被告各自的看法是从对自己有利的角度出发，在具体案件中应发挥司法中立的优势，由法官以案件事实为根据，结合专利技术价值的评估情况，最终确定合理的使用费率。所以，就司法现状来看，对公平、合理、无歧视分别进一步解释还是有必要的，但结合专利技术的特征细致化规定 FRAND 原则的内涵不切实际，难以作出统一的规定，交由司法人员进一步解释比较合理，只是在个案中应当更加具体地阐述。至于有学者提出的因定义不明确可能导致执法不一的问题，确实值得进一步探究，但目前司法实践中只能对法官的专业素养提出了更高的要求。

（二）FRAND 许可的法律性质

专利权人作出的 FRAND 许可声明，涉及标准制定组织、专利权人和标准实施者三方主体，其法律性质以及产生何种法律约束力应作区别分析。当前越来越多的标准化组织在其知识产权政策中增加 FRAND 条款，这成为国际上认可的一种趋势。学界和实务界通常用"合同说"来理解该条款在标准必要专利权人与标准化组织之间的效力。[1]

但是，在关于专利许可具体事项尚未协商一致的情形下，标准必要专利权人与欲实施相关标准的谈判者之间是否存在专利实施许可合同法律关系？就这个问题存在不同认识，当前大致有以下几种代表性观点：第一种观点认为，专利权人将其专利纳入标准后，可以视为其许可潜在的标准实施者同时使用所涉必要专利，即使尚未谈妥许可费用，也不存在专利法规制的侵权行为。承担这种"绝对许可"义务的同时，赋予标准必要专利权人要求支付合理使用费的权

---

〔1〕 FRAND 条款，类似于合同中的格式条款，专利权人加入标准的行为表明其同意了该条件，双方达成合意，成立合同关系。美国法院在微软诉摩托罗拉案中指出，标准实施者是利益第三人。

利，这在季强、刘辉与朝阳兴诺建筑工程有限公司专利侵权纠纷案[1]中有所体现。第二种观点认为，专利权人在加入标准化组织前接受 FRAND 条款就意味着向标准实施者发出了要约，任何标准实施者都可以对其作出承诺，而实施标准的行为就被认为接受了要约，双方之间成立事实许可合同关系，标准必要专利权人不能随意拒绝，在许可费用上还应严格遵守 FRAND 条款。第三种观点认为，专利权人接受标准化组织的 FRAND 条款后，意味着其向所有不特定的标准实施者发出要约邀请，希望对方可以就相关专利发出许可要约，并承诺会依照 FRAND 条款与其签署必要专利许可合同，在标准实施者发出要约且双方谈判达成合意后便成立许可合同。[2]第四种观点认为，专利许可分为"实施授权"和"实施条件"两个方面。普通专利权人享有对世权，任何人未经许可不得使用他人的专利，即在上述两个方面均享有绝对排他的权利。标准必要专利的特殊性就在于，对标准实施者而言，这种对世权变成了相对权利，在"实施授权"上附有绝对义务，但在"实施条件"上仍然需要双方协商，达成合意才能成立许可合同。

（三）FRAND 许可义务

虽然 FRAND 承诺是专利权人向标准化组织作出的，但如前所述，它会在标准必要专利权人与标准实施者之间发生一定效力，其实际意义也主要在于约束许可双方的行为。最高人民法院 2016 年 1 月发布的《关于审理侵犯专利权纠纷案件应用法律若干问题的解释（二）》（以下简称《专利侵权司法解释（二）》）以及 2020 年修订版第 24 条明确规定了专利权人公平、合理、无歧视的许可义务，而对于标准实施者只要求其在协商许可的过程中无明显过错，这显然是很低的法律要求，专利权人举证证明对方有明显过错难度较大。这种不明确的较低义务要求是对标准实施者的倾斜保护，也给了其投机的机会，可以引发"专利反向劫持"的问题，例如可能会在使用专利期间故意拖延谈判时间、提出更低的许可费率要求，还可能以不符合 FRAND 原则为由拒绝接受专利权人的许可条件，反过来对专利权人的知识产权利益造成损害，打击他们创新的热情。2017 年 4 月，北京市高级人民法院颁布了修订后的《专利侵权判定指南》（以下简称《指南》），就该内容做了进一步补充。《指南》第 150 条规定，标准实

---

〔1〕 最高人民法院（2008）民三他字第 4 号民事判决书。

〔2〕 张永忠、王绎凌："标准必要专利诉讼的国际比较：诉讼类型与裁判经验"，载《知识产权》2015 年第 3 期。

施者应依诚实信用原则积极协商，进行许可谈判。诚意谈判增加了被许可人的义务，更好地平衡了双方的利益，但同时也给司法实践带来了很大挑战，如前文所述，合理、公平、无歧视的内涵该如何理解，如何判断双方是否尽到了许可的义务，标准必要专利权人是否遵守了 FRAND 许可承诺，标准实施者又是否做到了"诚实信用"，不容易评判。由于技术领域就技术价值的评估、交易和许可等一般会在行业内形成惯例，司法方面也应该更多地结合专利所涉不同行业的商业惯例、交易习惯等进行考量。

（四）实证分析：华为诉 IDC 案

1. 案情简介

华为与 IDC[1]近年来就标准必要专利许可问题达成了很多协议，同时也产生了很多纠纷。在多次许可谈判中，IDC 开出的许可条件过高，华为无法承受，但其通信设备的生产确实绕不开 IDC 在通信领域的诸多标准必要专利。IDC 倚仗其垄断地位对华为处处施压。在谈判过程中，IDC 在美国起诉华为侵犯其在美国的专利权，同时还向美国国际贸易委员会起诉包括华为在内的多家公司侵犯其标准必要专利权，请求启动"337 调查"并发布全面禁止进口令、暂停及停止销售令。[2]华为据理反击，于 2011 年 12 月向深圳市中级人民法院提起对 IDC 的标准必要专利使用费纠纷诉讼及反垄断诉讼，两案经过广东省高级人民法院二审，华为胜诉。

2. FRAND 原则的适用

（1）IDC 对华为是否存在 FRAND 许可义务。IDC 在加入 ETSI 时做出了 FRAND 承诺，其声称的有关移动终端和基础设施的标准必要专利，同时对应中国电信领域的产品制造，也是中国标准必要专利，尽管没有直接参与中国相关标准的制定，也应该在标准必要专利许可的整个过程中履行 FRAND 许可义务。[3]

（2）双方是否成立专利许可合同。本案中，原、被告双方站在对立面，就该问题做了有利于自己的解释。原告认为二者之间已自动形成许可合同法律关

---

〔1〕交互数字通信有限公司、交互数字技术公司、交互数字专利控股公司、IPR 许可公司，简称 IDC。

〔2〕周春慧："2013 华为胜利之战　评华为诉美国 IDC 公司垄断案"，载《电子知识产权》2014 年第 1 期。

〔3〕广东省高级人民法院（2013）粤高法民三终字第 305 号民事判决书。

系，而被告的观点是：其加入标准组织的行为仅表明就其标准必要专利作出了授权声明，在实施授权方面有绝对义务，并且已准备好进行商谈以确定具体许可条件，是邀请进行协商的标志，该声明本身并不创设一种成功进行许可协商或不计一切代价达成协议的义务，并不必然在双方之间成立合同关系。[1]相比较而言，笔者更支持后一种观点，即许可承诺不具备合同成立要件。根据我国《合同法》的规定，合同的成立需要双方意思表示一致，即一方提出要约，相对方要在合理时间内作出承诺，或者因实际履行在双方之间成立事实合同关系。专利权人在申请将专利纳入标准前，根据即将加入的标准化组织的知识产权政策，就该必要专利做出对标准实施者进行 FRAND 许可的承诺。该承诺是对标准组织作出的，并非就具体专利许可合同做出的承诺，其与标准实施者之间的 FRAND 许可只是一种原则上的要求，可以理解为遵守 FRAND 原则是对专利许可谈判的一种要求，只有就具体的许可费率等谈判内容达成一致意见，才算成立了许可合同。纳入标准前进行 FRAND 许可声明的，表明该专利权人同意将标准所涉专利授权给标准实施者，对于标准实施者而言，则不可避免地要获得必要专利的许可。所以，FRAND 许可只能说明在是否许可的层面上双方达成了一致，至于具体的许可条件，则不会自动成立合同关系。

（3）IDC 是否违反了 FRAND 原则。该案判决对 FRAND 许可义务的解释存在争议：IDC 认为是指标准必要专利权人单方声明将公平、合理、无歧视地邀请标准实施者进行谈判，是依据法国法作出的理解；法官认为此解释无合理依据，明确应依据所加入组织的知识产权政策和承诺理解，其核心就是公平、合理、无歧视的许可费或许可费率。判决中指出，合理的标准是仅能就其专利本身的价值获取收益，不能收取因标准而提高的部分利润。IDC 违反 FRAND 原则主要体现在以下几个方面：

第一，IDC 给华为的许可费率，与其许可的其他公司相比明显过高。苹果、三星的销量居于手机行业前列，许可费率却远远低于华为，其与三星的许可费率是在诉讼中确定的，与苹果是通过自由协商达成的。因此，法官通过与后者比较，认定 IDC 违反了 FRAND 原则。

第二，IDC 要求华为就部分专利免费许可给其使用，法官在判决中认定该行为属于附加不合理条件。2019 年 1 月 4 日国务院反垄断委员会发布的《关于

〔1〕 叶若思、祝建军、陈文全、叶艳："关于标准必要专利中反垄断及 FRAND 原则司法适用的调研"，载《知识产权法研究》2013 年第 2 期。

知识产权领域的反垄断指南》（以下简称《反垄断指南》）第 18 条也对此作出了规定。[1]华为的专利在相关领域也有重要地位，就专利数量及研发投入成本来看，其专利价值甚至不亚于 IDC。IDC 提出免费许可的要求变相提高了标准必要专利许可的费用，笔者认为可以将该行为归为高价许可一类，IDC 的这种谈判条件明显违背了公平、合理的要求。

第三，IDC 在对华为进行标准必要专利许可的过程中并未对普通专利进行区分报价。一个终端产品涉及的专利技术很多，一揽子许可[2]在通信行业很普遍，该行为本身不能直接被认定为恶意捆绑，而是属于正常的商业交易，但在进行许可谈判时要考虑到标准必要专利的特殊性，分别报价。本案中，IDC 几次向华为发出的许可要约中均未作区分，这样将非标准必要专利捆绑强制许可的行为明显违反了 FRAND 原则。

上述违反 FRAND 原则的许可行为包括：过高定价、附加不合理条件和捆绑搭售，均落入《反垄断法》第 17 条规制的范围，所以同时出现了华为诉 IDC 案。很显然，FRAND 原则的目的就是防止标准必要专利权人在许可中滥用其在相关市场特有的垄断性地位，违反该原则的专利权人也就会存在滥用市场支配地位的行为，应从反垄断法的角度进行合理规制。

三、标准必要专利许可中的反垄断法规制

除了发挥事前的指引作用和预测作用外，反垄断法主要是对本身违法的及不合理的垄断行为进行事后规制。专利权作为一种财产权，与其他财产权一样，滥用权利可能产生反竞争的影响，需要反垄断法规制。特别是标准必要专利权人，其享有标准带来的很大的相关市场支配力，在专利许可的过程中很容易发生的垄断行为主要是滥用市场支配地位这种本身违法行为。所以，本部分在说明反垄断法与专利法的关系、我国反垄断法立法现状的基础上，结合高通反垄断案，重点探讨滥用市场支配地位行为的分析思路。

（一）反垄断法规制的依据

专利法与反垄断法的立法目的看似矛盾，实则最终目标是一致的。从表面上看，专利法是在保护专利权人的智力成果，维护其垄断性的财产权益，反垄

---

〔1〕《反垄断指南》第 18 条列举的附加不合理交易条件的行为中，第 5 项为：在不提供合理对价的情况下要求交易相对人交叉许可。

〔2〕 将标准必要专利与非标准必要专利一起捆绑许可他人。

断法则是要维护自由的市场竞争秩序，限制专利权人的过度垄断行为。实质上，二者共同的本质目的都在于给创新一个公平自由的竞争环境，提高经济运行效率，激励创新的同时也禁止专利权人滥用垄断性权利，平衡专利权人和专利使用者之间的利益，两者只是从不同角度出发通过不同法律进行宏观协调。笔者认为，表面的"矛盾"理解为互补关系更为合理。在保护法定权利、规制不法行为的层面上，二者是统一的。反垄断法更多地从消费者利益和社会公共利益出发，并不反对专利权人依法实施正当合理的垄断行为，只是对其达到排除、限制竞争的程度且已经超越正当垄断权利的部分进行规制。专利法则是出于保护和激励技术创新的考虑，从智力成果的创造者角度出发，赋予他们带有垄断性质的专利权，并没有鼓励专利权人滥用权利。

从法律规定来看，我国《反垄断法》明确了知识产权与反垄断法规制的关系。因此，关键是要理解"滥用知识产权"和"排除、限制竞争"之间的关系。在本文的语境中，对专利权的不正当使用，造成他人利益和社会利益的损害，都可以看作滥用权利，可能涉及却也不限于反垄断问题。总的来看，我国《反垄断法》坚持的基本立场就是，先判断专利权人的行为是否达到排除、限制竞争的程度，如果符合第 55 条后半部分的规定，就进入了该法的规制范围，不会受到专利法保护权利人的影响，也不因为专利权天然的垄断性进行特别约束，而是要严格按照反垄断法体系的法律法规进行分析，只是对标准必要专利要充分考虑其特殊性，在一般考虑因素之外更多地结合行业特点和商业习惯等。

（二）反垄断法规制的主要立法情况

随着市场经济的活跃发展，竞争行为也变得丰富多样。为了规范市场经济运行体制，各国家和地区纷纷制定了反垄断法，其中以欧盟的竞争法体系和美国的反托拉斯法体系为代表，如 1957 年的《欧共体条约》、1992 年的《马斯特里赫特条约》、2009 年的《欧洲运行条约》，还包括欧盟理事会条例、委员会规则、委员会通知等规范，美国主要有《谢尔曼法》《克莱顿法》《联邦贸易委员会》以及大量的判例。[1]

我国的反垄断立法工作与发达国家相比起步很晚，经过多方意见征集和研讨，2007 年才正式颁布了《反垄断法》，有学者将其与《欧盟运行条约》的条款进行了对比，认为法律条文与内涵主要是借鉴了欧盟竞争法。近年来，标准

---

〔1〕 万江：《中国反垄断法理论、实践与国际比较》，中国法制出版社 2015 年版，第 9 页。

必要专利案件不断增加，对《反垄断法》提出了挑战，该法第 55 条关于知识产权滥用与反垄断的关系的规定已经不足以支撑当前的司法实践。于是，我国不断研究出台有关知识产权的配套指南和规范。例如，原国家工商行政管理总局发布的《关于禁止滥用知识产权排除、限制竞争行为的规定》（2015 年 8 月 1 日起施行）指明了反垄断与保护知识产权在目标上的一致性，并指出滥用知识产权的垄断行为包括实施非价格垄断协议、滥用市场支配地位等内容，为其反垄断执法实践提供了更具体的指导。《反垄断指南》专门规定了滥用知识产权行为的反垄断法适用原则和思路，对知识产权中的垄断协议、滥用市场支配地位行为、涉及知识产权的经营者集中具体表现行为等做出了规定；涉及专利许可的部分，详细规定了以不公平的高价许可知识产权、拒绝许可知识产权等不同滥用行为的判断因素，在其中一些行为项下对标准必要专利内容进行了特别说明，增加了特别的考虑因素。

（三）标准必要专利许可的反垄断法规制路径

一般来说，标准必要专利权人违背 FRAND 原则可能实施的垄断行为有多种形式，具体到许可环节，主要涉及以不公平的高价许可、拒绝许可、搭售、附加不合理交易条件等形式滥用市场支配地位的行为，对这些行为的事后规制应严格遵循从界定相关市场、认定市场支配地位到对应归类的基本分析步骤，并注意标准必要专利的特殊之处。[1]

1. 相关市场界定

相关市场的界定实质上是对标准必要专利权人和被许可人竞争关系的判断。《反垄断法》第 12 条第 2 款、国务院反垄断委员会《关于相关市场界定的指南》（以下简称《市场指南》）第 3 条规定了相关市场的含义，就是从产品和地域两个维度明确经营者竞争领域范围的。《市场指南》第 4 条至第 9 条规定了界定的基本依据和一般方法，确定相关市场范围的大小要从产品和地域两方面分别考虑该专利可替代程度，主要从需求者可否选取其他技术或者其他设计替代方面考虑。此外，在不同案件中要分情况考虑供给替代是否也会限制经营者的竞争行为。就标准必要专利来看，因为标准的封锁效应使得本身就具有法定垄断性的专利权人成为标准实施者唯一的供给方，为达到标准而无法绕开标准必要专利，并不存在近似的替代品，因此带来的垄断性竞争是必须考虑的。从华为诉

---

[1] 王先林："涉及专利的标准制定和实施中的反垄断问题"，载《法学家》2015 年版第 4 期。

IDC 案的裁判理由中可以看到法官也适当考虑了供给替代分析。《市场指南》中也说所列方法不是唯一的，根据实际情况可能采用其他不同的方法。除了根据商品的特征、用途、价格等因素进行需求替代分析和供给替代分析之外，也鼓励借助专业的经济学分析方法，如果经营者竞争的市场范围不够清晰或不易确定，还可以采取"假定垄断者测试"[1]的方法[2]。这些考虑因素都运用了"包括但不限于"的列举方式，并且有"其他因素"的兜底条款。因此，在实践中界定相关产品市场和相关地域市场的具体方法因个案而不完全一致。

2. 市场支配地位的认定

我国《反垄断法》第 17 条将市场支配地位定义为经营者在相关市场内具有能够控制商品价格、数量等交易条件，或者能够阻碍、影响其他经营者进入相关市场能力的市场地位。第 18 条列出了认定市场支配地位应考虑的五方面因素，考虑到个案情况不同也包括了与之相关的"其他因素"。第 19 条还从市场份额的角度出发，规定了推定的几种情形，在这些情况下，证明不具有市场支配地位的责任倒置给被推定的经营者。市场份额是市场竞争状况最直观的反应，但是在当今形式多元化的市场经济中，过度依赖它来判断经营者是否具有市场支配地位太过死板、绝对。例如著名的"3Q 大战"，360 对腾讯提起反垄断诉讼，以一份咨询公司做出的腾讯在 2010 年中国即时通信整体市场份额的报告作为证据。广东省高级人民法院一审认为该证据不足以证明市场支配地位，而是从《反垄断法》给出的定义出发，认定腾讯既没有控制商品交易条件的能力，也没有影响其他经营者进入相关市场的能力，实质上并不具备市场支配地位。[3]对此案件，最高人民法院也持市场份额不足以证明市场支配地位的态度，使得本案为反垄断司法实践树立了标杆。

《反垄断指南》第 14 条规定知识产权与市场支配地位的认定，除了《反垄断法》第 18、19 条规定的认定和推定办法，还应结合知识产权的特点考虑相关技术或所提供商品的情况。标准必要专利要特别对待，除了考虑技术的替代性和转换成本，还要考虑标准本身的市场价值、应用范围、其他标准的替代可能、演进情况及兼容性。笔者分析，该条主要明确了标准自身对判定标准必要专利

---

[1]　《市场指南》第 10 条借助了经济学分析办法。在 360 诉腾讯反垄断案中，最高人民法院认可了这种思路。

[2]　《市场指南》第 7 条。

[3]　最高人民法院（2013）民三终字第 4 号民事判决书。

权人市场支配地位的重要性，标准的应用范围越广，其本身影响的市场范围就越大，就越能发挥其社会价值，专利与之结合就具有越大的市场支配地位。进行替代性分析的时候，不仅要考虑相关专利技术能否被替代，也要考虑是否存在可替代的标准，如果都不存在，标准必要专利权人就获得了相关市场的支配力，其中包含了存在替代可能但由于标准实施者已投入过多导致转换成本过大的情况。华为诉 IDC 案中，IDC 认为华为可以选择 2G、4G 标准替代 3G 标准，但华为为了执行 3G 标准已投入大量不可撤回的成本，故法院依然认定 IDC 在相关市场具有支配地位。[1]此外，如果行业发展并不依赖于特定标准，或者标准发展滞后，其在行业的兼容性变差，那么该标准所涉的专利随之会被替代，在该标准的范围中，专利权人就不再具有市场支配力。

3. 标准必要专利权人滥用市场支配地位的行为认定

当前反垄断法分析的一般路径是，界定相关市场之后确定经营者是否在相关市场具有支配地位，然后根据行为对相关市场竞争产生的负面影响，将不同行为表现形式对应于反垄断法中规定的具体滥用类型。但是在 360 诉腾讯反垄断案中，在相关市场范围不明晰的情况下，最高人民法院没有纠结在该问题上，而是进一步分析了具体的垄断行为给竞争带来的影响，首次表明界定相关市场并非认定滥用市场支配地位之必需，而是根据行为的分析反向验证了腾讯不具有市场支配地位的判断。由此看来，滥用市场支配地位行为的认定是反垄断法分析的最终目标，也是最关键的环节。

我国《反垄断法》第 17 条规定了禁止经营者从事的几种滥用市场支配地位的行为，包括：①以不合理高价销售、低价买入商品；②无正当理由低于成本价销售；③无正当理由拒绝交易；④无正当理由限定对方的交易对象；⑤无正当理由搭售或者附加其他不合理的交易条件；⑥无正当理由对条件相同的交易相对人实行差别待遇；⑦国务院反垄断执法机构认定的其他行为。[2]欧盟竞争法理论将其分为两大类，前两种是剥削性行为，后面四种属于排挤性行为。剥削性行为主要是指通过剥夺上下游企业或消费者的利益谋取垄断利润的行为，排挤性行为则主要指对其他竞争对手的排挤或封锁，通过维持其市场垄断地位谋取利润。[3]

---

〔1〕 广东省高级人民法院（2013）粤高法民三终字第 306 号民事判决书。

〔2〕 《反垄断法》第 17 条。

〔3〕 万江：《中国反垄断法理论、实践与国际比较》，中国法制出版社 2015 年版，第 112 页。

　　概括来说，认定是否构成滥用市场支配地位就是判断是否属于上述行为或者国务院反垄断执法机构认定的行为。具体到标准必要专利许可中，除了从《反垄断法》规定的一般行为上判断外，还需结合 FRAND 原则。该原则的产生就为了规制标准必要专利权人的专利许可行为，防止滥用其支配地位导致垄断问题的发生，因此，通常不遵守和执行 FRAND 原则的行为也就构成对市场支配地位的滥用。从涉及标准必要专利许可的几个反垄断纠纷的典型案件来看，其表现形式主要有：高价许可、搭售或附加不合理条件、拒绝交易。

　　（1）高价许可。我国相关规范对过高定价的表述与《欧盟运行条约》[1]较为一致，在标准必要专利领域主要体现为许可费高于合理价格。判断是否符合该行为的重点就在于如何参照得出合理公平的许可费，这就需要借助 FRAND 原则来划定一个合理的边界。《反垄断指南》第 15 条列出了五个因素，其中第 2 项在标准必要专利许可的语境下就是要考虑 FRAND 承诺条款。此外，也要站在对相关行业发展评估的高度，考虑因专利费叠加导致标准实施者负担的整体许可费过高的情况，这就给法院和反垄断执法机构留有很大的裁量空间，是出于市场竞争灵活性的考虑。由于市场需求和经营者成本在不断变化，标准必要专利市场又具有特殊性，不能简单利用一般竞争分析法来判定许可费。在微软诉摩托罗拉案中，罗尔巴法官结合 FRAND 条款修改了"Georgia-Pacific"因素，[2]提出了判定合理许可费的基本原则，认为合理许可费的设定要考虑到标准推广的公益性、专利技术在纳入标准前的价值、许可费堆叠的问题，在保证专利权人获得其智力成果对应的经济利润时，要降低"专利劫持"的风险。当然，美国联邦巡回上诉法院指出要结合个案具体分析，很多地方法院生搬硬套"Georgia-Pacific"因素，反而可能违反了 FRAND 原则。

　　（2）搭售或附加不合理条件。《反垄断法》第 17 条将搭售或交易时附加其他不合理的交易条件归为一类。具体到标准必要专利许可中，搭售表现为将普通专利与标准必要专利捆绑搭售给被许可人，还有捆绑不必要的其他标准必要专利甚至是过期的专利。搭售或一揽子许可并非完全不合理，有些是基于效率和行业惯例的做法，该行为只有因限制、排除竞争违反反垄断法时才被禁止。例如，在华为案中，法院肯定了 IDC 将普通专利进行搭售的行为构成滥用市场

---

　　〔1〕　第 102 条规定："直接或者间接地采取不公平的采购价格、销售价格或者其他不公平的贸易条件"。

　　〔2〕　美国一般侵权案件损害赔偿计算所考虑的因素。

支配地位的搭售，但是对华为诉称的将某范围的非标准必要专利进行捆绑的行为仍认定为搭售并没认可，因为考虑到效率和华为曾经默认接受的行为，其所谓搭售行为并没有强迫的限制、排除竞争性。

从标准必要专利许可案件来看，附加不合理的条件主要是标准必要专利权人在进行必要专利许可时，强制标准实施者接受除涉及必要专利本身之外的其他不合理条件，例如同意免费交叉许可、禁止提起专利侵权诉讼等。在《反垄断指南》第 17 条列出了六种行为，《反垄断法》中的搭售行为与附加不合理条件分条列出，将限定交易对象整合到附加不合理条件项下。搭售是从商品不同的角度考虑，附加不合理的条件主要是提出额外的不公平要求，二者应该区别对待，而限制相对人只与专利权人或特定第三人交易也是一种不合理的要求，因此，笔者赞同《反垄断指南》的划分，但是在判断此两种行为的考虑因素上并没有特别规定，只是说与其他商品一般考虑相同因素，应结合标准必要专利的特殊性进一步探讨。

（3）拒绝许可。在标准必要专利领域，拒绝交易行为可以理解为专利权人没有正当理由拒绝对标准实施者进行专利许可，这明显是与标准的公共性相悖的。企业欲生产商品进入市场就需要达到规定的标准，如果涉及标准必要专利，则必须得到专利权人的许可，专利权人因此获得了很多通过授权赚取知识产权收益的机会，相应的，该授权也会附加义务，即对不特定标准实施者履行绝对许可的义务。当然，如果标准实施者谈判缺乏诚意，标准必要专利权人可以拒绝许可。一般情况下，如果专利被纳入标准后，权利人随意拒绝许可给标准实施者，则显然违背了 FRAND 原则，与标准必要专利的价值追求不符，更是剥夺了企业商品进入市场参与竞争的权利。《反垄断指南》第 16 条给出拒绝许可知识产权行为的解释，但对"必需设施"和"正当理由"没有进一步阐释，在执法过程中裁量空间太大。就其反竞争的影响，《反垄断指南》从经营者的事前承诺以及创新积极性、被拒绝方支付意愿和能力、知识产权不可替代性、消费者利益和社会利益不同角度列出了五条考虑因素，给出了合理的指引。

（四）实证分析：高通反垄断案

1. 案情简介

高通在国际无线通信领域占据着重要地位，其致力于研发无线通信技术和芯片，在 2G、3G、4G 无线技术标准中拥有大量的专利，全世界知名的电子产品制造商，如苹果、三星等，都与其建立了诸多标准必要专利许可合同关系。

因此，高通在世界范围内的垄断性影响既大也广。早在 2005 年，欧盟就接到投诉，对其展开过反垄断调查，最后以和解收场。2013 年 11 月，我国国家发展和改革委员会突击搜查高通中国的两个公司，由此展开了持续一年多的反垄断调查工作，并最终开出 60.88 亿元的罚单。本案的核心内容就是论证高通滥用市场支配地位的行为。本部分只讨论其在标准必要专利许可市场的行为，对于在芯片销售市场的附加不合理条件不做分析。

2. 反垄断法规制分析

（1）相关市场界定。在无线通信技术标准必要专利许可的市场中，国家发展和改革委员会从两个角度分析确定相关产品市场：①需求替代分析。无线通信设备终端制造商在生产兼容性的产品时，必须符合 CDMA、WCDMA、LTE 技术标准，无法绕开高通的相关必要专利，每一项必要专利的许可都是制造商的产品进入市场之必需。②供给替代分析。专利纳入标准后就成为实施标准唯一可以选择的专利技术，纳入标准前的类似技术不再具有替代的可能，高通组合许可标准实施者的每一项技术都构成一个独立的相关产品市场。相关地域市场的认定比较直接，即所涉标准必要专利为每一个必要专利的国家和地区的集合。

（2）市场支配地位认定。在无线通信 CDMA、WCDMA、LTE 技术标准必要专利许可市场中，国家发展和改革委员会从四个方面认定高通具有市场支配地位：①在相关市场的份额。每一项标准必要专利都不可替代，高通在这些专利组合的每一个相关产品许可市场中分别占有 100% 的份额，符合《反垄断法》第 19 条推定的第一种情形。②高通控制相关市场的能力。在无线通信领域，目前的终端产品制造必须符合前述标准的要求，被许可人只能取得高通的专利许可，而许可的条件都由其单方面提出，并且其专利数量庞大，制约了标准实施者进入市场的能力。③标准实施者对高通专利许可的依赖。由于相关标准纳入高通的诸多专利，通信产品终端制造商只能就这些专利的组合寻求许可，不然其生产的产品无法在全球入网。④其他经营者难以进入相关市场。高通的专利布局范围比较广，其他竞争者很难进入相关市场，这也在一定程度上影响了技术革新进程。

（3）滥用市场支配地位的行为。国家发展和改革委员会的调查结果显示，高通滥用市场支配地位的行为主要分为两大方面：高价许可和搭售。该案中，高价许可的行为主要表现为两种：①收取过期必要专利的许可费用。经调查发现，高通与他人签订的许可合同中包含了已经过期的 CDMA 核心专利。高通主张其专利组合虽未及时排除过期专利，但在不断加入新专利，没有恶意借此赚取额外的许可费用，国家发展和改革委员会认为这样的做法实际掩盖了其真实许可标的，没有合理评估过期专利和新专利的价值。笔者认为，反垄断执法机构因此直接认定高通是变相抬高许可费用有些果断，应敦促高通提交有效必要专利清单及当前新专利与组合许可中过期专利的价值比较报告，这样更具有说服力。②要求被许可人的专利对其反向免费许可。专利许可合同双方基于公平合理原则交叉许可专利本身不违法，但是高通强迫标准实施者对其免费许可，明显不尊重对方的专利价值，以保护基带芯片客户的利益为由，提高了对方的许可成本。该案处罚决定书将要求对方免费许可的行为归类为高价许可行为不太合理。如前所述，这属于对被许可人的不合理要求，应算作附加不合理条件的类型。权利人滥用市场支配地位必然会导致被许可人过重的经济负担，如果提高被许可人成本的行为都看成是高价许可的话，滥用市场支配地位的行为也就没有分类的必要了。

高通反垄断案中也存在将普通专利捆绑标准必要专利搭售的行为。对于普通专利，制造商完全可以通过替代技术或者改变设计进行规避，此种不作区分的强迫交易行为是滥用市场支配地位的表现。调查中，高通表示搭售非标准必要专利进行整体许可的做法是站在被许可人的角度考虑，方便了其寻求专利组合许可，也避免了因其无法分辨标准必要专利与其他专利可能面临的侵权诉讼。笔者认同国家发展和改革委员会的论述，即这是高通公司的一种托词，如果其将标准必要专利与非标准必要专利分别列出清单，将主动选择权交给通信产品终端制造商，岂不是更能保护他们的权益。高通直接拟定搭售组合的专利许可协议，不仅是对被许可人的强迫，也排除、限制了对其非标准必要专利具有替代性的其他技术参与市场竞争，不利于行业技术创新发展。

四、完善中国标准必要专利许可中反垄断体系的对策建议

前两部分从事前防范和事后规制两个部分论述了标准必要专利许可中的反垄断问题。其中，事前主要依靠FRAND原则进行垄断行为规范，事后落入反垄断法规制的范围，包括反垄断立法和反垄断执法两个方面。就前文所述的不足之处，本部分对应地从行为规范、反垄断相关法律法规及反垄断执法机构三方面提出完善的对策建议。

（一）完善专利许可中的行为规范——以FRAND原则为视角

标准化组织作为专利与标准结合工作的主导者，应该在涉及标准必要专利

许可的问题中承担起职责。实践中，一些标准化组织尝试在标准化前期工作中审查专利必要性，例如 ITU 还要求组织成员主动将专利必要性向标准管理委员会说明，由标准管理委员会安排独立的专家评估小组审查该专利是否有资格纳入标准。在专利权人签署知识产权政策时，标准化组织应督促专利权人披露其专利信息，避免对标准实施者造成"专利劫持"。笔者认为，标准化组织应该进一步解释"公平、合理、无歧视"在其知识产权政策范围内的含义及作出承诺的法律性质，在之后双方的许可过程中，标准化组织有义务就其 FRAND 条款的含义及性质进行解释，一旦进入司法救济程序，法官也可以参考其合理解释。因为，当前理论界和司法界对 FRAND 许可的性质有不同的看法，都是站在旁观者的角度去分析，对不同行业专利情况、行业交易习惯了解不深入，客观平衡标准必要专利权人和标准实施者利益的同时，可能与标准化组织知识产权政策的初衷有出入。此外，标准化组织也要及时检查更新其"专利库"，定期组织行业专家成员进行研讨，对过期的、出现更好替代技术的专利要及时剔除，避免出现类似高通反垄断案中搭售过期专利的情况，增强行业的创新活力。

　　参与标准制定的专利权人有义务遵守标准化组织的知识产权政策，及时披露其必要专利信息，并保证真实性。在专利许可的过程中，专利权人要遵守其作出的 FRAND 承诺，如第二部分所述，将该承诺视为其发出的要约邀请。当然，在等待标准实施者发出"实施条件"要约的同时，标准必要专利权人也可以主动发出谈判要约，这就属于意思自治的范畴了，但要置于遵守 FRAND 许可义务的前提下。此外，出于推动创新及使标准跟上技术发展步伐的考虑，笔者认为应该增大权利人对其必要专利定期更新公告的义务，结合当前行业的发展情况，从技术市场和创新市场的角度出发，阐述其专利的不可替代性，以供标准化组织进行定期专家评审时参考。这样不仅可以保护标准实施者的权益，也可以给其他经营者的研发方向提供指引。

　　标准实施者的行为也应更加规范化，降低被"专利劫持"的风险。首先，在实施标准时应该主动了解该标准化组织的相关政策，结合已知和应知的标准必要专利信息为接下来的许可谈判做好准备，识别标准必要专利权人在许可中捆绑非必要专利。其次，根据自身的经营计划，就确定无法避开的必要专利应主动发出基于 FRAND 原则的要约，遵守诚实信用原则与标准必要专利权人协商并签订许可合同。[1]要求标准实施者依诚实信用原则与 FRAND 原则的价值目标是一致的，后者的表述会更具体些。既然都是对标准必要专利许可谈判的要求，笔者认为应直接统一规定为双方都基于"公平、合理、无歧视"原则进行协商。

基于上述三方行为规范都围绕 FRAND 原则展开，很有必要完善 FRAND 相关的政策和法律法规。标准化组织既然规定了 FRAND 条款，就要实现其操作价值，而且标准化组织对该行业的专业技术比较清楚，对加入标准的专利也有全局的把握，应该结合行业技术特征，在政策中增加 FRAND 许可义务的规定以及双方在签订许可合同时是否符合该义务的认定办法，在专利许可双方谈判不一致的情况下，组织双方按照 FRAND 原则的要求进行调解，调解不成再诉诸司法救济。《专利侵权司法解释（二）》第 24 条规定，实施许可条件无法协商一致的情况下，可以请求人民法院来确定。笔者认为应该增加调解前置的要求，规定在这种情况下应当先由相关标准化组织主持调解，这样既能更专业地评估双方的谈判条件，也可以缓解司法压力。《专利法》没有规定标准必要专利的具体内容，在第四次修改的《专利法修订草案送审稿》中，就标准必要专利许可问题，其第 85 条规定了默示许可制度。[2]该制度存在很大争议，它惩罚了未尽披露义务的专利权人，但也有可能助长标准实施者拖延谈判等恶意行为。故 2020年 10 月 17 日通过的第四次修改后的《专利法》取消了这一规定。实际上，国际标准化组织一般对披露义务的要求限于"尽合理的努力"。笔者认为，默示许可会增大"反向劫持"的可能，可以考虑在该条中增加 FRAND 许可的规定，同时要求双方在谈判中尽到"公平、合理、无歧视"的义务。如果标准实施者违反该义务，仍使用标准必要专利，应强制其缴纳合理的许可费用，这样可以更好地平衡双方的利益。此外，可以探究进一步规定 FRAND 原则的适用范围及违反该原则的惩罚措施，将专利信息披露直接划定在该范围中，如果标准必要专利权人不披露信息，则会受到违反 FRAND 原则对应的处罚。

（二）完善标准必要专利许可涉及的反垄断法律法规

自 2008 年 8 月 1 日起开始施行《反垄断法》，我国陆续颁布了一系列相关

---

〔1〕 张翀、龚艳萍："FRAND 许可规则下标准化技术的治理研究"，载《科学学研究》2011 年第 7 期。

〔2〕《专利法修订草案送审稿》第 85 条规定，专利权人不披露必要专利的，标准实施者使用该专利不构成侵权，排除了专利权人的禁令救济，同时也要求使用者支付许可费用。

法规，在实践中取得了诸多成效，尤其是高通反垄断案在国际上产生了重要影响。但随着数据经济时代的到来，我国反垄断法律法规在当前的司法实践中遇到了很多挑战，亟待进一步完善。

《反垄断法》的完善可以从两个方面出发：①修改完善当前的条款。该法介绍滥用市场支配地位的具体行为时，法条采用了"没有正当理由"的表述，但是该表述模糊，可操作性不强，应对"正当理由"做出进一步解释。该法第55条明确了反垄断法规制滥用知识产权达到反竞争程度的行为，应在该条文中进一步说明此种行为不是特殊的垄断行为，遵循反垄断法体系中垄断行为的分析思路。②补充必要内容，如当前修订工作中热议的问题，引入竞争机制，建立事先审查机制，将公平竞争审查制度法律化。[1]现行《反垄断法》是对垄断行为的事后规制，但其立法宗旨是要保障及促进公平竞争，非以惩罚违法竞争者为目的。垄断行为的事前防范工作更能从源头上控制扰乱市场竞争秩序的行为，而 FRAND 原则的效力有限，因此，良好的竞争机制入法是一项重要的基础性工作。

《反垄断指南》在相关市场部分指出，除了相关产品市场外，在必要时可以界定相关技术市场，并且解释了其含义和考虑因素，强调同时考虑知识产权的特殊性。美国《知识产权许可的反托拉斯指南》规定，标准必要专利的相关市场还应包含创新市场，[2]但对如何界定创新市场没有明确的表述，欧盟相关指南也未规定创新市场的概念。《反垄断指南》仅提到"根据个案情况，还可以考虑行为对创新、研发的影响"，[3]未引入创新市场概念，这种审慎的态度仍然没有避免给执法工作带来困难，如何考虑垄断行为对创新和研发的影响没有具体规定，执法中该如何评价也是个难题。笔者认为，可以加强对创新市场引入问题的理论研究，即使还未做好立法的准备，也应该对原文进一步细化规定，就创新、研发的影响因素进行列举，便于执法操作。此外，在滥用市场支配地位的行为中，仅在高价许可与拒绝许可部分增加了经营者作出承诺的考虑因素，而搭售、附加不合理条件、差别待遇其实也都是违反 FRAND 原则的行为。因

---

〔1〕　张红兵："反垄断法有望迎首次修订或将写入公平竞争审查机制"，载 http://news. sina. com. cn/sf/news/flfg/2017-09-11/doc-ifykusey7649766. shtml，最后访问时间：2020 年 12 月 18 日。

〔2〕　"由直接指向特定的新型或改进的产品或方法的研发，以及该研发的密切替代物所组成。"董美根：《知识产权许可研究》，法律出版社 2013 年版，第 392 页。

〔3〕　《反垄断指南》第 4 条。

此，笔者建议在每种行为的考虑因素中加上该款内容，也可以在第三章开头部分说明，认定市场支配地位行为，需要结合经营者做出的承诺。

(三) 完善反垄断行政执法

我国反垄断执法机构包含了国务院反垄断委员会、国务院反垄断执法机构及被授权的省级执法机构。《反垄断法》第10条规定："国务院规定的承担反垄断执法职责的机构（以下统称'国务院反垄断执法机构'）依照本法规定，负责反垄断执法工作。国务院反垄断执法机构根据工作需要，可以授权省、自治区、直辖市人民政府相应机构，依照本法规定负责有关反垄断执法工作。"这种三元的执法体制在国际上引起争议，以中国美国商会、中国欧洲商会为代表的商业团体和研究机构指出，执法职能分散不利于信息共享、存在法律适用不一致的情况、受到部门本身业务的影响。[1]笔者认为，在我国反垄断法体系不成熟时，没有直接效仿国际上采用较多的单一执法模式是明智的选择。我国反垄断立法起步晚、经验不足，在国内专门组建一支反垄断执法队伍并不现实，由国家发展和改革委员会分管价格垄断行为、商务部分管经营者集中等行为、原国家工商行政管理总局分管其他非价格垄断行为，正是结合各机构自身的工作职责，考虑到在对应行为方面有市场经验。从近十年的反垄断案件来看，三机构都有卓越的工作成效，在同一案件中可能涉及多种垄断行为，三机构相互"竞争"的执法过程中难免会相互施压，也促进了反垄断执法机构业务水平的提高。

随着执法经验的积累和当前市场竞争的需要，很多专家学者建议借鉴国外的经验构建统一、权威的反垄断执法机构，当然这是发展的必然趋势。但是，笔者认为这是一项需要长时间探索的工作，解决当前反垄断执法问题应该从以下方面着手：①精细化执法，因为标准必要专利具有很强的专业性，在提高执法人员自身素质的同时，执法机构也可以与各行业搭建桥梁，寻求各行业专业人士的合作与帮助，把握个案的专利情况，保证执法的公平合理。②加强机构间的联通，促进经验共享，尤其在对同一案件的执法过程中，要深度配合，避免重复执法，简化执法流程，提高办案的效率。③积极与国际上其他反垄断组织互联互通。在标准必要专利领域有很多涉外的反垄断案件，需要了解当事人在国际上的经营行为及垄断背景，必要时也需要在调查取证、文书送达及执行

---

〔1〕 万江：《中国反垄断法理论、实践与国际比较》，中国法制出版社2015年版，第296页。

方面寻求域外协助。

五、结论

专利法的宗旨之一在于合理保护专利权人的利益以激励创新，而标准必要专利天然的垄断地位给予贪婪的权利人滥用市场支配地位的机会，当其行为达到反竞争的程度时，维护市场公平竞争的反垄断法便开始插手专利领域的问题。反垄断法从维护消费者利益、社会公益的角度规制了标准必要专利权人滥用其权利的行为，并不会排除专利法对其合理的保护。本文以标准必要专利许可中的垄断行为发生时间为节点，分别论述了 FRAND 原则事前防范以及反垄断法事后规制内容，并在最后给出了完善建议。

针对前文中发现的问题，笔者对应地从行为规范、完善反垄断法律法规、构建合理的反垄断执法机构三方面提出了对策建议。第一，标准化组织应适当明确 FRAND 条款的含义和相关承诺的性质，并定期组织专家评估工作，加强对"专利库"的更新。标准必要专利权人在涉及许可的各环节要严格遵守 FRAND 原则，对自己的必要专利定期更新并公开其不可替代性的论证。标准实施者在许可中要根据自身情况掌握谈判主动权，对诚信谈判要求应具体为"公平、合理、无歧视"。完善 FRAND 原则的法律法规，笔者建议规定调解前置的程序、FRAND 原则适用的范围及违反该原则的惩罚措施，在默示许可制度存在争议的情况下，探讨是否可以将披露义务直接纳入 FRAND 原则适用范围，以此来惩罚专利权人。第二，完善和补充《反垄断法》的相关内容，进一步解释抽象概念并研究引入竞争的事先审查机制，从源头上控制违法垄断行为。在《反垄断指南》第三章中统一考虑专利权人承诺的要求，并引入创新市场的理论研究。第三，肯定三机关联合执法的模式，从精细化执法、加强机构联通及与国际组织的互联互通三方面进行完善，但也要认识到建立统一、权威的反垄断执法机构的趋势，今后在理论和实践方面不断探索。

知识产权域外效力冲突问题研究

——以欧盟商标协调制度为例

李欣龙

一、知识产权的地域性——知识产权域外效力冲突的前提

地域性是知识产权的重要特征，而地域性引申出的域外效力则是本文探讨的前提，即全面分析知识产权的地域性以及域外效力的定义、历史、特征，了解域外效力冲突问题的缘由。只有透彻地了解域外效力冲突如何产生、本质是什么，才能进一步寻求解决之道。

提及知识产权，首先要面对的就是知识产权的权利来源，而权利来源和地域密不可分；其次，侵犯外国知识产权涉及的司法管辖权等也与地域性关系密切。知识产权的域外效力和地域性具有对立统一关系，域外效力既是对地域性的突破，又是对地域性的发展。准确把握二者的概念，能准确地理解知识产权的域外效力冲突，并且更好地理解知识产权跨境纠纷的现状。

（一）地域性

1. 知识产权地域性的历史考察

知识产权起源于 15 世纪。随着印刷技术出现，统治者通过榜文或者赦令固化授予他人的特权以维护统治，但以其统治范围为限，超出该地域则无法产生强制约束力。在进入资本主义社会后，知识产权的属性本质上发生了改变，成了一种依法产生的民事权利。知识产权的地域性在长期的历史更迭中，由于其本身特质契合知识产权的保护宗旨而得到了保留。

从广义的民事权利看，每一种权利诞生之初都具备地域性。随着社会的日益发展，经济贸易、政治、外交活动都逐渐突破一国领土，走向更广阔的地域。

在历史发展过程中，世界各国以及整个人类追求进步发展的共同利益，导致各国越来越认识到处理相关案件时应当平衡各方利益，力求共赢，于是产生了互惠原则。自 19 世纪以来，世界各国逐渐觉悟并相互尊重和承认对方法律制度所保护的财产权，民事权利也因此取得了域外效力，大大促进了各国的经济往来和全球经济贸易发展。

仅就知识产权而言，其权利的性质也逐渐发生了本质上的改变——由"特权"转变成了民事权利。但与一般民事权利的逐渐开放趋势相比，这一转变仍属十分缓慢，知识产权的域外效力也没有得到大范围的尊重和承认。在封建社会以后的历史时期中，无论是西方最初的自由资本主义，还是工业化背景下的垄断资本主义，抑或苏联乃至我国的社会主义，除了少许历史残余原因，主导知识产权地域性概念延展的是日益完善的法律制度和国际民商事贸易活动客观存在的经济需求。从客观需求上讲，知识产权制度的不断发展是必然的，而对于地域性的突破也是需求的题中之意。

2. 知识产权地域性的概念辨析

探索知识产权法律的适用问题、解决法律冲突本是为了健全知识产权保护的相关法律制度。知识产权的地域性虽然已经得到了普遍认同，但地域性的概念仍然模糊不明，无论在学术界还是实践运用中，各国都未在立法中予以明晰，国际条约中也避开了相关界定，导致司法实践中无论是立法者还是司法机关或者某一纠纷的当事人，对知识产权地域性的理解都不尽相同，鲜有统一的认知。

现代法律体系下的知识产权地域性在本质上与私法概念中的属地性（territotiality）相对应，这一点也能够从私法属地性的概念中比较得出：属地性即为一国所颁布的法律效力原则上只及于该国的领土范围以内，而知识产权的地域性只是将此概念进一步具体到知识产权法的效力上。但相较于其他私法上的权利，知识产权的地域性更具特殊性，在概念上更加狭窄。对于属地性的概念，我们应辩证看待，它不仅仅指一国的法律只能由该国的立法机关、司法机关在其领土范围内进行立法、执法等活动，而是随着涉外因素的多少而产生一种动态的变化：在非涉外情况下，该国法律不具备任何域外效力，此时地域性是严格、绝对的。

随着历史的发展和政治制度的演进，商品经济时代逐渐到来，人们越来越认识到绝对的属地法严重妨碍了跨界的经济贸易往来。在国家间进行民商事交往时，不同国家拟制的知识产权不可避免地会发生冲突，这也是知识产权产生地域性的客观原因。虽然世界各国逐渐通过完善涉外法律、制定国际条约等方式努力消除并避免这种冲突，但客观上而言，这种国与国之间的法律冲突仍然存在，知识产权的地域性仍然不可避免地发挥着作用。比如我国 2017 年通过的《民法总则》第 12 条仍坚持属地主义为原则，域外效力的适用为例外，这不仅饱受学界诟病，也不利于我国在全球化背景下的跨境民商事法律活动。

3. 地域性的价值透视

知识产权的地域性特征直接影响国际私法层面上有关知识产权法律的具体适用问题。《伯尔尼公约》第 5 条〔1〕首次提出了被请求保护地法，该规定也在 2011 年被引入《中华人民共和国涉外民事关系法律适用法》（以下简称《涉外民事关系法律适用法》），初步在我国确定了该原则。〔2〕但该冲突规范本身并没有直接明示知识产权案件的连结因素，在实际案件的裁判中法官无法根据当事人请求来选择适用该案件的准据法，而该连结因素中最重要的即为被请求保护国法的地域性。对于知识产权的地域性概念的理解偏差将直接导致知识产权的法律适用出现错误，被请求保护地法律的具体适用必然依赖于该概念。在我国司法实践中也出现过类似问题，〔3〕如在司法解释中采用属人主义，遗漏了知识产权的地域性，让知识产权的法律适用十分混乱。

除此之外，我国公民侵犯外国知识产权行为所涉及的司法管辖权、案件裁判的承认和执行也与地域性关系密切，并且我国在该领域的立法十分不足。依《民事诉讼法》第 265 条规定，我国涉外财产纠纷案件以一般地域管辖为基本原则，不强求法官排除审埋涉外知识产权案件。但在司法实践中，我国法院对几乎所有知识产权相关案件严格采用了专属管辖，在审理涉外知识产权案件时，几乎没有适用外国知识产权法的实践。

继续对知识产权的地域性严格限制已经不符合当今的发展趋势，同时，我

---

〔1〕　Article 5 clause 3：Protection in the country of origin is governed by domestic law . However, when the author is not a national of the country of origin ot the work for which he is protected under this Convention, he shall enjoy in that country the same rights as national authors.

〔2〕　《涉外民事关系法律适用法》第 48 条规定：“知识产权的归属和内容，适用被请求保护地法律。”

〔3〕　北京市高级人民法院于 2004 年发布了《关于涉外知识产权民事案件法律适用若干问题的解答》，其中提到：“侵犯著作权、实施不正当竞争纠纷案件，双方当事人均为我国自然人、法人，或者在我国均有住所，侵权行为发生在外国的，可以适用我国的著作权法、反不正当竞争法等法律。”这显然对知识产权法的适用采取了属人主义，忽视了知识产权的地域性，从而牵涉到他国对于知识产权案件的管辖。

国的涉外知识产权侵权案件与日俱增，比如长期困扰我国司法部门的商标侵权案件，不同的法院对于侵权的认定在理由和最终结论上都存在严重分歧。[1]一国生产或加工的产品被出口到他国，该跨境销售行为应由哪国的知识产权法律进行管辖等问题，也关乎我国的利益究竟能否被保障。因此，探究知识产权的地域性，不仅有理论意义，也有实践价值。

（二）域外效力——地域性问题的延伸

知识产权的域外效力（extraterritoriality）和地域性在概念上是对立统一的关系。有学者认为，根据动因不同，可将知识产权法的域外效力分别归类为积极性域外效力和消极性域外效力。[2]所谓积极性域外效力，就是一国从国内立法、司法中主动地对在领土之外发生的知识产权行为进行约束、调整，国内法律即可约束域外的法律行为。在这种情况下，其他国家是否承认该国内立法都不影响该法律继续调整域外知识产权行为。消极性域外效力则是一国的知识产权法受到其他国家的承认、执行。

1. 积极性域外效力

在积极性域外效力层面，知识产权保护问题应该在具体的情形下分析。即使一个作品的知识产权从产生、变更到消灭等行为都发生在外国，该行为仍然可以根据本国的知识产权法而发生法律效果，受到国内知识产权法的调整。换言之，如果对知识产权客体进行使用等行为对本国的知识产权产生了侵权效果，那么无论该行为部分或者全部发生于外国，都应当受到本国知识产权法的规制，这种本国知识产权法发生的效力即积极性域外效力。

这种主动型立法调整域外知识产权行为的方式能够有效避免投机分子恶意规避一些国家的知识产权保护的行为。这种积极性域外效力在早期并没有得到承认，尤其是通信技术刚刚起步的年代。1993 年《欧盟卫星和电缆指令》[3]指出，法律意义上的传播行为的发生范围只包括卫星信号发射所在地，而其他能够接收信号的国家不属于传播行为的发生范围。在这种情况下，知识产权并不能得到有力保障，与知识产权的地域性原则背道而驰，因此，欧盟范围以外的各国并没有接受以上指令。此后，世界知识产权组织前干事博格胥则提出以卫

---

〔1〕 典型案例：以涉外定牌加工为例的"PRETUL"商标等案件。

〔2〕 阮开欣："论知识产权的地域性和域外效力"，载《河北法学》2018 年第 3 期。

〔3〕 1993 年《欧盟卫星和电缆指令》第 1（2）（b）条将卫星传播行为限定于尽在信号引入且不中断传播链上的成员国。

星信号为媒介的广播行为需要符合被该卫星信号覆盖的地域范围内的全部国家的相关法律。在这种理论下，传播效果所及的所有国家的知识产权法都可以规制该传播行为，这变相承认了知识产权的积极性域外效力，也符合网络技术发展背景下知识产权保护的需求，在司法实践中被逐渐推崇和认可。世界知识产权组织于1996年主持并签订了《世界知识产权组织版权条约》，该条约也做出了类似处理。[1]

知识产权的积极性域外效力能够十分有效地保障知识产权人的利益，使其权利得到充分行使。如果知识产权不具备这种对外的积极效力，权利人就对跨境的间接侵权行为无可奈何，一旦否认这种积极性域外效力，相当于剥夺了权利主体在法律上制止这种侵权行为的可能性，而权利主体至多只能在海关入境检验环节或者是国内的销售活动中发现侵权行为后再制止，这样明显不利于全面地维护权利人的合法权益。以现在时兴的海淘为例，若我国的消费者在美国的在线购物网站上订购一批书籍，该书籍的版权所有人并没有允许其在中国进行销售等行为，但美国的商家直接向中国的客户运输了该侵权书籍。对于该作品的实质销售行为发生在美国，但侵权效果延及中国，在没有知识产权的积极性域外效力的情况下，该作者无法仅凭发行权来制止这种跨境销售行为，卖家完全有可能规避法律来侵犯权利人的权益。在这种情况下，对作者维护其版权就相当不利。

2. 消极性域外效力

当侵权行为人侵害外国知识产权时，本国法院在管辖这类案件时应当适用被请求保护地的外国法律，抑或尊重并承认、执行相应的外国判决，这不仅仅体现了本国对他国知识产权法的认可，还保障了被侵权人的合法权益，发扬了司法正义，推动了知识产权法的发展进程。

在知识产权产生、发展的初期，大多数国家都规定本国法院对此类案件实施专属管辖，且不受理本国侵害外国知识产权的案件或承认、执行外国裁决。但随着全球化的发展和经济贸易往来日益频繁，对此种消极性域外效力的认可度逐步上升。比如在欧洲大多数国家，只要符合一般管辖的原则，法院一般情况下会接受管辖该类侵犯域外知识产权的纠纷或者承认、执行外国的判决。我

---

〔1〕《世界知识产权组织版权条约》第8条规定：文学和艺术作品的作者应享有专有权，以授权将其作品以有线和无线方式向公众传播，包括将其作品向公众提供，使公众中的成员在其个人选定的地点和时间可获得这些作品。

国法院在程序上虽也受理此类案件，但在审理时多适用中国的知识产权法。实践中适用中国法的做法实质上否定了外国法的消极性域外效力并不恰当地增加了我国知识产权法的积极性域外效力，不利于知识产权的保护。短期来看，这确实可以减少法官的诉累，能够迅速地凭借对于中国法的熟悉解决纠纷，但长期来看，这对于我国的长期经济发展和法律体系的完备是十分不利的。

二、知识产权涉外纠纷——知识产权域外效力冲突的现实原因

知识产权域外效力冲突和交通、通信技术换代密不可分。互联网延展程度高、不受地域约束，互联网带来的高效的跨境交流，正是知识产权域外效力冲突的现实原因之一。在这种互联网和交通技术导致的经贸现状中，不同的法律规定和平等的司法权之间相互抵触，正是知识产权域外效力冲突的现实原因。

（一）涉外纠纷现状

在近二三十年内，互联网技术迅速兴起并得到了大力发展，网络上的信息交替是没有边境概念可言的，处于世界任何一个位置的服务器都可以上传作品，该作品完全有可能被网络平台的其他用户访问并分享、传播，这些环节可能会发生在任何已接入互联网的国家。而投机现象也是现实存在的，例如行为人为了规避一国的知识产权法而选择在另一法律宽松的国家建立服务器、上传知识产权产品。

除了上述网络环境下的版权侵权现象，跨境电商也是重灾区。跨境电商作为近年来进出口经济中的一个热点吸引了越来越多的企业试水。除了阿里巴巴、京东等传统电商巨头，也出现了很多新企业。[1] 随着跨境电商的迅猛发展，与此相关的法律纠纷也越来越多。行业内普遍存在的知识产权保护意识薄弱、法律风险防范能力欠缺、纠纷处理效率低下等问题越来越成为制约很多企业发展的瓶颈。有些企业是因为贪图短期效益而公然销售侵权产品，有的企业则是知识产权保护意识薄弱，在不知情的情况下产生了侵权行为，而且当前跨境电商的交易市场主要在欧美，这些国家都有十分完备的知识产权保护体制，即使侵权行为在国外，也有渠道维护他们的利益，因此，与之产生交易的国家将面临较大的侵权风险。总之，如何在越来越开放的背景下进行有效的知识产权保护已经成为一个难题，涉外知识产权纠纷也越来越多。笔者认为，这些案件大致

---

［1］ 参见梁达："多因素促进跨境电商迎来发展新机遇"，载《上海证券报》2018 年 3 月 16 日第 8 版。

可以以侵权的指向为标准，分为外国对内侵权案件和国内对外侵权案件。

1. 外国对内侵权案件

在外国企业或个人侵犯我国相关权利领域，商标抢注是我国受到侵害的最典型的现象。下文以商标为例，探讨该类侵权的现状。商标的地域性意味着一国企业仅在注册地域内受到知识产权法保护，若想获得其他国家同样的法律保护，就需要在对应目标国也进行商标注册，恶意抢注商标正是源于这一环节的疏漏。以我国为例，商标国际注册的严重滞后为外国企业和个人恶意抢注我国知名企业的商标提供了可乘之机，也为企业拓展海外市场、参与海外市场竞争埋下巨大隐患。在浩如烟海的商标抢注案件中，典型的有传统老字号商标"王致和"德国抢注事件。

"王致和"是我国一个历史悠久的品牌，其在改革开放之初就开始抓住机遇，开拓国际市场。但正当王致和集团准备开拓欧洲市场并在德国进行商标申请注册时，却发现本集团的商标早已在2015年被一家名叫欧凯的德国公司申请注册。根据德国商标法，欧凯公司申请注册该商标的三个月异议期已过，该商标实际已被核准注册，这直接导致王致和集团无法在德国开展业务。王致和集团不得已向该公司发出律师函，并要求欧凯公司归还"王致和"商标，但遭到了拒绝。协商无果后，王致和集团一纸诉状将欧凯公司诉至德国慕尼黑法院。[1] 2007年，慕尼黑法院一审判决欧凯公司侵犯了王致和集团的商标权并禁止该公司擅自在德国使用该商标，欧凯公司随后提出上诉，但慕尼黑高等法院作出了支持王致和集团的终审判决。[2] 这起备受舆论关注的商标抢注案最终画上了圆满句号。此案是我国企业胜诉的重要的涉外知识产权案件，但该案只是我国涉外商标侵权现象的一个缩影。

但并不是所有企业都像王致和集团最终选择法律途径捍卫自己的知识产权，因为语言不通或者不了解当地法律，没有时间和人力成本维护权利等原因，很大一部分企业选择闷声吃亏，以沉默应对，甚至放弃相应地区的市场。我国企业被恶意抢注商标的事件屡次出现，这也从另外一个角度暴露出我国企业在涉外经营方面目光短浅、没有知识产权防范意识的问题。因此，我国企业必须提高法律防范意识，采取有效措施防止恶意注册现象，雇用专业的法务团队进行督促和保护，切实防范此类知识产权风险。

---

〔1〕 案例编号：21021512/06。

〔2〕 案卷号：NO. 29U 5712/07。

2. 国内对外侵权案件

除了外国对内侵权，国内对外侵权也是常态。比如，2015 年于我国上映的国产动画片《汽车人总动员》就因涉嫌抄袭迪士尼经典电影《赛车总动员》而被迪士尼和皮克斯动画工厂在上海提起诉讼。[1]

美国特斯拉公司在我国多次进行商标相关的诉讼。早在 2006 年 9 月，我国一位名为占宝生的广东商人成功注册了 "TESLA" "TESLA MOTOS" 等一系列商标，成为商标的合法持有人。美国特斯拉公司在准备进驻中国市场、进行相关商标注册时因此受到了层层阻碍，双方进行了多年的法律拉锯战，[2]最终在北京市第三中级人民法院的调解下[3]，双方握手言和，占宝生放弃商标的有关权益，而美国特斯拉公司也放弃了索赔。

在国内侵犯外国知识产权，虽然我国的利益并没有受到直接侵犯，但是在经济全球化的背景下，国内权利保护环境的好坏直接影响外商在我国进行投资的考虑，也对我国对外交流产生不利的影响。从长远来看，如果我国要走知识产权强国的道路，就不仅要保护我国的知识产权，更要站在互相尊重的立场上，维护他国的知识产权。

(二) 知识产权法律冲突

法律冲突又被称为法律抵触，指涉外法律关系因为各国经济文化差异，对相同的权利、法律关系有不同的规定，各国在一定条件下，有可能对涉外民事关系同时管辖，进而产生了法律适用上的冲突。有学者称，现代国际社会，凡国家法律体系中就特定涉外案件具备被适用之性能即适用资格者，均足以互相构成法律冲突之现象。[4]

在全球范围内的知识产权保护条约出现以前，知识产权还是一种地域性的概念。因为多数国家仅对本国国民提供保护，很少对外国单方面提供保护，所以当时涉外的知识产权法律关系比较少。《巴黎公约》《伯尔尼公约》问世后，情况大相径庭，国民待遇原则直接导致涉外法律关系剧增，给法律冲突埋下了大量伏笔。而且，由于各国对于知识产权的获得、保护等方面的法律规定是不同的，国际条约目前还没有完全统一，即使规定了国民待遇，"独立性待

---

〔1〕 参见上海知识产权法院（2017）沪 73 民终 54 号民事判决书。

〔2〕 参见辽宁省沈阳市中级人民法院（2013）沈中民四初字第 811 号民事判决书。

〔3〕 参见北京市第三中级人民法院（2014）三中民（知）初字第 09258 号民事判决书。

〔4〕 参见刘甲一：《国际私法》，三民书局 1995 年版，第 54 页。

遇"原则还是兜底默许了各国各自的做法，使法律冲突更加具有现实可能性。面对日益增长的法律冲突，国际社会主要采取间接调整和直接调整两种解决方式。

1. 间接调整方式

间接调整方式，即冲突法解决方式，指通过冲突规范来调整法律冲突。具体来说，就是一国法律直接规定在一定条件下适用哪个国家的法律，即只调整适用法律的选择，而不涉及当事人的具体权利义务。就冲突规范的优点来说，这种方式有着明确性、预见性和针对性，在以往的实践中也确实解决了许多涉外的知识产权冲突。从冲突法解决方式的历史起源上看，它可以分为国内冲突解决方式和国际冲突解决方式：前者是指通过本国的国家立法，自己确定涉及本国的知识产权纠纷如何适用他国的法律，后面将要述及的美国的诉讼管辖制度中关于各州之间的法律和联邦法律之间的规范调整就是典型的例子。后者是国家之间通过设立国际条约，在国家之间建立起互相认同的冲突规范，从而解决法律冲突问题。国内冲突解决方式由于各国规定不同，冲突规范也不同，导致不同国家的裁判结果有可能相差甚远。这增加了商事争议的复杂性，不利于当事人迅速解决纠纷。而国家之间的条约型冲突规范，通过统一冲突法，一方面可以避免冲突规范的冲突，另一方面还可以逐渐融合双方的实体法，为进一步的交流打下基础。

2. 直接调整方式

间接调整方式固然有其优点，但是在实践中也显露出缺陷，即解决冲突不彻底，只一味统一或者单方规定了适用法律，而没有考虑到适用的内容是否符合本国实际。为了弥补这些缺陷，人们把目光转移至直接调整方式。直接调整方式，即通过双边条约或多边条约、国际惯例等，直接对当事人的权利进行双方认可的定义，从而避免或者减少法律冲突。从效率上看，该方式优于冲突法调整方式；从逻辑上看，该方式是全球化不断发展的最终形态，也是解决民商事冲突的一个自然的发展结果。

这种统一实体法的解决方式，分为国际条约解决方法和国际惯例解决方法，前者又分为双边和多边条约。如今已经有很多的实体协调方式，后文将着重论述欧盟的协调制度。国际惯例同样也涉及实体方面的调整，但是因为惯例本身无法明确为书面形式，而且大多数需要当事人选择才能适用，所以不如条约正式具体。

相较于间接调整方式，直接调整方式去除了冲突法中"寻找连接点""查明外国法"的环节，缩短了法律适用流程，减少了当事人的诉累，也更利于经济生活中国民对于自己的行为结果作出合理的预料和判断。目前来看，直接调整方式的主要问题是能接受统一规定的地域范围比较有限，想要最大程度发挥直接调整方式的作用，需要一个长期发展过程，让更多的国家在更大的范围内互相承认。虽然这种直接调整方式有着较强的生命力，也符合社会发展的需要，但是因为各国社会背景不同，对于具体权利的选择方式也不同，想要让不同的国家进入同一个调整规范，还需要不断地交流和沟通。

三、涉外知识产权诉讼管辖——知识产权域外效力冲突的解决

知识产权的地域性在通信与交通技术进步的背景下逐渐被突破，域外效力随之扩张，在互联网将各国紧紧连接在一起的当下，法规不一致导致的冲突不可避免，实践中面临的首要问题即纠纷由哪一方管辖。确定了管辖权的归属，才能进一步寻求冲突的解决。了解相关的管辖原则和各国的管辖方式，并从中汲取可用的经验，是解决知识产权域外效力冲突的重要途径。

（一）管辖原则及理论

1. 被请求保护地原则

被请求保护地原则是指，在适用知识产权涉外管辖的过程中，知识产权的保护由要求得到知识产权保护的国家的法律起主导作用。举例来说，权利人甲在 A 国的专利被他人通过非法方式在 B 国实施，并在 B 国进行大规模销售。那么甲在其所在的国家发起诉讼保护其专利权时，A 国管辖法院对甲在 B 国的权利保护，就应采用 B 国本身的法律，按照 B 国对知识产权的规定判断其权利损失，而不是采取 A 国的法律。

被请求保护地原则被包括我国在内的很多国家采用，许多国际公约中也有广泛体现，是当今社会主导的理论和实践方式。例如，我国《涉外民事关系法律适用法》中就有被请求保护地原则的直接体现。在《瑞士国际私法法典》中也有类似规定。[1]

对该原则文义的理解，是法院在处理涉外知识产权法律冲突中首先面对的

---

[1] 《瑞士国际私法法典》第 11 条第 1 款："知识产权适用被请求保护知识产权的国家的法律。"参见黄进、姜茹娇主编：《〈中华人民共和国涉外民事关系法律适用法〉释义与分析》，法律出版社 2011 年版，第 285 页。

问题。被请求保护地〔1〕，单从字面上看，其含义比较模糊。被请求保护地原则的适用，充分体现了知识产权的地域性和独立保护原则：同样的知识产权，每个国家都会用自己的知识产权法对申请行为和获得后的使用行为进行规定，每个专有的知识产权只在其被授予国家的地域范围内生效。

在知识产权保护中，被请求保护地原则对地域性亦造成突破。随着全球化和国际上民商事活动蓬勃发展，各国的制度在交流中不断得到改善，这种突破是十分自然的。除此之外，因为知识产权是民商事权利，意思自治空间也没有被忽视，我国知识产权规定中也有意思自治适用对应条款，很大程度上体现了私法自治的理念与涉外民事关系的结合，让国际私法这种因涉及主权而带有公法色彩的法律体现出私法的本质特征。〔2〕在此注意，被请求保护地仅针对当事人而言，当事人请求该国家法律的保护，最终能否真正得到保护，要看被请求保护地法律的具体规定。这里的被请求保护地仅是形式上的，并不一定在实体结果中提供保护。

被请求保护地原则之所以是界定知识产权权属和内容及明确责任时的第一选择，是因为保护国主义和知识产权的地域性互相印证。归根结底，国际条约不是十分具体的，没有一个精确的指向。因为各国国情不同，国际条约多是具有高度笼统性和原则概念性的相关规定，致使细节难以得到落实，而且缔约国的数量终归是有限的。因此，被请求保护国法律仍具有以往的较强生命力。

2. 意思自治原则

意思自治原则是涉外合同中的一种法律适用方法，它的本质特征是：在一个合同关系中，当事人可以按照其主观意志自由签订，同样有权利选择该合同适用的法律。意思自治原则起源于16世纪法学家杜摩兰的《巴黎习惯法评述》，从18世纪起，被各个国家和国际条约广泛接受，在涉外民事关系中发挥着重要的作用。

知识产权本质上属于私权利，在区际知识产权冲突中，由于多数是平等公民及法人之间的矛盾，知识产权的私权性更应被强调，这样才能有利于维护国民利益。"特别是在中国区际冲突的特殊状况下，不同制度的对抗会使各地区过多考虑政府的利益，而将个人利益置于其后，使个人利益受到不应有的损害，

---

〔1〕　The country where protection is claimed.

〔2〕　《涉外民事关系法律适用法》第49条规定："当事人可以协议选择知识产权转让和许可适用的法律，当事人没有选择的，适用本法对合同的有关规定。"

纳入并完善当事人意思自治原则，可使当事人利益在一定范围和程度上得到保障，区际个人交往得到正常发展。"[1]

孟西尼主张意思自治原则的理论依据是私法自治理论。罗马法对公私法有著名的论述："公法规范不得由个人之间的协议而变更"，私法则是"协议就是法律"[2]，即私法可以经平等主体之间的合意变化，在不违背法律规定的前提下，可以最大限度地发挥个人主观能动性，不受公权力的制约。私法自治授予私主体将自己的主观意识实施出来具备效力的自由，而意思自治同样授予私主体选择法律的自由，也是私主体私法自治的体现。意思自治原则最大限度地突出了"人"的特点，不但有利于纠纷的便捷解决，更体现了以人为本的理念。

3. 最密切联系原则

最密切联系原则具体到涉外知识产权案外中，一般指在权利转让或者许可的过程中，如果双方没有选择适用法律或者无法达成一致，将由诉讼所在法院据此在与该知识产权协议有联系的国家之中，挑选一个与该协议本质有联系而且影响最大的国家的法律适用。[3]

这个原则的特点就在于，连接点并不是提前在协议中确定好的一个，而是在整个知识产权流转或使用过程中的一个弹性的选择过程。受具体情况的影响，需要结合合同的目的、本质以及实践中各连结点的联系密切程度来确定具体法律。

4. 来源国法律说

来源国法律说也被称为原始国法律说，这种学说是建立在普遍主义之上的。在学说上，彻底的来源国法律说来自于法国巴丁坚持的关于无形财产权的观点。其重视法律上的稳定性，将法律上的稳定性和本质上的地域性相结合。例如，专利的最初获得，要按照专利国的法律，想要获得保护，在之后继续获得专利授予的法律（在他国同样获得专利）也同样不能被否认。但是该专利是否存在、有效，则要靠最初的法律来确定，这就是来源国法律，在外观设计上体现为最初登记地，从商标的角度看，则是最开始使用地。这种对于权利来源地的强调，也是对知识产权地域性的重视。

---

〔1〕 沈涓：《中国区际冲突法研究》，中国政法大学出版社 1999 年版，第 72 页。
〔2〕 周枏：《罗马法原论》（上），商务印书馆 2004 年版，第 92 页。
〔3〕 丁伟主编：《国际私法学》，上海人民出版社 2004 年版，第 293 页。

关于来源国法律说的应用，也存在许多例子，[1]例如《布斯塔曼特法典》第 105 条、第 108 条。在《伯尔尼公约》中，关于著作权的规定也有类似的含义[2]，这些规定都带有权利来源说的色彩。

5. 行为地法原则

行为地法原则是当今全球大部分国家在侵权法律领域的基本原则。行为地法原则提出的时代较早，在 13 世纪法则区分说盛行的年代就已经具有了比较完整的含义。巴托鲁斯是该原则的代表人物，他认为"场所支配行为"是制约侵权行为的题中之意。该原则在 1904 年的《法国民法典》中首次出现，并在之后迅速得到应用。

目前各国关于侵权行为地的理论基础的看法主要包括：国家主权视角中的国际法基础，公共视角中的国家主权基础，以及从属性视角中，固有国际私法的基础。行为地法原则比起来源国法律说，将重点从"从何处来"转移到"使用于何处"。笔者认为行为地法原则更加科学，因为在全球化背景下，权利在各地交织，来源国很可能与纠纷实际没有关系，比起勉强适用来源国法，行为地法更能体现纠纷的发生原因和解决方向。

6. 法院地法原则

虽然行为地法原则是最古老的一种法律适用原则，但很多学者依然重视法院地法，这一阵营中的学者包括萨维尼、华赫特等。法院地法适用的直接益处是，很大程度上减少了查明的司法成本，法官熟悉自己的法院地法，而且可以保护本国的公共利益。但是这种益处同时也成为该原则广受攻击的地方：虽然本国的利益和公共秩序可以受到保护，但是关于涉外知识本身却属于严格的属地主义，不利于全球科技与贸易的交流。所以，很少有国家采取绝对法院地法原则保护知识产权。这种原则一般是在其他法律无法适用的条件下适用，或者用来解决单纯的诉讼程序问题。

（二）我国的管辖制度

我国虽然法律体系发展迅速，但是比起修改完善很久的国外体系，依然有

---

[1] 《布斯塔曼特法典》第 105 条规定："一切财产，不论其种类如何，均从其所在地法。"第 108 条则规定："工业产权、著作权以及法律所授予并准许进行某种活动的一切其他经济性的类似权利，均以其正式登记地为其所在地。"这里的登记地，就指原始国。

[2] 作者为公约成员国公民的，只要作品首次在成员国出版或者在非成员国及成员国同时出版，也受到公约保护。

很多不足。我国目前的司法体系中，知识产权涉外管辖没有一个专门的席位。从知识产权案件本身的类型来说，基本包括以下三种：关于知识产权是否有效的确权性案件、知识产权受到侵犯的侵权案件以及知识产权转让或其他合同案件。下面分别分析三种知识产权案件在我国的管辖权情况。

1. 知识产权确权案件

从诉讼法的角度看，目前的法律规定并没有将其纳入专属管辖的范围，但从实践来看，关于确权性的管辖基本适用我国地域性管辖原则，因为知识产权是否有效关乎我国的行政机关的权威性。因此，这种关于知识产权是否有效的问题，基本归于行政诉讼的范围。这种行政确权诉讼由北京知识产权法院和北京市高级人民法院集中管辖，有益于裁判标准的统一。而行政诉讼因带有较强的公法色彩，具有绝对属地性。根据归属的逻辑看，知识产权确权案件由我国法院专属管辖。这种归属也可以以权利来源说理解。正是因为知识产权的授予者是我国的行政机关，涉及该权利是否有效的问题，才应该由我国的法院予以判断。

2. 知识产权侵权案件

我国关于知识产权侵权案件的管辖权规定主要见于《民事诉讼法》第 28 条，该条阐述了侵权行为引起诉讼的情况下由谁管辖。[1]另外，《著作权法》《商标法》《专利法》和最高人民法院《关于审理专利纠纷案件适用法律问题的若干规定》中也有类似的内容。在实务中，绝对地域性管辖原则在侵权领域占主导地位，侵犯我国知识产权的行为一般由我国法院予以专属管辖。然而，这种专属管辖仅限于侵犯我国知识产权的情形，并不包括侵犯外国知识产权的情形。现今的情况是，在没有法律明确规定侵犯外国知识产权案件的管辖方式时，我国法院倾向于不纳入相关管辖。虽然从理论上确实有管辖的可能，但实践中对侵犯外国知识产权的案件行使管辖权的还是少数。

3. 知识产权合同纠纷

在目前的立法体系中，涉外知识产权合同纠纷和一般涉外纠纷使用同一种管辖规则，并未区别对待。具体到司法实践中，涉外知识产权案件的管辖权确定，由我国司法部门根据《民事诉讼法》第 23 条、第 34 条、第 265 条、第 266 条做出裁判。《国际私法示范法》中也没有区别对待涉外知识产权合同纠纷。

---

〔1〕《民事诉讼法》第 28 条："因侵权行为提起的诉讼，由侵权行为地或者被告住所地人民法院管辖。"

我国《民事诉讼法》第34条在实践中存在较大的争议。例如,当事人很可能通过约定基层法院来避免标的额巨大的案件受高级别法院的管辖,这种约定有效与否的问题在知识产权合同纠纷中尤为突出:一是,因为知识产权的无形性和不稳定性,发生纠纷难以被预料到;二是,知识产权合同纠纷在诉讼管辖上,一审法院常常是中级人民法院,除非是经最高人民法院指定,否则基层人民法院无法管辖普通知识产权合同纠纷,而当事人作为不了解法律的主体,无法在协议中载明法院是否被指定,这就有可能造成较多的管辖协议无效,影响正常经济往来。这个问题在最高人民法院《关于适用〈中华人民共和国民事诉讼法〉的解释》第30条中得到了一定的解决。该条的主要内容是,即使当事人约定的管辖法院较为模糊,只要约定的地域中有可以推断出的适合的法院,管辖协议就应尽量按照有效看待。该规定既尊重了意思自治,又解决了各个法院之间因管辖权相互推诿的问题。该规定虽然改善了《民事诉讼法》第34条的困境,但是对于整个知识产权案件管辖体系而言仍然不够。

(三)美国及欧盟的管辖制度

1. 美国知识产权诉讼管辖制度

在美国初期法律制度建设过程中,在突破知识产权地域性这方面,做出了很多有益的努力和尝试。由于美国是判例法国家,这种突破往往体现在著名的判例之中,很多管辖原则也在众多重要判例中逐渐凸显和完善。从现有的美国管辖体制中,通过判例及立法,可以发现主要有以下管辖原则:

(1)最低限度联系原则。调整管辖权原则的制度,经历了从凭借被告是否出现,到根据被告人的住所、国籍以及所在法院地的商业存在而确定的演变过程。为了扩大了管辖权,为本国争取到更多的利益,美国对地域管辖权的态度越来越松。最终,如果某一州与纠纷涉及的因素有最低限度联系,法院就可以行使管辖权,即最低限度联系原则。

对最低限度联系原则的重要发展是International shoe Co. v. Washington案。该案法官表示:正当程序条款允许各州对位于本州之外的人行使属人管辖权,而正当程序仅仅要求被告与法院地之间具有某种最低限度联系,这种联系使得诉讼的进行不得违背传统的公平和公正观念。[1]最低限度联系原则实质上扩大了法院的管辖范围,使法院在面对有联系的案件时有更大的选择空间,更利于保护美国的

---

〔1〕 United States Supreme Court, International Shoe Co. v. Washington, (1945), No. 107.

利益。

（2）连带关系原则。与最低限度联系原则类似的是，美国部分法院会借助连带关系或代理关系，管辖美国境外纠纷，这是另一种对知识产权严格地域性的突破。连带关系原则主要体现在 ITSITV Productions Inc. v. California Authority Of Racing Fairis 案中。该案中，一家加利福尼亚公司对一家墨西哥公司提起了知识产权侵权诉讼。原告称，在墨西哥的一些赛马广播节目中，被告复制了原告的一些特效，从而侵害了原告的版权。法院最后认为，虽然版权法有地域性的特征，但从法律本身出发考虑具体案情，也可以适用于有联系的第三人。换言之，即使在美国之外进行侵权，只要境外侵权行为与美国境内的侵权行为有连带关系，他就应承担相应的侵权责任。

2. 欧盟知识产权诉讼管辖制度

欧盟方面，关于涉外知识产权诉讼管辖制度，主要集中于 1968 年的《关于民商事管辖权和判决执行的布鲁塞尔公约》（以下简称《布鲁塞尔公约》）和不久后推出的《民商事管辖权和判决的承认与执行的条例》（以下简称《布鲁塞尔条例》）。在《布鲁塞尔公约》中，涉及知识产权的为第 16 条第 4 款，[1] 而《布鲁塞尔条例》与《布鲁塞尔公约》规定大致相同，只是变化了一下序号，成为第 22 条第 4 款。二者都仅仅规定了知识产权注册和效力方面的管辖法院，对其他方面没有进行特殊规定。因为知识产权的私权性质，即使涉外知识产权增加了些许的主权色彩，依然属于民事范围，适用其他民商事管辖规则。所以，在《布鲁塞尔公约》中，第 2 条、第 5 条第 3 款、第 6 条第 1 款、第 19 条、第 21 条都适用于知识产权涉外诉讼管辖。《布鲁塞尔公约》第 2 条是管辖的一般原则，规定了原告就被告原则，第 5 条第 3 款规定了侵权行为地原则。在《布鲁塞尔条例》中，对《布鲁塞尔公约》补充增加了可以一起管辖的情形。[2]

除此以外，《布鲁塞尔公约》第 19 条还有关于区分专属管辖权和其他管辖权关系的条款，阐明了专属管辖权优先的原则，主要为了解决平行诉讼问题，

---

[1]《布鲁塞尔公约》第 16 条第 4 款：有关专利、商标、设计模型或必须备案或注册的其他类似权利的注册或效力的诉讼，专属于业已申请备案或注册或已经备案或注册，或按照国际公约视为已经备案或注册的缔约国法院。

[2] 即"只有在各诉讼联系紧密、合并听审和裁决有利于避免因分别诉讼而作出相互矛盾的判决"时。

即相关人在不同成员国提出诉讼的时候，最先接受诉讼的法院有受理的权力，其他缔约国应让渡管辖权。

根据《布鲁塞尔公约》和《布鲁塞尔条例》，欧盟关于知识产权涉外诉讼的管辖权情况可以总结如下：第一，居所在成员国的被告侵害另一成员国的知识产权时，被告居所国法院可以依据《布鲁塞尔公约》第2条行使管辖权；第二，一个被告侵害多国知识产权时（同一案件标的），被告居所国可以通过《布鲁塞尔公约》第2条对被告在多国的侵权行为合并管辖；第三，同一纠纷中，如果多个侵权人在多国侵犯同一案件标的相关的知识产权，可以根据《布鲁塞尔公约》第6条第1款，通过其中一个侵权人的居所国法院对所有侵权行为予以集中管辖。在管辖过程中，涉及知识产权有效性的，成员国法院要通过《布鲁塞尔公约》第19条来检测自己是否有管辖权；涉及平行诉讼的，则通过《布鲁塞尔公约》第21条来检测是否具有管辖权。

四、国际条约中的协调制度——解决知识产权域外效力冲突的成功范例

解决知识产权域外效力冲突，固然离不开先确定何时应管辖，但在特殊情况下，各国管辖制度可能产生范围重叠，当双方甚至多方都有管辖权时，就会产生矛盾冲突，可能导致多方互相推诿或者争抢。此时如果能在一个更高层次的架构中，设定多方可以接受的管辖协议，或者构建一个更高层级的协调条约，就能够极大程度解决知识产权域外效力冲突。欧盟的商标协调制度，正是在多方融合的制度架构方面的一个成功范例。

（一）欧盟商标协调制度

上文已经有所阐述，冲突法调整规范方式和实体法调整规范方式各有利弊，其中通过实体性的条约规定双方实体权利的国际条约是以后发展的方向，因为这种方式可以最大限度地避免法律冲突的产生，并且减少双方当事人的诉累。但因为各国经济文化以及社会背景的不同，对于法律和权利的看法也不同，如何协调这种实体的国际条约成了继续推进这种方式的最大阻碍。以下，笔者将以欧盟的商标协调制度为考察对象，探讨未来有可能的发展方向。

欧盟商标协调制度的出发点是以往制度的缺陷。虽然《巴黎公约》规定了国民待遇条款，但因为所在国法律保护的仅仅是他国国民享有的其本国（所在国）知识产权，不是他国国民在原有国家享有的原有知识产权，所以并不能说完全突破了工业产权严格的地域性。换言之，《巴黎公约》并没有完全解决知识

产权域外保护问题。欧盟作为一个地区性经济政治组织，其成员国有着共同的经济利益以及较好的历史文化基础去产生一种地域性的统一知识产权条例。因此，欧盟能够真正从实体上根除关于知识产权的矛盾。欧盟通过大量研究和互相协商，吸取并融合各个成员国本身的法律，逐渐推动整个欧盟范围的实体法产生，构建高层次的统一制度。

（二）欧盟商标协调制度的历史进程

整个欧共体范围内从 20 世纪 60 年代就开始试图攻克这一难题，在建立统一制度的时代要求下，《共同体商标条例（草案）》于 1984 年问世。该条例中，初期欧共体范围内各个国家对涉及的问题没有形成统一的意见，包括商标的取得、权利用尽、如何协调等问题。虽然欧共体范围内的立法机构以及各国的部长多方奔走并大量咨询意见，该草案由于各国经济文化差异依然没有通过。所以在 20 世纪，欧共体范围内商标协调进展缓慢。面对这种情况，欧洲的议会以及相关机构另辟蹊径，在协调各国商标法的平行层面，设计出了通过欧洲范围内的单一程序取得欧共同体商标权的制度。换言之，类似于欧元的产生不影响各国货币的有效性，但是可以有一个通行的欧洲货币，而商标也是如此。在这种思路的启迪下，商标协调制度走上了迅速发展的道路。

1988 年，欧共体理事会在吸收《共同体商标条例（草案）》经验的前提下，制定了《缩小成员国商标法差别的指令》[1]（以下简称《商标指令》[2]）。该指令并不是直接的实体规定，而是要求各国将指令转化为国内法，使二者精神互相契合，并且内容架构加以补充，最终使所有成员国的商标法律部分趋于一致，可以相互认同。例如，英国舍弃了本国原有的制度，依照该指令重新制定了商标法。不仅欧共体范围内，瑞士、捷克、南非，甚至我国香港特别行政区，在修改商标法时也多多少少受到了该指令的影响。

《商标指令》依然是宏观层面的制度架构，只是对内部市场影响最直接的部分做了修改和协调，其中也有"Approximate"这一初步性质的词语。这一决定与之前的国际条约相比，既没有一次性统一实体权利，也没有仅仅提出建议。这一指令本身更像是一个系列的第一步，彰显着实体化进程中的过程性和决心。

1993 年，经过了前期的准备和酝酿，《共同体商标条例》（Regulation on the

---

〔1〕 Directive to approximate the Law of the Member State Relating to Trade Marks.

〔2〕 "指令"（Directive）是欧盟法律渊源的一种，需要各国转化为自己的国内法，而"条例"（Regulation）可以直接发生法律效力，各国法律不得与条例抵触。

Trade Mark）在各方持之以恒的努力下终于问世。正式条例构建了统一的商标制度：欧共体通行的商标由设置在西班牙的协调局统一认可，并且不受成员国法律制约，可以直接在欧共体范围内有效。要想通过协调局的认可以及后续的转让、撤销等，需要商标本身就适用于整个欧共体。该条例颁布之后，欧洲范围内的统一商标迅速发展起来，仅从开始接受正式商标申请的 1996 年一年以内，就有 4 万件注册申请，且申请数量持续增加。

同欧元在欧盟货币体系中的作用一样，统一商标制度蓬勃发展的同时，各成员国内部自己的商标制度依然照常运转。于是欧洲的两种商标制度正式产生，一种依据《共同体商标条例》在欧洲范围内通用，另一种是各国原有的商标体系在各国内部正常运转。可以想象，就像欧元最终可能代替欧洲所有的货币，统一商标制度最终也有可能取代欧洲各国的国内商标体系。但这需要经过很长的时间，就目前来说，两种体系和平共处，互为补充，推动欧洲经济不断进步，也未尝不是一种稳定的结构。

（三）欧盟统一商标制度的结构

1. 优先注册权

该制度用来处理各成员国内部商标转化为欧盟商标的问题，即在各成员国内部已经有效的商标，权利人有将其优先注册为欧盟商标的权利。更进一步，如果某商标为各成员国和欧盟的双重商标，权利人就可以优先在其他成员国内部注册该商标，这两种优先权加在一起，就是欧盟商标法律制度中的优先注册权制度。该制度主要用于保护已经注册了商标的权利人的利益，因为在两个商标制度平行的情况下，如果他人可以任意将成员国商标注册为欧盟商标，实务中就会出现混乱，有损在先权利人的利益。

原始商标权的存在是优先注册权的基础，原始商标和之后注册的商标必须为同一件商品或服务。权利人拥有的权利主要有两方面，一是权利人本人可以优先注册，二是权利人有权制止他人在相似商品上申请将权利人的商标注册。这里的原始商标指源于欧盟、国内、国际协议规定而产生的商标，以及领域内的驰名商标。驰名与否，以《巴黎公约》第 6 条第 2 款为准。

优先注册权，根据《共同体商标条例》的规定，还具有独立性的特征。虽然依照前文所述，优先注册权需要以原始商标权为基础，但是一旦确立，就与原始商标权相独立。这里的"独立"是指，如果注册了欧盟商标的权利人放弃或者期满失去原始商标权，则该权利人依然拥有在先权利。但是如果失去原始商标权的方式是原始商标被撤回或者被宣告无效，欧盟商标的优先注册权就随之失效。

如上文所述，优先注册权的效力之一，就是禁止他人注册并通过措施来阻止他人对自己商标的注册。但是如果权利所有人明知他人非法在欧盟范围内使用自己的商标达到 5 年，就不再享有优先注册权，也不能依据该权利申请宣告他人商标无效。同样的逻辑，如果成员国国内的在先权利人明知他人以后注册的欧盟商标在该国内部使用达到 5 年，也失去了优先注册权。

2. 转换申请制度

由于欧盟的商标和国内的商标是一种平行制度，同一商标被一种制度宣布无效，很有可能在另一种制度中继续生效，需要经过两种审查才能够完全失效。基于这种考虑，转换申请制度应运而生。

这种救济制度是指欧盟制度中的权利人在商标申请未成功或其拥有的权利不能继续有效时，可以通过救济措施转换成国内制度中的相应阶段。这种转换只是从欧盟制度到国内制度的单行道，反过来并不能成立。如果权利人在国内的申请遭到驳回，只能通过《共同体商标条例》重新申请欧盟商标。

具体来说，欧盟商标申请失败的情况主要有被驳回和被撤回。如果商标申请不满足审查条件，就会被驳回。[1]撤回是指申请人可以随时撤回其申请，如果在规定时间内没有申请成功或者拖欠费用，也被视为撤回。

欧盟商标失效的情况主要有三种：被宣布无效、被撤销、自己放弃。在商标不符合条件，或者是以欺诈行为注册，或者侵犯了别人的在先权利，从获得就是非法的情况下，在他人申请下可以被宣布无效；如果注册商标成为通用名称，例如 U 盘，或者商标权人不再具备法律规定的条件，即获得后不符合法律规定，商标会被撤销；自行放弃属于在实质上一直符合法律规定，但是权利人本身决定放弃权利的情况。

要求转换的成员国，可以是权利人本身的国家，也可以是其他的成员国，但是要注明国家已经具体转换哪些商品或服务（因为无效或申请失败可能仅存于部分），不需要转换的则按照正常程序发生效力。转换成功的商标，依然享有基于成员国商标的优先注册权。这种制度较大程度上降低了当事人对于申请欧盟商标的顾虑，即付出时间和人力成本有可能因失败而毫无回报。由于这种制

---

〔1〕 例如申请人的条件、在先权条件以及各种文件是否齐全。

度的存在，即使失败，也可以直接转换，消除了当事人的后顾之忧。

3. 诉讼管辖制度

选择何种法律进行诉讼管辖，也是亟须解决的问题。一般来说，商标方面的纠纷，由"权利登记地法"进行调整，即商标所产生的地方的法律。[1]至于商标权的诉讼管辖，由于其本身民商事权利的性质，和其他民事诉讼相同，适用民事诉讼管辖规则，[2]即原告就被告，或者根据意思自治原则和最密切联系原则由权利纠纷相关的法院管辖，如纠纷发生地以及原告居所地。根据这个逻辑，对于某一成员国国内授予的商标权，相关的纠纷诉讼只能在该国进行，并且效力及于该国领土范围；如果该商标权的授予者是欧盟，那么相关的纠纷诉讼可以在欧盟范围内的任何纠纷相关地提出，而且判决效力及于整个欧盟范围。

根据《共同体商标条例》的规定，法院的选择由各个成员国确定，依法做出职能判决。协调局并没有相关纠纷的司法管辖权，而纠纷中的诉讼程序类似于民商事案件，适用《布鲁塞尔公约》。

就管辖范围来讲，欧盟法院对于侵权、撤销以及宣布无效的反诉等拥有专属管辖权。当事人可以根据彼此的协议，选用被告所在地、原告所在地或协调局所在地的欧盟法院管辖，还可以约定由其他成员国法院管辖。同时，管辖权还可以因应诉而扩张。

诉讼程序则根据法院所在国的诉讼程序适用，如果同时向多个法院提起诉讼，管辖权由最先受理的法院行使，之后的法院如果立案或者受理了，应该放弃管辖权。如果对此有争议，则应该先中止诉讼程序，待确定之后，再决定是否放弃管辖权。如果原被告对一审法院的判决不服，上诉到二审法院，上诉条件要按照法院所在国的要求确定，法院所在国的上诉要求同样也适用于二审判决。

在判决中，欧盟法院要将欧盟法作为第一依据，对于规定不详细的领域，欧盟法院应将所在国法律作为第二依据。这部分主要包括：国内商标权人与欧盟商标权人就在先权的纠纷；　国商标权人要求禁止的欧盟商标在另一国的法律适用问题等。

---

〔1〕　参见郑成思：《知识产权论》，法律出版社 1998 年版，第 38 页。
〔2〕　参见张序九主编：《商标法教程》（第 3 版），法律出版社 1997 年版，第 16 页。

五、我国知识产权区际冲突制度的建议——合理借鉴知识产权域外效力冲突的解决对策

为了解决知识产权的域外效力冲突，欧盟商标协调制度在直接的强制性国际条约和建议性的无约束性条约之中开拓了一条新的道路，既避免了强制统一所引起的矛盾，也通过条约建立了大范围的认同。制度的平行不但能够最大限度地尊重独立的司法权，还能够通过建立新的统一制度减少法律冲突，降低诉讼成本，从而促进经济快速稳定发展。综合我国具体国情，以欧盟商标协调制度为范例并合理借鉴，更加具有现实意义。

（一）欧盟与我国制度对比

我国是一个人口众多的大国，自从恢复对港澳地区主权以后，为了保持当地政治经济稳定，港澳地区原有法律制度长期不变，因此，中国成为存在多种法律体系的国家，而知识产权也拥有三个差异巨大的独立系统。

由于我国各地区知识产权具有独立性，缺少国际私法途径来解决相关问题，我国未来也应采用协调和统一实体法的路径。

根据上文所述，目前已有的解决方式大致有：以双边或者多边条约的途径，建立起各成员国之间最低的知识产权保护标准，代表性的有《巴黎公约》以及TRIPs 协议；用统一法律予以整合，例如《比荷卢统一商标法》；最后一种就是上述欧盟的平行制度，既有各国本身的法律，又有整体层面的制度。在这些解决方法中，通过比较可以看出，欧盟的平行制度比其他方式更加具有可行性，也更加符合未来的发展方向。

就中国目前的国际地位以及国内的现实情况看，中国与欧盟有着诸多相似之处：

第一，区域内部都有不同的法律制度。欧盟有众多的成员国，其中大陆法系和英美法系交织，而中国也相差无几，虽然不同制度地区的数量较少，但同样有不同的法系。

第二，区域内部经济文化交流都已经高度发达，市场基本已经实现共享，尤其是欧盟，在长期一体化进程中，不仅在经济方面，而且政治、军事、科技都达到了高程度的共享，根据欧盟的四个流动自由，[1]与其说是联盟，欧盟更

---

[1]　商品、资本、人员、劳务。

像是一个完整的国家。[1]而自从港澳回归以来，港澳地区与内地经济关系也突飞猛进，许多当地企业在内地设立分支机构或者加工厂，内地也利用本身的人力以及其他资源交换港澳地区的资金，实现共赢。

此外，欧盟与中国的经济关系十分密切，每年二者的相互贸易额十分巨大，而且港澳地区与欧洲有紧密的历史文化联系，对于借鉴欧盟的法律有着较高的历史文化基础。因此，借鉴欧盟的商标协调制度，建立我国区域内部以及针对外国的开放性的知识产权协调制度，是有益且可行的。

（二）构建我国的知识产权协调制度

参考欧盟商标协调制度的发展过程，一套法律的产生大致有以下几个阶段：集权机构提出立法建议，各国成员代表组成的议会加以讨论并提出意见，再由集权机构进行修改，最后由各国部长组成的理事会通过，最后形成跨国的统一法律。[2]相比之下，我国目前缺少一个可以集中提出立法建议的机构，内地与港澳地区关于法律制度的沟通也没有专门和畅通的渠道。因此，首要的工作是建立一个负责法律协调的部门，定期开展合作会谈，商议彼此对法律工作的要求，推动深化共识，并且在未来进一步设立可以在实体上推进法律和条约缔结的部门，一步步构建出协调的总蓝图。

参照欧盟商标协调制度，未来可行的知识产权协调制度可以考虑首先缩小各地区实体法差异。欲达到这一目标，在实践中有两种方式：①由一个协调机构直接制定立法标准，进而要求各地区参照标准修改自身的法律；②直接采用已有的国际条约标准，例如 TRIPs 协议。

笔者认为，主要可以从以下四个方面入手，达到协调一致：

第一，知识产权人跨区域注册问题。目前中国的区域内部并没有禁止互相申请注册，例如台湾地区在 1994 年就可以受理大陆提出的商标申请，但是仅允许申请并不能带来知识产权上的统一，需要各方协商签订具体的协议，来落实跨区域注册问题。

第二，权利相应注册无障碍后，不论是什么知识产权，都涉及在先权。参考《巴黎公约》的规定，成员国的权利人申请国际范围内权利的注册时享有优先权。我国港澳地区不适用《巴黎公约》的规定，欲承认优先权，也需要单方规定或者双方签订协议。

---

〔1〕　王锡麟："欧共体知识产权跨国法律保护体制的分析"，载《华东科技》1998 年第 8 期。

〔2〕　郑成思：《知识产权与国际贸易》，人民出版社 1995 年版，第 483 页。

第三，申请确权的渠道问题。如上文所述，可以跨境或跨区法申请取得知识产权，但是就具体渠道而言，则大相径庭。我国已经加入《马德里协定》，其规定了国际商标注册的渠道，但是尚未涉及其他权利。

第四，申请知识产权的优先权问题。依照《巴黎公约》，外国公民在我国申请注册可以同样享有优先权。如果中国区域内部的各个法系同样加入世界贸易组织，该问题就可以依公约予以解决。

一旦以上问题基本一致，就可以参照欧盟建立平行的知识产权协调制度，按照上文所述的立法模式，制定统一的知识产权法律，设立统一的知识产权注册机关，同时将各种区域内以及涉外的法律都予以保留，两种不同的知识产权制度平行，并且可以仿照欧盟的商标协调制度，设立协调机制：首先，各国或者各区域内部的知识产权，可以优先注册为跨境或跨区域知识产权，并且可以禁止他人注册。其次，申请跨境或跨区域知识产权失败时，可以通过救济申请本国或本地区的知识产权。最后，在两种知识产权制度平行的情况下，以知识产权的授权法律为基准裁判，以原告就被告为管辖原则，成立专门的管辖法院。

以 PayPal 事件为例，在当今制度下，在中国卖家收到应诉期限为 21 天的律师函后，小卖家很难有时间和金钱赴美应诉，尤其是在被冻结的账户只有几千美元的情况下，小卖家的利益极难得到维护。如果有平行制度的存在，首先就可以以较低的成本在国内接触到了解平行制度的律师，进而在国内或者平行制度中的法院进行诉讼以维护利益，所花费的时间和金钱成本极大减少，建立在数量众多的体量较小消费者之上的经济制度也会更加稳固。

我们可以看到，在当前的争议解决方式中，申请禁令作为一种重要维权方式，集中体现了域外效力冲突。以华为与三星的纠纷为例，在华为申请禁令并且得到国内法院的认可后，三星在美国提出了反禁令申请，这就使我国法院做出的决定进入非常尴尬的境地。归根结底还是缺少双方都认可的审判机构，彼此的法庭只在本国拥有稳定的地位，而当彼此碰撞时，则显得力不从心。在平行制度中，双方都认可的平行法院就可以做出既有效率又有效力的令双方信服的决定。

同时，我们也可以看到，当今时代已经有很多国际条约开始了从程序统一到实体统一的尝试。但是从平行制度的建立历史看，拥有诸多历史文化相同点的欧洲各国在数十年的时间内尚且没有建立统一的实体条约，目前的国际条约想要跨越文化历史认同以及传统利益直接构建单一知识产权制度，难度无疑是巨大的。相较之下，建立平行制度无疑是更加平滑的过渡方式，不但可以尽快建立多方可以接受的制度，而且不会触及利益既得者的利益。

当然，最终目的和愿景是建立一个单一的知识产权制度，不断纳入新的成员，在知识产权制度中，知识产权的冲突问题将得到彻底解决。这一前景无疑是美好的，但需要无数学者和实务专家付出持之以恒的努力。我们期待这一天的到来。

六、结论

知识产权的地域性是因为知识产权独有的特性而具备的一种特殊的属地性，在程度上比一般概念的属地性更强。知识产权的地域性直接影响国际私法层面有关知识产权法律的具体适用问题。除此之外，我国公民侵犯外国知识产权行为所涉及的司法管辖权、案件裁判的承认和执行也与地域性关系密切，而我国在该领域的立法仍显苍白。

在近二三十年中，互联网技术迅速兴起并得到了大力发展，知识产权所具有的地域性在这种网络经济的背景下逐渐受到挑战：不同国家对于知识产权的内容、效力、管辖权等方面的规定存在差异，因此，在涉及知识产权纠纷时，不同国家法院对侵权行为认定、法律适用以及侵权责任承担等的裁判都不尽相同。

知识产权的域外效力和地域性在概念上是对立统一的关系。根据动因不同，可将知识产权的域外效力分为积极性域外效力和消极性域外效力。所谓积极性域外效力，就是一国从国内立法、司法中主动地对在领土之外发生的知识产权行为进行约束、调整，国内法律即可约束域外的法律行为，而消极性域外效力则是一国的知识产权法受到其他国家的承认、执行。

各国在一定条件下有可能对涉外民事关系同时管辖，进而产生法律适用上的冲突。面对法律冲突，国际社会主要采取间接调整和直接调整两种面对冲突的解决方式。间接调整方式中的国内冲突解决方式由于各国规定不同，冲突规范也不同，会增加商事争议的复杂性，不利于当事人迅速解决纠纷。国家之间的条约型冲突规范则通过统一冲突法，一方面避免冲突规范的冲突，另一方面逐渐融合双方的实体法，为进一步的交流打下基础。直接的实体调整主要是为了避免间接调整方式的弊病，即解决冲突不彻底，只统一或者单方面规定了适用法律，而没有考虑到适用的内容是否符合本国实际。

　　针对知识产权法律冲突，目前已有的国际条约解决方式大致有：以双边或者多边条约的途径，建立起各成员国之间最低的知识产权保护标准，如《巴黎公约》和 TRIPs 协议；用统一法律予以整合，如《比荷卢统一商标法》；欧盟的平行制度，既有各国本身的法律，又有整体层面的制度。

　　欧盟的两种商标权制度，正是实体调整的一种变形，一种依据《共同体商标条例》，在欧洲范围内通用，另一种是各国原有的商标体系，在各国内部正常运转。其中主要机制包括以下几种：①优先注册权。权利人本人可以优先注册，也有权制止他人在相似商品上将权利人的商标申请注册。②救济制度。具体来说，是指欧盟制度中的权利人在商标申请未成功或其拥有的权利不能继续有效时，可以通过救济措施，转换成国内制度中的相应阶段。

　　中国与欧盟有着诸多联系：①区域内部都有不同的法律制度；②在区域内部，经济文化交流都已经高度发达，市场基本已经实现共享；③与欧盟的经济文化关系十分密切。因此，应借鉴欧盟的商标协调制度，从以下四个方面入手：知识产权权利人跨区域注册问题；权利相应注册无障碍后的在先权；申请确权的渠道；申请知识产权的优先权问题。

　　一旦以上问题基本解决，就可以借鉴欧盟已有的制度，建立平行的知识产权协调制度，各种区域内以及涉外的法律都予以保留。两种不同的知识产权制度平行，并且可以仿照欧盟商标协调制度，设立协调机制：首先，各国或者各区域内部的知识产权人，可以享有优先权，并且可以禁止他人获取；其次，申请跨境或跨区域知识产权失败时，不影响其申请本身的知识产权；最后，仿照欧盟的管辖制度，适用权利来源地法，管辖上多种原则综合，建立具有中国特色的知识产权协调制度。

商标权与名人姓名权的冲突及其解决研究

恒睿佳

随着我国市场经济的不断完善，商业化水平的逐渐提升和传媒经济的迅速发展，姓名权的内容也相应扩张，并且逐渐蕴含了财产权的属性。其中的一种方式就是将名人姓名申请注册为商标，为企业带来更大的利润。但是不少企业为了避免付出高昂的代言费而抢注名人姓名商标，为自己攫取不正当利益。本文中的"抢注"即《商标法》第 32 条中的"抢先注册"，"抢注名人姓名商标"即名人未将自己的姓名注册，也未授权他人注册时，被他人抢先将其姓名注册为商标的情形。

针对上述问题，虽然最高人民法院颁布了司法解释，[1] 对此问题进一步加以规定，但我国现行法律体系仍不够健全，在司法实践中的法律适用标准也不明确。因此，本文希望在厘清商标权和名人姓名权的权利冲突问题的基础上，借鉴国外立法和先进制度，结合我国社会实际、审判实践，通过案例类型化分析，归纳出具体的姓名权保护范围和明确的侵权判断标准，同时提出解决建议，从而保护企业和姓名权人的合法利益，构建良好的市场竞争秩序，促进我国经济正常有序发展。

---

〔1〕　参见 2017 年 3 月 1 日生效的最高人民法院《关于审理商标授权确权行政案件若干问题的规定》（以下简称《商标授权确权规定》）。该司法解释于 2020 年 12 月 23 日被修正。

一、商标权和名人姓名权冲突概述

（一）商标权和名人姓名权

1. 姓名与姓名权

姓名是一种表明自然人身份，区分不同自然人个体的文字名称。[1] 根据《德国民法典》第 12 条规定，姓名权是一种绝对权和特别人格权，姓名作为一种媒介，可在其他公众间体现姓名权人的人格。[2] 可见，自然人姓名最主要的作用就是能够使人们在日常交往或者法律交往中相互识别。[3] 在传统的民法框架内，姓名权仅被看作一种人格权，始于出生，终于死亡，不得转让和继承。[4]

2. 商标与商标权

商标是一种表明商品特征，区分同类商品来源的标志。[5]TRIPs 协议将商标定义为区别商品或服务的标记，各国商标法中也有类似的规定。[6] 由此可见，商标的本质特征是区分不同生产经营者的商品或者服务来源。[7] 这就要求商标具有显著性，否则难以起到区分作用。

商标权作为一种知识产权，赋予商标权人以独占权，具有专有性和排他性。本文讨论的商标权客体仅指正在申请或已核准注册的商标，而不包括实际使用但没有注册的商标。

3. 名人姓名商标

姓名的作用是区别权利主体，其中蕴含着个人形象和声誉；商标的作用是区分商品和服务，蕴含着商品质量和企业商誉。二者的结合可以更好地发挥商标的识别作用，缩短商品或服务被社会公众接受所用的时间，产生更大的经济利益，所以姓名商标在很久之前就已经出现，典型的如美国的"麦当劳"

---

〔1〕 杨立新主编：《中国人格权法立法报告》，知识产权出版社 2005 年，第 315 页。

〔2〕 Vgl. Soergel-Heinrich § 12, Rn 2. 参见陈卫佐译：《德国民法典》（第 4 版），法律出版社 2015 年版，第 7—8 页。

〔3〕 ［德］卡尔·拉伦茨著，王晓晔等译：《德国民法通论》（上册），法律出版社 2004 年版，第 158 页。

〔4〕 赵伟："论我国姓名权商品化的民法保护及完善"，西南政法大学 2011 年硕士学位论文。

〔5〕 刘春田主编：《知识产权法》（第 5 版），高等教育出版社 2015 年版，第 245 页。

〔6〕 参见《英国商标法》第 1 条；《法国工业、商业和服务业商标法》第 1 条；TRIPs 协议第 15 条；我国《商标法》第 8 条。

〔7〕 冯晓青主编：《知识产权法》（第 3 版），中国政法大学出版社 2015 年版，第 273 页。

(McDonald's)、"福特汽车"（Ford）以及我国明末清初时的"张小泉剪刀"等。在"眼球经济"的带动下，姓名突破了区分身份的限制，其中的个人形象和知名度被转化为商业价值，于是如"李宁"这样的名人姓名商标越来越多。

有新发展就会产生新问题。受多种原因的综合影响，市场上出现了大量的盗用名人姓名抢注商标的行为，并体现为商标权和姓名权之间的冲突。

（二）商标权和名人姓名权冲突的原因

第一，商标权和姓名权同作为民事权利，其客体在某些方面具有相似性。如商标和姓名均可以由文字、字母这些要素构成，都具有区分主体、名誉担保以及推广宣传的作用，都可以带来财产性利益。但二者又分属不同的主体，导致两项权能此消彼长，互相限制。[1]在构成要素上和功能上的重合，以及权利属性的不同，就为其发生冲突提供了可能。此为内在原因。

第二，在商品化浪潮的冲击下，姓名商标被大量注册，名人姓名的内在商业价值逐渐显露出来。名人姓名商标可以迅速吸引消费者的关注，大大缩短推广和宣传商品所付出的时间成本和经济成本，加快打开市场的大门，提升品牌的知名度并形成良好的商誉。但是，企业受趋利属性的影响，既不愿付出高额的代言费，又想增加商品的号召力以快速抢占市场，于是就出现了抢注名人姓名商标的现象。此为市场驱动因素。

第三，姓名权在市场经济的发展下催生出新的商业价值和财产性利益，传统人格权保护模式难以涵盖。司法实践中经常运用"在先权利""其他不良影响"或者反不正当竞争法进行保护，但对适用标准和适用范围却一直没有明确规定。虽然最高人民法院在乔丹案的判决中详细阐释了判断侵权的依据，并出台了《商标授权确权规定》，对缓解权利冲突起到了一定的作用，但是仍不能完全解决实践中已经出现的问题。

第四，商标局在审查名人姓名商标时会要求申请人提供姓名权人的授权委托书和公证机构的公证书。[2]除非涉及国家领导人等影响较大的政治人物，否则一般需要姓名权人自己提高注意义务，先行注册或者授权他人注册。然而，如果姓名权人不想涉足商业领域或不愿将自己的姓名进行商业使用，抑或是权利保护意识不强，就只能等其认识到自己的姓名被别人注册为商标之后，再通

---

〔1〕　冯晓青主编：《知识产权权利冲突专题判解与学理研究》，中国大百科全书出版社2010年版，第5页。

〔2〕　刘春田主编：《知识产权法》（第5版），高等教育出版社2015年版，第277—279页。

过宣告无效或者诉讼程序进行保护。这种后续的救济将会耗费更多的时间和金钱。因此，对商标权和名人姓名权权利冲突问题进行思考，强调提早预防的重要性并提出具有可操作性的建议，仍然很有必要。

（三）商标权和名人姓名权冲突的现状

传统的人格权制度下的姓名权主要是保护姓名的人格要素。我国《民法典》规定，自然人享有姓名权，有权依法决定、使用、变更或者许可他人使用自己的姓名，但是不得违背公序良俗。同时，任何组织或者个人不得以干涉、盗用、假冒等方式侵害他人的姓名权或者名称权。[1] 姓名作为一种符号，随着社会和经济的不断发展，具有越来越重要的商业价值。特别是名人通过个人的努力和奋斗得来的社会认知度，可以通过姓名这种符号信息表达出来，消费者看到该姓名时，就会联想到对应的名人，以及他们的社会活动和公众形象。因此，姓名权的范围不再局限于人格尊严，而且还衍生出了巨大的财产价值，传统的人格权保护模式已经不能对商标制度中的名人姓名提供完善的保护。

1. 名人姓名与商标注册

《商标法》第 8 条规定了商标的构成要素；第 9 条规定了申请注册的商标应当具有显著性，且不能侵犯他人的在先权利；第 10 条至第 12 条规定了不得作为商标使用和注册的标志。由上述规定可知，申请注册的商标名称应当符合以下三个条件：①其构成须符合法律规定，不能含有禁止使用的要素；②须具有显著性，能够与他人的商品区分开；③不能侵犯他人合法取得的在先权利。根据上述规定，对于名人姓名商标，只要其符合商标的显著性要求，又没有其他违法的情形存在，理论上就可以获得注册。

然而，由于我国《商标法》中并没有具体规定显著性要求的内涵，在审查注册商标申请时也经常由于实质审查不到位和侵权标准不具体而产生审查困难，致使大量侵犯姓名权的商标成功注册。这也更让理论界和实务界对姓名商标可否注册产生了质疑。因此，为了应对自由竞争的市场中企业抢注名人姓名商标的行为，也作为对影响巨大的乔丹案的回应，最高人民法院出台司法解释，规定注册商标包含公众人物姓名的，属于"其他不良影响"。[2] 恶意抢注行为固然会破坏市场竞争秩序，也会对相关群体的合法权益造成损害，但是否可以据此就认定其将对社会产生不良影响，值得进一步探讨。

---

〔1〕《民法典》第 1012 条、第 1014 条。

〔2〕《商标授权确权规定》第 5 条。

笔者认为，首先，"其他不良影响"一般是指对我国社会各方面产生的消极作用。姓名权属于人格权，一般只涉及私人主体的权利。名人姓名商标本身如果不涉及淫秽色情、宣传暴力、体现社会丑恶现象等内容的标志，也没有违反公序良俗，不会产生"其他不良影响"。只有当该姓名商标被恶意抢注并使用在特定商品上时，才有可能会损害特定权益，但完全可以按照《商标法》中规定的侵犯在先权利进行救济，而不必适用"其他不良影响"这个兜底条款。其次，恶意抢注名人姓名商标的多为一些新成立的小企业，受到地域和商业领域的局限，其影响力一般不大。这些企业抢注名人姓名商标后，商标的使用范围也仅在特定的地域和领域，不会对整个市场秩序造成破坏，难以达到"其他不良影响"要求的影响范围。最后，新规定虽然可以遏制恶意抢注行为，但是也可能影响部分名人合理利用自己姓名，实现其中的商业价值。

笔者进行比较分析后发现，为了避免恶意抢注行为的发生，国外立法一般从加强审查、明确姓名权范围和侵权标准等方面加以规定。如《日本商标法》第3条和第4条规定，经使用获得显著性的姓氏商标可以注册；未经许可，他人的姓氏、为公众熟知的化名、姓名缩写、专业名称或者笔名等不得注册。《俄罗斯商标法》的规定更加严格：将俄罗斯历史和文化名人的姓、名、笔名以及派生名的标志作为商标注册，须经过本人、继承人、相应主管机关等的同意，否则不得注册。法律法规的制定要遵循必要性原则，在达到法律目的的同时采取伤害最小的方式。新规定虽然从根源上防止了恶意注册名人姓名商标的行为，维护了市场秩序，但在一定程度上可能影响企业、姓名权人的利益，其如何适用值得进一步研究。

2. 名人姓名商标与在先姓名权

2005年的《商标审查标准》规定了损害他人在先姓名权的行为后果：未经许可，申请注册与权利人姓名相同的文字标志，造成或可能对权利人造成损害的，予以撤销或不予注册。2010年某体育用品公司申请的"易建联 yijianlian"商标，就因为侵犯了体育名人易建联的在先姓名权而最终被撤销[1]；2011年，"姚明一代"商标也被认定侵犯了姚明的姓名权。[2]

然而，这只针对"与名人姓名相同"的恶意抢注，对于司法实践中频频出现的利用名人姓名的拼音、谐音、名人签名来注册商标的情况则没有详细规定。

---

〔1〕　北京市高级人民法院（2010）高行终字第826号行政判决书。
〔2〕　李永军："论姓名权的性质与法律保护"，载《比较法研究》2012年第1期。

如演员谢霆锋的姓名谐音 "泻停封" 被注册在止泻药品上，歌手莫文蔚姓名的同音字 "莫闻味" 被注册为臭豆腐的商标，还有 "赵本衫"（赵本山）牌衬衣，"涨止溢"（章子怡）牌卫生巾等。[1] 另外，虽然商标名称与姓名完全相同，但当事人主张商标具有重名（如刘翔案）、改名（如郭晶晶案）或者由同名同姓的员工授权（如张学友案）等合理依据时，又该如何判断是否侵害了名人的姓名权？对于外国名人，其 "姓名" 是指外文原名还是中文译名？中文译名在中国大陆不同地区的不一致又将如何处理（如 "布兰妮" "布莱尼"）？这些商标超出了传统民法理论保护的姓名权的范围，为判断是否侵权带来了困难。现行的在先权利体系也未对这些情况进行明示。

商标局在审查过程中的做法是，如果商标使用的文字和名人的姓名完全相同，又不能出示经公证的授权书，则可以认定为侵权并据此驳回该商标的注册申请；但如果商标仅使用了姓名的一部分，就难以认定为侵权。[2] 不论是姓名完全一致，或者只使用了姓名的谐音、译名、笔名或者部分译名，在整体上仍易导致混淆，依旧构成对姓名权的侵害。实际审查中的结果却并不一致：如 "流得滑"（刘德华）在油漆、涂改液、糕点、束腹紧身衣等多个类别上均获得了注册，而 "金喜膳"（金喜善）牌鞋子却被商标局驳回注册申请。因此，如何界定姓名权客体的范围，明确侵权判断的标准，变得至关重要。

3. 名人姓名商标与 "其他不良影响"

根据《商标法》的规定，商标中不得包含有损社会主义道德风尚或有其他不良影响的标志。[3] 但 "不良" 的标准和 "不良影响" 的对象并不明确，实践中的判断也不一：著名酿酒师 "李兴发" 的姓名被注册在酒精饮料上属于 "其他不良影响"，[4] "亚平 YAPING 及图" 商标含有著名乒乓球运动员邓亚萍的名字谐音，看似也会导致混淆，却被法院确认不构成 "其他不良影响"。[5]

有观点认为，抢注名人姓名商标的行为会造成消费者的混淆与误认，可能破坏公平竞争的市场秩序，进而被认为具有 "其他不良影响"。[6] 但也有学者

---

[1]　王坤：" 人格符号财产权制度的建构及其法律意义 "，载《浙江社会科学》2013 年第 11 期。

[2]　张伟君、许超：" 迈克尔·乔丹起诉乔丹体育公司侵犯姓名权一案的法律评析 "，载《电子知识产权》2012 年第 3 期。

[3]　《商标法》第 10 条第 1 款第 8 项。

[4]　最高人民法院（2012）知行字第 11 号行政裁定书。

[5]　北京市高级人民法院（2011）高行终字第 168 号行政判决书。

[6]　谌波平：" 布兰妮诉商标评审委员会行政纠纷案评析 "，湖南大学 2014 年硕士学位论文。

对"其他不良影响"做了体系解释，认为"其他不良影响"和"有害于社会主义道德风尚"作为并列关系，强调的是保护社会公共利益和维护善良风俗，所以判断是否有不良影响时应当限定在损害社会公共利益和公共道德的标准内，而不宜过分扩大范围。[1] 对于仅损害特定姓名权人和消费者利益的标志，不宜认定具有"其他不良影响"。而且，有关司法解释也规定，对于仅侵害特定民事权益，且依据商标法可以另行救济的，不宜认定为其他不良影响。[2] 所以，法院在审判实践中，要考虑争议商标的名称及要素是否可能对我国社会某一方面的公共利益或公共秩序产生消极、负面影响。[3] 在"姚明"案中，北京市高级人民法院就认为，"其他不良影响"是指商标名称或者其构成要素本身的不良影响，而不是标志使用于指定商品上时是否会造成不良影响。[4] 而在"郭晶晶"案中，法院认为，郭晶晶是具有较高知名度的跳水运动员，商标申请注册的类别为游泳衣等商品，且与其姓名完全一致，可能会让消费者误以为该商品与郭晶晶有关，因此具有不良影响，不予注册使用。[5] 这种法律适用的不统一不利于预测审查和诉讼结果，提高审查效率和保护企业经济利益。因此，笔者将在下文明确不良影响条款的内涵和判断标准，解决已核准注册的商标权和名人姓名权权利冲突的法律适用问题。

4. 名人姓名商标与不正当竞争

美国《反不正当竞争法重述》（1995 年）将未经允许，擅自使用他人人格要素并获利的行为认定为侵权，需要停止侵害并赔偿损失。[6] 我国《反不正当竞争法》也规定，擅自使用他人姓名（包括笔名、艺名、译名等），导致混淆，引人误认为是他人商品或者与他人存在特定联系，属于破坏市场秩序的不正当竞争行为。[7] 此处的不正当竞争行为，是指经营者在生产经营活动中，违反《反不正当竞争法》的规定，扰乱市场竞争秩序，损害其他经营者或者消费者的

〔1〕　饶亚东、蒋利玮："对《商标法》中'其他不良影响'的理解和适用"，载《中华商标》2010 年第 11 期。

〔2〕　2010 年最高人民法院《关于审理商标授权确权行政案件若干问题的意见》（简称《商标授权确权意见》）第 3 条。

〔3〕　冯晓青主编：《知识产权法》（第 3 版），中国政法大学出版社 2015 年版，第 284 页。

〔4〕　北京市高级人民法院（2011）高行终字第 1100 号行政判决书。

〔5〕　北京市高级人民法院（2010）高行终字第 766 号行政判决书。

〔6〕　李明德："美国形象权法研究"，载《环球法律评论》2003 年第 4 期。

〔7〕　《反不正当竞争法》第 6 条第 2 项。

合法权利的行为。[1] 因此，有观点认为，适用该法的前提是当事人之间有竞争关系且双方均为市场经济中的经营者。而除了经济领域的名人和跨界涉足商业领域的名人，大多数名人都没有从事商品经营或营利性服务，故不具备该法的主体资格。但也有观点认为，应当对此处的竞争关系做广义理解，即借助搭便车行为获得了不正当商业利益的，就属于《反不正当竞争法》规范的对象。[2] 因为《反不正当竞争法》不仅保护经营者，同时还保护消费者的权利，保证市场的正常运作。法院在司法实践中也曾采取这种观点。如"姚明一代"案中，法院就认为，被告以"姚明一代"为其商标，并多次使用姚明的肖像和姓名进行宣传，故意使消费者产生混淆，误认商品来源，此举损害了消费者和权利人的合法权益，违背了市场运行秩序，违反了《反不正当竞争法》的立法目的，应当承担相应的民事责任。[3] "周立波"案也是如此，法院按照《反不正当竞争法》维护自愿、公平、诚实信用和遵守商业道德的竞争秩序的目的，确认了原告抢注域名的行为构成擅自使用周立波姓名的不正当竞争行为。[4] 2018 年 1 月 1 日起施行的修正后的《反不正当竞争法》在原法的基础上进行了修改，在损害客体中增加了消费者，同时规定经营者不得擅自使用他人有一定影响力的姓名（包括笔名、艺名、译名等）。[5] 这些新规定也将对日后司法实践中的法律适用产生影响。

综上可见，由于法律规定不全面、具体、明确，案件中侵权的形式又不一而足，常导致审判标准不一、同案不同判的现象，因而需要在现有法律规范的基础上，通过理论分析、实证分析，探讨出合理可行的标准，为商标权和名人姓名权冲突解决提供对策。

二、商标权和名人姓名权冲突的实证分析

最高人民法院 2017 年发布的知识产权案件年度报告摘要中显示：商标案件持续保持整体数量上的高位运行，商标行政案件占比大，如何界定在先权利和不良

---

〔1〕《反不正当竞争法》第 2 条第 2 款。

〔2〕孔祥俊："反不正当竞争法的司法创新和发展——为《反不正当竞争法》施行 20 周年而作"，载《知识产权》2013 年第 12 期。

〔3〕湖北省高级人民法院（2012）鄂民三终字第 137 号民事判决书。

〔4〕上海市高级人民法院（2012）沪高民三（知）终字第 55 号民事判决书。

〔5〕《反不正当竞争法》第 2 条、第 6 条第 2 项。该法在 2019 年 4 月 23 日又进一步作了修改。

影响的适用范围仍意见不一，自由裁量范围和判决标准仍待厘清和统一。[1] 因此，本部分将结合典型案例和相关法律法规，以《商标法》第 32 条的在先权利为切入点，从"三个要求、两个联系、一个后果、抗辩事由"四方面归纳整理出名人可以主张姓名权的范围，同时明确"不正当竞争"和"其他不良影响"的法律适用标准和要件。

（一）对姓名权及商标名称的要求

1. 对姓名权主体的要求

《民法总则》实施后，姓名权的主体已经从"公民"改为"自然人"。[2] 这一改变解决了之前对于外国公民和无国籍人是否能在我国享有姓名权的争议，体现法律赋予了每个自然人平等的姓名权。《商标授权确权规定》第 20 条进一步阐述了在先姓名权保护的适用要件：相关公众以该商标名称指向该自然人，并可能认为商标标识经过该自然人的许可或与该自然人存在特定联系的。2018年起施行的《反不正当竞争法》第 6 条第 2 项也对原第 5 条的内容加以调整，由擅自使用他人姓名变更为擅自使用他人有一定影响的姓名。笔者认为，上述条款均蕴含着对主张姓名权的主体的知名度要求，即该自然人须成为相关公众能够识别的"名人"。原因主要有三点：第一，相关公众是与商标指定使用的商品或者服务有关的消费和经营群体。如果自然人不具有知名度，只是生活在一定社交范围内的普通人，则并不会导致相关公众将其与特定商品产生联系，进而产生混淆误认。第二，商家抢注名人姓名商标是为了借助名人的品牌号召力，加速为自己的商品打开市场。如果该自然人不为消费者所熟知，商家就没有必要利用其姓名作为商标，也就不会出现权利冲突的情况。第三，退一步讲，即使商标名称确实和某不具有知名度的自然人姓名相同，也一般是出于巧合或具有正当理由，如该姓名是企业创始人姓名，或已经获得了其他姓名权人的授权等。而根据民法的精神，姓名权人拥有的权利不能排斥同姓名人对该姓名的合理使用。所以，只有作为姓名权主体的自然人被相关公众熟知，成为名人，其姓名蕴含的商业属性才有可能导致该姓名被抢注，进而引起误认和混淆，构成姓名权侵权。如"易建联 Yi Jian Lian"案中，法院就认为，案件的争议点在于

---

〔1〕"最高人民法院知识产权案件年度报告（2016）摘要"，载《人民法院报》2017 年 4 月 26日第 3 版。

〔2〕 2021 年 1 月 1 日《民法典》实施后，《民法总则》相应废止。

易建联是否已于争议商标申请注册日之前在我国具有一定的知名度。[1] 然而，有学者以肖像权作为反例，主张既然非知名人物对其肖像仍享有肖像权，姓名权保护也就不应以知名度为前提条件。[2] 笔者认为二者并不相同：肖像本身即蕴含了自然人的特征，可以直接起到区分作用；而姓名或名称是由有限的抽象字符组成的，难免会有重名等现象产生，普通的姓名本身难以产生显著性和区分作用，只有在能够证明该姓名或名称与特定人建立了稳定的对应关系时，才能将该姓名联系至特定人，以此来主张权利。知名度是建立这种稳定的对应关系的重要判断标准之一。所以，知名度实际上是证明可以产生对应关系的证据，而非条件，这并没有将名人和普通公民的姓名权区分保护，也没有违反民法的精神和规定。

另外，由于名人本身就具有一定的地域、领域和时间限制，再加上作为社会公众的不同自然人所处的环境不同，就导致对知名度的判断标准不一。如在交通闭塞，电视、互联网等传媒不发达的地区，社会公众对某名人的认知程度可能较低；而在经济发达、条件优越的核心地区，社会公众对同一位名人的认知程度则会较高。社会分工的细化和专业化，以及每个人的兴趣点不同，就会导致关注某一领域的社会公众对该领域的名人会熟知，而不关注该领域动态的公众则可能对其感到陌生。另外，随着娱乐业、商业和科技等行业的迅速发展，社会节奏加快，名人的更新速度也在不断加快，某位名人可能因为特定事件而在某段时间内红极一时，但很快就会被新的名人取代。在商标审查实践中，判断这些名人是否具有知名度，是否应保护其姓名权以避免引起混淆，主要依据审查员的主观认识。不同审查员的生活环境、成长背景和认知水平有差异，且缺乏明确的标准作为指引，使得对知名度的判断有差异，进而直接导致对名人姓名权保护的差异。

笔者认为，判断姓名权主体的知名程度，可以借鉴商标法对驰名商标的认定标准，从名人成名时间、时长，出名的领域、地区，媒体报道的时间、程度和地理位置等因素，综合判断社会公众对其知晓程度，进而确认其是否属于应予保护的姓名权主体范围。同时，对于难以确定的，应保持从严标准，即不认定其属于名人。因为在审查阶段，审查员只是单纯依据申请者提供的材料及个

---

[1] 北京市高级人民法院（2010）高行终字第 826 号行政判决书。

[2] 芮松艳："申请注册的商标损害他人在先姓名权的判定——'IVERSON 及图'商标异议复审行政纠纷案评析"，载《中国专利与商标》2015 年第 3 期。

人认知进行判断，如果对于姓名权主体的认定范围过广，在审查阶段就决定不予注册，商标申请人又无法抗辩；而如果采取从严标准，允许商标注册，即使事实上侵犯了名人的姓名权，其后续还可以依据商标异议程序、无效程序或者提起诉讼并提供全面充分的证据，保障其合法权益。因此，在难以判断时，采取从严标准，更符合利益平衡论，确保商标授权的公平公正。

同理，笔者认为，对《商标授权确权规定》第5条所称的"公众人物"，也应当依据上述知名度标准进行判断，具体是指在商标申请日前，已在我国具有一定知名度的某领域的自然人，即本文所称的"名人"。

2. 对姓名权客体的要求

（1）姓名、别名（如笔名、艺名、译名等）。姓名权的客体是名人主张姓名权的特定名称。姓名权属于在先权利，但是对于姓名权所称"姓名"的具体范围，法律一直没有明确的规定。《反不正当竞争法》第6条第2项规定，不得进行利用他人姓名（含笔名、艺名、译名）并导致混淆的不正当竞争行为。相关司法解释也规定，自然人的姓名、有一定知名度的笔名、艺名等，属于《反不正当竞争法》中的"姓名"。[1]据此，自然人的姓名和符合一定条件的笔名、艺名、译名等名称，均可纳入姓名权的客体范围。

（2）已故名人的姓名。将已故名人的姓名注册为商标的，虽然可以通过损害名誉权和精神损害赔偿进行民事救济，但没有合理依据可以预防其被不正当注册为商标。2005年《商标审查标准》规定，与政治领域公众人物的姓名相同或相似的商标名称，因有不良影响而不得注册。因此，对于使用已故国家领导人的姓名注册商标名称的，如"江泽名酒""茅泽东酒"等，不予注册。但是关于是否可以注册政治、经济、文化等领域的其他已故公众人物姓名，则没有一个固定的标准，如"溥仪眼镜 PUYIOPTICAL""鳌拜""妲己"被核准注册，而"中正""鲁迅""慈禧""SADAM"等商标却因为有"不良影响"而被驳回。[2]由于已故名人的姓名权已随人身权消灭，对其难以主张在先姓名权。但是如果这类姓名商标不恰当地贬低了已故名人声誉，可以借助《商标法》中规定的"不良影响"条款进行保护。另外，法院认为，虽然该商标没有破坏名人的声誉，但依据上述规定，可以认定该名称与文字或图像的结合将导致与特定公众

---

〔1〕　最高人民法院《关于审理不正当竞争民事案件应用法律若干问题的解释》（2020年修正）第6条第2款。

〔2〕　张玉姣："商标权与姓名权权利冲突的法律问题研究"，华东政法大学2013年硕士学位论文。

人物产生对应关系，从而误导消费者的，也属于"不良影响"。这实际上是将已故名人姓名权的保护范围转接到了不良影响这个兜底条款上，是在我国规定姓名权不得转让和继承，但又没有一个合理的依据来保护姓名权中蕴含的财产性利益的无奈之举。在"李兴发 LIXINGFA"案中，酿酒界知名人物、生前为茅台酒厂副厂长的李兴发的姓名被贵州某公司申请注册在第 33 类酒精饮料上。法院经审理认为，李兴发曾获得多个荣誉奖项，在酿酒界具有知名度，将其姓名注册在酒类商品上，可能会使消费群体产生混淆，造成不良影响，[1] 最终判决维持商标评审委员会的撤销裁定。

（3）具有第二含义的姓名。作为姓名权客体申请保护的名称需有独特性，不能过于常见（如李白，或通用词汇、外国人名等）或者有第二含义（如黎明、爱戴等）。如"乔丹"案中，法院曾认定乔丹是外国常见人名，并不唯一对应 NBA 球星乔丹。[2]"黎明"案中，由于"黎明"是描述时间的常用词汇，有除对应歌手黎明本人以外的第二含义，也未获得商标评审委员会支持；[3] 而"Kate Moss"案中，由于"Kate Moss"并非固有搭配，也没有第二含义，商标注册申请人又不能提供合理的来源，可以推测其实质为利用名人姓名的知名度来牟取商业利益，侵犯了在先姓名权。[4] 因此，具有第二含义的姓名与具有独特性的姓名相比，很难以在先权利进行保护，但不能一刀切。如果明显存在恶意，则仍有可能被认定为侵权。

3. 对商标名称的要求

（1）完全一致。姓氏和汉字的有限性导致我国公民同姓同名的重名现象时有发生，名人的姓名也不例外。此时，权利人不能独占姓名，也不能阻止重名人依法使用。因此，如果当事人重名，然后将该完全一致的姓名或特定名称注册为商标，就无法简单地以在先姓名权进行保护，而要区分情况加以分析。

第一种，对于原始重名的，即商标注册申请人自出生时起使用的原始姓名就与名人相同，然后以该姓名申请商标的情况，判断的关键在于其申请姓名商标的时间点。如果该商标注册申请人是在姓名权人还未被广泛知晓之时善意地以该姓名作为商标注册，则一般不认为是侵犯姓名权的行为。如"刘翔"案中，

---

〔1〕　最高人民法院（2012）知行字第 11 号行政裁定书。

〔2〕　在之后的再审程序中，法院由要求"唯一对应关系"的观点转变为强调"稳定对应关系"。

〔3〕　原国家工商行政管理总局商标局商标异议字（1996）第 008 号商标异议裁定书。

〔4〕　北京市高级人民法院（2011）高行终字第 723 号行政判决书。

上海某企业在 1986 年就注册了 "刘翔" 牌服装商标，那时，体育明星刘翔年仅 3 岁。2006 年，刘翔已经成为我国最受欢迎的运动员之一，他的赞助商耐克公司想要将其姓名申请注册为商标，却遭到了商标评审委员会的拒绝。耐克公司起诉至法院，法院经审理认为，在不违反法律规定的前提下，对在同种或近似商品上申请相同或者相似的商标的，遵循在先申请原则。[1]最终，法院判决驳回了耐克公司的请求。相反，如果商标注册申请人是在名人成名后才以自己的姓名进行注册的，则难以使人相信其是出于善意，这就使其获得的商标权有瑕疵。在充分举证证明恶意的情况下，可以认定为侵犯名人姓名权。

　　第二种，对于改名后重名的情况，笔者认为可以参考原始重名的分析方法，判断的关键在于其改名的时间点。如果是在名人还没有知名度时改名并申请注册，则以在先申请为准；如果是在名人成名后改名并注册，或者是在具有一定知名度前改名，成名后注册，则可以根据名人成名的具体时间、地域以及商标商品类别来判断是否具有恶意。如果证明确有恶意，则侵犯了名人的姓名权，严重的可以根据《商标法》第 44 条和第 45 条的规定宣告商标无效，情节较轻或者影响不大的可以认定属于利用合法手段牟取不正当利益，对该姓名设置一定的保护期限（如 10 年），在此期间内，重名人使用其姓名不得对名人姓名造成妨碍，不得进行商业性使用；[2]即使无法证明恶意，也可以要求其添加标志加以区分。

　　第三种，对于由重名人授权，将与名人姓名相同的姓名申请注册的，则要判断出示授权书的重名人与商标注册人或该企业问的具体关系，是法定代表人、普通员工还是毫无关联；还要关注商标名称和名人姓名的相似程度，即除完全一致的姓名文字外，是否还添加了名人形象或者与名人专业领域相关的图标等；最后结合商标申请注册的类别进行综合判断。如在 "张学友" 案中，商标评审委员会裁定，注册申请企业员工张学友固然有权使用其姓名，但是由于香港艺人张学友已经具有一定的知名度，将与其姓名相同的文字注册在与其事业有密切联系的商品类别上，容易使相关公众产生联系和误认，并会对名人的声誉造

---

　　〔1〕　杨河："耐克公司申请注册'刘翔'商标遭拒所带来的启示"，载《消费电子》2013 年第 7 期。

　　〔2〕　如 "刘德华" 案中，法院认为，"虽然法律规定公民有使用自己姓名的权利，但将姓名注册为商标的使用方式已非公民正当权利行使之必需"。参见北京市第一中级人民法院（2011）一中知行初字第 2272 号行政判决书。

成不良影响，因此撤销了该注册商标。[1]本案中，与张学友重名的姓名权人只是申请企业的员工，该企业放弃法定代表人的姓名不用而是采用了可能产生混淆的员工张学友的姓名，其意图值得怀疑。

第四种，无理由相同，即恶意搭便车的行为。这种情形中，既没有任何重名人，也没有重名人授权，但商标名称和名人使用的特定名称客观相同，且商标注册人无法提供任何合理的来源或授权，一般可以认定为恶意抢注。如在"邵根伙"案中，尽管商标注册人主张在申请注册前已征得邵根伙本人的同意，但并未提供相关证据予以证明，也无法提供其他合法来源证明，法院据此认为争议商标已构成对邵根伙在先姓名权的侵犯。[2]

（2）部分姓名。商标名称和名人姓名、名称的一部分相同，比较典型的就是名人译名被申请注册的情形。随着互联网和全球化的不断发展，国际交往越来越频繁，因此经常出现一些外国名人来我国进行商业活动的现象。而有一些不法企业就会在名人来华发展之前"发现商机"，抢先将外国名人的中文译名注册为商标，这样的抢注行为无疑损害了外国名人的姓名权。然而，有学者认为，外国人非我国公民，不应当在我国拥有姓名权，且由于我国各地的语言不同，其译名也不止一种，难以确定指代关系；再者，外国人在我国惯常使用的译名通常只包括姓氏或者名字，很少有公众对外国人称呼全名，而这种单纯的姓氏或名字在国外是非常常见的，难以与特定名人产生稳定的对应关系。[3]

笔者认为，姓名权是人的基本权利之一，绝大多数国家的人格权体系均对姓名权加以保护。根据《涉外民事关系法律适用法》的规定，人格权争议，适用权利人经常居所地法律[4]；侵权责任，适用行为发生地或共同居所地法律[5]。因此，外国人虽非我国公民，但不论其经常居所地在我国还是外国，其姓名权均可以在我国得到保护。以持续了数年、影响广泛的"乔丹"案为例，虽然乔丹是外国人，常居美国，但是依旧可以在我国主张姓名权。此外，最高人民法院同时在该案中明确了自然人就特定姓名、名称主张姓名权保护的三项条件：①该名称具有一定知名度，并且被相关公众知悉；②相关公众使用该名称指代

---

[1]　原国家工商行政管理总局商标评审委员会商评字［2003］第 1247 号商标争议裁定书。

[2]　北京市第一中级人民法院（2012）一中知行初字第 1976 号行政判决书。

[3]　杜萌萌："姓名的商标注册与保护研究"，华东政法大学 2013 年硕士学位论文。

[4]　《涉外民事关系法律适用法》第 15 条。

[5]　《涉外民事关系法律适用法》第 44 条。

该自然人；③该名称与自然人之间建立了稳定的对应关系。[1]这一标准后来被纳入了《商标授权确权规定》，也验证了上文所述的对姓名权主体和客体的要求：不论是我国公民还是外国人的符合一定条件的笔名、艺名、译名等名称，均属于姓名权的客体范围。据此，法院判决乔丹对中文姓名"乔丹"享有姓名权。

同样是姓名的一部分被他人注册，在"李云迪"案中，著名钢琴家李云迪姓名的繁体字"雲迪"和拼音"yundi"，以及钢琴琴键和半个吉他的图案，被"云迪琴行"申请注册，核定使用商品为吉他、钢琴、电子乐器等。商标评审委员会认为，二者在文字部分和整体构成上均与李云迪姓名不同，相关公众在加以一般注意的情况下，不会产生误认，因此争议商标没有侵犯李云迪的在先姓名权，对争议商标的注册予以维持。[2]李云迪不服该裁定，提起了诉讼。在诉讼过程中，两级法院的判决均围绕争议商标的专用权人和被申请主体是否适格展开，并最终认定真正的争议商标专用权人未参与评审和诉讼，因此，裁定违反法定程序，法院判决重新作出裁定，但并未涉及该商标是否侵犯李云迪姓名权的问题。

和"乔丹"案的争议商标进行对比，可以发现二者情形非常相似。"乔丹"是著名篮球运动员 Michael Jordan 中文译名的一部分，"雲迪"是著名钢琴家李云迪中文姓名的一部分；"乔丹"案的争议商标被核准使用在和名人相关联的第28类体育活动器械上，"李云迪"案的争议商标核定使用商品为与名人相关的第15类吉他、钢琴、电子乐器等；"乔丹"案一系列争议商标包括文字、拼音和运动员扣篮剪影等，"李云迪"案的争议商标包含文字、拼音和钢琴、吉他的乐器剪影。"李云迪"案中，虽然法院以"主体不适格"为由判决商标评审委员会重新作出裁定，而没有涉及该商标究竟是否侵犯李云迪姓名权的问题，但笔者经过检索，发现除上述判决外，没有其他关于该案姓名权人和争议商标的诉讼纠纷，且在商标局网站上查询到的该商标的状态为"申请被驳回、不予受理等，该商标已失效"。据此推断，商标评审委员会经过重新审查后，极有可能认定该商标侵犯了在先姓名权。可见，即使商标名称只和名人姓名、名称的一部分相同，仍可能构成侵犯在先姓名权。

（3）姓名谐音。汉字里有大量的同音字，于是一些商家就把名人姓名和商品功能结合起来并用谐音字表达，这既能让消费者更加容易记住其商品和品牌，

---

[1] 最高人民法院（2016）最高法行再27号行政判决书。
[2] 原国家工商行政管理总局商标评审委员会商评字［2009］第25683号争议裁定书。

又可以免去注册申请时提供授权书的麻烦和避免日后的侵权纠纷。于是，如"帐子怡"（章子怡）牌蚊帐、"猪食茂"（朱时茂）牌猪饲料这样的商标大量出现，给名人的声誉带来了极大的影响。[1]

有观点认为，传统民法理论下的姓名权仅保护姓名权人的真实姓名或者具有指代性意义的名称。根据"乔丹"案确立的标准，特定名称是否具有知名度，是判断其是否属于姓名权保护范围的关键。而对于谐音名称，首先，这些谐音名称是结合了商品特性而被创造出来的，所以本身并不具有广泛的知名度；其次，在成为商标前，该名称并不能与名人产生稳定的对应关系，更不会被用来指代名人。因此，这些谐音名称并不属于在先姓名权的保护范围。但也有不同观点认为，这种在外观上、称呼上或者整体观念上与名人姓名类似的名称，如变更拼音、变更字画或者发音相同而异字的名称，均构成对姓名权的损害。[2] 另如前文所述，实际审查中的结果也不一致。

笔者认为，这类以相似音、相似字注册的商标名称中包含的特定名称，不符合姓名权保护的要求，也不是名人用来指代自身的姓名或名称，因此，名人不能对争议商标中的谐音名称主张姓名权。如在"玫琳凯 MEI LING KAI"案中，商标名称就利用了名人中文译名的谐音和拼音，但是商标评审委员会、一审法院和二审法院均认为被异议商标的文字部分"玫琳凯 MEI LING KAI"与玫琳凯公司主张的姓名权人 MARY KAY ASH 的姓名存在较大差异，不构成对姓名权的侵犯。[3] 而且，名人在享有更多关注的同时，也应对由此带来的轻微损害承担容忍义务，所以应当注重权利义务的平衡，对于通过合理模仿、创新达到谐音效果的商标，不应一概否决。然而，这并不意味着这些商标可以不受任何约束，肆意注册，而是要根据具体情况进行区分。实践中多以"其他不良影响"条款进行规制。对此，可以作如下具体分类：

第一种：如果该谐音名称本身会损害名人形象，或者申请类别与名人成名领域有关，容易引起相关公众混淆误认，则可能涉嫌侵犯名人的人格权或其他财产性权利。

第二种：如果商标名称包含恐怖主义组织、黑社会人物、邪教组织、罪犯和民族罪人等负面人物的姓名谐音或相似字，如"汪精卫""药家鑫""西门庆"

〔1〕 张玉姣："商标权与姓名权权利冲突的法律问题研究"，华东政法大学 2013 年硕士学位论文。

〔2〕 潘虹："姓名权与姓名商标权的冲突与解决"，南昌大学 2014 年硕士学位论文。

〔3〕 北京市高级人民法院（2015）高行（知）终字第 1086 号行政判决书。

等，会对社会风气、民族情感或者公共利益产生负面影响，应认定为具有其他不良影响，禁止其作为商标注册和使用。如利用了恐怖组织首脑本·拉登的中文谐音并申请使用在车灯、灯罩、照明灯等商品上的"本拉灯 BENLADENG"商标，就由于具有其他不良影响而被驳回。

第三种：如果该商标申请注册于与名人姓名谐音或形象不相匹配的商品或服务类别，也可以认定为具有其他不良影响。如申请注册在避孕套等商品上的"贝壳汉母 BECOHAM"，由于该商标利用了足球明星 David Beckham 中文译名贝克汉姆的谐音和相似字，申请注册在避孕套等商品上，商标评审委员会认定其具有不良影响，不予注册。[1]而同该商标名称非常近似，甚至与该名人中文译名更加相像的"贝壳汉姆"，申请注册在漆、涂料、着色剂和灯具等商品上，则被核准注册。

第四种：对于没有故意歪曲名人姓名、贬低名人形象，也没有注册在不适当商品上的谐音商标，能提出正当理由的，应当予以注册。这是因为，名人固然对其姓名中的财产价值享有合法权利，但同时也对商家在一定范围内的合理创新和使用负有容忍义务，只要这种创新不会危害社会公共利益或秩序，就不属于具有其他不良影响的情形。如在"亚平 YAPING 及图"案中，某体育器材厂在第 28 类乒乓球拍上注册了世界著名乒乓球运动员邓亚萍名字谐音和拼音的商标。一审法院认为，该商标的主要识别部分为"亚平"，指定使用在乒乓球拍上，非常容易使他人误以为该商品与乒乓球运动员邓亚萍有关，从而对社会秩序产生不良影响。[2]而终审法院认为，争议商标由汉字"亚平"及图构成，该商标名称本身具有一定的显著性，虽然其核定使用在第 28 类乒乓球拍上，文字"亚平"的发音又与"亚萍"近似，可能会使相关公众混淆二者，但这种混淆不会对我国政治社会、宗教社会或其他社会群体产生不良影响。该商标仅侵害体育名人邓亚萍个人的民事权益，可以依据商标法相关规定进行救济，不属于具有"其他不良影响"的情形，[3]最终判决商标评审委员会重新就该争议商标作出裁定。笔者在商标局网站查询后发现，"亚平 YAPING 及图"商标已被核准注册。

由此可见，对名人姓名谐音的保护并不是绝对的，而是要根据该谐音是否会损害名人姓名、贬低名人形象、超出名人负有的容忍义务，并结合商标申请

---

〔1〕　原国家工商行政管理总局商标评审委员会商评字〔2010〕第 17044 号商标争议裁定书。

〔2〕　北京市第一中级人民法院（2010）一中知行初字第 3083 号行政判决书。

〔3〕　北京市高级人民法院（2011）高行终字第 168 号行政判决书。

注册的商品类别来综合判断。

(4) 小结。

《商标授权确权规定》第 5 条第 2 款规定，将政治、经济、文化、宗教、民族等领域的公众人物姓名申请注册为商标的，属于"其他不良影响"，不许注册和使用。本条的目的是明确，将政治、经济、文化、宗教、民族等领域的名人姓名申请注册为商标的，可以认定为属于不良影响；而对于体育、娱乐界名人姓名的保护，应仍以名人自行主张在先姓名权为主。但是由于法不溯及既往以及对"公众人物姓名"的不同理解，对于已经注册的与名人姓名相同的商标，以及利用名人部分姓名和名人姓名谐音注册的商标，该规定并不能明确规制，仍需依具体情况分别判断。

(二) 名人与特定名称及特定名称与商标名称的联系

1. 名人与特定名称

《商标授权确权规定》第 20 条第 2 款对自然人主张姓名权的条件作了规定，即名称需具有知名度、与自然人建立稳定的对应关系、相关公众以此名称指代该自然人。这就为名人是否能够以姓名或笔名、艺名、译名等非姓名的特定名称主张姓名权保护提供了判断依据。

(1) 知名度。如前所述，作为姓名权主体的自然人须为相关公众所熟知，其用来指代自己的姓名、特定名称才能具有商业财产利益。然而，姓名权主体的知名度并不能为其就姓名、特定名称主张在先姓名权进而对抗商标权提供充分的依据。这是因为，虽然姓名的主要作用是用来指代特定自然人，但是随着社会多元化发展，一个自然人往往在社会中扮演着多重角色，从而使一个自然人同时拥有姓名、笔名、艺名、昵称等多种形式的指代符号。如果将自然人的知名度自动扩展到其对应的所有名称，显然将导致姓名权的保护范围过广，对商标权产生侵害。北京市高级人民法院在"BRITNEY"案中就认为，美国歌手布兰妮·斯皮尔斯提交的形成于争议商标申请日前、中国境内、涉及布兰妮·斯皮尔斯的报纸报道仅 14 篇，期刊文献仅 2 篇，其余均形成于域外或申请日后，尚不足以证明布兰妮·斯皮尔斯的姓名 BRITNEY SPEARS 或名字 BRITNEY 已被中国相关公众广为知晓，不能佐证关于该姓名已于争议商标申请注册日前在我国境内具有知名度的主张，不能证明损害了在先姓名权。[1]

---

[1] 北京市高级人民法院 (2012) 高行终字第 722 号行政判决书。

由此可见，名人具有知名度并不必然导致其姓名也具有知名度。如布兰妮·斯皮尔斯本人以"小甜甜布兰妮"的昵称家喻户晓，其英文原名 BRITNEY SPEARS 却因在我国大陆地区不具有知名度而无法获得保护。同时，名人使用的某个名称具有知名度并不必然使其姓名或其他名称也具有知名度。如莫言因是我国首位获得诺贝尔文学奖的作家而名声大噪，笔名莫言也被抢注为数百件商标，而其本名管谟业却鲜为人知。如果姓名、名称不被熟知或无法证明知名度，就没有获得在先权利保护的理论基础，因此有必要对主张姓名权保护的姓名、特定名称单独进行知名度判断。

（2）相关公众以该名称指代自然人。特定名称的知名度只是名人主张姓名权的基础，在司法实践中，还需证明指代关系，才能进一步认定名人与特定名称是否有稳定对应关系。如在"宋楚瑜"案中，法院认为，商标名称"楚瑜"不具有特殊含义，也未必一定被理解为人名，即使有将其理解为人名的可能，也需要"姓"与"名"相结合才能指向特定主体，且并无证据证明相关公众以"楚瑜"指代宋楚瑜，因此难以认定相关公众看到申请商标时会联想到宋楚瑜，争议商标没有产生不良影响。[1] 而在"季克良"案中，虽然争议商标"季工坊"只是借助了茅台酒厂董事长季克良在业界的称呼，但是由于举证充分，[2]法院最终认定在白酒行业，相关公众以"季工"指代季克良，商标申请人未经授权在第 33 类酒（饮料）等商品上申请注册争议商标"季工坊"，将会使相关公众产生误认，损害在先姓名权。[3]

由此可见，证明相关公众以该名称指代名人的核心在于举证，姓名权人可以通过对境内报纸、期刊或网站上刊登的关于该名人的文章，专业机构的调查报告，或者电台、电视台的相关宣传以及该名人在我国境内的商业活动，甚至和该名称相关的商标裁定书、判决书等来证明。同时还要注意证据中成名时间、地域和成名领域的相关性。如果姓名权人不能充分举证，则有可能导致该名称无法获得在先姓名权保护。

（3）稳定的对应关系。在"乔丹"案之前的司法实践中，法院普遍采取唯

---

[1] 北京市高级人民法院（2010）高行终字第 877 号行政判决书。

[2] 茅台酒厂提交的证据包括：茅台酒厂相关介绍、商标注册清单、被评为驰名商标的证书、季克良同志有关介绍、百度搜索结果、相关的商标异议复审裁定书等，用来证明季克良的知名度，及相关公众以该名称指代季克良。

[3] 北京知识产权法院（2015）京知行初字第 977 号行政判决书。

一对应关系（或称"一一对应关系"）来认定姓名权人是否对姓名或某特定名称享有姓名权。如在"Zac Posen"案中，法院认为，Zac Posen 是美国著名时装设计师，其时装品牌在中国大陆地区的相关公众中亦具有一定知名度和一定规模的消费群体。虽然 Zac Posen 作为姓名存在于美国社会中，但由于其是著名的时装设计师，如果涉及服装行业，则必然会使人联想到本案的 Zac Posen 其人，由此产生了一一对应关系。将被异议商标申请注册在第 25 类服装等商品上的行为，显然是变相借助该姓名蕴含的品牌效应，以激发消费者的购买欲，因此侵犯了在先姓名权。[1]但在"川久保玲"案中，法院认为，川久保玲为日语中的常见姓名，相关公众看到该姓名时一般不会即刻联想到科姆株式会社所主张姓名权的川久保玲，科姆株式会社也未提交有效证据证明争议商标与科姆株式会社所主张姓名权的川久保玲之间具有唯一对应关系，因此没有侵犯在先姓名权。[2]对比上述两个案件发现，判决结果的不一致是因为唯一对应关系强调的是双向的一一对应，但是这一标准很难达到，法院只能通过自由裁量权进行判断。如前所述，某一个名人可能可以用多个名称来指代，且多个名称均具有知名度，均可以用来对应该名人，而根据唯一对应关系，则没有任何一个名称可以双向唯一指代该名人，名人的多个名称均不能获得保护；反向看，如果恰巧由于重名或名人姓名为外国普通姓氏等原因，某一个名称对应了多个名人，那么按照唯一对应关系，则任何一个名人都不能获得保护。这显然不合情理。所以，在"乔丹"案中，最高人民法院明确将"稳定的对应关系"作为判断标准，并表示不支持以自然人姓名与其形成一一对应关系为前提，将姓名权保护置于过于严苛的标准之下。[3]

稳定的对应关系对唯一对应关系进行了修正，强调名人与特定名称间存在稳定而非唯一的指代关系，解决了因重名、译名、笔名等其他名称的存在，导致对名人存在多个指代名称，难以与某一特定名称产生一一对应关系的问题，也避免了过于强调形式上的"唯一对应"而导致法律实践中出现的不合情理的区别适用。按照稳定的对应关系，在商标申请日前，某名人不变地持续使用特定名称，或特定名称持续被用来指代某名人，即可以被认为存在着稳定的对应

---

[1] 北京市第一中级人民法院（2012）一中知行初字第 2615 号行政判决书。

[2] 北京市高级人民法院（2015）高行（知）终字第 3580 号行政判决书。

[3] 崔建远："姓名与商标：路径及方法论之检讨 最高人民法院（2016）最高法行再 27 号行政判决书之评释"，载《中外法学》2017 年第 2 期。

关系。因此，新标准可以更加灵活地结合商标使用的种类、地域来具体判断是否侵权，避免过于僵化和死板。

2. 特定名称与商标名称

对特定名称与商标名称的混淆性判断，笔者认为可以参照商标近似的标准，将特定名称看作引证商标，与争议商标的各要素进行对比，判断二者是否相同或近似。[1]

具体可参照相关司法解释，并细分为以下三点：

（1）比较特定名称与商标名称的相似程度。根据《审理商标案件适用法律解释》，判断特定名称与商标名称是否近似时，可以分别进行整体比对和主要部分比对，以相关公众的一般注意力为标准，综合考虑商标名称文字的字形、读音、含义或者附带图像是否与用来指代名人的特定名称相似，易使相关公众误认为二者有特定联系并产生混淆。[2]如在"童安格"案中，法院认为，虽然引证商标由汉字"童安格"和由其拼音组成的字母组合"TONGANGE"构成，但根据相关消费者的认读习惯，引证商标的显著识别部分为"童安格"。将申请商标"童安阁"与引证商标"童安格 TONGANGE"的显著识别部分相比，二者读音相同，文字构成上相近似，若同时使用在相同或近似商品上，易使人产生混淆误认，因此申请商标与引证商标标识近似，予以驳回。[3]

（2）比较名人知名的领域与商标申请注册的类别。根据《商标法》的规定，只有同他人在同一种或类似商品上使用的商标相同或近似的，才会导致商标被驳回或商标侵权。[4]在对特定名称与商标名称进行对比时，也应注意名人知名的领域、地域范围是否与商标申请注册的类别、地域相同或近似。实践中，法院在判断是否为类似商品或服务时，可以参照《商标注册用商品和服务国际分类表》和《类似商品和服务区分表》，并以社会公众的一般认知综合判断。[5]如果商品注册类别和名人知名的领域相差较远，则一般不认为容易导致混淆。如前文所述的"宋楚瑜"案中，法院认为，由于姓名权人宋楚瑜是我国台湾地区公众人物，申请在第 33 类酒精饮料上的"楚瑜"酒商标不能使相关公众将商

〔1〕 最高人民法院《关于审理商标民事纠纷案件适用法律若干问题的解释》第 9 条。
〔2〕 《审理商标案件适用法律解释》第 10 条。
〔3〕 北京市高级人民法院（2011）高行终字第 1323 号行政判决书。
〔4〕 参见《商标法》第 30 条、第 57 条第 2 项。
〔5〕 《审理商标案件适用法律解释》第 12 条。

标指向的商品与宋楚瑜产生联系。

（3）比较名人知名度与商标名称显著性。根据《审理商标案件适用法律解释》，判断商标近似时应结合该商标的显著性和知名度综合考虑。[1]同理，本文中所称的名人姓名权的保护强度要与该特定名称的知名度及商标名称的显著性相适应：姓名权人和特定名称的知名度越高，商标名称的显著性越弱，特定名称和商标名称近似导致混淆的可能性就越大。一般情况下，如果名人的成名时间长、影响范围广、相关报道多，则知名度较高；仅字母大小写、字体、设计的不同并不会构成商标名称和特定名称之间的实质区别，则商标名称的显著性较弱。

（三）商标名称与特定名称的混淆可能性后果

2013 年修正的《商标法》明确将混淆可能性作为商标近似侵权的构成要件。[2]最高人民法院也在 2016 年某判决中指出："商标权的保护强度，应当与商标的显著性和知名度相适应，如果使用行为并未损害该商标的识别和区分功能，亦未因此而导致市场混淆的后果，即不为法律所禁止。"[3]如在"姚明"案中，法院认为，注册商标所有人虽答辩称其"姚明一代"商标中的姚明非运动员姚明，但经查，其大量借助运动员姚明的姓名和肖像为其商品做宣传，误导相关公众认为该商品与运动员姚明有关，以利用运动员姚明的美好声誉和姓名的号召力吸引消费者，易导致对商品来源的混淆，违反诚信经营原则，损害了在先姓名权。[4]

笔者认为，判断是否可能引起混淆，应首先考虑特定名称与商标名称的显著程度、知名程度、其他市场主体的注意力程度，看二者是否客观相似；然后可以参考商标注册企业使用名人姓名或名人肖像进行宣传的相关证据，如宣传的持续时间、程度和地域范围、企业简介、销售区域，以及商标的实际使用情况等；另外还可以通过对相关公众进行实际混淆的调查问卷来多方面证明是否会导致相关公众产生混淆。

---

〔1〕《审理商标案件适用法律解释》第 10 条第 3 项。

〔2〕《商标法》第 57 条第 2 项。

〔3〕"最高人民法院知识产权案件年度报告（2016）摘要"，载《人民法院报》2017 年 4 月 26 日第 3 版。

〔4〕湖北省高级人民法院（2012）鄂民三终字第 137 号民事判决书。

（四）权利冲突的抗辩事由

1. 主观无恶意

侵权行为的构成要件之一，即要求侵权行为人主观上有过错。但有观点认为，在商标抢注情形下，商标注册人的主观恶意并非侵权构成要件，而仅是承担赔偿责任的要件。[1] 因为根据《商标法》的相关规定，侵犯在先权利的责任承担方式是商标宣告无效，不包括赔偿损失，不考察侵权人的主观恶意。[2] 如"邵根伙"案、"季克良"案、"Leonor Greyl"案的判决书中均未提及商标注册人的主观恶意，但商标均被判定侵犯姓名权。笔者认为，"抢注"的含义为"抢先注册"，因此，抢注行为本身就具有恶意。在本文讨论的商标侵权案件中，这一般表现为商标注册人主观上有搭便车、借助名人知名度宣传自己商品的故意或过失。相反，如果商标注册人抗辩其具有合理理由，则由其负担举证责任。

判断商标注册人是否具有恶意，主要可以从以下三个方面进行：

首先，要看商标注册人是否有合理理由注册该姓名商标。如商标注册人和名人原始重名，则可能没有恶意；但如果是在名人成名后改名，或者如"张学友"案那样，弃法定代表人的姓名不用而采用公司小员工的姓名，则难以认定其没有攀附知名度的恶意。[3]

其次，要看名人的社会知名度以及商标注册人的经营领域。由于名人的知名度受时间、地理范围的限制，在不同地区的知名度大小也不同。如果该名人在商标使用地知名度不大，且商标注册人有合理理由申请注册，则可能没有恶意；但如果是有广泛知名度和重大影响的历史名人或者政治名人等，即使商标注册人宣称自己不知悉该名人，也难以认定其没有恶意。另外，如果商标注册人经营的领域和名人的专业领域重合，也很难认定其没有恶意。

最后，还可以根据商标被核准注册后，商标注册人的使用行为以及其他关联行为进行判断。如果商标注册人不实际使用该商标，而是高价转让、非法牟利，则可以判断其具有恶意；如其还同时注册了许多其他名人姓名商标，或者与某特定名人有关联的其他商标故意引人误认，则应当认定其具有恶意。

如在"关汉卿"案中，法院认为，商标注册申请人与关汉卿公司同处河北省国安市，且关汉卿公司在先注册的"关汉卿"商标在酒类商品上具有一定的

---

〔1〕 刘诗蕾等："名人姓名遭商标抢注的司法现状分析"，载《卷宗》2015年第2期。

〔2〕 《商标法》第45条第1款。

〔3〕 原国家工商行政管理总局商标评审委员会商评字〔2003〕第1247号商标争议裁定书。

知名度。虽然被异议商标指定使用的商品与"关汉卿"商标指定使用的商品不构成类似，但商标注册申请人还在其他多项类别上大量申请注册与他人在先具有一定知名度的商标相同或近似的商标，这种囤积商标的行为具有明显的主观恶意，扰乱了商标注册秩序，不应核准注册。[1]

2. 在先注册

根据在先申请原则，如果商标注册人在名人成名前即依法享有了没有瑕疵、正当注册的商标权，则可以以此进行抗辩。"刘翔"案就是一个很好的例子。但如果商标注册人已经注册的商标自始具有权利瑕疵，即在注册时就可能具有侵犯名人在先权利或者其他违反法律规定的情形，则属于不当注册，即使其在日后的经营中发展壮大，成为知名企业或者被授予驰名商标的称号，仍旧有可能被宣告无效。商标法中的无效制度，正是对这些有权利瑕疵的行政授权进行救济的制度。如"易建联"案中，商标评审委员会就依篮球运动员易建联的申请，以易建联公司的商标侵害名人在先姓名权为由，裁定撤销该注册商标，法院也维持了商标评审委员会的裁定。[2]

3. 容忍义务

政治、经济、文化等领域的名人，在享有更多的关注的同时，也需要承担更多的义务，这其中就包括公众人物的必要的容忍义务。法院认为，由于公共利益优先原则，公众人物的人格利益在法律保护上应适当克减。[3]

就本文所讨论的权利冲突而言，笔者认为，名人的容忍义务主要体现在以下两个方面：第一，对名人的姓名、别名或其他主张姓名权保护的特定名称，需要按照上文所述标准进行判断，不应过于武断地认定属于在先姓名权，导致对名人姓名、名称的无限制保护。也即，名人对合法的商标权和合理的商标创新负有容忍义务。第二，由于现代传媒经济的发展，公众人物，特别是文化领域的名人的出现频率和更新频率都迅速加快，成名领域和受众群体范围也越来越细致。[4]在我国现行法律法规未明确规定何为"公众人物"的前提下，这就可能导致在商标审查时审查员对某些专业领域或新近成名的名人没有认识，在

---

〔1〕 北京市高级人民法院（2015）高行（知）终字第 359 号行政判决书。

〔2〕 北京市高级人民法院（2010）高行终字第 826 号行政判决书。

〔3〕 北京市第一中级人民法院（2015）一中民终字第 07485 号民事判决书。

〔4〕 "商标法中对于人名注册商标的限制"，载 http://www.ipraction.gov.cn/article/zxbs/fwzn/sb/201606/20160600095070.shtml，最后访问时间：2020 年 12 月 6 日。

没有获得名人授权的情况下即允许姓名商标的注册。此时，名人对于审查员在商标审查中对其是否属于公众人物的自由裁量权负有容忍义务。

但是，这并不意味着名人只能一味地容忍，法律仍赋予了公众人物利用商标异议程序、商标无效申请程序甚至是诉讼手段来维护其合法权益的权利。在这些后续程序中，公众人物可以提供详细的证据证明其主张的姓名、名称应受法律保护，商标申请人也可以提供相应证据进行抗辩，这体现了利益平衡理论，有利于督促权利人及时依法行使权利，保证商标授权的公平与公正。

三、商标权和名人姓名权冲突的解决对策

在上文中，通过对典型案例和学者观点的梳理，笔者针对权利冲突焦点问题，提出了在司法实践中的判断标准和建议。然而，诉讼作为一种事后的补救措施，维权成本较高。"上医治未病"，本部分将从事前预防的角度入手，对在前期进行预防和保护提出一些设想和建议，旨在预防冲突和解决冲突，尽最大可能遏制种种侵害市场秩序和名人姓名权的行为。

（一）姓名权商品化制度

1. 他山之石：域外相关法律制度检视

美国于1946年制定了《兰哈姆法》（Lanham Act），并在之后修正和编入了《美国法典》（United State Code，U. S. C.），是最主要的联邦商标法，内容涵盖了商标侵权、商标淡化和虚假广告（商品虚伪标识）等。《兰哈姆法》第2条[1]规定的商标注册原则与我国基本相同，即商标注册不能侵犯他人的姓名权，且需具备显著性；同时又有一些不同，即美国将不得侵犯他人姓名和需要书面同意明确规定入法条，而且涵盖了已故名人，而我国则将姓名权作为在先权利体系的一部分进行保护，没有更加细致明晰的规定。另外，不同于大陆法系国家采用"注册取得"的做法，美国采用"使用取得"制度，规定商标在受到保护之前必须已经在实际使用。结合《兰哈姆法》对于商标注册的规定，这就防止了一部分恶意抢注他人姓名商标，再高价转让以获利的行为。[2]

除了在注册之初防止商标权和姓名权权利冲突的产生以外，美国还通过隐私权和公开权（Right of Publicity）对人格利益进行保护。隐私权主要保护的是

---

〔1〕 15 U.S.C.A. § 1052 (Westlaw).

〔2〕 除非两个人同名同姓，且在某一商业领域都赢得了较高的声誉，然而此类情况在实践中很少发生。

权利人的精神利益，该权利不得转让和继承，与我国的人格权类似；〔1〕而公开权是对于包括姓名、肖像等因素在内的人格权的商业化利用的权利予以保护，主要目的是保护人格权中的经济利益，可以转让与继承。公开权的含义在 1953 年的“海兰案”（Haelan）中被首次提出，之后经过一些学者的讨论和发展，在 1955 年上升为法律。〔2〕公开权的客体不局限于姓名、肖像等常见人格要素，在诉讼实践中扩大到了声音等一切可以指向某个特定自然人的因素，即采用“可指示性要素”来判断是否属于公开权的保护范围。〔3〕如在 1983 年的“卡森案”（Carson）中，卡森是一档知名电视节目的主持人，会在每次节目开场的时候用一种独特的语调说“Here's Johnny”。尽管卡森的全名为 John W. Carson，与 Johnny 无关，但是由于这档节目的播出次数多，收视率高，相关公众在听到这句话的时候就会想到卡森的形象。被告将“Here's Johnny Portable Toilets”作为公司名称，第六巡回法院审理此案时认为，由于该节目和卡森的知名度都较高，卡森独特的声音和特定的语句已经可以明确指向卡森本人，因此侵犯了卡森的形象权。〔4〕如果说《兰哈姆法》的规定在形式上避免了恶意使用他人姓名以谋取经济利益的侵权商标获得注册，公开权的创设和发展就在实际使用中为被侵权的姓名权人提供了保护依据，二者的结合构成了双重保护，有效减少了商标权和姓名权权利冲突的产生。

2. 建立商品化制度的可行性分析

有观点认为，可以仿照美国的公开权制度，在我国建立姓名权商品化体系，设立商品化权作为财产权的一种，可以继承和转让，以解决对已故名人姓名的保护问题；同时依据“指向性标准”进行侵权判断，以保护谐音姓名和外国人的译名；规定侵权赔偿标准参照著作权法及专利权法的规定，可以解决人格权保护下侵权损害赔偿的不足。〔5〕姓名权商品化制度的保护范围可以涵盖一切能使公众联想到名人本人的形象因素，使名人姓名的谐音商标、利用名人形象、

〔1〕　袁翠微：“论姓名权商品化的民法保护”，广西大学 2014 年硕士学位论文。

〔2〕　美国《反不正当竞争法重述》（第 3 版）。

〔3〕　李明德：《美国知识产权法》（第 2 版），法律出版社 2014 年版，第 722 页。

〔4〕　If the celebrity's identity is commercially exploited, there has been an invasion of his right whether or not his "name or likeness" is used. Carson's identity may be exploited even if his name, John W. Carson, or his picture is not used. Carson v. Here's Johnny Portable Toilets, Inc., 698 F. 2d 831, 835 (6th Cir. 1983).

〔5〕　潘虹：“姓名权与姓名商标权的冲突与解决”，南昌大学 2014 年硕士学位论文。

签名或演绎的角色注册商标的保护成为可能。[1]

结合我国实际和理论学者的观点，笔者认为，尽管建立姓名权商品化制度可以解决一些权利冲突问题，但是如果将其作为新的权利类型，其上位法仍不明确。有的学者主张将商品化权纳入在先权利体系，作为一种新型的知识产权，和姓名权并列，但是这又产生了其权利内容与姓名权权利内容交叉、重合时如何适用的新问题。另外，商品化权的主体和客体范围也难以进行界定：主体是仅包括名人还是也包括普通人？客体是采取列举还是像美国公开权那样扩大解释，利用具体标准进行个案判断？这个具体标准又将如何规定？这种权利的保护期限是多久？侵权判断的标准是什么？侵权损害赔偿的标准又如何确定？由于这些问题不是本文所述重点，且本文篇幅有限，在此不进行讨论。但可以发现，姓名权商品化制度建立时可能产生的问题和本文讨论的权利冲突的焦点问题非常相像。如果已经可以解决这些权利冲突问题，就没有必要再费力筹划一个新的权利体系；如果前文所述的对策不足以解决权利冲突的问题，这个新的权利体系也不能为这些问题提供一劳永逸的快速解决措施。

3. 小结

笔者认为，单就商标权和名人姓名权的权利冲突而言，建立商品化权制度的意义不大。目前，实践中已经包含对人格权的财产性利益和商品化价值的规制和保护，虽然还不全面，但是完全可以通过完善现存的法律制度来明确权利保护的范围和侵权的判断标准，无须为此创建新的权利体系。从法律体系来看，美国是典型的判例法国家，其对公开权设立的"指向性标准"可以得到良好的适用；但我国是成文法国家，上级法院的判决对下级法院判决不具有拘束力，即使设立"指向性标准"，也不一定能够有效规范商标权和名人姓名权的冲突。

但同时，笔者认为姓名权商品化制度作为商品化权（公开权）的一个方面，确实有其存在的价值。因为在现实生活中，商标权与人格权的冲突不仅仅是涉及名人姓名权，还体现在许多其他方面。如果以广义的人格权保护来看，商品化权制度的设立具有合理性，但还有待进一步研究，防止带来更多问题。

（二）其他改进建议

1. 审查机关应注重实质审查

实质审查是指对商标标志是否符合《商标法》及相关法律法规进行审查，

---

[1] 刘诗蕾等："名人姓名遭商标抢注的司法现状分析"，载《卷宗》2015年第2期。

如商标标志是否符合法定构成要素、是否具有显著性、是否侵犯他人合法权利、是否含有不得作为商标使用的标志等，对"公众人物"及其受保护的姓名权的确定即在此阶段。[1] 由于申请量过大，实践中难免会存在忽视实质审查的情形，由此就可能导致侵犯名人姓名权的问题，也加大了名人后期维权投入的资本。因此，笔者认为，审查机关应该严格进行实质审查，具体包括：遇到将政治、经济、文化、宗教等领域的公众人物姓名申请注册为商标的，按照《商标授权确权规定》的要求，不允许注册；遇到和名人姓名、名称高度相似的商标，可能侵犯在先姓名权的，应当要求商标注册申请人提供姓名权人的授权书或商标名称设计的合理理由，或者要求其加入特殊的标识（如重名人自己的写实头像）来加以区分，避免误导消费者。

但是，审查时也要注意利益平衡原则，不能过于绝对地倾向对名人姓名权的保护，使其垄断该姓名的使用权，侵犯其他姓名权人合理使用的利益。

2. 名人姓名权管理组织

傍名人、蹭热度、搭便车的抢注行为越来越多，商标权和姓名权的权利冲突也越演越烈。笔者认为，可以参照已有的著作权集体管理组织，考虑建立姓名权管理组织，由名人授权其对自己的姓名进行统一监督和管理。其主要权利可以包括许可权、监督权、使用费权和公力救济请求权；主要义务可以包括在授权范围内活动的义务、及时汇报的义务、向权利人转交使用费或者按照法定和约定标准分配使用费，不得擅自使用的义务等，以实现名人姓名自我保护。

同时，当今社会已经进入了大数据时代，可以考虑构建名人数据库，根据一定的数据收集原则设立名人认定标准，将古今中外、各行各业内具有较高知名度和影响力的名人收纳起来，并且定期更新。商标局在审查时，可以用该数据库进行比对，并要求与名人姓名相同或相似、易导致混淆的申请者出示权利证明书和商标的设计依据。如果没有授权书或者合理的设计缘由，则可以决定不予注册。

3. 企业应坚持诚信经营

有些企业误以为抢注了名人姓名商标，就可以借着名人热度赚取经济利益，一劳永逸；甚至还有企业认为，抢注行为只是正常的商业投机行为，名人应当承担容忍义务。笔者不认同这种观点。

---

[1]　刘春田主编：《知识产权法》（第 5 版），高等教育出版社 2015 年版，第 277—279 页。

首先，现代社会的变化速度加快，网络传媒迅速发展，使名人的热度和声誉也变化不一，而企业永远不可能预测到这种变化。可能才刚刚费尽力气申请了名人姓名商标，过了不久就由于名人的形象变化而变得一文不值，使其"蹭热度"的初衷无法实现。

其次，名人的热度总会衰减，知名度的范围也总归有限，想长期借助名人姓名实现经济利益，还不如用心经营好自己的品牌。消费者固然会受"眼球经济"和"名人效应"的影响，但消费的对象始终是商品或者服务，也只有好的商品或者服务才能够获得持续发展，最终做大做强。

最后，企业恶意抢注名人姓名商标不仅是扰乱市场秩序的投机行为，而且还会带来法律风险，为以后的生产经营以及企业商誉埋下祸根。

虽然名人的知名度可以为企业在更短的时间内获得消费者的注意，但企业还是应当建立自己的品牌商誉，以诚信为本，以良好的商品和服务为基础，为企业发展打下牢固的根基，一步一个脚印地成长起来。

4. 名人应增强维权意识

首先，名人可以根据先申请原则把自己的姓名进行预防性注册，以维护自身利益。李宁就是通过这种方式，从一个体操名人转型到了商业领域的名人，并且取得了巨大的商业成功。其次，如果名人本身不想涉足商业，那么可以将自己的姓名授权给其他企业使用，同时签订授权协议，明确企业交付授权使用费和维护品牌良好商誉，保证商品质量，不得损坏名人声誉的义务。最后，如果已经发生了名人姓名商标被抢注的情况，那么名人可以首先联系侵权企业，看能否达成协议，由企业向名人补缴授权使用费，或者由名人加入该企业的经营，按照收益的比例分成。如果协商不成，就要积极用法律手段维护自身利益。

5. 完善抢注商标惩罚机制

根据《商标法》的规定，抢注名人姓名商标的法律后果是商标被宣告无效。[1]在司法实践中，法院针对商标授权确权案件进行的行政判决也仅涉及商标的效力，一般不包括损害赔偿。在先权利人若想主张相应赔偿，需要另行提起民事诉讼。因此，许多人认为，花费几千元申请商标注册，商标被驳回仅损失成本，商标核准注册后转让却可获利几十倍，抢注行为越来越多。因此，笔者认为可以通过完善惩罚机制、增加抢注成本的方式对抢注泛滥的现象进行规

---

〔1〕《商标法》第 45 条第 1 款。

制。如法院可视具体情况，使明显具有主观恶意、侵权情节严重的商标抢注人承担赔偿责任。还可以追究商标代理机构违背诚实信用原则，帮助被代理人抢注商标的责任。

四、结论

关于解决商标权和名人姓名权权利冲突的问题，虽然新规定明确将政治、经济等领域的公众人物姓名申请注册为商标可以被认为具有"其他不良影响"，但是对其如何适用"不良影响"与具体认定"公众人物""姓名"的标准还有待进一步商榷。对于已经恶意抢先注册的名人姓名商标，还是应当以"在先姓名权"保护为主，"其他不良影响"为辅，提供后续救济，同时按前文所述明确名人主张姓名权的客体范围和损害姓名权的判断标准，提高可操作性和判决的稳定性。除了诉讼救济之外，做好其他方面的前期预防，如注重实质审查、尝试建立姓名权集体管理组织等，从源头上避免这种情况的产生是更经济、有效率的解决方法。

藏族服装的三元知识产权保护研究

格绒初

在四十年前，我国民众只追求衣服蔽体及足够保暖，而现今会追求服装的式样与材质。中国服装业的迅速发展，短短时间就从经济紧缺型的服装弱国发展到过剩经济的服装大国。但是，中国还不是服装强国，从总体上来说我国服装行业仍处于发展初期，现今还未摆脱"世界代工厂"这一尴尬称谓。服装业目前仍然是一个能创造外汇但不能创造高价值，也没有将其价值最大货币化或形成文化主导性的行业。与此同时，研究以美国、法国、意大利、日本为主的服装业发达国家可以发现，对于一国服装业而言最重要的是（依重要程度排序）：独具创新的服装设计、极具品质的高端定制方式和市场美誉度高的品牌。中国作为世界文化古国，拥有深厚文化底蕴，而藏族服装（以下简称"藏服"）文化作为中华文化的构成之一，其服装款式深受国内外消费者喜爱，款式多样性名列国内少数民族首位。笔者作为中国青藏高原上的藏族同胞，希望通过自己了解到的藏服，探讨藏服最佳的知识产权保护模式。

一、藏服的整体发展概貌

藏服的一大特性就是内部种类繁多，但又不失统一的民族气韵。基于其品类众多、风格鲜明、地域特色强烈的特点，藏服的保护具有其他智力成果所不具备的产权及维权特征。在探讨了藏服的知识产权必要性之后，本部分拟以商业化程度为视角，对藏服进行分类，使之成为下文知识产权保护模式的客体基础。

（一）藏服的价值和基本法律制度

我国服装产业的发展现状不容乐观，最根本的原因是我国在全球服装产业链中尚处协作分工的下游，即主要从事服装的生产制造。为了提升我国在世界服装产业中的地位，提升中国文创团体在产业中的话语权，我国需要自主开发、保护处于行业上流的服装设计。对于设计的法律保护，知识产权法则不可或缺。一方面，服装的价值在于设计感和美感，且极易被市场竞争者用于二次复制，进而开发出价格低廉的产品，以蚕食设计者的固有市场，这与知识产权法保护在客体的匹配度上较为吻合。另一方面，随着大量知识产权国际保护公约的缔结，多种类型的智力成果能够得到跨境的保护，因此，对服装的知识产权保护具有国际性的效果。

"越是民族的，越是世界的"，我国服装产业的升级离不开对本土传统文化资源的大力利用。笔者来自藏族，认为我国的藏服是一座知识产权资源丰富的宝矿。就内部而言，藏服的流派繁多，能够作为二次艺术创作的宝贵基础，足以派生出格式纷繁的具有现代艺术特质又不失藏族特色的服装设计；就外部而言，藏服的文化价值与审美魅力为国内外所公认，甚至具有了民族名片的显著性。

在现行的法律体制下，国内外的立法和司法实践均对服装进行版权法和专利法的同时保护，笔者称之为"版权+专利"的二元保护模式。目前，并未就藏服进行专门的法律保护，而仅仅将其作为服装下的一个子类别予以一般对待，这一宽泛的保护模式并不适应藏服设计兼有浓厚地区民俗底蕴和设计者个人美学造诣的特殊知识产权特性，且存在维权上的实际障碍。

（二）藏服的类型：以商业化程度划分

藏服作为一种值得受到知识产权保护的文化成果，其内部必然存在商业化利用程度的高低差异。商业价值的高低和商业化程度的高低并无必然联系，[1] 有些文化产品经过过度的商业开发，其商业化程度虽已较高，但是商业潜力已消耗殆尽；相反，有些文化资源的商业化程度越低，其尚待开发的商业价值反而越高。对于不同商业化程度的藏服产品，其相应的产品市场周期、市场价值变动规律以及所匹配的法律保护就有所不同。

1. 传统藏服：商业化程度最低

传统藏服被开发程度较低，反而颇具知识产权保护的必要。

传统藏服是指在藏族特殊生活环境和社会文化等因素的影响下自古传下来

---

〔1〕 参见周裕兰："藏族服装、服饰产业化发展研究"，载《湖南广播电视大学学报》2016 年第 2 期。

的体现了藏族文化特色及其精神内涵的服装，其具有不随季节、流行风尚改变的稳定性特征。传统藏服重在保存其原貌而鲜有改变，服装式样、色彩搭配充分体现着该民族在物竞天择、自然演化的进程中既适应自然环境又体现自身的图腾崇拜和宗教信仰的价值追求。

在藏区，不同地域的传统服装各有特色，但其大致特点都是外形长袖、宽腰、大襟的藏袍，内搭素色丝绸或棉质衬衫。[1]其色彩的搭配较为固定，通常基本色调会运用乌黑、深蓝、深咖色，偶尔会运用浅色调，在此基础上，领口、衣襟、裙边上的边纹会用鲜明张扬的色彩，如红或绿、黄与蓝，通过具有光泽感的丝线缝制，使色调搭配明快、端庄。服装上的图样极具特色，具有显著性特点。图样一般选取符合藏民族粗犷性格的大气、刚劲的纹样，如"十字纹"和"如意纹"，这些纹饰自唐代传入西藏，经过不断演化，变成现在极具标志性的图样。这些特点使传统藏服从不同外形就能够区分其服装来源地。

保护传统藏服，不仅有利于增强民族自信心，更有利于增强民族团结和认同感，还能丰富中华服装设计宝库，在国际上取得认同感，使中华文化发扬光大。这类服装为民族文化的精髓和精神内涵的体现形式，基本不会随着时间的流逝、时尚的更替而变化，在该民族人民心中的位置最为神圣，最具仪式感，非常具有保护价值。

2. 流行藏服：商业化程度中等

流行藏服是结合了藏民现代生活特色的藏族服装，其虽然在传统藏服的基础上有所商业化，但是融入了当地藏民的生活风俗，开发潜力仍然十分巨大，知识产权法亦应予以重视。

随着社会进步、文化大同的趋势，藏服受到内地和西方文化的影响而在母本藏服的基础上加以加工，形成更符合现代社会审美的凸显潮流和个性的藏服，具体体现为高端定制型藏服和店面均码即买即售型的流行藏服。这些藏服在藏区尤其受年轻人追捧。根据笔者的亲身探访调查，以拉萨、那曲、林芝、甘孜州、阿坝州为代表的市州，流行藏服在花纹、款式、色彩等的设计上大致相同，仍体现着浓郁的藏族特色，但在设计上不同于传统藏服宽腰、肥袖、大襟，而将袖管修窄、腰围缩紧、色彩搭配更时尚，以迎合现代青年对于服装要体现身材优势、更具美感、穿着体验更舒适轻便的要求。并且，现今交通发达、人员

---

[1] 参见田海英："藏族服装材质研究"，载《美术大观》2010年第9期。

流动量大，各藏区间的流行藏服设计及时快速地得到了交流并互相影响，加以改进。据了解，高端定制模式和即买即售模式的藏服销售都呈火爆态势。

3. 藏族风服装：商业化程度较高

藏族风服装可以被视为"旅游经济"所造就的独特藏服。藏族风服装虽然部分具有藏服的特色，但是较多融合了现代服装的特点，以符合特定消费者的审美需求。因此，其具有较强的商业属性，本身添加的非藏服元素亦随着时尚潮流而有所不同，商业周期较短，流行程度因时而异。

随着国家在藏区交通上的大力投入，来藏旅游在近年来已成为一种趋势甚至风尚，被藏区神秘文化吸引的游客带动或创造了藏族风服装。藏族风服装部分吸收了具有民族特色的元素，比如色彩基调、花纹样式或与传统藏服大致相似的不关注文化实质内涵的服装。其材质往往相较于真正的藏服较为便宜和简单，多使用棉质材料。其通常加入了较多与藏族风格具有反差效果的元素，以体现设计师的独创性审美。藏族风服装可以被形象地理解为设计者与整个藏族文化神韵的合作产物，其兼具传统与流行风格，具有较高的形态和价值波动性。

二、藏服知识产权保护的现有模式：二元保护

无论是国际公约还是国内立法，都对藏服采取了著作权与专利权的二元保护模式，该二元保护模式也因为著作权与专利权本身制度设计上的特点而无法周延保护藏服的知识产权。本部分通过研究国际条约、国外立法例和我国的立法及司法实践，认为现行的藏服保护模式实际上只是服装知识产权保护的一种具体落实，并未体现出藏服自身的知识产权特色。

国际上目前并未就藏服的保护设置专门的规定，因此，在现有制度下，对藏服的知识产权保护适用与服装相关的法律规则。

（一）国际服装保护的二元模式：实用艺术品+外观设计

服装在国际贸易、产业国际竞争力和文化软实力层面的重要性是欧美等时装强国强烈要求跨国界保护服装设计的原因。我国现在作为服装产业的赶超国，在设计服装的知识产权保护制度时，应参考国外的立法经验，同时遵守已缔结的国际公约对服装知识产权保护的相关规定。

1. 国际公约

国际公约对服装的保护为著作权和外观设计专利权二元保护。关于服装的知识产权保护，国际公约首先明确了服装知识产权保护中的著作权保护，《伯尔

尼公约》《世界知识产权组织版权条约》和 TRIPs 协议中都有体现。

具体而言,《伯尔尼公约》将包括服装在内的作品视作实用艺术品进行著作权保护,并且规定保护期限应不少于作品完成后 25 年。此处的实用艺术品是指同时具有符合大众审美价值的艺术性和符合实际需要的实用性的作品。从世界知识产权组织出版的《保护文学和艺术作品伯尔尼公约指南》中对实用艺术品的举例可见,兼具艺术性和实用性的服装属于实用艺术品。服装设计在《伯尔尼公约》1886 年版本中未被承认客体地位,直到 22 年后,在柏林文本中才被认为"可保护",但依旧没有认同其"必保护"。服装作品被明确规定为"必保护"是《伯尔尼公约》第三次修订版本第 2 条第 1 款列举的受保护作品中包含实用艺术品。《世界知识产权组织版权条约》与《伯尔尼公约》有着承接的关系,该条约签订于 1996 年。《世界知识产权组织版权条约》第 1 条第 4 款明确"缔约各方应遵守《伯尔尼公约》第 1 条至第 20 条和附件的规定"。而其第 3 条对《伯尔尼公约》提到的"适用中"作出具体规定:"缔约各方对于本条约所规定的保护应比照适用《伯尔尼公约》第 2 条至第 6 条的规定。"

TRIPs 协议第 25 条(保护要求)第 2 款规定:"各成员应保证对保护纺织品外观设计之要求,特别是对成本、检验或对公布之要求,不至于不合理地损害求得保护之机会。成员有自由选择用工业品外观设计或用著作权法去践行本款义务。"TRIPs 协议不仅继承了《伯尔尼公约》之精髓,还有更具体的规定,其对各成员纺织品中什么样的外观设计才能够获得保护做了选择性的规定,即服装设计必须是独立创作的、具有新颖性的、具有原创性的智力创造。TRIPs 协议中有关纺织品外观设计之规定,主要是要求成员把对于纺织品作为商品本身的要求与对该商品的外观设计的保护予以区别,不能因前者而影响后者。对纺织品外观设计的著作权法保护问题,TRIPs 协议采用了宽松的态度,给予成员工业品外观设计法或者著作权法保护的自由选择权。由此可知,服装设计在 TRIPs 协议中是被明确赋予著作权法保护的。

综上,《伯尔尼公约》和《世界知识产权组织版权条约》明确了服装的著作权保护模式,保护时间分别是作品创作完成后的 25 年和不低于 10 年。《伯尔尼公约》将包含服装在内的作品当作实用艺术品保护。而《巴黎公约》和 TRIPs 协议则对服装规定了外观设计专利权保护的模式,其中,《巴黎公约》要求所有成员国都要给予服装以外观设计专利权的保护。以上公约皆明确实用艺术品或工业品的外观设计都应当被所有成员国以立法形式给予保护,但如何保护则由各成员国自行确定。

2. 欧盟及其成员国

大多数欧盟成员国以著作权和外观设计专利权对服装进行二元保护，以法国与西班牙为典型；也有部分成员国仅规定服装为外观设计的客体，而不将其视为一般作品给予著作权法保护，以英国为典型，或是直接以服装作为著作权客体来保护，如摩洛哥、法国等。

法国服装业在国际上颇负盛名，创造了很多世界名牌，以其超高工艺的设计取胜。法国对服装的保护已有悠久历史。现行法国法律规范将服装作为单独的著作权保护对象给予保护，例如，《法国知识产权法典》在将服装列举为依法受保护的智力作品时，以"季节性服装工业制品"明确服装在知识产权法中的被保护地位。《法国知识产权法典》第一部分"文学与艺术产权"第一卷"著作权"第 L. 112-2 条明确规定了服装是受著作权法保护的作品。西班牙 1987 年版《著作权法》对创作者的权利与可能具备工业产权的作品是否相容做出了肯定的评价。

以英国为代表的部分欧盟成员国则仅以外观设计专利权来保护服装。英国《外观设计版权法》明确规定，"外观设计受版权法保护，若服装获得外观设计专利和版权法二元保护，只享有 15 年的版权保护期限，但在此外观设计适用于工业领域之时则不再受著作权法保护"，原有服装版权消失，转而享"特别工业版权"。摩洛哥则视服装为单独的著作权法保护对象，这在摩洛哥 2000 年版的《著作权法》中有明确规定，该法认为服装工业当中的创作与设计都属于作品范畴。

欧盟理事会则在 2001 年通过了《共同体外观设计法》，英国和其大部分成员国均支持服装或服装设计得到著作权和外观设计专利权的二元保护，互为补充、并行不悖。《共同体外观设计法》将外观设计进行了分类，有注册共同体外观设计和非注册共同体外观设计两种设计。注册共同体外观设计指欧盟每一件外观设计自公之于众起就能得到最低 5 年，最长不超过 25 年的保护，保护期从申请日起计算。申请者申请过程为：提起申请、递交申请所需的所有资料、等待审查、给予公示，最终获得授权。该规定的保护力强在于其禁止性规定，被授权的外观设计专利不允许第三人未经许可以制造、使用、进口、出口、存储或用于市场开发为目的而使用。此类规定与我国对服装的外观设计专利保护近似。非注册共同体外观设计则只享有 3 年保护期，权利人在无须经过任何手续、缴纳任何费用的情况下，只要通过多种途径使该设计公之于众，即可自动享受 3

年的外观设计保护。欧盟对于非注册共同体外观设计的保护非常类似于我国的著作权法保护。服装或服装设计在受保护的 3 年里只能禁止他人复制其外观设计，但不禁止他人独立设计出的相似外观设计。这是针对寿命短的流行服装的规定，3 年保护期也恰到好处。

3. 美国

美国对服装的保护可以说是既严格又松弛。在美国若采取以外观设计专利权来保护服装的方式，其程序和时间与我国类似，都是采用非常严格的标准。美国国会于 1842 年通过了属于专利法类别的《外观设计专利法案》，其中规定服装若要获得外观设计保护，就不能和申请日前已公开的现有设计相同或近似；此外，要以普通服装设计者的视角确定该服装设计与任何现有设计不同且难以分辨。美国专利法认为外观设计专利必须要满足装饰性、新颖性、非显而易见性以及实用性的条件，因此，以外观设计专利权来保护服装或服装设计的难度变得不容忽视。也就是说，并非所有服装或服装设计都能申请美国的外观设计专利权保护。但服装业本就是在前人的设计与创意的基础上再经自己的独立创作设计出新的作品，新的作品或多或少都会有前人的影子，因此在美国，服装或服装设计要申请外观设计专利十分困难。在美国，产品若能取得外观设计专利权的保护，装饰性为最重要的条件。虽然具有实用功能的产品也能受保护，但被保护的是其外观。显而易见，服装设计图以及服装样板不能得到外观设计专利权的保护。

版权法主要保护服装设计图及样板。在实践中，法官认为服装上的图案可以独立受到版权法保护，但服装本身很难获得保护。专利法主要是靠外观设计专利权来保护以"主要装饰目的"为标准的服装外观，但服装设计图及样板不受专利法保护。

1976 年，美国对 1790 年的首部版权法作了全面的修改，形成现行版权法。在此之前，美国立法和司法界均对服装的版权法保护持否定态度。他们认为服装因实用性太强而不能满足实用艺术品的条件，因此不能受版权法的保护。现行《美国版权法》规定："以任何现在已经知道或者以后出现的物质表达方式固定的独创作品，并且通过此种方式可以直接或者借助机械或者装置可以感知、复制或者采用其他方式传播作品。作品主要包括文学作品、戏剧作品、音乐作品、哑剧及舞蹈作品、录音作品、电影及其他印象作品、绘画图形及雕塑作品、建筑作品等等。"且该法承认艺术性与功能性独立存在的诸如美术、照片、图表、实用艺术品等二维或者三维作品属于作品范畴的绘画图形及雕塑作品。因此，服装虽不是版权法所直接保护的对象，但其可作为绘画作品和雕塑作品来保护。服装本身因为其实用性而很难直接被版权法保护，但服装上的图案可以因其艺术性而被保护，这在 Peter Pan 案中得到了证实。

4. 俄罗斯

通过将服装纳入"工艺设计作品"的保护范畴，作为我国邻国的俄罗斯以著作权法对服装设计进行知识产权保护。尽管俄罗斯的知识产权保护大多符合国际标准，但其在执行知识产权法方面仍然面临较大的挑战，造成这一困境的原因很大程度是俄罗斯法律没有规定私人所有权。俄罗斯于 1992 年建立了新的知识产权保护体系。其现行《联邦著作权法》制定于 1993 年，该法规定：包括服装设计等工艺设计作品在内，俄罗斯对著作权的保护期限为自创作完成之日起至权利人死后 70 年；无论对于服装设计的著作权财产性权利还是精神性权利，其保护前提均不包含任何手续或程序，只要原创即可。

（二）国内的服装二元保护模式

我国对整体服装类别的保护分别有著作权法保护和专利法保护。可以说是二元保护，但绝对不是严格意义上的二元保护。

1. 著作权法：依创作完成度进行分段保护

我国法律未对服装设计进行专门规定，而在法律解释中，通常采取"服装设计图——服装上局部的图案——服装样板"的三阶段方法来对服装设计的可版权性问题进行处理。

在我国，服装并不是著作权法所明确规定的保护客体之一，我国也并没有像西方一样将服装或"服装设计"归入"实用艺术品"概念。换言之，我国对服装的知识产权保护是拆分服装从开始创作到完成的整个过程，选择过程中的一个阶段分别进行不同的知识产权保护。我国虽于 1992 年颁布《实施国际著作权条约的规定》，其中将"实用艺术作品"作为著作权法保护客体之一，但其保护对象仅限于国外的著作权人而不包括国内权利人。这应当算是我国著作权法对服装进行保护的短板。除此之外，我国受著作权法保护的服装类别有服装设计图、服装上局部的图案及服装样板，其中前两样的保护是肯定的、不受质疑的，而后者的保护在实践中有不同的结果，在学界也有一些争议。

服装设计图可以详细划分为服装效果图及服装结构图。服装效果图是指服装设计师以普通绘制方式在平面材料上利用线条、颜色将自己对服装的构思具体表达出来，制成可视性平面图让读者清楚地了解到设计师对服装的理解和审美。服装结构图是设计师在服装效果图的基础上，除了在平面材料上绘制出服装外观，还将服装不同部位的细节制成标注尺寸、比例、用料等详细的带具体数据的设计图纸。《著作权法实施条例》规定的美术作品指绘画、书法、雕塑等以线条、色彩或其他方式构成的具有审美意义的平面上或者立体上的造型艺术作品。[1]美术作品包括绘画。所以，根据以上介绍可以明确认定服装设计图为美术作品，符合著作权法保护客体，毫无疑问地受著作权法保护。根据我国《著作权法实施条例》的规定，图形作品指为了生产、施工绘制的产品设计图、工程设计图，以及说明事物原理或者结构、反映地理现象的示意图、地图等作品。[2]服装结构图相当于服装效果图的分解展开，完全可以被视作图形作品而受著作权法保护。服装上的局部图案也完全符合著作权法对美术作品的描述，类似于上面对服装效果图的分析，符合著作权法保护客体的规定。

对服装样板的著作权保护在实践中和学界都有争议。从服装设计图到真正的服装成衣，离不开服装样板。服装样板是根据服装设计图的效果图和样板图制作而成的由各个平面图块拼凑的样板。样板依据于服装设计图，是服装设计图的实体演绎表达。服装样板是在服装设计师将对服装的理解和认知制成服装设计图纸后，由专业制版师在自己对该图纸的理解和审美取向的基础上，进行初级纸样的制作、试胚布，再经过不断完善、改进，形成制版师自己理解的表达服装设计图内涵的样板。这整个过程都说明了样板是服装设计师和制版师独立的思维过程体现和进行智力劳动而来的创作结果，理应受到著作权法的保护。但实践中有些经典案例，如胡三三案及锦禾案中，以设计图为依据工业化生产而得到的服装样板是否能作为图形作品受到著作权法保护却异案异判，有着不同结论。

著作权法中，复制权被规定为"以印刷、复印、拓印、录音、录像、翻录、数据化等方式将作品制作一份或多份的权利"。[3]复制为在有形实体上可以重复表达另一实体所传达出来的对普通消费者而言的视觉印象和近似形状构造。基于此，平面与平面、平面与立体之间的复制皆满足法律规定的复制内涵，皆应受保护。但我国法定的复制方式中只包含了从平面到平面的二维复制，并未规定二维到三维的复制形式，并且在上述经典案例及普通案件中，此类复制形式

---

〔1〕《著作权法实施条例》第4条第11项。

〔2〕《著作权法实施条例》第4条第12项。

〔3〕《著作权法》（2020年修正）第10条第1款第5项。

经常被否定。

2. 专利法：服装设计属于外观设计

我国也以专利法来保护服装。我国《专利法》明文规定发明创造指的是发明、实用新型及外观设计。其中，外观设计是对产品的整体或者局部的色彩、形状、图案或其结合所做出的富有美感并且适用于工业应用的新设计。[1] 1968年签订的《建立工业品外观设计国际分类洛迦诺协定》将外观设计分门别类，其中服装作为第 2 类作品受到保护，我国于 1996 年 9 月 19 日正式批准该协定。由此可见，服装受我国专利法保护。根据不同的服装设计，选择不同的法律保护方式。服装设计图等受著作权法保护的客体不需要任何程序、手续，只要满足作品条件，就能在作品完成时即享有著作权，但并非所有服装都适合申请外观设计专利。外观设计指的是产品整体或局部外形带给人的直接感官体验。在工业设计中具有较大市场价值和可能具有市场竞争优势的设计更值得申请外观设计专利，而那些不具有显著性外观和不具备经典性的普通服装不适合这种耗时长、程序复杂的外观设计专利的申请。

3. 小结：我国二元保护模式的不足

我国对服装的知识产权保护可以被概括为二元保护，虽然立法原意是希望对服装设计进行更为缜密的保护，但在实践过程中事与愿违，保护效果很难称得上理想。其不足之处大致可以被分为两点。

第一，对于服装的著作权保护，不足主要有三处：①虽然我国是《伯尔尼公约》成员国，但我国《著作权法》并不承认服装作为著作权单独保护对象；②并未将服装归类于"实用艺术品"；③现行《著作权法》仅规定了服装二维间的复制侵权，而并未规定二维与三维间的转换复制侵权，但在具体实践中，服装复制侵权多发生在二、三维度间，此番限制造成了司法实务中异案异判的现象，也让多数司法实务者对二、三维度间复制转换侵权做出否定性评价。

第二，对服装的专利法保护，不足之处主要是：我国的专利法没有针对服装这一季节性强、生命周期短的客体制定快速高效的专利申请通道。服装的生命周期一般只有 6 个月到 12 个月，而在我国专利制度下，外观设计专利从申请到授权需要数月甚至 1 年，可能还未及授权，服装就已经过季，这会打击服装设计师个人或企业申请外观设计专利的积极性，也让服装全面有效的保护形同

---

[1] 《专利法》（2020 年修正）第 2 条第 4 款。

虚设。并且，我国服装专利申请中发明专利申请占比很小，多数为外观设计专利申请，而发明专利的特质决定了有资格申请发明专利的服装的寿命不只6到12个月，值得走耗时长的普通专利申请流程，无须高效特殊通道。外观设计专利申请主要是针对服装的外观而申请专利，外观对服装的市场销量、口碑有着决定性的作用。因此，服装的外观设计专利申请受到专利申请耗时长短的影响非常大，较长的专利申请时间不利于服装外观设计的市场价值，若能为服装的外观设计专利申请开设专门通道，将更全面有效地保护服装产业。

（三）二元保护模式的司法实践

由于服装设计的专利保护具有较强的行政权色彩，司法实践中常见的服装设计侵权纠纷多表现为著作权纠纷。我国立法未对服装的知识产权保护进行明确规定，在服装设计到完成过程中的二维和三维之间的转换更无法条予以体现，以至于服装作品在司法实践中只能根据法官自由心证而异案异判。以下是三件在服装知识产权保护中的经典案例。

1. 胡三三案：服装作品属于"实用美术作品"

胡三三案被称为"中国服装设计第一案"，我国法院首次在判决中明确了服装在著作权法中的地位。

该案的主要案情是：胡三三设计的三套连衣裙装参加了某发布会，裘海索在发布会上看到他的设计成果并设计了相似的服装。在本案中，一、二审法院皆认为服装可以作为美术作品受到著作权法的保护。二审法院将案中服装作为"实用美术作品"来保护。

该案中，审理法院在对比原被告服装作品后认为虽各自服装所使用的工艺以及在服装上运用的元素类似，但以普通消费者角度来看，二者在服装上寄托的情感的表达和对艺术的鉴赏都是不同的，不会让人觉得二者是模仿抄袭而来的作品。虽然二者所属风格类似，但根据著作权法规定的思想与表达二分法，法律不保护创意和思想，只保护思想的表达，因此可知二者创意相近但表达各异，能让普通消费者轻易分辨。

该案是我国司法实践中首例对服装作品在著作权法里的地位进行明确界定的案件，对我国服装保护的意义不可谓不深远。由此案可知服装作品可被视作"实用艺术作品"或"实用美术作品"来保护。但笔者认为，这是因为涉案服装艺术观赏价值较高，不可将此案结论通用于所有普通服装，仅仅是艺术鉴赏价值较高且能与其实用性相分离的服装作品才能被视作"实用美术作品"加以著作权法的保护。

2. 锦禾案：限缩了服装设计图的复制权范围

锦禾案的司法重要性在于，法官认为服装设计图的二维到三维复制行为不受著作权法规制。

此案具体案情为：两原告是案件标的服装的设计图纸、样板、样衣的权利人，被告违反保密义务，依据设计图纸制造了服装。法院认为，案件争议标的服装设计图受著作权法保护。法院同时认为："服装样板是由领、袖、袋、上衣片、腰、裤片等分离的平面图块组成，汇集了设计人员和专业制版师具有独创性的智力劳动，是专门为工业化生产成衣而制作的图形作品，也应当受到著作权法的保护。"

对于涉案样衣，审理法院认为，样衣设计在表现美感的同时兼具有实用性与功能性，且不可分割，因此，涉案样衣无法受到著作权法的保护。但按照这种图形作品进行施工或制造产品，不涉及美学或艺术表述的复制，不属于著作权法意义上的复制。在本案中，被告若按照服装设计图生产服装，是不构成侵权的。此判决明确否定了服装设计图二维到三维转化的侵权。

法院的观点是 2001 年修正的《著作权法》删除了对产品设计图的保护仅限于保护其不以印制、复印、翻拍等方式被复制使用，而不保护按照产品设计图及其说明进行施工并生产出产品的规定，因此应当认为现行《著作权法》对复制的含义包括作品从二维到三维的复制，但仅限于具有美感和艺术价值的部分的复制。在此案中，审理法院并未否认著作权法中服装从二维到三维的复制侵权，但严格限定了保护范围。

判决结果中对涉案样衣的著作权保护的否定，不是完全对服装二维向三维复制侵权的否定，法院肯定现行著作权法所称的复制是包括作品从二维到三维复制的，但仅仅限于富有美感艺术价值的服装作品，而对于普通的符合著作权法规定的具有独创性特征但不具有美感和艺术价值的服装作品，因著作权法艺术性与实用性相分离规则，不能受到著作权法的保护。此案判决结果与胡三三案异曲同工，胡三三案的服装样衣和成衣虽并未被法院区分，其复制侵权诉求也被法院驳回，但法院肯定了对富有审美性、具有艺术价值的服装的著作权法保护，而锦禾案的涉案服装样衣由于缺乏美感而不被认定为复制侵权。可见，司法实践中对服装的著作权保护是持肯定态度的，但其保护边界分明——作品必须具有美感和艺术价值。

3. 华斯案：服装设计图的独创性要求较高

华斯案同样限缩了服装设计图的保护范围，但其论证理由不同：法官认为服装设计图具有一定的实用价值，因此需要有较高的艺术价值才能形成独立的审美元素，进而受著作权法保护。简而言之，服装设计的独创性标准高于其他智力成果。

原告主张被告的两款裘皮服装与其某某型号的裘皮夹克式服装平面设计图相近似，构成著作权侵权。本案经由石家庄市中级人民法院一审和河北省高级人民法院的二审，原告皆败诉。从本案判决结果出发，可见本案一审法院的思路为涉案服装兼具艺术性和实用性且无法相分离，根据著作权法艺术性与实用性可分离规则，认定涉案服装为实用品本身，不应受著作权法保护，而应受专利权法保护。二审法院亦认定涉案服装为实用品，因此不具有独创性，不受著作权法保护。

不同于锦禾案，华斯案从服装设计本身的可版权性就其版权保护提出了质疑。可以说，相较于锦禾案对权能的限制，本案直接压缩了服装设计受著作权保护的可能性，不尽合理。本案法院对独创性高标准的论证并不充分，而只是强调服装设计著作权的消极现实后果，并未从著作权法体系内部给出明确的理论支撑。

4. 小结：司法裁判对服装设计保护的"不友善"

限制服装设计著作权保护最为核心的论述逻辑在于，为了防止具有潜在市场垄断性的服装设计被私人完全掌握，应适时提升其独创性要求，以维持市场的公平竞争。

为方便理解，现总结上述三案如下。

表1 司法实践对服装设计版权保护的观点汇总

胡三三案	锦禾案	华斯案
服装成衣到服装成衣之间的侵权；原告认为被告看到其作品之后设计出了系列大多数元素相同的服装成衣，法院没有区分服装设计图和服装成衣，直接判定涉案服装为美术作品，受到著作权法的保护	服装设计图到服装成衣的复制；法院依据著作权法规定的艺术性和实用性可分离规则，判定涉案服装成衣不受著作权法保护，并且顺带否定了服装二维到三维的复制侵权	服装成衣到服装设计图的复制；法院仍判定服装成衣属于实用品，并且艺术性和其实用性无法分离，最终判定涉案服装成衣不受著作权法保护，也否定了服装二维到三维的复制侵权

判决结果的不同有以下原因：

第一，因为立法层面没有对服装作品在著作权法中的地位作出规定，三个案件中的涉案服装特质不同，胡三三案涉案服装具有较强的艺术性和独创性，能与其实用性相分离。

第二，在我国的《著作权法》中，美术作品被规定为著作权法保护对象之一，并且美术作品在该法中还被定义为以流畅的线条、丰富的色彩及其他可视元素，通过绘图、雕刻、书法等方式组合而成的有美感和艺术价值的平面的或者三维立体的造型艺术作品。因此，法院将涉案作品当作美术作品进行保护合情合理。

第三，锦禾案的涉案服装"99112 连体防护服"是一种较特殊的服装类型，比如服装在整体外形及类似腰、领、贴身口袋等局部的特殊设计，既具有外观的美感，又体现了其实用功能，审理法院认为涉案服装艺术性和实用性无法分离。可以认为涉案服装不能受到著作权法的保护是因为其功能性太强。而华斯案涉案服装是日常的裘皮服装，审理法院仍然以该服装的使用功能和艺术美感无法分离而否认其受著作权法的保护。

三、对藏服二元保护模式的否定

虽然我国在理论和司法实践中为藏服提供了著作权与专利权的二元保护模式，但如上一章所揭示的，二元保护模式在中国的著作权保护中对服装设计的保护范围是很有限的，这一情况对藏服也一样适用。同时，在藏服的知识产权侵权案件中，因藏服所具有的传统与历史的复杂性，其面临着维权主体不明确、维权收益低而成本高等这样那样的实践性难题。最为关键的是，二元保护实际上是一种权利竞和的"重合保护"，并未依据藏服的市场性质对其进行分类保护。

基于服装二元保护现状的困境与藏服自身的设计和侵权特征，本章将详细分析二元保护制度对藏服知识产权保护的种种不利，从而为下文三元保护模式的提出进行理论铺垫。

（一）维权主体不明

现有藏服保护模式的最大漏洞在于忽视了藏服维权的实践难题，即谁来主张相应的知识产权往往不明。如果维权主体不明，则一切维权的实体法和程序法安排都将毫无意义。藏服保护的维权主体主要体现了两方面的特性：首先，在理念层面，藏服设计兼具藏族传统审美和创作者个性化表达，因此存在着权利主体的集体主义与个人主义矛盾。其次，在现实层面，藏服的主要上游权利人多处于藏区等较为偏远的地区，甚至其在进行藏服的编制时从未想到过自己在进行藏服款式与风格的"设计"和"创作"，更不会想到自己能成为作者或设计者，进而成为著作权人，而且也未意识到其藏服设计有商业利用的价值，被他人未经许可而任意抄袭。更成问题的是，如果维权过程因维权主体存有争议而被搁置，则侵权行为人很可能仍在逍遥法外，不仅削弱了最终的维权效果，也会影响法律的权威。

因此，基于藏服设计在理念和现实两个层面的特质，[1]藏服的二元保护存在着无法回避的实践上的障碍。本节即分别阐述之。

1. 集体遗产和个人独创部分的边界模糊

藏服的历史遗产性和改造者的个人独创贡献相交织，导致权利主体不明，而二元系统的纯粹私权保护技术很难应付这种"权利交叉"现象。

藏服中涉及集体遗产与个人独创部分的交叉，导致著作权保护的权利边界不明确而维权受阻。在侵权发生时，由"谁"来主张自己的权利及是否有权主张是实践中亟待解决的问题。著作权法保护符合独创性要求的、特定的智力劳动成果，对属于公共领域的集体遗产，为了平衡著作权人与社会公众之间的利益杠杆，并不提供保护。藏服都具有肥腰、长袖、大襟、右衽、长裙等特征，个人独创所选择的空间较小。另外，由于任何特定的个人都对作品的创作作出了或多或少的贡献，划分集体遗产与个人独创部分之间的界线更加具有难度。

因此，如果仅以专利权和著作权此类传统的私权来保护藏服，可能存在维权的前提性缺失：究竟谁是适格的维权者？因此，我们需要突破传统的私权保护技术，以应付这一现象。

2. 藏区民众维权水平有限

法律不同于生活，藏区民众的藏服虽然受到知识产权法的保护，但是当侵权发生时，藏民不仅不具备维权意识，也不具备维权能力。通俗而言，藏民无法意识到自己的民族服装有被侵权的风险，即便意识到，也并不清楚维权的途径与方法。

具体而言，藏民的维权水平可分为两个维度：维权意识和维权能力。

---

[1] 参见秦忠明："藏族服装的装饰性"，载《戏剧艺术》1981年第3期。

　　首先，关于维权意识层面。藏服的创作者很可能本身未意识到创作的过程，更未意料到自己的设计竟会产生一系列法律后果。知识产权法的宗旨是鼓励文学科技等智力成果的创作，对于这一功利主义旨趣的制度目的，藏民往往是不了解的。因此，其很可能对别人侵犯其权利持无所谓的态度。或许有人因此会说，既然藏民设计藏服的积极性不因他人侵权而受到打击，则按照功利主义的解释，根本没必要对其智力成果进行保护。笔者认为，虽然他人的抄袭不会直接打击藏民的创新积极性，但是如果能够让藏民因风险较低的维权行为而有所收获，则很难说其积极性不会被调动起来。同时，保护藏服设计不仅仅是基于单纯的经济考量，该制度的内涵具有保持民族文化不被歪曲、引导其健康发展的非功利因素。因此，藏民维权意识不强不应作为不保护藏服的理由，反而应成为保护藏服的正面结果：如果能以可行的方式进行藏服设计的维权，藏民的维权积极性就可能随之提高，进而促使更多的藏服设计面世。

　　其次，关于维权能力层面。在二元模式下，藏民维权无非专利权或著作权两个潜在选项。这两种维权方式均须具备较高的知识产权专业的特定知识方可实现，而藏区的居民甚至是法律服务提供者和司法人员都未必能很好地掌握相应的技能。

　　著作权侵权的传统认定规则是“接触+实质性相似”。在接触为前提的情况下，对“实质性相似”的认定遵循“整体感知侵权”的测试方法，但该测试方法可能会在比较被诉侵权的藏服与原告藏服的过程中，延及不受保护藏服所具有的基本特征，得出并不侵权的判断，由此导致藏民维护自己的权利时难度较大。同理，专利维权的专业性能强，因为其同时涉及较为复杂的实体审理，还涉及循环往复的行政和司法程序及其相互关系。就其本质而言，著作权法和专利法都是距离日常生活较为遥远、民众不易理解的法律规则，而商标法则是任何有着一定生活常识和基本交易经验的普通人都能理解的。

　　综上，藏服的维权主体在自身意识和能力方面往往都不足以实现二元保护模式的预想效果。

　　（二）维权收益较低

　　即便维权主体能够得到清楚的认定，维权者紧接着又遭遇一个问题：维权的效果如何。

　　二元保护作为一种纯粹的私权保护，无论在实体法还是在程序技术上，都不得不将权利人的利益性衡量纳入考量范围。对知识产权维权行为而言，大部分维权人的目的是经济指向的，因此，一般而言，人们会对维权的可能效果进行衡量预估，以确定是否以及在何种程度上参与诉讼。但是，就二元保护的既有司法实践情况而言，或许很难找出藏服维权人能够获得预期利益的有利证据。

1. 损害赔偿难以确定

在藏服知识产权侵权案件中，对受损害的当事人以"填补"损害为救济方式，但是该实际损害的证明责任是由受损害的当事人承担，当事人无法证明自己的实际损害时，具体的损害赔偿数额也就难以确定。根据我国《著作权法》的规定，著作权或与著作权有关的权利被侵犯时，其赔偿额应以被侵害人实际受到的损失数额或侵权人的违法所得额为准。权利人的实际损失或者权利人的违法所得难以计算的，可以参照该权利使用费给予赔偿。[1]在实际损失难以确定时，由受损害的个人证明被告的违法所得数额，司法实践的难度更大。

基于藏服目前商业化程度普遍偏低的特点，被侵权藏服可能尚未投入商业化利用，难以确定损失额。甚至，对于大部分的流行藏服和传统藏服，其所拥有的仅仅是"市场潜力"，而缺乏实际的商业应用。所以，在确定被诉侵权藏服设计的损害赔偿额时，权利人很可能无法证明足以弥补维权成本并阻止侵权行为的赔偿额。如果应用专利法或著作权法的法定赔偿制度，法官对于尚未直接投入商品化量产的服装设计往往不会给予太高的赔偿支持。

同时，损害赔偿的考量因素还包括使用人因侵权获得的收益程度。由于著作权保护和外观设计保护均将藏服设计视为一种商品本身的生产要素，假如侵权人因生产侵权藏服反而有所亏损，是否就应认定其损害赔偿应进行相应地削减？答案显然是否定的。但是著作权法和专利法上似乎确实没有相应的制度。因此，仅仅将藏服视为一种服装产品的生产资料，可能导致在损害赔偿额的认定上出现有违基本法理的结论。这一情形将进一步加大赔偿额确认的难度。

2. 维权积极性低

维权收益的难以预期导致维权积极性的下降，而积极性下降又导致法官缺乏审理藏服侵权赔偿案件的经验，再一次下挫维权的预期和积极性。

在以"理性人"假设为前提时，由于理性人会追求自身利益的最大满足，在比较成本与收益后，自然选择收益最高的行为方式。在权利人的实际损失或者侵权人的违法所得不能确定时，现行《著作权法》给予不超过 50 万元的赔

---

[1] 《著作权法》（2020 年修正）第 54 条第 1 款。

偿，该赔偿数额并不足以填补权利人受到的损失。[1]维权成本高而预期收益较低之间的矛盾使得权利人放弃维权，任由侵权现象发生。

如上文提到的，若维权的效益得不到保障，甚至基本是落空的，权利人往往会放弃维权，而以其他方式挽回经济损失。这样一来，维权会因面临其他制度竞争而使吸引力进一步下降。随着司法维权频率的下降，法官对藏服侵权案件的熟练度必定随之有所下降，而生疏的司法裁判又将导致维权结果更难达到预期，最后彻底消灭维权的积极性。二元保护所带来的维权收益的下降，很可能带来这样的恶性循环。

（三）维权成本较高

在地广人稀的藏区，维权成本之高或者说维权的现实难度之大，不容忽视。笔者拟从维权的时间维度和程序维度对此进行分析，因为作为维权收益的对比对象，维权成本不仅要考虑其直接带来的显性成本，也要对其潜在成本，即时间成本，予以衡量。

1. 时间成本

二元维权的时间成本体现在三方面：藏服维权的时效性很重要，因为服装流行具有指数增长、快速下跌的趋势，若维权周期过长，则很可能侵权产品早已在市场上横行甚至过气；对于外观设计，其维权前提是申请专利授权，这须消耗一定时间；对于外观设专利和著作权，其共有的维权时间方面的顾虑是，如何将维权周期与商业周期进行匹配。

第一，关于维权的时效性。服装作为潮流性消费品，其推广和销售的周期往往都不长，藏服这类民族风情浓郁的服装更是如此。如若藏服不能及时维权成功，例如藏服维权可能在一开始就遭遇权利人不明等程序性障碍，若这一确认主体的程序进展过于缓慢，则权利人很可能错过市场爆炸初期的增长红利。

第二，关于申请授权的时间。在二元模式下，藏服寻求外观设计的强保护须事先向专利行政机关进行外观设计专利的授权申请。同时，由于外观设计专利胜诉的前提是具有有效的专利评估报告，为了保证能在外观设计专利侵权之诉中成功维权，还应向专利机关申请专利评价报告。依据 2008 年修正的现行《专利法》第 61 条第 2 款的规定，当专利侵权纠纷涉及实用新型专利或者外观设计专利时，权利人或者相关利害关系人可以请求人民法院或者专门管理专利

---

[1]《著作权法》（2020 年修正）第 54 条第 2 款则大幅度提高了法定赔偿的额度，规定为 500 元以上 500 万元以下的赔偿。

工作的部门为其出具国务院专利行政部门对涉案的外观设计专利或者实用新型专利出具的对其检索、分析评价后整理的归纳总结，能够作为审理、处理该专利侵权纠纷的证据。[1]现行《专利法实施细则》第57条则规定："国务院行政管理部门应当自收到专利权评价报告请求书之后2个月内作出专利权评价报告。"与著作权的自动保护不同，藏服权利人为取得专利权的强保护，必须承担外观设计专利申请在程序与时间上的成本。

第三，关于维权周期与商业周期的不匹配。藏服维权的最终目的在于实现理想的维权效果。知识产权维权的主要效果有二，一是获得赔偿，二是禁止侵权人继续使用知识产权以侵蚀权利人的市场。对藏服保护而言，禁止他人未经许可利用藏服的意义可能大于获得赔偿：如前述，一件特定藏服设计的商业化利用程度通常不高，法院所能支持的赔偿也就有限；对权利人更有意义的经济性策略是尽早阻止使用人的使用行为，从而通过诉讼和解或另行达成许可协议的方式在其商业化开发行为中分得一杯羹。但是，如果某件藏服设计自身的商业周期较短，权利人等到胜诉判决发出时，该禁令的现实意义就已经不大了。服装行业的维权者需要时刻注意的是，潮流文化来得快，走得更快，因此，只有维权周期与商业周期大致吻合，维权行为才能更好地服务于设计的商业化运营。

2. 程序成本

除了时间成本，维权程序自身还有其他显性成本。程序性成本的范围很广，涉及从起诉、庭审、调解、判决到执行的方方面面，笔者拟选取几项具有代表意义的成本类型予以分析。

起诉成本。维权起诉须至少证明两点：维权主体、维权客体。如果想通过著作权法保护藏服，权利人须初步证明其与特定藏服设计之间存在设计与被设计的关系，而这其实是颇具难度的；若选择以专利形式进行保护，则权利的证明成本较低。最具实践难度的是，藏民在维权时未必知道应从司法机关处获得救济，其很可能会先找当地政府主张权利，经过政府的引导才找到法院。再加之审理知识产权案件的法院多为中级人民法院，权利人个人前来起诉的成本显然是比较高的。

举证成本。侵权人散布于各处，维权人需要首先找到侵权行为人并对侵权

---

[1]《专利法》（2020年修正）相应规定，参见第66条第2款。

产品进行证据留存。服装遍布于市场的各个角落，寻找侵权人和侵权产品的难度不低。其实，对于商业化程度较低的传统藏服，其设计者往往生活于藏区，几乎不可能找到侵权人，遑论证明其侵权构成要件。对于流行藏服或藏族风服装，其权利人通常居住于城市或至少是居民聚集区，文化程度相对较高。且流行藏服与藏族风服装同为商业化生产的服装制品，相较于传统藏服，更易于找寻侵权人。

执行成本。即使权利人获得了胜诉判决，其仍须克服两项执行上的障碍：首先，被执行人的财产可能难以寻觅；其次，侵权产品已被售罄，或此时执行判决的意义已不大，既成的市场损失往往很难以金钱形式弥补。对于藏服的二元保护更是如此，虽然专利、著作权均有赔偿损失和停止侵权这两项救济手段，但是由于藏服的潮流性和侵权多发性，这些救济手段的效果有限，而且往往还须支付执行费用。若执行的成本低于执行收益，则不仅是维权人自身利益的损失，更是一项公共制度的社会性成本的无意义浪费。

（四）根本性漏洞：保护模式与藏服商业性质的错配

二元保护的实质是对藏服的无差别保护，这与藏服类型的差异化相冲突。

具体而言，二元制对藏服同时进行著作权和外观设计专利的重叠保护，并未依据藏服内部不同的子类型进行详细划分。表面上，二元保护似乎给予了服装设计者更多的保障，但笔者认为，这恰恰导致了著作权和外观设计专利的制度分工被忽略，造成了某种维权层面的"公地悲剧"。而且，更为重要的是，对藏服的不区分保护将使得不同藏服的商业性质与法律制度产生错配。因此，无论以著作权还是专利权为藏服提供保护，都因其制度本身的设计而存在不周延之处，对权利的保护并不完善，而二元模式的无差别保护将加剧这种不完善。

1. 著作权：权利限制上的错配

藏服的著作权保护似乎成本低廉而相对收益较为理想，但其代价是可能受制于合理使用等著作权例外和限制制度。对传统藏服和流行藏服而言，由于两者民族服装的色彩较为浓厚，有较大的可能性因涉及公共利益而受到保护范围或权能上的限制。而藏服的商业化应用其实与保护表达自由的著作权限制制度的本旨是不完全重合的，具体表现为以下两个方面：

第一，在以著作权对藏服进行保护时，由于著作权采取自动保护原则——作品一经产生，无须履行手续即获得保护，其对权利保护便捷性的反面却是造成对原作品创作者的权利保护力度不够。对独创性中"创"的要求不高以及"实质性相似"的难以认定，导致他人使用原作品的成本较低，即便侵权发生，也难以证明。大部分藏服衍生设计都在不同程度上融合了其他风格服装的元素，想明确认定侵权设计在多大程度上借鉴了藏服的独创性部分是较为困难的，而且这里涉及艺术设计的专业知识，作为法律专家的法官未必有足够的知识储备来理解这一对比过程，因此，此类复制权或改编权侵权案件的结构难以事先预测。

第二，虽然以著作权为藏服提供保护具有时间期限上的优越性，但正是该保护期较长，相应地，给社会公众留下的自由借鉴使用的空间就会较小，会打破著作权人与社会公众之间的利益平衡。根据冯晓青教授的观点，知识产权法是典型的利益平衡机制，在保护藏服的原创设计者时，也不能忽视他人合理借鉴使用的利益。在著作权侵权案件中，抄袭人很可能主张其仅借鉴了藏服的设计思想或其使用行为构成合理使用，进而直接否定自己的法律责任。若某款藏服的设计被法官认为非常经典，维权人的主张也可能因此得不到法官的诉讼支持。

因此，藏服的知识产权保护带有明显的防止他人滥用藏服自身商业潜力的性质，与著作权法通过合理使用而保护的私人表达自由等价值取向是不矛盾的，而藏服的著作权保护却可能将两项制度进行不恰当地嫁接。

2. 外观设计专利：保护期的错配

外观设计专利保护服装设计的最大缺陷在于其与服装产业周期不匹配。一方面，外观设计存在授权周期，这实际上缩短了保护期且可能降低维权的时效性；另一方面，外观设计专利仅有 10 年保护期，而不同藏服流行期是不同的，而且具有周期性，即几年前已流行过的款式可能再次风行，这种商业周期上的灵活多变性，与专利保护制度的固定、不可延展性是冲突的。

一方面，因须事先行政授权，外观设计专利保护的启动时间较晚。相较于著作权的保护，专利法在申请者获得保护之前，进行审查以明确权利的保护范围，使得侵权发生时权利的保护范围易于界定。有些藏服类型，如流行藏服，从出厂到受市场追捧再到销声匿迹，可能不过一两季（几个月）。因此，对于商业周期极短的藏服，采用外观设计专利保护几乎起不到任何作用。同时，即使申请授权成功，也可能因侵权行为已经泛滥而失去挽回市场份额的机会。更为重要的是，服装行业对新服装时尚性的追求可能使服装设计者放弃从外观设计专利权人处取得授权，而越是有流行性的设计，其商业价值也就越大。因此，专利的授权前提导致了一个悖论：越是具有经济效应的藏服设计，可能越不适应须花费更多确权和维权费用的专利制度。

另一方面，专利的固定保护期限与藏服周期不相适应。除了较长的申请期限，较短的保护期限也不利于对藏服提供保护。根据我国现行《专利法》第42条的规定，发明专利权的期限为20年，实用新型专利权和外观设计专利权的期限为10年，均自申请日起计算。[1]该申请期限在用于保护藏族服装时，无法使著作权人收回自己的创作成本，即无法为藏服的原著作权人提供充足的保护。同时，某些经典的藏服元素会不时被服装设计界应用，即其商业声明具有不断的激活性，而设计师和公众的服装品位是很难事前预设的，因此，特定藏服的保护期也理应是较为灵活的，而专利的固定期限保护规则似乎无法提供这种制度灵活性。

笔者认为，专利保护无法适用于所有藏服的原因是：专利制度的保护对象是技术，而技术的周期性特征是新优于旧，而藏服设计的商业周期则不那么有迹可循，因为其本质是一项艺术。

3. 二元保护：与藏服商业性质的错配

藏服依据商业化程度可分为传统藏服、流行藏服、藏族风服装，其对应的商业性质亦不同：传统藏服具有经典性，其长期的价值和内在元素都保持着极高的稳定性，原因在于它是流行藏服和藏族风服装的创作基础与灵感来源，更多体现的是属于公有领域的原始艺术之美，人为的商业改造痕迹极少。流行藏服虽然具有强烈的藏族特色，但是毕竟是藏服应对现代生活的改造，因此其多少掺杂了现代商业审美。但是因为流行藏服更多的是以日常通行服装而非潮流时装的形式出现，故其商业周期较为稳定，流行期也通常伴随一代人的成长而具有中长期性。藏族风服装则是现代艺术与藏族传统元素的结合物，因此混杂性较高，也体现了时尚产业的商业性与快速更替性。三种藏服的商业性质可由下表简述。

表2 不同藏服的商业性质对比

服装类型	商业化程度	商业周期	变化频率
传统藏服	低	长 稳定	低

---

[1]《专利法》（2020年修正）规定的外观设计专利保护期限则为15年。

服装类型	商业化程度	商业周期	变化频率
流行藏服	中	中长 稳定	中低
藏族风服装	高	短 不稳定	高

　　面对这三种商业特质大为不同的服装，二元保护的重合保护模式显然过于简单。首先，无论是著作权还是外观设计专利，都很难对传统藏服这类族群性文化遗产进行私权化保护。其次，著作权和外观设计专利对同一种藏服的重复保护，无法引导法官意识到藏服并非一种无差别的均质化智力成果，其内部具有详细的划分类别，而且这些子类型具有商业和法律保护方面的意义。

　　因此，二元保护模式应从商业性质差异的角度对藏服进行保护，若生硬而不作区分地对传统藏服、流行藏服、藏族风服装进行同一模式的保护，将无助于其展现各自的商业特征。

四、藏服的知识产权保护模式探究：三元保护

　　藏服的三元保护指的是：对于藏族风服装，因其商业色彩较浓、潮流性较强，应采取著作权法的自动保护，以降低维权成本、提高维权效率；[1]对于流行藏服，因其兼具商业化程度较高和流行期较长的特性，应采取外观设计专利的强力保护，以增强维权效力；对于传统藏服，因其具有经典性且权利主体具有属地性，应采取地理标志的准行政保护，以明晰维权主体。

　　本章具体介绍三元保护模式如何通过著作权法、专利法、商标法对不同商业类型的藏服进行差异化保护，以顺应各自的商业特性。

　　（一）著作权保护：藏族风服装

　　藏族风服装因具备鲜明的民族性与地域性，并且适应当前快时尚的发展趋势而极具商业色彩，其更新换代之快导致著作权人在维护自己的权利时积极性不高，寻找侵权主体以及证明侵权存在都具有现实难度。著作权法正是因为具有自动保护及保护期限较长的优越性而能够为藏族风服装提供更加便捷的保护，其维权的可行性也更强。

---

〔1〕　参见舒泽宇："论服装产品设计的著作权法保护"，载《商场现代化》2018年第21期。

1. 藏族风服装的著作权元素

藏族风服装是一种沿袭藏族风味和使用传统藏装色彩搭配，但不具有藏族文化精神内涵，也不具有任何藏区本土特色的服装，主要是为了迎合具有文艺情怀的消费者。

藏族风服装的知识产权保护涉及服装设计图、服装样板。

第一，藏服设计图具有三个特性：其一，具有鲜明的民族性、地域性。藏服有着鲜明的特色，不同于中原地区传统服装，具有高度可识别性。其二，服装色彩具有地域性。藏族人崇尚色彩鲜明、华丽，尤其尊崇黄色和正红色。其三，服装外廓肥大。传统藏服的基本特点是肥大、长袖、宽腰、右襟，是一种无须量体裁衣的直线服装。

第二，服装样板在现代的服装工业生产中对服装的外形、轮廓甚至细节的图案、贴袋起标杆的作用。样板由专业制版师制成，是其在对服装效果图及服装结构图的理解基础上进行创作的脑力劳动成果，而这个过程被称为打制样板。服装样板由根据服装设计图制成的上衣片、领、袖、袋等分离的平面图块构成，它是服装制作的必经中间环节。样板是设计师对服装设计图包含的情感的演绎，其来源又不同于设计图。服装设计图是设计师对服装构思的实质表达，而样板需要制版师在自身的技术基础上根据自己对服装设计图的认知制作而成。这整个过程体现了服装制版师独立自主的思想活动。因此，服装样板可被视作基于服装设计图而创作的图形作品，属于著作权法保护的对象。

第三，服装成衣，是指按一定规格、型号标准批量生产的成品衣服，是相对于量体裁衣式的定做和自制的衣服的一个概念。服装成衣的归属类别是什么，是否为著作权法保护客体，这些问题在立法上并没有明确规定，在司法界更是有不同的意见。关于此议题的讨论详见上一部分。

在实践中，对藏服样板的保护，不同法院有不同的判决。在锦禾案中，法院将服装样板认定为图形作品予以著作权法保护。但在其他相似案件中，不同的法院、不同的法官给出的结果也不同，最重要的原因还是立法对服装设计图二维到三维的复制是否属于侵权没有明确规定，所以司法实践中不同法官的自由心证将导致异案异判。

通过众多实践案例可以归纳得知，艺术观赏性特质较强的服装能以美术作品受到著作权法的保护，而服装美感无法隔离其实用功能的普通类、功能类服装则因其艺术性和实用性的不可割裂而不能受到著作权法保护。法院通常会建议功能性服装接受专利权法的保护。[1]藏族风服装的特质在于其艺术性，其精美的图案、流畅的线条，符合著作权法对于美术作品的定义。

2. 藏族风服装的著作权法保护：维权成本低

在为藏族风服装提供著作权法保护时，其具备保护期限长、保护权利多样及维权成本低的优势。

第一，保护期限长。藏族服装不同于一般市场周期短的季节性服装，其经典性、可传承性、剪裁的特别、色彩搭配的固定且富有特色都可以让它适用外观设计专利的保护，但外观设计专利的保护期限只有 10 年且不能续展，每年都要交费，这对于经济条件不发达的偏远地区来说都是很大的弊端。著作权保护可以保护到作者死后 50 年，不用任何手续、费用，并且著作财产权可以转让、可以继承，更能有效地保护传统藏服，也更适合民族地区的具体情况。因此，对传统藏服的保护应以著作权保护为主、外观设计专利保护为辅，且著作权保护对藏族服装十分有必要。对于流行性藏服的保护应该参照普通季节性服装，因为流行性藏服线条优美、具有艺术性，但是服装周期短，著作权保护程序简便、不耗金钱，现在微信、微博等社交网站在藏区已经很普及，普通店家都会拥有自己的微信、微博等社交平台账号，当他们设计出一款服装时，正常情况下都会在这些社交网站上展示出来，而不用通过开发布会、登报等寻常个体户难以做到的途径。而且，可以证明自己设计服装的时间，为以后举证做好准备。此外，可考虑成立地方著作权登记机构，该机构进行全国联网，机构设置由上而下层层划分，当地服装设计者个人或企业设计完成作品后，若认为该作品有商业或艺术价值，可以去该机构进行登记。并且著作权保护不用提交任何手续费用，对于物质生活贫乏的藏区设计者们来说无疑是个划算、方便的渠道。

第二，保护权利多样。之所以主张为藏服提供著作权保护，是因为著作权包含财产权与人格权的二元属性，其无论在立法还是实践中，都对创作者提供了多样的权利类型予以保护。藏服虽然只是服装中的一个分类，但其不仅代表了非物质文化遗产在我国的传承与发展，更是对藏区独特历史文化的继承，在藏族富有特色的服装上承载着藏区人民从古至今的智力成果，凝聚着藏区人民富含藏族精神内涵的价值观，代表着藏区人民与内地人民互通互联的追求。正是这样的背景要求为藏族服装提供著作权保护，给予更多的人格权保护，维护

---

[1] 参见谢帅："论服装设计的著作权保护"，载《商业文化》2016 年第 23 期。

藏区人民在藏族服装上所应当享有的保护作品完整权等权利。

第三，维权成本低。虽然在藏服设计者主张被告侵犯自己在藏服中享有的专有权利时，其承担主要的举证责任，要负担一定的举证成本，[1]但著作权侵权认定中，原告要证明的是在以接触为前提时，被告所设计的藏服与自己的设计具有"实质性相似"，该认定由于采"普通观察者"角度，其举证成本在原告的可承受范围内。同时，相比专利的技术复杂性带来的高额举证成本，以著作权法进行保护时，该成本也是维护自己权利的原创设计者所应承受的预期成本。另外，当侵权认定成立时，藏服设计者不仅能收回维权的成本，也能获得一定的侵权损害赔偿。对比预期成本与预期收益，藏服设计者自然会选择用著作权法积极维护自己的权利。

（二）外观设计专利保护：流行藏服

流行藏服处于传统藏服和藏族风服装的中间点，其以藏族经典服装元素为主，兼具现代服装的审美简洁性和生活便捷性。流行藏服属于藏区及周围省市的藏民或其他民族居民经常穿戴的服装，虽具有一定的时尚性，但是总体风格较为统一。因此，流行藏服虽会有所流变，但商业周期较长。同时，一款藏服一旦成为流行性藏服，其受众范围通常大于藏族风服装，会风靡一地，就像六七十年代的中山装。因此，其备较大的商业价值。

流行藏服商业周期、商业价值均较为稳定，正好适合于外观设计专利的高确权费用、固定保护期限的保护模式。

1. 服装外观设计专利的授权现状

1968 年签订的《建立工业品外观设计国际分类洛迦诺协定》将外观设计分为几个专门类别，我国于 1996 年也成为该协定的成员国之一。因此可以推出，服装受我国专利法的保护。

2016 年，在中国外观设计专利申请中，属于分类号 02 下的外观设计专利申请 342 999 件，分类号为 02-02 的外观设计专利申请总共 188 869 件；另外还有近几年的申请因为分类表修改可能没有包括在上述数量中。但无可置疑，我国服装外观设计专利授权总量偏低，即使近年来我国服装外观设计专利授权量增速很快，我国外观设计专利授权总量中服装外观设计专利授权量的比重还是较低，从下表中可见一斑。

---

[1] 参见陈依卓宁："服装设计作品的著作权司法保护探析"，载《电子知识产权》2017 年第 2 期。

表3　服装类外观设计专利的授权情况

授权年份	服装类外观设计专利授权（件）	全国外观设计专利授权（件）	所占比重（%）
2005	606	80 148	0.76
2006	1 321	97 728	1.35
2007	1 767	131 901	1.34
2008	4 152	142 860	2.91
合计	7 846	452 637	

目前，我国知名服装企业获得外观设计专利的数量较低。在此选择部分国内知名品牌（李宁、雅戈尔、鹿王、鄂尔多斯、恒源祥）做分析：从2004年到2008年间，李宁获得授权的专利最多，增速最快，这四年合计共49件，其中外观设计专利占32.7%；其次为雅戈尔和鄂尔多斯，其中雅戈尔每年增幅不大，增速稳定，四年间所获专利共26件，外观设计专利占7.7%，鄂尔多斯增幅及增速不升反降，2008年获授权的专利为0件，这四年共获专利26件，其中外观设计专利所占比重为34.6%；鹿王四年间共获专利21件，外观设计专利所占比重达33.3%；恒源祥最少，四年合计19件，其中外观设计专利所占比重为26.3%。

在我国，服装外观设计专利授权主要集中在江浙沪粤这些沿海省市，而中部及西部地区的专利授权量较少。这些差异和不同地区对科技的重视、经济的发展程度、人民的富裕水平和法治素养不同有关。对于整体的国内市场，虽然服装业在迅猛发展，但是并没有受到外观设计专利的有效保护，总体获得外观设计专利的服装数量在我国服装设计的总数量中占比十分小，原因是多方面的。

第一，法律保护的意识淡薄。除了沿海省市对外贸易事业历史悠久、发展较为成熟，有用法律保护自己设计的服装以防以后的诉讼纠纷的意识，而绝大多数省份尤其是西部省份，法律意识较为淡薄，并且一定数额的申请费和每年的维护费都是让不发达的西部省份设计者们担忧和放弃的理由。但更重要的是，权利人几乎均不了解相关法律法规可以为其设计的服装带来保护，这让他们缺乏申请保护的主动行为，导致了国内市场总体对服装的外观设计专利保护不力的现象。

第二，外观设计专利保护需要耗费时间。外观设计专利的申请期大概为3个月，而部分服装的商业寿命也就6至12个月，过长的申请时间、烦琐的程序让很多设计者不会去选择外观设计专利保护。根据我国专利法的规定，服装要获得外观设计专利保护，须先提交申请，然后等待机构受理，通过审查并经过公告期后方得以授权。此程序耗时长、手续繁杂，从提出申请到获得授权通常需要几个月到一年。

第三，用外观设专利保护服装准入门槛高、维护成本高。被授予专利权的外观设计应在外观上与现有设计明显不同，但简单的商业专用类设计不在此规则调整范围中。满足了如此严苛条件的服装在被授予外观设计专利后，还得每年缴纳年费以维持此项权利，若权利人无正当理由在规定时间内未缴纳年费，将会被终止此项权利，而外观设计专利的保护期限只有 10 年且不能续展。每项专利的申请在申请期内会被公示，这个过程会让服装设计图公之于众，易被侵权。

2. 流行藏服的外观设计专利保护：维权收益高

上一节提到了普通服装设计者不会选择外观设计专利来保护服装的原因，但是流行藏服尤其特殊，不能和上述普通服装一概而论。

不同于大部分服装设计具有的波动性，流行藏服的特殊性有二：款式风格固定、商业价值稳定。

第一，款式风格固定。流行藏服所具有的不易更替性、色调搭配固定性、图案标志性、具有较高艺术价值值得保护性等特质决定了其适合于外观设计专利保护。笔者建议藏区各地区设立自己的服装保护机构，因为藏区各地区服装有差异，体现了不同地区的历史精神文化和生活生产环境及对各地区宗教教派信仰的差异，分别设立单独机构保护有其必要性。藏族集中在中国西部，特殊的地理位置、气候原因使其经济发展水平不高，很多藏民不知道也负担不起申请及维护外观设计专利的费用，而由政府财政支撑的服装保护机构能很好地解决这个问题，既能保护作为非物质文化遗产客体的藏服，又能体现国家对藏族文化的重视和保护，利于民族团结。

第二，商业价值稳定。流行藏服具有不易更替性，这是适合用外观设计专利保护最重要的原因。普通服装具有季节性，其服装寿命只有 6 到 12 个月，而外观设计专利从申请到授权需要数月甚至一年，所以寿命短的服装不适合于此类专利保护。而流行藏服可能隔几年才稍有改变，传统藏服外形的稳定性及流行藏服本身所体现的藏文化的内涵值得外观设计专利对其予以保护。在申请外观设计专利时，须公开自己的设计，对于绝大多数具有流行性因素、应季的服装来说这确实是个硬伤，因为公开期内可能有第三人抄袭或模仿，侵害权利人的利益。但流行藏服没有这个担忧，因为在网络、通信发达的今天，全中国甚至很多国外的设计师都知道流行藏服的外形和特色，其设计者并没有因此担忧在申请期公开自己的设计而被第三人侵权的风险。所以，以外观设计专利来保护流行藏服十分具有价值。

外观设计专利能够提供较著作权更为有力的救济。专利法具有完整而成熟的临时禁令规则。例如，2008 年修正的现行《专利法》规定了证据保全和行为保全规则，第 67 条规定："为了制止专利侵权行为，在证据可能灭失或者以后难以取得的情况下，专利权人或者利害关系人可以在起诉前向人民法院申请保全证据。"〔1〕第 66 条第 1 款规定："专利权人或者利害关系人有证据证明他人正在实施或者即将实施侵犯专利权的行为，如不及时制止将会使其合法权益受到难以弥补的损害的，可以在起诉前向人民法院申请采取责令停止有关行为的措施。"〔2〕

此外，著作权法对"独"的要求很高，但对"创"的要求相较于专利权法则很低，只要作品是作者独立自主完成的即具有独创性。因此，若仅以著作权法保护藏服，则无法强有力地保护其作为非物质文化遗产法保护对象的价值，也不能对其进行一定程度的垄断性的保护，因为流行藏服在服装市场中属于富有文化价值的特殊客体，其非物质文化遗产客体的属性决定了要对其实施强效、有力的保护，才能保护其文化传承和艺术价值。因此，对藏服进行较强保护不会侵害社会公共利益。流行藏服的这种特性使得其十分适合外观设计专利保护。

综上，流行藏服的商业价值和表现形式在 10 年的跨度上具有稳定性，基于这一稳定的经济预期，为换取专利强保护效力和诉讼执行力的事前审查成本和专利费用足以被上述潜在利益覆盖。

（三）集体商标保护：传统藏服

传统藏服的主要价值及元素均为藏族传统的文化元素，其实很难说具有独创性或新颖性。传统藏服固然有美学价值，但其价值根源在于象征作用：传统藏族符号所承载的藏族的历史、神秘故事、圣洁而纯粹的宗教观、贴近自然和天堂的生活哲学。因此，在本质层面，传统藏服更近似于"地域符号"，而非"作品"或"设计"。

同时，由于传统藏服属于某藏区的全体居民，应采用集体组织代为行使权

---

〔1〕　相关规定，参见《专利法》（2020 年修正）第 73 条。
〔2〕　相关规定，参见《专利法》（2020 年修正）第 72 条。

利的方式来维权，而集体商标制度正好能够提供符合这一要求的组织基础。[1]

1. 传统藏服具有指示作用，是藏族传统文化的符号

传统藏服有两重属性：①它归属于服装类别；②它是特殊的具有强烈地域特征的非物质文化遗产客体。服装企业在成立之初往往都会给已生产或即将生产出的服装申请注册商标，因为注册商标能将其品牌服装与市场上同类商品加以区分，使消费者一眼能认知，从而积累自己服装的美誉度，形成强大的市场竞争力，最后获得利益的最大化。藏服也是服装，它一样也需要注册商标的保护，并通过注册商标而被赋予特殊内涵和意义，在同类商品中获得更大的竞争优势。藏服的第二种属性使它具有特殊性，上文已探讨了不同地区的藏服在外形上的不同，这种情况下每个地区的藏服都是当地的文化旅游形象及吸引游客和消费者的特别名牌，并且一说源于某地的藏服便能让人直观地对该类藏服的外形、材质有正确的认知，同时也体现了当地文化风俗的精髓，因此，每个地区的藏服都是当地最具价值的文化遗产，理应让当地居民受益。这种情况下，商标法中的集体商标是对当地服装最为有效的保护方式。

传统藏服从古到今流传下来仅稍有改变，服装的外形、轮廓、固定的色彩搭配和特色图案几乎没有变化——在非藏区居民看来，传统藏服具有如此的形象固定性，已经能够起到指示藏区文化产品的作用。

同时，在藏区的传统服装不止一种，不同区域由于各自的社会人文风俗的差异性，传统服装的外观及用料也各不相同，普通藏民能区别不同外形的藏服的来源地。对于藏服的区域性特征，笔者建议用地理标志来保护。藏服特色是由其特定的人文环境和生态环境所决定的，不同地区的藏服由于自然条件的不同，用料也相异，比如四川绵阳地区的白马藏服材料一般为棉或丝绸，浅色为基色，而同属一省相隔 438.4 公里的四川甘孜藏族自治州的藏袍则一般以氆氇为材料，深色为主色调。因此，对藏族服装进行地理性集体的保护十分具有可行性。

2. 传统藏服的集体商标保护：维权主体明晰

集体商标保护的组织机构是保护协会，集团化协会明晰了维权主体，便于维权工作的展开。

《商标法》第 3 条第 2 款规定，集体商标，是指以团体、协会或者其他组织名义注册，供该组织成员在商事活动中使用，以表明使用者在该组织中的成员

---

[1] 参见徐乃祥："服装业商标维权的一些思考"，载《社科纵横》（新理论版）2012 年第 4 期。

资格的标志。

传统藏服是非物质文化遗产的一种特殊客体，其权利主体的确定十分重要。传统藏服是在藏族特殊的文化背景和地域环境中用藏族人民集体的智慧创设出来的，其权利主体非任何个人所有，并且不同地域的藏服特征显著、易于区别且风格各异，所以应该确定其权利主体为创设出每类藏服的该地域人民。对于集体商标的申请主体，《集体商标、证明商标注册和管理办法》第 4 条规定："申请集体商标注册的，应当附送主体资格证明文件并应当详细说明该集体组织成员的名称和地址……申请以地理标志作为集体商标注册的团体、协会或者其他组织，应当由来自该地理标志标示的地区范围内的成员组成。"可见，传统藏服的地域性符合集体商标的申请规则，而当地商标保护协会属于适格的集体商标申请人，因为其由特定传统藏服对应的成员组成。

藏民普遍缺乏法律意识，不知自己为传统服装权利主体的一员，也不知保护服装法律权利的途径，因此，笔者建议具有特色服装的地域设立单独的传统服装保护机构。若两地的服装特色相同，则两地政府相协调，选择由最具藏服特色的地域所在政府实施保护。一般来说，根据非物质文化遗产的产生、留存和使用情况，可以将创造、留存、使用该非物质文化遗产的群体、社区或个人作为权利主体。但现行法律条文中对如何确定非物质文化遗产权利人没有详细规定，一般来说都是非物质文化遗产继承人等作为权利人。对此，笔者认为，若当地以官方立场成立民族服装保护协会，即可确定该机构为权利人，若没有条件成立该机构，则由国家成为权利人。但为使本民族、本地区非物质文化遗产客体的管理和保护更为便利和有效，笔者认为还是前者保护更为恰当。

该机构应承担起对地理标志进行挖掘和培养的责任，积极申报地理标志为集体商标，这既有利于对传统服装全面有效的保护，以避免其他地域注册自己地理标志为商标从而影响本地传统服装的美誉及混淆本土的地理标志，还能对本地的服装经济起到积极推动作用。地方服装保护专门机构对地方传统服装地理标志保护的职责主要有：将地理标志注册为集体商标，积极探索、培养本土可申请为集体商标的品牌，规范集体商标的使用方式、确定适度的准入条件和严格的退出制度，大力培养集体商标的创设意识，鼓励商事主体使用集体商标。

（四）三元保护模式的实质：保护周期与商业周期的匹配

三元保护模式的目的是使得被保护藏服的商业特质与相应制度相吻合，起到保护藏服文化、促进藏服设计创新的作用。

由于知识产权的一项重要限制是具有时间性，一旦过了保护期限，智力成果就进入共有领域。对于保护对象而言，权利保护期相较于权能的具体内容是更加重要的，因此，在为不同的藏服选取合适的保护方式时，法律保护周期是最为关键的考量因素。

三元保护的大致架构是利用不同知识产权法律保护制度的特性，来对应不同商业化程度的藏服。具体而言，三元保护模式与不同类型藏服的匹配性如下表所示。

表4　三元保护模式下保护周期与商业周期的匹配

保护方式	藏服类型	商业周期	法律保护的特点
著作权	藏族风服装	短期、不定期 2年以下	自动保护 维权成本低
外观设计	流行藏服	中期 2年至10年	效力强 维权效力强
集体商标	传统藏服	长期 10年以上	维权主体明晰 无限续展

对于藏族风服装，其市场热度的兴起和衰落具有很大的不稳定性。时尚服装的热销期一般不超过一年，但很可能过一段时间又莫名流行起来，所以藏族风服装比较适合确权成本低而保护时间长的著作权保护。

对于流行藏服，其商业周期具有稳定性，且在特定区域的普及程度较高，故潜在商业价值最为可观且稳定，其市场收益和专利强保护所带来的收益，足以覆盖事前的外观设计专利申请期以及事后维护的时间及财务成本。

对于带有文化遗产性质的传统藏服，服装特色不能归功于某具体个人，而且其作为今后藏服设计的灵感源泉，具有长期的保护价值，而集体商标制度的无限续展和准行政机关维权的特性，能很好地解决集体商标在时间性和主体性方面存在的现实需求。

五、结论

对藏服的知识产权保护模式可以不局限于传统服装的著作权模式或版权与专利权相结合的二元保护模式，这两种模式与藏服类别的多样性不相适应，实质是法律保护和商业特质的错配。

笔者主张，应采取特殊对象特殊分析的"三元保护模式"，给予藏族服装全面有效的保护。对于藏族风服装，其适合著作权的全盘保护，以适应其设计类型多样、商业周期不稳定、侵权行为规模小而分散的特点；对于商业化程度居中的流行藏服，可以适用外观设计专利保护，因为流行藏服是设计人根据其个体价值和判断选择性地对藏服进行少量改造而成，受众较广且款式长期保持稳定，与外观设计专利维权费用高但维权效果好的特点相适应；因地区不同而外观、材质不同的传统藏服则适用集体商标的保护，这一方面明确了集体商标协会的维权主体地位，降低了维权成本，另一方面使得传统藏服的保护期得到延长，符合非物质文化遗产的历史特性。

最后，虽然论文主体未加论述，但笔者认为如下命题十分有必要予以讨论：藏区应设立藏服的国家标准，用标准化技术保护藏服的多样性和特殊性。具体实施方式有：可以组织民族文化研究专家实地调研、收集、查证不同藏服标样、记录藏服特色元素信息并以实地拍摄的照片为佐证，采访当地民众，记录、整理传统藏服的各种重要信息，不同调查专家之间多次讨论、审定，最后归纳入档。藏服国家标准的设计会对藏族传统服装的保护起到积极作用，也能保护我国文化的多元性。国家标准将把藏服传统特色元素固定入档，使其后的著作权登记、外观设计专利申请更为便捷、准确。

竞价排名服务中商标侵权问题研究

徐子惠

本文通过分析国内外相关判例，对竞价排名关键词设置是否为商标侵权行为进行探究。关于竞价排名的商标侵权纠纷已经有十余年的历史，从最开始借鉴国外相似案例到如今国内已经形成相当数量的生效判决，已经通过了充分的司法实践检验，对竞价排名这种付费搜索广告的商业模式做出了规范性指引。根据竞价排名的商标侵权纠纷的判决结果可知，对竞价排名服务提供者并未课以与传统广告发布者相同的注意义务。

一、竞价排名及其法律风险

（一）竞价排名参与者

竞价排名参与者主要是竞价排名服务使用者以及提供者，双方根据纸质服务合同以及竞价排名服务提供者的线上协议建立起一定的法律关系。

1. 竞价排名服务使用者——广告主/竞价者

事实上，竞价排名服务使用者作为企业及市场经营者，由于在正常的企业经营中利用互联网对外发布广告，通常被称为广告主或者竞价者。

2. 竞价排名服务提供者——互联网广告发布者

提供搜索引擎竞价排名服务的运营商不仅包括通用网页搜索引擎，即百度、谷歌、必应等专业提供搜索服务的网站，也包括行业垂直搜索引擎，即某行业信息积聚类网站，比如亚马逊、京东、淘宝等电商网站内部提供商品或店铺搜索竞价排名，甚至新浪微博的热搜也有竞价排名的痕迹。国内知名的竞价排名服务提供商均在网站公布免责声明，其内容大同小异。

搜索引擎是极度复杂的新兴技术，涉及海量信息的检索、辨识、收录、优先排序等一系列逻辑规则，通过爬虫技术抓取海量的互联网信息，其服务的对象是数以亿万计的互联网用户。

（二）竞价排名关键词展现形式

如果网络用户只是大致上想要搜某个内容，但偏偏灵光一闪，只想到某个相关的单词或者口语化描述，而非具有强逻辑性的专业化表述，网络用户在搜索引擎的搜索框里输入相关关键词或短语，搜索引擎能够立刻为用户反馈一个包含大量相关备选信息的搜索结果列表，由网络用户根据该结果列表所反映的内容，自行甄别其所关心的内容。

1. 搜索结果中展示他人商标

首先要确认的是购买竞品词这一行为是否构成商标的使用行为。使用商标的最低要求应该是让潜在购买者能够肉眼看到、耳朵听到、亲身感知到，比如说在网络链接标题、网页描述/创意上的显性使用，且"用于识别商品来源的行为"才有可能构成商标法意义上的使用。基于对商标专用权的保护范围，仍需要以容易导致相关公众"混淆"为要件，

其次，根据我国现行《反不正当竞争法》的规定，如果使用广告或其他商业推广手段导致其成为引人误解的虚假宣传，将被认定构成不正当竞争行为。因此，将他人商标作为竞价排名的搜索关键词进行购买使用的，虽然商标并没有在搜索结果画面上表示，但从其具体服务形态上来看，即使没有导致生产者、产地的误认，也有可能被认为是由于广义上的误解导致虚假宣传，这种情形仍可能会被认定为不正当竞争。

2. 搜索结果中不展示他人商标

仅仅使用竞争对手的商标、公司名称或其简写、公司商号等词条作为竞品词及搜索关键词，属于竞价排名中设置关键词的商标隐性使用行为。隐性使用他人商标设置为竞价排名关键词不应该、也不可能影响商标权利人网站的自然排序。

这种后台设置关键词的模式就类似于一种把用户群分组，用于定位、锁定目标群体的地理标识。就像海淀区，尤其是海淀黄庄等地铁站，其周边广告都是各种职业培训、留学、学历教育类广告；朝阳区，尤其是东三环国贸地铁站，其周边广告都是演唱会、文艺演出类的广告。这些都是一种基于锁定消费人群基本属性的定位。

竞价排名中的关键词购买也是基于这种相关联想功能：如果 A、B 公司属于同一行业竞争对手，产品近似，搜 A 公司，以 A 公司相同或相似产品为连接点，就有可能在自然搜索结果中显示 B 公司的产品，或者直接显示 B 公司网站信息，但这种显示往往在自然搜索结果中处于较为靠后的位置。

二、关于竞价排名关键词性质的实证分析

侵权广义说认为，侵权行为是产生责任的根据，但侵权行为不仅仅是指因行为人的过错而导致的侵权行为，还包括基于法律的规定而产生的责任。我国适用的是上述侵权广义说的概念。本部分以涉及竞价排名关键词的相关典型案例为研究对象，进行实证分析，旨在为相关制度完善提供实证素材和指引。

（一）日本司法实践及案例分析

日本普遍认为竞价排名归属于"检索连动型广告"。竞价排名服务就是一种由互联网信息公司提供的人为操作搜索结果的付费服务，该服务面向互联网普通用户层推广、宣传，搜索与关键词有关的广告主的网站，并将网站介绍以文字或图片形式展现为搜索结果画面。

日本普遍认为将他人注册商标作为搜索关键词并不侵犯商标权。而竞价排名服务中，认定商标侵权行为需要以广告文案中展示他人注册商标为前提。在谷歌和雅虎等搜索引擎中输入关键词进行检索时，广告与搜索结果一同展示。例如，在搜索引擎中输入"律师事务所"时，会同时展示几个律师事务所的广告。

关于这一点，以下的日本判例较为经典，可供参考。

1. 木瓜（日文：パパイア）发酵食品案

2007 年 9 月 13 日，大阪地方法院下达木瓜发酵食品案的判决。原告销售木瓜发酵食品，并将本公司商品的名称作为商标进行了注册。被告曾作为原告公司的产品代理并销售原告的商品，之后开始销售自己公司的产品。被告在搜索引擎雅虎上刊登广告，当检索关键词为原告的注册商标时，搜索结果的展示画面上将同时显示被告的广告。法院没有认同被告侵犯了原告商标权，完全驳回原告诉求。

一般来说，在日本的司法实践中，如果需要认定使用他人注册商标构成商标侵权行为，该注册商标必须在肉眼可辨别的状态下使用。

上述判例中，被告将他人注册商标作为后台搜索关键词，从而为本公司

"打广告"，就是要借着他人注册商标上所承载的商业信誉提升自己公司的销售量，而这仅仅是将他人注册商标作为关键词设置，并不构成商标侵权行为。

2. "中古車の110番"案

原告注册商标"中古車の110番"（发音：KURUMA NO HYAKUTOBAN）并非驰名商标，该案件就是在搜索引擎 MSN 的搜索结果中展示了被告广告，其广告文案中标记了"クルマの110番"（发音：KURUMA NO HYAKUTOBAN），发音与涉诉原告注册商标完全相同，并且书写方式是把涉诉商标的汉字写成了通用的日文片假名。

2005 年 12 月 8 日，大阪地方法院下达判决：原告拥有注册商标"中古車の110番"，被告在检索结果的展示画面中显示了原告公司网站主页上的描述说明，即"クルマの110番。车辆检测、车辆零配件、车内精品销售等，与车辆相关事宜均可向本公司咨询"。虽然本案涉诉注册商标"中古車（クルマ）の110番"与被告"クルマの110番"侵权描述并非完全一致，而仅是判定为构成近似，被告行为仍构成对原告商标权的侵犯。

上述案件表明，即使没有在广告中突出使用他人商标，而仅仅使用同背景色、同等大小文字以普通叙述方式表示他人的商标，由于他人商标或者他人商标中的一部分以可视觉识别的方式得以展示，甚至是表现为"xx 风"（例如"宜家风"），仍很有可能构成商标侵权或者不正当竞争。

3. "Chupa Chups"诉乐天市场商标侵权案

该案缘由是：原告在日本多个商品类别上广泛注册商标"Chupa Chups"，电商乐天市场的商户销售带有"Chupa Chups"商标的糖果，原告作为商标权人对乐天市场提起侵权损害赔偿诉讼。

毋庸置疑，销售无商标授权产品的商户构成商标侵权。但问题是提供经营场所的电商是否应当承担相应责任？原告主张，即使是无授权商户自身的侵权行为，提供经营场所的电商也应当承担监管不力的责任。

2012 年 2 月 14 日，日本知识产权最高法院下达了判决，判决内容与地方法院判决结果相同，均是判决乐天市场不承担责任。我们应注意判决书中记载的审判逻辑。本案中，在被告网站上，有数量众多的驻场商铺经营各自商铺的网页并展示商品。可以很明确的是，商标权人对于未经商标授权许可使用的网络店铺可以请求停止侵权、删除该网页商品信息并要求赔偿损失，但除此以外，电商作为网页的运营者，仅对驻场商铺付费开店行为提供有偿的系统运营等服务，其自身对于该商铺是否存在商标侵权行为不存在明知或应知的可能性。只有在电商收到侵权通知后，没有在合理期限内对商标侵权页面进行删除处置的情况下，商标权人才可以商标侵权为由，对商标侵权店铺和电商同时提出停止侵权并要求赔偿经济损失的诉讼请求。

也就是说，电商如果收到商标权人的侵权通知后放置不理的话，不仅侵权店铺要承担损害赔偿责任，电商也要承担损害赔偿责任。上述案例中，乐天市场不承担赔偿责任的前提就在于其迅速地在其网站上删除了假冒品牌商品。

（二）国内最新判例研究

美国《数字千年版权法》（Digital Millennium Copyright Act，DMCA）仅适用于网络著作权领域，欧盟《电子商务指令》（Directive 2000/31）则不限制使用的权益类型，可以适用于诽谤、散布色情信息、著作权、商标权等领域。日本《特定电气通信提供者损害赔偿责任之限制及发信者信息揭示法》也没有区分违法信息损害的是他人何种权利。我国《信息网络传播权保护条例》和最高人民法院《关于审理涉及计算机网络著作权纠纷案件适用法律若干问题的解释》都直接或间接参照了美国 DMCA 集中列举的网络服务提供者承担间接侵权责任的情形和免责条件。我国《民法典》第 1194 条规定："网络用户、网络服务提供者利用网络侵害他人民事权益的，应当承担侵权责任。法律另有规定的，依照其规定。"

1. 仅广告主承担商标侵权责任

为了深入研究司法实践中竞价排名服务商标侵权问题，笔者收集整理了 78 件司法案例，涉及商标权的案件共 62 件，包括商标隐性使用 8 件，商标显性使用 54 件。可见，商标权人对于他人显性使用自己注册商标的行为更难以容忍。在涉及商标隐性使用的案例中，仅"万得诉同花顺"案确认为商标侵权。

（1）北京市丰台区 ABC 外语培训学校诉北京创意麦奇教育信息咨询有限公司、上海麦奇教育信息咨询有限公司侵害商标权纠纷案。本案原告注册"ABC 英语"等商标，起诉二被告将"ABC"等作为搜索关键词的行为侵害其商标权。由于 VIP 属于一种通用词，因此，法院判定"ABC"与"VIPABC"构成近似。又因输入原告注册商标后，搜索结果显示了被告"VIPABC"的相关网站，其搜索结果创意描述中的标题、网站说明中均有"VIPABC"等标志，以及与"VIPABC"英语培训相关的内容，且点击进入后的页面即二被告实际提供在线英语教育培训的 vipabc.com 网站，二被告通过该搜索关键词实现了标识其所提供的在线英语教育培训服务来源的作用，故二审法院认定：被告使用原告注册商标作为搜索关键词，并在搜索结果中进行该关键词的前台展示，该使用属于商标法意义上的商标使用行为，构成商标侵权行为。

（2）上海百纳控制工程技术有限公司诉上海嘉图自动化控制系统有限公司、百度侵害商标权及不正当竞争纠纷案。本案中，被告以包含原告注册商标以及相关产品的词条"百纳流量开关"设置搜索关键词，在百度进行搜索后，相关搜索结果明确指向上海嘉图自动化控制系统有限公司网站。被告在商业广告宣传中使用"百纳"的行为亦属于我国商标法意义上的商标使用行为。而且，原告商标核定使用的商品类别与被告提供的商品类别构成类似。法院判定被告未经原告许可使用其注册商标，构成商标侵权，且构成不正当竞争。

法院认定："百度作为搜索引擎服务的提供者，并非内容的提供者，其本身与原告不构成竞争对手关系，其仅通过技术手段对注册用户的相关内容在搜索结果中的展现方式产生影响，所展现的搜索结果仅是用户网站本身的内容或用户设置的内容，故其行为不构成直接的商标侵权或不正当竞争。百度在涉诉后已经屏蔽了被控侵权的关键词。因此，百度主观上并无过错，其行为亦不构成帮助侵权，不应承担法律责任。"

2. 广告主与竞价排名服务提供者均不构成侵权

2015 年修订的《广告法》第 19 条将互联网广告中涉及的"互联网信息服务提供者"与传统的报刊、音像广播、电台电视台等广告发布者相提并论，虽然没有直接认定"互联网信息服务提供者"其实就是《广告法》下的广告发布者，但也间接地表明了互联网广告中各种竞价排名机制的互联网信息服务提供者应当对保健品、药品等关系到消费者人身健康权益的高风险产品承担更高的注意义务。

2016 年 7 月 4 日原国家工商行政管理总局发布的《互联网广告管理暂行办法》第 3 条中详尽地描述了互联网广告所展现的各种形式。尽管该办法仅是部门规章，但其出台实施旨在更加有效地监督、管理、规范通过互联网进行推广的广告活动，最大程度上保护消费者的各项合法权益，并且也旨在促进整个互联网广告行业的健康、正常发展，为市场经营者提供公平竞争的良好市场经济秩序，而且在诉讼案件中也可以为法官裁决提供充分的参考。

在附表列出的 78 件案例中，"慧鱼"案、"豪克能"案、"金夫人"案等四个案件终审认定广告主与竞价排名服务提供者均不侵权、不承担赔偿责任。在

北京市高级人民法院审理的"慧鱼"案中，基于推广链接中未展现诉争商标的事实，在经过一系列法律分析后，北京市高级人民法院维持了一审法院的判决，认定一审被告选择竞争对手"慧鱼"商标设置关键词的行为不属于商标侵权。该案开启了互联网广告竞价排名争议中，广告主与竞价排名服务提供者双免责的新模式。

《互联网广告管理暂行办法》颁布实施以来，竞价排名已经不再被认为是一种技术服务，而在被认定为广告的前提下，新的判决结果将为今后的互联网广告中的竞价排名服务使用者和竞价排名服务提供者提供一盏指路明灯，具有极强的导向性。事实上，这些新的案例并没有加重竞价排名服务提供者的审查义务，而是延续了之前既有的认定规则，判定竞价排名服务提供者不承担侵权责任。

三、竞价排名与商标使用相关行为之制度分析

随着网络技术及电子商务的发展，商家愈发重视竞价排名的使用以发展自身网上业务。由于商标的识别功能，竞价排名很可能涉及他人商标使用问题。因此，必须在总结司法经验的基础上，从制度完善层面深入研究竞价排名与商标使用相关行为。

（一）明确隐性使用他人商标行为的性质

《互联网广告监督管理暂行办法（征求意见稿）》第 15 条规定："互联网广告活动中不得有下列形式的不正当竞争行为：……（五）使用他人商标、企业名称作为文字链接广告、付费搜索广告的关键字、加入网站页面或源代码提高搜索度，诱使消费者进入错误网站；……"如果该条款成立的话，那么将断绝一切显性、隐性使用他人商标作为竞价排名关键词的可能性。

但《互联网广告管理暂行办法》正式颁布时，删除了具体举例条款，这可能也是从侧面认可隐性使用他人商标作为竞价排名关键词的合法性。

随着《互联网广告管理暂行办法》的出台以及《反不正当竞争法》的修改，搜索引擎的产品模式可能将逐步从现有模式中的网络服务平台或者技术服务商逐步转变为网络平台的内容提供者，而搜索引擎也必将从技术服务向广告发布者的身份靠拢，其承担的审查责任和注意义务必将有所提升，也将不再简单适用以往的避风港原则，即"通知-删除"原则。

行为人的关键词使用可能会使实时交易机会减少，这是商标权人最无法忍

受的。但是，这只是存在一定可能性，对同一交易机会而言，竞争对手之间一方有所得，另一方即有所失。利益受损方要获得民事救济，还必须证明竞争对手的行为具有不正当性。最高人民法院曾对我国《反不正当竞争法》的一般条款做出说明，提出应具备的条件之一就是"使其他经营者的合法权益确因该竞争行为而受到了实际损害"。

北京市高级人民法院也指出，判定被告购买、使用竞价排名服务的行为是否构成不正当竞争行为时，考虑因素可以包括"是否足以导致归属于原告的交易机会或者竞争优势变化，致使原告合法权益受到损害"。所有竞争者都可以采用这种方式争夺交易机会。新企业通过这种方式能够更容易地融入市场，提高知名度，从而与老企业开展竞争，降低调研潜在客户群的成本。

（二）明确显性使用他人商标行为的性质

在实践中，根据目前收集到的相关案例，总结其规律可知，解决将同一个行业的竞争者们的注册商标作为互联网上的搜索关键词所带来的争论，关键还是需要判断该行为是否构成商标侵权行为或者是不正当竞争行为。通过司法实务界和学术界形成的共识可知，对于在竞价排名服务或者付费搜索服务中显性使用他人商标的行为，首先应认定该行为构成商标法意义上的使用行为。国际上和国内目前已有的司法判决对于显性使用行为多认定为构成商标侵权行为。

（三）竞价排名服务提供者行为定性（义务设定）

我国《广告法》（2015年修订）第34条第2款规定："广告经营者、广告发布者依据法律、行政法规查验有关证明文件，核对广告内容。对内容不符或者证明文件不全的广告，广告经营者不得提供设计、制作、代理服务，广告发布者不得发布。"

2015年，我国《广告法》修订；《医疗广告管理办法（修订稿）》于2015年公开征求意见；《房地产广告发布规定》于2015年12月24日颁布，2016年2月1日实施；2016年5月，魏泽西事件一石激起千层浪，随后，《互联网广告管理暂行办法》快速颁布并实施。

1. 审查及注意义务

最高人民法院《关于审理侵害信息网络传播权民事纠纷案件适用法律若干问题的规定》第8条第2款规定："网络服务提供者未对网络用户侵害信息网络传播权的行为主动进行审查的，人民法院不应据此认定其具有过错。"

基于前述对竞价排名服务提供者在互联网广告纠纷中司法实践的认定以及

承担责任的法学理论基础的考量，可以将竞价排名服务提供者在竞价排名行为中的责任承担的认定要件作如下界定：①以实际参与竞价排名的广告主存在商标侵权行为为前提；②竞价排名服务提供者主观上明知或应知该不正当竞争行为的存在；③竞价排名服务提供者在客观上实施了帮助侵权行为；④竞价排名服务提供者并未采取与其技术相当的必要措施。

针对商标权人多次或重复投诉的情况，2012年最高人民法院发布的《关于审理侵害信息网络传播权民事纠纷案件适用法律若干问题的规定》将"网络服务提供者是否针对同一网络用户的重复侵权行为采取了相应的合理措施"作为判断网络服务商是否构成"应知"的因素之一。一些网络服务商也相应地对其服务协议进行更改，约定对重复侵权的用户，有权采取停止服务等更严厉的处罚措施。

2. 避风港原则的适用

除了针对互联网普通用户的"免责声明"、针对商标权利人及其他权利所有人的"权利声明"之外，竞价排名服务提供者也针对有可能发生的由于关键词广告设置引发的商标侵权纠纷的解决机制进行了约定。

关于"通知-删除"规则的履行，实际操作中一般需要通过权利人承认或者竞价排名服务提供者提供后台操作数据时间节点的公证来认定。

最高人民法院《关于审理侵害信息网络传播权民事纠纷案件适用法律若干问题的规定》第7条第3款规定："网络服务提供者明知或者应知网络用户利用网络服务侵害信息网络传播权，未采取删除、屏蔽、断开链接等必要措施，或者提供技术支持等帮助行为的，人民法院应当认定其构成帮助侵权行为。"网络服务提供者应当采取删除、屏蔽、断开链接等必要措施来应对侵权事件，但前提是权利所有者依据相关法律以及网络服务提供者公示的投诉渠道进行通知，如果其通知程序没有瑕疵，而网络服务提供者并未及时（一般认为5天至7天内）采取相应的处理措施，如断开链接等，则网络服务提供者可能承担帮助侵权责任。

3. 竞价排名服务提供者作为广告发布者的义务

2015年修订的《广告法》第19条将互联网广告中涉及的"互联网信息服务提供者"与传统的报刊、音像广播、电台电视台等广告发布者相提并论，虽然没有直接认定"互联网信息服务提供者"其实就是《广告法》下的广告发布者，但也间接地表明了互联网广告中各种竞价排名机制的互联网信息服务提供者应当对保健品、药品等关系到消费者人身健康权益的高风险产品承担更高的注意义务。

互联网上的竞价排名服务以及发布付费搜索信息这一行为已经被正式明确为广告发布行为，各大互联网信息发布公司均踏踏实实地将竞价排名以及付费搜索结果上标注"广告"标识，并以不同于自然搜索结果的背景颜色等方式做出区分。

4. "明知或应知"构成条件

实际操作中对于"明知"的界定，限于最高人民法院《关于审理侵害信息网络传播权民事纠纷案件应用法律若干问题的规定》第13条规定的权利人发送通知但网络服务提供者未删除的情形，即法院应当认定其主观过错为"明知"，而非"应知"。

另外，由于驰名商标认定复杂，且根据规定不应对驰名商标进行广告宣传，价值渠道有限，并不能认定驰名商标就属于竞价排名服务提供者的"应知"范围。在附表中列举的78件相关案例中，涉及驰名商标、各地著名商标的案件有8件："大众搬场"案、"捷顺"案、"华夏未来诉蓝菲"案、"以纯"案、"罗浮宫诉连天红"案、"金夫人"案、"杭叉"案、"联塑"案。其中，仅"大众搬场"案和"联塑"案需要竞价排名服务提供者承担共同侵权赔偿责任，而"以纯"案、"金夫人"案更是作出广告主和竞价排名服务提供者双免责的判决。

5. 竞价排名中使用他人商标的行为不属于不正当竞争行为

竞价排名服务提供者与商标权所有人并非同类竞争关系，主观上不存在不正当竞争的故意，客观上竞价排名服务提供者根据网络用户自主输入关键词的相关性，按照用户期待可能性的高低对搜索结果展示内容进行排序，除了根据历史搜索结果中网络用户最终决定点击进入某链接的比率，以及根据相似搜索历史预测网络用户实际上想要搜索的内容等因素之外，还可以让网络用户根据搜索结果中所联想到的相关链接进一步拓展性地了解其他同类型的商品品牌或服务。

百度公司提交（2013）高民终字第1620号民事判决书、（2013）一中民终字第3106号民事判决书，证实法院曾认为将相关文字设置为推广链接关键词不属于侵犯商标权的行为，且该行为在计算机内部系统操作，未直接向公众展示，不会使公众混淆，不属于商标性使用；为推广商品或服务将相关文字设置为推广链接的关键词，不构成不正当竞争行为。其认为商业机会是商业社会公平竞争下的产物，而非一种法定权利，商业竞争模式下竞争对手通过良性竞争手段公平对决、竞标，争取公平的交易可能性，属于正常健康的竞争行为。

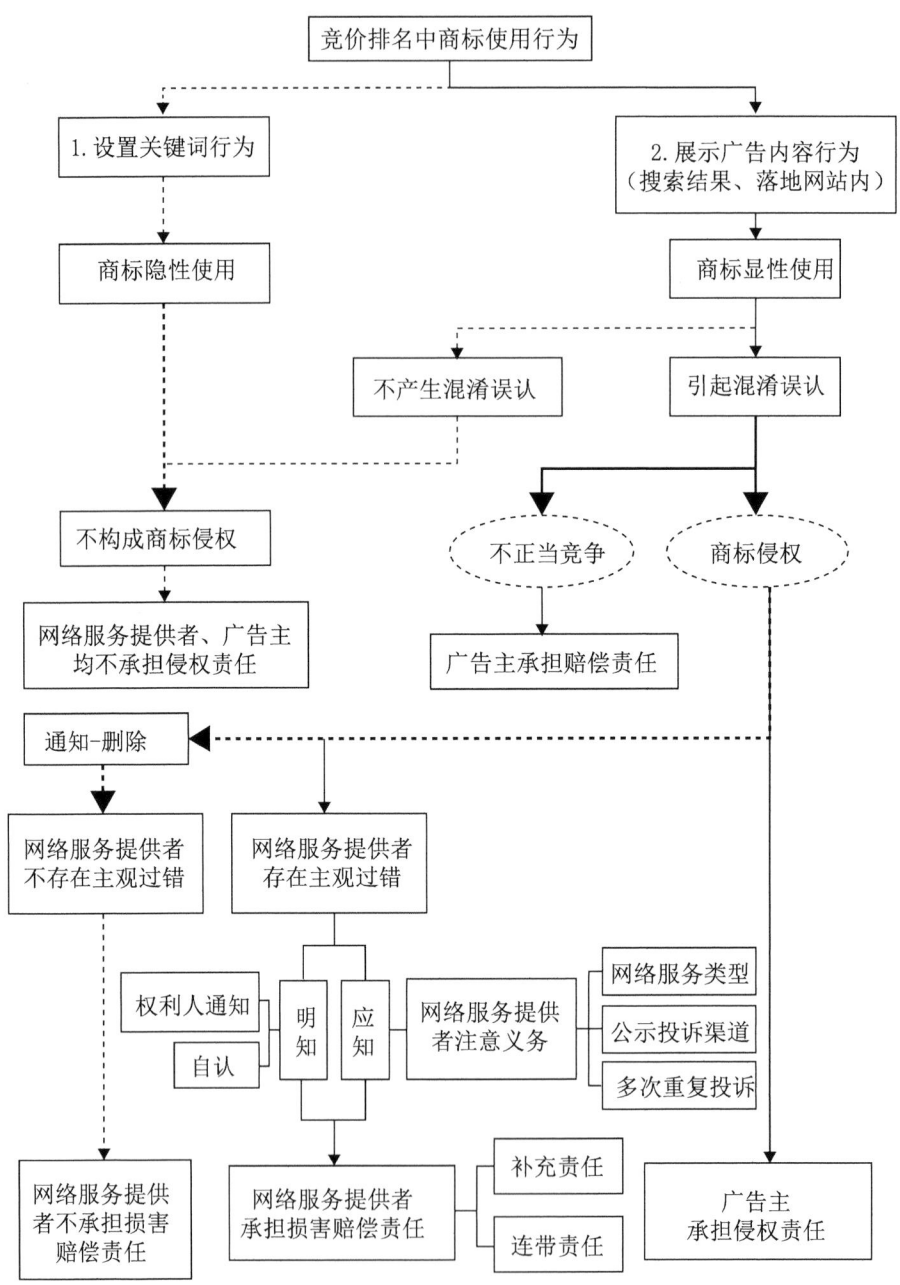

图 1　竞价排名中商标使用行为构成商标侵权的要件以及责任分配

来源：作者自创。

四、结论

商业社会的本质就是竞争，自由竞争和正当竞争构成现代商业社会良性循环发展的中流砥柱。互联网广告的各种形态对于商标的使用形成了巨大的挑战。互联网环境如一把双刃剑，既可以铺天盖地宣传产品，打开蓝海销路，又加剧了同行业竞争对手之间的竞争。

2015 年 7 月，原国家工商行政管理总局曾对外公布的《互联网广告监督管理暂行办法（征求意见稿）》第 15 条几乎就是将现行竞价排名模式中的关键词广告行为定义为不正当竞争行为。然而，在长达 12 个月的社会求证和研究之后，2016 年 7 月正式公布、2016 年 9 月实施的《互联网广告管理暂行办法》将征求意见稿中的这条规定完全删除。这表明国家机关对明确规定"将使用他人商标、企业名称作为付费搜索广告的关键字的行为规定为不正当竞争行为"尚存疑虑，这其实是对实践中竞价排名模式下使用他人商标作为关键词的行为未必构成侵权的间接肯定。当产生纠纷时，一般由司法机关根据个案具体情形进行侵权与否的认定，在纠纷双方举证充分的前提下，绝大多数法院判决认定这种关键词广告不构成商标侵权，且竞价排名提供者不承担赔偿责任。这与其他国家对这种行为所持的态度基本一致，同时体现在世界上各大搜索引擎服务商的竞价排名服务实践之中。对竞价排名服务提供商并没有课以与传统广告发布者相同的谨慎注意义务，而仍普遍地以"通知－删除"原则作为"明知或应知"的前提。

隐性使用他人商标行为可以促进市场经营者之间的自由竞争，并且保护了自由竞争，最终方向是达到保护商标专用权人利益与获取公平交易机会之间的利益平衡。

附表　竞价排名侵权案件判决文书列表

序号	案件名称	审理法院	判决书号	涉案权利	隐性使用	显性使用	驰名商标	商标侵权	不正当竞争	广告主承担赔偿责任	竞价排名提供者承担侵权责任	通知删除
1	陈茂蓬诉百度著作权及虚假广告纠纷案	北京市海淀区人民法院	(2006)海民初字第18071号	著作权	–	–	–	–	–	–（本案未被诉）	–（判决认定：竞价排名是搜索引擎服务）	通知删除
2	武汉回归科技有限公司诉百度侵犯计算机软件著作权纠纷案	北京市海淀区人民法院	(2007)海民初字第22956号	软著登字第063124号	–	–	–	–	–	–（本案未被诉）	–	通知删除
3	大众交通（集团）股份有限公司、上海大众搬场物流有限公司诉百度侵犯商标专用权、不正当竞争纠纷案——"大众搬场"案	上海市第二中级人民法院/上海市高级人民法院	(2007)沪二中民五（知）初字第147号/(2008)沪高民三（知）终字第116号	"大众"商标（注册号772844）	–	显性	上海市著名商标	商标侵权	–	–（本案未被诉）	非直接实施商标侵权行为，作为共同侵权人；赔偿5万元，刊登声明消除影响	通知删除
4	台山港益电器有限公司诉广州第三电器厂、北京谷翔信息技术有限公司（谷歌）侵犯注册商标专用权纠纷案——"绿岛风"案	广州市白云区人民法院	(2008)云法民三初字第3号	"绿岛风 Nedfon"商标（注册号1211271）	–	显性		商标侵权		赔偿2.1万元		通知删除

续表

序号	案件名称	审理法院	判决书号	涉案权利	隐性使用	显性使用	驰名商标	商标侵权	不正当竞争	广告主承担赔偿责任	竞价排名提供者承担侵权责任	通知删除
5	北京沃力森信息技术有限公司诉八百客软件技术有限公司案——"XTOOLS"案	北京市第一中级人民法院/北京市海淀区人民法院	（2010）京一中民终字第2779号/（2009）海民初字第26988号	XTOOLS商标（注册号4372228）	–	显性		商标侵权		赔偿5万元	–	通知删除
6	北京史三八医疗美容医院诉北京新时代伊美尔幸福医学美容专科医院有限公司、百度不正当竞争纠纷案——"史三八案"	北京市第二中级人民法院/北京市朝阳区人民法院	（2010）二中民终字第06115号/（2009）朝民初字第23036号	姓名权、企业名称字号权、商标专用权	–	显性		商标侵权		和解	–	通知删除
7	杭州盘古自动化系统有限公司诉杭州盟控仪表技术有限公司、百度侵犯商标专用权纠纷案	浙江省杭州市滨江区人民法院	（2011）杭滨知初字第11号	商标注册号1981239	–	显性		商标侵权		赔偿5万元；刊登声明消除影响	–	通知删除
8	美丽漂漂（北京）电子商务有限公司诉北京薄荷时尚电子商务有限公司、百度侵犯商标权及不正当竞争纠纷案——"美丽漂漂"案	北京市海淀区人民法院	（2011）海民初字第10473号	美丽漂漂.com商标（注册号7227886）	–	显性		商标侵权	不正当竞争	赔偿4万元；刊登声明消除影响	–	通知删除

续表

序号	案件名称	审理法院	判决书号	涉案权利	隐性使用	显性使用	驰名商标	商标侵权	不正当竞争	广告主承担赔偿责任	竞价排名提供者承担侵权责任	通知删除
9	深圳市捷顺科技实业股份有限公司诉深圳市九鼎智能技术有限公司、百度侵犯商标专用权纠纷——"捷顺"案	深圳市中级人民法院	（2011）深中法知民终字第651号	"捷顺"商标	－	显性	广东省著名商标	商标侵权	－	赔偿	－（一审判决共同侵权，二审判决不承担侵权责任）	通知删除
10	某公司诉某学校"德语培训服务"不正当竞争纠纷案	上海市黄浦区人民法院	（2012）黄浦民三（知）初字第253号	商标权	－	显性	－	商标侵权	－	赔偿1.45万元	－	通知删除
11	成都新津汤姆叔叔鞋艺有限公司诉重庆芬尼斯皮革护理有限公司等商标侵权及不正当纠纷案——"汤姆叔叔案"	重庆市第一中级人民法院	（2012）渝一中法民初字第00430号	"汤姆叔叔"商标（注册号1205988）	－	显性	－	商标侵权	－	赔偿5万元	－	通知删除
12	北京美瑞欧科技发展有限公司诉北京翰皇伟业皮革清洁养护连锁服务有限公司不正当竞争纠纷案	北京市东城区人民法院	（2013）东民初字第13660号	"Merio 美瑞欧"商标（注册号9500769）	－	显性	－	－	不正当竞争	赔偿1.1万元	－	通知删除
13	佛山市顺德区清大润彩涂料有限公司诉东莞市欧帕涂料有限公司、百度商标侵权及不正当竞争纠纷案——"泰诗尔"案	东莞市第一人民法院	（2013）东一法知民初字第254号	"泰诗尔/TAISHIER"商标（注册号8408955）	－	显性	－	－	不正当竞争	赔偿2万元	－	通知删除

续表

序号	案件名称	审理法院	判决书号	涉案权利	隐性使用	显性使用	驰名商标	商标侵权	不正当竞争	广告主承担赔偿责任	竞价排名提供者承担侵权责任	通知删除
14	上海等势线计算机科技有限公司诉上海首擎信息科技有限公司侵害商标权纠纷案	上海市浦东新区人民法院	(2013)浦民三(知)初字第1058号	"ETW国际""ETW INTERNATIONAL"商标	－	显性		商标侵权	不正当竞争	赔偿6.1万元	－	通知侵权
15	上海等势线计算机科技有限公司诉上海星谷信息科技有限公司侵害商标权纠纷案	上海市杨浦区人民法院	(2014)杨民三(知)初字第307号	"ETW国际""ETW INTERNATIONAL"商标	隐性	－	－	－	不正当竞争	赔偿4.1万元	－	通知侵权
16	东莞市超明亮光之光照明节能科技有限公司诉深圳市鼎城威电子科技有限公司、百度侵害注册商标专用权纠纷案	广东省深圳市宝安区人民法院	(2013)深宝法知民初字第1043号	"光之光管中管"商标(注册号7687021)	－	显性		商标侵权		赔偿5万元	－	通知删除
17	费希尔厂有限责任公司、慧鱼(太仓)建筑锚栓有限公司诉美坚利(北京)科技发展有限公司、百度等侵害商标权纠纷案——"慧鱼"案	北京市高级人民法院/北京市第一中级人民法院	(2013)高民终字第1620号/(2011)一中民初字第9416号	"慧鱼"商标(注册号1705089)	隐性	－	－	－	－	－（未侵犯注册商标专用权,且不构成不正当竞争）	－	－
18	江苏兰诗服饰有限公司诉江苏苏美达轻纺国际贸易有限公司、百度不正当竞争纠纷案	南京市中级人民法院	(2013)玄知民初字第11号	"兰诗"商标(注册号6678011)	－	显性		商标侵权	不正当竞争	侵权赔偿8万元	－	通知删除

序号	案件名称	审理法院	判决书号	涉案权利	隐性使用	显性使用	驰名商标	商标侵权	不正当竞争	广告主承担赔偿责任	竞价排名提供者承担侵权责任	通知删除
19	北京四通搬家有限公司诉百度不正当竞争纠纷案——"四通案"	北京市第一中级人民法院/北京市海淀区人民法院	（2013）一中民终字第3106号/（2012）海民初字第15097号	商号/企业名称权	隐性	—	—	—	—	—（本案未被诉）	—（"四通"商标为诸多案外人注册，非唯一对应原告）	—
20	江苏南元机床集团有限公司诉无锡市飞象精密机床制造有限公司侵害商标权及不正当竞争纠纷案	江苏省高级人民法院/江苏省无锡市中级人民法院	（2013）苏知民终字第186号/（2013）锡知民初字第0032号	"南元"商标（注册号3915544）	—	—	—	—	—	—（一审判决赔偿6万；元二审判决不侵权）	—（非竞价排名，系自然搜索结果）	—
21	山东华云机电科技有限公司诉济南山数控设备有限公司侵害商标权及不正当竞争纠纷案	山东省济南市中级人民法院	（2013）济民三初字第921号	"豪克能"商标（注册号5131997）	隐性	—	—	—	—	（法院认定：注册商标专用权人无权禁止他人正当使用）	—	—
22	东莞市育才职业技术学校诉东莞市金码信息技术咨询有限公司不正当竞争纠纷案	广东省东莞市第一人民法院	（2014）东一法知民初字第415号	企业名称权	—	显性	—	—	不正当竞争	赔偿1.2万元	—	通知删除

序号	案件名称	审理法院	判决书号	涉案权利	隐性使用	显性使用	驰名商标	商标侵权	不正当竞争	广告主承担赔偿责任	竞价排名提供者承担侵权责任	通知删除
23	东莞市育才职业技术学校诉广州华成理工职业技术学校、百度不正当竞争纠纷案	广东省广州市天河区人民法院	（2013）穗天法知民初字第1836号	企业名称权	–	显性	–	–	不正当竞争	赔偿2.1万元	–	通知删除
24	李育武等诉广州市望莎精细化工有限公司、欧莱雅（中国）有限公司、百度侵犯商标权纠纷案——"契尔氏"案	北京市第一中级人民法院/北京市海淀区人民法院	（2014）一中民终字第3262号/（2013）海民初字第21683号	"契尔氏"商标（注册号5046068）	–	显性	–	–	–	–（欧莱雅公司2004年前已经在中国台湾、香港地区实际使用"契尔氏"作为产品名称，"不会引起消费者混淆误认"）	–	–
25	天津市华德培科技有限公司诉华德培婚礼（哈尔滨）有限公司、华德培婚礼（哈尔滨）有限公司上海分公司、百度侵害商标权纠纷案	北京市海淀区人民法院	（2014）海民（知）初字第26921号	"华德培"商标（注册号11198096）	–	显性	–	–				

序号	案件名称	审理法院	判决书号	涉案权利	隐性使用	显性使用	驰名商标	商标侵权	不正当竞争	广告主承担赔偿责任	竞价排名提供者承担侵权责任	通知删除
26	常熟神舟国际旅游有限公司诉苏州青年旅行社股份有限公司、苏州青年旅行社股份有限公司三多巷营业部、常熟仕德伟网络信息科技有限公司、百度不正当竞争纠纷案	江苏省常熟市人民法院	(2014)熟知民初字第00165号	企业名称权	–	显性	–	–	不正当竞争	赔偿10万元	–	通知删除
27	东莞市魏氏服饰有限公司等诉广州摩拉网络科技有限公司侵害商标权纠纷案	广东省广州市荔湾区人民法院	(2014)穗荔法知民初字第97号	"365+1"商标（注册号5818222）	–	显性	–	商标侵权	–	赔偿2.8万元	–	通知删除
28	东莞市魏氏服饰有限公司诉广州格帝服饰有限公司、久耀创业网络技术(北京)有限公司侵害商标权纠纷案	广东省广州市白云区人民法院	(2014)穗云法知民初字第428号	"365+1"商标（注册号5818222）	–	显性	–	商标侵权	–	赔偿2万元	–	通知删除
29	东莞市魏氏服饰有限公司、魏爱国诉广州格帝雅服饰有限公司、中视商盟(北京)广告有限公司侵害商标权纠纷案	广东省广州市白云区人民法院	(2014)穗云法知民初字第427号	"365+1"商标（注册号5818222）	–	显性	–	–	–	–	–	–

序号	案件名称	审理法院	判决书号	涉案权利	隐性使用	显性使用	驰名商标	商标侵权	不正当竞争	广告主承担赔偿责任	竞价排名提供者承担侵权责任	通知删除
30	东莞市魏氏服饰有限公司诉商机在线（北京）网络技术有限公司、广州市信汇企业管理有限公司、广州明昊企业管理咨询有限公司、百度侵害商标权纠纷案	广东省广州市海珠区人民法院	（2014）穗海法知民初字第366号	"365+1"商标（注册号5818222）	—	显性	—	—	—	—	—	通知删除
31	东莞市魏氏服饰有限公司诉佛山市爱维斯邦服饰商务有限公司、百度侵害商标权及不正当竞争纠纷案	广东省佛山市顺德区人民法院	（2014）佛顺法知民初字第330号	"365+1"商标（注册号5818222）	—	显性	—	商标侵权	—	赔偿3.5万元	—	通知删除
32	东莞市魏氏服饰有限公司诉久耀创业网络技术（北京）有限公司、百度侵害商标权及不正当竞争纠纷案	北京市海淀区人民法院	（2015）海民（知）初字第3602号	"365+1"商标（注册号5818222）	—	显性	—	—	不正当竞争	赔偿1万元	—	通知删除
33	东莞市魏氏服饰有限公司诉商机在线（北京）网络技术有限公司、广州市信汇企业管理有限公司、广州明昊企业管理咨询有限公司、百度侵害商标权纠纷案	广州知识产权法院/广东省广州市海珠区人民法院	（2016）粤73民终250号/（2014）穗海法知民初字第364号	"365+1"商标（注册号5818222）	—	显性	—	商标侵权	—	赔偿5万元	—	通知删除

续表

序号	案件名称	审理法院	判决书号	涉案权利	隐性使用	显性使用	驰名商标	商标侵权	不正当竞争	广告主承担赔偿责任	竞价排名提供者承担侵权责任	通知删除
34	东莞市魏氏服饰有限公司诉东莞纯儿服饰有限公司、广州纯儿服饰有限公司、百度侵害商标权纠纷案	广东省东莞市中级人民法院	（2015）东中法知民终字第126号	"365+1"商标（注册号5818222）	－	显性		商标侵权	－	赔偿2.5万元	－	通知删除
35	北京万国思迅软件有限公司诉深圳万国思迅软件有限公司、百度不正当竞争纠纷案	北京市第一中级人民法院/北京市海淀区人民法院	（2014）一中民（知）终字第9728号/（2014）海民初字第12853号	企业名称权	－	显性	－	－	不正当竞争	赔偿3.5万元；停止不正当竞争行为	－	通知删除
36	天津市意典美闻食品有限公司诉商机在线（北京）网络技术有限公司、百度侵害商标权及不正当竞争纠纷案	最高人民法院/天津市高级人民法院/天津市第二中级人民法院	（2014）民申字第2000号/（2014）津高民三终字第11号/（2013）二中民三知初字第226号	"美闻比萨"商标（注册号4437894）	－	显性	－	－	不正当竞争	赔偿5万元（一审认定商标侵权；二审认定不正当竞争）	－	通知删除

序号	案件名称	审理法院	判决书号	涉案权利	隐性使用	显性使用	驰名商标	商标侵权	不正当竞争	广告主承担赔偿责任	竞价排名提供者承担侵权责任	通知删除
37	宝鸡八阵精密机械有限公司诉陕西海利特精密机械有限公司、百度不正当竞争纠纷案	陕西省高级人民法院/陕西省宝鸡市中级人民法院	（2014）陕民三终字第00086号/（2014）宝中民三初字第00001号	企业名称权	－	显性	－	侵权	不正当竞争	赔偿41637元	补充赔偿	通知删除
38	天津市华夏未来文化艺术基金会诉天津市企商科技发展有限公司、天津市蓝菲文化传播有限公司、百度侵害商标权纠纷案——"华夏未来诉蓝菲"案	天津市第一中级人民法院/天津市和平区人民法院	（2014）一中民五终字第20号/（2013）和知初字第0298号	"华夏未来"商标（注册号1779771）		显性	驰名	商标侵权	－	赔偿10万元；刊登声明消除影响	－（一审判决承担补充赔偿责任，二审判决不承担侵权责任）	通知删除
39	新会江裕信息产业有限公司诉爱普生（中国）有限公司、百度不正当竞争纠纷案	北京知识产权法院/北京市海淀区人民法院	（2015）京知民终字第1753号/（2014）海民（知）初字第28242号	"Jolimark""映美"商标	隐性		－	－	不正当竞争	赔偿10万元	连带责任；共同赔偿；"竞价排名服务提供者需承担相对较高的注意义务"	通知删除

续表

序号	案件名称	审理法院	判决书号	涉案权利	隐性使用	显性使用	驰名商标	商标侵权	不正当竞争	广告主承担赔偿责任	竞价排名提供者承担侵权责任	通知删除
40	东莞市以纯集团有限公司诉朱邓彬侵害商标权纠纷案——"以纯"案	四川省高级人民法院/四川省德阳市中级人民法院	（2015）川知民终字第135号/（2015）德知民初字第3号	"以纯"商标（注册号1293407）	—	显性	驰名	—	—	—	—（淘宝店铺信息使用"以纯"，字体明显小于店名"衣带天骄"，属于指示性合理使用）	—
41	上海玄霆娱乐信息科技有限公司诉北京畅游时代数码技术有限公司侵害商标权、不正当竞争纠纷案	上海知识产权法院/上海市浦东新区人民法院	（2015）沪知民终字第522号/（2015）浦民三（知）初字第141号	"凡人修仙传"商标（注册号26854857）	—	显性		商标侵权	不正当竞争	赔偿7万元；刊登声明消除影响	—	通知删除
42	北京快恋婚姻服务有限公司诉北京京城邂逅信息咨询有限公司等不正当竞争纠纷案	北京市海淀区人民法院	（2015）海民（知）初字第19141号	"快恋"商标（注册号12430363）	—	显性	—	—	不正当竞争	赔偿2万元	—	

续表

序号	案件名称	审理法院	判决书号	涉案权利	隐性使用	显性使用	驰名商标	商标侵权	不正当竞争	广告主承担赔偿责任	竞价排名提供者承担侵权责任	通知删除
43	北京快恋婚姻服务有限公司诉北京百合在线科技有限公司等不正当竞争纠纷案	北京市海淀区人民法院	（2015）海民（知）初字第19142号	"快恋"商标（注册号12430363）	－	显性	－	－	不正当竞争	赔偿2万元	－	通知删除
44	北京快恋婚姻服务有限公司诉上海花千树信息科技有限公司北京分公司侵害商标权、不正当竞争纠纷案	北京市朝阳区人民法院	（2015）朝民（知）初字第27050号	"约吧"商标（注册号12652046）	－	显性	－	－	－	－（广告主使用"约会吧"，不构成商标法意义上的使用，不构成侵权）	－	－
45	北京快恋婚姻服务有限公司诉北京中通集讯科技有限公司、百度等不正当竞争纠纷案	北京市海淀区人民法院	（2015）海民（知）初字第15156号	"快恋"商标（注册号12430363）	－	显性	－	－	不正当竞争	赔偿2万元	－	通知删除
46	东莞市博友纳米材料有限公司诉全领先科技开发（深圳）有限公司不正当竞争纠纷案	深圳市福田区人民法院	（2015）深福法知民初字第106号	企业名称权	－	显性	－	－	不正当竞争	赔偿3万元	－	通知删除

序号	案件名称	审理法院	判决书号	涉案权利	隐性使用	显性使用	驰名商标	商标侵权	不正当竞争	广告主承担赔偿责任	竞价排名提供者承担侵权责任	通知删除
47	大连华工创新科技股份有限公司诉上海善佳机械设备有限公司、奇虎不正当竞争纠纷案	北京市西城区人民法院	（2015）西民（知）初字第13810号	企业名称权	－	显性	－	－	不正当竞争	赔偿8.8万元；刊登声明消除影响	－	通知删除
48	大连华工创新科技股份有限公司诉上海善佳机械设备有限公司、百度不正当竞争纠纷案	北京知识产权法院／北京市海淀区人民法院	（2015）京知民终字第00326号／（2014）海民初字第14458号	企业名称权	－	显性	－	－	不正当竞争	赔偿11.5万元；刊登声明消除影响	－	通知删除
49	大连华工创新科技股份有限公司诉上海善佳机械设备有限公司、杭州阿里巴巴广告有限公司不正当竞争纠纷案	浙江省杭州市滨江区人民法院	（2017）浙0108民初1035号	企业名称权	－	显性	－	－	不正当竞争	赔偿4.5万元；刊登声明消除影响	－	通知删除
50	北京中和互联科技有限公司诉上海际珂信息科技有限公司、百度不正当竞争纠纷案	北京市第一中级人民法院／北京市海淀区人民法院	（2015）一中民（知）终字第860号／（2014）海民（知）初字第17649号	"空铁在线"商标（注册号10870613）	－	显性	－	－	不正当竞争	赔偿10万元	－	通知删除

序号	案件名称	审理法院	判决书号	涉案权利	隐性使用	显性使用	驰名商标	商标侵权	不正当竞争	广告主承担赔偿责任	竞价排名提供者承担侵权责任	通知删除
51	杭州六度信息科技有限公司诉广东群英网络有限公司不正当竞争纠纷案——"53KF"案	浙江省杭州市中级人民法院/杭州市滨江区人民法院	（2016）浙01民终5964号/（2015）杭滨知初字第1137号	"53KF"商标（注册号7280612）	–	显性	–	–	不正当竞争	一审判决赔偿50万；二审判决赔偿18万元	–	通知删除
52	杭州六度信息科技有限公司诉成都金铠甲科技有限公司侵害商标权、不正当竞争纠纷案——"53KF"案	浙江省杭州市中级人民法院/杭州市滨江区人民法院	（2016）浙01民终5963号/（2015）杭滨知初字第1136号	"53KF"商标（注册号7280612）"53快服"商标（注册号第9420900号）	–	显性	–	商标侵权	–	赔偿15.35万元；刊登声明消除影响	–	通知删除
53	杭州六度信息科技有限公司诉广东群英网络有限公司、茂名市群英网络有限公司侵害商标权纠纷案——"53KF"案	广州知产法院/广州市天河区人民法院	（2015）粤知法商民终字第14号/（2014）穗天法知民初字第129号	"53KF"商标（注册号7280612）	–	显性	–	–	–	–（一审判决赔偿14.8万元，刊登声明消除影响；二审认定没有误导相关公众，不构成商标侵权，撤销一审判决）	–	通知删除

续表

序号	案件名称	审理法院	判决书号	涉案权利	隐性使用	显性使用	驰名商标	商标侵权	不正当竞争	广告主承担赔偿责任	竞价排名提供者承担侵权责任	通知删除
54	北京动艺时光网络科技有限公司诉上海格瓦商务信息咨询有限公司、百度商标侵权、不正当竞争纠纷案	北京市海淀区人民法院	(2015)海民(知)初字第16051号	"时光网"商标（注册号7972054）	－	显性		商标侵权	－	赔偿15万元；刊登声明消除影响	－	通知删除
55	广东罗浮宫国际家具博览中心有限公司诉连天红（福建）家具有限公司、百度、第三人莆田市力天红木艺雕有限公司案——"罗浮宫诉连天红"案	福建省高级人民法院/福建省莆田市中级人民法院	(2015)闽民终字第1266号/(2014)莆民初字第406号	"罗浮宫"商标（注册号3387748）	隐性	－	驰名		不正当竞争	赔偿6万元（一审认定商标侵权；二审认定不构成商标性使用，构成不正当竞争，判罚金额不变）	－	通知删除
56	福建省我答答信息科技有限公司诉厦门微盟网络科技有限公司、百度侵害商标权及不正当竞争纠纷案	福建省厦门市思明区人民法院	(2015)思民初字第4217号	"我答答"商标（注册号11707970）	－	显性		商标侵权	不正当竞争	赔偿9001元	－	通知删除
57	深圳市合信自动化技术有限公司诉上海巨朋自动化技术有限公司、百度擅自使用他人企业名称纠纷案	上海市普陀区人民法院	(2015)普民三(知)初字第36号	企业名称权	－	显性		－	不正当竞争	赔偿5万元	－	通知删除

序号	案件名称	审理法院	判决书号	涉案权利	隐性使用	显性使用	驰名商标	商标侵权	不正当竞争	广告主承担赔偿责任	竞价排名提供者承担侵权责任	通知删除
58	上海万得信息技术股份有限公司诉浙江核新同花顺网络信息股份有限公司、百度侵害商标权及不正当竞争纠纷案	浙江省高级人民法院/浙江省杭州市中级人民法院	（2015）浙知终字第268号/（2015）浙杭知初字第535号	"万得"商标	—	显性		商标侵权	不正当竞争	赔偿经济损失	—	通知删除
59	浙江核新同花顺网络信息股份有限公司诉上海万得信息技术股份有限公司、上海万得投资管理有限公司、百度侵害商标权及不正当竞争纠纷案——"万得诉同花顺"案	浙江省杭州市中级人民法院	（2014）浙杭知初字第1250号	"同花顺"商标（注册号3804871）	隐性	—		商标侵权	不正当竞争	赔偿120万元；刊登声明消除影响	—	通知删除
60	南京学府翻译有限公司诉深圳市欧得宝翻译有限公司、盐池县欧得宝翻译有限公司百度侵害企业名称权纠纷案	南京市建邺区人民法院	（2014）建知民初字第4号	企业名称权	—	显性	—	—	不正当竞争	赔偿12万元	—	通知删除
61	北京东方京宁建材科技有限公司诉天津高德建材科技有限公司"LPM填充体"不正当竞争纠纷案	天津市高级人民法院/天津市第一中级人民法院	（2016）津民终112号/（2015）一中民五初字第0124号	"LPM"商标（注册号5424437）	—	显性	—	—	不正当竞争	一审判决赔偿1万元；二审判决赔偿3万元	—	通知删除

续表

序号	案件名称	审理法院	判决书号	涉案权利	隐性使用	显性使用	驰名商标	商标侵权	不正当竞争	广告主承担赔偿责任	竞价排名提供者承担侵权责任	通知删除
62	重庆金夫人实业有限公司诉南京米兰尊荣婚纱摄影有限公司、百度商标专用权纠纷案——"金夫人"案	江苏省南京市中级人民法院/南京市玄武区人民法院	（2016）苏 01 民终 8584 号/（2016）苏 0102 民初 120 号	"金夫人 GOLDEN LADY"商标	隐性	—	驰名	—	—	—（一审认定赔偿 4 万元；二审认定不侵权）	—（一审认定共同侵权；二审认定不侵权）	通知删除
63	山东鲍尔浦实业有限公司诉山东迪浩耐磨管道股份有限公司、百度侵害商标权、不正当竞争纠纷案	北京知识产权法院/北京市海淀区人民法院	（2016）京 73 民终 69 号/（2015）海民（知）初字第 19885 号	"鲍尔浦"商标（注册号 16331661）	—	显性		商标侵权	不正当竞争	赔偿 5 万元；刊登声明消除影响	—	通知删除
64	北京市丰台区 ABC 外语培训学校诉北京创意麦奇教育信息咨询有限公司、上海麦奇教育信息咨询有限公司侵害商标权纠纷案	最高人民法院/北京市高级人民法院/北京市第三中级人民法院	（2016）最高法民申 3517 号/（2016）京民终 291 号/（2014）三中民初字第 8134 号	"ABC"商标（注册号 3603037）	—	显性		商标侵权	—	赔偿 100 万元（广告主使用"VIPABC"与涉诉商标"ABC"构成近似）	—	通知删除
65	重庆市大写艺设计业培训学校诉重庆仁人教育信息咨询服务有限责任公司侵害商标权纠纷案	重庆市第五中级人民法院	（2016）渝 05 民初 300 号	"大写艺"商标（注册号 7681385）	—	显性		商标侵权	—	赔偿 1 万元	—	通知删除

续表

序号	案件名称	审理法院	判决书号	涉案权利	隐性使用	显性使用	驰名商标	商标侵权	不正当竞争	广告主承担赔偿责任	竞价排名提供者承担侵权责任	通知删除
66	杭叉集团股份有限公司诉杭州龙乔机械设备有限公司、上海鑫垣叉车配件有限公司不正当竞争纠纷案——"杭叉"案	杭州市中级人民法院/杭州市余杭区人民法院	(2016)浙杭01民终5968号/(2016)浙0110民初2504号	"杭叉"商标（注册号142457）	–	显性	浙江省著名商标	–	商业诋毁、不正当竞争	赔偿5万元	–	–
67	北京龟博士汽车清洗连锁有限公司诉杭州小拇指汽车维修科技股份有限公司不正当竞争纠纷案	北京市东城区人民法院	(2016)京0101民初1772号	"龟博士"商标（注册号3956690号）	–	显性	–	–	不正当竞争	赔偿11.08万元	–	通知删除
68	北京龟博士汽车清洗连锁有限公司诉北京百援汽车服务连锁有限公司不正当竞争纠纷案	北京市海淀区人民法院	(2013)海民初字第11642号	"龟博士"商标（注册号3956690号）	–	显性	–	–	不正当竞争	赔偿3万元	–	通知删除
69	北京龟博士汽车清洗连锁有限公司诉济南绿之源清洗设备有限公司、北京搜狗信息服务有限公司不正当竞争纠纷案	北京市海淀区人民法院	(2013)海民初字第11643号	"龟博士"商标（注册号3956690号）	–	显性	–	–	不正当竞争	赔偿6万元	–	通知删除

序号	案件名称	审理法院	判决书号	涉案权利	隐性使用	显性使用	驰名商标	商标侵权	不正当竞争	广告主承担赔偿责任	竞价排名提供者承担侵权责任	通知删除
70	广东联塑科技实业有限公司诉广州联兴塑胶管业有限公司、搜狗侵害商标权、不正当竞争纠纷案——"联塑"案	广州知识产权法院/广东省广州市白云区人民法院	（2016）粤73民终335号/（2015）穗云法知民初字第104号	"联塑"商标（注册号1305333）	－	显性	驰名	－	不正当竞争	赔偿5万元	共同赔偿（"收费服务""负有更高的注意义务""没有尽到合理审慎的注意义务，主观上存在过错"）	通知侵权
71	北京益生康健电子商务有限公司诉西藏家家乐购（北京）信息技术有限公司、百度商标权侵权纠纷案	北京知识产权法院/北京市海淀区人民法院	（2016）京73民终88号/（2014）海民（知）初字第21993号	"益生康健"商标（注册号7852363）	隐性	－	－	－	不正当竞争	赔偿8万元（被告创始人为原告离职高管）	－	通知删除
72	北京一九易站电子商务有限公司诉江苏千米网络科技股份有限公司、南京宁派网络科技有限公司害商标权及不正当竞争纠纷案	北京知识产权法院/北京市海淀区人民法院	（2016）京73民终786号/（2015）海民（知）初字第18570号	"19e"商标（注册号9341566）	－	显性	－	－	不正当竞争	赔偿162.8万元	－	通知删除

序号	案件名称	审理法院	判决书号	涉案权利	隐性使用	显性使用	驰名商标	商标侵权	不正当竞争	广告主承担赔偿责任	竞价排名提供者承担侵权责任	通知删除
73	北京文运昌盛教育科技有限公司诉北京尚学硕博教育咨询有限公司不正当竞争纠纷案	北京市海淀区人民法院	（2015）海民（知）初字第27222号	"文运"商标（注册号11810314）	－	显性	－	－	不正当竞争	赔偿4万元；刊登声明消除影响	－	通知删除
74	中粮集团有限公司诉北京寺库商贸有限公司、北京寺库商贸有限公司东城第一分公司侵害商标权及不正当竞争纠纷案	北京知识产权法院/北京市东城区人民法院	（2015）京知民终字第1828号/2015东民（知）初字第3273号	"大悦城"商标（注册号6345079）	－	显性	－	商标侵权	不正当竞争	赔偿15.1万元（一审认定非商标侵权、二审认定商标侵权）	－	通知删除
75	北京八维研修学院诉北京志远讯杰技术有限公司、北京阿博泰克北大青鸟信息技术有限公司、北京搜狗信息服务有限公司不正当竞争纠纷案	北京知识产权法院/北京市海淀区人民法院	（2015）京知民终字第1650号/（2015）海民（知）初字第8597号	企业名称权	－	显性	－	－	不正当竞争	赔偿8万元	－	通知删除
76	北京市朝阳区千奕留学语言培训学校诉北京市朝阳区泓钰培训学校不正当竞争纠纷案	北京市朝阳区人民法院	（2014）朝民（知）初字第38801号	企业名称权	－	显性	－	－	不正当竞争	赔偿5.11万元	－	通知删除

续表

序号	案件名称	审理法院	判决书号	涉案权利	隐性使用	显性使用	驰名商标	商标侵权	不正当竞争	广告主承担赔偿责任	竞价排名提供者承担侵权责任	通知删除
77	东莞市国安票务有限公司诉上海携程商务有限公司侵害商标权及不正当竞争纠纷案	上海市高级人民法院/上海市第一中级人民法院	（2013）沪高民三（知）终字第 59 号/（2012）沪一中民五（知）初字第 181 号	"国安"商标（注册号 967527）	—	显性	—	商标侵权	不正当竞争	赔偿 20 万元	—	通知删除
78	上海百纳控制工程技术有限公司诉上海嘉图自动化控制系统有限公司、百度侵害商标权、不正当竞争纠纷案	上海市闵行区人民法院	（2016）沪 0112 民初 9416 号	"百纳"商标（注册号 3633363）	—	显性	—	商标侵权	—	赔偿 6500 元	—	通知删除

反不正当竞争法视野下的商业标识保护制度研究

任子辉

在市场经济日益发展、竞争日益激烈的今天，商业标识的作用日益凸显，其不仅能帮助人们区别不同的商品或服务来源，其自身也因为经过市场主体的长期使用不断累积知名度和商誉，从而为市场主体带来经济利益。现实中，市场主体"搭便车""傍名牌"等行为不断出现。这些行为不仅使消费者对商品或者服务的来源产生混淆，导致商业标识合法权益者的商业持有遭受损害，而且可能会造成商业标识所代表的企业或者商品的商誉损害。我国的商业标识法律保护制度主要由《商标法》和《反不正当竞争法》以及一系列配套司法解释、行政法规、部门规章和部门批复等规范性法律文件构建而成。基于《商标法》和《反不正当竞争法》的不同属性，二者对商业标识的保护有着本质的区别：前者本质上是一部知识产权法，遵循知识产权法定主义的原则，着重通过保护商标专有权来保护商业标识，具有法定性和稳定性；后者本质上是一部竞争行为法，其着重通过维护市场的竞争秩序来达到保护商业标识的作用，具有灵活性。在过去，对商业标识保护制度的研究主要是以知识产权法学方面的研究为主，而且不少观点认为，反不正当竞争法应当归属于竞争法领域，并作为知识产权法的辅助和补充。如此一来，竞争法作为一部行为法的本质属性就被掩盖，最终使得纯粹地从竞争法的角度来研究商业标识保护制度的学术成果寥寥无几。

基于上述现实情况，本文以 2017 年《反不正当竞争法》的修订为契机，[1] 试图回归竞争法本质属性的视角，探讨我国的商业标识法律保护制度，并提出

---

〔1〕　该法在 2019 年又进行了一次修改，不过，就本文探讨的主题而言，没有变化。

完善建议。

一、商业标识法律保护概述

当前，商业标识受法律保护的必要性毋庸置疑。然而，在不同的社会经济发展阶段，在不同的国家和地区，商业标识的内涵和外延以及商业标识的保护方式都有很大差别。本部分将首先从商业标识法律保护制度的基本要素入手，梳理商业标识的基本概念和分类，然后阐述并分析当前世界范围内存在的几种商业标识法律保护模式。在此基础上，着重探讨用反不正当竞争法保护商业标识的必要性，以及商业标识获得反不正当竞争法保护的要件，为下文进一步的理论研究奠定基础。

（一）商业标识的分类和定义

1. 商业标识的定义

根据《现代汉语词典》的解释，"标识"一词，义同"标志"，一般是指用于识别事物的记号。由此推之，商业标识即是在商业领域用于识别事物的记号。在法学领域，学者对商业标识的定义大同小异，但亦有广义和狭义之分。我国著名知识产权法专家刘春田教授认为："商业标识广义上来讲，其意指商业活动中使用的任何具有某种特定指向意义的符号、记号；狭义上来讲，其指一切用以将不同的产品、服务或其生产者、提供者区分开来的符号、记号。"[1] 笔者对此并无异议。然而，从现实生活以及知识产权和反不正当竞争法学的角度出发，广义上的商业标识并非全部具有反不正当竞争法和知识产权法上的意义。相反，狭义的商业标识定义中强调了商业标识的区分功能，因此，狭义上的商业标识才是本文研究的重点对象。

纵观当前的官方、大众或学术用语，商业标识、商业标志、商业标记这三个词语由于意思相近、读音相似而经常被人们混用。从文义上看，商业标识、商业标志、商业标记这三个词语的差异在于标识、标志和标记的含义不同。其中，"标志"中的"志"在古文中与"旗帜"的"帜"相通。旗帜者，象征、榜样也，是一种具有特定象征意义的标记，不仅能够代表某一种事物，而且本身也具有鲜明的特点。因此，"志"与"帜"意义相同，也可以理解为是一种具有象征意义的标记，强调标志自身有特点而具有象征意义。与之对比的是，

---

[1] 刘春田：《知识产权法》，法律出版社 2009 年版，第 225 页。

"标识"中的"识"在发"zhì"音时，被解释为"标志"，而其发"shí"音时，则被解释为"了解和识得"。换言之，标识一词除了强调自身具有显著性，发挥让人们在不同标识之间相互区分的作用之外，其实更加强调了人们对标识的熟悉和认知。在市场经济活动中，商品的生产者或者经营者等市场主体使用的诸如商品名称、包装、装潢、域名、网站名、网页、广告词等符号，不仅代表其背后的商品，更帮助人们对某类商品进行认知和熟悉，辨别出不同商品之间的品牌和质量等要素，这与标识的内涵更为接近。至于标记，则在一般意义上只作为现实世界中各种有形或者无形符号的统称，更接近自然科学上的定义，而且一般会被认为是标志、标识的上位概念，背后并无标识所蕴含的标志识别之意。

从我国法律用语来看，标识一词被更多地采纳到《专利法》等知识产权法律文本中，与竞争法学和知识产权法学领域的联系比较密切。标志一词则多见于《道路交通安全法》《消防法》《海商法》等法律文本，一般用于指示诸如交通标志等事物，与竞争法学和知识产权法学领域的联系不太密切。例如，《商标法》第57条第4项、第59条、第60条，《刑法》第215条，《烟草专卖法》第20条、第34条，直接提到了"商标标识"，这与本文的商业标识所蕴含的标识之意是相通的。

综上所述，无论从文义还是法学学科的角度来看，用标识一词来指代市场经济活动中商品的生产者和经营者等市场主体用以表彰商品的符号更为恰当。

2. 商业标识的分类

对商业标识的分类而言，世界各国专家学者对此暂时未有相对统一的看法。世界知识产权组织1996年制定的《反不正当竞争法保护示范条款》列举了四大类商业标识，具体包括：商标、商号、商品的外观及其他商业标识、知名人士或者众所周知的虚构形象等。[1]在我国，立法机关在修改《反不正当竞争法》过程中也曾经引入商业标识的概念（内涵和外延）。2016年由原国务院法制办公室草拟的《反不止当竞争法（修订草案送审稿）》（以下简称"送审稿"）第5条第2款将商业标识定义为："区分商品生产者或者经营者的标志，包括但不限于知名商品特有的名称、包装、装潢、商品形状、商标、企业和企业集团的名称及其简称、字号、域名主体部分、网站名称、网页、姓名、笔名、艺名、

---

〔1〕 参见《反不正当竞争法保护示范条款》第2条第2款。

频道节目栏目的名称、标识等。"值得一提的是，此乃我国第一次在官方层面提出商业标识的概念，并定义了商业标识的内涵和外延。

尽管《反不正当竞争法》第 6 条最终删除了草案中出现的商业标识概念，但也采取了分别列举具体标识的方式来对混淆行为进行规制。在此，我们仍可以认为第 6 条所列举的具体标识是官方认可的商业标识分类，这其中包括：商品名称、包装、装潢、企业名称（包括简称、字号等）、社会组织名称（包括简称等）、姓名（包括笔名、艺名、译名等）、域名主体部分、网站名称、网页。

必须承认的是，上述对商业标识的罗列式解释并不利于形成理论体系，因此有学者从商业标识的识别性本质出发对其进行分类。由于功能上商业标识是一种用以区分不同市场经济活动主体及其相关商品或者服务的标记，有学者认为："识别性成为商业标识的基本功能，根据不同商业标识识别对象的差异，可将商业标识分为识别商品或服务来源标识、识别经营主体标识、识别经营活动标识和其他商业标识四类。"〔1〕笔者认为，此等分类方法深刻把握了商业标识的概念，并且在逻辑上与《反不正当竞争法》保护商业标识的思路无缝对接。这具体表现在：当前《反不正当竞争法》保护商业标识主要是通过第 6 条规制混淆行为实现的。所谓混淆行为，主要包括：①商品来源上的混淆，即混淆行为人使用的商业标识与他人知名商品的标识相同或相近似；②商品关联关系上的混淆，即相关公众误认为被混淆的市场主体与混淆行为人之间存在许可、加盟、附属等关联关系。〔2〕因此，上述根据不同商业标识识别对象对商业标识进行分类的方法就是对应混淆行为的概念的——商业标识需要具备可识别性，能够帮助人们识别商品来源，才免于引人误认，导致混淆。

（二）商业标识法律保护模式

基于各自的社会经济发展情况和商业标识相关案件的司法实践，当前世界各国已经构建起不同的商业标识法律保护模式，其中主要有四种。下文将进一步予以阐述和分析。

1. 知识产权法典模式

知识产权法典模式是用一部系统而完整的知识产权法典对包括商业标识权

---

〔1〕　王莲峰、刘润涛："新反法第 6 条'有一定影响'的理解与适用"，载 http://www.sohu.com/a/207469078_ 221481，最后访问时间：2020 年 12 月 1 日。

〔2〕　刘丽娟："探析《反不正当竞争法（修订草案送审稿）》——兼论反不正当竞争对商标的保护"，载《电子知识产权》2016 年第 6 期。

益在内的所有知识产权权益进行保护的立法模式。法国是该种保护模式的代表国家。

得益于资本主义经济的发展，法国制定了欧洲大陆甚至是世界上首部商标法。法国制定法律对商业标识进行保护的传统由来已久——19 世纪 50 年代，法国颁布《以使用原则和不审查原则为内容的制造标记和商标的法律》。20 世纪 60 年代，颁布《商标与服务商标法》。20 世纪 90 年代，颁布《三行业商标法》。然而，在快速发展的市场经济面前，零散的知识产权法律在规制商业标识相关侵权行为和不正当竞争行为的时候显得力不从心。法国议会历经多次草案讨论和修改，终于在 1992 年将当时零散的 23 部与知识产权有关的单行法汇编成著名的《法国知识产权法典》。该法典对商业标识的保护就规定在第 7 卷"制造、商业及服务商标"一章中。

2. 商标法模式

顾名思义，商标法模式就是指利用现有的商标法，通过将商业标识纳入商标范畴的方式对商业标识加以保护的模式。美国是采用该保护模式的主要国家。

美国 1946 年《商标法》（又称《兰哈姆法》）（Trademark Act of 1946）中将商标定义为："由个人使用的，或者个人有真诚意图在商业中使用的，并申请在本法建立的主注册簿注册的，用于对商品，包括独特的产品，与他人生产或者销售的商品予以识别，表明商品来源的任何文字、名称、符号或图形、组合。"[1]根据以上定义可知，该法的保护客体不仅包括注册商标，也包括除商标之外的其他商业标识。这体现了商标法模式对商业标识定义和保护的包容性。

3. 商业标识法模式

商业标识法模式的具体做法是以包括商标在内的商业标识作为保护对象而专门颁布一部统一法律，并在法律中详细规定每种商业标识的概念、获得保护的要件和权能要素以及与实体权利配套的程序规定。德国是采用商业标识法模式来保护商业标识的典型。1994 年颁布的《德国商标和其他标识保护法》创新性地将"商业标识"用于法律的名称上，并且该法对包括商标在内的所有商业标识都进行了详细的规定。有学者甚至认为，《德国商标和其他标识保护法》是当前世界上最完善的商业标识法。

相对于前述知识产权法典模式和商标法模式，德国的商业标识法模式有了

---

〔1〕　参见 *LANHAM（TRADEMARK）ACT（15 U.S.C.）*，载 https://www.bitlaw.com/source/15usc/index.html#SUBCHAPTER%20III%20-%20General%20Provisions，最后访问时间：2020 年 12 月 1 日。

很大的进步：第一，该法用"商标和其他标志保护法"来命名，很好地涵盖了各类商业标识；第二，该法在第 1 条就开宗明义地将商标、商业标识和地理来源标识纳入保护范畴，但同时考虑到三者之间的共性和差异性，对地理来源标识做了专门规定；第三，该法使得整个知识产权法和反不正当竞争法的法学体系更加和谐；第四，与时俱进，广泛吸收国际立法的有益经验，借鉴 TRIPs 协议的规定，增加知识产权边境保护的内容，使得法律体系更加完备。

4. 反不正当竞争法融合体模式

20 世纪 80 年代，加拿大颁布《商标及反不正当竞争法》。这是首部把传统意义上的商标法和反不正当竞争法糅合在一起对商业标识进行保护的法律。法学界后来把加拿大的该种立法模式称为反不正当竞争法融合体模式。在该种模式下，商业标识能同时得到两种不同法律的保护。具体而言，该法既从规制竞争行为的角度出发，又从知识产权这一专有权的角度出发，对商业标识进行保护。反不正当竞争法融合体模式的优点是将商标权利人的利益、市场经济活动中正当竞争行为人的利益都予以考虑。但其缺点也是十分明显的。由于反不正当竞争法在法学理论上更多地被认为是一种公法，而商标法或者知识产权法是一种私法，如何在维护公众利益、保护市场秩序和保护私权之间维持平衡是一个值得探讨的话题。

总的来说，上文提到各种商业标识保护立法模式之间并没有优劣之分，每个国家都是在基于自身国情而选择最适当的商业标识保护法律制度。但对商业标识保护立法模式进行学术上的分类和探讨，能够为我国完善商业标识保护立法体系提供有价值的参考。

（三）以反不正当竞争法保护商业标识的必要性

上文提到的多种法律保护模式中，无论是知识产权法典模式、商标法模式还是商业标识法模式，均立足于商标专用权的基础之上，商业标识得到保护的前提是其已经进行官方注册或者对该类商业标识的保护已经被法律特定化、类型化。但对大部分未注册的商业标识来说，采用反不正当竞争法作为重要手段对其进行保护不失为一种较优的途径，而且是十分必要的。

从法律的规制对象来看，反不正当竞争法的本质是竞争行为法，强调所规制的竞争行为的本质特性，这与一般的私法尤其是与反不正当竞争法相关联的传统知识产权法不同，后者把重心放在特定权益和权益取得的合法性上。换言之，反不正当竞争法在认定与商业标识相关的不正当竞争行为时主要关注行为的主要形式以及行为带来的实体危害。至于不正当竞争行为所指向的客体是否符合享有某项特定权利的条件，则是商标法所关注的。

众所周知，基于知识产权法定主义的原则，现行《反不正当竞争法》第6条所列举的诸多商业标识类型未被归入《商标法》等知识产权法律体系中，不能获得专有权保护。但这并不意味着商业标识无法得到法律保护。许多商业标识与知识产权法意义上的商标一样，都是在经过市场主体长期使用后逐渐积累知名度和商誉，从而能让消费者辨别商品来源。既然注册商标能获得包括商标法在内的知识产权法律体系的保护，与注册商标功能相近的商业标识也应当受到法律的保护，无非就是保护的力度稍微弱一些。

纵观整个法律体系，能够代替商标法履行保护商业标识职责的法律莫过于反不正当竞争法。反不正当竞争法自诞生之初就与商标法有着千丝万缕的联系，甚至有学者认为，反不正当竞争法在商业标识保护方面是起着辅助商标法的作用的。因此，当知识产权法在商业标识法律面前因为其自身属性的限制而缺位时，反不正当竞争法就应当承担起应负的保护责任。

（四）商业标识获得反不正当竞争法保护的要件

在市场经济活动中，不同经营者能够用以区别于其他经营者的标识种类繁多，但不是所有标识都属于反不正当竞争法范畴的商业标识。

以2017年《反不正当竞争法》中的域名主体部分为例。当今世界上几乎所有国家的法学界都会将域名或者域名主体部分考虑进反不正当竞争法所保护的商业标识范畴内。然而，在互联网刚刚出现的年代，在当时的大众眼中，域名更多是一种计算机技术，商业标识的概念无从谈起。不过，随着互联网的普及，域名也逐渐成为网络上用以区别不同企业、网站的标识。此时，域名才逐渐以商业标识的身份出现在人们的视野内，进而反映在立法和司法实践中。为了规制以域名为对象的侵权行为或者不正当竞争行为，在法律没有具体条文进行保护的时候，我国法院更多地运用《巴黎公约》等国际性条约、《中国互联网络域名管理办法》等行政规章以及《民法通则》的诚实信用原则和1993年《反不正当竞争法》第2条的"兜底条款"予以规制。发展至后来，面对逐渐增多的域名侵权或不正当竞争案件，最高人民法院出台《关于审理涉及计算机网络域名民事纠纷案件适用法律若干问题的解释》对上述行为予以明确规制。至此，域名开始在我国法律中获得某种程度的保护。2017年《反不正当竞争法》第6条第3项明确将"域名主体部分、网站名称、网页"列入受其保护的商业标识范畴之内。

总而言之，一类普通标识需要经过市场生产者、经营者或者其他主体的长期使用，从而使标识指向的商品、服务或者市场主体能够积累一定的知名度和商业信誉，并且为人们（包括其他市场主体和消费者）所认识以及能与其他标识相互辨别，才能成为反不正当竞争法意义上的商业标识。

二、国外商业标识保护制度分析

商业标识因为其自身承载着经济利益，目前已经被世界各国公认需要获得法律保护。然而，商业标识的种类繁多且随着市场经济的发展而不断推陈出新。面对这样一个快速变化的保护客体，各国都结合自身国情制定了不同的法律，试图对其进行完备的保护。上文整理了四种主要的商业标识保护模式，下文将对法国、美国、德国、加拿大和国际组织的商业标识保护制度的优劣势进行分析，从而为完善我国立法奠定理论基石。

（一）法国商业标识保护制度

1992 年，《法国知识产权法典》正式颁布，其对商业标识的保护形式后来被法学界称为知识产权法典保护模式。

法国针对商标等商业标识的法律保护传统由来已久。18 世纪 50 年代，法国制定了世界上首部商标法——《关于以使用原则和不审查原则为内容的制造标记和商标的法律》。后来，法国又制定了与知识产权相关的法律 23 部。这些法律内容繁杂，形式松散。1992 年，《法国知识产权法典》正式诞生，标志着法国在知识产权法律领域的飞跃。《法国知识产权法典》将很多现代出现的知识产权法益也纳入保护范围，如原产地名称等。此外，该法典提出了与"商业标识"类似的"商标或服务商标"概念，并且将多达数十种标识纳入该概念的范畴内。

该法典虽然汇编了先前 23 部知识产权相关法，在保护的客体上也囊括了现在意义上的"商业标识"，但其仅仅是形式上的统合，各部门法的实体法和程序法都较为独立，而且某些程序法条文存在交叉。[1]总的来说，该法典本质上仍然是一个松散的集合体，法律内部缺乏整体性和逻辑性，因此还说不上是一部真正的统一的知识产权法典。

（二）美国商业标识保护制度

美国主要通过商标法对商业标识进行保护，其模式被称为商标法模式。美

---

[1] 参见黄晖译：《法国知识产权法典》（法律部分），商务印书馆 1999 年版，第 15 页。

国 1946 年《商标法》将反不正当竞争法意义上的商业标识纳入该法的商标范畴进行保护。从修法的角度来说，这样的做法难度大大降低，因为仅需扩充"商标"的定义和类型。然而，笔者认为，此种试图将所有标识囊括于商标法中的立法模式对于商标法本身而言略显吃力，而且在学理上也存在一系列严重缺陷。此等严重缺陷体现在：第一，大量不满足商标注册要求的商业标识由于不能被认定为商标而未能被纳入保护范围。第二，专有权的保护方式是有期限的，但对于商业标识而言，通过注册来获得保护的方式并不能全部适用，比如地理标志就不是通过到官方机构注册的形式才能获得法律保护的。第三，将与注册商标性质不同的证明商标、集体商标和地理标识等都以商标的名义进行保护已属不妥。第四，基于商标与商业标识在法学理论上的概念差别，统一以商标法的名义去规制与商业标识相关的行为似乎有不妥之处。

（三）德国商业标识保护制度

作为典型的大陆法系国家，德国与法国一样早在 19 世纪就对商业标识进行保护，但与法国采用知识产权法典对商业标识进行保护不同，德国制定了一部独立于其他知识产权法的《商标和其他标识保护法》来专门实施对商业标识的法律保护。

《德国商标和其他标识保护法》的保护客体包括"商标、商业标识和地理来源标识三种，其中，商业标识包括公司标志和作品标题"。[1]此外，该法将公司标志定义为"在商业过程中作为名称、商号或者工商业企业的特殊标志使用的标志"。[2]为了防止挂一漏万，该法还作了兜底规定；在救济程序上，该法针对商业标识规定了详细的侵权责任和救济程序；在受侵害人的请求权方面，该法第 18、19 条分别规定了销毁请求权和告知请求权；在诉讼程序上，该法第 3 部分第 5 章"向专利法院提起的诉讼"详细规定了商业标识权益人在其权益遭受损害时寻求司法救济的程序。

总而言之，《德国商标和其他标识保护法》的立法技术十分高超，既有具体

---

〔1〕 参见 §2, *Gesetz über den Schutz von Marken und sonstigen Kennzeichen*（德国《商标和其他标识保护法》），载 http://www.wipo.int/wipolex/fr/text.jsp? file_ id = 324345，最后访问时间：2020 年 12 月 1 日。

〔2〕 参见 §1, *Gesetz über den Schutz von Marken und sonstigen Kennzeichen*（德国《商标和其他标识保护法》），载 http://www.wipo.int/wipolex/fr/text.jsp? file_ id = 324345，最后访问时间：2020 年 12 月 1 日。

详细的实体法规定，又有逻辑严密的程序法规定，十分值得我国借鉴。

（四）加拿大商业标识保护制度

前文已述，加拿大通过制定《商标及反不正当竞争法》对商业标识进行保护。该法有两大亮点。

第一个亮点是从知识产权法和反不正当竞争法两条思路对商业标识进行保护。当今的法学界普遍将反不正当竞争法视为知识产权法的补充，但鲜有国家将两部法律结合起来。加拿大是制定融合法律方面首个"吃螃蟹"的国家。

第二个亮点是该法在第 7 条详细地针对不正当竞争行为进行规制。该法将不正当竞争行为分为四类，具体包括：诋毁商誉行为、虚假宣传行为、市场混淆行为、买卖做托行为。[1]而且该法还规定了兜底条款，将所有有悖于商业诚实信用的行为纳入该法的规制范围。

综上所述，加拿大的《商标及反不正当竞争法》大大扩充了保护客体的范围，而且又加入了反不正当竞争行为的规制，是一部集大成的法律。

（五）国际社会中的商业标识保护制度

放眼全球，国际社会在商业标识的法律保护方面比很多国家要先进，不少国际组织牵头制定了多部关于商业标识保护的国际立法。

在如此多的国际立法当中，比较著名的就是 1996 年由世界知识产权组织出台的《反不正当竞争保护示范条款》，其在立法体例和规定内容上与我国 1993 年《反不正当竞争法》类似，而且自身也吸收了各国在商业标识保护方面的优秀经验。

首先，该示范条款在不正当竞争行为的规制方面，按照造成的不同损害结果将不正当竞争行为分为三类：引起混淆的行为、损害他人信誉或者名声的行为、误导公众的行为。不管是引起混淆的行为还是损害他人信誉或者名声的行为，在该示范条款中所针对的商业标识都是一样的。

其次，在混淆行为的判断方面，该示范条款规定："产生或者可能产生混淆的任何行为或做法，构成不正当竞争行为"。在上述条款中，"产生"代表实际发生混淆的情形，而"可能产生"则代表可能发生混淆的情形。换言之，《反不正当竞争保护示范条款》认定不正当竞争行为的条件并非仅限于实际发生混淆，可能发生混淆也会被认定为不正当竞争行为。

---

〔1〕 参见《加拿大商标和反不正当竞争法》第 7 条，载 https://wenku. baidu. com/view/b5960b7b5 acfa1c7aa00ccd8. html，最后访问时间：2020 年 12 月 10 日。

最后，该示范条款在第 3 条从制止损害他人信誉或者名声的不正当竞争行为的角度来实现保护商业标识的目的。

总的来说，《反不正当竞争保护示范条款》不仅扩充了所保护的商业标识类型，而且还规定了周延的不正当竞争行为概念及要件。该立法在各方面都紧跟市场经济的发展，是各国在反不正当竞争立法方面的模范。

（六）国外商业标识保护制度的分析与借鉴

上文所分析的各国和国际组织的商业标识保护制度各有千秋，我们需要取其精华，去其糟粕，更要深度结合我国国情，才能更好地完善我国商业标识的反不正当竞争法保护制度。

以法国为代表的知识产权法典模式，集知识产权法律体系之大成，对立法技术提出了很高的要求。反观我国，现阶段与知识产权相关的法律少且零散，无法像法国一样进行系统性的汇编。可见，知识产权法典保护商业标识的模式并不适合我国国情。

以美国为代表的商标法保护模式，是在商标法下对商业标识进行保护，突破了商标的原先范围。由于商标与其他商业标识在概念要素上完全不同，前者的背后是一种专有权，后者的背后仅为一种法益，强行将商业标识纳入商标法的保护范围，既名不副实，也会在法律体系内部造成逻辑混乱。

以德国为代表的商业标识法保护模式，立法技术高超，其优点是保护客体类型多，而且设置了救济程序，从实体和程序上对商业标识进行保护，而且不同商业标识的权益之间能通过法律体系协调的方式达到逻辑统一。反观我国的《反不正当竞争法》，许多条文都规定了兜底条款。兜底条款会致使条文规制的内容产生交叉，显然不利于法律条文内部逻辑的一惯性。因此，即便我国采用德国的商业标识法保护模式对商业标识进行保护，也未必能达到德国的立法技术水准。

以加拿大为代表的商业标识反不正当竞争法融合体模式，由于商标法的私法属性和反不正当竞争法的公法属性会产生法律价值上的冲突，如果我国照此对商业标识进行保护，最终会导致该法在原则和价值上的混乱，反而不利于法律功能的彰显。

在国际社会层面，世界知识产权组织制定的《反不正当竞争保护示范条款》在规制某些内容方面与我国 1993 年《反不正当竞争法》较为类似，这体现在两部法律都规定了市场混淆和误导公众两种不正当竞争行为。但《反不正当竞争法》经过 2017 年的修改，在删除有关误导公众行为的规定后，也没有把因使用他人商业标识而损害他人信誉的行为纳入规制范围，实乃该次修法的一大缺憾。

经过以上对各国商业标识保护模式的分析，笔者认为，我国制定知识产权法典的时机远未成熟，各知识产权法律仍需保持自身独立的体例。在商业标识的保护方面，我国也不宜对现今《商标法》与《反不正当竞争法》分野的格局作出根本性的改变，只需在这个框架内理清各类商业标识的法定权益属性，从而采用不同的保护方法即可。

三、反不正当竞争法下的商业标识法律保护体系

在前文探讨商业标识法律保护制度的基本要素以及国外立法例和司法实践之后，本章着重剖析我国商业标识法律保护制度的基本要素，分析 2017 年《反不正当竞争法》商业标识相关条款的修改内容和修改得失。

（一）我国商业标识反不正当竞争法保护概述

我国的商业标识反不正当竞争法保护制度始于 1993 年《反不正当竞争法》的实施，发展至今，已经形成了一个较为完善的法律体系。然而，商业标识的概念是随着时代不断发展的，商业标识的法律保护也面临着新形势，这需要我们随时跟踪最新的商业标识法律实践，并将有益的经验吸收进立法中。

1. 我国商业标识反不正当竞争法保护的现状

通过前文分析，笔者认为，我国对商业标识的法律保护建基于《商标法》和《反不正当竞争法》两部法律之上，而且这种"二法鼎立"的格局不宜有根本性的变动。这是因为《商标法》从专有权的角度出发保护注册商标的法定权利，而《反不正当竞争法》则从规制竞争行为的角度对除注册商标之外的商业标识的法定权益进行保护。具体到我国商业标识的反不正当竞争法保护制度，该保护体系由《反不正当竞争法》、最高人民法院《关于审理不正当竞争民事案件应用法律若干问题的解释》（以下简称《不正当竞争案件解释》）、原国家工商行政管理总局《关于禁止仿冒知名商品特有的名称、包装、装潢的不正当竞争行为的若干规定》（以下简称《禁止仿冒知名商品若干规定》）、原国家工商行政管理总局《关于对销售"傍名牌"商品的行为如何定性处理问题的批复》等一系列规范性文件组成。

其中，《反不正当竞争法》第 6 条对知名商品标识保护以规制混淆行为的形式作了规定，第 18 条则规定了实施第 6 条混淆行为后的相关处罚措施。《不正

当竞争案件解释》第1条、第2条对"知名商品特有商品标识"保护作了补充性规定，而且该解释还在《禁止仿冒知名商品若干规定》的基础上进一步认为，"知名商品"的认定应综合判断，并对"特有名称、包装、装潢"作了列举式的例外规定。

2. 我国商业标识反不正当竞争法保护的新形势

在市场经济和互联网蓬勃发展的今天，人们十分看重品牌和质量。因此，代表着品牌和质量的商业标识在市场活动中的重要性不言而喻。对网络市场主体而言，如何瞬间抓住面对网络上各种海量信息冲击的消费者的眼球，来推销自己的商品或服务，便成为商战中制胜的关键。实践中，一些企业为了推销自己的商品或服务，以他人的商业标识作为竞价排名的关键词，博取点击量，该行为虽未必会引起混淆，但可能抢夺本属于他人的交易机会，容易引发市场主体之间的纠纷。由此看来，以"混淆"为基础的商业标识反不正当竞争法保护模式已经面临来自互联网的强有力挑战。

针对该类互联网商业标识侵权和不正当竞争发展的新形势，在《反不正当竞争法》修订前，"我国法院创造性地利用1993年《反不正当竞争法》第2条发展出了'搭便车'理论，认为竞争者不正当地利用他人商业标识的商誉和市场影响力为自己谋取交易机会并从中获取利益的行为，是违背诚实信用原则的不正当竞争行为"。[1]然而，从过去的司法实践来看，对"搭便车"理论的运用具有相当大的模糊性，各地法院的适用极不统一。如同样是将他人的商业标识设置为关键词，而搜索结果和链接网址均无原告权利内容，在宁波畅想软件股份有限公司与宁波中源信息科技有限公司、宁波中晟信息科技有限公司不正当竞争纠纷上诉案中，法院认为被告搭原告商誉便车的行为具有可责性，应给予明确的否定性评价，而在北京奇虎科技有限公司诉北京百度网讯科技有限公司等不正当竞争纠纷案中，法院则认为被告行为尚未达到违反诚实信用原则和公认商业道德的程度。

综上所述，当不正当竞争行为已经造成或可能造成引人误认的后果以及对商业标识权益人的商誉造成损害时，应依《反不正当竞争法》对此类不正当竞争行为进行规制。但当该行为只是实际造成商业标识权益人的商誉受损，而没有造成引人误认的后果时，《反不正当竞争法》是否也应该介入规制？这是商业

---

〔1〕 周樨平："商业标识保护中'搭便车'理论的运用——从关键词不正当竞争案件切入"，载《法学》2017年第5期。

标识竞争法保护制度在新时代面临的一个问题，需要对此进行思考。

（二）《反不正当竞争法》商业标识条款的修改内容

本轮《反不正当竞争法》的修订从第一个修订草案版本发布到正式文本获得通过，历时将近两年，历经由原国务院法制办公室于2016年2月草拟的送审稿、2017年2月的《反不正当竞争法（修订草案第一次审议稿）》（以下简称"一审稿"）和2017年9月的《反不正当竞争法（修订草案第二次审议稿）》（以下简称"二审稿"）等多个版本，并最终在2017年11月4日通过了修订后的《反不正当竞争法》正式版本。

在2017年《反不正当竞争法》中，涉及和规制商业标识相关行为的条文主要是第6条和第18条，其改动幅度相对于1993年《反不正当竞争法》来说较大，主要体现在：

1. 扩充"商业标识"概念，扩大保护范围

相比于1993年《反不正当竞争法》，2017年《反不正当竞争法》[1]最明显的进步莫过于大大扩充了商业标识的外延，从以前的仅仅包含名称、包装、装潢、企业名称、姓名[2]扩充到商品名称、包装、装潢、企业名称（包括简称、字号等）、社会组织名称（包括简称等）、姓名（包括笔名、艺名、译名等）、域名主体部分、网站名称、网页，[3]删除属于《反不正当竞争法》范畴下的认证标志、名优标志。值得留意的是，《反不正当竞争法》第6条在每个条款所列举的每类商业标识后面加了一个"等"字，试图以开放式列举的方式适应日益变化的商业标识种类，防止挂一漏万。

事实上，在本轮《反不正当竞争法》修改过程中，关于商业标识的外延更加大胆开放的定义出现在送审稿中——商业标识这个概念被首次引入。从学理上讲，商业标识概念的引入是具有正当性的，体现在：一方面，市场混淆或者仿冒行为所作用的客体对象就是商业标识，对其引入正是立法者对于市场混淆行为本质的正确认识；另一方面，兼具包容性与开放性的商业标识概念的引入也能提升《反不正当竞争法》市场混淆条款的稳定性与可适应性，增扩该条款

---

〔1〕 2019年《反不正当竞争法》再次被修改，因此，将2017年修改的版本称为"2017年《反不正当竞争法》"。

〔2〕 参见1993年《反不正当竞争法》第5条。

〔3〕 参见2017年《反不正当竞争法》第6条。

的规制范围。[1]从最终结果来看，修订后的《反不正当竞争法》还是放弃了这一做法，继续沿用1993年《反不正当竞争法》第5条以分别列举具体标识的方式来规制市场混淆行为。但在修改后的《反不正当竞争法》第6条增加第4项"其他足以引人误认为是他人商品或者与他人存在特定联系的混淆行为"，[2]并以此作为兜底。有学者认为这是一个遗憾。[3]然而，笔者认为，这未尝不是一个可取的做法，至于可取的理由，留待本节第5部分再表。

在具体的商业标识类型方面，2017年《反不正当竞争法》的改进之处有：第一，纳入企业或社会组织的简称，将其视为企业（社会组织）的名称予以保护。此处的"简称"可以理解为企业简称或者企业名称。第二，纳入社会组织名称（包括简称等）予以保护。该改动的亮点并不在于名称，而在于名称的所有者——社会组织。过去认为，《反不正当竞争法》是一部市场法，规制的对象仅限于市场活动中的经营者或者销售者，但随着社会经济的发展，一些非企业的社会组织也逐渐参与到市场经济活动中，他们的商业标识权益同样需要得到保护。第三，纳入笔名、艺名和译名等作为商业标识，与姓名一样予以同等的反不正当竞争法保护。该修改源于最高人民法院《关于审理商标授权确权行政案件若干问题的规定》第20条。第四，纳入域名主体部分、网站名称、网页等互联网商业标识予以保护，顺应互联网发展潮流。此处修改部分吸收了最高人民法院《关于审理涉及计算机网络域名民事纠纷案件适用法律若干问题的解释》第4条的相关规定。

2. 明确引入混淆行为概念，并扩充"混淆"的具体形式

2017年《反不正当竞争法》第6条明确引入了混淆行为概念，作为该条列举的四类行为的共同要件，并将引人误认这一条件也作为混淆行为的行为结果写入条文中。关于本条中的混淆行为需要厘清的问题有以下几点：

（1）作为混淆行为的行为结果，引人误认具体的指向是什么？

从立法者的角度看，第6条中混淆行为的判定标准是引人误认，需要探讨混淆行为是以实际产生混淆（误认）为要件，还是以足以导致混淆（误认）为要件？

我们看到，2017年《反不正当竞争法》在第6条开头使用"经营者不得实

---

〔1〕　胡丽文："商业标识的反不正当竞争法保护——兼评修订稿市场混淆条款"，载《经济法论丛》2017年第2期。

〔2〕　2017年《反不正当竞争法》第6条第4款。

〔3〕　2017年《反不正当竞争法》第6条第4款。

施下列混淆行为，引人误认为是他人商品或者与他人存在特定联系"的措辞，其貌似仅包含实际产生混淆（误认）的意思。但同时，立法者又在该条规定兜底条款，从注重行为结果的角度对商业标识进行保护——"其他足以引人误认为是他人商品或者与他人存在特定联系的混淆行为"。如此一来，2017 年《反不正当竞争法》列举的混淆行为的认定条件就已经非常明确，即并不需要他人实际上误认，只需要存在误认的可能性即可，误认行为不一定实际发生。

（2）误认包括对哪些对象的误认？

过去的司法裁判不少将 1993 年《反不正当竞争法》中的误认解释为仅针对商品来源的误认。但在法学理论界，不少学者则提出，"广义的市场混淆概念包括了商品混淆外主体关联关系混淆、认可关系混淆等外延广泛的混淆"。[1]《巴黎公约》关于不正当竞争行为的章节对"混淆行为"的定义是"具有以任何手段对竞争者的营业所、商品或工商业活动产生混淆性质的一切行为"。[2]"产生混淆"与"一切"的表述实际上意味着该条款可以解释为不仅包含对于商品来源的混淆，而且包含其他种类的混淆。

在 1993 年《反不正当竞争法》出台以后，让立法者没有意识到的是，除了误认商品来源之外，还有其他对象包括关联关系的误认，如某些经营者擅自使用与市场上知名度较高的市场主体相同或相似的商业标识，并且在价格和质量上与被侵权的市场主体有所区别。在这种情形下，消费者可能不会对商品来源产生混淆，但容易联想二者是同一知名企业下的两个子品牌，只不过针对的消费能力主体不同而已。

针对执法过程中遇到的类似新情势，2007 年最高人民法院曾在《不正当竞争案件解释》第 4 条第 1 款规定："足以使相关公众对商品的来源产生误认，包括误认为与知名商品的经营者具有许可使用、关联企业关系等特定联系的，应当认定为反不正当竞争法第五条第（二）项规定的'造成和他人的知名商品相混淆，使购买者误认为是该知名商品'。"

为了回应实际情形，借鉴吸收司法实践，2017 年《反不正当竞争法》将对商品来源的误认和对市场主体之间具有关联关系的误认同时纳入引人误认的范畴，解决了过去把商品来源的误认当作混淆行为的唯一后果而导致法律应用的困难问题。

---

[1] 何茂斌："商业标识的保护范围与条件"，载《中国工商报》2018 年 2 月 13 日。

[2]《巴黎公约》第 10 条之二（3）。

（3）混淆是否以相同或类似商品为前提？

笔者认为，2017年《反不正当竞争法》第6条中所规制的混淆行为，并不仅限于商业标识在相同或类似商品上使用的行为。原因在于，在知识产权法领域，对诸如商标权的专有权保护因其权能较大，往往都有确定的权能边界，以防止权利人滥用权利，损害公共利益；而反不正当竞争法的本质属性是竞争法，关注和规制的对象是竞争行为本身，维护的是市场竞争秩序和公众价值。因此，只需判定行为本身是否产生引人误认的结果或者行为本身是否破坏竞争秩序，而无须关注误认是否发生在相同或者类似的商品、服务或经营者上。

该处修改实质上也是吸纳了原国家工商行政管理总局在1998年作出的《关于在非相同非类似商品上擅自将他人知名商品特有的名称、包装、装潢作相同或者近似使用的定性处理问题的答复》的意见，将无论是相同还是不同商品或者服务的误认都纳入《反不正当竞争法》的规制。这不失为一个顺应司法实践的法律借鉴典型。

（4）如何判断混淆？

最高人民法院《关于审理商标授权确权行政案件若干问题的规定》第12条规定了对发生混淆的判断方法，需要考察的内容包括：①商标标志的近似程度；②商品的类似程度；③请求保护商标的显著性和知名程度；④相关公众的注意程度；⑤其他相关因素。而且，"商标申请人的主观意图以及实际混淆的证据可以作为判断混淆可能性的参考因素"。笔者认为判断是否属于混淆是一个内心确证的问题，法官在此拥有很大的自由裁量权。如此一来，就能够避免《反不正当竞争法》的机械适用，更好地根据现实情况维护权益人的利益。

3. 删除"假冒他人的注册商标"规定，回归《反不正当竞争法》作为竞争法和行为法的本色

2017年《反不正当竞争法》第6条的一个大改动是删除了"假冒他人的注册商标"的内容。这个删除看似不经意，实质上划清了反不正当竞争法与知识产权法（尤其是商标法）的界限。这个界限就是两部法律保护对象的本质差异。反不正当竞争法保护的法益是一种非设权性利益，是"法定权利和一般社会权利之间的中间形态"[1]，包括了商业标识蕴含的商誉利益和商业标识权益人的经济利益，具有不确定性和灵活性，保护力度小；而商标法保护的是一种专有

---

[1] 胡丽文："商业标识的反不正当竞争法保护——兼评修订稿市场混淆条款"，载《经济法论丛》2017年第2期。

权利，一种需经法定程序才能确定的权利，具有法定性，灵活性小，要件严格，但保护力度大。对法益的保护并不能等同于对权利的保护，否则就会间接诱导权利人滥用权利。

再者，由于假冒他人注册商标行为在商标法以及刑法上都有了具体的内容，不少市场主体都是利用《商标法》或者 1993 年《反不正当竞争法》来维护自己的权益的，该条文实际上已经沦为空文。因此，删除这项规定，能够避免法条竞合或冲突，维持法律体系的协调性和整体感。

4. 对拟保护的商业标识限定在具有"一定影响"的前提，代替过去"知名商品"和"特有"的前提

过去在适用 1993 年《反不正当竞争法》第 5 条时，由于法条具体表达为"擅自使用知名商品特有的名称……"导致过去商业标识权益人在主张自己的商业标识权益时都往往先要去证明自己的商品或者服务是知名的。不少法院的判决也将关注点落在了权益人的商品是否知名的问题上，知名与否成为诉讼成败的关键。如此一来，本来关注点应当在竞争行为上的《反不正当竞争法》在该法条的适用上却明显偏向知识产权法的论证模式。这并不利于《反不正当竞争法》发挥其真正的作用，同时也有损其独立价值。

修改后的《反不正当竞争法》一改过去要求权益人先证明商品知名，再证明商品的商标知名的法律逻辑，直接用"一定影响"作为该法第 6 条所有混淆行为的共同判断要件。综合全文看来，"一定影响"指向的是商业标识而非商品，这就解决了权益人欲主张自己的商业标识是知名的需先证明商品是知名的困境。依据修改后的《反不正当竞争法》，权益主张人仅需要证明商业标识有一定影响即可。如此一来，不仅法律的行文显得形式统一，逻辑明晰，商业标识权益人举证的难度也大大降低。

当然，如何判断商业标识有一定影响，其标准是什么，这关乎条文在商业标识保护方面所凸显的作用，本文将在下一部分进行探讨。

5. 增设兜底条款，增强市场混淆条款的稳定性与可适应性

2017 年《反不正当竞争法》第 6 条第 4 项，即俗称的兜底条款，在本轮修订中并非自始就有。在最初的送审稿中，法律草拟者引入了商业标识和混淆行为的概念和定义，凸显法律欲通过此种开放式的表达来囊括日益增多的商业标识类型，以便增强法律条文的适应性。但最终的版本放弃了这一做法。

笔者认为，相对于引入开放式的商业标识定义，兜底条款更能令《反不正

当竞争法》第 6 条具有可适用性，其原因是，反不正当竞争法是竞争行为法，这区别于商标法是专有权法。第 6 条规制的并不是商标权或者所谓商业标识权，而是混淆行为本身。前文已述，混淆行为有多种，除了比较常见的商业标识混淆之外，还有市场主体关联关系的混淆。国家开发投资公司诉国投恒泰投资担保有限公司侵犯商标专用权及不正当竞争纠纷案中，原告曾主张将被告故意将经营地址迁至原告原办公地址国投大厦的行为认定为不正当竞争行为。[1]但鉴于当时施行的 1993 年《反不正当竞争法》并未规定兜底条款，法院在判决中认为：公司经营地址的变迁行为本身是正当的商业行为，该种行为本身并非我国《反不正当竞争法》所涉及的不正当竞争行为。但由于该迁址行为所迁入的地址"国投大厦"与原告有一定关联，而该迁址行为与原告主张的不正当竞争的第一类行为（即在企业字号中使用与原告知名服务名称"国投"相近似的"国投恒泰"）相结合，会对该类行为混淆后果造成影响。[2]由此可见，兜底条款的存在会使上述案件中的迁址行为因为产生混淆效果而被认定为不正当竞争行为，从而可能受到《反不正当竞争法》的规制。如果仅仅引入开放式的商业标识定义，就无法对上述案件的迁址行为进行规制，因为地址在绝大多数情况下很难被认定为商业标识。

6. 删除虚假表示条款

新条文直接删除了 1993 年《反不正当竞争法》第 5 条中的虚假表示条款。由于该项内容并不是会导致混淆的情形，而是属于虚伪地表示商品的质量，企图获得竞争优势，诱骗消费者购买，自然不能归在本条款中。该条内容删除后，由于《广告法》中已经有针对虚假表示的条文，日后此类行为将由《广告法》调整。本文对此不再赘述。

7. 强化法律责任

本轮《反不正当竞争法》的修改使得与商业标识相关的行为的法律责任大大加重，以顺应商业标识在经济活动中愈发重要的潮流。法律责任的强化主要体现在民事责任和行政责任的金钱给付数额。除了金钱给付数额的变化外，该法还规定了商业标识侵权人停止相关不正当竞争行为的内容，以在最大程度上

---

〔1〕 参见国家开发投资公司诉国投恒泰投资担保有限公司侵犯商标专用权及不正当竞争纠纷案，(2010) 朝民初字第 20979 号民事判决书。

〔2〕 参见国家开发投资公司诉国投恒泰投资担保有限公司侵犯商标专用权及不正当竞争纠纷案，(2010) 朝民初字第 20979 号民事判决书。

保护商业标识合法权益人的利益。

（三）《反不正当竞争法》商业标识条款的不足

1. "擅自使用"的定义尚待明确

2017 年《反不正当竞争法》第 6 条对 3 种具体混淆行为的界定都用了"擅自使用"的措辞。从字面意思来看，擅自使用即是未经他人允许而使用。但比较遗憾的是，法律并未进一步阐述"使用"的概念。按照通常理解，在市场经营活动中，与商业标识相关的行为包括：①直接使用商业标识的行为，如直接把商业标识附在商品上的行为；②销售带有某商业标识的商品。"擅自使用"具体指向的是哪种行为？第 6 条规定的三种具体混淆行为中"使用"的定义是否都一样？这些都是此次修法后需要明确的，因为这关系到日后行政机关和司法机关在执法和司法中对市场主体实施的市场行为如何认定的问题。

2. "一定影响"的定义尚待明确

相对于 1993 年《反不正当竞争法》和修订期间出现的各个修订草案版本而言，2017 年《反不正当竞争法》第 6 条都对混淆行为指向的商业标识加上"一定影响"的措辞。

笔者认为，加上"一定影响"的限定是十分有必要的。《反不正当竞争法》针对商业标识的保护规制的是市场不正当竞争行为，保护的是市场经济秩序。市场经济秩序受保护的根本原因在于，包括商业标识在内的法益具有经济价值。具体而言，对商业标识来说，这个经济价值是由商业标识经过在市场经济活动中的使用日积月累下来的商业信誉转化而来的。商业标识既然已经经过长期使用而积累商誉，必定是具有一定影响的。换言之，一个商业标识具有一定影响是其受反不正当竞争法保护的要件。从与商标法进行比较的角度看来，基于知识产权法定主义的限制性和竞争行为法的灵活性，商业标识受反不正当竞争法保护的门槛要比商标受商标法保护的门槛低，如果不要求一定影响的限定，那么很可能出现商业标识受反不正当竞争法保护程度要比商标受商标法保护的程度高的情况。

不过，关于一定影响的范围和程度是什么这一问题，有学者认为，"一定影响"应该解释为《商标法》中的"为相关公众所熟知的商标"。[1] 从对"一定影响"的定义众说纷纭的情况可以看出，这是以往的立法、司法解释和行政法

---

[1] 《商标法》第 13 条。

规中均未涉及的领域。下文将继续探讨"一定影响"的具体标准，以求对反不正当竞争法达到良好执法效果的同时又能合理地限制行政执法自由裁量空间有所裨益。

3. 与《商标法》第 58 条的衔接尚待明晰

《商标法》第 58 条规定："将他人注册商标、未注册的驰名商标作为企业名称中的字号使用，误导公众，构成不正当竞争行为的，依照《中华人民共和国反不正当竞争法》处理。"这是当年《商标法》进行修改增加的《反不正当竞争法》"衔接条款"。然而，令人困惑的是，无论是 1993 年还是 2017 年《反不正当竞争法》，都没有对此作出直接回应，这也导致了执法机关和司法机关在执行相关条文时无法可依的局面。

4. 没有规定不构成市场混淆的例外情形

就反不正当竞争法意义上的商业标识而言，显著性是其核心的法律属性。失去了显著性，商业标识也就无从谈起。当然，任何一种商业标识并不是天然就是商业标识，它们一开始绝大部分都是以普通的符号或者记号存在的，这些符号或者记号并不能得到法律的保护。然而，这类符号或者记号随着使用而深入人心，积聚了一定的市场声望，并获得了某种显著性特征和竞争优势。于是，这类普通的符号或者记号才有可能成为反不正当竞争法意义上的商业标识。而且，某商业标识的法律属性并非一直不变，如果它不被使用或者在使用中丧失了显著性，变成指代某一类事物的通用名称，就不再是商业标识。作为规制动态的市场竞争行为的法律，反不正当竞争法既应当保护因为具有显著性而受其保护的标记，也需要将那些曾经获得保护但逐渐丧失显著性的商业标识及时排除，使得法律本身能够更好地回应市场发展的变化。

其次，在市场经济活动中，经营者不可避免地需要使用商品的通用名称。一般而言，通用名称因为丧失显著性而不受反不正当竞争法的保护，因此，反不正当竞争法需要对此作出相应的调整。与前述现象类似，对于善意使用商业标识和因合法继受使用商业标识的行为，因其行为人主观上无恶意，且有合法除外理由，不宜认定为构成市场混淆。因此，笔者认为，《反不正当竞争法》中应当规定上述情形不构成混淆。

5. 仅限于制止混淆行为，未及"搭便车""商标淡化"等商誉损害行为

在早期，知识产权法和反不正当竞争法都是从制止仿冒行为的角度来保护商业标识的，其标准是行为对商业标识所指向的来源造成了混淆。随着商业实

践的发展，基于混淆的反假冒保护并不能反映某些知名商业标识的合法权益人的利益诉求——他们希望自己的商业标识所承载的商业声誉也不会被损害，该种商业标识即发展成后来的驰名商标。通常认为，在商品不相同的情况下，消费者不会对产品的来源产生误认，在先的商业标识使用人也不能将商誉拓展到其他的商品品种上。但倘若某商业标识非常有名，以致所有商品领域的经营者、消费者都可知，商业标识的商誉作为一种吸引消费者持续购买和光顾的力量，可能已经扩展到他并不实际经营使用的商品领域，这也称为商标淡化。典型例子如，"麦当劳"用于指代这一国际著名的跨国餐饮品牌并用于其食物包装上，如果其他人将"麦当劳"的相关标识用于日用品、文具上，虽然不会发生消费者混淆，却损害了著名的商业标识具有的唯一指代功能，削弱了标识的显著性。

这种保护商誉的诉求被许多国家立法吸收，商誉损害也成为除混淆之外的又一反不正当竞争法所制止的损害结果。在我国，诸多立法中并没有明确地对商誉损害行为进行规制的相关条文。2017 年《反不正当竞争法》第 6 条将原第 5 条的"损害竞争对手"的表述删去，将规制的行为限定为混淆行为，将规制的行为结果限定为"引人误认为是他人商品或者与他人存在特定联系"，完全排除了《反不正当竞争法》对侵害商誉行为的规制。

四、完善《反不正当竞争法》的商业标识法律保护制度的建议

前面探讨了我国《反不正当竞争法》商业标识相关条款的修改内容及其不足之处，本部分将重点对该法中商业标识条款修改的不足之处进行详细分析，进而提出相应的建议，以求对日后《反不正当竞争法》的完善有所裨益。

（一）明确"擅自使用"的定义

2017 年《反不正当竞争法》第 6 条对其规定的三种具体混淆行为都用了"擅自使用"作为行为的动作限定。对于"使用"的定义，需要结合反不正当竞争法体系和知识产权法体系的相关规定进行理解，明确"擅自使用"尤其是"使用"的定义，为日后反不正当竞争法执法提供一个清晰的判断标准。

基于注册商标与反不正当竞争法意义上的商业标识具有相似性，都是由市场经营主体使用的区分不同商品的符号，并且上面都承载了一定的商誉和经济价值，我国《商标法》中对商标使用的规定能够为定义反不正当竞争法意义上的商业标识使用行为提供很好的借鉴。

《商标法》对商标使用的规定如下："本法所称商标的使用，是指将商标用

于商品、商品包装或者容器以及商品交易文书上，或者将商标用于广告宣传、展览以及其他商业活动中，用于识别商品来源的行为。"[1]此处对商标使用的定义可以从两种思路来理解：第一种思路是将商标用于商品、商品包装或者容器以及商品交易文书上的行为，相当于直接使用商业标识的行为；第二种思路是将商标用于广告宣传、展览以及其他商业活动的行为，这种行为也相当于销售带有他人商业标识的商品的行为。《商标法》第 57 条对商标的使用规定得更加详细，该条规定了使用的四种情形：直接使用注册商标的行为；单纯的销售侵犯注册商标专用权的商品的行为；帮助行为；其他擅自侵犯注册商标专用权的行为。《商标法》第 57 条第 1、2 项规定的在相同或者类似商品上使用相同或者近似商标的使用行为，是所谓直接使用。直接使用，一般指市场经济活动主体利用自己的设备和方式主动制造或者提供附着他人注册商标的商品或者服务并随后出售的行为，或者以间接的方式委托他人利用他人的设备和方式制造或者提供附着他人注册商标的商品或者服务并随后出售的行为。第 3 项的含义则相对明确，仅指销售行为，将利用自己的设备和方式或者委托他人制造或者提供附着他人注册商标的商品或者服务并随后出售的行为排除在外。然而，值得注意的是，销售行为本身并不仅仅指"一手交钱一手交货"这一过程，还包括了销售者或者经营者在售前对附着侵权商标的商品或者服务进行陈列或者宣传的行为。第 4 项和第 6 项规制的是帮助他人制造或提供附着他人注册商标的商品或者服务，并非直接使用的行为。第 5 项规制的则是一种特殊的商标侵权行为——反向假冒商标，具体指的是侵权人未经他人允许擅自替换他人商品上的注册商标的行为，这种行为与主动制造或提供附着他人商标的商品或服务的行为刚好相反，但对合法商标权益人而言都会造成损害，本质上也是一种商标侵权行为。

因此，对照实务的做法，根据原国家工商行政管理总局《关于开展打击"傍名牌"不正当竞争行为专项执法行动的通知》，笔者认为，对于销售"傍名牌"商品的行为，执法机关一直是按照不正当竞争行为进行查处的。同时也可以推断出，《反不正当竞争法》第 6 条的使用行为是包括直接使用行为和销售行为的。

综上所述，就完善意见而言，笔者借鉴《商标法》中与商标使用有关的规

---

[1] 《商标法》第 48 条。

定提出两种解决办法：

第一，借鉴《禁止仿冒知名商品若干规定》第 9 条，将明知或者应知是利用他人商业标识的商品而进行销售的行为，也明确规定为不正当竞争行为。

第二，通过司法解释或者行政规章细化《反不正当竞争法》第 6 条关于使用的有关规定：①对于市场主体因为销售附着他人商业标识的商品而实施的宣传、展示行为，因其在本质上与自己制造附着他人商业标识的商品行为（即直接使用行为）一样侵害了商业标识权益人的利益，应将其定义为一种消极的使用方式，划入使用的范畴。②利用《反不正当竞争法》第 6 条的兜底条款对销售行为进行规制，防止挂一漏万。该建议的基本原理在于，销售行为与直接使用行为一样最终造成引人误认的后果，如果确实受限于第 6 条前三项对使用的定义（即只能被解释为直接使用）而不能将销售行为也纳入使用的范畴，就可以从销售行为的结果入手，从损害结果上对销售行为进行兜底规制。③规定善意销售的例外情形。所谓善意销售是指附着他人商业标识的商品或服务的销售者不知也不可能得知其销售的商品或服务所附着的商业标识的合法权益人是他人，而并非商品或服务的直接生产者或提供者。在善意销售的情况下，行为人的行为并无可谴责性，不须承担民事和行政责任，仅须责令其停止销售行为即可。

（二）明确"一定影响"的含义

《反不正当竞争法》第 6 条将有一定影响作为商业标识受《反不正当竞争法》保护的最低限度共同要求。对一定影响的理解，笔者认为可以从以下角度来把握：首先，对照《商标法》的实体法。《商标法》第 32 条以及第 59 条第 3 款与本条一样均对商标规定有一定影响的限定条件。然后对照《商标法》的程序法。二法对其分别保护的商业标识和商标所设定的民事赔偿和行政处罚的程度都是相同的。因此，笔者有理由认为，此处的一定影响应等同于《商标法》中的一定影响。如此一来，日后在司法实践中便可援引商标一定影响的标准对商业标识相关的不正当竞争行为进行认定。

过去，实务界普遍认为，1993 年《反不正当竞争法》中规定的知名商品特有的名称、包装、装潢，就相当于商标法意义上的未注册驰名的商标，未注册的驰名商标也可按照有一定影响的商品名称等商业标识寻求反不正当竞争法的保护。[1]然而，最高人民法院 2010 年发布的《关于审理商标授权确权行政案

---

〔1〕 参见黄璞琳："新《反不正当竞争法》与《商标法》在仿冒混淆方面的衔接问题浅析"，载《中国工商报》2017 年 11 月 7 日。

件若干问题的意见》第 18 条第 2 款规定："在中国境内实际使用并为一定范围的相关公众所知晓的商标，即应认定属于已经使用并有一定影响的商标。有证据证明在先商标有一定的持续使用时间、区域、销售量或者广告宣传等的，可以认定其有一定影响。"对比驰名商标在《商标法》中的定义是相关公众所熟知，而一定影响仅要求知晓，可以推断出《反不正当竞争法》中的商业标识的要求比未注册驰名商标低。

综上所述，笔者认为，对有一定影响的商业标识并不要求其达到驰名商标的知名程度，即需要消费者或其他公众熟悉且达到家喻户晓的程度，仅需要在某个地域或者行业有知名度即可。换言之，一定影响是指达到在一定的区域内（全国、全省、全市均可）为消费者所知道并且稍微了解商业标识指代的一种或多种商品的程度即可。

（三）以司法解释等形式明确与《商标法》的衔接

鉴于《反不正当竞争法》中并没有明确的与《商标法》第 58 条的衔接，笔者有以下三种建议：

第一，将《商标法》第 58 条的"他人注册商标、未注册的驰名商标"囊括在《反不正当竞争法》第 6 条中。也就是说，将注册商标和未注册的驰名商标也解释为商品名称、包装、装潢的一种。我国《商标法》第 8 条规定："任何能够将自然人、法人或者其他组织的商品与他人的商品区别开的标志，包括文字、图形、字母、数字、三维标志、颜色组合和声音等，以及上述要素的组合，均可以作为商标申请注册。"基于上述条文对注册商标的定义，笔者认为，文字类商标应当可以解释为商品名称的一种，因为现实中许多商标上的文字指代的就是商品的名称本身。图形类、字母类、数字类、三维标志类、颜色组合类商标也可以解释为商品包装、装潢的一种。但对声音类商标而言，其既不属于商品名称、包装，也不属于装潢。如此一来，上述建议的适用范围亦将有所限制。

第二，在第一种建议出现漏洞的情况下，亦可以援引《反不正当竞争法》第 6 条的兜底条款，把"将他人注册商标、未注册的驰名商标作为企业名称中的字号使用，误导公众"[1]的行为直接解释成"其他足以引人误认为是他人商品或者与他人存在特定联系的混淆行为"。[2]不过，因为反不正当竞争法对商业标识的保护强度要弱于商标法对注册商标的保护强度，注册商标侵权行为不

[1]　《商标法》第 58 条。
[2]　《反不正当竞争法》第 6 条第 4 款。

需要达到"足以"引人误认的程度就会受到商标法的规制，但商业标识侵权行为则需要。如此一来，就会提高在"将他人注册商标、未注册的驰名商标作为企业名称中的字号使用，误导公众"[1]的情形中注册商标和未注册的驰名商标受法律保护的门槛。

第三，直接删除《商标法》第 58 条中与《反不正当竞争法》衔接的内容，使与注册商标和驰名商标相关的行为完全受《商标法》的规制，并使本轮《反不正当竞争法》修订回归至竞争法本质的精神贯彻当中。

（四）规定不构成市场混淆的例外情形

参照日本、我国台湾地区的相关规定，笔者认为，日后可在反不正当竞争法的框架内对不构成市场混淆的例外情形做概括举例，以解决具体的商业标识权利冲突与平衡的问题。例外情形条款的引入对于规制竞争行为损害商业标识权益来说意义重大，有助于完善商业标识的反不正当竞争法保护制度。因此，本人建议，在《反不正当竞争法》第 6 条增设例外条款如下：

以下行为不构成混淆行为，但他人有权请求附加适当的区别标识：

（一）使用他人商品的通用名称的；

（二）善意使用自己的企业名称（包括简称、字号等）、社会组织名称（包括简称等）、姓名（包括笔名、艺名、译名等）的；

（三）使用他人商业标识的行为是因合法继受而实施的。

上述建议中，就第一点的通用名称而言，市场主体的使用不可避免，在道德上也并没有可谴责性。

对于第二点的"善意"的界定而言，则要求行为人先于商标权人使用商业标识，并且通过使用使商业标识的知名度高于后来注册的商标。相关案例如王碎永诉深圳歌力思服饰股份有限公司、杭州银泰世纪百货有限公司侵害商标权纠纷案。法院对该案的裁判要旨如下："一般情况下，未经商标注册人的许可，在同一种商品或者类似商品上使用与其注册商标相同或者近似的商标，足以造成市场混淆的，构成商标侵权；特定情况下，被告虽在相同商品上使用与原告注册商标相同的商标，但鉴于该商标系被告在先善意使用的品牌名称和字号，且被告在类似商品上有与原告注册商标相同的在先的注册商标，结合被告字号

---

〔1〕《商标法》第 58 条。

以及品牌名称持续长期使用所累积的知名度和商誉高于原告的商标，根据权利并存的原理，不宜将被告的使用行为认定为商标侵权。"[1]

对于第三点的"合法继受"而言，一般情况有：通过合法继受取得他人公司、合伙企业而使用商业标识，并且他人公司、合伙企业先前使用商业标识的行为合法；通过合营、加盟等关系使用他人公司、合伙企业的商业标识，并且他人公司、合伙企业先前使用商业标识的行为合法。

（五）增设保护商誉条款

本轮《反不正当竞争法》的修订就商业标识的不正当竞争和市场混淆行为的规制来说确实了有了十分明显的进步。上文已经分析，《反不正当竞争法》删除了"损害竞争对手"这一对开放式的行为结果的表述，又没有增设其他条文对损害商誉的行为进行规制，是一个遗憾。至于如何在《反不正当竞争法》的框架下设置符合我国国情的规制损害商誉行为的规则，则需要多加探讨。

我们可以发现德国和一些国际组织的法律都在反不正当竞争法的框架下对损害商誉行为进行了规制。

《德国反不正当竞争法》通过第 4 条第 9 款对不正当竞争行为进行规制。在该款规定之下，德国对擅自使用他人相同或者近似商业标识的行为设置了两种并列的结果要件：一为产生混淆，引人误认；二为损害商誉。只要该行为实际导致或者可能导致以上两种结果之一，便成为该法的规制行为。

世界知识产权组织的《反不正当竞争保护示范条款》也同样在第 2 条和第 3 条规定了与商业标识相关的不正当竞争行为的两种结果——"产生或者可能产生混淆"和"损害他人的信誉或者名声"。

综上所述，从立法完善的要求来说，还应补充和明确对商业标识承载的商誉的保护，将《反不正当竞争法》第 6 条改为："经营者不得……引人误认为是他人商品或者与他人存在特定联系或损害他人商誉……其他足以引人误认为是他人商品或者与他人存在特定联系或损害他人商誉的行为。"

五、结论

总的来说，本轮《反不正当竞争法》的修订使得商业标识的反不正当竞争法保护更加完善，这体现在：扩充商业标识概念；明确引入混淆行为概念；删

---

[1]　浙江省高级人民法院（2013）浙知终字第 222 号民事判决书。

除规制假冒他人的注册商标行为的规定，回归反不正当竞争法作为竞争法和行为法的本色；对拟保护的商业标识限定为具有一定影响；增设兜底条款，增强市场混淆条款的稳定性与可适应性；删除虚假表示条文，使得法条更加纯粹；强化了以混淆行为侵犯商业标识相关权益的法律责任。这是在充分吸收自 1993 年《反不正当竞争法》出台以来的司法实践的经验基础上所取得的立法成果，是我国在商业标识反不正当竞争法保护制度构建史上的一大进步。

通过本文对我国商业标识反不正当竞争法保护制度的探讨，结合其他国家和地区先进的立法例，笔者认为在本次《反不正当竞争法》修订之后，尚需在细节上细化具体规定，如明确商业标识一定影响的标准，明确不构成市场混淆的情形，探讨是否纳入商誉损害行为的救济规则等，以便日后能有完善的法律配套文件，更好地从反不正当竞争法的角度保护商业标识。

反不正当竞争法是一部与时俱进的法律，商业标识也是一个随着社会和科技的发展而不断变化的动态概念。从这个角度来讲，对商业标识的法律保护及其理论研究应当不断推进，与时俱进，方能更好地对商业标识反不正当竞争法保护制度的完善有所裨益。